Halaczinsky

Die Erbschaft- und Schenkungsteuererklärung

www.nwb.de

Die Erbschaft- und Schenkungsteuererklärung

herausgegeben von
Rechtsanwalt Raymond Halaczinsky,
Ministerialrat a.D., Bonn
unter Mitarbeit von
Olivia Trentmann,
Diplom-Finanzwirtin, Emsdetten

5. Auflage

nwb

Hinweis:
Die Formulierungsbeispiele in diesem Buch wurden mit Sorgfalt und nach bestem Wissen erstellt, sie stellen jedoch lediglich Anregungen für die Lösung typischer Fallgestaltungen dar. Autoren und Verlag übernehmen keine Haftung für die Richtigkeit und Vollständigkeit der in dem Buch enthaltenen Ausführungen und Formulierungsmuster.

Bibliographische Information der Deutschen Nationalbibliothek
Die Deutsche Nationalbibliothek verzeichnet diese Publikation in der Deutschen Nationalbibliografie; detaillierte bibliografische Daten sind im Internet über
http://dnb.d-nb.de abrufbar

Lizenzausgabe für den NWB Verlag GmbH & Co. KG, Herne
www.nwb.de

ISBN 978-3-482-**54955**-7
5. Auflage 2023

ISBN 978-3-95661-142-1

Erscheint auch als Lizenzausgabe im Deutschen Notarverlag, Bonn

Satz: Cicero Computer GmbH, Bonn
Druck: Hans Soldan Druck GmbH, Essen

Vorwort

In der 5. Auflage sind die neuen Rechtsentwicklungen und ihre Auswirkungen auf Erbschaft- und Schenkungsteuererklärungen seit 2018 eingearbeitet worden. Insb. auf Grund der Änderungen der Grundbesitzbewertung durch das Jahressteuergesetz 2022 (JStG 2022) v. 16.12.2022 (BGBl. I 2022, 2294) einschl. der Immobilienwertermittlungsverordnung (ImmoWertV) v. 14.7.2021 (BGBl. I 2021, 2805) sind neue Formulare zur Wertfeststellung des Grundbesitzwerts aufgelegt worden. Auch im Bereich der Begünstigungen für Produktivvermögen sind neue Feststellung eingeführt worden, z.B. die Feststellung der Voraussetzungen und Höhe des „Vorwegabschlags“ für Familienunternehmen und der Voraussetzungen für den Abzug des Sockelbetrags beim Finanzmitteltests.

Schwerpunkt des Buches sind Erläuterungen zur Vorbereitung und zum Ausfüllen der Erbschaft- oder Schenkungsteuererklärung mit ihren vielfältigen Anlagen sowie zum Vorbereiten und zum Ausfüllen von Feststellungserklärungen mit ihren vielfältigen Anlagen zur gesonderten Wertfeststellung geerbter/geschenkter Grundstücke, LuF-Betriebe, Gewerbebetriebe, freiberufliche/selbständige Praxen/Unternehmen, nicht notierten Anteile an Kapitalgesellschaften und an sonstigen Gemeinschaften sowie Bearbeitungshinweise zur Erklärung von Familienstiftungen für Zwecke der Ersatzerbschaftsteuer. Je nach Zeitpunkt der Schenkung/Erbschaft sind unterschiedliche Erklärungsformulare zu verwenden; dies wird an passender Stelle erklärt. Außerdem werden Hinweise zu möglichen Rechtsbehelfen gegeben.

Bei umfangreichen Nachlässen oder schenkweisen Vermögensübertragungen sind eine Vielzahl von Rechts- und Bewertungsfragen zu lösen. Weil das Erbschaft-/Schenkungsteuerrecht immer weiter verkompliziert worden ist und wird, besteht die Gefahr, durch Fehler bei der Bearbeitung von Erbschaft-/Schenkungsteuererklärungen und Wertfeststellungserklärungen für Erbschaft-/Schenkungsteuerzwecke eine zu hohe Steuer auszulösen, mangels besonderer Anträge und Erklärungen die jeweiligen Steuervergünstigungen zu verlieren und/oder durch nachteilige Gestaltungen (speziell bei Schenkungen) unnötige (zu hohe) Steuerfolgen zu verursachen. Dazu kommt, dass Erbanfälle/Schenkungen häufig ein erstmaliges und ggf. einmaliges (steuerliches) Ereignis sind, für dessen Bewältigung kein (breites) Erfahrungswissen zur Verfügung steht. Hier möchte das Buch Hilfe anbieten. Vor den eigentlichen Erläuterungen der Erklärungsformulare wird Basiswissen des Erbschaft- und Schenkungsteuerrechts vermittelt. Gewisse Grundkenntnisse im Erb- und Familienrecht sowie im Steuerrecht werden allerdings vorausgesetzt. Bei der Darstellung/Erläuterung der einzelnen Erklärungspositionen wird durchgängig auf die aktuelle Verwaltungsauffassung und Rechtsprechung hingewiesen. An passender Stelle werden praktische „Gestaltungstipps“ gegeben.

Das Praxishandbuch enthält in §§ 1, 2 Erläuterungen der Anzeige- und Erklärungspflichten bei Erbanfällen und Schenkungen sowie der Anzeigepflichten im Fall eines möglichen (anteiligen) Wegfalls der Verschonungsvoraussetzungen für Unternehmensvermögen. In § 3 wird ein Überblick über das Erbschaft-/Schenkungsteuerrecht, insbesondere über die persönlichen und sachlichen Befreiungen, Bewertungsgrundsätze, Steuerklassen und Steuersätze gegeben. In §§ 4–6 werden die beim Ausfüllen einer Erbschaft-/Schenkungsteuererklärung auftretenden Fragen Zeile für Zeile mit ihren Konsequenzen und Lösungsmöglichkeiten durch Darstellung der jeweiligen Rechtslage, Prüfschemata und einer Vielzahl von Beispielsfällen erläutert. Dabei wird auch auf gebräuchliche Gestaltungen hingewiesen. Für die Erlangung bestimmter Befreiungen (z.B. für Familienheime und vermietete Wohnimmobilien) und der speziellen Verschonungen für Unternehmensvermögen sind den Steuererklärungen besondere Anlagen beizufügen. Hierzu werden die besonderen Befreiungsvoraussetzungen und das Bearbeiten dieser Anlagen erklärt. In § 5 wird auf die Erklärung für die Festsetzung der Ersatzerbschaftsteuer (betr. Familienstiftungen) eingegangen. In §§ 7–13 geht es um die Erklärungen für die gesonderten Wertfeststellungen für Erbschaft-/Schenkungsteuerzwecke. Genau geht es um die Bewertung der geerbten/geschenkten in- und/oder ausländischen Grundstücke, der gewerblichen und freiberuflichen Betriebe/Unternehmen, der Beteiligungen an Personen- und Kapitalgesellschaften sowie an sonstigen Gemeinschaften und der LuF-Betriebe. Insbesondere die (Wert-)Feststellungserklärungsformulare für Betriebsvermögen von Einzelunternehmern, Personen- und Kapitalgesellschaften sowie LuF-Betrieben stellen alle Beteiligten vor hohe Herausforderungen, wenn und soweit Verschonungen für Unternehmensvermögen geltend gemacht werden (sollen). Nicht das Eintragen der zu erklärenden Werte/Daten in den einzelnen Zeilen selbst, sondern die Ermittlung der Werte/Daten erfordert sehr hohen (kostenträchtigen) Aufwand; zu Letzterem können nur bedingt Hinweise gegeben werden. In §§ 14 und 15 werden das Verfahrensrecht und die gängigen Rechtsbehelfsmöglichkeiten gegen Erbschaft- und Schenkungsteuerbescheide sowie dazugehörige Feststellungsbescheide vorgestellt.

Die §§ 10–15 wurden von Frau Dipl.-Finw. Olivia Trentmann (Finanzverwaltung) bearbeitet. Sie hat ihre Kompetenz insbesondere im Bereich der Wertfeststellung und der Verschonung Betriebs-/Unternehmensvermögens eingebracht und die betr. Rechts-/Erklärungsfragen praxisnah erläutert.

Zielgruppe dieses Buches sind Steuerberater, Rechtsanwälte, Notare, gesetzliche Vertreter und Betreuer, Vermögens- und Nachlassverwalter, Nachlasspfleger, Testamentsvollstrecker, Gerichte und Behörden, soweit sie mit Erb- und Schenkungsfällen befasst sind, sowie natürlich auch alle betroffenen Personen (Erben, Beschenkte, sonst Bedachte, Stiftungen, Vereine), die zu einer Erbschaft-/Schenkungsteuererklärung aufgefordert worden sind und sich auf diesem Rechtsgebiet kundig machen wollen.

Für Anregungen, ergänzende Hinweise und Kritik zur Qualitätsverbesserung zukünftiger Auflagen sind Autor/Autorin und Verlag stets dankbar, zumal praktische Erfahrungen bzgl. der neuen Formulare noch nicht vorliegen.

Besonderer Dank gilt den zuständigen Lektorinnen des Verlags, Rechtsanwältin Andrea Albers und Marita Blaschko, M.A., die mit Sorgfalt und Sachkenntnis die Herausgabe des Buches begleitet haben.

Bonn, im August 2023

Raymond Halaczinsky

Inhaltsübersicht

Literaturüberblick

Einschlägige Kommentare

Bamberger/Roth/Hau/Poseck, Kommentar zum Bürgerlichen Gesetzbuch, 5. Auflage 2023

Damrau/Tanck (Hrsg.), Praxiskommentar Erbrecht, 4. Auflage 2020

Daragan/Halaczinsky/Riedel (Hrsg.), Praxiskommentar ErbStG und BewG, 4. Auflage 2023

Fischer/Pahlke/Wachter, ErbStG Kommentar, 8. Auflage 2023

Meincke/Hannes/Holtz, Erbschaftsteuer- und Schenkungsteuergesetz, Kommentar, 18. Auflage 2021

Moench/Weinmann, Erbschaft- und Schenkungsteuergesetz, Loseblatt-Kommentar, Stand Mai 2023

Rössler/Troll, Bewertungsgesetz, Loseblatt-Kommentar, Stand 2022

Troll/Gebel/Jülicher/Gottschalk, Erbschaft- und Schenkungsteuergesetz, Loseblatt-Kommentar, Stand Februar 2023

Viskorf/Schuck/Wälzholz, Erbschaft- und Schenkungsteuer, Bewertungsgesetz, Kommentar, 6. Auflage 2020

Von Oertzen/Loose, ErbStG mit Bewertung und ErbSt-DBA, Kommentar, 2. Auflage 2020

Spezielle Zeitschriften

ErbStB – Erbschaftsteuerberater

UVR – Umsatzsteuer- und Verkehrsteuerrundschau

ZErb – Zeitschrift für die Steuer- und Erbrechtspraxis

ZEV – Zeitschrift für Erbrecht- und Vermögensnachfolge

Zur verwendeten **Literatur zu Einzelthemen** siehe Fußnoten.

Teil 1: Die Erklärungs- und Anzeigepflichten im Erbschaft- und Schenkungsteuerrecht

§ 1 Anzeige- und Erklärungspflichten

Raymond Halaczinsky

Übersicht:

A. Allgemeines

Das Erbschaftsteuerrecht stellt durch vielfältige Mitteilungs-, Anzeige- und Erklärungspflichten sicher, dass die zuständigen Finanzbehörden umfassend über unentgeltliche Erwerbe informiert werden.[1] Die gesetzlichen Anzeigepflichten der Beteiligten (Erben, Vermächtnisnehmer, Pflichtteilsberechtigte, Beschenkte usw.) sind in § 30 ErbStG näher beschrieben. In bestimmten Fällen werden die Beteiligten sogar von ihren Anzeigepflichten entlastet, wenn sichergestellt ist, 1

1 Zur verwaltungsinternen Bearbeitung/Überwachung von Anzeigen siehe Allgemeine Verwaltungsanweisung für die Erbschaft- und Schenkungsteuer (ErbStVA) v. 7.12.2017 (BStBl 2018 I, 53).

dass die zuständige Erbschaftsteuerstelle zuverlässige Kenntnisse über die Erwerber und den Erwerb erlangt. Die Anzeigepflichten Dritter sind in den §§ 33 und 34 ErbStG, in §§ 1 ff. ErbStDV und in Verwaltungsanweisungen sowie in Rechtsvorschriften für Justizbehörden,[2] für Standesämter[3] und Notare geregelt.[4] Deshalb ist zwischen Anzeige- und Mitteilungspflichten Dritter und den Anzeige- und Erklärungspflichten der Beteiligten zu unterscheiden.

2 Erbschaft-/Schenkungsteuererklärungen sowie dazugehörige Feststellungserklärungen sind nur auf Aufforderung des jeweils zuständigen Finanzamts abzugeben.

Hinweis

Der Eingang der Anzeigen beim zuständigen Finanzamt hat insb. **Einfluss** auf den Beginn der **Festsetzungsverjährung.** Je früher die Anzeigen eingehen, umso früher beginnt die Festsetzungsfrist für die Erbschaft-/Schenkungsteuer (siehe Rdn 17 ff.).

B. Anzeigepflichten Dritter

I. Gerichte, Behörden (z.B. Standesämter), Beamte (z.B. deutsche Konsuln im Ausland) und Notare (bestellte und beamtete Notare)

3 Diese Dritten müssen der zuständigen Erbschaftsteuerstelle

- Beurkundungen,
  - Sterbeurkunden,
  - Auslandssterbefälle,
  - Beschlüsse der Amtsgerichte über Todeserklärungen und Todeszeitfeststellungen,
- Zeugnisse und
- Anordnungen,

die für die Festsetzung einer Erbschaftsteuer von Bedeutung sein können, anzeigen (§ 34 ErbStG). Einzelheiten sind in §§ 4–10 der ErbStDV geregelt.[5] Die

2 Z.B. Nachlassgerichte.

3 Nach § 68 PStG.

4 Vgl. z.B. das von den Ländern herausgegebene Merkblatt über steuerliche Beistandspflichten der Notare auf den Gebieten der Grunderwerbsteuer, Erbschaftsteuer (Schenkungsteuer) u. Ertragsteuern; aktueller Stand siehe Internetseiten der Landesfinanzverwaltungen. Die Bearbeitung der Erbschaft-/Schenkungsfälle ist in Gleich lautenden Ländererlassen (Allgemeine Verwaltungsanweisung für die Erbschaft- und Schenkungsteuer (ErbStVA)) v. 7.12.2017, BStBl 2018 I, 53 geregelt.

5 Erbschaftsteuer-Durchführungsverordnung v. 21.8.2002 (BGBl 2002 I, 3322) mit nachfolgenden Änderungen; *Halaczinsky*, Erbschaftsteuer-Durchführungsverordnung, Änderungen in 2010, ZErb 2011, 31.

elektronische Übermittlung kann in den meisten Ländern zugelassen werden, soweit die Übermittlung der jeweils aufgeführten Angaben und die Richtigkeit der Datenübermittlung gewährleistet sind (§ 11 ErbStDV). Im Zweifel ist dies bei der zuständigen Erbschaftsteuerstelle zu erfragen. Bei Schenkungen und Zweckzuwendungen unter Lebenden erhält das Finanzamt Anzeigen der Gerichte, Notare,[6] sonstiger Urkundspersonen und der Genehmigungsbehörden, soweit sie nach dem Erbschaft- und Schenkungsteuergesetz verpflichtet sind. Keine Anzeigepflicht der Gerichte, Notare und sonstigen Urkundspersonen in Erbfällen und bei beurkundeten Schenkungen und Übergabeverträgen besteht bei geringfügigen Nachlässen/Schenkungen/Übertragungen, bei denen außer Hausrat (einschl. Wäsche und Kleidungsstücken) im Wert von höchstens 12.000 EUR nur noch anderes Vermögen im reinen Wert von höchstens 20.000 EUR vorhanden ist (§ 7 Abs. 4 Nr. 1 und § 8 Abs. 3 ErbStDV). Daneben treten Mitteilungen von erbschaftsteuerrelevanten Sachverhalten durch andere Finanzbehörden, sog. Kontrollmitteilungen,[7] die jedoch die Anzeigen/Mitteilungen der Beteiligten und Dritter nicht ersetzen. Neu sind in § 138d AO, § 138 Abs. 3 AO vorgeschriebene Anzeigepflichten über Mitteilungen grenzüberschreitender Steuergestaltungen. Diese betreffen den sog. Intermediär, hilfsweise auch Erben/Beschenkte.[8]

II. Vermögensverwahrer, -verwalter und Versicherungsunternehmen

Vermögensverwahrer – insbesondere inländische Banken, inländische Kreditin- 4
stitute – auch für ihre unselbstständigen ausländischen Zweigstellen[9] und ausländische Banken, – auch mit unselbstständigen Niederlassungen im Inland – und Vermögensverwalter[10] sind über die in ihrem Gewahrsam befindlichen Vermögensgegenstände und über die gegen sie gerichteten Forderungen des Erblassers mit Wert über 5.000 EUR anzeigepflichtig (§ 33 ErbStG, H E 33 ErbStH, § 1 Abs. 4 ErbStDV). Sie müssen die Kontenguthaben (auch bei Gemeinschaftskon-

6 *Klarner*, Die Anzeigepflichten des ErbStG im Spiegel der neueren Rechtsprechung, ZEV 2019, 13; *Klöckner*, Die Anzeigepflichten der Notare gemäß § 34 ErbStG, ZEV 2011, 299.

7 Siehe Gleich lautende Erlasse der obersten Finanzbehörden der Länder: Kontrollmitteilungen für die Steuerakten des Erblassers und des Erwerbers v. 12.3.2015, BStBl 2015 I, 225.

8 Kritisch zur Pflicht zur Mitteilung grenzüberschreitender Steuergestaltung in Erbfällen *Guerra*, Anzeigepflicht für Steuergestaltungen im Erbschaft- und Schenkungsteuerrecht unter Berücksichtigung des BMF-Schreibens v. 29.3.2021, ErbStB 2021, 219.

9 FG München v. 25.7.2012 – 4 K 2675/09, EFG 2012, 2224. Nach EuGH v. 14.4.2016 – C-522/14, DStR 2016, 911 ist dies unionsrechtskonform.

10 Erlasse betr. Anzeigepflichten von Vermögensverwahrern u. -verwaltern v. 10.1.2000, DB 2000, 252; v. 13.6.2000, DStR 2000, 1475; *Bruschke*, Pflichten der Kreditinstitute im Besteuerungsverfahren, ErbStB 2017, 219. Bei Bestattungsvorsorge-Treuhandkonten kann die kontoführende Bank oder das Bestattungsunternehmen anzeigepflichtig sein, vgl. H E 33 ErbStH.

ten) im Todeszeitpunkt, gewöhnlich zu Beginn des Todestages, Stückzinsen,[11] Bestehen eines Bankschließfaches und Sicherungsübertragungen von Vermögensgegenständen zur Kreditsicherung anzeigen (§ 1 ErbStDV und Verwaltungsanweisungen).[12] Versicherungsunternehmen müssen die Auszahlung von Versicherungssummen über 5.000 EUR vor Auszahlung anzeigen (§ 33 Abs. 3 ErbStG i.V.m. § 3 Abs. 3 Satz 3 ErbStDV); zur Anzeigepflicht bei Erwerben aus Versicherungen auf verbundene Leben siehe R E 3.6 ErbStR und H E 33 ErbStH. Bei Grundstücksgesellschaften mit Treuhänderkommanditisten ist der Treuhänder[13] zur Anzeige verpflichtet. Gerichte müssen u.a. die **Aufhebung** einer **Nachlasspflegschaft** und der **Nachlassverwaltung** anzeigen (§ 7 Abs. 1 Satz 1 ErbStDV). Die Verpflichtung nach § 33 ErbStG trifft nicht ausländische Vermögensverwalter und -verwahrer. Die **diplomatischen Vertreter und Konsuln** des Bundes haben dem Bundeszentralamt für Steuern die ihnen bekannt gewordenen Sterbefälle von Deutschen ihres Amtsbezirks und die ihnen bekannt gewordenen Zuwendungen ausländischer Erblasser oder Schenker an Personen, die im Inland einen Wohnsitz oder ihren gewöhnlichen Aufenthalt haben, anzuzeigen (§ 9 ErbStDV).

5 Mit der Anzeige gemäß §§ 34, 30 ErbStG geht die Unkenntnis der für die Veranlagung der Erbschaftsteuer zuständigen Dienststelle des jeweiligen Finanzamts unter Verjährungsgesichtspunkten (Anlaufhemmung gem. § 170 Abs. 5 Nr. 2 AO) zu Lasten des Schenkers verloren. D.h. die Festsetzungsfrist gegenüber den Beteiligten beginnt mit Ablauf des Jahres der Kenntniserlangung.[14]

III. Form und Frist

6 Grundsätzlich sind die Anzeigen Dritter auf den in der ErbStDV enthaltenen Mustern innerhalb von einem Monat nach Bekanntwerden des Todesfalls schriftlich zu erstatten (§ 33 Abs. 1 Satz 2, Abs. 2, 3 ErbStG, §§ 1–3 ErbStDV). Ein Verstoß gegen die Anzeigepflicht ist eine Ordnungswidrigkeit (§ 33 Abs. 4 ErbStG). Verstöße führen aber nicht zur Anlaufhemmung gem. § 170 Abs. 2 Satz 1 Nr. 1 AO).[15]

Hinweis

Im Zweifel genügt bei diesen Mitteilungen eine Faksimile-Unterschrift. Urkunden, Verträge, letztwillige Verfügungen und dergleichen dürfen nicht per E-Mail an die Finanzämter gesandt werden. Die elektronische Übermittlungs-

---

11 Koordinierter Ländererlass z.B. Hessen v. 9.3.2000 – S 3844A-9-II B 41, DStR 2000, 928.

12 Nach BFH v. 23.2.2010 – VII R 19/09 Erb, BFH/NV 2010, 1161 haben Erben keinen Anspruch auf Überlassung von Kopien der von Kreditinstituten gemäß § 33 ErbStG eingereichten Anzeigen, wenn das Finanzamt die Akte mit dem Vermerk „steuerfrei" geschlossen hat, ohne die Erben an dem Verfahren zu beteiligen.

13 OFD München, Verfügung v. 31.3.1999 S. 3844 – 25 St 353, DB 1999, 1042.

14 BFH v. 5.2.2003 – II R 22/01, BStBl 2003 II, 502.

15 FG Niedersachsen v. 8.5.1991 – III 418/88, EFG 1992, 112.

form der Anzeige ist nicht grundsätzlich ausgeschlossen. Die Länderfinanzverwaltungen können zulassen, dass die Anzeigen auch elektronisch übermittelt werden können (§ 11 ErbStDV).

C. Anzeigepflicht der Beteiligten

Beteiligte, z.B. Erben, Beschenkte, Vermächtnisempfänger usw. müssen grund- 7
sätzlich einen unentgeltlichen Erwerb innerhalb von drei Monaten nach Kenntnis von dem Erwerb dem zuständigen Finanzamt (Erbschaftsteuerstelle) schriftlich anzeigen (Anzeigepflicht des Erwerbers gem. § 30 ErbStG; R E 30 ErbStR). Einige Bundesländer halten Formulare für die Anzeige vor, z.B. Baden-Württemberg, Hessen. Nicht amtliches Muster:

An das Finanzamt

____

Anzeige eines Erwerbs von Todes wegen
(gem. § 30 ErbStG)

1. Angaben zum Erblasser

Name, Vorname	
Geburtsdatum	
ID-Nummer	
Beruf	
letzter Wohnsitz	
Wohnsitzfinanzamt, Steuernummer	
Todestag	
Sterbeort	

2. Angaben zum Erwerber

Name, Vorname	
Geburtsdatum	
ID-Nummer	
Straße, Hausnummer	
Postleitzahl, Wohnort	
Telefonisch erreichbar (Angabe freiwillig)	
Persönliches Verhältnis zum Erblasser wie Verwandtschaft, Schwägerschaft	

3. Gegenstand und Wert des Erwerbs

Was war Gegenstand des Erwerbs? (Angabe der Vermögensgegenstände) Zutreffendes bitte ankreuzen	☐ land- und forstwirtschaftliches Vermögen ☐ Anteile an Kapitalgesellschaften ☐ Betriebsvermögen ☐ Grundvermögen ☐ Bargeld	☐ Bank- und Sparguthaben ☐ Bausparguthaben ☐ Wertpapiere ☐ Versicherungsansprüche ☐ Pflichtteilsanspruch ☐ Sonstiges __________
Welchen Wert hat der Erwerb insgesamt?		

4. Rechtsgrund des Erwerbs

z.B. Erbanfall, Vermächtnis, Pflichtteils-anspruch	

5. Vorschenkungen

Hat der Erwerber frühere Zuwendungen vom Erblasser erhalten?	☐ ja ☐ nein Zutreffendes bitte ankreuzen
Wenn ja:	
Art, Wert und Zeitpunkt der Zuwendung	
Veranlagt beim Finanzamt / Steuernummer	

________________ ____________________

Datum Unterschrift

Bei **Erwerben von Todes wegen** erübrigt sich in der Regel eine Anzeige, wenn das Erbe auf einem notariell oder gerichtlich eröffneten Testament beruht, aus dem sich das Verhältnis[16] zwischen dem Erben und dem Erblasser ergibt. In diesem Fall erhält das Finanzamt automatisch Nachricht. Zum Inhalt der Anzeige siehe § 30 Abs. 4 ErbStG. 8

Hinweis

Neben der allgemeinen Anzeigepflicht gibt es noch **besondere** Anzeigepflichten der Beteiligten, z.B. Anzeige des Wegfalls der Stundungsvoraussetzung nach § 25 ErbStG a.F. gem. § 153 Abs. 2 AO, Anzeige des Unterschreitens der Lohnsumme oder Anzeige des Verstoßes gegen die Behaltenspflicht bei begünstigten Betriebsvermögen (§ 13a Abs. 7 ErbStG) oder nach § 28a ErbStG.[17]

I. Schenkung

Jeder einzelne Beschenkte (Inländer und Ausländer) und auch der einzelne Schenker (z.B. bei Schenkungen von den Eltern die Mutter und der Vater) müssen grds. die Schenkung anzeigen (Schenkungsteuerschuldner i.S.v. § 20 Abs. 1 ErbStG). Die **Möglichkeit einer Steuerpflicht** genügt für die Begründung einer Anzeigepflicht. Sofern die Beteiligten Zweifel an der Steuerpflicht haben, müssen sie den Erwerb anzeigen, damit das FA über die Steuerpflicht entscheiden kann. **Keine** persönliche **Anzeigepflicht** besteht aber, wenn die Schenkung gerichtlich oder notariell beurkundet worden ist. In diesem Fall müssen inländische Gerichte, Notare oder deutschen Konsuln Anzeige erstatten (§ 34 Abs. 2 Nr. 3 ErbStG i.V.m. §§ 8, 9 ErbStDV).[18] Trotz notarieller oder gerichtlicher Beurkundung sind die Beteiligten anzeigepflichtig, wenn zum Erwerb (durch Schenkung) Auslandsvermögen oder sonst Grundbesitz, Betriebsvermögen, Anteile an Kapitalgesellschaften gehören, welche nicht von Dritten gem. § 33 ErbStG anzuzeigen sind. Ansonsten muss der Beschenkte den Erwerb anzeigen, dabei muss er auch den Schenker benennen.[19] Bei Schenkungen trifft die Anzeigepflicht auch den bzw. die Schenker (§ 30 Abs. 2 ErbStG). 9

16 Gemeint ist das Rechtsverhältnis zwischen dem Erwerber und dem Erblasser/Schenker, das den Erbschaft- oder Schenkungsteuertatbestand ausgelöst hat; vgl. BFH v. 16.10.1996 – II R 43/96, BStBl 1997 II, 73.

17 *Spatscheck/Engler*, Straf- und verfahrensrechtliche Konsequenzen bei Verletzung der Anzeigepflichten nach § 13a Abs. 6 ErbStG i.d.F. des ErbStRG, Stbg 2010, 74.

18 Siehe dazu auch Merkblatt über die steuerlichen Beistandspflichten der Notare auf dem Gebiet der GrESt, ErbSt (SchenkSt) u. Ertragsteuern, Fn 2.

19 Das Finanzamt kann die Benennungspflicht sogar mit Zwangsgeld durchsetzen, so FG Niedersachsen v. 9.12.2002 – 3K 342/01, ZErb 2003, 194.

II. Erbanfall

10 Jeder Erbe (Inländer und Ausländer) muss grds. Erwerbe von Todes wegen hinsichtlich seines Erwerbs anzeigen. Bei gesetzlicher Erbfolge obliegt dem Erwerber mangels Vorliegens einer Verfügung von Todes wegen stets eine Anzeigepflicht nach § 30 Abs. 1 ErbStG. Bei Erbanfällen haben Erben/sonst Bedachte keine Anzeigepflicht, wenn der Erwerb auf einer von einem deutschen Gericht, einem deutschen Notar oder einem deutschen Konsul eröffneten Verfügung von Todes wegen beruht und sich das Verhältnis des Erwerbers zum Erblasser (d.h. das Rechtsverhältnis, welches den Erbschaft- oder Schenkungsteuertatbestand ausgelöst hat),[20] unzweifelhaft ergibt. Die Befreiung von der Verpflichtung zur Anzeige eines Erwerbs nach § 30 Abs. 3 ErbStG gilt auch für Fälle, in denen wegen des Bestehens einer aufschiebenden Bedingung, Befristung oder Betagung die Erbschaftsteuer bzw. Schenkungsteuer erst später, d.h. unter Umständen erst Jahre nach der amtlichen Eröffnung der Verfügung von Todes wegen entsteht.[21] Trotz gerichtlicher, konsularischer oder notarieller Testamentseröffnung sind Beteiligte anzeigepflichtig, wenn zum Erwerb Auslandsvermögen oder sonstiger Grundbesitz, Betriebsvermögen, Anteile an Kapitalgesellschaften gehören, welche nicht von Dritten gem. § 33 ErbStG anzuzeigen sind.[22]

Beispiel

Auslandskonten von inländischen Betrieben können nicht gem. § 33 ErbStG angezeigt werden. Sie sind daher von den Beteiligten anzuzeigen.

Beachte

- Bei Eintritt der gesetzlichen Erbfolge wird der Erwerber anzeigepflichtig, auch wenn dem Finanzamt der Sterbefall gewöhnlich durch Mitteilung des Standesamtes (§ 34 Abs. 2 Nr. 1 ErbStG) oder bei Erteilung eines Erbscheins etc. (§ 34 Abs. 2 Nr. 2 ErbStG) bekannt wird.
- Eine Anzeigepflicht besteht immer, wenn zum Erwerb Grundbesitz, Betriebsvermögen, Anteile an Kapitalgesellschaften, die nicht der Anzeigepflicht nach § 33 ErbStG unterliegen, oder **Auslandsvermögen** gehören.
- Die Anzeigepflichten inländischer Kreditinstitute, Versicherungsunternehmen, Vermögensverwahrer und -verwalter (Anzeigepflichten nach § 33 ErbStG i.V.m. §§ 1–3 ErbStDV), Testamentsvollstrecker,[23] Nachlasspfleger

20 So BFH v. 16.10.1996 – II R 43/96, BStBl 1997 II, 73.

21 BFH v. 16.10.1996 – II R 43/96, BStBl 1997 II, 73.

22 *Gärditz*, Erbschaftsteuerrechtliche Anzeigepflicht und ausländisches Bankgeheimnis im Lichte des Völker-, Europa- und Verfassungsrechts, WM 2010, 437.

23 *Herbst*, Pflichten und Haftung des Testamentsvollstreckers im steuerlichen Verfahren, ZEV 2022, 390 und 508; *Billig*, Testamentsvollstreckung aus erbschaftsteuerrechtlicher Sicht, UVR 2012, 178; *Siebert*, Der Testamentsvollstrecker und das Steuerrecht, ZEV 2010, 121.

treten ergänzend zu den Anzeigepflichten des Beschenkten oder Schenkers, d.h. sie lassen deren persönliche Anzeigenpflichten grds. bestehen.[24]

- In manchen Fällen sind die Erben/sonst Bedachten (z.B. Vermächtnisnehmer) oder Beschenkten minderjährig oder nicht (voll) geschäftsfähig. In diesen Fällen obliegen die Anzeigepflichten den **gesetzlichen Vertretern**. Diese **haften** nach §§ 69, 71 i.V.m. § 34 AO für die Erfüllung bzw. für den Steuerschaden, der bei Nichterfüllung der Anzeigepflichten entstehen kann, persönlich auch mit ihrem Privatvermögen. Entsprechendes gilt für Nachlasspfleger, Testamentsvollstrecker und Nachlassverwalter – soweit die Verwaltung reicht – (§§ 69, 71 i.V.m. § 34 Abs. 3 AO).

D. Anzeigepflicht einer Familienstiftung/eines Familienvereins

Inländische rechtsfähige Familienstiftungen und rechtsfähige Familienvereine unterliegen einer Ersatzerbschaftsteuer im 30-Jahresturnus; Näheres siehe § 5. Die Familienstiftung bzw. deren Organe müssen binnen einer Frist von drei Monaten nach dem Zeitpunkt des ersten Übergangs den Vermögensübergang mit dem in § 30 Abs. 5 Satz 2 ErbStG vorgegebenen Inhalt dem zuständigen Finanzamt anzuzeigen. Die Drei-Monatsfrist bzw. ihr Beginn ist vom Zeitpunkt des ersten zivilrechtlichen Übergangs von Vermögen auf die Stiftung/den Verein zu berechnen. Die Zuständigkeit ist in § 35 Abs. 4 ErbStG geregelt (Ort der Geschäftsleitung, ggf. Sitz der Stiftung oder des Vereins). Persönlich haben die leitenden Organe, Vorstände oder zuständigen Geschäftsführer u. dgl. die Anzeigepflicht zu erfüllen. U.a. könnten sie bei Nichterfüllung nach Maßgabe der §§ 69 ff. AO in Steuerhaftung genommen werden. Zur **Steuererklärung** ist außerdem **jedes Familienmitglied/Vereinsmitglied** verpflichtet (§ 31 Abs. 1 Satz 3 ErbStG)! 11

E. Rechtsfolgen der Verletzung von Anzeige- und Erklärungspflichten

I. Erbschaft- und Schenkungsteuer

Vielfach werden unentgeltliche Erwerbe nicht angezeigt, weil sie offenkundig oder vermeintlich unterhalb der maßgebenden Freibeträge liegen oder sonst befreit sind. Soweit die betr. Erwerbe zzt. nicht zu besteuern sind, ist die Verletzung der Anzeigepflicht keine Ordnungswidrigkeit. Da die Anzeige keine Steuererklärung ist, kann bei verspäteter Anzeige nach h.M. auch kein Verspätungszuschlag 12

24 Nur wenn die Anzeigen dazu führen, dass aus deren Gesamtheit Erblasser, Erwerber und der Rechtsgrund für den Erwerb eindeutig hervorgehen, erübrigt sich für den Beginn der Festsetzungsverjährung eine Anzeige der Beteiligten, BFH v. 26.10.2006 – II R 16/05, BFH/NV 2007, 852.

festgesetzt werden. Hat der Steuerpflichtige keine Anzeige abgegeben, besteht seine Anzeigepflicht aber bis zum Ablauf der Festsetzungsfrist weiter.

Hält der gesetzliche Vertreter (Vater eines Minderjährigen) das Bestehen der Anzeigepflicht nach § 30 Abs. 1 ErbStG für möglich und nimmt er ihre Verletzung ebenso billigend in Kauf wie die daraus erwachsene Erbschaftsteuerverkürzung, liegt eine Erbschaftsteuerhinterziehung vor; d.h. die Festsetzungsfrist für die Schenkung-/Erbschaftsteuer des Minderjährigen beträgt zehn Jahre.

Wichtig

Erfolgen von derselben Person weitere Schenkungen oder nach Schenkungen ein Erbanfall, sind Erwerbe innerhalb von 10 Jahren zusammenzurechnen. Demnach können ursprünglich steuerfreie Erwerbe zusammen mit späteren Erwerben doch zu einer Steuerpflicht führen; spätestens bei den folgenden Erwerben sind die früheren Erwerbe anzuzeigen, bzw. in den späteren Erklärungen anzugeben.

II. Verfahrensrecht

13 Verletzungen von Anzeige- und Erklärungspflichten führen einmal zu Berichtigungspflichten, zum anderen vor allem zu verlängerten Verjährungsfristen, d.h., das Finanzamt kann ggf. auch noch nach langer Zeit die Steuer festsetzen. Letztlich kann darin eine Steuerordnungswidrigkeit bzw. eine Steuerstraftat liegen. In diesem Fall können für die Zeit der Steuerhinterziehung Hinterziehungszinsen festgesetzt werden.

III. Berichtigungspflichten

14 Wer erkennt, dass er unabsichtlich oder leicht fahrlässig – aus Versehen – eine unrichtige oder unvollständige Anzeige oder Steuererklärung abgegeben hat, muss diese entsprechend berichtigen (§ 153 Abs. 1 AO). Besteht allerdings weder eine Anzeige- noch eine Steuererklärungspflicht, kommt auch keine Anzeige- oder Berichtigungspflicht gem. § 153 AO in Betracht. Erkennt ein gem. § 153 AO Anzeige- und Berichtigungspflichtiger innerhalb der Festsetzungsfrist die Fehlerhaftigkeit und kommt er seiner Anzeigepflicht nach § 153 AO bewusst und pflichtwidrig nicht nach, kann hinsichtlich der nicht angezeigten und berichtigten Steuer eine Steuerhinterziehung vorliegen.[25]

Den Hinterzieher trifft mangels nachträglichen Erkennens keine Berichtigungspflicht nach § 153 Abs. 1 AO. Wer in der vorsätzlichen Absicht, eine Steuerhinterziehung zu begehen, eine unrichtige oder unvollständige Anzeige/Steuererklä-

25 AEAO zu § 153 AO, eingefügt durch BMF-Schr. v. 23.5.2016 – IV A 3-S 0324/15/10001, BStBl 2016 I, 490; *Halaczinsky/Füllsack*, Verletzung der Anzeige- und Berichtigungspflicht nach § 153 AO im Erbschaftsteuerrecht, BB 2011, 2839.

rung abgegeben hat, braucht sich nicht selbst durch eine Berichtigung gem. § 153 Abs. 1 AO der Steuerhinterziehung zu bezichtigen. Gibt er dennoch freiwillig eine berichtigende Anzeige oder Erklärung ab, kann es vorkommen, dass das Finanzamt diese akzeptiert und keine weiteren strafrechtlichen Konsequenzen zieht. Wer aber sichergehen und die Steuerhinterziehung rückgängig machen will, kann eine (berichtigende) Nacherklärung im Wege der Selbstanzeige gem. § 371 AO machen. In diesem Fall kommt es unter bestimmten Voraussetzungen zur Straffreiheit.[26]

IV. Strafrecht

Die vorsätzliche und grob fahrlässige Verletzung von Anzeige- und Erklärungs- 15
pflichten stellt eine Steuerhinterziehung (§ 370 AO) und die leichtfertige Verletzung eine Steuerverkürzung (Ordnungswidrigkeit nach § 378 i.V.m. § 377 AO) dar;[27] dadurch verlängert sich die steuerliche Verjährungsfrist (§ 170 Abs. 2 Nr. 1 AO). Der rückwirkende Wegfall des Steueranspruchs „ex tunc", z.B. Erlöschen des Schenkungsteueranspruchs nach § 29 ErbStG, führt nicht zum Entfallen des Straftatbestands der Steuerhinterziehung. Der Zustand der Steuerhinterziehung oder Steuerverkürzung besteht bis zum Ablauf der Festsetzungsverjährung fort. Wird gegenüber dem Nachlassgericht ein zu niedrigerer Erwerb (zur Berechnung der Gebühr) angegeben, liegt keine Steuerhinterziehung vor.[28]

---

26 Vgl. dazu z.B. *Quedenfeld/Füllsack*, Verteidigung in Strafsachen, 2023; *Hofmann*, Mandantenberatung bei der steuerlichen Selbstanzeige, DStR 1998, 399; *Samson*, Strafbefreiende Fremdanzeige (§ 371 Abs. 4 AO) und Berichtigungspflicht (§ 153 Abs. 1 AO), wistra 1990, 245.

27 BGH v. 10.2.2015 – 1 StR 405/14, DStR 2015, 1867 zum Fall des Verschweigens einer Vorschenkung; BFH v. 28.8.2019 – II R 7/17, BStBl 2020 II, 247 mit Anm. *Ebner*, jurisPR-SteuerR 26/2020 Anm. 1; FG Nürnberg v. 16.6.2016 – 4 K1902/15, ZEV 2016, 2016, 668; Vgl. FG Hessen v. 7.5.2018 – 10 K 477/17, EFG 2018, 1253. FG Nürnberg v. 16.6.2016 – 4 K 1902/15, ZEV 2016, 668; *Warlich*, Steuerliche Pflichten des Erben in Bezug auf „schwarzes" Nachlassvermögen, ZErb 2013, 254; *Ott*, Unterlassen von Erwerbsanzeigen nach § 30 ErbStG, ErbStB 2004, 203; *Kamps*, Steuerprobleme für Erben von Schwarzgeld im Ausland, ErbStB 2003, 163; *Kamps*, Festsetzungsverjährung sowie Anzeige- und Erklärungspflichten in Schenkung- und Erbschaftsteuerfällen, ErbR 2014, 16; *Beyer*, Falsche Angaben zu Vorschenkungen: Mehrfache Steuerhinterziehung und Verwendungsverbot, BB 2015, 3040.

28 Im Vordruck zur „Wertanfrage in Testaments- und Erbscheinsangelegenheiten". Das Nachlassgericht ist nicht „andere Behörde" im Sinne des § 370 Abs. 1 Nr. 1 AO; BFH v. 30.1.2002 – II R 52/99, BFH/NV 2002, 917; FG Nürnberg v. 17.6.2021 – 4 K 1444/18, EFG 2022, 1108 nrkr. Revision eingelegt (Az. des BFH: II R 39/21).

Hinweis

Hat es ein Beschenkter und späterer Erbe eines/einer Schenkers(in) allerdings pflichtwidrig und vorsätzlich unterlassen, (Vor-)Schenkungen gemäß § 30 ErbStG dem Finanzamt anzuzeigen, und hat die mangelnde Kenntnis des Finanzamts von den Vorschenkungen zum Zeitpunkt der Mitteilung durch das Nachlassgericht zur Folge, dass das Finanzamt von der Steuerfreiheit des Erwerbs von Todes wegen nach § 16 Abs. 1 ErbStG ausgeht, von einer Aufforderung zur Erklärungsabgabe gemäß § 31 ErbStG absieht und Erbschaftsteuer nicht festsetzt, dann liegt nach Auffassung des FG Nürnberg[29] (auch) eine Hinterziehung der Erbschaftsteuer gemäß § 370 Abs. 1 Nr. 2 AO vor, mit der Folge, dass die Festsetzungsfrist für den Erlass des Erbschaftsteuerbescheides zehn Jahre beträgt.

Das Finanzamt muss die objektiven und subjektiven Umstände dafür, insb. auch für die Verlängerung der Festsetzungsfrist und die Festsetzung von Hinterziehungszinsen, nachweisen. Der Steuerpflichtige kann bei unverjährten Straftaten gem. (§ 371 Abs. 1und 2 AO) eine strafbefreiende Selbstanzeige, bzw. bei leichtfertiger Steuerverkürzung gem. § 378 Abs. 3 AO, abgeben.

16 Abweichend von der steuerlichen Festsetzungsverjährung gelten andere Regeln für die **strafrechtliche Verjährung** (siehe § 78 Abs. 3 Nr. 3 oder 4 StGB, fünf bzw. zehn Jahre je nach Strafschwere; oft sind Erbschaft- oder Schenkungsteuersachverhalte besonders schwere Fälle (Verkürzung über 25.000 EUR).[30] Die strafrechtliche Verjährung beginnt bei einer Schenkungsteuerhinterziehung mit Beendigung der Tat. Eine Schenkungsteuerhinterziehung ist zu dem Zeitpunkt beendet, zu dem die Veranlagung spätestens stattgefunden hätte, wenn der Angeklagte seiner Anzeigepflicht gem. § 30 Abs. 1 ErbStG rechtzeitig nachgekommen wäre.[31] Wegen der Steuerartbezogenheit kann eine Selbstanzeige bzgl. einer Ertragsteuerhinterziehung (ESt) nicht zu einer Strafbefreiung hinsichtlich einer Schenkung-/Erbschaftsteuerhinterziehung und umgekehrt eine Selbstanzeige hinsichtlich einer Erbschaft-/Schenkungsteuerhinterziehung nicht zur Strafbefreiung einer Ertragsteuerhinterziehung führen.[32]

---

29 FG Nürnberg v. 17.6.2021 – 4 K 1444/18, EFG 2022, 1108 nrkr. Revision eingelegt (Az. des BFH: II R 39/21).

30 Zur Berechnung des Selbstanzeigezeitraums und zur Selbstanzeige bei Steuerverkürzung von mehr als 50.000 EUR siehe *Eich*, Strafbarkeitsrisiken bei Selbstanzeigen. Verborgene Fallstricke durch neue Rechtslage, ErbStB 2013, *Füllsack*, in: Quedenfeld/Füllsack, Verteidigung in Steuerstrafsachen, 2016, S. 251 ff.

31 FG Münster v. 24.11.2016 – 3 K 1627/15 Erb, EFG 2017, 628; *Milatz/Wegmann*, Risiko der Nacherklärung bei Erbfällen, wistra 2015, 417; Näheres siehe *Esskandari/Bick*, Wann beginnt die Verjährung bei der Hinterziehung von Erbschaft- und Schenkungsteuer?, ErbStB 2012, 108; BGH v. 25.7.2011 – 1 StR 631/10, NJW 2011, 3249 = AO-StB 2011, 356.

32 Näheres z.B. *Quedenfeld/Füllsack*, Verteidigung in Strafsachen, 2023.

F. Festsetzungsverjährung

Bei der Erbschaft- und Schenkungsteuer richtet sich die Festsetzungsverjährung nach §§ 169–171 AO.[33] Die **reguläre Festsetzungsfrist** beträgt **vier Jahre** (§ 169 AO). Sie beginnt grundsätzlich mit Ablauf des Kalenderjahrs, in dem die Steuer entstanden ist (§ 170 Abs. 1 AO). Zur Entstehung der ErbSt siehe § 9 ErbStG. 17

Beispiel 1

Todesfall im März 2022, Eröffnung des Testaments im November 2022. Es entsteht keine Anzeigepflicht des Erben, daher beginnt die Festsetzungsverjährungsfrist mit Ablauf des Jahres 2022. Die Erbschaftsteuer kann bis Ende des Jahres 2026 festgesetzt werden.

Beispiel 2

Todesfall im März 2022. Es tritt gesetzliche Erbfolge ein. Es entsteht Anzeigepflicht innerhalb von drei Monaten. Erbe gibt 2023 unwissentlich eine falsche Anzeige ab, nach der der Erwerb unterhalb der Freibeträge liegt. In 2023 stellt er noch wesentliches Kapitalvermögen fest, gibt aber keine berichtigte Anzeige mehr ab.

Die Festsetzungsverjährungsfrist beginnt mit Ablauf des Jahres 2023. Die Verletzung der Anzeige- oder Erklärungspflicht dürfte eine Steuerhinterziehung, evtl. nur eine leichtfertige Steuerverkürzung sein; in diesem Fall **verlängert** sich die Verjährungsfrist **auf zehn bzw. fünf Jahre**. Die Erbschaftsteuer könnte bei leichtfertiger Steuerverkürzung bis Ende des Jahres 2028 und bei vorsätzlicher Steuerhinterziehung bis Ende 2033 festgesetzt werden.

In bestimmten Fällen ist für Zwecke der Schenkung-/Erbschaftsteuerfestsetzung eine gesonderte Feststellung der erworbenen Vermögenswerte erforderlich (§ 12 ErbStG, §§ 151, 157 BewG), z.B. wenn ein Grundstück erworben wird. Die Frist für die gesonderte Feststellung von Besteuerungsgrundlagen ist unabhängig von der Festsetzungsfrist für die Folgesteuern zu ermitteln. Sie kann später beginnen als die Festsetzungsfrist für die Folgesteuern und daher noch laufen, nachdem die reguläre Festsetzungsfrist bereits abgelaufen ist. Für einen solchen Fall sieht § 171 Abs. 10 Satz 1 AO eine Ablaufhemmung der Festsetzungsfrist für die Folgesteuern vor. Siehe noch Teil 3 § 7.

---

33 *Eich*, Festsetzungsverjährung im Erbschaft- und Schenkungsteuergesetz, ErbStB 2004, 362; *Demme*, Der Beginn der Festsetzungsverjährung in der Erbschaftsteuer, ZEV 2008, 222; *Kamps*, Festsetzungsverjährung sowie Anzeige- und Erklärungspflichten in Schenkung- und Erbschaftsteuerfällen, ErbR 2014, 16 und einschlägige Kommentierungen, z.B. Daragan/Halaczinsky/Riedel (Hrsg.), Praxiskommentar zum ErbStG und BewG, 4. Aufl. 2023.

I. Beginn der Festsetzungsverjährung

18 Besteht Anzeige- oder Erklärungspflicht, beginnt die Verjährung mit Ablauf des Kalenderjahres, in dem angezeigt oder die unterschriebene Steuererklärung abgegeben wird, spätestens aber mit Ablauf des dritten Kalenderjahres, das dem Jahr folgt, in dem die Steuer entstanden ist (**Anlaufhemmung** gem. § 170 Abs. 2 Nr. 1 AO). Die Anlaufhemmung des § 170 Abs. 2 Satz 1 Nr. 1 AO gilt nur, wenn der Steuerpflichtige selbst, ggf. auch neben weiteren Personen, zur Erstattung einer Anzeige und/oder zur Abgabe einer Steueranmeldung oder Steuererklärung verpflichtet ist. Sie gilt hingegen nicht für den Fall, dass diese Verpflichtung ausschließlich einen von ihm unabhängigen Dritten trifft, der – wie etwa Gerichte, Behörden und Notare – nicht Vertreter des Steuerpflichtigen ist.

19 Eine unvollständige Anzeige löst die Anlaufhemmung des § 170 Abs. 2 Satz 1 Nr. 1 AO im Zweifel nicht aus. Gehen aus der Gesamtheit der dem Finanzamt vorliegenden Anzeigen nach §§ 30, 33, 34 ErbStG Erblasser, Erwerber und Rechtsgrund für den Erwerb hervor, ist das Auslösen der Anlaufhemmung danach zu beurteilen, ob die der Finanzbehörde zur Verfügung stehende Bearbeitungszeit verkürzt worden ist.

Beispiel

Todesfall im März 2022. Es tritt gesetzliche Erbfolge ein. Es entsteht Anzeigepflicht innerhalb von drei Monaten. Der Erbe gibt die Anzeige aber erst im März 2023 ab. Daher beginnt die Festsetzungsverjährungsfrist mit Ablauf des Jahres 2023. Die Erbschaftsteuer kann bis Ende des Jahres 2027 festgesetzt werden.

Alternative

Der Erbe gibt keine Anzeige ab. Die Festsetzungsverjährung beginnt mit Ablauf des Jahres 2026 und kann bis Ende 2030, bei leichtfertiger Steuerverkürzung bis Ende des Jahres 2035 und bei vorsätzlicher Steuerhinterziehung bis Ende 2040 festgesetzt werden.

Ein Miterbe hat die Anzeige rechtzeitig und ordnungsgemäß abgegeben. Ist ein Rechtsvorgang durch einen von mehreren Anzeigepflichtigen ordnungsgemäß angezeigt worden, wird der Beginn der Festsetzungsfrist nicht dadurch weiter hinausgeschoben, dass für denselben Rechtsvorgang zur Anzeige Verpflichtete ihre Anzeigepflicht nicht erfüllt haben.[34]

20 Grundsätzlich liegt es im **Interesse des Steuerpflichtigen**, die Anzeige nach § 30 ErbStG möglichst unverzüglich einzureichen und so einen schnellen Beginn der Festsetzungsfrist (d.h. **Verhinderung einer längeren Anlaufhemmung**) zu erreichen.

34 BFH v. 26.10.2006 – II R 16/05, BFH/NV 2007, 852; BFH v. 6.7.2005 – II R 9/04, BStBl 2005 II, 780.

In der Rechtsprechung kommen immer wieder Fälle vor, in denen das betr. Finanzamt den Fall recht spät aufgreift und nur wegen der Anlaufhemmung noch die Erbschaftsteuer festsetzen kann. Allerdings: Die bloße Erstattung der Anzeige führt noch nicht zu einer endgültigen Beendigung der Anlaufhemmung. Ist ein Erwerb ordnungsgemäß angezeigt worden, kann die **spätere** Aufforderung und Abgabe einer **Steuererklärung** eine **weitere Verlängerung** der – bis zu dreijährigen – Anlaufhemmung auslösen.[35] Wird die Finanzverwaltung erst nach drei Jahren tätig und fordert zur Abgabe der Steuererklärungen auf, ist im Ergebnis eine faktische Anlaufhemmung von bis zu sieben Jahren möglich. War zuvor nicht angezeigt worden, beginnt die Verjährung erst mit Ablauf des Jahres, in dem die Erklärung abgegeben wird, ggf. also auch später als nach drei Jahren.[36]

Wichtig

Eine Anzeige kann den Beginn der Festsetzungsfrist nur dann auslösen, wenn die Anzeige an das zuständige Finanzamt gerichtet ist, und sich aus ihr der Erwerbsfall sowie die Verhältnisse der beteiligten Personen ergeben und die Anzeige eigenhändig unterschrieben ist. Die Kenntniserlangung einer anderen Stelle im Finanzamt, z.B. der Einkommensteuerveranlagungsstelle bei einer vorweggenommenen Erbfolge, ist nicht ordnungsgemäß!

Ist aufgrund des Verlangens des für die Feststellung zuständigen Finanzamts gemäß § 153 Abs. 1 Satz 1 BewG eine **Feststellungserklärung** einzureichen, gelten eigene Feststellungsfristen, vgl. § 7. Im Allgemeinen gelten § 181 Abs. 1 i.V.m. 170 Abs. 1 AO. Bei Aufforderung zur Abgabe einer Feststellungserklärung beginnt die Frist etwa für die Feststellung eines Grundbesitzwerts in sinngemäßer Anwendung des § 170 Abs. 2 Satz 1 Nr. 1 AO mit Ablauf des Kalenderjahres, in dem die Feststellungserklärung eingereicht wird, spätestens jedoch mit Ablauf des dritten Kalenderjahres, das auf das Kalenderjahr folgt, in dem die Steuer entstanden ist, es sei denn, dass die Feststellungsfrist in sinngemäßer Anwendung des § 170 Abs. 1 AO später beginnt. 21

35 BFH v. 27.8.2008 – II R 36/06, BStBl 2009 II, 232; FG Münster v. 24.11.2022 – 3 K 3384/20 Erb, EFG 2023, 298 nrkr. Revision eingelegt (Az. des BFH: II R 1/23). Allerdings: Geht die Steuererklärung nicht innerhalb der Dreijahresfrist des § 170 Abs. 2 Nr. 1 AO ein, kann dies nicht mehr zu einer weiteren Ablaufhemmung führen, d.h. die Festsetzungsjährung beginnt mit Ablauf des dritten Kalenderjahrs, das dem Kalenderjahr folgt, in dem die Steuer entstanden ist.

36 BFH v. 18.10.2000 – II R 50/98, BStBl 2001 I, 14; BFH v. 10.11.2004 – II R 1/03, BStBl 2005 I, 244.

II. Besondere Anlaufhemmung bei Schenkungen

22 Bei Schenkungen beginnt die Festsetzungsfrist, soweit sie nach dem Vorhergesagten schon abgelaufen wäre, nach § 170 Abs. 5 Nr. 2 Alt. 2 AO nicht vor Ablauf des Kalenderjahres, in dem

a) der Schenker gestorben ist oder
b) die Finanzbehörde davor von der vollzogenen Schenkung Kenntnis erlangt hat.[37]

Dadurch wird die dreijährige Anlaufhemmung nach § 170 Abs. 5 Nr. 1 AO außer Kraft gesetzt. Der Fristbeginn nach § 170 Abs. 5 Nr. 2 Alt. 1 AO wird gehemmt, solange der Schenker lebt. Durch § 170 Abs. 5 Nr. 2 Alt. 2 AO wird der Beginn durch den Zeitpunkt der Kenntniserlangung nicht vorverlegt, sondern allenfalls auf einen späteren Zeitpunkt verschoben. Dabei ist die jeweils zuerst eingetretene Alternative maßgeblich.[38]

Beispiel

A schenkt B 100.000 EUR in 2012. Weder Beschenkter noch Schenker zeigen den Erwerb an. Schenker A verstirbt Mitte 2023, Erbe ist C. Im Erbfall erlangt die (Erbschaftsteuerstelle) ErbSSt erst 2023 auch Kenntnis von der damaligen Schenkung an B.

Regulärer Beginn der Festsetzungsfrist wäre der Ablauf des 3. Jahres nach Entstehung der Steuer, also Ende 2015 gewesen; danach hätte die Steuer nur bis Ende 2019, bei Hinterziehung bis 2029, festgesetzt werden können. Gem. § 170 Abs. 5 Nr. 2 Alt. 1 AO kommt jetzt die besondere Anlaufhemmung wegen Tod des Schenkers zur Anwendung. Beginn hier mit Ablauf des Jahres 2023. Die Schenkungsteuer gegen B kann noch bis Ende 2027, bei Hinterziehung sogar noch bis 2037, festgesetzt werden.

Hinweis

Wendet ein Schenker dem Bedachten mehrere Vermögensgegenstände gleichzeitig zu, erlangt das Finanzamt aber lediglich Kenntnis von der freigebigen Zuwendung eines dieser Gegenstände, führt dies nicht zum Anlauf der Festsetzungsfrist für die Schenkungsteuer für die übrigen zugewendeten Vermögensgegenstände.[39]

23 Maßgebend ist die **Kenntnis** der organisatorisch zur Verwaltung der Erbschaftsteuer- und Schenkungsteuer berufenen Dienststelle des **zuständigen** Finanz-

37 Vgl. BFH v. 28.5.1998 – II R 54/95, BStBl 1998 II, 647. Zum **Spezialfall der mittelbaren Schenkung** ausführliche BFH v. 8.3.2017 – II R 2/15, BStBl 2017 II, 751.

38 BFH v. 5.2.2003 – II R 22/01, BStBl 2003 II, 502.

39 BFH v. 26.7. 2017 – II R 21/16, BStBl 2017 II, 1163; Parallelentscheidungen: BFH v. 26.7.2017 – II R 22/16 und II R 23/16, NV.

amts.[40] Die Angabe der Schenkung in der jährlichen Einkommensteuererklärung des Beschenkten oder in einer grunderwerbsteuerlichen Veräußerungsanzeige genügt dafür nicht.

Erfährt das Finanzamt innerhalb der Dreijahresfrist i.S.d. § 170 Abs. 2 S. 1 Nr. 2 AO von einer vollzogenen Schenkung, beginnt die Festsetzungsfrist mit Ablauf des Jahres, in dem die entsprechende Steuererklärung eingereicht wird, spätestens aber mit Ablauf des Kalenderjahres, das dem Jahr folgt, in dem die Steuer entstanden ist. 24

Erfährt das Finanzamt erst mehr als drei Jahre nach Steuerentstehung von einer vollzogenen Schenkung, beginnt die Festsetzungsfrist mit Ablauf des Jahres der Kenntniserlangung. Mit der einmal erlangten Kenntnis bzw. mit Ablauf des Todesjahrs des Schenkers ist die Wirkung des § 170 Abs. 5 Nr. 2 AO verbraucht und eine weitere Verlängerung der Anlaufhemmung, z.B. wegen späterer Abgabe einer Steuererklärung, nicht mehr möglich.[41]

III. Mögliche Verteidigung gegen die besondere Anlaufhemmung

Die Anlaufhemmung kann grds. durch eine zeitnahe Abgabe der Anzeige und der Steuererklärung vermieden werden. Der BFH[42] hat ausgeführt, dass der Anzeigepflicht nach § 30 Abs. 1 ErbStG auch dann Genüge getan sei, wenn die Anzeige nicht alle in § 30 Abs. 4 ErbStG aufgeführten Angaben enthalte. Danach muss das Finanzamt eine ordnungsgemäße Anzeige regelmäßig auch dann anerkennen, wenn Erblasser bzw. Schenker und der Erwerber namentlich richtig bezeichnet werden sowie der Rechtsgrund für den Erwerb mitgeteilt wird. 25

Die Anlaufhemmung endet vor dem Eintritt des Todes des Schenkers mit Ablauf des Jahres, in dem das Finanzamt von der vollzogenen Schenkung Kenntnis erlangt hat (§ 170 Abs. 5 Nr. 2 Alt. 2 AO). Gegen die Anlaufhemmung kann vorgetragen werden, dass das Finanzamt schon rechtzeitig Kenntnis von der Schenkung erlangt hat. Die positive Kenntnis des Finanzamts, z.B. von einer vollzogenen Schenkung, führt zum Beginn der Festsetzungsfrist. Dafür genügt es, wenn die Erbschaftsteuerstellen (ErbSSt) auf irgendeine Weise, also nicht unbedingt durch Anzeige, (z.B. durch Vorlage der Schenkungsurkunde) in dem erforderlichen Umfang (Name und Anschrift des Schenkers und des Bedachten;

40 Näheres siehe FG Köln v. 16.12.2009 – 9 K 2580/07, UVR 2010, 136, m.w.N. zu Beginn der Festsetzungsfrist bei notariell beurkundeter Anteilsschenkung; BFH v. 5.2.2003 – II R 22/01, BStBl 2003 II, 502; BFH v. 26.8.2004 – II B 149/03, BFH/NV 2004, 1626.

41 BFH v. 6.6.2007 – II R 54/05, BStBl 2007 II, 954.

42 BFH v. 16.10.1996 – II R 43/96, BStBl 1997 II, 73.

Rechtsgrund des Erwerbs) Kenntnis erlangt hat.[43] Der Steuerpflichtige ist dafür nachweispflichtig.

Beispiel

Übersenden die Beteiligten dem Finanzamt einen Erbauseinandersetzungsvertrag, in dem auch eine Schenkung an einen Minderjährigen vorgesehen war, erlangt das Finanzamt mangels Kenntnis über die vormundschaftliche Genehmigung keine zuverlässige Kenntnis über eine vollendete Schenkung, d.h. die Anlaufhemmung endete dadurch nicht!

26 Für den Nachweis der positiven Kenntnis reicht es nicht aus, wenn dem Finanzamt in Erfüllung der Anzeigepflicht nach § 34 ErbStG (Anzeige durch Dritte) durch Übersendung der Schenkungsurkunde lediglich Umstände bekannt geworden sind, die ihm ggf. nach weiteren Ermittlungen die Prüfung möglich machen, ob ein schenkungsteuerpflichtiger Vorgang vorliegt. Die Kenntnis von Umständen, die nur zur Prüfung Anlass geben, ob ein schenkungsteuerpflichtiger Vorgang vorliegt, beendet die Anlaufhemmung noch nicht. Das Finanzamt ist nicht zu weiteren Ermittlungen verpflichtet.

27 Soweit der Anlauf der Festsetzungsfrist für die Schenkungsteuer an die Kenntnis der Finanzbehörde von der Schenkung anknüpft, ist auf die Kenntnis der organisatorisch zur Verwaltung der Erbschaftsteuer und Schenkungsteuer berufenen Dienststelle des zuständigen Finanzamts abzustellen.[44] Die Kenntnis des unzuständigen Finanzamts als solches von der Schenkung genügt lediglich dann, wenn ihm die Schenkung ausdrücklich zur Prüfung der Schenkungsteuerpflicht bekannt gegeben wird, die Information aber aufgrund organisatorischer Mängel oder Fehlverhaltens die berufene Dienststelle nicht unverzüglich erreicht.[45]

28 Die Unkenntnis der für die Veranlagung der Erbschaftsteuer zuständigen Dienststelle des jeweiligen Finanzamts geht – abgesehen von den Fällen der Fehlleitung einer tatsächlich erfolgten Anzeige im Finanzamt – mit den Anzeigepflichten gem. § 30 ErbStG unter dem Verjährungsgesichtspunkt zu Lasten des Schenkers.

43 So Urteil des BFH v. 28. 5. 1998 – II R 54/95, BStBl 1998 II, 647. Wenn die Anzeigen Dritter dazu geführt haben, dass aus deren Gesamtheit Erblasser, Erwerber und der Rechtsgrund für den Erwerb eindeutig hervorgehen, erübrigt sich eine Anzeige der Beteiligten, d.h. die Festsetzungsverjährung beginnt mit der Kenntnis infolge der Anzeigen Dritter. BFH v. 26.10.2006 – II R 16/05, BFH/NV 2007, 852.

44 Die Kenntnis der Veranlagungs- u. Kapitalverkehrssteuer reichen nicht, um die Festsetzungsfrist in Gang zu setzen; so BFH v. 7.12.2000 – II B 7/00, BFH/NV 2001, 575.

45 Vgl. BFH v. 5.2.2003 – II R 22/01, BStBl 2003 II, 502, Anm. *Jülicher*, ZErb 2003, 234.

IV. Besondere Anlaufhemmung bei einer Zweckzuwendung unter Lebenden

Bei Zweckzuwendungen beginnt die Festsetzungsfrist nicht vor Ablauf des Kalenderjahres, in dem die Verpflichtung erfüllt worden ist (§ 170 Abs. 5 Nr. 3 AO). 29

V. Besondere Anlaufhemmung bei einem Erwerb von Todes wegen

Bei Erwerben von Todes wegen beginnt die Festsetzungsfrist nicht vor Ablauf 30 des Kalenderjahres, in dem der Erwerber mit einer solchen Zuverlässigkeit und Gewissheit Kenntnis von seinem unangefochtenen Erbschaftserwerb erlangt hat, dass er in der Lage war und von ihm deshalb auch erwartet werden konnte, seine Anzeigepflicht nach § 30 ErbStG zu erfüllen. Denn nur soweit der Erbe seine Anzeigepflichten erfüllen kann und auch tatsächlich erfüllt, ist das Finanzamt in der Lage, aus dem Erwerb die steuerlichen Konsequenzen durch Aufforderung zur Abgabe der Steuererklärung und Steuerfestsetzung zu ziehen.[46] Ein Erbe erlangt für den Fall, dass der Erblasser den Erben durch wirksame letztwillige Verfügung zum Erben eingesetzt hat, grundsätzlich zuverlässige und sichere Kenntnis mit der Testamentseröffnung.[47] Die Testamentseröffnung fingiert aber nicht die Kenntnis, sondern legt nur den frühesten Zeitpunkt der Kenntniserlangung fest. Liegt gesetzliche Erbfolge vor, kann Kenntnis vom Erwerbsvorgang nur vorliegen, wenn der Erbe sicher weiß, dass ein Verwandter einer vorhergehenden Ordnung nicht vorhanden ist und zu welchem Anteil er am Erbe beteiligt ist. Bei völlig unklaren Verhältnissen kann im Einzelfall Kenntnis erst mit der Erteilung des Erbscheins vorliegen;[48] ansonsten ist die Erbscheinerteilung nicht Kenntnis begründend. Bei Streitigkeit liegt sichere Erkenntnis vor, wenn das Nachlassgericht die Wirksamkeit der letztwilligen Verfügung und die Alleinerbenstellung erstmals feststellt, auch wenn der Erbschein erst später erteilt wird.[49] Die ErbSSt ist bzgl. des späteren Beginns der Festsetzungsverjährung nachweispflichtig.

Beispiel

V (Inländer, unbeschränkt steuerpflichtig) hat von einem entfernten Verwandten, der in Norwegen lebte, 2012 eine erhebliche Erbschaft gemacht. Erst 2022 erfuhr er durch einen Erbenermittler von dem ausländischen Erbanfall. Er zeigt den Erbanfall 2022 an. Die Festsetzungsverjährung beginnt mit Ablauf des Jahres 2022. Zeigt er nicht an, beginnt die Festsetzungsfrist zwar ebenfalls

46 BFH v. 8.3.1989 – II R 63/86, BFH/NV 1990, 444.
47 BFH v. 27.11.1981 – II R 18/80, BStBl 1982 II, 278.
48 BFH v. 8.3.1989 – II R 63/86, BFH/NV 1990, 444; FG Düsseldorf v. 29.6.2022 – 4 K 896/20 Erb, EFG 2022, 1581 bei Streitigkeiten infolge eines nachträglich aufgefundenen Testaments.
49 BFH v. 27.4.2022 – II R 17/20, BFH/NV 2022, 901 mit Anm. *Halaczinsky*, jurisPR-SteuerR 35/2022 Anm. 1.

mit Ablauf des Jahres 2022; die Verjährungsfrist verlängert sich aber bei Steuerhinterziehung auf zehn und bei Steuerverkürzung auf fünf Jahre.

VI. Ablaufhemmung

31 Das Ende der Festsetzungsfrist kann sich wegen Ablaufhemmung gem. § 171 AO in die Zukunft verschieben.

Beispiel

Todesfall im März 2020. Es tritt gesetzliche Erbfolge ein. Es entsteht eine Anzeigepflicht innerhalb von drei Monaten. Der Erbe gibt die Anzeige aber erst im März 2021 ab. Daher beginnt die Festsetzungsverjährungsfrist mit Ablauf des Jahres 2021. Die Erbschaftsteuer kann bis Ende des Jahres 2025 festgesetzt werden. Ende 2025 ergeht ein Erbschaftsteuerbescheid, der jedoch durch Einspruch angefochten wird. Auch wenn darüber bis Ende 2025 nicht entschieden würde, kann die Festsetzungsverjährungsfrist gem. § 171 Abs. 3a AO bis zur bestandskräftigen Entscheidung nicht ablaufen.

Alternative

Der Nachlass kann wegen ErbSt-Streitigkeiten bis Ende 2020 nicht auseinandergesetzt werden. Richtet sich eine Steuer gegen einen Nachlass und kann zunächst niemand über den Nachlass verfügen, endet die Festsetzungsfrist nicht vor dem Ablauf von sechs Monaten nach dem Zeitpunkt, in dem die Erbschaft vom Erben angenommen oder der Nachlassinsolvenz eröffnet worden ist oder die Steuer sonst festgesetzt werden kann (§ 171 Abs. 12 AO). Im Übrigen führen ErbSt-Streitigkeiten nicht allgemein zu einer Ablaufhemmung.

Weitere Ablaufhemmungsgründe siehe § 171 AO und entsprechende Kommentierung.

Hinweis

Besondere Bedeutung hat für die Erbschaftsteuer auch die Ablaufhemmung infolge von **Grundlagenbescheiden**, da im Erbschaftsteuerrecht vielfach gem. §§ 151, 157 BewG gesonderte Wertfeststellungen erforderlich sind. Hier endet die Feststellungsfrist **nicht vor Ablauf von zwei Jahren nach Bekanntgabe (taggenau) des Grundlagenbescheids** (§ 171 Abs. 10 AO). Aber auch die Grundlagenbescheide müssen innerhalb ihrer Festsetzungsfrist erlassen werden. Dies ist in § 181 AO geregelt.

G. Verletzung von Anzeige- und Erklärungspflichten durch Rechtsvorgänger

I. Erblasser hat Erbanfälle/Schenkungen verschwiegen

Häufig werden die Erwerber/Berater mit **Sachverhalten aus der Vergangenheit** 32
konfrontiert, die möglicherweise Steuerhinterziehung oder leichtfertige Steuerverkürzungen waren.[50] Erlangt das Finanzamt von einer Steuerverfehlung des Rechtsvorgängers Kenntnis und kann es mit einiger Sicherheit von einer Steuerhinterziehung/Steuerverkürzung des Rechtsvorgängers ausgehen, kann es die (frühere) Steuer und sog. Hinterziehungszinsen gegen den Rechtsnachfolger innerhalb der dann verlängerten Festsetzungsverjährungsfrist festsetzen.[51] Insbesondere bei im Ausland angelegten Kapitalvermögen kann es dabei sowohl zu Nachforderungen wegen Nichtangabe in der Erbschaft- oder Schenkungsteuererklärung und zusätzlich auch zu Nachforderungen der Einkommensteuer sowohl beim Rechtsvorgänger wie auch beim Erwerber kommen. Im Rechtsbehelfsverfahren wäre dann zu klären, ob das frühere Verhalten des Rechtsvorgängers oder das spätere Verhalten des Erwerbers eine Steuerhinterziehung war. Bei behaupteter Steuerhinterziehung von Seiten des Finanzamts liegt die Feststellungslast beim Finanzamt. Bei Kumulation von nachträglicher Steuerfestsetzung und Hinterziehungszinsen (i.A. wird das Finanzamt Hinterziehungszinsen i.H.v. 6 % p.A. festsetzen, siehe dazu AEAO zu § 235 AO), bei Ertrags- und Vermögenssteuern möglicherweise für mehrere Jahre) kann das hinterlassene Kapitalvermögen/Vermögen zur Bezahlung der rückständigen Steuern aufgezehrt werden und im schlimmsten Fall muss der Rechtsnachfolger noch aus eigenem Vermögen Geld zur Bezahlung der Steuern des Rechtsvorgängers aufwenden. Auch wenn die vom Erblasser herrührenden Steuern einschl. der Zinsen gem. § 10 Abs. 5 Nr. 1 ErbStG als Nachlassverbindlichkeiten[52] absetzbar sind, und zwar auch dann, wenn die Steuer erst nach dem Tod des Erblasser aufgedeckt wird und die Steuer nicht zeitnah (also auch später als drei Monate) nach dem Erbfall festgesetzt wird,[53] müssten Steuerpflichtige und deren Berater für diesen Fall prüfen, ob ggf.

50 BGH v. 10.2.2015 – 1 StR 405/14, DStR 2015, 1867; zum Verjährungsbeginn bei Hinterziehung von Schenkungsteuer durch Unterlassen vgl. BGH v. 25.7. 2011 – 1 StRr. 631/10, NJW 2011, 3249 = wistra 2011, 428.

51 *Esskandari/Bick*, Wann beginnt die Verjährung bei der Hinterziehung von Erbschaft- und Schenkungsteuer?, ErbStB 2012, 108.

52 Die Finanzverwaltung macht den Abzug der hinterzogenen Steuern lediglich von deren Festsetzung abhängig, nicht aber von dem Zeitpunkt, zu dem das zuständige Finanzamt von der Steuerangelegenheit unterrichtet wurde. Auch nach Auffassung der Finanzverwaltung können hinterzogene Steuern, die nicht festgesetzt werden, nach dem Erlass nicht als Nachlassverbindlichkeiten abgezogen werden. Einschränkend BFH v. 28.10.2015 – II R 46/13, BStBl 2016 II, 477; *Wachter*, Schwarzgeld im Nachlass, ZErb 2003, 66.

53 FinMin NW v. 14.11.2002, DStR 2003, 77 = ErbStB 2003, 81.

die Erbschaft ausgeschlagen oder die Haftung auf den Nachlass begrenzt werden sollte.[54] Diesbezügliche Steuer- und Rechtsberatungskosten sind beim Rechtsnachfolger als Sonderausgaben abziehbar, soweit sie keine Nachlassverbindlichkeiten sind.[55]

II. Pflichten des Gesamtrechtsnachfolgers bei Verfehlungen des Rechtsvorgängers

33 Erlangt der Rechtsnachfolger Kenntnis oder Verdacht, dass der Rechtsvorgänger Vermögenserwerbe bisher bei der Erbschaft- und Schenkungsteuer und/oder bei den Besitz- und Ertragsteuern ganz oder teilweise verschwiegen hat, ist zu entscheiden, ob der Erbe/Beschenkte nachträglich noch Anzeige-, Erklärungs- und/oder Berichtigungspflichten bzgl. der Erwerbe des Rechtsvorgängers hat.[56]

III. Gesamtrechtsnachfolger

34 Der **Rechtsnachfolger** tritt i.A. verfahrensrechtlich und materiellrechtlich in die Stellung des Rechtsvorgängers ein.[57] Dies gilt nur für Gesamtrechtsnachfolger. Anzeigepflicht des Erwerbers – wohl nicht eines Schenkers – geht auf den Gesamtrechtsnachfolger (§ 45 AO) über. **Gesamtrechtsnachfolger** ist der gesetzliche und gewillkürte Erbe/Miterbe, der Vor- und Nacherbe, bei Ausschlagung der Ersatzerbe, bei Gütergemeinschaft der Erbe (§ 1482 BGB) und bei fortgesetzter Gütergemeinschaft die Gütergemeinschaft (§ 1483 BGB). Der Gesamtrechtsnachfolger kann eine natürliche oder juristische Person sein. Maßgebend ist das Zivilrecht. Bei juristischen Personen treffen die steuerlichen Pflichten deren gesetzliche Vertreter und Verfügungsberechtigte.

> **Hinweis**
>
> **Vermächtnisnehmer** und **Pflichtteilsberechtigte** sind **keine Gesamtrechtsnachfolger, ebenso wenig Einzelrechtsnachfolger, Beschenkte**. Nur bei Gesamtrechtsnachfolge gehen die Forderungen und Schulden aus dem Steuerschuldverhältnis auf den Gesamtrechtsnachfolger über (§ 45 Abs. 1 AO). Sie erlöschen in der Person des Rechtsvorgängers und entstehen bei ihm neu.[58]

---

54 Dazu *Strübing*, Haftungsbeschränkung des Erben bei Steuerverbindlichkeiten, ZErb 2005, 177.

55 Dazu Gleich lautender Ländererlass v. 13.3.2015, BStBl 2015 I, 258; *Klose*, Berücksichtigung von Steuerberatungskosten anlässlich und gelegentlich des Erbfalls, ZEV 2006, 150.

56 *Warlich*, Steuerliche Pflichten des Erben in Bezug auf „schwarzes" Nachlassvermögen, ZErb 2013, 254.

57 Zu bestimmten Ausnahmen vgl. z.B. *Bartone*, in: Kühn/v. Wedelstädt, AO § 45 Rn 6; BFH v. 29.8.2017 – VIII R 32/15, DStR 2018, 297 zur Berichtigungspflicht nach Steuerhinterziehung des Erblassers.

58 *Tipke/Kruse*, AO u. FGO, § 47 Rn 7.

Der Gesamtrechtsnachfolger wird selbst Steuerpflichtiger i.S.d. § 33 Abs. 1 AO hinsichtlich der Steuerpflichten des Rechtsvorgängers.[59] Auskünfte, die dem Erblasser aus den Steuerakten erteilt werden durften, dürfen auch dem bzw. den Gesamtrechtnachfolger(n) erteilt werden. Zur Auskunftserteilung an einen von mehreren Gesamtrechtsnachfolgern bedarf es nicht der Zustimmung der anderen.[60]

Erkennt der Gesamtrechtsnachfolger steuerliche Pflichtverletzungen des Rechts- 35
vorgängers/Erblassers, muss er diese i.d.R. richtigstellen. Verstößt er gegen diese Pflichtverletzungen, können diese Pflichtverletzungen unter bestimmten Voraussetzungen eigene Steuerverfehlungen sein. Insbesondere treffen den Gesamtrechtsnachfolger, dessen gesetzliche Vertreter (z.B. bei minderjährigen Erben, bei juristischen Personen) und andere in §§ 34, 35 AO genannten Personen, daher die **Anzeige-, Erklärungs- und Berichtigungspflichten des Rechtsvorgängers.**[61] Dritte, z.B. Testamentsvollstrecker, die eine unrichtige/unvollständige Erbschaftsteuererklärung für die Erben abgeben, trifft auch die Berichtigungspflicht gem. § 153 Abs. 1 AO.[62] Rechtsnachfolger haften persönlich – i.d.R. auch mit ihrem Privatvermögen – für (noch festsetzbare) Steuern des Rechtsvorgängers, soweit die Erbenhaftung nicht beschränkt wird (§ 45 Abs. 2 AO). Gesetzliche Vertreter usw. haften zusätzlich gem. §§ 69, 71 AO bei Verletzung dieser Pflichten für die ausgefallenen Steuer. Im Einzelnen sind

- unterlassene Anzeigen nachzuholen (§ 30 ErbStG i.V.m. § 45 AO oder ggf. nach § 153 Abs. 2 AO),
- unrichtige und unvollständige Anzeigen i.S.v. § 30 ErbStG zu berichtigen (§ 153 Abs. 1 Nr. 1 AO),
- unterlassene Steuererklärungen, sofern gegenüber dem Rechtsvorgänger eine Aufforderung dazu vorlag, nachzuholen (§ 149 i.V.m. § 45 AO),
- unrichtige und unvollständige Erklärungen zu berichtigen, soweit noch keine Steuerfestsetzung erfolgt ist (§ 153 Abs. 1 Nr. 1 AO), und
- falls die unrichtige Steuerfestsetzung gegen den Rechtsvorgänger schon vorliegt, diese dann zu berichtigen (§ 153 Abs. 1 Nr. 1 AO), allerdings nur wenn er erkennt, dass der Rechtsvorgänger bei einer früheren Erbschaftsteuererklärung erhebliche Vermögenswerte falsch (zu niedrig oder gar nicht) angegeben hat. Er muss davon ausgehen können, dass es dadurch objektiv zu einer

59 Dazu AEAO zu § 45 Tz. 1–3.

60 AEAO zu § 30 Tz. 4.4.

61 *Eich*, Ungeklärte Vermögenszuwächse beim Erblasser, ErbStB 2003, 160; *Durst*, Der verstorbene Steuerstraftäter – Pflichten und Risiken des Erben, ErbBstg 2012, 22; *Halaczinsky/Füllsack*, Verletzung der Anzeige- und Berichtigungspflicht nach § 153 AO im Erbschaftsteuerrecht, BB 2011; 2839; *Kamps*, Steuerprobleme für Erben von Schwarzgeld im Ausland, ErbStB 2003, 163; *Steiner*, Erwerb von „Schwarzgeld“ Steuerliche Pflichten des Erben – Ein Beispielsfall, ErbStB 2008, 152.

62 BGH v. 11.11.2008 – 5 StR 156/08, NStZ 2009, 273.

Steuerverkürzung gekommen ist. Es kommt auf die zuverlässig erlangte Kenntnis über den früheren Erwerb und dessen Verschweigen an.

Anmerkung

Erkennen müssen oder können genügt nicht! Der Rechtsnachfolger braucht in den Unterlagen nicht zu suchen, ob der Erblasser seine Erklärungspflichten sorgfältig richtig und vollständig erfüllt hat. Er braucht gegen Ende oder nach Ablauf der regulären Festsetzungsfrist nicht prüfen, ob eine verlängerte Verjährungsfrist (wegen Steuerverkürzung oder -hinterziehung) gegeben wäre.

36 **Achtung**

Gibt der Rechtsnachfolger trotz zuverlässiger Kenntnis von einem steuerbaren Erwerb des Rechtsvorgängers keine berichtigte Erklärung ab, kann darin eine eigene leichtfertige Steuerverkürzung oder sogar eine Steuerhinterziehung vorliegen, wenn es wegen der unterlassenen Berichtigung des Erben zu keiner (richtigen) Steuerfestsetzung kommt. D.h., der Rechtsnachfolger kann ggf. bei einer Steuerhinterziehung seines Rechtsvorgängers zusätzlich wegen eigener Steuerverfehlung belangt werden!

Hinweis

Erben von „Schwarzgeld“ müssen nicht nur die vorhergehenden Erbschaftsteuererklärungen nachholen, wenn eine Aufforderung vom Finanzamt vorliegt, oder von sich aus berichtigen; sie müssen auch die entsprechenden Einkommensteuererklärungen (und ggf. andere Steuererklärungen) der Rechtsvorgänger, soweit die Verjährung reicht, nachholen oder berichtigen.

H. Die Steuererklärung

I. Aufforderung zur Abgabe einer Steuererklärung

37 Die Erbschaftsteuerstellen (ErbSSt) der speziellen Erbschaftsteuerämter werten die eingehenden Informationen (Mitteilungen und Anzeigen) aus und entscheiden daraufhin, ob sie vom Erwerber eine Steuererklärung anfordern müssen. Von jedem Todesfall erhält das Finanzamt durch die Standesämter Mitteilung. Da aus der Nachricht in den meisten Fällen nicht hervorgeht, ob der Verstorbene nennenswertes Vermögen vererbt hat, wartet das Finanzamt einige Zeit, ob Mitteilungen von Erben oder sonstigen Erwerbern von Vermögen oder auch von dritter Seite eingehen. In Erbfällen sind z.B. Vermögensverwahrer (Banken, Sparkassen, usw.), Vermögensverwalter und Versicherungsunternehmen zur Anzeige von in ihrem Besitz befindlichen Vermögen oder von Guthaben bzw. Forderungen des Erblassers verpflichtet; vgl. Anm. 3 ff. Erst aufgrund dieser Unterlagen kann das Finanzamt prüfen, ob das den Erben und Bedachten zugefallene Vermö-

gen so hoch ist, dass nach Abzug der Freibeträge eine Steuer festzusetzen ist. Hält das Finanzamt nach den Unterlagen eine Besteuerung für wahrscheinlich, kann es von jedem an einem Erbfall Beteiligten – auch unabhängig davon, ob eine Anzeige gem. § 30 ErbStG erstattet worden ist – die Abgabe einer Steuererklärung innerhalb einer Frist (i.d.R. mindestens ein Monat) verlangen. Deshalb müssen Erbschaftsteuer- und Schenkungsteuererklärung nur abgegeben werden, wenn das zuständige Erbschaftsteuerfinanzamt den Erwerber (Erben, sonst unentgeltlich Bedachten oder Beschenkten) dazu schriftlich auffordert (§ 31 ErbStG). Die Aufforderung erfolgt im Allgemeinen in Verbindung mit der Übersendung der entsprechenden Erklärungsformulare und einer Fristsetzung, innerhalb derer die Erklärung abzugeben ist.

Hinweis

Ohne Aufforderung zur Abgabe einer Steuererklärung braucht der Erwerber (Erbe, sonst Bedachter, Beschenkte etc.) von sich aus keine Steuererklärung abgeben (ggf. eine Anzeige), auch wenn umfangreicher wertvoller Nachlass vorhanden ist oder erst später z.B. beim Sichten von Unterlagen entdeckt wird.[63] Wer nicht zur Abgabe einer Erklärung aufgefordert wird, kann auch bei größeren Erbanfällen oder Schenkungen keine Steuerhinterziehung durch Nichtabgabe begehen. Ausnahme: Testamentsvollstrecker (siehe Rdn 41).

Die Frist muss mindestens einen Monat betragen (§ 31 ErbStG i.V.m. § 149 AO). 38
Zwischen dem Erbfall und der Zusendung des Erklärungsformulars vergeht in der Regel eine gewisse Zeit der Pietät. Wenn das Finanzamt sich nicht sofort nach dem Erbfall meldet, besagt das also nicht, dass es keine Besteuerung vornehmen wird. Für die Aufforderung ist keine gesetzliche Frist vorgesehen, so dass das Finanzamt bis zum Ablauf der Festsetzungsverjährung zu einer Erklärung auffordern kann. Soweit das ErbStG keine besonderen Regeln vorsieht, gelten die allgemeinen für Steuererklärung geltenden Vorschriften der AO. Steuerpflichtige und deren Berater können unter Angabe plausibler Gründe (insbesondere zur Klärung umfangreichen Nachlasses oder komplizierter Erbfragen) Fristverlängerung beantragen, die gewöhnlich gewährt wird. Bei Nichtabgabe oder nicht fristgerechter Abgabe der Erklärung können ein Verspätungszuschlag (§ 152 AO) sowie Zwangsgelder (§ 329 AO) festgesetzt werden.

Von der Erbschaft-/Schenkungsteuererklärung sind die Feststellungserklärungen 39
i.S.v. § 151 BewG zu unterscheiden, aufgrund deren die für die Erbschaft-/Schenkungsteuerfestsetzung erforderlichen Wertfeststellungen erfolgen. Diese sind auf Aufforderung neben und nach den Erbschaft-/Schenkungsteuererklärungen abzugeben. Näheres siehe § 7.

63 BFH v. 30.1.2001 – II R 52/99, BFH/NV 2001, 917; ebenso Vorinstanz: FG Düsseldorf 26.3.1999, EFG 1999, 1239.

II. Erbe/Beschenkte minderjährig?

40 Für Minderjährige und nicht (voll) Geschäftsfähige müssen die gesetzlichen Vertreter und ggf. deren Bevollmächtigte die Erklärungspflichten erfüllen. Bei schuldhafter Verletzung kann eine Steuerhinterziehung zugunsten der Vertretenen vorliegen, insb. mit der Folge verlängerter Steuerfestsetzungs- und Feststellungsfristen! Die gesetzlichen Vertreter haften für evtl. Steuerausfälle; d.h. können ggf. nach §§ 69, 71 i.V.m. §§ 34, 35 AO auch mit ihrem Privatvermögen in Anspruch genommen werden. Rechts- und Steuerberater haften danach aber nur ausnahmsweise, wenn sie gleichzeitig eine Person i.S.d. §§ 34, 35 AO, z.B. Betreuer, sind.[64]

III. Testamentsvollstrecker, Nachlassverwalter, Nachlasspfleger

41 Ist ein Testamentsvollstrecker[65] oder Nachlassverwalter vorhanden oder ein Nachlasspfleger[66] bestellt, ist die Steuererklärung von diesem abzugeben (§ 31 Abs. 5, 6 ErbStG), auch wenn der betreffende Erbe nicht zur Abgabe einer Erklärung aufgefordert worden ist.[67] Sie haben nach BFH-Rechtsprechung[68] die entsprechende Erklärung allerdings – wie die bei einem an einem Erbfall Beteiligten – erst mit der Aufforderung des Finanzamts abzugeben (§ 31 Abs. 5 ErbStG).[69] Entsprechendes gilt für die Abgabe von für Erbschaftsteuerzwecke

64 FG Baden-Württemberg v. 9.5.2011 – 9 K 3714/08.

65 *Tolksdorf/Simon*, Die steuerlichen Pflichten des Testamentsvollstreckers, ErbStB 2008, 360; zur zivilrechtlichen Stellung siehe noch BFH v. 11.6.2013 – II R 10/11, DB 2013, 2130. Neuere Literatur zum TV: *Rott/Kornau/Zimmermann*, Praxishandbuch Testamentsvollstreckung, 3. Aufl. 2022; *Mayer/Bonefeld/Tanck*, Testamentsvollstreckung, 5. Aufl. 2022.

66 Der Nachlasspfleger ist gem. § 1961 BGB nicht Inhaber eines privaten Amtes, sondern gesetzlicher Vertreter der unbekannten Erben. Als solcher ist er nicht im eigenen Namen rechtsmittelbefugt. Er wird nicht selbst Beteiligter i.S.d. § 57 FGO. Vielmehr tritt er namens der unbekannten Erben einer bestimmten Person auf. Zur Erbschaftsteuerfestsetzung gegen unbekannte Erben bei Nachlasspflegschaft FG Düsseldorf v. 9. 8.2017 – 4 K 442/16 Erb, EFG 2017, 1525 (nrk BFH: II R 40/17).

67 BFH v. 7.12.1999 – II B 79/99, BStBl 2000 II, 233; BFH v. 9.6.1999 – II B 101/98, BStBl 1999 II, 529. Die Erklärungspflicht des Testamentsvollstreckers nach § 31 Abs. 5 ErbStG führt nicht zu einer Befreiung des Erwerbers von der Anzeigepflicht nach § 30 Abs. 1 ErbStG! Zur zivilrechtlichen Stellung des Testamentsvollstreckers und der Erklärungspflicht siehe noch BFH v. 11.6.2013 – II R 10/11, BStBl 2013 II, 924; DB 2013, 2130. Zur Haftung des Testamentsvollstreckers für die sog. Nachsteuer siehe Bayerisches Landesamt für Steuern v. 4.2.2016 – S 3812.1.1–12/8 St34, ErbSt-Kartei BY Andere Gesetze § 69 AO Karte 1.

68 BFH v. 11.6.2013 – II R 10/11, DB 2013, 2130; Bestätigung des FG Düsseldorf v. 26.1.2011 – 4 K 1956/10 Erb, EFG 2011, 1081. A.A. noch BFH v. 9.6.1999 – B 101/98, BStBl 1999 II, 529; BFH v. 7.12.1999 – II B 79/99, BStBl 1999 II, 233.

69 BFH v. 11.6.2013 – II R 10/11, BStBl 2013 II, 924.

ggf. erforderliche **Feststellungserklärungen.**[70] Die nicht rechtzeitige Abgabe hemmt den Anlauf der Festsetzungsfrist gegenüber den Erben.[71] Erben sind im Falle einer Testamentsvollstreckung[72] nicht zur Abgabe einer Erklärung verpflichtet, auch dann nicht, wenn sie hierzu aufgefordert werden. Die Aufforderung ist an den Testamentsvollstrecker weiterzuleiten. Findet der Testamentsvollstrecker vom Rechtsvorgänger bisher verschwiegene Vermögenswerte im Nachlass, muss er diese natürlich in der ErbSt-Erklärung angeben. Lässt er die bisher verschwiegenen Vermögenswerte weg, nimmt er an der Steuerhinterziehung teil oder begeht sogar eine eigene Steuerhinterziehung. Außerdem wird ggf. die Haftung nach §§ 69, 71 AO ausgelöst. Die Bekanntgabe eines Erbschaftsteuerbescheids an den Testamentsvollstrecker setzt einen Fall des § 31 Abs. 5 ErbStG voraus. Die Bekanntgabe des Erbschaftsteuerbescheids an den Testamentsvollstrecker/Nachlasspfleger setzt die einmonatige Rechtsbehelfsfrist – i.d.R. gegenüber dem Erben – in Gang.[73] Da und sofern der Testamentsvollstrecker/Nachlasspfleger nicht (automatisch) gleichzeitig Bevollmächtigter der/des Erben ist,[74] muss er den Steuerbescheid den Erben so rechtzeitig zuleiten, dass sie ggf. Einspruch einlegen können. Leitet er den Bescheid erst verspätet den Erben zu, könne diese ggf. Wiedereinsetzung in den vorigen Stand (§ 110 AO) beantragen und den Einspruch nachholen. In diesen Fällen wird ihnen das Verhalten des Testamentsvollstreckers nicht als Verschulden zugerechnet.[75] Entsprechendes gilt für die Bekanntgabe von Feststellungsbescheiden, z.B. für ein Grundstück im Nachlass.

Hinweis

Die Kosten einer Testamentsvollstreckung können im Rahmen der Angemessenheit als Nachlassverbindlichkeiten gem. § 10 Abs. 5 Nr. 3 Satz 1 ErbStG abgezogen werden.

---

70 FG Hamburg v. 30.3.2020 – 3 K 218/19, ZEV 2020, 727.

71 BFH v. 7.12.1999 – II B 79/99, BStBl 2000 II, 233.

72 Fallen Teile des Erwerbs nicht unter die Testamentsvollstreckung fallen, besteht insoweit die eigene Steuererklärungspflicht.

73 Ein an einen Testamentsvollstrecker adressierter, für Schenkungsteuerschulden des Erblassers erlassener Schenkungsteuerbescheid mit dem Zusatz „als Testamentsvollstrecker und Zustellungsvertreter der Erben nach …“ ist inhaltlich unbestimmt (rechtswidrig), weil er nicht erkennen lässt, ob durch den Steuerbescheid zulässigerweise (§ 45 AO, § 2213 BGB) gegenüber dem Testamentsvollstrecker eine Steuerschuld des Erblassers geltend gemacht und oder ob ihm der Bescheid lediglich als Zustellungsbevollmächtigter der Erben bekannt gegeben werden sollte. BFH v. 30.9.1987 – II R 42/84, BStBl 1988 II, 120.

74 BFH v. 5.6.2003 – V R 25/02, BStBl 2003 II, 734 = ZErb 2003, 322, zum Nachlasspfleger BFH v. 21.12.2004 – II B 110/04, BFH/NV 2005, 704.

75 BFH v. 14.11.1990 – II R 58/86, BStBl 1991 II, 52.

IV. Mehrere Erben und fortgesetzte Gütergemeinschaft

42 Bei mehreren Erben ist jeder nur hinsichtlich seines Erwerbs erklärungspflichtig. Fordert das Finanzamt nur einen von mehreren Erben zur Erklärungsabgabe auf, entsteht die Erklärungspflicht nur in dessen Person; demgemäß ist der Beginn der Festsetzungsfrist nur gegenüber diesem Erben gehemmt.[76] Mehrere Erben können gemeinsam eine von allen unterschriebene Erklärung abgeben (§ 31 Abs. 4 ErbStG, H E 31 ErbStH). Sind an dem Erbfall außer den Erben noch weitere Personen beteiligt, z.B. Pflichtteilsberechtigte, können diese im Einverständnis mit den Erben in die gemeinsame Steuererklärung einbezogen werden. Näheres siehe noch H E 31 ErbStH.

Der überlebende Ehegatte oder Lebenspartner kann in den Fällen der fortgesetzten Gütergemeinschaft allein zur Steuererklärung für den gesamten Erwerb aufgefordert werden, auch wenn die Abkömmlinge jeweils für ihren Anteil steuerpflichtig sind (§ 31 Abs. 3 ErbStG).

V. Form, Frist

43 Grundsätzlich ist die Steuererklärung auf dem amtlich vorgegebenen Formular abzugeben. Die Erklärung hat im Erbfall ein Verzeichnis der zum Nachlass gehörenden Gegenstände und die sonstigen für die Feststellung des Gegenstandes und des Werts des Erwerbs erforderlichen Angaben zu enthalten. Dazu gibt es diverse amtliche Formulare, die der Erbschaft- oder Schenkungsteuererklärung beizufügen sind. Die elektronische Übermittlung ist zzt. noch ausgeschlossen (§ 87a Abs. 3 AO). In der Regel setzt das Finanzamt bei der Aufforderung zur Abgabe der Steuererklärung eine Frist; die auf begründeten Antrag verlängert werden kann (§ 109 AO).

VI. Vereinfachte Steuererklärung

44 In einigen Ländern gibt es vereinfachte Erbschaftsteuererklärungsformulare für den Fall, dass nur wenige Nachlassgegenstände vorhanden sind.[77] Im Zweifel kann dies durch Nachfrage beim Finanzamt in Erfahrung gebracht werden; dadurch kann „Erklärungsaufwand“ vermindert werden.

In § 31 Abs. 7 ErbStG ist die Möglichkeit vorgesehen, dass das Finanzamt auf amtlichen Vordrucken eine Steuererklärung abgibt, in der der Steuerschuldner die Steuer selbst zu berechnen hat. Die selbst berechnete Steuer ist innerhalb eines Monats nach Abgabe der Steuererklärung zu entrichten. An diese Vorschrift

76 BFH v. 5.5.1999 – II R 96/97, BFH/NV 1999, 1341.

77 Beispielsfall FG Niedersachsen v. 28.6.2023 – 3 K 169/21, juris, bei Vermächtnis eines Geldbetrags.

knüpft der BGH[78] bei nicht angezeigten Schenkungen den Beginn der Strafverfolgungsverjährung; diese beginnt bei einer Schenkungsteuerhinterziehung mit Beendigung der Tat. Bei gesetzeskonformen Verhalten könnten die Veranlagung und deren Bekanntgabe vier Monate nach der jeweiligen Schenkung erfolgen, so dass zu diesem Zeitpunkt die jeweilige Unterlassungstat beendet wäre. Die Entscheidung des BFH ist relativ günstig für Betroffene, in der Praxis ist m.W. nach der Anzeige mit längeren Bearbeitungszeiten zu rechnen; die Selbstberechnung der Schenkungsteuer wird gewöhnlich nicht praktiziert.

I. Zuständiges Finanzamt

Das Erbschaftsteuergesetz ist ein Bundesgesetz; die Durchführung und Verwaltung obliegt aber den Finanzbehörden der Länder. Aufsichtsbehörden sind die Oberfinanzdirektionen – soweit noch vorhanden – und/oder die Landesfinanzministerien. Das Aufkommen steht den Ländern zu. Aufgrund dieser Konstellation richtet sich das Verfahrensrecht nach der Abgabenordnung, soweit im Erbschaftsteuergesetz oder im Bewertungsgesetz nichts Besonderes geregelt ist. 45

Zuständig für die Veranlagung der Erbschaftsteuer sind die Landesfinanzbehörden und dort die Finanzämter, allerdings ist nicht bei jedem FA eine Erbschaftsteuerstelle eingerichtet. Praktisch in allen Ländern ist die Veranlagung der Erbschaftsteuer für mehrere Bezirke auf bestimmte Finanzämter konzentriert. Im Zweifel erteilt das örtliche Wohnsitz-Finanzamt Auskunft über das nächstgelegene und/oder zuständige Erbschaftsteuer-Finanzamt (§ 19 Abs. 5 AO).[79] Zuständiges Finanzamt (§ 35 ErbStG) ist 46

- bei Erbfällen und Schenkungen im Fall der unbeschränkten Steuerpflicht das für den Wohnsitz oder gewöhnlichen Aufenthalt des Erblassers/Schenkers zuständige ErbSt-Amt
- bei Wegzug innerhalb der letzten fünf Jahre das letzte für den Wohnsitz oder gewöhnlichen Aufenthalt des Erblassers/Schenkers zuständige ErbSt-Amt
- bei Schenkungen an Körperschaften, Vereinigungen u.Ä. ist das Finanzamt zuständig, in dessen Bezirk die Körperschaft etc. ihren Sitz oder Geschäftsleitung hat (§ 35 ErbStG)
- bei Schenkungen und Zweckzuwendungen unter Lebenden von einer Erbengemeinschaft ist das Finanzamt zuständig, das für die Bearbeitung des Erbfalls zuständig ist, d.h. gewöhnlich das für den Wohnsitz des Erblassers/Schenkers

78 BGH, Beschl. v. 25.7.2011 – 1 StR 631/10, NJW 2011, 3249.

79 Informationen können auch über das Internet und dem Stichwort Finanzamt.de oder Landesfinanzverwaltung NN eingeholt werden. Verzeichnis der für die Verwaltung der Erbschaft- und Schenkungsteuer zuständigen Finanzämter siehe z.B. Amtliches Handbuch (BMF) Anhang E 5, www.bmf-erbsth.de oder Handbuch Erbschaftsteuer und Bewertung (DWS) Anhang II 5.

zuständige ErbSt-Amt. Entsprechendes gilt, wenn eine Erbengemeinschaft aus zwei Ebenen besteht und der eine Miterbe bei der Auseinandersetzung eine Schenkung an den anderen Miterben ausführt.

Weitere Sonderzuständigkeiten siehe § 35 ErbStG.

47 Befindet sich in dem zugewendeten Vermögen Grundbesitz (Grundstücke oder land- und forstwirtschaftliche Betriebe), ist außerdem (zusätzlich zu dem Erbschaftsteuerfinanzamt) das Lagefinanzamt bzw. bei mehreren Grundstücken die Lagefinanzämter für die Feststellung des Grundbesitz-/(Bedarfs-)werts zuständig. Auch hier kann die Bewertung zentralen Bewertungsstellen zugeordnet sein; Näheres kann beim Wohnsitzfinanzamt erfragt werden. Befinden sich in dem zugewendeten Vermögen Betriebsvermögen, Anteile an Kapitalgesellschaften oder an sonstigen Gemeinschaften, sind für die Bewertung zusätzlich die für den Betrieb, die Kapitalgesellschaft oder für die sonstige Gemeinschaft zuständigen Finanzämter zuständig.

J. Rechtsbehelfe

48 Über außergerichtliche Rechtsbehelfe (Einspruch) gegen Erbschaft- oder Schenkungsteuerbescheide sowie dazu erforderliche (Wert-)Feststellungsbescheide entscheidet die Finanzverwaltung selbst. Zum Einspruchsverfahren siehe § 347 AO. Beschwerden bzgl. der Dienstausübung sind an den Amtsvorsteher und/oder an die Dienstaufsichtsbehörden (Oberfinanzdirektionen, soweit noch vorhanden, ansonsten an die Landesämter für Steuern = Mittelbehörden) und/oder an die Landesfinanzministerien (oberste Landesbehörden) zu richten. Für gerichtliche Rechtsbehelfe (Klage, Revision bzw. Nichtzulassungsbeschwerde) ist der Finanzgerichtsweg (Finanzgericht, Bundesfinanzhof) gegeben. Daneben besteht unter bestimmten Voraussetzungen die Möglichkeit der Verfassungsbeschwerde beim Bundesverfassungsgericht.

Näheres siehe 4. Teil dieses Buches.

§ 2 Anzeigepflichten nach Verschonung des Unternehmensvermögens

Raymond Halaczinsky

Übersicht:

A. Anzeigeanlass

1 Der Erwerber ist gem. § 13a Abs. 7 Satz 1 ErbStG verpflichtet, dem für die Erbschaft-/Schenkungsteuer zuständigen Finanzamt

- das Unterschreiten der Mindestlohnsummengrenze innerhalb einer Frist von 6 Monaten nach Ablauf des jeweiligen Wirtschaftsjahrs/Ablauf der Lohnsummenfrist,
- die Nichterfüllung der Behaltenszeit, und zwar gem. § 13a Abs. 7 Satz 2 ErbStG innerhalb eines Monats nach dem der entsprechende Tatbestand verwirklicht wurde, z.B. nach der Veräußerung, Aufgabe und dgl., und
- Überentnahmen i.S.v. § 13a Abs. 6 Nr. 3 ErbStG, d.h. Verstöße gegen die Entnahmebegrenzung gem. § 13a Abs. 7 Satz 2 ErbStG nach Ablauf des Ermittlungszeitraums innerhalb einer Frist von einem Monat, der Erbschaft-/Schenkungsteuerstelle
- Aufhebung der Verfügungsbeschränkung oder Stimmrechtsbündelung bei sog. Poolvereinbarungen (i.S.d. § 13b Abs. 1 Nr. 3 Satz 2 ErbStG gem. § 13a Abs. 7 Satz 2 ErbStG) innerhalb einer Frist von einem Monat, der Erbschaft-/Schenkungsteuerstelle

anzuzeigen. Die Anzeigepflichten bestehen aufgrund der jeweils gesondert geregelten Besteuerungsfolgen nebeneinander. Die Anzeige ist schriftlich zu erstatten und wird als Steuererklärung i.S.d. AO angesehen (§ 13a Abs. 7 Satz 4, 5 ErbStG); d.h. das vorsätzliche Unterlassen einer derartigen Anzeige kann eine Steuerhinterziehung sein. Selbst wenn die Erbschaft-/Schenkungsteuer noch nicht festgesetzt worden sein sollte, aber eine Festsetzung zu erwarten ist, muss die Anzeige erstattet werden. Ergeben die eigenen (seriösen) Berechnungen kein Unterschreiten der Lohnsumme, keine Überentnahmen und sind keine Verkäufe etc. erfolgt, besteht nach dem Gesetzeswortlaut keine Anzeigepflicht.

2 Der Erwerber ist gem. § 13a Abs. 8 Satz 6 ErbStG verpflichtet, dem für die Erbschaft-/Schenkungsteuer zuständigen Finanzamt

- die Änderungen von Bestimmungen über Beschränkungen von Entnahmen/Ausschüttungen, Verfügungsmöglichkeiten und Abfindungen in Gesellschaftsverträgen oder Satzungen von Familienunternehmen i.S.v. § 13 Abs. 9 ErbStG innerhalb einer Frist von einem Monat, der Erbschaft-/Schenkungsteuerstelle

schriftlich anzuzeigen. Die Frist ist für jeden Erwerber gesondert zu überprüfen/einzuhalten.

3 Ist ein bei Erwerb von Großvermögen (> 26 Mio. EUR) ein Verschonungsabschlag gem. § 13a Abs. 1 oder 10 i.V.m. § 13c Abs. 1 ErbStG gewährt worden, hat der Steuerpflichtige/Erwerber die Pflicht, dem für die Erbschaftbesteuerung zuständigen Finanzamt bei entsprechenden Sachverhalten Anzeigen gem. § 13a Abs. 7 (siehe Rdn 1) und Abs. 9 (siehe Rdn 1) ErbStG zu erstatten (§ 13c Abs. 2 Satz 1 ErbStG).

4 Ist bei der Schenkungsteuerfestsetzung nach einer Verschonungsbedarfsprüfung (bei Erwerb von Großvermögen (> 26 Mio. EUR) ein (Teil-)Erlass gem. § 28a ErbStG[1] der Steuer ausgesprochen worden, hat der Steuerpflichtige/Erwerber die Pflicht, dem für die Erbschaftbesteuerung zuständigen Finanzamt

- Verstöße gegen die maßgebenden Lohnsummen- oder Behaltensfrist und
- den Erwerb von Vermögen, das verfügbares Vermögen i.S.d. § 28a Abs. 2 ErbStG darstellt, innerhalb von zehn Jahren nach dem Besteuerungszeitpunkt durch Schenkung oder von Todes wegen

schriftlich anzuzeigen (§ 28a Abs. 4 ErbStG).

5 Auf Grund der erstatteten Anzeigen selbst entsteht weder die Nachsteuer noch wird ein Nachversteuerungsbetrag fällig. Vielmehr muss das Finanzamt von Amts wegen prüfen, ob und inwieweit die **Verschonung rückgängig** zu machen ist. Im Fall des Unterschreitens der Mindestlohnsumme muss es die Feststellung der maßgeblichen jährlichen Lohnsumme veranlassen. Im Zweifel muss es eine **Nachversteuerung** durchführen, d.h. den ursprünglichen (letzten) Erbschaft-/Schenkungsteuerbescheid gem. § 175 Abs. 1 Satz 1 Nr. 2 AO ändern. Näheres dazu ist in R E 13a.19 ErbStR mit umfangreichen Berechnungsbeispielen in H E 13a.19 ErbStH nachzulesen. Zugunsten der Finanzverwaltung sieht § 13a Abs. 7 Satz 3 ErbStG sogar eine **Ablaufhemmung der Festsetzungsfrist** vor. Die Festsetzungsfrist für die Nachbesteuerung endet nicht vor Ablauf des 4. Jahres, nachdem das zuständige Finanzamt von dem Unterschreiten der Lohnsumme oder der Nichterfüllung der Behaltenszeit Kenntnis erlangt hat. Im Fall des

1 Dazu § 3 Rdn 67.

Vorwegabschlags bei Familienunternehmen ist der betr. Erbschaft-/Schenkungsteuerbescheid gem. § 175 Abs. 1 Satz 1 Nr. 2 AO zu ändern, wenn die Voraussetzungen wegfallen, näheres siehe R E 13a.20 Abs. 7 und 8 ErbStR mit **Berechnungsbeispielen** in H E 13a.20 ErbStH. Entsprechendes gilt bei Änderungen der Voraussetzungen für die Gewährung eines Verschonungsabschlags für Großunternehmen (§ 13c Abs. 2 Satz 1 ErbStG und R E 13c.2 ErbStR). Im Fall des Erlasses nach § 28a ErbStG erfolgt bei nachträglichem Wegfall der Erlassbedingungen eine Nachversteuerung, d.h. die zunächst erloschene Steuer lebt ganz oder teilweise wieder auf. Näheres siehe R E 28a.4 ErbStR.

Hinweis

Unter Umständen kann sogar der Schenker noch für die nachzuerhebende Steuer in Anspruch genommen werden (als Gesamtschuldner gem. § 20 ErbStG).

Zur **Absicherung** gegen eine evtl. Nachversteuerung können jedenfalls bei Schenkung **Widerrufsrechte** für den Fall von schädlichen Verfügungen, z.B. vorzeitigen Veräußerungen der verschonten Unternehmensvermögens oder vorzeitiger Aufgabe des Unternehmens, vorbehalten werden. Außerdem gibt es auch gesetzlich vorgesehene Gestaltungsmöglichkeiten zur Verhinderung des Unterschreitens der Mindestlohnsumme, des Verstoßes gegen die Behaltenspflicht durch Reinvestition und von Überentnahmen durch Ausgleich mit Einlagen. 6

B. Unterschreiten der Mindestlohnsumme

I. Anzeige bei Unterschreiten der Mindestlohnsumme

Wurde einem Steuerpflichtigen bei der Erbschaft-/Schenkungsteuer die Verschonung für Unternehmensvermögen nach §§ 13a, 13c, 19a oder 28a ErbStG gewährt, ist zu beachten, dass diese nur aufschiebend bedingt gewährt wird (§§ 13a Abs. 4 und 7, 13c Abs. 2, 28a Abs. 4 ErbStG). Der **Verschonungsabschlag** nach § 13a Abs. 1 und 10 ErbStG **entfällt anteilig**, wenn die Summe der maßgebenden jährlichen Lohnsummen **innerhalb von fünf** Jahren (Lohnsummenfrist) nach dem Erwerb die Mindestlohnsumme unterschreitet (§ 13a Abs. 3 Satz 5 ErbStG). Bei der Vollverschonung gilt eine Lohnsummenfrist von **sieben** Jahren. Die Lohnsummenfrist beginnt mit dem Tag nach dem Tag der Steuerentstehung. Siehe noch amtliche Anleitung und Rdn 16. Der Grund für das Unterschreiten der Mindestlohnsumme ist grds. unbeachtlich.[2] Die Lohnsummenregelung gilt 7

2 BFH v. 17.3.2010 – II R 3/09, BStBl 2010 II, 749; BayLfSt v. 3.7.2017 – S 3812a1.1–23/6 St 34, ErbSt-Kartei BY § 13a ErbStG n.F. Karte 8 zur Verpachtung einer freiberuflicher Praxis mangels Qualifikation des Erwerbers. *Felten*, Auslöser des Nachversteuerungstatbestandes gem. § 13a Abs. 5 ErbStG a.F., BB 2010, 1967.

auch bei der Steuerbegünstigung nach § 13c oder § 28a ErbStG. Für den Entlastungsbetrag nach § 19a ErbStG (Anwendung der StKl I) hat die Lohnsummenregelung keine Bedeutung (R E 19a.3 Abs. 1 Satz 2 ErbStR).

Hinweis

Der steuerpflichtige Erbe/Beschenkte ist gem. § 13a Abs. 7 ErbStG, § 153 Abs. 2 AO verpflichtet, dass Verstöße gegen die Lohnsummenregelung innerhalb einer Frist von sechs Monaten nach Ablauf der Lohnsummenfrist schriftlich dem für die Erbschaft-/Schenkungsteuer zuständigen Finanzamt anzuzeigen sind.

Wird durch das Unterlassen der Anzeige die Verschonung gesetzeswidrig (d.h. trotz Verstoß gegen die Mindestlohnsummenpflicht) behalten, wird das Finanzamt sehr wahrscheinlich darin eine vorsätzliche Steuerhinterziehung sehen.

8 Um die „Bösgläubigkeit“ zu erreichen, schreiben die Erbschaftsteuerrichtlinien vor, dass der Steuerpflichtige im betreffenden Erbschaft-/Schenkungsteuerbescheid darauf hinzuweisen ist, dass Verstöße gegen die Lohnsummenregelung innerhalb einer Frist von sechs Monaten nach Ablauf der Lohnsummenfrist schriftlich anzuzeigen sind und eine Anzeige auch dann zu erfolgen hat, wenn der Vorgang (nach seiner Meinung) zu keiner Besteuerung führt. Außerdem haben die Finanzämter die Einhaltung der Lohnsummenregelung in geeigneter Form zu überwachen. In Fällen von geringer Bedeutung, z.B. bei einem gemeinen Wert des erworbenen begünstigten Vermögens bis zu 150.000 EUR, dürfen sie auf die Überwachung der Lohnsummenregelung zu verzichten.

Hinweis

Wird durch das Unterlassen der Anzeige die Verschonung gesetzeswidrig (d.h. trotz Verstoß gegen die Mindestlohnsummenpflicht) behalten, wird das Finanzamt sehr wahrscheinlich darin eine vorsätzliche Steuerhinterziehung sehen.

9 **Vergleichsmaßstab** für die Einhaltung ist die auf den Besteuerungszeitpunkt festgestellte **Ausgangslohnsumme** (Lohnsumme der letzten fünf bzw. sieben Jahre), dazu § 3 Rdn 32, § 7 Rdn 35. Beträgt die Ausgangslohnsumme 0 EUR, besteht keine Pflicht, eine Mindestlohnsumme einzuhalten.

10 Die einzuhaltende Mindestlohnsumme ist von der Art der Verschonung (Regel- oder Vollverschonung) und von der **Anzahl der Beschäftigten** abhängig. Bei **bis fünf Beschäftigten besteht keine Pflicht, eine Mindestlohnsumme einzuhalten**.

Überblick Mindestlohnsumme

Beschäftigte, Anzahl	Regelverschonung	Vollverschonung (auf Antrag)
bis zu 5 Beschäftigte	0	0
mehr als 5, aber nicht mehr als 10 Beschäftigte	250 %	500 %
mehr als 10, aber nicht mehr als 15 Beschäftigte	300 %	565 %
mehr als 15 Beschäftigte	400 %	700 %

Verfahrensrechtliche Folge ist – wie oben schon ausgeführt – das Entstehen der **Anzeigepflicht** (§ 13a Abs. 7 ErbStG) und ggf. eine **Nachversteuerung**. Das für die Erbschaft-/Schenkungsteuer zuständige Finanzamt entscheidet nach der Anzeige, ob eine Feststellung der Summe der maßgebenden jährlichen Lohnsummen erforderlich ist. Ist dies der Fall, wird es vom Betriebsfinanzamt die Feststellung anstoßen. Dieses wird Sie dann zur Abgabe der Erklärung zur Feststellung der Summe der maßgebenden jährlichen Lohnsummen i.d.R. mit Übersendung des nachfolgend wiedergegebenen Formulars auffordern. In diesem Verfahren gelten die Regeln eines Feststellungsverfahrens, dazu § 5 ErbStG. Die Feststellung der Mindestlohnsumme ist ein Grundlagenbescheid i.S.d. § 171 Abs. 10 AO. D.h. der die Verschonung enthaltene Erbschaft-/Schenkungsteuerbescheid kann grds. innerhalb von zwei Jahren nach Bekanntgabe des Feststellungsbescheids zuungunsten des Steuerpflichtigen geändert werden (§ 175 Abs. 1 Satz 1 Nr. 1 AO). 11

Materiell-rechtliche Folge ist der (anteilige) Verlust der Verschonung. Der Verschonungsabschlag mindert sich mit Wirkung für die Vergangenheit in dem Verhältnis, in dem die tatsächliche Lohnsumme die Mindestlohnsumme unterschreitet. **Berechnungsbeispiele** in H E 13a.19 ErbStH. 12

Hinweis

Ein Verstoß gegen die Lohnsummenregelung wirkt sich nicht aus auf
1. den Abzugsbetrag nach § 13a Abs. 2 ErbStG und
2. den Vorwegabschlag für Familienunternehmen nach § 13a Abs. 9 ErbStG.

Der **Verstoß gegen die Lohnsummenregelung** kann – zumindest von der Rechtslage her – **vermieden** werden, in dem die Lohnsummen wegen der Lohnsummenfrist (siehe Rdn 16) beobachtet und nachgesteuert werden, d.h. z.B. Personalabbau rechtzeitig wieder auszugleichen. Maßgebend ist nämlich die Mindestlohnsumme am Ende 5- bzw. 7-jährigen Lohnsummenfrist. Es kommt also nicht auf die Höhe der jährlichen Lohnsummen innerhalb der Lohnsummenfrist und auch nicht auf die Zusammensetzung der Lohnsummen oder auf die Beschäftigtenanzahl an. 13

Hinweis

Wird das Unternehmensvermögen innerhalb der Lohnsummenfrist verschenkt oder vererbt, wird insoweit nicht gegen die Behaltensregelung verstoßen. Es ist aber das Einhalten der Mindestlohnsumme nach Ablauf der (ursprünglichen) Lohnsummenfrist beim dann aktuellen Eigentümer zu prüfen (R E 13a.19 Abs. 5 ErbStR). Im Erbfall endet die Lohnsummenpflicht ersatzlos (R E 13a.19 Abs. 5 ErbStR).

14 Auch wenn die Mindestlohnsummenpflicht und die Berechnung der Mindestlohnsumme zunächst einfach erscheint, ist sie im Detail sehr kompliziert, insb. bei Beteiligungsstrukturen oder Umwandlungen.[3] Dazu kommen nicht durch die Finanzverwaltung geregelte praktische Probleme, insb. wie die erforderlichen Zahlen/Daten bei Beteiligungsstrukturen überhaupt von den Beteiligungsgesellschaften erlangt werden können. Im Prinzip sollten in den Beteiligungsverträgen entsprechende Auskunftsverpflichtungen verankert werden.

II. Erklärung zur Feststellung der Summe der maßgebenden jährlichen Lohnsummen

15 Das Unterschreiten der Mindestlohnsumme ist prinzipiell nur anzeigepflichtig (§ 13a Abs. 7 ErbStG). Zur Berechnung kann das Formular zur Feststellung der Summe der maßgebenden jährlichen Lohnsummen verwendet werden. Eine Erklärung ist nur abzugeben, wenn Sie das Finanzamt dazu auffordert (siehe Rdn 11). Das Erklärungsformular ist auf einzelne wirtschaftliche Einheiten abgestellt. Für jede wirtschaftliche Einheit des begünstigungsfähigen Vermögens nach § 13b Abs. 1 ErbStG ist die Lohnsumme gesondert zu ermitteln. Der **Steuerpflichtige muss** für **jeden Erwerber und jede wirtschaftliche Einheit**, zu der begünstigtes Vermögen gehört, eine **eigene Anlage** einreichen. Alle Werte sind bezogen auf den Anteil des jeweiligen Erwerbers anzugeben. Die Prüfung, ob die Mindestlohnsumme erfüllt ist, erfolgt insgesamt für alle erworbenen wirtschaftlichen Einheiten. Umfasst der Erwerb mehrere wirtschaftliche Einheiten, sind zur Ermittlung der Mindestlohnsumme für alle wirtschaftlichen Einheiten die Mindestlohnsummen, die sich für die einzelnen wirtschaftlichen Einheiten auf der Grundlage der jeweiligen Ausgangslohnsummen und der jeweiligen Prozentsätze nach der Beschäftigtenzahl ergeben, zu einer Summe der Mindestlohnsummen zusammenzurechnen. Es gilt grds. dieselbe Zusammenfassung/Zusammenrechnung wie bei der Ermittlung der Ausgangslohnsumme, siehe R E 13a.6–8 ErbStR und H E 13a.6 ErbStH (siehe auch § 9 Rdn 91 f.).

---

3 Siehe R E 13a.7 ErbStR; H E 13a.7 (4) ErbStH; R E 13a.8 ErbStR und H E 13a.8 ErbStH.

Hinweis

Die Anzeige geht an die Erbschaft-/Schenkungsteuerstelle. Die Erklärung zur Feststellung der Summe der maßgebenden jährlichen Lohnsummen (§ 13a Abs. 4 ErbStG) geht an das die Erklärung anfordernde Betriebsfinanzamt.

1. Allgemeine Angaben

Die Finanzverwaltung hat dem Erklärungsformular eine Anleitung zur Erklärung zur Feststellung der Summe der maßgebenden jährlichen Lohnsummen nach § 13a Abs. 1a Erbschaftsteuergesetz (ErbStG) beigefügt (BBW 81/17). 16

Zutreffende weiße Felder bitte ausfüllen oder ☒ ankreuzen

An das Finanzamt			Eingangsstempel
Aktenzeichen/Steuernummer			
Zeile 1	**Erklärung zur Feststellung der Summe der maßgebenden jährlichen Lohnsummen (§ 13a Absatz 4 ErbStG)**		
2	**für den Zeitraum vom**	**bis**	
3			
4	**Erklärungspflichtiger**		
5	Name/Firma		
6	Vorname		
7	Straße und Hausnummer oder Postfach		
8	Postleitzahl	Ort	Tagsüber telefonisch erreichbar
9	**Unternehmen**		
10	Firma		
11	Straße und Hausnummer oder Postfach		
12	Postleitzahl	Ort	Tagsüber telefonisch erreichbar
13	Betriebsfinanzamt	Steuernummer/Aktenzeichen/Wirtschafts-Identifikationsnummer	
14	**Empfangsbevollmächtigter des Erklärungspflichtigen**	Der Bescheid soll bekannt gegeben werden an:	
15	Name/Firma		
16	Vorname		
17	Straße und Hausnummer oder Postfach		
18	Postleitzahl	Wohnort	Tagsüber telefonisch erreichbar
19	**Unterschrift**	Die mit dieser Steuererklärung angeforderten Daten werden aufgrund der §§ 149 ff. der Abgabenordnung und des § 13a Abs. 4 des Erbschaftsteuer- und Schenkungsteuergesetzes i. V. m. § 153 des Bewertungsgesetzes erhoben. Informationen über die Verarbeitung personenbezogener Daten in der Steuerverwaltung und über Ihre Rechte nach der Datenschutz-Grundverordnung sowie über Ihre Ansprechpartner in Datenschutzfragen entnehmen Sie bitte dem allgemeinen Informationsschreiben der Finanzverwaltung. Dieses Informationsschreiben finden Sie unter www.finanzamt.de (unter der Rubrik „Datenschutz") oder erhalten Sie bei Ihrem Finanzamt. Die Angabe der Telefonnummer ist freiwillig.	
20		Bei der Anfertigung dieser Steuererklärung und der Anlagen hat mitgewirkt:	
21			
22			
23	Datum, Unterschrift (ggf. des gesetzlichen Vertreters oder des Bevollmächtigten)		

Auf Seite 1 sind der Erklärungspflichtige und allgemeinen Angaben wie Bezeichnung des Unternehmensvermögens, Adressen etc. und auf Seite 2 Angaben zum Erwerber, weiteren Beteiligten und Erbengemeinschaften einzutragen. Hinzuweisen ist besonders auf die **Zeile 2 der Seite 1**. Hier ist nämlich der Zeitraum der für den Erwerb maßgebenden Lohnsummenfrist (§§ 13a Abs. 3 Satz 1, 13a Abs. 10 Satz 1 Nr. 2 ErbStG) anzugeben. Der Zeitraum beginnt mit dem Tag nach dem Besteuerungszeitpunkt. Er beträgt bei der Regelverschonung ab diesem Tag fünf Jahre und bei der Optionsverschonung sieben Jahre. Das Ende ist der Tag, der dem Besteuerungszeitpunkt in fünf oder sieben Jahren entspricht. Die Eintragung wird dann in Zeilen 55 wieder aufgenommen. Beginn der Lohnsummenfrist ist immer der Tag nach Entstehung der Steuer (§ 9 ErbStG).

Beispiel

Besteuerungszeitpunkt = 1.7.2020 Ende der Überwachung = 1.7.2025 bei Regelverschonung

Zeiträume = 2.7.2020 – 31.12.2020

1.1.2021–31.12.2021

1.1.2022–31.12.2022

1.1.2023–31.12.2023

1.1.2024–31.12.2024

1.1.2025–1.7.2025

Hinweis

Das Ende der Lohnsummenfrist ist zugleich der Beginn der Frist, innerhalb der die Anzeige eines Verstoßes gegen die Lohnsummenregelung gemacht werden muss, nämlich innerhalb von 6 Monaten nach Ablauf der Lohnsummenfrist (§ 13a Abs. 7 Satz 1 ErbStG).

2. Berechnung der Summe der maßgeblichen jährlichen Lohnsummen

17 Die Mindestlohnsumme ergibt sich aus den jährlichen Lohnsummen innerhalb der Lohnsummenfrist nach dem Besteuerungszeitpunkt. Näheres siehe noch Erläuterungen in der amtlichen Anleitung.

Zeile			
55	**Berechnung der Summe der maßgebenden jährlichen Lohnsummen (§ 13a Absatz 3 ErbStG)**		
56	Löhne/Gehälter **ohne** solche in nachgeordneten Gesellschaften	Zeitraum/Jahr	Lohnsummen
57			EUR
58			EUR
59			EUR
60			EUR
61			EUR
62			EUR
63			EUR
64			EUR
65	Summe Lohnsummen (Zeile 57 bis 64)		EUR
66	Anteilige Summe der maßgebenden jährlichen Lohnsummen aus unmittelbaren oder mittelbaren Beteiligungen an Personengesellschaften (§ 13a Abs. 3 Satz 11 ErbStG) (Bitte auf gesondertem Blatt erläutern und Name, Anschrift, Steuernummer der Gesellschaft sowie Beteiligungshöhe angeben.)		EUR
67	Anteilige Summe der maßgebenden jährlichen Lohnsummen aus unmittelbaren oder mittelbaren Beteiligungen an Kapitalgesellschaften von mehr als 25 % (§ 13a Abs. 3 Satz 12 ErbStG) (Bitte auf gesondertem Blatt erläutern und Name, Anschrift, Steuernummer der Gesellschaft sowie Beteiligungshöhe angeben.)		EUR
68	Anteilige Summe der maßgebenden jährlichen Lohnsummen aus dem übertragenen Sonderbetriebsvermögen (Bitte auf gesondertem Blatt erläutern und Name, Anschrift, Steuernummer der Gesellschaft sowie Beteiligungshöhe angeben.)		EUR
69	Summe der maßgebenden jährlichen Lohnsummen **einschließlich** solcher in nachgeordneten Gesellschaften (Summe Zeilen 65 bis 68)		EUR

Aus diesen Angaben muss das Erbschaft-/Schenkungsteuerfinanzamt den Prozentanteil des Verstoßes gegen die Lohnsummenregelung und entsprechend dem Prozentanteil der Nachversteuerung ermitteln.

3. Sonstige Angaben

70	**Sonstige Angaben**	18
71		
72		
73		
74		
75		
76		
77		
78		

In Zeilen 70 ff. können Sie sonstige Angaben aufnehmen, z.B. dass sich diese Erklärung auf ein bestimmtes Unternehmensvermögen bezieht und weitere Erklärungen für andere geerbte wirtschaftliche Einheiten abgegeben werden/worden sind.

4. Feststellung der Mindestlohnsumme

19 Aufgrund dieser und ggf. weiterer Feststellungserklärungen ergeht dann die Feststellung der letztendlich maßgebenden Mindestlohnsumme (§ 13a Abs. 4 ErbStG). Einwendungen gegen diese Feststellung sind unbedingt gegen den Feststellungsbescheid zu richten (Einspruch). Gegen den späteren Erbschaft-/Schenkungsteuerbescheid, in dem Verschonungen wegen Verstoßes der Lohnsummenregelung zurückgenommen werden, können Fehler bei der Berechnung der Mindestlohnsumme nicht mehr vorgebracht werden (§ 351 AO).

C. Behaltenspflicht

I. Verstoß gegen die Behaltenspflicht

20 Der Verschonungsabschlag und der Abzugsbetrag fallen mit Wirkung für die Vergangenheit weg, soweit innerhalb von fünf Jahren nach dem Zeitpunkt der Steuerentstehung (Behaltensfrist) gegen eine der Behaltensregelungen für das begünstigte Vermögen verstoßen wird (§ 13a Abs. 6 ErbStG), d.h. ggf. nur anteilig. Die Gründe für den Verstoß gegen die Behaltensregelungen sind unbeachtlich. Gemeint sind vor allem die Veräußerung des begünstigten Vermögens, die Betriebsaufgabe und etwa die Insolvenz. Übertragungen im Rahmen einer Realteilung sind gewöhnlich schädliche „Veräußerungen“.[4]

Hinweis

Im Fall der Veräußerung von wesentlichen Betriebsgrundlagen oder von wesentlichen Wirtschaftsgütern kann durch **Reinvestition des Veräußerungserlöses** ein Verstoß gegen die Behaltenspflicht und damit eine **Nachversteuerung vermieden** werden (siehe § 13a Abs. 6 Satz 3, 4 ErbStG). Schädlich wäre aber eine Investition des Veräußerungserlöses aus einem Verkauf von GmbH-Anteilen in den Erwerb von Anteile an Kapitalgesellschaften, wenn die unmittelbare Beteiligung des Beschenkten am Nennkapital dieser Gesellschaften 25 % oder weniger beträgt (§ 13b Abs. 2 Satz 2 Nr. 2 a.F. ErbStG, **seit 1.7.2016** § 13b Abs. 4 Satz 2 Nr. 2 ErbStG).[5] Dies gilt **nur bei Erwerben von Todes**

4 FG Baden-Württemberg v. 17.1.2017 – 11 K 3976/13, EFG 2017, 682 mit ausführlichen Hinweisen zur Behaltenspflicht im Fall von Vermögensauseinandersetzungen.

5 Nach Auffassung des FG Münster v. 20.11.2017 – 3 K 1879/15 Erb, EFG 2018, 153 ist keine Nachversteuerung nach § 13a Abs. 5 ErbStG vorzunehmen, wenn der Beschenkte den Veräußerungsgewinn aus einem erworbenen GmbH-Anteil in eine neue GmbH-Beteiligung reinvestiert und seine Beteiligung erst durch eine spätere Kapitalerhöhung unter 25 % herabsinkt. Unschädlich ist auch, wenn der Beschenkte/Kläger einen Teil des Veräußerungserlöses außerhalb der Sechsmonatsfrist des § 13a Abs. 5 Satz 4 ErbStG reinvestiert. *Kowanda*, Die neue Investitionsklausel des § 13b Abs. 5 ErbStG: Regelungslücken und ertragsteuerliche Gestaltungsmöglichkeiten, DStR 2017, 469.

wegen, also bei Veräußerung durch die Erben oder sonst Bedachten und **nicht bei Erwerben durch Schenkungen** und nicht im Fall der Ersatzerbschaftsteuer. Näheres ist in R E 13a.18 ErbStR geregelt.

Davon **zu unterscheiden** ist die Möglichkeit, bei **Erwerben von Todes wegen Vermögenswerte des Verwaltungsvermögens innerhalb von 2 Jahren nach dem Erbfall (Besteuerungszeitpunkt) in begünstigungsfähiges Vermögen zu investieren** (§ 13b Abs. 5 Satz 1 und 2 ErbStG, R E 13b.24 ErbStR (Investitionsklausel).

Die Reinvestition ist wieder begrenzt auf Investitionen in begünstigungsfähiges Vermögen derselben Vermögensart, d.h. der Veräußerungserlös aus dem Verkauf eines Einzelunternehmens kann nicht für eine Beteiligung an einer Personengesellschaft verwendet werden. Auch eine Investition in Vermögenswerte des Verwaltungsvermögen (obwohl Betriebsvermögen) ist nicht zulässig. Im Zweifel ist für die „richtige" Reinvestition Auskunft beim Finanzamt oder bei einem Steuerexperten einzuholen.[6]

Führt die Veräußerung oder Aufgabe des gesamten begünstigten Vermögens vor Ablauf der Frist von fünf Jahren ohne entsprechende Reinvestition **zugleich** dazu, dass die **Mindestlohnsumme unterschritten** wird, ist der Verschonungsabschlag zu kürzen.

Soweit zum begünstigten Vermögen ausländisches Unternehmensvermögen gehört, bestehen gem. § 13a Abs. 8 ErbStG erhöhte Mitwirkungs-/Anzeigepflichten. Diese greifen dann, wenn der Steuerpflichtige Anzeigen nach § 13a Abs. 7 ErbStG erstattet und das Finanzamt Nachweise z.B. zu den (ausländischen) Lohnsummen, den Entnahmen anfordert. Letztlich könnte das Finanzamt ohne überzeugende Nachweise bei begründetem Verdacht eigene ermittelte/geschätzte Lohnsummenwerte oder Entnahmewerte ansetzen. 21

II. Anzeige des Verstoßes gegen die Behaltenspflicht

Der steuerpflichtige Erbe/Beschenkte ist gem. § 13a Abs. 7 Satz 2 ErbStG, § 153 Abs. 2 AO verpflichtet, Verstöße gegen die Behaltenspflicht innerhalb einer Frist von einem Monat, nach dem der jeweilige Tatbestand verwirklicht wurde, der Erbschaft-/Schenkungsteuerstelle schriftlich formlos anzuzeigen. Eine Anzeige hat auch dann zu erfolgen, wenn der Vorgang (nach seiner Meinung) zu keiner Besteuerung führt, z.B. wegen Reinvestition. Die Reinvestition ist entsprechend nachzuweisen. 22

6 Zur Thematik *Schneider*, Die Investitionsklausel i.S. des § 13a Abs. 5 ErbStG als Rettungsanker fehlgeschlagener Unternehmensnachfolgen?, UVR 2018, 58 und einschlägige Kommentierungen, z.B. *Riedel*, in: Daragan/Halaczinsky/Riedel, Praxiskommentar ErbSt und BewG, § 13a Rn 294 ff.

Um die „Bösgläubigkeit“ zu erreichen, schreiben die Erbschaftsteuerrichtlinien vor, dass der Steuerpflichtige im betreffenden Erbschaft-/Schenkungsteuerbescheid darauf hinzuweisen ist. Die Finanzämter haben außerdem die Einhaltung der Behaltensregelungen in geeigneter Form zu überwachen. In Fällen von geringer Bedeutung, z.B. bei einem gemeinen Wert des erworbenen begünstigten Vermögens bis zu 150.000 EUR, ist die Überwachung auf eine Veräußerung/Aufgabe des begünstigt erworbenen Vermögens zu beschränken.

23 Wird durch das Unterlassen der Anzeige die Verschonung gesetzeswidrig (d.h. trotz Verstoß gegen die Behaltenspflicht) behalten, wird das Finanzamt demnach sehr wahrscheinlich darin eine vorsätzliche Steuerhinterziehung sehen. Ein **Verstoß gegen die Behaltensregelungen liegt nicht** vor, wenn begünstigtes Vermögen

- im Wege des Übergangs von Todes wegen übergeht oder
- durch Schenkung unter Lebenden weiter übertragen wird. Erfolgt die Zuwendung teilentgeltlich, gilt dies nur hinsichtlich des unentgeltlichen Teils der Zuwendung. Der entgeltliche Teil der Zuwendung stellt ungeachtet der ertragsteuerlichen Behandlung einen Verstoß gegen die Behaltensregelungen dar. Eine Duldungsauflage/Nießbrauch ist nicht als Gegenleistung anzusehen.[7]

Hinweis

Verstößt in diesem Fall der nachfolgende Erwerber gegen die Behaltensregelungen, verliert auch der vorangegangene Erwerber die Verschonung, soweit bei ihm die Behaltensfrist noch nicht abgelaufen ist.

III. Nachversteuerung bei Verstoß gegen die Behaltenspflicht

24 Folgen des Verstoßes gegen die Behaltenspflicht sind – wie oben schon ausgeführt – das Entstehen der Anzeigepflicht (§ 13a Abs. 7 ErbStG) und ggf. eine Nachversteuerung. Das für die Erbschaft-/Schenkungsteuer zuständige Finanzamt entscheidet, ob ein Verstoß gegen die Behaltenspflicht vorliegt. Ist dies der Fall, wird es den die Verschonung enthaltene Erbschaft-/Schenkungsteuerbescheid zuungunsten des Steuerpflichtigen ändern, grds. innerhalb von 2 Jahren nach Bekanntgabe des Feststellungsbescheids (§ 175 Abs. 1 Satz 1 Nr. 2 AO). Anzumerken ist, dass sich ein Verstoß gegen die Behaltensregelungen nicht auf den Vorwegabschlag nach § 13a Abs. 9 ErbStG auswirkt.

7 Dies gilt auch bei Schenkungen unter einer Duldungsauflage/Nießbrauch, BayLfSt v. 1.6.2016 – S3812a1.1–19/4 St 34, ErbSt-Kartei BY § 13a ErbStG n.F. Karte 7.

D. Entnahmebegrenzung – Verstoß gegen das Überentnahmeverbot

Der Erwerber als Inhaber begünstigt erworbenen Betriebsvermögens oder land- 25
und forstwirtschaftlichen Vermögens[8] darf ab dem Tag nach der Steuerentstehung bis zum Ende des letzten in die Fünfjahresfrist fallenden Wirtschaftsjahrs keine Entnahmen tätigen, die die Summe seiner Einlagen und der ihm zuzurechnenden Gewinne oder Gewinnanteile seit dem Erwerb um mehr als 150.000 EUR übersteigen (Überentnahmen); die Überentnahme stellt einen Verstoß gegen die Behaltensregelungen dar. Bei Ausschüttungen an Gesellschafter einer Kapitalgesellschaft gilt eine entspr. Ausschüttungsbeschränkung (§ 13a Abs. 6 Satz 1 Nr. 3 Satz 3 ErbStG). Zu Überentnahmen bei Umwandlungen R E 13a.15 Abs. 7 ErbStR und H E 13a.15 ErbStH. Im Fall der Überentnahmen ist auf den ertragsteuerlichen Wert im Entnahmezeitpunkt abzustellen. Die Entnahmebegrenzung ist grds. für jeden Betrieb gesondert zu prüfen. Bei Gewerbebetrieben mit Beteiligungen ist die Entnahmebegrenzung bei den Beteiligungen nicht gesondert zu prüfen (R E 13a.15 Abs. 1 Satz 8 ErbStR. Das Überentnahmeverbot gilt auch für ausländisches Betriebsvermögen, soweit es begünstigungsfähig i.S.d. R E 13b.5 Abs. 4 ErbStR ist.

Hinweis

Tätigt ein Erwerber gegen Ende der Behaltensfrist eine Einlage, um den Betrag von 150.000 EUR übersteigende Entnahmen auszugleichen, liegt darin grundsätzlich kein Gestaltungsmissbrauch. Wird die Einlage jedoch nicht aus vorhandenem privatem Vermögen, sondern unter Aufnahme eines Kredits geleistet, wird das Finanzamt prüfen, ob der Kredit als betriebliche Schuld oder ggf. als negatives Sonderbetriebsvermögen des Erwerbers zu behandeln ist. Sofern die Prüfung ergibt, dass der Kredit als Betriebsvermögen des Erwerbers zu behandeln ist, läge keine Einlage vor.

Folgen des Verstoßes gegen die Entnahmebegrenzung ist ggf. eine Nachversteuerung des schädlichen Betrages der Überentnahme. Näheres siehe R E 13a.15 ErbStR und H 13a.14 ErbStH mit Beispielsberechnungen.

Der steuerpflichtige Erbe/Beschenkte ist gem. § 13a Abs. 7 Satz 2 ErbStG, § 153 26
Abs. 2 AO verpflichtet, Verstöße gegen die Entnahmebegrenzung innerhalb einer Frist von einem Monat, nach dem der entsprechende Tatbestand verwirklicht wurde, der Erbschaft-/Schenkungsteuerstelle anzuzeigen.

Hinweis

Eine Anzeige hat auch dann zu erfolgen, wenn der Vorgang (nach seiner Meinung) zu keiner Besteuerung führt.

Für diese Anzeige ist kein amtliches Formular vorhanden.

8 Dazu R E 13a.15 Abs. 2 und 5 ErbStR.

27 Aufgrund der Anzeige entscheidet die Erbschaft-/Schenkungsteuerstelle, ob es zur Ermittlung des Umfangs der Entnahmen und Einlagen des Erwerbers und die ihm zuzurechnende Gewinne bzw. Gewinnanteile das Betriebsfinanzamt beauftragt. Dieses hat ggf. den ermittelten Umfang dem Erbschaft-/Schenkungsteuerfinanzamt nachrichtlich mitzuteilen (H E 13a.15 ErbStR mit Berechnungsbeispiel zur Ermittlung der Nachsteuer). Das für die Erbschaft-/Schenkungsteuer zuständige Finanzamt entscheidet letztendlich im Rahmen eines geänderten Steuerbescheids, ob ein Verstoß gegen die Entnahmebegrenzung vorliegt.

E. Wegfall des Verschonungsabschlags bei Großvermögen

28 Bei Großvermögen verringert sich auf Antrag des Erwerbers der nach § 13a Abs. 1 Satz 1 ErbStG anzuwendende Prozentsatz des Verschonungsabschlags von 85 % oder der nach § 13a Abs. 10 Satz 1 Nr. 1 ErbStG anzuwendende Prozentsatz des Verschonungsabschlags von 100 % um jeweils einen Prozentpunkt für jede vollen 750 000 EUR, die der Wert des begünstigten Vermögens den Schwellenwert von 26 Millionen EUR übersteigt (**Abschmelzmodell** § 13c Abs. 1 Satz 1 ErbStG).

Verstößt der Erwerber im Rahmen des Abschmelzmodells innerhalb der maßgebenden, für die Regelverschonung oder die Optionsverschonung geltenden Lohnsummen- oder Behaltensfrist (R E 13a.9, 13a.12 und 13a.21 ErbStR) gegen eine der Verschonungsvoraussetzungen, entfällt die gewährte Verschonung ganz oder teilweise (§ 13c Abs. 2 Satz 1 ErbStG). Der Umfang der Nachversteuerung richtet sich nach den Regelungen der Regel- oder Optionsverschonung (R E 13a.9 und 13a.19). Dazu ist auf vorgehende Ausführungen in B. bis D. zu verweisen.

Hinweis

Ein Verstoß gegen die Behaltensregelungen nach § 13c Abs. 2 Satz 1 in Verbindung mit § 13a Abs. 6 ErbStG hat keine Auswirkungen auf die Ermittlung des begünstigten Vermögens (§ 13b Abs. 2 ErbStG) und beeinflusst daher die Prüfung des Schwellenwertes und die Ermittlung des anzuwendenden Prozentsatzes des Verschonungsabschlags nicht, da sich nicht der Wert des begünstigten Vermögens, sondern nur die Höhe der Steuerbefreiung für das begünstigte Vermögen ändert.

F. Wegfall der Erlassvoraussetzungen nach § 28a ErbStG

29 Wurde bei Erwerb von Großvermögen (> 26 Mio. EUR) nach einer Verschonungsbedarfsprüfung[9] ein (Teil-)Erlass gem. § 28a ErbStG ausgesprochen, und

9 Dazu § 4 Rdn 67 ff.

verstößt der Erwerber innerhalb der für die Optionsverschonung maßgebenden Lohnsummen- oder Behaltensfrist von sieben Jahren gegen die **Lohnsummen- oder Behaltensregelungen**, ist der unter dem Vorbehalt des Widerrufs stehende Verwaltungsakt über den Erlass mit Wirkung für die Vergangenheit ganz oder teilweise zu widerrufen (§ 28a Abs. 4 Satz 1 Nr. 1 und 2, Satz 2 und 3 ErbStG).[10] Bzgl. der Einhaltung der Mindestlohnsumme wird eine Erklärung lt. Formular zur Feststellung der jährlichen Mindestlohnsumme abzugeben sein (dazu oben Rdn 15 ff.).

Auch wenn der Erwerber innerhalb von zehn Jahren nach dem Besteuerungszeit- 30
punkt durch Schenkung oder von Todes wegen **weiteres Vermögen erlangt**, das verfügbares Vermögen i.S.d. § 28a Abs. 2 ErbStG darstellt, ist der unter dem Vorbehalt des Widerrufs stehende Verwaltungsakt über den Erlass mit Wirkung für die Vergangenheit zu widerrufen (§ 28a Abs. 4 Satz 1 Nr. 3, Satz 2 und 3 ErbStG). Die zunächst erloschene Steuer lebt ganz oder teilweise wieder auf. Der Umfang des rückwirkenden Wegfalls des Erlasses richtet sich nach den Regelungen der Optionsverschonung.

Der Erlass fällt mit Wirkung für die Vergangenheit vollständig weg, wenn nach 31
dem Erlass des Verwaltungsakts für das verfügbare Vermögen oder Teile davon Feststellungsbescheide nach § 151 Abs. 1 Satz 1 BewG oder § 13b Abs. 10 Satz 1 erstmals erlassen oder geändert werden und die festgestellten Werte von den beim Erlass zugrunde gelegten Werten z.B. für Grundbesitz, Betriebsvermögen etc. **abweichen**. Dies gilt auch für den Fall, in dem ein Feststellungsbescheid für das verfügbare Vermögen aufgehoben wird. Werden die dem Erlass zugrundeliegende Steuerfestsetzung geändert oder wird begünstigtes Vermögen im Sinne des § 13b Abs. 2 ErbStG aufgrund einer Verpflichtung an Dritte weiterübertragen, entfällt der Erlass ebenfalls. Die zunächst erloschene Steuer lebt vollständig wieder auf.

Zum Wegfall des Erlasses ist der unter dem Vorbehalt des Widerrufs stehende Verwaltungsakt über den Erlass mit Wirkung für die Vergangenheit zu widerrufen; der Widerruf des Erlasses ist von Amts wegen vorzunehmen.

Der Erwerber kann einen erneuten Antrag nach § 28a Abs. 1 ErbStG stellen, wenn die Voraussetzungen noch (teilweise) vorliegen.

10 Zu Folgen des nachträglichen Wegfalls der Erlassbedingungen siehe noch R E 28a.4 ErbStR und § 4 Rdn 71.

§ 3 Einführung in das Erbschaft- und Schenkungsteuerrecht

Raymond Halaczinsky

Übersicht:

A. Rechtsgrundlagen

Die Erbschaft- und/oder Schenkungsteuererklärung setzt gewisse Kenntnisse im Steuer- und Zivilrecht voraus. Neben dem allgemeinen Erbrecht, Familienrecht und dem Verfahrensrecht gem. der Abgabenordnung ist vor allem Wissen im speziellen Erbschaft- und Schenkungsteuergesetz und dem dazugehörigen Be- 1 wertungsgesetz von Vorteil.[1] Der folgende Überblick soll grundlegende Erstinformationen (Basiswissen) über die Erbschaft- und Schenkungsteuer vermitteln. Grundsätzlich gilt das zur Erbschaftsteuer Gesagte auch für die Schenkungsteuer. Im Übrigen ist das materielle Recht an den entsprechenden Stellen der auszufüllenden Formulare vertiefend erläutert.

2 Das **Erbschaft- und Schenkungsteuergesetz** (ErbStG) v. 27.2.1997 (BGBl 1997 I, 378) ist durch die **Erbschaftsteuerreform** 2008/2009 (ErbStR v. 24.12.2008, BGBl 2008 I, 3018) und das **Wachstumsbeschleunigungsgesetz** („Gesetz zur Beschleunigung des Wirtschaftswachstums" v. 30.12.2009, BGBl 2009 I, 3950) sowie maßgeblich durch das **Gesetz zur Anpassung des Erbschaft- und Schenkungsteuerrechts an die Rechtsprechung des Bundesverfassungsgerichts** v. 4.11.2016 (BGBl 2016 I, 2464)[2] erheblich geändert worden; durch weitere Änderungen sind Details der Erbschaftsteuerreform weiter ergänzt und „ausgefeilt" worden.[3]

1 Weiterführende **Kommentare z.B.**: *Daragan/Halaczinsky/Riedel*, Praxiskommentar ErbStG und BewG, 4. Aufl. 2023; *Fischer/Pahlke/Wachter*, ErbStG Kommentar, 8. Aufl. 2023; *Meincke/Hannes/Holtz*, ErbStG, 18. Aufl. 2021; *Moench/Weinmann*, ErbStG, Loseblatt Stand 2022; *Troll/Gebel/Jülicher/Gottschalk*, ErbStG, Loseblatt Stand November 2022; *Viskorf/Schuck/Wälzholz*, ErbStG, 6. Aufl. 2023; *v. Oertzen/Loose*, ErbStG, 3. Aufl. 2023. **Monographien:** *Benz/Blumenberg/Crezelius*, Erbschaftsteuerreform 2016, 2017; *Halaczinsky/Wochner*, Schenken, Erben, Steuern, 2022; *Weimann/Revenstorff/Offerhaus/Erkis*, Erbschaft- und Schenkungsteuerrecht, 2017; *Schmid*, Steuerfallen im Erbrecht, 2. Aufl. 2021. **Monographien zum ErbStRG 2009**: *Eisele*, Erbschaftsteuer, 2009; *Hegemann*, Erbschaft- und Bewertungsrecht, Richtig beraten nach der Erbschaftsteuerreform; *Hübner*, Erbschaftsteuerreform 2009; *Halaczinsky/Riedel*, Das neue Erbschaftsteuerrecht – Änderungen durch die Erbschaftsteuerreform, 2009; *Knoll*, Erbschaft- und Schenkungsteuer, 2009; *Moench/Hübner*, Erbschaftsteuer, 2012; *Neufang*, in: Deutsche Steuerberater-Richtlinien Erbschaftsteuer Special: Richtig Erben und Vererben, Loseblatt, Verlag Praktisches Wissen. **Spezielle Zeitschriften**: U.a. ZErb (Zeitschrift für die Steuer und Erbrechtspraxis); ZEV (Zeitschrift für Erbrecht und Vermögensnachfolge); Erbschaftsteuerberater; UVR (Umsatzsteuer und Verkehrsteuerrundschau).

2 Dazu aus der Literatur u.a. *Söffing*, Das Erbschaftsteuerreformgesetz 2016, ErbStB 2016, 235; *Söffing*, Das ErbStG 2016, ErbStB 2016, 339; *Herbst*, Das neue Erbschaftsteuerrecht, ErbStB 2016, 347; *Landsittel*, Die Erbschaftsteuerreform 2016 im praxisorientierten Überblick, ZErb 2016, 383. *Halaczinsky*, Die Neuregelung des Erbschaftsteuer- und Schenkungsteuergesetzes 2016 – ein Überblick, UVR 2016, 364.

3 Zuletzt (Stand Sept. 2023) geändert durch das Gesetz zur Vereinheitlichung des Stiftungsrechts und zur Änderung des Infektionsschutzgesetzes (StiftRVereinh/IfSGÄndG) v. 16.7.2021, BGBl 2021 I, 2947. Zur Anwendung der geänderten Vorschriften des ErbStG für Erwerbe mit einer Steuerentstehung nach dem 28.12.2020 siehe Gleich lautende Ländererlasse v. 13.9.2021, BStBl 2021 I, 1837; *Halaczinsky*, Die aktuellen Änderungen des ErbStG durch das StUmgBG und PartFinÄndG, ErbStB 2017, 348; *Halaczinsky*, Änderungen des ErbStG durch das JStG 2020, ErbStB 2021, 54.

Das ErbStG unterwirft folgende unentgeltliche Erwerbe der Erbschaft- und Schenkungsteuer:

- Erwerb von Todes wegen
- Schenkungen unter Lebenden
- Zweckzuwendungen
- Vermögen einer Stiftung, sofern sie wesentlich im Interesse einer Familie oder bestimmter Familien errichtet ist, und eines Vereins, dessen Zweck wesentlich im Interesse einer Familie oder bestimmter Familien auf Bindung von Vermögen gerichtet ist, in Zeitabständen von je 30 Jahren seit dem in § 9 Abs. 1 Nr. 4 ErbStG bestimmten Zeitpunkt.

Hinweis

Die Erbschaftsbesteuerung des Privatvermögens ist nicht deshalb verfassungswidrig, weil in demselben Zeitraum eine erbschaftsteuerrechtliche Überbegünstigung des Betriebsvermögens zu verzeichnen wäre.[4]

Das **Bewertungsgesetz** (BewG) v. 1.2.1991 (BGBl 1991 I, 230) mit nachfolgenden 3 Änderungen, insbesondere durch das Erbschaftsteuerreformgesetz 2009 v. 24.12.2008 (BGBl 2008 I, 3018) sowie durch das Gesetz zur Anpassung des Erbschaft- und Schenkungsteuerrechts an die Rechtsprechung des Bundesverfassungsgerichts v. 4.11.2016 (BGBl 2016 I, 2464)[5] und § 12 ErbStG regeln die **Bewertung** der einzelnen geerbten oder geschenkten Vermögensgegenstände.

Die Auslegung des ErbStG/BewG ist – für die Verwaltung bindend – festgelegt 4 in

- **Erbschaftsteuer-Durchführungsverordnung (ErbStDV)**[6] vom 21.8.2002 (BGBl 2002 I, 3322 mit nachfolgenden Änderungen[7]);
- Erbschaftsteuer-Verwaltungsanweisungen: insbesondere **Erbschaftsteuerrichtlinien (ErbStR)** v. 16.12.2019, BStBl 2019 I, Sondernr. 1/2019, 1 und die **Hinweise zu den Erbschaftsteuerrichtlinien (ErbStH)**, Gleich lautende Ländererlasse v. 16.12.2019, BStBl 2019 I Sondernr. 1/2019, 151, diese wiederum aktualisiert durch diverse Gleich lautende Ländererlasse und Erlasse bzw. Verfügungen der Landesfinanzbehörden;

---

4 BFH v. 17.1.2022 – II B 49/21, BFH/NV 2022, 420 zur Erbschaftsbesteuerung des Privatvermögens und Verstoß gegen das Sozialstaatsprinzip und das Beihilfenrecht der Union.

5 Zuletzt (Stand Sept. 2023) geändert durch das Jahressteuergesetz 2022 v. 16.12.2022, BGBl 2022 I, 2294. Aus der Literatur *Halaczinsky*, Erbschaft-/Schenkungsteuer: Höhere Grundbesitzwerte ab 2023, Teil I und II, UVR 2023, 49 und 111.

6 *Halaczinsky*, Erbschaftsteuer-Durchführungsverordnung, Änderungen in 2010, ZErb 2011, 31.

7 Zuletzt (Stand Sept. 2023) geändert durch Sechste Verordnung zur Änderung steuerlicher Verordnungen (StVenÄndV 6) v. 19.12.2022, BGBl 2022 I, 2432 m.W.v. 23.12.2022.

- **Allgemeine Verwaltungsanweisung für die Erbschaftsteuer (ErbStVA)** v. 21.6.2012, BStBl 2010 I, 712, geändert durch Gleich lautenden Ländererlass v. 7.12.2017, BStBl 2018 I, 53.

5 Die Verwaltungsanweisungen sind auch für Steuerpflichtige und deren Berater eine qualifizierte Hilfe bei der Anwendung des ErbStG, insbesondere auch deshalb, weil die Anwendung in einer Vielzahl von Beispielen erläutert wird. In vielen Fällen können komplizierte Fachfragen schon mit Hilfe der betreffenden Verwaltungsanweisungen und der ErbStR/ErbStH gelöst werden.

In den folgenden Ausführungen wird ein allgemeiner Überblick zum Erbschaftsteuerrecht gegeben. Einzelfragen – auch Gestaltungsmöglichkeiten – werden an den entsprechenden Stellen der Erklärungsformulare angesprochen.

Hinweis

Bei Erwerben, für die Steuer **ab dem 1.7.2016** entsteht/entstanden ist, gilt das Erbschaft-/Schenkungsteuerrecht i.d.F. des Gesetzes zur Anpassung des Erbschaft- und Schenkungsteuerrechts an die Rechtsprechung des Bundesverfassungsgerichts v. 4.11.2016, BGBl 2016 I, 2464 mit nachfolgenden Änderungen.[8]

B. Die steuerpflichtigen Erwerbstatbestände

I. Erwerbe von Todes wegen

6 Die häufigsten Erbschaftsteuertatbestände sind der gesetzliche Erbanfall (§ 1922 BGB), der Erbanfall durch Testament (§§ 2231 ff. BGB),[9] Vermächtnis (§§ 2147 ff.

8 Das Erbschaftsteuergesetz i.d.F. des Erbschaftsteuerreformgesetzes 2009 war verfassungswidrig und darf nur noch bis 30.6.2016 angewendet werden, vgl. BVerfG v. 17.12.2014 – 1 BvL 21/12, BStBl 2015 II, 50. Zur Verfassungsrechtliche Zulässigkeit der Festsetzung von Erbschaftsteuer nach dem 30.6.2016 bis zum 9.11.2016 (Inkraftreten des ErbStAnpG 2016) FG München v. 8.2.2023 – 4 K 2771/21, juris; FG Berlin-Brandenburg v. 19.5.2021 – 14 K 14008/19, EFG 2021, 1486 = kein Eintritt einer „Steuerpause" nach Ablauf der Weitergeltungsanordnung des BVerfG zum ErbStG 2009.

9 Wird eine Verfügung von Todes wegen ausgeführt, obwohl sie unwirksam ist, und beruht die Ausführung der Verfügung auf der Beachtung des erblasserischen Willens, den Begünstigter und Belasteter anerkennen, ist gem. § 41 Abs. 1 AO das wirtschaftliche Ergebnis dieses Vollzugs erbschaftsteuerrechtlich von Bedeutung. Die Bereicherung des Begünstigten und die Verminderung der Bereicherung des Beschwerten müssen ihre Wurzeln im erblasserischen Willen haben (BFH Urt. v. 15.3.2000 – II R 15/98, BStBl 2000 II, 588; BFH v. 1.9.2021 – II R 8/20, BStBl 2022 II, 475. FG Nürnberg v. 14.1.2016 – 4 K 747/15, ZEV 2016, 227 zum formunwirksamen Vermächtnis m.w.N. *Stein*, Wenn das formunwirksame Testament dem formwirksamen steuerlich vorzuziehen ist ..., ZEV 2020, 339; *Boving*, Testamentarische Gestaltung in Patchwork-Familien, ZErb 2022, 460.

BGB)[10] und geltend gemachter Pflichtteil (§§ 2303 ff. BGB),[11] Erwerbe durch Schenkung auf den Todesfall[12] (§ 2301 BGB), Erwerbe aufgrund von Verträgen zugunsten Dritter auf den Todesfall (§§ 328, 30 BGB), sowie der (frühere) Erbersatzanspruch[13] gem. §§ 1934a ff. BGB (§ 3 Abs. 1 ErbStG). Bestimmte Erwerbe gelten fiktiv als vom Erblasser zugewendet (§ 3 Abs. 2 ErbStG), z.B. Erwerbe bei Vollziehung einer Auflage des Erblassers, Erwerb einer Abfindung bei Verzicht auf unmittelbaren Erwerb von Todes wegen. Vor- und Nacherbschaften gelten als jeweils eigener Erbfall.[14] Näheres siehe § 4 Rdn 28 ff. (Erbschaftsteuererklärung).

---

10 *Jülicher*, Vermächtnisse im Steuerrecht (Teil 1 und 2), ZErb 2022, 41 ff. und 81 ff. BFH v. 25.11.2020 – II R 36/18, ZErb 2021, 309 zur Auslegung einer Vermächtnisanordnung.

11 Der Pflichtteil besteht in der Hälfte des Wertes des gesetzlichen Erbteils. Der Berechnung des Pflichtteils werden der Bestand und der Wert des Nachlasses zur Zeit des Erbfalls zugrunde gelegt. *Meincke*, Zur Geltendmachung des Pflichtteils, ZErb 2004, 1; *Crezelius*, Erbschaftsteuerprobleme beim Pflichtteilsrecht, ZErb 2002, 142; *Theiss/Ahlhaus*, Pflichtteilsklauseln und einvernehmliche Geltendmachung des Pflichtteils aus erbschaftsteuerlichen Gründen: zivilrechtliche Risiken – steuerlichen Alternativen, ZErb 2007, 205; zum Geltendmachen BFH v. 19.7.2006 – II R 1/05, BStBl 2006 II, 718; *Oertzen/Cornelius*, Steuerrechtliche Gestaltungen mit und um das Pflichtteilsrecht, ErbStB 2006, 49; *Meincke*, Zum Geltendmachen des Pflichtteils, ZErb 2004, 1; *Seer/Krumm*, Der Pflichtteilsanspruch im System der erbschaftsteuerlichen Vermögensanfallbesteuerung, ZEV 2010, 57; *Schuhmann*, Der Pflichtteil und seine Besteuerung, UVR 2004, 298; *Krüger*, Der Pflichtteilsanspruch im Erbschaftsteuerrecht, ZErb 2014, 102; *Loose/Riehl*, Erbschaftsteuerrechtliche Behandlung von Pflichtteilsansprüchen, ErbR 2017, 409; *Tanck*, Pflichtteilsklauseln im gemeinschaftlichen Testament (Berliner Testament) – zivilrechtliche und steuerliche Gestaltung bei der Einheitslösung, ZErb 2018, 8; *Wachter*, Neues zur Erbschaftsteuer beim Berliner Testament – oder: Konfusion um Konfusion, BB 2020, 2135; *Jülicher*, Persönlicher Freibetrag/Nachlassverbindlichkeiten: Zum persönlichen Freibetrag bei beschränkter Steuerpflicht und zum Schuldenabzug für Pflichtteile, ErbBstg 2022, 113; BFH v. 7.12.2016 – II R 21/14, BFH/NV 2017, 696 zur Besteuerung eines durch Erbanfall erworbenen Pflichtteilsanspruchs. BFH v. 5.2.2020 – II R 1/16, BStBl 2020 II, 581 = ZErb 2020, 322 zur Geltendmachung eines Pflichtteilsanspruchs nach dem Tod des Pflichtteilsverpflichteten.

12 Nach FG Hamburg v. 15.3.2023 – 3 K 153/22, UVR 2023, 201 liegt eine Schenkung auf den Todesfall bei Einräumung eines Wohnungsrechts vor, wenn jemand für die Zeit nach seinem, des Wohnungseigentümers Ableben ein persönliches Wohnungsrecht einräumt und beide zu seinen Lebzeiten im Grundbuch eingetragen werden.

13 Gestrichen durch das ErbStG 2009, weil die §§ 1934a–1934e BGB in dem am 1.4.1998 in Kraft getretenen Erbrechtsgleichstellungsgesetz vom 16.12.1997 (BGBl 1997 I, 2968) ersatzlos gestrichen wurden und vor dem 1.7.1949 geborene nichteheliche Kinder in Erbfällen, bei denen der Vater vor dem 29.5.2009 verstorben ist, ab diesem Datum keinen vorzeitigen Erbausgleich mehr beanspruchen können, zu Ausnahmefällen BGH v. 12.7.2017 – IV ZB 6/15, MDR 2017, 1129.

14 Zur Festsetzung der Erbschaftsteuer für den Vorerbfall nach dem Tod des Vorerben BFH v. 13.4.2016 – II R 55/14, BStBl 2016 II, 746; zu Freibeträge bei Zusammentreffen mehrerer Nacherbschaften BFH v. 1. 12.2021 – II R 1/20, BStBl 2022 II, 518; zur Abgrenzung Vorerbschaft/Nießbrauchsvermächtnis im Fall eines sog. „Behindertentestaments“ FG Köln

II. Schenkungen unter Lebenden

7 Als Schenkungen gelten freigebige Zuwendungen (§ 7 ErbStG), soweit der Bedachte durch diese auf Kosten des Zuwendenden bereichert wird (§ 7 Abs. 1 Nr. 1 ErbStG). § 7 ErbStG beschreibt abschließend weitere Zuwendungen unter Lebenden, die nach dem ErbStG zu besteuern sind, z.B. Zuwendungen infolge von Auflagen, Zuwendungen an Stiftungen, Abfindungen für einen Erbverzicht, überhöhte Gewinnbeteiligung.

III. Zweckzuwendungen

8 Diese sind Zuwendungen von Todes wegen oder freigebige Zuwendungen unter Lebenden, die mit der Auflage verbunden sind, zugunsten eines bestimmten Zweckes verwendet zu werden, z.B. Zuwendung zur Errichtung eines Denkmals, oder die von der Verwendungen eines bestimmten Zwecks abhängig sind, soweit hierdurch die Bereicherung des Erwerbers gemindert wird (§ 8 ErbStG).[15] Sie dürfen nicht einer bestimmten Person zugutekommen. Näheres siehe § 5 Rdn 59 (Schenkungsteuererklärung). Der Beschwerte ist zugleich der Steuerpflichtige, er darf aber gem. § 10 Abs. 5 Nr. 2 ErbStG die Zweckauflage bei Verwendung zu dem angegeben Zweck von seinem aktiven Erwerb abziehen.

IV. Familienstiftungen

9 Die Übertragung von Vermögen auf eine Familienstiftung[16] unterliegt der Erbschaft-/Schenkungsteuer (§ 3 Abs. 2 Nr. 1 und § 7 Abs. 1 Nr. 8 ErbStG). Die Übertragung auf eine inländische Familienstiftung ist gem. § 15 Abs. 2 Satz 1 ErbStG begünstigt. Anstelle der sonst für Stiftung geltenden StKl III richtet sich

---

v. 29.6.2017 – 7 K 2587/15, juris. Zur Thematik *Riedel*, Vor und Nacherbschaft eine Steuerfalle?, ZErb 2002, 319; *Gerken*, Verfassungswidrigkeit der Besteuerung bei Vor- und Nacherbschaft, ZErb 2003, 72; *Holler*, Steuerliche Aspekte der Vor- und Nacherbschaft, ErbR 2016, 615; *Siebert*, Die Erbschaftbesteuerung bei Vor- und Nacherbschaft, BB 2010, 1252.

15 *Bruschke*, Zweckzuwendungen im Erbschaft- und Schenkungsteuerrecht, ErbStB 2014, 73.

16 Zum Vorliegen einer Familienstiftung siehe BFH v. 18.11.2009 – II R 46/07, BFH/NV 2010, 898; Nds. FG v. 29.6.2022 – 3 K 87/21, EFG 2022, 1471. Eine im Ausland rechtsfähige Familienstiftung kann bei Geschäftsführung im Inland der Ersatzerbschaftsteuerpflicht unterliegen. Zu den „entferntest Berechtigten" gemäß § 15 Abs. 2 Satz 1 ErbStG gehören alle Personen, die nach der Satzung – auch nur theoretisch – in Zukunft aus der Generationenfolge Vorteile aus der Familienstiftung erlangen können. Nds. FG v. 24. 6.2021 – 3 K 5/21, EFG 2021, 1558 (Revision eingelegt; Az. des BFH: II R 25/21). *Wachter*, Deutsche Erbersatzsteuer und ausländische Familienstiftungen, DB 2023, 17; *Kutac/Schewe*, Ist die Familienstiftung in Deutschland steuerlich so attraktiv wie angenommen? – Eine betriebswirtschaftliche Steuerwirkungsanalyse, FR 2022, 831.

die Zuordnung zur StK 1 nach dem Verwandtschaftsverhältnis des entferntest Berechtigten nach der Stiftungsurkunde;[17] danach richtet sich auch die Freibetrag.

Außerdem: Das Vermögen einer **inländischen Familienstiftung** bzw. -vereins unterliegt **in Zeitabständen von je 30 Jahren der Erbschaftsteuer** (§ 1 Abs. 1 Nr. 4 ErbStG). Eine Familienstiftung liegt jedenfalls dann vor, wenn in der Satzung als Stiftungszweck hauptsächlich und ausdrücklich die Unterstützung namentlich genannter Familienangehöriger angegeben ist. Näheres siehe noch § 5.

C. Besteuerungszeitpunkt

Die Erbschaft- oder Schenkungsteuer entsteht einzig und allein an einem bestimmten Zeitpunkt (**Stichtagsprinzip**).[18] Dies ist der Besteuerungszeitpunkt (§ 9 ErbStG).[19] Bei Erwerben von Todes wegen entsteht die Steuer grundsätzlich mit dem Tod des Erblassers. Insbesondere bei den fiktiv vom Erblasser erlangten Erwerben von Todes wegen (z.B. bei Vollzug einer Auflage des Erblassers) kann die Steuer bei diesen Erwerbern später entstehen (siehe § 9 Abs. 1 Nr. 1a bis 1i ErbStG). Bei Schenkungen entsteht die Steuer mit Ausführung der Schenkung (§ 9 Abs. 1 Nr. 2 ErbStG); eine Besonderheit gilt bei Grundstücksschenkungen.[20] Gewöhnlich kommt es auf die zivilrechtlich wirksame Ausführung an.[21] Besonderheiten gelten bei Übertragungen von Beteiligungen und Anteilen. Es gelten 10

17 Nach Nds.FG v. 24.6.2021 – 3 K 5/21, EFG 2021, 1558 gehören zu den „entferntest Berechtigten" gemäß § 15 Abs. 2 Satz 1 ErbStG alle Personen, die nach der Satzung – auch nur theoretisch – in Zukunft aus der Generationenfolge Vorteile aus der Familienstiftung erlangen können. (Revision eingelegt; Az. des BFH: II R 25/21). Im Zweifel ist auch eine im Stiftungsgeschäft als Begünstigte erfasste, aber noch nicht lebende Enkelgeneration zu berücksichtigen, so jedenfalls FG Münster v. 18.5.2017 – 3 K 3247/15 Erb, EFG 2017, 1208.

18 *Daragan*, Erwerb und Zeit im Erbschaftsteuerrecht, ZErb 2004, 8; *Halaczinsky*, Wann entsteht die Erbschaftsteuer? (I), ErbStB 2007, 384 und (II) ErbStB 2008, 20; *Schuhmann*, Die Entstehung der Erbschaftsteuer und das Stichtagsprinzip, ErbR 2011, 290; *Schmid*, Das Stichtagsprinzip im Erbschaftsteuer- und Schenkungsteuerrecht, ZEV 2015, 387.

19 Erwirbt ein inländischer Erbe nach italienischem Erbrecht, entsteht inländische Erbschaftsteuer mit dem Zeitpunkt des Todes des Erblassers und nicht erst mit der nach italienischem Recht notwendigen Annahme der Erbschaft durch den Erben, so BFH v. 17.11.2021 – II R 39/19, BStBl 2022 II, 478.

20 Speziell zur Ausführung einer Grundstücksschenkung BFH v. 2.2.2005 – II R 26/02, BStBl 2005 II, 312 = ZErb 2005, 168 und R E 9.1 ErbStR.

21 So ist die Schenkung eines aufgrund einer Kapitalerhöhung neu entstehenden GmbH-Geschäftsanteils erst mit Eintragung in das Handelsregister ausgeführt. Wegen des Stichtagsprinzips nach BFH v. 20.1.2010 – II R 54/07, BFH/NV 2010, 713; BFH v. 30.8.2017 – II B 16/17, BFH/NV 2017, 1611 keine Billigkeitsmaßnahmen bei der Schenkungsteuer wegen nachträglicher Wertminderungen eines freigebig zugewendeten Grundstücks. Zum Ausführungszeitpunkt der Schenkung von Gesellschaftsanteilen an Personengesellschaften

die zivilrechtlichen Voraussetzungen.[22] Wenn ein Erwerb von Todes wegen oder eine freigebige Zuwendung mit einer **aufschiebend bedingten Last** belastet ist, dann wird diese Last bis zum Eintritt der Bedingung nicht bei der Besteuerung berücksichtigt (§ 6 Abs. 1 BewG). Tritt die Bedingung ein, ist die Festsetzung der Erbschaft- bzw. Schenkungsteuer auf Antrag nach dem tatsächlichen Wert der Last zu berichtigen (§ 6 Abs. 2 i.V.m. § 5 Abs. 2 BewG).[23] Bei Zweckzuwendung entsteht die Steuer mit Eintritt der Verpflichtung des Beschwerten (§ 9 Abs. 1 Nr. 3 ErbStG). Bei Schenkungen kann man den Entstehungszeitpunkt i.A. selbst bestimmen. Bei Erwerben von Todes wegen ist dies nur bedingt möglich, in Zweifelsfällen ist der Todeszeitpunkt durch das Nachlassgericht festzulegen. Näheres zur Entstehung siehe § 9 ErbStG und R E 9.1–9.3 ErbStR, H E 9.1–9.3 ErbStH.

Wichtig

Der Entstehungszeitpunkt ist maßgebend für die persönlichen (z.B. Verwandtschaft) und sachlichen Verhältnisse (Vorhandensein von Vermögensgegenständen) sowie für das anzuwendende Recht (Freibeträge, Steuersätze, Befreiungen und Vergünstigungen).

Mit dem Besteuerungszeitpunkt korrespondiert der Bewertungszeitpunkt (**Bewertungsstichtag** i.S.d. § 11 ErbStG).

Hinweis

Wertsteigerungen und -verluste nach Entstehen sind unbeachtlich; Wertverluste ebenfalls, wenn das geerbte Vermögen danach (kaum noch oder gar) nicht mehr ausreicht, um die darauf entfallenden ErbSt zu zahlen. Nur in Ausnahmefällen käme allenfalls ein Steuererlass aus Billigkeitsgründen in Betracht.[24]

BFH v. 1.9. 2021 – II R 8/19, BFH/NV 2022, 236; zum Bewertungsstichtag bei rückwirkender Verschmelzung FG München v. 26.2.2020 – 15 K 2779/18, EFG 2020, 863.

22 Steht der Erwerb eines Kommanditanteils unter der aufschiebenden Bedingung der Eintragung des Beschenkten als Kommanditist in das Handelsregister, ist er schenkungsteuerrechtlich bis zum Bedingungseintritt nicht zu berücksichtigen (BFH v. 1.9.2021 – II R 8/19, BFH/NV 2022, 236).

23 Siehe zu Berücksichtigung von aufschiebend bedingten Lasten für Zwecke der Erbschaft- bzw. Schenkungsteuer Gleich lautende Erlasse der obersten Finanzbehörden der Länder v. 4.1.2023, BStBl 2023 I, 172.

24 In besonders gelagerten Einzelfällen kann ein Erlass in Betracht kommen, so z.B. bei der Steuer für eine geerbte Leibrente, wenn der Steuerpflichtige die jährliche Besteuerung des Jahreswerts gewählt hatte und die Rentenzahlungen später wegen der Zahlungsunfähigkeit und Überschuldung des Verpflichteten ausfallen oder bei einer vermächtnisweisen zugewendeten Rente, wenn der Vermächtnisverpflichtete insolvent wird; dazu *Naujok*, Stichtagsbewertung und Billigkeitserlass im Erbschaftsteuerrecht, ZEV 2003, 94. In der Praxis wäre auch zu prüfen, ob die Wertfeststellung des geschenkten/geerbten Vermögensgegenstandes noch zugunsten des Klägers geändert werden kann (§§ 172, 173, 175 AO). Ggf.

D. Die persönliche Erbschaft- oder Schenkungsteuerpflicht

Erblasser/Schenker haben heutzutage oft nicht nur in der Bundesrepublik Vermögen. Ist das Vermögen im Ausland belegen, z.B. Immobilie in Spanien, Schiff in Griechenland, Farm in Argentinien, Betriebstätte in Polen usw., unterliegt es gleichwohl der deutschen Erbschaft- und Schenkungsteuerpflicht, wenn unbeschränkte persönliche Steuerpflicht besteht. Zusätzlich kann ausländische Erbschaft- und Schenkungsteuerpflicht entstehen! Befindet sich dagegen nur das Vermögen in der Bundesrepublik, sind Erben/Beschenkte und Erblasser/Schenker Ausländer, unterliegt nur das sog. Inlandsvermögen der deutschen Steuer. 11

I. Unbeschränkte Steuerpflicht

Erwerber und/oder Zuwendender ist am Stichtag Inländer: Es genügt, wenn einer der Beteiligten Inländer ist. In diesem Fall unterliegt das Vermögen in aller Welt der deutschen Erbschaft- und Schenkungsteuer. Es ergeben sich dennoch Besteuerungsunterschiede, je nachdem, ob der Erblasser/Schenker oder der Erbe/Beschenkte Inländer ist. Im letzteren Fall unterliegt nur der auf diesen entfallende Teil der deutschen ErbSt.[25] 12

Maßgebliche Kriterien für die Inländereigenschaft sind:
- **Wohnsitz** (§ 8 AO) bei Innehaben einer Wohnung im Inland
- **Gewöhnlicher Aufenthalt** über ein halbes Jahr (§ 9 AO)[26]
- **Staatsangehörigkeit und Zeitfaktor** (5 Jahre); deutsche Staatsangehörige nach Wegzug aus Deutschland, wenn sie sich noch nicht länger als 5 Jahre dauernd im Ausland aufgehalten haben.

---

kommt auch eine Haftungsbeschränkung auf den Nachlass in Betracht, siehe dazu *Strübing*, ZErb 2005, 177. Vorbeugend sollte den Erben eine Verfügungsvollmacht über den Tod hinaus eingeräumt werden, damit Wertverluste durch zeitnahe Verfügungen/Verkäufe verhindert werden können.

25 Vgl. *Riedel*, in: Daragan/Halaczinsky/Riedel, PK ErbStG und BewG, § 2 ErbStG Rn 4.ff.; *Jülicher*, in: Troll/Gebel/Jülicher/Gottschalk, § 2 ErbStG Tz. 6; *Kamps*, Unbeschränkte Erbschaftssteuerpflicht, ErbR 2020, 626; *Schienke-Ohletz/Kühn*, Doppelbesteuerung bei Auskehrung aus ausländischen Trusts?, DStR 2022, 1413; *Boving/Vossbeck*, Die Ferienimmobilie im Nachlass, ZErb 2022, 1; *Gebel*, Spanien: Erbschaftsteuer – Bemessungsgrundlage und Berechnung, RIW 2000, 502; *Feldner/Härke*, Doppelte Erbschaft- bzw. Schenkungsteuerpflicht in Europa: Die Problematik anhand von in Spanien belegenen Immobilien, ErbStB 2012, 147; *Strunk/Kaminski/Plattes*, Aktuelle Entwicklungen bei der Besteuerung spanischer Immobilien, Stbg 2014, 222; BFH v. 17.11.2021 – II R 39/19, BStBl 2022 II, 478 zu Erbfall nach italienischem Recht.

26 Kurzfristige Unterbrechungen sind unbeachtlich; BFH v. 19.3.1997 – I R 69/96, BStBl 1997 II, 447; v. 26.2.1986 – II R 200/82, BFH/NV 1987, 301.

Achtung

Deutsche, die schon länger als 5 Jahre aus Deutschland weggezogen sind, können wieder unbeschränkt erbschaftsteuerpflichtig werden, z.B. wenn sie sich länger als 6 Monate in Deutschland aufhalten, ohne hier einen Wohnsitz zu nehmen.

- **Geschäftsleitung** (§ 10 AO), **Sitz** im Inland (§ 11 AO). Als Inländer gelten auch Körperschaften, Personenvereinigungen und Vermögensmassen, die ihre Geschäftsleitung oder ihren Sitz im Inland haben (§ 2 Abs. 1 Nr. 2 ErbStG), auch die Familienstiftungen und -vereine mit Geschäftsleitung oder Sitz im Inland.
- **Doppelbesteuerungsabkommen.**[27]

Fallbeispiele

1. E lebte auf Mallorca. Er hatte Kapitalvermögen in München, Frankfurt und in Luxemburg. Der Erbe lebt in München. **Lösung**: Unbeschränkte Steuerpflicht liegt vor.
2. A lebt in Liechtenstein und hat sein Vermögen von 24 Mio. (Wert in DM) in Wertpapieren angelegt. Seit 19 Jahren lebt er in harmonischen Verhältnissen mit seiner Lebensgefährtin L in Vaduz zusammen. L, die deutsche Staatsbürgerin ist, konnte allerdings aus Gründen des liechtensteinischen Rechts dort nicht gemeldet werden. Da beide Freunde der Jagd sind, jagen sie seit Langem jährlich zweimal während der Rehwildsaison ab Mitte Mai bzw. Oktober für je vier bis sechs Wochen in Ls (Heimatort N in Deutschland). Schließlich erwirbt L eine Doppelhaushälfte in N, von der aus beide 4 Jahre lang der Jagd nachgehen. Sonst wird das Haus nicht benutzt. Danach stirbt A, L ist seine alleinige Erbin. **Lösung**: Bereits der Besuch der Doppelhaushälften soll nach BFH v. 23.11.1988 – II R 139/87, BStBl II 1989, 182 die unbeschränkte Steuerpflicht im Inland begründen. Bestätigt durch BVerfG v. 15.11.1989 – 1 BvR 171/89, BStBl II 1990, 103.[28] Der Umstand, dass das Haus nicht ständig genutzt wurde und nach seiner Zweckbestimmung nicht zur ständigen Nutzung bestimmt war, ist ebenso unbeachtlich wie die etwa bestehende subjektive Absicht der L, in N deshalb keinen Wohnsitz begründen zu wollen.
3. A lebt seit vielen Jahren im Ausland. Nach einem Besuch bei der Erbin blieb er infolge seiner schweren Erkrankung mehr als 6 Monate (genau 7 Monate) in deren Haus im Inland. Dort verstarb er. **Lösung**: Es liegt unbeschränkte Erbschaftsteuerpflicht vor (BFH v. 26.2.1986 – II R 200/82, BFH/NV 1987, 301).

---

27 Siehe Rdn 20.

28 Ferienwohnung als Wohnsitz? FG Baden-Württemberg v. 29.10.2008 – 2 K 1986/07, EFG 2009, 139.

Erweiterte unbeschränkte Steuerpflicht deutscher Staatsangehöriger besteht, wenn an einem Erwerbsvorgang ein deutscher Staatsangehöriger beteiligt ist, der sich 13
- noch nicht länger als 5 Jahre dauernd im Ausland aufgehalten hat, ohne im Inland einen Wohnsitz zu haben oder
- im Inland weder einen **Wohnsitz** noch einen gewöhnlichen Aufenthalt hat, aber zu einer inländischen juristischen Person des öffentlichen Rechts in einem Dienstverhältnis steht und dafür Arbeitslohn aus einer inländischen öffentlichen Kasse bezieht, z.B. Beamter des Auswärtigen Amts, der länger als 5 Jahre im Ausland beschäftigt ist.[29]

II. Beschränkte Steuerpflicht

Ist Inlandsvermögen vorhanden, sind aber weder Erwerber noch Zuwendender am Stichtag Inländer, kann bestimmtes Inlandsvermögen (§ 121 BewG) der deutschen Erbschaft- und Schenkungsteuer unterliegen (beschränkte Steuerpflicht);[30] ggf. modifiziert durch Doppelbesteuerungsabkommen (dazu siehe Rdn 20). Was zum **Inlandsvermögen** gehört, ist in § 121 BewG und dazu in R E 2.2 ErbStR abschließend vorgegeben. **Kriterien** sind: Belegenheit und Art des Vermögens. Insbesondere zu nennen sind inländische Immobilien, Betriebsstätten und Beteiligungen an Kapitalgesellschaften von mindestens 10 % (s. dazu noch § 2 Abs. 1 Nr. 3 Satz 3 ErbStG). Die Definition des Inlandsvermögens ist auch von Bedeutung für die Anrechnung ausländischer Erbschaftsteuer, siehe § 21 ErbStG. Das Inlandsvermögen i.S.v. § 121 BewG muss am Besteuerungsstichtag bestehen. Auch für Inlandsvermögen gelten die Befreiungen nach § 13 ErbStG, sofern die Tatbestandsvoraussetzungen stimmen z.B. für Baudenkmäler oder Produktivvermögen. In § 121 BewG nicht aufgezählte Vermögensgegenstände können demnach die beschränkte Erbschaftsteuerpflicht nicht auslösen. Z.B. führt der unentgeltliche Erwerb von Bargeld, Wertpapieren, Bank- und Sparguthaben bei inländischen Kreditinstituten, Ansprüchen aus Lebensversicherungen, Rentenversicherungen u.Ä., Hausrat und Schmuck, Kunstgegenstände, Münzen usw. sowie sonst ungesicherten Forderungen (dazu gehören auch Pflichtteilsansprüche von Ausländern, Grundstücksvermächtnisse,[31] Geldvermächtnisse, Sachleistungsansprüche) nicht zu einer beschränkten Erbschaftsteuerpflicht. 14

29 Die erweiterte unbeschränkte Schenkungsteuerpflicht ist verfassungsgemäß und unionsrechtskonform BFH v. 12.10.2022 – II R 5/20, BFH/NV 2023, 320.

30 *Wachter*, Beschränkte Erbschaftsteuerpflicht, ErbStB 2004, 25; *Riedel*, Erbschaftsteuerpflicht beim Wegzug aus Deutschland, ZErb 2006, 169.

31 Das Vermächtnis an einem inländischen Grundstück unterliegt nicht der beschränkten Erbschaftsteuerpflicht, BFH v. 23.11.2022 – II R 37/19, DStR 2023, 443.

Schulden und Lasten werden bei beschränkt Steuerpflichtigen nur berücksichtigt, wenn sie in wirtschaftlichem Zusammenhang mit dem Inlandsvermögen stehen (R E 2.2 Abs. 7 ErbStR).[32] **Pflichtteilsverbindlichkeiten** sind anteilig als Nachlassverbindlichkeiten abzugsfähig, soweit die Vermögensgegenstände des Erwerbs der beschränkten Steuerpflicht (§ 2 Abs. 1 Nr. 3 ErbStG) unterliegen. Der abzugsfähige Anteil bemisst sich nach dem Verhältnis der Summe der Werte der Vermögensgegenstände, die der beschränkten Steuerpflicht im Inland unterliegen, abzüglich der mit diesen Vermögensgegenständen in wirtschaftlichem Zusammenhang stehenden Schulden und Lasten, zum Gesamtwert aller Vermögensgegenstände des aktuellen Erwerbs abzüglich der mit diesen in wirtschaftlichem Zusammenhang stehenden Schulden und Lasten des aktuellen Erwerbs. Neben Pflichtteilsverbindlichkeiten sind insbesondere **Zugewinnausgleichsverbindlichkeiten** und **Verbindlichkeiten** aufgrund auf **Geldzahlung gerichteter Untervermächtnisse** in entsprechender Anwendung anteilig **abzugsfähig.**

15 Beschränkt Steuerpflichtigen erhalten **bei allen Erwerben ab 25.6.2017 die für unbeschränkt Steuerpflichtige** geltenden Freibeträge (§ 16 Abs. 2 i.V.m. Abs. 1 ErbStG).[33]

> **Hinweis**
>
> Die Freibeträge werden nur anteilig gewährt werden, soweit sie auf den Erwerb von Inlandsvermögen innerhalb der letzten 10 Jahre entfallen (§ 16 Abs. 2 ErbStG). Soweit der Vermögensanfall auf Auslandsvermögen innerhalb der letzten 10 Jahre entfällt, sind die Freibeträge anteilig zu kürzen. Das bedeutet, dass der betreffende Steuerpflichtige seinen ganzen Erwerb, d.h. alle Vermögenswerte in aller Welt, nur für die Anteilsberechnung der deutschen Steuerverwaltung erklären muss.

Die Regelung (anteilige Gewährung) ist **unionsrechtskonform.**[34]

16 **Ausländische Familienstiftungen** unterliegen auch **nicht** mit ihrem Inlandsvermögen der sog. Erbersatzsteuer!

III. Erweiterte beschränkte Steuerpflicht

17 Die beschränkte Erbschaftsteuerpflicht wird gem. § 4 AStG i.V.m. § 2 AStG bei Wegzug des Erblassers oder Schenkers in ein so genanntes Niedrigsteuerland (Erbschaftsteuer unter 30 % der deutschen Erbschaftsteuer) erweitert; und zwar unter bestimmten Voraussetzungen auf 10 Jahre nach dem Wegzug auf bestimmte

32 Abzugsfähigkeit von Nachlassverbindlichkeiten bei beschränkter Steuerpflicht Gleich lautende Erlasse der obersten Finanzbehörden der Länder v. 9.1.2023, BStBl 2023 I, 204; *Jülicher*, Persönlicher Freibetrag/Nachlassverbindlichkeiten: Zum persönlichen Freibetrag bei beschränkter Steuerpflicht und zum Schuldenabzug für Pflichtteile, ErbBstg 2022, 113.

33 *Halaczinsky*, in: Daragan/Halaczinsky/Riedel, ErbStG und BewG, § 16 ErbStG Rn 9 ff.

34 EuGH v. 21.12.2021 – C-394/20, DStR 2022, 45.

Vermögensgegenstände. Eine erweiterte beschränkte Steuerpflicht gem. § 4 AStG kann bestehen, wenn der Erblasser zum Zeitpunkt der Steuerentstehung einer erweiterten beschränkten Einkommensteuerpflicht unterlag.

1. Wegzug

Mit dem **Wegzug aus dem Inland** kann die deutsche unbeschränkte Erbschaftsteuerpflicht nicht sofort (sondern erst nach 5 Jahren) beendet werden. Durch „erfolgreichen" Wegzug ins Ausland kann die Erbschaftsteuerbelastung ganz oder wesentlich vermieden werden. Dazu sind häufig erhebliche Vorbereitungen zu treffen und vielfältige Rechtsfolgen zu bedenken.[35] Im Allgemeinen sind erforderlich: 18

- Wohnsitzwechsel von Zuwendenden und Erwerber
- Vermeidung von gewöhnlichem Aufenthalt in Deutschland
- Vermeidung von Inlandsvermögen.

Darüber hinaus entfällt die Wegzugsbesteuerung sofort mit dem Wegfall der deutschen Staatsangehörigkeit.

2. Risiken

Es gilt, zumindest teilweise, ausländisches Zivilrecht; Näheres siehe grds. Art. 25, 26 EGBGB. In der EU bzw. im EWR gilt für die Bestimmung des anzuwendenden Zivilrechts vorrangig die EuErbVO.[36] Es besteht die Gefahr der Realisierung 19

35 *Geck*, Erb- und schenkungssteuerpflichtige Erwerbe mit Auslandberührung, ZEV 1995, 249; *Noll*, Die persönliche Erbschaftsteuerpflicht im Überblick, DStZ 1995, 713; *Wacker*, Internationale Besteuerung von Schenkungen und Erbfällen, IStR 1998, 33; *Kau*, Erbschaftsteuerliche Aspekte des Außensteuerrechts, UVR 2001, 13; *Wachter*, Beschränkte Erbschaftsteuerpflicht, ErbStB 2004, 25; *Riedel*, Erbschaftsteuerpflicht beim Wegzug aus Deutschland, ZErb 2006, 169. Nähere Hinweise zur Vermeidung der beschränkten Steuerpflicht: *v. Oertzen/Stein*, Erbschaftsteuerplanung bei beschränkt Steuerpflichtigen, in: Grotherr, HdB der Internationalen Steuerplanung, 2011; *Werz*, Gestaltungsmöglichkeiten bei beschränkter Steuerpflicht, FS Spiegelberger 2009, S. 584 ff.; *Thonemann*, Grenzüberschreitende Nachfolgeplanung, ErbStB 2011, 139, 175; *Kneissler-Dall'Acqua/Comolli*, Erbschaft- und Schenkungsteuer in Italien – Stand Oktober 2012, ZErb 2013, 7; *Heil/Frenzel*, Besteuerung von grenzüberschreitenden Erbschaften und Schenkungen im Privatvermögen, IWB 2022, 207; *Kamps*, Wegzug und Besteuerung der deutschen Erbschaftsteuerpflicht, ErbR 2020, 855; *Dorn*, Wegzug ins Ausland: Die Erbschaft- und Schenkungsteuerpflicht nach dem Wegzug aus Deutschland – ein Überblick, ErbBstg 2023, 187.

36 EU-Erbrechtsverordnung (EuErbVO) Nr. 650/2012 v. 4.7.2012, ABl EU v. 27.7.2012 – L 201, S. 107 (in Kraft getreten am 16.8.2012). Dazu z.B. *Müller-Lukoschek*, Die neue EU-Erbrechtsverordnung, 2. Aufl. 2015; *Halaczinsky*, Europäische Erbrechtsverordnung und deutsche Erbschaftsbesteuerung, ZErb 2019, 85.

stiller Reserven in Deutschland mit ertragsteuerlichen Konsequenzen bei Verbringung der Vermögensgegenstände des Betriebsvermögens von wesentlichen Beteiligungen (vgl. § 6 Abs. 3 AStG, § 21 Abs. 2 Nr. 2, 3 UmwStG, §§ 16, 17 EStG) ins Ausland, zweimalige unbeschränkte Steuerpflicht in der 5-jährigen Wegzugsphase, ggf. mit ausländischer unbeschränkter Erbschaftsteuerpflicht und erweiterte unbeschränkte/beschränkte Steuerpflicht bei Wegzug in ein Niedrigsteuerland. Durch Krankheit/Alter kann ein Rückzug nach Deutschland erforderlich werden, so dass die Wegzuggestaltung nachträglich hinfällig wird.

Hinweis

Anstelle eines Wegzugs könnte durch Ausnutzung der zzt. sehr weitgehenden Steuerbefreiungen/-vergünstigungen für sog. Produktivvermögen oder der Befreiungen für Übertragungen auf Stiftungen, Erbschaftsteuer in erheblichem Umfang vermieden werden.

IV. Doppelbesteuerung (DBA)

20 In Doppelbesteuerungsabkommen können die Vertragsstaaten Einschränkungen und Modifizierungen der jeweils unbeschränkten oder beschränkten Steuerpflicht vereinbaren, z.B. bei Grundvermögen und Betriebsstätten im Vertragsstaat. Dabei sind u.a. folgende Fallkonstellationen denkbar. In mehreren Staaten besteht unbeschränkte Steuerpflicht, in einem Staat besteht unbeschränkte und in einem oder mehreren anderen Staaten besteht beschränkte Steuerpflicht.[37] Aufgrund eines DBA[38] kann das Vermögen zur Vermeidung einer Doppelbesteuerung freigestellt sein – Freistellungsmethode.

37 Dazu *Jülicher*, Internationales Erbschaftsteuerrecht am Beispiel des ErbStG, ZErb 2003, 204; *Jülicher*, Praxisprobleme im internationalen Erbschaftsteuerrecht, BB 2014, 1367.

38 *Riedel*, in: Daragan/Halaczinsky/Riedel, ErbStG und BewG, § 2 ErbStG Rn 65 ff.; *Jülicher* in: Troll/Gebel/Jülicher/Gottschalk, § 2 ErbStG Tz. 151 ff.; *Kaminski*, Doppelbesteuerung in der Erbschaftsteuer, ErbR 2016, 183.

DBA bestehen mit Dänemark, Griechenland,[39] Frankreich,[40] Schweden,[41] Schweiz[42] (Progressionsvorbehalt), USA.[43] Siehe H E 2.1 ErbStR.[44]

Hinweis

Nur DBA-USA und Schweden gelten auch für Schenkungen!

Fallbeispiel

Erblasser Reich wohnt in Hamburg Blankenese. Zu seinem Nachlass gehören unter anderem ein Chalet in den österreichischen Bergen und eine Sommervilla in Dänemark.

Lösung

Das DBA-**Österreich** ist wegen Aufhebung der Erbschaftsteuer in Österreich[45] aufgehoben worden. Ergebnis: wegen der unbeschränkten Steuerpflicht des Reich unterliegt das Chalet in Österreich der deutschen Erbschaftsteuer.

---

39 *Stein*, Beschränkte Erbschaftsteuerpflicht unter dem DBA-Griechenland – Besonderheiten und Praxisfälle, IStR 2021, 712.

40 Dazu *Chlepas*, Besteuerung deutsch-französischer Erb- und Schenkungsfälle, BBEV 2008, 21; *Jülicher*, Das neue DBA Frankreich-Deutschland zur Erbschaft- und Schenkungsteuer, IStR 2007, 85; *v. Oertzen/Schienke*, Die Besteuerung deutsch-französischer Erbfälle nach Inkrafttreten des ErbSt-DBA zwischen Deutschland und Frankreich, ZEV 2007, 406; *Schulz/Werz*, Erbschaft-/Schenkungsteuer bei deutsch-französischen Sachverhalten, ErbStB 2007, 213; *Kühl*, Französisches Erbschafts- und Schenkungssteuerrecht im deutsch-franzöischen Kontext, ErbR 2020, 142; *Schienke-Ohletz*, Fallstricke bei Erbschaften und Schenkungen im deutsch-französischen Doppelbesteuerungsabkommen, ISR 2022, 144.

41 Allerdings hat Schweden 1995 die Erbschaftsteuer aufgehoben, das DBA gilt aber weiter. FG Baden-Württemberg v. 5.8.2020 – 7 K 2779/18, EFG 2021, 64 „Steht das DBA SWE der Festsetzung deutscher Schenkungsteuer entgegen, wenn im Zeitpunkt der Schenkung die Schenkungsteuer in Schweden abgeschafft war?" (Revision anhängig Az. II R 27/20).

42 Dazu *Geelhar*, Schematisierte Darstellung des Doppelbesteuerungsabkommens BRD/Schweiz auf dem Gebiet der Erbschaftsteuer, ZErb 2003, 344; zum Wegzug in die Schweiz s. *Deiniger*, Überblick über die einkommen-, erbschaft- und schenkungsteuerrechtlichen Auswirkungen des Wegzugs einer natürlichen Person von Deutschland in die Schweiz, ZErb 2003, 362; *Bürgin/Ludwig/Schmidt/Schwind*, Erbschaft/Schenkungsteuern in der Schweiz und in Deutschland unter Berücksichtigung des DBA zwischen den beiden Staaten, ZErb 2009, 49; *Demirci/Radwan*, Der deutsch-schweizerische Erbfall, ZErb 2019, 29; *Nordin/Wild*, in: Deininger, Wegzug aus steuerlichen Gründen, 3. Aufl. 2023.

43 BFH v. 20.9.2022 – II B 2/22, BFH/NV 2022, 1287 zum DBA USA-ERB 2000; *Frank/Wainwright*, Todesfallbesteuerung von Deutschen mit Vermögen in den USA, ZEV 2015, 568.

44 Aktueller Stand OFD Frankfurt v. 25.7.2017 – S 3832 A-015-St 119, ofix HE ErbStG/21/1.

45 *Fraberger/Peritz*, Österreich: Nachfolgeregelung zum ErbStG: das Schenkungsmeldegesetz, ZErb 2008, 262.

Nach DBA-**Dänemark** kommt die Anrechnungsmethode zur Anwendung. Das Haus wird zunächst der deutschen wie auch der dänischen Steuer unterworfen. Danach kann die dänische Steuer bei der deutschen Steuer angerechnet werden. Durch den im deutschen Erbschaftsteuerrecht (§ 21 ErbStG) vorgesehenen Höchstbetrag wird das ausländische Vermögen endgültig mit der höheren der beiden Steuern belastet, (weil höchstens ein Betrag abgezogen werden kann, der der deutschen Steuer entspricht).

Soweit keine Doppelbesteuerungsabkommen bestehen, können Erbschaften und Schenkungen unter Umständen in mehreren Staaten mit Steuern belastet sein. In Deutschland kommt dann ggf. die Anrechnung[46] nach § 21 ErbStG in Betracht, siehe dazu Rdn 61.

E. Sachliche Steuerbefreiung

21 Das Erbschaft- und Schenkungsteuergesetz befreit von vorneherein eine Reihe von unentgeltlichen Erwerben von der Steuer. Die sachlichen Steuerbefreiungen sind in §§ 13, 13a–13d, 10 Abs. 5 Nr. 3 ErbStG aufgezählt.

Die einzelnen Steuerbefreiungen des § 13 ErbStG wirken unabhängig voneinander, d.h. jede Befreiungsvorschrift ist für sich anzuwenden (§ 13 Abs. 3 Satz 1 ErbStG). Sie werden unabhängig von den persönlichen Freibeträgen, also vorweg, gewährt. Ihre Voraussetzungen sind grundsätzlich von Amts wegen zu prüfen und zu gewähren. In manchen Fällen sind aber Anträge oder Einzelnachweise zu stellen, bzw. zu erbringen oder zu beantragen, z.B. bei Befreiung von Betriebsvermögen, wegen Denkmalschutz, national wertvollem Kulturgut (§ 13 Abs. 1 Nr. 2 und 3 ErbStG) oder Verzicht auf diese Befreiung (§ 13 Abs. 3 Satz 2 ErbStG). Aus dem Katalog der allgemeinen sachlichen Befreiungen des § 13 ErbStG[47] sind insbesondere Folgende von praktischer Bedeutung hervorzuheben:

22 – **Hausrat** (einschl. Wäsche und Kleidungsstücke) ist beim Erwerb durch Personen der Steuerklasse I oder II steuerfrei, soweit der Wert 41.000 EUR nicht übersteigt.[48] Hausrat = Wohnungseinrichtung und alle Haushaltsgegenstände auch wertvoller Art, einschl. der Wäsche und Kleidungsstücke des Erblassers (Schenkers). Kunstgegenstände und Sammlungen fallen unter die Befreiung für Hausrat oder bewegliche Gegenstände, wenn sie zur Wohnungsausstattung oder zu den anderen beweglichen körperlichen Gegenständen gehören;

46 *Kreft*, Anrechnung von ausländischer Erbschaft- und Schenkungsteuer, ErbBstg 2010, 53.

47 *Marfels*, Die Steuerbefreiungen gem. §§ 13 und 13d ErbStG – Teil I bis III, ErbStB 2018, 178, 216 und 243; *Halaczinsky*, Die Steuerbefreiungen nach § 13 ErbStG, Aktuelle Entwicklungen, UVR 2013, 265.

48 *Jülicher*, Eine kleine aber feine Steuerbefreiung im ErbStG; Hausrat und sonstige bewegliche Gegenstände, ZEV 2000, 94; *Stein/Tack*, Die (mittelbare) Hausratsschenkung als Gestaltungsmittel, ZEV 2013, 180.

nicht aber Gegenstände, die zum land- und forstwirtschaftlichen Vermögen, zum Grundvermögen oder zum Betriebsvermögen gehören. Weitere 12.000 EUR bleiben in diesem Fall für **übrige bewegliche körperliche Gegenstände** steuerfrei. In der Regel fallen darunter Fahrzeuge, es können auch Kunstgegenstände, Sammlungen, Bücher sowie Musikinstrumente sein. Allerdings fallen nicht darunter: Zahlungsmittel, Wertpapiere, Münzen, Edelmetalle, Edelsteine und Perlen.

- Bei Personen der Steuerklasse II und III bleiben Hausrat und andere bewegliche Gegenstände bis insgesamt 12.000 EUR steuerfrei.
- **Familienwohnheim**[49] bei **Schenkung** an Ehegatte, Freistellung von eingegangenen Verpflichtungen (Hypotheken, Grundschulden usw.), Übernahme von nachträglichen Herstellungs- oder Erhaltungsaufwand. **Voraussetzung**: Belegenheit im Inland, in der EU oder im EWR und eine ausschließlich zu eigenen Wohnzwecken genutzte Wohnung (vgl. § 13 Abs. 1 Nr. 4a ErbStG, R E 13.3 ErbStR und H E 13.3 ErbStH), d.h., wenn die Eheleute dort wohnen, kein Wohnraum vermietet ist und/oder kein Raum gewerblich/freiberuflich genutzt wird. Die Selbstnutzung muss nicht dauerhaft vorher oder hinterher bestehen, hauptsächlich um den Zeitpunkt der Schenkung bis nach der Eintragung der Eigentumsumschreibung. Erst danach könnte (teil-)vermietet werden. Die Ausnutzung dieser gesetzlichen Befreiung ist vorteilhaft, wenn weitere Zuwendungen an die Ehefrau/den Ehemann geplant oder vorgesehen sind, z.B. Zuwendung eines Lebensversicherungsbetrages etc.
- **Familienwohnheim**[50] bei **Erbanfall** an **Ehegatte** gem. § 13 Abs. 1 Nr. 4b ErbStG.

  Voraussetzung: Belegenheit des Grundstücks[51] im Inland, in der EU oder im EWR; Erblasser hat das Familienheim zu eigenen Wohnzwecken genutzt oder es aus zwingenden Gründen (z.B. Wegzug in Pflegeheim) nicht (mehr) zu

---

49 Dazu *Riedel*, Die Steuerfreie Zuwendung des Familienwohnheims an den Ehegatten – ein „zusätzlicher Freibetrag“, ZErb 2002, 156; *Jülicher*, Neue Gestaltungen rund um das eigengenutzte Familienheim, ZErb 2009, 222; *Gohlisch*, Bewertung eines Einfamilienheims mit Garage für Zwecke der Schenkung- oder Erbschaftsteuer und Berechnung der sich im Falle einer Schenkung oder Erbschaft ergebenden Steuer, ZErb 2010, 71; *Ziegler*, Steuerfreiheit von Familienheimen im Erbschaft- und Schenkungsteuerrecht, MittBayNot 2017, 354.

50 Dazu *Schmitt*, Das Familienheim in der erbschaftsteuerlichen Beratungspraxis (Teil I und Teil II), DStR 2023, 14; *Wachter*, Ungeklärte Steuerrisiken bei der Schenkung des Familienheims, ErbR 2022, 1085; *Folttmann*, Wirtschaftliche Betrachtung der Steuerbefreiung für Familienheime, ZErb 2021, 44; *Halaczinsky*, Erbschaft- und Schenkungsteuerrecht 2009: Das Familienheim im Erbfall, UVR 2009, 339; *Meßbacher-Hönsch*, Die Steuerbefreiung für Familienheime nach § 13 Abs. 1 Nr. 4a bis 4c ErbStG: Ein großzügiges Geschenk des Gesetzgebers, ZEV 2015, 382; *Halaczinsky*, Erweiterte Familienheim-Steuerbefreiung durch Hingabe nicht begünstigten ererbten Vermögens, ErbStB 2016, 276.

51 BFH v. 23.2.2021 – II R 29/19, BFH/NV 2021, 1222 zum Begriff des Grundstücks beim Erwerb eines Familienheims.

Wohnzwecken nutzen können; der hinterbliebene Ehegatte bestimmt das Familienheim unverzüglich zur Nutzung für eigene Wohnzwecke und nimmt ohne schuldhaftes Zögern die Nutzung zu eigenen Wohnzwecken auf.[52] Die Steuerbefreiung ist aber auch zu gewähren, wenn der Ehegatte oder Lebenspartner aus objektiv zwingenden Gründen im Zeitpunkt des Erwerbs an der Nutzung des Objekts innerhalb des 10-Jahreszeitraums gehindert war, z.B. weil er zu der Zeit bereits in einem Pflegeheim lebt.[53] Weitere Voraussetzung ist, dass das Familienheim weitere 10 Jahre zu eigenen Wohnzwecken (vgl. § 13 Abs. 1 Nr. 4b ErbStG), bzw. bis zu seinem Tod oder dem aus Gesundheitsgründen erforderlichen Umzug in ein Heim benutzt wird.[54] Entfallen die Hinderungsgründe für die unverzügliche Selbstnutzung, muss zur Abwendung der Nachversteuerung unverzüglich die eigene Wohnnutzung aufgenommen werden. Die Freistellung entfällt rückwirkend, wenn das Familienheim innerhalb von 10 Jahren nach dem Erwerb nicht mehr selbst genutzt wird, es sei denn, der Erbe ist aus zwingenden Gründen an einer Selbstnutzung zu eigenen Wohnzwecken gehindert. Zwingende Gründe liegen insbesondere vor im Todesfall oder bei Umzug in ein Pflegeheim.

- **Familienwohnheim**[55] bei **Erbanfall** an Kinder gem. § 13 Abs. 1 Nr. 4c ErbStG, begrenzt auf 200 m² Wohnfläche. Bei größeren Wohnungen wird die Freistellung nur für 200 m² Wohnfläche gewährt.
  Voraussetzung: Belegenheit im Inland, in der EU oder im EWR; Verstorbener hat das Familienheim ausschließlich zu eigenen Wohnzwecken genutzt oder es aus zwingenden Gründen nicht mehr zu Wohnzwecken nutzen können; das/die Kind(er) müssen es unverzüglich zur Selbstnutzung zu eigenen Wohnzwecken bestimmen und es weitere 10 Jahre zu eigenen Wohnzwecken nutzen (vgl. § 13 Abs. 1 Nr. 4c ErbStG, R E 13.4 Abs. 6, 7 ErbStR). Eine Nutzung als reine Zweitwohnung ist nicht ausreichend. Die Freistellung entfällt rückwirkend, wenn der Erwerber das Familienheim innerhalb von 10 Jahren nach dem Erwerb nicht mehr selbst nutzt. Die Nachversteuerung unterbleibt aber,

52 BFH v. 16.3.2022 – II R 6/21, BFH/NV 2022, 898 zum verzögerten Einzug in ein Familienheim wegen Renovierung. Bei Aufnahme der Selbstnutzung des Familienheims nach Ablauf von sechs Monaten nach dem Erbfall sind Umstände im Einflussbereich des begünstigten Erwerbers nur unter besonderen Voraussetzungen nicht dem Erwerber anzulasten; BFH v. 28.5.2019 – II R 37/16, BStBl 2019 II, 678.

53 BFH v. 1.12.2021 – II R 18/20, BStBl 2022 II, 554 zur Beendigung der Selbstnutzung eines Familienheims wegen gesundheitlicher Beeinträchtigungen.

54 R E 13.4 ErbStR; Gleich lautende Erlasse der obersten Finanzbehörden der Länder v. 9.2.2022, BStBl 2022 I, 226 zur zwingende, an einer Selbstnutzung zu eigenen Wohnzwecken hindernde Gründe; *Steiner*, Problemfälle bei Familienheimen, ErbStB 2011, 350.

55 R E 13.4 Abs. 7 ErbStR; *Fischl-Obermayer*, Die Befreiung des Familienheims nach § 13 Abs. 1 Nr. 4c ErbStG unter dem Gesichtspunkt der verfassungsgemäßen Auslegung, ZErb 2022, 212; *Halaczinsky*, Erbschaft- und Schenkungsteuerrecht 2009: Das Familienheim bei Schenkungen, UVR 2009, 371; *Halaczinsky*, Das Familienheim im Erbfall: Steuerbefreiung bei Erwerb durch Kinder, UVR 2016, 216.

wenn die Nutzung zu eigenen Wohnzwecken beispielsweise wegen des Umzugs in ein Pflegeheim endet. Ein beruflich veranlasster Umzug und die damit verbundene Aufgabe der Selbstnutzung der geerbten Wohnimmobilie begründen allerdings keinen Härtefall.

- **Übliche Gelegenheitsgeschenke** sind steuerfrei.[56] Dabei handelt es sich um Geschenke zu „besonderen" Gelegenheiten (Weihnachten, Geburtstag, Jubiläum, bestandene Prüfung u.ä). Die Üblichkeit richtet sich nach den gewöhnlichen wirtschaftlichen Verhältnissen des Schenkers und Beschenkten.
- Hat der Erwerber in **Erwartung einer letztwilligen Zuwendung** unentgeltlich oder gegen unzureichendes Entgelt dem Erblasser **Pflege**[57] oder **Unterhalt** gewährt, bleibt bei ihm ein steuerpflichtiger Erwerb bis zu 20.000 EUR pauschal steuerfrei; näheres R E 13.5 ErbStR.[58] Dieser Freibetrag gilt nicht bei Erwerbern, die gesetzlich zu Pflege/Unterhalt verpflichtet waren. Eine aufgrund des Verwandtschaftsverhältnisses bestehende gesetzliche Unterhaltspflicht schließt die Gewährung des Pflegefreibetrags nicht aus.[59]

Hinweis

Für die Gewährung der Steuerbefreiung nach § 13 Abs. 1 Nr. 9 ErbStG ist es nicht erforderlich, dass der Erblasser pflegebedürftig i.S.d. § 14 Abs. 1 SGB XI und einer Pflegestufe nach § 15 Abs. 1 Satz 1 SGB XI zugeordnet war.

- Es bleibt dem Erwerber freigestellt, z.B. durch Verträge nachzuweisen, dass er Anspruch auf ein höheres Entgelt hat/hatte. Ggf. sind einkommensteuerliche Fragen zu beachten.[60] Bei einem Erwerb von Todes wegen kann der Freibetrag für Pflegeleistungen von 20.000 EUR nicht gewährt werden, wenn insoweit ein Abzug als Nachlassverbindlichkeit (i.S.d. § 10 Abs. 5 Nr. 1 ErbStG) vorzunehmen ist, z.B.[61] wenn der Erblasser dem Erbe/Erwerber versprochen hat, ihn zum Erben einzusetzen, wenn er ihn pflegt, und der Erbe deshalb einen Anspruch auf angemessene Vergütung gegen den Erblasser hat. § 13 Abs. 1 Nr. 9 ErbStG ist gegenüber § 10 Abs. 5 ErbStG nachrangig.

---

56 *Baldauf*, Gelegenheitsgeschenke – steuerfrei?, ErbR 2022, 569; *Bowitz*, Zur Steuerfreiheit eines „üblichen" Gelegenheitsgeschenks von hohem Wert, BB 2021, 279.

57 Zum Begriff FG Baden-Württemberg v. 6.7.2012 – 11 K 4190/11, EFG 2012, 2217.

58 *Kanzler*, Krankheits- und pflegebedingte Ausgaben und Einnahmen (Teil 1) (Teil 2) (Teil 3), NWB 2020, 1921, 2000, 2087; *Halaczinsky*, Pflege aus erbschaftsteuerlicher Sicht, UVR 2012, 206; *Grootens*, Pflegeleistungen in der Erbschaft- und Schenkungsteuer, ErbStB 2015, 114; *Pilz-Hönig*, Der Pflegebeitrag nach § 13 Abs. 1 Nr. 9 ErbStG – zugleich eine Anmerkung zum Urteil des BFH vom 11.9.2013 – II R 37/12, ZErb 2014, 70.

59 BFH v. 10.5.2017 – II R 37/15, BFH/NV 2017, 1263; FG Niedersachsen v. 20.4.2012 – 3 K 229/11, EFG 2012, 1952.

60 Siehe noch R E 13.5 Abs. 5 ErbStR.

61 Siehe dazu BFH v. 28.6.1995 – II R 80/94, BStBl 1995 II, 784.

- Der Erwerb des gesetzlichen Pflegegelds von der pflegebedürftigen Person, dh die Weitergabe an die pflegende Person, ist nach § 13 Abs. 1 Nr. 9a ErbStG von der Schenkungsteuer befreit.
- Beim unentgeltlichen Erwerb seitens **gebrechlicher Eltern**, Adoptiveltern, Stiefeltern oder Großeltern sind Erwerbe, die vom Erblasser anfallen, steuerfrei, sofern sie zusammen mit dem übrigen Vermögen des Erwerbers 41.000 EUR nicht übersteigen. Voraussetzung ist, dass die Erwerber infolge körperlicher oder geistiger Gebrechen und bei Beachtung ihrer bisherigen Lebensstellung als erwerbsunfähig anzusehen sind. Bei Übersteigen des Betrags von 41.000 EUR wird die Steuer nur insoweit erhoben, als sie aus der Hälfte des die Wertgrenze übersteigenden Betrags gedeckt werden kann.
- Zuwendungen unter Lebenden zum Zwecke angemessenen Unterhalts oder zur Ausbildung des Bedachten.[62]
- Zuwendungen an **steuerbegünstigte** (§ 51 AO), z.B. **gemeinnützige Institutionen** und für steuerbegünstigte Zwecke sind steuerfrei (§ 13 Abs. 1 Nr. 16, 17 ErbStG): Hier sind sowohl unentgeltliche Zuwendungen an bestehende gemeinnützige Vereine, Stiftungen, etc. wie auch an selbst von Todes wegen oder zu Lebzeiten errichtete Vereine, Stiftungen, etc. befreit. Befreit sind auch Zuwendungen an Religionsgesellschaften (Kirche), und an inländische[63] Kommunen, das Land oder die Bundesrepublik. Nach § 13 Abs. 1 Nr. 17 ErbStG sind Zuwendungen an ausländische Körperschaften steuerbefreit, wenn sie gemeinnützigen, mildtätigen oder religiösen Zwecken gewidmet sind und die Zweckverwendung gesichert ist. Unter bestimmten einschränkenden Voraussetzungen sind auch Zuwendungen an **ausländische** gemeinnützige Organisationen befreit (§ 13 Abs. 1 Nr. 16c ErbStG).[64] Sie müssen hinsichtlich der Gemeinnützigkeit dieselben Voraussetzungen wie inländische Organisationen erfüllen; außerdem müssen sich die Staaten, in denen sich die ausländischen Organisationen befinden, zur Amtshilfe und Beitreibungshilfe verpflichtet haben.

Hinweis

Die Zuwendung/Übertragung auf steuerbegünstigte Institutionen ist immer noch das Instrument zur größtmöglichen Vermeidung von Erbschaft-/Schenkungsteuer.[65] „Pferdefuß" derartiger Gestaltung ist, dass das Vermö-

62 *Knittel*, Berücksichtigung steuerfreier Zuwendungen gem. § 13 Abs. 1 Nr. 12 und Nr. 14 ErbStG im Rahmen erbschaftsteuerlicher Überlegungen, ErbStB 2021, 15.

63 FG München v. 16.2.2022 – 4 K 249/21, EFG 2022, 948. Die Steuerbefreiung nach § 13 Abs. 1 Nr. 15 ErbStG für inländische Gebietskörperschaften verstößt nicht gegen die Kapitalverkehrsfreiheit.

64 Dazu *Halaczinsky*, StÄndG 2015: Neuregelung der Zuwendungen an ausländische „steuerbegünstige" Körperschaften und weitere Änderungen des ErbStG, ErbStB 2016, 58.

65 Vgl. *Schiffer*, Die Stiftung in der Beraterpraxis, 4. Aufl. 2016; *Wallenhorst/Halaczinsky*, Besteuerung gemeinnütziger und öffentlich-rechtlicher Körperschaften, 2017.

gen grds. vom bisherigen Eigentümer und seiner Erben in das Eigentum der Institution übergeht. Es gibt aber Möglichkeiten der Einflussnahme und der weiteren Teilhabe am Vermögen bzw. an dessen Erträgen. Hierfür ist qualifizierte Beratung erforderlich.

- **Denkmäler** und national wertvolles Kulturgut sind zu 60 %, Baudenkmäler zu 85 %, begünstigt (§ 13 Abs. 1 Nr. 2, 3 ErbStG), wenn ihre Erhaltung im öffentlichen Interesse[66] liegt und die jährlichen Kosten in der Regel die erzielten Einnahmen übersteigen.[67] Kulturgüter sind zu 100 % befreit, wenn der Eigentümer/Erbe bereit ist, die Gegenstände der Denkmalpflege zu unterstellen und die Gegenstände sich mindestens 20 Jahre im Familienbesitz befinden oder in ein Verzeichnis national wertvollen Kulturguts eingetragen sind.

Zu Wohnzwecken vermietete Wohnungen, die nicht begünstigtes Betriebsvermögen bzw. nicht begünstigtes Vermögen eines Betriebs der Land- und Forstwirtschaft sind, sind erbschaftsteuerlich begünstigt; sie werden **nur mit 90 Prozent** ihres gemeinen Wertes angesetzt.[68] Das vermietete Grundstück muss im Inland, in einem Mitgliedstaat der Europäischen Union oder des Europäischen Wirtschaftsraums liegen (§ 13d ErbStG).[69] Zudem kann die auf vermietete Wohnungen entfallende Erbschaft- bzw. Schenkungsteuer auf Antrag des Steuerpflichtigen bis zu zehn Jahre gestundet werden, soweit die Steuer sonst nur durch Veräußerung der Immobilie aufgebracht werden könnte. Dies gilt auch, wenn die Wohnimmobilie nach dem Erbfall zu eigenen Wohnzwecken genutzt wird. Bei Erwerben von Todes wegen erfolgt die Stundung zinslos. Für die Begünstigung ist keine Behaltenspflicht zu beachten. 23

Nach § 10 Abs. 5 Nr. 3 ErbStG bleiben bei der **Wertermittlung** von **Todes** wegen ohne besonderen Nachweis 10.300 EUR für die Kosten der Bestattung, ein angemessenes Grabdenkmal, für übliche Grabpflege[70] sowie für Kosten der Abwicklung, Regelung und Verteilung des Nachlasses außer Ansatz. Der Betrag gilt für 24

66 FG Münster v. 19.8.2022 – 3 K 2935/20 Erb, EFG 2022, 1616. Eine ständige Zurverfügungstellung der Immobilie für die Öffentlichkeit ist generell nicht erforderlich.

67 *Versin*, Steuervorteile bei Kunst im Privatvermögen, ErbBstg 2020, 115; *Stöckel*, Steuerbegünstigungen für Baudenkmale, NWB 2009, 306.

68 *Hutmacher*, Die Erbschaftsteuerbefreiung vermieteter Wohnimmobilien, ZNotP 2015, 131; *Halaczinsky*, Erweiterte Familienheim-Steuerbefreiung durch Hingabe nicht begünstigten ererbten Vermögens, ErbStB 2016, 276.

69 R E 13d ErbStR; Zu § 13d ErbStG EuGH-Vorlage des FG Köln v. 2.9.2021 – 7 K 1333/19, EFG 2022, 51 zu der Frage, ob ein zu Wohnzwecken vermietetes Grundstück für die Berechnung der Erbschaftsteuer (ErbSt) nur dann mit 90 % seines Wertes berücksichtigt wird, wenn das Grundstück im Inland, einem Mitgliedstaat der EU oder einem Staat des EWR liegt (aber nicht in einem Drittstaat, hier Kanada) mit der Kapitalverkehrsfreiheit vereinbar ist.

70 Siehe dazu FG Thüringen v. 17.3.2010 – 4 K 856/08, EFG 2010, 1332.

den Erbfall insgesamt, d.h. auch bei mehreren Beteiligten. Höhere Kosten werden nur auf Nachweis abgezogen.[71]

F. Steuerentlastungen für Unternehmensvermögen

25 Für den Erwerb von Betriebsvermögen (Einzelunternehmen, freiberufliche Praxis, Beteiligung an gewerblicher Personengesellschaft) sind besondere Begünstigungen vorgesehen. Die entsprechenden Regeln gelten grundsätzlich auch für Betriebe der Land- und Forstwirtschaft sowie für unmittelbare Beteiligungen an Kapitalgesellschaften von grundsätzlich mehr als 25 %. Im Folgenden wird nur ein Kurzüberblick gegeben. Weitere Einzelheiten sind noch an verschiedenen Stellen dieses Buches erläutert, z.B. in § 4 bei der Anlage Steuerentlastung für Unternehmensvermögen (§ 4 Rdn 226) und in § 7 Rdn 32 ff.

Die **Finanzverwaltung** erläutert die Anwendung der Befreiungsvorschriften einschl. ihrer Einschränkung und des möglichen nachträglichen in den Erbschaftsteuerrichtlinien R E 13a. 1 ff., 13b.1 ff., 13c und 19a.1 ff. sowie § 28a ErbStG, sowie in den dazu ergangenen Hinweisen.

Hinweis

Die Verschonung für Unternehmensvermögen führt dazu, dass in Deutschland ein ganz großer Teil der Unternehmens- und/oder Beteiligungserbschaften im Prinzip von der Erbschaft-/Schenkungsteuer verschont bleiben kann. Grundsätzlich kann die Verschonung auch für steuersparende Gestaltungen ausgenutzt werden. Die Rechtsvorschriften zur Erlangung und dem Behalten der Verschonung sind aber leider äußerst kompliziert. Hierfür ist qualifizierte Beratung erforderlich.

I. Begünstigungsfähiges und zu begünstigendes Vermögen

26 **Begünstigungsfähig ist**

- inländisches Betriebsvermögen und das in einem Mitgliedstaat der EU oder im EWR (Island, Liechtenstein, Norwegen) belegene Betriebsvermögen beim Erwerb eines ganzen Gewerbebetriebs, eines Teilbetriebs, eines Mitunternehmeranteils und/oder
- inländisches LuF-Vermögen

71 Näheres z.B. *Halaczinsky*, Beerdigungs- und Grabpflegekosten, Grabdenkmal und Kosten der Nachlassregelung bei der Erbschaftsteuer, ZErb 2011, 147. Nach FG Niedersachsen v. 28.6.2023 – 3 K 169/21, juris, kann der Erbfallkostenpauschbetrag von Vermächtnisnehmern auch dann in Anspruch genommen werden, wenn sie nicht durch Auflage des Erblassers mit Kosten belastet sind.

- Beteiligung an inländischen Kapitalgesellschaften von mehr als 25 v.H. beim Schenker/Erblasser; wobei die Beteiligungsquote auch durch Poolvereinbarungen gebildet werden kann, einbezogen sind Beteiligungen an Kapitalgesellschaften, die in einem Mitgliedstaat der EU oder im EWR (Island, Liechtenstein, Norwegen) ansässig sind

bei Übergang durch
- Schenkung oder
- Erwerb von Todes wegen;

ebenfalls bei der turnusmäßigen Besteuerung von Familienstiftungen.

Siehe ausführlicher: **Tabelle des begünstigungsfähigen Betriebsvermögens** in H E 13b.5 ErbStH und der **begünstigungsfähigen Anteile an Kapitalgesellschaften** in H E 13b.6 ErbStH.

Die normale Verschonung des Unternehmensvermögens **endet bei** dem bewertungsrechtlichen gesondert festgestellten Wert des **zu begünstigenden Vermögens von 26 Mio. EUR** (§ 13a Abs. 1 Satz 1 ErbStG, § 151 i.V.m. § 157 BewG). **Großvermögen** (größer als 26 Mio. EUR) kann ggf. durch einen Verschonungsabschlag (§ 13c ErbStG) oder nach einer Verschonungsbedarfsprüfung (§ 28a ErbStG) durch (Teil-)Erlass entlastet werden (dazu Erläuterungen in § 4 Rdn 254 ff.).[72] 27

Familienunternehmen sollen nach dem Willen der Politik besonders bevorzugt behandelt werden. Dies geschieht durch einen „**Vorab-Abschlag**" vom zu begünstigungsfähigen Vermögen. Ist z.B. der (Steuer-)Wert des Unternehmensvermögens eines Familienunternehmens 10 Mio. EUR, wird der Wert unter bestimmten Voraussetzungen nur mit 7 Mio. EUR angesetzt (max. Abschlag 30 % gem. § 13a Abs. 9 ErbStG). 28

Begünstigungsfähiges Vermögen kann nur insoweit verschont werden, wie sein gemeiner Wert den um das unschädliche Verwaltungsvermögen i.S.d. § 13b Abs. 7 ErbStG gekürzten Nettowerts des Verwaltungsvermögens i.S.d. § 13b Abs. 6 ErbStG übersteigt (§ 13b Abs. 2 ErbStG). Das begünstigte Unternehmensvermögen, d.h. dessen steuerlicher Wert, steht und fällt mit seinem Anteil an schädlichem Verwaltungsvermögen. Schematisch wird das zu begünstigende Vermögen folgendermaßen ermittelt: 29

	Gemeiner Wert des begünstigungsfähigen Vermögens
./.	Nettowert des Verwaltungsvermögens (nicht begünstigtes Vermögen)
+	unschädliches Verwaltungsvermögen i.S.d. § 13b Abs. 2 Satz 1 ErbStG
=	begünstigtes Vermögen i.S.d. § 13b Abs. 2 Satz 2 ErbStG.

72 *Warias*, Erbschaftsteuerliche Verschonungsregelungen für Betriebsvermögen im Fall von Großerwerben: Eine Frage der Perspektive!, ZErb 2021, 257.

30 Der Gesetzgeber hat zudem folgende **Eckwerte** gesetzt:
- Enthält das Unternehmensvermögen gar kein Verwaltungsvermögen oder Nettoverwaltungsvermögen bis zu 10 % des um den Nettowert des Verwaltungsvermögen gekürzten gemeinen Wert des Betriebsvermögens (§ 13b Abs. 7 ErbStG bzw. 20 % nach § 13b Abs. 10 Satz 2 ErbStG), kann das Unternehmensvermögen zu 100 % verschont werden.
- Besteht das begünstigungsfähige Vermögen aus Verwaltungsvermögen von brutto 90 % und mehr des gemeinen Wert des Betriebsvermögens, ist es zu 100 % schädlich, d.h. das ganze begünstigungsfähige Vermögen kann überhaupt nicht verschont werden (§ 13b Abs. 2 Satz 2 ErbStG); das betrifft sowohl die Regelverschonung als auch die Optionsverschonung. Zur Berechnung der 90 % gibt es weitere Besonderheiten.
- Generell von der Begünstigung wird Verwaltungsvermögen ausgenommen, das dem Betrieb im Erwerbszeitpunkt weniger als zwei Jahre zuzurechnen ist (junges Verwaltungsvermögen) und junge Finanzmittel (§ 13b Abs. 7 Satz 2 ErbStG). Damit ist auch der kurzfristigen Aufstockung von Verwaltungsvermögen bis zu 10 % ein zeitlicher Riegel vorgeschoben.
- Spezielle Entlastungen gibt es für sog. **Familienunternehmen** (§ 13a Abs. 9 ErbStG).

Die Verschonungen werden – wie bisher – nach §§ 13a ff. ErbStG auflösend bedingt gewährt, siehe dazu Rdn 32.

II. Entlastungsmaßnahmen

31 Die Steuerentlastung für Produktivvermögen wird durch eine Kombination von verschiedenen Entlastungsinstrumenten erreicht (vgl. §§ 13a–13c, 19a und 28a ErbStG).[73] Dabei sind vor allem die
- sog. **Regelverschonung** und die
- **optionale Vollverschonung**

zu unterscheiden. **Von Amts wegen wird die Regelverschonung gewährt** (dazu § 13a Abs. 1–9 ErbStG), die 100 % Freistellung **(Vollverschonung) wird nur auf Antrag**[74] gewährt, (dazu § 13a Abs. 10 ErbStG). Grundsätzlich ist die Verscho-

73 Übersichtsschemata zum Verschonungskonzept und zu der Bewertungsebene finden sich z.B. bei *Landsittel*, Die Erbschaftsteuerreform 2016 im praxisorientierten Überblick, ZErb 2016, 383, 394 f. Generell gilt, dass entlastende Verschonungsregelungen grundsätzlich eng auszulegen sind. Es bleibt aber immer noch Spielraum zu erbschaft-/schenkungsteuergünstigen Gestaltungen der Übergabe von Produktivvermögen.

74 Nach BFH v. 26.7.2022 – II R 25/20, BFH/NV 2022, 1371 kann die Erklärung zur optionalen Vollverschonung bei einer einheitlichen Schenkung von mehreren wirtschaftlichen für jede wirtschaftliche Einheit gesondert abgegeben werden. Aber der für die Gewährung der Vollverschonung von Betriebsvermögen maßgebende Anteil des Verwaltungsvermögens ist auch bei mehreren gleichzeitig übertragenen wirtschaftlichen Einheiten für jede Einheit gesondert zu ermitteln.

nung auf 26 Mio. EUR pro Erwerb begrenzt. Für sog. Großvermögen (größer als 26 Mio. EUR) gibt es unter bestimmten Voraussetzungen noch gewissen Entlastungen (Verschonungsabschlag oder Erlass nach einer Verschonungsbedarfsprüfung), nähere Erläuterungen siehe § 4 Rdn 226 ff. betr. die Anlage Steuerentlastung für Unternehmensvermögen.

Verschonungsmaßnahmen im Überblick

Freibetrag alle 10 Jahre	150.000 EUR (Abzugsbetrag der sich bei einem Wert des Betriebsvermögens zwischen 1.000.001 EUR und 2.999.999 EUR verringert, je höher das Betriebsvermögen ist, siehe Abschn. 13a.3 Anwendungserlass und Hinweise H E 13a. 3 Anwendungserlass). Bei einem Restbetrag des Betriebsvermögens von 450.000 EUR beträgt der Abzugsbetrag dann 0 EUR)
Bewertungsabschlag	85 % bzw. 100 %.
Steuerberechnung	zu 100 % nach StKl I
Großvermögen > 26 Mio. EUR	a) Verschonungsabschlag nach § 13c ErbStG b) Erlass nach Verschonungsbedarfsprüfung (§ 28a ErbStG). c) kurzfristige Steuerstundung, soweit kein Erlass ist möglich und die Steuer nur durch Veräußerung des begünstigten Vermögens aufgebracht werden kann.
Steuerstundung	Zudem ergibt sich die Möglichkeit der Steuerstundung, Antrag ist notwendig ist. Die Stundung erfolgt für den ersten Jahresbetrag zinslos (§ 28 Abs. 1, 2 ErbStG). Die weiteren Jahre sind zinspflichtig, siehe noch Rdn 65.

Berechnungsbeispiele in R E 13b.9 ErbStR und H E 13b.9 ErbStH.

Verschonungsbedingungen: Die Gewährung der Verschonung ist **von bestimmten weiteren Voraussetzungen abhängig**, insbesondere darf 32

- das verschonte Vermögen **nicht** vor einer **Behaltenszeit** von 5 Jahren (bei Regelverschonung) bzw. von 7 Jahren (bei Vollverschonung) veräußert oder sonst wie in das Privatvermögen überführt werden
- die **Lohnsumme**, (d.h. die Arbeitsplätze gemessen an der Lohnsumme) nach 5 Jahren **nicht** unter 400 % der Ausgangslohnsumme am Besteuerungszeitpunkt (Erwerbszeitpunkt) fallen (Mindestlohnsumme); bei Vollverschonung muss die Lohnsumme mindestens bei 700 % der Ausgangslohnsumme am Besteuerungszeitpunkt (Erwerbszeitpunkt) liegen, jeweils wenn mehr als 15 Arbeitnehmer beschäftigt werden; bei geringer Anzahl von Beschäftigten ist eine geringere Lohnsumme zu erhalten, nämlich bei mehr als 5, aber nicht mehr als 10 Beschäftigten eine Mindestlohnsumme von 250 %/500 %, bei mehr als 10, aber nicht mehr als 15 Beschäftigten eine Mindestlohnsumme von 300 %/565 %.
- in der Behaltenszeit **keine Entnahme** von mehr als 150.000 EUR über der gewöhnlichen Gewinnentnahme getätigt werden.

Entsprechende Sanktionen gelten bei Erlass wegen Verschonungsbedarf bei Großvermögen (§ 28a Abs. 4, 5 ErbStG). Ggf. kann die Nichteinhaltung durch Veräußerung von wesentlichen Betriebsgrundlagen durch Reinvestition des Veräußerungserlöses in begünstigtes Betriebsvermögen vermieden werden, Näheres dazu § 13a Abs. 6 Satz 2 ErbStG. Die Nichteinhaltung der Verschonungsvoraussetzungen ist dem Finanzamt anzuzeigen (§ 13a Abs. 7 ErbStG), dazu § 2. Bei Nichteinhaltung der genannten Voraussetzungen kommt es zu einer gegebenenfalls anteiligen **Nachversteuerung**, dazu § 13a Abs. 6 ErbStG.

Zum Ganzen siehe Erläuterungen zu Anlage „Steuerentlastung für Unternehmensvermögen" in § 4 Rdn 226 ff. und z.B. § 7 Rdn 32 ff.

G. Persönliche Freibeträge (§ 16 ErbStG)

33 Die Erbschaft- und Schenkungsteuer belastet Nichtverwandte höher als verwandte Steuerpflichtige. Zur Differenzierung der Belastung sind die in Betracht kommenden Steuerpflichtigen in sog. Steuerklassen eingeteilt (§ 15 ErbStG). Es werden drei Steuerklassen unterschieden. Am günstigsten ist die Steuerklasse I, und zwar sowohl hinsichtlich der Freibeträge[75] wie auch hinsichtlich der Steuersätze; dazu Näheres in Rdn 52.

Steuerklasse I

	ab 2009	bis 2008
für den Ehegatten und eingetragene Lebenspartner[76]	500.000 EUR	307.000 EUR
für die Kinder und Stiefkinder sowie die Kinder verstorbener Kinder[77]	400.000 EUR	205.000 EUR
für Abkömmlinge der Kinder und Stiefkinder	200.000 EUR	51.200 EUR

75 *Diller/Lorenz/Kittl*, Der effektive Wert des erbschaftsteuerlichen Freibetrags – Entwicklung einer Referenzgröße als Basis für normative Diskussionen, StuW 2021, 337.

76 Durch Einführung der gleichgeschlechtlichen Ehe (G. v. 28.7.2017, BGBl 2017 I, 2787) bleiben eingetragene Lebenspartnerschaften grds. bestehen; neue Lebenspartnerschaften können nicht eingegangen werden. Bestehende Lebenspartnerschaften können in eine Ehe umgewandelt werden.

77 *Oppermann/Petschenka*, Mehrfache Freibetragsnutzung durch unbedingten Erwerb bedingter Rechte, ZEV 2022, 126; *Boving*, Testamentarische Gestaltung in Patchwork-Familien, ZErb 2022, 460.

	ab 2009	**bis 2008**
für Eltern und Voreltern bei Erwerben von Todes wegen und übrige Personen der StKl I[78]	100.000 EUR	51.200 EUR

Steuerklasse II

	ab 2009	bis 2008
für die Eltern und Voreltern bei Schenkungen	20.000 EUR	10.300 EUR
für Geschwister, Abkömmlinge ersten Grades von Geschwistern	20.000 EUR	10.300 EUR
für Stiefeltern, Schwiegerkinder, Schwiegereltern	20.000 EUR	10.300 EUR
für geschiedene Ehegatten und geschiedene eingetragene Lebenspartner	20.000 EUR	10.300 EUR

Steuerklasse III

	ab 2009	bis 2008
für alle übrigen Erwerber und die Zweckzuwendungen	20.000 EUR	5.200 EUR

Für beschränkt steuerpflichtige Personen gelten **für alle Erwerbe ab 25.6.2017 die für unbeschränkt Steuerpflichtige geltenden Freibeträge** von Amts wegen[79] (siehe dazu oben Rdn 15).

78 BFH v. 27.7.2020 – II B 39/20 (AdV), BStBl 2021 II, 28. Urenkeln steht jedenfalls dann lediglich der Freibetrag in Höhe von 100.000 EUR nach § 16 Abs. 1 Nr. 4 ErbStG zu, wenn Eltern und Großeltern noch nicht vorverstorben sind. Nach Nds. FG (Urt. v. 28.2.2022 – 3 K 210/21, EFG 2022, 1120) auch kein höherer Erbschaftsteuer-Freibetrag für Urenkel als nach § 16 Abs. 1 Nr. 4 ErbStG, wenn die vorangegangenen Generationen bereits verstorben sind.

79 *Jülicher*, Persönlicher Freibetrag/Nachlassverbindlichkeiten: Zum persönlichen Freibetrag bei beschränkter Steuerpflicht und zum Schuldenabzug für Pflichtteile, ErbBstg 2022, 113; *Heurung/Buhrandt/Löckener*, Kritische Auseinandersetzung mit der neuen Rechtslage des § 16 Abs. 2 ErbStG, ZErb 2018, 89; *Halaczinsky*, Gestaltungen zur Steuerminderung bei der beschränkten Erbschaftsteuerpflicht unter Berücksichtigung des Steuerumgehungsbekämpfungsgesetzes UVR 2017, 249. Aus unionsrechtlichen Gründen ist der Versorgungsfreibetrag auch in noch offenen Fällen zu gewähren.

Besonderheiten gelten bei **Errichtung einer Familienstiftung**; Näheres dazu R E 15.2 ErbStR und H E 15.2. ErbStH,[80] beim Berliner Testament[81] und bei Zuwendungen von Kapitalgesellschaften.[82]

Wichtig

Die persönlichen Freibeträge gelten jeweils für Erwerbe innerhalb von 10 Jahren, d.h. sie leben bei Erwerben im 10-Jahresturnus jeweils wieder auf, siehe dazu Rdn 43.

H. Der Versorgungsfreibetrag (§ 17 ErbStG)

34 Der besondere Versorgungsfreibetrag wird Ehegatten/Lebenspartnern neben dem persönlichen Freibetrag von 500.000 EUR und den güterstandsrechtlichen Freistellungen grds. von Amts wegen gewährt.[83] **Für Ehegatten/Lebenspartner** beträgt er 256.000 EUR (§ 17 Abs. 1 ErbStG). Dieser Freibetrag wird um den Kapitalwert der nicht der Erbschaftsteuer unterliegenden Versorgungsbezüge, z.B. Beamtenpensionen, Versorgungsbezüge aus der gesetzlichen Rentenversicherung, u.Ä. gekürzt, dazu R E 17 ErbStR. Hierzu sind entsprechende Angaben von Seiten des Steuerpflichtigen erforderlich. Versorgungsbezüge, die durch den Erbfall entstehen, sind steuerfrei. Diese Bezüge gelten nicht als durch den Erblasser erworben. Zu diesen Bezügen gehören die Versorgungsbezüge der Hinterbliebenen

- von Beamten nach den Beamtengesetzen des Bundes und der Länder
- von Angestellten und Arbeitern aus der Sozialversicherung
- von Angehörigen freier Berufe aus einer berufsständischen Pflichtversicherung
- von Arbeitnehmern aufgrund einer Pensionszusage mit Witwen- und Waisenversorgung
- von Gesellschaftern, wenn diese auf einem Arbeits- oder Dienstvertrag beruhen.

80 Nach FG Nds. v. 24.6.2021 – 3 K 5/21, EFG 2021, 1558 gehören zu den „entferntest Berechtigten“ gem. § 15 Abs. 2 Satz 1 ErbStG alle Personen, die nach der Satzung – auch nur theoretisch – in Zukunft aus der Generationenfolge Vorteile aus der Familienstiftung erlangen können. Diese müssen weder bereits geboren sein noch einen klagbaren Anspruch haben (Bestätigung der RFH-Rechtsprechung). Revision eingelegt (Az. des BFH: II R 25/21). Nach FG Hessen v. 7.3.2019 – 10 K 541/17, EFG 2019, 930 verstößt die unterschiedliche Behandlung von inländischen und ausländischen (hier: liechtensteinischen) Familienstiftungen bei der Anwendung von § 15 Abs. 2 Satz 1 ErbStG nicht gegen das Diskriminierungsverbot nach Art. 24 Abs. 1 DBA Liechtenstein.

81 R E 15.3. ErbStR.

82 R E 15.4 ErbStR.

83 Dazu *Riedel*, Versorgungsfreibetrag I/Versorgungsfreibetrag II, ZErb 2002, 99 und 127.

Bei der Berechnung des Kapitalwerts ist von der Höhe der jährlichen Bruttobezüge auszugehen. Steuerbelastungen können dabei nicht berücksichtigt werden. Das gilt auch für den Lohnsteuerabzug. Spätere Änderungen in der Höhe dieser Bezüge sind nur zu berücksichtigen, wenn sie schon zum Zeitpunkt des Todes des Erblassers mit Sicherheit vorauszusehen waren. Zusätzliche Leistungen, z.B. 13. Monatsgehalt, sind ebenso wie Einmalbeträge, Kapitalabfindungen und dergleichen zu berücksichtigen.

Beschränkt steuerpflichtige Personen erhalten bei **Erwerben ab 25.6.2017** unter bestimmten Voraussetzungen (§ 17 Abs. 3 ErbStG) **ebenfalls den Versorgungsfreibetrag** von Amts wegen.[84]

Für **Kinder** gibt es auch einen besonderen **Versorgungsfreibetrag** neben dem persönlichen Kinderfreibetrag, der nach Alter gestaffelt ist: 35

bei einem Alter bis zu 5 Jahren i.H.v.	52.000 EUR
bei einem Alter von mehr als 5 bis zu 10 Jahren i.H.v.	41.000 EUR
bei einem Alter von mehr als 10 bis zu 15 Jahren i.H.v.	30.700 EUR
bei einem Alter von mehr als 15 bis zu 20 Jahren i.H.v.	20.500 EUR
bei einem Alter von mehr als 20 Jahren bis zur Vollendung des 27. Lebensjahres i.H.v.	10.300 EUR

Der Freibetrag ist zu kürzen, wenn dem Kind aus Anlass des Todes des Erblassers nicht der Erbschaftsteuer unterliegende Versorgungsbezüge zustehen (z.B. Hinterbliebenenbezüge aus der Sozialversicherung oder einer berufsständischen Versicherung usw.).

Hinweis

Dem überlebenden Ehegatten oder Lebenspartner des Erblassers oder einem Kind des Erblassers wird der besondere Versorgungsfreibetrag ab auch in den Fällen der beschränkten Steuerpflicht gewährt (§ 17 Abs. 1 Satz 1, Abs. 2 Satz 1 ErbStG). Ausländische Versorgungsbezüge werden dabei nach denselben Kriterien wie inländische Versorgungsbezüge auf den besonderen Versorgungsfreibetrag angerechnet.[85] Hierzu sind entsprechende Angaben von Seiten des Steuerpflichtigen erforderlich bzw. Amtshilfe durch die Steuerbehörde des ausländischen Wohnsitzstaates.

84 *Halaczinsky*, Gestaltungen zur Steuerminderung bei der beschränkten Erbschaftsteuerpflicht unter Berücksichtigung des Steuerumgehungsbekämpfungsgesetzes, UVR 2017, 249.

85 Näheres dazu z.B. *Eisele*, StUmgBG: Änderungen im Erbschaft- und Schenkungsteuerrecht, NWB 2017, 2333.

I. Ehelicher Güterstand

36 Die Erbschaft- und Schenkungsteuerbelastung ist vom ehelichen Güterstand abhängig.[86] Besondere Vorschriften gibt es für die **Gütergemeinschaft** (§ 4 ErbStG)[87] und für die Zugewinngemeinschaft (§ 5 ErbStG).

Hinweis

Für Ehen mit **ausländischen** Ehegatten gilt unterschiedliches Güterrecht. Im Bereich der EU bzw. des EWR gilt für Ehen, die ab dem 31.1.2019 geschlossen werden, weitgehend die Europäische Güterrechtsverordnung.[88] Bei Vergleichbarkeit des ausländischen Güterstandes mit dem deutschen Güterstand insb. der Zugewinngemeinschaft ist § 5 ErbStG anwendbar.[89]

I. Zugewinngemeinschaft im Zivilrecht

37 Gemäß §§ 1363 ff. BGB hat die Zugewinngemeinschaft im Wesentlichen folgende Wirkungen:
- Die Vermögen der Eheleute bleiben während der Ehe getrennt. Jeder der Eheleute bzw. Lebenspartner verwaltet grds. sein Vermögen allein.
- Der Zugewinn zum Vermögen eines Ehegatten (zum Beispiel durch Ersparnisse) gehört nur dem einen Ehegatten und nicht den Eheleuten gemeinschaftlich.
- Ein ungleicher Zugewinn wird ausgeglichen, wenn die Zugewinngemeinschaft durch Tod, Aufhebung des Güterstands oder Scheidung endet.

---

86 Ausführlich siehe § 4 Rdn 165 ff.; *Geck*, Eheliches Güterrecht und Steuerrecht, KÖSDI 2017, Nr. 4, 20242.

87 Dazu *Bonefeld*, Die Gütergemeinschaft, Teil 1 und 2, ZErb 2002, 253 u. 286.

88 EU-Güterrechtsverordnung v. 24.6.2016, Abl. EU 2016, L 183/1 und für Lebenspartnerschaften Abl. EU 2016, L 183/30. Bis dahin und für Ehen mit Drittstaaten Beteiligten gelten internationales Privatrecht und zwischenstaatliche Abkommen. Zur Güterrechtswahl H E 5.1 (3) und im Verhältnis zu Frankreich § 5 Abs. 3 ErbStG.

89 *Jeremias*, Erbschaftsteuerrechtliche Aspekte des Zugewinnausgleichs in internationalen Erbfällen, ZEV 2005, 414.

Hinweis

Durch das Gesetz zur Änderung des Zugewinnausgleichs- und Vormundschaftsrechts vom 6.7.2009 (BGBl I 2009, 1696)[90] ergaben sich insbesondere folgende (zivilrechtliche) Änderungen bei der Berechnung des Zugewinnausgleichs:

- Die Beschränkung des Abzugs von Verbindlichkeiten beim Anfangsvermögen (§ 1374 Abs. 1 BGB) entfällt (§ 1374 Abs. 3 BGB). Damit kann das Anfangsvermögen eines Ehegatten negativ sein.
- Bei der Ermittlung des Endvermögens können Schulden immer in voller Höhe abgezogen werden (Streichung Beschränkung kompletter Schuldenabzug auf Fälle, in denen ausgleichsberechtigter Ehegatte Dritten für Zugewinnausgleich in Anspruch nehmen kann (§ 1375 Abs. 1 Satz 2 BGB).
- Bei der Begrenzung des vom ausgleichsverpflichteten Ehegatten zu zahlenden Zugewinnausgleichs auf sein Endvermögen wird dieses um den Wert der dem Endvermögen hinzuzurechnenden Vermögensminderungen nach § 1375 Abs. 2 Satz 1 BGB erhöht (§ 1378 Abs. 2 Satz 2 BGB).

Diese Gesetzesänderungen sind bei der Erbschaftsteuer bei der Ermittlung des nicht steuerbaren fiktiven Zugewinnausgleichsanspruchs (§ 5 Abs. 1 ErbStG) ab **Inkrafttreten am 1.9.2009** zu berücksichtigen.

Die Regelungen zum Güterstand gelten für gleichgeschlechtliche Ehegatten und zuvor eingetragene **Lebenspartnerschaften** entsprechend.[91]

II. Zugewinngemeinschaft im Erbschaftsteuerrecht

§ 5 ErbStG **befreit** die bei Beendigung der Zugewinngemeinschaft entstehende 38
Ausgleichsforderung von der Erbschaftsteuer. Siehe dazu noch § 4 Rdn 169 ff. Bei der Berechnung der steuerfreien Ausgleichsforderung ist zwischen den Erwerben von Todes wegen (Beendigung der Zugewinngemeinschaft durch Tod des Ehegatten/Lebenspartners) und dem Erwerb unter Lebenden (Beendigung der Zugewinngemeinschaft durch Scheidung oder Güterstandvereinbarung) zu **unterscheiden.** Bei Beendigung durch Tod ist der Zugewinn nicht pauschal (durch Erhöhung der Erbquote), sondern genau zu berechnen. Außerdem ist die Ausgleichsforderung nach oben begrenzt auf das Steuer(wert-)niveau.

---

90 *Brudermüller*, Die Neuregelungen im Recht des Zugewinnausgleichs ab 1.9.2009, FamRZ 2009, 1185.

91 Durch Einführung der gleichgeschlechtlichen Ehe (G. v. 28.7.2017, BGBl 2017 I, 2787) bleiben eingetragene Lebenspartnerschaften grds. bestehen; neue Lebenspartnerschaften können nicht eingegangen werden. Bestehende Lebenspartnerschaften können in eine Ehe umgewandelt werden. *Ring/Olsen*, Wesentliche Änderungen des LPartG infolge des Gesetzes zur Überarbeitung des LPartG, ZErb 2005, 113; *Tölle*, Die eingetragene Lebenspartnerschaft im steuerlichen Wandel, NJW 2011, 2165.

Bei Ehegatten, die im gesetzlichen Güterstand der **Zugewinngemeinschaft** leben, kann der Erbanfall in Höhe der Zugewinnausgleichsforderung steuerfrei bleiben, also beim Tod des Ehegatten, der mehr Zugewinn in der Ehe erzielt hat (§ 5 ErbStG),[92] zur Berechnung der Ausgleichsforderung siehe R E 5.1 Abs. 2–7 ErbStR und H E 5.1 (2)–(5) ErbStH.[93] **Wichtig**: Die infolge des Kaufkraftschwunds nur nominale Wertsteigerung des Anfangsvermögens stellt keinen Zugewinn dar, Näheres H E 5.1. (2) ErbStH.[94]

Beispiel

Herr M verstirbt und hinterlässt seiner Ehefrau F und zwei Kindern ein Vermögen von 2 Mio. EUR. Die Eheleute lebten im Güterstand der Zugewinngemeinschaft. Da kein Testament oder Erbvertrag vorliegt, tritt die gesetzliche Erbfolge ein. Bei Eheschließung waren M und F noch vermögenslos. F hat im Zeitpunkt des Todes von M eigenes Vermögen von 1,2 Mio. EUR.

Lösung

F erbt neben den Kindern gem. § 1931 BGB zu einem Viertel. Zum Ausgleich des Zugewinns erhöht sich ihr gesetzlicher Erbteil gem. § 1371 Abs. 1 BGB pauschal um ein weiteres Viertel (d.h. nur zivilrechtlich). Sie erbt mithin 1 Mio. EUR. Erbschaftsteuerlich ist der Zugewinnausgleich konkret zu ermitteln. Dabei ergibt sich folgende (hier vereinfachte) Berechnung:

	Ehemann M	Ehefrau F
Endvermögen	2 Mio. EUR	1,2 Mio. EUR
Anfangsvermögen	0 Mio. EUR	0 Mio. EUR
Zugewinn	+ 2 Mio. EUR	+ 1,2 Mio. EUR
Zugewinnausgleich	– 400.000 EUR	+ 400.000 EUR
Verteilung nach Zugewinnausgleich	1,6 Mio. EUR	1,6 Mio. EUR

92 Dazu *Jülicher*, Chancen und Risiken beim Zugewinnausgleich im Zivil- und Erbschaftsteuerrecht, ZErb 2002, 245; *Jülicher*, Beendigung der Zugewinngemeinschaft oder nicht?, ZErb 2003, 10; *Gelhaar*, Die Zugewinngemeinschaft im Erbschaftsteuerrecht, ZErb 2016, 10; *Kamps*, Die Begünstigung der Zugewinngemeinschaft im ErbStG, ErbR 2021, 585; *Wachter*, Steuerfreier Zugewinn im Erbfall, DB 2021, 812.

93 Zur Berechnung einer zinslos gestundete Zugewinnausgleichsforderung als Nachlassgegenstand und Erfassung der Zinsschenkung als Vorschenkung mit abgezinsten Werten siehe BFH v. 22.8.2018 – II R 51/15, BStBl 2020 II, 662; Vorinstanz FG Münster v. 10.9.2015 – 3 K 1870/13 Erb, EFG 2016, 45.

94 Siehe BMF v. 20.3.2017, BStBl 2017 I, 434 zu Wertsteigerungen infolge des Kaufkraftschwunds bei der Berechnung der Zugewinnausgleichsforderung nach § 5 Abs. 1 ErbStG = Aktualisierte Zusammenstellung der Verbraucherpreisindizes für Deutschland, Stand 15.3.2017. Zur Berücksichtigung eines Pflichtteilsanspruchs bei Berechnung der fiktiven Zugewinnausgleichsforderung BFH v. 22.7.2020 – II R 42/18, BStBl 2021 II, 617.

Im obigen Beispiel bleibt erbschaftsteuerlich von dem Erwerb von 1 Mio. EUR (unterstellt, dass hier der Zugewinn schon richtig errechnet worden ist) mithin der konkret berechnete Zugewinnausgleich von 400.000 EUR steuerfrei, so dass F einen Reinerwerb von 600.000 EUR zu versteuern hat, von dem noch der persönliche Freibetrag von 500.000 EUR und ggf. weitere Freibeträge etc. abgehen. 39

Bei **Beendigung der Ehe unter Lebenden** bleibt die nach BGB ermittelte güterrechtliche Zugewinnausgleichsforderung schenkungsteuerfrei; dazu R E 5.2 ErbStR und H E 5.2 ErbStH. Dieser Zugewinnausgleich ist durch Gegenüberstellung von Anfangs- und Endvermögen der Ehegatten zu ermitteln.

Hinweis: Ehevertrag und Schenkungsteuer

Grds. ist die Gegenleistung, die ein Ehegatte dafür erhält, dass er im notariellen Ehevertrag auf Zugewinnausgleich, Versorgungsausgleich, nachehelichen Unterhalt und Ansprüche aus Hausratsteilung verzichtet, eine steuerbare Schenkung![95]

Ausnahme: Regeln zukünftige Eheleute die Rechtsfolgen ihrer Eheschließung umfassend individuell und sehen sie für den Fall der Beendigung der Ehe Zahlungen eines Ehepartners in einer bestimmten Höhe vor, die erst zum Zeitpunkt der Ehescheidung zu leisten sind („**Bedarfsabfindung**"), liegt **keine Schenkung**/freigebige Zuwendung vor; BFH v. 1.9.2021.[96]

III. Wechsel des Güterstands

Der Wechsel von der Zugewinngemeinschaft in die Gütertrennung und sofort zurück, um die steuerfreie Ausgleichsforderung entstehen zu lassen und zu übertragen, ist zulässig.[97] Dadurch kann der Ehegatte, der mehr Zugewinn erzielt hat, 40

95 FG Hamburg v. 23.9.2020 – 3 K 136/19, juris. Die Revision wurde vom BFH zugelassen (Az. II R 48/21).

96 BFH v. 1.9 2021 – II R 40/1, BStBl 2023 II, 146, dazu Gleich lautende Ländererlasse v. 13.10.2022, BStBl 2023 I, 203.

97 BFH v. 12.6.2005 – II R 29/02, BStBl 2005 II, 843; ZErb 2005, 419 mit Anm. *Everts*; BGH v. 1.4.1998 – XII ZR 278/96, NJW 1998, 1857; *Geck*, Welche Gestaltungsmöglichkeiten ergeben sich hinsichtlich der Beendigung der Zugewinngemeinschaft aus der neuen Rechtsprechung des BFH?, ZEV 2006, 62; *Geck*, Gestaltungen im Rahmen des Güterstandes der Zugewinngemeinschaft – Chancen und Risiken, ZErb 2004, 21; *Münch*, Urteilsanmerkung zu BFH v. 12.7.2005, ZEV 2005, 490; *Carle*, Zugewinngemeinschaft im Zivil- und Steuerrecht – Probleme und Gestaltungsmöglichkeiten, KÖSDI 2006, Nr. 6, 15136; *Kensbock/Menhorn*, Zivilrechtliche und steuerrechtliche Risiken beim vorzeitigen Zugewinnausgleich, DStR 2006, 1073; *Friedrich-Büttner/Herbst*, (Steuer-)Rechtliche Chancen und Risiken des lebzeitigen Zugewinnausgleichs, ErbStB 2011, 45; *Kieser*, Der Güterstandswechsel als Gestaltungsmittel, ZErb 2013, 49; *Wachter*, Aktuelle Entwicklungen bei der Güterstandsschaukel, FR 2020, 816; *Hertreiter*, Gestaltungstipp des Monats: Die Gü-

dem anderen Ehegatten in Höhe der gesetzlichen Ausgleichsforderung Vermögen schenkungsteuerfrei zuwenden.[98] Mit der neuen Vereinbarung der Zugewinngemeinschaft beginnt diese neu, d.h. mit dem dann aktuellen Anfangsvermögen, z.B. bei dem einen Ehegatten mit dem durch den Erhalt der Ausgleichsforderung vermehrten Vermögen.

Hinweis

Wird im Rahmen des Güterstandswechsels einem Ehepartner eine überhöhte Ausgleichsforderung dergestalt verschafft, dass der Rahmen einer güterrechtlichen Vereinbarung überschritten wird bzw. die tatsächliche Ausgleichsforderung den vorgesehenen Betrag übersteigt, liegt insoweit eine Schenkung vor.[99] Gleiches gilt, wenn ein Ehegatte auf einen höheren Zugewinnausgleichsanspruch im Rahmen der ehevertraglichen Beendigung des Güterstandes der Zugewinngemeinschaft verzichtet. Hier kann eine freigiebige Zuwendung i.S. des § 7 Abs. 1 Nr. 1 ErbStG an den anderen Ehepartner vorliegen.[100]

41 Leben Eheleute im Güterstand der **Gütertrennung**, sind sie Inhaber getrennter Vermögensmassen, die sich im Verlauf der Ehe unterschiedlich entwickeln können. Ein steuerfreier Ausgleich entstandener Vermögensdisparitäten ist, obgleich die Eheleute als Lebensgemeinschaft auch eine Erwerbs- und Wirtschaftsgemeinschaft bilden, nicht möglich. Deshalb wird in der Praxis aus erbschaftsteuerlicher Sicht stattdessen die modifizierte Zugewinngemeinschaft empfohlen, nach der der Zugewinnausgleich nur für den Fall ausgeschlossen wird, in dem die Ehe anders als durch Tod endet. Die steuerlichen Vorteile der Zugewinngemeinschaft bleiben bei Erwerben von Todes wegen voll erhalten. Im Fall der Scheidung gibt es i.d.R. keinen unentgeltlichen Zugewinnausgleich.

J. Wertermittlung: Steuerpflichtiger Erwerb

I. Grundlagen der Wertermittlung

42 Die Wertermittlung des – jeweiligen – gesamten steuerpflichtigen Erwerbs ist in § 10 ErbStG geregelt. Für die Erbschaftsteuer ist dabei von besonderer Bedeutung der Abzug von Nachlassverbindlichkeiten und Erbfallkosten (z.B. Beerdigung, Nachlassregelung, Erbschaftsteuererklärung), geregelt in § 10 Abs. 5 ErbStG. Bei

terstandsschaukel im Praxistest – teilweise überschätzt, aber oft auch die „letzte Rettung", ErbBstg 2023, 19.

98 Erwirbt ein Ehegatte die zu Lebzeiten durch Vereinbarung der Gütertrennung begründete und gestundete Zugewinnausgleichsforderung des anderen Ehegatten, liegt ein entsprechender Erwerb von Todes wegen vor, auch wenn der Ehegatte das Vermögen zu keinem Zeitpunkt aus der Hand gegeben hat.

99 BFH v. 28.6.1989 – II R 82/86, BStBl 1989 II, 897.

100 Hessisches FG v. 15.12.2016 – 1 K 199/15, EFG 2017, 871.

Schenkungen ist nur der Reinwert der Schenkung steuerpflichtig. Übernimmt der Beschenkte dabei Schulden und Lasten des Schenkers, liegt teilweise ein entgeltliches Geschäft vor (gemischte Schenkung). Zur Behandlung von Erwerbsnebenkosten und Steuerberaterkosten sowie Rechtsberatungskosten im Zusammenhang mit einer Schenkung siehe H E 10.7 ErbStH.[101] Für die Ermittlung des steuerpflichtigen Erwerbs ist i.A. eine Bewertung aller vererbten und geschenkten Vermögensgegenstände erforderlich.

II. Zusammenrechnung

Mehrere innerhalb von 10 Jahren von derselben Person anfallende Erwerbe sind 43
bei der Besteuerung des jeweils letzten Erwerbs im 10-Jahreszeitraum mit diesem letzten Erwerb zusammenzurechnen (§ 14 ErbStG, R E 14.1–3 ErbStR).[102] Dabei

- bleiben die früheren Erwerbe mit ihrem früheren steuerlichen Wert maßgebend
- wird die Steuer für den Gesamtbetrag auf der Grundlage der geltenden Tarifvorschriften im Zeitpunkt des Letzterwerbs berechnet
- wird von der Steuer für den Gesamtbetrag die Steuer abgezogen, welche für die früheren Erwerbe nach den persönlichen Verhältnissen und auf der Grundlage der Tarifvorschriften zur Zeit des letzten Erwerbs zu erheben gewesen wären (fiktive Steuer)
- wird statt der fiktiven Steuer die seinerzeit für den Vorerwerb tatsächlich zu entrichtende Steuer abzuziehen sein, wenn sie höher ist
- Die Steuer, die sich für den letzten Erwerb ohne Zusammenrechnung mit dem früheren Erwerb ergibt, darf durch den Abzug der fiktiven Steuer auf den Vorerwerb (§ 14 Abs. 1 Satz 2 ErbStG) oder den Abzug der tatsächlich zu entrichtenden Steuer (§ 14 Abs. 1 Satz 3 ErbStG) nicht unterschritten werden (Mindeststeuer).
- Durch die Zusammenrechnung wird einmal erreicht, dass die Freibeträge innerhalb von 10 Jahren nur einmal gewährt werden und dass der Steuersatz auf den höheren (zusammengerechneten) steuerpflichtigen Erwerb angewendet wird. Deshalb bietet es sich zur Minderung der Steuerbelastung an, größere Schenkungen jeweils erst nach 10 Jahren auszuführen, Näheres siehe § 6 Rdn 22.

---

101 *Franken*, Absetzbarkeit von Kosten und Aufwendungen in Nachlass- und Schenkungsfällen, ZErb 2020, 438; *Knittel*, Berücksichtigung von Steuerberatungskosten des Erblassers und Kosten der Haushaltsauflösung i.S.d § 10 Abs. 5 Nr. 3 Satz 1 ErbStG, ErbStB 2022, 219.

102 *Halaczinsky*, Negativer Erwerb: Ausnutzung zur Minderung der Erbschaft-/Schenkungsteuer möglich?, UVR 2019, 153; *Meincke*, Zusammenrechnung mehrerer Erwerbe im Erbschaft- und Schenkungsteuerrecht, DStR 2007, 273.

Hinweis

Die „tatsächlich für die in die Zusammenrechnung einbezogenen früheren Erwerbe zu entrichtende Steuer“ i.S.d. § 14 Abs. 1 Satz 3 ErbStG ist die Steuer, die bei zutreffender Beurteilung der Sach- und Rechtslage für diese Erwerbe festzusetzen gewesen wäre, nicht die dafür wirklich festgesetzte Steuer.[103] § 14 Abs. 1 Satz 3 ErbStG verfolgt hingegen nicht das Ziel, eine Korrekturmöglichkeit für Fehler zu eröffnen, die bei der Steuerfestsetzung für die Vorerwerbe zugunsten oder zulasten des Steuerpflichtigen unterlaufen sind. Die Fehlerhaftigkeit der Steuerfestsetzung für einen Vorerwerb rechtfertigt grundsätzlich keine Steueranrechnung im Billigkeitswege i.S.d. § 163 AO.[104]

44 Der für die Berücksichtigung von Vorerwerben maßgebliche Zehnjahreszeitraum des § 14 Abs. 1 Satz 1 ErbStG ist rückwärts zu berechnen. Dabei ist der Tag des letzten Erwerbs mitzuzählen. Es kommt nicht auf die genaue Uhrzeit der Erwerbe an; abzustellen ist vielmehr auf volle Kalendertage.

Der Zehnjahreszeitraum beginnt demnach – wegen der Rückwärtsberechnung – mit dem Ende des Tages, an dem der letzte Erwerb erfolgt ist. Das Ende des Zehnjahreszeitraums bestimmt sich analog § 188 Abs. 2 Alt. 2 BGB mit dem Beginn desjenigen Tages des letzten Monats der Frist, welcher dem Tage nachfolgt, der durch seine Benennung oder seine Zahl dem Anfangstag der Frist entspricht. Fällt bei dieser Berechnung das Ende des Zehnjahreszeitraums auf einen Sonntag, einen gesetzlichen Feiertag (z.B. den 1. Januar) oder einen Sonnabend, findet § 108 Abs. 3 AO keine Anwendung. Sind z.B. am 31.12.2012 und am 31.12.2022 Grundstücksschenkungen erfolgt, ist die Zuwendung vom 31.12.2012 nicht als Vorerwerb bei der Berechnung der Schenkungsteuer für die Zuwendung vom 31.12.2022 zu berücksichtigen. Vorerwerbe mit negativem Steuerwert werden bei der Zusammenrechnung nicht berücksichtigt.

Hinweis

Ist oder war einem Erwerb im Rahmen des § 14 Abs. 1 ErbStG ein früherer Erwerb hinzuzurechnen und wird der Wert des früheren Erwerbs durch Eintritt eines Ereignisses sich mit steuerlicher Rückwirkung später ändern, darf gem. § 14 Abs. 2 ErbStG der Bescheid über den Erwerb nach § 175 Abs. 1 Satz 1 Nr. 2 AO ebenfalls geändert werden. Die Festsetzungsfrist endet nicht vor Ablauf der Festsetzungsfrist für den früheren Erwerb.[105]

---

103 Zur unzutreffend festgesetzten Steuer für den Vorerwerb siehe R E 14.1 Abs. 8 ff. ErbStR und Berechnungsbeispiel in H E 14.1 (3) ErbStH.

104 BFH v. 22.7.2020 – II R 42/17, BFH/NV 2021, 633.

105 Damit werden das Urteil des BFH (BFH v. 12.7.2017 – II R 45/15, BStB. 2017 II, 1120 = EStB 2017, 399) und die Regelungen in R E 14. 3 ErbStR 2019 außer Kraft gesetzt. Ein ausführliches Berechnungsbeispiel enthält der Gleich lautende Ländererlass v. 13.9.2021, BStBl 2021 I, 1837 und die Gesetzesbegründung des JStG 2020 (BT-Drucks 19/22850 v. 25.9.2020).

Anzumerken ist, dass auch der erstmalige Erlass, die Änderung und die Aufhebung eines Steuerbescheids für einen früheren, in die Zusammenrechnung einzubeziehenden Erwerb als rückwirkendes Ereignis gelten; ebenso der Eintritt eines Ereignisses mit Wirkung für die Vergangenheit, soweit es zu einer Änderung der anrechenbaren Steuer führt (§ 14 Abs. 2 Satz 2 ErbStG). 45

Hinweis

Die Zusammenrechnungsregeln gelten entsprechend auch im Verschonungsrecht betr. Unternehmensvermögen, siehe z.B. §§ 13a Abs. 1 Satz 2 ff., 13c Abs. 2, 28a Abs. 4 Nr. 2 ErbStG.

III. Berechnungsschema

Der steuerpflichtige Erwerb ist danach lt. R E 10.1 ErbStR grundsätzlich wie folgt zu ermitteln: 46

1. Steuerwert des Wirtschaftsteils des land- und forstwirtschaftlichen Vermögens
   – Befreiungen nach § 13 Abs. 1 Nr. 2 und 3 ErbStG
   + Steuerwert des Betriebsvermögens
   – Befreiungen nach § 13 Abs. 1 Nr. 2 und 3 ErbStG
   + Steuerwert der Anteile an Kapitalgesellschaften
   = Zwischensumme
   – Befreiung nach § 13a–13c ErbStG
   + Steuerwert des Wohnteils und der Betriebswohnungen des land- und forstwirtschaftlichen Vermögens
   – Befreiung nach § 13 Abs. 1 Nr. 2, 3, und 4b und 4c ErbStG
   – Befreiung nach § 13d ErbStG
   + Steuerwert des Grundvermögens
   – Befreiungen nach § 13 Abs. 1 Nr. 2 3 und 4a bis c ErbStG
   – Befreiung nach § 13d ErbStG
   + Steuerwert des übrigen Vermögens
   – Befreiungen nach § 13 Abs. 1 Nr. 1 und 2 ErbStG
   = Vermögensanfall nach Steuerwerten
2. Steuerwert der Nachlassverbindlichkeiten, soweit nicht vom Abzug ausgeschlossen, mindestens Pauschbetrag für Erbfallkosten (einmal je Erbfall)
   = abzugsfähige Nachlassverbindlichkeiten

3. Vermögensanfall nach Steuerwerten (1.)
– abzugsfähige Nachlassverbindlichkeiten (2.)
– weitere Befreiungen nach § 13 ErbStG
= **Bereicherung des Erwerbers**

4. Bereicherung des Erwerbers (3.)
– ggf. steuerfreier Zugewinnausgleich § 5 Abs. 1 ErbStG
+ ggf. hinzuzurechnende Vorerwerbe § 14 ErbStG
– persönlicher Freibetrag § 16 ErbStG
– besonderer Versorgungsfreibetrag § 17 ErbStG
= **steuerpflichtiger Erwerb** (abzurunden auf volle hundert EUR)

Der Ermittlung dienen die amtlichen Erklärungsformulare. Die einzelnen Schritte werden deshalb bei den Formularen erläutert. Der steuerpflichtige Erwerb unterliegt dann mit dem entsprechenden Tarif der deutschen Erbschaft-/Schenkungsteuer.

K. Bewertung

47 Die Bewertung der einzelnen Gegenstände (im Nachlass bzw. der geschenkten Gegenstände) richtet sich nach § 12 ErbStG und nach dem Bewertungsgesetz. Nach der Erbschaftsteuerreform 2009 werden grundsätzlich alle Vermögensgegenstände, auch Immobilien, Betriebsvermögen, LuF-Vermögen, nicht notierte Anteile an Kapitalgesellschaften mit ihrem gemeinen Wert (Verkehrswert) nach besonderen steuerlichen Bewertungsregelungen bewertet; infolge der teils typisierenden Bewertung wird der individuelle Verkehrswert häufig nicht ganz genau, aber annähernd erreicht. Im Zweifel kann die Steuerpflichtige durch Individualbewertung einen genauen Verkehrswert nachweisen, sofern der pauschal ermittelte Wert nach dem BewG über dem individuellen Verkehrswert liegt; bei Betriebsvermögen ist unter bestimmten Voraussetzungen ein individuelles Unternehmensbewertungsgutachten vorzulegen. Die Bewertung der Vermögensgegenstände im Einzelnen ist bei den entsprechenden Formularen erläutert, siehe §§ 6 ff.

L. Tarif, Steuersätze

48 Die Belastung mit Erbschaftsteuer ist abhängig von der Verwandtschaft zum Erblasser. Dazu teilt das Gesetz die Erwerber in Steuerklassen ein. Die Zugehö-

rigkeit zur Steuerklasse hat auch Bedeutung für die Höhe der persönlichen Freibeträge (siehe Rdn 33) und die anzuwendenden Steuersätze.[106]

I. Die Steuerklassen (§ 15 ErbStG)

Die Erbschaftsteuer wird nach der Steuerklasse und dem Steuersatz für den Wert des steuerpflichtigen Erwerbs berechnet. 49

- **Steuerklasse I**
  1. Der Ehegatte und der Lebenspartner
  2. die Kinder[107] und Stiefkinder
  3. die Abkömmlinge der in Nr. 2 genannten Kinder und Stiefkinder
  4. die Eltern und Voreltern bei Erwerben von Todes wegen.
- **Steuerklasse II**
  1. Die Eltern und Voreltern, soweit sie nicht zur Steuerklasse I gehören
  2. die Geschwister
  3. die Abkömmlinge ersten Grades von Geschwistern
  4. die Stiefeltern
  5. die Schwiegerkinder
  6. die Schwiegereltern
  7. der geschiedene Ehegatte.
- **Steuerklasse III**

  Alle übrigen Erwerber und die Zweckzuwendungen.

Übrige Erwerber sind noch weiter entfernte Verwandte, Nichtverwandte, z.B. auch Partner einer **nichtehelichen Lebensgemeinschaft,**[108] etwa Verlobte.

---

106 *Meinke*, Freibeträge und Steuersätze im Erbschaftsteuerrecht, ZEV 1997, 52; *Viskorf*, Erbschaftsteuerliche und schenkungsteuerliche Gestaltungen bei der Übertragung von Vermögen auf Ehegatten und Kinder, NWB Fach 10, 715; *Halaczinsky*, Die Stieffamilie im Erbschaftsteuerrecht, ZErb 2004, 149 *Halaczinsky*, Tarif-Quell der ungerechten Besteuerung?, ZErb 2004, 26; *Heurung/Buhrandt/Löckener*, Kritische Auseinandersetzung mit der neuen Rechtslage des § 16 Abs. 2 ErbStG, ZErb 2018, 89. Anzuwendende Steuerklasse bei Besteuerung der Abfindung für den Verzicht auf einen künftigen Pflichtteilsanspruch richtet sich nach dem Verhältnis des Zuwendungsempfängers (Verzichtenden) zum künftigen Erblasser (BFH v. 16.5.2013 – II R 21/11, BStBl 2013 II, 922. Zur Steuerklasse bei Vor- und Nacherbschaft siehe noch § 6 Abs. 1 ErbStG.

107 Die Steuerklassen I und II Nr. 1 bis 3 gelten nicht, wenn die Verwandtschaft eines Adoptivkindes zum Erblasser bereits vor dem Erbfall durch Aufhebung des Annahmeverhältnisses erloschen ist. Nach BFH v. 5.12.2019 – II R 5/17, BStBl 2020 II, 322 ist beim Erwerb eines Kindes von seinem leiblichen Vater, der nicht auch der rechtliche Vater ist (biologischer Vater), die Steuerklasse III anzuwenden.

108 Kein Verstoß gegen Art. 3 Abs. 1 GG, so BVerfG v. 15.11.1989 – 1 BvR 171/89, BStBl 1990 II, 103. Danach liegt es innerhalb der Grenzen der dem Gesetzgeber obliegenden Gestaltungsbefugnis, wenn er an die eigenverantwortliche Entscheidung der Partner einer nichtehelichen Lebensgemeinschaft, keine Ehe miteinander eingehen zu wollen, andere Folgerungen knüpft als an eine formwirksam geschlossene Ehe mit ihren vielfältigen – bei der

50 Bei **Vermögensübergang** auf eine Stiftung (§ 3 Abs. 2 Nr. 1, § 7 Abs. 1 Nr. 8 ErbStG) ist für die Bestimmung der Steuerklasse das Verwandtschaftsverhältnis des nach der Stiftungsurkunde entferntest Berechtigten zu dem Erblasser oder Schenker zugrunde zu legen.[109] Bei **Aufhebung einer Stiftung** gilt als Schenker gem. § 15 Abs. 2 Satz 2 ErbStG der Stifter (abweichend von Satz 1 und 3 des Abs. 2 für alle in- und ausländischen[110] Stiftungen). Bei Aufhebung einer inländischen Familienstiftung[111] i.S.d. § 1 Abs. 1 Nr. 4 ErbStG wird gem. § 15 Abs. 2 Satz 3 ErbStG der doppelte Kinderfreibetrag gewährt.

51 Bei **Schlusserben nach einem Berliner Testament** sind die mit dem verstorbenen Ehegatten näher verwandten Erben und Vermächtnisnehmer als seine Erben anzusehen, soweit sein Vermögen beim Tod des überlebenden Ehegatten noch vorhanden ist.[112]

nichtehelichen Lebensgemeinschaft fehlenden – Rechten und Pflichten der Ehepartner. *Boving*, Die nicht eheliche (faktische) Lebensgemeinschaft im Erbfall, ZErb 2020, 309. Ebenso kein Verfassungsverstoß, wenn Geschwister, die in Wohngemeinschaft zusammenleben, nicht wie Ehegatten nach StKl I besteuert werden (BFH v. 24.4.2013 – II R 65/11, DStR 203, 1128). Nach BFH v. 30.8.2016 – II B 100/15, BFH/NV 2017, 39 ist es verfassungsrechtlich nicht zu beanstanden, dass der überlebende Partner einer nichtehelichen Lebensgemeinschaft erbschaftsteuerrechtlich nicht wie ein Ehegatte oder eingetragener Lebenspartner behandelt wird.

109 Zur Bestimmung des Freibetrags und der Steuerklasse bei Übertragung von Vermögen auf eine Stiftung als „entferntest Berechtigter“ i.S.d. § 15 Abs. 2 Satz 1 ErbStG FG Münster v. 18.5.2017 – 3 K 3247/15 Erb, EFG 2017, 1208 nrk. BFH: II R 32/17.

110 Vgl. *Halaczinsky*, in Daragan/Halaczinsky/Riedel, PK ErbStG und BewG, § 15 ErbStG Rn 15; *Jülicher*, in: Troll/Gebel/Jülicher/Gottschalk, ErbStG, § 15 Tz. 117.

111 *Halaczinsky* in Daragan/Halaczinsky/Riedel, ErbStG und BewG, Rn 15 zu § 15 ErbStG; *Jülicher*, in: Troll/Gebel/Jülicher/Gottschalk, ErbStG, § 15 Tz. 117.

112 Siehe noch BFH v. 16.6.1999 – II R57/96, BStBl 1999 II, 789; zum Berliner Testament *Flick/Schauhoff*, Das falsche Berliner Testament, DStR 1992, 1794; *Jülicher*, Strenge Bindung des längstlebenden Ehegatten beim Berliner Testament, ZEV 1996, 18; *Mayer*, Berliner Testament ade?, ZEV 1998, 50; *Wien*, Das unglückselige Berliner Testament – Tendenzen, Risiken und Gestaltungen, DStZ 2001, 29; *Mayer*, Erbschaftsteuersparen um jeden Preis, DStR 2004, 137; *Hülsmann*, Berliner Testament – Steuerreduzierung beim Schlusserben, NWB Fach 10, 1585 (10/2007); *Geck*, Erleichterungen beim Berliner Testament: Geltendmachung des Pflichtteils nach Tod des Verpflichteten durch dessen Alleinerben, DStR 2013, 1368; *Horn*, Zehn Optimierungsmöglichkeiten für das Berliner Testament, NJW 2013, 2166; BFH v. 5.2.2020 – II R 17/16, BStBl 2020 II, 584 dazu dazu *Wachter*, Neues zur Erbschaftsteuer beim Berliner Testament – oder: Konfusion um Konfusion, BB 2020, 2135. Zur Vermächtnisschuld bei Jastrow'scher Klausel FG Hamburg v. 21.2.2020 – 3 K 191/18, DStRE 2020, 1394 und R E 6 Satz 5 ErbStR.

II. Die Steuersätze

Wert des steuerpflichtigen Erwerbs (§ 10) bis einschließlich … EUR	Vomhundertsatz in der Steuerklasse				52
		I	II[113]	III	
75.000	100.000	7	15	30	
300.000	500.000	11	20	30	
600.000	1.000.000	15	25	30	
6.000.000	10.000.000	19	30	30	
13.000.000	25.000.000	23	35	50	
26.000.000	50.000.000	27	40	50	
über 26.000.000	über 50.000.000	30	43	50	

Mit **Überschreiten der Wertstufen** wird der gesamte steuerpflichtige Erwerb grundsätzlich nach dem nächsthöheren Steuersatz besteuert. Um den sprunghaften Anstieg der Steuerbelastung an der Grenze zur jeweils nächsten Tarifstufe zu dämpfen, ist durch einen sog. Härteausgleich die Grenzsteuerbelastung bei Steuersätzen bis 30 % auf 50 % bei einem Steuersatz über 30 % auf 75 % begrenzt worden. Eine schnelle Übersicht über die Wertgrenzen, innerhalb derer eine entsprechende Vergleichsrechnung anzustellen ist, ergibt sich aus den folgenden Tabellen der maßgebenden Grenzwerte für die Anwendung des Härteausgleichs; bis 2008 siehe Tabelle in H 75 ErbStH 2003: 53

	Härteausgleich **für 2009** gemäß § 19 Abs. 3 ErbStG bei Überschreiten der letztvorhergehenden Wertgrenze bis einschließlich … EUR in Steuerklasse		
Wertgrenze gemäß § 19 Abs. 1 ErbStG … EUR	I	II	III
75.000	–	–	–
300.000	82.600	–	–
600.000	334.200	–	–
6.000.000	677.400	–	–
13.000.000	6.888.800	10.799.900	10.799.900
26.000.000	15.260.800	–	–
über 26.000.000	29.899.900	–	–

113 In 2009 galten in der StKl II 30, 30, 30, 30, 50, 50, 50. Die gesetzliche Regelung zur Höhe des Steuersatzes für Erwerber der Steuerklasse II von 30 % in § 19 Abs. 1 ErbStG in der für vom 1.1. bis zum 31.12.2009 gültigen Fassung ist verfassungsgemäß, BFH v. 20.1.2015 – II R 9/11, BFH/NV 2015, 693; FG Münster v. 10.11.2016 – 3 K 1476/16 Erb, EFG 2017, 141.

	Härteausgleich **ab 2010** gemäß § 19 Abs. 3 ErbStG bei Überschreiten der letztvorhergehenden Wertgrenze bis einschließlich ... EUR in Steuerklasse		
Wertgrenze gemäß § 19 Abs. 1 ErbStG ... EUR	I	II	III
75.000	–	–	–
300.000	82.600	87.400	–
600.000	334.200	359.900	–
6.000.000	677.400	749.900	–
13.000.000	6.888.800	6.749.900	10.799.900
26.000.000	15.260.800	14.857.100	–
über 26.000.000	29.899.900	28.437.400	–

Außerdem ist nach § 27 ErbStG **bei mehrfachem Erwerb desselben Vermögens** von Todes wegen von **Personen der Steuerklasse I** innerhalb der letzten 10 Jahre eine Ermäßigung der Erbschaftsteuer vorgesehen. Beispiel: A erbt von seinem Vater eine Beteiligung an einer KG. Nach 4 Jahren verstirbt A, sein Sohn erbt die restliche KG Beteiligung. Näheres siehe R E 27 ErbStR.

Hinweis

Bei einem nach ausländischem Recht besteuerten Vorerwerb ist für einen nachfolgenden Erwerb desselben Vermögens von Todes wegen durch Personen der Steuerklasse I keine Steuerermäßigung nach § 27 ErbStG zu gewähren.[114]

Steuerklasse I beim Erwerb von Betriebsvermögen, von Betrieben der Land- und Forstwirtschaft und von Anteilen an Kapitalgesellschaften von mehr als 25 v.H.

54 Das nach § 13a oder § 13c ErbStG entlastete Vermögen wird bei Erwerben durch **natürliche Personen,** die zur Steuerklasse II oder III gehören, zu 100 % nach dem Tarif der Steuerklasse I besteuert (§ 19a ErbStG; R E 19a 1–3 ErbStR mit Berechnungsbeispielen in H E 19a 2, 3 ErbStH. Die **Steuerklasse I** wird bei Vorliegen der Voraussetzungen von Amts wegen angewandt. Zur Berechnung der Steuer wird der Unterschiedsbetrag zwischen der auf das Produktivvermögen entfallenden Steuer unter Anwendung der tatsächlichen Steuerklasse des Erwerbers und der unter Anwendung der sich nach Steuerklasse I ergebenden Steuer abgezogen (sog. Entlastungsbetrag). Zur dessen Ermittlung ist gem. § 19a Abs. 3 ErbStG das Verhältnis des Werts des Betriebsvermögens (i.S.v. § 13b Abs. 1 ErbStG) nach Anwendung der Begünstigungsnormen des § 13a oder § 13c

114 BFH v. 27.9.2016 – II R 37/13, BStBl 2017 II, 411.

ErbStG und nach Abzug der mit diesem Vermögen in wirtschaftlichem Zusammenhang stehenden abzugsfähigen Schulden und Lasten (§ 10 Abs. 5 und 6 ErbStG) zum Wert des gesamten Vermögensanfalls zu ermitteln. Sodann müssen gem. § 19a Abs. 4 ErbStG die auf das Produktivvermögen entfallenden Erbschaftsteuerbelastungen sowohl unter Zugrundelegung der tatsächlichen Steuerklasse des Erwerbers als auch unter Zugrundelegung der Steuerklasse I bestimmt werden. Der Entlastungsbetrag ergibt sich sodann aus dem Unterschiedsbetrag. Diese günstige Tarifregelung gilt ebenso wie die Entlastungen für Betriebsvermögen (§ 13a oder § 13c ErbStG) nach § 19a Abs. 5 ErbStG nur, wenn der Erwerber mindestens 5 bzw. 7 Jahre den Betrieb fortführt bzw. die Beteiligung behält. Dabei ist der Erwerber so zu besteuern, als sei dieser Teil des Vermögens mit dem erbschaftsteuerrechtlichen Wert im Besteuerungszeitpunkt von Anfang an auf ihn als nicht tarifbegünstigtes Vermögen übergegangen. Muss ein Erwerber **tarifbegünstigtes Vermögen** aufgrund einer letztwilligen Verfügung des Erblassers oder einer rechtsgeschäftlichen Verfügung des Erblassers oder Schenkers auf einen Dritten ganz oder teilweise **übertragen**, kommt insoweit für ihn der Entlastungsbetrag (teilweise) nicht in Betracht. Einzelheiten sind bei der Anlage Steuerentlastung (§ 4 Rdn 226 ff.) erläutert.

III. Berechnung der festzusetzenden Erbschaftsteuer

1. Tarifliche Erbschaftsteuer nach § 19 ErbStG 55
   - – Abzugsfähige Steuer nach § 14 Abs. 1 ErbStG
   - – Entlastungsbetrag nach § 19a ErbStG
   - = Summe 1
2. – Ermäßigung nach § 27 ErbStG (dabei Steuer lt. Summe 1 nach § 27 Abs. 2 ErbStG aufzuteilen und zusätzlich Kappungsgrenze nach § 27 Abs. 3 ErbStG zu beachten)
   - – Anrechenbare Steuer nach § 6 Abs. 3 ErbStG
   - = Summe 2
3. – Anrechenbare Steuer nach § 21 ErbStG (dabei Steuer lt. Summe 2 (nach § 21 Abs. 1 Satz 2 aufzuteilen)
   - = Summe 3

     mindestens nach § 14 Abs. 1 Satz 4;
     höchstens nach § 14 Abs. 3 ErbStG begrenzte Steuer (Hälfte des Werts des weiteren Erwerbs)
   - = **Festzusetzende Erbschaftsteuer**

M. Steuerschuldner

56 Die Erbschaft- und Schenkungsteuer ist eine personenbezogene Erb(Vermögens)anfallsteuer. Daher ist jeder einzelne Erwerber mit seinem Vermögenserwerb selbst steuerpflichtig (Steuerschuldner). Deshalb ist bei mehreren Erben (z.B. mehreren Kindern) jedes Kind und nicht etwa die Erbengemeinschaft steuerpflichtig. Bei Erbanfällen/Schenkungen an sog. Gesamthandsgemeinschaften, z.B. BGB-Gesellschaft, KG, OHG, Partnerschaft, Sozietät, gilt jeder einzelne Gesellschafter als Erwerber[115]/Steuerschuldner. Bei juristischen Personen sind diese Steuerschuldner. Unbekannte Erben können – vertreten durch den Nachlasspfleger – als Steuerschuldner in Anspruch genommen werden.

Wichtig

Bei Schenkungen ist nicht nur der Beschenkte, sondern auch der Schenker selbst Steuerpflichtiger (§ 20 Abs. 1 ErbStG).[116] Im Übrigen siehe § 20 ErbStG.

57 Neben der Steuerschuldnerschaft kommt auch eine **Haftung für Erbschaft-/Schenkungsteuer** in Betracht. Neben spezialrechtlichen Regelungen im ErbStG (z.B. Nachlasshaftung § 20 Abs. 3 ErbStG,[117] bei Nacherbschaft § 20 Abs. 4 ErbStG, § 20 Abs. 6 ErbStG[118]) richtet sich die Haftung nach § 69 AO (z.B. Haftung von gesetzlichen Vertretern, Testamentsvollstreckern, Nachlasspfleger[119]).

N. Steuerbescheid

58 Das Finanzamt (Erbschaftsteuerstelle) erteilt nach abschließender Prüfung einen Erbschaft- oder Schenkungsteuerbescheid. Dieser wird mit ordnungsgemäßer Bekanntgabe gegenüber dem einzelnen Erwerber (Erbe, Miterbe, Vermächtnisnehmer usw., Beschenktem) wirksam (§ 124 AO). Steuerpflichtige können den

115 BFH v. 14.9.1994 – II R 95/92, BStBl 1995 II, 81.

116 BVerfG v. 18.12.2012 – 1 BvR 1509/10, BFH/NV 2013, 492; *Bruschke*, Die Realisierung der Erbschaft- und Schenkungsteuer über § 20 ErbStG, UVR 2012, 365.

117 Dazu BFH v. 4.6.2019 – VII R 16/18, BStBl 2020 II, 456: Eine Beschränkung der Erbenhaftung für Erbschaftsteuerverbindlichkeiten ist nach § 2059 Abs. 1 Satz 2 BGB ausgeschlossen. Bei der Inanspruchnahme des Nachlasses nach § 20 Abs. 3 ErbStG besteht ein (Entschließungs-)Ermessen, so dass grundsätzlich keine Verpflichtung zur vorrangigen Inanspruchnahme des Nachlasses besteht.

118 Zur Haftung der Banken BayLfSt v. 7.1.2015 –S3830.21–1/11 St 34, ErbSt-Kartei BY § 20 ErbStG Karte 14; Zur Haftung der Geldinstitute, wenn sie beim Vorhandensein ausländischer Erben Nachlasswerte an den inländischen Testamentsvollstrecker aushändigen, BayLfSt v. 11.1.2021, S 3812.2.1–31/8 St 34, ErbSt-Kartei BY § 20 ErbStG Karte 3; *Halaczinsky*, Haftung in Erbschaftsteuerangelegenheiten, ErbStB 2007, 2008.

119 BFH v. 17.6.2020 – II R 40/17, BStBl 2020 II, 850.

Bescheid innerhalb eines Monats nach Bekanntgabe anfechten (Einspruch erheben).[120] Durch Einspruchseinlegung kann bei Zweifel über die richtige Erklärung/Festsetzung die Frist bis zu Eintritt der endgültigen Bestandskraft noch verlängert werden, so dass im Zweifel noch „im letzten Moment" Rechtsrat eingeholt werden kann. Auf Antrag kann der streitige Betrag bei möglicher Rechtswidrigkeit ausgesetzt werden; d.h. Aussetzung der Vollziehung (gleich Zahlungsaufschub gegen Verzinsung). Lehnt das Finanzamt den Einspruch und/bzw. den Antrag auf Aussetzung der Vollziehung durch (Einspruchs-)Entscheidung ab, ist dagegen der Finanzrechtsweg offen; also zunächst Klage vor dem Finanzgericht und bei Erfolglosigkeit ggf. Revision beim Bundesfinanzhof möglich. Anzumerken ist, das mit Einwänden gegen die Rechtmäßigkeit eines Bescheids über die gesonderte Feststellung des Grundbesitzwerts der Erbschaftsteuerbescheid als Folgebescheid nicht erfolgreich angegriffen werden kann (§ 252 AO).[121]

O. Entrichtung der Erbschaftsteuer/Schenkungsteuer

I. Erhebung und Vollstreckung

Die Erhebung und Vollstreckung richten sich nach der Abgabenordnung. Die Steuer ist nach Maßgabe der betreffenden Steuerbescheide termingerecht zu entrichten (zu überweisen). Sie wird frühesten mit der Steuerfestsetzung, üblicherweise einen Monat nach Festsetzung fällig. Die Fälligkeit (Zahlungstermin) der Erbschaftsteuer ergibt sich aus dem Leistungsgebot des Steuerbescheids. Die Zahlung kann in allen üblichen Zahlungsweisen erfolgen; Ausnahme: keine Barzahlung, außer bei Vollstreckung. In besonderen Fällen kann die Steuer durch Hingabe von Kunstwerken, Sammlungen, national wertvollem Kulturgut u.Ä. entrichtet werden (§ 224a AO). Dafür sind entsprechende Verhandlungen mit den Finanzbehörden erforderlich. Solange noch nicht feststeht, ob eine Vereinbarung zustande kommt, kann die Steuerzahlung gestundet werden (0,5 % Zins/Monat). Außerdem enthält das ErbStG selbst eigene Stundungsvorschriften, nämlich in §§ 28 und 28a ErbStG. Formale Voraussetzung ist auf jeden Fall ein (schriftlicher) Antrag. 59

Ist der Steuerpflichtige zum Zahlungstermin nicht in der Lage, die Steuer zu zahlen, kann ggf. nach allgemeinem Verfahrensrecht Ratenzahlung vereinbart 60

---

120 Nach FG Köln v. 19.9.2022 – 7 K 2272/21, BB 2023, 674 ist umstritten, ob es sich bei den zusätzlichen Erläuterungen in einem Erbschaftsteuerbescheid bzgl. der nicht gegebenen Einwendungsmöglichkeiten in Bezug auf die festgestellten Grundbesitzwerte um eine fehlerhafte Belehrung i.S. des § 356 Abs. 2 Satz 1 AO handelt, sodass der Erbschaftsteuerbescheid nicht in Bestandskraft erwachsen ist? Revision eingelegt (Az. des BFH: II R 45/22).

121 Z.B. BFH v. 25.9.2018 – II B 13/18, BFH/NV 2019, 25.

werden.[122] Bei vorhandenem Vermögen, auch wenn es nicht sofort mobilisierbar ist, kommt praktisch kein (Teil-)Erlass in Frage. Dies ist besonders ärgerlich, wenn das Erbe nach Erbanfall oder im Fall der vorweggenommenen Erbfolge an Wert verliert. Maßgeblich für die Steuer ist der Wert am Stichtag (§ 11 ErbStG). Grundsätzlich kommt nach der Verwaltung und der Rechtsprechung auch keine Reduzierung der ErbSt aus Billigkeitsgründen in Frage.[123] Nur in ganz besonderen Ausnahmefällen kommt eine Billigkeitsmaßnahme in Frage.[124] Hat etwa ein Erblasser einem Vermächtnisnehmer einen Betrag von 500.000 EUR vermacht, der zu einer Erbschaftsteuerfestsetzung von 143.492 EUR führte, ist eine abweichende Festsetzung der Erbschaftsteuer aus Billigkeitsgründen geboten, wenn dem Vermächtnisnehmer lediglich ein Betrag von 87.836,66 EUR (einschließlich Zinsen) zugeflossen ist und mit weiteren Zahlungen wegen Ablehnung eines Antrags auf Eröffnung des Nachlassinsolvenzverfahrens mangels Masse nicht mehr zu rechnen ist.

II. Steuer und Entrichtung bei ausländischen Erwerben

61 Versicherungsunternehmen, Gewahrsamsinhaber u. dgl. haften bei Zahlung oder Verfügungstellung an Berechtigte außerhalb des Geltungsbereichs des ErbStG (§ 20 Abs. 6 ErbStG) unter bestimmten Voraussetzungen für die deutsche Erbschaftsteuer (auch) auf Auslandsvermögen.

Bei Erbanfällen/Schenkungen von im Ausland belegenem Vermögen (z.B. Immobilie in Spanien) kann es sein, dass auch der betreffende ausländische Staat eine Erbschaft- oder Schenkungsteuer erhebt. Soweit die doppelte Besteuerung nicht durch eine DBA verhindert wird, regelt § 21 ErbStG, dass im Fall der unbeschränkten deutschen Erbschaft-/Schenkungsteuerpflicht die auf das ausländische Vermögen entfallende Steuer auf die zu zahlende deutsche Steuer anzurechnen ist. Ist die auf das ausländische Vermögen entfallende Steuer höher als die deutsche Steuer, ergibt sich durch die Anrechnung eine deutsche Steuer von 0 EUR. Zur Anrechnung siehe § 21 ErbStG und R E 21 ErbStR und H E 21 ErbStH sowie koordinierter Ländererlass v. 22.12.2011.[125] Nicht in jedem Fall kommt es zu einer befriedigenden Anrechnung ausländische Erbschaftsteuern.

122 *Halaczinsky*, Erbschaftsteuer: Zahlungsprobleme bei Erwerb von Immobilien, UVR 2018, 217; *Daragan*, Zahlungssorge des Testamentsvollstreckers für die Erbschaftsteuer, ZErb 2018, 161.

123 Die abweichende Festsetzung nach § 163 AO sowie der Erlass nach § 227 AO sind nicht antragsgebunden und von Amts wegen möglich, aber Gegenstand gesonderter Verfahren, die die Entscheidung im Festsetzungsverfahren unberührt lassen; vgl. BFH v. 1.12.2021 – II B 34/21, BFH/NV 2022, 330.

124 BFH v. 5.2.2003 – II R 84/00, BFH/NV 2004, 340 = ErbStB 2004, 141; siehe FG Köln v. 23.10.1997 – 9 K 3954/89, EFG 1998, 1603; *Moench/Weinmann*, ErbStG, § 11 Tz. 7.

125 Z.B. Finanzministerium Baden-Württemberg v. 22.12.2011 – 3-S383.1/5, ErbSt-Kartei BW § 21 ErbStG Karte 7.

Nach BFH kann eine Billigkeitsmaßnahme i.S.d. §§ 222, 227 AO geboten sein, wenn die erbschaftsteuerliche Doppelbesteuerung z.B. auf Kapitalvermögen eines inländischen Erblassers zu einer übermäßigen, konfiskatorischen Steuerbelastung führt.[126]

III. Entrichtung bei Renten und wiederkehrenden Leistungen

1. Berechtigter: Entrichtung bei Renten und wiederkehrenden Leistungen

Die Erbschaft-/Schenkungsteuer entsteht auch bei Erwerb von Renten und wiederkehrenden Leistungen sofort, der Berechtigte erlangt aber nicht sofort entsprechende liquide Mittel. Dennoch muss das Finanzamt grundsätzlich die sofortige Versteuerung des gesamten Anspruchs (Bemessungsgrundlage: Kapitalwert nach §§ 13, 14 BewG) vornehmen. § 23 ErbStG sieht aber die Möglichkeit vor, die auf den Kapitalwert entfallende Steuer in Form von jährlichen Zahlungen zu entrichten.[127] Dies muss der Steuerpflichtige aber besonders beantragen. Die Jahressteuer bemisst sich nach dem Jahreswert der Rente usw., z.B. Rente von 500 EUR/Monat ergibt einen Jahreswert von 6.000 EUR. Die Berechnung des Jahresbetrags und der Berücksichtigung der Freibeträge gem. §§ 16, 17 ErbStG erfolgt nach der Aufzehrungs- oder Kürzungsmethode in folgenden Schritten; siehe H E 23 ErbStH: 62

1. Für den Gesamterwerb wird wie im Normalfall der Steuersatz berechnet.
2. Es wird die Sofortsteuer ermittelt.
3. Es wird die Jahressteuer ermittelt, unter Anwendung des zuvor ermittelten Vomhundertsatzes auf den Jahreswert des Nutzungsrechts.
4. Sind die Freibeträge nicht durch das der Sofortversteuerung unterliegendem Vermögen verbraucht, wird dementsprechend die Jahressteuer einige Jahre (ggf. anteilig) nicht erhoben.

---

126 BFH v. 19.6.2013 – II R 10/12, BStBl 2013 II, 746; *Riedel*, Zur doppelten Belastung von Bankguthaben im Ausland mit deutscher und ausländischer Erbschaftsteuer, ZErb 2009, 101. Nach FG Köln (Urt. v. 30.1.2019 – 7 K 1364/17, DStRE 2019, 960) kann bei Wertverlusten einer depotgebundenen Lebensversicherung mit Termfix-Klausel ein Billigkeitserlass möglich sein. Zu Billigkeitsmaßnahmen bei coronabedingten Verstößen gegen die Lohnsummenregelung siehe Gleich lautende Ländererlassen v. 30.12.2021, BStBl 2021 I, 156. Zu steuerlichen Maßnahmen zur Berücksichtigung der Schäden im Zusammenhang mit den Unwetterereignissen im Juli 2021 FinMin Rheinland-Pfalz v. 22.12.2021, S 1915#2018/0001–0401 447, juris.

127 *Christoffel*, Der praktische Fall: Übertragung eines Grundstücks gegen Rente aus ertrag- und schenkungsteuerlicher Sicht, ErbBstg 2022, 169; *Halaczinsky*, Die Zuwendung von Renten im Erbschaft-/Schenkungsteuerrecht, UVR 2019, 271; *Esskandari*, Die Besteuerung von Renten, Nutzungen und Leistungen nach dem ErbStG, ZEV 2008, 323. Zur Vorteilhaftigkeit der Jahresversteuerung *Griesel*, in: Daragan/Halaczinsky/Riedel, ErbStG und BewG, § 23 ErbStG Rn 22 ff. Nach BFH v. 25.9.2018 – II B 13/18, BFH/NV 2019, 25 ist § 23 ErbStG auf den Erwerb erbbaurechtsbelasteter Grundstücke nicht anwendbar.

Die aufgrund einer ErbSt-Festsetzung gem. § 23 ErbStG gezahlte ErbSt ist bei der Einkommensteuer nicht (mehr) als Sonderausgabe abziehbar. Gem. § 35b EStG ist die gezahlte Erbschaftsteuer/Jahressteuer (nicht die Schenkungsteuer) eingeschränkt abziehbar.[128]

Der Erwerber hat das Recht, die Jahressteuer zum jeweils nächsten Fälligkeitstermin mit ihrem Kapitalwert abzulösen (§ 23 Abs. 2 ErbStG). Der Einmalbetrag ergibt sich aus dem Kapitalwert der künftigen Jahressteuerbeträge (nach §§ 13, 14 BewG). Die Ablösung muss vom Steuerpflichtigen besonders beantragt werden. Die Besteuerung nach dem Jahreswert/die Ablösung mit dem Kapitalwert ist je nach Einschätzung des zukünftigen Verlaufs des Nutzungsrechtes, insbesondere der Dauer, vorteilhaft oder weniger vorteilhaft. So ist die Sofortversteuerung günstiger, wenn der Berechtigte nicht solange – wie nach der durchschnittlichen Lebenserwartung i.S.d. BewG – leben würde.

2. Verpflichteter: Entrichtung bei Renten und wiederkehrenden Leistungen

63 Muss ein Erbe/Beschenkter z.B. aufgrund eines vom Erblasser ausgesetzten Vermächtnisses, einer Auflage des Schenkers etc. eine Rente zahlen, wiederkehrende Leistungen erbringen und/oder Nutzungen dulden, mindern solche Verpflichtungen grundsätzlich seinen Erwerb.

Hinweis

Bei Grundstücksschenkungen unter Lebenden führt der Abzug der Nutzungslast, auch wenn der Schenker sich oder seinem Ehegatten das Nutzungsrecht vorbehält, hinsichtlich des Werts der Auflage nicht mehr zur Anwendbarkeit der grunderwerbsteuerlichen Befreiung nach § 3 Nr. 2 GrEStG.

3. Entrichtung bei Renten und wiederkehrenden Leistungen zugunsten des Schenkers oder seines Ehepartners bzw. zugunsten des Ehegatten des Erblassers im Fall des § 25 a.F. ErbStG

64 **Rechtslage bis 2008**: Für den Fall, dass die Nutzungen und Renten zugunsten des Schenkers ihm selbst oder dem Ehegatten des Schenkers oder Erblassers zustehen, wurde beim Erben/Beschenkten der Abzug einer Verbindlichkeit erbschaftsteuerlich durch § 25 a.F. ErbStG verboten (bei Erwerben bis 2008). Bei Erwerben von Todes wegen (Erbfall) kann der Erbe die damit verbundenen Verpflichtungen/Lasten nicht abziehen. Bei Schenkungen galt das Verbot nur im Fall von Nutzungen/Duldungen zugunsten des Schenkers bzw. seines Ehegatten.

---

128 Einzelheiten zur Abzugsfähigkeit der Jahressteuerzahlung gem. § 35b EStG siehe *Jülicher*, in: Troll/Gebel/Jülicher/Gottschalk, ErbStG, § 23 Tz. 42–44; *Meßbacher-Hönsch*, Doppelbelastung mit Erbschaft-/Schenkungsteuer und Ertragsteuer: Eine Betrachtung anhand verschiedener Fallgruppen, ZEV 2018, 182.

Muss der Beschenkte dem Schenker/seinem Ehegatten eine Rente zahlen, lag eine sog. gemischte Schenkung vor, Näheres siehe Schenkungsteuererklärung § 6 Rdn 143. Spiegelbildlich muss der Berechtigte, im Fall, dass der Verpflichtete die wiederkehrende Leistung/Nutzung/Duldung nicht bereicherungsmindernd abziehen kann, grundsätzlich voll versteuern. Zur finanziellen Entlastung des Erwerbers sah § 25 ErbStG eine Stundung der Steuer vor, soweit sie auf die nicht abziehbare Belastung entfällt, z.B. bei einem Wohnrecht kann auf den Steuerwert des gesamten Grundstücks von 100 % der (Kapital-)Wert des Wohnrechts von 50 % entfallen. Demnach wären 50 % der Steuer sofort und 50 % erst nach Wegfall des Wohnrechts zu zahlen. Der Kapitalwert der Nutzung/Duldung ergibt sich durch Vervielfältigung des Jahreswerts gem. §§ 13, 14 BewG, siehe dazu ausführlich § 4 Rdn 107. Der Jahreswert ist bei Nutzungen nach oben begrenzt (§ 16 BewG) auf den Betrag, der sich ergibt, wenn man den Steuerwert des zu nutzenden Gegenstandes (z.B. beim Wohnrecht das Grundstück) durch 18,6 teilt. Auch in den Jahren ab 2009 kann die Stundung bei „Alt-Erwerben vor 2009" noch laufen. Auf besonderen Antrag kann der Erwerber die gestundete Steuer durch Zahlung eines Einmalbetrages (Barwert) ablösen (§ 25 Abs. 1 Satz 3 ErbStG).[129] Der Barwert wird durch Abzinsung gem. § 12 Abs. 3 BewG ermittelt und liegt also unter dem Betrag der gestundeten Steuer. Es war möglich, den Antrag auf Ablösung schon zu Beginn der Stundung zu beantragen und so die Erbschaftsteuer zu mindern.

Hinweis

Mit Wirkung **ab 2009** ist § 25 ErbStG außer Kraft getreten. Das bedeutet, dass der Erwerber, der eine Nutzung (z.B. einen Nießbrauch oder ein Wohnrecht zugunsten des Schenkers, seines Ehegatten oder des Ehegatten des Erblassers dulden muss) diese Duldungslast bereicherungsmindernd – wie eine Gegenleistung – von dem Wert der Zuwendung abziehen kann.

IV. Entrichtung/Stundung bei Betriebsvermögen

Gehört zum steuerpflichtigen Erwerb Betriebsvermögen oder LuF-Vermögen, 65
kann die auf dieses Vermögen entfallende Steuer die Erhaltung des Betriebes gefährden (§ 28 Abs. 1 ErbStG). Nach § 28 Abs. 2 ErbStG gilt die Stundungsregelung auch für Familienstiftungen bzw. -vereine. Auf besonderen Antrag kann diese (anteilige) Steuer gem. § 28 Abs. 1 ErbStG bis zu sieben Jahre gestundet werden,[130] ohne dass noch nachgewiesen werden muss, dass dies zur Erhaltung des Betriebs erforderlich ist. Maßgeblich für die Stundung ist, dass die Lohnsum-

129 Mit jährlichen Gleich lautenden Erlassen der obersten Finanzbehörden der Länder werden die amtlichen Sterbetafeln mit den jeweiligen Vervielfältigern bekannt gegeben; zuletzt v. 16.2.2023, BStBl 2023 I, 67.

130 *Eich*, Die Stundung von Erbschaft- und Schenkungsteuer, ErbStB 2011, 114.

menregelung und die Behaltensregelungen eingehalten werden. Zu Einzelheiten siehe § 28 Abs. 1 ErbStG.

Der erste Jahresbetrag ist ein Jahr nach der Festsetzung der Steuer fällig und bis dahin zinslos zu stunden. Die weiteren Jahresbeträge sind zu verzinsen. Achtung: Die Stundung endet mit Verkauf oder anderen Verstößen gegen die Behaltens-/Lohnsummenpflichten. Die Stundung für Erbschaftsteuer, die der Erwerber nachträglich zu entrichten hat, weil er gegen die Erhaltung der Lohnsummen oder gegen die Behaltenszeiten verstoßen hat, ist ausgeschlossen.

Näheres siehe noch R E 28 ErbStR und zur Berechnung H E 28 ErbStH.

V. Entrichtung/Stundung bei zu Wohnzwecken vermieteten Objekten

66 **Ab 2009** kommt auch eine Stundung bei Erbanfall eines Grundstücks in Form eines Familienheims oder eines Mietobjekts i.S.d. § 13d ErbStG in Betracht bis zu zehn Jahre, wenn ansonsten das Objekt zur Bezahlung der Erbschaftsteuer verkauft werden müsste (vgl. § 28 Abs. 3 ErbStG, R E 28 Abs. 2, 3 ErbStR).[131] Begünstigt sind im Inland, einem Mitgliedstaat der Europäischen Union oder in einem Staat des Europäischen Wirtschaftsraums belegene Grundstücke. Im Allgemeinen ist als Nachweis ein Vermögensstatus vorzulegen. Bei Erwerben unter Lebenden ist Stundung gegen Verzinsung von 0,5 % pro Monat gem. §§ 234, 238 AO bis zu zehn Jahre zu gewähren. Bei Erwerben von Todes wegen ist zinslose Stundung bis zu zehn Jahren zu gewähren. Eine Stundung kommt **nicht in Betracht**, wenn der Erwerber die auf das begünstigte Vermögen entfallende Erbschaftsteuer entweder aus weiterem erworbenem Vermögen oder aus eigenem Vermögen aufbringen kann. Dazu muss der Erwerber auch die Möglichkeit der Kreditaufnahme ausschöpfen.[132] Nach Auffassung des FG Münster[133] ist der Erwerber nicht gehalten, sich jenseits des üblichen Kapitalmarkts (etwa durch Privatdarlehen von Miterben) zu refinanzieren. Dem Erwerber ist zuzumuten, aus den Vermietungs- und aus seinen sonstigen Einnahmen die gestundete Steuer kontinuierlich zu tilgen.

Beachte

Kann der Schenker zur Zahlung der Schenkungsteuer herangezogen werden, sei es weil er die Steuer übernommen hat (§ 10 Abs. 2 ErbStG), sei es, weil er

131 *Arps-Aubert*, Stundung von Erbschaftsteuer beim Erwerb von Grundvermögen, NWB 2022, 1041.

132 Zu einem Fall der Gewährung der Stundung FG Münster v. 20.11.2017 – 3 K 396/16 AO, EFG 2018, 139. Zu einem Fall der Ablehnung der Stundung, weil sich im Nachlass des Klägers im Zeitpunkt der Steuerentstehung ein Guthaben befunden hat FG München v. 26.1.2022 – 4 K 308/20, EFG 2022, 775.

133 FG Münster v. 11.3.2021 – 3 K 3054/19 AO, EFG 2021, 869.

als Gesamtschuldner in Anspruch genommen werden kann, bleibt eine Stundung ebenfalls ausgeschlossen.

Die Stundung **endet** bei Verkauf oder Weiterverschenken.

VI. Erlass aufgrund Verschonungsbedarfsprüfung

Ausnahmsweise kann bei Großvermögen (> 26 Mio. EUR) die auf das begünstigte Vermögen entfallende Steuer auf Antrag des Erwerbers erlassen werden.[134] Hierfür wird eine Verschonungsbedarfsprüfung nach § 28a ErbStG durchgeführt. Diese kann zu einem teilweisen oder vollständigen Erlass der auf das begünstigte Vermögen entfallenden Steuer führen. Für den Erlass ist der Nachweis erforderlich, dass der Erwerber/Erbe persönlich nicht in der Lage ist, die Steuer aus seinem verfügbaren Vermögen zu begleichen (§ 28a ErbStG). Dies gilt entsprechend für die Erbersatzsteuer in den Fällen des § 1 Abs. 1 Nr. 4 ErbStG. 67

Als verfügbares Vermögen[135] gehört lt. Gesetz 50 % der Summe der gemeinen Werte des 68

1. mit der Erbschaft oder Schenkung zugleich übergegangenen Vermögens, das nicht zum begünstigten Vermögen i.S.d. § 13b Abs. 2 ErbStG gehört, und
2. dem Erwerber im Zeitpunkt der Entstehung der Steuer (§ 9 ErbStG) gehörenden Vermögens, das nicht zum begünstigten Vermögen i.S.d. § 13b Abs. 2 ErbStG gehören würde.

Das zu 1. genannte Vermögen dürfte sich aus der Erbschaftsteuererklärung ergeben. Das zu 2. genannte Vermögen muss anhand einer Vermögensaufstellung ähnlich wie bei einem Billigkeitserlass ermittelt werden. Soweit nach einer Verschonungsbedarfsprüfung das verfügbare Vermögen nicht oder nicht vollständig ausreicht, um die auf das begünstigte Vermögen entfallende Steuer zu tilgen, erhält der Erwerber einen auflösend bedingten Rechtsanspruch auf Erlass dieser Steuer.

---

134 *Viskorf/Löcherbach*, Unvermeidbare Erbfälle als Fallstrick der Verschonungsbedarfsprüfung, ZEV 2022, 571; *Lintz*, Haftung von Miterben bei Verstoß eines Miterben gegen die Behaltensfrist des § 28a ErbStG, ZEV 2022, 576; *von Oertzen/Weiss/Windeknecht*, Erbschaftsteuerfinanzierung nicht verschonungsfähigen Betriebsvermögens, BB 2021, 471; *Roser*, Verschonung nach § 28a ErbStG – Unklarheiten und Anwendungsfragen für die konsequente Auslegung der gesetzlichen Konzeption, DStR 2021, 386; *Schneider/Fabry*, Gestaltungserwägungen bei der Übertragung großer Unternehmensvermögen – Die Verschonungsbedarfsprüfung i.S.v. § 28a ErbStG im Praxistest, UVR 2019, 138. § 28a ErbStG gilt auch für Familienstiftungen, R E 18a.6 ErbStR.

135 Ausführlich R E 28a.2 ErbStR mit Berechnungsbeispiel in den Hinweisen dazu. *Bachem*, Der Pflichtteilsanspruch als „verfügbares Vermögen" i.S.d. § 28a ErbStG, ZEV 2020, 133.

Hinweis

Der Antrag ist ausgeschlossen, wenn der Erwerber bereits unwiderruflich beantragt hat, das Abschmelzmodell nach § 13c ErbStG anzuwenden (§§ 13c Abs. 2 Satz 6, 28a Abs. 8 ErbStG).

69 **Gestaltung**: Zur Erlangung des „Verschonungs"-Erlasses wird in der Literatur **empfohlen**, bei Nachfolgeplanungen das Unternehmensvermögen und das verfügbare Vermögen am besten vorab getrennt zu übertragen, ggf. auf eine (Familien-)Stiftung, so dass bei den Erwerbern des „Großvermögens" nur verfügbares Vermögen bis 50 % „ankommt.

70 Eine kurzfristige Stundung nach § 28a Abs. 3 ErbStG bis zu sechs Monaten kommt in Betracht für die Steuer, die auf das erworbene begünstigte Vermögen entfällt und die nicht nach § 28a Abs. 1 ErbStG erlassen wurde. Soweit also nach der Verschonungsbedarfsprüfung noch eine Steuer zu zahlen ist, kann die verbleibende Steuer ganz oder teilweise bis zu sechs Monate gestundet werden, wenn die Einziehung bei Fälligkeit eine erhebliche Härte für den Erwerber bedeuten würde und der Anspruch nicht gefährdet erscheint (§ 28a Abs. 3 ErbStG). Eine erhebliche Härte liegt insb. vor, wenn der Erwerber einen Kredit aufnehmen oder verfügbares Vermögen veräußern muss, um die Steuer entrichten zu können. Eine Stundung der Steuer, die auf das zugleich übergegangene nicht begünstigte Vermögen entfällt, ist nach § 28a Abs. 3 ErbStG nicht möglich. Diese spezielle Stundungsmöglichkeit besteht neben der Stundung nach § 28 ErbStG und § 222 AO; sie steht im Ermessen des Finanzamts.

71 Die besondere Verschonung steht unter dem Vorbehalt des Widerrufs für den Fall, dass die Verschonungsziele des Gesetzgebers nicht erreicht werden. Die auflösenden Bedingungen sind in Abs. 4 des § 28a ErbStG beschrieben, es sind dies die Einhaltung von bestimmten Lohnsummen innerhalb von 7 Jahren, Einhalten einer 7-jährigen Behaltenszeit, keine weiteren Erwerbe, die das verfügbare Vermögen erhöhen.[136] Treten eine oder mehrere auflösenden Bedingungen ein, kommt es ganz oder teilweise zu einer nachträglich höheren Steuerfestsetzung und dementsprechend zu einer Steuernachforderung. Verfahrensrechtlich wird die Nachversteuerung dadurch abgesichert, dass dem Erwerber die Verpflichtung auferlegt wird, dem für die Erbschaftsteuer zuständigen Finanzamt innerhalb einer Frist von sechs Monaten nach Ablauf der Lohnsummenfrist das Unterschreiten der Mindestlohnsumme anzuzeigen. In den anderen Fällen wird der Erwerber verpflichtet, dem für die Erbschaftsteuer zuständigen Finanzamt den entsprechenden Sachverhalt innerhalb einer Frist von einem Monat, nachdem der jeweilige Tatbestand verwirklicht wurde, anzuzeigen. Außerdem wird die Zahlungsverjährungsfrist verlängert.

136 Dazu R E 28a. 4 ErbStR.

Hinweis

Erhält der Erwerber innerhalb von zehn Jahren nach dem Besteuerungszeitpunkt durch Schenkung oder von Todes wegen weiteres Vermögen, das verfügbares Vermögen im Sinne des § 28a Abs. 2 ErbStG darstellt, lebt die zunächst erloschene Steuer vollständig wieder auf. Der unter dem Vorbehalt des Widerrufs stehende Verwaltungsakt über den Erlass wird mit Wirkung für die Vergangenheit widerrufen (§ 28a Abs. 4 Satz 1 Nr. 3, Satz 2 und 3 ErbStG). Dies gilt unabhängig von der Person des Zuwendenden und davon, ob bzw. in welchem Umfang der Erwerb dem ErbStG unterliegt.

VII. Erlöschen der Steuer in besonderen Fällen

Die Erbschaft- oder Schenkungsteuer erlischt gem. § 29 ErbStG nachträglich in 72
folgenden Fällen:

- ein Geschenk muss wegen eines Rückforderungsrechts herausgegeben werden (nicht der Fall bei freiwilliger Rückgabe)[137]
- Herausgabe ist gem. § 528 Abs. 1 und 2 BGB abgewendet worden
- bei Anrechnung früherer Schenkung auf die Ausgleichsforderung (bei Beendigung einer Zugewinngemeinschaft)[138]
- soweit geerbte oder geschenkte Vermögensgegenstände innerhalb von 24 Monaten bestimmten Institutionen (z.B. Kommune, gemeinnützigen Institutionen) übertragen werden und die Zuwendung nicht als Spende bei der Einkommensteuer[139] gelten gemacht wird.[140]

---

137 Dazu *Kamps*, Steuerneutrale Rückabwicklung von Schenkungen – zivilrechtliche Rückforderungsrechte, ZErb 2002, 174 und 212; *Felten*, Vereinbarung vertraglicher Rückforderungsrechte für den Fall der Verfassungswidrigkeit des Erbschaftsteuergesetzes, ZEV 2012, 402; *Götz*, Widerrufsklauseln in Schenkungsverträgen, NWB 2015, 3097; *Jülicher*, Rückforderungsrechte in Schenkungsverträgen im Erbschaftsteuerrecht, ZErb 2023, 58.

138 Nach § 29 Abs. 1 Nr. 3 S. 2 ErbStG erlischt die Schenkungsteuer mit Wirkung für die Vergangenheit, wenn unentgeltliche Zuwendungen bei der Berechnung des nach § 5 Abs. 1 ErbStG steuerfreien Betrags berücksichtigt werden. Ist bei der Ermittlung der fiktiven Zugewinnausgleichsforderung der Klägerin nach § 5 Abs. 1 ErbStG eine Schenkung als Vorausempfang nach § 1380 BGB anzurechnen, mindert sie den Betrag, der der Ehefrau/dem Ehemann güterrechtlich nach § 1371 Abs. 2 BGB als Ausgleichsanspruch zugestanden hätte und der gem. § 5 Abs. 1 ErbStG im Rahmen der Erbschaftsteuer nach A1 steuerfrei zu stellen war. Diese Anrechnung führt zu einem Erlöschen der Schenkungsteuer gem. § 29 Abs. 1 Nr. 3 ErbStG. FG Köln v. 18.1.2018 – 7 K 513/16, EFG 2018, 1584.

139 Dazu BFH v. 15.1.2019 – X R 6/17, BStBl 2019 II, 318.

140 Dies gilt auch bei Übertragung von Vermögen auf eine nichtrechtsfähige Stiftung, so Gleich lautende Ländererlasse v. 18.9.2019, DB 2019, 2266; Nach FG München v. 16.2.2022 – 4 K 1100/21, EFG 2022, 1123 setzt die Änderung eines Erbschaftsteuerbescheids nach § 29 Abs. 1 Nr. 4 Satz 1 ErbStG rückwirkendes Ereignis voraus. § 175 Abs. 1 Satz 1 Nr. 2 AO ist nicht anwendbar, wenn das Ereignis (hier: Erwerb des Nachlasses)

Beachte

Für die Dauer der Nutzung (innerhalb der 24 Monate) gilt als Bereicherung das Nutzungsrecht (vergleichbar einem Nießbraucher (§ 29 Abs. 2 ErbStG).[141]

P. Zeitliche Anwendung des ErbStG

73 Die zeitliche Anwendung des ErbStG bzw. der einzelnen durch Gesetz geänderten Paragraphen ist in § 37 ErbStG geregelt. So sind z.B. gem. § 37 Abs. 18 ErbStG die durch das JStG 2020 geänderten oder neu geregelten Vorschriften auf Erwerbe anzuwenden, für die die Steuer nach dem 28.12.2020 entsteht; dazu Gleich lautende Erlasse der obersten Finanzbehörden der Länder v. 13.9.2021, BStBl 2021 I, 1837. Zur Entstehung vgl. Rdn 10.

---

bereits beim Erlass des betreffenden Bescheids bzw. bei dessen Änderung im Wege des Einspruchs hätte berücksichtigt werden können!

141 Nach Auffassung des FG Baden-Württemberg v. 11.5.2022 – 7 K 1550/20, ZEV 2023, 118 enthält § 29 Abs. 2 ErbStG keinen neuen, eigenen Erwerbstatbestand, sondern ist vielmehr eine Wertberechnungsvorschrift, die eine Kürzung des ursprünglichen Erwerbs ermöglicht. Revision eingelegt (Az. des BFH: II R 34/22).

Teil 2: Die Steuererklärungen

§ 4 Die Erbschaftsteuererklärung

Übersicht: Rdn

A. Aufforderung zur Abgabe einer Erbschaftsteuererklärung

Raymond Halaczinsky

Der Erbfall ist eingetreten, Sie sind zur Abgabe einer Erbschaftsteuererklärung aufgefordert worden? In diesem Fall ist grundsätzlich eine Erbschaftsteuererklärung abzugeben (§ 31 ErbStG). Die Aufforderung erfolgt schriftlich (i.d.R. mit Übersendung des amtlichen Erklärungsformulars) aufgrund der vorgeschriebenen Anzeigen und Mitteilungen der Beteiligten, Gerichte, Behörden, Notare usw.[1] Das zuständige Erbschaftsteuerfinanzamt hat daraufhin und u.a. aufgrund interner Kenntnisse der Finanzverwaltung entschieden, Sie zur Abgabe einer 1

1 Allgemeines zu Anzeige- und Erklärungspflichten im Erbschaftsteuerrecht siehe § 1.

Erklärung aufzufordern. Es setzt für die Abgabe eine **Frist**. Kann die Erklärung nicht innerhalb der gesetzten Frist abgegeben werden, sollten Sie beim Finanzamt rechtzeitig (ggf. rückwirkend) **Fristverlängerung** unter Angabe des Grundes beantragen (§ 109 AO). Bei Nichtabgabe oder nicht fristgerechter Abgabe der Erklärung können ein Verspätungszuschlag (§ 152 AO) sowie Zwangsgelder (§ 329 AO) festgesetzt werden.

Merke

Der Erbe/Miterbe oder sonst Bedachte braucht nur auf Aufforderung und nicht von sich aus eine Erbschaftsteuererklärung abgeben; entsprechendes gilt für den Testamentsvollstrecker.[2]

Neben den Erben/Miterben müssen auch alle anderen Personen, die einen unentgeltlichen Erwerb von Todes wegen i.S.d. § 3 ErbStG erlangt haben, (auf Anforderung) eine Erbschaftsteuererklärung abgeben, also auch Vermächtnisnehmer, Pflichtteilsberechtigte, Berechtigte eines Erbersatzanspruchs, aus Vertrag zugunsten Dritter von Todes wegen, aus Auflagen des Erblassers, aus Erbabfindungsverträgen,[3] Stiftungen und dergleichen. Näheres zu den Erwerbstatbeständen siehe § 3 ErbStG und R E 3.1 bis 7.9 ErbStR.

Die Erbschaftsteuererklärung kann für mehrere Erwerber bei Bevollmächtigung abgegeben werden. Es muss versichert werden, dass sie mit dem Inhalt der Steuererklärung und ggf. deren elektronischer Abgabe einverstanden sind.

Wichtig

Errichtet der Erblasser/die Erblasserin eine Stiftung von Todes wegen, liegt ein Erwerb von Todes wegen vor (§ 3 Abs. 2 Nr. 1 ErbStG). Besteuerungszeitpunkt ist aber erst der Zeitpunkt der staatlichen Anerkennung der Stiftung. Beachten Sie, dass auch bei Errichtung einer Stiftung von Todes wegen das Vermögen, aus dem die Stiftung errichtet werden soll, jedenfalls zivilrechtlich zum Zeitpunkt des Erbfalls im Nachlass vorhanden ist und somit ggf. zur Pflichtteilsberechnung herangezogen werden kann.

Ist die Stiftung Rechtsnachfolgerin des Erblassers/der Erblasserin, muss sie auch dessen steuerliche Pflichten erfüllen, z.B. dessen Einkommensteuererklärung abgeben.

2 Die Erbschaftsteuererklärung ist auf dem amtlichen Formular[4] (oder auf einem mit dem amtlichen Formular identischen Ausdruck), ggf. einschl. der amtlichen Anlagen, abzugeben und handschriftlich zu unterzeichnen. Die Formulare erhal-

2 *Herbst*, Pflichten und Haftung des Testamentsvollstreckers im steuerlichen Verfahren: Ausgewählte Schwerpunkte, ZEV 2022, 508.

3 *Halaczinsky*, Vergleichsweise Abfindungszahlungen bei der Erbschaft-/Schenkungsteuer, UVR 2017, 349.

4 Das Erklärungsformular basiert auf dem Recht ab 1.7.2016; für frühere Erwerbe sind ältere Formulare zu verwenden.

ten Sie von dem Finanzamt, das Sie zur Erklärung auffordert, oder aus dem Internet auf den Seiten der Landesfinanzverwaltungen. Auch die Abgabe per ELSTER ist möglich. Bei mehreren Erwerbern sind zusätzlich die Anlage „Erwerber" und für bestimmte Steuerbefreiungen weitere Anlagen abzugeben. Zu den Erklärungsformularen gibt es amtliche Erläuterungen, die beim Ausfüllen der Erklärung hinzugezogen werden sollten. Im Prinzip sind demnach abzugeben:

- Erbschaftsteuererklärung (Mantelbogen)
- Anlage Erwerber zur Erbschaftsteuererklärung

und falls im Erwerbsfall relevant:

- Anlage Steuerbefreiung Familienheim zur Erbschaftsteuererklärung
- Anlage Steuerbefreiung für zu Wohnzwecken vermietete Grundstücke zur Erbschaftsteuererklärung
- Anlage Steuerentlastung für Unternehmensvermögen zur Erbschaftsteuererklärung
- Anlage Angaben zu Bedarfswerten zur Erbschaft-/Schenkungsteuererklärung.

Für bestimmte hinterlassene Gegenstände ist eine gesonderte Wertermittlung vorzunehmen. In der Erbschaftsteuererklärung – Mantelbogen sind die Werte (Zeilen 30–44) nur überschlägig geschätzt – wenn möglich – anzugeben. Die endgültigen Werte werden nicht von den Erbschaftsteuerämtern, sondern von anderen Ämtern, bei Grundbesitz von den Bewertungsstellen, bei Betriebsvermögen und Beteiligungen von den Betriebsfinanzämtern, durchgeführt. Dafür sind weitere (Feststellungserklärungs-)Formulare auszufüllen.[5] Die Wertfeststellungen (Bescheide) werden dann den Erbschaftsteuerstellen zur Übernahme bei der Erbschaftsteuerfestsetzung übersandt. Die notwendigen Feststellungserklärungen werden im 3. Teil des Buches vorgestellt. 3

Haben Sie aus Versehen eine unrichtige oder unvollständige Erklärung abgegeben, sind Sie nach § 153 Abs. 1 AO verpflichtet, dies unverzüglich dem betreffenden Finanzamt anzuzeigen und die erforderliche Richtigstellung vorzunehmen.[6] Wurde die Erklärung bewusst unrichtig oder unvollständig abgegeben, besteht die Möglichkeit, durch eine strafbefreiende Selbstanzeige (gem. § 371 AO oder § 378 Abs. 1 AO) Straffreiheit zu erlangen.[7] Dies sollte jedoch unter Hinzuziehung eines erfahrenen Angehörigen der rechts- und/oder steuerberatenden Berufe erfolgen. 4

Die Kosten für die Erbschaftsteuererklärung und für dafür notwendige Feststellungserklärungen hat der Steuerpflichtige grundsätzlich selbst zu tragen, insb. auch wenn er damit einen Steuerberater etc. beauftragt.

5 *Mühlenstädt*, Von der gesonderten Feststellung nach § 151 Abs. 1 Satz 1 Nr. 4 BewG bis zur Erbschaftsteuererklärung, ErbStB 2022, 305.

6 *Halaczinsky/Füllsack*, Verletzung der Anzeige- und Berichtigungspflicht nach § 153 AO im Erbschaftsteuerrecht, BB 2011, 2839.

7 *Quedenfeld/Füllsack*, Verteidigung in Steuerstrafsachen, 2016.

B. Steuerpflicht auf einen Blick

I. Schnellprüfung der Steuerpflicht

5 Häufig kann man wegen der persönlichen Freibeträge schon auf den ersten Blick erkennen, ob Erbschaftsteuer anfällt. Es kommt also darauf an, ob der Nachlass oder das zugewendete Vermögen bzw. die zugewendeten Vermögensgegenstände bei dem jeweiligen Erwerber die möglichen Freibeträge übersteigen.[8]

Hinweis

Steht zur Überzeugung des Steuerpflichtigen/seines Beraters fest, dass keine ErbSt anfällt, kann mit dem Finanzamt geklärt werden, ob tatsächlich eine Erklärung abgegeben werden muss, bzw. ob ggf. eine vereinfachte Erklärung abgegeben werden kann. Auf diese Art können unnötige Kosten gespart werden.

6

Erwerb von Todes wegen durch	Persönliche Freibeträge in EUR	zzgl. übliche Befreiungen: Haushaltsfreibetrag,[9] bewegliche Gegenstände[10] und Beerdigung[11] in EUR	Summe in EUR
Ehegatte[12]	500.000	63.300	563.300
Ehegatte und 1 Kind	900.000	116.300	1.116.300
Ehegatte und 2 Kinder	1.300.000	169.300	1.469.300
Ehegatte und 3 Kinder	1.700.000	222.300	1.922.300
1 Kind	400.000	63.300	463.300
2 Kinder	800.000	116.300	916.300
3 Kinder	1.200.000	169.300	1.369.300

8 Im Bereich der Immobilien kommt es sehr häufig vor, dass die Immobilie Ehegatten oder anderen Miteigentümergemeinschaften gehört. Bei Tod eines der Miteigentümer geht dementsprechend nur ein Teil der Immobilie, bei Ehegatten z.B. die Hälfte (des Steuerwerts) über, so dass diese nur mit dem anteiligen Steuerwert der Erbschaftsteuer unterliegen.

9 Vorausgesetzt, derartige Gegenstände befinden sich i.H.d. Freibeträge im geerbten, vermachten Nachlass, siehe noch Rdn 116.

10 Vorausgesetzt, derartige Gegenstände befinden sich i.H.d. Freibeträge im geerbten, vermachten Nachlass; siehe noch Rdn 116.

11 Pauschbetrag von 10.300 EUR gibt es ohne Nachweis nur einmal pro Erbfall; Nachweis höherer angemessener Kosten möglich.

12 Für gleichgeschlechtlichen Ehegatten/Lebenspartner gilt das zu Ehegatten Gesagte entsprechend.

Bei Ehegatten und Kindern kann zusätzlich noch ein Versorgungsfreibetrag[13] nach § 17 ErbStG für Ehegatten 256.000 EUR/Kinder zwischen 52.000 EUR und 10.300 EUR in Frage kommen.

Außerdem bleibt bei Ehegatten und Kindern das geerbte Familienheim unter bestimmten Voraussetzungen steuerfrei, dazu Rdn 191 ff. Dazu kommen die sachlich befreiten Vermögenswerte, siehe allgemein § 3 Rdn 21 ff.

II. Ausschlagung der Erbschaft, des Vermächtnisses etc.

Ist der Erbfall eingetreten, kann man auf die Steuerentstehung/-belastung, Tarifkriterien, Verwandtschaft, Steuerklasse nur noch wenig Einfluss nehmen.[14] Eine Möglichkeit wäre, das Erbe, das Vermächtnis usw. auszuschlagen;[15] insb. auch von Interesse bei überschuldetem Nachlass. Nach § 1945 BGB können der gesetzliche und auch der gewillkürte Erbe/Vermächtnisnehmer, die Erbschaft mit Erklärung gegenüber dem Nachlassgericht ausschlagen. Teilausschlagung ist nicht möglich, anders bei mehreren Erbteilen (§§ 1950, 1951 BGB). Es würde dann die gesetzliche Erbfolge eintreten, sofern für den Fall der Ausschlagung nichts angeordnet worden ist. Die Ausschlagungsfrist beträgt 6 Wochen ab Kenntnis des Erbanfalls, 6 Monate, wenn sich der Erblasser mit Wohnsitz im Ausland oder Erbe zu Beginn der Frist im Ausland aufhält/aufgehalten hat. Verlängerung kommt bei beim Gericht hinterlegtem Testament in Betracht (Beginn erst mit amtlicher Verkündung). Eine besondere Frist gilt nach § 2306 i.V.m. § 2338 BGB. Eine längere Ausschlagungsfrist gilt auch bei Anordnung durch den Erblasser im Testament. Ggf. wäre es empfehlenswert und möglich, im Testament eine längere Frist zu bestimmen. **Form**: Die Ausschlagung ist schriftlich gegenüber dem Nachlassgericht zu erklären (§ 1945 BGB). Die Versäumnis der Ausschlagung kann angefochten werden (§ 1956 BGB), ebenso wie die Ausschlagung selber (§ 1954 BGB). 7

13 Siehe dazu § 1 Rdn 40.

14 *Berresheim*, Steuerliche Gestaltungsmöglichkeiten nach dem Tode des Erblassers, RNotZ 2007, 501; *Friedrich-Büttner/Herbst*, Postmortale Gestaltungsmöglichkeiten im Erb(schaftsteuer)recht: Alternativen zur Ausschlagung, ZEV 2014, 593; *Schothöfer*, Die leibzeitige Vorbereitung der postmortalen Nachfolgegestaltung, DStR 2016, 2295.

15 Näheres siehe z.B. *Damrau/Tanck*, Praxiskommentar Erbrecht; *Walter*, Annahme und Ausschlagung einer Erbschaft, ZEV 2008, 319; *Wachter*, Erbschaftsteueroptimierung nach Eintritt des Erbfalls, ErbStB 2004, 218; *Tölle*, Erbschaftsteuerrechtliche Optimierung durch Ausschlagung, NWB 2013, 148; *Dorn*, Möglichkeiten der steuerlichen Beratung nach dem Erbfall: Güterrechtliche Lösung durch Ausschlagung der Erbschaft und Abfindung für den Verzicht auf die Geltendmachung des Pflichtteils, DStR 2019, 2622; *Kamps*, Vermächtnisse und deren Ausschlagung im Zusammenhang mit begünstigtem Betriebsvermögen, ErbStB 2019, 232; *Carle*, Ausschlagung von Erbschaften – Zivil- und erbschaftsteuerrechtliche Aspekte, KÖSDI 2022, Nr. 2, 22621.

8 Ein **Vermächtnis** kann ebenfalls ausgeschlagen werden; dafür gibt es keine Ausschlagungsfrist. Ist ein Vermächtnis aufschiebend bedingt, betagt oder befristet, kann die Erbschaftsteuer erst mit Eintritt der Bedingung oder des Ereignisses entstehen. **Schlägt der Berechtigte das Vermächtnis bereits vor Eintritt der Bedingung bzw. des Ereignisses aus**, ohne eine Abfindung zu vereinbaren, entsteht keine Erbschaftsteuer, spiegelbildlich auch keine Nachlassverbindlichkeit. Hat der Berechtigte das Vermächtnis bereits vor Eintritt der Bedingung bzw. des Ereignisses **angenommen** ohne eine Abfindung zu vereinbaren, entsteht Erbschaftsteuer für das Vermächtnis mit Eintritt der Bedingung bzw. des Ereignisses, m.E. rückwirkend mit dem Tod des Erblassers. Auf die Geltendmachung des **Pflichtteilsanspruchs** kann verzichtet werden.

1. Wirkung der Ausschlagung bei der Erbschaftsteuer

9 Die Ausübung des Ausschlagungsrechts, dass zivilrechtlich zurück bezogen ist, führt beim ausschlagenden Erben entsprechend zum Wegfall der entstandenen Steuer. Die Erbschaftsteuer fällt dann bei dem/den Ersatzerben bzw. Ersatzvermächtnisnehmer(n), ggf. also dem/den gesetzlichen Erben an. Die Ausschlagung ist keine Schenkung. Auch die Ausschlagung des Pflichtteils (vor Geltendmachung) ist keine Schenkung an den Erben (§ 13 Abs. 1 Nr. 11 ErbStG).[16] Die rechtzeitige Ausschlagung einer Erbschaft oder eines Vermächtnisses eignet sich ggf. mit einer Abfindungsregelung, um die ErbSt zu mindern, insb. im Fall einer Alleinerbschaft.[17] Durch eine Ausschlagung eines werthaltigen Nachlasses können verschiedene **Vorteile** entstehen: Ggf. mehr Freibeträge, niedrigere Steuersätze, weniger hintereinander folgende Erbgänge. Mehrfache Ausschlagung ist möglich. Wenn auch der Ersatzerbe ausschlägt, kann im Ergebnis das Erbe auf die übernächste Generation transferiert werden, z.B. Ausschlagung durch Ehefrau, Kinder = Erbanfall bei Enkeln. Im Ergebnis wirkt die Ausschlagung ähnlich wie die erfolgreiche Testamentsanfechtung, der Erbvergleich und umgekehrt auch die tatsächliche Erfüllung unwirksamer letztwilliger Verfügungen.

---

16 Wohl aber eine Abfindung, die ein künftiger gesetzlicher Erbe an einen anderen Erben für den Verzicht auf einen künftigen Pflichtteilsanspruch zahlt, BFH v. 10.5.2017 – II R 25/15, BFH/NV 2017, 1391; *Halaczinsky*, Vergleichsweise Abfindungszahlungen bei der Erbschaft-/Schenkungsteuer, UVR 2017, 349.

17 *Meincke*, Gestaltung des Erbschaftsteuerfalles nach dem Tod des Erblassers, BB 1988, 951; *Felix*, Ausschlagung statt Erbauseinandersetzung zur Vermeidung der Einkommensteuer, DStZ 1991, 50; anschauliche Berechnungsbeispiele in *Weinmann/Revenstorff/Offerhaus/Erkis*, Erbschaft- und Schenkungsteuerrecht, 2017, S. 55 ff.; *Wachter*, Erbschaftsteueroptimierung nach Eintritt des Erbfalls, ErbStB 2004, 218, 256; *Tölle*, Erbschaftsteuerrechtliche Optimierung durch Ausschlagung, NWB 2013, 148.

2. Wirkung einer Ausschlagung gegen Abfindung

- Beim **Abfindungsempfänger** liegt ein steuerbarer Erwerb vom Erblasser zum Steuerwert der Abfindung vor, etwa bei einem Grundstück zum Bedarfswert (§ 3 Abs. 2 Nr. 4 ErbStG).[18] Möglich ist auch eine Abfindung in Form eines Nutzungs- oder Leistungsrechts (Nießbrauch, Wohnrecht, Rente) oder die Stundung der Abfindung. Beim Abfindungsempfänger gilt nach § 3 Abs. 2 Nr. 4 ErbStG als vom Erblasser zugewendet u.a. auch, was als Abfindung dafür gewährt wird, dass eine Rechtsstellung, insbesondere eine Erbenstellung oder ein Recht oder ein Anspruch, die zu einem Erwerb nach § 3 Abs. 1 ErbStG führen würden, nicht mehr oder nur noch teilweise geltend gemacht werden und der **Verzicht** auf die Erbenstellung **nach dem 24.6.2017** erklärt wird. Bis dahin unterlagen lediglich Abfindungen für einen Verzicht auf den entstandenen Pflichtteilsanspruch oder für die Ausschlagung einer Erbschaft, eines Erbersatzanspruchs oder eines Vermächtnisses oder für die Zurückweisung eines Rechts aus einem Vertrag des Erblassers zugunsten Dritter auf den Todesfall oder anstelle eines anderen in § 3 Abs. 1 ErbStG genannten Erwerbs der Besteuerung.[19] 10
- Eine **Abfindung, die für ein bedingtes, betagtes oder befristetes Vermächtnis vor dem Eintritt** der Bedingung oder des Ereignisses gewährt wird und **das der Vermächtnisnehmer angenommen**[20] hat, gilt gem. § 3 Abs. 2 Nr. 5 ErbStG im Zeitpunkt des Verzichts als Erwerb vom Erblasser (ist auf Abfindungen anzuwenden, die nach dem 28.12.2020 vereinbart werden (§ 9 Abs. 1 Nr. 1 lit. g ErbStG i.V.m. **§ 37 Abs. 18neu** ErbStG)). Spiegelbildlich entsteht beim **Erben** eine **Nachlassverbindlichkeit.**

Wurde ein Vermächtnis vor Eintritt der Bedingung oder des Eintritts angenommen und verzichtet der Vermächtnisnehmer erst bei oder **nach Eintritt** der Bedingung oder des Ereignisses gegen eine Abfindung auf das Vermächtnis, bleibt die Steuerpflicht des primären (Vermächtnis-)Erwerbs bestehen, m.E. rückwirkend mit dem Tod des Erblassers. Die Abfindung unterliegt dann nicht der Erbschaftsteuer.[21]

---

18 *Stein/Stein*, Erbschaftsteuerliche Gestaltung nach dem Tod: Die Ausschlagung gegen Abfindung, ErbBstg 2013, 41. Nach BFH v. 29.9.2015 – II R 23/14, BStBl 2016 II, 104 ist ein Grundstückserwerb zur Abgeltung eines auf Geld gerichteten Abfindungsergänzungsanspruchs i.S.d. § 13 HöfeO nicht als Abfindung für die Ausschlagung einer Erbschaft nach § 3 Nr. 2 Satz 1 GrEStG i.V.m. § 3 Abs. 2 Nr. 4 ErbStG steuerbefreit.

19 BFH v. 1.12.2021 – II B 34/21, BFH/NV 2022, 330.

20 Die Annahme erfolgt dabei durch eine entspr. Erklärung ggü. dem Erben/Beschwerten (§ 2180 Abs. 2 BGB). Beim Abfindungsberechtigten entsteht mit Annahme des Vermächtnisses und der Abfindungsvereinbarung eine Anzeigepflicht nach § 30 ErbStG. Für Besteuerungszwecke ist in Zweifelsfällen m.E. grundsätzlich das FA für die Annahme des Vermächtnisses vor Eintritt der Bedingung oder des Ereignisses beweispflichtig.

21 FG München v. 28.8.2001 – 4 K 675/98, juris.

11 Zu bedenken ist, dass die Abfindung später wiederum der Erbschaftsteuer unterliegen kann, wenn der/die Abfindungsberechtigte selbst schon alt ist und verstirbt, **bevor die Abfindung verbraucht** ist. Als Ausweg bietet sich eine Abfindung in Form eines lebenslänglichen Nutzungs- oder Leistungsrechts (ggf. dinglich gesichert) an. In diesem Fall fällt die Abfindung bei Tod des Abfindungsberechtigten ersatzlos weg. Wenn eine Abfindung nicht rechtzeitig vereinbart werden kann, sollte ggf. ein Pflichtteil geltend gemacht werden. Der Ersatzerbe kann die Abfindung als Nachlassverbindlichkeit abziehen.

Hinweis

Wenn der Erbe noch einen Teil behalten will, ist § 1950 BGB zu beachten, nach dem die Ausschlagung eines Teils der Erbschaft unwirksam ist. Auch in einem solchen Fall ist an eine Ausschlagung gegen Abfindung zu denken.

3. Ausschlagung und Zugewinnausgleich

12 Ehegatten können ausschlagen und trotzdem den Zugewinnausgleich geltend machen (nur den güterrechtlichen, § 2302 Abs. 2 BGB).

Hinweis

Erbschaftsteuerlich wird der Zugewinn nach § 5 Abs. 2 ErbStG nach dem BGB und mit den Verkehrswerten berechnet; in diesem Fall würde auch ein rückwirkend vereinbarter Zugewinn berücksichtigt! Näheres zum Zugewinnausgleich siehe § 3 Rdn 37 ff., § 4 Rdn 167 ff. In Betracht kommt dazu auch die Geltendmachung eines (Teil-)Pflichtteils.

4. Ausschlagung und Einkommensteuer

13 Ausschlagung gegen Abfindung nach Eintritt des Erbfalls ist Veräußerung i.S.d. des EStG des Vermögensgegenstandes, der als Abfindung gegeben wird.[22] Folge: Es kann zur Aufdeckung stiller Reserven und damit zu einer Besteuerung des Veräußerungsgewinns kommen! Zu prüfen ist, ob dies evtl. gewünscht ist. Vermeidung durch „Verzicht“ auf Abfindung, bzw. Begrenzung auf Kapitalkonto bei Betriebsvermögen ist möglich. Evtl. kann dies auch vorteilhaft sein bei Wirtschaftsgütern des Betriebsvermögens mit geringeren stillen Reserven: Es kommt zur sog. Entstrickung, möglich wäre auch eine Buchwertaufstockung. Veräuße-

22 Tz. 37 des BMF-Schr. v. 20.12.2016 – IV C 6 – S 2242/07/10002: 004, BStBl 2017 I, 36 betr. ertragsteuerliche Auseinandersetzung der Erbengemeinschaft und ihrer Auseinandersetzung. Nach BFH v. 20.11.2012 – VIII R 57/10, BFH/NV 2013, 633 = ZErb 2013, 99 sind Verzichte z.B. auf Pflichtteil gegen Abfindung vor Eintritt des Erbfalls nicht einkommensteuerbar; *Krumm*, Der lebzeitige Pflichtteilsverzicht gegen Abfindung: Schenkungsteuer und Einkommensteuer, ErbR 2012, 139; *Brüggemann*, Die wichtigsten Regeln zum Pflichtteilsanspruch aus steuerrechtlicher Sicht, ErbBstg 2014, 241.

rungsverluste des Erblassers gehen auf die „Zweiterben“ über. Dies ist vorteilhaft, wenn dieser ein höheres Einkommen hat. Wird die Abfindung gegen Zinsen gestundet, können Einkünfte aus Kapitalvermögen vorliegen.

Hinweis

Die Geltendmachung von Pflichtteil und Zugewinnausgleich stellen noch keine Veräußerung dar; jedoch die Ausschlagung von Pflichtteil und Zugewinnausgleich gegen Abfindung nach Geltendmachung.

C. Mantelbogen der Erbschaftsteuererklärung

Die Steuererklärung ist beim zuständigen Erbschaftsteuerfinanzamt[23] abzugeben; 14
i.A. bei dem Finanzamt, von dem die Aufforderung zur Abgabe der Steuererklärung kommt.[24] Entsprechend ist die **Kopfzeile** auszufüllen.

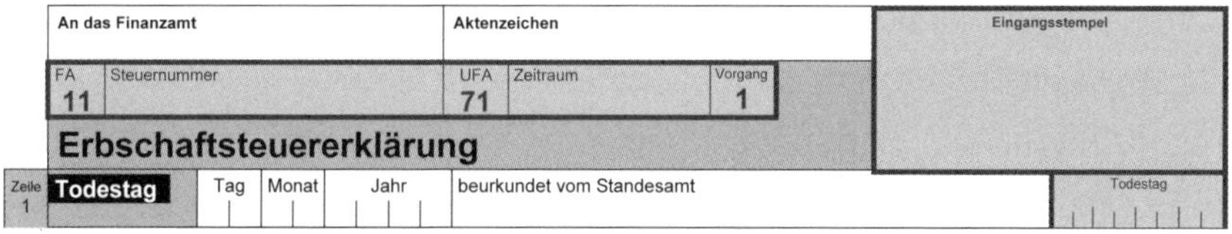

I. Todestag

In **Zeile 1** ist der **Todestag** des Erblassers anzugeben (§ 1922 Abs. 1 BGB). Bei 15
Unfällen, z.B. Flugzeugabsturz, Naturkatastrophen, hat im Zweifel das Nachlassgericht den exakten Zeitpunkt zu ermitteln (§§ 13 ff. VerschG).[25] Kann die Reihenfolge zweier Todesfälle in solchen Fällen nicht mehr festgestellt werden, gilt die Vermutung, dass beide Erblasser gleichzeitig gestorben sind[26] mit der Folge, dass zwischen diesen beiden gegenseitig kein Nachlass erworben wurde. Behauptet ein (möglicher) Erbe eine andere Reihenfolge der Todeseintritte, ist er dafür beweispflichtig. Die Erbschaftsteuer ist eine Stichtagssteuer. Für die Entstehung der Steuer kommt es nur auf die persönlichen und tatsächlichen Verhältnisse am Stichtag (gewöhnlich der Todestag des Erblassers) an (§ 9 Abs. 1 Nr. 1 ErbStG); zu weiteren möglichen Entstehungszeitpunkten siehe § 9 ErbStG. Die Bewertung der Vermögensgegenstände ist ebenfalls nur nach den persönlichen und tatsächli-

23 Näheres zur Zuständigkeit siehe § 1 Rdn 45 ff.

24 Das Erklärungsformular basiert auf dem Recht ab 1.7.2016; für frühere Erwerbe sind ältere Formulare zu verwenden.

25 Ist der Tod einer Person gewiss, nicht aber der Todeszeitpunkt, kommt eine isolierte Feststellung des Todeszeitpunktes in Betracht (§§ 39 f. VerschG).

26 § 11 VerschG.

chen Verhältnissen am Stichtag vorzunehmen (§ 11 BewG). Vorherige oder spätere Bereicherungen/Wertänderungen etc. sind grundsätzlich unbeachtlich.

II. Erblasser

16

2	**Erblasser** Name, Vorname		Geburtsdatum	99 11
3	letzter Wohnsitz: Straße, Hausnummer			
4	Postleitzahl Ort		Staatsangehörigkeit	
5	letztes zuständiges Finanzamt	Steuer-Identifikationsnummer	Steuernummer	

Die Angaben zum Erblasser **(Zeile 2–5)** und zu den Beteiligten **(Zeile 19–23)** dienen dem Finanzamt neben verfahrensrechtlichen Dingen vor allem zur Feststellung der **persönlichen deutschen Erbschaftsteuerpflicht**. Die Zeilen 2 ff., 20 ff. sowie die Anlage Erwerber sind daher sorgfältig auszufüllen.

III. Persönliche Steuerpflicht

17 Die persönliche Steuerpflicht[27] hängt ab
- von den persönlichen Verhältnissen des Erblassers, bzw. des Schenkers
- von den persönlichen Verhältnissen des/der Erben bzw. der Beschenkten
- von der Belegenheit des Vermögens.

18 In **Zeile 5** sind das für die Einkommensteuer/Lohnsteuer zuletzt zuständige Wohnsitzfinanzamt, die letzte Steuer-Identifikations- und oder Steuernummer anzugeben, auch wenn in der letzten Zeit keine Erklärungen mehr abgegeben wurden. Die Erbschaftsteuerfinanzämter können und werden bei Anlass mit den (früheren) Wohnsitz- und/oder Betriebsfinanzämtern Verbindung aufnehmen, um Informationen über den Erblasser von Amts wegen (z.B. auch aus früheren ESt- oder VSt-Akten) zu erhalten oder um Angaben zu kontrollieren.

19 **Achtung: Kontrollmitteilungen**

Die **Erbschaftsteuerstellen** sind verpflichtet,[28]
- an die (früheren) Einkommensteuerstellen des Erblassers Kontrollmitteilungen über Nachlasswerte nach Abzug von Verbindlichkeiten i.H.v. 250.000 EUR einschließlich Abschriften der Anzeigen der Geldinstitute (§ 33 ErbStG) und
- an Einkommensteuerstellen des Erben/Erwerbers über Nachlasswerte i.H.v. brutto 250.000 EUR und/oder Kapitalvermögen von 50.000 EUR

27 Näheres dazu siehe oben § 3 Rdn 11 ff. mit Literaturangaben.
28 Näheres siehe Gleich lautenden Ländererlass v. 12.3.2015, BStBl 2015 I, 225.

- anlassbezogen, z.B. wenn eine Schenkung erst im Rahmen einer Außenprüfung aufgedeckt wird

zu schicken.

IV. Güterstand bei Ehegatten

20

6	Familienstand am Todestag:	☐ ledig	☐ geschieden/eingetragene LP aufgehoben
	verheiratet/eingetragene Lebenspartnerschaft seit:	verwitwet seit/eingetragener Lebenspartner verstorben am:	Sterbeort:
7	In welchem Güterstand lebte der Erblasser? (Bei vertraglichem Güterstand bitte Vertrag einreichen.)		☐ vertraglicher Güterstand
8	☐ gesetzlicher Güterstand (Zugewinngemeinschaft)	☐ gesetzlicher Güterstand nach § 13 FGB (DDR)	☐ Güterstand nach ausländischem Recht

Familienstand und ehelicher Güterstand haben erhebliche Bedeutung für die Höhe der Erbschaftsteuer. Das Finanzamt verlangt neben den Eintragungen in den **Zeilen 6–8** – sofern im Einzelfall von Bedeutung – bei vertraglichem Güterstand, bei modifizierter Zugewinngemeinschaft oder bei nachträglichem Wechsel/Änderungen des Güterstandes Kopien der Eheverträge. Grundsätzlich sollten Steuerpflichtige solche Verträge sorgfältig aufbewahren, da sie vor allem erhebliche erbrechtliche Bedeutung haben. Informationen zur Bedeutung des Güterstandes im Erbschaftsteuerrecht siehe Rdn 167 ff.

V. Testament vorhanden?

21

9	Ist ein Testament/Erbvertrag vorhanden? ☐ nein ☐ ja	Name, Aktenzeichen des Gerichts/Urkundenrollen-Nummer des Notars:

In **Zeile 9** sind Testamente/Erbverträge anzugeben. Übrigens: Ein nicht amtlich verwahrtes Testament[29] ist an das Nachlassgericht abzuliefern, in dessen Bezirk der Erblasser seinen letzten Wohnsitz hatte (§ 2259 BGB). Im Zweifel ist jedes Testament dem Finanzamt in Kopie vorzulegen. Häufig existieren keine, unwirksame oder überholte Testamente. Daraus folgt, es liegen keine oder nicht beabsichtigte Zuwendungen von Todes wegen vor, die im Zweifel zu beachten sind;[30]

29 Zum Nachweis der Existenz eines Testaments BayObLG v. 1.4.2004 – 17 BR = 13/04, ZErb 2004, 266.

30 Dazu § 1 Rdn 30. Wird eine Verfügung von Todes wegen ausgeführt, obwohl sie unwirksam ist, und beruht die Ausführung der Verfügung auf der Beachtung des erblasserischen Willens, den Begünstigter und Belasteter anerkennen, ist gem. § 41 Abs. 1 AO das wirtschaftliche Ergebnis dieses Vollzugs erbschaftsteuerrechtlich von Bedeutung (FG Nürnberg v. 14.1.2016 – 4 K 747/15, ZEV 2016, 227; BFH v. 28.3.2007 – II R 25/05, BStBl 2007 II, 461; BFH v.15.3.2000 – II R 15/98, BStBl 2000 II, 588; BFH v. 2.12.1969 – II 120/64, BStBl 1970 II, 119). *Billig*, Unwirksame Verfügungen von Todes wegen – immer noch ein aktuelles Problem, UVR 2010, 115; *Holler*, Testierunfähigkeit im Erbschaftsteuerrecht, ErbR 2014, 112; *Stein*, Formunwirksames Testament – Wenn das formunwirksame Testament dem formwirksamen steuerlich vorzuziehen ist, ZEV 2020, 339.

ggf. tritt gesetzliche Erbfolge ein. Möglich sind auch verbindliche Erbvergleiche.[31] Mit einem Erbvertrag binden sich potentieller Erblasser und Erbe über die Vermögensnachfolge (§§ 2274 ff. BGB). Es liegt ein Erwerb gem. § 3 Abs. 1 Nr. 1 ErbStG vor; hat sich ein Vertragserbe zu einer Gegenleistung verpflichtet, kann er seine Leistung als Kosten des Erwerbs nachlassmindernd abziehen (§ 10 Abs. 5 ErbStG).

VI. Testamentsvollstrecker, Nachlassverwalter, Nachlasspfleger

22

10	Ist ein ☐ Testamentsvollstrecker ☐ Nachlasspfleger ☐ Nachlassverwalter bestimmt?
11	Name, Anschrift, Telefonnummer:

Ist ein Testamentsvollstrecker,[32] Nachlassverwalter, Nachlasspfleger bestimmt, ist dies in den **Zeilen 10, 11** anzugeben (zum Verfahrensrecht siehe § 14 Rdn 55 ff.). Das Finanzamt wird dann Verbindung mit diesem aufnehmen, insbesondere von diesem Erklärungen etc. anfordern. Nach § 31 Abs. 5 ErbStG ist vom Testamentsvollstrecker eine Erbschaftsteuererklärung für den/die Erben abzugeben, wenn er von Finanzamt dazu aufgefordert worden ist (siehe § 1 Rdn 41); Nachlasspfleger haben für unbekannte Erben die Erbschaftsteuererklärung abzugeben. Demzufolge hemmt die nicht rechtzeitige Abgabe der Erbschaftsteuererklärung durch den Testamentsvollstrecker den Ablauf der Frist für die Festsetzung der Erbschaftsteuer gegenüber den Erben. Zur Festsetzungsverjährung siehe § 1 Rdn 17 ff.

23 Der Testamentsvollstrecker hat bei entsprechender Aufforderung durch das Erbschaftsteuerfinanzamt die Erbschaftsteuererklärung für den Erben abzugeben.[33] Dem Testamentsvollstrecker ist/sind der/die **Erbschaftsteuerbescheid**(e) gegen die Erben – deren Erbteile der Testamentsvollstreckung unterliegen – kraft Gesetzes als Empfangsbevollmächtigter bekannt zu geben.[34] Er ist jedoch nicht Inhaltsadressat des Erbschaftsteuerbescheides. Bekanntgabe an andere Personen als den Testamentsvollstrecker (z.B. an einen Erben) ist grundsätzlich unwirksam. Die Bekanntgabe des Erbschaftsteuerbescheids an den Testamentsvollstrecker setzt die Rechtsbehelfsfrist für die Anfechtung durch den Erben in Lauf. Da der Testamentsvollstrecker nicht kraft Amtes gesetzlicher Vertreter der Erben ist, ist

31 *Halaczinsky*, Vergleichsweise Abfindungszahlungen bei der Erbschaft-/Schenkungsteuer, UVR 2017, 349.

32 *Carlé*, Beratungsfeld Erbschaft – Testamentsvollstreckung, Ausschlagung; Erbenhaftung, KÖSDI 2004, 14210; *Siebert*, Der Testamentsvollstrecker und das Steuerrecht, ZEV 2010, 121; *Roth*, Steuerrechtliche Probleme der Testamentsvollstreckung, NJW-Spezial 2015, 679; www.agt-ev.de.

33 *Herbst*, Pflichten und Haftung des Testamentsvollstreckers im steuerlichen Verfahren: Ausgewählte Schwerpunkte, ZEV 2022, 508.

34 AEAO zu § 122 Nr. 2.13.1 bis 2.13.4.3; BFH v. 14.11.1990 – II R 58/86, BStBl 1991 II, 52.

er ohne besondere Vollmacht nicht zur Einlegung von Rechtsbehelfen befugt, anders bei Vollmacht durch die Erben oder bei Bestimmung vom Erblasser/Nachlassgericht auch als gesetzlicher Vertreter. Soll er als Bevollmächtigter auftreten, muss ihm der Erbe dazu eine Vollmacht erteilen. Diese muss der Testamentsvollstrecker dem Finanzamt – am besten durch Kopie – zu Beginn der Tätigkeit vorlegen. Wird der Steuerbescheid durch den Testamentsvollstrecker dem Erben erst später zugeleitet und kann der Erbe deswegen den Einspruch nicht in der 1-monatigen Einspruchsfrist einlegen, kann innerhalb der Jahresfrist des § 110 Abs. 3 AO möglicherweise Wiedereinsetzung in den vorigen Stand gewährt werden. Dabei ist das Verhalten des Testamentsvollstreckers den Erben nicht zuzurechnen.[35]

Der Testamentsvollstrecker muss für die **Bezahlung der Erbschaftsteuer** sorgen.[36] Er darf so lange einen entsprechenden Teil des Nachlasses nicht an die Erben auskehren. Das Finanzamt kann vom Testamentsvollstrecker zur Bezahlung der Erbschaftsteuer Sicherheitsleistungen verlangen. Als Vermögensverwalter i.S.d. § 34 AO ist der Testamentsvollstrecker auch **Haftungsschuldner** im Fall von schuldhaften Pflichtverletzungen (§ 69 AO). Eine Haftung kommt auch in Betracht, wenn er nach dem Wegfall einer Steuerbefreiung gegen seine Anzeigepflicht aus § 153 Abs. 1 S. 2 AO verstößt. 24

Die Kosten, die durch die Einsetzung eines Testamentsvollstreckers entstanden sind, können nach § 10 Abs. 5 Nr. 3 Satz 1 ErbStG als Nachlassverbindlichkeit abgezogen werden (wenn sie angemessen sind und sich auf die Nachlassregelung beziehen).[37] 25

Für den **Nachlassverwalter** (§§ 1975, 1981 ff. BGB) und **Nachlasspfleger** gelten die Ausführungen im Allgemeinen entsprechend. 26

Der **Nachlasspfleger ist gesetzlicher Vertreter** der – noch unbekannten – Erben. Insoweit hat er auch die **Erklärungspflichten** zu erfüllen. Gibt er trotz Aufforderung keine Erklärung ab, beginnt gem. § 170 Abs. 2 Satz 1 Nr. 1 AO die Festsetzungsfrist spätestens mit Ablauf des dritten Kalenderjahres, das auf das Kalenderjahr folgt, in dem die Steuer entstanden ist. Daneben bestehen aber auch die Anzeige-/Erklärungspflichten des/der Erben. Daher beginnt nach § 170 Abs. 5 Nr. 1 AO für die Erbschaftsteuer die Festsetzungsfrist nach § 170 Abs. 1 oder Abs. 2 AO bei einem Erwerb von Todes wegen nicht vor Ablauf des Kalenderjahres, in dem der Erwerber Kenntnis von dem Erwerb erlangt hat (Anlaufhemmung

35 BFH v. 14.11.1990 – II R 255/85, BStBl 1991 II, 49.

36 *Daragan*, Zahlungssorge des Testamentsvollstreckers für die Erbschaftsteuer, ZErb 2018, 161.

37 *Wälzholz*, Die Besteuerung unangemessener hoher Vergütungen für Testamentsvollstrecker, ZErb 2005, 247.

für die Festsetzungsfrist).[38] Der **Erbschaftsteuerbescheid** ist dem Nachlasspfleger bekanntzugeben (§ 32 Abs. 2 ErbStG). Der Nachlasspfleger ist nur der Adressat der Bekanntgabe. Er wird somit nicht selbst Beteiligter i.S. des § 57 FGO. Als solcher ist er nicht im eigenen Namen rechtsmittelbefugt. Die unbekannten Erben sind Inhaltsadressaten und ihnen steht die Rechtsbehelfsbefugnis zu[39] Sind bei Bekanntgabe des Erbschaftsteuerbescheids die Erben noch nicht bekannt, kann er mE als gesetzlicher Vertreter auch Einspruch einlegen und ggf. ein Klageverfahren durchführen. Ansonsten wäre kein Rechtsschutz gegeben.

VII. Erbschein, Europäisches Nachlasszeugnis

27

12	Ist ein Erbschein beantragt worden? ☐ nein ☐ ja	Name, Aktenzeichen des Gerichts/Urkundenrollen-Nummer des Notars:	

Wer Erbe, Vermächtnisnehmer und dergleichen ist, ergibt sich im Zweifel aus den Feststellungen des Nachlassgerichts, aus dem **Erbschein**;[40] deshalb ist **in Zeile 12** anzugeben, ob ein Erbschein beantragt worden ist.[41] Zuständig für die Erteilung von Erbscheinen ist gem. §§ 342 ff. FamFG grds. das (Nachlass-)Gericht, in dessen Bezirk der Erblasser im Zeitpunkt seines Todes seinen gewöhnlichen Aufenthalt hatte.[42] Nicht in allen Fällen ist ein Erbschein erforderlich, z.B. bei einem von einem Nachlassgericht eröffneten Testament.[43] Der Erbschein stellt ein Zeugnis über das Erbrecht und die Höhe des Erbteils dar (§§ 2353, 2365 BGB, § 415 ZPO); er hat die Vermutung der Richtigkeit. Das Finanzamt hat keine Kompetenz zur Klärung erbrechtlicher Fragen; es braucht zur zivilrechtlichen

38 Vgl. BFH Urt. v. 27.4.2022 – II R 17/20, BFH/NV 2022, 901. *Kamps*, Festsetzungsverjährung sowie Anzeige- und Erklärungspflichten in Schenkung- und Erbschaftsteuerfällen, ErbR 2014, 16.

39 BFH v. 17.6.2020 – II R 40/17, BStBl 2020 II, 850 zum Ablauf einer Erbschaftsteuerfestsetzung im Fall unbekannter Erben; v. 21.12.2004 – II B 110/04, BFH/NV 2005, 704; AEAO zu § 122 Nr. 2.13.1 bis 2.13.4.3.

40 *Uricher* in: Damrau/Tanck, Praxiskommentar Erbrecht zu §§ 2353 ff. BGB; *Kroiß*, Grundzüge des Erbscheinverfahrens, ZErb 2000, 147; *ders.*, Der Erbscheinsantrag, ZErb 2002, 126.

41 Bedeutung hat der Erbschein insb. auch für die Festsetzungsverjährung (siehe § 170 Abs. 5 Nr. 1 AO) Bei unklaren Verhältnissen kann der Erwerber gesicherte Kenntnis von dem Erwerb erst mit der Erteilung des Erbscheins erlangt haben (vgl. BFH Urt. v. 27.4.2022 – II R 17/20, BFH/NV 2022, 901).

42 Erbscheinsverfahren geregelt in den §§ 2353 ff. BGB i.V.m. §§ 352 ff. FamFG. Nach § 342 Abs. 1 Nr. 6 FamFG sind Erbscheinssachen Nachlasssachen. Antrag gemäß § 23 Abs. 1 und § 345 FamFG i.V.m. § 2353 BGB beim Amtsgericht nach § 23a I Nr. 2, II Nr. 2 GVG.

43 Erben verstorbener Bank- und Sparkassenkunden können nicht dazu gezwungen werden, dem Geldinstitut einen Erbschein vorzulegen. Sie können diesen Nachweis auch durch Vorlage eines Erbvertrags oder eines beglaubigten Testaments führen. Grds zum Erbschein siehe BGH v. 8.10.2013 – XI ZR 401/12, NJW 2013, 3716.

Erbfolge keine eigenen Feststellungen treffen, sondern kann evtl. zivilrechtliche Streitigkeiten bzw. Entscheidungen (durch das Nachlassgericht) abwarten. Hat das Finanzamt einem Erben einen Steuerbescheid gesandt, ist damit nicht die Erbenstellung zivilrechtlich verbindlich festgestellt. Stellt sich später heraus, dass der betreffende Erbe nicht Erbe war, muss das Finanzamt einen solchen Bescheid wieder aufheben.

Bei Ehen/Lebenspartnerschaften mit **ausländischen** Ehegatten/Partnern gelten in der EU bzw. im EWR die Europäische Erbrechtsverordnung (EUErbVO),[44] im Übrigen internationales Privatrecht und zwischenstaatliche oder internationale Abkommen.[45] Nach der EUErbVO haben die Erben die Möglichkeit, ihr Erbrecht in anderen Mitgliedstaaten durch ein **Europäisches Nachlasszeugnis** nachzuweisen.[46]

VIII. Erbengemeinschaft

13	War der Erblasser bei seinem Tod beteiligt an ☐ Erbengemeinschaft ☐ fortgesetzter Gütergemeinschaft?	28
14	Name, Sterbetag und letzter Wohnsitz des vorverstorbenen Erblassers; Erbschaftsteuer-Finanzamt und ggf. Steuernummer:	

War der **Erblasser Mitglied** einer Erbengemeinschaft (§ 2032 BGB) oder einer fortgesetzten Gütergemeinschaft, ist dies in den **Zeilen 13–14** anzugeben. In diesem Fall fällt der quotale Anteil des Erblassers am Vermögen (Aktiva und Passiva) der Erbengemeinschaft in seinen Nachlass. Dieser Wert ist im Zweifel schon durch ein Erbschaftsteuerfinanzamt festgestellt worden, daher sind die Angaben in Zeile 14 von Bedeutung. Mehrere Miterben (und weitere Erwerber) können eine gemeinsame Steuererklärung abgeben. Geben sie eine gemeinsame Erklärung ab, darf das Finanzamt nicht noch Einzelerklärungen verlangen.[47]

IX. Fortgesetzte Gütergemeinschaft

Bei **vertraglich vereinbarter** Gütergemeinschaft[48] entstehen verschiedene Ver- 29
mögensmassen (§§ 1416 ff. BGB). Bezüglich des Gesamtgutes entsteht eine Gesamthandsgemeinschaft (§ 1419 BGB) mit dem Ehepartner aufgrund der ehelichen Gütergemeinschaft. Sondergut sind die Gegenstände, die nicht durch

44 EU Abl. L 201, 107; *Lechner*, Die Entwicklung der Erbrechtsverordnung – eine rechtspolitische Betrachtung zum Gesetzgebungsverfahren, ZErb 2014, 188.

45 Zuständigkeit deutscher Gerichte bei internationalen Vorgängen siehe § 105 FamFG.

46 *Müller-Lukoschek*, Die neue EU-Erbrechtsverordnung, 2. Aufl. 2015; *Schmidt*, Der Erbnachweis in Deutschland ab 2015: Erbschein vs. Europäisches Nachlasszeugnis, ZEV 2014, 389.

47 H E 31 ErbStH.

48 *Bonefeld*, Die Gütergemeinschaft, ZErb 2002, 253, 286; *Bruschke*, Die fortgesetzte Gütergemeinschaft, ErbStB 2014, 22.

Rechtsgeschäft übertragen werden können, z.B. OHG-Anteil. Vorbehaltsgut sind die dazu erklärten Gegenstände. Darüber hinaus ist bei der Begründung einer Gütergemeinschaft § 7 Abs. 1 Nr. 4 ErbStG zu beachten, dass bei der Bildung des Gesamtgutes eine Bereicherung stattfinden kann. Verstirbt ein Beteiligter der Gütergemeinschaft, kann die Gütergemeinschaft mit den Erben fortgesetzt werden.

Erbschaftsteuerliche **Besonderheiten** bestehen bei der **fortgesetzten Gütergemeinschaft** (§§ 1483 ff. BGB). Im Fall der fortgesetzten Gütergemeinschaft wäre der Anteil am Gesamtgut, der auf die Abkömmlinge übergeht, nicht steuerbar, wenn man sich eng an das Zivilrecht halten würde, denn nach § 1483 Abs. 1 BGB gehört das Gesamtgut nicht zum Nachlass. Um insoweit eine Besteuerungslücke zu vermeiden, ordnet der Gesetzgeber in § 4 Abs. 1 ErbStG an, dass der Anteil des Erblassers am Gesamtgut so behandelt wird, wie wenn er ausschließlich den anteilsberechtigten Abkömmlingen angefallen wäre. Beim Tod des Abkömmlings fällt dessen Anteil am Gesamtgut in seinen Nachlass (§ 4 Abs. 2 Satz 1 ErbStG). War der Erblasser an einer fortgesetzten Gütergemeinschaft beteiligt (als Abkömmling), geht sein Anteil am Gesamtgut über. Daher sind in **Zeile 13, 14** insoweit Angaben zu machen.

Wird die Gütergemeinschaft mit den Erben nicht fortgesetzt, fällt der Anteil des Verstorbenen am gemeinschaftlichen Vermögen (i.d.R. die Hälfte gem. § 1476 BGB) und natürlich sein Sondergut und Vorbehaltsgut in seinen Nachlass (§ 1482 Abs. 1 Satz 1 BGB). Entsprechend ist in den Fällen der fortgesetzten Gütergemeinschaft hinsichtlich des Anteils des Erblassers (anteilsberechtigten Abkömmlings) am Gesamtgut zu verfahren. Als Erwerber des Erblasseranteils gelten diejenigen, denen der Anteil nach § 1490 Satz 2 und 3 BGB zufällt.

X. Vor- und Nacherbschaft

30

15	War der Erblasser bei seinem Tod ☐ Vorerbe ☐ Vorvermächtnisnehmer?	
16	Name, Sterbetag und letzter Wohnsitz des vorverstorbenen Erblassers; Erbschaftsteuer-Finanzamt und ggf. Steuernummer:	

Der Erblasser kann durch Testament oder Erbvertrag einen Erben in der Weise einsetzen, dass dieser erst Erbe wird, nachdem zunächst ein anderer Erbe geworden ist (§ 2100 BGB). Sowohl der Vor- als auch der Nacherbe sind Gesamtrechtsnachfolger des Erblassers. Jeder ist für sich Alleinerbe des Erblassers, allerdings ist der Vorerbe im bestimmten Umfang in seinen Verfügungsmöglichkeiten über diesen Nachlass eingeschränkt (§§ 2111 ff. BGB). Der Nacherbe erlangt mit dem Eintritt des Erbanfalls eine unentziehbare und unbeschränkte Rechtsstellung, die zahlreiche einzelne Rechte gewährt und in ihrer Gesamtheit ein – vererbliches und veräußerbares – Anwartschaftsrecht bildet. Überträgt der Nacherbe sein Recht auf den Vorerben, wird dieser zum unbeschränkten Vollerben. Vorerbe und Nacherbe sind zwar bürgerlich-rechtlich Gesamtrechtsnachfolger, bilden aber keine Erbengemeinschaft.

Das Erbschaftsteuerrecht weicht hier vom Zivilrecht ab.[49] Nach § 6 Abs. 4 ErbStG gilt, dass Nachvermächtnisse sowie Vermächtnisse oder Auflagen, die erst mit dem Tod des Beschwerten fällig werden, den Regeln der Nacherbschaft folgen.[50] Häufig werden Nachvermächtnisse in Berliner Testamenten ausgesetzt, siehe dazu Rdn 182 ff. Danach sollen die Schlusserben (Kinder) Vermächtnisse im Zeitpunkt des Todes des erstversterbenden Ehegatten erhalten, welche jedoch erst im Zeitpunkt des letztversterbenden Ehegatten fällig werden. Die Versteuerung der Vermächtnisse richtet sich nach § 6 Abs. 4 i.V.m. Abs. 2 ErbStG. Erbschaftsteuerlich gilt der Vorerbe als Vollerbe (§ 6 Abs. 1 ErbStG).[51] Deshalb sind die Angaben in **Zeile 15–16** von Bedeutung. Hier ist der Erblasser anzugeben, der die Vor- und Nacherbschaft (das Vor- und Nachvermächtnis) angeordnet hat. Soweit zum Nachlass Vermögen gehört, das der Nacherbfolge unterliegt, ist dieses – auf einem besonderen Blatt – zu kennzeichnen. Sind die Erben des Vorerben nicht zugleich Nacherben des Erblassers, geben Sie auch die Namen und Anschriften der Nacherben auf einem besonderen Blatt an.

Bei dem Erwerb durch Nacherbschaft handelt es sich erbschaftsteuerrechtlich um einen Erwerb vom Vorerben, bei dem nur ein persönlicher Freibetrag im Verhältnis zum Vorerben nach § 16 ErbStG zu berücksichtigen ist. Der Vorerbe hat das Vermächtnis voll zu versteuern; er kann die „Vermächtnisschuld" nicht

---

49 Die Besteuerung sowohl des Vor- als auch des Nacherben ist verfassungsgemäß; vgl. BFH v. 28.6.2023 – II B 79/22, juris; BFH v. 13.4.2016 – II R 55/14, BStBl 2016 II, 746; v. 6.11.2006 – II B 37/06, BFH/NV 2007, 242; *Siebert*, Die Erbschaftbesteuerung der Vor- und Nacherbschaft, BB 2010, 1257; *Moench*, Gesucht – der zutreffende Freibetrag in Fällen der Vorerbschaft, DVR 1988, 2; *Troll*, Zweifelsfragen bei der erbschaftsteuerlichen Behandlung von Vor- und Nacherben, DStR 1979, 403; *Holler*, Steuerliche Aspekte der Vor- und Nacherbschaft, ErbR 2016, 615. Zur Festsetzung der Erbschaftsteuer für den Vorerbfall nach dem Tod des Vorerben BFH v. 13.4.2016 – II R 55/14, BStBl 2016 II, 746; zur Abgrenzung Vorerbschaft/Nießbrauchsvermächtnis im Fall eines sog. „Behindertentestaments" FG Köln v. 29.6.2017 – 7 K 2587/15, EFG 2017, 1676. Zur Thematik *Mensch*, Zur Sittenwidrigkeit eines „Behindertentestaments", ZErb 2016, 184; *Doering-Striening*, Der Sozialhilfeempfänger als Erbe, ZErb 2014, 105; *Tersteegen*, Behindertentestament – aktuelle Entwicklungen aus sozialrechtlicher Sicht, ZErb 2013, 141; *Kleensang*, Endlich Sicherheit für das Behindertentestament!, ZErb 2011, 121.

50 Ist ein Vermächtnis laut Testament erst sechs Monate nach Anfall der Erbschaft zu erfüllen, wird das Vermächtnis oder die Auflage erst später fällig, so dass lt. FG München v. 18.1.2006 – 4 K 4462/03, EFG 2006, 686 § 6 Abs. 4 ErbStG nicht zu Anwendung kommt.

51 Auch wenn er zivilrechtlich in seinen Verfügungsmöglichkeiten eingeschränkt ist. Dies ist z.B. bei einem sog. Berliner Testament der Fall. Folglich ist der überlebende Ehegatte Erbe und nicht Nießbraucher, FG München v. 24.11.1999 – 4 K 72/97, EFG 2000, 279. Ebenso FG Köln v. 29.6.2017 – 7 K 2587/15, EFG 2017, 1676 zur Abgrenzung Vorerbschaft von Nießbrauchsvermächtnis im Fall eines sog. Behindertentestaments.

abziehen. Bei der Vor- und Nacherbfolge kann möglicherweise eine gewisse Doppelbesteuerung eintreten, die nach § 27 ErbStG (mehrfacher Erwerb desselben Vermögens) wieder abgemildert wird.[52] Die Einsetzung einer Vor- und Nacherbschaft kann **steuerlich ungünstig** sein, weil der volle Nachlass ggf. mehrfach kurz hintereinander voll versteuert werden muss und die Belastung mit dem Nacherbenrecht nicht wertmindernd berücksichtigt wird. Als Alternative kann sich anbieten, den gewünschten Nacherben schon als Vollerben einzusetzen und dem gewünschten Vorerben ein Nießbrauchrecht zuzuwenden. In dem Fall kann der „Nacherbe" die Nießbrauchsverpflichtung voll von seinem Erwerb abziehen, ein weiterer Erwerb bei Ablauf des Nießbrauchs kommt nicht auf ihn zu. Der Nießbraucher braucht nur den Kapitalwert des Nießbrauchs (und nicht den ganzen Nachlass) zu versteuern.

Erbschaftsteuerlich sind folgende Fälle zu unterscheiden:

1. Nacherbfall durch Tod des Vorerben

31 Tritt der Nacherbfall durch den Tod des Vorerben ein, hat der Nacherbe grundsätzlich den Erwerb als vom Vorerben stammend zu versteuern (§ 6 Abs. 2 ErbStG). Hierunter fallen auch Ansprüche aufgrund § 2287 BGB.[53] Ist die Steuerklasse im Verhältnis Vorerbe/Nacherbe ungünstiger als die von Erblasser/Nacherbe, kann diese Steuerklasse bei der Besteuerung der Nacherbschaft zugrunde gelegt werden (§ 6 Abs. 2 Satz 2 ErbStG).[54] Auf Antrag ist der Versteuerung das Verhältnis des Nacherben zum Erblasser zugrunde zu legen. Nach BFH[55] wird der persönliche Freibetrag nur einmal nach dem Verhältnis zum Erblasser gewährt. Die Erbschaftsteuer für den Vorerbfall ist nach dem Tod des Vorerben regelmäßig gegen den Nacherben und nur ausnahmsweise gegen den Erben des Vorerben festzusetzen.[56]

Schwieriger ist die Besteuerung, wenn neben der Nacherbschaft auch Vermögen des Vorerben geerbt wird. Geht beim Tod des Vorerben neben dem zur Nacherbschaft gehörenden Vermögen zugleich eigenes Vermögen des Vorerben auf den Nacherben über, weil der Nacherbe gleichzeitig Allein- oder Miterbe nach dem Vorerben ist, liegen zivilrechtlich zwei Erbfälle vor: Einer nach dem Erblasser und ein weiterer nach dem Vorerben. **Erbschaftsteuerrechtlich** handelt es sich gleichwohl nach § 6 ErbStG um einen einheitlichen Erwerb vom Vorerben. Ein etwaiger negativer Erwerb aus der Vorerbschaft kann daher mit einem positiven Erwerb aus der Erbeinsetzung verrechnet werden und umgekehrt. Vererbt der

52 FG Hamburg v. 21.2.2020 – 3 K 191/18, DStRE 2020, 139 m.w.Nachw.; *Billig*, Aktuelle erbschaftsteuerliche Probleme bei Nacherbschaft und Nachvermächtnis, UVR 2020, 180.

53 BFH v. 8.8.2000 – II R 40/98, BFH/NV 2000, 1558.

54 Dazu BFH v. 16.6.1999 – II R 57/96, BStBl 1999 II, 789.

55 BFH v. 2.12.1998 – II R 43/97, BStBl 1999 II, 235.

56 BFH vom 13.4.2016 – II R 55/14, BStBl 2016 II, 746.

Vorerbe dem Nacherben sowohl vom vorhergehenden Erblasser wie auch von ihm selbst stammendes Vermögen, sind grundsätzlich bei beiden Vermögensanfällen bzgl. der StKl getrennt zu behandeln (§ 6 Abs. 2 Satz 3 ErbStG). Der Nacherbe erhält jedoch nur einen Freibetrag (§ 6 Abs. 2 Satz 4 ErbStG). Für das eigene Vermögen des Vorerben kann der Freibetrag nur gewährt werden, soweit der Freibetrag für das der Nacherbfolge unterliegende Vermögen nicht verbraucht ist. Der Abzug des für das eigene Vermögen des Vorerben zu gewährenden Freibetrags ist gem. der Auslegung des § 6 Abs. 2 Satz 4 ErbStG auf den nicht verbrauchten Teil des auf die Nacherbschaft entfallenden Freibetrags eingeschränkt.

Geht bei Eintritt der Nacherbfolge nicht nur der Nacherbfolge unterliegendes, sondern auch eigenes Vermögen des Vorerben auf den Nacherben über, kann der Nacherbe dennoch einen **Antrag** stellen, hinsichtlich der Steuerklasse und des Freibetrags nach dem Verhältnis zum erstverstorbenen Erblasser besteuert zu werden. Der Nacherbe muss in seinem Antrag angeben, welches Verhältnis zu welchem ursprünglichen Erblasser der Versteuerung zugrunde gelegt werden soll. Danach richten sich der Freibetrag und die Steuerklasse für das der Nacherbfolge unterliegende Vermögen. In diesem Fall werden – auf Antrag – beide Vermögensanfälle hinsichtlich der Steuerklasse getrennt behandelt. Der Antrag führt aber nicht zur Gewährung von zwei Freibeträgen, § 6 Abs. 2 Satz 4 ErbStG gilt entsprechend. Die Steuer ergibt sich aus der Summe der Steuer für die beiden Erwerbsteile, wobei für jeden Erwerbsteil die Steuer nach dem Steuersatz zu erheben ist, der nach der jeweiligen Steuerklasse für den gesamten Erwerb gelten würde. Haben mehrere Erblasser (z.B. Vater und Mutter) denselben Vorerben und auf dessen Tod denselben Nacherben eingesetzt, steht dem Nacherben auf Antrag für alle der Nacherbfolge unterliegenden Erbmassen insgesamt lediglich ein Freibetrag zu, der sich nach dem Verhältnis zu demjenigen Erblasser richtet, für den es der Nacherbe beantragt.[57] Soweit dieser nicht verbraucht ist, verbleibt ein Freibetrag für das Vermögen des Vorerben.

2. Eintritt der Nacherbfolge zu früherem Zeitpunkt

Tritt die Nacherbfolge vor dem Tod des Vorerben ein, z.B. Eintritt der Nacherbfolge bei Wiederverheiratung des Vorerben oder bei Erreichen eines bestimmten Lebensalters des Nacherben, gilt die Vorerbfolge als auflösend bedingter, die Nacherbfolge als aufschiebend bedingter Erbanfall (§ 6 Abs. 3 ErbStG). In diesem Fall richtet sich die **Steuerklasse** bei der Besteuerung des Nacherben ausschließlich nach dem Verwandtschaftsverhältnis des Nacherben zum Erblasser; das Verwandtschaftsverhältnis zum Vorerben ist nicht maßgebend. Die Folgen des § 6 Abs. 3 ErbStG treten auch dann ein, wenn vor Eintritt des den Nacherbfall auslösenden Ereignisses der Vorerbe verstirbt und der vermachte Gegenstand 32

57 BFH v. 1.12.2021 – II R 1/20, BStBl 2022 II, 518.

deswegen zunächst auf die Erben des Vorerben übergegangen ist. Auch hier ist für die Besteuerung des Nacherbfalls allein das Verwandtschaftsverhältnis des Nacherben zum Erblasser für die Steuerklasse und die persönliche Steuerpflicht maßgebend.[58] Dem Nacherben ist dabei die vom Vorerben entrichtete Steuer abzüglich desjenigen Steuerbetrages anzurechnen, welcher der tatsächlichen Bereicherung des Vorerben entspricht. Eine Erstattung seitens des Vorerben gezahlter Erbschaftsteuer an diesen findet nicht statt.

3. Vorerbe gibt vor Eintritt Nachlassgegenstände oder den gesamten Nachlass an den Nacherben heraus

33 Gibt der Vorerbe mit Rücksicht auf die Nacherbschaft vor ihrem Eintritt Nachlassgegenstände oder den gesamten Nachlass an den Nacherben heraus, ohne durch letztwillige Anordnung dazu verpflichtet zu sein, gilt dies als Schenkung unter Lebenden (§ 7 Abs. 1 Nr. 7 ErbStG). Die Steueranrechnung nach § 6 Abs. 3 ErbStG gilt hier nicht. Der Nacherbe kann aber wählen, ob er im Verhältnis zum Vorerben oder zum ursprünglichen Erblasser besteuert werden will (§ 7 Abs. 2 ErbStG); § 6 Abs. 2 Satz 3 bis 5 ErbStG ist entsprechend anzuwenden. Nach BFH ist die Zuwendung des Vorerben mit späteren Erwerben vom selben Vorerben gem. § 14 ErbStG zusammenzurechnen.[59] Schenkt der Vorerbe über eine mit Rücksicht auf die angeordnete Nacherbschaft erfolgende Vermögensübertragung hinaus zugleich Gegenstände aus eigenem Vermögen, liegt ebenfalls ein einheitlicher Erwerb vom Vorerben vor. Die Vermögensanfälle sind jedoch hinsichtlich der Steuerklasse getrennt zu behandeln. Für das dem Nacherben zugewendete eigene Vermögen des Vorerben kann ein Freibetrag nur gewährt werden, soweit der Freibetrag nicht bereits für das gem. § 7 Abs. 1 Nr. 7 ErbStG übertragene Vermögen verbraucht ist. Die Steuer ist für jeden Erwerb jeweils nach dem Steuersatz zu erheben, der für den gesamten Erwerb gelten würde.

4. Haftung des Vorerben für die Erbschaftsteuer

34 Der Vorerbe hat die durch die Vorerbschaft veranlasste Erbschaftsteuer nur aus Mitteln der Vorerbschaft zu entrichten (§ 20 Abs. 4 ErbStG).[60] Die Haftung des Vorerben für die durch die Vorerbschaft veranlasste Steuer ist nicht eingeschränkt.

---

58 FG Hessen v. 6.11.2019 – 10 K 1104/18, EFG 2020, 290.

59 BFH v. 3.11.2010 – II R 65/09, BStBl 2011 II, 123; entgegen FG Düsseldorf v. 14.10.2009 – 4 K 186/09 Erb, EFG 2010, 156.

60 Der Nacherbe ist auch dann Steuerschuldner, wenn – aus welchen Gründen auch immer – der Erlass des Bescheides über die durch die Vorerbschaft ausgelöste Steuerschuld erst nach Eintritt des Nacherbfalls erfolgt und der Vorerbe die Steuer daher entgegen § 20 Abs. 4 ErbStG nicht aus Mitteln der Vorerbschaft entrichten konnte, so FG Hessen v. 26.2.2013 – 1 V 2578/12, UVR 2013, 234. Zur Festsetzung der Erbschaftsteuer für den Vorerbfall nach dem Tod des Vorerben BFH v. 13.4.2016 – II R 55/14, BStBl 2016 II, 746.

Der Nacherbe haftet nicht für die Erbschaftsteuer des Vorerben. Hat allerdings der Vorerbe die Erbschaftsteuer nicht oder nicht ganz entrichtet, geht diese Steuerschuld als Nachlassverbindlichkeit auf seine Erben und Nacherben über.

5. Übertragung des Anwartschaftsrechts

Mit Eintritt des Vorerbfalles steht dem Nacherben ein unentziehbares und auch 35
vererbliches Anwartschaftsrecht zu. Dieses Anwartschaftsrecht kann z.B. gegen Abfindung übertragen werden. Eine solche Abfindung ist gem. § 3 Abs. 2 Nr. 6 ErbStG steuerbar.

6. Nachvermächtnisse und beim Tode des Beschwerten fällige Vermächtnisse

Der Nacherbschaft stehen Nachvermächtnisse[61] und beim Tode des Beschwerten 36
fällige Vermächtnisse gleich (§ 6 Abs. 4 ErbStG).[62] Sie werden damit abweichend vom BGB als Erwerb vom Vorvermächtnisnehmer oder Beschwerten und nicht als Erwerb vom Erblasser behandelt; insb. kann die Vermächtnisverpflichtung nicht bereicherungsmindernd abgezogen werden.[63] Der Vermächtnisgeber kann jedoch sowohl das Entstehen des Vermächtnisses als auch die Fälligkeit des Vermächtnisses auf einen späteren Zeitpunkt hinausschieben. Ist das Entstehen hinausgeschoben, gilt § 2177 BGB; ist die Fälligkeit hinausgeschoben, handelt es sich um ein sogenanntes betagtes Vermächtnis. Entsprechendes gilt für Auflagen, die beim Tod des Beschwerten fällig werden. Näheres siehe R E 6 ErbStR.

XI. Schließfach

17	Unterhielt der Erblasser ein Schließfach? ☐ nein ☐ ja	Name und Anschrift des Geldinstituts:	37
18	Welche Gegenstände/Werte befanden sich in dem Schließfach, wo sind diese in der Erklärung aufgeführt? Bitte ggf. gesondertes Blatt beifügen.		

Der Erbe muss in den **Zeilen 17, 18** angeben, ob der Erblasser ein Schließfach gehabt hat, was der Inhalt ist, welche Werte dies sind und wo diese in der Erklärung aufgeführt sind.[64] Banken und andere Vermögensverwahrer haften, wenn sie den werthaltigen Inhalt eines Schließfaches vor Entrichtung oder Sicher-

61 Zivilrechtlich erwerben Vorvermächtnisnehmer und Nachvermächtnisnehmer den Nachlassgegenstand – nacheinander – vom Erblasser.

62 Im Ergebnis verhindert § 6 Abs. 4 ErbStG, dass sich durch die Jastrow'sche Klausel eine Beteiligung der Schlusserben am Nachlass des Erstverstorbenen erreichen lässt (FG Hamburg v. 21.2.2020 – 3 K 191/18, DStRE 2020, 139).

63 Ausführlicher R E 6 ErbStR.

64 *Bruschke*, Pflichten der Kreditinstitute im Besteuerungsverfahren, ErbStB 2017, 219. Kosten für die Auflösung eines Bankschließfaches sind nicht abzugsfähig, vgl. FG Münster v. 19.8.2021 – 3 K 1551/20 Erb, ZErb 2021, 449.

stellung der ErbSt an einen **Ausländer** (Wohnsitz oder gewöhnlicher Aufenthalt im Ausland) zur Verfügung stellen (§ 20 Abs. 6 ErbStG).[65] Zur Vermeidung der Haftung wird in diesen Fällen eine erbschaftsteuerliche Unbedenklichkeitsbescheinigung angefordert. Die Unbedenklichkeitsbescheinigung erteilt das für die Erbschaftsteuer zuständige Finanzamt, sobald nach Prüfung der Unterlagen die gegen den ausländischen Erben festgesetzte Erbschaftsteuer bezahlt ist oder festgestellt wird, dass keine Erbschaftsteuer anfällt.

XII. Beteiligte

38

19	**Beteiligte** Falls die Zeilen der Erklärung nicht ausreichen, bitte gesondertes Blatt beifügen.			
20	Name, Vorname	lfd. Nr. der Anlage „Erwerber"	Name, Vorname	lfd. Nr. der Anlage „Erwerber"
21	Name, Vorname	lfd. Nr. der Anlage „Erwerber"	Name, Vorname	lfd. Nr. der Anlage „Erwerber"
22	Name, Vorname	lfd. Nr. der Anlage „Erwerber"	Name, Vorname	lfd. Nr. der Anlage „Erwerber"
23	Name, Vorname	lfd. Nr. der Anlage „Erwerber"	Name, Vorname	lfd. Nr. der Anlage „Erwerber"

Jeder an einem Erbfall Beteiligte ist in den **Zeilen 19–23** mit Namen und Adresse anzugeben. Außerdem ist für jeden Beteiligten eine **Anlage „Erwerber"** (siehe Rdn 159 ff.) auszufüllen. Das heißt aber nicht, dass jeder Erbe, Vermächtnisnehmer oder sonst Bedachte hier alle anderen Erwerber benennen muss, i.A. betrifft die Anlage nur ihn selber; bei Minderjährigen, Geschäftsunfähigen u.Ä. sind auch Name und Anschrift des gesetzlichen Vertreters anzugeben. Im Mantelbogen ist in den Zeilen 20–23 die lfd. Nr. des Erwerbers aus der Anlage Erwerber zu übertragen.

1. Mehrere Erben

39 Sind beim Tode des Erblassers mehrere Erben vorhanden, wird der Nachlass zunächst gemeinschaftliches Vermögen der Erben (§ 2032 BGB). Bis zur Erbauseinandersetzung besteht die Erbengemeinschaft als eine Gesamthandsgemeinschaft. Erbschaftsteuerlich wird der einzelne Miterbe aber so behandelt, als ob er mit dem Erbfall bereits Bruchteilseigentümer geworden wäre (§ 39 Abs. 2 Nr. 2 AO).[66] Die Besteuerung ist nicht erst nach der Auseinandersetzung und entsprechend deren Ergebnis durchzuführen; vielmehr wird für jeden Miterben

65 OFD Magdeburg v. 19.1.1999 – S 3830–2-St 333, ErbSt-Kartei ST § 20 ErbStG Karte 2 zur Haftung der Versicherungsunternehmen und Vermögensverwahrer nach § 20 Abs. 6 ErbStG.

66 Bei gesonderten Wertfeststellungen gem. § 151 BewG gilt: Handelt es sich um einen Erbfall mit mehreren Erben, wird der Gegenstand der Feststellung der Erbengemeinschaft in Vertretung der Miterben zugerechnet (§ 151 Abs. 2 Nr. 2 BewG). Feststellungsbeteiligter ist in diesem Fall die Erbengemeinschaft und nicht jeder einzelne Miterbe.

der Wert seines Erbteils angesetzt, der vom Nachlass auf ihn entfallen würde, wenn die Erbengemeinschaft am Stichtag aufgelöst worden wäre.[67] Zur Berechnung der Erbschaftsteuer wird dann das gesamte steuerpflichtige Vermögen der Erbengemeinschaft ermittelt, wobei Ansprüche von Nichterben (Pflichtteilsberechtigte, Vermächtnisnehmer) zur Berechnung des Vermögens abzusetzen sind. Die nachfolgende Auseinandersetzung ist erbschaftsteuerlich grundsätzlich unbeachtlich.[68]

Ist eine **testamentarische Erbfolge** gegeben, sind z.B. mehrere Personen als (Mit-)Erben bestimmt, ist die Bereicherung eines jeden „gewillkürten" Erben ohnehin getrennt zu berechnen.

2. Teilungsanordnung

Der Erblasser kann durch letztwillige Verfügung Anordnungen über die Ausei- 40
nandersetzung des Nachlasses treffen (§ 2048 BGB). Solche Anordnungen haben schuldrechtlichen Charakter und verpflichten die Erben, den Nachlass entsprechend dinglich aufzuteilen. Eine **Teilungsanordnung** liegt vor, wenn der Nachlassgegenstand voll auf den Miterbenanteil angerechnet werden soll und der Erblasser den Bedachten durch die Zuweisung nicht über seinen Erbteil hinaus begünstigen will.

Beachte: Eine derartige Teilungsanordnung ist für die Ermittlung des Anteils des einzelnen Erben, damit für die Berechnung der Erbschaftsteuer unbeachtlich (R E 3.1. Abs. 1 und 2 ErbStR mit Berechnungsbeispielen in H E 3.1 (1), (2) und (5) ErbStH).[69]

Beispiel

Erben des A werden seine Söhne B, C und D je zu einem Drittel. Zum Nachlass gehört ein LuF-Betrieb im Verkehrswert von 900.000 EUR und mit einem Steuerwert von 450.000 EUR, Sparguthaben und Sparkassenbriefe von 900.000 EUR und Aktien mit einem Börsenkurswert von 900.000 EUR. Bei der Erbauseinandersetzung erhält B den LuF-Betrieb, C die Sparguthaben und Sparkassenbriefe und D die Aktien.

---

67 RFH v. 26.11.1936 – IIIe A 66/36, RStBl 1937, 6; *Wälzholz*, Aktuelle erbschaftsteuerliche Gestaltungsprobleme der Erbauseinandersetzung, insbesondere nach der Erbschaftsteuerreform 2016, ZEV 2017, 135.

68 Eine wissentlich und willentlich disquotale Erbauseinandersetzung einer Erbengemeinschaft kann aber Gegenstand einer Schenkung i.S.d. § 7 Abs. 1 Nr. 1 ErbStG sein, so FG Münster v. 22.10.2015 – 3 K 1776/12 Erb, EFG 2016, 215.

69 *Olbing*, Erbschaftssteuer: Erwerb von Todes wegen, Auseinandersetzung, Teilungsanordnung, ErbR 2021, 842; *Billig*, Erbschaftsteuerliche Folgen einer freien Erbauseinandersetzung, UVR 2021, 310.

Lösung

Die Erbauseinandersetzung (§§ 2042 ff., 752 ff. BGB) berührt die Erbschaftbesteuerung nicht.[70] Gem. § 1922 BGB i.V.m. § 39 Abs. 2 Nr. 2 AO wird jedem Erben ein Drittel am Gesamtwert des Erwerbs zugerechnet. So erhält jeder Erbe anteilig den Freibetrag (Abzugsbetrag) nach § 13a Abs. 2 ErbStG, auch wenn er aufgrund der Teilungsanordnung nicht das begünstigte Vermögen erhält (insoweit verfällt er).

LuF-Betrieb – Steuerwert	450.000 EUR
Sparguthaben und Sparkassenbriefe	900.000 EUR
Aktien	900.000 EUR
Gesamtwert des Erwerbs	2.250.000 EUR
Erwerb von B, C und D je 1/3	**750.000 EUR**

Hinweis: Nur B erhält die Verschonungen nach §§ 13a, 19a ErbStG.

41 Wird bei einer Schenkung angeordnet, dass diese im Erbfall auszugleichen ist, führt die Ausgleichung zu Teilungsanteilen, die von den Erbteilen abweichen; dies ist auch erbschaftsteuerlich nachzuvollziehen (R E 3.1 Abs. 5 ErbStR, Berechnungsbeispiel in H E 3.1 (5) ErbStH).

Steht fest, dass es sich (nur) um eine Teilungsanordnung handelt und der Erblasser dem durch die Anordnung begünstigten Miterben nicht zusätzlich zu seinem Erbteil auch noch den Mehrwert zuwenden wollte; lässt sich eine Teilungsanordnung nur aufrechterhalten, wenn eine Wertverschiebung ausgeschlossen ist, der betreffende Miterbe den Mehrwert also durch Leistungen aus seinem eigenen Vermögen auszugleichen hat oder jedenfalls ausgleicht.

42 Der Erblasser kann aber einem von mehreren Miterben durch Teilungsanordnung Gegenstände zuweisen, die wertvoller sind, als es seinem Erbteil entspricht. Ist dies der Fall, stellt sich stets die Frage, ob der Mehrbetrag zusätzlich zu dem Erbteil zugewendet sein soll; trifft dies zu, dann handelt es sich – jedenfalls wegen des Mehrwerts – nicht um eine Teilungsanordnung i.S.v. § 2048 BGB, sondern um ein Vorausvermächtnis i.S.d. § 2150 BGB.[71]

Beachte

Von der Teilungsanordnung abzugrenzen ist das Vorausvermächtnis und die Erbquoten beeinflussende Teilungsanordnung. Bei einem **Vorausvermächtnis** wird die Zuwendung nicht auf die Erbquote angerechnet, sondern vielmehr als selbstständige Zuwendung behandelt. Ein reines Vorausvermächtnis

70 BFH v. 30.6.1960 – II 254/57, BStBl 1960 III, 348.

71 Zur Abgrenzung BFH v. 6.10. 2010 – II R 29/09, BFH/NV 2011, 603.

liegt nur dann vor, wenn dem Miterben das Recht auf den vermachten Gegenstand neben dem Erbteil und unabhängig davon zugewendet wird.[72]

Bei der erbquotenverändernden Nachlassteilung sind insbesondere bei Betriebsvermögen auch die ertragsteuerlichen Folgen zu beachten. Gibt ein Erbe mehr heraus als er nach seiner Erbquote müsste, liegt bei ihm eine steuerpflichtige Veräußerung vor, beim Erwerber können insoweit Anschaffungskosten entstehen.[73]

Für den Erben hat das Vorausvermächtnis den Vorteil, dass er auch bei Erbausschlagung den Vermächtnisanspruch behält.

Setzen sich die Erben aufgrund einer vom Erblasser verfügten **Teilungsanordnung** in entsprechender Weise auseinander, dass **einer oder mehrere Miterben das begünstigte Betriebsvermögen erhalten**, findet ein sog. **Begünstigungstransfer** statt. Dadurch wird derjenige, der die Unternehmensfortführung tatsächlich gewährleistet, nach §§ 13a ff. ErbStG entlastet. Näheres dazu R E 13a.11 ErbStR und R E 3.1 Abs. 1 Satz 5 ErbStR. Die „Verschiebung" der Begünstigung führt nicht zu einer Änderung der Zurechnung der Vermögensgegenstände, d.h. sie sind in der Erbschaftsteuererklärung des zur Ausführung der Teilungsanordnung Verpflichteten anzusetzen; ihnen steht aber der Abzug der Weitergabeverpflichtung gegenüber. Entsprechendes gilt bei der **Weitergabe von begünstigen Familienheimen** nach § 13 Abs. 4b Satz 2 ff. und 4c Satz 2 ff. ErbStG. 43

Geht nach §§ 13a–13c, 19a und § 28a ErbStG begünstigtes Vermögen über, können bei **Teilungsanordnungen**, Sachvermächtnissen, Vorausvermächtnissen, Auflagen und Schenkungsversprechen auf den Todesfall die zur **Weitergabe verpflichteten Erben diese Steuerentlastungen nicht** erhalten (R E 13a.11 Abs. 1 ErbStR). Diese erhält der Vermächtnisnehmer etc. (R E 13b.1 ErbStR). Entsprechendes gilt bei der **Weitergabe von begünstigen Familienheimen** nach § 13 Abs. 4b Satz 2 f. und 4c Satz 2 ErbStG. D.h. der Erwerber kann bei Weitergabeverpflichtung die Begünstigungen **nicht erlangen.**

XIII. Nachfolge in die Gesellschafterstellung bei Personengesellschaften

1. Erbschaftsteuerliche Behandlung der Nachfolge in die Gesellschafterstellung einer Personengesellschaft

Neben den gesetzlichen Regelungen (§ 727 BGB, §§ 131, 177 HGB) können die Gesellschafter untereinander selbst bestimmen, wer bei Tod oder Austritt eines 44

72 FG Baden-Württemberg v. 12.1.2017 – 11 K 3976/13, EFG 2017, 682.

73 Zu den ertragsteuerlichen Folgen einer Erbauseinandersetzung siehe BMF-Schr. v. 20.12.2016 – IV C 6 – S 2242/07/10002: 004, BStBl 2017 I, 36 betr. ertragsteuerliche Auseinandersetzung der Erbengemeinschaft und ihrer Auseinandersetzung.

Gesellschafters Nachfolger werden soll.[74] Gesellschaftsrechtliche Nachfolgeklauseln können Erben (sei es durch gesetzliche Erbfolge oder letztwillige Verfügung) betreffen. Grds. können diese Teilungsanordnungen erbschaftsteuerlich unbeachtlich sein, falls insoweit die Auslegung der Willenserklärung des Erblassers die Sondererbfolge zu keiner Verschiebung der Erbquoten führt.[75]

2. Fortsetzung mit den verbleibenden Gesellschaftern

45 Verstirbt der Gesellschafter einer Personengesellschaft, gilt die GbR gesetzlich als aufgelöst (vgl. § 727 Abs. 1 BGB), die Handelspersonengesellschaft wird ohne privatrechtliche Regelung mit den verbleibenden Gesellschaftern fortgeführt. Im Fall der Auflösung einer GbR wird dieser zu einer Liquidationsgesellschaft, Mitglied wird der Erbe des verstorbenen Gesellschafters oder bei mehreren Gesellschaftern die Erbengemeinschaft. Die Liquidationsgesellschaft bleibt eine Mitunternehmerschaft, sofern die GbR eine solche war; m.E. sind die Vergünstigungen nach §§ 13a und 13c ErbStG zu gewähren; Näheres dazu § 4 Rdn 226 ff. Nachfolgeklauseln in Gesellschafterverträgen verhindern die gesetzlich vorgesehene Auflösung (bei der GbR), bzw. Fortsetzung mit den verbleibenden Gesellschaftern (Handelsgesellschaften).

Bei Fortsetzung der Gesellschaft mit den verbleibendenden Gesellschaftern kann die **Fortsetzungsklausel** bzw. die gesetzlich angeordnete Fortsetzung (R E 3.4 ErbStR und zu § 13b R E 13b.1 Abs. 2 ErbStR) zum – nach §§ 13a und 13c, 19a, 28a ErbStG begünstigten – Anwachsungserwerb der verbleibenden Gesellschafter führen (R E 13.1 Abs. 2 Satz 4 und H E 13b.1 ErbStR).[76] Die (das Unternehmen fortführenden) Gesellschafter müssen Erbschaftsteuer zahlen, soweit die von ihnen an den/die Erben zu zahlende Abfindung niedriger als der Steuerwert des Anteils ist (§ 3 Abs. 1 Nr. 2 Satz 2 ErbStG).[77] Müssen die (das Unternehmen

---

74 Siehe dazu *Höreth/Stelzer*, Erbschaftsteuerreform – Unternehmensnachfolge nach den neuen Regeln, DStZ 2016, 901; *Wälzholz*, Steuerliche Folgen der Vererbung von Anteilen an Personengesellschaften, notar 2015, 39; *Riedel*, Gesellschaftsvertragliche Nachfolgeregelungen – Auswirkungen auf Pflichtteil und Erbschaftsteuer, ZErb 2003, 212; *Riedel*, Gesellschaftsvertragliche Nachfolgeregelungen im Lichte der neuen Erbschaftsteuer, ZErb 2009, 2; *Neufang/Bulling*, Beratungsoptionen bei einer Erbauseinandersetzung, StB 2022, 377; *Kamps/Stenert*, Das Unternehmertestament im Mittelstand: Überlegungen für die steuerliche Beratung, DB 2019, 930, 990.

75 R E 3.1 Abs. 3 ErbStR.

76 R E 3.4 Abs. 2 ErbStR mit Berechnungsbeispiel in H E 3.4 (2) ErbStH. Die Begünstigung des § 13a ErbStG ist für Grundstücke im Sonderbetriebsvermögen, die ohne den Mitunternehmeranteil, zu dem sie gehören, übertragen werden, nicht zu gewähren.

77 Nach BFH v. 8.6.2021 – II R 2/19, BStBl 2022 II, 384 ist kein negativer Wert des Erwerbs als Schenkung auf den Todesfall bei dem fortsetzenden Gesellschafter berücksichtigt, wenn der Abfindungsanspruch, der aufgrund des Ausscheidens eines Gesellschafters aus einer KG bei dessen Tod gegen die Gesellschaft entsteht, höher ist als der Wert des auf den fortsetzenden Gesellschafter übergegangenen Anteils der KG.

fortführenden) Gesellschafter dem Erben eine Abfindung zahlen, unterliegt der Abfindungsanspruch bei ihm der Erbschaftsteuer. Der Abfindungsanspruch gehört bei dem/den Erben zu den privaten Forderungen und kann daher nicht wie Betriebsvermögen verschont werden.[78]

Im Fall der **einfachen Nachfolgeklausel** wird die Gesellschaft mit allen Erben des Gesellschafters fortgesetzt. Sie erhalten eine nach §§ 13a und 13c, 19a ErbStG begünstigte Mitunternehmerstellung.

3. Qualifizierte Nachfolgeklausel

Zivilrechtlich tritt aufgrund der Nachfolgeklausel im Gesellschaftsvertrag und einer letztwilligen Verfügung der qualifizierte Nachfolger als erbrechtlicher Sondernachfolger als Gesellschafter in die Gesellschaft ein. Bei Nachfolgeklauseln muss die als qualifizierte Person zumindest Miterbe werden. Daher ist auf Deckungsgleichheit zwischen gesellschaftsvertraglicher Vereinbarung und testamentarischer Verfügung zu achten.[79] Erbschaftsteuerlich sind also diese Nachfolgeregelungen beachtlich, wenn die gesellschaftsrechtlichen Vereinbarungen und erbrechtlichen Verfügungen aufeinander abgestimmt sind, z.B. wenn der Erbe/sonst Bedachte als Nachfolger bestimmt wird. Die nicht als Gesellschafter bestimmten Erben werden nicht Gesellschafter, sie erhalten nicht automatisch einen Abfindungsanspruch. **Erbschaftsteuerlich** ist eine sog. qualifizierte Nachfolgeklausel für die Zurechnung des Erwerbs gleichwohl insofern grds. unbeachtlich, falls insoweit die Auslegung der Willenserklärung des Erblassers ergibt, dass die Sondererbfolge zu keiner Verschiebung der Erbquoten führt (R E 3.1 Abs. 3 ErbStR). Demgemäß fällt der Anteil des verstorbenen Gesellschafters am Gesamthandsvermögen (trotz Nachfolgeklausel) grundsätzlich in den Nachlass. 46

Der **Erwerb aufgrund einer qualifizierten Nachfolgeklause**l wird **„verschonungstechnisch“** wie ein Erbanfall gem. §§ 13a und 13c, 19a, 28a ErbStG begünstigt (R 13b.1 Abs. 2 ErbStR): beim qualifizierten Nachfolger ab 2009 voll und bei den „weichenden Erben“ nicht, weil sie ihren Anteil am Betriebsvermögen nicht behalten dürfen, sondern diesen an den qualifizierten Nachfolger weitergeben müssen (§§ 13a Abs. 5 ErbStG). Die nicht berücksichtigten Erben können ggf. nach § 3 Abs. 1 Nr. 2 Satz 2 ErbStG steuerpflichtig werden, etwa wenn sie dafür Ausgleichsgelder erhalten.[80]

78 Vgl. BFH v. 8.6.2021 – II R 2/19, BStBl 2022 II, 384.

79 *Gallus*, Unternehmensnachfolge – Wechselwirkungen von Testament und Gesellschaftsvertrag, ErbStB 2017, 112.

80 Ertragsteuerlich ist zu beachten, dass evtl. Abfindungsleistungen bei ihm privat veranlasst sind, d.h. nicht zu Anschaffungskosten führen.

Hinweis

Ordnet der Erblasser im Hinblick auf die gesellschaftsvertragliche Nachfolgeregelung ein **Vorausvermächtnis** für den Nachfolger an, dessen Gegenstand die Zuwendung des Gesellschaftsanteils ist, liegt erbschaftsteuerlich ein Erwerb des gesamten Anteils durch Vermächtnis (§ 3 Abs. 1 Nr. 1 2. Alt. ErbStG) vor. Dem Vermächtnisnehmer stehen die Vergünstigungen der §§ 13a–13c, 19a ErbStG in vollem Umfang zu.

Problem: Die qualifizierte Nachfolge betrifft nur den Gesellschaftsanteil, nicht das Sonderbetriebsvermögen,[81] d.h. Wirtschaftsgüter, die dem verstorbenen Gesellschafter gehörten und dem Betrieb der Gesellschaft dienen. Fällt dieses in den Nachlass gilt es als vom Erblasser aus dem Betriebsvermögen entnommen[82] (soweit es nicht anteilig auf den qualifizierten Nachfolger entfällt). Ertragsteuerlich führt dies zur Aufdeckung stiller Reserven. Zur Vermeidung des Wegfalls der Entlastungen nach § 13a und 13c ErbStG muss rechtzeitig dafür gesorgt werden, dass kein bedeutendes Sonderbetriebsvermögen mehr im Erbfall vorliegt, z.B. auch durch Übertragung auf eine andere gewerbliche Personengesellschaft oder der qualifizierte Nachfolger muss Alleinerbe werden bzw. geworden sein.

47 Geht eine Beteiligung an einer Personengesellschaft auf einen Erben über, der von einer **Eintrittsklausel** Gebrauch macht, liegt bei diesem ein begünstigter Erwerb von Todes wegen vor. Ist ein **Nachfolgeberechtigter nicht Erbe**, soll die Nachfolgeklausel im Gesellschaftsvertrag als Eintrittsklausel zu verstehen sein (R E 13b.1 Abs. 2 Satz 2, 3 ErbStR). Eintrittsklauseln sind für die Bestimmung der steuerlichen Erbteile unbeachtlich. Wird das Eintrittsrecht ausgeübt, kann ein nach § 13a und 13c ErbStG begünstigter Erwerb bei Ausübung des Eintrittsrechts (auch durch einen Nichterben) vorliegen (R 13b.1 Abs. 2 Satz 3 ErbStR).

48 **Wichtiger Hinweis**

Im **Ertragsteuerrecht** gibt es erhebliche Probleme bei der Realteilung von Erbengemeinschaften, insbesondere wenn Betriebsvermögen oder wesentliche Beteiligungen an Kapitalgesellschaften involviert sind. Bei Vererbung von Betriebsvermögen auf mehrere Erben treten die Erben in die Rechtsstellung des Erblassers ein, sie werden i.d.R. Mitunternehmer. Die ertragsteuerlichen Auswirkungen sind in dem BMF-Schreiben v. 20.12.2016 dargelegt.[83]

---

81 *Schulze zur Wiesche*, Erbschaft- und schenkungsteuerliche Behandlung des Sonderbetriebsvermögens, DStZ 2021, 408.

82 BFH v. 28.1.1998 – VIII B 9/97, BFH/NV 1998, 959; FR 1998, 791 m. Anm. v. *Pohl.*

83 BMF v. 20.12.2016 – IV C 6 – S 2242/07/10002: 004 BStBl 2017 I, 36. Dieses Schreiben ersetzt die BMF-Schreiben v. 14.3.2006, BStBl 2006 I, 253 und v. 5.12.2002, BStBl 2002 I, 1392 i.V.m. BMF-Schr. v. 11.1.1993, BStBl 1993 I, 62.

XIV. Unterschrift

24	**Unterschrift(en)** **Die mit der Steuererklärung angeforderten Daten werden aufgrund der §§ 149 ff. AO und des § 31 ErbStG erhoben. Die Angabe der Telefonnummer ist freiwillig. Informationen über die Verarbeitung personenbezogener Daten in der Steuerverwaltung und über Ihre Rechte nach der Datenschutz-Grundverordnung sowie über Ihre Ansprechpartner in Datenschutzfragen entnehmen Sie bitte dem allgemeinen Informationsschreiben der Finanzverwaltung. Dieses Informationsschreiben finden Sie unter www.finanzamt.de (unter der Rubrik „Datenschutz") oder erhalten Sie bei Ihrem Finanzamt.**	49
25	Steuererklärungen ohne Unterschrift gelten als nicht abgegeben.	Bei der Anfertigung dieser Steuererklärung und der Anlagen hat mitgewirkt:
26		
27		
28		
29	Datum, Unterschrift(en)	

Die Steuererklärung ist vom Erben oder sonst Bedachten in **Zeile 24 ff.** eigenhändig zu unterschreiben. Sind mehrere Erben vorhanden, können diese gemeinsam eine Erklärung abgegeben und unterschreiben. Wer in fremden Namen unterschreibt, muss dem Finanzamt eine entsprechende Bevollmächtigung nachweisen. **Steuerberater, Rechtsanwälte** etc. sind Bevollmächtigte des Erben/der Erben. Ihre Pflichten richten sich nach dem Mandatsverhältnis. Sie selbst haben keine besonderen Anzeige- oder Erklärungspflichten, es sei denn, sie wären gesetzlicher Vertreter, Betreuer und dergleichen. Haben **Testamentsvollstrecker, Nachlassverwalter** oder **Nachlasspfleger** die Erklärung abzugeben, müssen sie diese unterschreiben. In diesen Fällen kann das Finanzamt verlangen, dass die Erklärung auch von einem oder mehreren Erben unterschrieben wird. Der Unterschrift kommt insbesondere Bedeutung für die vollständige und richtige Erklärung bzw. – wenn dies nicht der Fall ist – für das Vorliegen einer Steuerhinterziehung etc. zu.

D. Hinterlassene Vermögenswerte

Der Hauptteil einer Erbschaftsteuererklärung ist in der Regel die Erklärung der 50
hinterlassenen Vermögenswerte. Dabei ist auf die rechtlichen und tatsächlichen Verhältnisse am Besteuerungszeitpunkt abzustellen (§ 11 i.V.m. § 9 ErbStG).

Zeile				99 41
30	**Hinterlassene Vermögenswerte**			
31	**Land- und forstwirtschaftliches Vermögen**			
32	Gehört zum Nachlass land- und forstwirtschaftliches Vermögen im Inland oder in EU-/EWR-Staaten? ☐ ja ☐☐ Anzahl der wirtschaftlichen Einheiten	☐ nein	Gesamtwert:	inl. u. EU-/EWR luf Vermögen 15
33	Gehört zum Nachlass land- und forstwirtschaftliches Vermögen in Drittstaaten?	☐ nein		
34	☐ ja Lage:		Gesamtwert:	ausl. luf Vermögen 16
35	**Grundvermögen**			
36	Gehört zum Nachlass Grundvermögen im Inland oder in EU-/EWR-Staaten? ☐ ja ☐☐ Anzahl der Grundstücke	☐ nein	Gesamtwert:	inl. u. EU-/EWR Grundstücke 23
37	Gehört zum Nachlass Grundvermögen in Drittstaaten?	☐ nein		
38	☐ ja Lage:		Gesamtwert:	ausl. Grundstücke 24
39	**Betriebsvermögen**			
40	Gehört zum Nachlass Betriebsvermögen im Inland oder in EU-/EWR-Staaten? ☐ ja ☐☐ Anzahl der Betriebe	☐ nein	Gesamtwert:	inl. u. EU-/EWR Betriebsvermögen 35
41	Gehört zum Nachlass Betriebsvermögen in Drittstaaten?	☐ nein		
42	☐ ja Firma:		Gesamtwert:	ausl. Betriebsvermögen 36

51 Generell gilt für die Wertermittlung, dass Bewertungsstichtag der Zeitpunkt der Entstehung der Steuer ist (§ 11 i.V.m. § 9 ErbStG). D.h., es gelten die rechtlichen und tatsächlichen Verhältnisse an diesem Tag; spätere Wertänderungen sind unbeachtlich. Der Regelfall ist bei Erwerben von Todes wegen der Tod des Erblassers, also der Todeszeitpunkt. Rückwirkungen aufgrund zivilrechtlicher Vorschriften, z.B. Ausschlagung der Erbschaft, sind zu berücksichtigen.

I. Land- und forstwirtschaftliches Vermögen

52 In **Zeile 32** ist der selbst errechnete Gesamtwert des inländischen und des in einem Mitgliedstaat der EU oder im EWR (Island, Norwegen, Liechtenstein) belegenen LuF-Vermögens einzutragen, in **Zeile 34** des ausländischen LuF-Vermögens (Drittstaaten, z.B. Schweiz, Türkei). Der Gesamtwert ergibt sich aus der Summe der Werte aller LuF-Betriebe. Die Angaben können/sollten **aus der Anlage „Angaben zu Bedarfswerten"** übernommen werden, dazu Rdn 67 ff.

1. Was gehört zum land- und forstwirtschaftlichen Vermögen?

53 LuF-Vermögen kann aus einem Betriebsteil, einer oder mehrerer Betriebswohnungen (Wohnungen der Arbeitnehmer des Betriebs) und dem Wohnteil (selbstgenutzte Wohnung des Betriebsinhabers und seiner Familien sowie aus dem

Altenteil) bestehen (§ 160 Abs. 1 BewG; R B 160.1, 2 ErbStR).[84] Alle drei Teile können jeweils für sich einen Betrieb der Land- und Forstwirtschaft bilden. Zu den Wirtschaftsgütern, die einem LuF-Betrieb dauernd zu dienen bestimmt sind, gehören insbesondere der Grund und Boden, die Wohn- und Wirtschaftsgebäude, die betrieblichen Forderungen und Verbindlichkeiten, die stehenden Betriebsmittel und ein normaler Bestand an umlaufenden Betriebsmitteln (§§ 158 Abs. 3, 170 BewG) sowie immaterielle Rechte, wie z.B. Brenn-, Milchliefer-, Jagdrecht (§ 158 Abs. 3 BewG). Außer den Pflanzenbeständen und Vorräten, Maschinen und Geräten gehören auch die Viehbestände zu den Betriebsmitteln. Bei Tierbeständen kommt es nach §§ 158 Abs. 3, 169 BewG auf die Vieheinheiten pro Hektar an. **Nicht zu LuF-Vermögen** gehören insbesondere z.B. Geschäftsguthaben, Wertpapiere und Beteiligungen im LuF-Betrieb, ein Überbestand an umlaufenden Betriebsmitteln sowie bestimmte Tierbestände (§ 158 Abs. 3 Nr. 5 BewG); sie gehören bewertungsrechtlich zum übrigen Vermögen. Die Passivposten, z.B. Warenschulden, gehören zum LuF-Betrieb; sie mindern daher den Grundbesitzwert. Diese Wirtschaftsgüter gehören nur dann zu dem Wirtschaftsteil des Betriebs der Land- und Forstwirtschaft, wenn sie dem Betriebsinhaber zivilrechtlich zustehen. Aber: Einen land- und forstwirtschaftlichen Betrieb kann auch derjenige unterhalten, dem weder am Grund und Boden noch am Besatz das Eigentum zusteht; z.B. einem Pächter, Nießbraucher. Nutzt ein solcher Betriebsinhaber die Betriebsmittel auf Grundlage von **Nießbrauchrechten**, können diese Rechte zum Wirtschaftsteil seines land- und forstwirtschaftlichen Betriebs gehören.[85] Näheres zur Zugehörigkeit zum LuF-Vermögen siehe §§ 158 ff., 33 ff. BewG und § 11 und R B 158, 159 ErbStR.

Hinweis

Aufgrund der besonderen steuerlichen Bewertung insbesondere des Betriebsteils, aber auch des Wohnteils und ggf. der Betriebswohnungen kann es vorkommen, dass der Wert vorhandener (betrieblicher) Geldschulden den aktiven

84 Zum LuF-Vermögen siehe noch Gleich lautender Ländererlass v. 1.4.2009, BStBl 2009 I, 552; zur Abgrenzung vom Betriebsvermögen R B 158.2 ErbStR, Gleich lautender Ländererlass alte Bundesländer v. 15.12.2011, BStBl 2011 I, 1213 und neue Bundesländer 15.12.2011, BStBl 2011 I, 1217; *Hutmacher*, Das land- und forstwirtschaftliche Vermögen bei der Erbschaft- und Schenkungsteuer, ZNotP 2014, 176; *Krause*, Grundbesitzbewertung von Betrieben der Land- und Forstwirtschaft – der Wirtschaftsteil, NWB 2014, 110; *Krause*, Grundbesitzbewertung von Betrieben der Land- und Forstwirtschaft, NWB 2014, 271.

85 BFH v. 25.11.2020 – II R 9/19, BStBl 2021 II, 491. Im Urteilsfall ist ein Vorbehaltsnießbrauch am LuF Betrieb des Vaters bei dessen Tod auf die Mutter/Ehefrau übergegangen. Besteht ein bewertungsrechtlicher Betrieb der Land- und Forstwirtschaft – etwa in der Hand eines Nießbrauchers –, gehören zum Wirtschaftsteil des land- und forstwirtschaftlichen Vermögens i.S.v. § 168 Abs. 1 Nr. 1 BewG i.V.m. § 160 Abs. 2 BewG Nießbrauchrechte an Wirtschaftsgütern zumindest dann, wenn diese, wären sie dem Betriebsinhaber unmittelbar zuzurechnen, ihrerseits nach § 160 Abs. 2 BewG zum Wirtschaftsteil gehörten.

Wert des LuF-Vermögens deutlich übersteigt oder zumindest weitgehend neutralisiert. Es kann sich dadurch ein (steuerlich) negativer Vermögenssaldo ergeben, infolgedessen bei Erwerben von Todes wegen keine Erbschaftsteuer entstehen und/oder anderes positives Vermögen kompensiert werden kann.

54 Problematisch ist häufig die Zuordnung von Grundstücken zum LuF-Betrieb. Diese richtet sich nach §§ 159, 69 BewG, R 2 BewR Gr, R 1.02 BewR L sowie R B 158–160 ErbStR. Insbesondere Grundstücke, die voraussichtlich innerhalb von 6 Jahren anderen als LuF-Zwecken dienen werden (Bauland oder Bauerwartungsland), sind gewöhnlich separat als Grundstücke des Grundvermögens zu behandeln. Solange nicht ausdrücklich die Aufgabe des LuF-Betriebes gegenüber dem Finanzamt erklärt worden ist, bleibt der LuF-Betrieb ggf. als ruhender Betrieb, z.B. nach dem Tod des Landwirts, bei den Erben bestehen (R B 158.1 Abs. 5 ErbStR). Auch ein verpachteter Betrieb ist i.d.R. ein LuF-Betrieb (vgl. R B 158 Abs. 1 ErbStR).[86] Die Verpächterwohnung ist gewöhnlich nicht dem Wohnteil zuzuordnen, es sei denn, Pächter und Verpächter wohnen im selben Haus (R B 166.22 Abs. 7 ErbStR).

Der Erwerb von LuF-Vermögen kann nach §§ 13a ff., 19a und 28a ErbStG besonders begünstigt sein, siehe dazu § 3 Rdn 25 ff.

2. Gesonderte Wertfeststellung

55 Der Wert für wirtschaftliche Einheiten des inländischen LuF-Vermögens wird auf Anforderung der Erbschaftsteuerstelle von den Bewertungsstellen des jeweiligen Lagefinanzamts in einem Feststellungsbescheid festgesetzt. Jeder inländische LuF-Betrieb wird bei erbschaftsteuerlichem Bedarf in einem gesonderten Verfahren von der Bewertungsstelle des Lagefinanzamts bewertet (§§ 157 Abs. 1, 151 Abs. 1 Nr. 1 BewG), d.h. wenn der Steuerwert voraussichtlich die persönlichen und sachlichen Freibeträge allein oder mit anderem Vermögen übersteigen wird. Dafür sind besondere Erklärungen gegenüber den Lagefinanzämtern abzugeben. Das Erbschaftsteuerfinanzamt kann den Steuerwert zunächst schätzen und den geschätzten Wert später durch den von der Bewertungsstelle festgestellten Wert ersetzen (gem. § 175 AO). Wenn der Erbe etc. voraussichtlich eine Feststellungserklärung abzugeben hat, kann mit Hilfe der Anlage Land-und Forstwirtschaft der **Wert für Zeile 32** schon errechnet werden. Näheres dazu siehe § 11 LuF. Ggf. bietet es sich an, den Steuerberater etc., der zur Erstellung der Erbschaftsteuererklärung beauftragt wurde, auch mit der Feststellungserklärung zu beauftragen.

86 Zur Bewertung des land- und forstwirtschaftlichen Vermögens für Zwecke der Erbschaft-/Schenkungsteuer in Fällen der Nutzungsüberlassung Gleich lautende Erlasse der obersten Finanzbehörden der Länder v. 4.12.2014, BStBI 2014 I, 1577; *Eisele*, Nutzungsüberlassungen in der Land- und Forstwirtschaft – Einordnung und Abgrenzung, NWB 2015, 1381.

Beachte

Ausländische LuF-Betriebe, bzw. Beteiligungen daran muss der Steuerpflichtige bzw. sein Berater selbst mit den Verkehrswerten ermitteln. Das gilt auch für in den Mitgliedstaaten der EU oder im EWR (Island, Liechtenstein, Norwegen) belegene LuF-Betriebe, auch wenn sie summiert in Zeile 32 einzutragen sind. Sind sie Teil eines inländischen LuF-Betriebs, werden die Werte vom inländischen Bewertungsfinanzamt mitermittelt.

II. Grundvermögen

In **Zeile 36** ist der selbst errechnete **Gesamtwert** des inländischen und des in einem Mitgliedstaat der EU bzw. im EWR (Island, Liechtenstein, Norwegen) belegenen Grundvermögens (zum Begriff R B 176.1 ErbStR) einzutragen, in **Zeile 37 und 38** das ausländische – in Drittstaaten belegene – Grundvermögen. Die Angaben können/sollten **aus der Anlage „Angaben zu Bedarfswerten"** übernommen werden, dazu Rdn 67 ff. Sie müssen aber nicht angegeben werden, wenn etwa eine Selbstberechnung nicht möglich ist. Für inländische Grundstücke tritt später bei der Erbschaftsteuerfestsetzung anstelle des selbsterrechneten Werts der von der Finanzverwaltung geschätzte und später gesondert festgestellte Wert; siehe dazu § 8. **Inländisches Grundvermögen** unterliegt bei unbeschränkter deutscher Erbschaftsteuerpflicht immer der deutschen Erbschaftsteuer. Bei Erwerben von inländischem Grundvermögen durch Steuerausländer unterliegt der Erwerb gem. § 2 Abs. 1 Nr. 3 ErbStG der deutschen Erbschaftsteuer. Ausländische Grundstücke unterliegen grundsätzlich der deutschen Erbschaftsteuer bei unbeschränkter deutscher Erbschaftsteuerpflicht. Ausnahmsweise fallen sie nicht unter die deutsche Erbschaftsteuer, wenn ihre Besteuerung durch ein Doppelbesteuerungsabkommen ausschließlich dem Belegenheitsstaat zugewiesen ist; zu den DBA siehe § 3 Rdn 20. 56

Ausländische Grundstücke werden stichtagsbezogen mit dem Verkehrswert angesetzt, d.h. sie fallen nicht unter die Bedarfsbewertung.

Hinweis

Generell gilt: Das im EU-Ausland belegene land- und forstwirtschaftliche Vermögen, Grundvermögen und Betriebsvermögen sowie nicht notierte Anteile an Kapitalgesellschaften mit Sitz in anderen EU-Staaten sind mit dem vergleichbaren Wert anzusetzen, der sich nach den Bewertungsvorschriften für Inlandsvermögen ergäbe. Es muss deshalb ein Steuerwert im Wege der Schätzung ermittelt werden. Dabei sind die individuellen Verhältnisse des jeweiligen Einzelfalles unter Berücksichtigung der Vermögensart zu berücksichtigen.

1. Was gehört zum Grundvermögen?

57 **Zum Grundvermögen** gehören die privaten Grundstücke (Näheres siehe § 176 Abs. 1 BewG; R B 176.1 und 2 ErbStR). Das einzelne Grundstück ist die wirtschaftliche Einheit des Grundvermögens (§§ 2, 70 BewG). Im Erbfall können auch Teile eines Grundstücks geerbt werden, z.B. der Miterbenanteil des Erblassers. Das Grundvermögen kann aus einer oder mehreren wirtschaftlichen Einheiten bestehen. Zum Grundvermögen gehören neben dem Grund und Boden, den Gebäuden, den sonstigen Bestandteilen und dem Zubehör auch das Erbbaurecht,[87] Gebäude auf fremden Grund und Boden und das Wohnungseigentum, Teileigentum, Wohnungserbbaurecht sowie Teilerbbaurecht nach dem Wohnungseigentumsgesetz, soweit es sich nicht um land- und forstwirtschaftliches Vermögen oder Betriebsgrundstücke handelt. Jede wirtschaftliche Einheit ist für sich zu bewerten, auch wenn das WG mehreren Personen zusteht (§§ 2, 3 BewG). Als Grundstücke gelten gem. § 10 Abs. 1 Satz 4 ErbStG auch Anteile an Grundstücksgemeinschaften. Betriebsgrundstücke gehören zur Vermögensart „Betriebsvermögen"; daher ist – sofern eine gesonderte Wertfeststellung erforderlich sein sollte (siehe dazu § 6) – im Feststellungsbescheid die Art „Betriebsgrundstück des Betriebs NN" festzustellen.

Nicht zum Grundvermögen gehören die **LuF-Grundstücke**, die sog. Betriebsvorrichtungen,[88] auch wenn sie zivilrechtlich evtl. wesentliche Bestandteile des Grundstücks sind (§§ 176 Abs. 2, 68 Abs. 2 BewG) sowie die Bodenschätze. Betriebsvorrichtungen werden als bewegliche Wirtschaftsgüter des Betriebsvermögens behandelt, Bodenschätze werden mit den ertragsteuerlichen Werten im Betriebsvermögen angesetzt.

2. Zurechnung eines Grundstücks zum Nachlass

58 Für die **Zurechnung eines Grundstücks zum Nachlass** ist der vorherige Übergang des Eigentums nach dem zivilrechtlichen Eigentumsbegriff auf den Erblasser entscheidend. Zivilrechtlich geht das Eigentum an dem Grundstück gem. § 873 BGB erst mit der Grundbucheintragung auf den Erwerber über. Weder die Aufgabe des Besitzes noch die Auflassung und Eintragungsbewilligung bewirken

87 Lasten auf einem Grundstück mehrere Wohnungs- oder Teilerbbaurechte, zerfällt die wirtschaftliche Einheit des Erbbaugrundstücks nach der Verkehrsauffassung in eine entsprechende Anzahl wirtschaftlicher Einheit, so BFH v. 26.8.2020 – II R 43/18, BStBl 2021 II, 597.

88 Aufzählung in Ländererlasse v. 5.6.2013, BStBl 2013 I, 734 sowie in Kommentaren, z.B. *Rössler/Troll*, Kommentar zum BewG, § 68 Anm. 156; *Halaczinsky*, Die Abgrenzung des Grundvermögens von den Betriebsvorrichtungen, ErbStB 2013, 324; zur USt *Klink/Kastenmeier*, Wann ist eine Betriebsvorrichtung ein Grundstück? – BMF-Schreiben vom 10.8.2016 zu den Änderungen der Steuerschuldnerschaft des Leistungsempfängers durch das StÄndG 2015, BB 2016, 2588.

bereits einen Wechsel des Eigentums. Bis zur Eintragung obliegen dem bisherigen Eigentümer (ggf. seinen Erben) sowie dem Käufer (ggf. seinen Erben) die Rechte und Pflichten aus dem Kaufvertrag und den weiteren Willenserklärungen. Der Übergang des wirtschaftlichen Eigentums i.S.d. § 39 Abs. 2 Nr. 1 AO ist nicht maßgeblich, insbesondere ist nicht auf den Zeitpunkt des Besitz- und Lastenwechsels abzustellen.[89] Beim Erwerb von Todes wegen ist daher ein Grundstück erbschaftsteuerrechtlich bis zur Eintragung des Eigentumswechsels auf den neuen Erwerber im Grundbuch bei den Erben nach dem Veräußerer zu erfassen. Außerdem befindet sich in seinem Nachlass eine Sachleistungsverpflichtung, das Grundstück auf den Käufer zu übertragen. Beim Grundstückserwerber und dessen Erben kann sich bis zur Eigentumsumschreibung auf ihn noch kein Grundstück im Nachlass befinden. In seinem Nachlass befindet sich der Sachleistungsanspruch auf Lieferung des gekauften Grundstücks. Zusätzlich sind die Rechte und Pflichten aus dem Kaufvertrag und den weiteren Willenserklärungen zum Stichtag zu erfassen und zu bewerten. Dabei ist zu beachten, dass Sachleistungsansprüche und -verpflichtungen, soweit sie im Rahmen gegenseitiger Verträge begründet werden, nicht mit dem Steuerwert des Gegenstands, auf den sie gerichtet sind, zu bewerten sind, sondern mit dem gemeinen Wert, i.d.R. mit dem vereinbarten (Kauf-)Preis. Auf Grundstücke gerichtete vertragliche Sachleistungsansprüche und -verpflichtungen sind deshalb nicht mit dem Grundbesitzwert nach §§ 151, 176 ff. BewG zu bewerten.[90]

3. Gesonderte Wertfeststellung

Der Wert für wirtschaftliche Einheiten des inländischen Grundvermögens wird auf Anforderung der Erbschaftsteuerstelle von den Bewertungsstellen des jeweiligen Lagefinanzamts bzw. von einem zentralen Bewertungsfinanzamt in einem Feststellungsbescheid festgesetzt. Jedes inländische Grundstück wird bei erbschaftsteuerlichem Bedarf in einem gesonderten Verfahren von der Bewertungsstelle des Lagefinanzamts bewertet (§§ 157 Abs. 3, 151 Abs. 1 Nr. 1 BewG, dazu §§ 7, 8), d.h. wenn der Steuerwert voraussichtlich die persönlichen und sachlichen Freibeträge allein oder mit anderem Vermögen übersteigen wird. Dafür sind besondere Erklärungen gegenüber den Lagefinanzämtern abzugeben (Näheres siehe §§ 7, 8). 59

Das Erbschaftsteuerfinanzamt kann den Steuerwert zunächst schätzen und den geschätzten Wert später durch den von der Bewertungsstelle festgestellten Wert ersetzen (gem. § 175 AO). Wenn der Erbe etc. voraussichtlich eine Feststellungserklärung abzugeben hat, können mit Hilfe der Anlage Grundstück der oder die Werte schon errechnet werden. Näheres dazu siehe § 8. Ggf. bietet es sich an,

89 Ausnahmsweise berücksichtigt das ErbStG im Fall des Gebäudes auf fremdem Grund und Boden das wirtschaftliche Eigentum (siehe § 195 BewG).

90 Ausführlich dazu R E 12.2 ErbStR und H E 12.2 ErbStH mit vielen Beispielen.

den Steuerberater etc., der zur Erstellung der Erbschaftsteuererklärung beauftragt wurde, auch mit der Feststellungserklärung zu beauftragen.

Beachte

Die Werte ausländischer Grundstücke, bzw. Beteiligungen an ausländischen Grundstückgemeinschaften, muss der Steuerpflichtige bzw. sein Berater selbst mit den Verkehrswerten ermitteln. Das gilt auch für in den Mitgliedstaaten der EU oder im EWR (Island, Liechtenstein, Norwegen) belegene Grundstücke, auch wenn sie summiert in Zeile 36 einzutragen sind.

4. Steuerspareffekt bei inländischem Grundbesitz

60 Seit 2009 werden Grundstücke (private und betriebliche) für die Erbschaftsteuerveranlagung mit einem „typisierenden" Verkehrswert angesetzt. Dabei ist die typisierende Bewertung so angelegt, dass die steuerlichen Grundstückswerte i.A. relativ nah bei dem individuellen Verkehrswert liegen. Die bis 2008 bestandenen Vorteile wegen der Unterbewertung sind **ab 2009** weggefallen. Vorteile bestehen ab 2009 durch spezielle Begünstigungen, insbesondere für zu Wohnzwecken vermietete Grundstücke durch einen Wertabschlag von 10 % (§ 13d ErbStG) und im Bereich der Familienheime durch spezielle Befreiungen (§ 13 Abs. 1 Nr. 4b und Nr. 4c ErbStG; dazu siehe unten Rdn 191 ff.) sowie letztlich durch gewisse Stundungsmöglichkeiten (§ 28 Abs. 3 ErbStG).[91] Für Grundstücke im Betriebsvermögen können sich Vorteile im Rahmen der Vergünstigungen für Betriebsvermögen ergeben, siehe § 3 Rdn 25 ff. und Rdn 226.

61 **Beratungshinweis**

Befinden sich im Nachlass Immobilien, ist umso mehr darauf zu achten, dass alle wertmindernden Faktoren (Jahresmiete, Wohn-/Nutzfläche, Gebäudeart, Baujahr, Bauschäden usw.) auch zutreffend vom Finanzamt (Bewertungsstelle) berücksichtigt werden. Außerdem kann abweichend vom Steuerwert der Ansatz eines individuellen niedrigeren Verkehrswerts erreicht werden (§ 198 BewG), wenn der niedrigere Wert durch ein Sachverständigengutachten schlüssig nachgewiesen wird.

III. Betriebsvermögen

62 In **Zeile 39, 40** ist der – selbst errechnete – Gesamtwert des inländischen Betriebsvermögens (ggf. Summe aller Werte verschiedener Betriebsvermögen) zzgl. des in einem Mitgliedstaat der EU oder im EWR (Island, Norwegen, Liechtenstein) belegenen Betriebsvermögens einzutragen. Die Angaben können/sollten **aus der**

---

91 *Kowanda*, Erbschaft- und schenkungsteuerliche Gestaltungsmöglichkeiten bei der Übertragung von privatem Grundbesitz – Teil I, ErbStB 2018, 303 und Teil II, ErbStB 2018, 333.

Anlage „Angaben zu Bedarfswerten“ übernommen werden, dazu Rdn 67 ff. In **Zeile 40, 42** ist der Gesamtwert des ausländischen Betriebsvermögens anzugeben. Der Wert des einzutragenden Betriebsvermögens (ggf. der zusammengefasste Wert mehrerer Betriebe und Beteiligungen) ist immer das Reinbetriebsvermögen (des einzelnen Betriebes bzw. der Summe der einzelnen Betriebe). Die Werte sind überschlägig zu ermitteln, Näheres dazu §§ 7, 9–11. Der Gesamtwert muss aber nicht angegeben werden, wenn etwa eine Selbstberechnung nicht möglich ist.

Hinweis

Mit großer Wahrscheinlichkeit sind für **ausländisches** Betriebsvermögen ausführliche und plausible Bewertungsunterlagen für ausländisches Betriebsvermögen zu erstellen und dem Finanzamt zugänglich zu machen. Dies gilt auch für das ggf. in Zeile 40 eingerechnete Betriebsvermögen in der EU oder im EWR. Dabei hat der Steuerpflichtige gesteigerte Nachweispflichten nach § 90 Abs. 3 AO. Die Erbschaftsteuerstelle muss letztendlich den Wert des Betriebsvermögens abschließend ermitteln und festsetzen. Die Festsetzung ist bei ausländischen Betriebsvermögen Teil des ErbSt-Bescheides und kann nur mit Einspruch gegen diesen Bescheid angefochten werden.

1. Was gehört zum Betriebsvermögen?

Zum Betriebsvermögen gehören zunächst einmal die geerbten oder sonst ver- 63
machten Einzelbetriebe. Bewertungsgegenstand ist der einzelne Gewerbebetrieb (§§ 95–109 BewG, R B 95, 97.1–3, 99 ErbStR). Der Begriff des Gewerbebetriebs wird durch Rückgriff auf das EStG bestimmt. Das Betriebsvermögen umfasst alle Teile eines Gewerbebetriebes i.S.d. § 15 Abs. 1 und 2 des EStG, die bei der steuerlichen Gewinnermittlung zum BV gehören. Also wird auch der Umfang des Gewerbebetriebs durch das Ertragsteuerrecht bestimmt. Der Bewertungsgegenstand wird über die Gewerbebetriebe hinaus erweitert, da die Ausübung des Freien Berufes i.S.d. § 18 Abs. 1 Nr. 1 EStG den Gewerbebetrieben gleichgestellt wird (§ 96 BewG). Eine weitere Ergänzung bringt § 97 BewG, der die Personengesellschaften (gewerblich geprägte) i.S.d. § 15 Abs. 3 EStG sowie die Kapitalgesellschaften behandelt. Ihre Wirtschaftsgüter stellen immer einen Bestandteil des Gewerbebetriebs dar. Demnach gehören auch im Erbschaftsteuerrecht gewillkürtes, geduldetes, nicht notwendiges Betriebsvermögen, Sonderbetriebsvermögen und dgl. sowie das im Erbschaftsteuergesetz als Verwaltungsvermögen bezeichnete Vermögen zum Betriebsvermögen; nicht dazu gehört jedenfalls das notwendige Privatvermögen. Die Zugehörigkeit zum Betriebsvermögen und die Art des Betriebsvermögens, z.B. als Verwaltungsvermögen, haben Auswirkungen auf die Einbeziehung in die Verschonungen nach §§ 13a–13c, 19a und 28a ErbStG und auf die Bewertung.

Hinweis

In dem Gesamtwert des Betriebsvermögens sind nur Beteiligungen an Personengesellschaften zu berücksichtigen. Beteiligungen an Kapitalgesellschaften sind in Zeilen 43 ff. einzutragen, es sei denn, sie gehören zu einem Einzelunternehmen oder zum Betriebsvermögen einer Personengesellschaft; dann wären sie dort als Betriebsvermögen zu erfassen und entsprechend im Gesamtwert nach Zeile 40 enthalten.

2. Gesonderte Wertfeststellung

64 Für jede inländische wirtschaftliche Einheit (Betrieb, Teilbetrieb, Beteiligung an einer Mitunternehmerschaft) ist eine Feststellungserklärung abzugeben. Näheres siehe §§ 7, 9 ff. Wenn der Erbe etc. voraussichtlich eine Feststellungserklärung abzugeben hat, können mit Hilfe der Anlage Grundstück der oder die Werte schon errechnet werden. Näheres dazu siehe §§ 9–12. Ggf. bietet es sich an, den Steuerberater etc., der zur Erstellung der Erbschaftsteuererklärung beauftragt wurde, auch mit der Feststellungserklärung zu beauftragen. Die Zuständigkeiten sind in § 152 BewG geregelt. Der letztendlich festgestellte Wert wird vom Finanzamt bei der Erbschaftsteuerfestsetzung übernommen.

3. Verschonung des Betriebsvermögens

65 Für Betriebsvermögen (landwirtschaftliches, gewerbliches und freiberufliches) gibt es noch besondere Vergünstigungen. §§ 13a bis 13c, 19a und 28a ErbStG regeln die zu gewährenden Verschonungen beim Erwerb von begünstigtem Betriebsvermögen, land- und forstwirtschaftlichem Vermögen oder begünstigten Anteilen an Kapitalgesellschaften (§ 13b Abs. 2 ErbStG). Die Regelverschonung beträgt 85 % (§ 13a Abs. 1 Satz 1 ErbStG) mit einem zusätzlichen gleitenden Abzugsbetrag von höchstens 150.000 EUR (§ 13a Abs. 2 ErbStG), wenn der Wert des begünstigten Vermögens (§ 13b Abs. 2 ErbStG) den Schwellenwert von 26 Mio. EUR nicht überschreitet. Auf Antrag wird statt der Regelverschonung eine Befreiung zu 100 % gewährt (Optionsverschonung, § 13a Abs. 10 ErbStG). Näheres dazu siehe § 3 Rdn 25 ff. und unten Rdn 226 ff.

IV. Angaben zur Bedarfsbewertung

1. Bedarfsbewertung

66 Die Werte der vorgenannten **inländischen** Vermögenswerte sind bei steuerlichem Bedarf gem. § 157 BewG von der Finanzverwaltung in einem Feststellungsbescheid gesondert festzustellen. Dafür sind die Bewertungsstellen, die Betriebsfinanzämter und ggf. hierfür zentrale Stellen zuständig. Um die gesonderte Feststellung veranlassen zu können, muss das Erbschaftsteuerfinanzamt wissen,

welches **land- und forstwirtschaftliche Vermögen, Grundvermögen** oder **Betriebsvermögen** sich im Nachlass befindet. Dies ist in der **Anlage „Angaben zu Bedarfswerten"** anzugeben.

Beachte

Bis zur Feststellung des Wertes durch das zuständige Finanzamt kann das für die Festsetzung der Erbschaft- bzw. Schenkungsteuer zuständige Finanzamt den gemeinen Wert (Verkehrswert) nach § 155 Abs. 2 AO i.V.m. § 162 Abs. 5 AO schätzen. Ihre Angaben auf diesem Vordruck dienen der Durchführung einer solchen Schätzung. Soweit im Rahmen der gesonderten Feststellung Werte ermittelt werden, die von der Erbschaft- bzw. Schenkungsteuerfestsetzung abweichen, werden diese von Amts wegen berücksichtigt (§ 175 Abs. 1 Satz 1 Nr. 1 AO).

2. Die Anlage „Angaben zu Bedarfswerten"

Auf der Seite 2 sind die geerbten bzw. sonst vermachten inländischen Grundstücke oder inländischen LuF-Betriebe, inländischer betrieblicher Grundbesitz mit Angabe des Lage-Finanzamts, des Einheitswert-Aktenzeichens (des ganzen Grundstücks), des Werts sowie des Anteils daran aufzuzählen. 67

A. Grundbesitz

1	2	3	4	5	6	7
Lage und Größe des Grundstücks (Ort, Straße, Hausnummer bzw. Gemarkung, Flur, Flurstück, Grundstücksgröße)	**Grundstücksart** a) Einfamilienhaus, Zweifamilienhaus, Mietwohngrundstück, Geschäftsgrundstück, gemischt genutztes Grundstück, sonstiges bebautes Grundstück, unbebautes Grundstück b) Land- und forstwirtschaftlicher Grundbesitz c) Betrieblicher Grundbesitz (vgl. lfd. Nr. ...unter B)	**Lage-Finanzamt Einheitswert-Aktenzeichen**	**Einheitswert** (des ganzen Grundstücks) DM oder EUR	**Bodenrichtwert** (soweit bekannt) EUR/m²	**geschätzter gemeiner Wert/ Verkehrswert** (des ganzen Grundstücks) EUR	**Anteil am Grundstück** (Anteil des Erblassers bzw. vom Schenker zugewendeter Anteil) %

68 **Ausländischer Grundbesitz** ist hier nicht aufzuzählen, da dessen Wert nicht gesondert festgestellt wird. Ausländische Grundstücke sind gem. § 31 BewG mit dem gemeinen Wert anzusetzen. Zur Wertermittlung kann auf die Vergleichswert-, Ertragswert- oder Sachwertmethode zurückgegriffen werden. Allerdings eignen sich die für inländische Grundstücke geltenden Bewertungsregeln in §§ 183–197 BewG wegen der unterschiedlichen Wert- und Sachverhältnisse kaum oder gar nicht für die Bewertung ausländischer Objekte. Ebenso sind ausländische Steuerwerte i.d.R. keine für die deutsche Erbschaftsteuer geeigneten Werte. In erster Linie kommt eine Ableitung/Schätzung des gemeinen Werts aus den Anschaffungs- oder Herstellungskosten und dann im Wege des Vergleichs mit ähnlichen Objekten in Betracht. Letztlich kann der Wert durch ein Einzelwertgutachten gegen über dem Finanzamt nachgewiesen werden.

Ausnahmsweise ist der gemeine Wert ausländischen Vermögens, das zu einem inländischen Betriebsvermögen oder zum Vermögen einer Kapitalgesellschaft oder vermögensverwaltenden Gemeinschaft/Gesellschaft mit Sitz oder Geschäftsleitung im Inland gehört, im Rahmen der gesonderten Feststellung des gemeinen Werts dieser wirtschaftlichen Einheit nach § 151 Abs. 1 Satz 1 Nr. 2 bis 4 BewG zu berücksichtigen.[92]

69 Auf der **Seite 3** der Anlage „Angaben zu Bedarfswerten“ sind die geerbten bzw. sonst vermachten inländischen Betriebe oder Anteile daran, Anteile an Kapitalgesellschaften sowie sonstige Vermögensgegenstände und Schulden, die mehreren Personen zustehen, mit Angabe des Betriebsstätten- bzw. Veranlagungs-Finanzamt aufzuzählen. Ausländisches Betriebsvermögen/ausländische Anteile ist/sind ggf. durch formlose Anlage zur Erbschaftsteuererklärung zu belegen, d.h. nicht in die Anlage „Angaben zu Bedarfswerten“ aufzunehmen.

92 R E 151.1 Abs. 3 ErbStR.

B. Betriebsvermögen oder Anteile daran, nicht notierte Anteile an Kapitalgesellschaften sowie sonstige Vermögensgegenstände und Schulden, die mehreren Personen zustehen

1	2	3	4	5	6	7	8
Lfd. Nr.	**Art des Vermögens**	**zuständiges Finanzamt Steuernummer**	**Wert des übertragenen Vermögens**				**Gewinn/Verlust**
			Gesamtwert	**darin enthaltenes Sonderbetriebs-vermögen**	**darin enthaltener betrieblicher Grundbesitz**	**darin enthaltene Beteiligungen und Anteile**	
	a) Betriebsvermögen b) Anteil am Betriebsvermögen c) nicht notierte Anteile an Kapital-gesellschaften d) sonstige Vermögensgegenstände und Schulden, die mehreren Personen zustehen Name, Anschrift des Betriebs/der Gesellschaft/der Gemeinschaft		geschätzter Wert in EUR und ggf. Anteil in %	(nur anzugeben bei Übertragung von Beteiligungen an Personengesellschaften) geschätzter Wert in EUR (Bitte Kopie der Sonderbilanz beifügen.)	(nur anzugeben wenn das Grundstück zu weniger als 100 % bilanziert ist) Lage des Grundstücks und bilanzierter Anteil (übrige Angaben zum Grundstück unter „A. Grundbesitz" ergänzen)	Bezeichnung und geschätzter Wert in EUR	(nur anzugeben bei Betriebsvermögen, Anteilen an Betriebsvermögen und Anteilen an Kapitalgesellschaften) Gewinne bzw. Verluste der letzten drei Wirtschaftsjahre

Die geforderten Wertangaben zum gemeinen Wert des Grundbesitzes oder des Betriebsvermögens können – wenn der Erbe etc. voraussichtlich eine Feststellungserklärung abzugeben hat, mit Hilfe der Anlage Betriebsvermögen der oder die Werte schon errechnet werden. Näheres dazu siehe §§ 6 ff. Ggf. bietet es sich an, den Steuerberater etc., der zur Erstellung der Erbschaftsteuererklärung beauftragt wurde, auch mit der oder den Feststellungserklärung(en) zu beauftragen. Die Finanzverwaltung verlangt zusätzlich vorliegende Gewinn- und Verlustberechnungen der letzten drei vor dem Bewertungsstichtag abgeschlossenen Wirtschaftsjahre und eine Aufschlüsselung der Kapitalkonten.

3. Anforderung der Bedarfsbewertung durch die Erbschaftsteuerstelle

Aufgrund der Anlage „Angaben zu Bedarfswerten" fordert die Erbschaftsteuerstelle von dem jeweiligen Lagefinanzamt oder Betriebsfinanzamt bei steuerlichem Bedarf (insbesondere bei Überschreiten der persönlichen und sachlichen Befreiungen) die **gesonderte Wertfeststellung** des inländischen Grundbesitzwertes oder des Betriebsvermögenswerts an. Die Bejahung der Bedeutung für die Besteuerung ist nach der Rechtsprechung des BFH[93] kein Verwaltungsakt, sondern 70

93 BFH v. 26.1.2006 – II B 61/05, BFH/NV 2006, 921. Ist eine Grundbesitzwertfeststellung nicht bestandskräftig, sondern angefochten, zwingt die Rücknahme der Bedarfswertanforderung das Lage-FA zur Aufhebung der Feststellung, so FG Berlin-Brandenburg v. 23.10.2019 – 3 K 3179/19, EFG 2020, 431.

ein interner Vorgang. Damit ist § 175 Abs. 1 Satz 1 Nr. 1 AO nicht anwendbar. Nicht in jedem Fall ist eine gesonderte Wertfeststellung erforderlich: zum einen nicht, wenn die zu erwartenden Werte offenkundig unter den in Betracht kommenden Freibeträgen liegen, oder wenn innerhalb des letzten Jahres schon eine gesonderte Wertfeststellung erfolgt ist und sich die Wertverhältnisse nicht geändert haben (§ 151 Abs. 3 BewG).[94] Hier können ggf. Erklärungskosten gespart werden. Grundsätzlich ist für gesonderte Feststellungen die Abgabe einer **Feststellungserklärung** an die (zentrale) Bewertungsstelle/Belegenheitsfinanzamt erforderlich. Die Feststellungserklärung besteht zumindest aus 2 Teilen, der eigentlichen Feststellungserklärung und der Anlage für die Bewertung des einzelnen Vermögensgegenstandes (Näheres siehe §§ 7 ff.). Soweit im Rahmen der Feststellung Werte ermittelt werden, die von der Erbschaft- bzw. Schenkungsteuerfestsetzung abweichen, werden diese von Amts wegen berücksichtigt (§ 175 Abs. 1 Satz 1 Nr. 1 AO).

E. Das übrige Vermögen

71 Dem übrigen Vermögen wird alles zugeordnet, was nicht dem LuF-Vermögen, dem Grundvermögen oder dem Betriebsvermögen zugeordnet werden kann. Die Zugehörigkeit zu den speziellen Vermögensarten ist also vorrangig. Die Zugehörigkeit zu einer Vermögensart hat vor allem Bedeutung für die Bewertung der jeweiligen Wirtschaftsgüter. Während das übrige Vermögen vorrangig mit dem Verkehrswert anzusetzen ist, werden die einzelnen Wirtschaftsgüter in den anderen Vermögensarten nach besonderen steuerlichen Bewertungsregeln verkehrswertnah bewertet und angesetzt. Außerdem entscheidet die Zugehörigkeit zu einer Vermögensart auch über die jeweiligen speziellen Steuerentlastungen.

I. Nicht notierte Anteile an Kapitalgesellschaften

72

43	**Übriges Vermögen**		
44	Gehören zum Nachlass nicht notierte Anteile an Kapitalgesellschaften im Inland oder in EU-/EWR-Staaten? ☐ ja ☐☐ Anzahl der Beteiligungen Gesamtwert:	☐ nein	Anteile an KapGes. 46
45	Gehören zum Nachlass nicht notierte Anteile an Kapitalgesellschaften in Drittstaaten?	☐ nein	
46	☐ ja ☐☐ Anzahl der Beteiligungen Gesamtwert:		

Grundsätzlich befinden sich nicht notierte Anteile an Kapitalgesellschaften im übrigen Vermögen (Privatvermögen), z.B. der GmbH-Anteil eines „Firmeninhabers“. In **Zeile 44 des Mantelbogens** ist der selbst errechnete Gesamtwert aller

94 Siehe R E 151.1 Abs. 4 und 151.2 Abs. 4, 5 ErbStR.

Beteiligungen an **inländischen** und an in einem Mitgliedstaat der EU bzw. im EWR (Island, Liechtenstein, Norwegen) ansässigen Kapitalgesellschaften des übrigen Vermögens einzutragen. Der Gesamtwert ergibt sich aus der Summe der Werte aus den einzelnen Anlagen Anteilsbewertung (siehe § 9). Für jede Beteiligung ist eine eigene Anlage Anteilsbewertung auszufüllen, die Zahl der Anlagen ist in Zeile 44 einzutragen. Die Angaben können/sollten **aus der Anlage „Angaben zu Bedarfswerten"** übernommen werden, dazu Rdn 67 ff. Die geforderten Wertangaben können, wenn der Erbe etc. voraussichtlich eine Feststellungserklärung abzugeben hat, mit Hilfe der Anlage Betriebsvermögen – Kapitalgesellschaften schon errechnet werden. Näheres dazu siehe §§ 11 ff. Ggf. bietet es sich an, den Steuerberater etc., der zur Erstellung der Erbschaftsteuererklärung beauftragt wurde, auch mit der oder den Feststellungserklärung(en) zu beauftragen. Später erfolgt noch von Amts wegen eine gesonderte Wertfeststellung durch das Betriebsfinanzamt,[95] diese kann ggf. abgewartet und auch noch später angefochten werden. Das Erbschaftsteuerfinanzamt ist ohnehin rechtlich verpflichtet, den gesondert festgestellten Wert zu übernehmen.

Muss ein Erbe einen GmbH-Anteil **unverzüglich nach dem Erwerb von Todes** 73
wegen aufgrund einer im Zeitpunkt des Erbfalls bestehenden Regelung im Gesellschaftsvertrag an die Mitgesellschafter **übertragen** oder wird der Anteil aufgrund einer solchen Regelung von der GmbH **eingezogen** und ist der Wert nach § 12 ErbStG höher als der Abfindungsanspruch, gehört **nur der Abfindungsanspruch zum Vermögensanfall.**[96]

Hinweis 1

Befinden sich die nicht notierten Anteile an Kapitalgesellschaften in einem Betriebsvermögen, z.B. eine GmbH ist an einer anderen GmbH beteiligt, ist der Gesamtwert der Beteiligung nicht hier, sondern in der **Anlage Betriebsvermögen** der betreffenden Gesellschaft anzusetzen. Der Wert der Anteile ist aber ebenfalls gem. der Anlage Betriebsvermögen zu ermitteln und zu erklären.

---

95 *Riedel*, Bewertung von Kapitalgesellschaftsanteilen für Zwecke der Erbschaft- und Schenkungsteuer, GmbHR 2009, 743; *Riedel*, Die Bewertung von Gesellschaftsanteilen nach dem Bewertungsgesetz, ZErb 2015, 204; *Bruckmeier/Zwirner/Vodermeier*, Unternehmensbewertung im Erbschaftsteuerrecht: Handlungsempfehlungen und Modellrechnungen, DStR 2017, 678; *Lorenz*, Beweislastfragen im Rahmen der erbschaftsteuerrechtlichen Unternehmensbewertung, DStR 2017, 1681; *Mühlenstädt*, Verfahrensrechtliche Besonderheiten bei der Anteilsbewertung nach § 151 BewG, ErbStB 2022, 213.

96 BFH v. 14.3.2022 – II B 25/21, BFH/NV 2022, 811; v. 17.11.2021 – II R 21/20, BStBl 2022 II, 500 (§ 7 Abs. 7 Satz 2 ErbStG erfasst die Werterhöhung von Anteilen der verbleibenden Gesellschafter durch jegliche Einziehung von GmbH-Anteilen nach § 34 Abs. 1, 2 GmbHG und ist nicht auf Fälle der Zwangseinziehung von Anteilen beschränkt.

Hinweis 2

Die Werte der nicht notierten Anteile an Kapitalgesellschaften mit Sitz oder Geschäftsleitung in der EU, im EWR oder in **Drittstaaten** sind selbst zu errechnen – dabei kann dieselbe Methode wie bei Anteilen an inländischen Kapitalgesellschaften angewandt werden –; es erfolgt aber keine gesonderte Wertfeststellung durch das Betriebsstättenfinanzamt (R B 151.1 Abs. 2, R B 152 ErbStR).

II. Wertpapiere, Bankguthaben etc.

74

47	Gehören zum Nachlass andere Anteile, Wertpapiere und dergleichen? ☐ ja Bezeichnung	ggf. Name des verwahrenden Geldinstituts/Bankleitzahl/Depot-Nr. ☐ nein	Wert (einschl. Stückzinsen)	
48				
49				
50				
51		Summe: 50		Wertpapiere u.Ä. 50

1. Wertpapiere

75 In **Zeilen 47–51** ist die Summe des ererbten Wertpapiervermögens einzutragen. Dazu gehören Aktien, Fondanteile, Anleihen usw., egal wo sie deponiert/angelegt sind. Die Werte sind auf der Basis der niedrigsten (amtlich notierten) Kurswerte am Stichtag (§ 11 Abs. 1 BewG), mit dem Rückkaufswert und dergleichen zu ermitteln[97] und anzusetzen.[98] Das bedeutet, dass auch ein niedrigerer Kurswert am Todestag nach dem Todeszeitpunkt noch herangezogen werden kann.

Beispiel

Eintritt des Todes am Tag X um 5.00 h morgens. Es kann der niedrigste Kurswert einer Börse (z.B. Düsseldorf) am Tag X z.B. um 18.00 h herangezogen werden. Bei großen Depots kann dies zu einer Erbschaftsteuerersparnis führen.

97 Zur Ableitung aus Börsenkursen der Stammaktien oder Vorzugsaktien siehe z.B. FinMin Schl.-Holst. v. 15.2.2000, DStR 2000, 429; R B 11.1 Abs. 4 ErbStR; BFH v. 9.3.1994 – II R 39/90, BStBl 1994 II, 394. *Riedel*, Die Bewertung von Gesellschaftsanteilen nach dem Bewertungsgesetz, ZErb 2015, 204; *Rennar*, Festverzinsliche Wertpapiere: Bewertung sog. Zero-Bonds für Zwecke der Erbschaft- und Schenkungsteuer, ErbBstg 2022, 232; *v. Oertzen/Grosse*, Kryptowährungsguthaben im Erbrecht und Erbschaftsteuerrecht, DStR 2020, 1651.

98 Zur Ermittlung der Bemessungsgrundlage, wenn aus der Anschaffung noch Verbindlichkeiten bestehen siehe H E 7.4 (1) Berechnungsbeispiel.

Beachte

Anzugeben sind natürlich auch solche Wertpapiere, die nicht bei einem Geldinstitut verwahrt werden (sog. Tafelpapiere). Das Finanzamt verlangt i.d.R. den Depotauszug des verwahrenden Geldinstituts; bei Beteiligungen an geschlossenen Immobilienfonds eine Aufstellung der Fondsverwaltung über das Fondsvermögen und seinen erbschaftsteuerlich maßgebenden Wert im Besteuerungszeitpunkt.

Bewertung im Einzelnen: 76

Aktien	niedrigster Kurswert am Stichtag (§ 11 Abs. 1 BewG)
Fondsanteile	Anteile oder Aktien, die Rechte an einem Investmentvermögen im Sinne des Kapitalanlagegesetzbuchs verbriefen, sind mit dem Rücknahmepreis anzusetzen; ansonsten niedrigster Kurswert am Stichtag oder Rückzahlungs(-nahme)wert
Anleihen	niedrigster Kurswert am Stichtag.

Hinweis

Liegt am Stichtag keine Notierung vor, ist der letzte innerhalb von 30 Tagen vor dem Stichtag notierte Kurs maßgebend.

Bei **festverzinslichen** Wertpapieren sind die bis zum Todestag angefallenen Stückzinsen zusätzlich anzugeben.

Für die Erbschaftsteuerveranlagung genügt an sich die wahrheitsgemäße Angabe der Gesamtsumme. Das Finanzamt verlangt aber – für Kontrollzwecke – die Angabe des genauen Kontos und der kontoführenden Bank, auch Depotauszüge, Aufstellung der Fondverwaltungen etc. Im Zweifel kann sich das Erbschaftsteuerfinanzamt heute einen Überblick über die Konten des Erblassers durch eine sog. Kontenabfrage verschaffen.[99] In das Wertpapierguthaben sind die sog. Stückzinsen einzubeziehen. Dabei handelt es sich um die für das Jahr des Todes bis zum Todestag entstandenen Zinsen. Die Banken haben diese zu errechnen und den Erben und dem Finanzamt gem. Gleich lautenden Ländererlasses v. 9.3.2000[100] mitzuteilen. 77

99 Siehe dazu § 93 AO und AEAO zu § 93 AO.

100 Z.B. in DStR 2000, 928. Nach FG Münster v. 17.2.2021 – 7 K 3409/20 AO, EFG 2021, 957 = ZErb 2021, 231 ist es nicht sachlich unbillig, dass im Rahmen der Veräußerung von geerbten Investmentanteilen Stückzinsen, die auf den Zeitraum vor dem Erbfall entfallen und deswegen bereits der Erbschaftsteuer unterlegen haben, der Abgeltungsteuer unterworfen werden. BFH v. 3.10.1984 – II R 194/82, BStBl 1985 II, 73.

2. Guthaben bei Geldinstituten

78

52	Gehören zum Nachlass Guthaben bei Geldinstituten? ☐ ja Kontonummer	☐ nein Name des Geldinstituts/Bankleitzahl	Wert (einschl. Zinsen)	
53				
54				
55				
56		Summe: 51		Bankguthaben 51

Bei persönlicher Steuerpflicht in Deutschland sind alle Guthaben bei inländischen und ausländischen Geldinstituten anzugeben.[101] Auch Kontenguthaben auf fremden Namen, Konten von Stiftungen und dergl. sind hier anzugeben, wenn der Erblasser noch als Inhaber anzusehen war, z.B. wenn eine Stiftung aufgrund des Regelwerks im Verhältnis zum Stifter nicht tatsächlich und rechtlich frei über das zugewendete Vermögen verfügen konnte und der Erbe in diese Position eintritt.[102] Kontenguthaben werden grundsätzlich mit ihrem Nennwert einschließlich der bis zum Todestag angefallenen Zinsen in **Zeilen 52–56** angesetzt. Soweit in dem Guthaben Beträge enthalten sind, die zurückzuzahlen sind (z.B. eine im Voraus erhaltene Rente), ist das Guthaben nicht um die Rückzahlungsverpflichtung zu kürzen; dieses ist vielmehr unter Nachlassverbindlichkeiten (Zeilen 93–97) anzugeben.

a) Oder-Konten

79 Haben Eheleute ein gemeinsames Konto[103] mit separater Verfügungsberechtigung eines jeden Konteninhabers (Oder-Konto), sind sie im Verhältnis zur Bank Gesamtgläubiger (§ 428 BGB) und im Innenverhältnis im Zweifel zu gleichen Anteilen berechtigt (Anspruch auf hälftige Teilhabe gem. § 430 BGB). Das gilt grundsätzlich auch, wenn das Konto aus dem Einkommen nur des einen Gatten stammt. Das Finanzamt geht im Erbfall grundsätzlich von einer hälftigen Zurechnung aus. Im Erbfall brauchen die Finanzämter bei Ehegatten, die im Güterstand der Zugewinngemeinschaft gelebt haben, hinsichtlich der Eigentumsanteile bei

101 *Kühne*, Bankvermögen im Erbfall und der vorweggenommenen Erbfolge, ZErb 2015, 33; *Billig*, Bankkonten von Ehegatten als erbschaft- und schenkungsteuerliche Fallstricke, UVR 2015, 311; *Halaczinsky*, Schenkung- und erbschaftsteuerliche Aspekte bei Kapitalanlagen, ErbStB 2013, 226.

102 Vgl. BFH v. 25.1.2001 – II R 39/98, BFH/NV 2001, 908; BFH v. 28.6.2007 – II R 21/05, BStBl 2007 II, 669 = ErbStB 2007, 293 m. Komm. *Halaczinsky*.

103 Dazu *Ott-Eulberg/Schebesta/Bartsch*, Erbrecht und Banken, 3. Aufl. 2017; *Werkmüller*, Das Gemeinschaftskonto in der Geschäftspraxis der Banken, ZEV 2000, 440; zu Bausparkonto von Ehegatten = Oder-Konto siehe LG Bremen v. 3.6.2004 – 2 O 84/04, ZErb 2004, 303; *Götz*, Oderkonten als Schenkungsteuerfalle, ZEV 2011, 408; *Oppel*, Schenkungsteuerrechtliche Behandlung der Übertragung von Einzel- und Gemeinschaftskonten durch Ehegatten auf eine Familienstiftung liechtensteinischen Rechts, ZEV 2016, 159.

Oder-Konten nicht näher zu überprüfen, wenn der Erblasser den höheren Zugewinn erzielt hat. Ansonsten wird erst bei Gemeinschaftskonten mit Guthaben von mehr als 20.000 EUR ggf. näher geprüft.

Hinweis

Im Regelfall sind beide Ehegatten bei Oder-Konten zu gleichen Anteilen am Kontoguthaben beteiligt. D.h. im Erbfall wird von einem hälftigen Erwerb ausgegangen. Behauptet der hinterbliebene Ehegatte, dass ihm das Kontoguthaben des Oder-Kontos vollständig zusteht, hat er die Feststellungslast für die von Hälftevermutung abweichende Beteiligung zu tragen.[104]

Frage: Was ist, wenn das **Guthaben** von einem Ehegatten stammt und der andere stirbt? Beispiel: Der überlebende Ehegatte hat Geld aus seiner Erbschaft auf das gemeinschaftliche Konto eingezahlt. 80

Antwort: Im Erbfall fällt im Zweifel das halbe Guthaben in den Nachlass.[105] Das Finanzamt kann prüfen, ob dies zutreffend ist. Frage der Beweislast. Möglich wäre z.B. eine andere als hälftige Kontenaufteilung, aus Nachweisgründen sollten unterschiedliche Ein- und Auszahlungen schriftlich festgehalten werden.[106]

Frage: Liegt eine Schenkung vor, wenn ein Ehegatte überwiegend in das Oder-Konto einzahlt, und der andere Ehegatte überwiegend Geld abhebt?

Antwort: Die Zahlung eines Ehegatten auf ein Gemeinschaftskonto (sog. Oder-Konto) beider Ehegatten kann eine Schenkung i.S.v. § 7 Abs. 1 Nr. 1 ErbStG an den anderen Ehegatten sein, wenn und soweit dieser im Verhältnis zum einzahlenden Ehegatten tatsächlich und rechtlich frei über das eingezahlte Guthaben verfügen kann und die Zuwendung unentgeltlich ist. Im Erbfall wären solche Schenkungen als Vorschenkungen anzugeben! Will das Finanzamt die Abhebungen als Schenkung besteuern, trägt es die Feststellungslast für die Tatsachen, die zur Annahme einer freigebigen Zuwendung i.S. des § 7 Abs. 1 Nr. 1 ErbStG erforderlich sind, also auch dafür, dass der nicht einzahlende Ehegatte im Verhältnis zum einzahlenden Ehegatten tatsächlich und rechtlich frei zur Hälfte über das eingezahlte Guthaben verfügen kann.[107]

---

104 BFH v. 29.6.2016 – II R 41/14, BStBl 2016 II, 865; FG Nürnberg v. 15.5.2014 – 4 K 1390/11, EFG 2014, 1698. Fehlen schriftliche oder mündliche Vereinbarungen über etwaige von § 430 BGB abweichende Regelungen im Innenverhältnis, kann dem Verhalten der Gesamtgläubiger, insbesondere im Hinblick auf Verwaltung der und Verfügung über die Erträge, Indizwirkung darüber zukommen, ob gleichwohl solche Regelungen bestehen.

105 Im Zweifel sind sie ausgleichspflichtig, FG Düsseldorf v. 23.2.2022 – 4 K 929/19 Erb,AO, EFG 2022, 1470.

106 Dazu BFH v. 23.11.2011 – II R 33/10, BStBl 2012 II, 473 zu Zahlungen eines Ehegatten auf ein gemeinsames Oder-Konto als freigebige Zuwendung an den anderen Ehegatten; v. 25.1.2001 – II R 39/98, BFH/NV 2001, 908.

107 BFH v. 23.11.2011 – II R 33/10, BStBl 2012 II, 473.

81 **Frage**: Was gilt, wenn Ehegatten ihr Oder-Konto oder ihr jeweiliges Einzelkonto **auf eine Stiftung,** z.B. in Liechtenstein, übertragen und die Stiftung nicht als solche anerkannt wird.

Antwort: Ist die Stiftung als „Scheinstiftung" anzusehen, weil der/die Stifter (Ehegatten) die volle Verfügungsbefugnis über das Stiftungsvermögen behalten, ist das Konto nicht der Stiftung, sondern dem bisherigen Kontoinhaber zuzurechnen. Die Folge ist, dass es insoweit in den Nachlass des Stiftungsgründers/der Stiftungsgründerin fällt![108] D.h., dessen Erben müssen den Erwerb des Kontoguthabens versteuern.

b) Einzelkonten

82 Bei Einzelkonten[109] ist im Zweifel der Kontoinhaber auch Gläubiger der Forderung. Ein Einzelkonto/-depot ist auch bei Eheleuten – im Gegensatz zu einem Gemeinschaftskonto – grundsätzlich allein dem Kontoinhaber zuzurechnen. Aus einer Vollmacht für den Ehegatten, der nicht Kontoinhaber ist, ergibt sich nichts anderes. Problematisch ist das, wenn ein Ehegatte auf das Konto des anderen Ehegatten eingezahlt hat.[110] Erfolgt dies nur „treuhänderisch" liegt keine Schenkung vor.[111] Der zur Schenkungsteuer herangezogene Ehegatte trägt die Feststellungslast für Tatsachen, die der Annahme einer freigebigen Zuwendung entgegenstehen.[112]

83 **Frage**: War die Überweisung auf das Konto des anderen Ehegatten eine Vorschenkung?

---

108 FG Düsseldorf v. 25.1.2017 – 4 K 2319/15Erb, EFG 2017, 581; FG Münster v. 11.12.2014 – 3 K 764/12 Erb, EFG 2015, 736, BFH v. 28.6.2007 – II R 21/05, BStBl 2007 II, 669. Nach FG Köln v. 6.9.2022 – 7 K 2720/20, juris, ist das Stiftungsvermögen zum Todeszeitpunkt nicht mehr Vermögen der Erblasserin/des Erblassers, wenn sich die Erblasserin als Stifterin und Erstbegünstigte einer liechtensteinischen Familienstiftung, die wirksam errichtet worden und bis zum Tod der Erblasserin als rechtlich transparent einzustufen war, nicht vererbliche Herrschaftsbefugnisse an dem in die Stiftung eingebrachten Vermögen vorbehalten halt. Diese Herrschaftsbefugnisse sind mit dem Tod der Erblasserin untergegangen; *Oppel*, Schenkungsteuerrechtliche Behandlung der Übertragung von Einzel- und Gemeinschaftskonten durch Ehegatten auf eine Familienstiftung liechtensteinischen Rechts, ZEV 2016, 159; *Schneider/Weinberger*, Zuwendungen unter Ehegatten, UVR 2020, 15.

109 *Bonefeld*, Das Einzelkonto im Erbrecht, ZErb 2003, 369; *Bartsch*, Das Sparbuch im Erbfall, ZErb 2001, 124.

110 FG München, Gerichtsbescheid v. 19.10.2000 – 4 K 4977/97, n.v.

111 BFH v. 25.1.2001 – II R 39/98, BFH/NV 2001, 908. Bei der Prüfung, ob ein Treuhandverhältnis tatsächlich gegeben ist, ein strenger Maßstab anzulegen ist (vgl. BFH v. 4.12.2007 – VIII R 14/05, BFH/NV 2008, 745; v. 21.5.2014 – I R 42/12, BStBl 2015 II, 4) und dies auch bei Ehegatten gilt (BFH v. 18.11.2004 – II B 176/03, BFH/NV 2005, 355).

112 BFH v. 29.6.2016 – II R 41/14, BStBl 2016 II, 865.

Antwort: Überweist jemand einen Geldbetrag auf das Festgeldkonto eines anderen, erlangt dieser zwar im Verhältnis zu seiner Bank eine Forderung. Der Empfänger wird dadurch aber nur dann auf Kosten des Überweisenden i.S.d. § 7 Abs. 1 Nr. 1 ErbStG bereichert, wenn und soweit der Empfänger den Geldbetrag endgültig behalten durfte und darüber im Innenverhältnis zum Überweisenden tatsächlich und rechtlich frei verfügen konnte.[113] Daran fehlt es, wenn die Überweisung nur erfolgt, um Anlagebeträge des Überweisenden und des Empfängers zur Erlangung besserer Zinskonditionen zusammenzulegen.[114]

Hinweis

Erbt ein Ehegatte den Vermögensstand seines Einzelkontos/-depot, auf das der andere Ehegatte den Vermögenstand seines Einzelkontos/-depots unentgeltlich übertragen hat, und wäre darin keine Schenkung zu sehen, wäre dieser Vermögenstand noch dem Erblasser zuzurechnen; d.h. der Erwerb wäre der ErbSt zu unterwerfen. Wäre in der Übertragung eine Schenkung zu sehen, müsste diese spätestens jetzt als Vorschenkung angegeben werden.

c) Und-Konten

Bei sog. „Und-Konten“ darf nur gemeinsam über das Konto verfügt werden. 84
Übrigens: Jeder Ehegatte kann im Alleingang ein Oder-Konto in ein Und-Konto umwandeln. Schenkungen können nur bei einverständlicher „Mehrentnahme“ eines Ehegatten vorliegen. Im Erbfall gilt m.E. die hälftige Aufteilungsvermutung.

d) Gemeinschaftliche Wertpapierdepots

Bei gemeinschaftlichen Wertpapierdepots sind beide Ehegatten nur bei ausdrück- 85
lichem Erwerb zu Miteigentum Eigentümer der Wertpapiere, im Zweifel nur derjenige, der das Erwerbsgeschäft getätigt hat.[115] Bei Wertpapierdepots kommt es darauf an, wer Eigentümer der im Depot verwalteten Wertpapiere ist. Bei Wertpapier-Depots ist zwischen der Eigentumslage an den verwahrten Wertpapieren und den Rechten aus dem Depotverwahrungsvertrag zu unterscheiden. § 430 BGB, der das Innenverhältnis von Gesamtgläubigern regelt, ist nur für die Rechte aus dem Verwahrungsvertrag von Bedeutung. Deshalb sind z.B. die Inhaber eines Oder-Depots nur in Bezug auf diese Rechte, nicht aber in Bezug auf die verwahrten Wertpapiere Gesamtgläubiger.[116] Lässt sich nicht feststellen, für wessen Eigentum die Wertpapiere erworben worden sind, stellt für die Eigentumslage depotverwahrter Wertpapiere § 1006 BGB eine Vermutung und § 742 BGB („im Zweifel“) eine schwach ausgeprägte Auslegungsregel für gleiche An-

113 Vgl. BFH v. 26.9.1990 – II R 50/88, BStBl 1991 II, 32 m.w.N.
114 BFH v. 7.10.1999 – II R 30/97, BFH/NV 1999, 618.
115 BGH v. 25.2.1997 – XI ZR 321/95, DB 1997, 975.
116 Vgl. BFH v. 23.11.2011 – II R 33/10, BStBl 2012 II, 473 = ErbStB 2012, 168 mit Komm. *Esskandari/Bick*.

teile der Oder-Depotinhaber auf. Die Auslegungsregel kommt nicht zum Zuge, wenn sich aus dem Parteiwillen etwas anderes ergibt oder wenn sie der Sachlage nicht gerecht wird.[117]

e) Weitere Fragen zu Bankkonten

86 **Frage**: Was ist, wenn der Erbe behauptet, der Erblasser sei aufgrund mündlicher Vereinbarung nur als Treuhänder Kontoinhaber gewesen, z.B. der Erblasser habe das Konto für den Erben geführt, weil der Erbe in Vollstreckung ist?

Antwort: Bei nachweisbarer Treuhand liegt kein Erwerb vom Erblasser vor. Es besteht erhöhte Nachweispflicht des Erben bei Behauptung eines Treuhandverhältnisses.

87 **Frage**: Was ist, wenn ein Ehegatte Geld von einem Konto des Ehegatten abhebt? Beispiel: Ehemann hebt mit Vollmacht vom Konto seiner Frau 50.000 EUR ab und überbringt das Bargeld ans Krankenbett; die Frau verschenkt das Geld an ihre Schwestern. Nach dem Tod der Frau behandelt das Finanzamt dies als Schenkung an den Mann.

Antwort: Der Erbe hat den atypischen Geschehensablauf zu beweisen. Kann er nicht beweisen, dass seine Frau das Geld an ihre beiden Schwestern verteilt hat, liegt (steuerlich) eine Vorschenkung an ihn vor! Daher: Größere schenkweise Zahlungen in der Familie immer quittieren lassen.

88 **Frage**: Was ist, wenn der Kontoinhaber mit der Bank einen Vertrag geschlossen hat, nach dem das Guthaben nach seinem Tod seinem Ehepartner/Dritten gehören soll.

Antwort: Zuwendungen durch Vertrag zugunsten Dritter von Todes wegen sind erbschaftsteuerpflichtig, z.B. Verträge mit Banken zugunsten des Ehepartners über Bank-/Depotguthaben.

89 **Frage**: Was ist, wenn Ehepartner/Dritter Kontovollmacht über den Tod hinaus erhält und kraft Vollmacht Geld für sich abhebt?

Antwort: Die Vollmacht über den Tod hinaus ändert nicht die Erbquote. Entnimmt der Bevollmächtigte Geld, ist er gegenüber dem Erben/den Erben ausgleichspflichtig. Verzichten diese, kann darin eine Schenkung liegen. Ist der/die Bevollmächtigte Erbe/Erbin, und überträgt er/sie kraft Vollmacht Guthaben aus solchen Konten weiter, kann darin eine neue Schenkung vorliegen. Bei Vollmacht über den Tod hinaus kann ein Vertrag zugunsten Dritter vorliegen; es liegt ein steuerbarer Erwerb von Todes wegen gem. § 3 Abs. 1 Nr. 4 ErbStG vor, wenn der Dritte nach dem Tod des Konteninhabers frei über das Kontoguthaben verfügen darf.[118]

---

117 Vgl. BGH v. 25.2.1997 – XI ZR 321/95, NJW 1997, 1434.
118 BFH v. 17.10.2007 – II R 8/07, BFH/NV 2008, 572.

3. Zurechnung der Zinsen im Erbfall

Bei der Erbschaftsteuer gehören die Zinsen bis zum Todestag bei unbeschränkt Steuerpflichtigen zum steuerbaren Erwerb (Nachlass)[119] und sind in der Erbschaftsteuererklärung anzugeben. Im wirtschaftlichen Ergebnis werden die rechnerisch bis zum Todestag angefallen Zinsen doppelt besteuert.[120] Banken und andere Geldinstitute haben für Erbschaftsteuerzwecke neben den Kontenständen am Erbschaftsteuerstichtag auch die für das Jahr des Todes bis zum Todestag errechneten Zinsen anzugeben (§ 1 Abs. 1 Satz 2 ErbStDV). Von der Angabe der bis zum Todestag errechneten Zinsen kann nur abgesehen werden, wenn es sich um Zinsen für Giroguthaben handelt, bei denen der Zinssatz nicht höher als 1 v.H. ist. 90

Anzumerken ist, dass Zinsen auch Nachlassverbindlichkeiten sein können, soweit sie noch nicht erfüllt sind.

Die **einkommensteuerliche Regelung** unterscheidet sich von der erbschaftsteuerlichen Behandlung der Zinsen aus Kapitalforderungen. Gehen festverzinsliche Wertpapiere, Sparbücher und ähnliche Kapitalforderungen während der laufenden Zinsperiode im Weg der Gesamtrechtsnachfolge auf einen Erben über, sind die Zinsen aus diesen Kapitalforderungen bei Zufluss nach dem Todestag in vollem Umfang dem Erwerber als Einnahmen nach § 20 Abs. 1 Nr. 7 EStG zuzurechnen.[121] Eine rechnerische Aufteilung ist nicht vorzunehmen. Die dem Erblasser erteilte NV-Bescheinigung bzw. der von ihm erteilte Freistellungsauftrag verliert mit dem Todestag ihre bzw. seine Gültigkeit. Die Bank darf bei Kenntnis vom Tod des Kontoinhabers dessen NV-Bescheinigung bzw. dessen Freistellungsauftrag nicht mehr berücksichtigen. Die Bank hat bei Tod des Kunden gemäß § 33 ErbStG dies dem Erbschaftsteuerfinanzamt mitzuteilen. Bei Übergang von einem Wertpapierdepot auf einen Erben kann bei Vorlage z.B. eines Erbscheins in jedem Fall von einem unentgeltlichen Depotübertrag im Sinne des § 43 Abs. 1 Satz 4 EStG ausgegangen werden, eine zusätzliche Meldung nach § 43 Abs. 1 Satz 6 EStG durch die Bank ist nicht erforderlich. Für die auf die Zeit vor dem Tod des Erblassers entfallende Zinsforderung findet die Steuerermäßigung bei Belastung mit Erbschaftsteuer (§ 35b EStG) nur insoweit Anwendung, als die 91

119 FinMin Schleswig-Holstein, Erlass v. 16.2.2004 – VI 313 – S 2252–280; BFH v. 17.2.2010 – II R 23/09, BStBl 2010 II, 641; *Scheurle/Scheurle*, Die steuerrechtliche Behandlung von Zinsen im Erbfall, ZEV 1996, 182.

120 Kumulative Belastung mit Erbschaft- und Einkommensteuer bei der Vererbung von Zinsansprüchen ist nicht verfassungswidrig, so BVerfG v. 7.4.2015 – 1 BvR 1432/10, ZErb 2015, 292; *Meßbacher-Hönsch*, Doppelbelastung mit Erbschaft-/Schenkungsteuer und Ertragsteuer: Eine Betrachtung anhand verschiedener Fallgruppen, ZEV 2018, 182.

121 Zinsen, die auf einer testamentarisch angeordneten Verzinsung eines erst fünf Jahre nach dem Tode des Erblassers fälligen betagten Vermächtnisanspruchs beruhen, sind beim Vermächtnisnehmer steuerpflichtige Einkünfte aus Kapitalvermögen gemäß § 20 Abs. 1 Nr. 7 EStG, so BFH v. 20.10.2015 – VIII R 40/13, BStBl 2016 II, 342.

Kapitalerträge beim Erben nicht dem Abgeltungsteuersatz nach § 32d Abs. 1 EStG unterliegen, sondern – zum Beispiel im Rahmen der Günstigerprüfung nach § 32d Abs. 6 EStG – tariflich besteuert werden.[122]

92 Seit **2009 ist die Abgeltungsteuer** eingeführt. Bei der Abgeltungsteuer werden alle Kapitalerträge wie Zinsen und Dividenden, aber auch erzielte Kursgewinne, mit 25 Prozent versteuert, dazu kommen Solidaritätszuschlag und ggf. Kirchensteuer. Auch wenn der persönliche Einkommensteuersatz über 25 Prozent liegt, müssen die Kapitalerträge nicht mehr in der Steuererklärung angegeben werden. Liegt der persönliche Einkommensteuersatz niedriger, kann zu viel gezahlte Abgeltungsteuer vom Fiskus zurückgefordert werden. Hierzu müssen die Kapitalerträge beim Finanzamt angegeben werden, damit dieses eine Günstigerprüfung vornimmt.

93 Der **Erbe** muss ab dem Zeitpunkt des Erwerbs Abgeltungssteuer zahlen. Im Erbfall wird der Erbe von Aktien oder Fondsanteilen steuerlich genauso behandelt wie der Verstorbene.

Beratungshinweis

Für den Erben, Vermächtnisnehmer oder sonst Bedachten ist es wichtig, das Konto – i.A. unter Vorlage des Erbscheins oder eines Erbzeugnisses – auf seinen Namen umschreiben zu lassen. Stehen Zinszahlungen an, ist zu empfehlen, möglichst bald einen Freistellungsauftrag (§ 44a Abs. 1 und 2 EStG) zu beantragen oder beim Finanzamt eine NV-Bescheinigung zu beschaffen und der Bank vorzulegen (soweit die Voraussetzungen hierfür vorliegen). Für Kapitalerträge, die nach einem Erbfall zugeflossen sind, berechtigt eine auf den Namen des Erblassers ausgestellte NV-Bescheinigung nicht zur Erstattung der Kapitalertragsteuer an die Erben. Hat die Bank erst einmal die Abgeltungsteuer einbehalten, kann diese nur i.R.d. Jahressteuererklärung erstattet werden (Näheres zum Erstattungsverfahren siehe § 44b EStG). Bei Ehegatten gelten Besonderheiten. Ist der Ehegatte Alleinerbe, bleibt der gemeinsame Freistellungsauftrag z.B. noch bis Ende des laufenden Veranlagungsjahres wirksam.[123]

4. Bausparguthaben

94

57	Gehören zum Nachlass Bausparguthaben? ☐ ja Bausparnummer	Name der Bausparkasse	☐ nein Wert (einschl. Zinsen)	
58		52		Bausparguthaben 52

---

122 Vgl. Rn 132 des BMF-Schreibens v. 9.10.2012, BStBl I 953.

123 Näheres siehe BMF-Schr. v. 5.11.2002 – IVC1-S 2400 – 27/02, BStBl 2002 I, 1346.

In vielen Fällen fallen angesparte und noch nicht zugeteilte Bausparverträge in den Nachlass.[124] In solchen Fällen ist nicht die Bausparzielsumme, sondern nur das aktuelle Guthaben zzgl. der bis zum Stichtag entstandenen Zinsen in **Zeile 58** anzusetzen. Die Daten sind von der Bausparkasse erhältlich. War der Bausparvertrag mit einer Risikolebensversicherung in der Weise gekoppelt, dass beim Tod des Bausparers die Bausparsumme von der Versicherung bis zur Zielsumme aufgefüllt wird, gilt die gesamte Bausparsumme als vom Erblasser erworben. Auch beim Bausparvertrag können im Falle des Ablebens Dritte als Bezugsberechtigte bestimmt werden, so dass das Bausparguthaben dann nicht in den Nachlass fällt. Muss das Bausparguthaben einem Dritten herausgegeben werden, kann diese Verpflichtung als Nachlassverbindlichkeit abgezogen werden.

5. Forderung gegen Finanzamt, Versicherungen, Privatleute etc.

95

59	Gehören zum Nachlass Steuererstattungsansprüche? ja Bezeichnung	Name des Finanzamtes, Steuernummer	nein Wert	
60		53		Steuererstattungsanspr. 53
61	Gehören zum Nachlass andere Kapitalforderungen? ja Bezeichnung	Name des Schuldners, Nennbetrag, Zinssatz	nein Wert (einschl. Zinsen)	
62		54		Sonst. KapForderungen 54

a) Steuererstattungs- und Steuervergütungsansprüche bei Erbanfällen

In **Zeilen 59 und 62** sind alle Steuererstattungsansprüche[125] in einer Summe einzutragen, die zum Nachlass gehören; ggf. sind sie in einer formlosen Anlage aufzulisten. Es sind nur diejenigen Ansprüche beim übrigen Vermögen zu erfas- 96

124 Zu Bausparkonto von Ehegatten = Oder-Konto siehe LG Bremen v. 3.6.2004 – 2 O 84/04, ZErb 2004, 303.

125 Zu Steuererstattungsansprüchen im Erbfall *Hartmann*, Anm. zu BFH v. 2.12.2003 – II R 5/03, BStBl 2004 II, 203 in ErbStB 2004, 69; die Angaben gelten für private Steuererstattungsansprüche. Ein **betrieblicher Steuererstattungsanspruch** ist dagegen nicht anzusetzen, wenn die zuständige Finanzbehörde ihn bestreitet bzw. die Finanzverwaltung insgesamt eine der Entstehung eines Erstattungsanspruchs entgegenstehende Rechtsauffassung vertritt. Die Aktivierung von Vermögensgegenständen in der Handelsbilanz und damit der Wirtschaftsgüter in der Steuerbilanz (§ 5 Abs. 1 Satz 1 EStG) richtet sich in erster Linie nicht nach rechtlichen, sondern nach wirtschaftlichen Gesichtspunkten. Maßgebend ist deshalb nicht, ob eine Forderung oder ein Anspruch fällig oder ein Recht realisierbar ist, sondern ob der Vermögensvorteil wirtschaftlich ausnutzbar ist und einen durchsetzbaren gegenwärtigen Vermögenswert darstellt.

sen, die nicht zu einem Betriebsvermögen gehören (R E 10.3; R B 12.1 Abs. 4 ErbStR). Im Übrigen gilt Folgendes:

- **Anspruch auf Erstattung laufend veranlagter Steuern**[126]
  Der Anspruch auf Steuererstattung, z.B. von zu viel bezahlter Einkommensteuer, entsteht mit Ablauf des für die Festsetzung der Steuer maßgeblichen Steuerabschnitts, d.h. bei der ESt 2022 mit Ablauf des 31.12.2022. Steuererstattungsansprüche für Veranlagungszeiträume, die **vor dem Todeszeitpunkt des Erblassers** endeten, gehören mit dem materiell-rechtlich zutreffenden Wert zum steuerpflichtigen Erwerb nach § 10 Abs. 1 ErbStG, ohne dass es auf ihre Durchsetzbarkeit (Festsetzung in einem Steuerbescheid) zum Todeszeitpunkt ankommt (R E 10.3 ErbStR).[127] Die Überzahlungen, die zu den Steuererstattungsansprüchen geführt haben, muss noch der Erblasser geleistet haben. Auch alle ESt-Erstattungsansprüche, die einen zum Todeszeitpunkt des Erblassers abgelaufenen Veranlagungszeitraum betreffen, aber erst dadurch zustande gekommen sind, dass eine Überzahlung durch eine fehlerhafte zu hohe Festsetzung der Steuer und anschließenden Bezahlung durch den Erblasser eingetreten ist, zählen zu den anzugebenden Forderungen. Einkommensteuererstattungsansprüche **aus dem Veranlagungszeitraum, in den der Todeszeitpunkt des Erblassers fällt**, gehören nach § 10 Abs. 1 Satz 3 ErbStG zum steuerpflichtigen Erwerb, auch wenn sie rechtlich erst nach dem Tod des Erblassers entstehen/entstanden sind.[128]
  Erstattungsansprüche für noch nicht veranlagte Jahre können zunächst geschätzt werden.
- **Einkommensteuerzusammenveranlagung**
  Erstattungsansprüche aus Einkommensteuer-Zusammenveranlagung sind nur hälftig der ErbSt zu unterwerfen, wenn der Erblasser die Einkommensteuer auf gemeinsame Rechnung vorausgezahlt hat.
- **Erstattungszinsen**
- Erstattungszinsansprüche nach § 233a Abs. 1 Satz 1 AO (z.B. Erstattungszinsen zur Einkommensteuer) sind nur dann Teil des erbschaftsteuerrechtlichen Erwerbes i.S. des § 10 Abs. 1 Satz 1 ErbStG, wenn sie bereits im Erwerbszeitpunkt im abgabenrechtlichen Sinne entstanden sind, d.h. soweit der Bescheid über den zu verzinsenden Steueranspruch vor dem Tod des Erblassers ergangen ist.[129] Sind die die Erstattungszinsen auslösenden Einkommensteuerbescheide erst nach dem Erbfall ergangen, sind die Zinsansprüche nicht mehr in

---

126 *Marfels*, Die Bewertung von Kapitalforderungen und -schulden nach § 12 Abs. 1 bis 4 BewG für Zwecke der Erbschaftsbesteuerung, ErbStB 2017, 239.

127 BFH v. 16.1.2008 – II R 30/06, BStBl 2004 II, 626.

128 Entgegen BFH v. 4.7.2012 – II R 15/11, BStBl 2012 II, 790.

129 R E 10.3 Abs. 4 ErbStR.

der Person des Erblassers, sondern bereits originär in der Person des Erben als deren Gesamtrechtsnachfolger entstanden.[130]

- **Erstattungen aufgrund einer Außenprüfung**
  Der Erstattungsanspruch ist mit Ablauf des Steuerabschnitts zu erfassen. Im Hinblick auf § 233a AO erfolgt eine Abzinsung nicht.
- **Erstattung aufgrund eines Verlustrücktrags**
  Diese sind wegen des Stichtagsprinzips nicht zu berücksichtigen.[131]
- **Erstattungen nicht laufend veranlagter Steuern**
  Diese sind ggf. abgezinst (Abzinsungszeitraum = Zeitpunkt der Auszahlung ./. Zeitpunkt der Entstehung des Anspruchs) zu erfassen.
- **Steuererstattungsansprüche**, denen **noch offene Steuerforderungen** gegenüberstehen, sind nicht zu erfassen.

Hinweis

Unabhängig von dem Güterstand können bei Überweisungen von Steuererstattungsbeträgen auf das Konto eines Ehegatten im Verzicht des anderen Ehegatten auf Auszahlung seiner bestehenden Ausgleichsansprüche für den jeweiligen Veranlagungszeitraum steuerbare Schenkungen an den anderen Ehegatten vorliegen.

b) Andere Kapitalforderungen

Hat der Erblasser weitere bisher noch nicht genannte Kapitalforderungen, z.B. ausstehendes Gehalt, Anspruch auf beschlossene Gewinnausschüttung, Ansprüche nach dem Vermögensgesetz (R E 10.2 ErbStR), Anspruch aus einer noch nicht fälligen Lebens-/Rentenversicherung, sind diese i.d.R. mit dem Nennwert in **Zeilen 59, 60** einzutragen.[132] Ansprüche aus noch nicht fälligen Lebens-, Renten- und Kapitalversicherungen sind **ab 2009** mit dem Rückkaufswert einzutragen. Bis 2008 konnten die nicht fälligen Ansprüche mit 2/3 der eingezahlten Prämien oder mit dem (noch) niedrigeren Rückkaufswert bewertet werden. 97

Hinweis

Instandhaltungsrücklagen bei Wohnungs- und Teileigentum sind **auch** „andere" Kapitalforderungen.

130 R E 10.3 Abs. 4 Satz 2 ErbStR; FG München v. 15.11.2017 – 4 K 3189/16, EFG 2018, 303. Insoweit handelt es sich nicht um einen derivativen Erwerb des Erben vom Erblasser.

131 BFH v. 17.7.1981 – III R 35/80, BStBl 1982 II, 54.

132 *Marfels*, Die Bewertung von Kapitalforderungen und -schulden nach § 12 Abs. 1 bis 4 BewG für Zwecke der Erbschaftsteuer, ErbStB 2017, 239.

c) Nicht betriebliche Kapitalforderungen

98 In **Zeile 61** wird die Summe aller nicht betrieblichen Kapitalforderungen, z.B. aus Privatdarlehen, eingetragen; ggf. sind sie in einer formlosen Anlage aufzulisten. Im Übrigen gilt zur Bewertung[133] Folgendes:

99 – **Nicht betriebliche Kapitalforderungen und -schulden** werden mit ihrem Nennwert angesetzt. Dies ist der Betrag, den der Schuldner bei Fälligkeit der Forderung an den Gläubiger (Erblasser bzw. Erben) zu entrichten hat. Ein Aufgeld (Agio) ist neben dem Nennbetrag anzusetzen. Ein Abgeld (Disagio/Damnum) mindert den Nennwert nicht.
– **Uneinbringliche Forderungen** bleiben außer Ansatz, d.h. sie werden mit 0 EUR bewertet.[134] Dies ist i.d.R. der Fall, wenn
  – die Forderung verjährt ist und der Schuldner die Einrede der Verjährung geltend macht
  – Zwangsvollstreckungsmaßnahmen fruchtlos verlaufen sind
  – der Schuldner eine „Vermögensauskunft“, früher eine eidesstattliche Versicherung, geleistet hat
  – das Insolvenzverfahren mangels Masse eingestellt wurde und der Gläubiger tatsächlich nichts holen kann.

Hat der Erblasser einem Verwandten, z.B. Bruder, vor längerer Zeit Geld geliehen, und den Betrag nicht ernsthaft (bisher erfolglos) zurückgefordert, ist im Zweifel von der Uneinbringlichkeit auszugehen.

100 – **Zweifelhafte oder teilweise realisierbare Forderungen/Schulden** (z.B. bei Insolvenz) werden mit dem nach den Verhältnissen vom Bewertungsstichtag voraussichtlich realisierbaren Wert bewertet. Dieser Wert ist ggf. zu schätzen.[135]
– **Unverzinsliche Forderungen/Schulden** werden abweichend vom Nominalwert mit dem Gegenwartswert bewertet. Dies geschieht gem. § 12 Abs. 3 BewG unter folgenden Voraussetzungen:
  – Unverzinslichkeit
  – keine anderen wirtschaftlichen Vorteile bzw. bei Schulden Nachteile
  – Laufzeit mehr als ein Jahr (am Bewertungsstichtag/§§ 9, 11 ErbStG)
  – Fälligkeit an einem bestimmten Tag.

133 Siehe noch R E 12.1 – 4 ErbStR und H E 12. 1 – 4 ErbStH. Ausführlich Gleich lautende Erlasse der obersten Finanzbehörden der Länder v. 9.9.2022, BStBl 2022 I, 1351 zur Bewertung von Kapitalforderungen und Kapitalschulden sowie von Ansprüchen/Lasten bei wiederkehrenden Nutzungen und Leistungen nach dem 31.12.2009 für Zwecke der Erbschaft- und Schenkungsteuer.

134 § 12 Abs. 2 BewG; BFH v. 12.3.1997 – II R 52/94, BFH/NV 1997, 550; zu unverzinslichen Forderung nach Erbvergleich siehe FG München v. 15.12.2003, ZErb 2004, 138.

135 R 109 Abs. 3 ErbStR 2003; Gleich lautender Ländererlass v. 9.9.2022, BStBl 2022 I, 1351, Abschn. II Tz. 1.2 letzter Abs.

- **Die Berechnung des Gegenwartswerts** hängt von der Tilgungsweise ab.
  Bei Tilgung in einem Betrag ist der Gegenwartswert unter Anwendung der Tabelle 1 zu ermitteln.
  Die Formel lautet:
  1. Nominalbetrag × Vervielfältiger (Tabelle 1) = Gegenwartswert
- **Bei Tilgung in gleichen Jahresraten** ist von einer unterjährigen Zahlungsweise auszugehen.[136] Der Gegenstandswert berechnet sich unter Anwendung der Tabelle 2.
  Die Formel lautet:
  1. Jahresrate × Vervielfältiger (Tabelle 2) = Gegenwartswert

Hinweis

Die Einräumung eines zinslosen Darlehens kann als unentgeltliche Zuwendung i.S.d. § 7 Abs. 1 Nr. 1 ErbStG hinsichtlich des Zinsvorteils (kapitalisierten Nutzungsvorteils) beurteilt werden.[137]

- **Niedrig verzinsliche Forderung/Schuld** 101
  Hier ist der Zinsvorteil eine freigebige Zuwendung.[138] Die Bewertung erfolgt unter bestimmten Voraussetzungen (R B 12.1 Abs. 2 ErbStR) mit dem Gegenwartswert:
  - Zins weniger als 3 %
  - keine anderen wirtschaftlichen Vorteile/bei Schulden Nachteile
  - Laufzeit am Bewertungsstichtag mindestens 4 Jahre (Kündbarkeit mindestens 4 Jahre ausgeschlossen)
  - Fälligkeit an einem bestimmten Tag.

  Bei einem Annuitätendarlehen ist in einem solchen Fall der Gegenwartswert unter Anwendung der **Tabelle 4** des Erlasses v. 9.9.2022, a.a.O., zu ermitteln.[139]
  Die Formel lautet:
  1. Nominalbetrag
     ./. kapitalisierter Zinsverlust
     = Gegenwartswert

---

136 § 12 Abs. 1 Satz 2 BewG; Gleich lautender Ländererlass v. 9.9.2022, BStBl 2022 I, 1351, Abschn. II Tz. 1.2.1 Abs. 3.

137 FG Köln v. 29.9.2020 – 7 K 2593/19, ZEV 2021, 406; gegen die Regelung des § 15 Abs. 1 BewG, wonach der einjährige Betrag der Nutzung einer Geldsumme, wenn kein anderer Wert feststeht, zu 5,5 Prozent anzunehmen ist, bestehen keine verfassungsrechtlichen Bedenken. BFH v. 12.7.1979 – II R 26/78, BStBl 1979 II, 631 und BFH v. 30.3.1994 – II R 105/93, BFH/NV 1995, 70; BFH v. 25.10.1995 – II R 45/92, BStBl 1996 II, 11; BFH v. 22.8.2018 – II R 51/15, BStBl 2020 II, 662 zu einer zinslos gestundeten Zugewinnausgleichsforderung.

138 BFH v. 15.1.2001 – II B 171/99, BFH/NV 2001, 1122.

139 § 12 Abs. 1 BewG; R B 12.1 Abs. 2 Satz 1 und 2 ErbStR; Gleich lautender Ländererlass v. 9.9.2022, BStBl 2022 I, 1351, Abschn. II Tz. 1.2.2 und 2.1.2.

- **Hochverzinsliche Forderung/Schuld**
  Hierbei gelten – falls mehr als 9 % Zins – für die Bewertung mit dem Gegenwartswert die gleichen Voraussetzungen wie bei niedrig verzinslichen Forderungen/Schulden (R B 12.1 Abs. 2 Satz 3 ErbStR).
  Die Formel lautet:
  1. Nominalbetrag
     <u>+ kapitalisierter Überzins</u>
     = Gegenwartswert

  Es kommt darauf an, ob der Gläubiger längere Zeit (4 Jahre) mit dem erhöhten Zins rechnen kann. Die formellen Kündigungsmöglichkeiten des § 489 Abs. 1 und 2, § 490 Abs. 2 BGB sind nicht heranzuziehen.[140]

d) Sonstige Forderungen

102

63	Gehören zum Nachlass sonstige Forderungen? ☐ ja Bezeichnung	Name des Schuldners	☐ nein Wert	
64		49		Sonst. Forderungen 49

Zu den sonstigen Forderungen, deren Wert in **Zeilen 63 und 64** einzutragen ist, gehören z.B. Bundesschatzbriefe, Sparbriefe, Finanzierungsschätze, Zerobonds.[141]

Ansatz im Überblick gem. R B 12.2–12.4 ErbStR

Bundesschatzbriefe A	Nennwert
Bundesschatzbriefe B	Rückzahlungswert
Finanzierungsschätze	Ausgabewert zzgl. des Wertes der bis zum Fälligkeitszeitpunkt aufgelaufenen fiktiven Zinsen
Abgezinste Sparbriefe	Rückzahlungswert
Börsennotierte Zero-Bonds	notierter Kurs
Nicht notierte Zero-Bonds	mit Kursen vergleichbarer Anlagen, hilfsweise nach R B 12.3 ErbStR
Sachleistungsansprüche	mit dem gemeinen Wert des Gegenstands
Bezugsrechte	mit dem gemeinen Wert
Einlage eines typischen stillen Gesellschafters	grundsätzlich mit Nennwert; siehe noch H B 12.4 ErbStH

140 BFH v. 10.2.1982 – II R 3/80, BStBl 1982 II, 351; zum Ansatz über dem Nennwert BFH v. 22.3.2001 – II B 77/00, BFH/NV 2001, 1103.

141 *Kühne*, Bankvermögen im Erbfall und der vorweggenommenen Erbfolge, ZErb 2015, 33.

Das **Sparbuch** ist ein sog. qualifiziertes Inhaberpapier i.S.d. § 808 BGB. Das Sparguthaben wird durch Übergabe das Sparbuchs i.V.m. einer Vollmacht, ansonsten durch Erbanfall, Vermächtnis u. dergl. erworben.[142] Anzusetzen ist der Nennwert zzgl. der bis zum Übergangstag entstandenen Zinsen.

Bei der **Einlage eines typischen stillen Gesellschafters** handelt es sich um eine Kapitalforderung, die grundsätzlich mit Nennwert zu bewerten ist. Ist die Kündbarkeit der Einlage am Besteuerungszeitpunkt für längere Zeit ausgeschlossen und liegt der Durchschnittsertrag über 9 v.H., ist der Nennwert der Vermögenseinlage um den fünffachen Unterschiedsbetrag zwischen dem Durchschnittsertrag und der Verzinsung um 9 v.H. zu erhöhen. Bei einem Durchschnittsertrag unter 3 v.H. der Vermögenseinlage ist, soweit die Kündbarkeit der Einlage am Bewertungsstichtag für längere Zeit ausgeschlossen ist, der Nennwert um den fünffachen Unterschiedsbetrag zwischen 3 v.H. und dem Durchschnittsertrag zu mindern. Der Durchschnittsertrag ist möglichst aus den Gewinnanteilen der letzten drei vor dem Besteuerungszeitpunkt endenden Wirtschaftsjahre herzuleiten. Ein Abschlag wegen Unwägbarkeiten kommt dabei nicht in Betracht. Die Kündbarkeit ist für längere Zeit ausgeschlossen, wenn das Gesellschaftsverhältnis im Besteuerungszeitpunkt noch mehr als 5 Jahre währen wird. **Berechnungsbeispiel** siehe R B 12.4 ErbStR. 103

Bei einer **atypisch stillen Gesellschaft** gilt der Gesellschafter als **Mitunternehmer**. Ob eine stille Gesellschaft als Mitunternehmerschaft – sog. atypische stille Gesellschaft – zu behandeln ist, ist nach H 15.8 (1) „Stiller Gesellschafter" EStH zu beurteilen.

e) Andere Zinsansprüche

104

Zeile				
65	**noch: Übriges Vermögen**			**99 41**
66	Gehören zum Nachlass Zinsansprüche (soweit in Zeile 51, 56, 58 und 62 nicht enthalten)? ☐ ja	Name des Schuldners	☐ nein Wert	
67		55		Zinsen 55

f) Versicherungen, Sterbegelder, Abfindungen

105

68	Gehören zum Nachlass Versicherungen, Sterbegelder, Abfindungen? ☐ ja ggf. Vers.-Nr.	Name des Schuldners	☐ nein Wert	Kap.Ford. (personell) 48
69				
70				
71		Summe: 56		Vers., Sterbegelder, Abf. 56

142 *Damrau*, Sparbücher – vererbt oder für den Todesfall anderweitig verschenkt, ZErb 2008, 221; FG Münster v. 2.2.2012 – 3 K 1291/09 Erb, EFG 2012, 1576.

In **Zeilen 68–71** ist anzugeben, ob zum Nachlass Versicherungen gehören. Eine Lebensversicherung[143] fällt z.B. in den Nachlass, wenn der Versicherungsnehmer verstirbt und kein Bezugsberechtigter genannt ist. Bzgl. des Werts ist zu unterscheiden, ob Ansprüche auf Auszahlung bestehen und ob der Anspruch auf Auszahlung vom Erblasser abzuleiten ist. In diesem Fall ist der Nennwert der Auszahlungssumme anzusetzen. Kommt die Versicherung im Erbfall nicht zur Auszahlung, z.B. weil der Erblasser nicht die versicherte Person war, werden bei Erbfall noch nicht fällige Versicherungen mit dem Rückkaufswert bewertet.

Bei einer **fondsgebundenen TermFix-Lebensversicherung** entsteht die Erbschaftsteuer in vollem Umfang am Todestag des Erblassers. Dies gilt auch bei Vereinbarung einer TermFix-Versicherung mit festem Auszahlungszeitpunkt in der Zukunft.[144] Die Regelung des § 12 Abs. 4 Satz 1 BewG, wonach noch nicht fällige Ansprüche aus Lebens-, Kapital- oder Rentenversicherungen mit dem Rückkaufswert zu bewerten sind, ist nicht anzuwenden.

Hinweis

Werden Versicherungsleistungen u.Ä. direkt an den Bezugsberechtigten ausgezahlt, sind diese Beträge in Zeilen 80 ff. einzutragen.

106 Bei der Erbschaftsteuer sind Sterbegelder, die aufgrund beamten- und versorgungsrechtlicher Vorschriften gezahlt werden, erbschaftsteuerfrei, weil sie nicht Teil des Nachlasses werden, sondern unmittelbar in der Person des Hinterbliebenen entstehen (zum Vergleich: anders Bezüge im Sterbemonat, die noch in der Person des Verstorbenen entstehen). Bei Ansprüchen aus Sterbegeldversicherungen kommt es auf den Versicherungsvertrag an. Ist kein Berechtigter benannt, erwerben die Erben, andernfalls die vertraglich bestimmten Bezugsberechtigten.

6. Renten und andere wiederkehrende Bezüge

107

72	Gehören zum Nachlass Renten oder andere wiederkehrende Bezüge? ☐ ja Bezeichnung	Name des Schuldners, Laufzeit bis	☐ nein Jahreswert	
73				
74				Renten u.Ä. 57

143 Vgl. *Ott-Eulberg/Halaczinsky*, Lebensversicherung und Erbrecht; *Halaczinsky*, Gestaltungen im Zusammenhang mit Lebensversicherungen – Erbschaft- und Schenkungsteuer, UVR 2016, 25. Laufende Zahlungen der Versicherungsprämien durch einen Dritten für eine Lebensversicherung, die vom Versicherungsnehmer abgeschlossen wurde, sind nicht als mittelbare Schenkung eines Lebens- bzw. Rentenversicherungsanspruchs zu beurteilen, so BFH v. 22.10.2014 – II R 27/13, BFH/NV 2015, 335 inhaltsgleich mit BFH v. 22.10.2014 – II R 26/13.

144 FG Köln v. 30.1.2019 – 7 K 1364/17, EFG 2019, 1122; *Welker*, Erbschaftsteuerliche Behandlung von Termfix-Versicherungen, ErbStB 2019, 324.

a) Steuerbare Renten

Grundsätzlich sind gesetzliche Renten, Pensionen und andere vergleichbare Hinterbliebenenversorgungsansprüche erbschaftsteuerfrei, vgl. Näheres R E 3.5 ErbStR. Es bleiben hier nur die privaten vom Erblasser stammenden Rentenansprüche anzusetzen, z.B. der Erblasser hat bestimmt, dass eine von ihm bedachte Person lebenslang oder zeitlich befristet oder bis/ab einem bestimmten Ereignis eine Rente oder einen sonstigen wiederkehrenden Bezug erhalten soll (z.B. Vermächtnisnießbrauch). In Betracht kommen auch Renten aus Versorgungsverträgen zugunsten Dritter, z.B. mit einem Unternehmen über die Weiterzahlung einer Rente im Falle des Todes zugunsten eines Hinterbliebenen oder als Begünstigungen aus einer Stiftung[145] (vgl. § 5 Rdn 10). Die wiederkehrende Leistung kann in einem Nutzungsrecht (Nießbrauch oder Wohnrecht) oder in einem Anspruch auf Dienstleistung (z.B. Pflege) etc. bestehen.[146] 108

Wird eine Verpflichtung zur Zahlung einer Rente geerbt, kann es sich um eine Nachlassverbindlichkeit handeln, siehe Rdn 127.

b) Jahreswert

Die **Bewertung der Renten usw. nimmt das Finanzamt von Amts wegen** vor, siehe Hinweise zur Bewertung in Rdn 111 ff. Dazu ist/sind in **Zeilen 72–74** der bzw. die Jahreswerte der Ansprüche auf Renten und andere wiederkehrende Bezüge einzutragen, die vom Erblasser geerbt oder sonst zugewendet werden. Der in **Zeilen 73, 74** einzutragende Jahreswert der Nutzung ergibt sich aus dem vereinbarten Nutzungswert in Geld. Der Jahreswert der Nutzung von Geld (z.B. bei zinslosem Darlehen) beträgt 5,5 % (§ 15 Abs. 1 BewG). Soweit die Nutzungen und Leistungen nicht in Geld bestehen, z.B. Wohnung, Pflege, Kost und dergleichen, ist der Jahreswert aus den üblichen Mittelpreisen des Verbrauchsortes zu ermitteln, bei schwankenden Nutzungen oder Leistungen ist nach § 15 Abs. 3 BewG ein durchschnittlicher Jahreswert zu schätzen. 109

---

145 FG Köln v. 6.9.2022 – 7 K 2720/20, EFG 2023, 635. Ist aber mangels Vererblichkeit der Herrschaftsbefugnisse der Erblasserin die Stiftung selbst Rechtsnachfolgerin hinsichtlich des gesamten „Stiftungsvermögens“ geworden, dann ist auch ein Rentenstammrecht, das aus der Einsetzung der Erbin als Nachfolgebegünstigte der Stiftung resultiert, nicht als steuerpflichtiger Erwerb zu berücksichtigen (Revision eingelegt Az. des BFH: II R 50/22).

146 *Christoffel*, Der praktische Fall: Übertragung eines Grundstücks gegen Rente aus ertrag- und schenkungsteuerlicher Sicht, ErbBstg 2022, 169; *Halaczinsky*, Die Zuwendung von Renten im Erbschaft-/Schenkungsteuerrecht, UVR 2019, 271; *Bruschke*, Nachfolgeregelung mit gemischten Schenkungen, DStZ 2019, 932; BFH v. 5.7.2018 – II B 122/17, BStBl 2018 II, 660 zum Steuerwert einer gemischten Schenkung.

7. Zuwendung von Nießbrauch- und Wohnrechten

110 Erblasser können Nießbrauchsrechte und Wohnrechte an Grundstücken, aber auch Nutzungsrechte an anderen Vermögensgegenständen und Vermögensgesamtheiten unentgeltlich weiter übertragen, z.B. ein zugunsten des Erblassers bestehender Vorbehaltsnießbrauch an einem Miethaus geht mit dem Tod auf dessen Ehefrau über. Nießbrauch- und Wohnrechte werden wie Renten mit dem Kapitalwert durch Vervielfältigung des Jahreswerts bewertet. Steuerlich vorteilhaft beim Zuwendungsnießbrauch ist die Begrenzung des Jahreswerts (§ 16 BewG), siehe dazu § 8 Rdn 8 und die Möglichkeit der Zahlung der jährlichen Schenkungsteuer nach dem Jahreswert, siehe dazu § 3 Rdn 62 ff. Diese Erwerbe sind in **Zeilen 72–74** einzutragen. Der Jahreswert ist bei diesen Nutzungs- und Duldungsrechten nach § 16 BewG auf den Betrag begrenzt, der sich ergibt, wenn der für das genutzte Wirtschaftsgut nach den Vorschriften des Bewertungsgesetzes anzusetzende Wert durch 18,6 geteilt wird.

8. Steuerwert der wiederkehrenden Leistungen und Nutzungen

a) Kapitalwert

111 Renten und wiederkehrende Nutzungen, z.B. Nießbrauchsrechte[147] (Zuwendungs-, Vorbehalts-, Vermächtnisnießbrauch und dergleichen), sind nach dem Bewertungsgesetz grundsätzlich mit dem Kapitalwert (Jahreswert der Nutzung × Vervielfältiger) anzusetzen.[148] Bei der Ermittlung des Jahreswerts von Nießbrauchsrechten an Grundstücken ist von den Einnahmen aus Vermietung und Verpachtung auszugehen; zur Berechnung des Jahreswerts sind die vom Nießbraucher zu tragenden Aufwendungen abzuziehen.[149] In besonderen Fällen (§ 13 Abs. 3 und § 14 Abs. 4 BewG) ist der gemeine Wert anzusetzen, wenn dieser nachweislich geringer oder höher als der Kapitalwert ist.[150] Das Finanzamt nimmt

---

147 *Eich*, Nießbrauch als Gestaltungsmittel bei Nachfolgeregelungen, ErbStB 2004, 185.

148 BFH v. 28.2.2019 – II B 48/18, BFH/NV 2019, 678. Ein Nießbrauch, der für die Zeit nach dem Ableben des zunächst berechtigten Nießbrauchers einem Dritten zugewendet wird, ist bei der Schenkungsteuerveranlagung nicht zu berücksichtigen, weil er zur Zeit der Zuwendung nicht bestand, es ungewiss war, ob und ggf. wann er je in Kraft treten würde, und derartige Lasten nach § 6 BewG nicht in Ansatz zu bringen sind.

149 BFH v. 28.5.2019 – II R 4/16, BStBl 2020 II, 326. Nach FG Münster v. 27.8.2020 – 3 K 722/16 Erb, EFG 2020, 1627 ist der Jahreswert des Nießbrauchsrechts nicht um die vom Nießbraucher weiterhin persönlich getragenen Zinsleistungen und Tilgungsleistungen zu mindern, wenn der Beschenkte die auf dem übertragenen Grundbesitz lastenden Verbindlichkeiten ausschließlich mit dinglicher Wirkung übernommen hat und der persönliche Schuldübergang auf den Beschenkten bis zum Erlöschen des Nießbrauchsrechts aufschiebend bedingt ist.

150 Näheres dazu siehe *Daragan*, in: Daragan/Halaczinsky/Riedel, Praxiskommentar ErbStG und BewG, § 14 BewG Rn 16.

die Ermittlung des Kapitalwerts auf der Basis der erklärten Jahreswerte von Amts wegen vor. Rechtsgrundlage für die Bewertung von Renten und wiederkehrenden Leistungen sind die §§ 13–16 BewG; dazu siehe R B 13 ErbStR und H B 13 ErbStH und Gleich lautenden Ländererlasse v. 9.9.2022, BStBl 2022 I, 1351.

b) Vervielfältiger

Der Vervielfältiger richtet sich nach der Dauer der Nutzung/der Verpflichtung: 112

- Bei **wiederkehrenden Nutzungen und Leistungen** auf **bestimmte Zeit**: Der Vervielfältiger des Jahreswertes ist aus der Anlage 9a zu entnehmen, § 13 Abs. 1 Satz 1 BewG (= Tabelle 6 des Erlasses BStBl 2022 I, 1351 ff.). Sind Nutzungen und Leistungen außerdem durch die Lebensdauer einer Person beschränkt, dürfen die Werte des § 14 BewG nicht überschritten werden, § 13 Abs. 1 BewG Satz 2 BewG.
- **Immerwährende Nutzungen und Leistungen** sind mit dem 18,6-fachen des Jahreswertes anzusetzen, § 13 Abs. 2 BewG.
- **Nutzungen und Leistungen** mit **unbestimmter Dauer** sind mit dem 9,3-fachen des Jahreswertes anzusetzen, § 13 Abs. 2 BewG.
- **Lebenslängliche Nutzungen und Leistungen** sind gem. § 14 Abs. 1 BewG **ab 2023** mit Vervielfältiger lt. BMF-Schreiben v. 14.11.2022, BStBl 2022, 1629. Zu früheren Zeitpunkten siehe z.B. Tabelle im Schr. FinMin Sachsen-Anhalt v. 16.2.2023, 43-S 3104–6, ErbSt-Kartei ST § 12 ErbStG Karte 13. Bei stark verkürzter Lebenszeit kann bei der ErbSt eine Berichtigung nach unten nach § 14 Abs. 4 BewG erfolgen.

Zusammenfassendes Beispiel

Der Erblasser hat 2021 seiner Schwester eine lebenslängliche Rente von 500 EUR/Monat ausgesetzt; Erbfall 2023. Die Schwester soll 64 Jahre alt sein. Der Jahreswert beträgt 12 × 500 EUR = 6.000 EUR. Der Vervielfältiger ergibt sich aus BMF-Schreiben v. 14.11.2022, IV C 7-S 3104/19/10001:008, BStBl 2022 I, 1629. Der Jahreswert von 6.000 EUR ist mit 12,908 zu multiplizieren, das ergibt 77.448 EUR.

In die Erklärung sind nur die 6.000 EUR einzutragen.

9. Weiteres übriges Vermögen

113

75	Gehören zum Nachlass: ☐ ja - in- und ausländische Zahlungsmittel, Bargeld? Wert: 58		☐ nein	Zahlungsmittel 58
76	- Münzen, unverarbeitete Edelmetalle, Edelsteine, Perlen? ☐ ja Wert: 59		☐ nein	Edelmetalle u.Ä. 59
77	- Hausrat? ☐ ja Wert: 60		☐ nein	Hausrat 60
78	- andere bewegliche körperliche Gegenstände (z.B. Kraftfahrzeuge, ☐ ja Boote, Kunstgegenstände, Schmuck)? Wert: 61		☐ nein	And. Bew. Gegenstände 61
79	- sonstige Rechte (Urheberrechte, Erfindungen, Patente u.ä.)? ☐ ja Wert: 62		☐ nein	Sonstige Rechte 62

a) In- und ausländische Zahlungsmittel, Bargeld

114 Im Nachlass befindliches Bargeld ist mit dem Nennbetrag in **Zeile 75** einzutragen. Ausländische Zahlungsmittel sind mit dem amtlich[151] veröffentlichten Umrechnungskurs am Stichtag zu bewerten.

b) Münzen, unverarbeitete Edelmetalle, Edelsteine, Perlen

115 In **Zeile 76** ist der Gesamtwert dieser Vermögensgegenstände einzutragen. Münzen sind mit dem voraussichtlichen Verkaufspreis, Edelmetalle mit dem Börsenpreis, Edelsteine (Rohdiamanten) und Perlen mit dem erzielbaren Verkaufspreis zu bewerten. Teilweise kann auf veröffentlichte Kurse (z.B. bei Goldmünzen, Edelmetallen) zurückgegriffen werden. Teilweise müssen die Werte geschätzt werden, dabei können Sammlerkataloge Anhaltspunkte geben, die Katalogwerte sind aber keine verbindlichen voraussichtlichen Kaufpreise.

c) Andere bewegliche Gegenstände

116 In **Zeile 77, 78** ist der Gesamtwert anderer beweglicher Gegenstände einzutragen, die keiner anderen Zeile zugeordnet werden können. Hierunter fallen Kraftfahrzeuge und Schiffe aller Art (auch Luxusyachten), Flugzeuge, Kunstgegenstände,[152] Schmuck, Musikinstrumente u.Ä. Die Vermögensgegenstände sind nach § 9 BewG mit ihrem voraussichtlichen Verkaufspreis anzusetzen (R E 9.3 ErbStR). Anhaltspunkte können auch Kaufpreise sein, wenn der Erbe diese Gegenstände zeitnah nach dem Erbanfall verkauft. Entsprechendes gilt für **Hausrat**. Für Hausrat gibt es bei Erwerben nach StKl I einen Freibetrag von 41.000 EUR, für andere bewegliche Gegenstände einen Freibetrag von 12.000 EUR, bei Erwerben nach StKl II und III zusammen mit Hausrat 12.000 EUR. Die im Erwerb der Zeilen 28–31 enthaltenen Gegenstände sind mit ihrem gemeinen Wert ungekürzt, d.h. ohne Abzug der Freibeträge, anzugeben.

---

151 Die Kurse werden regelmäßig für Umsatzsteuerzwecke im Bundessteuerblatt Teil I veröffentlicht.

152 Zur Bewertung von Kunstgegenständen *Scherer*, ZErb 2003, 69, *Crezelius*; Kunst im Nachlass – Ertrag- und erbschaftsteuerrechtliche Probleme, ZEV 2014, 637, *Lindenau*, Steuersparmodell Kunstsammlung, ZErb 2015, 245; *Halaczinsky*, Steuersparen mit Kunstwerken bei der Erbschaft- und Schenkungsteuer, UVR 2016, 309; *Werner*, Kunstgegenstände und Kunstsammlungen im Erbschafts- und Schenkungssteuerrecht, ErbR 2016, 438; *Boving/Reiners*, Kunst im Nachlass, ZErb 2019, 60; *Hidien/Versin*, Verschenken, vererben und fördern – Steuerbefreiungen für Kunstgegenstände und Kunstsammlungen im Erbschaftsteuer- und Schenkungsteuerrecht, Stbg 2021, 17. FG Köln v. 18.8.2022 – 7 K 2127/21, EFG 2023, 497. Erfolgt bei einer Erbengemeinschaft eine Veräußerung aller Nachlassgegenstände, um den Erlös auf die einzelnen Miterben aufzuteilen, dann sind Lagerkosten und Beratungskosten, die allein der Verwertung von zum Nachlass gehörenden Kunstgegenständen dienen, nicht nach § 10 Abs. 5 Nr. 3 Satz 1 ErbStG abzugsfähig. Es handelt sich um Nachlassverwaltungskosten der Erben nach § 10 Abs. 5 Nr. 3 Satz 3 ErbStG.

d) Sonstige Rechte

Urheberrechte, Erfindungen, Patente, Lizenzen und dergleichen befinden sich i.A. im Betriebsvermögen, sie sind daher ggf. in der Anlage Betriebsvermögen zu erfassen, siehe § 9 Rdn 13 ff. Dort sind sie nur ausnahmsweise – ggf. mit ihren gemeinen Werten – anzusetzen, nämlich dann, wenn sie für die Ermittlung des Substanzwerts des Betriebsvermögens separat ermittelt werden müssen. Wird das Betriebsvermögen in einem Gesamtbewertungsverfahren – Ertragswertverfahren – bewertet, brauchen die Wirtschaftsgüter nicht einzeln erfasst werden. Befinden sich die Werte im **Privatvermögen**, ist der Gesamtwert dieser Werte mit der Summe der gemeinen Werte (kapitalisierten Reinwerte) in **Zeile 79** einzutragen.[153] In R E 9.4 ErbStR und HE 9.4 ErbStH finden sich besondere Bewertungsanweisungen zur Ermittlung des gemeinen Werts von Urheberrechten usw. (Kapitalisierung des Anspruchs auf die in wiederkehrenden Zahlungen bestehende Gegenleistungen).[154] Sie führen **ertragsteuerlich bei den Erben** i.d.R. zu sonstigen Einnahmen (§ 22 Nr. 3 EStG). 117

10. Vermögensgegenstände von Dritten außerhalb des Nachlasses

118

	Welche Vermögenswerte sind von Dritten außerhalb des Nachlasses unmittelbar erworben worden?			
80	Anspruchsberechtigter	Art des Anspruchs	Wert	
81				
82				
83				

In vielen Fällen erwerben Personen Vermögenswerte nicht durch Teilhabe am Nachlass, sondern unmittelbar von einem Leistungsverpflichteten aufgrund eines Vertrages mit dem Erblasser zugunsten eines Dritten (Berechtigten, Bezugsberechtigten usw.). Solche Vermögenswerte sind in **Zeilen 80 ff.** einzutragen, z.B. die Versicherungssumme, die ein Bezugsberechtigter aus einer Lebensversicherung erhält, sowie Ansprüche auf wiederkehrende Bezüge sind anzugeben, die ein Dritter aufgrund eines vom Erblasser geschlossenen Vertrages mit seinem Tod unmittelbar erwirbt (z.B. Kaufpreisrenten) oder die Rente, die ein Hinterbliebener aus einer Versorgungsvereinbarung erlangt. Dazu gehören die Hinterbliebenenbezüge aufgrund eines Gesellschaftsvertrags; das gilt auch, wenn sie auf einer Tätigkeit des Erblassers als beherrschender Gesellschafter-Geschäftsführer einer

153 Zu Urheberrechten im Erbschaftsteuerrecht siehe *Halaczinsky*, Der Erwerb von Urheberrechten, ErbStB 2010, 309; *Halaczinsky*, Ausgewählte Fragen der Bewertung für Erbschaft-/Schenkungsteuerzwecke, UVR 2018, 304 und 339.

154 Zur Bewertung/Kapitalisierungszinssatz ab 2022 ff. BMF-Schr. v. 7.1.2022 – IV C 1-S 1980-1/19/10038:005, BStBl 2022 I, 122. Kapitalisierungszinssatz für Erwerbe ab dem Jahr 2018 BY LfSt v. 3.2.2022 – S 3101.1.1-9/22 St 34, ErbSt-Kartei BY § 12 ErbStG Karte 9.1.

Kapitalgesellschaft beruhen. Hier zu erklären sind auch die in der Anlage Erwerber (dort **Zeilen 11–12**) aufgeführten nicht steuerbaren Versorgungsbezüge aufgrund eines Arbeits- oder Dienstverhältnisses des Erblassers.

III. Nachlassverbindlichkeiten

1. Abziehbarkeit von Nachlassverbindlichkeiten

119 Grundsätzlich mindern Nachlassverbindlichkeiten die steuerbare Bereicherung, d.h. sie sind von dem Gesamtwert der positiven und steuerbaren Wirtschaftsgüter abzuziehen.

In **Zeilen 84–112** des Mantelbogens sind die Nachlassverbindlichkeiten, unterteilt nach
- Erblasserschulden
- Erbfallkosten und Vermächtnisverpflichtungen
- Auflagen- und Pflichtteilsverpflichtungen

einzutragen. Daneben gilt es noch Sonderfälle zu beachten, z.B. Berücksichtigung von Steuerschulden bei der Berechnung des Vermögens im Fall der Nacherbschaft, des Zugewinns, des Pflichtteils.

Wichtig

Hat der Erbe eine Forderung gegen den Erblasser, tritt entgegen Zivilrecht keine Vereinigung von Rechten und Verbindlichkeiten ein. Vielmehr wird die Forderung gegen den Erben Teil des Nachlasses, die Verbindlichkeit des Erben wirkt sich als Nachlassverbindlichkeit steuermindernd die Forderung erhöhend aus (§ 10 Abs. 3 ErbStG).

a) Nicht abziehbare Nachlassverbindlichkeiten

120 Nicht abziehbar sind
- die Kosten für die Verwaltung des Nachlasses, Schulden und Lasten, soweit sie in wirtschaftlichem Zusammenhang mit nicht der ErbSt unterliegenden Vermögensgegenständen stehen (§ 10 Abs. 6 ErbStG R E 10.10 ErbStR, H E 10.10 ErbStH). Schulden und Lasten, die mit den steuerbefreiten Vermögensgegenständen in wirtschaftlichem Zusammenhang stehen, sind also nach § 10 Abs. 6 Satz 3 ErbStG nicht abzugsfähig.[155] Wird z.B. ein Familienheim nach § 3 Abs. 1 Nr. 4b ErbStG vererbt, können die mit übergehenden Schulden und Lasten nicht als Nachlassverbindlichkeit abgezogen werden.[156]
- die vom Erwerber zu entrichtende eigene Erbschaftsteuer (§ 10 Abs. 6 ErbStG)

155 Allgemein R E 10.10 ErbStR 2019 und H E 10.10 ErbStH 2019; *Stenert*, Die steuerliche Berücksichtigung von Nachlassverbindlichkeiten, ErbR 2021, 305.

156 Vgl. R E 10.10 Abs. 2 ErbStR 2019.

- Auflagen, die dem Beschwerten selbst zugutekommen (§ 10 Abs. 6 ErbStG) und
- **grundsätzlich** alle Verbindlichkeiten, die am Besteuerungsstichtag keine reelle wirtschaftliche Belastung darstellen, z.B. verjährte Pflichtteilsverbindlichkeiten.[157]

b) Beschränkt abzugsfähige Nachlassverbindlichkeiten

Beschränkt abzugsfähig sind Schulden und Lasten, wenn und soweit die belas- 121
teten Vermögensgegenstände bei der Besteuerung angesetzt werden (§ 2 Abs. 1 Nr. 3, § 19 Abs. 2 ErbStG) oder nicht nach § 13 Abs. 1 Nr. 2 oder Nr. 3 ErbStG oder §§ 13a und 13c ErbStG voll oder teilweise befreit sind und soweit sie in wirtschaftlichem Zusammenhang mit der Besteuerung unterliegenden Vermögensgegenständen stehen (§ 10 Abs. 6–9 ErbStG). **Entfallen** nachträglich die entspr. Steuerbefreiungen oder wird darauf **verzichtet** (z.B. nach § 13 Abs. 3 ErbStG), sind/werden die mit den Vermögensgegenständen i.S.d. § 13 Abs. 1 Nr. 2 und 3 ErbStG in wirtschaftlichem Zusammenhang stehenden Schulden und Lasten in vollem Umfang abzugsfähig. Näheres siehe Anlage Steuerentlastung, Rdn 226.

c) Wirtschaftlicher Zusammenhang mit den geerbten Vermögensgegenständen

Hierzu ist eine Angabe in Zeile 114a des Mantelbogens zu machen. 122

114a	Besteht hinsichtlich der Eintragungen in den Zeilen 86 bis 114 ein wirtschaftlicher Zusammenhang mit einzelnen Vermögensgegenständen des Erwerbs? ☐ ja (bitte auf gesondertem Blatt erläutern.)	

Der Abzug von Schulden und Lasten, die nicht im wirtschaftlichen Zusammenhang mit einzelnen Vermögensgegenständen stehen, wurde durch das **JStG 2020**[158] bei Erwerben, für die die Steuer nach dem 28.12.2020 entstanden ist, **eingeschränkt** (§ 10 Abs. 6 Satz 5 bis 10 ErbStG). Die betrifft insb. **Pflichtteils- und Zugewinnausgleichsverbindlichkeiten, Steuerschulden** und ggf. **Konsumentendarlehen.**[159] Hierfür sind diese Schulden und Lasten grundsätzlich

---

157 Nach BFH v. 21.8.2015 – II B 126/14, UVR 2015, 363 sind Pflichtteilsansprüche nur in tatsächlich geltend gemachter Höhe als Nachlassverbindlichkeiten abziehbar.

158 JStG 2020 v. 21.12.2020, BGBl 2020 I, 3096; dazu Gleich lautende Erlasse der obersten Finanzbehörden der Länder v. 13.9.2021, BStBl 2021 I, 1837. Im Ergebnis bewirkt die Neuregelung eine Erhöhung des steuerpflichtigen Erwerbs und damit zu einer Erhöhung der Erbschaftsteuer! Infolge der Neuregelung sind diverse Regelungen in den ErbStR 2019 und Berechnungsbeispiele in den Erbschaftsteuerhinweise (ErbStH 2019) überholt; Aufzählung siehe Tz. 3 des Erlasses am Ende.

159 Diese waren/sind bei Erwerben bis 27.12.2020 unbeschränkt abziehbar, BFH v. 22.7.2015 – II R 12/14, BStBl 2016 II, 230; R E 10.10 Abs. 3 ErbStR 2019; Dazu z.B. *Grootens*, Abzug von Pflichtteils- und Zugewinnausgleichsansprüchen als Nachlassverbindlichkeit bei ganz- oder teilweise steuerfreiem Erwerb, ErbStB 2015, 333.

anteilig allen Vermögensgegenständen des Erwerbs zuzurechnen. Soweit die (Schulden-)Anteile auf steuerbefreite Vermögensgegenstände entfallen, sind sie künftig nicht mehr abzugsfähig. Was auf den ersten Blick einfach und logisch erscheint, ist in der Praxis, insb. bei einer Erbschaftsteuererklärung bzw. einer (prognostischen) Berechnung einer Erbschaftsteuerbelastung, kompliziert, da gesonderte Berechnungen erforderlich sind. Danach muss ein Pflichtteilsanspruch z.B. Kapitalanlagen in dem Verhältnis zugeordnet werden, in dem die Kapitalanlagen (netto) zum Gesamtwert aller Vermögenswerte (netto) stehen (vgl. § 10 Abs. 6 Satz 7 ErbStG). Soweit dann ein (Pflichtteilsanspruch-)Anteil auf einen Vermögensgegenstand entfällt, der steuerfrei ist (z.B. auf ein Denkmalobjekt, auf vermietete Wohnung (§ 13d ErbStG) oder auf nach §§ 13a–c ErbStG[160] befreiten Anteile an einer Kapitalgesellschaft), kann insoweit die Pflichtteilsverbindlichkeit nicht (§ 10 Abs. 6 Satz 9 ErbStG) oder nicht anteilig (§ 10 Abs. 6 Satz 10 ErbStG) abgezogen werden. Entsprechendes gilt etwa bei **Zugewinnausgleichsansprüchen oder Steuerschulden** des Erblassers, diese können wie andere Nachlassverbindlichkeiten nur dann abgezogen werden, wenn sie im Todeszeitpunkt eine wirtschaftliche Belastung dargestellt haben. Im Erlass 13.9.2021 (BStBl 2021 I, 1837) werden eine **Berechnungsformel** und die Berechnung in mehreren **Beispielen** dargestellt.

123 **Ausgenommen von dieser Kürzung** sind kraft Gesetzes die Kosten i.S.d. § 10 Abs. 5 Nr. 3 ErbStG, z.B. nachgewiesene Bestattungskosten oder der Pauschbetrag für Erbfallkosten (§ 10 Abs. 6 Satz 6 ErbStG). Auch die Erwerbsnebenkosten, u.a. auch Steuerberater-, Rechtsanwalts-, Gutachterkosten im Zusammenhang mit einer Schenkung (R E 7.4 Abs. 4 ErbStR und H E 7.4 (4) ErbStH) sind gemäß § 10 Abs. 6 Satz 6 ErbStG nicht auf die einzelnen Vermögensgegenstände aufzuteilen. Vermögensgegenstände, für die der Erwerber lediglich i.R.d. Wertermittlung nach § 13 Abs. 1 Nr. 1 ErbStG einen pauschalen Freibetrag erhält (z.B. bewegliche Gegenstände, Hausrat), unterliegen dagegen selbst uneingeschränkt der Besteuerung, so dass der eingeschränkte Schuldenabzug nicht in Betracht kommt. Pauschale Freibeträge, wie z.B. jene aus § 13 Abs. 1 Nr. 1 ErbStG, fallen nicht unter die Neuregelung des § 10 Abs. 6 ErbStG (R E 10.10 Abs. 2 Satz 2 ErbStR 2019).

124 Schulden und Lasten, die mit **ganz oder teilweise steuerbefreiten Vermögensgegenständen** in **wirtschaftlichem Zusammenhang** stehen, sind nicht oder nur mit dem Betrag abzugsfähig, der dem steuerpflichtigen Teil entspricht. Solche Schulden und Lasten sind in **der jeweiligen Anlage zur Steuererklärung** mit anzugeben siehe z.B. Rdn 224. Insoweit ist eine Angabe im Mantelbogen (Zeile 114a) entbehrlich.

---

160 Der Abzug der anteiligen Schulden und Lasten ist bei einer Steuerbefreiung nach den §§ 13a und 13c ErbStG begrenzt, soweit für das begünstigte Vermögen eine Steuerbefreiung gewährt wird (§ 10 Abs. 6 Satz 10neu ErbStG – bisher Abs. 6 Satz 4, R E 10.9 Abs. 4 ErbStR).

Schulden und Lasten, die mit dem nach **§§ 13a und 13c ErbStG begünstigten (Betriebs-)Vermögen in wirtschaftlichem Zusammenhang** stehen, sind, soweit sie den Erwerb von Betriebsvermögen, land- und forstwirtschaftlichem Vermögen und Anteilen an Kapitalgesellschaften betreffen, mit dem Betrag abzugsfähig, der dem Verhältnis des nach Anwendung des §§ 13a und 13c ErbStG verbleibenden Werts dieses Vermögens zu dem Wert vor der Anwendung des §§ 13a und 13c ErbStG entspricht. Soweit das begünstigte Vermögen aus Betriebsvermögen, land- und forstwirtschaftlichem Vermögen und Anteilen an Kapitalgesellschaften besteht, ist dessen Wert zur Berechnung des begrenzten Schuldenabzugs zusammenzurechnen; für den Abzug der damit zusammenhängenden Schulden und Lasten ist das Verhältnis der nach Anwendung des §§ 13a und 13c ErbStG verbleibenden Gesamtsumme dieses begünstigten Vermögens i.S.d. § 13b Abs. 2 ErbStG zur Gesamtsumme vor der Anwendung des §§ 13a und 13c ErbStG maßgebend. Schulden und Lasten, die dem nach §§ 13a und 13c ErbStG befreitem Vermögen direkt zuzurechnen sind, sind im Rahmen der Bewertung des Betriebsvermögens zu berücksichtigen. 125

d) Wirtschaftlicher Zusammenhang mit Inlandsvermögen; beschränkte Steuerpflicht

Im Fall der **beschränkten Steuerpflicht** (siehe § 3 Rdn 14 f.) ist die Abzugsfähigkeit der Schulden und Lasten nach § 10 Abs. 6 Satz 2 ErbStG **vom wirtschaftlichen Zusammenhang mit dem erworbenen Inlandsvermögen abhängig.** Zur unionsrechtskonformen Auslegung des § 10 Abs. 6 Satz 2 ErbStG gilt in allen offenen Fällen:[161] **Pflichtteilsverbindlichkeiten** sind **anteilig** als Nachlassverbindlichkeiten abzugsfähig, soweit die Vermögensgegenstände des Erwerbs der beschränkten Steuerpflicht (§ 2 Abs. 1 Nr. 3 ErbStG) unterliegen. Der **abzugsfähige Anteil bemisst** sich nach dem Verhältnis der Summe der Werte der Vermögensgegenstände, die der beschränkten Steuerpflicht im Inland unterliegen, abzüglich der mit diesen Vermögensgegenständen in wirtschaftlichem Zusammenhang stehenden Schulden und Lasten, zum Gesamtwert aller Vermögensgegenstände des aktuellen Erwerbs abzüglich der mit diesen in wirtschaftlichem Zusammenhang stehenden Schulden und Lasten des aktuellen Erwerbs. Neben Pflichtteilsverbindlichkeiten sind insbesondere **Zugewinnausgleichsverbindlichkeiten** und Verbindlichkeiten aufgrund auf Geldzahlung gerichteter **Untervermächtnisse** in entsprechender Anwendung **anteilig abzugsfähig.** 126

161 Gleich lautende Erlasse der obersten Finanzbehörden der Länder vom 9.1.2023, BStBl 2023 I, 204 zu „Abzugsfähigkeit von Nachlassverbindlichkeiten bei beschränkter Steuerpflicht; Konsequenzen aus dem EuGH-Urt. v. 21.12.2021 – Rs. C-394/20, BStBl 2023 II, 156“ mit Berechnungsbeispiel.

2. Erblasserschulden, voll abziehbar

127 Der Erbe/die Erben wird/werden **Gesamtrechtsnachfolger** (ggf. anteilig) und erbt/erben damit auch die Schulden und Lasten des Erblassers gem. § 1922 Abs. 1 BGB, § 45 Abs. 1 AO. Evtl. muss der Gesamtrechtsnachfolger bestimmte Schulden und Lasten aufgrund von letztwilligen Verfügungen des Erblassers übernehmen. Keine Gesamtschuldner sind z.B. Pflichtteilsberechtigte, Vermächtnisnehmer, Auflagenberechtigte und dergleichen. Nach Maßgabe von § 10 Abs. 5 ff. ErbStG mindern diese Schulden und Lasten seine Bereicherung. Der Abzug setzt erbschaftsteuerlich[162] voraus, dass die Verbindlichkeiten rechtlich bestehen und den Erblasser im Todeszeitpunkt wirtschaftlich belastet haben. An dieser wirtschaftlichen Belastung fehlt es, wenn der Erblasser als Schuldner davon ausgehen konnte, die Verpflichtungen unter normalen Umständen nicht selbst erfüllen zu müssen. Mit dem zusätzlichen Erfordernis einer wirtschaftlichen Belastung weicht das Erbschaftsteuerrecht vom Zivilrecht ab.

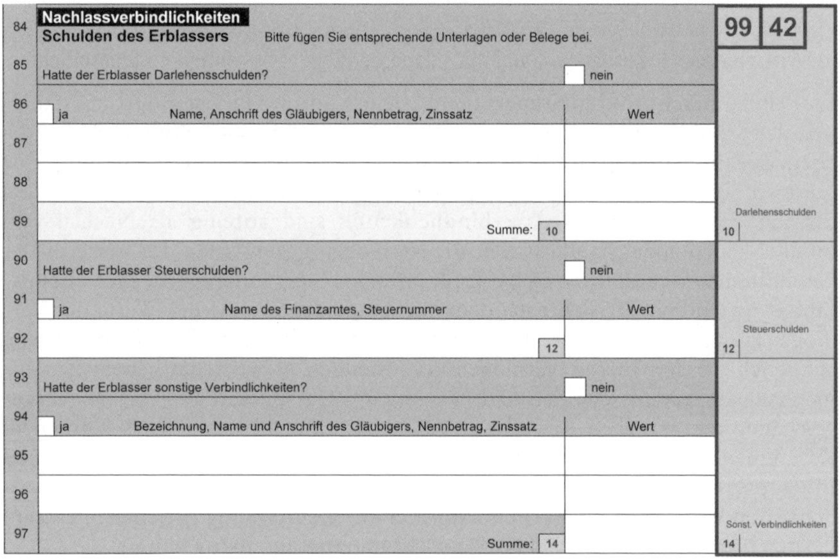
Zeile			
84	**Nachlassverbindlichkeiten** **Schulden des Erblassers** Bitte fügen Sie entsprechende Unterlagen oder Belege bei.		99 42
85	Hatte der Erblasser Darlehensschulden?	☐ nein	
86	☐ ja Name, Anschrift des Gläubigers, Nennbetrag, Zinssatz	Wert	
87			
88			
89	Summe: 10		Darlehensschulden 10
90	Hatte der Erblasser Steuerschulden?	☐ nein	
91	☐ ja Name des Finanzamtes, Steuernummer	Wert	
92	12		Steuerschulden 12
93	Hatte der Erblasser sonstige Verbindlichkeiten?	☐ nein	
94	☐ ja Bezeichnung, Name und Anschrift des Gläubigers, Nennbetrag, Zinssatz	Wert	
95			
96			
97	Summe: 14		Sonst. Verbindlichkeiten 14

162 Erblasserschulden sind alle vertraglichen, außervertraglichen und gesetzlichen Verpflichtungen, die in der Person des Erblassers begründet worden und mit seinem Tod nicht erloschen sind bzw. kraft § 10 Abs. 3 ErbStG als nicht erloschen gelten. Std. Rspr., z.B. BFH v. 11.7.2019 – II R 4/17, BStBl 2020 II, 319; v. 27.6.2007 – II R 30/05, BStBl 2007 II, 651; v. 15.5.2009 – II B 155/08, BFH/NV 2009, 1441 jeweils m.w.N.

Abziehbar sind alle rechtlich bestehenden und wirtschaftlich noch reellen Verbindlichkeiten des Erblassers, z.B. aus 128

- **Darlehen**[163] **(Zeilen 85–89)**. Bei Hypotheken- und Grundschulden ist darauf zu achten, dass nur die valutierende Restschuld angegeben wird. Wird nach Eintritt des Erbfalls ein Darlehen des Erblassers vorzeitig abgelöst, ist die **Vorfälligkeitsentschädigung** mit ihrem Zinsanteil nicht gesondert als Nachlassverbindlichkeit abzugsfähig. Die Zinsen sind Teil der als Kapitalschuld zu bewertenden und als Erblasserschuld abziehbaren Darlehensverbindlichkeit.[164]
- **Steuerschulden (Zeilen 91 f.)**
  Steuerschulden[165] werden auch vom Finanzamt intern geprüft.
  - Die Abziehbarkeit von Steuerschulden wie auch die wirtschaftliche Belastung durch die Steuerschuld hängt grds. nicht davon ab, ob die Steuern beim Erbfall bereits festgesetzt waren oder nicht.[166]
  - Private Steuerschulden für Veranlagungszeiträume, die **vor dem Todeszeitpunkt des Erblassers endeten**, sind mit Ablauf des jeweiligen Kalenderjahrs entstanden. Sie sind unabhängig davon, ob sie am Todeszeitpunkt des Erblassers bereits festgesetzt waren oder nicht, mit dem materiell-rechtlich zutreffenden Wert als Nachlassverbindlichkeiten nach § 10 Abs. 5 Nr. 1 ErbStG abzugsfähig. Schulden für noch nicht veranlagte Jahre können zunächst geschätzt werden.
  - Private Steuerschulden für den Veranlagungszeitraum, in den **der Todeszeitpunkt des Erblassers fällt**, entstehen zwar erst mit Ablauf des Kalenderjahres. Sie gehören aber trotzdem zu den abzugsfähigen Nachlassverbindlichkeiten i.S.d. § 10 Abs. 5 Nr. 1 ErbStG, wenn der Erblasser als Steuerpflichtiger sie durch die Verwirklichung von Steuertatbeständen begründet hat und sie mit dem Ablauf des Todesjahres entstehen.[167]
  - Die auf den Erben entsprechend seiner Erbquote entfallenden Abschlusszahlungen für die vom Erblasser herrührende Einkommensteuer des Todesjahres, einschließlich Kirchensteuer und Solidaritätszuschlag, sind als Nachlassverbindlichkeiten gemäß § 10 Abs. 5 Nr. 1 ErbStG abzugsfähig.[168]

---

163 *Halaczinsky*, Die erbschaft- und schenkungsteuerliche Behandlung von Darlehen, ZEV 2004, 261, 325; FG München v. 25.2.2016 – 4 K 1984/14, EFG 2016, 728.

164 BFH v. 2.12.2020 – II R 17/18, BStBl 2022 II, 27.

165 *Loose*, Einkommensteuer als Nachlassverbindlichkeit, ZEV 2015, 397.

166 Vgl. BFH v. 4.7.2012 – II R 15/11, BStBl 2012 II, 790; v. 28.10.2015 – II R 46/13, BStBl 2016 II, 477.

167 BFH v. 4.7.2012 – II R 15/11, BStBl 2012 II, 790 = ZErb 2012, 270 unter Aufgabe von BFH v. 15.1.2003 – II R 23/01, BStBl 2003 II, 267 und v. 14.11.2007 – II R 3/06, BFH/NV 2008, 574.

168 BFH v. 4.7.2012 – II R 15/11, BStBl 2012 II, 790 = ZErb 2012, 270.

- Die Einkommensteuer-Vorauszahlungen sind abzugsfähig, soweit sie bis zum Todeszeitpunkt des Erblassers festgesetzt und entstanden, aber in diesem Zeitpunkt noch nicht entrichtet sind (R E 10.8 Abs. 4 ErbStR).[169]
- Müssen die Erben wegen Steuerhinterziehung des Erblassers Einkommensteuer nachzahlen, besteht die Möglichkeit, diese Nachzahlungen als Nachlassverbindlichkeit abzuziehen. Nach Auffassung der Finanzverwaltung ist einzige Voraussetzung dafür, dass die hinterzogenen Steuern noch festgesetzt werden/worden sind.[170] Bei schon erfolgter Veranlagung muss eine Korrektur insb. nach § 173 Abs. 1 Nr. 2 Satz 2 AO oder nach § 175 AO verfahrensrechtlich noch möglich sein.
- Sofern die Steuerschulden nach § 233a AO und entspr. § 235 AO zu verzinsen sind und soweit diese auf den Zeitraum vom Beginn des Zinslaufs bis zum Todestag des Erblassers entfallen, sind die Zinsen zum Nennwert abzugsfähig (R E 10.8 Abs. 5 ErbStR). Soweit Zinsen für davor liegende Zeiträume anfallen, sind die Zinsen nur mit dem abgezinsten Barwert abzuziehen. Hinterziehungs- und Steuerzinsen gem. § 233a AO, die bereits in der Person des Erblassers entstanden und bis zu seinem Todestag angefallen sind, sind erbschaftsteuerlich abzugsfähig (§ 10 Abs. 5 Nr. 1 ErbStG). Nach dem Tod des Erblassers entstandene Nachzahlungszinsen sind – unabhängig davon, ob sie i.S. des § 10 Abs. 5 Nr. 1 ErbStG vom Erblasser „herrühren" – nicht als Nachlassverbindlichkeiten zu berücksichtigen, weil es insoweit an einer wirtschaftlichen Belastung zum Erwerbszeitpunkt fehlt.[171]
- **Betriebliche** Steuerschulden werden bereits bei der Ermittlung des Werts des Betriebsvermögens berücksichtigt.
- Soweit der Erbe selbst einkommensteuerrelevante Tatbestände verwirklicht, wie z.B. beim Zufluss nachträglicher Einnahmen aus einer ehemaligen Tätigkeit des Erblassers nach § 24 Nr. 2 EStG, sind die darauf entfallenden

---

169 Auch gegenüber dem Erblasser festgesetzte Einkommensteuervorauszahlungen für ein erst nach dessen Tod beginnendes Kalendervierteljahr des Todesjahrs sind beim Erben als Nachlassverbindlichkeiten i.S.d. § 10 Abs. 5 Nr. 1 ErbStG abzugsfähig, so FG Münster v. 1.8.2017 – 3 K 1641/17 Erb, EFG 2017, 1746.

170 Vgl. dazu den im Einvernehmen mit den obersten Finanzbehörden der anderen Länder ergangenen Erlass des FinMin NRW v. 14.11.2002 – S 3810 – 13, V A 2, BB 2003, 36, DStR 2003, 77. Der BFH lehnte in besonders gelagerten Einzelfällen einen entsprechenden Abzug ab, vgl. BFH v. 14.11.2007 – II R 3/06, BFH/NV 2008, 574, weil am Stichtag noch keine wirtschaftliche Belastung besteht. BFH v. 28.10.2015 – II R 46/13, BStBl 2016 II, 477. Gilt nur bei Steuerhinterziehung und nicht bei leichtfertiger Steuerverkürzung, vgl. BFH v. 27.1.1999 – II R 81/96, BFH/NV 1999, 913; v. 13.1.2005 – II R 48/02, BStBl 2005 II, 451. Mit dieser Entscheidung gibt der BFH seine frühere Rechtsansicht auf, wonach eine wirtschaftliche Belastung im Hinterziehungsfall auch gegeben sei, wenn der Erbe das zuständige FA zeitnah über die Steuerangelegenheit unterrichtet vgl. BFH v. 24.3.1999 – II R 34/97, BFH/NV 1999, 1339.

171 So jedenfalls FG München v. 15.11.2017 – 4 K 3189/16, EFG 2018, 303. Insoweit handelt es sich nicht um einen derivativen Erwerb des Erben vom Erblasser.

Einkommensteuerzahlungen des Erben keine Nachlassverbindlichkeiten nach § 10 Abs. 5 Nr. 1 ErbStG.

- **Sonstige Verbindlichkeiten (Zeilen 94–96)**: Im Zweifel sollten Belege dazu eingereicht werden. Insbesondere sind Verbindlichkeiten gegenüber Privatpersonen nachzuweisen. Rückständige sonstige Erblasserschulden, z.B. ausstehende Miet- und Energiekostenzahlungen, Arztkosten, Rentenrückzahlungen, Telefon, Renovierung werden bis ca. 15.000 EUR gewöhnlich unbesehen akzeptiert. Bei Pflegeleistungen entsteht eine als Erblasserschuld abzugsfähige Nachlassverbindlichkeit nur dann, wenn die letztwillige Zuwendung ganz oder zum Teil als Entgelt für eine aufgrund eines nachgewiesenen Dienstleistungsverhältnisses (§ 611 BGB) vertraglich geschuldete und erbrachte Dienstleistung (z.B. Pflege) anzusehen ist.[172] Im Zweifel ist der Wert nach oben genannten Grundsätzen zu schätzen. Dabei kann es sich nur um eine Erblasserschuld (§ 10 Abs. 5 Nr. 1 ErbStG), nicht aber um Kosten zur Erlangung des Erwerbs (§ 10 Abs. 5 Nr. 3 ErbStG) handeln. Hat der Erblasser ein schriftliches Schuldanerkenntnis für Pflege erklärt, das erst mit dem Tode fällig wird, kann die Entlohnung zusammen mit dem entsprechenden Zinsanspruch als Nachlassverbindlichkeit anerkannt werden.[173] Das Finanzamt kann/sollte die Verbindlichkeit aber nur dann anerkennen, wenn das Schuldanerkenntnis nachweisbar den tatsächlichen Verhältnissen entspricht bzw. entsprach. Dazu gehört auch der Nachweis, dass Dienstleistungen tatsächlich erbracht worden sind, in welchem Umfang die erbrachten Pflegeleistungen notwendig waren, und ob die „Entlohnung“ entsprechend angemessen war. Den **Freibetrag für Pflege und Unterhalt** (§ 13 Abs. 1 Nr. 9 ErbStG) können nur Personen geltend machen, die keinen vertraglichen Anspruch auf Entgelt haben. Eine aufgrund des Verwandtschaftsverhältnisses bestehende gesetzliche Unterhaltspflicht schließt die Gewährung des Pflegefreibetrags nicht aus.[174]
- Müssen die Erben ausgesetzte Vermächtnisse erfüllen, sind diese als Erblasserschuld abziehbar.[175]

---

172 *Halaczinsky*, Pflege aus erbschaftsteuerlicher Sicht, UVR 2013, 206; *Grootens*, Pflegeleistungen in der Erbschaft- und Schenkungsteuer, ErbStB 2015, 114.

173 *Gottschalk*, in: Troll/Gebel/Jülicher/Gottschalk, ErbStG, § 10 Tz. 127, 135.

174 BFH v. 10.5.2017 – II R 37/15, BFH/NV 2017, 1263; FG Niedersachsen v. 20.4.2012 – 3 K 229/11, EFG 2012, 1952. Für die Gewährung der Steuerbefreiung nach § 13 Abs. 1 Nr. 9 ErbStG ist es nicht erforderlich, dass der Erblasser pflegebedürftig i.S.d. § 14 Abs. 1 SGB XI und einer Pflegestufe nach § 15 Abs. 1 Satz 1 SGB XI zugeordnet war. Dazu *Schmid*, ZErb 2017, 309.

175 FG Hamburg v. 21.2.2020 – 3 K 191/18, DStRE 2020, 1394. Entsprechen sich die auf den Erben anteilsmäßig entfallenden Erblasserschulden aus noch nicht erloschenen Vermächtnissen des Vorerbfalls einerseits und das dem Erben zustehende Vermächtnis andererseits, dann neutralisieren sich beide Positionen und ein Abzug der Erblasserschulden bleibt letztlich ohne Auswirkung auf den Umfang des steuerlichen Erwerbs.

- Müssen Erben im Fall einer güterrechtlichen Abwicklung der Zugewinngemeinschaft an den überlebenden **Ehegatten** eine **Ausgleichsforderung** (§ 1378 Abs. 3 BGB) zahlen, handelt es sich auch um eine sonstige Nachlassverbindlichkeit.[176] Bei überlebenden Ehegatten gehört die Ausgleichsforderung nicht zu seinem steuerpflichtigen Erwerb (§ 5 Abs. 2 ErbStG; vgl. R E 5.2 ErbStR).
- **Schulden des Erben gegenüber dem Erblasser:** Hat der Erbe Schulden gegenüber dem Erblasser gehabt, erlöschen sie gem. § 10 Abs. 3 ErbStG nicht dadurch, dass der Erbe gleichzeitig Rechtsnachfolger wird. Die Forderung auf Rückzahlung der Schuld gegen den Erben ist im steuerlichen Nachlass anzusetzen. Der Wegfall der Erblasserforderung infolge der sog. Konfusion (entsprechend § 362 BGB) stellt bei dem Erben eine Bereicherung dar.[177] Hatte der Erbe eine Forderung z.B. aus Darlehensgewährung an den Erblasser, befindet sich im Nachlass die (Rest-)Verbindlichkeit, obwohl sie zivilrechtlich erloschen ist. Gleiches gilt bei Zusammenfall von Recht und darauf beruhender Belastung (Konsolidation).[178] Erlischt eine Schuld des Erblassers mit seinem Tod, greift § 10 Abs. 3 ErbStG dagegen nicht ein.
- Bei Erwerb von **denkmalgeschützten Objekten** (Schlössern, Burgen, Herrenhäuser) ist eine sog. Überlast als übernommene Schuld mit dem Kapitalwert nach den in R E 10.6 ErbStR genannten Beträgen/m³/Jahr[179] zu berücksichtigen.
- Ist ein Erbe aus Gründen, die ausschließlich in seiner Person ihre Ursache haben, verpflichtet, das **Erbe an einen Dritten weiterzuleiten**, stellt diese Verpflichtung keine vom Erwerb abzugsfähige Nachlassverbindlichkeit i.S. des § 10 Abs. 5 ErbStG dar. Leitet ein persönlich durch Testament als Erbe eingesetzter Pfarrer seinen Erbanteil an seine Kirchengemeinde weiter, um seine Verpflichtung aus dem Dienstverhältnis zu erfüllen, nachdem sein Dienstherr die Annahme der Zuwendung nach dem Pfarrdienstgesetz der EKD genehmigt hat, mindern diese Kosten nicht seine der Erbschaftsteuer unterliegende Bereicherung.[180]

---

176 FG Münster v. 24.2.2022 – 3 K 1298/21 Erb, EFG 2022, 773 zum Abzug eines Zugewinnausgleichsanspruchs als Nachlassverbindlichkeit.

177 FG München v.18.1.1996 – 4V 2243/95, UVR 1996,182.

178 Z.B. bei Nießbrauch an beweglichen Sachen und Rechten (§§ 1063, 1268 BGB).

179 2,30 EUR/m³ für Objekte, deren Innenräume rein museal genutzt werden; 1,15 EUR für Objekte, deren Innenräume nicht museal genutzt werden, Kapitalwert = (m³ x 2,30 oder 1,15 EUR) x 18,6.

180 BFH v. 11.7.2019 – II R 4/17, BStBl 2020 II, 319.

3. Erbfallkosten

129

Zeile				
98	**Erbfallkosten** Nur auszufüllen, wenn insgesamt mehr als 10.300 EUR (Pauschbetrag) geltend gemacht werden. Bitte fügen Sie entsprechende Unterlagen/Belege bei.			99 42
99	Kosten der Bestattung des Erblassers	20		Bestattungskosten 20
100	Kosten für ein angemessenes Grabdenkmal	22		Grabdenkmalkosten 22
101	Kosten für die übliche Grabpflege (Jahreswert der durchschnittlich anfallenden Kosten)	25		Grabpflege 25
102	Kosten der Nachlassregelung	26		Nachlassreg.-Kosten 26
103	abzüglich Kostenersatz (Sterbegeld u.ä.)	28		Ersatz Erbfallkosten 28

a) Erbfallkosten

Erbfallkosten sind insbesondere **Beerdigungskosten**, auch Abwicklung, Regelung und Verteilung des Nachlasses sowie Steuerberatung (vgl. H E 10.7 ErbStH).[181] Ohne Nachweise können pauschal 10.300 EUR für den gesamten Erbfall[182] angesetzt werden; in dem Fall brauchen die Zeilen 99 ff. nicht ausgefüllt werden.[183] Bei Einzelnachweis sind höhere Kosten abziehbar (R E 10.9 ErbStR). Die Einzelbeträge sind in **Zeilen 98–103** einzutragen. **Bestattungskosten** sind die Kosten für die Erd- oder Feuerbestattung des Erblassers und für die landesüblichen kirchlichen und bürgerlichen Leichenfeierlichkeiten. Sterbegeldzahlungen der Krankenkassen oder anderer Stellen mindern die eigenen Aufwendungen, sie sind daher gesondert in Zeile 103 anzugeben.[184] Die Kosten für ein angemessenes 130

181 *Halaczinsky*, Beerdigungs- und Grabpflegekosten, Grabdenkmal und Kosten der Nachlassregelung bei der Erbschaftsteuer, ZErb 2011, 147.

182 BFH v. 1.2.2023 – II R 3/20, DStR 2023, 932. Der Abzug des Pauschbetrags setzt nicht den Nachweis voraus, dass zumindest dem Grunde nach tatsächlich Kosten angefallen sind. Auch nur 10.300 EUR, wenn mehrere Erben beteiligt sind; zur Aufteilung des Freibetrags siehe H E 10.9 ErbStH. Neben dem Vorerben kann auch der Nacherbe den Pauschbetrag für Erbfallkosten nach § 10 Abs. 5 Nr. 3 Satz 2 ErbStG in Anspruch nehmen.

183 Nach FG Niedersachsen v. 28.6.2023 – 3 K 169/21, juris, kann der Erbfallkostenpauschbetrag von Vermächtnisnehmern auch dann in Anspruch genommen werden, wenn sie nicht durch Auflage des Erblassers mit Kosten belastet sind.

184 FG Münster v. 19.9.2021 – 3 K 1551/20 Erb, EFG 2021, 1840 = ZErb 2021, 449. Hat bereits die Erblasserin zu Lebzeiten das Entgelt für die Entstehung des Anspruchs auf Bestattungsleistungen durch Abtretung eines Zahlungsanspruchs aus einer Sterbegeldversicherung an ein Bestattungshaus abgetreten, stellen die Beerdigungskosten, soweit sie von der Sterbegeldkasse gegenüber dem Bestattungsinstitut beglichen wurden, keine Kosten i.S.d. § 10 Abs. 5 Nr. 3 Satz 1 ErbStG dar. Tritt die Erblasserin zu Lebzeiten den Anspruch aus einer Sterbegeldversicherung an ein Bestattungsinstitut ab, gehört der Anspruch auf Auszahlung der Versicherungsleistung nicht zur Erbmasse. Der Anspruch auf Bestattungsleistungen gegenüber dem Bestattungsinstitut, der sich aus einem von der Erblasserin geschlossenen Bestattungsvertrag ergibt, geht als Bestandteil des Vermögensanfalls nach § 1922 BGB auf die Erben über und erlischt durch Erfüllung. Das Erlöschen dieses Anspruchs mindert nicht den Wert des Nachlasses.

Grabdenkmal sind Nachlassverbindlichkeiten.[185] Die Kosten der üblichen **Grabpflege**[186] sind nach § 10 Abs. 5 Nr. 3 ErbStG in Verbindung mit § 13 Abs. 2 BewG mit dem 9,3-fachen ihres Jahreswerts abzugsfähig.[187] Dies gilt unabhängig von der tatsächlichen Dauer der Grabpflege. Einzutragen ist der Jahreswert der Grabpflegekosten. Grundsätzlich kommt es nicht auf die vom betreffenden Erben selbst geschätzten, sondern auf die **„üblichen" Grabpflegekosten** an, die durch den Sterbefall veranlasst sind. Kosten der „üblichen" Grabpflege sind die Aufwendungen, die bei der Inanspruchnahme von Fremdleistungen nach den üblichen Mittelpreisen des Liegeortes zu erwarten sind (vgl. § 15 Abs. 2 BewG).[188] Das Finanzamt ermittelt den Kapitalwert. **Nachlassregelungskosten** sind die Kosten, die dem Erwerber unmittelbar im zeitlichen Zusammenhang mit der Abwicklung, Regelung oder Verteilung des Nachlasses oder mit der Erlangung des Erwerbs entstehen. Hierzu gehören insbesondere die Testamentseröffnungs- und Erbscheingebühren, Wohnungsräumung,[189] die Kosten einer gerichtlich angeordneten Nachlasspflegschaft und Testamentsvollstreckerhonorare, Kosten der Erbauseinandersetzung wie Notarkosten, ggf. Sachverständigenkosten,[190] Prozess- und Gerichtskosten.[191] Des Weiteren gehören hierzu die Steuerberatungs-

---

185 BFH v. 1.9.2021 – II R 8/20, BStBl 2022 II, 475. Zur Angemessenheit und zu den Kosten für ein angemessenes Grabdenkmal i.S. des § 10 Abs. 5 Nr. 3 Satz 1 ErbStG können auch Aufwendungen für eine Zweitgrabstätte gehören, wenn die erste Grabstätte nur als vorübergehende Ruhestätte des Verstorbenen bestimmt war. Zu den Kosten für ein Mausoleums als Nachlassverbindlichkeit i.S. des § 10 Abs. 5 Nr. 3 ErbStG FG München v. 23.3.2020 – 4 K 2077/19, EFG 2020, 1319.

186 BFH v. 22.1.2020 – II R 41/17, BStBl 2020 II, 459. Auch Aufwendungen für die Pflege einer Wahlgrabstätte, in der nicht der Erblasser, sondern dritte Personen bestattet sind, sind als Nachlassverbindlichkeiten abzugsfähig, wenn sich bereits der Erblasser für die Dauer des Nutzungsrechts zur Pflege verpflichtet hatte und diese Pflicht auf den Erben übergegangen ist.

187 *Floeth*, Sind die Kosten der laufenden Grabpflege Beerdigungskosten i.S.d. §§ 1968 BGB, 324 Abs. 1 Nr. 2 InsO?, ZErb 2015, 269.

188 BFH v. 22.1.2020 – II R 41/17, BStBl 2020 II, 459; Thüringer FG v. 17.3.2010 – 4 K 856/08, EFG 2010, 1332. Abzugsfähig sind die am Bestattungsort üblichen Grabpflegekosten für die Laufzeit des Grabnutzungsrechts. Maßgebend sind die Verhältnisse im Zeitpunkt des Todes des Erblassers. Höhere Grabpflegekosten können dann abgezogen werden, wenn der Erblasser einem Erwerber eine höhere Kostentragungspflicht durch letztwillige Verfügung auferlegt hat. Siehe noch H E 10.7 ErbStH.

189 Kosten für die Haushaltsauflösung und Räumung der Erblasserwohnung können nach BFH v. 14.10.2020 – II R 30/19, BStBl 2022 II, 216 als Nachlassregelungskosten abzugsfähig sein, wenn z.B. Teile zurück- oder herausgegeben werden müssen.

190 BFH v. 19.6.2013 – II R 20/12, BStBl 2013 II, 738.

191 Zu Kosten betr. die Erlangung/Sicherung des Nachlasses u.a. FG Baden-Württemberg v. 25.3.2015 – 11 K 448/11, ZEV 2017, 479 m. Anm. *Billig*, UVR 2017, 60. FG Münster v. 4.2.2021 – 3 K 1941/16 Erb, EFG 2021, 775 = ZErb 2021, 222. Prozesszinsen und Gerichtskosten, die in einem Pflichtteilsverfahren anfallen, gehören der Sache nach zu den Nachlassregelungskosten.

kosten für die Erstellung der Erbschaftsteuererklärung H E 10.7 ErbStH),[192] nicht aber die Kosten eines anschließenden Rechtsbehelfsverfahrens oder finanzgerichtlichen Verfahrens, die der Erwerber zu tragen hat.[193] Zwar stellen die vom Erben getragene Steuerberatungskosten, die im Rahmen der Einkommensteuerpflicht des Erblassers anfallen, insbesondere Steuerberatungskosten für die Erstellung der Einkommensteuererklärung des Erblassers, keine Nachlassregelungskosten oder Kosten zur Erlangung des Erwerbs i.S.d. § 10 Abs. 5 Nr. 3 ErbStG dar; sie können jedoch als Erblasserschulden abzugsfähige Nachlassverbindlichkeiten i.S.d. § 10 Abs. 5 Nr. 1 ErbStG darstellen, soweit sie vom Erblasser herrühren.[194] Steuerberatungskosten des Erben für die Nacherklärung von Steuern, die der Erblasser **hinterzogen** hat, sind als **Nachlassregelungskosten** abzugsfähig.[195]

Hinweis

Eine Erblasserschuld setzt voraus, dass der Erblasser noch zu seinen Lebzeiten den Steuerberater beauftragt hat (Verursacherprinzip). Hierunter fällt auch eine über den Tod des Erblassers hinausgehende Beauftragung, solange diese nicht durch eine Kündigung seitens des Erben beendet wird. Diese Grundsätze gelten auch für Steuerberatungskosten, die dem Erben anlässlich einer Berichtigung bzw. Selbstanzeige für ursprünglich vom Erblasser abgegebene Steuererklärungen entstehen.

Beauftragt erst der Erbe nach dem Tod des Erblassers den Steuerberater, liegen keine Erblasserschulden vor. Siehe noch H E 10.7 ErbStH „Steuerberatungskosten und Rechtsberatungskosten im Rahmen des Besteuerungs- und Wertfeststellungsverfahrens".

192 Näheres zu Kosten der Erbschaftsteuererklärung H E 10.7 ErbStH und Gleich lautende Ländererlasse v. 23.3.2015, BStBl I, 264 betr. Schenkungen. Gleich lautende Ländererlasse zur ErbSt v. 11.12.2015, BStBl 2015 I, 1028. Allgemein z.B. *Viebrock/van Lück/Szrubarski*, (Ertrag-)Steuerlicher Abzug von Beratungskosten im Zusammenhang mit der Selbstanzeige, DStR 2015, 391. Aus der Rspr. BFH v. 27.9.2012 – II R 52/11, BFH/NV 2013, 938; FG Düsseldorf v. 30.11.2016 – 4 K 3976/15 Erb, EFG 2017, 142.

193 Ebenso nicht die Rechtsverfolgungskosten, die mit gesonderten Feststellungen der Grundbesitzwerte des zum Nachlass gehörenden Grundvermögens zusammenhängen, BFH v. 1.7.2008 – II R 71/06, BStBl 2008 II, 874; v. 9.12.2009 – II R 37/08, BStBl 2010 II, 489 und v. 20.6.2007 – II R 29/06, BStBl 2007 II, 722).

194 Gleich lautenden Erlass der obersten Finanzbehörden der Länder v. 11.12.2015, BStBl 2015 I, 1028.

195 BFH v. 14.10.2020 – II R 30/19, BStBl 2022 II, 216.

131 Nach BFH v. 19.6.2013[196] sind Sachverständigenkosten zur Ermittlung des Grundstückswerts (zum Nachweis des niedrigeren gemeinen Werts eines zum Nachlass gehörenden Grundstücks) als Nachlassverbindlichkeit abzugsfähig, wenn sie in engem zeitlichen und sachlichen Zusammenhang mit dem Erwerb von Todes wegen anfallen. Das Abzugsverbot des § 10 Abs. 8 ErbStG erstreckt sich nach der zugrunde liegenden Wertung auch auf die einem Erwerber entstehenden Rechtsverfolgungskosten, die er zur Abwehr der von ihm zu entrichtenden eigenen Erbschaftsteuer aufwendet.

Beachte

Kosten für die Verwaltung des Nachlasses sind nicht abzugsfähig.[197] Auch die vom Erwerber zu entrichtende Erbschaftsteuer kann nicht abgezogen werden.

b) Vermächtnisse, Auflagen, Pflichtteilsansprüche

132

104	**Vermächtnisse, Auflagen, Pflichtteilsansprüche**			
105	Hatte der Erblasser Vermächtnisse oder Auflagen angeordnet? ☐ ja Name, Anschrift des Berechtigten	Art des Anspruchs	☐ nein Wert	
106				
107				
108				
109				
110		Summe: 30		Vermächtnisse u. Ä. 30
111	Sind Pflichtteilsansprüche geltend gemacht worden? ☐ ja Name und Anschrift des Berechtigten; wann geltend gemacht?		☐ nein Wert	
112				
113				
114		Summe: 32		Pflichtteil 32

Müssen die Erben/Bedachten Vermächtnisse, Auflagen oder Pflichtteilsansprüche sowie Erbersatzansprüche nichtehelicher Kinder erfüllen, sind diese erbanfallbe-

196 BFH v. 19.6.2013 – II R 20/12, BFH/NV 2013, 1490. Außerdem unterliegen dem Abzugsverbot die Rechtsverfolgungskosten, die mit den gesonderten Feststellungen der Grundbesitzwerte des zum Nachlass gehörenden Grundvermögens zusammenhängen (BFH v. 1.7.2008 – II R 71/06, BStBl II 2008, 874). Bei den Kosten für die Bewertung von Nachlassgegenständen handelt es sich jedoch nicht um Rechtsverfolgungskosten in diesem Sinne.

197 FG Köln v. 18.8.2022 – 7 K 2127/21, EFG 2023, 497. Erfolgt bei einer Erbengemeinschaft eine Veräußerung aller Nachlassgegenstände, um den Erlös auf die einzelnen Miterben aufzuteilen, dann sind Lagerkosten und Beratungskosten, die allein der Verwertung von zum Nachlass gehörenden Kunstgegenständen dienen, handelt sich um nicht abziehbare Nachlassverwaltungskosten der Erben nach § 10 Abs. 5 Nr. 3 Satz 3 ErbStG.

dingt und können abgezogen werden (§ 10 Abs. 5 Nr. 2 ErbStG).[198] Die entsprechenden Verpflichtungen sind (zusammengefasst, ggf. auf gesonderten Blatt berechnet und erläutert) in **Zeilen 106–111** einzutragen.

Hinweis

Vermächtnisnehmer, Auflagenberechtigte, Pflichtteilsberechtigte usw. müssen im Zweifel eine eigene Erbschaftsteuererklärung abgeben. Der Erwerb ist in Zeilen 80 ff. einzutragen.

aa) Vermächtnis

Hat der Erblasser ein (oder mehrere) Vermächtnis(se) ausgesetzt und muss sie 133 der/die Erbe(n) erfüllen. Das Vermächtnis begründet einen schuldrechtlichen Anspruch des Bedachten gegen den Beschwerten auf die Leistung des vermachten Gegenstandes (§ 2174 BGB). Der Vermächtnisnehmer hat die Möglichkeit, das Vermächtnis auszuschlagen (§ 2180 Abs. 2 BGB), dies kann auch gegen Abfindung geschehen. Der/die Erben können die Vermächtnisverpflichtung als Nachlassverbindlichkeit absetzen (§ 10 Abs. 5 Nr. 2 ErbStG). Besonderheiten gelten beim Berliner Testament. Wegen der Gleichstellung der beim Tod des Beschwerten fälligen Vermächtnisse mit den Nacherbschaften in § 6 Abs. 4 ErbStG liegt weder beim Tod des Erstversterbenden noch beim Tod des Beschwerten eine die jeweilige Bereicherung durch Erbanfall mindernde Vermächtnislast nach § 10 Abs. 5 Nr. 2 ErbStG vor.[199] Im Allgemeinen ist die Vermächtnisverpflichtung mit dem gemeinen Wert der Verpflichtung bzw. der Abfindung zu bewerten. Dafür muss er in **Zeilen 105–107** (ggf. erläutert in weiteren formlosen Anlagen) den Vermächtnisnehmer benennen.

Der Wert kann der **Nennbetrag** eines Geldbetrages oder die Wertangabe des 134 Erblassers sein. Im Allgemeinen ist die Vermächtnisverpflichtung mit dem gemeinen Wert der Verpflichtung bzw. der Abfindung zu bewerten. Das gilt auch, wenn das Vermächtnis durch Hingabe eines materiellen Vermögensgegenstandes erfüllt wird. Der gemeine Wert ist der voraussichtliche übliche Verkaufspreis.

Im Übrigen gilt zur **Wertermittlung** von **Vermächtnissen** überblickartig folgendes: Das Vermächtnis kann z.B. als Sachvermächtnis, als Gattungsvermächtnis, als

198 *Loose*, Abzug von Vermächtnissen, Pflichtteils- und Zugewinnausgleichsansprüchen als Nachlassverbindlichkeiten bei der Erbschaftsteuer bei Erwerb steuerbegünstigten Vermögens, ErbR 2016, 136.

199 Vgl. R E 6 Satz 4 ErbStR. Im Fall eines Berliner Testaments, das durch ein Vermächtnis nach der Jastrow'schen Klausel ergänzt wird, kommt es erbschaftsteuerlich zu zwei Erwerbsvorgängen. Konsequenz aus § 6 Abs. 4 ErbStG ist, dass derselbe Gegenstand mehrfach besteuert wird. Nach der Entscheidung des FG Hamburg vom 21.2.2020, 3 K 191/18, DStRE 2020, 1394 kann ein testamentarischer Erwerb bei Jastrow'scher Klausel nicht durch die Vermächtnisschuld verringert werden. *Billig*, Aktuelle erbschaftsteuerrechtliche Probleme bei Nacherbschaft und Nachvermächtnis, UVR 2020, 180.

Wahlvermächtnis, als Verschaffungsvermächtnis und als Kaufrechtsvermächtnis ausgesetzt werden. Beim Kaufrechtsvermächtnis wendet der Erblasser dem Bedachten das aufschiebend bedingte und durch die Kauferklärung auszuübende Recht auf einen Nachlassgegenstand – meist gegen einen geringeren Kaufpreis – zu.[200] Häufig wird in der Praxis das Kaufrechtsvermächtnis als Wahlvermächtnis ausgestaltet (§ 2154 BGB), z.B. als Zuwendung eines Geldbetrags oder des Rechts auf günstigen Erwerb einer Immobilie, eines Gesellschaftsanteils etc. Dabei ist i.A. das Wahlrecht dem Bedachten übertragen. Mit der Wahl des Bedachten durch unwiderrufliche Erklärung gegenüber dem Beschwerten gilt die gewählte Leistung von Anfang an als geschuldet (§ 263 Abs. 1, 2 BGB).[201] Die Nachlassverbindlichkeit entsteht spiegelbildlich erst mit der Geltendmachung des Rechts (analog § 9 Abs. 1 Nr. 1b ErbStG). Bei einem **Kaufrechtsvermächtnis** hat der Beschwerte/Erbe zunächst einmal den das Kaufrechtsvermächtnis betreffenden Gegenstand geerbt. Dieser befindet sich im Nachlass und ist dort m.E. mit dem Steuerwert des Kaufgegenstandes, bei Grundstücken mit dem sog. Bedarfswert (§§ 157 ff. BewG), anzusetzen. Der Nachlass ist nicht mit dem Kaufrecht als solchem, sondern mit einem Sachleistungsanspruch gegen den Erben belastet. Nach der Finanzverwaltung ist die Verbindlichkeit korrespondierend mit demselben Wert wie beim Vermächtnisnehmer anzusetzen.[202] Nach Auffassung der Finanzverwaltung[203] ist das Kaufrechtsvermächtnis beim Vermächtnisnehmer sowie auch beim Erben als Vermächtnisverpflichtung mit dessen gemeinem Wert, das ist die Differenz zwischen dem Verkehrswert des zu erwerbenden Gegenstandes und dem vom Erblasser festgelegten Kaufpreis, zu bewerten. Bezieht sich das Übernahme- oder Kaufrechtsvermächtnis auf Vermögen, das gemäß § 13a ErbStG a.F. begünstigt ist, stehen dem Vermächtnisnehmer die dort vorgesehenen Vergünstigungen zu. **Verschaffungsvermächtnisse** sind mit dem gemeinen Wert der zu verschaffenden Sache anzusetzen, der Erbe kann entsprechend die Aufwendungen zum Erwerb der Sache als Nachlassverbindlichkeit ansetzen. Nachdem generell alle Wirtschaftsgüter, also auch Grundstücke, Betriebe, Anteile an Kapitalgesellschaften mit dem gemeinen Wert zu bewerten sind, und der nach den spezifischen Bewertungsvorschriften ermittelte Wert der gemeine Wert ist (§ 11 Abs. 2, § 162, § 167, § 177 BewG), können m.E. **Stück- oder Sachvermächt-**

---

200 Befindet sich der Gegenstand nicht im Nachlass, handelt es sich um ein Verschaffungsvermächtnis.

201 Ist das Wahlrecht nicht befristet, muss der Beschwerte eine Frist zur Ausübung des Wahlrechts setzen und kann erst nach Ablauf der Frist das Wahlrecht selbst ausüben (§ 264 Abs. 2 BGB).

202 H E 3.2 ErbStH. umstr. *Troll/Gebel/Jülicher/Gottschalk*, ErbStG, § 3 Tz. 181 mit Beispielsberechnung.

203 Koordinierte Ländererlasse z.B. von Bayern v. 20.10.2009 – 34–S 3812 a–012–38939/08, ErbSt-Kartei BY § 13a ErbStG Karte 7.

nisse[204] z.B. über Grundstücke mit dem Grundbesitzwert angesetzt werden, ein besonderer Marktwert i.S.d. § 9 BewG braucht nicht ermittelt zu werden.

bb) Erbschaftsteuer des Vermächtnisnehmers

Beim Vermächtnisnehmer liegt ein Erwerb von Todes wegen vor, der der Erbschaftsteuer unterliegt (§ 3 Abs. 1 Nr. 1 ErbStG). Der Vermächtnisnehmer muss im Zweifel eine eigene Erbschaftsteuererklärung abgeben. Der Erwerb durch Vermächtnis ist in **Zeilen 80 ff.** einzutragen. Anzumerken ist, dass im Fall eines Nachvermächtnisses ein Erwerb vom Vorerben und nicht vom ursprünglichen Erblasser vorliegt, so dass der Freibetrag sich nach dem Verhältnis zum Vorerben richtet. Wenn der Vermächtnisnehmer den Beschwerten beerbt, gehört zu seinem steuerpflichtigen Erwerb neben seinem Anteil an dem um die Erblasserschulden reduzierten Nachlass gegebenenfalls auch das ihm zustehende Vermächtnis, das er gemäß § 6 Abs. 4 i.V.m. Abs. 1 Satz 2 ErbStG als vom Beschwerten stammend zu versteuern hat. Daher neutralisieren sich in der Regel beide Positionen, und ein Abzug der Erblasserschulden bliebe letztlich ohne Auswirkung auf den Umfang des steuerlichen Erwerbs.[205] 135

Grundsätzlich erlangt der Berechtigte eines Vermächtnisses eine **schuldrechtliche Forderung** an den/die Erben, die beim Vermächtnisnehmer und beim Erben grundsätzlich mit dem gemeinen Wert zu bewerten ist. In der Praxis ist der Regelfall des Vermächtnisses aber, dass ein bestimmter Gegenstand vermacht wird (sog. Stück- oder Sachvermächtnis). Bei Vermächtnissen, die auf einen zum Nachlass gehörenden Gegenstand gerichtet sind, richtet sich der Wertansatz (Bereicherung beim Vermächtnisnehmer, Verbindlichkeit beim Erben) m.E. nach dem Steuerwert des zugewandten Gegenstandes. Der Wertansatz des Vermächtnisses korrespondiert nach der Erbschaftsteuerreform ab 2009 in der Regel mit dem Wertansatz des Gegenstandes im Nachlass (beim Erben). Schlägt der Vermächtnisnehmer das Vermächtnis aus, unterliegt die ggf. dafür erhaltene Abfindung der Erbschaftsteuer (§ 3 Abs. 2 Nr. 4 ErbStG). Grds. kann ein Vermächtnisnehmer im wirtschaftlichen Zusammenhang mit dem Vermächtnis übernommene Schulden gem. § 10 Abs. 5 ErbStG abziehen. Ein Vermächtnisnehmer haftet aber nicht für Schulden des Erblassers. Er kann daher durch Zahlung an die Erbin übernommene Sanierungskosten für eine erworbene Eigentumswohnung nicht unter dem Gesichtspunkt von Erblasserschulden i.S. des § 10 Abs. 5 Nr. 1 ErbStG steuerwirksam vom Wert des Vermächtnisses zum Abzug zu bringen.[206] Nach Ansicht des FG Münster v. 24.10.2019[207] kann aber der Pauschbetrag nach § 10 136

204 *Wachter*, Neues und Altes zu Sachvermächtnissen im Erbschaftsteuerrecht, FR 2021, 1153.

205 FG Hamburg v, 21.2.2020, 3 K 191/18, DStRE 2020, 1394.

206 FG München v. 20.1.2021 – 4 K 1586/19, EFG 2021, 770. Revision eingelegt (Az. des BFH: II R 4/21).

207 FG Münster 24.10.2019 – 3 K 3549/17 Erb, EFG 2020, 391; bestätigt durch BFH v. 1.2.2023 – II R 3/20, BStBl 2023 II, 717.

Abs. 5 Nr. 3 Satz 2 ErbStG (Erbfallkostenpauschale i.H.v. 10.300 EUR) sowohl dem Vorerben als auch dem Nacherben gewährt werden.

c) Vermächtnis zugunsten eines Ehepartners des Erblassers/der Erblasserin

137 Setzt der Erblasser zugunsten seiner Ehegattin bzw. die Erblasserin zugunsten ihres Ehegatten nur ein Vermächtnis aus, kann eine Enterbung vorliegen. Zu prüfen ist daher im Zweifel die Geltendmachung von Pflichtteils- und Zugewinnausgleichsansprüchen. Setzt der Ehegatte seinem überlebenden Ehegatten ein Nießbrauchs- oder Wohnrecht aus (Vermächtnisnießbrauch/-wohnrecht), kann der Erbe **ab 2009** den vollen Steuerwert des Nutzungsrechts als Verbindlichkeit abziehen.

138 § 25 ErbStG a.F. hat den sofortigen Abzug der Nießbrauchs/-Nutzungsverpflichtung (z.B. Duldung eines Wohnrechts) zugunsten des Schenkers oder des Ehegatten des Erblassers (Schenkers) **bis 2008 verboten.** Die Erbschaftsteuer, die auf den Kapitalwert dieser Belastungen (dieser ist gleichzeitig der Steuerwert der Bereicherung des/der Berechtigten) fällt, war bis zu deren Erlöschen zinslos zu stunden. Veräußert der Erwerber das belastete Vermögen vor Erlöschen der Belastung ganz oder teilweise, endet insoweit die Stundung mit dem Zeitpunkt der Veräußerung. Die **damals gestundete Steuer kann auch heute noch auf Antrag** des Erben jederzeit mit ihrem Barwert nach § 12 Abs. 3 BewG abgelöst werden (vgl. R E 25 ErbStR). Zur Berechnung des Stundungsbetrags siehe H E 25 ErbStH.

d) Pflichtteilsverpflichtungen

aa) Nachlassverbindlichkeit

139 Muss der Erbe Pflichtteilsansprüche erfüllen, sind diese mit dem zivilrechtlich ermittelten (Verkehrs-)Wert als Nachlassverbindlichkeit abzuziehen.[208] Allerdings: Dem bloßen Entstehen des Pflichtteilsanspruchs kommt erbschaftsteuerrechtlich weder für den Abzug als Nachlassverbindlichkeit noch für die Besteuerung Bedeutung zu, und zwar weder bei dem Berechtigten noch bei dem Verpflichteten.[209]

Der Pflichtteilsberechtigte ist in **Zeile 111 oder 112** zu benennen; dadurch erfährt das Finanzamt auch von dem Erwerb des Pflichtteilsberechtigten.

---

208 *Tanck*, Pflichtteilsklauseln im gemeinschaftlichen Testament (Berliner Testament) – zivilrechtliche und steuerliche Gestaltung bei der Einheitslösung, ZErb 2018, 8; *Billig*, Zur erbschaftsteuer- und schenkungsteuerrechtlichen Bedeutung des Pflichtteilsanspruchs, UVR 2014, 314; *Söffing/Henrich*, Die gemeinnützige Stiftung als Unternehmensnachfolger, BB 2016, 1943 (auch zu Pflichtteilsverpflichtungen).

209 BFH v. 5.2.2020 – II R 17/16, BStBl 2020 II, 584.

Pflichtteilsverbindlichkeiten sind bei Erwerben, für die Erbschaft- oder Schenkungsteuer **nach dem 28.12.2020** entsteht, **nicht mehr voll als Nachlassverbindlichkeiten abziehbar**. Dies betrifft **Erwerbe, bei denen Steuerbefreiungen** gewährt werden, z.B. befreite Erwerbe von GmbH-Beteiligungen. Durch das Jahressteuergesetz 2020 wurde in § 10 Abs. 6 Satz 5 bis 10 ErbStG eine Kürzung des Abzugs für solche Schulden und Lasten eingeführt, die nicht in wirtschaftlichem Zusammenhang mit erworbenen steuerbefreiten Vermögensgegenständen stehen (z.B. Pflichtteilsverbindlichkeiten, Konsumentendarlehen, Steuerschulden oder die Pflicht des Erben zur Zahlung des Zugewinnausgleichs). Für die Berechnung des Kürzungsbetrages sind die Schulden und Lasten grundsätzlich anteilig allen Vermögensgegenständen des Erwerbs zuzurechnen. Näheres siehe oben Rdn 122 f. Ausgenommen von der anteiligen Schulden- und Lastenzurechnung sind nach § 10 Abs. 6 Satz 6 ErbStG Kosten i.S.d. § 10 Abs. 5 Nr. 3 ErbStG z.B. nachgewiesene Bestattungskosten oder der Pauschbetrag für Erbfallkosten. 140

Für Erwerbe, für die die Erbschaft-/Schenkungsteuer bis 27.12.2020 entstanden war, gilt: Verpflichtungen zur Zahlung des geltend gemachten **Pflichtteils** und des **Zugewinnausgleichs** an den überlebenden Ehegatten[210] des Erblassers sind auch dann in **voller Höhe als Nachlassverbindlichkeiten abziehbar**, wenn zum Nachlass ein Anteil an einer Kapitalgesellschaft gehört, dessen Erwerb nach § 13a ErbStG begünstigt ist.[211] 141

Mit der Geltendmachung des Pflichtteils wirkt die Nachlassverbindlichkeit auf den Zeitpunkt der Entstehung der Steuer, d.h. i.d.R. auf den Todestag des Erblassers, zurück.[212] 142

Ist schon eine Veranlagung durchgeführt, ist diese infolge der Geltendmachung nach § 175 Abs. 1 Satz 1 Nr. 2 AO (rückwirkendes Ereignis) zu korrigieren.

Verzichtet der Berechtigte gegen Abfindung auf seinen Pflichtteilsanspruch, ist als Nachlassverbindlichkeit der Nennbetrag der Abfindung abzusetzen.[213] Besteht die Abfindung in der Hingabe eines Gegenstandes, ist die Nachlassverbindlichkeit mit dem Steuerwert, z.B. Bedarfswert eines Grundstücks, ansonsten mit dem voraussichtlich üblichen Verkaufspreis (gemeinen Wert) abzusetzen.[214] 143

---

210 Vgl. z.B. FG Münster v. 24.2.2022 – 3 K 1298/21 Erb, EFG 2022, 773.

211 BFH v. 22.7.2015 – II R 12/14, BStBl II 2016, 230.

212 FG Münster v. 4. 2.2021 – 3 K 1941/16 Erb, EFG 2021, 775 = ZErb 2021, 222. Revision eingelegt (Az. des BFH: II R 5/21). Die spätere Bestimmung bzw. Bestätigung der Höhe des geltend gemachten Anspruchs durch die Justiz stellt hingegen kein rückwirkendes Ereignis dar (hier: keine steuermindernde Berücksichtigung eines Pflichtteilsergänzungsanspruchs gemäß § 10 Abs. 5 Nr. 2 ErbStG). Prozesszinsen und Gerichtskosten, die in einem Pflichtteilsverfahren anfallen, gehören der Sache nach zu den Nachlassregelungskosten.

213 *Halaczinsky*, Vergleichsweise Abfindungszahlungen bei der Erbschaft-/Schenkungsteuer, UVR 2017, 349.

214 Soweit keine Bewertung nach dem besonderen Teil des BewG in Betracht kommt.

bb) Erbschaftsteuer des Pflichtteilsberechtigten

144 Der Erwerb aufgrund eines geltend gemachten Pflichtteilsanspruchs unterliegt als Erwerb von Todes wegen der ErbSt. Dafür genügt schon die **Geltendmachung** durch den Pflichtteilsberechtigten oder seines Erben.[215]

Geltendmachung ist noch nicht das Auskunftsverlangen hinsichtlich der möglichen Pflichtteilswerte, sondern erst das ernsthafte Verlangen auf Erfüllung.[216] Mit der Geltendmachung entsteht der steuerbare Anspruch und die entsprechende Verpflichtung (§ 9 Abs. 1 Nr. 1 ErbStG) – unabhängig von der späteren Art und Weise der Erfüllung. Die Geltendmachung eines Pflichtteils nach dem Tod des Pflichtteilsverpflichteten ist auch dann möglich, wenn der Pflichtteilsberechtigte zugleich der Erbe des Pflichtteilsverpflichteten ist. Ist der **Pflichtteilsberechtigte** der **Alleinerbe** des Verpflichteten, bleibt trotz des zivilrechtlichen Erlöschens des Pflichtteilsanspruchs erbschaftsteuerrechtlich sein **Recht** zur **Geltendmachung** des Pflichtteils als Folge der Regelung in § 10 Abs. 3 ErbStG **bestehen.**[217] Der Pflichtteilsberechtigte hat entsprechend (nach Aufforderung durch das Finanzamt) eine Erbschaftsteuererklärung abzugeben. Der Pflichtteilsanspruch – der i.d.R. ein Geldanspruch ist – ist mit dem Nennwert in **Zeile 80 ff.** einzutragen.

Achtung

Wird die Geltendmachung eines Pflichtteils nicht angezeigt, kann darin im schlimmsten Fall eine Steuerhinterziehung liegen.

Wird ein **Pflichtteilsanspruch geerbt**, d.h. wenn der Pflichtteilsberechtigte verstirbt, bevor der Pflichtteil ausbezahlt worden ist, unterliegt nach der Entscheidung des BFH v. 7.12.2016[218] der derivativ erworbene Pflichtteil ausnahmsweise der Erbschaftsteuer, auch wenn der Pflichtteilsanspruch nicht geltend gemacht wird.

145 Die Bewertung der Pflichtteilsverpflichtung erfolgt mit dem zivilrechtlich ermittelten Wert. Beim Pflichtteilsverpflichteten steht den Steuerwerten im Nachlass die nach Verkehrswerten bemessene Verpflichtung gegenüber, so dass sich der

---

215 BFH v. 19.2.2013 – II R 47/11, BStBl 2013 II, 332; v. 30.4.2003 – II R 6/01, BFH/NV 2004, 341.

216 Näheres siehe Erbschaftsteuer-Kommentierungen zu § 3 ErbStG; z.B. *Uricher*, in: Daragan/Halaczinsky/Riedel, Praxiskommentar ErbStG und BewG, § 3 ErbStG Rn 55, 56; *Lohr/Görges*, Die Behandlung des Pflichtteils in der Erbschaftsteuer, DStR 2011, 1939.

217 BFH v. 5.2.2020 – II R 1/16, BStBl 2020 II, 581=ZErb 2020, 322; v. 19.2.2013 – II R 47/11, BStBl 2013 II, 332. *Kamps*, Pflichtteilsanspruch nach Tod des Pflichtteilsverpflichteten – Auswege trotz restriktiver BFH-Rechtsprechung vom 5.2.2020, Stbg 2021, 243.

218 BFH v. 7.12.2016 – II R 21/14, ZErb 2017, 175. Steuerpflichtige, die einen Pflichtteilsanspruch derivativ erworben haben, müssen prüfen, ob und inwieweit Pflichtteilsansprüche bestehen und wie mit diesen Ansprüchen umzugehen ist, auch wenn keine Absicht besteht, diese geltend zu machen. Näheres *Schneider/Dohse*, Pflichtteilsansprüche als Fallstricke in der Nachfolgeplanung, UVR 2017, 28.

steuerliche Wert des Nachlasses und die Pflichtteilsverbindlichkeit nicht zwangsläufig saldieren. Der Pflichtteilsanspruch ist i.d.R. mit dem zivilrechtlich festgestellten Wert anzusetzen. In der Praxis werden häufig mangels liquider Mittel Grundstücke oder z.B. auch Beteiligungen etc. zur Erfüllung der Pflichtteilsansprüche übertragen. Dennoch ist als Bereicherung der Verkehrswert des Pflichtteilsanspruchs, die Kapitalforderung, anzusetzen (§§ 10, 12 Abs. 1 ErbStG i.V.m. § 12 BewG). Der BFH[219] hat dazu entschieden, dass die Erfüllung durch Hingabe von Grundstücken etc. nichts daran ändert, dass es sich um eine Kapitalforderung handelt. Die Finanzverwaltung folgt dieser Auffassung. Wird statt Pflichtteilserfüllung ein Pflichtteilsverzicht vereinbart, unterliegt die Abfindung der ErbSt (§ 3 Abs. 2 Nr. 4 ErbStG). In diesem Fall ist der Erwerbsgrund und Erwerbsgegenstand die Abfindungsvereinbarung. Beinhaltet diese die Hingabe eines Grundstücks, hat der Pflichtteilsberechtigte als Wert den Bedarfswert des Grundstücks anzusetzen. Entsprechend sollte die Abfindungsverpflichtung beim Erben mit dem Bedarfswert bewertet werden können.[220]

e) Auflageverpflichtungen

aa) Nachlassverbindlichkeit

Der Erblasser kann den Erben oder einen Vermächtnisnehmer nach § 1940 BGB durch eine Auflage verpflichten, einem Bedachten einen bestimmten Nachlassgegenstand, beziffertes Geldvermögen, Leistungen usw. zu erbringen. Der Nachlass kann auch mit Auflagen zur Pflege eines Tiers[221] u.Ä. belastet sein. Bei dem Erben, Vermächtnisnehmer, sonst Bedachten entsteht dadurch eine Nachlassverbindlichkeit, die je nach Art der Auflage mit dem gemeinen Wert oder dem Steuerwert abgezogen werden kann, wenn die Auflage tatsächlich erfüllt wird (§ 10 Abs. 5 Nr. 2 ErbStG). 146

Hinweis

Der Erblasser sollte die von ihm gewünschte Auflage ausdrücklich in sein Testament oder den Erbvertrag aufnehmen.[222] Die Anordnung der Auflage sollte vom Erblasser dabei so klar wie möglich formuliert werden. Bloße Wünsche und Vorstellungen des Erblassers sind ohne rechtliche Bindung und

---

219 BFH v. 7.10.1998 – II R 52/96, BStBl 1999 II, 23.

220 BFH 17.2.1982 – II R 160/80, BStBl 1982 II, 350; bejahend *Crezelius*, Pflichtteilsabfindung und Erbschaftsteuer, BB 2000, 2333.

221 *Steiner*, Letztwillige Verfügungen für die Versorgung von Tieren, ErbStB 2015, 182.

222 Eine vom Testamentsvollstrecker zu erfüllende Verpflichtung, den Nachlass zu veräußern, die Gegenstand einer Auflage im Sinne des § 1940 BGB sein könnte, wäre bei der Ermittlung des steuerpflichtigen Erwerbs nicht als Nachlassverbindlichkeit abzugsfähig (FG Köln v. 18.8.2022 – 7 K 2127/21, EFG 2023, 497). Denn sie käme den Erben wirtschaftlich zugute, weil sie der Auskehrung des auf jeden entfallenden Nachlasswertes dienen würde (vgl. hierzu auch BFH v. 28. 6.1995 – II R 89/92, BStBl 1995 II, 786).

verpflichten nicht zum gewünschten Tun oder Unterlassen durch die Erben oder Vermächtnisnehmer. Mündliche Äußerungen zu Lebzeiten sind ebenso wie beim Vermächtnis unwirksam. Letztere führen nicht zu Nachlassverbindlichkeiten.[223]

147 Eine Besonderheit besteht bei Auflagen im Zusammenhang mit Grundstückszuwendungen, z.B. Duldung eines Wohnrechts,[224] Unterkunft und Pflege des Haustiers des Verstorbenen etc. In diesem Fall kann der Wert des geerbten Grundstücks infolge des auf dem Objekt lastenden Nutzungsrechts so gemindert sein, dass er unter dem Bedarfswert liegt, siehe dazu § 8 Rdn 118 ff. Der Auflagenverpflichtete kann wählen, ob er die Nutzungsverpflichtung als Schuld abziehen oder bei entsprechendem Nachweis den geminderten Verkehrswert des Grundstücks abziehen will. Kommt es zu diesem niedrigeren Ansatz, scheidet allerdings der Ansatz der Auflageverpflichtung aus (vgl. § 10 Abs. 6 Satz 6 ErbStG, R E 10.10 Abs. 6 ErbStR und Beispiel in H E 10.10 ErbStH). Die Wahl des Ansatzes des niedrigeren Verkehrswerts kann vorteilhaft sein, weil damit evtl. nachträgliche Erhöhungen der Nutzungsverpflichtung nach § 14 Abs. 4 BewG keine Auswirkungen haben.

148 Wird ein Erwerb von Todes wegen oder eine freigebige Zuwendung **mit einer aufschiebend bedingten Last belastet**, dann wird diese Last bis zum Eintritt der Bedingung nicht bei der Besteuerung berücksichtigt (§ 6 Abs. 1 BewG). Tritt die Bedingung ein, ist die Festsetzung der Erbschaft- bzw. Schenkungsteuer auf Antrag nach dem tatsächlichen Wert der Last zu berichtigen (§ 6 Abs. 2 i.V.m. § 5 Abs. 2 BewG).[225]

bb) Erbschaftsteuer des Auflageberechtigten

149 Die Erbschaftsteuer des Auflageberechtigten entsteht im Zeitpunkt der Vollziehung der Auflage (§ 9 Abs. 1 Nr. 1d ErbStG).[226] Der Auflagenberechtigte hat entsprechend (nach Aufforderung durch das Finanzamt) eine Erbschaftsteuererklärung abzugeben. Der Anspruch ist in **Zeile 80 ff.** einzutragen.

223 BFH v. 1.9.2021 – II R 8/20, BStBl 2022 II, 475.

224 *Halaczinsky*, Wohnrecht als bereicherungsmindernde Auflage i.S.d. § 10 Abs. 1 Satz 1 ErbStG, ErbStB 2015, 320.

225 Gleich lautende Erlasse der obersten Finanzbehörden der Länder v. 4.1.2023, BStBl 2023 I, 172 zur Berücksichtigung von aufschiebend bedingten Lasten für Zwecke der Erbschaft- bzw. Schenkungsteuer; BFH v. 15.7.2021 – II R 26/19, BStBl 2023 II, 66.

226 *Bruschke*, Das Erlöschen der Erbschaftsteuer in besonderen Fällen, ErbStB 2017, 85 (z.B. Nichterfüllung einer Auflage).

Achtung

Wird die Vollziehung des Auflageanspruchs nicht angezeigt, kann darin im schlimmsten Fall eine Steuerhinterziehung liegen.

Der Wert der Auflage ist i.d.R. mit dem gemeinen Wert anzusetzen; bei Nießbrauch oder Wohnrecht siehe Rdn 111 ff. In der Praxis werden häufig mangels liquider Mittel Grundstücke oder z.B. auch Beteiligungen etc. zur Erfüllung einer Auflage übertragen. Dennoch ist als Bereicherung der Verkehrswert des Pflichtteilsanspruchs, die Kapitalforderung, anzusetzen (§§ 10, 12 Abs. 1 ErbStG i.V.m. § 12 BewG).

4. Vorschenkungen

150

115	**Schenkungen**	
116	Hatte der Erblasser zu seinen Lebzeiten Schenkungen bzw. andere Zuwendungen gemacht, bei denen der Wert der Leistung des Schenkers den Wert der Gegenleistung übersteigt? ☐ nein	
117	☐ ja, an folgende Personen, Stiftungen, Trusts usw.: Name, Anschrift des Beschenkten/Art, Wert und Zeitpunkt der Zuwendung	veranlagt beim Finanzamt/Steuernummer
118		
119		
120		
121		
122		
123		

In **Zeile 115–123** sind Schenkungen des Erblassers zu seinen Lebzeiten einzutragen. Auf die Art werden die Erben angehalten, bisher vom Erblasser erhaltene aber nicht angezeigte Schenkungen zu offenbaren. Es kann sein, dass die Vorschenkungen für sich noch keine Steuer ausgelöst haben, insbesondere weil die persönlichen Freibeträge damals nicht überschritten waren. Haben die Erben/Bedachten/Pflichtteilsberechtigten selbst zu Lebzeiten vom Erblasser Schenkungen erhalten, kann aber bei dem Erwerb von Todes wegen die Zusammenrechnungsvorschrift des § 14 ErbStG zur Anwendung kommen, d.h. die Vorschenkungen werden mit dem Erwerb von Todes wegen zusammengerechnet. Dadurch kann z.B. für den Erwerb von Todes wegen Erbschaftsteuer ausgelöst werden, obwohl der Erbanfall wertmäßig für sich selbst mangels Überschreiten der persönlichen Freibeträge keine Erbschaftsteuer auslösen würde. Das vorsätzliche Unterlassen solcher Angaben im Erbschaftsteuererklärungsformular kann daher eine Steuerhinterziehung sein![227] Möglicherweise kann die vollständige Angabe in Zeilen 113 ff. als Selbstanzeige ausgelegt werden.

Nach FG Nürnberg[228] liegt (auch) eine Hinterziehung der Erbschaftsteuer gem. § 370 Abs. 1 Nr. 2 AO vor, wenn es der Beschenkte und spätere Erbe der Schenkerin pflichtwidrig und vorsätzlich **unterlassen** hat, **(Vor-)Schenkungen** gem. § 30 ErbStG dem Finanzamt **anzuzeigen**, und wenn dann die mangelnde Kenntnis des Finanzamts von den Vorschenkungen zum Zeitpunkt der Mitteilung durch das Nachlassgericht zur Folge hatte, dass das **Finanzamt** von der Steuerfreiheit des Erwerbs von Todes wegen nach § 16 Abs. 1 ErbStG ausgeht, von einer Aufforderung zur Erklärungsabgabe gemäß § 31 ErbStG absieht und **Erbschaftsteuer nicht festsetzt.** Eine wesentliche verfahrensrechtliche Folge der Steuerhinterziehung ist, dass die Festsetzungsfrist für den Erlass des Erbschaftsteuerbescheides zehn Jahre beträgt.

151 **Beachte**

Mehrere innerhalb von 10 Jahren von der derselben Person anfallende Erwerbe sind bei der Besteuerung des jeweils letzten Erwerbs im 10-Jahreszeitraum mit diesem letzten Erwerb zusammenzurechnen (§ 14 ErbStG).[229] D.h. entsprechende Vorschenkungen sind in die Erbschaftsteuerfestsetzung einzubeziehen.

Bei der Zusammenrechnung
- behalten die Einzelerwerbe trotz der Zusammenrechnung ihren Charakter als selbstständige steuerpflichtige Vorgänge. Materielle Fehler bei der Besteuerung des Einzelerwerbs (Vorerwerbs) können jedoch bei der Ermittlung des Gesamterwerbs korrigiert werden[230]

227 *Wittig*, Schenkungsteuerhinterziehung bei Nichtanzeige und Nichtangabe von Vorschenkungen gem. §§ 30, 31 ErbStG, HRRS 2016, 137; BGH v. 10.2.2015 – 1 StR 405/14, DStR 2015, 1867. (Die in einer Schenkungsteuererklärung enthaltene unzutreffende Angabe, vom Schenker keine Vorschenkungen erhalten zu haben, stellt sowohl für die Besteuerung der Schenkung, auf die sich die Erklärung bezieht, als auch für diejenige der Vorschenkungen eine unrichtige Angabe über steuerlich erhebliche Tatsachen im Sinne von § 370 Abs. 1 Nr. 1 AO dar.).

228 FG Nürnberg v. 17.6.2021 – 4 K 1444/18, EFG 2022, 1108, Revision eingelegt (Az. des BFH: II R 39/21).

229 *Koretzkij/Hille*, Euroumstellung und Zusammenrechnung mehrerer Erwerbe nach § 14 ErbStG, ZEV 2002, 12.

230 BFH v. 17.4.1991 – II R 121/88, BStBl 1991 II, 522. Aufgrund der Selbstständigkeit der Besteuerung der einzelnen Erwerbe sind die in die Zusammenrechnung nach § 14 Abs. 1 Satz 1 ErbStG einzubeziehenden Vorerwerbe dem letzten Erwerb nicht mit materiellrechtlich unzutreffenden Werten hinzuzurechnen, selbst wenn sie den vorangegangenen Steuerfestsetzungen für diese Erwerbe zugrunde gelegt worden waren, sondern mit den ihnen (damals) zukommenden materiell-rechtlich zutreffenden Werten. Dieser richtige Wertansatz ist auch für die Berechnung der nach § 14 Abs. 1 Satz 2 ErbStG abziehbaren

- bleiben die früheren Erwerbe mit ihrem früheren steuerlichen Wert maßgebend
- wird die Steuer für den Gesamtbetrag auf der Grundlage der geltenden Tarifvorschriften zum Zeitpunkt des Letzterwerbs berechnet
- wird von der Steuer für den Gesamtbetrag die Steuer abgezogen, welche für die früheren Erwerbe nach den persönlichen Verhältnissen und auf der Grundlage der Tarifvorschriften zzt. des letzten Erwerbs zu erheben gewesen wären (fiktive Steuer)
- wird statt der fiktiven Steuer die seinerzeit für den Vorerwerb tatsächlich zu entrichtende Steuer abgezogen, wenn sie höher ist und
- werden Vorerwerbe mit negativem Steuerwert bei der Zusammenrechnung nicht berücksichtigt.[231]

Die Steuer, die sich für den letzten Erwerb ohne Zusammenrechnung mit früheren Erwerben ergibt, darf durch den Abzug der Steuer für die Vorerwerbe nicht unterschritten werden (§ 10 Abs. 1 Satz 4 ErbStG), d.h. mindestens ist die Steuer für den letzten Erwerb zu zahlen.[232]

Die **Zehn-Jahres-Frist** ist nach den allgemeinen Regeln der Fristberechnung zu 152 ermitteln.[233] Der Einbezug der Vorerwerbe erfolgt durch eine Rückwärtsrechnung vom Zeitpunkt des Letzterwerbs, d.h. auf den Tag genau. Bei einer Erwerbskette im Zehn-Jahres-Zeitraum ist die Rückrechnung bis zum Vortag des Tages, der in seiner Benennung im Kalender dem Tag der Steuerentstehung für den letzten Erwerb entspricht, vorzunehmen. Also bei Erbanfall am 11.9.2018 bis zum 10.9.2008. Liegen innerhalb des Zehn-Jahres-Zeitraums mehr als zwei Schenkungen, werden alle Erwerbe vor dem Letzterwerb zusammengerechnet und als eine rechnerische Vorschenkung betrachtet. Fallen mehrere Erwerbe in einem den Zehn-Jahres-Zeitraum übersteigenden Zeitraum an, sind jeweils die innerhalb von zehn Jahren liegenden Erwerbe zu addieren. Gleichwohl ist der Letzterwerb der maßgebende Steuersachverhalt (R E 14.1 Abs. 4 ErbStR; H E 14.1. (4) ErbStH). Beispielberechnung siehe H E 14.1. (1) (3) und (4) ErbStH.

---

fiktiven Steuer maßgebend. Gleiches gilt auch für die Berechnung der nach § 14 Abs. 1 Satz 3 ErbStG abziehbaren Steuer. Die für die Vorerwerbe ergangenen Steuerbescheide entfalten keine Bindungswirkung etwa im Sinn von Grundlagenbescheiden (Hessisches FG v. 22.3.2016 – 1 K 2014/14, EFG 2016, 1277).

231 Keine Saldierung des positiven Erwerbs aus Vermächtnis mit negativem Erwerb aus Erbschaft nach FG Münster v. 18.5.2017 – 3 K 961/15 Erb, EFG 2017, 1181, nrk.

232 *Fliedner*, Die Berechnung der Steuer bei mehreren Erwerben nach § 14 ErbStG i.d.F. des ErbStRG, UVR 2009, 204.

233 §§ 187 ff. BGB; § 108 Abs. 1 AO; a.A. FG Hamburg v. 28.5.1976 – II 64/73, EFG 1976, 509.

5. Bemerkungen, Anträge

153

124	**Bemerkungen**
125	
126	
127	
128	
129	
130	

Hier sind besondere Zahlungs- und Stundungswünsche[234] geltend zu machen z.B.

- Zahlung durch Hingabe von Kunstgegenständen, Sammlungen etc. § 224a AO
- Stundung nach § 28 ErbStG für ErbSt, die auf Betriebsvermögen vermietete Grundstücke oder auf ein zum Erwerb gehörendes Ein- oder Zweifamilienhaus oder Wohneigentum entfällt, welches der Erwerber nach dem Erwerb zu eigenen Wohnzwecken nutzt (§ 28 Abs. 3 ErbStG)
- Erlass nach Verschonungsbedarfsprüfung gem. § 28a ErbStG, hierzu § 3 Rdn 67 ff.
  - Jahresversteuerung bei Renten, Nutzungen und Leistungen: Insbesondere im Fall des Zuwendungsnießbrauchs, aber auch beim Vorbehaltsnießbrauch ist die Erbschaftsteuer nach § 23 ErbStG nach Wahl[235] des Erwerbers statt vom Kapitalwert jährlich im Voraus vom Jahreswert des Nießbrauchs zu entrichten (§ 3 Rdn 62 ff.). Die Jahresversteuerung ist antragsgebunden.
  - Erwerber, die dem Erblasser unentgeltlich oder gegen ein unzureichendes Entgelt Pflege oder Unterhalt gewährt haben, können einen Betrag bis zu 20.000 EUR absetzen, soweit die Zuwendung als angemessenes Entgelt anzusehen ist (§ 13 Abs. 1 Nr. 9 ErbStG). Er kommt nicht bei Erwerbern in Betracht, die gesetzlich zur Pflege (z.B. Ehegatte oder eingetragener Lebenspartner) oder zum Unterhalt (z.B. Ehegatte, eingetragener Lebenspartner oder Verwandte in gerader Linie) verpflichtet sind.
  - Haben Eltern oder Voreltern ihren Abkömmlingen Vermögen durch Schenkung oder Übergabevertrag zugewandt und fällt dieses Vermögen durch den Tod des Abkömmlings wieder zurück, bleibt der Rückerwerb steuerfrei (§ 13 Abs. 1 Nr. 10 ErbStG).

---

234 *Eich*, Die Stundung von Erbschaft- und Schenkungsteuer, ErbStB 2011, 114.

235 *Hirnberger/Werz*, Wahlrechte beim Erwerb von Renten, Nutzungen und Leistungen, ErbStB 2004, 307; siehe auch § 3 Rdn 62.

- Fällt einer Person der Steuerklasse I von Todes wegen Vermögen an, das innerhalb der letzten 10 Jahre bereits von einer Person dieser Steuerklasse erworben worden ist, kann sich die Erbschaftsteuer für seinen Erwerb je nach dem Zeitablauf bis zu 50 v.H. ermäßigen (§ 27 ErbStG).[236]

Hinweis

Notfalls können solche Anträge noch bis zur Bestandskraft gestellt werden; natürlich verzögern sich dadurch die entsprechenden Wirkungen/Entlastungen. Nach Auffassung der Finanzverwaltung muss der Antrag auf Jahresversteuerung spätestens im Rechtsbehelfsverfahren gestellt werden.

6. Erlöschen nach Entstehen der ErbSt

Bei bestimmten Sachverhalten erlischt die Erbschaftsteuer rückwirkend.[237] Soweit 154
bis dahin noch keine Erklärung abgegeben worden ist, ist diese im Zweifel entbehrlich. Schon ergangene Steuerbescheide sind gem. § 175 Abs. 1 Satz 1 Nr. 2 AO zu korrigieren, ggf. ganz aufzuheben.[238]

Erlöschenstatbestände sind:
- tatsächliche Herausgabe[239] eines Geschenks wegen gesetzlichem oder vertraglichem (Widerruf) Rückforderungsrecht (§ 29 Abs. 1 ErbStG); ein Verbrauch der Schenkung z.B. durch nachfolgende Bauplanungs-, Finanzierungs- und Rechtskosten ist nicht einer Rückgabe der Schenkung gemäß § 29 Abs. 1 Nr. 1 ErbStG gleichzustellen.
- Abwendung der Herausgabe im Fall des § 528 BGB durch entsprechende andere Aufwendungen zum Unterhalt des Schenkers (§ 29 Abs. 1 Nr. 2 ErbStG)
- Anrechnung früherer unentgeltlicher Zuwendungen auf die güterrechtliche Ausgleichsforderung bei Zugewinngemeinschaft (§ 29 Abs. 1 Nr. 3 ErbStG), dazu auch R E 5.1 Abs. 6, 7 ErbStR
- Zuwendung der ererbten oder geschenkten Vermögensgegenstände innerhalb von zwei Jahren nach Entstehung der Steuer an den Bund, ein Land oder eine Gemeinde oder eine inländische Stiftung. Die Gegenstände müssen art- und funktionsgleich sein. Die bedachte Stiftung muss gemeinnützigen, mildtätigen

---

236 BFH v. 14.7.2011 – II B 27/11, BFH/NV 2011, 1881.

237 *Kamps*, Steuerneutrale Rückabwicklung von Schenkungen, ZErb 2002, 174 und 212.

238 Bei dem Fall der Rückabwicklung i.S.d. § 29 Abs. 2 ErbStG handelt es sich nicht um einen neuen Erwerbstatbestand, sondern lediglich um eine nur teilweise Korrektur der Festsetzung der ursprünglich entstandenen Schenkungsteuer, so FG Düsseldorf v. 30.11.2016 – 4 K 3976/15 Erb, EFG 2017, 142.

239 BFH v. 8.1.2003 – II R 46/01, BStBl 2004 II, 234 zu II 1 c; aber entsprechend § 41 AO nicht bereits die Unwirksamkeit der Schenkung; ansonsten liegt in der unentgeltlichen Rückgabe eine neue Schenkung vgl. BFH v. 11.11.2009 – II R 54/08, BFH/NV 2010, 896.

oder kirchlichen Zwecken dienen; es genügt eine nicht rechtsfähige Stiftung.[240] Ein Erlöschen der Erbschaftsteuer tritt jedoch nicht ein, wenn der Erwerber die Zuwendung bei der Einkommensteuer als Spende absetzt. D.h. der Erbe muss unwiderruflich erklären, dass er für das Jahr der Zuwendung die Weitergabe nicht als Spende bei der Ertragsteuer geltend macht.[241]

155 **Beachte**

Zwischenzeitliche Nutzungen des unentgeltlich Zugewendeten sind steuerbar (§ 29 Abs. 2 ErbStG).

7. Mitteilung von grenzüberschreitenden Steuergestaltungen

156

128	**Mitteilung von grenzüberschreitenden Steuergestaltungen**	
129	☐ Der Erblasser hat eine grenzüberschreitende Steuergestaltung nach §§ 138d ff. AO genutzt, deren steuerlicher Vorteil sich bei der Erbschaftsteuer auswirken soll. Bitte erläutern Sie die Steuergestaltung in einer gesonderten Anlage.	
130	Registriernummer	Offenlegungsnummer

Hinweis

Von der Gestaltung muss eine Steuer betroffen sein, auf die das EU-Amtshilfegesetz Anwendung findet. Außerdem muss eine Steuergestaltung mit einem grenzüberschreitenden Bezug vorliegen. Weitere Voraussetzung ist das Vorliegen eines Merkmals des § 138e AO.[242]

Zur **Definition einer grenzüberschreitenden Gestaltung** siehe § 138d Abs. 2 ff., i.V.m. § 138e AO. **§ 138e AO** enthält die **abschließende Aufzählung der Kennzeichen, die einen mitteilungspflichtigen Tatbestand auslösen.**[243]

157 Ab Juli 2020 sind (inländische) Kreditinstitute, Steuerberater, Rechtsanwälte und Wirtschaftsprüfer verpflichtet, dem Bundeszentralamt für Steuern grenzüberschreitende Steuergestaltungsmodelle mitzuteilen, die sie konzipiert, organisiert oder verkauft haben. Gleichzeitig müssen auch Angaben zum Nutzer der Steuergestaltungen mitgeteilt werden. Grds. ist **vorrangig der Intermediär**, also derjenige, der eine grenzüberschreitende Steuergestaltung vermarktet, für Dritte konzipiert, organisiert oder zur Nutzung bereitstellt oder ihre Umsetzung durch Dritte verwaltet, gegenüber dem BZSt zur Anzeige verpflichtet (§ 138d Abs. 1 AO). Die Anzeige muss spätestens innerhalb von 30 Tagen an das Bundeszentral-

---

240 Dazu OFD München v. 26.5.1998, S 3840 – 5/St 353, juris.

241 *Halaczinsky*, Erbschaftsteuer und Spenden, UVR 2010, 85.

242 Ausführlich zum ganzen BMF-Schr. v. 29.3.2021 – IVB6-S1316/19/10024:012, BStBl 2021 I, 582.

243 Kritisch bzgl. der Anwendung bei der ErbSt *Guerra,* Anzeigepflicht für Steuergestaltungen im Erbschaft- und Schenkungsteuerrecht unter Berücksichtigung des BMF-Schreibens vom 29.3.2021, ErbStB 2021, 219.

amt erfolgen, nachdem die Steuergestaltung zur Umsetzung bereitgestellt wurde (Näheres zum Anzeigeverfahren § 138e und f AO[244]).

Hat ein **Nutzer** eine grenzüberschreitende Steuergestaltung selbst verwirklicht (dh es ist kein Intermediär vorhanden, § 138g AO), muss er diese nach § 138k Satz 1 AO in der **Steuererklärung** für die Steuerart und den Besteuerungszeitraum oder den Besteuerungszeitpunkt angeben, in der sich der steuerliche Vorteil der grenzüberschreitenden Steuergestaltung erstmals auswirken soll. Vorsätzliche oder leichtfertige Verstöße gegen die Mitteilungspflichten stellen Ordnungswidrigkeiten dar, die gem. § 379 Abs. 2 und 7 AO mit einem Bußgeld von bis zu 25.000 EUR geahndet werden können. 158

F. Die Anlage „Erwerber"

In der Anlage „Erwerber“ sind **ergänzende Angaben** zu dem oder den in der **Erbschaftsteuererklärung (Zeilen 19 bis 23)** genannten Erwerben zu machen. Für **jeden** am Erbfall beteiligten Erwerber ist eine **gesonderte** Anlage Erwerber auszufüllen. Zur Verknüpfung der Anlage Erwerber mit der Erbschaftsteuererklärung ist oben rechts die Nummer des Erwerbers aus dem Mantelbogen der Erbschaftsteuererklärung (dort **Zeilen 20–23**) unter „lfd. Nr.“ einzutragen. 159

Hinweis

Gehört zum Erwerb des Ehegatten, des eingetragenen Lebenspartners oder des Kindes ein Familienheim im Sinne des § 13 Abs. 1 Nr. 4b oder 4c ErbStG, ist zusätzlich eine **Anlage Steuerbefreiung Familienheim** (siehe Rdn 191 ff.) pro Erwerber auszufüllen und beizufügen. Gehört zum Vermögensanfall eines Erwerbers ein zu Wohnzwecken vermietetes Grundstück oder ein entsprechender Grundstücksteil im Sinne von § 13c ErbStG, ist zusätzlich eine **Anlage Steuerbefreiung für zu Wohnzwecken vermietete Grundstücke** (siehe Rdn 214) pro Erwerber auszufüllen und beizufügen. Wenn zum Vermögensanfall eines Erwerbers begünstigtes Unternehmensvermögen im Sinne der §§ 13a, 13b, 13c, 19a ErbStG gehört, ist zusätzlich eine **Anlage Steuerentlastung** für Unternehmensvermögen (siehe Rdn 226 ff.) pro Erwerber auszufüllen und beizufügen.

244 Dazu BMF v. 29.4.2020 – IVB6_S1316/19/10024:012, BStBl 2020 I, 519.

Finanzamt	**Anlage Erwerber**		
Aktenzeichen	**zur Erbschaftsteuererklärung**	lfd. Nr. der Anlage	
FA 11 | Steuernummer	UFA 71 | Zeitraum	Vorgang 1 | 99 | 36	Identifikationsmerkmal des Erbfalls 10

Zeile				
1	**Erwerber** Allgemeine Angaben zur Person			99 11
2	Steuer-Identifikationsnummer			
3	Name, Vorname		Staatsangehörigkeit	Art der Steuerfestsetzung 10
4	Geburtsdatum	Tag | Monat | Jahr		
5	Straße, Hausnummer		Postleitzahl | Postfach	Zahl zusätzl. Bescheide 20
6	Postleitzahl	Wohnort	Telefonisch erreichbar unter	Bescheid ohne Anschrift 84 ja = 1
7	Wohnsitzfinanzamt		Steuernummer	

I. Erwerber

160 In **Zeilen 1–7** sind die beteiligten Erwerber aus Zeilen 20 ff. des Mantelbogens der Erbschaftsteuererklärung mit Anschrift einzutragen. Bei minderjährigen Erwerbern sind auch der Name und die Anschrift der/des gesetzlichen Vertreter/s anzugeben.

II. Der Erwerber ist Ausländer

161 Wird ein ausländischer Wohnort angegeben, kann ggf. eine beschränkte Steuerpflicht vorliegen. Das ist der Fall, wenn weder der Erwerber noch Zuwendender am Stichtag Inländer waren (Steuerausländer), aber Inlandsvermögen i.S.v. § 121 BewG vorhanden ist (§ 2 Abs. 1 Nr. 3 ErbStG). Die beschränkte Erbschaftsteuerpflicht wird gem. § 4 i.V.m. § 2 AStG bei Wegzug des Erblassers oder Schenkers in ein so genanntes Niedrigsteuerland unter bestimmten Voraussetzungen auf 10 Jahre nach dem Wegzug auf bestimmte Vermögensgegenstände erweitert. Ab 24.6.2017 werden beschränkt Steuerpflichtige hinsichtlich der Freibeträge und des Versorgungsfreibetrags wie unbeschränkt Steuerpflichtige behandelt (§ 37 Abs. 14 ErbStG). Näheres zur beschränkten Steuerpflicht § 3 Rdn 14 f.

III. Bankverbindung

162

9	Bankverbindung (für Erstattungen)	Kontoinhaber		
10	IBAN		BIC	
11	Geldinstitut und Ort			

Hier soll der Erwerber seine Bankverbindung angeben; eine Lastschrifterklärung ist damit nicht verbunden. In **Zeile 10** sind die IBAN und BIC Kontonummer anzugeben. In der Regel betrifft die Möglichkeit von Erstattungen nur Fälle, in denen schon eine Veranlagung vorgenommen worden ist und daraufhin Zahlungen erfolgt sind.

IV. Verwandtschaftsverhältnis

12	Verwandtschaftsverhältnis **zum Erblasser**		**Bitte beachten Sie die Erläuterungen in der Anleitung.**	**99**	**13**		163

Die bürgerlich rechtliche Verwandtschaft ist anzugeben. Die Verwandtschaft hat insb. Auswirkung für die Einordnung in eine Steuerklasse. Würde ein Vater einen Tag vor der Hochzeit seines Sohnes versterben, und hätte er seiner Schwiegertochter „in spe“ ein Vermächtnis ausgesetzt, wäre noch die StKl III anzuwenden.

V. Hinterbliebenenfreibeträge

13	**Nur bei Ehegatten, eingetragenen Lebenspartnern bzw. Kindern bis zur Vollendung des 27. Lebensjahres:**			Verwandtschaftsverhältnis 14	164
14	Bestehen Ansprüche als Hinterbliebener des Erblassers auf gesetzliche/vertraglich vereinbarte Versorgungsbezüge (z.B. Witwen-/Witwerrente, Waisenrente, Pension)? ☐ ja ☐ nein				
15	Name des Zahlungsverpflichteten	Jahresbetrag der Bruttobezüge	Einmalbetrag der Bruttobezüge	Erbanteil Zähler 12	
16				Erbanteil Nenner 13	
17				Fall des § 2 Abs. 1 Nr. 3 16 ja = 1	

Die Angaben in **Zeilen 13–17** dienen zur Gewährung des Versorgungsfreibetrags für Ehegatten und eingetragene Lebenspartner von 256.000 EUR (§ 17 Abs. 1 ErbStG); bei Kindern bis zur Vollendung des 27. Lebensjahres je nach Alter zwischen 10.300 EUR und 52.000 EUR. Maßgebend sind die **Jahresbeträge** der Bruttobezüge. Das Finanzamt ermittelt den Kapitalwert.

VI. Ehelicher Güterstand

18	**Nur bei Ehegatten bzw. eingetragenen Lebenspartnern im Güterstand der Zugewinngemeinschaft:**	Kindesalter für § 17 17	165
19	Wert der Ausgleichsforderung nach § 5 Abs. 1 ErbStG Bitte Berechnung beifügen. Wert:	Versorg.bez. Kap.Wert 18	
20	Wurde die Zugewinngemeinschaft vertraglich vereinbart? ☐ ja (Bitte Vertrag beifügen.) ☐ nein		

Bei **Ehegatten** sind in **Zeilen 18–20** Angaben zur Zugewinngemeinschaft zu machen. Ohne Gütervertrag besteht bei Inländern die Zugewinngemeinschaft, ebenso bei der Güterrechtswahl (nach deutschem Recht) nach Art. 15 Abs. 2 EGBG, (H E 5.1 (3) ErbStH. Bei beteiligten Ausländern/Ausländerinnen kann § 5 ErbStG angewendet werden, wenn der ausländische Güterstand dem der deutschen Zugewinngemeinschaft entspricht.[245] Die gesetzlich entstehende Zugewinnausgleichsforderung ist steuerfrei. Ist die Zugewinngemeinschaft durch Ehevertrag vereinbart worden, ist dieser in Kopie beizufügen. Insbesondere ist der Wert der steuerfreien Zugewinnausgleichsforderung nach der erbrechtlichen Regelung (§ 5 Abs. 1 ErbStG, d.h. im Erbfall) anzugeben. Die Berechnung ist am besten vom Steuerpflichtigen/Berater vorzunehmen. Zur Berechnung gibt es einen amtlichen Berechnungsvordruck. Zur Ausgleichsforderung nach § 5 Abs. 2 ErbStG siehe Rdn 170.

Hinweis

Übersteigt der Wert des vom überlebenden Ehegatten bzw. eingetragenen Lebenspartner erworbenen Vermögens offensichtlich nicht die Freibeträge, insbesondere den persönlichen Freibetrag und ggf. den besonderen Versorgungsfreibetrag, ist eine Angabe nicht erforderlich.

1. Gesetzliches Erbrecht des Ehegatten

166 Das gesetzliche Erbrecht hängt vom Bestehen einer gültigen Ehe und vom ehelichen Güterstand ab. Während eines laufenden Scheidungsverfahrens kann trotz Bestehen der Ehe gem. § 1933 BGB das Ehegattenerbrecht ausgeschlossen sein.

<table>
<tr><th></th><th>Zugewinngemeinschaft (gesetzlicher Güterstand)</th><th>Gütertrennung</th><th>Gütergemeinschaft</th></tr>
<tr><td>1. Ordnung</td><td>1/4 (§ 1931 Abs. 1 Satz 1 BGB)
+ 1/4 als Zugewinnausgleich § 1371)
= 1/2 – sog. erbrechtliche Lösung</td><td>(§ 1931 Abs. 4 BGB)
1/2 neben 1 Kind oder dessen Abkömmlingen
1/3 neben 2 Kindern oder deren Abkömmlingen
1/4 neben 3 oder mehr Kindern oder deren Abkömmlingen</td><td>1/4 (§ 1931 Abs. 1 Satz 1 BGB)</td></tr>
<tr><td rowspan="2">2. Ordnung</td><td>1/2 (§ 1931 Abs. 1 Satz 1 BGB)
+ 1/4 als Zugewinnausgleich (§ 1371)
= 3/4</td><td colspan="2">1/2 (§ 1931 Abs. 1 Satz 1 BGB)</td></tr>
<tr><td colspan="3">neben Großeltern</td></tr>
</table>

245 Näheres *Griesel*, in: Daragan/Halaczinsky/Riedel, Praxiskommentar ErbStG und BewG, § 5 ErbStG Rn 5, 6; *Gottschalk*, in: Troll/Gebel/Jülicher/Gottschalk, ErbStG, § 5 Anm. 46 ff.

	Zugewinngemeinschaft (gesetzlicher Güterstand)	Gütertrennung	Gütergemeinschaft
3. Ordnung	**1/2** (§ 1931 Abs. 1 Satz 2 BGB) + Abkömmlingsanteil der weggefallenen Großeltern (§ 1931 Abs. 1 Satz 2 und § 1926 BGB) **+ 1/4** als Zugewinnausgleich **= 3/4** mindestens (wenn alle Großeltern leben)	1/2 (§ 1931 Abs. 1 Satz 2 BGB) + Abkömmlingsanteil der weggefallenen Großeltern = 1/2 mindestens	
	wenn keine Großeltern mehr leben: **alles**		
ab 4. Ordnung	**Alles**		

2. Zugewinngemeinschaft bei der Erbschaftsteuer

Gesetzlicher Güterstand der Ehe von Mann und Frau sowie bei gleichgeschlechtlichen Ehen ist in Deutschland die Zugewinngemeinschaft. Die Zugewinngemeinschaft ist/war auch bei Lebenspartnern der gesetzliche Güterstand (§ 6 LPartG; R E 5.1 Abs. 7 ErbStR). 167

Die Zugewinngemeinschaft ist die erbschaft- und schenkungsteuerlich günstigste Form des ehelichen Güterstandes.[246] Im Fall der Beendigung des Güterstandes der Zugewinngemeinschaft ist die dabei entstehende Ausgleichsforderung eines Ehegatten/Lebenspartners (Hälfte des erbschaftsteuerlichen Zugewinns) bei der Erbschaftsbesteuerung vor Anwendung der Freibeträge steuerfrei. Entsprechendes gilt bei dem **Wahlgüterstand**, den Ehegatten in Deutschland und Frankreich anstelle des gesetzlichen Güterstandes neben den anderen nationalen Wahlgüterständen wählen können (§ 5 Abs. 3 ErbStG, H E 5.1 (3) ErbStH), und in anderen Fällen, in denen das deutsche Güterstandsrecht anzuwenden ist bzw. das Güter- 168

246 *Meincke*, Familienrecht und Steuern: Güterstandsvereinbarungen aus einkommen- und erbschaftsteuerlicher Sicht, DStR 1986, 135; *Moench*, Eheliche Güterstände und Erbschaftsteuer – Steuerbare Erwerbe beim Ausstieg aus der Ehe, DStR 1989, 344; *Raudszus*, Zur Anwendung des § 5 Abs. 1 ErbStG, DB 1992, 2312; *Gelhaar*, Die Zugewinngemeinschaft im Erbschaftsteuerrecht, ZErb 2016, 10; *Geck*, Eheliches Güterrecht und Steuerrecht, KÖSDI 2017, Nr. 4, 20242; *Kamps*, Die Begünstigung der Zugewinngemeinschaft im ErbStG, ErbR 2021, 585.

standsrecht insoweit mit dem deutschen Recht vergleichbar ist.[247] Der Ausgleich des Zugewinns kann erfolgen
- nach der erbrechtlichen Lösung (§ 5 Abs. 1 ErbStG, R E 5.1 ErbStR) oder
- nach der güterrechtlichen Lösung (§ 5 Abs. 2 ErbStG, R E 5.2 ErbStR).

a) Erbrechtlicher Zugewinnausgleich

169 **Zivilrechtlich** wird der erbrechtliche Zugewinnausgleich durch Erhöhung des gesetzlichen Erbteils um 1/4 der Erbschaft verwirklicht (§§ 1363 ff. BGB).

Beim **erbschaftsteuerlichen Zugewinnausgleich** ist der Zugewinn unabhängig von erbrechtlichen – zivilrechtlichen – Regelungen (§ 1371 BGB) genau auszurechnen. Der selbst errechnete Wert der steuerfreien Ausgleichsforderung ist in Zeile 19 der Anlage Erwerber anzugeben, siehe noch Rdn 172. Demzufolge muss jeweils das Anfangs- und Endvermögen für jeden Ehegatten für die tatsächliche Dauer der Zugewinngemeinschaft getrennt genau ermittelt werden; bei Überschuldung ist das Vermögen mit seinem negativen Wert anzusetzen. Hierzu ist jeweils ein fiktives (steuerliches) Vermögen zu ermitteln. Die Zu- und Anrechnungen nach §§ 1347 ff. BGB sind dabei zu beachten;[248] zur Anrechnung früherer Schenkungen siehe H E 5.1 (5) ErbStH. Kommt es bei der Ermittlung der Ausgleichsforderung zu Anrechnung von früheren Schenkungen, ist die Schenkungsteuer für die frühere Schenkung zu korrigieren, ggf. zu erstatten (§ 29 Abs. 1 Nr. 3 ErbStG, R E 5.1. Abs. 6 ErbStR).[249] Die Regelung des § 1377 BGB – rückwirkende Einigung über ein Anfangsvermögen – findet bei der erbrechtlichen Lösung keine Anwendung (§ 5 Abs. 1 Satz 3 ErbStG).

---

247 Für Ehen mit ausländischen Ehegatten gilt unterschiedliches Güterrecht. Im Bereich der EU bzw. des EWR gilt für Ehen, die ab dem 31.1.2019 geschlossen werden, weitgehend die Europäische Güterrechtsverordnung v. 24.6.2016, Abl. EU 2016, L 183/1 und für Lebenspartnerschaften Abl. EU 2016, L 183/30. Bis dahin und für Ehen mit Drittstaaten-Beteiligten gelten internationales Privatrecht und zwischenstaatliche, internationale Abkommen; *Jeremias*, Erbschaftsteuerrechtliche Aspekte des Zugewinnausgleichs in internationalen Erbfällen, ZEV 2005, 414.

248 Ein nach Eintritt in den Güterstand der Zugewinngemeinschaft von Todes wegen erworbener Pflichtteilsanspruch ist eine rechtlich geschützte Position von wirtschaftlichem Wert, die bei Berechnung der fiktiven Zugewinnausgleichsforderung dem Anfangsvermögen des erwerbenden Ehegatten hinzuzurechnen ist. BFH v. 22.7.2020 – II R 42/18, BStBl 2021 II, 617. Ein Pflichtteilsanspruch kann auch dem Endvermögen hinzuzurechnen sein. Voraussetzung ist, dass er zum Zeitpunkt der Beendigung des Güterstands besteht und noch nicht verjährt ist.

249 FG Köln v. 18.1.2018 – 7 K 513/16, EFG 2018, 1584. Überhöhte Vorwegzuwendungen, die beim überlebenden Ehegatten zur Aufzehrung des Zugewinnausgleichsanspruchs nach § 1371 Abs. 2 BGB führen, der nach § 5 Abs. 1 ErbStG freigestellt ist, schließen ein Erlöschen der auf der Vorwegzuwendung (freigebigen Zuwendung) beruhenden Schenkungsteuer (§ 29 Abs. 1 Nr. 3 ErbStG) nicht aus.

Dabei ist der auf der allgemeinen Wertsteigerung beruhende unechte Wertzuwachs des Anfangsvermögens (auch eines negativen Anfangsvermögens) aus der Berechnung der Ausgleichsforderung zu eliminieren, indem das Anfangsvermögen der Ehegatten mit dem Lebenshaltungskostenindex zzt. der Beendigung des Güterstandes multipliziert und durch die für den Zeitpunkt der Beendigung des Güterstandes geltende Indexzahl dividiert wird (R 5.1 Abs. 2 ErbStR; Berechnungsbeispiel in H E 5.1 (2) ErbStH). Dies gilt auch in Fällen eines negativen Anfangsvermögens (R E 5.1 Abs. 2 Satz 5 ErbStR). Dabei ist das negative Anfangsvermögen in der gleichen Weise zu indexieren wie ein positives Anfangsvermögen. Die Vermutung, dass im Zweifel das gesamte Endvermögen den ehelichen Zugewinn darstellt, gilt prinzipiell im ErbSt nicht. Ergebnis: Niedrigere steuerfreie Ausgleichsforderung, vorausgesetzt, dass ein Anfangsvermögen nachweisbar ist.[250]

Beispiel

Eheschließung 1984, Anfangsvermögen 180.000 DM. Das entspricht 92.032 EUR. Beendigung des Güterstandes durch Tod September 2021. Anfangsvermögen nach Preisindex für die Lebenshaltung aller privaten Haushalten (F.17, Reihe 7) (92.032 × 109,10) / 58,7 = 171.050,95 EUR erbschaftsteuerliches Anfangsvermögen.

Hinweis

Bzgl. aktuellen Preisindex auf Veröffentlichung im Bundessteuerblatt Teil I achten.[251]

Die steuerfreie **Ausgleichsforderung** ergibt sich aus der Hälfte des Überschusses 170
des Zugewinns des einen über den Zugewinn des anderen Ehegatten. Für den steuerbefreiten Betrag kommt es auf die (vorgeschriebene) Berechnung der fiktiven Ausgleichsforderung an. Der fiktive Zugewinn und die daraus zu errechnende fiktive Ausgleichsforderung werden nach den bürgerlich-rechtlich maßgebenden Verkehrswerten des Anfangs- und des Endvermögens des Erblassers und des überlebenden Ehegatten oder Lebenspartners ermittelt, und zwar unabhängig davon, ob für das maßgebende Endvermögen, zu dem auch das im Nachlass vorhandene Vermögen gehört, Steuerbefreiungen gewährt werden.

Für Erbschaftsteuerzwecke ist das Anfangs- und Endvermögen auch nach steuerlichen Werten zu bestimmen. Die verkehrsrechtlich ermittelte Ausgleichsforderung ist für Erbschaftsteuerzwecke nach dem Verhältnis von Verkehrswert und

250 *Ebeling*, Rechnerische Ermittlung der erbschaftsteuerfreien Zugewinnausgleichsforderung, ZEV 2006, 19; *Piltz*, Ab 1999 erhöhte Erbschaftsteuer bei Zugewinngemeinschaften, ZEV 1999, 98.

251 Zuletzt z.B. BMF v. 1.2.2022 – IV C 7-S 3804/20/10001:002, BStBl 2022 I, 190.

Steuerwert des Nachlasses (nach dem BewG) zu kürzen; nur der gekürzte Betrag ist steuerfrei.[252]

171 Bei der bewertungsrechtlichen Ermittlung werden steuerbefreite Vermögensgegenstände im Endvermögen des länger lebenden Ehegatten nicht erfasst. Aber **ab 28.12.2020 reduziert** sich die (nach § 5 Abs. 1 Satz 5 ErbStG steuerfreie) Ausgleichsforderung anteilmäßig in dem Verhältnis, in dem der Wert des steuerfreien Vermögensgegenstandes zum Wert des gesamten Nachlasses (einschl. des befreiten Vermögens) steht (§ 5 Abs. 1 Satz 6 ErbStG).[253] Im Ergebnis ergibt sich dadurch eine niedrigere steuerfrei Zugewinnausgleichsforderung und damit eine höhere Erbschaftsteuer des überlebenden Ehegatten/Lebenspartners.[254]

Die Ausgleichsforderung bleibt naturgemäß nur bei dem Ehegatten steuerfrei, der während der Ehe den geringeren Zugewinn erzielt hat.[255] Die Erfüllung von Zugewinnausgleichsansprüchen kann wegen des Fehlens des Merkmals der Freigebigkeit nicht schenkungsteuerpflichtig sein. Die Zugewinnausgleichsforderung ist beim Erben/Verpflichteten als Nachlassverbindlichkeit nur im Verhältnis der Steuerwerte von der Erbmasse abzugsfähig (§ 5 Abs. 1 Satz 5 ErbStG).

172 Der Wert der steuerfreien Ausgleichsforderung ist in Zeile 19 der Anlage Erwerber anzugeben, d.h. er ist selbst zu berechnen. Die Berechnung ist zu erläutern. Zur Berechnung der fiktiven Ausgleichsforderung siehe beiliegendes nicht amtliches **Formular der Finanzverwaltung**.

---

252 Näheres siehe R E 5.1 (5) ErbStR; Berechnungsbeispiel in H 5.1 (5) ErbStH.

253 Berechnungsbeispiel in Gleich lautenden Erlassen der obersten Finanzbehörden der Länder v. 13.9.2021, BStBl 2021, 1837; *Griesel*, in: Daragan/Halaczinsky/Riedel, Praxiskommentar ErbStG und BewG, § 5 ErbStG Rn 38.

254 Dazu *Schneider/Teuber*, Auf dem Prüfstand: Die Vermögensnachfolge unter Ehegatten – Folgen der Einschränkung der Steuerfreistellung des § 5 ErbStG (Zugewinngemeinschaft) durch das JStG 2020, UVR 2021, 54.

255 *Raube/Eitelberg*, Die Bewertung von Kapitallebensversicherungen im Zugewinnausgleich, FamRZ 1997, 1322.

Finanzamt

Steuernummer/Aktenzeichen

Ermittlung des steuerfreien Betrages nach § 5 Abs. 1 ErbStG bei Zugewinngemeinschaft

Hinweise entnehmen Sie bitte den Erläuterungen auf der Rückseite

		Erblasser DM	überlebender Ehegatte DM
1	**Anfangsvermögen**		
	Anfangsvermögen nach **Verkehrswerten** zum Tag der Eheschließung/Tag des Übergangs zum gesetzlichen Güterstand/frühestens zum 1.7.1958; mindestens 0 DM (§ 1374 Abs. 1 BGB) — Bitte Einzelaufstellung beifügen —		
	Hinzurechnungen nach **Verkehrswerten** im Zeitpunkt des Erwerbs (§ 1374 Abs. 2 BGB):		
	— Erwerb von Todes wegen	+	+
	— unentgeltliche Zuwendungen (ohne unbenannte Zuwendungen und Schenkungen zwischen Ehegatten)	+	+
	berichtigtes Anfangsvermögen		
2	**Endvermögen**		
	Endvermögen nach **Verkehrswerten** zum Todestag; mindestens 0 DM (§ 1375 Abs. 1 Satz 2 BGB) — Bitte Einzelaufstellung über die Vermögenswerte (**auch** noch nicht fällige Ansprüche aus Lebens-, Kapital- und Rentenversicherungen) und über die Verbindlichkeiten (**ohne** Erbfallkosten) beifügen —		
	Hinzurechnungen nach **Verkehrswerten** im Zeitpunkt der Vermögensminderung (§ 1375 Abs. 2 BGB)	+	+
	berichtigtes Endvermögen		
3	**Zugewinn**		
	Differenz zwischen berichtigtem Endvermögen (Nr. 2) und berichtigtem Anfangsvermögen (Nr. 1)		
	Hinzurechnungen von Vorausempfängen nach **Verkehrswerten** im Zeitpunkt der Zuwendung (§ 1380 Abs. 2 BGB)	+	+
	berichtigter Zugewinn		
4	**Fiktive Ausgleichsforderung des überlebenden Ehegatten**		
	Überschuß des **Erblassers** (Differenz zwischen berichtigtem Zugewinn des Erblassers und berichtigtem Zugewinn des überlebenden Ehegatten, Nr. 3)		x 50 v.H.
	fiktive Ausgleichsforderung des überlebenden Ehegatten		
5	**Steuerfreier Betrag nach § 5 Abs. 1 Satz 5 ErbStG**		
	fiktive Ausgleichsforderung (Nr. 4) .... DM x [**Steuerwert** des berichtigten Endvermögens + Schenkungen nach § 1380 Abs. 1 BGB zum **Steuerwert** .... DM] / [**Verkehrswert** des berichtigten Endvermögens (Nr. 2) + Schenkungen nach § 1380 Abs. 1 BGB zum **Verkehrswert** (Nr. 3) .... DM]		=
	Vorausempfänge des überlebenden Ehegatten nach **Steuerwerten**		/
	steuerfreier Betrag nach § 5 Abs. 1 Satz 5 ErbStG		

Hinweis

Das Formular ist bzgl. des Anfangs- und Endvermögens nicht mehr ganz aktuell. Insb. ist das „berichtigte Anfangsvermögen" noch gem. Rdn 169 **umzurechnen und das Endvermögen zu korrigieren, wenn sich im Nachlass steuerbefreite Vermögensgegenstände befinden!** Möglicherweise hat Ihr Finanzamt ein aktuelleres Berechnungsformular vorrätig. Zur Berechnung siehe noch § 3 Rdn 38.[256]

Die Berechnung kann man sich ersparen, wenn der Wert des vom überlebenden Ehegatten bzw. eingetragenen Lebenspartner erworbenen Vermögens offensichtlich nicht die Freibeträge, insbesondere den persönlichen Freibetrag und ggf. den besonderen Versorgungsfreibetrag, übersteigt.

173 Zivilrechtlich kann der Güterstand der Zugewinngemeinschaft durch Ehevertrag rückwirkend vereinbart werden. Erbschaftsteuerlich ist dies nur ab dem Tag der Vereinbarung für die Zukunft möglich (§ 5 Abs. 1 Satz 4 ErbStG). Jede Vereinbarung, die einem Ehegatten für den Fall der Beendigung eine erhöhte güterrechtliche Ausgleichsforderung verschafft, gilt als Schenkung auf den Todesfall oder als aufschiebend bedingte Schenkung unter Lebenden. Näheres siehe R E 5.1 Abs. 3 ErbStR; H E 5.2 ErbStH.

b) Güterrechtlicher Zugewinnausgleich

174 Wird der Güterstand der Zugewinngemeinschaft in anderer Weise als durch den Tod eines Ehegatten beendet (Ehevertrag) oder wird der Zugewinn nach § 1371 Abs. 2 BGB ausgeglichen (z.B. bei Scheidung), gehört die Ausgleichsforderung (§ 1378 BGB) nicht zu einem steuerpflichtigen Erwerb.

Hinweis

Diese ist nicht in Zeile 19 der Anlage Erwerber, sondern als Nachlassverbindlichkeit im Mantelbogen (**Zeilen 93–97**) anzugeben.

175 Bei Tod eines Ehegatten kann der güterrechtliche Zugewinnausgleich insb. durch Erbausschlagung erreicht werden; daher ist in der **Praxis** stets zu prüfen, ob durch eine **Erbschaftsausschlagung** nicht ein steuerrechtlich günstigeres Ergebnis erzielt werden kann.[257] Bei Ausschlagung erhält der überlebende Ehegatte

256 Weiterführende Berechnungsbeispiele in und *Griesel*, in: Daragan/Halaczinsky/Riedel, Praxiskommentar ErbStG und BewG, § 5 ErbStG Rn 21, 25, 27, 29, 31, 33, 38.

257 *Tischer*, Erbausschlagung und Zugewinnausgleich in der Erbschaftsteuerplanung, BB 1999, 557; *Flick*, Die Erbausschlagung als Instrument zur nachträglichen Gestaltung einer verunglückten Erbfolge, DStR 2000, 1816; *Dorn*, Möglichkeiten der steuerlichen Beratung nach dem Erbfall: Güterrechtliche Lösung durch Ausschlagung der Erbschaft und Abfindung für den Verzicht auf die Geltendmachung des Pflichtteils, DStR 2019, 2622; *Götz*, Erbausschlagung gegen Abfindung – uneingeschränkter Abzug der Abfindung nach § 10 Abs. 6 S. 5 ErbStG möglich, ZEV 2023, 146.

dann den Anspruch auf den Pflichtteil (berechnet nach dem nicht erhöhten Erbteil gem. § 1931 Abs. 1 Satz 1 BGB, sog. „kleiner Pflichtteil") und daneben den normalen Zugewinnausgleich, sog. „güterrechtliche Lösung". In diesem Fall ist die Ausgleichsforderung nach zivilrechtlichen Werten und nicht nach Steuerwerten zu berechnen, d.h. keine Kürzung im Verhältnis Steuerwert/Verkehrswert (sog. güterrechtliche Lösung). Die Einschränkungen der erbrechtlichen Lösung sind nicht anzuwenden (§ 5 Abs. 1 Satz 2–4 ErbStG). Entsprechendes gilt, wenn der Ehegatte durch Testament von der Erbfolge ausgeschlossen worden ist. Ist die Ausgleichsforderung von Dritten zu entrichten, z.B. bei Erbausschlagung durch den Ehegatten von einem Erben, erfolgt bei diesem der Abzug der Zugewinnausgleichsschuld mit dem Nennwert – auch dann, wenn die Forderung von dem Verpflichteten einvernehmlich mit dem Berechtigten durch Übereignung von Grundstücken erfüllt wird.[258]

Hinweis

Kommt es zur güterrechtlichen Abwicklung, gehört eine dabei entstehende Ausgleichsforderung (§ 1378 Abs. 3 BGB) nicht zum steuerpflichtigen Erwerb (§ 5 Abs. 2 ErbStG; vgl. R E 5.2 ErbStR). Diese ist als Nachlassverbindlichkeit im Mantelbogen (Zeilen 93–97) anzugeben.

Haben sich die Ehegatten während der Ehe Vermögensgegenstände im Hinblick auf den späteren Zugewinnausgleich zugewendet, sind solche früheren Schenkungen und unbenannten Zuwendungen nach dem Zivilrecht auf die Ausgleichsforderung anzurechnen. Solche Vorausempfänge haben (jedenfalls grundsätzlich) Schenkungsteuer ausgelöst.[259] Diese sind als „Vorauszahlungen" auf den Zugewinnausgleich anzusehen. Wurden diese Zuwendungen zunächst besteuert, erlischt nach § 29 Abs. 1 Nr. 3 ErbStG die dafür erhobene Erbschaftsteuer mit Wirkung für die Vergangenheit, dazu H E 5.1 Abs. 6 ErbStH. Es kommt zu einer Erstattung. 176

c) Gütertrennung

Die Gütertrennung muss durch **notariellen Ehevertrag** vereinbart werden. Möglich ist auch ein **Wechsel** vom gesetzlichen Güterstand der Zugewinngemeinschaft zur Gütertrennung,[260] Näheres siehe § 3 Rdn 40. Der Ehegatte erbt neben einem Kind zu 1/2, neben 2 Kindern zu 1/3, neben 3 Kindern und mehr zu 1/4. Bei Beendigung der Gütertrennung durch Tod wird der jeweilige Erwerb des Ehegatten voll besteuert (§§ 3, 7 ErbStG), d.h. die evtl. Freistellung des halben Zugewinns geht verloren. Leben Eheleute im Güterstand der Gütertrennung, sind sie Inhaber getrennter Vermögensmassen, die sich im Verlauf der Ehe unterschiedlich entwi- 177

258 BFH v. 10.3.1993 – II R 27/89, BStBl 1993 II, 368.

259 Zur Berechnung des Zugewinnausgleichs bei anrechenbaren Schenkungen, *Raudszus*, DStR 1987, 323.

260 *Wachter*, Aktuelle Entwicklungen bei der Güterstandsschaukel, FR 2020, 816.

ckeln können. Ein steuerfreier Ausgleich entstandener Vermögensdisparitäten ist, obgleich die Eheleute als Lebensgemeinschaft auch eine Erwerbs- und Wirtschaftsgemeinschaft bilden, nicht möglich. Vielmehr unterliegen gegenseitige Ausgleichsleistungen selbst als sog. unbenannte oder ehebedingte Zuwendungen der Schenkungsteuer, auch wenn sie lediglich darauf abzielen, den Empfänger angemessen an den Früchten des ehelichen Zusammenwirkens zu beteiligen.[261]

Beispiel

M hat einen Zugewinn von 2 Mio. EUR erwirtschaftet. F ist Alleinerbin.

Bei **Gütertrennung** unterliegt auch der gesamte Zugewinn der ErbSt:

2 Mio. EUR ./. Freibetrag 500.000 EUR = 1.500.000 EUR. Steuer 19 % = 285.000 EUR.

Bei **Zugewinngemeinschaft** bleiben 1 Mio. EUR steuerfrei:

2 Mio. EUR ./. 1 Mio. EUR ./. Freibetrag 500.000 EUR = 500.000 EUR. Steuer 15 % = 75.000 EUR.

178 In Hinblick auf die erbschaftsteuerlichen Nachteile der Gütertrennung ist in Erwägung zu ziehen, ob nicht stattdessen die **„modifizierte Zugewinngemeinschaft“** vereinbart werden kann.[262] In dem Fall könnte § 5 ErbStG (Steuerfreiheit der Ausgleichsforderung) zur Anwendung zu kommen, bei Trennung zu Lebzeiten gäbe es keinen oder nur einen geringen Ausgleich. Eine zu Beginn der Ehe zurückwirkende Zugewinngemeinschaft zur Erlangung der Vorteile des § 5 ErbStG ist gem. § 5 Abs. 1 Satz 4 ErbStG unzulässig.

d) Gütergemeinschaft

179 Die Gütergemeinschaft[263] kann **nur durch notariellen Ehevertrag** vereinbart werden.[264] Durch einen solchen Vertrag werden die Vermögensgegenstände mit bestimmten Ausnahmen (Vorbehalts- oder Sondergut) gemeinschaftliches Vermögen (Gesamtgut, Gesamthandsvermögen). Bei Ehen, die vor dem 1.7.1958 in Gütergemeinschaft bestanden, gilt die Fortsetzung kraft Gesetzes als vereinbart. Der überlebende Ehegatte kann die Fortsetzung ablehnen oder aufheben. Die Bereicherung, die ein Ehegatte oder ein Lebenspartner bei Vereinbarung der

261 Grundlegend BFH v. 2.3.1994 – II R 59/92, BStBl 1994 II, 366.

262 *Werner*, Die Güterstandsklausel im Gesellschaftsvertrag der GmbH, ZErb 2014, 65.

263 *Bonefeld*, Die Gütergemeinschaft, ZErb 2002, 253 und 286.

264 Die Notare haben dem für die Verwaltung der Erbschaftsteuer zuständigen Finanzamt die Vereinbarung der Gütergemeinschaft (§ 1415 BGB, § 7 LPartG) hinsichtlich der Bereicherung, die ein Ehegatte oder Lebenspartner erfährt, anzuzeigen, die für die Festsetzung einer Erbschaftsteuer (Schenkungsteuer) von Bedeutung sein können (§ 34 ErbStG).

Gütergemeinschaft (§ 1415 BGB) erfährt, kann eine steuerbare Schenkung sein (§ 7 Abs. 1 Nr. 4 ErbStG). Näheres siehe Erbschaftsteuerkommentare.[265]

Endet die Gütergemeinschaft mit dem Tod, gelten für den Anteil am Gesamtgut die allgemeinen erbschaftsteuerlichen Regelungen. In § 4 ErbStG ist die **fortgesetzte Gütergemeinschaft** besonders geregelt. Wird die eheliche Gütergemeinschaft beim Tode eines Ehegatten aufgrund von Vereinbarungen der Ehegatten fortgesetzt (§§ 1483 ff. BGB, fortgesetzte Gütergemeinschaft), wird dessen Anteil am Gesamtgut so behandelt, wie wenn er ausschließlich den anteilsberechtigten Abkömmlingen angefallen wäre (§ 4 Abs. 1 ErbStG).[266] Stirbt ein anteilsberechtigter Abkömmling, gehört nach § 4 Abs. 2 ErbStG dessen Anteil zu seinem Nachlass. In diesem Fall treten seine Abkömmlinge, die Anteilsberechtigte sein würden, wenn er den vorverstorbenen Ehegatten nicht überlebt hätte, an seine Stelle. Sind solche Abkömmlinge nicht vorhanden, wächst der Anteil den übrigen Abkömmlingen oder letztlich dem überlebenden Ehegatten zu (§ 4 Abs. 2 Satz 2 ErbStG). Steuerschuldner sind dementsprechend die Abkömmlinge und daneben der überlebende Ehegatte (§ 20 Abs. 2 ErbStG). Das Finanzamt kann in den Fällen der fortgesetzten Gütergemeinschaft die Steuererklärung allein von dem überlebenden Ehegatten oder dem überlebenden Lebenspartner verlangen (§ 31 Abs. 3 ErbStG). 180

e) Wechsel des Güterstandes

Im Erbschaftsteuerrecht stellt die Zugewinnausgleichsforderung aufgrund der Beendigung der Zugewinngemeinschaft keine Schenkung unter Lebenden dar, wenn damit keine besonderen Zuwendungen verbunden werden. In der Praxis wird der „fliegende" Wechsel vom Güterstand der Zugewinngemeinschaft zum Güterstand der Gütertrennung empfohlen und zurück.[267] Beim güterrechtlichen Zugewinnausgleich sind die zivilrechtlichen Vereinbarungen wirksam, z.B. rückwirkende Vereinbarung der Zugewinngemeinschaft. Zu beachten ist jedoch, dass die Zugewinngemeinschaft notariell wirklich beendet sein muss und erst dann der Zugewinn ausgeglichen werden darf.[268] Unter die Befreiung fallen auf keinen Fall freiwillige Ausgleichszahlungen ohne Beendigung der Zugewinngemeinschaft. Ein zivilrechtlich **möglicher rückwirkender Wechsel des Güterstandes** 181

265 *Griesel*, in: Daragan/Halaczinsky/Riedel, Praxiskommentar ErbStG und BewG, § 7 ErbStG Rn 117 ff.

266 *Bruschke*, Die fortgesetzte Gütergemeinschaft, ErbStB 2014, 22.

267 *Geck*, Welche Gestaltungsmöglichkeiten ergeben sich hinsichtlich der Beendigung der Zugewinngemeinschaft aus der neuen Rechtsprechung des BFH?, ZEV 2006, 62; *Kensbock/Menhorn*, Zivilrechtliche und steuerrechtliche Risiken beim vorzeitigen Zugewinnausgleich, DStR 2006, 1073; *Werner*, Die Güterstandsklausel im Gesellschaftsvertrag der GmbH, ZErb 2014, 65; *Heide*, Der Güterstandswechsel im Schenkungsteuerrecht, NWB 2019, 1597.

268 BFH v. 12.7.2005 – II R 29/02, BFH/NV 2005, 2127.

im Zusammenhang mit dem güterrechtlichen Zugewinnausgleich ist auch steuerlich anzuerkennen, wenn er tatsächlich durchgeführt wird. Näheres siehe auch § 3 Rdn 40 ff. Der Vorteil besteht darin, dass dann bei zu erwartendem hohen Zugewinn, der Zugewinn güterrechtlich steuerfrei ausgeglichen werden könnte. Ein erneuter Wechsel zur Zugewinngemeinschaft in sehr kurzer Zeit kann nach der Rspr. des BFH[269] nicht zur Anwendung des § 42 AO (Missbrauch der Gestaltungsmacht) führen. Ein Nachteil könnte darin liegen, wenn die Ehe nach dem Zugewinnausgleich (unerwartet) beendet würde. Daher sind bei hohen Zugewinnausgleichsforderungen Zahlungen unter aufschiebenden Bedingungen (z.B. an den Fortbestand der Ehe knüpfen), Stundungen (Zahlung erst nach x Jahren oder Beendigung der Ehe) und auflösenden Bedingungen (Untreue, Insolvenz) in Betracht zu ziehen.

Hinweis

Der Verzicht eines Ehegatten auf einen höheren Zugewinnausgleichsanspruch im Rahmen der ehevertraglichen Beendigung des Güterstandes der Zugewinngemeinschaft kann eine freigiebige Zuwendung i.S.d. § 7 Abs. 1 Nr. 1 ErbStG an den anderen Ehepartner sein.[270]

Ebenso ist die Verschaffung einer überhöhten Ausgleichsforderung (die tatsächliche Ausgleichsforderung übersteigen den gesetzlich vorgesehenen Betrag) eine freigebige Zuwendung zugunsten des Ausgleichsberechtigten.[271]

Erbschaftsteuerlich steht der vorzeitige Zugewinnausgleich unter dem Risiko, dass der/die Ausgleichsberechtigte unerwartet versterben könnte. In diesem Fall müsste der Ausgleichsleistende – sofern er Erbe wird – die zuvor geleistete Ausgleichsforderung als Erwerb von Todes wegen versteuern!

Hinweis

Der Zugewinnausgleich ist keine Schenkung, sondern hat seinen Rechtsgrund im Familienrecht. Denn dem ausgleichsberechtigten Ehegatten wird die Ausgleichsforderung nicht rechtsgeschäftlich zugewendet; sie entsteht vielmehr von Gesetzes wegen mit der Beendigung des gesetzlichen Güterstandes (§ 1378 Abs. 3 Satz 1 BGB). Daher unterliegen Zuwendungen zur Erfüllung der Zugewinnausgleichsforderung m.E. grds. nicht der Anfechtung nach dem AnfG.

---

269 BFH v. 28.6.2007 – II R 12/06, BStBl 2007 II, 785.
270 Hessisches FG v. 15.12.2016 – 1 K 199/15, EFG 2017, 871 = ZErb 2017, 264.
271 BFH v. 28.6.1989 – II R 82/86, BStBl II 1989, 897.

f) Berliner Testament erbschaftsteuerlich problematisch

Nach dem Berliner Testament geht das Vermögen der erstversterbenden Ehegatten zunächst auf den überlebenden Ehegatten und dann auf die Kinder, bzw. andere Schlusserben, über.[272] Das gemeinschaftliche Testament kann nach dem Tod eines Ehegatten grundsätzlich – vorbehaltlich einer Freistellungsklausel – nicht abgeändert werden.[273] Spätere Testamente des überlebenden Ehegatten sind i.A. unwirksam. Die besonderen Vergünstigungen der Zugewinngemeinschaft und auch alle anderen Befreiungen kommen zur Anwendung. Bzgl. der Steuerklasse gilt nach § 15 Abs. 3 ErbStG das nähere Verhältnis zum vorverstorbenen Erblasser, soweit der überlebende Ehegatte an das Testament gebunden und jenes Vermögen noch vorhanden ist. Aber: Es werden **Pflichtteilsansprüche** der Kinder ausgelöst (zweimal), auch wenn sie Schlusserben sind. In Absprache mit dem überlebenden Ehegatten könnten – zumindest bis zur Höhe der gesetzlichen Freibeträge – Pflichtteilsansprüche der Schlusserben geltend gemacht werden. Machen der/die Pflichtteilsberechtigte(n) den Pflichtteil nicht geltend und verstirbt der pflichtteilsverpflichtete Ehegatte vor der Auszahlung, kann der Schlusserbe die Gelltendmachung fiktiv nachholen und damit im Nachlass eine Pflichtteilsverbindlichkeit (generieren) abziehen. Allerdings kann der zivilrechtlich aufgrund Konfusion erloschene Pflichtteilsanspruch nicht mehr geltend gemacht werden kann, wenn er im Zeitpunkt der Geltendmachung zivilrechtlich verjährt war.[274] Werden die Pflichtteilsansprüche im Fall einer **Jastrow'schen Klausel**[275] als Vermächtnis mit dem Tod des zunächst überlebenden Ehegatten erworben, 182

272 *Nieder*, Die Feststellung der Wechselbezüglichkeit beim gemeinschaftlichen Ehegattentestament, ZErb 2001, 120. Siehe noch § 3 Rdn 40 m.w.Nachw.

273 § 2271 Abs. 2 BGB, dazu BFH v. 16.6.1999 – BStBl 1999 II, 789; Anm. *Jülicher*, ZEV 2001, 36.

274 BFH v. 5.2.2020 – II R 17/16, BStBl 2020 II, 584.

275 Mit der sog. Jastrow'sche Klausel wird angeordnet, dass den Kindern (Schlusserben), die bei dem Tod des erstversterbenden Ehegatten den Pflichtteil nicht fordern, als Erwerb vom erstversterbenden Elternteil ein Vermächtnis anfallen soll, das erst mit dem Tod des überlebenden Elternteils fällig wird.

können sie nicht bereicherungsmindernd abgezogen werden.[276] **Erbschaftsteuerlich** kann das Berliner Testament **nachteilig**[277] sein, weil

- das Vermögen u.U. in kurzer Zeit zweimal der Erbschaftsteuer unterliegen kann
- dabei Freibeträge und ggf. entsprechende Steuersatzminderungen verloren gehen
- fraglich sein kann, ob der Schlusserbe aufgrund eines gemeinschaftlichen Testaments geerbt hat, oder ob die zivilrechtliche Gleichstellung des Vertragserben mit dem Schlusserben steuerlich zu berücksichtigen ist.[278]

Alternativen zum Berliner Testament:[279]

- Ggf. die **Erbschaft ausschlagen** und so die gesetzliche Erbfolge erreichen.[280] Günstig z.B. bei Zugewinngemeinschaft.
- **Geldvermächtnisse** an Schlusserben bei Tod des Erstversterbenden als betagtes Vermächtnis. **Hinweis:** § 6 Abs. 4 ErbStG beachten, d.h. sie sind den Nacherbschaften gleichgestellt. Vermächtnisse, die nicht sofort, sondern erst zu einem späteren Zeitpunkt fällig sind, werden auf den Todeszeitpunkt mit ihrem ggf. abgezinsten Wert besteuert. Die Vermächtnislast ist zugleich mit diesem Wert bei Beschwerten abzugsfähig.
- **Nießbrauch** an dem ganzem oder an einem Teil des Nachlasses für überlebenden Ehegatten und Abkömmlinge als Vollerben entweder des Erstversterbenden oder des Längstlebenden einsetzen.

---

276 Nach FG Hamburg v. 21.2.2020 – 3 K 191/18, DStRE 2020, 1394. Außerdem verhindert § 6 Abs. 4 ErbStG, dass sich durch die Jastrow'sche Klausel eine Beteiligung der Schlusserben am Nachlass der Erstverstorbenen erreichen lässt. Es wird nur ein Freibetrag im Verhältnis zum überlebenden Ehegatten gewährt.

277 *Daragan*, Die Auflage als erbschaftsteuerliches Gestaltungsmittel, DStR 1999, 393; *Dressler*, Vereinbarungen über Pflichtteilsansprüche – Gestaltungsmittel zur Verringerung der Erbschaftsteuerbelastung, NJW 1997, 2848; *Flick/Schauhoff*, Das falsche Berliner Testament, DStR 1992, 1794; *Jülicher*, Strenge Bindung des längstlebenden Ehegatten beim Berliner Testament, ZEV 1996, 18; *Mayer*, Berliner Testament ade?, ZEV 1998, 50. Vor- und Nachteile des Berliner Testaments sind jedenfalls sorgfältig abzuwägen, vgl. *Meincke/Hannes/Holtz*, ErbStG, § 15 Anm. 28 ff.; *Wien*, Das unglückselige Berliner Testament – Tendenzen, Risiken und Gestaltungen, DStZ 2001, 29; *Mayer*, Erbschaftsteuer sparen um jeden Preis – Testamentsklauseln auf dem Prüfstand? DStR 2004, 1371, 1409; *Holler*, Erbschaftsteuerliche Überlegungen zum gemeinschaftlichen Ehegattentestament, ErbR 2015, 495.

278 Vgl. BFH v. 16.6.1999 – II R 58/96 und 56/96, BFH/NV 2000, 143 und 190.

279 Hierzu sollte jedenfalls fachkundige Beratung eingeholt werden! *Oertzen/Lindermann*, Das Supervermächtnis: Ein postmortales Gestaltungsinstrument der Nachfolgeplanung, ZEV 2020, 144; *Tanck*, Pflichtteilsklauseln im gemeinschaftlichen Testament (Berliner Testament) – zivilrechtliche und steuerliche Gestaltung bei der Einheitslösung, ZErb 2018, 8.

280 *Walter*, Annahme und Ausschlagung einer Erbschaft, ZEV 2008, 319.

– **Barvermächtnis** mit Rentenoption an überlebenden Ehegatten, Kind ist Erbe (keine Anwendung des § 25 ErbStG), aber keine Verfügungsmacht über das ganze Vermögen.

g) Lebenspartnerschaften, gleichgeschlechtliche Ehe

Gleichgeschlechtliche Paare haben seit 1.10.2017 das **Recht auf Eheschlie- 183
ßung.**[281] Zuvor konnten gleichgeschlechtliche Paare in Deutschland nur eine eingetragene Lebenspartnerschaft schließen. Die Begründung neuer eingetragener Lebenspartnerschaften ist seit dem 1.10.2017 nicht mehr möglich. Bestehende Partnerschaften bleiben aber bestehen. Bei eingetragenen Lebenspartnerschaften[282] kommen für unentgeltliche Erwerbe von Todes wegen erbschaft**steuerlich alle** für Ehegatten geltenden Vorschriften zur Anwendung. Wird der Güterstand der Zugewinngemeinschaft (§ 1363 BGB, § 6 LPartG) durch den Tod eines Lebenspartners beendet und der Zugewinn nicht nach § 1371 Abs. 2 BGB ausgeglichen, gilt beim überlebenden Lebenspartner der Betrag, den er nach Maßgabe des § 1371 Abs. 2 BGB als Ausgleichsforderung geltend machen könnte, nicht als Erwerb i.S. des § 3 ErbStG (§ 5 Abs. 1 ErbStG). Der persönliche Freibetrag beträgt wie bei Ehegatten 500.000 EUR.[283]

3. Ausländische Erbschaftsteuer gezahlt?

21	**Anrechenbare gezahlte ausländische Erbschaftsteuer** Bitte Steuerbescheide und Zahlungsbelege beifügen. Wert: 32		Zugew.ausgl.forderung 20	184

Ausländische Erbanfälle sind möglicherweise doppelt zu versteuern,[284] siehe noch § 3 Rdn 61. In **Zeile 21** ist die ausländische ErbSt einzutragen. § 21 ErbStG, i.V.m. R E 21 ErbStR mildert die Mehrfachbelastung durch Anrechnung ausländi-

---

281 *Grziwotz*, Lebenspartnerschaftsvertrag – Möglichkeiten einer vertraglichen Regelung, NZFam 2021, 410.

282 Zu den erbschaft- und schenkungsteuerlichen Folgen des Gesetzes zur Überarbeitung des LPartG siehe Bay. Staatsmin. der Fin.v. 15.7.2005, StED 2005, 551; *Ring/Olsen-Ring*, Wesentliche Änderungen des LPartG infolge des Gesetzes zur Überarbeitung des LPartG, ZErb 2005, 113.

283 Zu steueroptimalen Übertragungen *Sauren*, ZErb 2001, 129.

284 Die Kapitalverkehrsfreiheit ist nicht verletzt, wenn die Anrechnungsvorschriften nicht jegliche Doppelbesteuerung beseitigen (EuGH (Block) v. 12.2.2009 – C-67/08, DStR 2009, 373 = ZErb 2009, 101). Nach BFH v. 19.6.2013 – II R 10/12, DB 2013, 1700 verstößt die Nichtanrechnung der ausländischen Erbschaftsteuer in einem solchen Fall weder gegen Art. 14 Abs. 1 Satz 1, Art. 3 Abs. 1, Art. 2 Abs. 1, Art. 23 GG noch gegen Unionsrecht noch gegen Art. 1 des 1. ZP-EMRK; ggf. kommt ein (Teil-)Erlass aus Billigkeitsgründen in Betracht.

scher Erbschaftsteuern[285] für die Fälle, in denen kein Doppelbesteuerungsabkommen vorliegt.[286] Die Anrechnung ist nur bei unbeschränkter Erbschaftsteuerpflicht und nur auf Antrag möglich. Die Bestimmung des § 21 Abs. 1 Satz 4 ErbStG ist über ihren Wortlaut hinaus auch auf die Fälle zu erstrecken, in denen zunächst die deutsche Steuer und sodann erst die vergleichbare ausländische Steuer entsteht.[287] Angerechnet wird die auf das Auslandsvermögen entfallende ausländische Steuer.[288] Dabei ist zu unterscheiden, ob der Erblasser zur Zeit seines Todes Inländer oder kein Inländer war. Im ersteren Fall zählen als Auslandsvermögen nur die Vermögensgegenstände, die in Deutschland zum Inlandsvermögen (§ 121 BewG) gehören würden;[289] im letzteren Fall zählen dazu alle Vermögensgegenstände mit Ausnahme des Inlandsvermögens (vgl. § 121 Abs. 2 ErbStG). Berechnungsbeispiele zur Anrechnung siehe H E 21 ErbStH.

4. Erbanteil, gesondert zu tragende Schulden des Erwerbers

185 Bei mehreren Erwerbern als Erben verteilt sich die Erbschaftsteuer nach den Anteilen an der Erbquote. In **Zeilen 22/23** ist die Erbquote einzutragen.

---

285 *Kaminski*, Doppelbesteuerung in der Erbschaftsteuer, ErbR 2016, 183; *Esskandari/Bick*, Doppelte Erbschaft- bzw. Schenkungsteuerpflicht in Europa, ErbStB 2012, 142; *Demuth*, Auslandsvermögen im Erbschaftsteuerrecht – ein Überblick, KÖSDI 2012, Nr. 8, 18025; *Riedel*, Zur doppelten Belastung von Bankguthaben im Ausland mit deutscher und ausländischer Erbschaftsteuer, ZErb 2009, 101; *Jülicher*, Die anrechenbare Steuer i.S.v. § 21 ErbStG, ZEV 1996, 295; zu den zeitlichen Voraussetzungen koordinierter Ländererlass v. 22.12.2011, DStR 2012,136; *Werner*, Anrechnung ausländischer Erbschaftsteuer in Nicht-DBA-Fällen, IWB 2023, 34.

286 Stand der ErbSt-DBA siehe H E 2.1 ErbStH; BMF v. 18.1.2017, BStBl 2017 I, 140, OFD Frankfurt v.25.7.2017 – S 3832-A-St119, juris.

287 FG Köln v. 29.6.2011 – 9 K 2690/09, EFG 2012, 152.

288 Eine ausländische Steuer ist nach § 21 ErbStG nur anrechenbar, wenn sie der deutschen Erbschaftsteuer entspricht. Dazu muss durch sie der Wert des Nachlassvermögens im Sinn einer auf der Nachlassmasse als solcher liegenden Nachlasssteuer oder der Erbanfall, also die Bereicherung beim einzelnen Erben, erfasst werden. Die US-amerikanische Erbschaftsteuer ist als Nachlasssteuer konzipiert (BFH v. 15.6.2016 – II R 51/14, BFH/NV 2016, 1837).

289 Z.B. Bankguthaben in Spanien fällt nicht darunter, so FG München v. 6.7.2005 – 4 K 3290/03, EFG 2006, 59 = ZErb 2006, 62; BFH v. 16.1.2008 – II R 45/05, BStBl 2008 II, 623; FG Düsseldorf v. 4. 5.2022 – 4 K 2501/21 Erb, EFG 2022, 1232. Die schweizerische Steuer auf fünf Jahre vor einem Erbfall getätigte Schenkungen entspricht der deutschen Schenkungsteuer und ist auf diese anzurechnen. Nach der Systematik des deutschen Erbschaftsteuer- und Schenkungsteuerrechts kann die englische Nachlasssteuer allein bei der Erbfallbesteuerung nach § 3 Abs. 1 Nr. 1 ErbStG angerechnet werden, nicht wenn der Erwerber nach deutschem Recht als Beschenkter anzusehen ist, vgl. FG Münster v. 12.4.2018 – 3 K 2050/16 Erb, EFG 2018, 157; die britische „Deed of Variation" führt zu freigebiger Zuwendung durch den Erben.

Zeile				
22	**Erwerb durch Erbanfall** **Nur für Erben auszufüllen**			Pflege FB 23 ja = 1
23	Erbanteil (z.B. 1/2)	12 Zähler	/ 13 Nenner	Pflege FB (pers.) 24
24	Gesondert zu tragende Schulden; ggf. Anteil daran Art		Wert	Freibetr. § 13 Abs. 1 Nr. 2 27
25				Rückfall § 13 Abs. 1 Nr. 10 29
26				ausländ. ErbSt 32
27	Gesondert zu tragende Erbfallkosten; ggf. Anteil daran Art		Wert	Schulden 34
28				abweich. Erbfallkosten 35
29	Gesondert zu tragende Vermächtnisse, Auflagen; ggf. Anteil daran Art		Wert	Vermächtnisse / Auflagen 36
30				abweich. St.entst.zp. 51
31				

In **Zeilen 24–31** sind die vom einzelnen Erwerber (Erben) gesondert getragenen Schulden, Lasten etc. einzutragen, z.B. ein Erbe hat die Beerdigungskosten alleine getragen. 186

5. Sonstige Erwerbe

187

Zeile				
32	**Sonstige Erwerbe**		Wert	99 44
33	Erwerb durch Vermächtnis	10		Vermächtnis 10
34	Erwerb aufgrund eines Vertrages zugunsten Dritter	11		Vertrag zugunst. Dritter 11
35	Erwerb aufgrund eines geltend gemachten Pflichtteilsanspruchs Wann geltend	12		Pflichtteil 12
36	Anderer sonstiger Erwerb	19		sonstiger Erwerb 19
37			Wert	
38	Schulden in Zusammenhang mit dem sonstigen Erwerb	20		Schulden 20
39	Verbindlichkeiten aus Vermächtnissen/Auflagen, soweit sie den sonstigen Erwerb belasten	30		Vermächtnis / Auflagen 30
40	Gesondert zu tragende Erbfallkosten, soweit sie den sonstigen Erwerb belasten	40		Erbfallkosten 40
41	Im sonstigen Erwerb enthaltener Hausrat	51		Hausrat 51
42	Im sonstigen Erwerb enthaltene andere bewegl. körperl. Gegenstände	52		bewegl. körperl. Gegenst. 52
43	**Nacherbschaft/Nachvermächtnis** **Bitte beachten Sie die Erläuterungen in der Anleitung.**			
44	Wert des Erwerbs: Bitte ggf. Einzelaufstellung der Vermögensgegenstände beifügen.			
45	Verwandtschaftsverhältnis zum vorverstorbenen Erblasser:			
46	Wird die Versteuerung nach dem Verwandtschaftsverhältnis zum Vorverstorbenen beantragt?		☐ ja ☐ nein	

Ist der Erwerber nicht Erbe, aber sonst Bedachter, z.B. Vermächtnisnehmer oder Pflichtteilsberechtigter (dazu § 3 Rn 6 ff.), sind in **Zeile 32 ff.** die entsprechenden Werte und in **Zeile 38 ff.** anteilige Schulden und in **Zeile 41, 42** anteiliger Hausrat und andere bewegliche Gegenstände einzutragen, siehe ausführlicher amtliche „Besondere Erläuterungen zur Anlage Erwerber".

6. Vorschenkungen

188

47	**Schenkungen**			99 | 46
48	Haben Sie vom Erblasser zu seinen Lebzeiten Schenkungen oder andere Zuwendungen erhalten, bei denen der Wert der Leistung des Schenkers den Wert der Gegenleistung übersteigt? ☐ ja ☐ nein			
49	Art, Wert und Zeitpunkt der Zuwendung	veranlagt beim Finanzamt	Steuernummer	
50				Gesamtwert Vorerwerbe 10
51				Wert § 19a 12
52				Für Vorerwerbe bereits verbrauchter Freibetrag

Hat der Erblasser dem Erwerber schon zu Lebzeiten Schenkungen gemacht, werden diese gem. § 14 ErbStG ggf. mit den Erwerben von Todes wegen zusammengerechnet. Deshalb sind Vorschenkungen vom Erblasser in **Zeilen 47–52** einzutragen; ebenso wie in **Zeilen 115–123** des Mantelbogens (siehe Rdn 150). Werden Vorschenkungen verschwiegen, kann eine Steuerhinterziehung vorliegen.

7. Bekanntgabe, Bevollmächtigungen, Bemerkungen

a) Bekanntgabe, Bevollmächtigung

189

54	**Bekanntgabe** Der Bescheid soll nicht mir bekannt gegeben werden, sondern (bitte Vollmacht beifügen):			Steuer Vorerwerbe 20
55	Name, Vorname			Steuer Vorerwerbe (pers.) 22
56	Straße, Hausnummer	Postleitzahl	Postfach	Entl. betr. § 19 a 24
57	Postleitzahl | Wohnort	Telefonisch erreichbar unter		Hausrat 60
58	**Bemerkungen/Anträge/sonstige Befreiungen oder Vergünstigungen**			Bew. körp. Gegenstände 61
59				
60				
61				
62				
63				
64				
65				

Die Angaben in **Zeile 54 ff.** sind vor allem von Bedeutung, wenn der Bescheid einem Bevollmächtigten bekannt gegeben werden soll. Bei minderjährigen Erwerbern sind auch der Name und die Anschrift der/des gesetzlichen Vertreter/s anzugeben. Wenn Sie als Erwerber keinen Wohnsitz in der Bundesrepublik

Deutschland haben, können Ihnen ggf. Nachteile dadurch entstehen, dass das Finanzamt Ihnen keine Mitteilungen und/oder Bescheide zukommen lassen kann; z.B. könnten nachteilige Bescheide rechtskräftig werden. Es ist daher zu empfehlen, einen in der Bundesrepublik Deutschland wohnhaften Bevollmächtigten zu benennen der berechtigt ist, den Steuerbescheid, dazu ergehende Rechtsbehelfsentscheidungen und die mit dem Veranlagungsverfahren zusammenhängenden sonstigen Verfügungen und Mitteilungen der Finanzbehörden in Empfang zu nehmen. Das muss nicht zwangsläufig ein Steuerberater, Rechtsanwalt u.Ä. sein, sondern kann auch jede andere vertrauenswürdige (geschäftsfähige) Person im Inland sein; z.B. ein im Inland lebendes Kind für einen im Ausland lebenden Elternteil. Gem. § 32 ErbStG ist der Steuerbescheid einem Testamentsvollstrecker, Nachlasspfleger oder Nachlassverwalter bekanntzugeben. Dies ist von Amts wegen durchzuführen und ergibt sich für das Finanzamt schon aus den Angaben in Zeilen 10, 11 des Mantelbogens der ErbSt-Erklärung.

b) Bemerkungen, Anträge

Letztlich können in **Zeilen 58–65** sonstige Steuerbefreiungen und Vergünstigungen geltend gemacht oder Anträge gestellt werden, ausführlicher amtliche „Besondere Erläuterungen zur Anlage Erwerber“. Unter anderem wird häufiger ein Absehen von der Steuer wegen **allgemeiner Unbilligkeit** beantragt (§ 163 AO). Über die Billigkeit ist in einem gesonderten Verfahren zu entscheiden (also nicht im Rahmen der ErbSt-Erklärung). Eine Billigkeitsmaßnahme sollte also nicht nur in den Bemerkungen, sondern in einem gesonderten Schreiben beantragt werden. 190

Zwischen dem Zeitpunkt des Erwerbs von Todes wegen und der tatsächlichen Verschaffung der Verfügungsmacht über die zugewandten Wirtschaftsgüter kann ein Verfall des Wertes eintreten, der dazu führt, dass die Bemessungsgrundlage der Erbschaftsteuer höher ist als der Wert, über den der Erwerber verfügen kann.[290]

Beispiel 1

Eine Frau erhielt nach dem Erbanfall aufgrund eines Vermächtnisses ein Bankdepot mit festverzinslichen Wertpapieren und Aktien zugewiesen. Die mit dem Vermächtnis bedachte Erbin sperrte das Depot und gab es erst ein Jahr später vollständig frei. Das Finanzamt legte den Wert des Depots im Zeitpunkt des Todes der Erblasserin zugrunde. Zu diesem Zeitpunkt war

290 Keine Billigkeitsmaßnahmen bei der Schenkungsteuer wegen nachträglicher Wertminderungen eines freigebig zugewendeten Grundstücks nach BFH v. 20.1.2010 – II R 54/07, BFH/NV 2010, 713; BFH v. 30.8.2017 – II B 16/17, BFH/NV 2017, 1611. Nach FG Köln (Urt. v. 30.1.2019 – 7 K 1364/17, DStRE 2019, 960) kann bei Wertverlusten einer depotgebundenen Lebensversicherung mit Termfix-Klausel ein Billigkeitserlass möglich sein.

es ca. 900.000 EUR wert. Im Zeitpunkt der Freigabe betrug der Wert des unveränderten Depots ca. 500.000 EUR. Sie beantragte, aus Billigkeitsgründen, die Erbschaftsteuer nach dem Wert von 500.000 EUR zu bemessen.

Lösung

Das ErbStG ist insoweit eindeutig, denn gemäß § 11 ErbStG ist für die nach § 10 Abs. 1 Satz 2, § 12 ErbStG vorzunehmende Wertermittlung der Zeitpunkt der Entstehung der Steuer maßgeblich, d.h. bei Erwerben von Todes wegen der Tod des Erblassers (§ 9 Abs. 1 Nr. 1 ErbStG). Wegen des Stichtagsprinzips, § 11 ErbStG, kann der Wertverfall nicht berücksichtigt werden.[291]

Beispiel 2

Als nach langjährigen Rechtsstreitigkeiten die Erbenstellung durch ein Gericht bestätigt wird, hatten die vermeintlichen Erben den Nachlass schon vollständig aufgebraucht. Der Kläger verlangt ein Absehen von der Erbschaftsteuer aus Billigkeitsgründen.

Lösung: Ist ein Steuerpflichtiger aufgrund seines Erwerbs von Todes wegen nicht bereichert worden, weil er keine Vermögenswerte aus dem Nachlass erhalten hat, ist eine abweichende Steuerfestsetzung gem. § 163 Abs. 1 Satz 1 AO aufgrund von sachlicher Unbilligkeit geboten.[292]

Hinweis

Dies gilt nach ständiger Rechtsprechung[293] auch für den Fall, in dem das Verfügungsrecht des Erben (z.B. infolge Anordnung der Testamentsvollstreckung) beschränkt ist; denn auch in diesem Fall ist für die Wertermittlung beim Erwerb von Todes wegen der Zeitpunkt des Todes des Erblassers maßgeblich. Für den Fall der Verfügungsbeschränkung durch Testamentsvollstreckung hat der Gesetzgeber in Kenntnis dieser Möglichkeit keine abweichende Regelung vorgesehen.

291 Näheres siehe § 3 Rdn 10, 60 und 61.

292 FG Düsseldorf v. 30.6.2021 – 4 K 3151/19 Erb EFG 2022, 946. Das Finanzamt hat Revision eingelegt (Az. II B 51/21). Im Streitfall wurde eine Ermessensreduzierung auf null angenommen, mit der Folge, dass die Steuer abweichend auf 0 EUR festzusetzen war.

293 Stichtagsprinzip nach ständiger Rechtsprechung, vgl. z.B. Urteile v. 11.9.1996 – II R 15/93, BStBl 1997 II, 70; v. 27.11.1991 – II R 12/89, BStBl 1992 II, 298; v. 5.6.1991 – II R 80/88, BStBl 1991 II, 725. *Bruschke*, Nachträgliche „Korrektur" des Wahlrechtes nach § 23 ErbStG über eine Billigkeitsmaßnahme, ErbStB 2015, 80; *Naujok*, Stichtagsbewertung und Billigkeitserlass im Erbschaftsteuerrecht, ZEV 2003, 94.

G. Steuerbefreiung für das geerbte Familienheim – Wer bekommt die Steuerbefreiung?

I. Voraussetzungen

Das sog. Familienheim des Erblassers/der Erblasserin kann unter bestimmten Voraussetzungen steuerfrei geerbt werden (§ 13 Abs. 1 Nr. 4b und Nr. 4c ErbStG).[294] Dabei ist zu unterscheiden zwischen Erwerben durch 191
- Ehegatten/eingetragene Lebenspartner und
- Kinder.

Die Befreiung kann nur von Bedeutung sein, wenn anderes nicht begünstigtes Vermögen im Wert oberhalb der Summe aller Freibeträge vorhanden ist. Maßgebende Voraussetzung für die Gewährung der Steuerbefreiung ist das Vorhandensein eines Familienheims und der Ehe/Lebenspartnerschaft im Besteuerungszeitpunkt. Leben z.B. Geschwister gemeinsam im elterlichen Familienheim und erbt ein Geschwisterteil den Anteil des anderen Geschwisterteils, scheidet die Befreiung aus;[295] in Betracht kommt allenfalls eine Steuerstundung gem. § 28 Abs. 3 Satz 2 ErbStG. Nicht befreit ist das Erben eines Wohn- oder Nießbrauchsrechts an dem bisherigen Familienheim.[296]

Zur Erlangung der Befreiung ist ein besonderes **Formular** Anlage „Steuerbefreiung Familienheim § 13 Abs. 1 Nr. 4b oder Nr. 4c ErbStG“ auszufüllen, dazu Rdn 195. Für Schenkungen des Familienheims gibt es eine andere Befreiungsregelung, siehe dazu § 3 Rdn 22.

Als **Familienheim gilt** das Eigentum oder Miteigentum an einer Wohnung in einem im Inland, in einem Mitgliedstaat der Europäischen Union oder des Euro- 192

---

294 Näheres siehe R E 13.4 ErbStR und H E ErbStH; *Riedel*, Die steuerfreie Zuwendung des Familienwohnheims an den Ehegatten – ein „zusätzlicher Freibetrag“, ZErb 2002, 156; *Jülicher*, Neue Gestaltungen rund um das eigengenutzte Familienheim, ZErb 2009, 222; *Halaczinsky*, Erbschaft- und Schenkungsteuerrecht 2009: Das Familienheim im Erbfall, UVR 2009, 339; *Halaczinsky*, Erbschaft- und Schenkungsteuerrecht 2009: Das Familienheim bei Schenkungen, UVR 2010; *Gohlisch*, Bewertung eines Einfamilienheims mit Garage für Zwecke der Schenkung und Erbschaftsteuer und Berechnung der sich im Falle einer Schenkung oder Erbschaft ergebenden Steuer, ZErb 2010, 71; *Steiner*, Problemfälle bei Familienheimen, ErbStB 2011, 350; *Hutmacher*, Die Erbschaftsteuerbefreiung der Zuwendungen und Erwerb von selbst genutzten Familienheimen, ZNotP 2013, 46; *Meßbacher-Hönsch*, Die Steuerbefreiung für Familienheime nach § 13 Abs. 1 Nr. 4a bis 4c ErbStG: Ein großzügiges Geschenk des Gesetzgebers, ZEV 2015, 382; *Geck*, Das Familienheim in erbschaft- und schenkungsteuerlicher Sicht, KÖSDI 2022, Nr. 9, 22887; *Schmitt*, Das Familienheim in der erbschaftsteuerlichen Beratungspraxis (Teil I und Teil II), DStR 2023, 14 und 76.

295 BFH v. 24.4.2013 – II R 65/11, DStR 2013, 1128.

296 BFH v. 3.6.2014 – II R 45/12, BStBl 2014 II, 806.

päischen Wirtschaftsraums belegenen bebauten Grundstück im Sinne des § 181 Abs. 1 Nr. 1–5 BewG.[297] Demnach kann es sich um das klassische Einfamilienhaus, die Eigentumswohnung, aber auch um eine Wohnung im eigenen Miethaus handeln; eingeschlossen ist dabei auch die dazugehörige Garage; näheres siehe R E 13.3 Abs. 2, 3; 13.4 Abs. 2, 3 ErbStR und H E 13.3. und 4 ErbStH.[298] Auch wenn z.B. zwei Familienheime vorhanden sind, wird die Befreiung nur für ein Objekt gewährt.[299]

Die Steuerbefreiung für den Erwerb des Familienheims fällt mit Wirkung für die Vergangenheit weg, wenn der Erwerber das Familienheim **innerhalb von zehn Jahren nach dem Erwerb nicht mehr zu Wohnzwecken selbst nutzt.**

1. Erwerb durch Ehegatte/eingetragenen Lebenspartner

193 Der Erwerb des Familienheims gem. § 13 Abs. 1 Nr. 4b ErbStG durch einen Ehegatten/Lebenspartner ist nur dann und insoweit begünstigt, als der Erblasser darin bis zum Erbfall eine Wohnung zu eigenen Wohnzwecken genutzt hat oder aus zwingenden Gründen an einer Selbstnutzung gehindert war. Beim Erwerber muss die Wohnung zur unverzüglichen Nutzung zu eigenen Wohnzwecken bestimmt sein. Der Erwerber muss das Familienheim grundsätzlich weitere 10 Jahre zu eigenen Wohnzwecken nutzen.

2. Erwerb durch Kinder

194 Nach § 13 Abs. 1 Nr. 4c ErbStG ist unter den gleichen Voraussetzungen der Erwerb von Todes wegen eines Familienheims durch Kinder und Stiefkinder des Erblassers bzw. durch Kinder und Stiefkinder verstorbener Kinder des Erblassers steuerfrei. Hierbei ist die Steuerbefreiung auf eine Wohnfläche[300] der selbstgenutzten Wohnung von höchstens 200 m² begrenzt.

---

297 *Bruschke*, Das „Familienheim" bei der Erbschaftsteuer, ErbStB 2020, 203.

298 Aus der Rspr. Mitbenutzung von Angehörigen und Arbeitszimmer zum Teil unschädlich, siehe BFH v. 26.2.2009 – II R 69/06, BStBl II 2009, 480 = R E 13.3 Abs. 2 ErbStR; BFH v. 18.7.2013 – II R 35/11, BStBl 2013 II, 1051; FG Düsseldorf v. 16.52018 – 4 K 1063/17 Erb, EFG 2018, 1211. Der Begriff des mit einem Familienheim bebauten Grundstücks ist in einem zivilrechtlichen Sinn zu verstehen. Ein Flurstück, das an ein mit einem Familienheim bebautes Grundstück angrenzt und im Grundbuch auf einer eigenen Nummer eingetragen ist, ist nicht nach § 13 Abs. 1 Nr. 4b Satz 1 ErbStG begünstigt. BFH v. 23.2.2021 – II R 29/19, BFH/NV 2021, 1222.

299 Nicht begünstigt sind deshalb Zweitwohnungen oder Ferienwohnungen, BFH v. 18.7.2013 – II R 35/11, BStBl 2013 II, 1051.

300 Nach der WohnflVO 2003 v. 25.11.2003, BGBl 2003 I, 2346.

II. Angaben in der Anlage „Steuerbefreiung Familienheim (§ 13 Abs. 1 Nr. 4b oder Nr. 4c ErbStG) zur Erbschaftsteuererklärung"

Ein Erwerber braucht diese Anlage nur auszufüllen, wenn er die spezielle Befreiung für Familienheim in Anspruch nehmen will und zu seinem Erwerb begünstigtes Vermögen im Inland oder in EU/EWR-Staaten im Sinne von § 13 Abs. 1 Nr. 4b und Nr. 4c ErbStG gehört. Bei mehreren Erwerbern, z.B. Ehegatte und Kinder ist für jeden Erwerber jeweils eine Anlage einzureichen. Alle Werte sind hierbei bezogen auf den Anteil des jeweiligen Erwerbers anzugeben. 195

1. Allgemeine Angaben

In den **Zeilen 1–3** sind die allgemeinen Daten des Familienheims, in **Zeile 16** der steuerliche Grundbesitzwert – soweit schon bekannt oder selbst errechnet – einzutragen. Grundsätzlich ist auch der Wert des Familienheims gesondert festzustellen (§ 151 BewG). Zu Ausnahmen vgl. R B 151.2 Abs. 4 ErbStR; im Feststellungsbescheid muss das Bewertungsfinanzamt nachrichtliche Angaben zur Wohnfläche der bisher vom Rechtsvorgänger selbst genutzten Wohnung machen (H B 151.2 ErbStH). 196

Finanzamt

Aktenzeichen

Anlage Steuerbefreiung Familienheim (§ 13 Abs. 1 Nr. 4b oder 4c ErbStG) zur Erbschaftsteuererklärung

zur lfd. Nr. der Anlage Erwerber

FA	Steuernummer	UFA	Zeitraum	Vorgang
11		71		1

Zeile				
1	**Erwerber**	Name, Vorname		99 45
2	Lage des Grundstücks:	Straße, Hausnummer, PLZ, Ort		
3	Wohn- u. Nutzfläche des **gesamten** Objekts: m²	Wohnfläche der **bisher vom Erblasser zu eigenen Wohnzwecken** genutzten Wohnung	m²	
4	Wurde die Wohnung vom Erblasser bis zum Tode zu eigenen Wohnzwecken genutzt?		☐ ja	
5	☐ nein	Eine Selbstnutzung durch den Erblasser war aus den folgenden objektiv zwingenden Gründen nicht möglich:		
6				
7				
8				
9	Für eigene Wohnzwecke werden von der bisherigen Wohnung des Erblassers jetzt selbst genutzt:		m² Wohnfläche	
10	Seit wann wird die Wohnung zu eigenen Wohnzwecken selbst genutzt?		Datum	
11	Eine Selbstnutzung ist/war aus den folgenden objektiv zwingenden Gründen nicht möglich:			
12				
13				
14				
15				
16	Grundbesitzwert			Steuerbefreiung 25

Wichtig ist bei Erwerb durch **Kinder** der **Eintrag in Zeile 3**; denn die Befreiung ist auf die Wohnfläche der selbst genutzten Wohnung des Erblassers von höchstens 200 m² begrenzt. Dabei ist zur Berechnung die Wohnflächenverordnung v. 25.11.2003, BGBl 2003 I, 2346 heranzuziehen; das bedeutet, dass die Wohnung technisch größer sein kann, denn nicht alle Flächen sind „Wohnflächen" i.S.d. der Wohnflächenverordnung. Zur Berechnung der Befreiung siehe Berechnungsbeispiel in H E 13.4 ErbStH.

2. Selbstnutzung

Die Steuerbefreiung ist zweifach von der Selbstnutzung als Familienheim abhängig, einmal von der Selbstnutzung durch den Erblasser und zum anderen von der Selbstnutzung durch den oder die Erwerber. 197

In **Zeilen 4–8** sind Angaben zur Selbstnutzung durch den Erblasser und in **Zeilen 9–15** zur Selbstnutzung durch den Erwerber zu machen. Dabei ist in **Zeile 9** die Wohnfläche der jetzt vom Erwerber selbst zu Wohnzwecken genutzten Wohnung anzugeben. Das ist erforderlich, weil die Steuerbefreiung nur für die weiterhin selbstgenutzte Wohnfläche gewährt werden kann. Hat der Erblasser z.B. ein sog. unechtes Zweifamilienhaus insgesamt selbst genutzt und nutzt der Erwerber nur die Hauptwohnung selbst, d.h. vermietet die zweite „Wohnung" z.B. an einen Berufspendler, kann die Steuerbefreiung nur anteilig gewährt werden; Entsprechendes würde gelten, wenn die Wohnung anteilig zu beruflichen Zwecken, z.B. als Makler, genutzt würde.

a) Selbstnutzung durch den Erblasser

Das Grundstück ist nur insoweit begünstigt, als der Erblasser darin bis zum Erbfall eine Wohnung zu eigenen Wohnzwecken genutzt hat oder aus zwingenden Gründen an einer Selbstnutzung gehindert war. Das kann aus vielerlei Gründen der Fall gewesen sein, insbesondere wenn der Erblasser zuletzt in einem Pflegeheim gelebt hat. Die fehlende Selbstnutzung durch den Erblasser ist im Fall einer Pflegebedürftigkeit, die die Führung eines eigenen Haushalts nicht mehr zulässt, unschädlich. Berufliche Gründe sollen nach Auffassung der Verwaltung jedoch nicht gelten (vgl. insgesamt dazu R E 13.4 Abs. 2 ErbStR). In **Zeilen 6–8** sind die Gründe für die nicht mögliche Selbstnutzung einzutragen, z.B. „E hat zuletzt in einer Pflegeeinrichtung gelebt, weil ...". 198

b) Aufnahme der Selbstnutzung durch den Erwerber

Der Erwerber muss nach dem Gesetzeswortlaut das Familienheim unverzüglich ohne schuldhaftes Zögern zur Selbstnutzung bestimmen, da ansonsten kein schutzwürdiger gemeinsamer familiärer Lebensraum vorliegt. Eine Ausnahme von der unverzüglichen Bestimmung zur Selbstnutzung zu eigenen Wohnzwecken ist in der Begriffsbestimmung nicht vorgesehen. Es ist also zu empfehlen, dass der Erwerber innerhalb einer angemessenen Zeit nach dem Erbfall nach außen erkennbar die Absicht zur Selbstnutzung der Wohnung fasst, z.B. (falls der Erbe dort (noch) nicht wohnt) sich dort mit erstem Wohnsitz anzumelden, 199 die erworbene Wohnung zeitnah räumt bzw. entrümpelt und durch den Einzug in die Wohnung tatsächlich umsetzt.[301]

Hinweis

Dem Erwerber ist eine gewisse Zeit einzuräumen, damit er prüfen kann, ob er in die Wohnung einziehen wird. Hat der Erwerber nach der ihm zuzubilligenden Bedenkzeit den Entschluss zum Einzug gefasst, benötigt er weitere Zeit für eine eventuelle Renovierung bzw. Gestaltung der Wohnung für eigene Wohnzwecke sowie für die notwendige Durchführung des Umzugs. Unter Berücksichtigung dieser gesamten Umstände erscheint ein Zeitraum von bis zu sechs Monaten nach dem Erbfall als erforderlich.

Wird die Selbstnutzung der Wohnung erst nach Ablauf von sechs Monaten aufgenommen, kann ebenfalls eine unverzügliche Bestimmung zur Selbstnutzung vorliegen. Allerdings muss der Erwerber in diesem Fall darlegen und glaubhaft machen, zu welchem Zeitpunkt er sich zur Selbstnutzung der Wohnung für eigene Wohnzwecke entschlossen hat, aus welchen Gründen ein tatsächlicher Einzug in die Wohnung nicht früher möglich war und warum er diese Gründe nicht zu vertreten hat. Solche Gründe können z.B. vorliegen, wenn sich der Einzug wegen einer Erbauseinandersetzung zwischen Miterben oder wegen der Klärung von Fragen zum Erbanfall und zu den begünstigten Erwerbern über den Sechsmonatszeitraum hinaus um einige weitere Monate verzögert. Ähnliches gilt, wenn umfangreiche Renovierungsarbeiten[302] erforderlich sind.

200 Davon zu unterscheiden ist die **tatsächliche** Selbstnutzung durch den begünstigten Erben. Grundsätzlich gilt: Keine Erbschaftsteuerbefreiung für den Erwerb von Wohnungseigentum ohne Selbstnutzung. Der Erwerb von Wohnungseigentum von Todes wegen durch ein Kind ist nicht steuerbefreit, wenn das Kind die Wohnung nicht selbst nutzt, sondern unentgeltlich z.B. der Mutter zur Nutzung überlässt.[303] Die Steuerbefreiung für den Erwerb eines Familienheims durch den

301 BFH v. 23.6.2015 – II R 39/13, BStBl 2016 II, 225. Eine Steuerbefreiung nach § 13 Abs. 1 Nr. 4c ErbStG für ein Familienheim scheidet aus, wenn der Erwerber von vornherein gehindert ist, die Wohnung in dem von Todes wegen erworbenen Einfamilienhaus für eigene Wohnzwecke zu nutzen und deshalb auch tatsächlich nicht einzieht, so BFH v. 23.6. 2015 – II R 13/13, BStBl 2016 II, 223.

302 Umstände im Einflussbereich des begünstigten Erwerbers, die nach Ablauf des Sechsmonatszeitraums zu einer längeren Verzögerung des Einzugs führen (wie z.B. eine Renovierung der Wohnung), sind nur unter besonderen Voraussetzungen nicht dem Erwerber anzulasten. Das kann beispielsweise der Fall sein, wenn sich die Renovierung deshalb länger hinzieht, weil nach Beginn der Renovierungsarbeiten ein gravierender Mangel der Wohnung entdeckt wird, der vor dem Einzug beseitigt werden muss, vgl. BFH v. 6.5.2021 – II R 46/19, BStBl 2022 II, 342 und v. 16.3.2022 – II R 6/21, BFH/NV 2022, 898.

303 BFH v. 5.10.2016 – II R 32/15, BStBl 2017 II, 130.

überlebenden Ehegatten oder Lebenspartner entfällt rückwirkend, wenn der Erwerber das Eigentum an dem Familienheim innerhalb von zehn Jahren nach dem Erwerb auf einen Dritten überträgt. Das gilt auch dann, wenn er die **Selbstnutzung** zu Wohnzwecken aufgrund eines lebenslangen **Nießbrauchs** fortsetzt.[304]

Nach Auffassung der Finanzverwaltung ist die Steuerbefreiung nach § 13 Abs. 1 Nr. 4b oder Nr. 4c ErbStG auch dann zu gewähren, wenn der betreffende Erbe aus objektiv zwingenden Gründen **bereits im Zeitpunkt des Erwerbs** an der Nutzung zu eigenen Wohnzwecken gehindert war, z.B. erbende Ehefrau lebt in einer Pflegeeinrichtung.

Die Gewährung der Befreiung ist unproblematisch bei jüngeren Familien. Beispiel: Eheleute (45/42 Jahre) mit zwei Kindern 6 und 3 Jahre alt, besitzen gemeinschaftlich ein Einfamilienhaus im Wert von 500.000 EUR. Verstirbt einer der Ehegatten, lag bis dahin Selbstnutzung vor, bleibt die Familie weiter in dem Haus wohnen, kann die Befreiung gewährt werden. Bei gesetzlicher Erbfolge müssen alle Erben anteilig das Familienheim weiternutzen. Problematisch wird der Fall erst, wenn der überlebende Ehegatte innerhalb der 10-jährigen Selbstnutzungspflicht mit den Kindern aus persönlichen oder beruflichen Gründen umziehen oder ein Kind ausziehen will.[305] In diesen Fällen wäre die Steuerbefreiung nachträglich anteilig zu versagen, sofern nicht aus „Billigkeit“ darauf verzichtet wird. 201

Weitere schädliche Gründe können z.B. sein: Umzug in eine kleinere Mietwohnung aus wirtschaftlichen Gründen, Zusammenziehen mit einem neuen Ehegatten an einem anderen Ort.

In **Zeilen 12 ff.** sind die **objektiv zwingenden Gründe** einzutragen, weshalb der Erwerber nicht unverzüglich nach dem Erbfall die Wohnung zu eigenen Wohnzwecken selbst nutzt bzw. nutzen konnte. 202

Nach § 13 Abs. 1 Nr. 4b Satz 5 ErbStG **fällt die Steuerbefreiung** mit Wirkung für die Vergangenheit nur dann **nicht weg**, wenn der Erwerber aus zwingenden Gründen an einer Selbstnutzung zu eigenen Wohnzwecken gehindert.[306]

Kann der überlebende **Ehegatte** oder Lebenspartner aus objektiv zwingenden Gründen bereits **im Zeitpunkt des Erwerbs** das Objekts[307] nicht (mehr) zu eigenen Wohnzwecken nutzen, kommt es auf die Selbstnutzung/Einhaltung der 10-Jahres-Frist nicht an. Hier ist denkbar, dass der erbende Ehegatte in einem Pflegeheim lebt oder auch in das Haus eines Kindes ziehen muss.[308]

304 BFH v. 11.7.2019 – II R 38/16, BStBl 2020 II, 314.

305 Nach Gleich lautendem Ländererlass v. 3.3.2016, BStBl 2016 I, 280 ist es unschädlich, wenn ein Kind wegen seiner Minderjährigkeit das Familienheim nicht selbst nutzen kann.

306 Sog. Nachversteuerungstatbestand, vgl. BFH v. 11.7.2019 – II R 38/16, BStBl 2020 II, 314.

307 In dem Merkmal „aus zwingenden Gründen an einer Selbstnutzung zu eigenen Wohnzwecken gehindert“ müssen sich die Hinderungsgründe auf die Selbstnutzung des betreffenden Familienheims beziehen.

308 Ebenso Finanzverwaltung: R E 13.4 Abs. 2 ErbStR.

Kann der überlebende **Ehegatte** oder Lebenspartner **innerhalb der 10 Jahre** das geerbte Familienheim aus **objektiv zwingenden Gründen nicht** nutzen, fällt die Steuerbefreiung nicht weg. Häufig ist mit dem **Finanzamt streitig,** ob objektiv zwingende Gründe vorliegen/vorgelegen haben.

Nach einem (Grundsatz-)Urteil des **BFH**[309] ist der Erwerber eines erbschaftsteuerrechtlich begünstigten Familienheims aus zwingenden Gründen an dessen Nutzung zu eigenen Wohnzwecken gehindert, wenn die Selbstnutzung objektiv unmöglich oder aus objektiven Gründen unzumutbar ist. Zweckmäßigkeitserwägungen reichen nicht aus. **Gesundheitliche** Beeinträchtigungen können zwingende Gründe darstellen, wenn sie dem Erwerber eine selbstständige Haushaltsführung in dem erworbenen Familienheim unzumutbar machen. Ob eine Erkrankung vorliegt, die dazu führt, dass die Unzumutbarkeitsschwelle überschritten wird, kann regelmäßig allein mit Hilfe ärztlicher Begutachtung festgestellt werden. Bei dem Merkmal „aus zwingenden Gründen an einer Selbstnutzung zu eigenen Wohnzwecken gehindert" (§ 13 Abs. 1 Nr. 4b Satz 5 ErbStG) müssen sich die Hinderungsgründe auf die Selbstnutzung des betreffenden Eigenheims beziehen. Ob der Erwerber an einem anderen Ort einen Haushalt führen kann, ist nicht entscheidend.

Außerdem entschied der BFH,[310] dass ein zwingender Grund auch vorliegen kann, wenn der Erwerber zwar unter Zuhilfenahme externer Hilfe- und **Pflegeleistungen** in der Lage ist, weiter in dem erworbenen Familienheim zu leben, diese jedoch ein **solches Ausmaß annehmen**, dass nicht mehr von einer selbstständigen Haushaltsführung des Erwerbers in dem betreffenden Familienheim gesprochen werden kann. Allein die regelmäßige Inanspruchnahme der üblichen Unterstützungsleistungen genügt dafür allerdings nicht.

Hinsichtlich der Frage, wann dem Erwerber aus objektiven Gründen die Selbstnutzung des Familienheims nicht mehr zuzumuten ist, ist ein **strenger Maßstab** anzulegen, um eine verfassungswidrige Begünstigung zu vermeiden. Ein abgeschlossener **Katalog von Gründen besteht jedoch nicht**.

Hinweis

Die Feststellungslast für diejenigen Umstände, die die Selbstnutzung des Familienheims objektiv unmöglich machen oder objektiv unzumutbar erscheinen lassen, trägt der Erwerber!

203 Die Finanzverwaltung[311] erkennt bestimmte objektiv zwingende Gründe an, bei deren Vorliegen die Aufgabe der Selbstnutzung unschädlich ist. Objektiv zwingende Gründe liegen z.B. im Fall des Todes oder im Fall einer Pflegebedürftigkeit

309 BFH v. 1.12.2021 – II R 1/21, BStBl 2022 II, 557.

310 BFH v. 1.12.2021 – II R 18/20, BStBl 2022 II, 554.

311 R E 13.4 Abs. 6 ErbStR.

des Erwerbers vor, die die Führung eines eigenen Haushalts nicht mehr zulässt, nicht dagegen bei einer beruflichen Versetzung.

Die Finanzverwaltung[312] erkennt auch die **Unbewohnbarkeit** z.B. infolge **Hochwasser, Starkregen, Unwetter, Sturm, Brand, Explosion** an. Im Fall der Zerstörung endet die zehnjährige Selbstnutzungsfrist mit dem Zeitpunkt der Zerstörung des ursprünglichen Familienheims. Eine zeitweise Unbewohnbarkeit aufgrund höherer Gewalt, z.B. für den Zeitraum einer Sanierung oder aufgrund eines behördlich angeordneten Nutzungsverbots, kann zu einer tatsächlichen Unterbrechung der Nutzung zu eigenen Wohnzwecken führen. Dies ist unschädlich, wenn der Erwerber des Familienheims unverzüglich nach der Wiederherstellung der Bewohnbarkeit des Familienheims die Nutzung zu eigenen Wohnzwecken wieder aufnimmt und bis zum Ablauf des Zehnjahreszeitraums ausübt. Es liegt dann keine Aufgabe der Selbstnutzung durch längeren Leerstand vor (R E 13.4 Abs. 6 Satz 4 ErbStR).

> *„Entfallen die Hinderungsgründe innerhalb der Zehnjahresfrist, kann eine Nachversteuerung nur unterbleiben, wenn der Erwerber unverzüglich nach Wegfall der zwingenden Gründe, d.h. ohne schuldhaftes Verzögern, die Nutzung des Familienheims zu eigenen Wohnzwecken aufnimmt und bis zum Ablauf des Zehnjahreszeitraums ausübt bzw. später erneut aus objektiv zwingenden Gründen an der Selbstnutzung des Familienheims gehindert wird. Liegen objektiv zwingende Gründe vor, die eine weitere Nutzung verhindern, ist eine anschließende unentgeltliche Überlassung, Vermietung oder der Verkauf des Familienheims unschädlich. Soweit in den Fällen des Verkaufs, der Weitervermietung usw. der Erwerber wegen des vorherigen Verkaufs des Familienheims, dessen vorheriger Vermietung oder unentgeltlicher Überlassung, bei Wegfall der objektiv zwingenden Gründe, welche ihn an der Nutzung des Familienheims zu eigenen Wohnzwecken hinderten, die erneute Selbstnutzung des Familienheims nicht oder nicht unverzüglich aufnimmt, fällt die Steuerbefreiung mit Wirkung für die Vergangenheit weg.“*

Weiter problematisch ist, dass **erwachsene Kinder** in der Regel aus vielerlei 204
Gründen nicht zurück in das elterliche Haus ziehen können, es also nicht selbst nutzen können. Unklar ist, ob familiäre (Hinderungs-)Gründe anerkannt werden, z.B. Kinder stehen an dem bisherigen Wohnort der (Erben-)Familie in Ausbildung. Können erwachsene Kinder aus beruflichen Gründen das Familienheim der Eltern nicht als ihr Familienheim bestimmen und nutzen, scheidet eine Befreiung aus.[313] Das Gesetz verlangt die unverzügliche Bestimmung zur Selbstnutzung; de facto erwartet die Finanzverwaltung aber den baldigen Bezug.

312 Gleich lautende Ländererlasse v. 9.2.2022, BStBl 2022 I, 226.

313 So jedenfalls FG Münster v. 31.1.2013 – 3 K 1321/11 Erb, DStZ 2013, 295 = UVR 2013, 172.

Das Nutzen der geerbten Wohnung als „Zweitwohnung“ reicht nicht, da das geerbte Familienheim der Lebensmittelpunkt werden muss.

Haben **Kinder** das Grundstück (anteilig) geerbt, können sie an der Selbstnutzung auch deswegen gehindert sein, weil sie **minderjährig** sind und der überlebende Elternteil das Familienheim aufgibt. Objektiv zwingende Gründe liegen im Fall der Minderjährigkeit eines Kindes vor, solange das Kind wegen Minderjährigkeit rechtlich gehindert ist, einen Haushalt selbstständig zu führen. Insgesamt kommt es sehr auf die Umstände des **Einzelfalls** an.

Beachte

Entfallen diese Hinderungsgründe innerhalb des Zehnjahreszeitraums nach dem Erwerb, ist die Nutzung zu eigenen Wohnzwecken unverzüglich aufzunehmen.

c) Aufgabe der Selbstnutzung nach Erbanfall

205 Gibt der Erwerber die Selbstnutzung innerhalb von 10 Jahren seit dem Erwerb (Besteuerungszeitpunkt) durch **Verkauf, Vermietung, längeren Leerstand oder unentgeltliche Überlassung** auf, **entfällt die Befreiung** vollständig mit Wirkung für die Vergangenheit. Die Aufgabe der Selbstnutzung ist gem. § 153 Abs. 2 AO dem Finanzamt anzuzeigen.

206 Ist dagegen die **Selbstnutzung aus objektiv zwingenden Gründen nicht mehr möglich**, führt dies **nicht zur Versagung der Befreiung**. In der Anzeige der Aufgabe der Selbstnutzung sind die entspr. Gründe in **Zeilen 12 ff.** anzugeben (siehe dazu Rdn 200 ff.).

3. Weitergabepflicht/Nachlassauseinandersetzung

207 Die **Befreiung** beim Erben **scheidet aus**, wenn bzw. soweit der Erwerber das begünstigte Vermögen aufgrund einer letztwilligen oder rechtsgeschäftlichen Verfügung des Erblassers auf einen Dritten übertragen muss (§ 13 Abs. 1 Nr. 4b Satz 2 und Nr. 4c Satz 2 ErbStG), z.B. zur Erfüllung eines Sachvermächtnisses, oder im Rahmen der Teilung des Nachlasses auf einen Miterben überträgt (§ 13 Abs. 1 Nr. 4b Satz 3 und Nr. 4c Satz 3 ErbStG). Dann kann er die Steuerbefreiung nicht in Anspruch nehmen. Entsprechendes gilt bei Weiterübertragungen infolge einer Erbauseinandersetzung. Durch den darin normierten Wegfall der Steuerbefreiung für den Fall, dass der überlebende Ehegatte das Familienheim aufgrund einer letztwilligen oder rechtsgeschäftlichen Verfügung des Erblassers auf einen Dritten oder im Rahmen der Nachlassteilung auf einen Miterben überträgt, soll sichergestellt werden, dass nur demjenigen eine Steuerbefreiung gewährt wird, der endgültig das Eigentum an dem Familienheim erhält. Erfüllt der Dritte die **Voraussetzungen** des § 13 Abs. 1 Nr. 4b oder c ErbStG, steht ihm die Steuerbefreiung nach dieser Vorschrift zu. Beerben ein Ehegatte oder Lebenspartner und das Kind den Erblasser und übertragen sie im Rahmen der Teilung des Nachlasses

das Eigentum am Familienheim auf das Kind und ein Nutzungsrecht auf den Ehegatten oder Lebenspartner, erhält gemäß § 13 Abs. 1 Nr. 4b Sätze 1 und 3, Nr. 4c Satz 1 ErbStG **keiner von beiden Erwerbern die Steuerbefreiung, weil Eigentum und tatsächliche Nutzung auseinanderfallen.**

Im **Fall einer freien Erbauseinandersetzung**[314] setzt die erbschaftsteuerliche Freistellung eines Familienheims grundsätzlich voraus, dass diese **zeitnah** erfolgt. 208
Nach H E 13.4. „Freie Erbauseinandersetzung" ErbStH betrachtet die Finanzverwaltung die Auseinandersetzung als zeitnah, wenn die Auseinandersetzungsvereinbarung innerhalb von 6 Monaten erfolgt. Erfolgt die Erbauseinandersetzung erst nach mehr als 6 Monaten, kann der Begünstigungstransfer in begründeten Ausnahmefällen (z.B. aufgrund von Erbstreitigkeiten, Erstellung von Gutachten o.Ä.) gewährt werden.[315] Der Steuerpflichtige hat die Gründe darzulegen, die eine Erbauseinandersetzung innerhalb des Sechsmonatszeitraums verhindert haben. Gelingt dies nicht, erhält gemäß § 13 Abs. 1 Nr. 4b Satz 1 und 3, Nr. 4c Satz 1 ErbStG keiner von beiden Erwerbern die Steuerbefreiung.

Bei der Steuerbefreiung für das Familienheim nach § 13 Abs. 1 Nr. 4b bzw. 4c ErbStG kann von einer unverzüglichen Selbstnutzung des Erwerbers zu eigenen Wohnzwecken ausgegangen werden, wenn ein **Miterbe die tatsächliche Nutzung zu eigenen Wohnzwecken unverzüglich beginnt, die Erbauseinandersetzung jedoch erst anschließend und nach Ablauf des Sechsmonatszeitraums** erfolgt.

209

17	**Nur bei Erwerb durch Erbanfall zu beantworten:** Haben Sie im Rahmen der Nachlassteilung einen über Ihren Erbanteil hinausgehenden Anteil am begünstigten Vermögen erhalten und hierfür an andere		
18	Miterben einen Anteil an anderen in den Nachlass fallenden Vermögensgegenständen hingegeben?		☐ nein
19	☐ ja	Wert des erhaltenen Anteils	
20	Welche Vermögensgegenstände aus dem Nachlass wurden hingegeben? Bitte ggf. auf gesondertem Blatt erläutern.		
21	Art		
22	Wert		

Sind Miterben aufgrund einer Teilungsanordnung des Erblassers verpflichtet oder verständigen sie sich darauf, im Rahmen der Nachlassteilung begünstigtes Vermögen auf einen Miterben zu übertragen und vollziehen sie dies auch tatsächlich, 210

314 *Billig*, Erbschaftsteuerliche Folgen einer freien Erbauseinandersetzung, UVR 2021, 310.

315 BFH v. 23.6.2015 – II R 39/13, BStBl 2016 II, 225. Der in § 13 Abs. 1 Nr. 4c Satz 4 ErbStG gesetzlich vorgesehene Begünstigungstransfer auf den Erben, auf den das begünstigte Vermögen übergeht, kann auch dann eintreten, wenn die Vereinbarung über die Erbauseinandersetzung erst ca. 15 Monate nach dem Erbfall erfolgt ist; FG Baden-Württemberg v. 12.22020 – 7 K 3343/18, EFG 2020, 1146.

können die übertragenden Miterben die Steuerbefreiung nicht in Anspruch nehmen (§ 13 Abs. 1 Nr. 4b Satz 2 und 3 und Nr. 4c Satz 2 und 3 ErbStG). Dies ist in den **Zeilen 17–19** zu erklären. In diesem Fall geht der Befreiungsanspruch unter den gesetzlichen Tatbestandsvoraussetzungen an den folgenden Erwerber über.

Gibt der **übernehmende Miterbe** bei einer **Erbauseinandersetzung** für den Erwerb des über seinen Erbanteil hinausgehenden Teils des begünstigten Vermögens nicht begünstigtes Vermögen hin, das er vom Erblasser erworben hat, wird er so gestellt, als habe er von Anfang an das begünstigte Vermögen erworben (sog. **Begünstigungstransfer**) (§ 13 Abs. 1 Nr. 4b Satz 3 und 4 und Nr. 4c Satz 3 und 4 ErbStG; R E 13.4 Abs. 5 ErbStR; Berechnungsbeispiel in H E 13.4 ErbStH).[316] Der Begünstigungstransfer führt zu einer Erhöhung der Begünstigung, wenn ein Miterbe im Rahmen der Teilung des Nachlasses begünstigtes Vermögen erhält und hierfür dem übertragenden Miterben nicht begünstigtes Vermögen überlässt; z.B. Ausgleichszahlung. Die Ausgleichszahlung wird – soweit sie auf das begünstigte Familienheim entfällt – zum anteiligen Wert des geerbten Familienheims hinzugerechnet.[317] Der Steuerwert des begünstigten Familienheims darf jedoch nicht überschritten werden.

Als **hingegebenes Vermögen gilt nicht die Übernahme von Nachlassverbindlichkeiten,** die mit dem begünstigten Vermögen in wirtschaftlichem Zusammenhang stehen. In den **Zeilen 19–22** ist der Wert des aus dem Nachlass erhaltenen Anteils und die Art und der Wert der dafür aus dem Nachlass hingegebenen Vermögensgegenstände anzugeben; das Finanzamt verlangt dazu eine Kopie der Vereinbarung über die Nachlassteilung.

4. Schuldenabzugsverbot

211

23	Mit dem Grundstück zusammenhängende Schulden und Lasten Bitte ggf. auf gesondertem Blatt erläutern.		
24	Bezeichnung		n.abz.Sch/Last Nachl 45
25	Wert		n.abz Sch/Last s.Erw 47

Wer die Steuerbefreiung geltend macht, kann Schulden und Lasten, die mit dem begünstigten Familienheim/Vermögen in wirtschaftlichem Zusammenhang stehen, nicht nachlassmindernd abziehen (§ 10 Abs. 6 ErbStG). Erwerbern, denen die entsprechende Steuerbefreiung nicht gewährt wird, wird der Abzug von

316 Näheres dazu *Halaczinsky*, Erweiterte Familienheim-Steuerbefreiung durch Hingabe nicht begünstigten ererbten Vermögens, ErbStB 2016, 276; FG Hamburg v. 11.3.2016 – 3 V 230/15, EFG 2016, 924.

317 H E 13.4 ErbStH „Steuerbefreiung – Beispiele“ Beispiel 3.

Schulden und Lasten nicht gekürzt. Zu den Schulden und Lasten zählen auch die Lasten aus Nutzungs- oder Duldungsauflagen (z.B. Nießbrauch, Wohnrecht). Der wirtschaftliche Zusammenhang mit dem Vermögensgegenstand muss **beim Erbfall bereits bestanden haben**; er wird durch die Gesamtrechtsnachfolge nicht herbeigeführt, wenn er beim Erblasser nicht bestanden hat.[318] Deshalb verlangt der Vordruck die Angabe des Werts aller Schulden und Lasten, die mit dem (gesamten) Grundstück zusammenhängen. Außerdem verlangt die Finanzverwaltung die Vorlage von entsprechenden Unterlagen. In der Erbschaftsteuererklärung dürfen diese Schulden und Lasten in den Zeilen 84–97 nicht erklärt werden.

5. Nachträglicher Wegfall der Steuerbefreiung

Die Steuerbefreiung für das geerbte Familienheim steht unter einem „Nachver- 212
steuerungsvorbehalt“. D.h., dass der Erwerb des Familienheims nachträglich zu versteuern ist, wenn die Befreiungsvoraussetzungen, insb. die 10-jährige Selbstnutzung nicht erfüllt werden; Näheres R E 13.4. Abs. 6 ErbStR. Fallen die Voraussetzungen für die Steuerbefreiung weg, ist dies daher nach § 153 Abs. 2 AO dem **zuständigen** Finanzamt unverzüglich durch formloses Schreiben anzuzeigen; das Unterlassen der Anzeige kann eine Steuerhinterziehung oder Steuerordnungswidrigkeit sein. Ein schon ergangener ErbSt-Bescheid wird dann nach § 175 Abs. 1 Nr. 2 AO rückwirkend zuungunsten geändert. Im Rechtsbehelfsverfahren gegen einen derartig geänderten Bescheid kann dann streitig gestellt werden, ob die Nachversteuerung zu Recht erfolgt ist.

H. Anlage „Steuerbefreiung für zu Wohnzwecken vermietete Grundstücke (§ 13d ErbStG) zur Erbschaftsteuererklärung“

Hinweis 213

§ 13d war bis 2016 § 13c **ErbStG** (geändert durch Gesetz v. 4.11.2016, BGBl 2016 I, 2464). Die Verwaltungsanweisung zu bisherigen § 13c ErbStG sowie das frühere Schrifttum sind entsprechend weiter aktuell.

318 BFH v. 28.9.1962 – III 242/60 U, BStBl 1962 III, 535.

I. 10 % Befreiung für zu Wohnzwecken vermietete Grundstücke

1. Begünstigte Objekte

214 Grundstücke oder Grundstücksteile, die
- im Zeitpunkt der Steuerentstehung
- im Inland, in einem Mitgliedstaat der Europäischen Union oder in einem Staat des Europäischen Wirtschaftsraums (Island, Norwegen, Liechtenstein) belegen, und
- vom Schenker zu Wohnzwecken vermietet sind,

werden nur mit **90 %** ihres Wertes angesetzt.[319]

Es muss sich um ein **bebautes Grundstück** oder Grundstücksteil handeln.[320] Eine Steuerbegünstigung nach § 13c ErbStG scheidet von vorneherein aus, wenn von Todes wegen ein Grundstück mit einem nicht bezugsfertigen Gebäude erworben wird.[321] Es kommt nur auf die Verhältnisse am Besteuerungsstichtag (§ 9 ErbStG) an, eine Behaltensverpflichtung oder eine Verpflichtung zur weiteren Vermietung zu Wohnzwecken besteht nicht.[322] Zu **Wohnzwecken** vermietet sind jedenfalls Grundstücke, die an fremde Dritte vermietet sind, m.E. auch solche, die ertragsteuerlich anerkannt an Angehörige vermietet sind. Liegt eine unentgeltliche Überlassung vor, scheidet die Befreiung aus. Die Einräumung eines unentgeltlichen Nutzungsrechts des Schenkers durch den Beschenkten ist nicht der Vermietung zu Wohnzwecken gleichzustellen. Erfolgt im Besteuerungszeitpunkt

---

319 § 13c ist jetzt § 13d ErbStG (geändert durch Gesetz v. 4.11.2016, BGBl 2016 I, 2464). Näheres siehe noch R E 13c ErbStR mit Berechnungsbeispiel in H E 13c ErbStH; *Halaczinsky*, in: Daragan/Halaczinsky/Riedel, Praxiskommentar ErbStG und BewG, § 13d ErbStG Rn 2 m.w.N. *Halaczinsky*, Steuerbegünstigung für vermietete Immobilien gem. § 13c ErbStG, ErbStB 2015, 365; *Wachter*, Steuerliche Verschonung des Erwerbs von vermieteten Wohnimmobilien, ZEV 2015, 266; *Regierer/Vosseler*, Steuerbefreiung für Wohnimmobilien gemäß § 13c ErbStG, DStR 2015, 1351.

320 Ein erbbaurechtsbelastetes Grundstück ist trotz tatsächlich vorhandener Bebauung kein bebautes Grundstück i.S. des § 13c Abs. 3 a.F. ErbStG (jetzt § 13d Abs. 3 ErbStG), so BFH v. 11.12.2014 – II R 25/14, BStBl 2015 II, 343.

321 BFH v. 11.12.2014 – II R 30/14, BStBl 2015 II, 344. Bei der Beurteilung als bebautes Grundstück ist das Finanzamt nicht an die Artfeststellung nach § 151 Abs. 2 Nr. 1 BewG im Bescheid zur gesonderten Feststellung der Grundbesitzwerte gebunden. Gebäude im Rohbau sind nicht bezugsfertig und nicht begünstigt (vgl. BFH v. 11.12.2014 – II R 30/14, BStBl 2015 II, 344).

322 Eine Steuerbegünstigung nach § 13c a.F. ErbStG (jetzt § 13d ErbStG) scheidet aus, wenn das von Todes wegen erworbene Grundstück zum Zeitpunkt der Entstehung der Erbschaftsteuer weder zu Wohnzwecken vermietet noch zu einer solchen Vermietung bestimmt ist, so BFH v. 11.12.2014 – II R 24/14, BStBl 2015 II, 340. Es genügt z.B. nicht, dass das nach dem Auszug des Erblassers in ein Pflegeheim im Todeszeitpunkt nicht geräumte und nach der Räumung leerstehende Objekt erst ca. zwei Jahre nach dem Erwerb vermietet wird.

z.B. wegen Leerstands bei Mieterwechsel oder wegen Modernisierung keine Vermietung, kann die Steuerbefreiung in Anspruch genommen werden, wenn das Grundstück bzw. der Grundstücksteil zur Vermietung zu Wohnzwecken bestimmt ist. **Gemischt vermietete** Objekte, z.B. Wohn- und Geschäftshäuser, fallen nur teilweise unter die Begünstigung. Der Befreiungsabschlag ist nach den tatsächlichen Nutzungsverhältnissen zum Besteuerungszeitpunkt nur auf den Teil des Grundbesitzwerts zu gewähren, der auf den zu Wohnzwecken vermieteten Teil des Gebäudes entfällt. Die Aufteilung erfolgt nach der zu Wohnzwecken vermieteten Wohnfläche des Gebäudes zur gesamten Wohn-/Nutzfläche.[323]

Hinweis

Erfolgt im Besteuerungszeitpunkt z.B. wegen Leerstands bei Mieterwechsel oder wegen Modernisierung keine Vermietung, kann die Steuerbefreiung in Anspruch genommen werden, wenn das Grundstück bzw. der Grundstücksteil **zur Vermietung zu Wohnzwecken bestimmt** ist.

Ein bebautes Grundstück ist im Steuerentstehungszeitpunkt zur Vermietung zu Wohnzwecken bestimmt, wenn eine konkrete Vermietungsabsicht des Erblassers bestanden hat und mit deren Umsetzung begonnen worden ist. Erforderlich ist, dass die Vermietungsabsicht des Erblassers und der Beginn deren Umsetzung anhand objektiv nachprüfbarer Tatsachen erkennbar geworden sind.

2. Nicht begünstigte Objekte

Die Steuerentlastung **kann nicht gewährt** werden, soweit das Grundstück zu 215
einem begünstigten Betriebsvermögen oder einem begünstigten Vermögen eines Betriebs der Land- und Forstwirtschaft im Sinne der §§ 13a–13c ErbStG gehört. Der Wert solchen Vermögens darf deshalb hier nicht angegeben werden. Die Entscheidung über die Zugehörigkeit eines Grundstücks(teils) zum Betriebs- oder LuF-Vermögen wird im Rahmen der gesonderten Wertfeststellung (§ 151 BewG) vom jeweiligen Betriebstättenfinanzamt nach ertragsteuerlichen Grundsätzen getroffen. Betriebswohnungen des LuF-Vermögens sowie andere vermietete Grundstücke, die nach § 158 Abs. 4 Nr. 1 BewG nicht zum land- und forstwirtschaftlichen Vermögen, sondern zum Grundvermögen gehören, können nach § 13d ErbStG begünstigt sein. Gehören vermietete Wohngrundstücke zwar zum Betriebsvermögen, aber nicht zum begünstigten Vermögen, etwa weil sie zum sog. jungen Verwaltungsvermögen gehören, kann für sie der Wertabschlag von 10 % verlangt werden. Wird gegen die Erfüllungspflichten für die Verschonung nach §§ 13a–13c, 19a oder 28a ErbStG verstoßen, und die Verschonung ganz

323 Beispiel in H E 13c ErbStH. Die Befreiungen nach § 13 Abs. 1 Nr. 4a–4c ErbStG und nach § 13d ErbStG können nebeneinander gewährt werden (vgl. BFH v. 23.6.2015 – II R 39/13, BFH/NV 2015, 1511 mit Komm. *Halaczinsky*, ErbStB 2015, 287).

oder teilweise zurückgenommen, kann nachträglich insoweit auch für zu Wohnzwecken vermietete Betriebsgrundstücke der 10 % Abschlag in Anspruch genommen werden.

Gestaltungshinweise

Strukturierung/Umschichtung des zu verschenkenden/zu vererbenden Vermögens vor Übertragung durch Aufnahme begünstigter Mietwohnobjekte. Eine Gestaltungsüberlegung wäre, schon vorhandenes umfangreicheres Immobilienvermögen (Mietwohngrundstücke) zur **Ausnutzung der Verschonungen für Betriebsvermögen** in eine GmbH & CO KG zu geben. Unter den Voraussetzungen des § 13b Abs. 2 Nr. 1 Buchst. d ErbStG würde es hier nicht unter das schädliche Verwaltungsvermögen fallen, d.h. es könnte wie anderes Betriebsvermögen zu 85 % oder sogar zu 100 % verschont werden. Hierzu ist die Hilfe etwa eines Steuerberaters/Steuerfachanwalts erforderlich.

II. Spareffekt

216 Der Steuerspareffekt ist umso größer, je höher die Steuerbelastung und der Wert der vermieteten Grundstücke sind. Soll z.B. einem ehelichen Lebenspartner ein Immobilienvermögen in Form von zu Wohnzwecken vermieteten Grundstücken im Wert von 10.000.000 EUR geschenkt/vererbt werden, wären nach Abzug des 10 % Abschlags i.H.v. 1.000.000 EUR und nach Abzug des persönlichen Freibetrags von 500.000 EUR eine Bereicherung von 8.500.000 EUR nach Steuerklasse I zu versteuern; es gilt ein Steuersatz von 23 %, so dass die Ersparnis durch den Abschlag selbst 230.000 EUR wäre. Beim Erwerb durch einen nicht oder sehr entfernten Verwandten käme nach Ansatz des persönlichen Freibetrags von 20.000 EUR eine Bereicherung von 8.980.000 EUR, die nach StKl III mit 50 % zu versteuern ist; der Abschlag von 10 % selbst führt demnach zu einer Steuerersparnis von 500.000 EUR. Zusätzlich zur Begünstigung nach § 13d ErbStG kann unter engen Voraussetzungen noch eine Stundung der Erbschaft-/Schenkungsteuer beantragt und gewährt werden (§ 28 Abs. 3 ErbStG, dazu R E 28 ErbStR; siehe § 3 Rdn 66).[324]

Im Einzelfall könnte demnach geprüft werden, ob eine Umschichtung von Kapitalvermögen in den Mietimmobilienbestand (Modernisierung, Sanierung, Renovierung, Aus- und Umbau etc.) ein Instrument zur Erbschaft-/Schenkungsteuerminderung in Betracht kommen könnte. Ein Vorteil im Verhältnis zu (nicht begünstigten) Kapitalanlagen vermittelt § 13d ErbStG allemal.

---

324 Das FG Köln hat eine Stundung für den Erwerb eines stark renovierungsbedürftigen Hauses abgelehnt, bei dem die Erben weiteres geerbtes Kapital für Renovierung ausgegeben haben und damit kein Geld mehr für die Bezahlung der ErbSt vorhanden war; FG Köln v. 10.8.2012 – 9 V 1481/12, UVR 2013, 8.

III. Angaben in der Anlage „Steuerbefreiung für zu Wohnzwecken vermietete Grundstücke (§ 13d ErbStG) zur Erbschaftsteuererklärung"

Im Inland, in einem Mitgliedstaat der Europäischen Union oder in einem Staat 217
des Europäischen Wirtschaftsraums belegene[325] und im Besteuerungszeitpunkt vom Erblasser zu Wohnzwecken vermietete bebaute Grundstücke oder Grundstücksteile werden nur mit 90 % ihres Wertes angesetzt.

Grundsätzlich ist die Begünstigung von Amts wegen zu gewähren. Dafür sind aber entsprechende Angaben erforderlich. Jeder Erwerber füllt für jede wirtschaftliche Einheit des begünstigten Vermögens jeweils eine **Anlage „Steuerbefreiung für zu Wohnzwecken vermietete Grundstücke"** aus, wenn zu seinem Erwerb begünstigtes Vermögen im Inland oder in EU/EWR-Staaten im Sinne von § 13d ErbStG gehört.[326] Dabei sind alle Werte bezogen auf den Anteil des jeweiligen Erwerbers anzugeben.

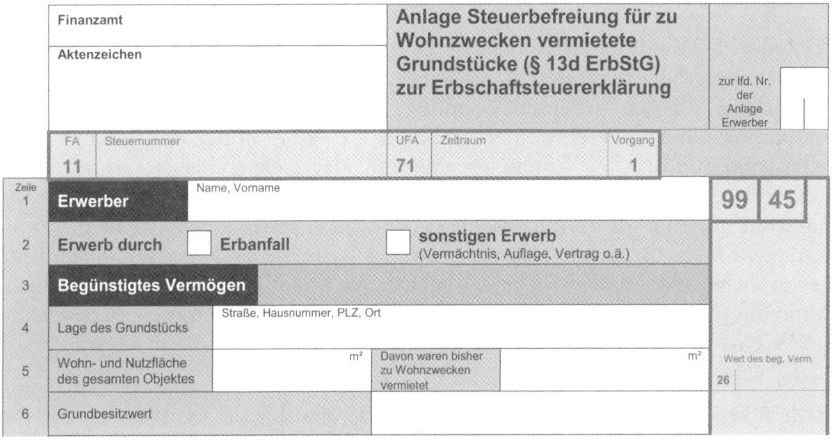

Finanzamt

Aktenzeichen

Anlage Steuerbefreiung für zu Wohnzwecken vermietete Grundstücke (§ 13d ErbStG) zur Erbschaftsteuererklärung

zur lfd. Nr. der Anlage Erwerber

FA	Steuernummer	UFA	Zeitraum	Vorgang
11		71		1

Zeile					
1	**Erwerber**	Name, Vorname			99 45
2	**Erwerb durch** ☐ **Erbanfall**	☐ **sonstigen Erwerb** (Vermächtnis, Auflage, Vertrag o.ä.)			
3	**Begünstigtes Vermögen**				
4	Lage des Grundstücks	Straße, Hausnummer, PLZ, Ort			
5	Wohn- und Nutzfläche des gesamten Objektes	m²	Davon waren bisher zu Wohnzwecken vermietet	m²	Wert des beg. Verm. 26
6	Grundbesitzwert				

325 Das FG Köln hat mit Vorlagebeschluss v. 2.9.2021 – 7 K 1333/19, EFG 2022, 51 dem EuGH die Frage zur Vorabentscheidung vorgelegt, ob § 13c ErbStG 2009 (wortgleiche Vorgängerregelung zu § 13d Abs. 1 ErbStG) gegen die Kapitalverkehrsfreiheit verstoße. Durch die Regelung werden in Drittstaaten belegene Grundstücke (im Streitfall in Kanada) von der Gewährung eines Verschonungsabschlags ausgenommen. Az.: des EuGH: C-670/21GH.

326 § 13d ErbStG war bis zum 30.6.2016 wortgleich § 13c ErbStG. Die frühere Rechtsprechung, Kommentierungen und Verwaltungsanweisungen gelten entsprechend fort. *Hutmacher*, Die Erbschaftsteuerbefreiung vermieteter Wohnimmobilien, ZNotP 2015, 131; *Wachter*, Steuerliche Verschonung des Erwerbs von vermieteten Wohnimmobilien, ZEV 2015, 266; *Halaczinsky*, Erweiterte Familienheim-Steuerbefreiung durch Hingabe nicht begünstigten ererbten Vermögens, ErbStB 2016, 276.

1. Besteuerungszeitpunkt

218 Maßgebend sind die Verhältnisse zum Besteuerungszeitpunkt. Im Erbfall ist dieser Zeitpunkt i.d.R. der Tag des Todes des Erblassers. An diesem Tag müssen die Grundstücke/Grundstücksteile zu Wohnzwecken vermietet gewesen sein. Da der Besteuerungszeitpunkt insbesondere im Erbfall auch nach dem Todeszeitpunkt liegen kann, können ggf. die Voraussetzungen auch noch nach dem Erbfall geschaffen werden, z.B. bei späterer Vollziehung einer Auflage des Erblassers oder bei Ausschlagung einer Erbschaft, eines Vermächtnisses gegen Abfindung. In derartigen Fällen kommt es auf den Zeitpunkt der Erfüllung der Auflage oder der Vereinbarung der Abfindung an. Erfolgt im Besteuerungszeitpunkt z.B. wegen Leerstands bei Mieterwechsel oder wegen Modernisierung keine Vermietung, kann die Steuerbefreiung in Anspruch genommen werden, wenn das Grundstück bzw. der Grundstücksteil zur Vermietung zu Wohnzwecken bestimmt ist.

2. Allgemeine Angaben zum Grundstück

219 In **Zeilen 1–4** sind der Erwerber, die Lage des Grundstücks und die vermietete Fläche anzugeben. Letzteres ist vor allem bei gemischt genutzten Objekten von Bedeutung. Zu den bebauten Grundstücken oder Grundstücksteilen, die zu Wohnzwecken vermietet werden, gehören z.B. Ein- und Zweifamilienhäuser, Mietwohngrundstücke, Wohnungseigentum oder entsprechende Grundstücksteile anderer Grundstücksarten (vgl. § 181 BewG).[327] Wird eine vermietete Wohnung zu anderen als Wohnzwecken genutzt, ist unschädlich, wenn dies von untergeordneter Bedeutung ist, z.B. durch Nutzung eines Arbeitszimmers. Eine gewerbliche oder freiberufliche Mitbenutzung einer Wohnung ist unschädlich, wenn die Wohnnutzung überwiegt, z.B. in einer Wohnung nutzt ein Fachschriftsteller einen Arbeitsraum. Die unentgeltliche Überlassung z.B. an Verwandte ist keine Vermietung.

Zeile 5 verlangt die Angabe des Grundbesitzwerts. Dieser wird für inländische Grundstücke gesondert festgestellt, und wird danach ggf. von Amts wegen übernommen. Eine Angabe des Steuerpflichtigen ist mehr oder weniger eine unverbindliche Schätzung. Für Grundstücke, die in einem Mitgliedstaat der EU oder im EWR (Norwegen, Liechtenstein, Island) belegen sind, hat der Steuerpflichtige – ggf. mit fachkundiger Hilfe – den Grundbesitzwert (Verkehrswert im Belegenheitsland) selbst zu errechnen und zu belegen. Ist das betreffende Grundstück nur anteilig erworben worden, z.B. zur Hälfte, sind die entsprechenden Angaben ebenfalls nur zu 50 % anzugeben, z.B. 50 % der Wohnfläche usw.

327 Es muss sich um ein bebautes Grundstück handeln, BFH v. 11.12.2014 – II R 30/14, BStBl 2015 II, 344; v. 11.12.2014 – II R 25/14, BStBl 2015 II, 343.

3. Behaltenspflicht

7 8	**Nur bei Erwerb durch Erbanfall zu beantworten:** Haben Sie im Rahmen der Nachlassteilung einen über Ihren Erbanteil hinausgehenden Anteil am begünstigten Vermögen erhalten und hierfür an andere Miterben einen Anteil an anderen in den Nachlass fallenden Vermögensgegenständen hingegeben?	☐ nein	220
9	☐ ja	Wert des erhaltenen Anteils	
10	Welche Vermögensgegenstände aus dem Nachlass wurden hingegeben? Bitte ggf. auf gesondertem Blatt erläutern.		
11	Art		
12	Wert		

Grundsätzlich ist die Steuerbefreiung von keiner Behaltenspflicht oder sonstigen Weitervermietungspflicht abhängig. Es genügt, dass die objektiven Befreiungsvoraussetzungen am Besteuerungsstichtag vorgelegen haben.

Die Befreiung kann nicht gewährt werden, soweit der Erwerber das begünstigte 221
Vermögen aufgrund einer letztwilligen Verfügung des Erblassers auf einen Dritten übertragen muss (§ 13d Abs. 2 ErbStG); z.B. Testament, Erbvertrag, Sach-, Vorausvermächtnisse oder Auflagen, die auf begünstigtes Vermögen gerichtet sind, Schenkungsversprechen auf den Todesfall, Teilungsanordnung des Erblassers. Die Verschonung erhält dann der Dritte. Bei betreffend Verpflichteten kann die Weitergabeverpflichtung als Verbindlichkeit abgezogen werden.

Beispiel

Der mit einem wertvollen KG-Anteil und dem gesamten Grundbesitz des Erblassers Bedachte muss an einen anderen (etwa an einen Geschwisterteil) aufgrund einer Auflage des Erblassers ein vermietetes Grundstück weiter übertragen. In dem Fall kann ggf. der betreffende Geschwisterteil die Steuerbefreiung nach § 13d ErbStG in Anspruch nehmen. Entsprechendes gilt, wenn sich die Miterben darauf verständigen, im Rahmen der Nachlassteilung begünstigtes Vermögen auf einen Miterben zu übertragen und dies auch tatsächlich vollziehen.

Vereinbaren Miterben zur freiwilligen Nachlassteilung, dass ein Miterbe das 222
Mietobjekt erhalten soll, und vollziehen sie dies auch tatsächlich, kann nur dieser die Begünstigung nach § 13d ErbStG erlangen. Entsprechendes gilt, wenn die Übertragung aufgrund einer Teilungsanordnung des Erblassers vorgenommen wird. Der oder die belastete(n) Erwerber kann/können die aus der Weitergabeverpflichtung resultierende Last bereicherungsmindernd absetzen, so dass ihm/ihnen im Ergebnis durch die Versagung des Wertabschlags kein Nachteil entsteht. Bei einer freien Erbauseinandersetzung greifen die Wirkungen des § 13d Abs. 2 ErbStG (Begünstigungstransfer auf den Dritten) auch dann, wenn die Auseinandersetzungsvereinbarung nicht innerhalb von sechs Monaten nach dem Erbfall

geschlossen wird.[328] Allerdings muss der Erwerber in diesem Fall darlegen und glaubhaft machen, aus welchen Gründen eine frühere Auseinandersetzung nicht möglich war.

223 Gibt der übernehmende Miterbe für den Erwerb des über seinen Erbanteil hinausgehenden Teils des begünstigten Vermögens nicht begünstigtes Vermögen hin, das er vom Erblasser erworben hat, wird er so gestellt, als habe er von Anfang an insoweit das begünstigte Vermögen erworben (§ 13d Abs. 2 Satz 3 ErbStG; sog. Begünstigungstransfer). Der gemeine Wert des begünstigten Vermögens darf jedoch nicht überschritten werden. Als hingegebenes Vermögen gilt nicht die Übernahme von Nachlassverbindlichkeiten, die mit dem begünstigten Vermögen in wirtschaftlichem Zusammenhang stehen. Berechnungsbeispiel zur Weitergabeverpflichtung in H E 13d ErbStH. Die entsprechenden Angaben, d.h. der Wert des aus dem Nachlass erhaltenen Anteils und die Art und der Wert der dafür aus dem Nachlass hingegebenen Vermögensgegenstände, müssen in **Zeilen 6–11** gemacht und durch Vorlage einer Kopie der Vereinbarung über die Nachlassteilung nachgewiesen werden.

Hinweis

Beim ursprünglich Bedachten wird das Grundstück zwar mit 100 % seines Werts erfasst; die Weitergabeverpflichtung kann aber als Nachlassverbindlichkeit abgezogen werden, so dass sich die Bereicherung insoweit neutralisiert.

4. Begrenzter Abzug von Kosten und Lasten

224

13	Mit dem Grundstück zusammenhängende Schulden und Lasten (Bitte ggf. auf gesondertem Blatt erläutern.)		
14	Bezeichnung		Schulden/Lasten 46
15	Wert		Sch/Last s. Erw 48

Wenn auf einen Erwerb Steuerbefreiungen gewährt werden, sind diejenigen Schulden und Lasten nicht abzugsfähig, die mit den steuerbefreiten Vermögensgegenständen in wirtschaftlichem Zusammenhang stehen. Grds. können also im Fall des § 13d ErbStG Kosten und Lasten nur mit 90 % abgezogen werden. Zu den abzugsfähigen Lasten gehören auch Nutzungs- oder Duldungsauflagen (z.B. Nießbrauch, Wohnrecht). Haben sich Nutzungsrechte als Grundstücksbelastungen bei der Ermittlung des gemeinen Wertes einer wirtschaftlichen Einheit des Grundbesitzes ausgewirkt (§ 198 BewG, dazu § 8 Rdn 120 ff.), ist deren Abzug bei der Erbschaftsteuer ausgeschlossen (§ 10 Abs. 6 Satz 6 ErbStG).

Der verminderte Wertansatz eines Grundstücks nach § 13d Abs. 1 ErbStG schließt eine Steuerbefreiung nach § 13 Abs. 1 Nr. 9 ErbStG (Pflegepauschbetrag)

328 BFH v. 23.6.2015 – II R 39/13, BFH/NV 2015, 1511.

nicht aus. § 13d Abs. 1 ErbStG führt deshalb nicht dazu, dass z.B. der Wert einer Pflegeleistungen entsprechend dem Verhältnis zwischen dem verminderten Wertansatz des Grundstücks und dem festgestellten Grundbesitzwert zu mindern ist.[329]

Hinweis

Durch das Jahressteuergesetz 2020[330] wurde in § 10 Abs. 6 Satz 5 bis 10 ErbStG mit **Wirkung ab 29.12.2020** eine Kürzung des Abzugs auch für solche **Schulden und Lasten eingeführt, die nicht in wirtschaftlichem Zusammenhang** mit erworbenen steuerbefreiten Vermögensgegenständen stehen (z.B. Pflichtteilsverbindlichkeiten, Konsumentendarlehen, Steuerschulden oder die Pflicht des Erben zur Zahlung des Zugewinnausgleichs). Diese Schulden sind in **Zeile 114a** anzugeben, siehe dazu Rdn 122. Bei der Steuerberechnung gelten die Ausführungen zu den Schulden und Lasten, die in wirtschaftlichem Zusammenhang mit Vermögensgegenständen stehen, auch für die anteilig zuzurechnenden Schulden und Lasten, die nicht in wirtschaftlichem Zusammenhang mit Vermögensgegenständen stehen. **Berechnungsbeispiel** (Beispiel 2) siehe Gleich lautende Ländererlasse v. 13.9.2021 (BStBl I 2021, 1837). Grds. hat das Finanzamt die Berechnung zu übernehmen.

5. Stundung, begrenzter Abzug von Kosten und Lasten

Gehört zum Erwerb begünstigtes Vermögen im Sinne des § 13d Abs. 3, ist dem Erwerber die darauf entfallende Erbschaftsteuer auf **Antrag bis zu zehn Jahren zu stunden**, soweit er die Steuer nur durch Veräußerung dieses Vermögens aufbringen kann. Die Stundung nach § 28 Abs. 3 Satz 1 ErbStG ist in den Fällen ausgeschlossen, in denen der Erwerber die Schenkungsteuer aus weiterem erworbenen Vermögen oder aus vorhandenem eigenem Vermögen aufbringen kann. Der Erwerber ist nicht gehalten, sich jenseits des üblichen Kapitalmarkts zu refinanzieren.[331] Näheres siehe Rdn 153 und § 3 Rdn 66. 225

329 BFH v. 11.9.2013 – II R 37/12, BStBl 2014 II, 114.
330 JStG 2020 v. 21.12.2020, BGBl 2020 I, 3096.
331 Dazu FG Münster v. 11.3.2021 – 3 K 3054/19 AO, EFG 2021, 869.

I. Anlage „Steuerentlastung für Unternehmensvermögen (§§ 13a, 13b, 13c ErbStG) zur Erbschaftsteuererklärung"

Olivia Trentmann/Raymond Halaczinsky

I. Vorbemerkung

226 Das Kernstück der Erbschaftsteuerreform 2008/2009 waren umfangreiche Steuerentlastungen für Unternehmenserwerber bzw. Verschonungen für Unternehmensvermögen mit Wirkung ab dem Jahr 2009. Zur verfassungsmäßigen und zielgerichteten Steuerentlastung sind die Verschonungen auf sog. Produktivvermögen und zweckgerichtet auf Unternehmensvermögen sachlich begrenzt, das für die Existenz der Unternehmen für eine gewisse Dauer zur Verfügung steht und die Arbeitsplätze weitgehend sicherstellt.

Die Verschonung des „Unternehmensvermögens" (Steuerbefreiung für Betriebsvermögen, Betriebe der Land- und Forstwirtschaft und Anteile an Kapitalgesellschaften) wurde mit Wirkung für Erwerbe, für die die Steuer **ab dem 1.7.2016** entsteht, umfassend **neu geregelt.**[332] Die Verschonungsmöglichkeit wurde eingeschränkt und zielgenauer ausgestaltet.[333] Verbunden damit ist eine deutliche Komplizierung des Erbschaft-/Schenkungsteuerrechts.[334] Trotz aller (möglichen) Kritik daran sollte gesehen werden, dass der politische Wille, Unternehmensvermögen weitgehend zu verschonen, nach wie vor umgesetzt worden ist. Für die teilweise ganz erhebliche Verschonung können m.E. die Komplizierungen und auch die damit verbundenen Rechts- und Steuerberatungskosten letztendlich in Kauf genommen werden.

227 Das Ausfüllen der Anlage **„Steuerentlastung für Unternehmensvermögen (§§ 13a, 13b und 13c ErbStG) zur Erbschaftsteuererklärung"** setzt erhebliche Vorarbeiten insb. buchungstechnischer Art voraus.[335] Die notwendigen Angaben

---

332 Gesetz zur Anpassung des Erbschaft- und Schenkungsteuergesetzes an die Rechtsprechung des Bundesverfassungsgerichts v. 4.11.2016, BGBl 2016 I, 2464. Dazu siehe noch § 3 Rdn 5. *Riedel*, Verschonungskonzepte für Unternehmensvermögen nach dem ErbStG 2016, ZErb 2016, 371.

333 Näheres siehe die amtliche Begründung des Gesetzes zur Anpassung des Erbschaft- und Schenkungsteuergesetzes an die Rechtsprechung des BVerfG v. 4.11.2016 in BGBl 2016 I, 2464 in BT-Drucks 18/5923 = BR-Drucks 352/15; BT-Drucks 18/8911und BT-Drucks 18/9690.

334 Übersichtsschemata zum Verschonungskonzept und zu der Bewertungsebene finden Sie z.B. bei *Landsittel*, Die Erbschaftsteuerreform 2016 im praxisorientierten Überblick, ZErb 2016, 383, 394 f.

335 Hierzu sind auf Dauer vom begünstigten Erwerber Kontrollen erforderlich, siehe z.B. *Seifried*, Bindungsfristen nach dem neuen Erbschaftsteuerrecht: Herausforderung für Rechnungswesen und Controlling in Familienunternehmen, ZEV 2009, 614.

in der Erbschaftsteuererklärung und in den entsprechenden Anlagen sind durchgängig ein **spezielles Konzentrat von Betriebsdaten für Erbschaft-/Schenkungsteuerzwecke.** Zur Beurteilung der betrieblichen Daten für Erbschaft-/ Schenkungsteuerzwecke ist in den allermeisten Fällen eine qualifizierte Rechts-/ Steuerberatung unerlässlich.M.E. kann nur ein Steuerpflichtiger mit gewisser steuerlicher Erfahrung dieses in relativ einfach gelagerten Fällen (z.B. Erwerb eines kleineren Einzelunternehmens, Erwerb einer GmbH-Beteiligung) selbst bewältigen. In komplexeren Fällen sollte unbedingt ein erfahrener Berater aus dem Bereich der rechts- und/oder steuerberatenden Berufe (einschl. Wirtschaftsprüfer) hinzugezogen werden. Die ggf. hohen **Beratungskosten muss der Steuerpflichtige/Erbe grds. selbst tragen.**[336]

Die Anlage „Steuerentlastung für Unternehmensvermögen (§§ 13a, 13b und 13c ErbStG) zur Erbschaftsteuererklärung" ist weitgehend mit derjenigen, die für die Schenkungsteuererklärung abzugeben ist, identisch. Zur Gewährung der Entlastungen benötigt das Erbschaft-/ Schenkungsteuer-Finanzamt einige Angaben, die inhaltlich auf den Angaben in der Anlage „Betriebsvermögen" aufbauen (vgl. daher auch Erläuterungen in § 9 Rdn 13 ff., §§ 10, 11). 228

Hinweis

Insgesamt handelt es sich hier um eine höchst komplizierte Rechtsmaterie.[337]

Grundregeln sind:
a) vor dem Erwerb: Schaffung der (optimalen) Voraussetzungen für die Verschonung
b) nach dem Erwerb: Einhaltung der Verschonungsbedingungen
c) flankierende Absicherung durch Widerrufs- oder Rückforderungsrechte.

Eine allgemeine **komprimierte Darstellung der Verschonung des Unternehmensvermögens** siehe § 3 Rdn 25 ff. Weitere Informationen zu den Erklärungen zur Feststellung des Betriebsvermögens und den gesonderten Feststellungen für die Verschonungsvoraussetzungen siehe §§ 11–13. Zudem gibt es leicht verständliche Darstellungen in den **amtlichen Anleitungen** zu den Erklärungsformularen.

336 In bestimmten Fällen können die Kosten als Nachlassverbindlichkeit abgezogen werden, z.B. wenn der Erblasser entsprechende Beratung/Prüfung in Auftrag gegeben und noch nicht bezahlt hat.

337 Ausführliche Erläuterungen siehe z.B. *Daragan/Halaczinsky/Riedel*, Praxiskommentar ErbStG und BewG, sowie andere ErbStG Kommentare, Fachbücher, Fachveröffentlichungen, amtliche Anleitung zur Anlage Steuerentlastung. Es bleiben nach wie vor interessante Gestaltungsmöglichkeiten, z.B. *Neufang/Bohnenberger*, Erbschaftsteuer-Anpassungsgesetz – Erste Hinweise zur Gestaltungsberatung, StB 2017, 48.

II. Angaben in der Anlage „Steuerentlastung für Unternehmensvermögen (§§ 13a, 13b und 13c ErbStG) zur Erbschaftsteuererklärung"

229 Zur Gewährung der Steuerentlastungen benötigt das Erbschaft-/Schenkungsteuer-Finanzamt verschiedene Angaben. Daher ist für die Geltendmachung und zur Errechnung der Verschonung sowohl der Erbschaftsteuererklärung wie auch der Schenkungsteuererklärung eine **Anlage Steuerentlastung für Unternehmensvermögen gem. §§ 13a, 13b, 13c ErbStG** beizufügen.

Hinweis

Die Anlage geht an die Erbschaft-/Schenkungsteuerstelle. Die darin gemachten Angaben sind für die weiteren Schritte der Erbschaft-/Schenkungsteuerstelle wichtig, insb. ob sie gesonderte Feststellung der Bedarfswerte und der für die Verschonung benötigten Werte von dem Betriebsfinanzamt anfordert. Die Angaben können ggf. auch für erste Schätzungen genutzt werden. Ergehen später abweichende Feststellungsbescheide, sind diese sowohl für die Erbschaft-/Schenkungsteuerstelle wie auch für die Steuerpflichtigen verbindlich.

Davon zu unterscheiden sind die Angaben zum Unternehmensvermögen betr. die Verschonung nach §§ 13, 13b und 13c ErbStG, die in der Anlage Betriebsvermögen für Einzelunternehmen, Personen- oder Kapitalgesellschaften im Rahmen der Feststellungserklärung der Bedarfswerte zu machen sind (s. dazu §§ 8–13). **Diese Angaben richten sich an das die Bedarfswerte feststellende Betriebsfinanzamt.** Das Betriebsfinanzamt stellt die für die Verschonung benötigten Werte in der Regel gesondert und verbindlich für die Erbschaft-/Schenkungsteuerstelle fest.

230 Die Anlage ist auf einzelne wirtschaftliche Einheiten abgestellt. Umfasst das auf einen Erwerber übertragene begünstigungsfähige Vermögen mehrere selbstständig zu bewertende wirtschaftliche Einheiten einer Vermögensart (z.B. mehrere Gewerbebetriebe) oder mehrere Arten begünstigten Vermögens (land- und forstwirtschaftliches Vermögen, Betriebsvermögen, Anteile an Kapitalgesellschaften), sind deren Werte vor der Anwendung der §§ 13a–13c ErbStG zusammenzurechnen. Bei mehreren Unternehmen bzw. Anteilen ist ein Gesamtwert zu bilden. Der Verschonungsabschlag nach § 13a Abs. 1 ErbStG und der Abzugsbetrag nach § 13a Abs. 2 ErbStG können nur von einem insgesamt positiven Steuerwert des gesamten begünstigten Vermögens abgezogen werden. Dies macht das Erbschaft-/Schenkungsteuer-Finanzamt.

Der **Steuerpflichtige muss** für **jeden Erwerber und jede wirtschaftliche Einheit**, zu der begünstigungsfähiges Vermögen gehört, eine **eigene Anlage** „Steuerentlastung für Unternehmensvermögen" einreichen. Alle Werte sind bezogen auf den Anteil des jeweiligen Erwerbers anzugeben. Das Erbschaft-/Schenkungsteuer-

Finanzamt muss dann vor Anwendung der Verschonungen nach §§ 13a–13c ErbStG die Zusammenrechnung vornehmen.[338]

1. Allgemeine Angaben

In der **Zeile 1** ist der Erwerber namentlich zu benennen. In **Zeile 2** ist der Erwerbsgrund durch Erbanfall (gesetzliche oder gewillkürte Erbfolge) oder durch einen sonstigen Erwerb von Todes wegen (Vermächtnis, Auflage, Vertrag o.ä.) anzugeben, dazu R E 13b.1 Abs. 1 ErbStR. 231

2. Begünstigungsfähiges Vermögen

Unternehmensvermögen ist ein nicht im Gesetz verwendeter Sammelbegriff. Konkret geht es um die (anteilige) **Steuerbefreiung für Betriebsvermögen**, d.h. Einzelunternehmen, Teilbetrieben, mitunternehmerische Beteiligungen an Personengesellschaften[339], Beteiligung an gewerblich geprägten Personengesellschaften (**Zeilen 7–10**), **für Betriebe der Land- und Forstwirtschaft** (**Zeilen 4–6**) und **für bestimmte Anteile an Kapitalgesellschaften** (**Zeilen 11–14**). Dazu ist jeweils das Finanzamt zu benennen, bei dem das jeweilige Unternehmen/Vermögen veranlagt wird. Die Werte sind aus den entsprechenden Feststellungserklärungen zu entnehmen (Erläuterungen dazu §§ 9, 10, 13). Die Vermögensart und der festgestellte Wert sind Gegenstand des Feststellungsbescheids (§ 182 Abs. 1 Satz 1 AO). Ob begünstigungsfähiges Unternehmensvermögen i.S.v. § 13b Abs. 1 Nr. 2 oder Nr. 3 ErbStG vorliegt, ist grds. nach **ertragsteuerlichen** Grundsätzen zu entscheiden. Demzufolge ist (nun aber auch sämtliches) Vermögen, das ertragsteuerlich Betriebsvermögen und auch Sonderbetriebsvermögen darstellt, in die Prüfung der Begünstigungsfähigkeit nach §§ 13a und 13b ErbStG einzubeziehen. Der Erwerb **einzelner Wirtschaftsgüter** des Betriebsvermögens wie auch des Sonderbetriebsvermögens ist **nicht begünstigt**. 232

Nicht begünstigt sind im **Bereich des land- und forstwirtschaftlichen Vermögens** (§ 13b Abs. 1 Nr. 1 ErbStG) Stückländereien, Betriebswohnungen, der Wohnteil einschließlich der Altenteilerwohnungen sowie Mietwohngrundstücke oder erbbaurechtsbelastete Flächen.[340]

Die geforderten Wertangaben zum **gemeinen Wert** können – wenn der Erbe etc. voraussichtlich eine Feststellungserklärung abzugeben hat – mit Hilfe der Anlage

338 Vgl. R E 13b.8 Abs. 1 ErbStR.

339 Sowohl bei einer atypischen Unterbeteiligung als auch bei einer atypisch stillen Beteiligung handelt es sich um nach § 13a Abs. 4 Nr. 1 ErbStG a.F. bzw. § 13b Abs. 1 Nr. 2 ErbStG dem Grunde nach um begünstigungsfähiges Vermögen, wenn in beiden Fällen ertragsteuerlich eine Mitunternehmerschaft vorliegt; Finanzverwaltung z.B. Bayerisches Landesamt für Steuern v. 7.3.2013 – S 3811.1.1–2/6 St 34, ErbSt-Kartei BY § 12.

340 Vgl. R E 13b.4 Abs. 3 ErbStR.

Betriebsvermögen oder Kapitalgesellschaft bereits errechnet und eingetragen werden. Näheres dazu siehe §§ 8 ff. Ggf. bietet es sich an, den Steuerberater etc., der zur Erstellung der Erbschaftsteuererklärung beauftragt wurde, auch mit der oder den Feststellungserklärung(en) zu beauftragen.

Finanzamt Aktenzeichen	**Anlage Steuerentlastung für Unternehmensvermögen (§§ 13a, 13b, 13c ErbStG) zur Erbschaftsteuererklärung**	zur lfd. Nr. der Anlage Erwerber
FA 11 | Steuernummer	UFA 71 | Zeitraum | Vorgang 1	99 | 21

Zeile				Kennzahlen
1	**Erwerber**	Name, Vorname		Art des begünstigungsfähigen Vermögens 11 = LuF (Erbanfall) 14 = LuF (sonst. Erwerb) 31 = BV (Erbanfall) 34 = BV (sonst. Erwerb) 41 = KapG (Erbanfall) 44 = KapG (sonst. Erwerb)
2	**Erwerb durch** ☐ **Erbanfall**	☐ **sonstigen Erwerb** (Vermächtnis, Auflage, Vertrag o.ä.)		
3	**Begünstigungsfähiges Vermögen**			101
4	**Begünstigungsfähiges land- und forstwirtschaftliches Vermögen**			Betriebsbezeichnung 102
5	Lage, Finanzamt und Steuernummer:		EUR	99 | 25 Wert der wirtschaftlichen Einheit 105
6	Damit zusammenhängende Schulden sowie Lasten (Bitte ggf. auf gesondertem Blatt erläutern.)		EUR	Sch/Lasten in Zsh.mit wirtschaftlicher Einheit 123
7	**Begünstigungsfähiges Betriebsvermögen**			
8	Firma, Finanzamt und Steuernummer:		EUR	
9	Bei einer Personengesellschaft bitte Beteiligung des Erblassers an der Personengesellschaft in Prozent angeben		in %	
10	Damit zusammenhängende Schulden sowie Lasten (Bitte ggf. auf gesondertem Blatt erläutern.)		EUR	
11	**Begünstigungsfähige Anteile an einer Kapitalgesellschaft**			
12	Gesellschaft, Finanzamt und Steuernummer	Beteiligung am Nennkapital in %		
13			EUR	
14	Damit zusammenhängende Schulden sowie Lasten (Bitte ggf. auf gesondertem Blatt erläutern.)		EUR	

233 In den **Zeilen 6, 10 und 14** wird nach den **Schulden und Lasten** gefragt, die mit dem begünstigungsfähigen Vermögen in wirtschaftlichem Zusammenhang stehen und nicht bereits bei dessen Bewertung berücksichtigt wurden (z.B. Schulden zum Erwerb der begünstigungsfähigen Anteile an einer Kapitalgesellschaft). Diese sind mit dem Betrag abzugsfähig, der dem Verhältnis des nach der Anwen-

dung der §§ 13a und 13c ErbStG verbleibenden Wertes des Vermögens zu dem Wert vor Anwendung der §§ 13a und 13c ErbStG entspricht (§ 10 Abs. 6 Satz 4 ErbStG[341]). Hierzu zählen z.B. die Lasten aus Nutzungs- oder Duldungsauflagen (z.B. Nießbrauch, Wohnrecht). Den Steuerwert von Nutzungs- oder Duldungslasten berechnet das Erbschaft-/Schenkungsteuer-Finanzamt. Der Wert der in den Zeilen 6, 10 oder 14 anzugebenden (anteiligen) Schulden und Lasten muss auch in der Erbschaftsteuererklärung (Mantelbogen) in den Nachlassverbindlichkeiten enthalten sein. Ggf. sind entsprechende Unterlagen beizufügen. Insbesondere, wenn es sich um mehrere verschiedene Schulden oder Lasten handelt, sind diese sowie ihre Zusammensetzung und Wertberechnung in einer selbst anzufertigenden Aufstellung zu erläutern. Außerdem sind entsprechende Unterlagen wie z.B. Darlehnsverträge, Übergabeverträge u.Ä. beizufügen.

Beispiel

A hat per Vermächtnis fremdfinanzierte Anteile an einer GmbH unter Übernahme der betreffenden Kreditverbindlichkeit erworben. Diese Schulden sind mit dem Betrag abzugsfähig, der dem Verhältnis des nach der Anwendung der §§ 13a und 13c ErbStG verbleibenden Wertes des Vermögens zu dem Wert vor Anwendung der §§ 13a und 13c ErbStG entspricht (§ 10 Abs. 6 Satz 4 ErbStG). Bei der Regelverschonung können grds. nur 15 % der Verbindlichkeit berücksichtigt werden. Die Berechnung der Quote wird vom Erbschaft-/Schenkungsteuer-Finanzamt vorgenommen.

Eine **Ausnahme** gilt für die Verpflichtungen zur Zahlung des **geltend gemachten Pflichtteils und des Zugewinnausgleichs** an den überlebenden Ehegatten des Erblassers. Diese Verpflichtungen sind für Erwerbe mit einer Steuerentstehung bis zum 28.12.2020 in voller Höhe als Nachlassverbindlichkeiten abziehbar, wenn zum Nachlass ein Anteil an einer Kapitalgesellschaft gehört, dessen Erwerb nach § 13a ErbStG begünstigt ist.[342] Für Erwerbe mit einer Steuerentstehung nach dem 29.12.2020 sind auch für diese Schulden und Lasten eine quotale Berechnung der Abzugsfähigkeit vorzunehmen (§ 10 Abs. 6 S. 5 ErbStG). Näheres siehe noch Rdn 121, 139 zu den Nachlassverbindlichkeiten. 234

Hinweis

Ist das begünstigte Vermögen in vollem Umfang von der Steuer befreit, können keine damit zusammenhängenden Schulden abgezogen werden, die nicht bereits bei dessen Bewertung berücksichtigt wurden.

Soweit die Befreiung nach §§ 13a und 13c ErbStG wegen eines Verstoßes gegen die Behaltensvoraussetzungen oder die Lohnsummenregelung nachträglich teilweise entfällt, sind die bisher nicht abzugsfähigen Schulden und Lasten anteilig zum Abzug zuzulassen.

341 Geändert durch JStG 2020 v. 21.12.2020, BGBl I 2020, 3096.
342 BFH v. 22.7.2015 – II R 12/14, BStBl 2016 II, 230.

Bei land- und forstwirtschaftlichem begünstigten Vermögen sind Schulden und Lasten, die mit gem. § 158 Abs. 5 BewG nicht begünstigten Wirtschaftsgütern i.S.d. § 158 Abs. 4 BewG in Zusammenhang stehen, zu berücksichtigen.

3. Weitergabe von zu begünstigendem Betriebsvermögen

235 Soweit der Erwerber das begünstigte Vermögen
- aufgrund einer letztwilligen oder rechtsgeschäftlichen Verfügung des Erblassers auf einen Dritten übertragen muss (§ 13a Abs. 5 Satz 1 ErbStG) oder
- im Rahmen der Teilung des Nachlasses auf einen Miterben überträgt (§ 13a Abs. 5 Satz 2 ErbStG)(dazu **Zeilen 15–19 in der Anlage**),

kann er die Steuerbefreiung nicht in Anspruch nehmen.[343]

a) Weitergabeverpflichtung

236 Sind der oder die Erben durch letztwillige Verfügung verpflichtet, das begünstigte Betriebsvermögen an einen oder mehrere andere Bedachte weiterzugeben, z.B. an einen Vermächtnisnehmer, können die übertragenden Erben die Befreiung nach § 13a oder 13c ErbStG nicht in Anspruch nehmen. In derartigen Fällen ist bei den zur Weitergabe verpflichteten Erben kein zu verschonendes Vermögen im Nachlass gegeben.

Beispiel

Der vermögende Erblasser setzt seinen Sohn S als Alleinerben ein. Er verfügt, dass der Sohn den Textilfilialbetrieb Frau F übertragen soll.

Da insoweit bei S kein begünstigtes Vermögen vorliegt, ist die Anlage „Steuerentlastung für Unternehmensvermögen" von ihm insoweit nicht abzugeben. Infolge der Weiterübertragung geht die Verschonung auf Frau F über, bei S entsteht eine Nachlassverbindlichkeit, durch die der Erwerb „neutralisiert" wird. Die übernehmende Frau F hat für den Erwerb eine eigene Erbschaftsteuererklärung mit der Anlage „Steuerentlastung für Unternehmensvermögen" abzugeben und kann die Begünstigung für das Unternehmensvermögen in Anspruch nehmen. Frau F trifft die Pflicht zur Einhaltung der Lohnsummen- und Behaltensregelung. Sie hat die steuerlichen Folgen eines Verstoßes hiergegen zu tragen (Nachversteuerung).

343 Vgl. R E 13a.11 Abs. 1 ErbStR.

b) Nachlassteilung

237

15	**Nur bei Erwerb durch Erbanfall zu beantworten:** Haben Sie im Rahmen der Nachlassteilung einen über Ihren Erbanteil hinausgehenden Anteil am begünstigten Vermögen erhalten und hierfür an andere Miterben einen Anteil an anderen in den Nachlass fallenden Vermögensgegenständen hingegeben?		☐ nein
16	☐ ja	Wert des erhaltenen Anteils	EUR
17	Welche Vermögensgegenstände aus dem Nachlass wurden hingegeben? Bitte ggf. auf gesondertem Blatt erläutern.		
18	Art		
19	Wert		EUR

Die **Zeilen 15 ff.** betreffen Fälle, in denen Erwerber im Rahmen einer Nachlassteilung einen **über ihren Erbanteil** hinausgehenden Anteil am begünstigten Vermögen erhalten und hierfür an andere Miterben einen Anteil an anderen in den Nachlass fallenden Vermögensgegenständen hingeben (§ 13a Abs. 5 Satz 2 ErbStG).

Beispiel

Die Erblasserin/Mutter hat ihrer Tochter und ihrem Sohn neben Kapital- und Grundvermögen einen werthaltigen 100 %-Anteil an einer GmbH hinterlassen. Im Rahmen der Erbauseinandersetzung (Nachlassteilung) überträgt der Sohn seinen 50 %-Anteil an der GmbH auf seine Schwester. Er hält im Gegenzug entsprechend anteilig geerbtes Kapitalvermögen.

In diesem Fall ist in **Zeile 16** die Erbauseinandersetzung selbst und der Wert des erhaltenen Anteils am begünstigten Vermögen anzugeben. Im Beispielsfall ist dies der Wert des vom Bruder erhaltenen 50 % GmbH-Anteils. Der übertragene Miterbe (Bruder) kann die Steuerbefreiung nicht in Anspruch nehmen. Zudem sollte eine Kopie der Vereinbarung über die Nachlassteilung eingereicht werden.

Der/die Miterbe/Miterbin wird so gestellt, als habe er/sie von Anfang an begünstigtes Vermögen erworben (§ 13b Abs. 5 Satz 3 ErbStG). Die Eintragungen in den **Zeilen 17–19** dienen der Ermittlung der Bemessungsgrundlage für den Erwerb des begünstigten Vermögens durch den Miterben. Der gemeine Wert des begünstigten Vermögens ist nach oben begrenzt auf den ursprünglich erworbenen Wert des begünstigten Vermögens, er kann durch „Mehr-Hingabe“ nicht überschritten werden. 238

Zu beachten ist: Als hingegebenes Vermögen gilt nicht die Entlastung der übrigen Erwerber von solchen Nachlassverbindlichkeiten im Innenverhältnis, die mit dem begünstigten Vermögen oder Teilen davon in wirtschaftlichem Zusammenhang stehen.[344] Ein **Berechnungsbeispiel** findet sich in H E 13a.11 „Schuldenkürzung bei Nachlassteilung" ErbStH.

4. Verwaltungsvermögen und Schulden

239 Die Eintragungen in den **Zeilen 20 ff.** sind auf der Basis der vom Erwerber ermittelten/geschätzten Werte des **Verwaltungsvermögens** und der **Schulden** vorzunehmen. Diese Eintragungen dienen dazu, den tatsächlichen Wert des begünstigten Vermögens zu ermitteln. Die Werte ergeben sich zum Teil aus den Feststellungserklärungen für Betriebsvermögen (s.a. § 9), für Anteile an Kapitalgesellschaften (s.a. § 10) und für LuF-Vermögen (s.a. § 13). In der Anleitung zur Anlage „Steuerentlastung für Unternehmensvermögen" heißt es dazu noch:

> *„Die Summe der gemeinen Werte der Wirtschaftsgüter des Verwaltungsvermögens, des jungen Verwaltungsvermögens, der Finanzmittel, der jungen Finanzmittel und der Schulden werden von dem für die Bewertung der wirtschaftlichen Einheit zuständigen Finanzamt festgestellt. Ein Erbschaftsteuerbescheid kann bereits erteilt werden, wenn der Feststellungsbescheid noch nicht erteilt ist. In diesem Fall kann der jeweilige gemeine Wert geschätzt werden. Ihre Angaben dienen als Schätzungsgrundlage. Nach Vorliegen des Feststellungsbescheids wird die Erbschaftsteuerveranlagung soweit erforderlich von Amts wegen geändert. Einwendungen gegen die festgestellten Werte sind im Einspruchsverfahren gegen die Feststellungsbescheide vorzutragen."*

Zeile				
20	**Verwaltungsvermögen und Schulden**			
21	Summe der gemeinen Werte der Vermögensgegenstände des Verwaltungsvermögens, § 13b Abs. 4 Nr. 1 bis 4 i.V.m. Abs. 3 ErbStG Zusammensetzung und Berechnung bitte auf gesondertem Blatt erläutern.		EUR	Verwaltungsvermögen gesamt 103
22	Summe der gemeinen Werte der Vermögensgegenstände des jungen Verwaltungsvermögens, § 13b Abs. 4 Nr. 1 bis 4, Abs. 7 Satz 2 i.V.m. Abs. 3 ErbStG Zusammensetzung und Berechnung bitte auf gesondertem Blatt erläutern.		EUR	Verwaltungsvermögen jung 109
23	Summe der gemeinen Werte der Finanzmittel, § 13b Abs. 4 Nr. 5 i.V.m. Abs. 3 ErbStG Zusammensetzung und Berechnung bitte auf gesondertem Blatt erläutern.		EUR	Finanzmittel gesamt 104
24	Summe der gemeinen Werte der jungen Finanzmittel, § 13b Abs. 4 Nr. 5 Satz 2 ErbStG Zusammensetzung und Berechnung bitte auf gesondertem Blatt erläutern.		EUR	Finanzmittel jung 106
25	Summe der gemeinen Werte der Schulden, nach Anwendung des § 13b Abs. 3 und Abs. 8 ErbStG Zusammensetzung und Berechnung bitte auf gesondertem Blatt erläutern.		EUR	Summe Schulden 107

a) Vorliegen von Verwaltungsvermögen

240 Das begünstigungsfähige Vermögen kann nur insoweit verschont werden, wie sein gemeiner Wert den um das unschädliche Verwaltungsvermögen i.S.d. § 13b Abs. 7 ErbStG gekürzten Nettowert des Verwaltungsvermögens i.S.d. § 13b Abs. 9 ErbStG übersteigt. Prinzipiell ergibt sich das zu begünstigende Vermögen aus der Differenz des begünstigungsfähigen Vermögens abzüglich des Nettowerts

344 Vgl. R E 13a.11 Abs. 2 ErbStR.

des schädlichen Verwaltungsvermögens (§ 13b Abs. 2 ErbStG) sowie des Werts des jungen Verwaltungsvermögens und der jungen Finanzmittel.

Verwaltungsvermögen, welches im begünstigungsfähigen Unternehmensvermögen enthalten ist, ist bei Erwerben mit einer Steuerentstehung ab dem 1.7.2016 in einigen Rechenschritten zu ermitteln. Die Ermittlung zur Berechnung des (tatsächlich) begünstigten Vermögens ist in R E 13b.9 Abs. 2 ErbStR dargestellt. Für die **Bearbeitung der Zeilen 20–29** der Anlage „Steuerentlastung für Unternehmensvermögen (§§ 13a, 13b, 13c ErbStG)“ ist in einem **ersten Arbeitsgang** zunächst das begünstigungsfähige Vermögen „aufzulisten“. In einem **weiteren Arbeitsgang** ist dann zu prüfen, ob und in welchem Ausmaß in dem grundsätzlich zu begünstigenden Unternehmensvermögen Verwaltungsvermögen enthalten ist. Während das Verwaltungsvermögen mit dem gemeinen Wert zu bewerten ist, ergibt sich der Wert des begünstigungsfähigen Vermögens i.S.d. § 13b Abs. 1 Nr. 2 und 3 ErbStG nach §§ 11 Abs. 2 Satz 2–4, 109 und 199 ff. BewG in der Regel aus einem im vereinfachten Ertragswerterfahren berechneten Wert (§§ 109 i.V.m. 11 Abs. 2 BewG), s. dazu §§ 9 ff.[345]

Als Verwaltungsvermögen werden bestimmte Teile des nach ertragsteuerlichen Grundsätzen zugeordneten und ermittelten Betriebsvermögen (§§ 95–97 BewG) angesehen. Das Verwaltungsvermögen ist für jede wirtschaftliche Einheit gesondert zu prüfen. Für die Entscheidung, ob Verwaltungsvermögen vorliegt, sind die Verhältnisse **im Besteuerungszeitpunkt** maßgebend. Die Kriterien für das Vorliegen des (schädlichen) Verwaltungsvermögens hat der Gesetzgeber in § 13b Abs. 4–9 ErbStG sowie in R E 13b.12 ff. ErbStR und H E 13b.12 ff. ErbStH beschrieben. Inhaltlich ist die Aufzählung auch in der **amtlichen Anleitung** zur Anlage „Steuerentlastung für Unternehmensvermögen“ wiedergegeben, auf die im Wesentlichen aus Platzgründen verwiesen wird. Praktisch kann man in der Vermögensaufstellung in einer extra Spalte die zum „Unternehmen“ gehörenden Wirtschaftsgüter als Verwaltungsvermögen kennzeichnen. 241

Die Wirtschaftsgüter des Verwaltungsvermögens sind einzeln mit ihrem **gemeinen Wert** (nicht mit dem Teilwert) zu bewerten. Es gelten die Vorschriften des Bewertungsgesetzes, insb. die Regelungen des Substanzwertverfahrens. Siehe z.B. für Wirtschaftsgüter des Betriebsvermögens § 9 Rdn 59 ff., für Grundstücke § 8 Rdn 25 ff., für Beteiligungen § 10 Rdn 7 ff. und § 11 Rdn 6 ff., für übrige Vermögensgegenstände siehe Rdn 71 in diesem Kapitel. Bei der Bewertung sind die anteilig unmittelbar auf diese Vermögensgegenstände entfallenden Schulden und Lasten nicht zu berücksichtigen. Bei der Wertermittlung dürfen m.E. zulässige Wertungen zugunsten des Erwerbers vorgenommen werden. Die Finanzverwal-

345 Zur Behandlung von (jungem) Verwaltungsvermögen und (jungen) Finanzmitteln bei Umwandlungsvorgängen siehe gleich lautende Erlasse der obersten Finanzbehörden der Länder v. 13.10.2022, BStBl 2022 I, 1517.

tung verlangt eine Darstellung des Verwaltungsvermögens und der Bewertung auf einer selbst gefertigten schriftlichen Anlage.

In **Zeile 21** ist die Summe der gemeinen Werte der Einzelwirtschaftsgüter des Verwaltungsvermögens i.S.d. § 13b Abs. 4 Nr. 1–4 ErbStG einzutragen.

242 In der gesetzlichen Aufzählung des Verwaltungsvermögens (§ 13b Abs. 4 ff. ErbStG sowie in R E 13b.12 ff. ErbStR und H E 13b.12 ff. ErbStH) sind diverse Ausnahmen enthalten, nach denen dem Grunde nach dem Verwaltungsvermögen zuzuordnende Vermögensgegenstände doch kein Verwaltungsvermögen sind.

Kein Verwaltungsvermögen ist insbesondere:
- Nutzungsüberlassung von Grundstücken bei **Betriebsaufspaltung** und als **Sonderbetriebsvermögen** (§ 15 Abs. 1 Satz 1 Nr. 2 und Abs. 3 bzw. § 18 Abs. 4 EStG). Aber: Nach § 13b Abs. 4 Nr. 1a ErbStG Rückausnahme für den Fall, dass die (begünstigungsunschädlich) überlassenen Vermögensgegenstände (insb. das Vermögen des sog. Besitzunternehmens bei der Betriebsaufspaltung bzw. das Sonderbetriebsvermögen) von der Betriebsgesellschaft bzw. der Mitunternehmerschaft einem Dritten zur Nutzung überlassen werden (Missbrauchsverhinderung)
- **Betriebsverpachtung im Ganzen**: gem. § 13b Abs. 4 Nr. 1b ErbStG führt die Verpachtung eines ganzen Betriebs nicht zur Qualifikation als Verwaltungsvermögen, wenn
  - hieraus Einkünfte aus Gewerbebetrieb oder freiberufliche Tätigkeit erzielt werden; und
  - der Pächter durch eine letztwillige Verfügung des Verpächters oder eine rechtsgeschäftliche Verfügung als Erbe (des verpachteten Betriebs) eingesetzt ist (§ 13b Abs. 4 Nr. 1b aa ErbStG) oder
  - die Verpachtung an einen Dritten erfolgt, weil der Beschenkte zum Zeitpunkt der Steuerentstehung den (verpachteten) Betrieb noch nicht führen kann, und die Verpachtung auf höchstens 10 Jahre befristet ist (§ 13b Abs. 4 Nr. 1b bb) ErbStG).

  Wichtig: Diese Ausnahmen gelten gem. § 13b Abs. 4 Nr. 1b ErbStG nur unter der Voraussetzung, dass der verpachtete Betrieb vor dem Beginn der Pacht die Voraussetzungen als begünstigtes Vermögen nach § 13b Abs. 2 ErbStG erfüllt und der Hauptzweck des Betriebs nicht in der Überlassung von Grundstücken, Grundstücksteilen, grundstücksgleichen Rechten und Bauten an Dritte zur Nutzung bestehen; ausgenommen ist insoweit die Vermietung zu Wohnzwecken (vgl. § 13b Abs. 4 Nr. 1d ErbStG).
- **Überlassung von Grundstücksteilen**: Wenn weitere gewerbliche Leistungen einheitlich angeboten und in Anspruch genommen werden, sind solche Grundstücksteile kein Verwaltungsvermögen; die Tätigkeit muss nach ertragsteuerlichen Gesichtspunkten insgesamt als originär gewerbliche Tätigkeit einzustufen sein. Gehört nur ein Grundstücksteil zum Verwaltungsvermögen, ist dessen gemeiner Wert regelmäßig nach der Wohn-/Nutzfläche aufzuteilen.

- **Nutzungsüberlassung im Konzern**: Voraussetzung ist, dass sowohl der überlassende Betrieb als auch der nutzende Betrieb zu einem Konzern i.S.v. § 4h EStG gehören und dass auf der Ebene des nutzenden Betriebs keine weitere Nutzungsüberlassung an (nicht zum Konzern gehörende) Dritte erfolgt, § 13b Abs. 4 Nr. 1c ErbStG.
- **Wohnraumvermietung**: Die Privilegierung gilt gem. § 13b Abs. 4 Nr. 1d ErbStG nur für solche Grundstücke etc., die entweder zum gesamthänderisch gebunden Betriebsvermögen einer Personengesellschaft oder zum Vermögen einer Kapitalgesellschaft gehören und wenn der Hauptzweck des Betriebs in der Vermietung von Wohnungen i.S.v. § 181 Abs. 9 BewG besteht. Weiterhin muss die Erfüllung dieses Betriebszwecks einen wirtschaftlichen Geschäftsbetrieb i.S.v. § 14 AO erfordern (§ 13b Abs. 4 Nr. 1d ErbStG).[346]
- **Überlassung im Zusammenhang mit Lieferungsverträgen:** Grundstücke, die entweder zum Betriebsvermögen oder gesamthänderisch gebundenen Betriebsvermögen einer Personengesellschaft oder zum Vermögen einer Kapitalgesellschaft gehören, zählen nicht zum Verwaltungsvermögen (§ 13b Abs. 4 Nr. 1e ErbStG), wenn sie vorrangig überlassen werden, um im Rahmen von Lieferungsverträgen dem Absatz von eigenen Erzeugnissen und Produkten zu dienen.[347]
- **Überlassung zu land- und forstwirtschaftlicher Nutzung**: Nicht als Verwaltungsvermögen zu qualifizieren sind Grundstücke etc., die an Dritte zur land- und forstwirtschaftlichen Nutzung überlassen werden (§ 13b Abs. 4 Nr. 1f ErbStG).
- Kein (schädliches) Verwaltungsvermögen liegt zudem vor, wenn diese Vermögensgegenstände ausschließlich und dauerhaft der Erfüllung von Schulden aus **Altersversorgungsverpflichtungen** dienen und dem Zugriff aller übrigen nicht aus den Altersversorgungsverpflichtungen unmittelbar berechtigten Gläubiger entzogen sind (§ 13b Abs. 3 ErbStG).

Die Ermittlung des Verwaltungsvermögens kann sehr aufwändig sein und ist bei **Beteiligungsstrukturen**/Beteiligungsketten auf jeder Beteiligungsebene im Rahmen einer **Verbundvermögensaufstellung** (§ 13b Abs. 9 ErbStG)[348] vorzunehmen. 243

Hinweis

Da die Beteiligungsgesellschaften (nach Aufforderung durch das Finanzamt) selbst Feststellungserklärungen abgeben und darin auch das Verwaltungsver-

346 Zu den Kriterien FG Düsseldorf v. 24.6.2015 – 4 K 2086/14, EFG 2015, 1621 (zu geringer Umsatz); BFH v. 14.10.2017 – II R 44–15, BFHE 260, 363, BStBl 2018 II, 358; FG Münster v. 25.6.2020 – 3 K 13/20 F.

347 Vgl. R E 13b.18 ErbStR.

348 Dazu instruktiv *Schneider*, Die Verbundvermögensaufstellung i.S.v. § 13b Abs. 9 ErbStG, UVR 2017, 113; Beispiele s.a. H E13b.29 ErbStH.

mögen sowie die weiteren Werte angegeben müssen, erlangt man spätestens dann Kenntnis über die Werte des gesamten Verwaltungsvermögens. Ggf. bietet es sich an, den Steuerberater etc., der zur Erstellung der Erbschaftsteuererklärung beauftragt wurde, auch mit der oder den Feststellungserklärung(en) der Beteiligungsgesellschaften zu beauftragen.

Das für die Bewertung der wirtschaftlichen Einheit örtlich zuständige Finanzamt i.S.d. § 152 Nr. 1–3 BewG stellt das Verwaltungsvermögen (Summe) später gem. § 13b Abs. 10 ErbStG gesondert fest (Grundlagenbescheid), siehe Berechnungsbeispiel in H E 13b.30 ErbStH.

b) Junges Verwaltungsvermögen

244 Das junge Verwaltungsvermögen nimmt nicht an den Verschonungen für Unternehmensvermögen teil und ist separat **in der Zeile 22** anzugeben (Summe aller Gegenstände des jungen Verwaltungsvermögens). Damit soll verhindert werden, dass durch Einlagen das Verwaltungsvermögen kurz vor einem unentgeltlichen Erwerb noch bis knapp unter die Grenze von 10 % (unschädliches Verwaltungsvermögens) aufgefüllt wird. Verwaltungsvermögen, d.h. jedes Wirtschaftsgut, welches nach der gesetzlichen Aufzählung in § 13b Abs. 4 ff. ErbStG dem Grunde nach zum Verwaltungsvermögen gehört, ist junges Verwaltungsvermögen, wenn es dem Betrieb im Besteuerungszeitpunkt weniger als zwei Jahre zuzurechnen ist (sog. junges Verwaltungsvermögen); dazu § 13b Abs. 7 Satz 2 ErbStG, R E 13b.27, 28 ErbStR. Hierzu gehört nicht nur eingelegtes Verwaltungsvermögen, sondern auch Verwaltungsvermögen, das innerhalb des Zeitraums von zwei Jahren aus betrieblichen Mitteln angeschafft oder hergestellt worden ist Auch das junge Verwaltungsvermögen aus der Verbundvermögensaufstellung ist mit einzubeziehen (R E 13b.29 ErbStR und H E 13b.29 (Berechnungsbeispiel) ErbStH).[349]

Hinweis

Junges Verwaltungsvermögen ist nicht in die Schuldenverrechnung mit dem Verwaltungsvermögen einzubeziehen (§ 13b Abs. 6 i.V.m. Abs. 8 Satz 1 ErbStG, R E 13b.27 ErbStR). Junges Verwaltungsvermögen stellt demnach schädliches (steuerpflichtiges) Verwaltungsvermögen dar (§ 13b Abs. 7 Satz 2 ErbStG).

Davon zu unterscheiden ist der Fall, bei dem der Erblasser an mehreren unterschiedlichen Unternehmen beteiligt ist. In diesem Fall ist für jedes Unternehmensvermögen eine eigene Anlage „Steuerentlastung für Unternehmensvermögen" zu erstellen und dort das junge Verwaltungsvermögen anzugeben.

349 Zur Behandlung von (jungem) Verwaltungsvermögen und (jungen) Finanzmitteln bei Umwandlungsvorgängen siehe Gleich lautende Erlasse der obersten Finanzbehörden der Länder v. 13.10.2022, BStBl 2022 I, 1517.

Das für die Bewertung der wirtschaftlichen Einheit örtlich zuständige Finanzamt i.S.d. § 152 Nr. 1–3 BewG stellt das junge Verwaltungsvermögen gem. § 13b Abs. 10 ErbStG später gesondert fest (Grundlagenbescheid), siehe Berechnungsbeispiel in H E 13b.30 ErbStH und Ausführungen zu §§ 9–13.

c) Finanzmittel

In **Zeile 23** ist die Summe der gemeinen Werte der Finanzmittel i.S.d. § 13b Abs. 4 Nr. 5 ErbStG einzutragen. Hier sind die Finanzmittel ohne Verrechnung mit den Schulden und ohne Abzug des Sockelbetrags anzugeben. Zur Definition der Finanzmittel siehe R E 13b.23 ErbStR und H E 13b.23 ErbStH und die amtliche Anleitung zur Anlage „Steuerentlastung für Unternehmensvermögen“. 245

Es ist ein Finanzmitteltest durchzuführen. Die Finanzmittel sind erst schädliches Verwaltungsvermögen, wenn der gemeine Wert des nach Abzug des gemeinen Werts der Schulden verbleibenden Bestands an Zahlungsmitteln, Geschäftsguthaben, Geldforderungen und anderen Forderungen (Summe der gemeinen Werte der Finanzmittel), **15 %** des anzusetzenden Werts des Betriebsvermögens des Betriebs (wohl Betriebsvermögens im ertragsteuerlichen Sinne) oder der Gesellschaft übersteigt (§ 13b Abs. 4 Nr. 5 ErbStG). D.h. 15 % der so errechneten Finanzmittel (Sockelbetrag) gehören zum begünstigten Unternehmensvermögen. Der Finanzmitteltest ist durch das zuständige Erbschaftsteuerfinanzamt durchzuführen auf der Grundlage der Feststellungen, die die Betriebsfinanzämter nach § 13b Abs. 10 ErbStG getroffen haben.

d) Junge Finanzmittel

Die in **Zeile 24** einzutragenden jungen Finanzmittel sind der **positive Saldo** der innerhalb von zwei Jahren vor dem Zeitpunkt der Entstehung der Steuer eingelegten und der entnommenen Finanzmittel. Junge Finanzmittel sind nicht in die Schuldenverrechnung mit dem Verwaltungsvermögen einzubeziehen (§ 13b Abs. 6 i.V.m. Abs. 8 Satz 1 ErbStG) und stellen schädliches (steuerpflichtiges) Verwaltungsvermögen dar (§ 13b Abs. 6 i.V.m. Abs. 8 Satz 1 ErbStG, R E 13b.23 Abs. 3 ErbStR). Das für die Bewertung der wirtschaftlichen Einheit örtlich zuständige Finanzamt i.S.d. § 152 Nr. 1–3 BewG stellt die jungen Finanzmittel gem. § 13b Abs. 10 ErbStG gesondert fest (Grundlagenbescheid); dazu §§ 9 ff. 246

Hinweis

Im Rahmen einer langfristigeren Nachfolgeplanung könnten aber entsprechende Teile des Privatvermögens durch Einlage oder Einbringung unterhalb der gesetzlichen Grenzen in Betriebsvermögen umgewandelt und sodann – nach Ablauf von wenigstens zwei Jahren – auch für diese Vermögensteile die Begünstigungen des §§ 13a–13c, 19a und 28a ErbStG in Anspruch genommen werden.

e) Nettowert des Verwaltungsvermögens

247 **Schädlich**, d.h. nicht verschonungsfähig, ist nur der gekürzte **Nettowert des Verwaltungsvermögens** (§ 13b Abs. 2, 6, 7 ErbStG). Zur Ermittlung des Nettowerts erfolgt aber keine direkte Zuordnung von Schulden, die wirtschaftlich mit bestimmten Wirtschaftsgütern des Verwaltungsvermögens zusammenhängen. Vielmehr bestimmen sich die auf das Verwaltungsvermögen entfallenden Schulden nach dem Verhältnis des gemeinen Werts des Verwaltungsvermögens zum gemeinen Wert des Betriebsvermögens des Betriebs oder der Gesellschaft zuzüglich eines Schuldenüberhangs aus Altersversorgungsansprüche/-verpflichtungen und Finanzmittel nach dem Finanzmitteltest (R E 13b.23 ErbStR). Der Nettowert des Verwaltungsvermögens wird nicht direkt mit der Anlage „Steuerentlastung für Unternehmensvermögen" errechnet oder festgestellt. Die Angabe in der Zeile 25 dient **der Einschätzung des Nettoverwaltungsvermögens** in der Erbschaft-/Schenkungsteuerstelle. Dafür ist in der **Zeile 25** die Summe aller Schulden „nach Anwendung des § 13b Abs. 3 und § 13b Abs. 8 ErbStG" einzutragen. Das bedeutet:

a) Altersversorgungsverpflichtungen nach § 13b Abs. 3 ErbStG sind vorweg herauszurechnen. Teile des begünstigungsfähigen Vermögens, die ausschließlich und dauerhaft der Erfüllung von Schulden aus **Altersversorgungsverpflichtungen** dienen und dem Zugriff aller übrigen, nicht aus den Altersversorgungsverpflichtungen unmittelbar berechtigten Gläubiger entzogen sind (insb. CTA-Strukturen), gehören gem. § 13b Abs. 3 ErbStG bis zur Höhe des gemeinen Werts der Schulden aus Altersversorgungsverpflichtungen (Vorab-Verrechnung von Altersvorsorgevermögen) **nicht zum Verwaltungsvermögen** i.S.d. § 13b Abs. 4 Nr. 1–5 ErbStG); d.h. sie sind dem begünstigten Vermögen zuzurechnen (§ 13b Abs. 3 ErbStG). Laut Gesetzesbegründung orientiert sich die Ausnahmeregelung an § 146 Abs. 2 Satz 2 HGB und nimmt sog. CTA- Strukturen aus dem (schädlichen) Verwaltungsvermögen heraus.[350] Um eine doppelte Berücksichtigung der für die Altersversorgung vorgehaltenen Vermögensgegenstände bzw. Finanzmittel und der verrechneten Schulden auszuschließen, bleiben diese bei der Ermittlung der schädlichen Finanzmittel/des schädlichen Verwaltungsvermögens und bei der quotalen Schuldenverrechnung unberücksichtigt.

Hinweis

Durch eine Einlage von Finanzmitteln für das Altersversorgungsvermögen können bis zur Höhe der Schulden keine jungen Finanzmittel entstehen. Besteht ein Überhang an Schulden aus Altersversorgungsverpflichtungen, werden diese bei Ermittlung der schädlichen Finanzmittel und der quotalen Schuldenverrechnung berücksichtigt.

350 Dazu z.B. *Hermann*, Planvermögen in CTA-Strukturen, DB 2014, 2072; *Ditz/Tcherveniachki*, Steuerliche Konsequenzen eines Contractual Trust Arrangement („CTA"), DB 2010, 632.

b) Schulden, die das Unternehmen nicht wirtschaftlich belasten, dürfen das Verwaltungsvermögen nicht mindern (§ 13b Abs. 8 Satz 2 1. Alt. ErbStG); sie sind also aus den Schulden herauszurechnen. Es handelt sich um Ausnahmefälle, dazu R E 13b.28 Abs. 2 Satz 1, 2 ErbStR.

c) **Übersteigt der** im Zeitpunkt der Steuerentstehung vorhandene Schuldenstand den **durchschnittlichen Schuldenstand** der letzten drei Jahre vor dem Zeitpunkt der Steuerentstehung, ist insoweit eine Schuldenverrechnung ausgeschlossen. Insoweit dürfen die Schulden das Verwaltungsvermögen nicht mindern (§ 13b Abs. 8 Satz 2 2. Alt. ErbStG). Sie sind aus den Schulden herauszurechnen. Die Finanzverwaltung lässt es zu, den durchschnittlichen Schuldenstand aus den Schuldenständen am Ende der letzten drei vor dem Zeitpunkt der Entstehung der Steuer abgelaufenen Wirtschaftsjahre abzuleiten. Dabei ist der Betrag des durchschnittlichen Schuldenstands zu mindern um den Wert der Altersversorgungsverpflichtungen, der auf den Stichtag der Steuerentstehung nach § 13b Abs. 3 ErbStG mit dem Verwaltungsvermögen verrechnet wurde. Die Begrenzung der Schuldenverrechnung erfolgt später im Rahmen der Feststellung der Schulden (§ 13b Abs. 10 ErbStG) durch das Betriebsfinanzamt.

> **Hinweis**
>
> Eine Begrenzung der zu berücksichtigenden Schulden erfolgt nicht, soweit die Erhöhung des Schuldenstands durch die **Betriebstätigkeit** veranlasst ist. Davon ist auszugehen, wenn die Schulden durch den laufenden Geschäftsbetrieb veranlasst sind. Keine Betriebstätigkeit in diesem Sinne liegt dagegen vor, wenn z.B. Wirtschaftsgüter des nicht betriebsnotwendigen Betriebsvermögens (§ 200 Abs. 2 BewG) fremdfinanziert werden.

5. Übermäßiges Verwaltungsvermögen

26	**Übermäßiges Verwaltungsvermögen**			248
27	Anteil des Verwaltungsvermögens am begünstigungsfähigen Vermögen: Summe aus Zeilen 21 und 23 x 100 / Wert des begünstigungsfähigen Vermögens aus Zeile 5, 8 oder 13	in %		

In der **Zeile 27** ist der nach der vorgegebenen Formel selbst errechnete Prozentsatz des Verwaltungsvermögens einzutragen. Begünstigungsfähiges Unternehmensvermögen mit übermäßigem Verwaltungsvermögen ist insgesamt zu 100 % nicht begünstigt. Übermäßiges Verwaltungsvermögen liegt vor, wenn das begünstigungsfähige Vermögen zu mindestens 90 % aus Verwaltungsvermögen besteht (§ 13b Abs. 2 Satz 2 ErbStG; 90%-Test). Die Schuldenverrechnung mit den Finanzmitteln, der Sockelbetrag beim Finanzmitteltest, die anteilige Schuldenverrechnung mit dem Verwaltungsvermögen und der Abzug des unschädlichen Verwaltungsvermögens bleiben bei der Ermittlung der Verwaltungsvermögensquote unberücksichtigt. Zum übermäßigen Verwaltungsvermögen siehe noch Erläuterungen in R E 13b.10 ErbStR mit Berechnungsbeispiel (90 %-Test).

6. Sockelbetrag für Finanzmittel

249

28	**Sockelbetrag für Finanzmittel**	
29	☐ Der Hauptzweck des Unternehmens ist eine Tätigkeit im Sinne des § 13 Abs. 1, des § 15 Abs. 1 Satz 1 Nr.1 oder des § 18 Abs. 1 Nr. 1 und 2 EStG.	Hauptzweck 108 Ja = 1

Finanzmittel gehören dem Grunde nach zum Verwaltungsvermögen (§ 13b Abs. 4 Nr. 5 ErbStG, zur Definition s. R E 13b.23 ErbStR). Der Gesetzgeber gesteht dem Steuerpflichtigen (für Verschonungszwecke) nur einen relativ niedrigen Bestand an Finanzmittel zu. Nur ein **Sockelbetrag** in Höhe von 15 % des gemeinen Werts des Betriebsvermögens des Betriebs oder der Beteiligung bzw. der Anteile an der Gesellschaft wird nicht zum Verwaltungsvermögen gerechnet, wenn der Saldo der Finanzmittel abzüglich der Schulden positiv ist und die Finanzmittel dem Hauptzweck des Unternehmens dienen (§ 13b Abs. 4 Nr. 5 Satz 4 ErbStG). Liegt der Wert unterhalb des möglichen Sockelbetrags von 15 %, kann der nicht ausgeschöpfte Betrag nicht mit anderem Verwaltungsvermögen verrechnet werden.

In der **Zeile 29** ist die **Erklärung** abzugeben, dass das begünstigungsfähige Vermögen des Betriebs oder der nachgeordneten Gesellschaften nach seinem **Hauptzweck** einer land- und forstwirtschaftlichen, gewerblichen oder freiberuflichen Tätigkeit dient (§ 13 Abs. 1, § 15 Abs. 1 Satz 1 Nr. 1, § 18 Abs. 1 Nr. 1 und 2 EStG). Diese Voraussetzungen sind auch erfüllt, wenn die Tätigkeit durch Gesellschaften im Sinne des § 13 Abs. 7 (LuF), des § 15 Abs. 1 Satz 1 Nr. 2 (mitunternehmerische Beteiligung an OHG, KG etc.) oder des § 18 Abs. 4 Satz 2 EStG (gewerbliche oder freiberufliche selbstständige Tätigkeit) ausgeübt wird. Näheres dazu s. R E 13b. 23 ErbStR mit Berechnungsbeispiel in H E 13b.23 ErbStH (sog. Finanzmitteltest). Im Umkehrschluss ist die Verschonung des Sockelbetrags ausgeschlossen, wenn das begünstigungsfähige Vermögen einer gewerblich geprägten Personengesellschaft (GmbH & Co. KG) oder einer anderen Gesellschaft dient, die nicht überwiegend eine land- und forstwirtschaftliche, gewerbliche oder freiberufliche Tätigkeit ausübt (z.B. sog. Cash-Gesellschaft). Für Erwerbe mit einer Steuerentstehung nach dem 28.12.2020 wird das Vorliegen der Voraussetzungen für den Abzug des Sockelbetrags (Hauptzweck) durch das für die Bewertung der wirtschaftlichen Einheit zuständige Finanzamt festgestellt.

Der Sockelbetrag ist folgendermaßen zu berechnen:

250 **Finanzmitteltest**

	festgestellter Wert der Finanzmittel
–	festgestellter Wert der jungen Finanzmittel nach § 13b Abs. 4 Nr. 5 Satz 2 ErbStG; höchstens der festgestellte Wert der Finanzmittel
=	Saldo

- festgestellter Wert der Schulden
= Saldo
- Sockelbetrag von 15 % des festgestellten Werts des (Anteils) Betriebsvermögens (vorbehaltlich Hauptzweck gemäß § 13b Abs. 4 Nr. 5 Satz 4 ErbStG)
= verbleibender Wert der Finanzmittel, mindestens 0 EUR.

Zu beachten ist, dass der Sockelbetrag von 15 % noch von der Bedingung abhängig ist, dass das begünstigungsfähige Vermögen des Betriebs oder der nachgeordneten Gesellschaften nach seinem Hauptzweck einer (originären gewerblichen/freiberuflichen oder land- und forstwirtschaftlichen) Tätigkeit i.S.d. § 13 Abs. 1, des § 15 Abs. 1 Satz 1 Nr. 1, des § 18 Abs. 1 Nr. 1 und 2 EStG dient (§ 13b Abs. 4 Nr. 5 Satz 4, 5 ErbStG). Die Voraussetzungen sind auch erfüllt, wenn die Tätigkeit durch Gesellschaften i.S.d. § 13 Abs. 7, des § 15 Abs. 1 Satz 1 Nr. 2 oder des § 18 Abs. 4 Satz 2 EStG ausgeübt wird. Das heißt, bei Personengesellschaften i.S.d. § 15 Abs. 3 EStG (gewerblich geprägten Gesellschaften) bleiben Finanzmitteln nicht steuerfrei, vielmehr gehören sie zum (schädlichen) Verwaltungsvermögen!

Hinweis

Die Ermittlung der (jungen) Finanzmittel kann sehr aufwändig sein und ist bei Beteiligungsstrukturen/Beteiligungsketten auf jeder Beteiligungsebene im Rahmen einer Verbundvermögensaufstellung[351] vorzunehmen. Da die Beteiligungsgesellschaften (nach Aufforderung durch das Finanzamt) selbst Feststellungserklärungen abgeben und darin auch das Verwaltungsvermögen sowie die weiteren Werte angeben müssen, erlangt man spätestens dann darüber Kenntnis. Ggf. bietet es sich an, den Steuerberater etc., der zur Erstellung der Erbschaftsteuererklärung beauftragt wurde, auch mit der oder den Feststellungserklärung(en) der Beteiligungsgesellschaften zu beauftragen.

7. Vorababschlag für Familienunternehmen

Familienunternehmen sollen nach dem Willen der Politik und des Gesetzgebers besonders bevorzugt behandelt werden. Dies geschieht durch einen „Vorwegabschlag“ vom begünstigten Vermögen. Ist der Wert des begünstigten Unternehmensvermögens eines Familienunternehmens z.B. 10 Mio. EUR, wird der Wert unter bestimmten Voraussetzungen nur mit 7 Mio. EUR angesetzt (max. Abschlag 30 % gem. § 13a Abs. 9 ErbStG). Allerdings sind die Voraussetzungen für den Vorwegabschlag sehr restriktiv und kompliziert. Es beginnt damit, dass das Gesetz das Wort „Familienunternehmen“ gar nicht benutzt. Lediglich in der 251

351 Dazu instruktiv *Schneider*, Die Verbundvermögensaufstellung i.S.v. § 13b Abs. 9 ErbStG, UVR 2017, 113. Beispiele in H E 13b.29 ErbStH.

Verwaltungsanweisung R E 13a.20 ErbStR wird der Begriff „Familienunternehmen“ verwendet.

Der Vorwegabschlag für Familienunternehmen setzt gewisse Beschränkungen von Entnahmen/Ausschüttungen, Verfügungsmöglichkeiten und bestimmte Regelungen zu Abfindungen im Gesellschaftsvertrag oder der Satzung voraus (§ 13a Abs. 9 Satz 1 ErbStG). Für Erwerbe mit einer Steuerentstehung nach dem 28.12.2020 werden das Vorliegen der Voraussetzungen für den Vorwegabschlag und dessen Höhe durch das für die Bewertung der wirtschaftlichen Einheit zuständige Finanzamt förmlich festgestellt.

30	**Vorwegabschlag für Familienunternehmen**		
31	☐ Die Voraussetzungen für den Vorwegabschlag (§ 13a Abs. 9 ErbStG) liegen vor. (Bitte den Gesellschaftsvertrag oder die Satzung und weitere zum Nachweis geeignete Unterlagen einreichen.)		
32	Die Höhe des Vorwegabschlags beträgt: (Bitte die Ermittlung auf einem gesonderten Blatt erläutern.)	in %	Vorwegabschlag 111
33	Die nachfolgenden Angaben sind nur beim Erwerb einer Beteiligung an einer Personengesellschaft auszufüllen, wenn gleichzeitig Sonderbetriebsvermögen mit erworben wurde. Die Wertermittlung in den Zeilen 34 bis 39 bitte auf gesondertem Blatt erläutern.		SonderBV mitübertragen? 110 Ja = 1 Nein= 2
34	Wert des erworbenen Anteils am Gesamthandsvermögen	EUR	Wert Anteil GHV 115
35	Summe der gemeinen Werte der Vermögensgegenstände des Verwaltungsvermögens im erworbenen Anteil am Gesamthandsvermögen, § 13b Abs. 4 Nr. 1 bis 4 i.V.m. Abs. 3 ErbStG	EUR	Verwaltungsvermögen gesamt GHV 113
36	Summe der gemeinen Werte der Vermögensgegenstände des jungen Verwaltungsvermögens im erworbenen Anteil am Gesamthandsvermögen, § 13b Abs. 4 Nr. 1 bis 4, Abs. 7 Satz 2 i.V.m. Abs. 3 ErbStG	EUR	Verwaltungsvermögen jung GHV 119
37	Summe der gemeinen Werte der Finanzmittel im erworbenen Anteil am Gesamthandsvermögen, § 13b Abs. 4 Nr. 5 i.V.m. Abs. 3 ErbStG	EUR	Finanzmittel gesamt GHV 114
38	Summe der gemeinen Werte der jungen Finanzmittel im erworbenen Anteil am Gesamthandsvermögen, § 13b Abs. 4 Nr. 5 Satz 2 ErbStG	EUR	Finanzmittel jung GHV 116
39	Summe der gemeinen Werte der Schulden im erworbenen Anteil am Gesamthandsvermögen nach Anwendung des § 13b Abs. 3 und Abs. 8 ErbStG	EUR	Summe Schulden GHV 117

In **Zeile 31** ist einzutragen, dass überhaupt ein Familienunternehmen i.S.d. § 13a Abs. 9 ErbStG vorliegt. Ein Antrag des Erwerbers ist nicht erforderlich, der Erwerber ist aber verpflichtet, die Voraussetzungen nachzuweisen. Hierfür ist der Gesellschaftsvertrag oder die Satzung (GmbH) auf das Vorliegen der gesetzlichen Kriterien in § 13a Abs. 9 ErbStG auf eigenes Risiko zu prüfen und zu würdigen.[352] Die Voraussetzungen für den Vorwegabschlag müssen bereits in einem Zeitraum von zwei Jahren vor dem Zeitpunkt der Steuerentstehung gegeben sein. Der Steuerpflichtige muss entsprechende Nachweise, insb. einen entsprechenden Ge-

352 Da die vorhandenen Gesellschaftsverträge/Satzungen die gesetzlich geforderten Formulierungen für gewöhnlich nicht enthalten, sind die Gesellschaftsverträge/Satzungen entsprechend – d.h. möglichst eng an den Gesetzeswortlauf angelehnt – anzupassen (vgl. dazu z.B. *Bockhoff/Eick*, Analyse des RegE zur Anpassung des ErbStG und SchenkStG für ausgesuchte Familienunternehmen, DB 2015, 1685). Anpassungen in den Gesellschaftsvertrag auslegenden Zusatzvereinbarungen/Zusatzsatzungen allein dürften im Zweifel nicht ausreichen (so *Söffing*, Das Erbschaftsteuerreformgesetz, 2016; *Riedel*, „Verschonungskonzepte“ für Unternehmensvermögen nach dem ErbStG 2016, ZErb 2016, 371).

sellschaftsvertrag oder eine Gesellschaftsatzung, vorlegen können. In **Zeile 32** ist der selbsterrechnete Prozentsatz des Vorwegabschlags (max. 30 %) einzutragen. Wie die Berechnung zu erfolgen hat, ergibt sich aus der Beispielberechnung in H E 13a.20 „Auswirkungen Verstoß gegen Behaltensregelung auf Vorwegabschlag“ ErbStH.

Hinweis

Der Vorababschlag für Familienunternehmen entfällt mit Wirkung für die Vergangenheit, wenn Voraussetzungen des § 13a Abs. 9 Satz 1 ErbStG nicht über einen Zeitraum von 20 Jahren nach dem Zeitpunkt der Entstehung der Steuer (§ 9 ErbStG) bestehen und tatsächlich eingehalten werden.

Beim Erwerb einer Beteiligung an einer (Familien-)Personengesellschaft sind 252
noch zusätzlich die **Zeilen 34–39** auszufüllen, wenn gleichzeitig mit dem Mitunternehmeranteil auch Sonderbetriebsvermögen mit erworben wurde. Dies erklärt sich dadurch, dass bei einer Beteiligung an einer (Familien-)Personengesellschaft der **Vorwegabschlag nur das Gesamthandsvermögen**, nicht aber das Sonderbetriebsvermögen eines Gesellschafters betrifft. Für die Anwendung des Vorwegabschlags ist in diesen Fällen zusätzlich das begünstigte Vermögen nur bezogen auf das Gesamthandsvermögen der Gesellschaft zu ermitteln. Hierzu tragen Sie bitte in den Zeilen 34–39 die von Ihnen selbst errechneten Angaben bezogen auf den **übertragenen Anteil** ein. Der Wert des Gesamthandsvermögens in der Zeile 34 ergibt sich aus der Zeile 64 der Anlage „Betriebsvermögen für Beteiligungen an Personengesellschaften“, siehe § 10 Rdn 15. Die angeforderten Werte in den Zeilen 35–39 können m.E. aus den Werten der Zeilen 21–25 abgeleitet werden (s.a. Berechnungsbeispiel in H E 13b.9 Beispiel 2 ErbStH).

8. Optionsverschonung

253

40	**Optionsverschonung**	99	45
41	Wenn Sie zu einer vollständigen Steuerbefreiung (§ 13a Abs. 10 ErbStG) optieren wollen, ist dies schriftlich zu beantragen oder zur Niederschrift zu erklären. Dieses Wahlrecht ist **unwiderruflich** und kann nur **einheitlich** für das **gesamte** begünstigte Vermögen ausgeübt werden. Bitte ggf. den Antrag beifügen.	Optionsverschonung 53	Ja = 1

Der Erwerber kann gem. § 13a Abs. 10 ErbStG zur Optionsverschonung (Vollverschonung) des erworbenen begünstigten Unternehmensvermögen „optieren“. Das Wahlrecht ist durch unwiderrufliche schriftliche Erklärung (formlos) auszuüben.

In den **Zeilen 40–41** werden Steuerpflichtige auf die Optionsmöglichkeit und das Erfordernis einer **gesonderten schriftlichen Beantragung** hingewiesen. Grundsätzlich dürfte großes Interesse an der Vollverschonung bestehen. Hierzu sind vielfältige Überlegungen erforderlich, die mit einem Experten erörtert werden müssen.

Hinweis

Der Erwerber kann nach Auffassung der Finanzverwaltung den Antrag auf Optionsverschonung (§ 13a Abs. 10 ErbStG) im Erbfall insgesamt **nur einheitlich** für alle Arten des erworbenen begünstigten Vermögens (land- und forstwirtschaftliches Vermögen, Betriebsvermögen und Anteile an Kapitalgesellschaften) stellen.

Zur Optionsverschonung siehe § 3 Rdn 31 und R E 13a.21 ErbStR mit Beispielen in H E 13a.21 ErbStH.

9. Schwellenwert, Großvermögen

254

42	**Schwellenwert**				
43	☐ Der Wert des erworbenen begünstigten Vermögens, einschließlich evtl. Vorerwerbe begünstigten Vermögens vom Erblasser, beträgt mehr als 26 Mio. EUR.				
44	Zeitpunkt des Vorerwerbs		Wert	EUR	Gesamtwert beg. Verm. aus Vorerwerben 77
45	Wenn Sie das Abschmelzmodell nach § 13c ErbStG in Anspruch nehmen wollen, ist dies schriftlich zu beantragen oder zur Niederschrift zu erklären. Dieses Antragsrecht ist **unwiderruflich** und kann nur **einheitlich** für das **gesamte** begünstigte Vermögen ausgeübt werden. Bitte ggf. den Antrag beifügen.				Abschmelzmodell 78 Ja = 1
46	Wenn Sie einen Antrag auf Erlass nach § 28a ErbStG stellen wollen, füllen Sie bitte den Vordruck „Antrag auf Verschonungsbedarfsprüfung (§ 28a ErbStG)" aus.				Verschonungsbedarfsprüfung 79 Ja = 1

Übersteigt der Wert des erworbenen begünstigten Vermögens 26 Mio. EUR (Schwellenwert; § 13a Abs. 1 Satz 1 ErbStG), kann eine Verschonung von der Erbschaftsteuer nur eingeschränkt gewährt werden. Diese Großvermögen sind von der Verschonung des Unternehmensvermögens grds. ausgenommen; es gibt aber Ausnahmen. Ein Abschmelzmodell nach § 13c ErbStG und ein Erlass nach § 28a ErbStG sind insoweit noch möglich. Zum Schwellenwert allgemein s. § 13a Abs. 1 ErbStG, R E 13a.2 ErbStR und § 3 Rdn 27.

Die **Zeilen 42–46** dienen dem Erbschaft-/Schenkungsteuer-Finanzamt zur Prüfung, ob und wie das übertragene Großvermögen ggf. entlastet werden kann. In **Zeile 43** ist anzugeben, ob überhaupt ein Großvermögen von mehr als 26 Mio. EUR vorliegt. Das wird dann der Fall sein, wenn nach der Anlage „Betriebsvermögen" ein entsprechend hoher Unternehmens-/Beteiligungswert errechnet wurde und erklärt wird. Die **Zeile 44** ist – u.a. auch steuerstrafrechtlich – von erheblicher Bedeutung. Denn der Schwellenwert für Großvermögen kann auch dann erreicht werden, wenn nicht aktuell aber durch **Zusammenrechnung** von Vorschenkungen von derselben Person der Wert von 26 Mio. EUR erreicht wird. Bei mehreren Erwerben begünstigten Vermögens i.S.d. § 13b Abs. 2 ErbStG von derselben Person innerhalb von zehn Jahren werden die früheren Erwerbe nach ihrem früheren Wert dem letzten Erwerb hinzugerechnet. Wird die Grenze von 26 Mio. EUR durch mehrere innerhalb von zehn Jahren von derselben Person anfallenden Erwerbe überschritten, entfällt die Steuerbefreiung für die bis dahin als steuerfrei behandelten früheren Erwerbe mit Wirkung für die Vergangenheit, wenn auch für die früheren Erwerbe die Steuer nach dem

30.6.2016 entstanden ist. In die Zusammenrechnung sind nicht nur Vorerwerbe von begünstigtem Vermögen einzubeziehen, für die die Steuer nach dem 30.6.2016 entsteht, sondern auch Vorerwerbe von begünstigtem Vermögen, für die die Steuer nach der jeweils geltenden Gesetzeslage vor dem 1.7.2016 bzw. 1.1.2009 entstanden ist.[353]

Bei mittelfristig geplanten Schenkungen ist die Verhinderung einer Großvermögensübertragung (zumindest zunächst) durch Aufteilung der Übertragungen gestaltbar; bei Vererbungen auch, aber unter erschwerten Bedingungen (ggf. komplizierte testamentarische Anordnungen).

In den **Zeilen 45 und 46** wird auf die rechtlichen Möglichkeiten zum Erreichen der speziellen Entlastungen für Großvermögen hingewiesen. Bei Erwerben von begünstigtem Vermögen von mehr als 26 Mio. EUR gibt es nach § 13c ErbStG und § 28a ErbStG noch zwei Möglichkeiten zur Verschonung von Großvermögen:
- Verringerung (Abschmelzung) des „normalen" Verschonungsabschlags (§ 13c ErbStG) oder
- Erlass der Steuer aufgrund einer Verschonungsbedarfsprüfung (§ 28a ErbStG).

Überschreitet das zu begünstigende Vermögen 90 Mio. EUR, kommt nur noch ein Erlass nach Verschonungsbedarf gem. § 28a ErbStG in Betracht.

Näheres zum Verschonungsabschlag nach § 13c ErbStG siehe § 3 Rdn 31 und R E 13c ErbStR, zum Erlass nach Verschonungsbedarfsprüfung siehe Rdn 69 mit weiteren Nachweisen sowie R E 28a ErbStR.

Hinweis

Der Steuerpflichtige muss sich für eine Verschonung entscheiden und die entsprechende Verschonung beantragen. Der Antrag nach § 13c Abs. 1 ErbStG ist vorgreiflich zu dem Antrag auf Erlass nach § 28a Abs. 1 ErbStG für denselben Erwerb. Der Antrag nach § 13c ErbStG ist unwiderruflich und schließt einen Antrag nach § 28a ErbStG (Erlass bei Verschonungsbedarf) aus. Der Antrag kann m.E. nach allgemeinen Verfahrensgrundsätzen bis zum Eintritt der Bestandskraft des betr. Erbschaft-/Schenkungsteuerbescheids (d.h. bis zum bestandskräftigen Abschluss des Festsetzungsverfahrens) gestellt werden. Der Antrag nach § 28a ErbStG ist dagegen nach Erlass des betr. Steuerbescheides bis zu dessen Bestandskraft zu stellen.

353 Vgl. R E 13a.2 Abs. 3 ErbStR.

10. Weitere Angaben

255

Zeile	Weitere Angaben		
48	☐ Es wurde ein Abzugsbetrag nach § 13a Abs. 2 ErbStG bei einer früheren Zuwendung des Erblassers in Anspruch genommen.		
49	Zeitpunkt		Ausschluss Abzugsbetrag § 13a Abs. 2 52 Ja = 1
50	☐ Hiermit beantrage ich für das begünstigte Vermögen die Stundung der darauf entfallenden Erbschaftsteuer nach § 28 Abs. 1 ErbStG.		
51	Dauer der Stundung (maximal 7 Jahre)	Jahre	
52	Ist das begünstigte Vermögen seit dem Erwerb ganz oder teilweise veräußert oder aufgegeben worden?		
53	☐ nein		
54	☐ ja Bitte auf gesondertem Blatt auch Art und Wert erläutern.	Zeitpunkt	
55	Ist der Veräußerungserlös ganz oder teilweise in begünstigtes Vermögen reinvestiert worden?		
56	☐ nein		
57	☐ ja Bitte auf gesondertem Blatt auch Art und Wert erläutern.	Zeitpunkt	

Zeilen 48–49: Der gleitende Abzugsbetrag von 150 000 EUR (§ 13a Abs. 2 ErbStG) kann innerhalb von 10 Jahren bei Übertragungen von begünstigtem Vermögen von **derselben Person** nur einmal in Anspruch genommen werden.

Hinweis

Der Abzugsbetrag wird pro Zuwendenden und pro Erwerber gewährt. Sind z.B. Ehegatten zu je 50 % mitunternehmerisch an einer KG beteiligt und übertragen sie je 10 % davon an Kind A, B und C, wird der Abzugsbetrag insgesamt 6 mal gewährt. Dies könnte u.a. dadurch optimiert werden, dass Ehegatten vor der Übertragung entsprechend an der KG (um im Beispiel zu bleiben) unentgeltlich beteiligt werden. Im 10-Jahres-Turnus (§ 14 ErbStG) kann ein weiteres Mal entsprechend begünstigt übertragen werden.

Zeilen 50–51: Hier wird dem Steuerpflichtigen die Möglichkeit eingeräumt, eine Stundung für nicht von der Verschonung erfasstem Unternehmensvermögen zu beantragen (Näheres siehe Rdn 67 und amtliche Anleitung). Das erste Jahr wird zinslos gestundet. Danach sind Stundungszinsen festzusetzen. Diese Stundung von bis zu 7 Jahren dürfte bei dem heutigen Zinsniveau kaum attraktiv sein. Das Finanzamt verlangt derzeit 6 % Zinsen.

Zeilen 52–54: Die Verschonung für Unternehmensvermögen steht unter dem Vorbehalt, dass der Erwerber das begünstigte Vermögen 5 bzw. 7 Jahre nach dem Erwerb behält, siehe Rdn 33 und amtliche Anleitung. Es kann sein, dass das begünstigte Vermögen im Zeitpunkt der Erklärungsabgabe schon ganz oder teilweise veräußert oder aufgegeben ist. Für gewöhnlich wird man dann die Anlage „Steuerentlastung für Unternehmensvermögen“ gar nicht abgeben. Das heißt aber nicht, dass überhaupt keine Vergünstigung für diesen Erwerb in Betracht käme. Denn die Verschonungen werden auch **zeitanteilig gewährt**, also z.B. bei einem Jahr „Behalten“ zu 1/5 bzw. 1/7. Die Schädlichkeit einer Veräußerung oder einer Aufgabe. (Verstoß gegen Behaltenspflicht) kann auch durch eine **Reinvestition** des Veräußerungserlöses ganz oder teilweise verhindert werden, siehe § 2 Rdn 20. Für diesen Fall ist **in den Zeilen 55–57** anzugeben, ob und in welcher Höhe reinvestiert worden ist. Da nicht jede Reinvestition die Verschonung erhält, ist diese auf einer gesonderten – selbst gefertigten – Anlage zu erläutern.

11. Ausgangslohnsumme

256

58	**Ausgangslohnsumme**		99	25
59	Anzahl der Beschäftigten des Betriebs bzw. der Gesellschaft		Anzahl der Beschäftigten 120	
60	Ausgangslohnsumme des Betriebs bzw. der Gesellschaft	EUR	Ausgangslohnsumme 121	

Sowohl die Regel- wie auch die Optionsverschonung sind u.a. auch von dem Erhalt von Arbeitsplätzen abhängig. Dies wird durch die Lohnsumme gemessen. Die endgültige Höhe des Verschonungsabschlags ist von der Einhaltung der Lohnsummenregelung abhängig (§ 13a Abs. 3 und 10 ErbStG, dazu § 2 Rdn 7 ff.). Diese gilt nur bei Unternehmen, die im Besteuerungszeitpunkt **mehr als 5 Beschäftigte** haben. Deshalb ist in der **Zeile 59** die Anzahl der Beschäftigten anzugeben. Das klingt erst einmal einfach, aber zur Ermittlung der Anzahl der Beschäftigten sind die Verwaltungsanweisungen in R E 13a. 4–8 ErbStR sowie die Berechnungsbeispiele in H E 13a.4–8 ErbStH zu „studieren“. So sind z.B. geringfügig Beschäftigte mitzurechnen, nicht aber Leiharbeiter.

In der **Zeile 60** ist die selbst errechnete Ausgangslohnsumme einzutragen. Dies ist die durchschnittliche Lohnsumme der letzten fünf vor dem Besteuerungszeitpunkt endenden Wirtschaftsjahre. Hierzu siehe R E 13a.7 ErbStR und H E 13a.7 ErbStH mit umfangreichen Berechnungsbeispielen.

Es kann generell von Interesse sein, im Zeitpunkt der Übertragung eine möglichst geringe Ausgangslohnsumme auszuweisen. Dazu gibt es verschiedenen Möglichkeiten. Letztlich handelt es sich bei dem Eintrag um einen unverbindlichen Betrag.[354] Das für die Bewertung der wirtschaftlichen Einheit örtlich zuständige Finanzamt muss die Ausgangslohnsumme sowie die Anzahl der Beschäftigten gesondert feststellen (Grundlagenbescheid), wenn diese Werte für die Erbschaftsteuer oder eine andere Feststellung im Sinne dieser Vorschrift von Bedeutung

354 *Weber/Schwind*, ErbStR 2011: Lohnsummenkontrolle, ZEV 2012, 88; *Knittel*, ErbStB 2019, 108, 117.

sind (§ 13a Abs. 4 ErbStG). Einwendungen gegen die festgestellten Werte sind im Einspruchsverfahren gegen die Feststellungsbescheide vorzutragen.

§ 5 Die Ersatzerbschaftsteuer

Raymond Halaczinsky

Übersicht:

A. Besteuerung von Familienstiftungen und -vereinen

I. Rechtsgrundlage

Inländische Familienstiftungen und **inländische Familienvereine** unterliegen in Zeitabständen **von je 30 Jahren** einer **Ersatzerbschaftsteuer** (§ 1 Abs. 1 Nr. 4 i.V.m. § 9 Abs. 1 Nr. 4 ErbStG).[1] Fiel der Zeitpunkt des ersten Übergangs von Vermögen auf den 1.1.1954 oder früher, entstand die Steuer erstmals am 1.1.1984. Bei Stiftungen und Vereinen, bei denen die Steuer erstmals am 1.1.1984 entstand, richtet sich der Zeitraum von 30 Jahren nach/ab diesem Zeitpunkt, also 1.1.2014, 1.1.2044 usw. Bei **später errichteten Stiftungen** entsteht die Ersatzerbschaftsteuer jeweils in Zeitabständen von 30 Jahren seit dem Zeitpunkt des ersten Übergangs von Vermögen (seit der Erstausstattung). § 15 Abs. 2 Satz 3 ErbStG regelt die **Steuerklasse** bei **Berechnung der Ersatzerbschaftsteuer**, dazu Rdn 12. 1

1 Die Regelung ist verfassungsgemäß; vgl. BVerfG v. 22.8.2011 – 1 BvR 2570/10, HFR 2011, 1247 = UVR 2012, 8. Ausländische Familienstiftungen unterliegen nicht der Erbersatzsteuer.

Hinweis

Wegen dieser 30-jährigen Ersatzerbschaftsteuer wird sich im Einzelfall die Frage stellen, ob gerade eine inländische Familienstiftung oder ein inländischer Familienverein die richtige Wahl ist.[2]

Anderseits kann die Familienstiftung gerade auch zu Steuergestaltungen eingesetzt werden.[3]

Eine Gestaltungsoption wäre eine Familienstiftung/ein Familienverein etwa, wenn in nächster Zeit ein mehrfacherer Generationenwechsel zu erwarten ist, wenn eine weitverzweigte entferntere Verwandtschaft besteht.

2 Die Ersatzerbschaftsteuer betrifft nach der Rechtsprechung **nur rechtsfähige inländische Familienstiftungen** und **inländische Familienvereine.**

Nicht der Ersatzerbschaftsteuer unterliegt das **Vermögen einer nichtrechtsfähigen Stiftung.** Eine **nichtrechtsfähige Familienstiftung** besitzt kein eigenes Vermögen, welches der Ersatzerbschaftsteuer unterliegen kann.[4] Der Vorteil der nichtrechtsfähigen Stiftung besteht neben dem erbschaftsteuerlichen Vorteil in der schnellen formlosen Errichtung. Die **nichtrechtsfähige Familienstiftung** ist somit aus dem **Aspekt einer steuersparenden Gestaltung** eine **interessante Alternative.** Eine nichtrechtsfähige (unselbstständige oder fiduziarische) Stiftung wird errichtet, wenn einer natürlichen oder juristischen Person Vermögensteile von dritter Seite mit der Auflage zugewendet werden, die Erträgnisse für einen bestimmten Zweck zu verwenden. Der Stifter überträgt das Vermögen durch Vertrag oder Verfügung von Todes wegen auf den Treuhänder. Zur Erfüllung des Stiftungszwecks wird ein Träger (Fiduziar) zivilrechtlicher Eigentümer des Stiftungsvermögens, das er im Rahmen eines Treuhandverhältnisses hält und über das er, ohne wirtschaftlicher Eigentümer zu sein, nur zur Erfüllung des Stiftungsauftrags verfügen kann. Träger kann z.B. eine natürliche oder eine juristische Person sein. Der Treuhänder übernimmt und verwaltet es entsprechend

---

2 Dazu u.a. *Wachter*, Deutsche Erbersatzsteuer und ausländische Familienstiftungen, DB 2023, 17; *Jülicher*, Die ausländische Familienstiftung des ErbStG im Umbruch, ZErb 2015, 357. Anderseits gibt es auch Vorteile als Familienstiftung oder -verein, vgl. *Oertzen/Reich*, Die unternehmensverbundene Familienstiftung – „Gewinnerin" der Erbschaftsteuerreform?, Ubg 2015, 629.

3 *Schienke-Ohletz/Mehren*, Die inländische Familienstiftung – ein Steuersparmodell?, ZStV 2022, 1; *Oertzen*, Aktuelle Stiftungsstrukturen, BB 2019, 2647; *Daragan*, Die Stiftung und die Familienstiftung des Erbschaftsteuergesetzes, ZErb 2017, 1; *Zensus/Schmitz*, Die Familienstiftung als Gestaltungsinstrument zur Vermögensübertragung und -sicherung, NJW 2012, 1323; *Fellner/Stoklassa*, Die Familienstiftung als Instrument der Unternehmensnachfolge, ErbStB 2014, 201: einschlägige Kommentierungen und Monographien, z.B. *Schiffer*, Die Stiftung in der Beraterpraxis, 4. Aufl. 2016.

4 BFH v. 25.1.2017 – II R 26/16, BStBl 2020 II, 61.

dem festgelegten Zweck und nach den Weisungen des Stifters. Der Träger braucht für die nichtselbstständige Stiftung keine Ersatzerbschaftsteuer zahlen.

Beispiel

Eine Stadt ist Trägerin einer nichtrechtsfähigen Stiftung. Diese war aufgrund eines Testaments des 1871 verstorbenen Stifters errichtet worden. Mit dem Testament hatte der Stifter der Stadt ein Landgut zur Verwaltung in einer Stiftung für die Erziehung und Ausbildung von Nachkommen des Stifters und – im Fall deren Aussterbens – für „Bürgerkinder" der Stadt vermacht. Die nichtrechtsfähige Stiftung und auch **nicht die Stadt** als dessen Trägerin brauchen **Ersatzerbschaftsteuer** zahlen.

Hinweis

Für die Praxis von erheblicher Bedeutung ist die Aussage des BFH, dass weitere Normen des ErbStG, die das Wort „Stiftung" verwenden (so § 3 Abs. 2 Nr. 1 Satz 1 ErbStG, § 7 Abs. 1 Nr. 8 Satz 2, § 7 Abs. 1 Nr. 9 Satz 2 ErbStG), sich nur auf die rechtsfähige Stiftung beziehen. Die für rechtsfähige Stiftungen geltenden §§ 80 ff. BGB sind grundsätzlich auf nichtrechtsfähige Stiftungen nicht anwendbar.

Nicht der Ersatzerbschaftsteuer unterliegen **ausländische Familienstiftungen** 3
und **ausländische Familienvereine** (Umkehrschluss aus § 2 Abs. 1 Nr. 2 ErbStG). § 15 AStG, nach dem das Vermögen der ausländischen Familienstiftung dem inländischen Anfall- oder Bezugsberechtigten zuzurechnen ist, gilt nicht für die Erbschaftsteuer. Aus dem **Aspekt einer steuersparenden Gestaltung** ist eine **ausländische Familienstiftung**, z.B. eine Österreichisches Privatstiftung oder eine Liechtensteinische Stiftung,[5] eine **interessante Alternative**, insb. i.V.m. einer mittelfristigen Wegzugsplanung. Familienstiftungen und Familienvereine mit Sitz im Ausland können in Deutschland zur Ersatzerbschaftsteuer herangezogen werden, wenn die Geschäfte tatsächlich im Inland geleitet werden.[6] Es gelten die Kriterien des § 10 AO. Im Zweifel muss das betreffende Finanzamt den Ort der

5 *Billig*, Liechtensteinische Familienstiftungen im Visier der deutschen Rechtsprechung, UVR 2015, 204; *Gierhake/Gierhake*, Einsatzszenarien österreichischer und liechtensteinischer Stiftungen für Unternehmer und vermögende Privatpersonen in Deutschland, FuS 2015, 79; *Lennert/Blum*, Das neue liechtensteinische Stiftungsrecht: Zivil- und steuerrechtliche Einordnung nach der Stiftungsrechtsreform, ZEV 2009, 171; *Linn/Schmitz*, Offene Fragen bei der steuerlichen Behandlung liechtensteinischer Familienstiftungen, DStR 2014, 2541.

6 Eine im Ausland rechtsfähige Familienstiftung kann der Ersatzerbschaftsteuerpflicht unterliegen, wenn sie ihre Geschäftsleitung im Inland hat, so jedenfalls FG Niedersachsen v. 29.6.2022 – 3 K 87/21, EFG 2022, 1471 (Revision eingelegt Az. des BFH: II R 30/22). Dazu *Werner*, Ersatzerbschaftsteuerpflicht einer nach schweizerischem Recht gegründeten, aber im Inland ansässigen Familienstiftung – Zugleich Besprechung des Urteils des FG Niedersachsen v. 29.6.2022 – 3 K 87/21, IStR 2023, 154.

Geschäftsleitung im Inland nachweisen, ggf. durch Einschaltung der Prüfungs-/ Steuerfahndungsdienste.

4 Bemessungsgrundlage der Ersatzerbschaftsteuer ist das **Vermögen am Bewertungsstichtag.** Alle Steuerbefreiungen sind grds. anzuwenden. Zur Reduzierung der Steuer bietet es sich an, den **Vermögensbestand vor dem Besteuerungszeitpunkt** zu **vermindern,** z.B. durch satzungsmäßige Ausschüttungen, Investitionen in steuerbegünstigtes Vermögen (z.B. Denkmal, Unternehmensvermögen, Übertragung auf gemeinnützige Stiftung). Alle Gestaltungsmaßnahmen sollten wegen vielfältiger steuerlicher und auch zivilrechtlicher Auswirkungen rechtlich sorgfältig überprüft werden.

Die Steuerpflicht setzt (naturgemäß) voraus, dass die Stiftung oder der Verein an dem für sie maßgebenden **Besteuerungszeitpunkt** (§ 9 Abs. 1 Nr. 4 ErbStG)

a) tatsächlich eine Familienstiftung oder ein Familienverein ist
Die Stiftung oder der Verein sind eine Familienstiftung oder ein Familienverein, wenn sie **ausschließlich oder überwiegend im Interesse einer Familie oder bestimmter Familien** errichtet worden ist oder errichtet wird (vgl. § 1 Abs. 1 Nr. 4 ErbStG; R E 1.2 Abs. 2, Abs. 3 ErbStR 2011).[7] Die Ausführungen zu Familienstiftungen gelten für Vereine, deren Zweck wesentlich im Interesse einer Familie oder bestimmter Familien auf die Bindung von Vermögen gerichtet ist (Familienverein, § 1 Abs. 1 Nr. 4 ErbStG), entsprechend.

b) als solche/solcher (noch) existiert
Ist die Familienstiftung oder der Familienverein vor dem Zeitpunkt der Entstehung der 30-jährigen Ersatzerbschaftsteuer **aufgelöst** oder durch Satzungsänderung in eine andere Stiftung (z.B. Unternehmensstiftung) **umgewandelt** worden (R E 1.2 Abs. 1 ErbStR 2011), besteht am betreffenden Besteuerungszeitpunkt **keine Steuerpflicht.** Allerdings ist die (umstrittene) Auffassung der **Finanzverwaltung** zu **beachten.** Danach gilt die **Änderung des Stiftungscharakters** einer Familienstiftung durch Satzungsänderung, gleichgültig ob sie zu Lebzeiten oder erst nach dem Tod des Stifters erfolgt, erbschaftsteuerrechtlich als Errichtung einer neuen (Familien-)Stiftung (§ 7

7 Zur Definition der „wesentlichen Familieninteressen" siehe R E 1.2 Abs. 2, 3 ErbStR unter Berücksichtigung des BFH v. 10.12.1997 – II R 25/94, BStBl 1998 II, 114; FG Berlin-Brandenburg v. 5.9.2007 – 14 K 5016/03 B, EFG 2008, 470 und grundsätzlich BFH v. 18.11.2009 – II R 46/07, BFH/NV 2010, 898 und v.10.12.1997– II R 25/94, BStBl 1998 II, 114. § 15 Abs. 2 AStG nimmt eine Familienstiftung an, wenn der Stifter, seine Angehörigen und deren Abkömmlinge zu mehr als 50 % bezugs- und anfallsberechtigt sind. Erbschaftsteuerlich kann eine Familienstiftung bereits dann vorliegen, wenn die Angehörigen und deren Abkömmlinge zu mehr als 25 % anfallsberechtigt sind, jedoch zusätzlichen Einfluss auf die Geschäftsführung der Stiftung haben (vgl. R E 1.2 Abs. 2 ErbStR). Aus der vielfachen Literatur z.B. *Daragan*, Die Stiftung und die Familienstiftung des Erbschaftsteuergesetzes, ZErb 2017, 1. Im Übrigen wird auf die ausführlicheren Kommentierungen hingewiesen, z.B. *Daragan/Halaczinsky/Riedel*, Praxiskommentar ErbStG und BewG, 4. Aufl. 2023.

Abs. 1 Nr. 8 ErbStG; R E 1.2 Abs. 4 ErbStR 2011). Die durch Satzungsänderung entstandene „neue" Stiftung gilt als Erwerber des Vermögens der „bisherigen" Stiftung (§ 7 Abs. 1 Nr. 8 ErbStG), dazu Rdn 11. Die bei der Errichtung der bisherigen Familienstiftung/Familienverein festgesetzte Steuer und die bereits entrichtete Ersatzerbschaftsteuer erlöschen nicht.

Die Behandlung der Satzungsänderung als Errichtung einer neuen Stiftung führt dazu, dass die 30-Jahresfrist für die Entstehung der Ersatzerbschaftsteuer (§ 1 Abs. 1 Nr. 4 i.V.m. § 9 Abs. 1 Nr. 4 ErbStG) bei der bisherigen Stiftung endet und bei der neuen Stiftung neu zu laufen beginnt. Eine Anrechnung der bei Errichtung der bisherigen Stiftung festgesetzten Steuer auf die im Zeitpunkt der Satzungsänderung festzusetzende Erbschaftsteuer kommt nicht in Betracht. 5

Hinweis

Von der Ersatzerbschaftsteuer ist die Erbschaft-/Schenkungsteuer für die Erwerbe einer Familienstiftung oder eines Familienvereins zu unterscheiden.

II. Besteuerung von Familienstiftungen/Familienvereinen

Erbschaft-/schenkungsteuerlich sind mehrere „Phasen" bei einer Familienstiftung/einem Familienverein zu unterscheiden: 6

a) Errichtung und Erstausstattung
b) weitere Zuwendungen und Ausschüttungen
c) Auflösung, Umwandlung u. dgl.
d) Erreichung des 30-jährigen Bestehens.

Nur im Fall von d) fällt die Ersatzerbschaftsteuer an, dazu Rdn 12 ff.

1. Errichtung und Erstausstattung

Der **Erwerb** von Stiftungsvermögen unterliegt grds. **normal der Erbschaft-/Schenkungsteuer** – im Rahmen der geltenden Vorschriften.[8] Der Übergang von Todes wegen von Vermögen auf die Familienstiftung unterliegt gemäß § 3 Abs. 2 Nr. 1 ErbStG und als Zuwendung unter Lebenden gem. § 7 Abs. 1 Nr. 8 ErbStG der Erbschaftsteuer.[9] Bei Entstehung der Stiftung durch Erbanfall entsteht die Erbschaftsteuer gem. § 9 Abs. 1 Nr. 1c ErbStG erst mit Anerkennung der Stiftung.[10] Übertragungen auf Stiftungen und die Erwerbe durch Stiftungen fallen 7

8 *Halaczinsky*, Erwerbe durch und von Stiftungen; Tendenzen in der erbschaftsteuerlichen Rechtsprechung, ZErb 2015, 193.

9 Nach h.M. kann in der Errichtung einer liechtensteinischen Stiftung kein Vertrag zugunsten Dritter nach § 3 Abs. 1 Nr. 4 ErbStG gesehen werden, vgl. FG Düsseldorf v. 2.4.2014 – 4 K 3718/12 Erb, EFG 2014, 855.

10 Selbst wenn das Genehmigungsverfahren erst mehrere Jahre nach dem Tod des Erblassers abgeschlossen wird (BFH v. 25.10.1995 – II R 20/92, BStBl 1996 II, 99).

normalerweise in die Steuerklasse III mit dem Freibetrag des § 16 Abs. 1 Nr. 5 ErbStG. Soweit die Familienstiftung oder der Verein nicht steuerbegünstigt (gemeinnützig) ist und soweit die Voraussetzung der persönlichen Steuerpflicht im Inland gem. § 2 ErbStG (unbeschränkte oder beschränkte Steuerpflicht) vorliegen, sind die Erwerbe steuerbar, auch wenn die Familienstiftung oder der Familienverein seinen Sitz im Ausland hat oder auch, wenn im Stiftungsvorstand nur die Kinder des Schenkers/Erblassers sind[11] (Freibetrag 20.000 EUR). Inländische Stiftungen sind mit ihrem Weltvermögen unbeschränkt steuerpflichtig.

Beispiel

Der Erbe eines Schlosses mit Ländereien überträgt diese auf eine Familienstiftung (Schenkung nach § 7 Abs. 1 Nr. 8 oder 1 ErbStG). Die Stiftung und subsidiär der Schenker sind grds. schenkungsteuerpflichtig.

Entsprechend hat die Familienstiftung oder der Familienverein steuerbare Erwerbe gem. § 30 Abs. 5 ErbStG **binnen einer Frist von drei Monaten nach dem Zeitpunkt des ersten Übergangs** von Vermögen auf die Stiftung oder auf den Verein der Vermögensübergang dem nach § 35 Abs. 4 ErbStG zuständigen Finanzamt **schriftlich anzuzeigen** und auf Anforderung entsprechende Erbschaft-/Schenkungsteuererklärung abzugeben.

Hinweis

Die **vorgenannten und nachstehenden Grundsätze gelten für „intransparente" Stiftungen**. Das Vermögen einer intransparenten, wirksam gegründeten und rechtlich selbständigen Stiftung ist dem Stifter nicht mehr zuzurechnen.

Sind nach den getroffenen Vereinbarungen und Regelungen dem **Stifter umfassende Herrschaftsbefugnisse** über das Vermögen einer ausländischen Stiftung vorbehalten, so dass die Stiftung gehindert ist, über das ihr übertragene Vermögen dem Stifter gegenüber tatsächlich und frei zu verfügen, liegt eine „transparente" Stiftung vor. Das **Vermögen ist dem Stifter zuzurechnen**, bis dieser z.B. durch Tod diese Herrschaftsbefugnisse verliert.[12]

---

11 BFH v. 9.12.2009 – II R 22/08, BStBl 2010 II, 363.

12 FG Köln v. 6.62022 – 7 K 2720/20, EFG 2023, 635 (nrkr. Revision Az.: BFH II R 50/22) zur erbschaftsteuerlichen Behandlung einer Einsetzung als Nachfolgebegünstigten(e) einer liechtensteinischen Stiftung.

Bei einem **Erwerb im Rahmen eines Stiftungsgeschäftes** durch eine inländische[13] rechtsfähige Familienstiftung (**nicht** aber bei einen **Familienverein**) nach § 3 Abs. 2 Nr. 1 ErbStG (von Todes wegen) oder nach § 7 Abs. 1 Nr. 8 ErbStG (unter Lebenden) gibt es ein **Steuersatzprivileg**: 8

- Im Fall **des Erwerbs** durch Stiftungsgeschäft ist der Besteuerung das Verwandtschaftsverhältnis der nach der Stiftungsurkunde entferntest berechtigten Person zum ursprünglichen Stifter (Erblasser oder Schenker) zugrunde zu legen (§ 15 Abs. 2 Satz 1 ErbStG).[14] Ausschlaggebend ist die „Verwandtschaft". Wäre z.B. der entferntest Berechtigte ein Stiefkind des Stifters, käme es zur Anwendung der Steuerklasse III, da kein Verwandtschaftsverhältnis vorliegt. Die Aufhebung der bisherigen Stiftung wird dagegen im Aufhebungszeitpunkt nicht gesondert besteuert. Unter den Besteuerungstatbestand des § 7 Abs. 1 Nr. 8 ErbStG fällt **nur die Erstausstattung** einer Stiftung mit Stiftungskapital; weitere Schenkungen an schon vorhandene Stiftungen „sog. Zustiftungen" sind nach § 7 Abs. 1 Nr. 1 ErbStG nach StKl III steuerbar. Im Hinblick auf die Steuerklasse ist es deshalb **zweckmäßig, wenn in der Stiftungssatzung nur die Kinder und nach ihrem Tod ihre Abkömmlinge als Bezugsberechtigte angegeben werden. Erweiterung** des Kreises der Berechtigten durch **spätere Satzungsänderung** wird durch die Finanzverwaltung als Errichtung einer neuen Stiftung angesehen (R E 1.2. Abs. 4 ErbStR 2011).
- Die **Verschonungen für Unternehmensvermögen gelten auch** bei Erwerben von inländischen Familienstiftungen und Familienvereine (auch für in der EU im EWR ansässige Stiftungen/Vereine) (§ 13a Abs. 11 ErbStG, § 28a Abs. 7 ErbStG).

---

13 FG Hessen v. 7.3.2019 – 10 K 541/17, EFG 2019, 93. Die unterschiedliche Behandlung von inländischen und ausländischen (hier: liechtensteinischen) Familienstiftungen bei der Anwendung von § 15 Abs. 2 Satz 1 ErbStG verstößt nicht gegen das Diskriminierungsverbot nach Art. 24 Abs. 1 DBA Liechtenstein. *Oppel/Arzner*, Ist der Ausschluss von ausländischen Familienstiftungen aus dem Steuerklassenprivileg des § 15 Abs. 2 Satz 1 ErbStG unionsrechtswidrig?, ZEV 2020, 209.

14 R E 15.2 ErbStR und H E 15.2 ErbStH. Bei der Feststellung, wer „entferntest Berechtigter" i.S.d. § 15 Abs. 2 Satz 1 ErbStG ist, ist auf den Inhalt der Stiftungsurkunde abzustellen. Im Zweifel ist auch eine im Stiftungsgeschäft als Begünstigte erfasste, aber noch nicht lebende Enkelgeneration zu berücksichtigen, so jedenfalls FG Münster v. 18.5.2017 – 3 K 3247/15 Erb, EFG 2017, 1208. Nach Nds. FG v. 24.6.2021 – 3 K 5/21, EFG 2021, 1558 gehören zu den „entferntest Berechtigten" gemäß § 15 Abs. 2 Satz 1 ErbStG alle Personen, die nach der Satzung – auch nur theoretisch – in Zukunft aus der Generationenfolge Vorteile aus der Familienstiftung erlangen können (Revision eingelegt Az. des BFH: II R 25/21). Bei der Bestimmung des Begünstigten ist ggf. Expertenrat einzuholen.

- Die gesetzlichen Befreiungen §§ 13, 13a ff. ErbStG gelten grds. auch für Familienstiftungen und Familienvereine.[15]

2. Weitere Zuwendungen und Ausschüttungen

9 Wendet der Stifter, die Stifterfamilie oder Dritte der Familienstiftung im Laufe der Zeit weiteres Vermögen zu und liegen die Voraussetzungen des § 15 Abs. 2 ErbStG nicht vor, ist die **Zustiftung** an eine (Familien-)Stiftung auch dann gem. § 7 Abs. 1 Nr. 1 ErbStG nach der Steuerklasse III steuerpflichtig, wenn der Zuwendende zugleich der einzige Begünstigte der Stiftung ist.[16] Zum Entstehen siehe § 9 Abs. 1 Nr. 2 ErbStG bzw. § 9 Abs. 1 Nr. 1 Buchst. c ErbStG. Die gesetzlichen Befreiungen §§ 13, 13a ff., § 28a ErbStG gelten grds. auch für Familienstiftungen und Familienvereine.

10 Erbschaft-/schenkungsteuerlich relevant sind auch die Zuwendungen/**Ausschüttungen** der Stiftungen an ihre Destinatäre und Dritte. Grundsätzlich gilt, **satzungsmäßige Zuwendungen** von inländischen rechtsfähigen Stiftungen erfolgen nicht freigiebig und unterliegen daher beim Empfänger nicht der Erbschaft-/Schenkungsteuer.[17] Leistungen von ausländischen Stiftungen an inländische Destinatäre sind nur dann nach § 7 Abs. 1 Nr. 1 ErbStG steuerbar, wenn sie eindeutig gegen den Satzungszweck verstoßen.[18] Satzungsmäßige Leistungen ausländischer Stiftungen an inländische Destinatäre unterliegen nach § 7 Abs. 1 Nr. 9 Satz 2 2. Hs. ErbStG der Schenkungsteuer, soweit der Destinatär als Zwischenberechtigter i.S.d. Vorschrift anzusehen ist.[19] Erwerbe von **ausländischen Vermögensmassen** durch „Zwischenberechtigte" sind schenkungsteuerbar (§ 7 Abs. 1 Nr. 9 ErbStG). Soweit sie unter „Familienstiftung" subsumiert werden können, wären Erwerbe der Zwischenberechtigten erbschaft-/schenkungsteuerpflichtig.

Hinweis

Die Erwerbe von Familienstiftungen und Familienvereinen sind gem. § 30 ErbStG vorbehaltlich Sonderregelungen in Abs. 3 von den geschäftsführenden Organen anzuzeigen. Allgemein zur Anzeigepflicht und einer evtl. Erklärungspflicht siehe § 1 dieses Buches.

---

15 Vgl. Z.B. Gleich lautende Erlasse der obersten Finanzbehörden der Länder vom 19.8.2020, BStBl 2020 I, 924 zur vollständige Steuerbefreiung für den Erwerb von Kulturgütern nach § 13 Abs. 1 Nr. 2 Buchstabe b ErbStG – Urteil des BFH vom 12.5.2016 – II R 56/14. R E 13a.21, 13c.5, 28a.6 ErbStR

16 BFH v. 3.7.2019 – II R 6/16, BStBl 2020 II, 61; v. 9.12.2009 – II R 22/08, BStBl 2010 II, 363.

17 BFH v. 21.7.2014 – II B 40/14, BFH/NV 2014, 1554; *Werner*, Schenkungsteuerbarkeit der Zuwendungen ausländischer Stiftungen an ihre inländischen Destinatäre, ZEV 2016, 133.

18 BFH v. 3.7.2019 – II R 6/16, BStBl 2020 II, 61.

19 Zum Begriff Zwischenberechtigter BFH v. 25.6.2021 – II R 31/19, BStBl 2022 II, 497; v. 27.9.2012 – II R 45/10, BStBl 2013 II, 84.

3. Auflösung, Umwandlung und dgl.

Eine Familienstiftung oder ein Familienverein kann – vorbehaltlich der Satzungs-/Gründungsbestimmungen – jederzeit aufgelöst oder in eine andere Stiftung/Körperschaft umgewandelt werden.[20] Erbschaft-/schenkungsteuerlich ist Folgendes zu beachten: 11

- Bei Aufhebung einer Familienstiftung bzw. eines Familienvereins gilt gem. § 1 Abs. 1 Nr. 2, § 7 Abs. 1 Nr. 9 Satz 1 ErbStG als Schenkung unter Lebenden, was bei Aufhebung einer Stiftung erworben wird, z.B. das Vermögen wird an die Urenkel des Stifters ausgekehrt. Zuwendender ist die Stiftung, weil das an die Anfallberechtigten fallende Vermögen zivilrechtlich das Vermögen der Stiftung und nicht das des Stifters ist. Auch bei mehreren Stiftern liegt schenkungsteuerlich nur eine einheitliche Zuwendung der Stiftung – und nicht etwa eine Mehrheit von Zuwendungen entsprechend der Anzahl der Stifter – vor. Für die Berechnung der Steuer in den Fällen des § 7 Abs. 1 Nr. 9 Satz 1 ErbStG gilt gem. § 15 Abs. 2 Satz 2 1. Hs. ErbStG hinsichtlich der anzuwendenden Steuerklasse als Schenker der Stifter. Dabei können bei mehreren Stiftern entsprechend den persönlichen Verhältnissen der Anfallberechtigten auch unterschiedliche Steuerklassen anzuwenden sein. Der „Rückfall" des Vermögens auf den Stifter selbst fällt nicht unter das Steuerklassenprivileg, d.h. er ist nach StKl III zu versteuern. Auf die nach § 26 ErbStG mögliche Ermäßigung der Steuer ist hinzuweisen.
- Bei Umwandlung eines Familienvereins i.S.d. § 1 Abs. 1 Nr. 4 ErbStG in eine Kapitalgesellschaft treten dieselben Rechtsfolgen wie im Fall einer Auflösung des Familienvereins; ab 2009 müssen bei den Erwerbern die anstelle der Mitgliedschaft am Familienverein erhaltenen Anteile an der „neuen" Kapitalgesellschaft als Erwerbe besteuert werden (§ 7 Abs. 1 Nr. 9 Satz 3 ErbStG).

4. Erreichen des 30-jährigen Bestehens

Die Ersatzerbschaftsteuer entsteht gem. § 9 Abs. 1 Nr. 4 ErbStG – abgesehen von den dort genannten Sonderfällen – mit Ablauf des dreißigsten Jahres nach dem ersten Übergang von Vermögen auf die Stiftung oder den Verein. Der Besteuerungszeitpunkt kann also auch im laufenden Jahr liegen. Insb. in Hinblick auf die Festsetzungsverjährung ist er genau zu ermitteln, dabei ist vielfältige Rechtsprechung zum Zeitpunkt der Ausführung von Schenkungen und der Erwerbe von Todes wegen zu beachten. 12

Die Erbersatzsteuer fingiert gesetzlich, dass das Vermögen der Familienstiftung in einem Zeitraum von 30 Jahren der nächsten Generation zufällt, die aus zwei Kindern besteht (§ 15 Abs. 2 Satz 3 ErbStG). Zur **Berechnung** der Erbschaft-

20 Hinweise zur Umwandlung bei *Behrens/Seemeier*, Grunderwerbsteuer bei der Umstrukturierung von Vereinen und Stiftungen, UVR 2018, 85.

steuer wird die StKl I auf die Hälfte des Vermögens der Familienstiftung angewendet und gleichzeitig der doppelte erbschaftsteuerliche Freibetrag i.H.v. 800.000 EUR gewährt. **Bemessungsgrundlage** ist der stpfl. Erwerb (§ 10 ErbStG), wie er sich aus der Erklärung und/oder den Feststellungen des Finanzamts ergibt.

B. Die Steuererklärung gem. § 1 Abs. 1 Nr. 4 ErbStG

I. Formular zur Erklärung für die Festsetzung der Ersatzerbschaftsteuer

13

An das Finanzamt	Aktenzeichen	Eingangsstempel
FA 11 · Steuernummer	UFA 71 · Zeitraum · Vorgang 1	

Steuererklärung § 1 Abs. 1 Nr. 4 ErbStG

Zeile			
1	**Stichtag**	Tag · Monat · Jahr	Stichtag
2	**Familienstiftung/ Familienverein**	Name · Datum der Errichtung	99 · 11
3	Straße, Hausnummer		
4	Postleitzahl · Ort		
5	Ort der Geschäftsleitung		
6	Ort des Sitzes		
7	Gesetzlicher Vertreter (mit Anschrift)		
8		Telefonisch erreichbar unter Nr.	
9	Zuständiges Finanzamt	Steuernummer	
10	Bankverbindung (für Erstattungen)	Kontoinhaber	
11	IBAN	BIC	
12	Geldinstitut und Ort		
13	Antrag nach § 24 ErbStG auf Verrentung der Steuerschuld ☐ ja ☐ nein		
14	**Bekanntgabe** Der Bescheid soll folgenden von den Zeilen 2 bis 4 abweichenden Empfangsbevollmächtigten zugesandt werden.		
15	Name, Vorname		(pers.)
16	Straße, Hausnummer	Postleitzahl · Postfach	
17	Postleitzahl · Wohnort	Telefonisch erreichbar unter	

Unterschrift(en)

18 **Die mit der Steuererklärung angeforderten Daten werden aufgrund der §§ 149 ff. AO und des § 31 ErbStG erhoben. Die Angabe der Telefonnummer ist freiwillig. Informationen über die Verarbeitung personenbezogener Daten in der Steuerverwaltung und über Ihre Rechte nach der Datenschutz-Grundverordnung sowie über Ihre Ansprechpartner in Datenschutzfragen entnehmen Sie bitte dem allgemeinen Informationsschreiben der Finanzverwaltung. Dieses Informationsschreiben finden Sie unter www.finanzamt.de (unter der Rubrik „Datenschutz") oder erhalten Sie bei Ihrem Finanzamt.**

Zeile		
19	Steuererklärungen ohne Unterschrift gelten als nicht abgegeben.	Bei der Anfertigung dieser Steuererklärung und der Anlagen hat mitgewirkt:
20		
21		
22		
23	Datum, Unterschrift(en)	

Familienstiftungen und Familienvereine sollen die Erklärung zur Festsetzung der Ersatzerbschaftsteuer auf einem eigens dafür konzipierten Formular abgeben. Die Anzeigepflicht nach § 30 ErbStG und die Pflicht zur Abgabe der Steuererklärung nach § 31 ErbStG (nach entsprechender Aufforderung) besteht auch in Fällen der Ersatzerbschaftsteuer nach § 1 Abs. 1 Nr. 4 ErbStG. Auf **Seite 1** des Erklärungsformulars sind die allgemeinen Angaben zu machen. Hinzuweisen ist auf **Zeile 13**. Familienstiftungen/Familienvereine haben die Möglichkeit, gem. § 24 ErbStG zu **beantragen**, die Ersatzerbschaftsteuer **in bis zu 30 gleichen jährlichen Teilbeträgen** (Jahresbeträgen) zu entrichten.[21] Die Verzinsung der Teilbeträge erfolgt lt. Gesetz zu einem Zinssatz von 5,5 Prozent, so dass gegenwärtig ggf. auf dem Kapitalmarkt eine günstigere Finanzierung erlangt werden kann.

14

Finanzamt	**Anlage Angaben zu Bedarfswerten**
Aktenzeichen	**zur Erbschaft-/Schenkungsteuererklärung**

In der Anlage ist anzugeben, ob und welcher Grundbesitz oder welches Betriebsvermögen und welche Beteiligungen vorhanden sind. Näheres siehe § 5 Rdn 65 ff. zur Erbschaftsteuererklärung.

II. Vermögensaufstellung

1. Gesondert festzustellende Vermögenswerte

15 **Hinweis**

Die erforderliche Vermögensaufstellung auf Seiten 2 und 3 entspricht der Vermögensaufstellung, wie sie auch bei einer „normalen" Erbschaftsteuererklärung zu machen ist. Hierzu wird grundsätzlich auf die Erläuterungen in § 4 Rdn 50 ff. verwiesen.

21 Zu Erleichterungen bei der Verrentung siehe koordinierte Ländererlass v. 14.3.1984, DB 1984, 751.

Zeile			
24	**Am Stichtag vorhandene Vermögenswerte**		99 41
25	**Land- und forstwirtschaftliches Vermögen**		
26	Land- und forstwirtschaftliches Vermögen im Inland oder in EU-/EWR- Staaten ☐ ja ☐☐ Anzahl der wirtschaftlichen Einheiten	☐ nein Gesamtwert:	inl. u. EU-/EWR luf Vermögen 15
27	Land- und forstwirtschaftliches Vermögen in Drittstaaten	☐ nein	
28	☐ ja Lage:	Gesamtwert:	ausl. luf Vermögen 16
29	**Grundvermögen**		
30	Grundvermögen im Inland oder in EU-/EWR-Staaten ☐ ja ☐☐ Anzahl der Grundstücke	☐ nein Gesamtwert:	inl. u. EU-/EWR Grundstücke 23
31	Grundvermögen in Drittstaaten	☐ nein	
32	☐ ja Lage:	Gesamtwert:	ausl. Grundstücke 24
33	**Betriebsvermögen**		
34	Betriebsvermögen im Inland oder in EU-/EWR-Staaten ☐ ja ☐☐ Anzahl der Betriebe	☐ nein Gesamtwert:	inl. u. EU-/EWR Betriebsvermögen 35
35	Betriebsvermögen in Drittstaaten	☐ nein	
36	☐ ja Firma:	Gesamtwert:	ausl. Betriebsvermögen 36

In **Zeilen 25–36** sind **inländische Vermögensgegenstände** einzutragen, deren Wert gem. § 157 i.V.m. § 151 Abs. 1 Nr. 1 und 2 BewG gesondert festzustellen ist, siehe hierzu die Erläuterungen in §§ 9 und 10. Deren Werte sind i.d.R. nicht gesondert festzustellen, es sei denn, sie gehören zu einer inländischen wirtschaftlichen Einheit des Betriebsvermögens, einer inländischen Kapitalgesellschaft oder einer inländischen sonstigen Gemeinschaft.[22] Zur Abgabe entsprechender Feststellungserklärungen werden Sie von dem Lage- und/oder Betriebsfinanzamt aufgefordert. Die Angaben in den **Zeilen 26, 30, 34** sollten am besten schon mit Hilfe der entsprechenden Feststellungserklärungsformulare errechnet werden. Außerdem sind in Zeilen 26, 30, 34 in die Summe der Werte auch die Werte des **in der EU oder im EWR belegenen LuF-Vermögens und Betriebsvermögens** anzugeben. Die Bewertung kann entsprechend nach den für inländische Vermögensgegenstände geltenden Bewertungsregeln vorgenommen werden.

Vermögensgegenstände in Drittstaaten (**Zeilen 28, 32, 36**) werden vom Finanzamt in der Regel (vorbehaltlich eigener Überprüfung) mit den hier von Ihnen erklärten Verkehrswerten angesetzt.

Wenn hier Vermögenswerte eingetragen werden, ist eine Anlage „Angaben zu Bedarfswerten" beizufügen, dazu § 4 Rdn 67.

22 R B 151 Abs. 2 ErbStR.

2. Nicht notierte Anteile an Kapitalgesellschaften

16 Unter das sog. „übrige Vermögen“ fallen alle Vermögensgegenstände, die nicht nach § 157 i.V.m. § 151 Abs. 1 BewG gesondert zu bewerten sind.[23]

Eine **Ausnahmestellung** nehmen hier aber die **nicht notierten Anteile an inländischen Kapitalgesellschaften** ein.

37	**Übriges Vermögen**		
38	Nicht notierte Anteile an Kapitalgesellschaften im Inland oder in EU-/EWR-Staaten	☐ nein	Anteile an KapGes.
	☐ ja ☐☐ Anzahl der Beteiligungen	Gesamtwert:	46
39	Nicht notierte Anteile an Kapitalgesellschaften in Drittstaaten	☐ nein	
40	☐ ja ☐☐ Anzahl der Beteiligungen	Gesamtwert:	

In **Zeile 38** soll der gem. § 11 Abs. 2 BewG selbsterrechnete „Anteilswert“, bzw. die Summe der Anteilswerte eingetragen werden. Wenn hier Vermögenswerte eingetragen werden, ist eine Anlage „Angaben zu Bedarfswerten“ beizufügen, dazu § 4 Rdn 67. Die Angaben in Zeile 38 sollten am besten schon mit Hilfe der entsprechenden Feststellungserklärungsformulare errechnet werden. Außerdem sind in **Zeile 38** in die Summe der Werte auch die Werte der **in der EU oder im EWR belegenen nicht notierten Anteilen an Kapitalgesellschafte**n anzugeben. Die Bewertung kann entsprechend nach den für inländische Vermögensgegenstände geltenden Bewertungsregeln vorgenommen werden. Deren Werte sind i.d.R. nicht gesondert festzustellen, es sei denn, sie gehören zu einer inländischen wirtschaftlichen Einheit des Betriebsvermögens, einer inländischen Kapitalgesellschaft oder einer inländischen sonstigen Gemeinschaft.[24] In **Zeile 39 f.** ist die Summe der nicht notierten Anteile der in **Drittstaaten** belegenen Kapitalgesellschaften einzutragen; diese werden vom Finanzamt in der Regel (vorbehaltlich eigener Überprüfung) mit den hier von Ihnen erklärten Verkehrswerten angesetzt. Näheres im Übrigen dazu siehe § 11.

23 R B 151 Abs. 2 ErbStR.
24 R B 151 Abs. 2 ErbStR.

3. Übriges Vermögen

Die Erklärung der aktiven Vermögenswerte (**Zeilen 41–68**) und der am Stichtag 17
vorhandenen Verbindlichkeiten (**Zeilen 69–82**) entspricht derjenigen, die auch in der „normalen" Erbschaftsteuererklärung zu machen sind; Näheres siehe hierzu § 4 Rdn 71 ff. Ergänzend wird auf die amtliche Anleitung verwiesen.

41	Andere Anteile, Wertpapiere und dergleichen ☐ ja Bezeichnung	☐ nein ggf. Name des verwahrenden Geldinstituts/BIC/Depot-Nr.	Wert (einschl. Stückzinsen)	
42				
43				
44				
45		Summe: 50		Wertpapiere u.Ä. 50
46	Guthaben bei Geldinstituten ☐ ja IBAN	☐ nein Name des Geldinstituts/BIC	Wert (einschl. Zinsen)	
47				
48				
49				
50		Summe: 51		Bankguthaben 51
51	Bausparguthaben ☐ ja Bausparnummer	Name der Bausparkasse	☐ nein Wert (einschl. Zinsen)	
52		52		Bausparguthaben 52
53	Steuererstattungsansprüche ☐ ja Bezeichnung	Name des Finanzamtes, Steuernummer	☐ nein Wert	
54		53		Steuererstattungsanspr. 53
55	Andere Kapitalforderungen (z. B. Instandhaltungsrücklagen bei Wohn- bzw. Teileigentum) ☐ ja Bezeichnung	Name des Schuldners, Nennbetrag, Zinssatz	☐ nein Wert (einschl. Zinsen)	
56		54		Sonst. KapForderungen 54
57	Sonstige Forderungen ☐ ja Bezeichnung	Name des Schuldners	☐ nein Wert	
58		49		Sonst. Forderungen 49

Zeile					
59	**noch: Übriges Vermögen**				99 41
60	Zinsansprüche (soweit in Zeile 45, 50, 52 und 56 nicht enthalten) ☐ ja	Name des Schuldners		☐ nein Wert	
61			55		Zinsen 55
62	Renten oder andere wiederkehrende Bezüge ☐ ja Bezeichnung	Name des Schuldners, Laufzeit bis		☐ nein Jahreswert	Kap.Ford. (personell) 48
63					
64					Renten u.Ä. 57
65	In- und ausländische Zahlungsmittel, Bargeld ☐ ja		Wert: 58	☐ nein	Zahlungsmittel 58
66	Münzen, unverarbeitete Edelmetalle, Edelsteine, Perlen ☐ ja		Wert: 59	☐ nein	Edelmetalle u.Ä. 59
67	Andere bewegliche körperliche Gegenstände (z.B. Kraftfahrzeuge, ☐ ja Boote, Kunstgegenstände, Schmuck)		Wert: 61	☐ nein	And. bew. Gegenstände 61
68	Sonstige Rechte (Urheberrechte, Erfindungen, Patente u.ä.) ☐ ja		Wert: 62	☐ nein	Sonstige Rechte 62
69	**Am Stichtag vorhandene Verbindlichkeiten** Bitte fügen Sie entsprechende Unterlagen oder Belege bei.				99 42
70	Darlehensschulden			☐ nein	
71	☐ ja	Name, Anschrift des Gläubigers, Nennbetrag, Zinssatz		Wert	
72					
73					
74			Summe: 10		Darlehensschulden 10
75	Steuerschulden			☐ nein	
76	☐ ja	Name des Finanzamtes, Steuernummer		Wert	
77			12		Steuerschulden 12
78	Sonstige Verbindlichkeiten			☐ nein	
79	☐ ja	Bezeichnung, Name und Anschrift des Gläubigers, Nennbetrag, Zinssatz		Wert	
80					
81					
82			Summe: 14		Sonst. Verbindlichkeiten 14

Zu **Zeilen 79–82** ist anzumerken, dass Leistungen an die nach der Stiftungsurkunde Berechtigten nicht abzugsfähig sind (§ 10 Abs. 7 ErbStG). Umgekehrt sind die empfangenen Leistungen bei den Berechtigten im Allgemeinen nicht schenkungsteuerpflichtig. Die zu entrichtende Ersatzerbschaftsteuer mindert die steuerliche Bemessungsgrundlage nicht, d.h. sie kann nicht abgezogen werden.

4. Sonstige Bemerkungen 18

83	**Bemerkungen/Anträge/sonstige Befreiungen oder Vergünstigungen**		
84			
85			
86			
87	**Mitteilung von grenzüberschreitenden Steuergestaltungen**		
88	☐ Die Familienstiftung/der Familienverein hat eine grenzüberschreitende Steuergestaltung nach §§ 138d ff. AO genutzt, deren steuerlicher Vorteil sich bei der Erbschaftsteuer auswirken soll. Bitte erläutern Sie die Steuergestaltung in einer gesonderten Anlage.		
89	Registriernummer	Offenlegungsnummer	

Im Feld „Bemerkungen" etc. können Steuerpflichtige sonstige Befreiungen oder Vergünstigungen geltend machen sowie Anträge stellen. Z.B. kann eine Familienstiftung bzw. ein Familienverein nach § 23 ErbStG hier beantragen, die auf diese Vermögensgegenstände entfallende Steuer jährlich im Voraus nach dem Jahreswert dieser Nutzungen/Leistungen zu entrichten. Die Steuer wird in diesem Fall nach dem Steuersatz erhoben, der sich für das gesamte Vermögen einschließlich des Kapitalwerts der Renten oder anderen wiederkehrenden Nutzungen/Leistungen ergibt. Eine spätere Ablösung der Jahressteuer ist möglich (§ 23 Abs. 2 ErbStG). Ohne Antrag werden Renten und andere wiederkehrende Nutzungen/Leistungen grundsätzlich sofort nach ihrem Kapitalwert besteuert.

In den **Zeilen 87 ff.** sind ggf. Angaben zu grenzüberschreitenden Steuergestaltungen zu machen. Zur Definition einer grenzüberschreitenden Gestaltung siehe § 138d Abs. 2 ff. i.V.m. § 138e AO. § 138e AO enthält die abschließende Aufzählung der Kennzeichen, die einen mitteilungspflichtigen Tatbestand auslösen.

> **Hinweis**
>
> Von der Gestaltung muss eine Steuer betroffen sein, auf die das EU-Amtshilfegesetz Anwendung findet. Außerdem muss eine Steuergestaltung mit einem grenzüberschreitenden Bezug vorliegen. Weitere Voraussetzung ist das Vorliegen eines Merkmals des § 138e AO.

Im Übrigen siehe Ausführungen zur gleichen Angabe bei der Erbschaftsteuererklärung in § 4 Rdn 156 ff.

III. Weitere Anlagen zur Steuererklärung, § 1 Abs. 1 Nr. 4 ErbStG

Bei der Besteuerung von Familienstiftungen und Familienvereinen gem. § 1 19
Abs. 1 Nr. 4 ErbStG gelten grds. alle Steuerbefreiungen und Verschonungen wie auch sonst bei Erbanfällen oder Schenkungen. Sollen diese in Anspruch genommen werden, sollte der Erklärung die entsprechende Anlage z.B. Anlage Steuerbefreiung für zu Wohnzwecken vermietete Grundstücke und/oder Anlage Steuerentlastung für Unternehmensvermögen beigefügt werden. Insb. werden die

Vergünstigungen durch Verschonungsabschlag (§ 13a Abs. 1 oder 10 oder § 13c ErbStG), Abzugsbetrag (§ 13a Abs. 2 ErbStG) und Vorwegabschlag[25] (§ 13a Abs. 9 ErbStG) sowie die Verschonungsbedarfsprüfung (§ 28a ErbStG) **auch bei der Bemessung der Ersatzerbschaftsteuer** einer Familienstiftung oder eines Familienvereins (§ 1 Abs. 1 Nr. 4 ErbStG) gewährt, soweit zum Vermögen der Stiftung oder des Vereins begünstigtes Vermögen (§ 13b Abs. 2 ErbStG) gehört.

Näheres zu vermieteten Wohnimmobilien siehe § 4 Rdn 217 ff. und zu den §§ 13a ff. ErbStG betreffenden Anlagen § 4 Rdn 229 ff. sowie § 6 Rdn 229 und 230 ff.

25 Erwerber von Beteiligungen oder Anteilen an Familienunternehmen in der Rechtsform von Personen- oder Kapitalgesellschaften (auch inländische Familienstiftungen, die zum begünstigungsfähigen Vermögen (§ 13b Abs. 1 ErbStG) gehören, haben einen Rechtsanspruch auf einen Vorwegabschlag bis zu 30 % vom Wert des begünstigten Vermögens (§ 13a Abs. 9 i.V.m. § 13b Abs. 2 ErbStG). Näheres siehe R E 13a.20 ErbStR). Der Vorwegabschlag fällt mit Wirkung für die Vergangenheit weg, wenn die Voraussetzungen des § 13a Abs. 9 Satz 1 ErbStG nicht über einen Zeitraum von 20 Jahren nach dem Zeitpunkt der Entstehung der Steuer (§§ 9, 11 ErbStG) bestehen bleiben (§ 13a Abs. 9 Satz 5 ErbStG).

§ 6 Die Schenkungsteuererklärung

Übersicht:

A. Aufforderung zur Abgabe einer Schenkungsteuererklärung

Raymond Halaczinsky

1 Das Finanzamt kann von jedem an einer Schenkung Beteiligten – also auch vom Schenker – innerhalb einer Erklärungsfrist von mindestens einem Monat die Abgabe einer Schenkungsteuererklärung verlangen (§ 31 ErbStG). Die Aufforderung erfolgt i.A. auf die Anzeige der Schenkung durch die Beteiligten, aber auch aufgrund interner Kenntnisse der Finanzverwaltung.[1] Im Prinzip sind abzugeben:
- Schenkungsteuererklärung (Mantelbogen)

und falls im Einzelfall relevant
- Anlage Steuerbefreiung Familienheim zur Schenkungsteuererklärung
- Anlage Steuerbefreiung für zu Wohnzwecken vermietete Grundstücke zur Schenkungsteuererklärung
- Anlage Steuerentlastung für Unternehmensvermögen zur Schenkungsteuererklärung
- Anlage Gegenleistungen und Auflagen zur Schenkungsteuererklärung
- Anlage Angaben zu Bedarfswerten zur Erbschaft-/Schenkungsteuererklärung.

2 Bei **mehreren Beschenkten** ist jeder Beschenkte nur hinsichtlich seines Erwerbs erklärungspflichtig. Dementsprechend sind ggf. mehrere Schenkungsteuererklärungen abzugeben.

1 Siehe Allgemeines zu Anzeige- und Erklärungspflichten im Erbschaftsteuerrecht in § 1.

Beispiel

Ein Vater schenkt seinen drei Kindern zum 1.1.2022 je einen KG-Anteil. Jedes Kind muss eine Schenkungsteuererklärung abgeben. Mehrere Beschenkte können aber auch gemeinsam eine Schenkungsteuererklärung abgeben, was allerdings nur bei völlig gleich gelagerten Sachverhalten ratsam ist. Fordert das Finanzamt nur einen von mehreren Beschenkten zur Erklärungsabgabe auf, entsteht die Erklärungspflicht nur in dessen Person. Demgemäß ist der Beginn der Festsetzungsfrist nur gegenüber diesem nach § 170 Abs. 2 Nr. 1 AO gehemmt.[2]

3 Der Steuererklärung voran geht gewöhnlich die **Anzeige der Schenkung** (freigebigen Zuwendung) gem. § 30 ErbStG durch die Beteiligten. Während die Steuererklärung nur auf Aufforderung des Finanzamts abzugeben ist, müssen der Beschenkte und der Schenker jeden steuerpflichtigen Erwerb gem. § 30 ErbStG anzeigen. Näheres dazu in § 1 Rdn 7 ff. Grundsätzlich sind auch Schenkungen unterhalb der in Betracht kommenden Freibeträge anzuzeigen. Werden solche Schenkungen nicht angezeigt, passiert zunächst nichts. Da aber Schenkungen innerhalb von 10 Jahren als ein Erwerb angesehen werden, d.h. zusammengerechnet werden, kann bei weiteren Schenkungen der Freibetrag überschritten werden. Wird dann immer noch nicht angezeigt, kann schlimmstenfalls eine Steuerhinterziehung vorliegen.

Beachte

Bitte denken Sie daran, dass die Finanzämter aus verschiedenen Quellen Informationen auch über Schenkungen, Vorschenkungen und vorangegangene Erbschaften erhalten (haben).[3]

4 Das Gesetz erlaubt in § 31 Abs. 7 ErbStG dem Finanzamt, eine Steuererklärung auf amtlichem Formular anzufordern, in der der Steuerpflichtige die Steuer selbst zu berechnen hat. In diesem Fall hat der Steuerpflichtige die selbst errechnete Steuer innerhalb eines Monats nach Abgabe der Steuererklärung zu entrichten. Wenn dieses Vorgehen auch in der Praxis selten praktiziert wird, knüpft doch der Bundesgerichtshof[4] daran die Beendigung einer Steuerhinterziehung durch Unterlassen! Danach ist eine Schenkungsteuerhinterziehung zu dem Zeitpunkt beendet, zu dem die Veranlagung spätestens stattgefunden hätte, wenn der Steuerpflichtige seiner Anzeigepflicht gem. § 30 Abs. 1 ErbStG rechtzeitig nachgekom-

2 BFH v. 5.5.1999 – II R 96/97, BFH/NV 1999, 1341.

3 *Halaczinsky*, Schenkung- und erbschaftsteuerliche Aspekte bei Kapitalanlagen; Besteuerungsgefahren bei Transaktionen und Übertragungen, ErbStB 2013, 226; siehe Gleich lautende Erlasse der obersten Finanzbehörden der Länder: Kontrollmitteilungen für die Steuerakten des Erblassers und des Erwerbers v. 12.3.2015, BStBl 2015 I, 225.

4 BGH v. 25.7.2011 – 1 StR 631/10, NJW 2011, 3249 = AO-StB 2011, 356; *Esskandari/Bick*, Wann beginnt die Verjährung bei der Hinterziehung von Erbschaft- und Schenkungsteuer? ErbStB 2012, 108.

men wäre. Eine Schenkung ist unter den Voraussetzungen des § 30 Abs. 1 bis 3 ErbStG binnen einer Frist von drei Monaten nach Kenntnis von der jeweiligen Schenkung beim zuständigen Finanzamt schriftlich anzuzeigen. Wäre er dieser Pflicht fristgerecht nachgekommen, könnte ihn das Finanzamt auffordern, binnen einer Frist von einem Monat eine Steuererklärung, mit von ihm selbst berechneter Schenkungsteuer, abzugeben (§ 31 Abs. 1 und Abs. 7 ErbStG). Damit hätte die Veranlagung und deren Bekanntgabe vier Monate nach der jeweiligen Schenkung erfolgen können, so dass zu diesem Zeitpunkt die jeweilige Unterlassungstat beendet ist.

I. Schnellprüfung der Steuerpflicht

Wegen der persönlichen Freibeträge[5] kann man häufig schon auf den ersten Blick 5
erkennen, ob Schenkungsteuer anfällt. **Folgende Erwerbe bleiben (zunächst) steuerfrei:**

Erwerb durch	Persönliche Freibeträge in EUR	zzgl. übliche Befreiungen: bewegliche Gegenstände[6]	Summe EUR
Ehegatte*	500.000	12.000	512.000
Ehegatte und 1 Kind	900.000	24.000	924.000
Ehegatte und 2 Kinder	1.300.000	36.000	1.336.000
Ehegatte und 3 Kinder	1.700.000	48.000	1.748.000
Kind	400.000	12.000	41.200
2 Kinder	800.000	24.000	824.000
3 Kinder	1.200.000	36.000	1.236.000

* Gilt auch für Lebenspartner.

Beachte

Die Erklärung muss grundsätzlich auch derjenige (nach Aufforderung) abgeben, der aufgrund der Erläuterungen zur Auffassung gelangt, dass eine Schenkungsteuer z.B. wegen einer vermeintlichen Befreiung, nicht zu erheben ist. Die Entscheidung darüber, was steuerpflichtig und was nicht steuerpflichtig ist, bleibt letztlich dem Finanzamt vorbehalten. Steht aber zur Überzeugung

5 Der Versorgungsfreibetrag nach § 17 ErbStG für Ehegatten/Kinder ist hier nicht berücksichtigt und kommt nur bei Tod des Ehegatten/Elternteils unter bestimmten Voraussetzungen zum Zuge.

6 Wenn diese zu der Schenkung gehören.

des Steuerpflichtigen/seines Beraters fest, dass keine Schenkungsteuer anfällt, kann mit dem Finanzamt geklärt werden, ob tatsächlich eine Erklärung abgegeben werden muss, bzw. ob ggf. eine vereinfachte Erklärung abgegeben werden kann. Dazu kann ein entsprechendes Formular angefordert werden. Auf diese Art können ggf. unnötige Kosten gespart werden. Ist die Erklärung in der gesetzten Frist nicht zu bewältigen, sollte mit dem Finanzamt eine Fristverlängerung gem. § 109 AO vereinbart werden.

Hinweis

Erkennt der Steuerpflichtige nachträglich, dass die Steuererklärung unrichtig oder unvollständig ist, oder fällt nachträglich eine Steuerbefreiung weg, ist er verpflichtet, dies unverzüglich anzuzeigen bzw. eine Berichtigung vorzunehmen (§ 153 AO).

6 Gegebenenfalls sind die geschenkten Gegenstände auch sachlich ganz oder teilweise von der Steuer befreit, siehe dazu § 3 Rdn 21 ff. Liegt sicher ein Befreiungstatbestand vor (dies wird allerdings letztendlich vom Finanzamt festgestellt), erübrigt sich eine Anzeige/Steuererklärung. Die gesetzlich in § 13 ErbStG aufgeführten sachlichen Befreiungen werden unabhängig von den persönlichen Freibeträgen, also vorweg gewährt. In drei Fällen sind zu **speziellen Befreiungen besondere Anlagen zur Schenkungsteuererklärung** auszufüllen:

- Schenkung des selbstgenutzten Familienheims unter Ehegatten
- Schenkung von zu Wohnzwecken vermieteten Grundstücken
- Schenkung von begünstigten Unternehmensvermögen, bzw. begünstigter Anteile an Kapitalgesellschaften.

Diese Anlagen sind in Rdn 219 ff. ausführlich erläutert.

Muss der Beschenkte für die Schenkung eine Gegenleistung, eine Last übernehmen, liegt ein Fall der gemischten Schenkung oder der Schenkung unter Auflage vor. In diesem Fall ist für die Spezifizierung der Gegenleistung/Auflage die **Anlage „Gegenleistungen und Auflagen zur Schenkungsteuererklärung“** auszufüllen (dazu siehe Rdn 182 ff.) und beizufügen (im eigenen Interesse, da die Gegenleistung/Auflage zur Verminderung der Schenkungsteuer führt).

7 Das zuständige Finanzamt erteilt unverbindliche Auskünfte und unter bestimmten Voraussetzungen eine verbindliche (kostenpflichtige) Auskunft[7]/Zusage über die schenkungsteuerliche Behandlung eines bestimmten Schenkungssachverhalts.

7 Siehe §§ 89, 204 ff. AO; AEAO zu §§ 89, 204–207 AO und einschlägige Verwaltungserlasse.

II. Allgemeine Angaben in der Schenkungsteuererklärung

1. Zuständiges Finanzamt

In der **Kopfzeile** des Schenkungssteuererklärungsformulars ist das zuständige Finanzamt, i.d.R. das Finanzamt, das zur Erklärung aufgefordert hat, einzutragen, siehe auch § 1 Rdn 45 ff. 8

Zuständiges Finanzamt (§ 35 ErbStG) ist:
- bei Schenkungen im Fall der unbeschränkten Steuerpflicht das für den Wohnsitz oder gewöhnlichen Aufenthalt des Schenkers zuständige ErbSt-Amt
- bei Wegzug innerhalb der letzten 5 Jahre das letzte für den Wohnsitz oder gewöhnlichen Aufenthalt des Schenkers zuständige ErbSt-Amt
- bei Schenkungen an Körperschaften, Vereinigungen u.Ä. ist das Finanzamt zuständig, in dessen Bezirk die Körperschaft etc. ihren Sitz oder die Geschäftsleitung hat (§ 35 ErbStG).

Weitere Sonderzuständigkeiten siehe § 35 ErbStG. Praktisch in allen Bundesländern ist die Veranlagung der Erbschaftsteuer auf bestimmte Finanzämter konzentriert. Im Zweifel erteilt das örtliche Wohnsitz-Finanzamt Auskunft über das nächstgelegene und/oder zuständige Erbschaftsteuer-Finanzamt (§ 19 Abs. 5 AO).[8] Aufsichtsbehörden sind die Oberfinanzdirektionen, Landessteuerämter und die Landesfinanzministerien.

Ist der geschenkte Gegenstand ein inländisches Grundstück oder befindet sich in dem zugewendeten Vermögen **Grundbesitz**, ist außerdem das Lage-Finanzamt (Bewertungs- oder Grundbesitzstelle) für die Feststellung des Grundbesitz-(Bedarfs-)wertes zuständig. Ist Gegenstand der Schenkung inländisches Betriebsvermögen, nicht notierte Anteile an inländischen Kapitalgesellschaften oder eine Beteiligung an sonstigen inländischen Gemeinschaften, ist außerdem das Betriebstättenfinanzamt für die Feststellung des gemeinen Werts (Steuerwerts) zuständig. Das Feststellungsverfahren und die dafür notwendigen Feststellungserklärungen werden in §§ 7 ff. ausführlich erläutert. 9

8 Siehe im Internet z.B. unter www.Finanzamt.de.

2. Zeitpunkt der Zuwendung (Schenkung)

10

An das Finanzamt | Aktenzeichen | Eingangsstempel

FA 11 | Steuernummer | UFA 72 | Zeitraum | Vorgang 1

Schenkungsteuererklärung

Zeile		
1	**Zeitpunkt der Zuwendung (Schenkung)** Wann wurde die Schenkung ausgeführt?	Zeitpunkt Schenkung
2	Tag / Monat / Jahr — Privatschriftliche Verträge bitte vorlegen. Bei beurkundeten Verträgen bitte angeben:	
3	Notar/Gericht, Urkundenrollen-Nummer des Notars/Aktenzeichen des Gerichts	99 11

a) Ausführungszeitpunkt

11 In **Zeile 2** ist das Datum der in diesem Formular erklärten Zuwendung anzugeben. Grundsätzlich ist für jede zivilrechtlich einheitliche Schenkung eine gesonderte Erklärung abzugeben. Der Zeitpunkt ist wichtig, weil es für die (Stichtag-)Steuer immer auf die rechtlichen und tatsächlichen Verhältnisse an diesem Tag ankommt. Das kann insb. bedeutsam sein bei Schenkungen von Sachgesamtheiten, bei gemischten Schenkungen, bei Schenkungen in „Raten" etc.; dazu heißt es in R E 7.4 Abs. 3 ErbStR:

> „*(3)*[1]*Sind mehrere Vermögensgegenstände Gegenstand einer freigebigen Zuwendung, sind unabhängig davon, ob die Gegenstände zu einer oder zu mehreren Vermögensarten gehören, die steuerlichen Einzelwerte zu einem einheitlichen Steuerwert der Gesamtschenkung zusammenzufassen, soweit die einzelnen Zuwendungen nicht zu unterschiedlichen Zeitpunkten ausgeführt wurden. Soweit ein Teil des zugewendeten Vermögens nach §§ 13, 13a oder 13c ErbStG begünstigt ist (R E 13.1 ff., R E 13a, 13c oder R E 13d ErbStR), sind die Befreiungen bei dem einzelnen begünstigten Vermögen vorzunehmen.*"

Hinweis

Bei zusammengefassten Schenkungen können positive und negative Wirtschaftsgüter saldiert werden.[9]

Beispiel

V möchte seinem Kind 1 Mio. EUR Bankguthaben und ein Wertpapierdepot schenken. V hatte das Wertpapierdepot zu ursprünglich 60 % fremdfinanziert. Die Wertpapiere hatten beim Erwerb einen Wert von 5 Mio. EUR, die Belastung betrug 60 %, also 3 Mio. EUR. Im Zeitpunkt der beabsichtigten Schenkung beträgt der Wert der Wertpapiere aber nur 2.5 Mio. EUR (mit Tendenz wieder nach oben). Durch Zusammenfassung der Schenkung ergibt sich ein

9 *Halaczinsky*, Negativer Erwerb: Ausnutzung zur Minderung der Erbschaft-/Schenkungsteuer möglich?, UVR 2019, 153.

steuerpflichtiger Wert von 1 Mio. EUR + 2,5 Mio. EUR ./. Schulden von 3 Mio. EUR = 0,5 Mio. EUR. Würde V das Bankguthaben im März 2018 übertragen und das Wertpapierdepot im Juli 2018, ergäbe sich ein steuerpflichtiger Wert der Schenkung von 1 Mio. EUR, da die Schenkung des fremdfinanzierten Wertpapierdepots keinen positiven Wert hat. Die (überschüssigen) Schulden können nicht berücksichtigt werden.

In derartigen Fällen wird häufig durch den beigezogenen Berater im Einspruchsverfahren vorgebracht, dass die Parteien doch eine einheitliche Schenkung beabsichtigt hatten und wegen (Termin-)Schwierigkeiten die Schenkung in zwei Akten durchgeführt worden sei. Hierzu ist darauf hinzuweisen, dass der Steuerpflichtige die Beweislast für das Vorliegen einer einheitlichen Schenkung trägt, d.h. ohne Vorlage etwa einer einheitlichen Schenkungsvereinbarung, das Finanzamt zwei getrennte Schenkungen annehmen darf.[10]

Der Besteuerungszeitpunkt ist der Tag der Entstehung der Schenkungsteuer. Der 12
Zeitpunkt der Steuerentstehung ist der umfassende zeitliche Bezugspunkt für die Erbschaft- und Schenkungsteuer und nach § 11 ErbStG für die Wertermittlung maßgeblich. Die Wertermittlung stellt eine Momentaufnahme dar und nicht das Ergebnis einer dynamischen Betrachtung, mit der sich auch die weitere wertmäßige Entwicklung des Erwerbs erfassen ließe. Dies schließt es auch aus, nachträglich eingetretene, d.h. am Bewertungsstichtag noch nicht vorhandene Umstände, wie etwa den Ausfall einer zum Nachlass gehörenden Forderung aufgrund von Umständen, die erst nach dem Tod des Erblassers eingetreten sind, auf diesen Zeitpunkt zurückzubeziehen. Maßgebend ist der Zeitpunkt der Ausführung der Schenkung (zivilrechtliche Wirksamkeit).[11] Näheres dazu R E 9.1. und 9.2 ErbStR, H E 9.1 und 9.2 ErbStH insbesondere zum Zeitpunkt der Ausführung von Grundstücksschenkungen (siehe dazu noch Rdn 96).

Beachte

In einer Vielzahl von Fällen könnte eine Schenkung zu einem „falschen“ Stichtag zu erheblicher Mehrsteuer führen (siehe z.B. §§ 13 Abs. 1 Nr. 2b, 16b, 13a–13c, 19a, 14 ErbStG). Deshalb ist genau zu planen, wann der Ausführungszeitpunkt der Schenkung sein soll.

Beispiele

M schenkt 2023 F zwei Wochen vor der Hochzeit einen Pkw zum Wert von 55.000 EUR. F muss nach Abzug eines persönlichen Freibetrags von (nur) 20.000 EUR für 35.000 EUR 30 % = 5.066 EUR Schenkungsteuer zahlen.

---

10 FG Hamburg v. 7.4.2009 – 3 K 218/07, ErbStB 2010, 6 m. Anm. *Halaczinsky*; FG Münster v. 9.7.2018 – 3 K 2134/17 Erb, ZEV 2018, 674 zum einheitlichen Schenkungswillen bei der Übertragung von Anteilen an drei Kapitalgesellschaften am selben Tag.

11 Z.B. BFH v. 1.9.2021 – II R 8/19, BFH/NV 2022, 236 zum Ausführungszeitpunkt bei Schenkung eines Anteils an einer Personengesellschaft.

Würde M den Pkw der F erst leihen und nach der Hochzeit schenken, wäre die Schenkung steuerfrei.

M schenkt F nach der Hochzeit im März 2022 Startkapital für ein Modegeschäft i.H.v. 500.000 EUR (mit Widerrufs- und Rückforderungsklausel). Zum 1.1.2023 schenkt er weitere 500.000 EUR zur Geschäftserweiterung. Da Schenkungen gem. § 14 ErbStG innerhalb von 10 Jahren von derselben Person zusammenzurechnen sind, ist der Wert der Schenkung mit 1 Mio. EUR anzusetzen, abzüglich persönlichen Freibetrags von 0,5 Mio. EUR sind 0,5 Mio. EUR zu versteuern. Würde M die weiteren 500.000 EUR im April 2028 schenken (und bis dahin einen günstigen Kredit geben), käme eine Zusammenrechnung wegen Ablauf des 10-Jahreszeitraums nicht in Betracht. Die weitere Schenkung wird bei dem persönlichen Freibetrag von 500.000 EUR steuerfrei bleiben.

13 Im Falle einer **mittelbaren Schenkung** ist diese erst dann i.S.d. § 9 Abs. 1 Nr. 2 ErbStG ausgeführt bzw. vollzogen, wenn die Vermögensverschiebung endgültig ist, also der Beschenkte gegenüber dem Schenker die freie Verfügung über den Gegenstand der freigebigen Zuwendung erhält und insoweit die endgültige Vermögensmehrung des Beschenkten auf Kosten des Schenkers eintritt.

Hinweis

Es ist nicht erforderlich, dass der Gegenstand, um den der Beschenkte bereichert wird, sich vorher in derselben Gestalt im Vermögen des Schenkers befunden hat und wesensgleich übergeht. „Entreicherungsgegenstand" und „Bereicherungsgegenstand" brauchen nicht identisch zu sein. Danach muss gegebenenfalls in der Hingabe von Vermögensgegenständen mittelbar die Schenkung eines anderen Vermögensgegenstands gesehen werden.

Beispiele

Hingabe von Geld für den Erwerb eines Grundstücks = mittelbare Grundstückschenkung.[12]

Hingabe von Gesellschaftsanteilen = mittelbare Schenkung des Erlöses aus einem späteren Weiterverkauf der Gesellschaftsanteile.[13]

---

12 Dazu R E 7.3 Abs. 1, 9.1 Abs. 2 ErbStR. Dies gilt aber nicht nur für die Fälle der mittelbaren Grundstücksschenkung, sondern grundsätzlich bei mittelbarer Schenkung aller als Zuwendungsobjekt in Betracht kommenden Gegenstände oder Rechte.

13 BFH v. 8.3.2017 – II R 2/15, BStBl 2017 II, 751.

b) Besteuerungszeitpunkt bei Bedingungen und Befristungen

Die Ausführung einer Schenkung kann infolge von Bedingungen/Befristungen in der Zukunft liegen. Eine Schenkung unter Bedingungen/Befristungen wird bei 14
- aufschiebender Bedingung erst berücksichtigt, wenn die Bedingung eingetreten ist (§ 4 BewG)
- auflösender Bedingung wie ein unbedingt erworbener Erwerb behandelt (§ 5 BewG),
- Verbindung mit aufschiebend bedingten Lasten zunächst ohne diese Lasten besteuert (§ 6 BewG)
- Verbindung mit auflösend bedingten Lasten zunächst mit den Lasten besteuert (§ 7 BewG).

Diese Regeln gelten auch bei einer Befristung, bei der nur der Zeitpunkt ungewiss ist (§ 8 BewG). Nach § 8 BewG kommt es auf ein Ereignis an, bei dem der Eintritt sicher, der Zeitpunkt des Eintritts aber ungewiss ist. Bedeutung hat die Vorschrift insbesondere für Geschäfte, deren Wirkungen mit dem Tod einer Person verbunden sind. Bei der **Erbschaft- und Schenkungsteuer** gilt eine von § 8 BewG abweichende Regelung. Danach werden Erwerbe, die von einer aufschiebenden Bedingung, einer Betagung oder Befristung abhängen, alle gleich behandelt (§ 9 Abs. 1 Nr. 1 Buchst. a ErbStG).[14] Tritt die aufschiebende Bedingung/Befristung ein, wird die Schenkung besteuert (§ 4 BewG).[15] Tritt die auflösende Bedingung/Befristung ein, wird auf Antrag die Besteuerung rückgängig gemacht (§ 5 Abs. 2 BewG). Entsprechendes gilt, wenn die Lasten eintreten bzw. wegfallen (§ 6 Abs. 2, § 7 Abs. 2 BewG). Ergänzend gelten auch die Auslegungsregelungen des § 9 Abs. 1 Nr. 1 ErbStG.[16]

---

14 Im Einzelnen vgl. hierzu *Gottschalk*, in: Troll/Gebel/Jülicher/Gottschalk, ErbStG-Kommentar, § 9 Rn 31 ff., 59 ff.

15 BFH v. 1.9.2021 – II R 8/19, BFH/NV 2022, 236. Ist der Vollzug einer Schenkung eines Anteils an einer Personengesellschaft aufschiebend bedingt, ist die Zuwendung erst mit Bedingungseintritt ausgeführt. Eine gesonderte Wertfeststellung muss auf den Stichtag des Vollzugs der Schenkung erfolgen.

16 Näheres siehe *Halaczinsky*, in: Daragan/Halaczinsky/Riedel, Praxiskommentar ErbStG und BewG, § 9 ErbStG Rn 18 ff.

3. Angaben zur Person

15

Zeile					
4	**Zuwender (Schenker)**				
5	Name, Vorname		Geburtsdatum	Staatsangehörigkeit	Art der Steuerfests 10
6	Straße, Hausnummer		Postleitzahl	Postfach	
7	Postleitzahl	Wohnort	Telefonisch erreichbar unter		Zahl zus. Bescheide 20
8	zuständiges Finanzamt	Steuer-Identifikationsnummer	Steuernummer		Bescheid ohne Anschrift 84 ja = 1
9	**Erwerber (Beschenkter)**				
10	Name, Vorname		Geburtsdatum	Staatsangehörigkeit	
11	Straße, Hausnummer		Postleitzahl	Postfach	
12	Postleitzahl	Wohnort	Telefonisch erreichbar unter		
13	zuständiges Finanzamt	Steuer-Identifikationsnummer	Steuernummer		
14	Wird ein Antrag auf unbeschränkte Steuerpflicht nach § 2 Abs. 3 ErbStG gestellt?		ja	nein	
15	Verwandtschaftsverhältnis **zum Schenker**			**Bitte beachten Sie die Erläuterungen in der Anleitung.**	99 13

In den **Zeilen 4–8** ist der Schenker/Zuwender, in den **Zeilen 9–13** der Beschenkte/Erwerber jeweils mit Adresse anzugeben. Schenker und Beschenkter können nicht nur natürliche Personen, sondern auch Kapitalgesellschaften, Stiftungen, Vereine u. dergl. sein. Der Beschenkte gibt in der Regel die Schenkungsteuererklärung ab, ist demnach der Erwerber. Gibt der Schenker die Erklärung ab, hat er den letztendlich von ihm vorgesehenen Beschenkten anzugeben. Die Angaben sind neben verfahrensrechtlichen Zwecken (z.B. Schriftverkehr, Bekanntgabe des Bescheides usw.) zur Feststellung der persönlichen deutschen Steuerpflicht erforderlich. Die persönliche Steuerpflicht hängt ab: von den persönlichen Verhältnissen des Erblassers bzw. des Schenkers, des/der Erben bzw. der Beschenkten und von der Belegenheit des Vermögens. Näheres siehe § 3 Rdn 12 ff.

a) Wohnsitz im Ausland

16 Haben Schenker und/oder Beschenkter einen Wohnsitz im Ausland, ist zu prüfen, ob unbeschränkte oder beschränkte Schenkungsteuerpflicht vorliegt. Näheres dazu § 3 Rdn 12 ff. Im Fall der beschränkten Steuerpflicht unterliegt nur das Inlandsvermögen i.S.d. § 121 BewG der deutschen Schenkungsteuer.

b) Verwandtschaft

17 **In Zeile 15** ist das Verwandtschaftsverhältnis zum Schenker anzugeben. „Der Erwerber ist z.B. Sohn, Tochter, Kind des Sohnes/der Tochter (nicht Enkel), Sohn des Bruders (nicht Neffe), Bruder des Vaters (nicht Onkel), Tochter des Bruders der Mutter (nicht Cousine) des Schenkers“. Bei Enkelkindern ist hinzuzufügen, ob es sich um den Abkömmling eines noch lebenden oder eines verstorbenen Kindes handelt.

Die Belastung mit Erbschaftsteuer ist abhängig von der Verwandtschaft zum Schenker. Dazu teilt das Gesetz die Erwerber in folgende Steuerklassen ein:

c) Die Steuerklassen

Steuerklasse I 18

1. Der Ehegatte und der Lebenspartner
2. die Kinder und Stiefkinder
3. die Abkömmlinge der in Nr. 2 genannten Kinder und Stiefkinder
4. die Eltern und Voreltern bei Erwerben von Todes wegen.

Steuerklasse II

1. Die Eltern und Voreltern, soweit sie nicht zur Steuerklasse I gehören
2. die Geschwister
3. die Abkömmlinge ersten Grades von Geschwistern
4. die Stiefeltern
5. die Schwiegerkinder
6. die Schwiegereltern
7. der geschiedene Ehegatte und der Lebenspartner einer aufgehobenen Lebenspartnerschaft.

Steuerklasse III

Alle übrigen Erwerber und die Zweckzuwendungen.

d) Die persönlichen Freibeträge

Zum Teil richten sich nach der Steuerklasse auch die persönlichen Freibeträge ab 2009/bis 2008: 19

	ab 2009	**bis 2008**
Ehegatte	500.000 EUR	307.000 EUR
Eingetragener Lebenspartner	500.000 EUR	5.200 EUR
Kinder, Stiefkinder, Kinder verstorbener Kinder oder Stiefkinder	400.000 EUR	205.000 EUR
Enkel(innen)	200.000 EUR	51.200 EUR
Eltern oder Voreltern bei Erwerben v. Todes wegen	100.000 EUR	51.200 EUR
Entferntere Verwandte (Steuerklasse II), Geschwister	20.000 EUR	10.300 EUR

	ab 2009	bis 2008
Übrige Erwerber und Zweckzuwendungen	20.000 EUR	5.200 EUR
Beschränkt Steuerpflichtige	*	1.100 EUR

* Beschränkt Steuerpflichtigen werden **für alle Erwerbe ab 25.6.2017 die für unbeschränkt Steuerpflichtige** geltenden Freibeträge von Amts wegen **gewährt.**[17] Unter bestimmten Voraussetzungen ist der Freibetrag um einen Teilbetrag zu mindern, soweit geerbte Vermögensgegenstände nicht der beschränkten Steuerpflicht unterliegen, dazu § 3 Rdn 15.

e) Die Steuersätze

20

Wert des steuerpflichtigen Erwerbs (§ 10) bis einschließlich ... EUR	Vomhundertsatz in der Steuerklasse[18]		
	I	II	III
75.000	7	15	30
300.000	11	20	30
600.000	15	25	30
6.000.000	19	30	30
13.000.000	23	35	50
26.000.000	27	40	50
über 26.000.000	30	43	50

Hinweis

Es handelt sich um einen sog. Vollmengentarif, d.h. bei Überschreiten der jeweiligen Wertstufe unterliegt der gesamte Erwerb dem jeweiligen Steuersatz; mit Einschränkungen nach § 19 Abs. 3 ErbStG, Näheres siehe § 3 Rdn 53. Bei Schenkungen sollte im Sinne einer Steuerersparnis darauf geachtet werden, dass die maßgebliche Wertstufe nicht (unnötig) überschritten wird.

17 *Halaczinsky*, Gestaltungen zur Steuerminderung bei der beschränkten Erbschaftsteuerpflicht unter Berücksichtigung des Steuerumgehungsbekämpfungsgesetzes, UVR 2017, 249.

18 Steuersätze ab 2010; Steuersätze in 2009 siehe § 3 Rdn 52.

4. Gängige Gestaltungen im Zusammenhang mit verwandtschaftsbedingten Besteuerungsmerkmalen

Bei Schenkungen können Schenker und Beschenkter die Zuwendung legal so gestalten, dass keine oder nur einer geringere Schenkungsteuer entsteht. Gängige Gestaltungen sind 21
- Kettenschenkungen
- Generationen überspringen
- Etappenschenkung.

Dazu kommen die Änderung der Verwandtschaftsverhältnisse wie z.B. durch Heirat, Adoption usw.

a) So genannte Kettenschenkung

Kettenschenkungen sind Zuwendungen, die über mehrere Personen als Zwischenstation laufen, d.h. der Erwerber erhält von mehreren Personen Schenkungen, die ursprünglich aus einer Quelle stammen. Solche Schenkungen über mehrere Stationen können infolge der unterschiedlichen Freibeträge und Tarife zu Steuereinsparungen beim Erwerber führen.[19] 22

Beispiel

V will seiner Tochter 800.000 EUR zukommen lassen.

Abwandlung:

V schenkt seiner Ehefrau 400.000 EUR. Nach einiger Zeit schenken V und M der Tochter jeweils 400.000 EUR.

Berechnung der Steuer der T bei „normaler" Schenkung

Schenkung 800.000 EUR

./. Freibetrag 400.000 EUR

stpfl. Erwerb 400.000 EUR

Steuerklasse I 15 % = 60.000 EUR

---

19 *Bruschke*, Risiken der Kettenschenkung vermeiden, ErbStB 2014, 261; *Baumgartner/Baumgartner*, Zur steuerlichen Behandlung von Kettenschenkungen, DStR 2014, 2153; *Mensch*, Die Kettenschenkung an das Schwiegerkind, notar 2015, 172; *Halaczinsky*, Grundstücksschenkung im Wege der Kettenschenkung: Optimale Ausnutzung der Freibeträge, UVR 2021, 274. BFH v. 6.5.2015 – II R 35/13, BFH/NV 2015, 1412 m.w.N.

Berechnung bei Kettenschenkung

Schenkung 400.000 EUR (von jedem Elternteil)

./. Freibetrag 400.000 EUR

stpfl. Erwerb 0 EUR

Steuerklasse I 0 EUR

Die Erbschaftsteuer beträgt somit 0 EUR. Gegenüber dem Grundfall ergibt sich eine **Steuerersparnis von 60.000 EUR**.

Weitere Kettenschenkungen:
- Schenkung an den Enkel
  Besser: Schenkung von beiden Elternteilen an das Kind je 400.000 EUR (Stkl I) und Weiterschenkung von den Eltern an ihr Kind (Enkel), statt zwei mal Freibetrag von 200.000 EUR zwei mal 400.000 EUR.
- Schenkung an das Kind des Schwagers (Stkl III)
  besser: Schenkung an Ehegatten (Stkl I), Weiterschenkung an das Geschwisterkind (Stkl II)
- Schenkung an den Schwiegersohn (Stkl II)
  besser: Schenkung an die Tochter (Stkl I), Weiterschenkung an deren Ehegatten (Stkl I)
- Schenkung an den Schwager (Stkl III)
  besser: Schenkung an den Ehegatten (Steuerklasse I), Weiterschenkung an den Bruder (Stkl II).

Der **Vorteil** liegt auf der Hand; der **Nachteil** ist, dass der/dem Zwischenbeschenkten selbst nichts mehr oder weniger (im Beispiel der Ehefrau nur noch 100.000 EUR) in den nächsten 10 Jahren steuerfrei geschenkt werden kann.

Hinweis

Grundsätzlich liegt in solchen Kettenschenkungen kein sog. Gestaltungsmissbrauch i.S.v. § 42 AO. Nach BFH[20] ist eine Kettenschenkung anzuerkennen, wenn die Zwischenschenkung eine zivilrechtlich wirksame Schenkung ist, insbesondere der Zwischenbeschenkte frei verfügen kann. Unschädlich ist dabei, dass
- der ursprünglich Zuwendende weiß oder damit einverstanden ist, dass der Bedachte den zugewendeten Gegenstand unmittelbar im Anschluss an die Schenkung an einen Dritten weiterschenkt. Wird ein Gegenstand in der Weise verschenkt, dass der erste Empfänger ihn unmittelbar darauf an einen Dritten weiterreicht, ist vom Finanzamt im Verhältnis Zuwendender/

20 BFH v. 28.7.2022 – II B 37/21, BFH/NV 2022, 1054; BFH 6.5.2015 – II R 35/13, BFH/NV 2015, 1412 m.w.N.; v. 18.7.2013 – II R 37/11; Beschl. v. 30.11.2011 – II B 6/11, BFH/NV 2012, 580; Urt. v. 10.3.2005 – II R 54/03, BStBl 2005 II, 413.

erster Empfänger zu prüfen, ob bereits zivilrechtlich eine Schenkung unmittelbar an den Dritten vorliegt);
- der zuerst Bedachte den geschenkten Gegenstand vor der sich unmittelbar anschließenden Weiterschenkung nicht tatsächlich als Eigentümer nutzen kann;
- Im Verhältnis erster Empfänger/zweiter Empfänger bzw. Dritter muss dem ersten Empfänger eine Dispositionsbefugnis über den Gegenstand verbleiben (fehlt es daran, liegt steuerrechtlich eine Schenkung unmittelbar an den Dritten vor).
- die Schenkung und die Weiterschenkung in einer oder in zwei zeitlich unmittelbar aufeinander folgenden notariellen Urkunden vereinbart wird. (Werden die beiden Verträge in einer Urkunde zusammengefasst oder in zwei unmittelbar aufeinanderfolgenden Urkunden abgeschlossen, muss sich die Dispositionsbefugnis eindeutig aus dem Vertrag oder den Umständen ergeben);
- zwischen den Schenkungen kein zeitlicher „Sicherheitsabstand" liegt.
- Eine Anwendung der Grundsätze des § 42 AO ist insoweit nicht zu befürchten.

Wird ein Vermögensgegenstand einer Person im Wege der Schenkung übertragen 23
und wendet diese den Vermögensgegenstand freigebig einem Dritten zu, ist für die Bestimmung des jeweiligen Zuwendenden und des jeweiligen Bereicherten darauf abzustellen, ob die weitergebende Person eine eigene Entscheidungsbefugnis bezüglich der Verwendung des geschenkten Gegenstands hatte. Erhält jemand als Durchgangs- oder Mittelsperson eine Zuwendung, die er entsprechend einer bestehenden Verpflichtung in vollem Umfang an einen Dritten weitergibt, liegt schenkungsteuerrechtlich nur eine Zuwendung aus dem Vermögen des Zuwendenden an den Dritten vor. Wegen der Verpflichtung zur Weitergabe besteht keine Bereicherung der Mittelsperson aus dem Vermögen des Zuwendenden; eine Schenkung der Mittelsperson an den Dritten kommt nicht in Betracht. In der Praxis sollte jeder Anschein einer „Weiterschenkungsverpflichtung" vermieden werden. Immer mit zu bedenken ist, dass bei Kettenschenkungen den Zwischenberechtigten die persönlichen Freibeträge ganz oder teilweise verloren gehen.

b) Überspringen einer Generation

Unter Überspringen einer Generation wird das (teilweise) Schenken an die über- 24
nächste Generation verstanden. Der **Vorteil** besteht darin, dass ein steuerpflichtiger Erbgang des gesamten Vermögens vermieden wird und damit erheblich ErbSt gespart werden kann. Insb. in Zeiten der immer älter werdenden Generationen besteht die Gefahr der mehrfachen vollen Besteuerung eines Nachlasses, z.B. 82-jähriger A vererbt alles an 80-jährige Ehefrau E, diese verstirbt nach 2 Jahren und vererbt alles an 60-jähriges Kind K. Durch Einbeziehung der Enkel und anderer jüngerer Verwandter, etwa im Rahmen einer Vorwegnahme der Erbfolge, kann in erheblichem Umfang ErbSt gespart werden (Kombination von Über-

springen einer Generation und Verteilung auf mehrere Köpfe)! Die **Nachteile** bestehen spiegelbildlich darin, dass die übersprungene Generation quasi enterbt wird (Pflichtteilsproblematik). Diese Gestaltung kann sinnvollerweise nur in Abstimmung mit den Beteiligten gemacht werden. Zur Absicherung der übersprungenen Generation bieten sich z.B. Vermächtnisse oder eine Nießbrauchkonstruktion und Schenkungen unter Widerruf an.

Hinweis

Schlägt die (ältere) Generation das Erbe aus, ist zu beachten, dass das, was bei einem **Erbverzicht als Abfindung** (von der nächsten Generation) gewährt wird, als **Schenkungen** unter Lebenden gilt!

c) Etappenschenkung

25 Unter Etappenschenkung ist das Ausnutzen des Wiederauflebens der Freibeträge nach 10 Jahren in Verbindung mit Ausnutzung der verwandtschaftsbedingten Merkmale zu verstehen (empfehlenswert besonders für Schenkung in Höhe der Freibeträge); d.h. Schenken im 10-Jahresturnus. Dazu in Zusammenhang mit **der Zusammenrechnung von Erwerben innerhalb von 10 Jahren gem. § 14 ErbStG** siehe § 3 Rdn 43.

Hinweis

Erfolgt nach Ablauf von 10 Jahren (= Etappenschenkung) eine weitere Schenkung oder der Erbfall, gibt es erneut den vollen persönlichen Freibetrag!

Beispiel

V hat S **2011** ein 1976 errichtetes Miethaus geschenkt. Der Grundbesitzwert soll 1.250.000 EUR betragen haben. 2011 ergab sich folgende Steuer (des Sohnes):

1.250.000 EUR ./. 400.000 EUR Freibetrag = 850.000 EUR mal 19 % = 16.150 EUR.

In **2023** schenkt V 400.000 EUR für einen An- und Umbau an das bzw. des Mietshaus(es).

Lösung

Die Schenkung 2023 bleibt steuerfrei, weil der persönliche Freibetrag von 400.000 EUR nach Ablauf von 10 Jahren wieder zu gewähren ist.

Abwandlung

Angenommen V hätte in **2020** 200.000 EUR für einen Anbau an das Miethaus geschenkt. Mit dem Anbau erhöht sich die vermietbare Wohnfläche um 60 qm × 5 EUR. Die (anteilige) Jahresmiete beträgt demnach 3.600 EUR. Der erhöhte (schenkungsteuerlich anzusetzenden) Bedarfswert beträgt 43.830 EUR (3.600 EUR × 12,5).

Lösung

Die Schenkungen 2011 von 1.250.000 EUR und von 2020 von 43.380 EUR sind zusammenzurechnen und der zuletzt geltende Freibetrag zu gewähren. Damit ergibt sich in 2021 ein steuerpflichtiger Erwerb von 1,293.380 EUR ./. 400.000 EUR = 893 380 EUR. Die Steuer beträgt insgesamt 19 % = 16.974 EUR.

Abwandlung

Angenommen in **2021** hätte V dem S das benachbarte, noch unbebaute Grundstück im Wert von 250.000 EUR geschenkt, käme eine Zusammenberechnung des Erwerbs in 2021 mit dem Erwerb von 2011 in Betracht. Grundsätzlich ergeben sich bei Schenkungen über einen 10-Jahreszeitraum hinweg (wie hier 2011–2021–2023) Besonderheiten bei der Steuerberechnung, denn der Erwerb 2021 ist auch Gegenstand der Zusammenrechnung mit dem Erwerb von 2023.[21] Der Wert der Vorschenkung, der mit der Schenkung 2023 zusammenzurechnen ist, ergibt sich aus dem zusammengerechneten steuerpflichtigen Erwerb von 2011 und 2021. Im Ergebnis ist von der sich für 2023 ergebenden Steuer die Steuer für die zusammengerechnete Schenkungen in 2011 und 2021 abzuziehen. Ein Berechnungsbeispiel finden Sie in H E 14.1 (4) ErbStH.

26 Ein weiterer Vorteil bei der Etappenschenkung liegt darin, dass evtl. Zinsen/Dividenden für die geschenkten Geldbeträge/Wertpapiere in der Vermögenssphäre des Beschenkten anfallen und dort keiner Schenkungsteuer und ggf. nur einer geringeren Einkommensteuerbelastung als beim Schenker unterliegen. Wirtschaftlich gesehen sind also nicht nur die Kapitalbeträge, sondern auch die darauf entfallenden Zinsen „geschenkt". Generell ist auch die Einkünfteverlagerung auf ein nicht oder nur gering verdienendes Kind bzw. auf einen potentiellen Erben oder sonst Bedachten eine Möglichkeit, Erbschaftsteuer zu sparen. Denn das dadurch beim Kind etc. entstehende Vermögen unterliegt später nicht mehr der ErbSt.

d) Schenkungen unter Ehegatten

27 Schenkungen unter Ehegatten und eingetragenen Lebenspartnern sind – unabhängig vom Güterstand[22] – grundsätzlich steuerbar, auch wenn sie im Hinblick und Ausgleich für Mitwirkung am Vermögen des anderen Ehegatten zugewendet

21 Berechnungsbeispiel in H E 14.1 (1) – (3) ErbStH; *Halaczinsky*, in: Daragan/Halaczinsky/Riedel, Praxiskommentar ErbSt und BewG, § 14 ErbStG Rn 12. BFH v. 2.3.2005 – II R 43/03, BStBl 2005 II, 728.

22 *Geck*, Eheliches Güterrecht und Steuerrecht, KÖSDI 2017, Nr. 4, 20242.

werden (sog. unbenannte Zuwendungen).[23] **Ausnahmsweise** sieht § 13 Abs. 1 Nr. 4a ErbStG eine für Ehegatten und Lebenspartnerschaften äußerst bedeutsame Steuerbefreiung vor, nämlich die Steuerfreiheit von unentgeltlichen Zuwendungen im Zusammenhang mit dem **selbst genutzten Familienheim**. Näheres dazu siehe § 3 Rdn 21 und Rdn 191.

28 Überträgt z.B. ein Ehegatte den Vermögensstand seines Einzelkontos/-depots unentgeltlich auf das Einzelkonto/-depot des anderen Ehegatten, liegt insoweit grds. eine Schenkung vor.[24]

Hinweis

Die Ehegatten können im Innenverhältnis – auch stillschweigend – eine Bruchteilsberechtigung des Ehegatten, der nicht Kontoinhaber ist, an der Kontoforderung vereinbaren. Dies wäre von ihnen nachzuweisen. Leisten etwa beide Ehegatten Einzahlungen auf ein Sparkonto und besteht Einvernehmen, dass die Ersparnisse beiden zugutekommen sollen, so steht ihnen die Forderung gegen die Bank im Innenverhältnis im Zweifel zu gleichen Anteilen zu.[25] Entsprechendes (Zurechnung nach Bruchteilen) gilt bei dem „Und"-Konto.

Zahlungen eines Ehegatten auf ein **gemeinsames Oder-Konto** kann das Finanzamt als freigebige Zuwendung an den anderen Ehegatten ansehen.[26] Zahlungen

---

23 *Christopeit*, Keine Schenkungsteuer bei Abfindung für den Verzicht auf Zugewinnausgleich, ZNotP 2022, 279; *Wachter*, Eheverträge und SchenkSt: Neue Gestaltungschancen, DB 2022, 828; *Billig*, Schenkungsteuer aufgrund ehevertraglicher Vereinbarungen, UVR 2020, 304; *Schneider/Weinberger*, Zuwendungen unter Ehegatten, UVR 2020, 15; *Stein*, Zuwendungen unter ausländischen Ehegatten – es lohnt ein zweiter Blick, ErbBstg 2021, 124.

24 Der zur Schenkungsteuer herangezogene Ehegatte trägt die Feststellungslast für Tatsachen, die der Annahme einer freigebigen Zuwendung entgegenstehen. Zu diesen Tatsachen zählen auch solche, die belegen sollen, dass dem bedachten Ehegatten das erhaltene Guthaben bereits vor der Übertragung im Innenverhältnis vollständig oder teilweise zuzurechnen war (BFH v. 29.6.2016 – II R 41/14, BStBl 2016 II, 865).

25 Vgl. BGH v. 19.4.2000 – XII ZR 62/98, NJW 2000, 2347 und in NJW 2002, 3702. Insoweit lägen in den Einzahlungen keine Schenkungen an den anderen Ehegatten vor, im Erbfall insoweit kein Erwerb vom anderen Ehegatten. Zur Beweisvorsorge sollte eine schriftliche Vereinbarung/ein Vermerk angefertigt werden.

26 Das Finanzamt trägt die Feststellungslast für die Tatsachen, die zur Annahme einer freigebigen Zuwendung erforderlich sind, also dafür, dass der nicht einzahlende Ehegatte über das auf den Einzahlungen des anderen Ehegatten beruhende Guthaben auf dem Oder-Konto zur Hälfte tatsächlich und rechtlich frei verfügen kann und damit durch die Zuwendung des hälftigen Guthabens bereichert ist, sowie dass die Zuwendung objektiv unentgeltlich ist, so BFH v. 23.11.2011 – II R 33/10, BStBl 2012 II, 473; ähnlich BFH v. 8.6.2021 – II R 23/19, BFH/NV 2022, 21.

auf ein Konto des anderen Ehegatten/Lebenspartners können Schenkungen sein.[27]

Ausgenommen von der Schenkungsbesteuerung sind natürlich **Zuwendungen aufgrund der gesetzlichen Unterhaltspflicht**, diese umfassen aber nicht darüberhinausgehende Vermögensvermehrungen. Zahlt der Alleinverdiener-Ehegatte die übrigen laufenden Unterhaltskosten für das im Alleineigentum des anderen Ehegatten stehende Haus, so handelt es sich um Unterhaltsleistungen nach §§ 1360, 1360a BGB.[28] 29

aa) Beendigung der Zugewinngemeinschaft

Bei der **Zugewinngemeinschaft**[29] bleibt das Eigentum an den Gegenständen der Ehegatten getrennt, ggf. kann es auch gemeinschaftliches Eigentum sein, z.B. das Familienheim je zur Hälfte. Als Zugewinngemeinschaft i.S.d. § 5 ErbStG wird auch die modifizierte Zugewinngemeinschaft anerkannt (R E 5.2 Abs. 2 ErbStR). Bei Beendigung der Zugewinngemeinschaft ist die dabei entstehende Zugewinnausgleichsforderung erbschaft-/schenkungsteuerfrei (§ 5 Abs. 1 ErbStG). Wird der Güterstand der Zugewinngemeinschaft in anderer Weise als **durch den Tod eines Ehegatten beendet** oder wird der Zugewinn nach § 1371 Abs. 2 BGB ausgeglichen (z.B. bei Scheidung), gehört die sog. güterrechtliche Ausgleichsforderung (§ 1378 BGB) nicht zu einem steuerpflichtigen Erwerb (§ 5 Abs. 2 ErbStG). Der gesetzliche **Güterstand der Zugewinngemeinschaft** unter Lebenden wird **i.A. durch die Vereinbarung der Gütertrennung aufgehoben**. Schädlich ist die Zuwendung/Verschaffung einer überhöhten Ausgleichsforderung (R E 5.2. Abs. 2 ErbStR, H E 5.2.ErbStH). Der Verzicht eines Ehegatten auf einen höheren Zugewinnausgleichsanspruch im Rahmen der ehevertraglichen Beendi- 30

27 Nach FG Hessen v. 18.6.2020 – 10 K 1204/18, ZEV 2020, 794 ist es grundsätzlich Sache der Steuerbehörde, die Realisierung des Steuertatbestandes der Schenkung darzutun und nachzuweisen. Die Beweislast kehrt sich jedoch um, wenn der objektive Geschehensablauf für das Vorliegen einer freigebigen Zuwendung spricht und sich ein Steuerpflichtiger auf einen inneren Vorbehalt bzw. auf eine ungewöhnliche Gestaltung oder einen ungewöhnlichen Geschehensablauf beruft, z.B. auf eine Darlehensgewährung, dazu FG Rheinland-Pfalz v.15.9.1994 – 4 K 2891/93, UVR 1995, 24.

28 BFH v. 17.12.2019 – VII R 18/17, BStBl 2020 II, 431. Die Zahlung der laufenden Kosten des von Ehegatten gemeinsam bewohnten Hauses durch den Alleinverdiener-Ehegatten stellt auch dann keine unentgeltliche Zuwendung i.S. des § 278 Abs. 2 Satz 1 AO an den anderen Ehegatten dar, wenn das Haus im Alleineigentum des anderen Ehegatten steht.

29 *Slabon*, Der Güterstand der Zugewinngemeinschaft, ErbBstg 2006, 174; *Carle*, Zugewinngemeinschaft im Zivil- und Steuerrecht – Probleme und Gestaltungsmöglichkeiten, KÖSDI 2006, Nr. 6, 1513; *Brudermüller*, Die Neuregelungen im Recht des Zugewinnausgleichs ab 1.9.2009, FamRZ 2009, 1185; *Gelhaar*, Die Zugewinngemeinschaft im Erbschaftsteuerrecht, ZErb 2016, 10, *Geck*, Gestaltungen im Rahmen des Güterstandes der Zugewinngemeinschaft – Chancen und Risiken, ZErb 2004, 21.

gung des Güterstandes der Zugewinngemeinschaft kann eine freigiebige Zuwendung i.S.d. § 7 Abs. 1 Nr. 1 ErbStG an den anderen Ehepartner sein.[30]

Hinweis

Auch bei Lebenspartnerschaften fällt die gesetzlich entstehende Ausgleichsforderung nicht unter § 7 ErbStG, d.h. sie ist nicht steuerbar.[31]

Zur Rechtslage bei der Zugewinngemeinschaft siehe noch Erläuterungen zur Anlage Erwerber in § 4 Rdn 49 ff.

31 Die Tatsache, dass es zivilrechtlich zulässig ist, den **Güterstand der Zugewinngemeinschaft** zu Lebzeiten aufzuheben und nach Zwischenschaltung einer – beliebig langen – Phase (es genügt aber auch nur ein Tag) der Gütertrennung (§ 1414 BGB) die Zugewinngemeinschaft erneut zu begründen, ist auch im Erbschaft- und Schenkungsteuerrecht zu beachten (sog. **Güterstandsschaukel**), siehe auch § 3 Rdn 40.[32] Deshalb ist der durch die ehevertragliche Beendigung des Güterstandes der Zugewinngemeinschaft entstehende Ausgleichsanspruch keine steuerpflichtige freigebige Zuwendung i.S.v. § 7 Abs. 1 ErbStG, sondern eine gem. § 5 Abs. 2 ErbStG nicht steuerbare Ausgleichsforderung.[33] Es kommt erbschaftsteuerlich zum sog. güterrechtlichen Zugewinnausgleich gem. § 5 Abs. 2 ErbStG. Beim güterrechtlichen Ausgleich liegt es weitgehend in dem Parteiwillen, ob und wie hoch die Zugewinnausgleichsforderung sein soll. Die danach entstehende und erfüllte Zugewinnausgleichsforderung (nach Verkehrswerten bemessen) bleibt erbschaftsteuerfrei.[34] Die Ausgleichsforderung ist nach zivilrechtlichen Werten und nicht nach Steuerwerten zu berechnen, d.h. keine Kürzung im Verhältnis Steuerwert/Verkehrswert (sog. güterrechtliche Lösung). Wird im Rahmen des Güterstandswechsels einem Ehepartner eine überhöhte Ausgleichsforderung dergestalt verschafft, dass der Rahmen einer güterrechtlichen Vereinbarung überschritten wird bzw. die tatsächliche Ausgleichsforderung den vorgesehenen Betrag übersteigt, liegt insoweit eine Schenkung vor.[35] Gleiches gilt, wenn ein Ehegatte auf einen höheren Zugewinnausgleichsanspruch im Rahmen der ehevertraglichen Beendigung des Güterstandes der Zugewinngemeinschaft verzichtet.

30 Hessisches FG v. 15.12. 2016 – 1 K 199/15, EFG 2017, 871.

31 Zu steueroptimalem Ausgleich siehe *Jülicher*, Erbschaftsteuergünstiger Vermögensausgleich unter registrierten Lebenspartnern, ZErb 2003, 304.

32 BFH v. 12.6.2005 – II R 29/02, BStBl 2005 II, 843, ZErb 2005, 419 mit Anm. *Everts*; BGH v. 1.4.1998 – XII ZR 278/96, NJW 1998, 1857; *Beckervordersandfort/Beckervordersandfort*, Steuerliche Gestaltung und Asset Protection durch Eheverträge, ZErb 2014, 43; *Kieser*, Der Güterstandswechsel als Gestaltungsmittel, ZErb 2013, 49; *Wachter*, Aktuelle Entwicklungen bei der Güterstandsschaukel, FR 2020, 816.

33 H E 5.2 ErbStH; BFH v. 12.7.2005 – II R 29/02 BFH/NV 2005, 2127; FG Köln v. 4.6.2002 – 9 K 5053/98, EFG 2002, 1258.

34 Eine gestundete Zugewinnausgleichsforderung ist mit dem gemäß § 12 Abs. 3 BewG abgezinsten Kapitalbetrag anzusetzen.

35 BFH v. 28.6.1989 – II R 82/86, BStBl 1989 II, 897.

Hier kann eine freigiebige Zuwendung i.S. des § 7 Abs. 1 Nr. 1 ErbStG an den anderen Ehepartner vorliegen.[36]

Mit der **neuen Vereinbarung der Zugewinngemeinschaft beginnt diese neu,** d.h. mit dem dann aktuellen Anfangsvermögen, z.B. bei dem einen Ehegatten mit dem durch den Erhalt der Ausgleichsforderung vermehrten Vermögen. **Vorteil:** Die Einschränkungen der erbrechtlichen Lösung sind nicht anzuwenden (§ 5 Abs. 1 Satz 2–4 ErbStG). Ein zivilrechtlich möglicher rückwirkender Wechsel des Güterstandes ist steuerlich anzuerkennen. **Risiken:** z.B. Scheidung, unerwarteter Tod, Undankbarkeit des/der Berechtigten, bei Übertragung von Betriebsvermögen evtl. Aufdeckung stiller Reserven. Da die Zuwendung der Ausgleichsforderung eine familienrechtliche Grundlage hat, kann auch grds. keine anfechtbare Schenkung i.S.d. AnfG vorliegen. Ein Gestaltungsmissbrauch nach § 42 AO kommt dabei – unabhängig von der Frage nach dessen Anwendbarkeit – nicht in Betracht, wenn für das Vorgehen beachtliche außersteuerliche Gründe bestehen. Der sog. **fliegende Güterstandswechsel** (ohne notarielle Beendigung des Güterstands der Zugewinngemeinschaft) ist steuerlich unbeachtlich, d.h. die dargestellten Vorteile des § 5 ErbStG treten nicht ein.

bb) Vorzeitiger Zugewinnausgleich

Der **vorzeitige Zugewinnausgleich** bei fortbestehender Zugewinngemeinschaft ist zunächst als steuerbare Schenkung anzusehen (H E 5.2 ErbStH). Die Zugewinngemeinschaft endet erst mit Rechtskraft des Scheidungsurteils, nicht schon mit Getrenntleben u.Ä. Vereinbaren Ehegatten freiwillig einen vorzeitigen Ausgleich des bisher erzielten Zugewinns ohne den gesetzlichen Güterstand zu beenden, ist die dadurch begründete Ausgleichsforderung als steuerbare unentgeltliche Zuwendung zu erfassen (gem. § 7 Abs. 1 Nr. 1 ErbStG, H E 5.2 ErbStH); z.B. in Zeile 59 oder bei Grundstücksübertragung in Zeile 37. 32

Hinweis

Haben sich die Ehegatten während der Ehe Vermögensgegenstände im Hinblick auf den späteren Zugewinnausgleich zugewendet, und wurde diese Zuwendung zunächst besteuert, erlischt nach § 29 Abs. 1 Nr. 3 ErbStG die dafür erhobene Erbschaftsteuer mit Wirkung für die Vergangenheit, dazu H E 5.2 ErbStH.

Der ursprüngliche Steuerbescheid ist zu ändern oder ganz aufzuheben, die überzahlte Steuer ist zu erstatten.

Zuwendungen infolge von Scheidungen, Ausgleich von Scheidungsfolgen sind i.d.R. keine Schenkungen. Verzichtet ein Ehegatte im Zuge von Vermögensübertragungen vor der Scheidung auf den **nachehelichen Unterhalt,** hat dieser Verzicht keinen Geldwert, d.h. er ist nicht als Gegenleistung für die Vermögensüber- 33

36 Hessisches FG v. 15.12.2016 – 1 K 199/15, EFG 2017, 871.

tragung anzusehen. Das hat wiederum zur Folge, dass die Vermögensübertragung insoweit als unentgeltliche Zuwendung zu versteuern ist.[37] **Spätere Zuwendungen** aufgrund von Scheidungsvereinbarungen vor bzw. zu Beginn der Ehe sind **Schenkungen**.

Eine **Ausnahme** gilt nach BFH bei sog. **Bedarfsabfindungen**.[38] Der BFH hat entschieden, dass später **keine freigebige Zuwendung** vorliegt, wenn **zukünftige Eheleute** die Rechtsfolgen ihrer Eheschließung **umfassend individuell regeln** und für den Fall der Beendigung der Ehe Zahlungen eines Ehepartners in einer bestimmten Höhe vorsehen, die erst zum Zeitpunkt der Ehescheidung zu leisten sind („Bedarfsabfindung"). Wird ein derartiger Vertrag abgeschlossen, der nach Art eines Gesamtpakets alle Scheidungsfolgen regelt, könne dieses Paket lt. BFH nicht in Einzelleistungen aufgeteilt und eine der Einzelleistungen der Schenkungsbesteuerung unterworfen werden. Trete der Fall der Scheidung dann tatsächlich ein, erfolge die Zahlung des vorab vereinbarten Betrages in Erfüllung dieser Vereinbarung (also nicht freigebig).

Eine solche **Bedarfsabfindung zu Beginn der Ehe sollte lt. BFH** einen indexierten Zahlungsanspruch für den Fall einer Scheidung enthalten, bei Bestand der Ehe von einer bestimmten Laufzeit (z.B. 15 Jahren) in einer bestimmten Höhe bestehen und zudem sollte vereinbart werden, dass sich der Zahlungsanspruch bei einer Ehescheidung vor Ablauf der Frist pro rata temporis vermindert. Wird dagegen „nur" eine pauschale Bedarfsabfindung vereinbart, liegen in den daraus resultierenden Zuwendungen Schenkungen vor.

cc) Zuwendungen bei Gütertrennung

34 Die Vereinbarung der Gütertrennung selbst ist keine Schenkung. Verzichtet der betreffende Ehegatte dabei vor Vereinbarung der Gütertrennung auf den Zugewinnausgleich, liegt in dem Verzicht noch keine Zuwendung, die besteuert werden könnte.[39] Anstelle des Verzichts bestünde auch die Möglichkeit, die Ausgleichsforderung teilweise unter eine aufschiebende Bedingung zu stellen. Dann würde sie zzt. nicht entstehen (§§ 4, 6 BewG). Die Finanzverwaltung betrachtet nach R E 5.2 Abs. 1 Satz 2 ErbStR nur den Verzicht auf die geltend gemachte (also

---

37 BFH v. 12.7.2005 – II R 29/02, BStBl 2005 II, 84.

38 BFH v. 1.9.2021 – II R 40/19, BStBl 2023 II, 146. Die Finanzverwaltung beschränkt die Anwendung der Rspr. des BFH zur Beurteilung von Abfindungszahlungen im Scheidungsfall als nicht steuerbare Schenkungen auf den entschiedenen Einzelfall; d.h. normalerweise sind Abfindungszahlungen aufgrund von Vereinbarungen etwa für den Fall einer Scheidung steuerbare Schenkungen (Gleich lautende Ländererlasse v. 13.10.2022, BStBl 2023 I, 203). Zum Thema *Heinrichshofen*, Bedarfsabfindung im Ehevertrag und freigebige Zuwendung, ErbStB 2022, 109; *Münch*, Keine freigebige Zuwendung bei sog. Bedarfsabfindungen für den Scheidungsfall, ZEV 2022, 165; *Wachter*, Eheverträge und SchenkSt: Neue Gestaltungschancen, DB 2022, 828.

39 BFH v. 28.6.2007 – II R 12/06, BStBl 2007 II 789.

entstandene) Ausgleichsforderung als Schenkung an den ausgleichspflichtigen Ehegatten.

Leben Eheleute im Güterstand der Gütertrennung, sind sie Inhaber **getrennter Vermögensmassen**, die sich im Verlauf der Ehe unterschiedlich entwickeln können. Ein steuerfreier Ausgleich entstandener Vermögensdisparitäten ist, obgleich die Eheleute als Lebensgemeinschaft auch eine Erwerbs- und Wirtschaftsgemeinschaft bilden, nicht möglich. Vielmehr unterliegen gegenseitige Ausgleichsleistungen selbst als sog. unbenannte oder ehebedingte Zuwendungen der Schenkungsteuer, auch wenn sie lediglich darauf abzielen, den Empfänger angemessen an den Früchten des ehelichen Zusammenwirkens zu beteiligen.[40] Nichts anderes gilt für Geldzuwendungen, die steuerliche Vorteile ausgleichen sollen, die ein Ehegatte i.R.d. einkommensteuerlichen Zusammenveranlagung erzielen konnte. Sie stellen auch dann freigebige Zuwendungen dar, wenn es um den Ausgleich von Steuervorteilen geht, die dadurch eingetreten sind, dass der andere Ehegatte negative Einkünfte erzielt hatte, die der Zuwendende im Wege des Verlustausgleichs mit eigenen positiven Einkünften verrechnen konnte. Dass der mit der Ausgleichszuwendung bedachte Ehegatte die eigenen Verluste nach der Verrechnung mit den positiven Einkünften des Ehegatten künftig nicht mehr für einen Verlustausgleich mit eigenen positiven Einkünften nutzen kann, ändert an dieser Beurteilung zumindest solange nichts, als sich dieser Nachteil nicht durch die Erzielung eigener Einkünfte in entsprechender Höhe konkretisiert hat. Zuvor besteht keine Rechtspflicht des Ehegatten, der die Steuerersparnis erzielt hat, zu Ausgleichsleistungen an seinen Ehepartner. Wegen der Nachteile wird in der Praxis aus erbschaftsteuerlicher Sicht stattdessen die **modifizierte Zugewinngemeinschaft empfohlen**, nach der der Zugewinnausgleich nur für den Fall ausgeschlossen wird, in dem die Ehe anders als durch Tod endet. Die steuerlichen Vorteile der Zugewinngemeinschaft bleiben bei Erwerben von Todes wegen voll erhalten. Im Fall der Scheidung gibt es i.d.R. keinen unentgeltlichen Zugewinnausgleich. 35

e) Schenkungen an Kinder

Kinder können von ihren Eltern (also von jedem Elternteil) **steuerfrei** 400.000 EUR (bis 2008 205.000 EUR), von Großeltern 4 x 200.000 EUR (bis 2008 4 × 51.200 EUR) oder sogar 400.000 (bis 2008 205.000 EUR), wenn die Eltern der Kinder (= Kind der Großeltern) schon verstorben sein sollten, von Onkel, Tante, Geschwistern je 20.000 EUR (bis 2008 10.300 EUR), von weiter entfernten Verwandten und nicht verwandten Personen 20.000 EUR (bis 2008 5.200 EUR) erwerben, bei Erwerben von Todes wegen kann noch ein **Versorgungsfreibetrag** dazukommen; siehe § 3 Rdn 34 f. Die Freibeträge leben alle 10 Jahre wieder auf (§ 14 ErbStG). 36

40 Grundlegend BFH v. 2.3.1994 – II R 59/92, BStBl 1994 II, 366.

37 Häufig legen Eltern ein **Sparbuch/Sparkonto** auf den Namen eines Minderjährigen an, z.B. zur Ausnutzung der einkommensteuerlichen Freibeträge für Kapitalvermögen. I.A. liegt darin noch keine Geldschenkung, insbesondere wenn die Eltern sich vorbehalten, im Verhältnis zur Bank Gläubiger zu bleiben.[41] Legt nämlich jemand Geld auf den Namen eines anderen an, kommt es für die Annahme einer Schenkung auf den für die Bank erkennbaren Willen des Einzahlenden an.[42] Spätestens wenn dem Kind das Sparbuch ausgehändigt oder ihm die Verfügungsmacht unwiderruflich erteilt wird, ist eine Schenkung anzunehmen.[43] Soll die vorbehaltene Verfügungsbefugnis erkennbar nur auf dem elterlichen Sorgerecht beruhen, liegt schon vorher eine Schenkung vor.[44] Indiz für bzw. gegen Schenkung ist auch die einkommensteuerliche Behandlung der Zinsen.[45] Am besten sollten klare Verhältnisse geschaffen werden, z.B. durch Erklärung gegenüber der Bank, dass „Inhaber des Sparbuchs das Kind NN, gesetzlich vertreten durch die Eltern NN" ist. Angenommen der Vater hätte einen größeren Betrag auf ein auf den Namen eines Kindes lautendes Sparbuch angelegt und verstirbt, wäre ein von ihm verwahrtes Sparbuch ohne klare Regelung seinem Nachlass zuzurechnen.[46]

Hat der (potentielle) Erblasser zur Bestreitung der Grabpflegekosten ein Sparguthaben angelegt und mit dem Geldinstitut vereinbart, dass dieses oder ein Dritter während der Pflegedauer über das Guthaben verfügungsberechtigt ist, gehört das Guthaben zum Nachlass und damit zum Erwerb des Erben.[47]

f) Eingetragene Lebenspartnerschaften, gleichgeschlechtliche Ehe

38 Eingetragene Lebenspartner(-innen) werden zivilrechtlich und auch erbschaftsteuerlich wie Ehegatten behandelt. Auch nach Einführung der Ehe für gleichgeschlechtliche Partner bleiben eingegangen Lebenspartnerschaften bestehen.

---

41 OLG Düsseldorf v. 22.3.2002 – 5U 249, ZErb 2003, 188.

42 BGH v. 9.2.1972 – VIII ZR 128/70, WM 1972, 383; FG Düsseldorf v. 27.7.2005 – 4 K 2596/03 Erb, ErbStB 2006, 306 m. Komm. *Günther*; BFH v. 23.11.2011 – II R 33/10, BStBl 2012 II, 473 = ErbStB 2012, 168 mit Komm. *Esskandari/Bick*.

43 Eine mündlich vereinbarte Schenkung ist – oder wird – trotz des Formmangels wirksam, wenn sie vollzogen („bewirkt") wird (§§ 518 Abs. 2, 2301 Abs. 2 BGB). Grds. wird die Schenkung eines Sparbuchguthabens wird nicht durch Übergabe des Sparbuchs, sondern durch Abtretung des Anspruchs auf Auszahlung des Guthabens gegen die Bank vollzogen (OLG Karlsruhe v. 8.1.2019 – 9 U 5/17, ZEV 2019, 287 zu einem Fall, in dem ein Vater ein Sparbuch auf seinen Namen angelegt und einer von zwei Töchtern übergeben hatte. *Esskandari/Bick*, Schenkung eines Sparbuchs, ErbStB 2019, 167).

44 BFH v. 24.3.1990 – VII R 170/83, BStBl 1990 II, 539.

45 BFH v. 3.11.1976 – VIII R 170/74, BStBl 1977 II, 206.

46 Allgemein: *Halaczinsky*, Schenkung- und erbschaftsteuerliche Aspekte bei Kapitalanlagen – Besteuerungsgefahren bei Transaktionen und Übertragungen, ErbStB 2013, 226.

47 Näheres H E 10.7. ErbStH.

g) Nichteheliche Lebensgemeinschaften

Nichteheliche Lebenspartner(-innen) (auch Verlobte) werden zivilrechtlich und auch erbschaft-/schenkungsteuerlich wie fremde Dritte behandelt (§ 3 Rdn 50).[48] Bei Zuwendungen zwischen Partnern von nichtehelichen und nicht eingetragenen Lebensgemeinschaften handelt es sich üblicherweise (mangels sonstigen Rechtsbindungswillen) um freigiebige Zuwendungen i.S.d. Schenkungsteuerrechts, z.B. bei Einzahlungen auf ein Gemeinschaftskonto („Oder"-Konto).[49] Beim gemeinsamen Konsum, z.B. Reise, den nur ein Partner bezahlt, liegt wohl keine Schenkung vor.[50] Dabei gilt nur ein Freibetrag von 20.000 EUR (innerhalb von 10 Jahren). Bei gemeinschaftlichem Erwerb von Vermögensgegenständen entsteht Miteigentum, Gesamthandseigentum oder Bruchteilseigentum. Bei Auseinandersetzung infolge Trennung ist nur die Aufteilung nach Eigentumsanteilen unschädlich. Bekommt einer einen Mehrausgleich, liegt insoweit schon eine Schenkung vor. 39

Beispiele (zu nicht eingetragenen Lebenspartnerschaften)

Fall 1: Lebenspartnerin nimmt 60.000 EUR Kredit auf, Lebenspartner kauft dafür Pkw auf seinen Namen. Es kann eine Pkw-Schenkung an Lebenspartner vorliegen. Lebenspartnerin bekommt bei Trennung den Pkw bzw. ist Erbin des Pkw.

Folge: Sie muss bei unentgeltlicher Rückgabe im Zweifel ggf. Schenkung-/Erbschaftsteuer zahlen.

Fall 2: Lebenspartner kauft Lebenspartnerin eine Eigentumswohnung. ETW wird auf die Lebenspartnerin eingetragen (schenkungsteuerpflichtig). Im Fall der Trennung gibt Lebenspartnerin die Wohnung unentgeltlich zurück.

Folge: schenkungsteuerpflichtige Rückschenkung

Fall 3: M verspricht F, mit der er in nichtehelicher Partnerschaft lebt, im Fall der Trennung Hypotheken für Grundstücke der F, die diese während der

---

48 Nach BFH v. 30.8.2016 – II B 100/15, BFH/NV 2017, 39 ist es verfassungsrechtlich nicht zu beanstanden, dass der überlebende Partner einer nichtehelichen Lebensgemeinschaft erbschaftsteuerrechtlich nicht wie ein Ehegatte oder eingetragener Lebenspartner behandelt wird. *Boving*, Die nicht eheliche (faktische) Lebensgemeinschaft im Erbfall, ZErb 2020, 309.

49 Allerdings soll das bloße Mitwohnenlassen noch keine Schenkung sein, siehe FG München v. 13.4.2005 – 4K 4430/01, EFG 2005, 1727; *Cornelius/Loleit*, Die Wohnleihe, ErbStB 2014, 223.

50 So FG Hamburg v. 12.6.2018 – 3 K 77/17, EFG 2018, 1559 – Keine Schenkungsteuer bei gemeinsamer Luxus-Kreuzfahrt. Offengelassen durch BFH v. 16.9.2020 – II R 24/18, BStBl 2021 II, 621. Bei der Übernahme der Kosten für die Luxus-Kabine und die auf dem Bordkonto gebuchten Ausflüge, Restaurant-, Frisör-, Spa- und Fitnessleistungen handele es sich jeweils um einzelne und voneinander zu unterscheidende selbstständige Leistungen. Jede Leistung ist auf ihre Freigebigkeit zu prüfen.

Partnerschaft erworben hat, zu übernehmen. M trennt sich, F stirbt, M tilgt dann die Hypotheken. Tochter wird zur Schenkungsteuer für die Zuwendung in Höhe der Hypotheken in Anspruch genommen.

Folge: Schenkungssteuerbar als Geldzuwendung, da Ausgleichungen aus nichtehelichen Partnerschaften gesetzlich nicht vorgesehen und daher freigiebig sind, und Grundstücksschenkung nicht vereinbart war.

40 Als Alternativen zu steuerbaren Schenkungen oberhalb der persönlichen Freibeträge kommen u.a. entgeltliche Vermögenstransfers, z.B. Zuwendungen zu Lebzeiten durch Werk- oder Dienstverträge in Betracht, z.B. für Mitarbeit im Betrieb, für Pflege, dann aber einkommensteuerpflichtig. Eine andere Möglichkeit wäre der geschickte Einsatz von Kapitallebens-, Risikolebens- und Rentenversicherung. Soll der/die Lebensgefährte/in durch eine Lebensversicherung abgesichert werden, ist es vorteilhaft, die abzusichernde Person als Versicherungsnehmer/in vorzusehen und die andere Person als versicherte Person. Im Todesfall der versicherten Person erhält die überlebende Person die Versicherung aufgrund eigenen Anspruchs (schenkungsteuerfrei!). Hat der Erblasser seine Lebensgefährtin veranlasst, ihren Namen für das in Wahrheit von ihm aufrechterhaltene Unternehmen herzugeben und werden sodann die Firmenkredite von ihr im eigenen Namen aufgenommen, können die Kreditaufnahme und die Bestimmung der Lebensgefährtin zur widerruflich Bezugsberechtigten aus Lebens- und Kapitalunfallversicherungen, die der Erblasser auf Betreiben der Kredit gebenden Bank abschließen musste, in einem Verhältnis von Leistung und Gegenleistung gestanden haben. Bei Vorliegen eines dafür erforderlichen Grundgeschäfts stellt die Auszahlung der Versicherungssummen auf Konten der Lebensgefährtin bei der Bank, der die Gelder zur Tilgung der Darlehen dienen, keinen Erwerb von Todes wegen gem. § 3 Abs. 1 Nr. 4 ErbStG dar.[51] Möglich ist auch die Übertragung von ggf. bewertungsgünstigeren Objekten, z.B. Grundstücke verbunden mit Schulden oder Lasten, z.B. Vermächtnis zugunsten eines Kindes. Ggf. kämen eine Steuerbefreiung z.B. wegen Unterhaltsleistungen (vgl. § 13 Abs. 1 Nr. 12 ErbStG) oder für Gelegenheitsgeschenke (vgl. § 13 Abs. 1 Nr. 14 ErbStG) in Betracht.

Hinweis

Zur Vermeidung von steuerlichen und zivilrechtlichen Nachteilen in den Beispielsfällen 1–3 sollten generell alle Zuwendungen schriftlich abgefasst und entsprechende Widerrufs- oder Rückforderungsrechte vereinbart werden; Rückgabe bei Trennung, Insolvenz oder Straftat des Partners/der Partnerin und dgl.[52]

---

51 BFH 4.8.1999 – II B 59/99, BFH/NV 2000, 190.

52 Zu steueroptimalen Übertragungen siehe *Sauren*, Steueroptimale Übertragung von Immobilienvermögen zwischen nichtehelichen Lebenspartnern, ZErb 2001, 129.

h) Zuwendungen an Gesamthandsgemeinschaften

Zuwendungen an Gesamthandsgesellschaften und andere Personengesellschaften (vermögensverwaltende Personengesellschaften) sind erbschaftsteuerliche Zuwendungen an die entsprechenden Gesellschafter, selbst wenn die Gesellschaft aufgrund partieller Rechtsfähigkeit am Erwerbsvorgang beteiligt ist.[53] Umgekehrt sind bei einer Schenkung **von einer** Gesamthandsgemeinschaft für die Schenkungsteuer die Gesamthänder als vermögensmäßig entreichert anzusehen![54] 41

Beispiel 1

V will seinem Sohn, der 100 % Gesellschafter einer KG ist, für die KG Geld zuwenden. Er wendet das Geld zur Stärkung des Kapitals der KG zu. Schenkungsteuerlich liegt eine Schenkung an den Sohn vor. Ebenso bei Verbuchung der Einlage in das Rücklagenkonto der KG.

Lösung: Eine verdeckte Einlage einzelner Gesellschafter in eine Personengesellschaft führt zu einer freigebigen Zuwendung nach § 7 Abs. 1 Satz 1 ErbStG zugunsten der übrigen Gesellschafter, wenn sie ohne Gegenleistung oder gesellschaftsrechtliche Veranlassung erfolgt.

Beispiel 2

Eine Personengesellschaft ist zivilrechtliche und wirtschaftliche Eigentümerin der Anteile an einer Kapitalgesellschaft. Die Kapitalgesellschaft schüttet Gewinne an die Personengesellschaft aus. Im Einvernehmen aller Gesellschafter fließt der Ausschüttungsbetrag allein einem Gesellschafter persönlich zu.

Lösung: Gewinnausschüttungen einer derartigen Gesellschaft stehen ertragsteuerlich ausschließlich dem Gesamthandsvermögen der Personengesellschaft zu, auch wenn die Auszahlung im Einvernehmen aller Gesellschafter direkt an einen Gesellschafter erfolgt. Fließt der Ausschüttungsbetrag im Einvernehmen aller Gesellschafter allein einem Gesellschafter persönlich zu, liegt hierin jeweils eine freigebige Zuwendung jedes einzelnen Gesellschafters i.S.d. § 7 ErbStG an den begünstigen Gesellschafter in dem Umfang, der nicht dem vereinbarten Gewinnverteilungsschlüssel für die Personengesellschaft betrifft.[55]

Führt ein Gesellschafter dem Gesellschaftsvermögen einer KG im Wege einer Einlage ohne entsprechende Gegenleistung einen Vermögenswert zu, der hinsichtlich der Höhe über den aufgrund seiner Beteiligung an der KG geschuldeten Anteil hinausgeht (**disquotale Einlage**), kann eine freigebige Zuwendung des 42

53 BFH v. 14.9.1994 – II R 95/92, BStBl 1995 II, 81; FG Baden-Württemberg v. 1.3.2017 – 7 V 2515/16, EFG 2017, 734 mit ausführlicher Begründung.

54 BFH v. 5.2.2020 – II R 9/17, BStBl 2020 II, 658; v. 30.8.2017 – II R 46/15, BStBl 2019 II, 38.

55 FG Rheinland-Pfalz v. 7.10.2021 – 4 K 1274/20, EFG 2022, 278.

Gesellschafters an einen anderen Gesellschafter vorliegen. Die Zuwendung erfolgt freigebig, wenn der einbringende Gesellschafter von dem anderen Gesellschafter keine entsprechende Gegenleistung erhält.[56] Nimmt ein Gesellschafter an einer Kapitalerhöhung nicht im vollen Umfang des ihm zustehenden Bezugsrechts teil und lässt er dieses Bezugsrecht insoweit verfallen, kann dieser Verzicht als steuerbare Zuwendung i.S.d. § 7 Abs. 1 Nr. 1 ErbStG an den an der Kapitalerhöhung Teilnehmenden zu qualifizieren sein.[57] Verzichtete ein Vater auf die Teilnahme an einer Kapitalaufstockung des Stammkapitals von 27.000 EUR auf 554.500 EUR, verringerte sich die Beteiligungsquote des Vaters. Die Kinder versprachen den Eltern zum Ausgleich des (errechneten) Wertverlustes lebenslängliche Zahlungen. Das FA erblickte in Höhe des den Wertausgleich übersteigenden Betrags eine gemischte Schenkung an die Söhne.[58] Zur **Beteiligung an den offenen und stillen Reserven einer Personengesellschaft** einer **überhöhten Gewinnbeteiligung** oder **Ausscheiden gegen zu geringe Abfindung** siehe noch § 7 Abs. 5, 6[59] und 7[60] ErbStG und R E 7.8 – 10 ErbStR.

Zur Schenkung unter Beteiligung von **Kapitalgesellschaften** und Genossenschaften siehe R E 7.5 ErbStR; Rdn 46.

43 Schenkungen von **Anteilen an vermögensverwaltende Personengesellschaften** gelten nach § 10 Abs. 1 Satz 4 ErbStG; R E 10.4 ErbStR als Schenkung der anteiligen Wirtschaftsgüter der Gesellschaft, z.B. als anteilige Grundstücksschenkung ggf. mit anteiligem Übergang der darauf beruhenden Schulden und Lasten! Der BFH[61] sieht in der Vorschrift nur eine Bewertungsregelung für Schenkungen. Aus der Vorschrift des § 10 Abs. 1 Nr. 4 ErbStG lassen sich keine Kriterien für die Auslegung des § 13a Abs. 4 Nr. 3 ErbStG entnehmen. D.h., ein Gesellschafter einer (vermögensverwaltenden) Personengesellschaft ist nicht über § 10 Abs. 1 Nr. 4 ErbStG allein deshalb unmittelbar an einer Kapitalgesellschaft beteiligt, weil die Personengesellschaft ihrerseits Gesellschafterin der Kapitalgesellschaft ist (R E 13b.6 Abs. 2 Satz 2 ErbStR, H E 10.4 ErbStH).

---

56 BFH v. 5.2.2020 – II R 9/17, BStBl 2020 II, 658.

57 FG Baden-Württemberg v. 24.6.2020 – 7 K 2352/17, EFG 2020, 1784.

58 Vgl. BFH v. 30.5.2001 – II R 6/98, BFH/NV 2002, 26 = erfolgt ein offensichtlich unzureichender Wertausgleich, kann dies dementsprechend auch zu einer gemischten Schenkung führen.

59 *Werner*, Die disquotale Verteilung von Gesellschafterrechten, NWB 2019, 959.

60 Dazu BFH v. 17.11.2021 – II R 21/20, BStBl 2022 II, 500 und v. 6.5.2020 – II R 34/17, BStBl 2020 II, 744 zum Erwerb eines Geschäftsanteils durch Pooltreuhänder – Schenkungsteuer im Managermodell.

61 BFH v. 11.6.2013 – II R 4/12, DStR 2013, 1536.

i) Familienpool

Ein beliebtes Gestaltungsmittel der Notare bei einem gleitenden Übergang von Grundvermögen ist der Familienpool,[62] der es erlaubt, die Grundsätze „rechtzeitig schenken“ und „gut verteilen“ mit der Erhaltung der weiteren Verfügungsmacht des Zuwendenden zu verbinden. Der Familienpool kann auch als Alternative zu Nießbrauchsgestaltungen eingesetzt werden. In der Regel werden hierzu die GbR oder die KG verwendet, in die insbesondere die Eltern (potentielle Erblassergeneration) Vermögen einlegen und Kinder (potentielle Erbengeneration) beteiligt werden. Hierbei werden häufig gegenläufige Beteiligungs- und Gewinnbezugsrechte vereinbart; z.B. Kind wird zu 95 % beteiligt, erhält aber nur 5 % Gewinnbeteiligung. Statt der hohen Gewinnbeteiligung könnte sich die ältere Gesellschafterseite auch ein unbegrenztes Entnahmerecht der ungebundenen Liquidität einräumen lassen, so dass die Ertragsteuerbelastung besser gesteuert werden kann. 44

Beispiel

Fabrikant F möchte sein Grundvermögen bei Lebzeiten langsam auf seine Kinder, Sohn S und Tochter T, übertragen, ohne sich voll in die Hand seiner Kinder zu begeben. Sein Freund Notar N rät zu Folgendem:

F, S und T gründen eine Grundstücks-GbR, in die das Grundvermögen eingebracht wird. Die Geschäftsführung und der höhere Gewinnanteil liegen bei F. Nach Fs späteren Ableben soll die ältere Tochter die Geschäftsführung übernehmen. Im Grundbuch werden alle in eine Gesellschaft bürgerlichen Rechts eingetragen. Gegebenenfalls können die Grundstücke zuvor noch mit einem Nießbrauch zugunsten des F belastet werden. In dem Gesellschaftsvertrag können z.B. Limitierung des Gesellschaftervertrags, eingeschränktes Kündigungsrecht, eingeschränkte Vererbungsregeln u.Ä. vereinbart werden.

Noch vorteilhafter wäre der Familienpool mit der Enkelgeneration, da ein erbschaftsteuerpflichtiger Zwischenerwerb entfällt.

Lösung

S und T sind nach der BFH-Rechtsprechung und Verwaltungsauffassung Empfänger der Zuwendung, hier anteilig des Grundvermögens.[63] Dies hat

62 *Zu Fragstein und Niemsdorff*, Immobilien im Privat- und Betriebsvermögen in der steuerlichen Nachfolgeberatung – Gestaltungsüberlegungen für eine steueroptimierte Übertragung, NWB 2019, 793; *Demuth*, Der Immobilienpool, NWB-EV 2017, 134; *Wälzholz*, Vorweggenommene Erbfolge: Die richtige Gestaltung des Familienpools, BBEV 2007, 171; *Langenfeld*, Stufenweise vorweggenommene Erbfolge in ein Grundstück durch Gründung einer Familiengesellschaft bürgerlichen Rechts, ZEV 1995, 157; *Landsittel/Tanck*, Gestaltungsmöglichkeiten bei Erbfällen und Schenkungen, ZErb 2002, 112.

63 BFH v. 14.9.1994 – II R 95/92, BStBl 1995 II, 81; soweit den Einbringenden keine entsprechende Gesellschaftsrechte eingeräumt werden.

Auswirkungen auf die Höhe der Zuwendung (Progression) und den Steuersatz sowohl bei der jetzigen Schenkung aber auch ggf. im späteren Erbfall.

45 Der **Vorteil** besteht darin, dass die Eltern die Einflussmöglichkeiten behalten (indem sie Geschäftsführer werden), das Vermögen nicht zerschlagen, die jetzige Grundstücksbewertung ausgenutzt wird, die Wertsteigerungen teilweise schon bei den Erben erfolgen und später keine Übertragungsakte erforderlich sind. Bei Gründung des Familienpools (Familiengesellschaft) könnten ggf. Schenkungen vorkommen; in der Regel sind im Gesellschaftsrecht begründete Zuwendungen wie Sacheinlagen jedoch nicht steuerbar. Etwas anderes gilt jedoch bei Zuwendung einer überhöhten Gewinnbeteiligung, dazu Rdn 124. Im Erbfall sind nur noch die „Rest-Beteiligungen" der Erblasser/Eltern im Nachlass. Ertragsteuerlich verteilen sich die Erträge progressionsmindernd.

j) Zuwendungen von Gesellschaftern und Dritten an Kapitalgesellschaften

46 Leistungen von Gesellschaftern an die Kapitalgesellschaft sind i.d.R. gesellschaftsrechtlich motiviert und daher nicht freigebig.[64] **Ausnahme**: Sofern die Leistung auf eine **unmittelbare Bereicherung der Kapitalgesellschaft** abzielt, liegt stattdessen eine steuerbare Zuwendung im Sinne des § 7 Abs. 1 Nr. 1 ErbStG an die Kapitalgesellschaft selbst vor. Sie wird durch die Zuwendung als Inhaberin des Gesellschaftsvermögens (§ 13 Abs. 1 2. Hs., Abs. 2 GmbHG) auf Kosten des Zuwendenden bereichert (§ 7 Abs. 1 Nr. 1 ErbStG).[65]

Hinweis

Gerade bei „Familien-GmbHs, mittelständischen GmbHs kommt es gerne mal zur „Vermischung" von Betrieblichem und Privatem. Neben ertragsteuerlichen (vGA) und lohnsteuerlichen Auswirkungen (Arbeitslohn) sind ggf. auch **schenkungsteuerliche Auswirkungen** zu beachten.

Die Regelungen der § 7 Abs. 8 i.V.m. § 15 Abs. 4 ErbStG fingieren eine **Schenkung zwischen dem an eine Kapitalgesellschaft Leistenden und der natürlichen Person oder Stiftung**, die an der Kapitalgesellschaft unmittelbar oder mittelbar **beteiligt** ist, und deren Anteile an der Gesellschaft durch die Leistung im gemeinen Wert steigen!

64 R E 7.5 Abs. 2 ErbStR.

65 So BFH v. 25.10.1995 – II R 67/3, BStBl 1996 II, 160; z.B. bei zinslosem Darlehen an einen GmbH. Zu der Frage anhängig, ob es sich bei dem Verkauf von dem in Erbengemeinschaft erworbenen Geschäftsanteil an einer GmbH an dieselbige um eine Schenkung an die an der GmbH über eine GmbH & Co. KG mittelbar beteiligten Kommanditisten i.S. des § 7 Abs. 8 Satz 1 ErbStG handelt ist eine Revision Az. BFH: II R 22/21; vorgehend FG Sachsen v. 6.5.2021 – 8 K 34/21, EFG 2021, 2019.

Für bestimmte Leistungen an Kapitalgesellschaften **fingiert § 7 Abs. 8 Satz 1 ErbStG** (mit Wirkung ab 14.12.2011 in allen offenen Fällen)[66] eine **Schenkung** zwischen dem an eine Kapitalgesellschaft Leistenden und der natürlichen Person oder Stiftung, die an der Kapitalgesellschaft unmittelbar oder mittelbar beteiligt ist, und deren Anteile an der Gesellschaft durch die Leistung einer anderen Person (Zuwendender) an die Gesellschaft im gemeinen Wert steigen, **in Höhe der Wertsteigerung.**[67] Die fiktive Schenkungsregelung gilt **auch bei Genossenschaften** (§ 7 Abs. 8 Satz 3 ErbStG). 47

Mögliche Bedachte (**Zuwendungsempfänger**) sind nur natürliche Personen und Stiftungen als die letztendlich Begünstigten. Der **Leistende** (Zuwendende) kann eine **natürliche Person oder eine juristische Person**, z.B. auch eine Kapitalgesellschaft, sein; Leistungen einer Personengesellschaft sind den hinter der Personengesellschaft stehenden Gesellschaftern zuzurechnen. Auch Leistungen gesellschaftsfremder Dritter an die Kapitalgesellschaft können den Tatbestand des § 7 Abs. 8 Satz 1 ErbStG erfüllen. Leistungen i.S.d. § 7 Abs. 8 Satz 1 ErbStG sind insbesondere **Sacheinlagen** und **Nutzungseinlagen**, auch **Forderungsverzichte** u. dgl.[68] Überträgt z.B. der Hauptgesellschafter sein bisher der Kapitalgesellschaft vermietetes Grundstück zur Kapitalstärkung (ohne Gegenleistung; Beteiligungserhöhung), kann sich dadurch ggf. der Wert der Anteile erhöhen. Eine **Schenkung nach § 7 Abs. 8 Satz 1 ErbStG liegt nicht** vor, soweit der Leistende als Gegenleistung zusätzliche Rechte in der Gesellschaft erlangt, zusätzliche Anteile an der Gesellschaft oder eine von den Geschäftsanteilen abweichende Verteilung des Vermögens bei späterer Liquidation.

Praxistipp

Für die **Praxis ist zu empfehlen**, die jeweiligen Leistungen an die Kapitalgesellschaft und die dafür erhaltenen Gegenleistungen genau festzuhalten, um ggf. eine unentgeltliche Zuwendung entkräften zu können.

Die **Bewertung** der Bereicherung richtet sich nach der Erhöhung des gemeinen Werts der Anteile an der Kapitalgesellschaft, nicht nach dem Wert der Leistung des Zuwendenden. Maßgeblich sind die allgemeinen Regelungen für die Bewertung nicht notierter Anteile (§ 11 Abs. 2 BewG, ggf. i.V.m. §§ 199 ff. BewG). Die Werterhöhung der Anteile muss durch die Leistung kausal veranlasst sein. Es 48

66 Zur (erstmaligen) Anwendung des § 7 Abs. 8 und des § 15 Abs. 4 ErbStG siehe Gleich lautender Ländererlass v. 14.3.2012, BStBl 2012, 331.

67 R E 7.5 Abs. 10–15. *Neufang/Eckhardt*, Disquotale Einlagen und Ausschüttungen bei Kapitalgesellschaften, StBp 2022, 121; *Ott*, Die personengebundene Kapitalrücklage bei der GmbH – Steuerliche Folgen der disquotalen Einzahlung und Einlagenrückgewähr, DStR 2021, 897; *Borggräfe, Staud*, Die fingierte Zuwendung als Grundlage für die Schenkungsteuer? DB 2020, 77; *Kowanda*, Die neuen Ländererlasse vom 20.4.2018 zu Schenkungen unter Beteiligung von Kapitalgesellschaften – eine erste Anleitung, ErbStB 2018, 280.

68 Näheres siehe R E 7.5 Abs. 10 ErbStR.

kommt darauf an, dass die wechselseitigen Leistungen insgesamt unausgewogen sind. Bei einer Wertdifferenz von mindestens 20 % ist von einer Unausgewogenheit auszugehen. Die Erhöhung ist nicht nach § 151 Abs. 1 Satz 1 Nr. 3 BewG gesondert festzustellen. Sie ist als sonstige Forderung anzugeben.

49 Schenkungsteuerrechtlich gilt: Hinsichtlich der **Steuerpflicht (§ 2 ErbStG) und der Steuerschuldnerschaft (§ 20 ErbStG) usw. ist auf die Kapitalgesellschaft** abzustellen. Insoweit wird das Zuwendungsverhältnis Anteilseigner – Kapitalgesellschaft negiert. Dies wirkt sich dann auch auf die Zusammenrechnungsregelungen des § 14 ErbStG aus. Anders als bei „normalen" Erwerben nach § 7 Abs. 1 Nr. 1 ErbStG kommt es im Rahmen des § 7 Abs. 8 Satz 1 ErbStG weder auf die unmittelbare Zuwendung von Sachsubstanz an den Bedachten noch auf den Willen zur Unentgeltlichkeit an (R E 7.1 ErbStR). Bezüglich der **Steuerklasse** gilt aber: Bei einer Schenkung durch eine Kapitalgesellschaft oder Genossenschaft ist der Besteuerung das persönliche Verhältnis des Erwerbers zu derjenigen unmittelbar oder mittelbar beteiligten natürlichen Person oder Stiftung zugrunde zu legen, durch die sie veranlasst ist (§ 15 Abs. 4 ErbStG).

50 Auch Leistungen **gesellschaftsfremder Dritter** an die Kapitalgesellschaft können den Tatbestand des § 7 Abs. 8 Satz 1 ErbStG erfüllen. Dies ist anzunehmen, wenn der Dritte, i.d.R. ein naher Angehöriger, mittelbar auf die Bereicherung eines Gesellschafters (durch Werterhöhung seines Anteils) abzielt. Dieser Effekt könnte auch eintreten, wenn die Leistung zur „Rettung" der Gesellschaft gedacht ist. Für diesen Fall sollten andere Wege als die „einfache" Zuwendung mit der Gefahr einer Schenkungsbesteuerung gefunden werden.

51 Erwirbt ein Gesellschafter im **Rahmen einer Kapitalerhöhung** neue Anteile an einer Kapitalgesellschaft gegen eine Einlage, die den **Wert der Anteile übersteigt,** liegt keine steuerbare Zuwendung i.S.d. § 7 Abs. 1 Nr. 1 ErbStG an die übrigen Gesellschafter vor, es ist jedoch § 7 Abs. 8 Satz 1 ErbStG zu prüfen.[69] Die Leistung der Einlage stellt Erwerbsaufwand dar und ist von dem gemeinen Wert der gewährten Anteile abzuziehen. Erwirbt ein Gesellschafter im Rahmen einer **Kapitalerhöhung** neue Anteile an einer Kapitalgesellschaft gegen eine nach Maßgabe der Wertverhältnisse **zu geringe Einlage** und ohne weitere Verpflichtungen eingehen zu müssen, ist er mit der Eintragung im Handelsregister auf Kosten der Altgesellschafter bereichert. Die Leistung der Einlage stellt Erwerbsaufwand dar und ist von dem gemeinen Wert der gewährten Anteile abzuziehen. Übernimmt ein Gesellschafter **freigebig eine Einlageverpflichtung eines Mitgesellschafters,** unterliegt dies als Zuwendung des Gesellschafters an den Mitgesellschafter mit dem gemeinen Wert der Einlageverpflichtung der Schenkungsteuer.

Nimmt ein Gesellschafter an einer **Kapitalerhöhung nicht im vollen Umfang** des ihm zustehenden Bezugsrechts teil und lässt er dieses Bezugsrecht insoweit verfallen, kann dieser Verzicht als steuerbare Zuwendung an den an der Kapitaler-

69 BFH v. 20.12.2000 – II R 42/99, BStBl 2001 II, 454.

höhung Teilnehmenden zu qualifizieren sein, wenn diesem durch die Kapitalerhöhung eine Wertsteigerung zufließt, die den Wert einer von ihm zu erbringenden Einlage übersteigt (**Kapitalerhöhung gegen zu geringes Aufgeld**).[70] Wird eine Kapitalgesellschaft neu gegründet und erbringt ein Gesellschafter seine **Stammeinlage, ohne dafür eine gleichwertige Kapitalbeteiligung** zu erhalten, bilden die Vereinbarungen ein einheitliches Rechtsgeschäft mit der Folge, dass die Mitgesellschafter ihren Geschäftsanteil an der Kapitalgesellschaft mit dem gemeinen Wert nach der Einbringung des Unternehmens in die Kapitalgesellschaft vom einbringenden Gesellschafter geschenkt erhalten. Die vom jeweiligen Beschenkten geleistete Einlage stellt Erwerbsaufwand dar und ist von dem gemeinen Wert der gewährten Anteile abzuziehen.

Im Zusammenhang mit Kapitalgesellschaften sind noch vielfach weitere Schenkungen denkbar. Verzichtet z.B. eine Kapitalgesellschaft auf eine Forderung gegenüber einem Gesellschafter, z.B. auf eine Darlehensrückzahlung, kann eine steuerbare Schenkung der Kapitalgesellschaft an den Gesellschafter gem. § 7 Abs. 1 Nr. 1 ErbStG vorliegen, wenn für den Verzicht keine rechtliche Verpflichtung besteht; z.B. keine Schenkung, wenn der Verzicht zum Ausgleich für Vergütungsansprüche, Gewinnausschüttung erfolgt. Verzichtet z.B. ein Gesellschafter zugunsten eines Mitgesellschafters auf einen bereits entstandenen Gewinnanspruch, liegt regelmäßig eine freigebige Zuwendung des Verzichtenden zugunsten des Mitgesellschafters vor.[71] 52

k) Zuwendung von einer Kapitalgesellschaft

Leistungen der **Gesellschaft an** die **Gesellschafter** sind i.A. durch das Gesellschaftsverhältnis begründet und daher nicht freigebig, keine Schenkungen. 53

Verdeckte Gewinnausschüttungen (vGA) sind keine Schenkungen der GmbH. Das Gleiche gilt, wenn auf Veranlassung eines Gesellschafters eine diesem nahestehende Person an die Kapitalgesellschaft für eine erbrachte Leistung eine zu geringe oder keine Vergütung zahlt.[72] Zahlt eine Kapitalgesellschaft auf Veranlassung eines Gesellschafters einer diesem nahestehenden Person, die nicht Gesellschafter ist, überhöhte Vergütungen, liegt regelmäßig eine freigebige Zuwendung i.S.d. § 7 Abs. 1 Nr. 1 ErbStG zwischen dem Gesellschafter und der nahestehenden Person vor. Ausnahmsweise liegt keine freigebige Zuwendung i.S.d. § 7 Abs. 1 Nr. 1 ErbStG zwischen dem Gesellschafter und der nahestehenden Person

---

70 Zu der Frage, ob in dem jeweiligen Verzicht eines Gesellschafters auf die Teilnahme an der Kapitalerhöhung einer GmbH und dem vollständigen Ausgleich seiner Einzahlungen in die Kapitalrücklage eine gemischte Schenkung an die Mitgesellschafter vorliegt siehe FG Baden-Württemberg v. 24.6.2020 – 7 K 2351/17, ZEV 2021, 63; Revision Az. BFH: II R 40/21.

71 R E 7.5 Abs. 11 ErbStR.

72 Näheres siehe R E 7.5 Abs. 7 ErbStR. BFH v. 30.1.2013 – II R 6/12, BFH/NV 2013, 846 = DStR 2013, 649.

vor, wenn nach der Ausgestaltung der zwischen ihnen bestehenden Rechtsbeziehung eine angemessene Gegenleistung für die überhöhte, zu geringe oder fehlende Vergütung vorliegt. Hierzu sollten entsprechenden Nachweise vorgehalten werden.

54 Wendet **eine Kapitalgesellschaft einer anderen Kapitalgesellschaft** Vermögen in der Absicht zu, einen oder mehrere Gesellschafter der anderen Kapitalgesellschaft zu bereichern, sind derartige Zuwendungen freigebig (§ 7 Abs. 8 Satz 2 ErbStG). Die Vorschrift begründet keine gesonderte, über § 7 Abs. 1 Nr. 1 oder § 7 Abs. 8 Satz 1 ErbStG hinausgehende Steuerbarkeit. Sie bringt vielmehr zum Ausdruck, dass § 7 Abs. 8 Satz 1 ErbStG bei Leistungen zwischen Kapitalgesellschaften anwendbar ist, wenn dadurch die Anteile von Gesellschaftern im Wert steigen und die Wertverschiebung durch den Willen zur Unentgeltlichkeit, z.B. eines Mitgesellschafters, veranlasst ist.

l) Stiftungen

55 Rechtsfähige Stiftungen i.S.d. § 82 BGB und vergleichbare ausländische Stiftungen sind eigene Rechtspersönlichkeiten und können sowohl Beschenkte wie auch Schenkerin sein.

Ob im Einzelfall Stiftungskonstruktionen gewählt werden, hängt im Wesentlichen von den subjektiven Vorstellungen des Vermögensinhabers ab. Erbschaft- und schenkungsteuerlich ist die Übertragung auf eine (normale) Stiftung oder eine Familienstiftung selbst eher unvorteilhafter als die Übertragung auf direkte Nachfolger.[73] Nur die Übertragung auf eine gemeinnützige Stiftung bleibt steuerlich unbelastet, d.h. es fällt keine Schenkungsteuer an (dazu siehe Rdn 62).

56 Der **unentgeltliche Übergang von Vermögen aufgrund eines Stiftungsgeschäfts unter Lebenden ist eine steuerbare Schenkung** (§ 7 Abs. 1 Nr. 8 ErbStG); der Übergang ist mangels Verwandtschaft grundsätzlich nach StKl III zu versteuern. Unter den Besteuerungstatbestand des § 7 Abs. 1 Nr. 8 ErbStG fällt nur die Erstausstattung einer Stiftung mit Stiftungskapital. Eine Schenkung bei Erstausstattung nach § 7 Abs. 1 Nr. 8 ErbStG liegt auch vor, wenn Vermögen **auf eine ausländische Stiftung** übertragen wird. Weitere Schenkungen an schon vorhandene Stiftungen, sog. Zustiftungen, sind nach § 7 Abs. 1 Nr. 1 ErbStG

73 *Olbing*, Stiftung als Instrument der Nachfolgeplanung, ErbR 2022, 201; *Mehren*, Unternehmensnachfolge mit Stiftungen nach der Stiftungsrechtsreform – Vor- und Nachteile, Ubg 2021, 541; *Halaczinsky*, Erwerbe durch und von Stiftungen; Tendenzen in der erbschaftsteuerlichen Rechtsprechung, ZErb 2015, 193; *Schiffer*, Die Stiftung in der Beraterpraxis; *Wallenhorst/Halaczinsky*, Die Besteuerung gemeinnütziger Vereine und Stiftungen und juristischer Personen des öffentlichen Rechts; *Schauhoff*, Handbuch der Gemeinnützigkeit; *Hüttemann*, Gemeinnützigkeitsrecht und Spendenrecht, 2021.

steuerbar. Unentgeltliche Grundstücksübertragungen sind dabei i.d.R. grunderwerbsteuerfrei (§ 3 Nr. 2 GrEStG).[74]

In der **Praxis** bedeutet das, dass normalerweise die **Stiftung** als Erbwerberin/ Beschenkte die **Schenkungsteuererklärung** abgeben muss.

Hinweis

Soll Vermögen auf eine Stiftung übertragen werden, kann dies **misslingen**, wenn sich der Stifter/die Stifterin die tatsächliche und rechtliche freie Verfügungsbefugnis über das zugewendete Vermögen vorbehält. D.h. es liegt kein schenkungsteuerpflichtiger Erwerb durch die Stiftung vor (Fall der sog. transparenten Stiftung).[75] In derartigen Fällen (insb. der missbräuchlichen Stiftungsgründung für Zwecke der Steuerhinterziehung) ist das Vermögen weiterhin dem Stifter zuzurechnen. Bei Versterben des Stifters/Zuwendenden fällt das Vermögen in seinen Nachlass und nicht in das Stiftungsvermögen. Die betrifft vor allem **ausländische Stiftungen**.

Beispiel

Übertragen Eheleute das Guthaben eines gemeinschaftlichen Kontos auf das Konto einer gemeinsam nach Art. 552 ff. des Liechtensteinischen Personen- und Gesellschaftsrechtes gegründeten Stiftung, die aufgrund der gesamten Regelungen des liechtensteinischen Stiftungskonstrukts nicht als eigenständige Rechtsperson und damit als transparent zu beurteilen ist, liegt eine Übertra-

74 Etwas anders gilt bei Übertragungen auf eine (von der öffentlichen Hand) gegründeten Stiftung (vgl. koordinierte Ländererlassen vom 24.4.2014, juris).

75 BFH v. 25.6.2021 – II R 13/19, BStBl 2022 II, 481; FG Düsseldorf v. 25.1.2017 – 4 K 2319/15 Erb, EFG 2017, 581 m. Anm. *Neu*; ebenso FG Münster v. 11.12.2014 – 3 K 764/12 Erb, EFG 2015, 736 m. Anm. *Deimel*, bestätigt durch BFH v. 5.12.2018 – II R 9/15, BFHE 263, 283 = HFR 2019, 538 m. Anm. *Hübner*; BFH v. 28.6.2007 – II R 21/05, BStBl 2007 II, 669 (Kann die Stiftung nach den im Gründungsauftrag und einem Mandatsvertrag sowie nach weiterem Reglement über das auf sie übertragene Vermögen im Verhältnis zum Stifter nicht tatsächlich und rechtlich frei verfügen, unterliegt die Übertragung auf eine liechtensteinische Stiftung nicht der Schenkungsteuer); BFH v. 25.1.2001 – II R 39/98, BFH/NV 2001, 908, zum Fall eines Herausgabeanspruchs nach § 667 BGB; *Thoma*, Gemeinnützigkeit- und Stiftungsrecht, ErbStB 2008, 50; *Billig*, Liechtensteinische Familienstiftungen im Visier der deutschen Rechtsprechung, UVR 2015, 204; *Gierhake/Gierhake*, Einsatzszenarien österreichischer und liechtensteinischer Stiftungen für Unternehmer und vermögende Privatpersonen in Deutschland, FuS 2015, 79; *Lennert/Blum*, Das neue liechtensteinische Stiftungsrecht: Zivil- und steuerrechtliche Einordnung nach der Stiftungsrechtsreform, ZEV 2009, 171; *Linn/Schmitz*, Offene Fragen bei der steuerlichen Behandlung liechtensteinischer Familienstiftungen, DStR 2014, 2541.

gung auf ein gemeinschaftliches Konto der Ehegatten vor; dabei kann auch eine Schenkung an einen Ehegatten vorliegen.[76]

57 Bei einem Stiftungsgeschäft unter Lebenden entsteht die Schenkungsteuer mit dem Zeitpunkt der Ausführung der Schenkung (§ 9 Abs. 1 Nr. 2 ErbStG), also ebenfalls bzw. **frühestens** mit dem Zeitpunkt der **Anerkennung der Stiftung**, da die Übertragung des im Stiftungsgeschäft zugesagten Vermögens auf die Stiftung erst mit oder nach diesem Zeitpunkt erfolgen kann (§ 82 BGB, H E 9.3 ErbStH). Besteuerungstatbestand ist in diesen Fällen allein die wirtschaftliche Bereicherung der Stiftung durch das Vermögen im Zeitpunkt der behördlichen Anerkennung. Die Verpflichtung zur satzungsmäßigen Verwendung des zugewendeten Kapitals mindert die Bereicherung der Klägerin nicht. Bei der normalen Stiftung (und bei einer ausländischen Stiftung) fällt während ihres Bestehens keine aus dem Stiftungsgeschäft herrührende Erbschaft- und Schenkungsteuer mehr an, anders bei inländischen Familienstiftungen (§ 3 Rdn 9). **Beachten** Sie, dass die Zuwendung von Vermögen auf eine Stiftung zu Lebzeiten des Stifters ggf. **Pflichtteilsergänzungsansprüche** auslösen kann.[77]

Hinweis

Nichtrechtsfähige Stiftungen bedürfen für ihre Entstehung nicht der Anerkennung. Die Schenkungsteuer entsteht insoweit mit Ausführung der Schenkung (§ 9 Abs. 1 Nr. 2 ErbStG).

58 Die spätere endgültige **Aufhebung, Auflösung, Zerlegung oder Zusammenlegung von Stiftungen der Stiftung** und die Verteilung des Stiftungsvermögens löst – ggf. ein weiteres Mal – die Erbschaftsteuer aus (§ 7 Abs. 1 Nr. 9 ErbStG). D.h., dass nach § 7 Abs. 1 Nr. 9 ErbStG als Schenkung ein Erwerb desjenigen anzusehen ist, der infolge der endgültigen Aufhebung einer Stiftung deren Vermögen erhält.

Der Aufhebung einer inländischen Stiftung stehen der Erwerb bei **Auflösung einer Vermögensmasse ausländischen** Rechts sowie der **Erwerb durch einen Zwischenberechtigten während des Bestehens der Vermögensmasse** gleich. Von einer Zwischenberechtigung ist auszugehen, wenn der Berechtigte in Satzung/Statut namentlich oder anderweitig eindeutig benannt wird, Höhe und Zeitpunkt der Leistung bereits konkretisiert und Ansprüche nicht anderweitig expliziert ausgeschlossen werden. Der Zuwendungsempfänger, der keinen Anspruch auf Zuwendungen besitzt, gehört nicht dazu. Die Frage, ob **ausländische**

76 FG München v. 18.8.2015 – 4 K 2442/12, EFG 2016, 40 dazu *Billig*, UVR 2015, 311. Nach Auffassung des FG Köln v. 6.9.2022 – 7 K 2720/20, juris (in Revision Az. BFH: II R 50/22) gehen vorbehaltene nicht vererbliche Herrschaftsbefugnisse an dem in die Stiftung eingebrachten Vermögen mit dem Tod der/des Stifters(in) unter, dann ist das Stiftungsvermögen zum Todeszeitpunkt nicht mehr dem Vermögen der/des Stifters/erin.

77 BGH v. 10.12.2003 – IV ZR 249/02, NJW 2004, 1382 (Dresdner Frauenkirche) sogar dann, wenn die Stiftung gemeinnützig ist.

(den deutschen Stiftungen vergleichbare) **Stiftungen** unter „ausländische Vermögensmassen" zu subsummieren sind, ist von erheblicher Bedeutung in Bezug auf Erwerbe von ausländischen Zwischenberechtigten während des Bestehens der ausländischen Stiftung.[78]

Im Fall des § 7 Abs. 1 Nr. 9 Satz 2 ErbStG (Aufhebung usw.) gilt als Schenker der Stifter, der das Vermögen auf die Stiftung übertragen hat (§ 15 Abs. 2 Satz 2 ErbStG), (während die Übertragungen auf Stiftungen und die Erwerbe durch Stiftungen normalerweise in die Steuerklasse III mit dem Freibetrag des § 16 Abs. 1 Nr. 5 ErbStG fallen). Für die **Berechnung** der Steuer in den Fällen des § 7 Abs. 1 Nr. 9 Satz 1 ErbStG gilt gem. § 15 Abs. 2 Satz 2 Hs. 1 ErbStG hinsichtlich der anzuwendenden Steuerklasse als Schenker der Stifter. Dabei können bei mehreren Stiftern entsprechend den persönlichen Verhältnissen der Anfallberechtigten auch unterschiedliche Steuerklassen anzuwenden sein. Im Fall des § 7 Abs. 1 Nr. 9 ErbStG fehlt es an einer Rechtsgrundlage für den mehrfachen Ansatz des persönlichen Freibetrags. Der den Anfallberechtigten zustehende persönliche Freibetrag ist entsprechend den Anteilen der Stifter an dem der Stiftung übertragenen Vermögen aufzuteilen.[79] 59

Zuwendungen von Stiftungen können Schenkungen sein.[80] Zuwendungen zur Erfüllung des Satzungszwecks sind freigebig i.S.v. § 7 Abs. 1 Nr. 1 ErbStG. Die Finanzverwaltung[81] sieht Leistungen ausländischer Stiftungen an inländische Destinatäre regelmäßig nicht als Schenkungen an, es sei denn, der Destinatär ist Zwischenberechtigter i.S.v. § 7 Abs. 1 Nr. 9 Hs. 2 ErbStG. 60

Die unentgeltliche **Übertragung auf eine nichtrechtsfähige Stiftung** unter Lebenden oder auf eine vom Erblasser[82] angeordnete nichtrechtsfähige Stiftung unterliegt ohne Einschränkungen der Erbschaft- und Schenkungsteuer (§ 7 Abs. 1 Nr. 8, § 3 Abs. 2 Nr. 1 ErbStG), und zwar nach Steuerklasse III. Die Schenkung- 61

78 Zum Erwerb durch Zwischenberechtigte eines anglo-amerikanischen Trusts BFH v. 25.6.2021 – II R 31/19, BStBl 2022 II, 497. Zuwendungen während des Fortbestehens eines US-Trusts sind gem. § 7 Abs. 1 Nr. 9 Satz 2 Hs. 2 ErbStG auch dann zu besteuern, wenn eine fiktive Besteuerung nach § 7 Abs. 1 Nr. 9 Satz 2 Hs. 1 ErbStG i.V.m. Art. 12 Abs. 3 DBA USA-ErbSt stattgefunden hat. Lt. BFH v. 3.7.2019 – II R 6/16, BStBl 2020 II, 61 ist eine Zuwendung einer schweizerischen Stiftung i.d.R. nicht nach § 7 Abs. 1 Nr. 1 ErbStG steuerbar, es sei denn, sie würde eindeutig gegen den Satzungszweck verstoßen.

79 BFH v. 30.11.2009 – II R 6/07, BStBl 2010 II, 237.

80 Verweis auf BGH v. 16.1.1957 – IV ZR 221/56, NJW 1957, 708; BGH v. 7.10.2009 – Xa ZR 8/08, NJW 2010, 234; FG Hessen v. 10.2.2014 – 1 V 2602/13, EFG 2014, 1014; nachgehend BFH v. 21.7.2014 – II B 40/14, UVR 2014, 332, der es zumindest für zweifelhaft hält, dass Unentgeltlichkeit vorliegt.

81 BayLfSt v. 5.3.2020 – S 3806.2.1–104/42 St 34, ErbSt-Kartei BY § 7 Abs. 1 Nr. 9 ErbStG Karte 4; BFH v. 3.7.2019 – II R 6/16, BStBl 2020 II, 61.

82 Eine durch letztwillige Verfügung errichtete gemeinnützige unselbstständige Stiftung entsteht mit dem Erbfall.

steuer entsteht mit der Ausführung der Schenkung. Der Vorteil der nichtrechtsfähigen Stiftung besteht damit in der schnellen formlosen Errichtung. Eine nichtrechtsfähige (unselbstständige oder fiduziarische) Stiftung wird errichtet, wenn einer natürlichen oder juristischen Person Vermögensteile von dritter Seite mit der Auflage zugewendet werden, die Erträgnisse für einen bestimmten Zweck zu verwenden. Zur Erfüllung des Stiftungszwecks wird ein Träger (Fiduziar) zivilrechtlicher Eigentümer des Stiftungsvermögens, das er im Rahmen eines Treuhandverhältnisses hält und über das er, ohne wirtschaftlicher Eigentümer zu sein, nur zur Erfüllung des Stiftungsauftrags verfügen kann. Der Treuhänder hat auch die Schenkungsteuer für die nichtselbstständige Stiftung anzuzeigen und ggf. zu entrichten.

62 Die **Übertragung auf eine steuerbegünstigte Institution, z.B. gemeinnützige Stiftung** (R E 13.8 – 13.9 ErbStR) bleibt nach § 13 Abs. 1 Nr. 16b ErbStG erbschaftsteuerfrei.

> **Hinweis: Erlöschen der Steuer bei Zuwendung an inländische Stiftung**
>
> Die Erbschaftsteuer erlischt nachträglich, soweit Vermögensgegenstände innerhalb von 24 Monaten nach Schenkung, d.h. dem Zeitpunkt der Entstehung der Steuer, u.a. einer inländischen Stiftung zugewendet werden, die nach der Satzung, dem Stiftungsgeschäft oder der sonstigen Verfassung ausschließlich und unmittelbar als gemeinnützig anzuerkennenden wissenschaftlichen oder kulturellen Zwecken dient (Näheres siehe § 29 Abs. 1 Nr. 4 ErbStG). Dies gilt auch bei Übertragung auf eine nichtrechtsfähige Stiftung.[83]

Bei Zuwendungen an gemeinnützige Stiftungen käme ertragsteuerlich zusätzlich der **Spendenabzug** in Betracht (sofern die Stiftung bei Zuwendung schon rechtlich existent, d.h. anerkannt ist).[84]

> **Hinweis**
>
> Generell gilt, dass mit Zuwendungen an steuerbegünstigte Institutionen (Spenden) Schenkung-/Erbschaftsteuer eingespart werden kann. Zu Ausnahmen siehe § 29 Abs. 1 Nr. 4 Satz 2–4 ErbStG. Der Stifter kann ohne Verletzung der Gemeinnützigkeitsreglungen bestimmen, dass die Stiftung bis höchstens zu einem Drittel des Einkommens der Stiftung dazu verwendet, den Stifter und seine nächsten Angehörigen angemessen zu unterhalten, ihre Gräber zu pflegen und ihr Andenken zu ehren. Unter Angehörige fallen neben Ehegatten und Kindern auch Enkel, Urenkel usw. Ordnet der Stifter an, dass im Falle des Erlöschens der Stiftung das Vermögen an den Stifter oder seine Erben

83 Gleich lautende Ländererlasse vom 18.9.2019, DB 2019, 2268.

84 *Wallenhorst/Halaczinsky*, Die Besteuerung gemeinnütziger Vereine und Stiftungen und juristischer Personen des öffentlichen Rechts, 2017; *Halaczinsky*, Erbschaftsteuer und Spenden, UVR 2010, 85.

zurückfallen soll, unterliegt der Rückerwerb nach § 7 Abs. 1 Nr. 9, § 3 Abs. 2 Nr. 2 ErbStG der Erbschaft- und Schenkungsteuer.

Zuwendungen an **ausländische Körperschaften,** die **steuerbegünstigte Zwecke** verfolgen, sind steuerfrei, wenn sie an einen im Inland nicht – auch nicht beschränkt – körperschaftsteuerpflichtigen Zuwendungsempfänger geleistet werden, der in einem anderen Mitgliedstaat der EU, in einem Staat des EWR oder einem Drittstaat ansässig ist und der nach § 5 Abs. 1 Nr. 9 KStG i.V.m. § 5 Abs. 2 Nr. 2 Hs. 2 KStG von der Körperschaftsteuer befreit wäre, wenn er inländische Einkünfte erzielte (Inlandsfiktion). Anstelle der bisherigen Gegenseitigkeitserklärungen ist zwingend notwendig, dass durch die Staaten, in denen die Zuwendungsempfänger belegen sind, Amtshilfe und Unterstützung bei der Beitreibung geleistet werden (§ 13 Abs. 1 Nr. 16c ErbStG). Die Regelungen sind derartig ausgestaltet, dass zwar grds. steuerbegünstigte Zuwendungen an ausländische Körperschaften möglich sind, in der Praxis die Steuerbegünstigung aufgrund der restriktiven Voraussetzungen nur schwer zu erreichen ist.[85] 63

Zuwendungen an **in**- oder **ausländische Körperschaften,** die **steuerbegünstigte Zwecke** verfolgen, sind steuerfrei, sofern die Verwendung zu den bestimmten Zwecken gesichert (Bildung eines **Zweckvermögens**) ist (§ 13 Abs. 1 Nr. 17 ErbStG). Der Erblasser/Schenker muss die Verwendung zu dem begünstigten Zweck verfügt haben (R E 13.10 ErbStR). In diesen Fällen bedarf es (z.B. Museum, mildtätige Stiftung im Ausland) keiner Gegenseitigkeitserklärung i.S.d. § 13 Abs. 1 Nr. 16c ErbStG (R E 13.10 Abs. 3 ErbStR). 64

m) Familienstiftungen

Bei **Übertragung** von Vermögen auf eine **inländische** oder ausländische **Familienstiftung**[86] durch einen Inländer besteht sowohl bei Erwerb von Todes wegen wie bei unentgeltlichem Erwerb unter Lebenden unbeschränkte Steuerpflicht (§ 2 Abs. 1 Nr. 2 ErbStG). Die Übertragung löst Schenkungsteuer aus (§ 7 Abs. 1 Nr. 8 ErbStG); zur Anzeigepflicht § 30 Abs. 5 ErbStG. 65

---

85 R E 13.8 Abs. 3 ErbStR. *Halaczinsky*, StÄndG 2015: Neuregelung der Zuwendungen an ausländische „steuerbegünstige" Körperschaften und weitere Änderungen des Erbschaftsteuergesetzes, ErbStB 2016, 58.

86 Zur Definition der „wesentlichen Familieninteressen" siehe R E 1.2 Abs. 2, 3 ErbStR unter Berücksichtigung des BFH v. 10.12.1997 – II R 25/94, BStBl 1998 II, 114; FG Berlin-Brandenburg v. 5.9.2007 – 14 K 5016/03 B, EFG 2008, 470. Die Ausführungen zu Familienstiftungen gelten für Vereine, deren Zweck wesentlich im Interesse einer Familie oder bestimmter Familien auf die Bindung von Vermögen gerichtet ist (Familienverein, § 1 Abs. 1 Nr. 4 ErbStG), entsprechend. Siehe noch § 3 Rdn 9.

Außerdem fällt bei **inländischen** Familienstiftungen[87] alle 30 Jahre seit dem Zeitpunkt des ersten Übergangs erneut Erbschaftsteuer (sog. **Erbersatzsteuer**) an (§ 1 Abs. 1 Nr. 4 i.V.m. § 9 Abs. 1 Nr. 4 ErbStG). Hierfür ist ein besonderes **Formular** auszufüllen.

Näheres zur Familienstiftung siehe § 5.

n) Trusts

66 Der Übergang von Vermögen auf eine Vermögensmasse ausländischen Rechts, insbesondere auf einen Trust, ist ein stpfl. Erwerbstatbestand.[88] Das Gesetz fingiert in § 7 Abs. 1 Nr. 8 Satz 2 ErbStG eine Vermögensübertragung, unabhängig davon, ob der Trust nach dem nationalen oder internationalen Privatrecht überhaupt rechtsfähig ist. Es kommt nicht darauf an, wo sich Sitz oder Geschäftsleitung befinden. Nicht nur die Errichtung, sondern auch die spätere zusätzliche Ausstattung des Trust gilt als steuerbarer Erwerb (§ 3 Abs. 2 Nr. 1 ErbStG). Die Auflösung sowie die erfolgende Auskehrung sowie der Erwerb von Zwischennutzungsrechten[89] gilt als Erwerb unter Lebenden (§ 7 Abs. 1 Nr. 8, 9 ErbStG).[90]

o) Zweckzuwendungen – Zuwendung an unbestimmten Erwerberkreis

67 Zweckzuwendungen sind Zuwendungen (unter Lebenden oder von Todes wegen) an eine bestimmte Person mit der Verpflichtung, das zugewendete Vermögen nicht für eigene, sondern für bestimmte fremde unpersönliche Zwecke zu verwenden.[91] Die Zweckzuwendung setzt daher einen unbestimmten Erwerberkreis, z.B. Bedürftige der Gemeinde, Errichtung eines Denkmals, voraus. Steuerpflichtiger ist der mit der Auflage Verpflichtete.

---

87 Ausländische Familienstiftungen unterliegen nicht der Erbersatzsteuer. Eine nichtrechtsfähige Stiftung erfüllt nicht den Begriff der Familienstiftung i.S.d. § 1 Abs. 1 Nr. 4 ErbStG. Sie unterliegt damit nicht der Ersatzerbschaftsteuer (vgl. BFH v. 25.1.2017 – II R 26/16, BStBl 2018 II, 199).

88 Zum Trust im deutschen Erbschaft- u. Schenkungsteuerrecht vgl. *Schindhelm/Stein*, StuW 1999, 31; *Troll/Gebel/Jülicher/Gottschalk*, ErbStG-Kommentar, § 2; *Zondler/Zöller*, Vermögensübertragungen auf eine US-Trust unter Berücksichtigung des DBA-USA Erb, IStR 2015, 960.

89 Zum Begriff Zwischenberechtigter BFH v. 25.6.2021 – II R 31/19, BStBl 2022 II, 497; v. 27.9.2012 – II R 45/10, BStBl 2013 II, 84; *Schienke-Ohletz*, Die Besteuerung von Begünstigten ausländischer Trusts, insbesondere US-Trusts, ISR 2022, 52.

90 Zur Auskehrung siehe *Hergeth*, Auskehrung von Vermögen durch Auslandsstiftung oder Trust nach Ende der Steueramnestie, ZErb 2005, 270; *Schienke-Ohletz/Kühn*, Die steuerlichen Folgen beim Ausscheiden aus Truststrukturen, ZEV 2015, 150.

91 Zur Pflege eines Pudels BFH v. 5.11.1992 – II R 62/89, BStBl 1993 II, 161.

5. Sonstige Angaben

68

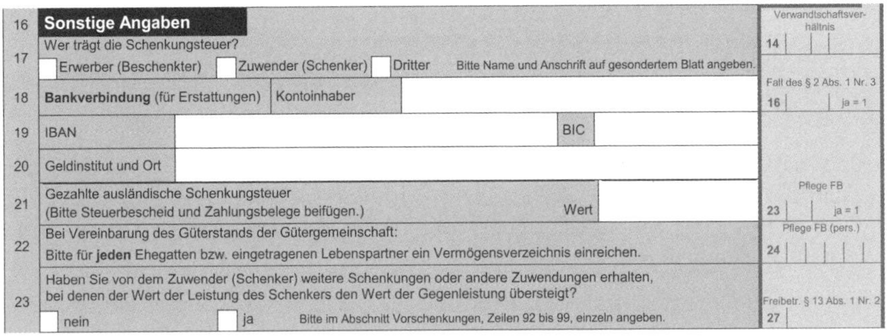

16 **Sonstige Angaben**

17 Wer trägt die Schenkungsteuer?
☐ Erwerber (Beschenkter) ☐ Zuwender (Schenker) ☐ Dritter Bitte Name und Anschrift auf gesondertem Blatt angeben.

18 **Bankverbindung** (für Erstattungen) | Kontoinhaber

19 IBAN | BIC

20 Geldinstitut und Ort

21 Gezahlte ausländische Schenkungsteuer
(Bitte Steuerbescheid und Zahlungsbelege beifügen.) Wert

22 Bei Vereinbarung des Güterstands der Gütergemeinschaft:
Bitte für **jeden** Ehegatten bzw. eingetragenen Lebenspartner ein Vermögensverzeichnis einreichen.

23 Haben Sie von dem Zuwender (Schenker) weitere Schenkungen oder andere Zuwendungen erhalten, bei denen der Wert der Leistung des Schenkers den Wert der Gegenleistung übersteigt?
☐ nein ☐ ja Bitte im Abschnitt Vorschenkungen, Zeilen 92 bis 99, einzeln angeben.

Verwandtschaftsverhältnis 14
Fall des § 2 Abs. 1 Nr. 3 16 ja = 1
Pflege FB 23 ja = 1
Pflege FB (pers.) 24
Freibetr. § 13 Abs. 1 Nr. 2 27

Zeile 17: Bei **Schenkungen** ist neben dem Beschenkten auch der Schenker Steuerschuldner. Beide schulden die ErbSt unbeschränkt, d.h. auch aus nicht geschenktem Vermögen. Das Finanzamt muss sich aber vorrangig an den Beschenkten halten. Übernimmt der Schenker vertraglich die Zahlung der Schenkungsteuer oder legt er sie einer dritten Person auf, wird der Erwerber gegenüber dem Finanzamt nicht von seiner Zahlungspflicht befreit. Hat der Schenker die Steuer ausdrücklich übernommen, schuldet er selbst auch die volle Steuer. Nach § 10 Abs. 2 ErbStG gilt als steuerpflichtiger Erwerb der Betrag, der sich bei der Zusammenrechnung des Steuerwerts der Zuwendung mit der aus ihr errechneten Steuer ergibt (siehe H E 10.5 ErbStH), d.h. die übernommene Steuer wird als Schenkung angesehen. Im Einzelfall kann es dennoch vorteilhafter sein, wenn der Schenker die Steuer übernimmt.[92]

Berechnungsbeispiel

A schenkt seiner Schwester B (Steuerklasse II) 2022 Wertpapiere im Wert von 205.736 EUR und erklärt sich bereit, die Schenkungsteuer zu übernehmen.

Wert der Zuwendung	205.736 EUR
Daraus errechnete Steuer	
Zuwendung	205.736 EUR
Persönlicher Freibetrag	./. 20.000 EUR
Verbleiben	185.736 EUR
Abgerundet	185.700 EUR
Steuer bei Steuersatz 20 v.H.	+ 37.140 EUR
Erwerb einschl. Steuer	222.840 EUR

92 Siehe z.B. *Uricher*, in: Daragan/Halaczinsky/Riedel, Praxiskommentar ErbStG und BewG, § 10 ErbStG Rn 34.

Abgerundet	222.800 EUR
Steuer bei Steuersatz 20 v.H.	44.560 EUR

Bei Übernahme der Schenkungsteuer schenkt A also 205.736 EUR + 44.560 EUR = 250.296 EUR. Würde A diesen Bruttobetrag B schenken, ergäbe sich folgende Steuer:

250.296 EUR ./. Freibetrag 20.000 EUR = 236.296 EUR, abgerundet 236.200 EUR. B müsste 20 % = 47.240 EUR (statt 44.560 EUR) zahlen. Die Übernahme der Schenkungsteuer durch A ist also unter dem Strich (liquiditätsmäßig) günstiger.

69 Hier soll der Erwerber seine Bankverbindung, auch die IBAN und BIC Kontonummer, angeben; eine Lastschrifterklärung ist damit nicht verbunden. In der Regel betrifft die Möglichkeit von Erstattungen nur Fälle, in denen schon eine Veranlagung vorgenommen worden ist und daraufhin Zahlungen erfolgt sind.

70 **Ausländische Schenkungen** (z.B. ein Ausländer schenkt einem Inländer eine Immobilie im Ausland) sind möglicherweise doppelt zu versteuern. In **Zeile 21** ist der Betrag der ausländischen Schenkungsteuer einzutragen. Belege sind beizufügen. § 21 ErbStG i.V.m. R E 21 ErbStR mildert die Mehrfachbelastung durch Anrechnung ausländischer Erbschaftssteuern.[93] Die Anrechnung ist nur bei unbeschränkter Erbschaftsteuerpflicht und nur auf Antrag möglich.[94] Angerechnet wird die auf das Auslandsvermögen entfallende ausländische Steuer. Berechnungsbeispiel siehe H E 21 ErbStH. Für die Berechnung des Auslandsvermögens ist zu unterscheiden, ob der Erblasser/Schenker zur Zeit seines Todes Inländer oder kein Inländer war. Im ersteren Fall zählen als Auslandsvermögen nur die Vermögensgegenstände, die in Deutschland zum Inlandsvermögen (§ 121 BewG) gehören würden; im letzteren Fall alle Vermögensgegenstände mit Ausnahme des

93 FG Düsseldorf v. 4.5.2022 – 4 K 2501/21 Erb, EFG 2022, 1232. Die schweizerische Steuer auf fünf Jahre vor einem Erbfall getätigte Schenkungen entspricht der deutschen Schenkungsteuer und ist auf diese anzurechnen. FG Hessen v. 22.8.2019 – 10 K 1539/17, EFG 2019, 184. Eine nach italienischem Recht gezahlte (Ersatz-)Erbschaftsteuer ist auf die inländische Erbschaftsteuer gemäß § 21 ErbStG anzurechnen. BFH v. 22.9.2010 – II R 54/09, BStBl 2011 II, 247. Die Bestimmung des § 21 Abs. 1 Satz 4 ErbStG ist über ihren Wortlaut hinaus auch auf die Fälle zu erstrecken, in denen zunächst die deutsche Steuer und sodann erst die vergleichbare ausländische Steuer entsteht (FG Köln v. 29.6.2011 – 9 K 2690/09, EFG 2012, 152). Die nach Eintritt der Bestandskraft des deutschen Schenkungsteuerbescheids erfolgte Zahlung einer nach § 21 Abs. 1 ErbStG anrechenbaren ausländischen Steuer stellt ein rückwirkendes Ereignis i.S. des § 175 Abs. 1 Satz 1 Nr. 2 AO dar.

94 R E 21 ErbStR; *Werner*, Anrechnung ausländischer Erbschaftsteuer in Nicht-DBA-Fällen, IWB 2023, 34; *Olbing*, Vermeidung der Mehrfachbesteuerung bei Erbschaften, ErbR 2021, 121; *Jülicher*, Die anrechenbare Steuer i.S.d. § 21 ErbStG, ZEV 1996, 295.

Inlandsvermögens (vgl. § 21 Abs. 2 ErbStG). § 21 ErbStG gilt gem. § 1 Abs. 2 ErbStG entsprechend bei Schenkungen.

Beispiel

Ein in Spanien verstorbener – dort wohnhafter – Vater (Inländer, da er in Deutschland noch einen Wohnsitz hatte) vererbt u.a. ein Bankguthaben bei einer spanischen Bank. Das Bankguthaben unterliegt der spanischen und der deutschen Erbschaftsteuer. Da Bankguthaben nicht unter die Definition „Inlandsvermögen" i.S.d. § 121 BewG fallen, ist das spanische Bankguthaben kein Auslandsvermögen i.S.d. § 21 Abs. 2 ErbStG. Daher kann die spanische Steuer auf das Bankguthaben (weil keine Steuer auf Auslandsvermögen) nicht auf die deutsche Steuer angerechnet werden. Diese dadurch entstehende Doppelbesteuerung ist sogar EU-rechtskonform.[95]

Bei **Ehen, die vor dem 1.7.1958 in Gütergemeinschaft** bestanden, gilt die Fortsetzung kraft Gesetzes als vereinbart. Bei danach geschlossenen Ehen kann die Gütergemeinschaft nur durch notariellen Ehevertrag vereinbart werden. Durch einen solchen Vertrag werden die Vermögensgegenstände mit bestimmten Ausnahmen (Vorbehalts- oder Sondergut) gemeinschaftliches Vermögen (Gesamtgut). Vereinbaren Ehegatten den Güterstand der **Gütergemeinschaft**, geht das Gesetz stets davon aus, dass die Bereicherung des weniger vermögenden Ehegatten subjektiv unentgeltlich erfolgt. Auf das Motiv der Vereinbarung kommt es nicht an. In **Zeile 22** wird deshalb von jedem Ehegatten ein Vermögensverzeichnis verlangt. 71

Vorschenkungen sind in **Zeile 23** anzuzeigen. Siehe Erläuterungen zur entsprechenden Angabe bei der Erbschaftsteuererklärung § 4 Rdn 188. 72

Die Angaben in **Zeilen 24–27** dienen der rechtmäßigen Bekanntgabe des zu erteilenden Bescheides. 73

Die persönlich zu leistende(n) Unterschrift(en) der Steuerpflichtigen **(Zeilen 28–30)** haben erhebliche rechtliche Bedeutung. Insbesondere können unwahre und/oder unvollständige Angaben Ordnungswidrigkeiten oder Straftaten sein.

B. Gegenstände der Zuwendung (Schenkung), Blatt 2 ff. des Erklärungsbogens

In **Zeilen 31–88** sind nun der/die geschenkte/n Gegenstand/Gegenstände einzutragen. Der Steuerpflichtige wird bei umfangreichem Vermögen vollständige Informationen über die in der Erklärung abgefragten Werte häufig erst mit erheblichem zeitlichem Abstand zum Besteuerungszeitpunkt verfügen. In Zusammenar- 74

95 EUGH v. 12.2.2009 – C-67/08, DStR 2009, 373 = ZErb 2009, 101 (Leitsatz).

beit mit dem Finanzamt kann die Frist für die Erklärungsabgabe verlängert werden. Die Wertermittlung der Vermögensgegenstände muss der Steuerpflichtige bzw. dessen Berater vielfach selbst vornehmen. Hierzu ist ggf. umfangreiches Detailwissen im ErbSt- und Bewertungsrecht, aber auch im Ertragsteuerrecht und der Verkehrswertbewertung erforderlich. Im Folgenden werden hierzu in der gebotenen Kürze Informationen gegeben, die im Einzelfall ggf. durch Nachlesen in den Gesetzen und Verwaltungsregelungen, durch Literaturstudium, Nachfragen beim Finanzamt etc. ergänzt werden müssen.

Im Übrigen entspricht Blatt 2 der Schenkungsteuererklärung (die Vermögensaufstellung) weitestgehend dem Blatt 2 ff. der Erbschaftsteuererklärung, so dass auch auf die dortigen Erläuterungen verwiesen werden kann (siehe § 4 Rdn 71).

Wichtig

Werden in der ErbSt-/SchenkSt-Erklärung trotz Aufforderung keine oder unzureichende Angaben zum Grundbesitz/Betriebsvermögen gemacht, ist das ErbSt-Finanzamt nicht verpflichtet, den Wert im Besteuerungszeitpunkt von Amts wegen aufwändig zu ermitteln. Es kann die Besteuerungsgrundlagen im Interesse einer zeitnahen Festsetzung der Erbschaft-/Schenkungsteuer ggf. zunächst überschlägig schätzen (§ 162 AO); z.B. bei Betriebsvermögen nach dem Abschlusszahlen der letzten Bilanz (des letzten Kapitalkontos) des letzten vor dem Besteuerungszeitpunkt endenden Wirtschaftsjahrs, und die Festsetzung unter dem Vorbehalt der Nachprüfung (§ 164 AO) oder hinsichtlich dieses Steuerwerts teilweise vorläufig (§ 165 AO) durchführen.

I. Gesondert festzustellendes Vermögen

1. Summe der LuF-Betriebe

75 Das **inländische** sowie das in einem Mitgliedstaat der EU oder im EWR (Island, Norwegen, Liechtenstein) belegene LuF-Vermögen besteht aus der Summe der Steuerwerte der einzelnen LuF-Betriebe. Jeder LuF-Betrieb kann aus Betriebsteil, Betriebswohnung und Wohnteil bestehen. Alle drei Teile können jeweils für sich einen Betrieb der Land- und Forstwirtschaft bilden (§ 160 BewG; R E 160.1 Abs. 7 ErbStR). Mehrere Stückländereien in der Hand eines Eigentümers können unter den Voraussetzungen des R E 160.1 Abs. 2 ErbStR zu einer wirtschaftlichen Einheit zusammengefasst werden. Zu LuF-Betrieben siehe noch § 4 Rdn 52 ff. (**Erbschaftsteuererklärung**) und § 13.

32	**Land- und forstwirtschaftliches Vermögen** Wurde land- und forstwirtschaftliches Vermögen im Inland oder in EU-/EWR- Staaten	☐ nein	inl. u. EU/EWR luf Vermögen
33	geschenkt? ☐ ja ☐☐ Anzahl der wirtschaftlichen Einheiten Gesamtwert		15
34	Wurde land- und forstwirtschaftliches Vermögen in Drittstaaten geschenkt?	☐ nein	
35	☐ ja Lage Wert		ausl. luf Vermögen 16

In **Zeile 33** ist der selbst errechnete Gesamtwert des inländischen LuF-Vermögens einzutragen. Das im Inland belegene LuF-Vermögen wird gem. § 151 Abs. 1 Nr. 1 BewG gesondert festgestellt. Der selbst errechnete Wert wird somit von Amts wegen durch den festgestellten Wert ersetzt; es genügt daher für die Steuererklärung einen überschlägig errechneten Wert anzugeben. Liegen der oder die Feststellungsbescheide schon vor, sind die Werte daraus zu übernehmen. Außerdem ist zu dem Gesamtwert auch geschenktes LuF-Vermögen einzurechnen, das in der EU (z.B. Niederlande) oder im EWR (z.B. Norwegen) belegen ist. Für dieses LuF-Vermögen ist der örtliche Verkehrswert selbst zu ermitteln, ggf. kann dies auf einer formlosen Anlage erfolgen. 76

Ausländische – in Drittstaaten belegene – LuF-Betriebe bzw. Beteiligungen daran (z.B. Beteiligung an einer Farm in Argentinien), muss der Steuerpflichtige bzw. sein Berater selbst mit den Verkehrswerten ermitteln. Die Zugehörigkeit zum ausländischen LuF-Vermögen richtet sich im Zweifel nach den am Ort geltenden Zuordnungsregeln, im Zweifel letztlich nach der Verkehrsauffassung. Der selbst errechnete Gesamtwert (örtliche Verkehrswert) ist in **Zeile 35** einzutragen. 77

a) Steuerwert und Verkehrswert eines LuF-Betriebs

Die **Bewertung** des LuF-Vermögens führt – aufgrund seiner Orientierung an dem Ertrag – (teilweise) zu einem sog. Fortführungswert. Dieser dürfte in der Regel unterhalb des individuellen Verkehrswerts liegen. Deshalb ist auch die Zugehörigkeit eines Wirtschaftsguts zum LuF-Vermögen von erheblicher Bedeutung. Zur Zugehörigkeit zum LuF-Vermögen siehe § 158 BewG; R B 158.1 ff. ErbStR. Zum Teil überschneiden sich Grundvermögen und LuF-Vermögen. Nach § 159 BewG sind Bauland (Abs. 3) und Bauerwartungsland (Abs. 1) vorrangig Grundvermögen (vgl. dazu auch R B 159 Abs. 4 und 5 ErbStR; A 2 BewR Gr). 78

Der Wirtschaftsteil (§§ 162–166 BewG) ist nach einem pauschalen Ertragswertverfahren mit dem sog. Fortführungswert zu bewerten (dazu R B 162 ff. ErbStR). Wird der Wirtschaftsteil innerhalb eines Zeitraums von 15 Jahren veräußert, tritt nachträglich der Liquidationswert an die Stelle des Fortführungswerts (§ 162 BewG).[96] Der Wohnteil und die Betriebswohnungen (§ 167 BewG) werden grundsätzlich wie Grundstücke des Grundvermögens bewertet (dazu R B 167.1–3 ErbStR und H B 167.1–3 ErbStH). 79

Hinweis

Problematisch ist die Phase nach Einstellung des Betriebes. I.A. gilt, dass der LuF-Betrieb bis zur eindeutigen Aufgabeerklärung gegenüber dem Finanzamt

96 Dazu FG Niedersachsen v. 31.5.2021 – 1 K 60/19, EFG 2021, 1794 im Fall einer Erbauseinandersetzung.

(Betriebstättenfinanzamt) noch als solcher existent ist.[97] So lange bleiben m.E. auch die besondere Bewertung und die Verschonung erhalten.

Bei **Verpachtung** hat der Verpächter das **Wahlrecht**, ob er den Vorgang als Betriebsaufgabe i.S. des § 16 Abs. 3 EStG behandeln oder (ob und wie lange er) das Betriebsvermögen während der Verpachtung fortführen und daraus Einkünfte aus Land- und Forstwirtschaft erzielen will.[98]

b) Schenkung von LuF-Vermögen unter Leistungsauflage

80 Gewöhnlich werden LuF-Betriebe unter Lebenden an die nachfolgende Generation nicht völlig unentgeltlich übertragen; vielmehr werden zur Alterssicherung des Betriebsinhabers und ggf. seines Ehepartners Wohnrechte, Versorgungsleistungen, Leibrenten, Pflegeleistungen u.Ä. vereinbart.[99] Soweit diese Leistungen erheblich weniger wert sind als der gesamte Betrieb, handelt es sich um gemischte Schenkungen oder Schenkung unter Leistungsauflage. Der Übertragungsvorgang ist schenkungsteuerlich und ggf. grunderwerbsteuerlich in einen unentgeltlichen und einen entgeltlichen Teil zu trennen. Es handelt sich – ggf. abweichend vom Einkommensteuerrecht – um einen teilentgeltlichen Vorgang. Die Gegenleistungen sind in der **Anlage „Gegenleistungen und Auflagen zur Schenkungsteuererklärung“** einzutragen, dazu Rdn 182 ff. Bzgl. der teilentgeltlich übertragenen Grundstücke kann Grunderwerbsteuer entstehen.

c) Schenkung von LuF-Vermögen unter Nutzungs- oder Duldungsauflagen

81 Wird der LuF-Betrieb unter Nießbrauchvorbehalt zugunsten des Inhabers/und bzw. seines Ehegatten übertragen, ist der Gesamtwert/Steuerwert in **Zeile 33–**

---

97 Vgl. R E 13b.4 u. R E 158.1 Abs. 5 ErbStR; siehe Einkommensteuerkommentare zu § 16 EStG; Ein landwirtschaftlicher (Eigentums-)Betrieb wird mit der Übertragung sämtlicher landwirtschaftlicher Nutzflächen aufgegeben BFH v. 17.5.2018 – VI R 73/15, BStBl 2022 II, 306; v. v. 12.7.2017 – VI R 59/15, BFH/NV 2017, 1527; v. 16.11.2017 – VI R 63/15, BFHE 260, 138. Nach § 14 Abs. 2 Satz 1 EStG führt die **Verkleinerung** eines luf Betriebs allein nicht zur Betriebsaufgabe, wenn in diesem (Rest-)Betriebsvermögen luf Flächen verbleiben, die zur Erzeugung von Pflanzen oder Tieren i.S.d. § 13 Abs. 1 EStG zu dienen bestimmt sind. Verbleibt jedoch keine luf Fläche, sondern lediglich z.B. ein Mietwohngrundstück, führt diese Betriebsverkleinerung zwingend zu einer Betriebsaufgabe. Bei verkleinerten verpachteten Betrieben kann weiterhin die Betriebsaufgabe nach § 16 Abs. 3b Satz 1 Nr. 1 EStG erklärt werden. Bei einem aktiv bewirtschafteten Restbetrieb besteht diese Möglichkeit jedoch nur, wenn dieser Betrieb als sog. Liebhaberei einzustufen ist.

98 BFH v. 17.5.2018 – VI R 73/15, BStBl 2022 II, 306, es muss aber ein Restbetrieb der LuF vorhanden sein.

99 *Marquardt*, Gemischte Schenkungen und mittelbare Grundstücksschenkungen in der Landwirtschaft aus schenkungssteuerrechtlicher Sicht, AgrB 2019, 213; *Bruschke*, Besonderheiten beim Übergang von landwirtschaftlichem Vermögen unter besonderer Berücksichtigung der HöfeO, ErbStB 2018, 50.

35 ff. einzutragen. Davon kann der Kapitalwert des Nießbrauchsrechts abgezogen werden. Bei der Ermittlung des Jahreswerts des Nießbrauchs darf der 18,6-fache Teil des steuerlichen Bedarfswerts für das LuF-Vermögen nicht überschritten werden. Die Nießbrauchslast ist in der **Anlage „Gegenleistungen und Auflagen zur Schenkungsteuererklärung"** einzutragen, dazu Rdn 182 ff.

d) Steuerentlastungen nach §§ 13a–13c, 19a ErbStG für LuF-Betriebe

Die Schenkung von LuF-Vermögen kann nach §§ 13a–13c, 19a ErbStG begünstigt 82
sein. Dazu ist die **Anlage „Steuerentlastung für Unternehmensvermögen gem. §§ 13a, 13b, 13c sowie 19a ErbStG"** auszufüllen (siehe dazu Rdn 230 ff.). Die Schenkung des Betriebsteils und der Betriebswohnungen eines LuF-Betriebs, eines Teilbetriebs, einer Beteiligung daran, bleibt bis zu einem Wert von 150.000 EUR ganz steuerfrei, darüber hinausgehendes Vermögen wird nur mit 15 % angesetzt; es kann stattdessen ein Antrag auf Vollverschonung (100 % Befreiung) gestellt werden. Ist der Betriebsübernehmer kein direkter Nachkomme bzw. der Ehegatte, wird der Erwerb gleichwohl zu 100 % nach Steuerklasse I besteuert (§ 19a ErbStG). Näheres zu den Verschonungsregelungen und -möglichkeiten siehe unten Rdn 242 und § 4 Rdn 226.

e) Steuerbefreiung für Familienheim und zu Wohnzwecken vermietete Grundstücke/ Grundstücksteile eines LuF-Betriebs

Grundsätzlich können sich Eheleute/eingetragene Lebenspartner das selbstge- 83
nutzte Familienheim, einen Anteil daran oder Aufwendungen dafür steuerfrei schenken § 13 Abs. 1 Nr. 4a ErbStG, auch wenn das Wohnhaus zum Wohnteil eines LuF-Betriebs gehört. Dazu ist die **Anlage „Steuerentlastung Familienheim (§ 13 Abs. 1 Nr. 4a ErbStG)"** auszufüllen. Gehören zu einem LuF-Betrieb zu Wohnzwecken vermietete Grundstücke/Grundstücksteile, kann ggf. die Befreiung nach § 13d ErbStG in Anspruch genommen werden. Dazu ist die **Anlage „Steuerbefreiung für zu Wohnzwecken vermietete Grundstücke gem. § 13d ErbStG"** auszufüllen; siehe dazu Rdn 229 ff.

2. Grundvermögen

84

36	**Grundvermögen** Wurde Grundvermögen im Inland oder in EU-/EWR-Staaten geschenkt?	☐ nein	inl. u. EU/EWR Grundstücke
37	☐ ja ☐☐ Anzahl der Grundstücke	Gesamtwert	23
38	Wurde Grundvermögen in Drittstaaten geschenkt?	☐ nein	
39	☐ ja Lage	Gesamtwert	ausl. Grundstücke 24

a) Gesamtwert der geschenkten Grundstücke

85 In **Zeile 37** ist der Gesamtwert des inländischen sowie das in einem Mitgliedstaat der EU oder im EWR (Island, Norwegen, Liechtenstein) belegene Grundvermögen einzutragen, soweit bekannt. Der/die Werte werden ohnehin später gesondert festgestellt, siehe § 8. Bekommt Sohn S drei Eigentumswohnungen geschenkt, ist in Zeile 37 die Summe der Steuerwerte der drei Eigentumswohnungen einzutragen. Zum Grundvermögen rechnen die privaten Grundstücke. Die Werte der betrieblichen Grundstücke sind nicht in Zeile 37 mitzuerfassen, sondern beim Betriebsvermögen.

86 **Ausländische – in Drittstaaten belegene – Grundstücke** werden stichtagsbezogen mit dem örtlichen Verkehrswert angesetzt, d.h. sie fallen nicht unter die gesonderte Bedarfsbewertung; der örtliche Verkehrswert ist vom Steuerpflichtigen selbst zu ermitteln und ggf. zu belegen.

> **Beachte**
>
> Durch Schenkung ausländischer Grundstücke kann im Zweifel keine Schenkungsteuer gespart werden; im Gegenteil: Möglicherweise fällt zusätzlich eine ausländische Schenkungsteuer an. In Zeile 39 ist der Gesamtwert dieser ausländischen Grundstücke anzugeben.

Zum Grundvermögen **siehe** noch § 4 Rdn 56 ff. (**Erbschaftsteuererklärung**); zur Bewertung siehe § 8.

b) Grundstück

87 **Das Grundvermögen** besteht aus der Summe aller geschenkten **Grundstücke**. Das Grundstück ist die einzelne wirtschaftliche Einheit des Grundvermögens (§ 70 BewG). Das Grundstück kann unbebaut, im Zustand der Bebauung oder bebaut sein. Jede wirtschaftliche Einheit ist für sich zu bewerten, auch wenn das WG mehreren Personen zusteht (§§ 2, 3 BewG).

> **Wichtig**
>
> Der/die unmittelbare oder mittelbare Schenkung/unentgeltliche Erwerb einer Beteiligung an einer vermögensverwaltenden, d.h. nicht gewerblichen Personengesellschaft, mit Grundbesitz (dazu gehört auch ein Anteil an einem geschlossenen Immobilienfond) ist als Erwerb des Grundstückanteils zu behandeln (§ 10 Abs. 1 Satz 4 ErbStG). Dagegen geht bei gewerblich tätigen und gewerblich geprägten Personengesellschaften die einzelne gesellschaftliche Beteiligung über; deswegen ist zur Ermittlung des Werts des Anteils zunächst das gesamte Betriebsvermögen der Personengesellschaft zu bewerten und dann nach der Gewinnbeteiligung aufzuteilen (§ 97 Abs. 1a BewG); Näheres siehe § 12. Gehören zu dem Betriebsvermögen Grundstücke, sind sie bei Anwendung eines Ertragswertverfahrens nicht gesondert zu bewerten, es sei denn, sie gehören zum nicht betriebsnotwendigem Vermögen (§ 200 Abs. 2

BewG oder zu innerhalb von zwei Jahren vor der Schenkung eingelegten Grundstücken (§ 200 Abs. 4 BewG). Ist eine Substanzbewertung erforderlich (§ 11 Abs. 2 Satz 3 BewG) ist ebenfalls eine gesonderte Bewertung notwendig. Zur gesonderten Wertfeststellung von Grundstücken siehe § 8.

Nicht zum Grundstück gehören die **Betriebsvorrichtungen**. Dies betrifft allerdings nur Betriebsgrundstücke.[100] Diese sind steuerlich bewegliche Wirtschaftsgüter, auch wenn sie zivilrechtlich evtl. wesentliche Bestandteile des Grundstücks sind (§§ 176 Abs. 2, 68 Abs. 2 BewG). Nicht zum Grundstück gehören die Bodenschätze, ebenfalls nicht Grundstücke, die dem LuF-Vermögen zuzuordnen sind.[101] 88

c) Schenkungsteuererklärung und Festsetzung des Grundbesitzwertes

Bei Schenkungen von Grundstücken erfolgt die Steuerfestsetzung zweigleisig. Jede wirtschaftliche Einheit des Grundvermögens, also jedes Grundstück, wird gesondert bewertet (siehe dazu § 8). Die Werte für die geschenkte inländische Immobilie werden in einem eigenen Feststellungsverfahren von dem jeweiligen Lagefinanzamt durch Bescheid gesondert festgestellt (§ 157 i.V.m. § 151 Abs. 1 BewG). Der so festgestellte Wert wird – unabhängig von dem in der Schenkungsteuererklärung angegebenen selbst errechneten Wert – von Amts wegen in der Veranlagung übernommen. Bei ausländischen Grundstücken werden die (plausibel) selbst erklärten Verkehrswerte des Steuerpflichtigen übernommen. 89

Hierzu ist lediglich die Anlage „Angaben zu Bedarfswerten" auszufüllen und der Schenkungsteuererklärung beizufügen. Zu jedem Einheitswert ist anzugeben, ob es sich um einen Euro- oder DM-Betrag handelt. 90

100 Siehe Gleich lautende Erlasse der obersten Finanzbehörden der Länder zur Abgrenzung des Grundvermögens von den Betriebsvorrichtungen v. 5.6.2013, BStBl 2013 I, 734.

101 Zurechnung und Bewertung von Agri-Fotovoltaik-Anlagen siehe Gleich lautenden Ländererlasse v. 15.7.2022, BStBl 2022 I, 1226.

A. Grundbesitz

1	2	3	4	5	6	7
Lage und Größe des Grundstücks (Ort, Straße, Hausnummer bzw. Gemarkung, Flur, Flurstück, Grundstücksgröße)	**Grundstücksart** a) Einfamilienhaus, Zweifamilienhaus, Mietwohngrundstück, Geschäftsgrundstück, gemischt genutztes Grundstück, sonstiges bebautes Grundstück, unbebautes Grundstück b) Land- und forstwirtschaftlicher Grundbesitz c) Betrieblicher Grundbesitz (vgl. lfd. Nr. …unter B)	**Lage-Finanzamt Einheitswert-Aktenzeichen**	**Einheitswert** (des ganzen Grundstücks) DM oder EUR	**Bodenrichtwert** (soweit bekannt) EUR/m²	**geschätzter gemeiner Wert/ Verkehrswert** (des ganzen Grundstücks) EUR	**Anteil am Grundstück** (Anteil des Erblassers bzw. vom Schenker zugewendeter Anteil) %

Anlage Angaben zu Bedarfswerten
zur Erbschaft-/Schenkungsteuererklärung 2

Daraufhin kann das Finanzamt

a) den Grundstückswert schätzen und
b) die Anlagen an das Lagefinanzamt weitersenden und die zuständige Bewertungsstelle auffordern, einen förmlichen Bescheid zu erteilen.

Hinweis

Solange Sie von der zuständigen Bewertungsstelle nicht zur Abgabe einer Feststellungserklärung aufgefordert werden, brauchen Sie im Zweifel nichts zu unternehmen.

Zum Feststellungsverfahren siehe § 7.

91 Der separat festgestellte **Grundbesitzwert** (Bescheid) ist der Erbschaftsteuerveranlagung zwingend zugrunde zu legen. Wenn er noch geändert wird, kann die Erbschaftsteuerveranlagung auch noch geändert werden, wenn sie ansonsten schon bestandskräftig geworden ist (§ 175 AO). Sind Sie mit der Wertfeststellung nicht einverstanden, müssen Sie rechtzeitig gegen den Feststellungsbescheid der Bewertungsstelle Einspruch einlegen! Für jeden Schenkungsfall müssen die Grundstückswerte vom Lagefinanzamt nach den tatsächlichen Gegebenheiten am Stichtag des Erbfalls bzw. der Schenkung jeweils neu ermittelt werden. D.h.: Feststellungen für frühere Schenkungen sind i.d.R. nicht verbindlich, siehe aber noch § 7 Rdn 4 und § 15.

Beispiel

Opa schenkt seinem Sohn ein Grundstück, dieser schenkt es später an seine Tochter T weiter. Es sind zwei Feststellungen erforderlich. Ausnahme bei mehrmaliger Übertragung innerhalb eines Jahres möglich; dazu R B 151.2 Abs. 11 ErbStR.

d) Standardgestaltungen zu Schenkungen von Grundvermögen

Die bewertungsrechtlichen Grundstückswerte schwanken um die Verkehrswerte. 92
Für die optimale Grundstücksschenkung (unter dem Verkehrswert) muss der Steuerpflichtige/Berater selbst eine Probebewertung machen. Die Finanzverwaltung gibt i.d.R. keine verbindliche Auskunft über den künftigen Bedarfswert.

aa) Unmittelbare Grundstücksschenkung

Grundstücke werden mit ihrem „gemeinen Wert/Verkehrswert“ bewertet (§ 177 93
BewG). Die Bewertung ist teilweise pauschaliert, so dass der Steuerwert nicht unbedingt mit dem individuellen Verkehrswert übereinstimmt, sondern auch mal bis ca. 20 % darunter oder darüber liegen kann. Liegt der steuerliche Bedarfswert eines Grundstücks unterhalb des genauen Verkehrswerts, kann ein Teil des Grundvermögens steuerfrei geschenkt werden, d.h. das Finanzamt darf nicht den tatsächlichen (höheren) Verkehrswert ansetzen.

Beispiel

Hat ein Mietwohngrundstück einen „wirklichen“ Verkehrswert von 4.000.000 EUR (vom Schenker zu diesem Wert gekauft), könnte es z.B. mit 3.650.000 EUR bewertet sein.

Genauso gut kann es vorkommen, dass der Steuerwert über dem „wirklichen“ Verkehrswert liegt. Beispiel: Der Beschenkte eines aufwendig gestalteten – aber sehr abseits gelegenen –Wohnhauses versucht seit zwei Jahren vergeblich, das Objekt mit einem Steuerwert von 850.000 EUR zu verkaufen. Nach drei Jahren kann er es für 679.000 EUR endlich verkaufen. Der Steuerpflichtige kann den Ansatz des tatsächlichen (niedrigeren) Verkehrswerts beantragen. Nach § 198 BewG muss das Finanzamt den niedrigeren „wirklichen“ Verkehrswert bei entsprechendem Nachweis ansetzen.[102] In vergleichbaren Fällen sollte darauf gedrungen werden, dass die gesonderte Wertfeststellung unter Vorbehalt der Nach-

102 *Lorenz*, Chance für Steuerpflichtige: Aktuelles zum Nachweis des niedrigen gemeinen Werts von Grundvermögen nach § 198 BewG, ZEV 2023, 141; *Eisele*, Erbschaftsteuerliche Immobilienbewertung: Verkehrswertnachweis durch Sachverständigengutachten, NWB 2021, 686; *Drosdzol*, Der Nachweis des niedrigeren gemeinen Werts nach § 198 BewG durch Sachverständigengutachten, ZEV 2019, 521; *Bruschke*, Gutachterkosten als Nachlassverbindlichkeit im Erbschaftsteuerrecht, ErbStB 2014, 133.

prüfung festgestellt wird, damit der niedrigere Verkehrswert im Nachhinein noch nachgewiesen werden kann.

bb) Mittelbare Grundstücksschenkung

94 Wird **Geld zum Erwerb oder zur Errichtung eines Grundstücks** geschenkt, kann nach den Grundsätzen der mittelbaren Grundstücksschenkung gleichwohl die Bemessung nach Grundbesitzwert erfolgen.[103] Dies gilt auch, wenn das Geld nur für An-, Um- oder Ausbauten geschenkt wird. Bei Geldzuwendungen für Reparatur, Modernisierung, Renovierung und dergleichen liegt grundsätzlich keine mittelbare Grundstücksschenkung vor. Ausnahme: Zuwendung im wirtschaftlichen Zusammenhang mit dem Erwerb (H E 7.3 ErbStH). Insgesamt können wegen der steuerlichen Bewertung mit dem Verkehrswert (vgl. Rdn 93) durch eine mittelbare Grundstücksschenkung **keine größeren Ersparnisse** mehr erreicht werden. Die mittelbare Grundstücksschenkung kann aber im Einzelfall die Ausführung einer Grundstücksschenkung erleichtern, denn der Schenker muss dadurch nicht zuerst selber das zu schenkende Grundstück erwerben.

Wichtig

Verwaltung und Rechtsprechung verlangen für die Anerkennung als mittelbare Grundstücksschenkung ein **bestimmtes Vorgehen**:

- Grundsätzlich muss der Geldbetrag bis zum Zeitpunkt des Erwerbs übergeben sein. Nach Finanzverwaltung genügt aber auch eine nachweisbare Zusage, wenn das Geld später übertragen wird.
- Geldhingabe mit genauer Zweckbestimmung: z.B. Grundstückserwerb, Gebäudeerrichtung, Umbau, Ausbau; am besten erst, wenn das Objekt oder die Baumaßnahme genau feststehen.
- Geldzuwendung oder Versprechen der Geldzuwendung nicht nach Grundstückserwerb. Sagt der Schenker dem Bedachten den für den Erwerb eines bestimmten Grundstücks vorgesehenen Geldbetrag erst nach Abschluss des Kaufvertrags zu, scheidet eine mittelbare Grundstücksschenkung aus. Erhält der Grundstückskäufer Mittel für den Erwerb eines bestimmten Grundstücks zunächst als Darlehen und verzichtet der Darlehensgeber später auf die Rückzahlung, ist eine mittelbare Grundstücksschenkung nur gegeben, wenn der Darlehensgeber die Umwandlung des Darlehens in eine Schenkung vor dem Grundstückserwerb zusagt und vor Bezahlung des Kaufpreises tatsächlich vornimmt.[104] Die Zinslosigkeit für ein Immobilien-

103 R E 7.3 ErbStR; *Ramb*, Auslegungsfragen zur mittelbaren Schenkung im Sinne des ErbStG, NWB 2020, 409; *Volland*, Steuerliche Gestaltung bei der Nachfolge in Immobilien durch mittelbare Grundstücksschenkung, ZEV 2019, 68.

104 BFH v. 2.2.2005 – II R 31/03, BStBl 2005 II, 531.

darlehen ist aber keine mittelbares Grundstückschenkung, sondern eine (Geld-)Nutzungsschenkung.[105]

- Wird das Geld zu früh zu Verfügung gestellt, kann in der Nutzung ein Zinsvorteil und damit eine Schenkung vorliegen.
- Geldsumme sollte nicht die Anschaffungs-/Herstellungskosten des Objekts überschreiten, ansonsten liegt zusätzlich Geldschenkung vor.
- Verwendung des Geldes für den bestimmten Zweck. In der Zuwendung von Geld für einen Grundstückserwerb liegt erst dann eine Grundstücksschenkung, wenn in absehbarer Zeit das Geld auch für einen Grundstückserwerb ausgegeben wird.
- Es muss letztlich zur Eigentumsumschreibung auf den Beschenkten kommen. Zum Entstehungszeitpunkt der Schenkung siehe R E 9.1 ErbStR.

Hinweis

Auch in diesen Fällen findet eine gesonderte Feststellung durch Bedarfswertbescheid statt. Der Steuerpflichtige ist grundsätzlich für das Vorliegen einer (mittelbaren) Grundstücksschenkung nachweispflichtig!

Weitere Fallgestaltungen der mittelbaren Grundstücksschenkung sind:[106] 95

Der Schenker übernimmt	Bemessungsgrundlage der Schenkungsteuer
den gesamten Kaufpreis des zu erwerbenden Grundstücks	Steuerwert des Grundstücks
mehr als den Kaufpreis	Ansatz des überschießenden Geldbetrags neben dem Steuerwert des Grundstücks
einen Teil des Kaufpreises (mehr als 10 v.H.)	der Anteil des Steuerwerts, der dem Anteil des Geldbetrags am Gesamtkaufpreis entspricht
einen unbedeutenden Teil des Kaufpreises	Ansatz des zugewendeten Geldbetrags
den Kaufpreis eines Grundstücks im Zustand der Bebauung	Ansatz des speziellen Steuerwerts, nach § 12 Abs. 4 ErbStG in Verbindung mit § 196 BewG
den Kaufpreis eines Baugrundstücks und die vollen Baukosten	Steuerwert des fertig bebauten Grundstücks (Annahme einer einheitlichen Schenkung)

105 BFH v. 21.2.2006 – II R 70/04, BFH/NV 2006, 1300.
106 Vgl. H E 7.3 ErbStH – Einzelfälle.

Der Schenker übernimmt	**Bemessungsgrundlage der Schenkungsteuer**
den Kaufpreis eines Baugrundstücks und einen Teil der Baukosten	der Anteil des Steuerwerts des bebauten Grundstücks, der dem Verhältnis des zugewendeten Geldbetrags zu den Gesamtkosten für Erwerb und Bebauung des Grundstücks entspricht
die Kosten eines Gebäudes, das auf dem Grundstück des Beschenkten errichtet wird	Ansatz des Teils des Steuerwerts des bebauten Grundstücks, der auf das Gebäude entfällt (bei Bewertung im Ertragswertverfahren Gebäudeertragswert und beim Sachwertverfahren Gebäudesachwert und beim Vergleichswertverfahren, der Teil des Bedarfswerts, der schätzungsweise auf das Gebäude entfällt).
die Kosten eines Gebäudes, das zunächst auf dem Grundstück eines Dritten errichtet wird	Ansatz des Teils des Steuerwerts des bebauten Grundstücks, der auf das Gebäude entfällt (bei Bewertung im Ertragswertverfahren Gebäudeertragswert und beim Sachwertverfahren Gebäudesachwert und beim Vergleichswertverfahren, der Teil des Bedarfswerts, der schätzungsweise auf das Gebäude entfällt).

e) Besteuerungszeitpunkt bei Grundstücksschenkung

96 Der Besteuerungszeitpunkt ist von erheblicher Bedeutung, wenn in Hinblick auf (erwartetes) neues Recht gestaltet wird und Interesse besteht, dass die Grundstücksschenkung nach geltendem Recht besteuert werden soll. Eine Grundstücksschenkung gilt als ausgeführt, wenn die Vertragsparteien die für die Eintragung der Rechtsänderung in das Grundbuch erforderlichen Erklärungen in gehöriger Form abgegeben haben und der Beschenkte aufgrund dieser Erklärungen in der Lage ist, beim Grundbuchamt die Eintragung der Rechtsänderung zu bewirken (also vor Eigentumsumschreibung).[107] Der Zeitpunkt der Grundstücksschenkung richtet sich danach, wann die Auflassung i.S.d. § 925 BGB sowie die Eintragungsbewilligung (§ 19 GBO) vorliegen. Ein Eintragungsantrag, der die schützenden Wirkungen des § 17 GBO eintreten lässt, ist nicht erforderlich, erst recht nicht die Zwischeneintragung selbst. Eine Grundstücksschenkung ist jedoch trotz Vorliegens der genannten Voraussetzungen dann noch nicht ausgeführt, wenn die Übertragung des Grundstücks erst zu einem – von den Beteiligten

107 R E 9.1 ErbStR und H E 9.1 ErbStH, vgl. auch BFH v. 2.2.2005 – II R 26/02, BStBl 2005 II, 312 = ZErb 2005, 168.

ausdrücklich bestimmten – späteren Zeitpunkt erfolgen soll oder wenn es letztlich doch nicht zur Umschreibung im Grundbuch kommt.

Die Grundsätze zur Ausführung von Grundstücksschenkungen gelten grds. auch bei mittelbaren Grundstücksschenkungen.[108] Bei einer mittelbaren Schenkung entsteht die Schenkungsteuer aber nicht bereits mit der Übertragung des Vermögensgegenstands (etwa Grundstück oder einem Gesellschaftsanteil), sondern erst in dem Zeitpunkt, zu dem der Bedachte über den ihm zugewendeten Gegenstand im Verhältnis zum Zuwendenden frei verfügen kann.

Beispiel

Angenommen, das ErbStG/BewG würde sich zum Wechsel des Jahres 2022 auf 2023 ändern. Für die Anwendung des in 2022 geltenden Rechts genügt der Vertragsabschluss, die Auflassung und die Abgabe aller erforderlichen Erklärungen[109] für die Grundbuchumschreibung.

f) Gemischte Grundstücksschenkung

Übernimmt der Beschenkte im Zusammenhang mit der Grundstücksschenkung 97
auch Schulden und Lasten des Schenkers, und ist das Grundstück insgesamt noch mehr wert als die übernommenen Verbindlichkeiten, liegt eine gemischte Schenkung, d.h. eine teilweise unentgeltliche und teilweise entgeltliche Übertragung, vor. Der unentgeltliche Teil ist eine Schenkung, sofern das ganze Geschäft nicht als entgeltliches Geschäft einzustufen ist. Letzteres wäre der Fall, wenn Leistung und Gegenleistung (Schuldübernahme) in einigermaßen ausgewogenem Verhältnis stehen, z.B. Schulden betragen 85 % des aktuellen Grundstückswerts. Der unentgeltliche Teil wird durch Abzug der übernommenen Schulden und Lasten vom steuerlich relevanten Grundbesitzwert ermittelt.[110] Bzgl. des entgeltlichen Teils kann Grunderwerbsteuer anfallen (§ 1 Abs. 1 Nr. GrEStG, Befreiungen in § 3 GrEStG). Unter gemischte Schenkungen fallen auch Grundstücksschenkungen gegen Leibrenten, Ausgleichzahlungen an Dritte u.Ä. Bei Schenkung von denkmalgeschützten Objekten (Schlössern, Burgen, Herrenhäuser) ist eine sog. Überlast als übernommene Schuld mit dem Kapitalwert nach den in R E10.6 ErbStR genannten Beträgen/m^2/Jahr[111] zu berücksichtigen, unabhängig davon, ob sie tatsächlich gezahlt wird. Vorteilhaft ist, dass die übernommen

108 R E 9. 1 Abs. 2 ErbStR.

109 Gibt ein Bevollmächtigter die Erklärungen ab, werden diese erst mit Genehmigung des Vertretenen wirksam, so FG Rheinland-Pfalz, Urt. v. 23.8.2002 – 4 K 1204/01, EFG 2002, 1622 und – 4 K 1205/01, EFG 2003, 140; insoweit bestätigt durch BFH v. 26.10.2005 – II R 53/02, BFH/NV 2006, 551 und v. 27.4.2005 – II R 52/02, BStBl 2005 II, 892.

110 Vgl. R E 7.4 ErbStR und H E 7.4 (1) – (4) ErbStH.

111 2,30 EUR/m^3 für Objekte, deren Innenräume rein museal genutzt werden; 1,15 EUR für Objekte, deren Innenräume nicht museal genutzt werden, Kapitalwert = (m^3 x 2,30 oder 1,15 EUR) x 18,6.

Schulden den Wert der Schenkung mindern. Näheres insbesondere zur Ermittlung des Steuerwerts der Bereicherung siehe unten Rdn 185 ff.

g) Nießbrauch, Wohnrecht

98 Der Nießbrauch an Grundstücken sowie Wohnrechte (dingliche oder obligatorische) sind bewertungsrechtlich keine Grundstücke, in der Schenkungsteuererklärung sind derartige erworbene Rechte in **Zeilen 81, 82** einzutragen. Durch Nießbrauch- oder Wohnrechtsvorbehalt zugunsten des Schenkers und oder anderer Personen können sich in Verbindung mit Grundstücksübertragungen Steuervorteile ergeben.[112] Beim Nießbrauchsvorbehalt kann das Eigentum schenkungssteuerlich nach dem geltendem Recht übergehen, durch den vorbehaltenen Nießbrauch hat der bisherige Eigentümer aber noch das Nutzungs- und Fruchtziehungsrecht. Der Wegfall des Nießbrauchs (z.B. mit dem Tod des Nießbrauchers) führt nicht zu einem weiteren steuerbaren Erwerb. Beim Zuwendungsnießbrauch ist es umgekehrt, der bisherige Eigentümer bleibt Eigentümer, der Nießbraucher erhält das Nutzungs- und Fruchtziehungsrecht, das Grundstück bleibt im Eigentum des Zuwendenden und später vererbt oder geschenkt werden. Ähnliches gilt beim Wohnrecht. In Nießbrauchs- und Wohnrechtsfällen handelt es sich zwar nicht um gemischte Schenkungen, sondern um Schenkungen gegen Auflage (R E 7.4 ErbStR). Die Bereicherung wird aber wie bei einer gemischten Schenkung ermittelt, d.h. durch Abzug der übernommenen Leistungs-, Nutzungs- oder Duldungsauflagen vom Grundstück(bedarfs-)wert.[113] Zur Bewertung und steuerlichen Behandlung bei dem Berechtigten siehe unten Rdn 147 f.; zur Behandlung beim Nießbrauchsverpflichteten siehe unten Rdn 205 ff.

3. Betriebsvermögen

99

40	**Betriebsvermögen** Wurde Betriebsvermögen im Inland oder in EU-/EWR-Staaten geschenkt?		☐ nein	inl. u. EU/EWR Betriebsverm.
41	☐ ja ☐☐ Anzahl der Betriebe	Gesamtwert		35
42	Wurde Betriebsvermögen in Drittstaaten geschenkt?		☐ nein	ausl. Betriebsverm.
43	☐ ja Firma:	Gesamtwert		36

112 *Stein*, Grundstücksschenkung unter Nießbrauchsvorbehalt: Ermittlung der abziehbaren Nießbrauchslast, ErbBstg 2021, 092; *Halaczinsky*, Schenkungsteuer bei der Übertragung von Grundstücken unter Nießbrauchsvorbehalt, UVR 2020, 348; *Volland*, Steuerliche Gestaltung bei der Nachfolge in Immobilien mittels Nießbrauch, ZEV 2019, 254.

113 R E 7.4 ErbStR mit Berechnungsbeispielen in H E 7.4 ErbStH; *Götz/Immes*, Gemischte Schenkung versus Schenkung unter Auflage im ErbStG, Ubg 2015, 14.

a) Gesamtwert der geschenkten Betriebe

aa) Betriebsvermögen

In **Zeile 40–43** ist jeweils der selbst errechnete Gesamtwert des Betriebsvermögens (ggf. Summe aller Werte verschiedener Betriebsvermögen) einzutragen. Zum Betriebsvermögen siehe noch § 4 Rdn 62 ff. (**Erbschaftsteuererklärung**) und § 9. Bei der Eintragung ist zu unterscheiden zwischen dem Gesamtwert des inländischen sowie das in einem Mitgliedstaat der EU oder im EWR (Island, Norwegen, Liechtenstein) und dem des in Drittstaaten belegenen Betriebsvermögens. Der Grund dafür dürfte darin liegen, dass inländisches, EU und EWR Betriebsvermögen gem. §§ 13a–13c und 19a ErbStG besonders verschont werden kann. Für die Bewertung ist die **Unterscheidung zwischen inländischem und ausländischem** Betriebsvermögen wichtig. Während inländisches Betriebsvermögen typisierend bewertet und der Wert gesondert festgestellt wird (§ 11 Abs. 2 i.V.m. § 109 BewG; § 157 BewG; § 12 Abs. 2 ff. ErbStG), wird ausländisches Betriebsvermögen (auch das in der EU oder im EWR belegene Betriebsvermögen) mit seinem aktuellen Verkehrswert bewertet (§ 31 BewG). Ausnahme: Es gehört zu einem inländischen Betriebsvermögen. Zu den Angaben zum ausländischen Betriebsvermögen werden mit großer Wahrscheinlichkeit ausführliche und plausible Bewertungsunterlagen verlangt. Dabei hat der Steuerpflichtige gesteigerte Nachweispflichten nach § 90 Abs. 2 und 3 AO. 100

Der Wert des inländischen Betriebsvermögens ist von der für die Ertragsteuerveranlagung zuständigen Stelle oder einer zentral benannten Veranlagungsstelle gesondert festzustellen (§ 157 Abs. 1 i.V.m. § 151 Abs. 1 BewG). Zur Anlage Betriebsvermögen siehe ausführlich §§ 9 ff. Für die Zwecke ist der Schenkungsteuererklärung nur eine Anlage „Angaben zu Bedarfswerten“ beizufügen. Aufgrund dieser Angaben entscheidet dann die Erbschaftsteuerstelle, ob ein Feststellungsverfahren zu veranlassen ist. Sie brauchen bis zur Aufforderung zur Abgabe einer Feststellungserklärung insoweit nichts zu unternehmen. 101

102 **B. Betriebsvermögen oder Anteile daran, nicht notierte Anteile an Kapitalgesellschaften sowie sonstige Vermögensgegenstände und Schulden, die mehreren Personen zustehen**

1	2	3	4	5	6	7	8
Lfd. Nr.	**Art des Vermögens**	**zuständiges Finanzamt Steuernummer**	**Wert des übertragenen Vermögens**				**Gewinn/Verlust**
			Gesamtwert	**darin enthaltenes Sonderbetriebs-vermögen**	**darin enthaltener betrieblicher Grundbesitz**	**darin enthaltene Beteiligungen und Anteile**	
	a) Betriebsvermögen b) Anteil am Betriebsvermögen c) nicht notierte Anteile an Kapital-gesellschaften d) sonstige Vermögensgegenstände und Schulden, die mehreren Personen zustehen Name, Anschrift des Betriebs/der Gesellschaft/der Gemeinschaft		geschätzter Wert in EUR und ggf. Anteil in %	(nur anzugeben bei Übertragung von Beteiligungen an Personengesellschaften) geschätzter Wert in EUR (Bitte Kopie der Sonderbilanz beifügen.)	(nur anzugeben wenn das Grundstück zu weniger als 100 % bilanziert ist) Lage des Grundstücks und bilanzierter Anteil (übrige Angaben zum Grundstück unter „A. Grundbesitz" ergänzen)	Bezeichnung und geschätzter Wert in EUR	(nur anzugeben bei Betriebsvermögen, Anteilen an Betriebsvermögen und Anteilen an Kapitalgesellschaften) Gewinne bzw. Verluste der letzten drei Wirtschaftsjahre

Anlage Angaben zu Bedarfswerten
zur Erbschaft-/Schenkungsteuererklärung 3

bb) Vorteil der geltenden Betriebsvermögensbewertung, gängige Gestaltungsüberlegung

103 Die Schenkung von Betriebsvermögen und Wirtschaftsgütern im Betriebsvermögen kann wegen der weitgehenden Verschonung nach §§ 13a–13c, 19a; 28a ErbStG (sehr) vorteilhaft sein (R E 13b.5.ErbStR mit Ausnahme vom Betriebsvermögen aus Drittstaaten).

Hinweis

Die Verschonungen für Betriebsvermögen und Anteile sind durch das Gesetz zur Anpassung des Erbschaft- und Schenkungsteuerrechts an die Rechtsprechung des Bundesverfassungsgerichts v. 4.11.2016[114] rückwirkend mit **Wirkung ab 1.7.2016 geändert** worden. Näheres dazu siehe § 3 Rdn 3, 26 ff. und § 4 Rdn 221 ff., § 9 Rdn 52 zur Anlage „vereinfachtes Ertragswertverfahren" und zum Verfahrensrecht § 15 Rdn 20, 24.

114 BGBl I 2016, 2464. Zu verfassungsrechtlichen Fragen der Rückwirkung des ErbStAnpG siehe § 5 Rdn 3.

cc) Schenkung von Betriebsvermögen unter freiem Widerrufsvorbehalt

In Hinblick auf ungewisse rechtliche und persönliche Entwicklungen kann es vorteilhaft sein, Unternehmensvermögen unter freiem Widerrufsvorbehalt[115] zu schenken, mit der Folge, dass die heutige Schenkung später ggf. neu gestaltet werden kann. Schenkungsteuerrechtlich ist trotz des Widerrufsvorbehalts eine freigebige Zuwendung als ausgeführt anzusehen.[116] 104

b) Schenkung eines Einzelunternehmens/einer freiberuflichen Praxis

Steuergegenstand der Schenkung ist der Ertragswert des Unternehmens, mindes- 105
tens der Saldo des Substanzwerts des Betriebsvermögens, Näheres zur Bewertung siehe §§ 9 ff. Die Schenkung kann nach §§ 13a–13c, 19a ErbStG begünstigt sein.

aa) Unentgeltliche Aufnahme einer Person in ein bestehendes Einzelunternehmen

Bei der unentgeltlichen Aufnahme einer Person in das Einzelunternehmen liegt 106
die Zuwendung darin, dass die aufzunehmende/n Person/en keine (hinreichende) Einlage leistet/en und den Gesellschaftsanteil damit ganz oder teilweise geschenkt bekommt/en. Die Aufnahme gilt als Erwerb einer nach §§ 13a–13c, 19a ErbStG begünstigten Beteiligung an einer Personengesellschaft (R E 13b.5 Abs. 3 Satz 3 ErbStR).

bb) Schenkung einer Beteiligung an einer Personengesellschaft

Die unentgeltliche/teilentgeltliche Übertragung einer mitunternehmerischen Be- 107
teiligung an einer Personengesellschaft (OHG-, KG-, GmbH & CO KG-Beteiligung, Beteiligung an einer Sozietät, einer Partnerschaftsgesellschaft) oder eines Anteils daran ist eine (teilweise) Schenkung von Betriebsvermögen (im bewertungsrechtlichen Sinne). Näheres **zur Bewertung** siehe § 10. Der Anteil ist mit Hilfe der Anlage Betriebsvermögen zu ermitteln.

Beachte

Wird eine Beteiligung an einer gewerblichen/freiberuflichen Personengesellschaft unter freiem Widerrufsvorbehalt geschenkt, wird nach den Grundsätzen des Ertragsteuerrechts der Beschenkte wegen des Widerrufsvorbehalts nicht Mitunternehmer der Personengesellschaft.[117] Der Beschenkte erwirbt kein Betriebsvermögen, so dass die Vergünstigungen nach §§ 13a–13c, 19a

115 *Jülicher*, Rückforderungsrechte in Schenkungsverträgen im Erbschaftsteuerrecht, ZErb 2023, 58; *Lohr*, Rückforderungsvorbehalte bei Anteilsschenkungen, GmbH-StB 2020, 367; Formulierungsvorschläge siehe *Wachter*, Schenkung von Betriebsvermögen, ErbStB 2006, 236 und 260.

116 BFH v. 13.9.1989 – II R 66/86, BStBl 1989 II, 1034.

117 BFH v. 16.5.1989 – VIII R 196/84, BStBl 1989 II, 877.

ErbStG nicht anwendbar sind. Es liegt dann eine sonstige Vermögensgemeinschaft vor, dazu § 12.

Entsprechendes gilt, wenn eine Beteiligung an einer Personengesellschaft geschenkt wird, der Schenker sich den Nießbrauch vorbehält und der Bedachte deshalb nicht Mitunternehmer wird.

Bei einer Schenkung einer KG-Beteiligung an einer GmbH & CO KG (gewerblich geprägte Gesellschaft) liegt Betriebsvermögen erst dann vor, wenn die Firma des Unternehmens in das Handelsregister eingetragen ist. Zwischen Gründung der Kommanditgesellschaft und ihrer Eintragung im Handelsregister stellt die Gesellschaft noch keine Kommanditgesellschaft dar, sondern ist als Gesellschaft bürgerlichen Rechts zu qualifizieren.[118]

cc) Schenkung von Sonderbetriebsvermögen

108 Ist Sonderbetriebsvermögen (Wirtschaftsgüter, die einem oder mehreren Gesellschaftern gehören und dem Betrieb einer Personengesellschaft dienen, bzw. der Beteiligung daran) vorhanden, kann der Gesellschafter seinen Anteil auch **isoliert** vom Sonderbetriebsvermögen schenken. Bei Zurückbehaltung des Sonderbetriebsvermögens wird in R E 13b.5 Abs. 3 Satz 5, 6 ErbStR verlangt, dass es weiterhin zum Betriebsvermögen derselben Personengesellschaft gehört. Voraussetzung dafür ist, dass der übertragende Mitunternehmer noch einen – wenn auch kleinen – Teil seines Gesellschaftsanteils behält, d.h. der Mitunternehmerschaft gesellschaftsrechtlich verbunden bleibt, denn andernfalls gilt das Sonderbetriebsvermögen als entnommen. Im Übrigen kann der Gesellschafter das Sonderbetriebsvermögen im Zusammenhang mit der Übertragung eines Mitunternehmeranteils quotal oder auch disquotal schenken.[119] Die Übertragung von Sonderbetriebsvermögen zusammen mit einen Mitunternehmeranteil ist im Ergebnis in allen Fällen der unentgeltlichen Übertragung von Sonderbetriebsvermögens zu Buchwerten nach Ertragssteuerrecht auch nach §§ 13a–13c, 19a ErbStG begünstigt.

Wird nur (**isoliert**) das **Sonderbetriebsvermögen** oder ein anderes einzelnes Wirtschaftsgut übertragen, ist es im Umkehrschluss nicht begünstigt.[120] Ertragsteuerlich kann in letzterem Fall eine steuerverstrickte Entnahme vorliegen. Schenkungsteuerlich kann ein Beratungs-)Fehler vorliegen, wenn ausdrücklich vertraglich vereinbart wird, dass das Grundstück nicht gleichzeitig mit dem Kommanditanteil übertragen wird, weil (nur) die Übertragung des Kommanditanteils

118 BFH v. 4.5.2016 – II R 18/15, BFH/NV 2016, 1565.

119 BFH v. 17.6.2020 – II R 38/17, BStBl 2021 II, 98; *Stein/Dorn*, Neues vom BFH: Übertragung von Mitunternehmeranteilen mit Sonderbetriebsvermögen: Fallstricke und Lösungen, ErbBstg 2022, 236; *Schulze zur Wiesche*, Erbschaft- und schenkungsteuerliche Behandlung des Sonderbetriebsvermögens, DStZ 2021, 408.

120 BFH v. 17.6.2020 – II R 38/17, BStBl 2021 II, 98.

unter der aufschiebenden Bedingung der Eintragung des Beschenkten als Kommanditist in das Handelsregister erfolgen soll.[121]

c) Schenkung von Anteilen an Kapitalgesellschaften

Ist der Schenker persönlich an einer Kapitalgesellschaft beteiligt, liegt Schenkung von übrigem Vermögen vor; es sind die **Zeilen 49–51** auszufüllen, siehe unten Rdn 130. Anteile an Kapitalgesellschaften können Betriebsvermögen sein, wenn sie einem Betrieb dienen, z.B. Beteiligung des Kommanditisten an der Komplementär-GmbH, Beteiligung einer GmbH an einer Tochter-GmbH. In diesem Fall ist die Beteiligung in der Vermögensaufstellung mit dem Anteilswert anzusetzen, siehe dazu § 9. 109

d) Einlage von Grundstücken in das Betriebsvermögen vor Schenkung?

Die Einlage von Grundstücken in das Betriebsvermögen[122] oder die Aufstockung des betrieblichen Nutzungsanteils wegen 110
- der niedrigeren Bewertung und
- der Vergünstigungen für Betriebsvermögen

ist erbschaftsteuerlich nur interessant, wenn kein schädliches Verwaltungsvermögen (siehe dazu § 4 Rdn 239 ff.) geschaffen wird.

Nachteile: Ggf. zweijährige Vorlaufzeit (§ 13b Abs. 7 ErbStG); 7- bzw. 5-jährige Behaltensfrist, Überentnahmeverbot, ertragsteuerliche Konsequenzen. Die Einbringung ist ertragsteuerlich als **Veräußerungsgeschäft** anzusehen; es kann also die Rechtsfolgen des § 23 EStG (Spekulationsgewinn) auslösen.[123]

Angesichts der Kompliziertheit des neuen „Verschonungsrechts" sollten Gestaltungen/Optimierungen der Betriebsvermögensnachfolge nur mit Hilfe von entsprechenden (Steuer-)Rechtsexperten vorgenommen werden.

---

121 FG Köln v. 29.6.2017 – 7 K 1654/16, ZEV 2017, 535 bestätigt durch BFH v. 17.6.2020 – II R 38/17, BStBl 2021 II, 98.

122 Zur Ermittlung der Vorteilhaftigkeit solcher Transaktionen sind zum Teil umfangreiche Prognoseberechnungen und gesellschaftsvertragliche Konstrukte erforderlich. Hierzu sollte unbedingt Beratung durch rechts- und steuerberatende Berufe eingeholt werden.

123 *Brabender/Gräfe/Freund*, Die ErbStR 2019 im Spannungsverhältnis zu den ErbStH 2019: Abweichungen, Konkretisierungen und strittige Fragen im Bereich der Unternehmensnachfolge, ZEV 2020, 79; *Dannecker*, Unternehmensnachfolge bei Kapitalgesellschaften: erbschaftsteuerliche und ertragsteuerliche Aspekte, DStR 2020, 853; *Reich*, Gestaltungen im neuen Unternehmenserbschaftsteuerrecht, DStR 2016, 2447; *Korezkij*, Erbschaftsteuerreform: Ausgewählte Zweifelsfragen rund um die Betriebsvermögensnachfolge, DStR 2017, 745; *Spiegelberger*, Unternehmensnachfolge, Beck 2022.

e) Wann gehört ein Grundstück zum Betriebsvermögen?

111 Die Zugehörigkeit eines Grundstücks bei Einzelunternehmen und freiberuflich Tätigen richtet sich grundsätzlich nach § 99 i.V.m. §§ 95, 96 BewG, also **nach dem Ertragsteuerrecht**. Gehört es dem Unternehmer und ist es ertragsteuerlich in vollem Umfang Betriebsvermögen, ist es auch bewertungsrechtlich/schenkungssteuerlich Betriebsvermögen. Wird es nur **teilweisebetrieblich** genutzt, ist es – der ertragsteuerlichen Behandlung folgend – anteilig Betriebs- und zum anderen Teil Grundvermögen. Aus ertragsteuerlicher Sicht sind die eigenbetriebliche und die fremdbetriebliche Nutzung sowie die Nutzung zu eigenen und fremden Wohnzwecken zu unterscheiden. Jeder der vier unterschiedlich genutzten Gebäudeteile stellt ein besonderes Wirtschaftsgut dar. Soweit ein Grundstück aufgrund der unterschiedlichen Wirtschaftsgüter dem Gewerbebetrieb und damit dem bewertungsrechtlichen Betriebsvermögen zuzurechnen ist, handelt es sich um ein Betriebsgrundstück.

Ist ein Wirtschaftsgut weder notwendiges Privatvermögen noch notwendiges Betriebsvermögen, kann es gewillkürtes Betriebsvermögen bzw. gewillkürtes Sonderbetriebsvermögen[124] sein, wenn es objektiv geeignet und subjektiv dazu bestimmt ist, den Betrieb zu fördern.[125] Liegen diese Voraussetzungen vor und ist deshalb ein Grundstück ertragsteuerrechtlich Betriebsvermögen, kann nicht angenommen werden, es diene aus bewertungsrechtlicher Sicht nicht dem Gewerbebetrieb und sei deshalb kein Betriebsgrundstück. Der BFH[126] hat klargestellt, dass gewillkürte Wirtschaftsgüter auch im Erbschaftsteuerrecht Betriebsvermögen sein können.[127] Die Bildung von gewillkürten Betriebsvermögen ist auch für Einnahme-/Überschussrechner möglich.[128] Im Ergebnis kann also unter den vorgenannten Voraussetzungen Grundvermögen auch als gewillkürtes Betriebsvermögen gem. §§ 13a–13c, 19a, 28a ErbStG entlastet werden. Weitere Voraussetzung ist, dass das Grundstück nicht zum schädlichen Verwaltungsvermögen i.S.d. § 13b Abs. 4 ErbStG gehört. Formell wichtig bei Grundstücken ist, dass im Bedarfswertbescheid – sofern überhaupt ein solcher erforderlich ist – die Eigenschaft „Betriebsgrundstück“ festgestellt wird, ggf. ist Einspruch einzulegen. Bei **Personengesellschaften** kann das Grundstück Gesamthandsvermögen oder Sonderbetriebsvermögen sein. Es ist Gesamthandsvermögen, wenn es allen Gesell-

124 H 13 (12) EStH.

125 BFH v. 2.10.2003 – IV R 13/03, BStBl 2004 II, 985 m.w.N.

126 BFH v. 27.10.2004 – II R 8/01, BFH/NV 2005, 99; ebenso FG Rheinland-Pfalz v. 18.8.2022 – 4 K 2120/19, EFG 2023, 291; *Hegemann/Querbach*, Gewillkürtes Betriebsvermögen nach dem BewG, ErbBstg 2005, 12.

127 Damit sind Gestaltungsempfehlungen betreffend Umwandlung von nicht notwendigem Privatvermögen in gewillkürtes Betriebsvermögen zur Ausnutzung der Vergünstigungen nach §§ 13a, 19a ErbStG wohl auch durch die Rspr. abgesichert; vgl. *Jülicher*, in: Troll/Gebel/Jülicher/Gottschalk, ErbStG-Kommentar, § 12 Rn 775, § 13a Rn 144 m.w.N.

128 BFH, Urt. v. 2.10.2003 – IV R 13/03, BFHE 203, 373.

schaftern gehört. Es ist Sonderbetriebsvermögen, wenn es einem oder mehreren Gesellschaftern gehört und soweit es ganz oder anteilig dem Betrieb der Gesellschaft dient. Es kann auch gewillkürtes Sonderbetriebsvermögen sein. Bei inländischen **Kapitalgesellschaften** wird das Grundstück ohne weiteres Betriebsvermögen.

Hinweis

Die Einbringung ist (ertragsteuerlich) ein Veräußerungsgeschäft.

Insgesamt ist nach der Erbschaftsteuerreform die Einbringung von Grundstücken zusätzlich unter dem Gesichtspunkt zu **prüfen**, ob diese schädliches Verwaltungsvermögen werden oder dieses erhöht (§ 13b Abs. 4 ErbStG), ob es als junges Verwaltungsvermögen erstmal (2 Jahre nach Einbringung) nicht an den Verschonungen teilnimmt (§ 13b Abs. 7 Satz 2 ErbStG), ob es nicht notwendiges Betriebsvermögen wird (und damit gem. § 200 Abs. 2 BewG nicht in die Ertragsbewertung des Betriebsvermögens einbezogen wird).

f) Betriebsschulden bei anteilig dem Betrieb dienenden Grundstücken

Ist ein Grundstück/Grundstücksteil nach ertragsteuerlichen Grundsätzen Betriebsgrundstück, sind die Schulden ertragsteuerlich und damit bewertungsrechtlich auch nur anteilig und nicht in vollem Umfang betriebliche Schulden. Dies ist nicht unbedingt nachteilig, denn wegen der Vergünstigungen nach §§ 13a–13c, 19a, 28a ErbStG werden die Schulden wegen des Bewertungsabschlages nur zu 15 % bzw. zu 0 % berücksichtigt. Die nicht betrieblichen Schulden sind dem übrigen Vermögen zuzuordnen. In diesem Fall kann es bei Schenkungen zu einer gemischten Schenkung des Betriebsvermögens kommen (dazu R E 7.4 ErbStR und Rdn 203). 112

g) Einlage von anderen Wirtschaftsgütern z.B. Finanzanlagen

Die Zugehörigkeit zum Betriebsvermögen/gewillkürten Betriebsvermögen richtet sich nach dem Ertragssteuerrecht. Gewillkürtes Betriebsvermögen liegt vor, wenn das betreffende Wirtschaftsgut objektiv dazu geeignet und erkennbar dazu bestimmt ist, den Betrieb zu fördern,[129] z.B. wenn und soweit Wertpapiere dem Betrieb Nutzen bringen. Wegen der Vergünstigungen nach §§ 13a–13c, 28a ErbStG kann es interessant sein, Wirtschaftsgüter in das Betriebsvermögen einzulegen. Aus der Sicht der Verschonung des Betriebsvermögens ist aber zu beachten, dass Wertpapiere und vergleichbare Forderungen i.d.R. zum schädlichen Verwaltungsvermögen zählen (§ 13b Abs. 4 Nr. 4 ErbStG) und damit insoweit keine Verschonung erreicht werden kann. Die **Einlagen von Finanzmittel/Geldanlagen**, z.B. Bankguthaben[130] können für die Verschonung mit erheblichen Ein- 113

129 R 13 Abs. 1 EStR, H 13 (1) EStH.

130 Zugehörigkeit zu Finanzmitteln R E 13b.22 und 23 ErbStR.

schränkungen **vorteilhaft** sein. Dabei sind Zeiträume vor dem 6.6.2013, ab dem 6.6.2013 und ab dem 1.7.2016 zu unterscheiden.

Bis zum 6.6.2013 zählten Geldanlagen nicht zum schädlichen Verwaltungsvermögen, d.h. mit Geldeinlagen konnte sogar begünstigungsfähiges Betriebsvermögen gebildet (sog. Cash-GmbH) und/oder das zu verschonende Betriebsvermögen erhöht und damit der Anteil an Verwaltungsvermögen unter 50 % bzw. unter 10 % gemindert werden.

Ab 6.6.2013 gehörte gem. § 13b Abs. 2 Nr. 4a ErbStG auch zum Verwaltungsvermögen „der gemeine Wert des nach Abzug des gemeinen Werts der Schulden verbleibenden Bestands an Zahlungsmitteln, Geschäftsguthaben, Geldforderungen und anderen Forderungen, soweit er 20 % des anzusetzenden Werts des Betriebsvermögens des Betriebs oder der Gesellschaft übersteigt". Ein Überschuss an Finanzmitteln, der zu Verwaltungsvermögen führte, war nur dann begünstigungsschädlich, wenn das Verwaltungsvermögen insgesamt die 50 %-Grenze des § 13b Abs. 2 Satz 1 ErbStG überstieg.

Ab **1.7.2016** gehören **Finanzmittel** gem. § 13b Abs. 4 Nr. 5 i.V.m. Abs. 2 ErbStG auch zum Verwaltungsvermögen, konkret „der gemeine Wert des nach Abzug des gemeinen Werts der Schulden verbleibenden Bestands an Zahlungsmitteln, Geschäftsguthaben, Geldforderungen und anderen Forderungen, soweit er 15 % des anzusetzenden Werts des Betriebsvermögens des Betriebs oder der Gesellschaft übersteigt".[131] Ein so errechneter Sockelbetrag von 15 % kann verschont werden. Der Sockelbetrag und das Vorliegen der in § 13b Abs. 4 Nr. 5 Satz 4 und 5 ErbStG genannten Voraussetzungen für den Abzug des Sockelbetrages, also ob der Hauptzweck des Betriebs eine Tätigkeit i.S.d. § 13 Abs. 1, des § 15 Abs. 1 Satz 1 Nr. 1, des § 18 Abs. 1 Nr. 1 und 2 EStG ist, sind gesondert (durch eigenen Feststellungsbescheid) festzustellen (§ 13b Abs. 10 ErbStG), vgl. § 7 Rdn 7, 33 und § 9 Rdn 79 ff. Ausnahmen gibt es für Geldbestände von Kreditinstituten und konzerninternen Finanzierungsgesellschaften. Zur Ermittlung der (nicht) zum Verwaltungsvermögen gehörenden Finanzmittel ist ein sog. Finanzmitteltest und hierfür auch die Ermittlung des Sockelbetrags erforderlich.[132] Selbst wenn die Finanzmittel begünstigungsfähiges Vermögen wären, ist nach Einlegung bis zur Verschonung eine **zweijährige Vorlaufzeit** zu beachten (§ 13b Abs. 4 Nr. 5 Satz 2 ErbStG)

Bei eingelegten Zahlungsmitteln, Geldforderungen u.dgl. ist zu bedenken, dass diese wegen des „Überentnahmeverbots" in § 13a Abs. 6 Nr. 3 ErbStG nur in begrenzten Umfang wieder entnommen werden können.

---

131 *Dorn/Scharfenberg*, Offene Fragen im Zusammenhang mit dem Finanzmittelfreibetrag i.S.d. § 13b Abs. 4 Nr. 5 ErbStG, ZEV 2022, 448.

132 Vgl. R E 13b.23 Abs. 1 ff. ErbStR und Berechnungsbeispiele in H E 13b.23 ErbStH.

h) Übertragung gegen Versorgungsleistungen

Häufig werden Betriebe, Beteiligungen an Betrieben und dergleichen an die nachfolgende Generation nicht völlig unentgeltlich übertragen; vielmehr werden zur Alterssicherung des Betriebsinhabers und ggf. seines Ehepartners Wohnrechte, Versorgungsleistungen, Leibrenten, Pflegeleistungen u.Ä. vereinbart. Soweit diese Leistungen erheblich weniger wert sind als der gesamte Betrieb, handelt es sich um gemischte Schenkungen oder Schenkungen unter Leistungsauflage. 114

Beispiel

Saldo des Betriebsvermögens beträgt 450.000 EUR, der Nachfolger soll Unternehmer und dessen Ehefrau eine monatliche Leibrente von 4.000 EUR zahlen. Die Rentenverpflichtung ist keine Betriebsschuld i.S.d. Bewertungsrechts.

Näheres zur Wertermittlung bei gemischter Schenkung siehe unten Rdn 146 ff., 185, 201 ff. Es handelt sich – ggf. abweichend vom Einkommensteuerrecht[133] – um einen teilentgeltlichen Vorgang. Es kann z.B. bzgl. der Grundstücke auch Grunderwerbsteuer entstehen. Ist der Betrieb nach §§ 13a–13c, 19a, 28a ErbStG begünstigt erworben und wird er gegen Vereinbarung von Versorgungsleistungen weiter übergeben, kann eine schädliche Weiterveräußerung vorliegen.

Beispiel

Ehefrau und Mutter hat den Betrieb vom Ehemann begünstigt erworben und überträgt den Betrieb nach vier Jahren auf Kind, welches gerade eine entsprechende Ausbildung abgeschlossen hat, gegen Leibrente. Es liegt eine teilweise Veräußerung vor, die anteilig auch zum Verlust der Steuerentlastungen nach § 13a ErbStG führt!

i) Besonderheiten bei Schenkungen hinsichtlich der Steuerentlastungen nach §§ 13a–13c, 19a ErbStG

Bei Übergang/Schenkung des in §§ 13a–13c ErbStG aufgezählten Produktivvermögen wird der Erwerb von „Betriebsvermögen" entlastet. Um langes Suchen zu ersparen, finden Sie im Folgenden noch mal Hinweise zu §§ 13a, 13b, 13c, 19a ErbStG. 115

133 Zur Behandlung der privaten Versorgungsleistungen siehe § 10 Abs. 1 Nr. 1a EStG und § 22 Nr. 1b EStG; BMF v. 10.3.2010 – IV C 3-S 221/09/10004, 2010/0188949, BStBl 2010 I, 227 unter Berücksichtigung der Änderungen durch BMF vom 6.5.2016, BStBl 2016 I 476 zur einkommensteuerlichen Behandlung von wiederkehrenden Leistungen im Zusammenhang mit der Übertragung von Privat- oder Betriebsvermögen. *Engelberth*, Wiederkehrende Leistungen im Zusammenhang mit Vermögensübertragungen, NWB 2016, 1094; *Geck*, Die vorweggenommene Erbfolge gegen Versorgungsleistungen: ein Update aufgrund aktueller Rechtsprechung, ZEV 2022, 128.

Höchstwert	bis 26 Mio. EUR.
Bewertungsabschlag	85 v.H. bzw. 100 v.H.
Freibetrag (alle 10 Jahre)	150.000 EUR[134]
Steuerberechnung	zu 100 % StKl I
Voraussetzung	5- bzw. 7-jähriges Behalten
Lohnsummenkonstanz	400 %/700 % der Ausgangslohnsumme bei nicht mehr als 5 Arbeitnehmern 250 %/500 % der Mindestlohnsumme bei mehr als 5 und nicht mehr als 10 Arbeitnehmern 300 %/565 % der Mindestlohnsumme bei mehr als 10 aber nicht mehr als 15 Arbeitnehmern
Großvermögen	Bei Vermögen von mehr als 26 Mio. EUR wahlweise a) Verschonungsabschlag nach § 13c ErbStG b) (Teil-)Erlass nach Verschonungsbedarfsprüfung

Um die Entlastungen zu erlangen, ist die Anlage „Steuerentlastung für Unternehmensvermögen gem. §§ 13a–13c ErbStG" auszufüllen; Näheres dazu siehe § 4 Rdn 226 ff. und Rdn 236 ff.

Aus dem begünstigungsfähigen (Betriebs-)Vermögen ist das zu begünstigende Vermögen herauszurechnen, insb. ist das „schädliche" Verwaltungsvermögen i.S.d. § 13b Abs. 4 ErbStG herauszurechnen.

aa) Bewertungsabschlag

116 „Betriebsvermögen" wird gem. § 13a Abs. 1 ErbStG grundsätzlich nach einem Abschlag von 85 % nur mit 15 % seines Werts angesetzt. Auf Antrag kann der Erwerber auch die sog. Vollverschonung (0 % Ansatz = 100 % Abschlag) wählen (§ 13a Abs. 10 ErbStG).

bb) Abzugsbetrag bei Schenkungen

117 Von den anzusetzenden 15 % des begünstigten Betriebsvermögens wird ein **Freibetrag** von 150.000 EUR abgezogen (§ 13a Abs. 2 ErbStG). Der Abzugsbetrag gilt für alles begünstigte Produktivvermögen insgesamt (z.B. für einen Betrieb und Beteiligungen an Kapitalgesellschaften) nur einmal pro Erwerber. Der Abzugsbetrag wird von Amts wegen gewährt. Je höher der verbleibende Wert des

134 Abschmelzender Abzugsbetrag.

zu versteuernden Betriebsvermögens ist, umso kleiner wird der Freibetrag (für jeden 150.000 EUR übersteigenden EUR mindert sich der Freibetrag um 0,50 EUR, also bei 200.000 EUR um 25.000 EUR. Überschreitet der Wert des Betriebsvermögens 450.000 EUR, kann es keinen Freibetrag mehr geben. Erst nach 10 Jahren seit der vorhergehenden Betriebsvermögensschenkung lebt der Freibetrag wieder auf, d.h. es kann erneut Betriebsvermögen bis zur Höhe des Freibetrags steuerfrei geschenkt werden.[135]

cc) Steuerklasse I

Erwerben natürliche Personen der Steuerklasse II oder III begünstigtes Vermö- 118
gen, wird dieses von Amts wegen 100 % nur nach StKl I besteuert (§ 19a ErbStG). Näheres siehe § 3 Rdn 54 ff. Für Kapitalgesellschaften, Stiftungen etc. gibt es das Steuerklassenprivileg nicht.

dd) Verschonungsbedarfsprüfung

Begünstigungsfähiges Großvermögen i.S.v. § 13b Abs. 2 ErbStG (>26 Mio. EUR 119
pro Erwerb innerhalb von 10 Jahren) kann nach einer Verschonungsbedarfsprüfung entlastet werden. In Betracht kommen

a) ein Verschonungsabschlag gem. § 13c ErbStG, und
b) ein (Teil-)Erlass der auf das begünstigte Vermögen entfallenden Steuer. Dafür ist der Nachweis erforderlich, dass der Erwerber persönlich nicht in der Lage ist, die Steuer aus seinem verfügbaren Vermögen zu begleichen (§ 28a Abs. 1 ErbStG).

Näheres dazu § 3 Rdn 67 ff.

ee) Rückwirkender Wegfall der Entlastungen für Betriebsvermögen

Der Gesetzgeber gewährt diese Vergünstigungen nur unter dem Aspekt, dass 120
der Betriebsübernehmer den Betrieb/das „Produktivvermögen" weiterhin 7 bzw. 5 Jahre in seinem Besitz behält, d.h. den Betrieb fortführt und daraus letztendlich seinen Lebensunterhalt bestreitet und dass die Arbeitsplätze – gemessen an der Lohnsumme – relativ erhalten werden. (§§ 13a Abs. 1 und 5, 13c Abs. 2, 28a Abs. 4 ErbStG).

Näheres siehe § 2.

4. Schenkung eines Anteils an einer Personengesellschaft, Buchwertklausel

Die für die Besteuerung notwendigen Angaben sind in **Zeile 45** zu machen. Der 121
Gesellschaftsvertrag ist beizufügen.

---

135 Natürlich vorausgesetzt, das Recht sieht das dann noch vor.

44	**Bei Anteilen an Personengesellschaften** Ist eine Buchwertklausel vereinbart? (Bitte Gesellschaftsvertrag beifügen.)	☐ nein	
45	☐ ja Buchwert des zugewendeten Anteils		
46	Ist der Anteil mit überhöhter Gewinnbeteiligung ausgestattet? Bitte Gesellschaftsvertrag beifügen.	☐ nein	
47	☐ ja Jahreswert des Übermaßes ☐ Kapitalwert		
48	Erwerb bei Ausscheiden eines Gesellschafters (Personen- oder Kapitalgesellschaft) Bitte Gesellschaftsvertrag und Berechnung beifügen. Wert		

122 Wird ein Anteil an einer Personengesellschaft[136] geschenkt, der mit einer **Buchwertklausel** belastet ist; d.h. wenn im Gesellschaftsvertrag für den Fall des Ausscheidens oder der Auflösung der Gesellschaft bestimmt ist, dass der neue (eintretende) Gesellschafter bei Auflösung der Gesellschaft oder seinem vorzeitigen Ausscheiden nur den Buchwert seines Kapitalanteils zurückerhalten soll (sog. Minderausstattung), gilt die den Buchwert übersteigende Bereicherung als auflösend bedingt erworben (§ 7 Abs. 5 ErbStG, gilt nicht bei Erbfällen). Diese Vorschrift geht also von der vorläufigen Schenkung in Höhe des Anteilswerts einschl. der stillen Reserven aus und sieht eine Korrektur vor, wenn der Beschenkte die stillen Reserven im Ergebnis nicht realisieren kann.[137] Folge ist, dass der geschenkte Gesellschaftsanteil zunächst mit seinem vollen Wert zu erfassen und nach § 12 Abs. 5 ErbStG i.V.m. §§ 95 ff. BewG zu bewerten ist.

Hinweis

Nach H E 7.8 ErbStH ist im Steuerbescheid der Buchwert des Anteils vom Zeitpunkt der Schenkung zu vermerken.

Diese Vorschrift hat ab 2009 erhöhte Bedeutung erlangt. Zuvor waren die stillen Reserven wegen der Übernahme der Steuerbilanzwerte ohnehin weitgehend nicht erfasst.[138]

Nach dem Wortlaut der Vorschrift „nur den Buchwert seines Kapitalanteils erhält“, dürfte eine Erweiterung auf Fälle des Ausscheidens unterhalb des Buchwerts ausgeschlossen sein.

123 Nach § 7 Abs. 5 Satz 2 ErbStG kann der Beschenkte später, d.h. wenn er bei seinem Ausscheiden nur den Buchwert und nicht den höheren Verkehrswert seines Anteils erhält, eine Korrektur der Bewertung und damit der Veranlagung und einer darauf basierenden Erstattung beantragen. Näheres mit Berechnungsbeispiel siehe H E 7.7 ErbStR.

---

136 Und nach h.M. auch von Beteiligungen an einer stillen Gesellschaft; *Griesel*, in: Daragan/Halaczinsky/Riedel, Praxiskommentar ErbStG und BewG, § 7 ErbStG Rn 227.

137 H E 7.8 ErbStH.

138 So *Griesel*, in: Daragan/Halaczinsk/Riedel, Praxiskommentar ErbStG und BewG, § 7 ErbStG Rn 225.

5. Zuwendungen einer überhöhten Gewinnbeteiligung

Die für die Besteuerung notwendigen Angaben sind in **Zeile 46, 47** zu machen. 124
Der Gesellschaftsvertrag ist beizufügen. Bei Zuwendung einer überhöhten Gewinnbeteiligung[139] an einer Personengesellschaft, die insbesondere der Kapitaleinlage, der Arbeits- oder sonstigen Leistung des Gesellschafters für die Gesellschaft nicht entspricht oder die einem fremden Dritten üblicherweise nicht gewährt würde, gilt das Übermaß der Gewinnbeteiligung als selbstständige Geldschenkung (§ 7 Abs. 6 ErbStG gilt nur bei Schenkungen). Auf eine entsprechende Vorentscheidung zum Vorliegen im Ertragssteuerrecht kann zurückgegriffen werden. Das Übermaß ist zusätzlich zum Wert der Beteiligung mit dem Kapitalwert anzusetzen. Soweit bei der Gesellschaft eine Änderung der Ertragsaussichten nicht zu erwarten ist, kann der Kapitalwert von dem durchschnittlichen Gewinn der letzten drei Wirtschaftsjahre vor der Schenkung abgeleitet werden. Für die Berechnung des Kapitalwerts wird, soweit keine anderen Anhaltspunkte für die Laufzeit gegeben sind, davon ausgegangen, dass der überhöhte Gewinnanteil dem Bedachten auf unbestimmte Zeit in gleichbleibender Höhe zufließen wird. In diesem Fall beträgt der Kapitalwert in der Regel das 9,3-fache des Jahreswerts (R E 7.9 ErbStR).

Hinweis

Die nachträgliche Erhöhung einer bereits gewährten und die nachträgliche erstmalige Gewährung einer überhöhten Gewinnbeteiligung sind auch nach § 7 Abs. 6 ErbStG schenkungsteuerbar!

Näheres zur Annahme der erhöhten Gewinnbeteiligung, es gilt eine 15 %-Grenze, und zur Bewertung siehe R E 7.8 ErbStR. Eine solche Zuwendung ist **nicht nach §§ 13a–13c, 19a, 28a ErbStG begünstigt.**

6. Erwerb bei Ausscheiden eines Gesellschafters

Die für die Besteuerung notwendigen Angaben sind von den betreffenden Gesell- 125
schaftern in **Zeile 48** zu machen. Der Gesellschaftsvertrag ist beizufügen. Scheidet jemand zu seinen Lebzeiten aus einer Personen- oder Kapitalgesellschaft aus und geht sein Anteil an die anderen Gesellschafter oder auf die Gesellschaft kraft Gesellschaftsvertrag über (Anwachsung), liegt dann eine Schenkung an die verbleibenden Gesellschafter vor, wenn und soweit der übergegangene Anteil wertvoller ist als die Abfindung an den ausscheidenden Gesellschafter (§ 7 Abs. 7

139 Angemessen sind etwa bis zu 15 % des Verkehrswerts des Anteils. Zum Thema *Werner*, Die disquotale Verteilung von Gesellschaftsrechten, NWB 2019, 959; *Billig*, Schenkungsteuer bei Ausscheiden eines Gesellschafters aus einer Personen- oder Kapitalgesellschaft?, UVR 2017, 214; *Schulze zur Wiesche*, Erbschaftsteuer: Vermögensübertragungen innerhalb einer Personengesellschaft, DStZ 2011, 306.

ErbStG).[140] Entsprechendes soll bei Reduzierung der Beteiligung gelten.[141] Dies gilt sowohl für die Beteiligung an einer Personengesellschaft als auch für die Beteiligung an einer Kapitalgesellschaft; z.B. bei Einziehung eines GmbH-Anteils (§ 7 Abs. 7 ErbStG). Das subjektive Merkmal des Bewusstseins der Unentgeltlichkeit gehört nicht zum gesetzlichen Tatbestand des § 7 Abs. 7 ErbStG (HE 7.9 ErbStH). Erwerber und somit Steuerschuldner gemäß § 20 Abs. 1 Satz 1 ErbStG sind die verbleibenden Gesellschafter. Die Finanzverwaltung verlangt dafür eine gesonderte Berechnung als Anlage.

Hinweis

Bei unentgeltlichen Übertragungen der Anteile oder durch andere (teil-)entgeltliche Verträge, (die nicht auf dem Gesellschaftsvertrag beruhen), greift § 7 Abs. 7 ErbStG nicht ein. Bei Zuwendung eines Anteils an einen einzelnen Anderen gegen zu geringe Abfindung dürfte eine gemischte Schenkung vorliegen. Bei Erwerben von Todes wegen gilt die Parallelvorschrift in § 3 Abs. 1 Nr. 2 Satz 2 ErbStG.

Liegt der Anteilswert bei Ausscheiden unter dem Wert der vereinbarten Abfindung, liegt in Höhe der Differenz eine Schenkung der anderen Gesellschafter an den ausscheidenden Gesellschafter vor.

126 Wächst der Anteil des Gesellschafters einer Personengesellschaft bei dessen Ausscheiden gem. § 738 Abs. 1 Satz 1 BGB den übrigen – die Gesellschaft fortsetzenden – Gesellschaftern an, unterliegt der damit verbundene Übergang des Anteils des Ausscheidenden am Gesellschaftsvermögen auf diese nach § 7 Abs. 7 ErbStG der Schenkungsteuer.[142] Das gilt auch, wenn bei einer aus zwei Personen bestehenden Personengesellschaft die Übernahme des Gesellschaftsvermögens durch einen Gesellschafter vereinbart ist.

127 Wegen der Vererblichkeit von GmbH-Anteilen können diese nicht den verbleibenden Gesellschaftern anwachsen. Gem. § 7 Abs. 7 Satz 2 ErbStG wird daher die im Gesellschaftsvertrag vereinbarte Einziehung der Anteile im Fall des Ausscheidens als Schenkungstatbestand angesehen; soweit der eingezogene Anteil wertvoller ist als die Abfindung an den ausscheidenden Gesellschafter (§ 7 Abs. 7

140 Abweichungen vom Gesellschaftsvertrag hinsichtlich Höhe und Auszahlung des Abfindungsguthabens des ausscheidenden Gesellschafters stehen der Anwendung des § 7 Abs. 7 ErbStG nicht entgegen; BFH v. 1.7.1992 – II R 70/88 und II R 12/90, BStBl 1992 II, 921 und 925; *Esskandari*, „Naked in-naked out" und dennoch Steuern zahlen nach § 7 Abs. 7 ErbStG, DStR 2016, 1251; *Richter/John*, Steuerschuldner in den Fällen des § 7 Abs. 7 Satz 1 ErbStG, FR 2015, 768.

141 FG Baden-Württemberg v. 24.6.2020 – 7 K 2351/17, UVR 2021, 10: der Fall einer disquotalen Übernahme des bei einer Kapitalerhöhung ausgegebenen Stammkapitals fällt nicht unter die Vorschrift des § 7 Abs. 7 ErbStG.

142 Berechnungsbeispiel in H E 3.4 (2) ErbStH.

ErbStG).[143] Werden GmbH-Anteile gegen zu geringe Abfindung eingezogen, liegt bei den verbleibenden Gesellschaftern in Höhe der Differenz von gemeinem Wert und der Abfindung eine Schenkung vor (§ 7 Abs. 7 Satz 2ErbStG), im Erbfall ein Erwerb von Todes wegen (§ 3 Abs. 1 Nr. 2 ErbStG). Insoweit sind die verbleibenden Gesellschafter beschenkt.

Ist in einem Gesellschaftsvertrag vorgesehen, dass Erben aus bestimmten darin 128
festgelegten Gründen (z.B. Nichtzugehörigkeit zum gesellschaftsvertraglich umschriebenen Familienzweig oder fehlende Qualifikation) ihren Anteil unverzüglich an Mitgesellschafter zu übertragen haben und die Erben dabei nur den Anspruch realisieren können, der ihnen bei ihrem Ausscheiden (Abfindungsanspruch) zustehen würde, gehört nur der Abfindungsanspruch zum Vermögensanfall (§ 10 Abs. 10 in Verbindung mit Abs. 1 Satz 2 ErbStG).[144] Die Vorschrift betrifft sowohl Beteiligungen an einer Personengesellschaft als auch Anteile an einer Gesellschaft mit beschränkter Haftung. Die eintretende Bereicherung der Mitgesellschafter gilt als Schenkung unter Lebenden im Sinne des § 7 Abs. 7 ErbStG; diese haben den entsprechend selbst berechneten Betrag in Zeile 48 einzutragen. Die Verschonungen für Unternehmensvermögen (§§ 13a–13c, 19a und 28a ErbStG) sind auf den Abfindungsanspruch nicht anzuwenden. Der Erwerb der weitergegebenen Anteile an einer Personengesellschaft ist aber gem. §§ 13a ff. ErbStG begünstigt, nicht die Einziehung von GmbH-Anteilen.

II. Übriges Vermögen

Dem übrigen Vermögen ist alles zuzuordnen, was nicht dem LuF-Vermögen, 129
dem Grundvermögen oder dem Betriebsvermögen zugeordnet werden kann. Die Zugehörigkeit zu den speziellen Vermögensarten ist also vorrangig. Die Zugehörigkeit zu einer Vermögensart hat vor allem Bedeutung für die Bewertung der jeweiligen Wirtschaftsgüter. Während das übrige Vermögen vorrangig mit dem individuellen Verkehrswert anzusetzen ist,[145] werden die einzelnen Wirtschaftsgüter in den anderen Vermögensarten mit einem typisierenden Verkehrswert nach besonderen steuerlichen Bewertungsregeln angesetzt. Außerdem entscheidet die Zugehörigkeit zu einer Vermögensart auch über die jeweiligen speziellen Steuerentlastungen.

143 § 7 Abs. 7 Satz 2 ErbStG erfasst die Werterhöhung von Anteilen der verbleibenden Gesellschafter durch jegliche Einziehung von GmbH-Anteilen nach § 34 Abs. 1, 2 GmbHG und ist nicht auf Fälle der Zwangseinziehung von Anteilen beschränkt so BFH v. 17.11.2021 – II R 21/20, BStBl 2022 II, 500.

144 R E 10.13 ErbStR.

145 Allgemein B E 11.1–11.6 ErbStR.

1. Nicht notierte Anteile an Kapitalgesellschaften

130

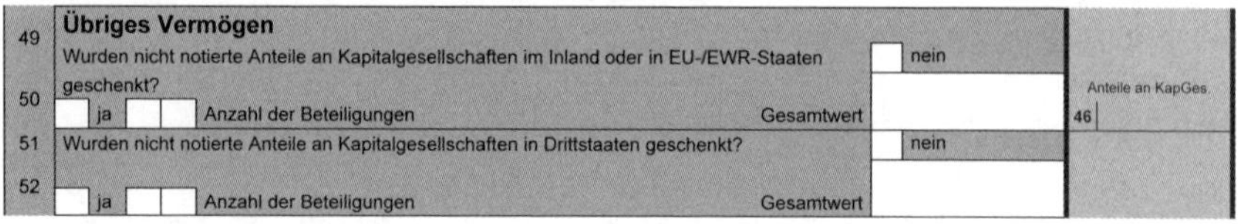

49	**Übriges Vermögen** Wurden nicht notierte Anteile an Kapitalgesellschaften im Inland oder in EU-/EWR-Staaten	nein	
50	geschenkt? ja Anzahl der Beteiligungen Gesamtwert		Anteile an KapGes. 46
51	Wurden nicht notierte Anteile an Kapitalgesellschaften in Drittstaaten geschenkt?	nein	
52	ja Anzahl der Beteiligungen Gesamtwert		

In **Zeile 49–52** ist der Gesamtwert aller Beteiligungen in privater Hand an nicht notierten Anteilen an Kapitalgesellschaften einzutragen. Für nicht notierte Anteile sind vorrangig Werte aus zeitnahen Verkäufen (soweit vorhanden) oder daraus abgeleiteten Werten (§ 11 Abs. 1 BewG) heranzuziehen. Sind solche Verkäufe nicht erfolgt, sind die Werte nach den Ertragsaussichten zu schätzen (§ 11 Abs. 2 BewG). Der Gesamtwert ergibt sich aus der Summe der Werte aller Beteiligungen. Die Werte der inländischen nicht notierten Anteile werden gesondert festgestellt; Näheres siehe zur Anteilsbewertung § 11 und zu den Anlagen Betriebsvermögen § 9. Der Steuerpflichtige/Berater muss den Wert der inländischen nicht notierten Anteile zunächst für die Erklärung selbst (überschlägig) berechnen. Bei Anteilen an ausländischen Kapitalgesellschaften muss der Wert exakt berechnet werden, da er nicht gesondert festgestellt wird. Das bekannte Stuttgarter Verfahren ist nicht mehr anzuwenden, könnte aber in seinen Grundzügen z.B. für die Bewertung ausländischer Anteile – wie bisher – hilfsweise herangezogen werden. Befinden sich die Anteile in einem Betriebsvermögen, sind sie nicht hier, sondern in der Anlage Betriebsvermögen anzugeben.

131 Steigt der Wert eines Anteils an einer Kapitalgesellschaft dadurch, dass eine unentgeltliche Leistung an eine Kapitalgesellschaft ausgeführt wird, fingiert § 7 Abs. 8 Satz 1 ErbStG eine Schenkung zwischen dem an eine Kapitalgesellschaft Leistenden und der natürlichen Person oder Stiftung, die an der Kapitalgesellschaft unmittelbar oder mittelbar beteiligt ist. Die Schenkung besteht in der Werterhöhung des Anteils an der Gesellschaft durch die Leistung; dies ist – höchstens – der gemeine Wert der Leistung. Den Wert müssen Sie überschlägig selbst ermitteln. Der Wert ist mE als sonstige Forderung in das Formular einzutragen. Das Betriebsfinanzamt der Kapitalgesellschaft ermittelt im Wege der Amtshilfe und teilt dem Erbschaftsteuerfinanzamt den genauen Wert später mit. Zu weiteren Einzelheiten siehe oben Rdn 43 ff.

2. Wertpapiere, Bankguthaben, Forderungen

a) Wertpapiere

132

53	Wurden andere Anteile, Wertpapiere und dergleichen geschenkt? ☐ ja Bezeichnung	☐ nein ggf. Name des verwahrenden Geldinstituts/Bankleitzahl/Depot-Nr.	Wert (einschl. Stückzinsen)	
54				
55				
56				
57		Summe 50		Wertpapiere u. Ä. 50

In **Zeilen 53–56** sind die Werte für geschenkte Wertpapiere und u.Ä. einzutragen. Schenkungen von Wertpapieren, die in einem Depot verwahrt werden, werden als ausgeführt angesehen, wenn der Herausgabeanspruch abgetreten wurde.[146] Bei Wertpapier-Depots ist zwischen der Eigentumslage an den verwahrten Wertpapieren und den Rechten aus dem Depotverwahrungsvertrag zu unterscheiden.[147] Für Schenkungen kommt es darauf an, wer dinglich Eigentümer der im Depot verwalteten Wertpapiere wird. Wertpapiere werden vorrangig mit dem Kurswert,[148] Rückkaufswert und dergleichen bewertet. **Bewertung** im Einzelnen:

Aktien	**niedrigster Kurswert am Stichtag (§ 11 Abs. 1 BewG)**
Bundesschatzbriefe A	Nennwert
Bundesschatzbriefe B	Rückzahlungswert
Fondanteile	Rücknahmewert
Finanzierungsschätze	Ausgabewert zzgl. des Werts der bis zum Fälligkeitszeitpunkt aufgelaufenen fiktiven Zinsen
Abgezinste Sparbriefe	Rückzahlungswert
Börsennotierte Zero-Bonds	notierter Kurs
Nicht notierte Zero-Bonds	mit Kursen vergleichbarer Anlagen

146 §§ 929, 931 BGB; BFH v. 18.2.2008 – II B 109/06, BFH/NV 2008, 1163. Bei Wertpapierdepots kommt es darauf an, wer dinglich Eigentümer der im Depot verwalteten Wertpapiere wird.

147 Vgl. BFH v. 23.11.2011 – II R 33/10, BStBl 2012 II, 473 = ErbStB 2012, 168 mit Anm. *Esskandari.*

148 Zur Ableitung aus Börsenkursen der Stammaktien oder Vorzugsaktien siehe BFH v. 21.4.1999 – II R 87/97, BStBl 1999 II, 810, z.B. FinMin Schl.-Holst. v. 15.2.2000, DStR 2000, 429.

Anteile oder Aktien, die Rechte an einem Investmentvermögen im Sinne des Kapitalanlagegesetzbuchs verbriefen, sind mit dem Rücknahmepreis anzusetzen (§ 11 Abs. 4 BewG).[149]

Siehe ergänzend noch § 4 Rdn 74 ff. (Wertpapiere, Bankguthaben etc. bei der ErbSt).

133 In das Wertpapierguthaben sind die sog. Stückzinsen einzubeziehen. Dabei handelt es sich um die für das Jahr der Schenkung bis zum Schenkungstag entstandenen Zinsen.[150] Die Banken haben diese zu errechnen. Für die Schenkungsteuerveranlagung genügt an sich die wahrheitsgemäße Angabe der Gesamtsumme. Das Finanzamt verlangt aber – für Kontrollzwecke – die Angabe des genauen Kontos und der kontoführenden Bank, auch Depotauszüge, Aufstellung der Fondverwaltungen etc. Im Zweifel kann sich das Erbschaftsteuerfinanzamt heute einen Überblick über die Konten durch eine sog. Kontenabfrage verschaffen.[151]

b) Schenkung von Kontenguthaben etc.

134

58	Wurden Guthaben bei Geldinstituten geschenkt? ☐ ja Kontonummer	Name des Geldinstituts/Bankleitzahl ☐ nein	Wert (einschl. Zinsen)	
59				
60				
61				
62		Summe 51		Bankguthaben 51

Kontenguthaben können z.B. durch Abtretung (Kontenübertragung), Bevollmächtigung zur Abhebung, Vertrag zugunsten Dritter übertragen werden. M.E. liegt in der unentgeltlichen Kontenübertragung/-umschreibung auf eine andere Person gewöhnlich auch eine Schenkung; die Abtretung/Übergabe selbst wird häufig nicht schriftlich festgehalten. Für eine Schenkung würde auch sprechen, wenn nach Umschreibung der Bezieher der Kapitalerträge ebenfalls der Dritte sein soll. Zum Sparbuch/Sparkonto siehe Rdn 37. Kontenguthaben sind in **Zeilen 58–62** i.d.R. mit dem Nennbetrag zzgl. entstandener Zinsen bis zum Besteuerungszeitpunkt anzusetzen. Bei Überweisung liegen Bargeldschenkungen vor, die in Zeile 83 einzutragen sind.

149 So § 11 Abs. 4 BewG i.d.F. d. AIFM-SteueranpassungsG (BR-Drucks 376/13).

150 BFH v. 3.10.1984 – II R 194/82, BStBl 1985 II, 73. Gleich lautenden Ländererlasses v. 9.3.2000, DStR 2000, 928 mitzuteilen. Nach FG Münster v. 17.2.2021 – 7 K 3409/20 AO, EFG 2021, 957 = ZErb 2021, 231 ist es nicht sachlich unbillig, dass im Rahmen der Veräußerung von geerbten Investmentanteilen Stückzinsen, die auf den Zeitraum vor dem Erbfall entfallen und deswegen bereits der Erbschaftsteuer unterlegen haben, der Abgeltungsteuer unterworfen werden. BFH v. 3.10.1984 – II R 194/82, BStBl 1985 II, 73.

151 Siehe dazu § 93 AO und AEAO zu § 93 AO.

Zu Kontenguthaben siehe auch noch § 4 Rdn 78 ff. zur Erbschaftsteuererklärung.

Hinweise 135

Maßgebliches Kriterium für die Bestimmung des **Inhabers eines Bankkontos** ist, wer nach dem erkennbaren Willen des die Einzahlung bewirkenden Gläubiger/Forderungsinhaber Inhaber gegenüber der Bank werden soll.[152]

Die Einräumung einer **Bankvollmacht** ist in der Regel keine Schenkung. Eine Schenkung wird aber vorliegen, wenn demjenigen, der aufgrund der Bankvollmacht eine Abhebung getätigt hat, der abgehobene Betrag endgültig geschenkt wird, z.B. bei konkludentem Verzicht auf Rückzahlung.

Die Überweisung auf das **Einzelkonto** oder **Festgeldkonto** des anderen Ehegatten ist dann eine Schenkung, wenn und soweit der Empfänger den Geldbetrag endgültig behalten durfte und darüber im Innenverhältnis zum Überweisenden tatsächlich und rechtlich frei verfügen konnte.[153] Aus einer Vollmacht für den Ehegatten, der nicht Kontoinhaber ist, ergibt sich nichts anderes. Daran fehlt es, wenn die Überweisung nur erfolgt, um Anlagebeträge des Überweisenden und des Empfängers zur Erlangung besserer Zinskonditionen zusammenzulegen.[154]

In der Errichtung eines **Oder-Kontos**[155] liegt grundsätzlich noch keine Schenkung.[156] In der Errichtung eines **Und-Kontos** kann keine Schenkung vorliegen, denn bei sog. Und-Konten darf nur gemeinsam über das Konto verfügt werden. Schenkungen können nur bei einverständlicher „Mehrentnahme" eines Ehegatten vorliegen.

---

152 Vgl. FG Düsseldorf v. 27.7.2005 – 4 K 2596/03 Erb, ErbStB 2006, 306; Urt. v. 27.5.1992 – 4 K 1421/90 –, UVR 1992, 295; *Ott-Eulberg/Schebesta/Bartsch*, Erbrecht und Banken, § 3 Rn 1 ff.; *Halaczinsky*, Schenkung- und erbschaftsteuerliche Aspekte bei Kapitalanlagen – Besteuerungsgefahren bei Transaktionen und Übertragungen, ErbStB 2013, 226.

153 Vgl. BFH v. 26.9.1990 – II R 50/88, BStBl 1991 II, 32 m.w.N. Zur Beweislast BFH v. 29.6.2016 – II R 41/14, BStBl 2016 II, 865.

154 BFH v. 7.10.1998 – II R 30/97, BFH/NV 1999, 618.

155 *Schneider/Weinberger*, Zuwendungen unter Ehegatten, UVR 2020, 15; *Götz*, Schenkungsteuerliche Risiken für Ehegatten bei Bankkonten, ZEV 2017, 77; *Hüter*, Schenkungsteuerrisiken für Ehegatten und Lebenspartner bei gemeinsamer Kontoführung, StB 2017, 373; *Götz/Jorde*, Gemeinschaftskonten von Ehegatten im Visier der Steuerfahndung, DStR 2012, 1462, *Götz*, Oder-Konten als Schenkungsteuerfalle, ZEV 2011, 408; *Werkmüller*, Das Gemeinschaftskonto in der Geschäftspraxis der Banken, ZEV 2000, 440; übrigens: jeder Ehegatte kann im Alleingang ein Oder-Konto in ein Und-Konto umwandeln; siehe noch Erläuterungen in § 4 Rdn 79.

156 BFH v. 23.11.2011 – II R 33/10, BStBl 2012 I, 473; nach Hessisches FG v. 26.7.2001 – 1 K 2651/00, EFG 2002, 34, danach stellt die Einrichtung eines Oder-Kontos zugunsten seines Ehepartners i.H.v. 50 v.H. des Kontoguthabens eine freigebige Zuwendung i.S.d. § 7 Abs. 1 Nr. 1 ErbStG dar.

Bei **gemeinschaftlichen Wertpapierdepots** sind beide Ehegatten nur bei ausdrücklichem Erwerb Eigentümer der Wertpapiere, im Zweifel nur derjenige, der das Erwerbsgeschäft getätigt hat.[157] In diesem Fall wäre eine freigiebige Zuwendung darin zu sehen, dass der Ehegatte, der nicht das Erwerbsgeschäft getätigt hat, insoweit über das Depot verfügen kann.

Bei **Treuhandkonten** ist zu unterscheiden. Bei offenen Treuhandkonten, z.B. Kapitalinhaber legt auf einem offenen Treuhandkonto eines ausländischen Notariats einen Geldbetrag zur Sicherstellung einer Bezahlung an, kann in der Geldanlage keine Schenkung gesehen werden. Bei verdeckten Treuhandkonten wären Schenkungen an den Treuhänder und ggf. Rück- oder Weiterschenkungen in Erwägung zu ziehen. Wird Kapital auf ein Konto eines Dritten eingezahlt, überwiesen oder dergl., liegt keine Schenkung vor, wenn der Dritte z.B. infolge eines Auftragsverhältnisses eine Verpflichtung hat, das durch den Auftrag Erlangte an der Auftraggeber zurückzugeben (Indiz für die Vereinbarung eines Auftragsverhältnisses nach §§ 662 ff. BGB).[158]

Beispiele

Frage: Liegt schon in **der Errichtung eines Oder-Kontos** eine Schenkung?

Antwort: Nein.[159] Hebt ein Ehegatte mehr ab, als ihm im Innenverhältnis gebührt, wird er aus § 430 BGB ausgleichspflichtig. Die freigiebige Zuwendung ist erst in dem endgültigen Verzicht auf Ausgleich des Oder-Kontos zu sehen.[160] Ein Ausgleichsverzicht kann auf einer ausdrücklichen oder stillschweigenden Vereinbarung oder aus langjähriger Handhabung abgeleitet werden. Verstirbt der Ehegatte, werden alle Schenkungen (durch Ausgleichsverzicht in den letzten 10 Jahren vor dessen Tod) mit dem Erwerb von Todes wegen (Erbanfall) gem. § 14 ErbStG zusammengerechnet.

Frage: Liegt in der Einzahlung auf ein Oder-Konto eine Schenkung an den anderen Ehegatten vor?

Antwort: Die Zahlung eines Ehegatten auf ein Gemeinschaftskonto (sog. Oder-Konto) beider Ehegatten kann eine Zuwendung i.S.v. § 7 Abs. 1 Nr. 1 ErbStG an den anderen Ehegatten sein.[161] Eine Bereicherung des anderen Ehegatten liegt nur vor, wenn und soweit dieser im Verhältnis zum einzahlenden Ehegatten tatsächlich und rechtlich frei über das eingezahlte Guthaben

157 BGH v. 25.2.1997 – XI ZR 321/95, DB 1997, 975 = ZEV 1997, 159.

158 *Jülicher*, Treuhandverhältnisse im Erbschaftsteuerrecht, DStR 2001, 2177.

159 FG München v. 3.12.1992, EFG 1993, 589; BFH v. 7.10.1999 – II R 30/97, BFH/NV1999, 618 für gemeinsames Festgeldkonto; bejahend für die Hälfte des von einem Ehegatten eingezahlten Guthabens dagegen Hess. FG v. 26.7.2001 – 1 K 2651/00, EFG 2002, 34.

160 BFH v. 23.11.2011 – II R 33/10, BStBl 2012 I, 473; FG Münster v. 3.12.1992 – 3 K 2366/89 Erb, EFG 1993, 589; BFH v. 7.10.1998 – II R 30/97, BFH/NV 1999, 618.

161 BFH v. 23.11.2011 – II R 33/10, BStBl 2012 II, 473.

verfügen kann und die Zuwendung unentgeltlich ist.[162] Wird die Zahlung eines Ehegatten auf ein Gemeinschaftskonto (sog. Oder-Konto) der Eheleute als freigebige Zuwendung an den anderen Ehegatten der Schenkungsteuer unterworfen, trägt das Finanzamt die Feststellungslast für die Tatsachen, die zur Annahme einer freigebigen Zuwendung i.S.d. § 7 Abs. 1 Nr. 1 ErbStG erforderlich sind, also auch dafür, dass der nicht einzahlende Ehegatte im Verhältnis zum einzahlenden Ehegatten tatsächlich und rechtlich frei zur Hälfte über das eingezahlte Guthaben verfügen kann. Gibt es hinreichend deutliche objektive Anhaltspunkte dafür, dass beide Ehegatten entsprechend der Auslegungsregel des § 430 BGB zu gleichen Anteilen am Kontoguthaben beteiligt sind, trägt der zur Schenkungsteuer herangezogene Ehegatte die Feststellungslast dafür, dass im Innenverhältnis nur der einzahlende Ehegatte berechtigt sein soll.[163]

c) Bausparguthaben

136

Zeile				
63	noch Übriges Vermögen			99 41
64	Wurden Bausparguthaben geschenkt? ☐ ja Bausparnummer	Name der Bausparkasse	☐ nein Wert (einschl. Zinsen)	
65		52		Bausparguthaben 52

Ganz oder teilweise angesparte Bausparverträge können nach Maßgabe der Bausparkasse und ertragsteuerlicher Vorschriften unentgeltlich auf andere Personen übertragen werden. In **Zeile 65** ist der Nennbetrag der geschenkten Summe einzutragen; siehe noch § 4 Rdn 94.

d) Andere Kapitalforderungen und -schulden

137

66	Wurden andere Kapitalforderungen geschenkt (z. B. Instandhaltungsrücklagen bei Wohn- bzw. Teileigentum)? ☐ ja Bezeichnung	Name des Schuldners, Nennbetrag, Zinssatz	☐ nein Wert (einschl. Zinsen)	
67		54		Sonst. KapForderungen 54

162 BFH v. 8.6.2021 – II R 23/19, BFH/NV 2022, 21; FG München v. 24.8.2015 – 4 K 3124/12, EFG 2015, 2189. Kontoübertragung durch einen Ehegatten auf transparente liechtensteinische Familienstiftung FG München v. 18.8.2015 – 4 K 2442/12, EFG 2016, 40. Achtung: Bei Rückübertragung kann eine erneute Schenkung vorliegen, so BFH v. 12.7.2016 – II R 42/14, BStBl 2016 II, 868, zuvor FG Nürnberg v. 15.5.2014 – 4 K 1403/12, DStRE 2015, 1203.

163 BFH v. 23.11. 2011 – II R 33/10, BStBl 2012 II, 473; *Götz*, Schenkungsteuerliche Risiken für Ehegatten bei Bankkonten, ZEV 2017, 77.

Diese (nicht betrieblichen Kapitalforderungen) sind in **Zeilen 66, 67** mit dem noch bestehenden Nennwert bzw. Gesamtwert aller Nennwerte einzutragen. Dies ist der Betrag, den der Schuldner bei Fälligkeit der Forderung an den Gläubiger zu entrichten hat. Ein Aufgeld (Agio) ist neben dem Nennbetrag anzusetzen. Ein Abgeld (Disagio/Damnum) mindert den Nennwert nicht. **Beachte zur Forderungsbewertung:**[164]

- Uneinbringliche Forderungen bleiben außer Ansatz, d.h. sie werden mit 0 EUR bewertet.
- Zweifelhafte oder teilweise realisierbare Forderungen/Schulden (z.B. bei Insolvenz) werden mit dem nach den Verhältnissen vom Bewertungsstichtag voraussichtlich realisierbaren Wert bewertet.
- Unverzinsliche Forderungen/Schulden werden abweichend vom Nominalwert mit dem Gegenwartswert bewertet. Die Berechnung des Gegenwartswerts hängt von der Tilgungsweise ab.

Näheres siehe § 4 Rdn 95 ff. zur Erbschaftsteuererklärung.

138 Weitere Beispiele für andere Kapitalforderung: Befreiende Schuldübernahme, Schuldentilgung, Steuerzahlung u. dergl. für Dritten, Zuwendung von Ausgleichgeldern, Forderungsrechte aus Vertrag zugunsten Dritter, z.B. Eltern räumen Sohn das Recht ein, von dem auf eine Schwester übertragenen Grundstück unter bestimmten Voraussetzungen die Hälfte unentgeltlich herauszuverlangen.

Hinweis

Eine Forderungsschenkung kann auch in Form des Verzichtes auf eine Forderung, z.B. Verzicht auf die Rückzahlung einer Darlehensforderung, Verzicht auf anteiligen Anspruch aus einer auf ein Ehegattenkonto ausgezahlten Steuererstattung ausgeführt werden.

e) Einlage eines typischen stillen Gesellschafters

139 Es handelt sich um eine andere Kapitalforderung, die in **Zeile 66, 67** grundsätzlich mit dem Nennwert anzusetzen ist. Ist die Kündbarkeit der Einlage am Besteuerungszeitpunkt für längere Zeit ausgeschlossen, ist der Nennbetrag je nach Verzinsung zu erhöhen oder zu mindern, siehe dazu R B 12.4 ErbStR. Liegt der Durchschnittsertrag über 9 Prozent, ist der Nennwert der Vermögenseinlage um den fünffachen Unterschiedsbetrag zwischen dem Durchschnittsertrag und der Verzinsung um 9 Prozent zu erhöhen. Näheres siehe § 4 Rdn 103 zur Erbschaftsteuererklärung.

164 *Marfels*, Die Bewertung von Kapitalforderungen und -schulden nach § 12 Abs. 1 bis 4 BewG für Zwecke der Erbschaftbesteuerung, ErbStB 2017, 239.

f) Sachleistungsansprüche, Sachleistungsverpflichtungen

Diese (vgl. dazu R B 9.1, R B 103.2 Abs. 5 ErbStR) sind andere Kapitalforderungen und in **Zeile 65, 66** mit dem gemeinen Wert (Nennbetrag der Forderung gem. R E 12.2 Abs. 2 ErbStR) einzutragen. 140

g) Zinsansprüche, sonstige Forderungen

141

68	Wurden Zinsansprüche geschenkt, soweit sie nicht in Guthaben (Zeilen 57, 62, 65, 67) enthalten sind? ☐ ja Bezeichnung	Name des Schuldners	☐ nein Wert	Zinsen 55
69		55		KapForderungen (pers.) 48
70	Wurden sonstige Forderungen geschenkt? ☐ ja Bezeichnung	Name des Schuldners	☐ nein Wert	
71		49		Sonst. Forderungen 49

In **Zeilen 68–71** werden Schenkungen von Zinsansprüchen und sonstigen Forderungen eingetragen, die nicht schon den Zeilen davor zugeordnet werden können. Ansprüche auf Zinsen können separat (durch Abtretung) geschenkt werden, z.B. V tritt seiner Tochter die Zinsansprüche aus einer Festgeldanlage für die Dauer des Studiums ab. Einzutragen ist der Kapitalwert. Die Frage, ob die mietfreie Überlassung einer Wohnung z.B. von Kind an Eltern oder umgekehrt, Freund an Freundin usw. eine freigiebige Schenkung darstellt, lässt sich nicht eindeutig beantworten. Liegt z.B. eine Wohnungsgewährung aufgrund gegenseitiger Unterhaltspflicht vor, wäre diese natürlich steuerfrei. Bei bloßer Wohnungsgewährung findet i.A. kein Vermögenstransfer statt.[165] Etwas anderes wäre z.B. anzunehmen, wenn ein zwischen Angehörigen steuerlich wirksamer Mietvertrag geschlossen worden wäre und auf rechtlich durchsetzbare Mietansprüche verzichtet würde oder, wenn ein unentgeltliches rechtlich durchsetzbares Nutzungsrecht gewährt würde. Sonstige Forderungen z.B. Verzicht auf Renten, z.B. ehemalige Arbeitnehmerin verzichtet gegenüber ehemaligem Dienstherrn z.B. Freiberufler wegen dessen schlechter finanzieller Situation auf Rente, kann eine Schenkung sein, falls der Rentenanspruch noch ganz oder teilweise einbringlich wäre (siehe dazu Rdn 138).

165 So z.B. FG München bei Zusammenwohnen nicht ehelicher Lebenspartner (Verlobte) v. 13.4.2005 – 4 K 4430/01, juris; v. 25.2.2016 – 4 K 1984/14, EFG 2016, 728; *Gebel*, Gebrauchs- und Nutzungsüberlassungen als freigebige Zuwendungen, DStZ 1992, 577; *Cornelius/Loleit*, Die Wohnleihe, ErbStB 2014, 223.

h) Noch nicht fällige Versicherungen

142

72	Wurden nicht fällige Ansprüche aus Versicherungen geschenkt?		☐ nein	
	☐ ja Vers.-Nr.	Name des Versicherungsunternehmens	Wert	
73		56		Versicherungen 56

Bei Schenkung noch nicht fälliger Lebens- oder Rentenversicherungen (**Zeile 72, 73**) werden mit dem (von der Versicherung) exakt zu berechnenden Rückkaufswert angesetzt.[166] Wird die Versicherungssumme nach Auszahlung verschenkt, ist dagegen der Auszahlungsbetrag anzusetzen. Der Betrag wäre in **Zeile 67** einzutragen.

3. Renten und andere wiederkehrende Bezüge

143

74	Wurden Renten oder andere wiederkehrende Nutzungen und Leistungen geschenkt?		☐ nein	
	☐ ja Art der Ansprüche	Name des Schuldners	Jahreswert	
75				
76	Zeitpunkt oder Ereignis, mit dessen Eintritt der Anspruch wegfällt			Renten u. Ä. 57
77	Hängt die Dauer des Anspruchs von der Lebenszeit einer oder mehrerer Personen ab?		☐ nein	
	☐ ja Name, Anschrift, Geburtsdatum und Geschlecht dieser Person(en)			
78				
79	Bei wiederkehrenden Nutzungen eines Wirtschaftsguts	Bezeichnung, Lage, Firma, Anteile u.a.	Wert nach BewG	
80				
81	Bei Wohnrecht oder Nießbrauch an einem Grundstück			
82	Fläche der belasteten Räume in m²	gesamte Wohn- und Nutzfläche des Gebäudes in m²		
83	Kapitalwert der Renten oder anderen wiederkehrenden Nutzungen und Leistungen	Soweit ermittelt, Gesamtwert		

Renten und andere wiederkehrende Leistungen spielen bei Schenkungen eine zweifache Rolle.[167] Einmal werden Dritten Renten und wiederkehrende Leistungen unentgeltlich zugewandt. Die Erwerbe sind in **Zeilen 74 ff.** einzutragen.

166 *Halaczinsky*, Gestaltungen im Zusammenhang mit Lebensversicherungen – Erbschaft- und Schenkungsteuer, UVR 2016, 25.

167 *Halaczinsky*, Die Zuwendung von Renten im Erbschaft-/Schenkungsteuerrecht, UVR 2019, 271; *Esskandari*, Die Besteuerung von Renten, Nutzungen und Leistungen nach dem ErbStG, ZEV 2008, 323.

Beispiel

V überträgt seinen Betrieb unter Vorbehalt einer Versorgungsrente für sich und seine Frau. In Bezug auf seine Frau liegt die unentgeltliche Zuwendung einer Rente vor, ebenso wenn V seinen Betrieb Kind A und seiner Ehefrau aus dem Betrieb eine Rente vermacht.

Zum anderen kann es vorkommen, dass der Beschenkte infolge einer Vermögensübertragung auf ihn dem Schenker, seinem Ehegatten oder einem Dritten eine Rente bzw. wiederkehrende Leistung gewähren muss. In diesem Fall geht es um die Frage, ob und inwieweit die Verpflichtung den (steuerlichen) Wert der Schenkung mindert; die Verpflichtung ist in der **Anlage „Gegenleistungen und Auflagen zur Schenkungsteuererklärung"** in den Zeilen 21 ff. einzutragen (siehe dazu unten Rdn 201 f.). 144

a) Schenkung von Renten und wiederkehrenden Leistungen

Die Bewertung von Renten und wiederkehrenden Leistungen nimmt das Finanzamt von Amts wegen vor. (Hinweise zur Bewertung siehe § 4 Rdn 107 ff.). Ausnahme: In Zeile 83 ist der selbsterrechnete Verkehrswert der Rente etc. einzutragen. Dazu sind in **Zeilen 74–78** Angaben zu geschenkten Renten und wiederkehrenden Leistungen (Aktivwert) zu machen, und zwar in Zeilen 75 und 76 die Art der Leistung, z.B. Leibrente, Pflegeleistung usw., Name des Leistungsverpflichteten und zeitlicher Beginn bzw. Wegfall, z.B. bei Eintritt eines bestimmten Lebensjahrs, Beginn der Anerkennung der Pflegestufe I oder Wegfall einer Rente bei Wiederverheiratung, Verkauf eines bestimmten Vermögensgegenstandes etc. In **Zeile 77, 78** ist anzugeben, ob die Rente usw. von der Lebenszeit einer oder mehrerer Personen abhängt, z.B. Rente an den Schenker eines Betriebs und nach dessen Tod an die überlebende Ehefrau. Die Angaben in **Zeile 74 ff.** haben erhebliche Bedeutung für die Bewertung der Ansprüche und für die Behandlung beim Leistungsverpflichteten. 145

Zur Wahl bei der Besteuerung von Renten und wiederkehrenden Leistungen siehe § 3 Rdn 62 ff.

b) Jahreswert

In **Zeile 75** ist der Jahreswert der Rente oder wiederkehrenden Leistungen anzugeben, z.B. bei einer Rente von 700 EUR/Monat ein Jahreswert von 8.400 EUR. Der Jahreswert der Nutzung ergibt sich aus dem vereinbarten Nutzungswert in 146

Geld. Der Jahreswert der Nutzung von Geld beträgt normalerweise[168] 5,5 % des zu nutzenden Geldbetrags (§ 15 Abs. 1 BewG). Häufig ist der Jahreswert nicht genau bekannt, z.B. bei Dienst-/Pflegeleistung. Soweit die Nutzungen und Leistungen nicht in Geld bestehen (z.B. Wohnung, Pflege, Kost und dergleichen), ist der Jahreswert aus den üblichen Mittelpreisen des Verbrauchsortes zu ermitteln. Bei schwankenden Nutzungen oder Leistungen ist nach § 15 Abs. 3 BewG ein durchschnittlicher Jahreswert zu schätzen. Speziell zu Pflegeleistungen gibt es Verwaltungsanweisungen, an denen man sich orientieren kann (siehe Rdn 191 f.).

c) Schenkung von Nießbrauch- und Wohnrechten

147 Nießbrauchsrechte und Wohnrechte können an Grundstücken, aber auch an anderen Vermögensgegenständen und Vermögensgesamtheiten unentgeltlich zugewendet werden (Zuwendungsnießbrauch).[169] Evtl. können auch schon bestehende Nießbrauchsrechte/-verpflichtungen und dergleichen übertragen werden. Der Übergeber bleibt Eigentümer, die wirtschaftlichen Vorteile erhält der Nutzungsberechtigte. Für Erbregelungen bietet sich der Vermächtnisnießbrauch (Zuwendung eines Nießbrauchs durch Vermächtnis) an. Nießbrauch- und Wohnrechte werden wie Renten mit dem Kapitalwert durch Vervielfältigung des Jahreswerts bewertet. **Steuerlich vorteilhaft** beim Zuwendungsnießbrauch ist die Begrenzung des Jahreswerts (§ 16 BewG), dazu siehe Rdn 149, und die Möglichkeit der Zahlung der jährlichen Schenkungsteuer nach dem Jahreswert, dazu siehe Rdn 175 f. Dem Vorteil, dass das Eigentum am Vermögensgegenstand beim Zuwendenden bleibt, steht der (mögliche) **Nachteil** gegenüber, dass beim Tod des Zuwendenden der Vermögensgegenstand später zu dem dann geltenden (möglicherweise ungünstigerem) Recht übergeht und so noch einmal Erbschaftsteuer auslöst.

d) Jahreswert von Nutzungen (Nießbrauch, Wohnrecht u. dergl.)

148 In **Zeilen 78–80** ist der Steuerwert i.d.R. auf der Basis des Nettojahreswerts des zu nutzenden Gegenstandes, z.B. der Wohnung des LuF-Betriebs, eines gewerblichen Betriebs oder einer Beteiligung anzugeben, soweit bekannt; ggf. muss er mit Hilfe des Finanzamts ermittelt werden. Bei Wohnrechten ist zusätzlich die zu nutzende Fläche anzugeben. Zur Ermittlung des Steuerwerts des

---

168 Nach FG Mecklenburg-Vorpommern v. 27.4.2022 – 3 K 273/20, EFG 2022, 1782 ist der Zinssatz von 5,5 % gemäß § 15 Abs. 1 BewG verfassungsgemäß. Nachweis niedrigerer Verzinsung möglich (vgl. FG Düsseldorf v. 26.1.2022 – 4 K 272/21 Erb, EFG 2022, 469). Bei niedrigverzinslichen oder unverzinslichen Darlehen ist der Nutzungsvorteil aus der Differenz von 5,5 % oder dem nachgewiesenen durchschnittlichen Zins und dem vereinbarten Zinssatz zu berechnen.

169 *Jülicher*, Ausgewählte Probleme des Nießbrauchs im ErbStG bei der Übertragung von Privatvermögen, ZErb 2020, 433; *Halaczinsky*, Schenkungsteuer bei der Übertragung von Grundstücken unter Nießbrauchsvorbehalt, UVR 2020, 348.

zu nutzenden Gegenstandes ist auch die entsprechende Anlage LuF-Vermögen, Grundstückswert, Betriebsvermögen und Anlage Anteilsbewertung auszufüllen und beizufügen. Nur so kann das Finanzamt den Steuerwert des zu nutzenden Gegenstandes und damit die Begrenzung des Jahreswerts, siehe Rdn 149 feststellen. Wird z.B. ein Nießbrauch an einem Grundstück zugewendet, muss mit Hilfe der **Anlage Grundstückswert** der Bedarfswert des betreffenden Grundstücks ermittelt werden. In diesem Fall findet eine förmliche Bedarfswertfeststellung durch das Lagefinanzamt statt (R B 151.2 Abs. 7 ErbStR). Bei Zuwendungsnießbrauch an einem Betrieb kann also eine möglicherweise sehr aufwändige Bewertung des Betriebs erforderlich werden.

Liegt eine wiederkehrende **Nutzung oder Duldung eines Wirtschaftsguts** vor, 149
z.B. Schenkung eines Wohnrechts, eines Nießbrauchsrechts, ist der Jahreswert einer solchen wiederkehrenden Leistung nach oben begrenzt. Bei der Ermittlung des Kapitalwerts darf der Jahreswert der Nutzungen nach § 16 BewG höchstens mit dem Wert angesetzt werden, der sich ergibt, wenn der für das genutzte Wirtschaftsgut – nach den Vorschriften des Bewertungsgesetzes anzusetzende Wert – durch 18,6 geteilt wird.[170] Bei Grundstücken und den wie Grundvermögen bewerteten Betriebsgrundstücken ist Ausgangswert der nach §§ 138 ff. BewG festgestellte Grundbesitz-(Bedarfs-)wert, und zwar vor Abzug von Schulden und Lasten.

Beispiel

Der Jahreswert eines zugewendeten Nießbrauchs (Nettomieteinnahmen) beträgt 24.000 EUR. Der Steuerwert des Objekts soll 12,5 × 24.000 EUR abzgl. 10 % Alterswertminderung betragen = 270.000 EUR. Der Jahreswert ist auf 270.000 EUR: 18,6 = 14.516 EUR begrenzt. Dieser Wert ist zu vervielfältigen.

Bei Nießbrauch an **Betriebsvermögen** oder Teilen davon ist der Wert des Be- 150
triebsvermögens nach den Vorschriften des § 12 Abs. 5 ErbStG zu ermitteln. Bei Wertpapieren und Anteilen an Kapitalgesellschaften ist Ausgangswert der steuerliche Kurswert, Rücknahmewert am Stichtag oder der steuerliche Anteilswert (ermittelt nach dem Stuttgarter Verfahren). Beim Nießbrauch an einer Vermögensmasse ist der Nettoertrag des gesamten Vermögens maßgebend. Von den Einnahmen der ertragbringenden Wirtschaftsgüter sind die Aufwendungen für ertraglose Wirtschaftsgüter abzuziehen.

Der BFH[171] betrachtet ein **zinsloses oder zinsverbilligtes Darlehen** als Schen- 151
kung der unentgeltlichen oder stark verbilligten „Kapitalnutzung“; darunter fal-

170 BFH v. 9.4.2014 – II R 48/12, BStBl 2014 II, 554: Die Begrenzung des Jahreswerts von Nutzungen nach § 16 BewG ist auch nach Inkrafttreten des ErbStRG anwendbar, wenn der Nutzungswert bei der Festsetzung der Erbschaft- oder Schenkungsteuer vom gesondert festgestellten Grundbesitzwert abgezogen wird. Ein niedrigerer gemeiner (Verkehrs-) Wert i.S.d. § 198 BewG findet im Rahmen des § 16 BewG keine Berücksichtigung.

171 BFH v. 4.3.2015 – II R 19/13, BFH/NV 2015, 993.

len auch zinslose Stundungen von fälligen Zahlungsansprüchen. Es wäre daher logisch, derartige Schenkungen in **Zeile 80** einzutragen. Gegenstand der Zuwendung bei einer zinslosen Darlehensgewährung ist der kapitalisierte Nutzungsvorteil. Die Bereicherung wird gem. § 12 Abs. 1 BewG i.V.m. § 13 Abs. 1 BewG mit einem Vielfachen des Jahreswerts (Kapitalwert) angesetzt. Der Jahreswert beträgt nach § 15 Abs. 1 BewG gesetzlich 5,5 % der Darlehenssumme, wenn kein anderer Wert (übliche Verzinsung) feststeht. Zweifelhaft ist, ob dieser Zinssatz angesichts des anhaltenden Zinstiefs verfassungsgemäß ist. Die Finanzverwaltung geht deshalb bei entsprechendem Nachweis von einem unter dem gesetzlich festgelegten Zinssatz von 5,5 v.H. aus.[172] Entsprechend ist bei unverzinslichen Darlehen zu verfahren. Hier ergibt sich der Nutzungsvorteil aus der Höhe des nachgewiesenen marktüblichen Darlehenszinses.[173] Der Jahresbetrag ist gem. Anlage 9a zu § 13 BewG zu vervielfältigen. Entsprechend sind der nachträgliche Verzicht auf die Zinsen sowie auf die Rückzahlung Schenkungen.

e) Hinweise zur Berechnung des Kapitalwerts

152 Das Finanzamt ermittelt von Amts wegen anhand der Angaben in **Zeilen 74 ff.** den Steuerwert des Anspruchs, der Bemessungsgrundlage (bzw. Teil der Bemessungsgrundlage) wird. Die Berechnung des Kapitalwerts ist in §§ 13–16 BewG geregelt; dazu R B 12.1 ErbStR und nach H B 12.1 ErbStH und die Gleich lautenden Ländererlasse vom 9.9.2022, BStBl 2022 I, 1351. Wiederkehrende Nutzungen, z.B. Nießbrauchsrechte[174] (Zuwendungs-, Vorbehalts-, Vermächtnisnießbrauch und dergleichen), sind nach dem Bewertungsgesetz grundsätzlich mit dem Kapitalwert (Jahreswert der Nutzung × Vervielfältiger) anzusetzen. Der Jahreswert ergibt sich aus dem Eintrag in **Zeile 75**, siehe Rdn 146. Der Vervielfältiger richtet sich nach der Dauer der wiederkehrenden Nutzung und Leistung (NuL) §§ 13–16, R B 13 ErbStR):

- Wiederkehrende NuL auf bestimmte Zeit:
  Der Vervielfältiger des Jahreswertes ist aus der Anlage 9a zu entnehmen, § 13 Abs. 1 Satz 1 BewG (= Tabelle 6 des Erlasses BStBl 2022 I, 1351 ff.).
- **Immerwährende NuL** sind mit dem 18,6-fachen des Jahreswertes anzusetzen, § 13 Abs. 2 Alt. 1 BewG.
- **NuL** mit **unbestimmter Dauer** sind mit dem 9,3-fachen des Jahreswertes anzusetzen, § 13 Abs. 2 Alt. 2 BewG.

---

172 Ebenso FG Mecklenburg-Vorpommern v. 27.4.2022 – 3 K 273/20, EFG 2022, 1782. Der Zinssatz von 5,5 % gemäß § 15 Abs. 1 BewG ist verfassungsgemäß. Nachweis niedrigerer Verzinsung möglich (vgl. FG Düsseldorf v. 26.1.2022 – 4 K 272/21 Erb, EFG 2022, 469).

173 Vergleichsmaßstab ist der marktübliche Zinssatz, der bei der Gewährung oder Aufnahme eines Darlehens bei einem Kreditinstitut zu abgesehen von der Zinslosigkeit vergleichbaren Bedingungen (insbes. Höhe, Besicherung, Laufzeit, Kündbarkeit) zu entrichten gewesen wäre, vgl. BFH v. 27.11.2013 – II R 25/12, BFH/NV 2014, 537 und FG Mecklenburg-Vorpommern v. 27.4.2022 – 3 K 273/20, EFG 2022, 1782.

174 *Eich*, Nießbrauch als Gestaltungsmittel bei Nachfolgeregelungen, ErbStB 2004, 185.

- **Lebenslängliche NuL** sind gem. § 14 Abs. 1 BewG mit den vom BMF jährlich festgesetzten Vervielfältigern zu kapitalisieren. Für 2023 v. 14.11.2022, BStBl I S. 1629. Zu früheren Zeitpunkten siehe z.B. Tabelle im Schr. FinMin Sachsen-Anhalt v. 16.2.2023, 43-S 3104–6, ErbSt-Kartei ST § 12 ErbStG Karte 13.
- Hat das Recht aufgrund Tod des Berechtigten nicht länger als die in § 14 Abs. 2 BewG angegebene Zeit bestanden, ist die Festsetzung der nicht laufend veranlagten Steuern nach der wirklichen Dauer des Rechts zu berechnen, § 14 Abs. 2 BewG. Bei stark verkürzter Lebenszeit kann bei der ErbSt eine Berichtigung nach unten nach § 14 Abs. 4 BewG erfolgen.

Wird **mehreren Personen**[175] **gleichzeitig ein Rentenanspruch** (z.B. Ehegatte 153
und Kind) geschenkt (Gesamtgläubigerschaft), ist die Schenkung des anteiligen Renten- oder Nutzungsrechts an einen Dritten ausgeführt (§ 9 ErbStG), wenn diesem im Innenverhältnis zwischen dem Schenker und dem Dritten ein eigener Anspruch zusteht und er gegenüber dem bisherigen Eigentümer nicht zum vollen Ausgleich verpflichtet ist. Soweit keine anderen Vereinbarungen ersichtlich sind oder nachgewiesen werden, kann von einer – sofortigen – Berechtigung der Gesamtgläubiger zu gleichen Teilen ausgegangen werden (vgl. § 430 BGB); d.h. anzusetzen ist der halbe Kapitalwert des Renten- oder Nutzungsrechts. Eine freigebige Zuwendung einer Gesamtgläubigerstellung an einem Nießbrauchsrecht liegt dann nicht vor, wenn der Berechtigte über die Erträge im Innenverhältnis rechtlich und tatsächlich nicht frei verfügen kann.[176]

Bei **nacheinanderfolgenden Berechtigungen** ist § 14 Abs. 3 BewG nicht anwendbar.[177]

Steht dem Dritten nach dem im Innenverhältnis Vereinbarten erst zu einem 154
späteren Zeitpunkt, z.B. mit dem Tod eines weiteren Gesamtgläubigers, ein Leistungsanspruch zu, ist sein Erwerb aufschiebend bedingt oder befristet und erst zu einem späteren Zeitpunkt zu berücksichtigen.

---

175 Es kommt häufig vor, dass Vermögensgegenstände, insbesondere Immobilien und Betriebe gegen Einräumung von Renten- bzw. Nutzungsrechten übertragen werden. Der Gleich lautende Ländererlass z.B. FinMin Bayern v. 9.1.2004 (ErbSt-Kartei BY § 25 ErbStG Karte 6) regelt mehrere Zweifelsfälle und zwar sowohl auf der Empfängerseite als auch auf der Seite des Zuwendenden.

176 BFH v. 8.6.2021 – II R 23/19, BFH/NV 2022, 21 zur Voraussetzung einer freigebigen Zuwendung i.S. des § 7 Abs. 1 Nr. 1 ErbStG bei Verschaffung einer Gesamtgläubigerstellung bezüglich eines Nießbrauchsrechts an den anderen Ehegatten.

177 Hängt die Dauer der Nutzung oder Leistung von der Lebenszeit mehrerer Personen ab und erlischt das Recht mit dem Tod des zuletzt Sterbenden, ist das Lebensalter und das Geschlecht derjenigen Person maßgebend, für die sich der höchste Vervielfältiger ergibt; erlischt das Recht mit dem Tod des zuerst Sterbenden, so ist das Lebensalter und Geschlecht derjenigen Person maßgebend, für die sich der niedrigste Vervielfältiger ergibt. Bei nacheinanderfolgenden Berechtigungen ist § 14 Abs. 3 BewG nicht anwendbar, BFH v. 28.2.2019 – II B 48/18, UVR 2019, 234.

f) Errechneter Kapitalwert

155 Der Kapitalwert ergibt sich dann letztlich durch Vervielfältigung des Jahreswerts.[178] Das Finanzamt wird diesen Kapitalwert ansetzen.[179] Der Steuerpflichtige kann ausnahmsweise einen höheren oder niedrigeren Wert geltend machen (siehe § 13 Abs. 3, § 14 Abs. 4 BewG), wenn dieser nachweislich geringer oder höher als der Kapitalwert ist.

g) Versteuerung nach dem Jahreswert

156 Anstelle der sofortigen Besteuerung auf Grundlage des Kapitalwerts kann der Beschenkte beantragen, dass die Schenkungsteuer jährlich nach dem Jahreswert versteuert wird (§ 23 ErbStG, vgl. Rdn 175, 177); zur Berechnung H E 23 ErbStH.[180] Die Jahressteuer kann wiederum mit ihrem Kapitalwert abgelöst werden (§ 23 Abs. 2 ErbStG).

4. Weiteres übriges Vermögen

157 Dazu gehören ausländische Zahlungsmittel,[181] Bargeld, Münzen, Edelmetalle, Perlen, Edelsteine.

	Wurden geschenkt			
84	- in- und ausländische Zahlungsmittel (Bargeld)? ☐ ja Wert 58		☐ nein	Zahlungsmittel 58
85	- Münzen, unverarbeitete Edelmetalle, Edelsteine, Perlen? ☐ ja Wert 59		☐ nein	Edelmetalle u. Ä. 59
86	- Hausrat? ☐ ja Wert 60		☐ nein	Haurat 60
87	- andere bewegliche körperliche Gegenstände (z.B. Kraftfahrzeuge, Boote, Kunstgegenstände, Schmuck)? ☐ ja Wert 61		☐ nein	and. bew. Gegenstände 61
88	- sonstige Rechte (Urheberrechte, Erfindungen, Patente u.ä.)? ☐ ja Wert 62		☐ nein	sonstige Rechte 62

In **Zeilen 84–88** sind die aktuellen Nennwerte der genannten Gegenstände einzutragen.

178 § 14 Abs. 1 BewG.

179 FG Bremen v. 22.6.2020 – 2 K 73/20 (1), DStRE 2020, 1438 zu einem Fall des vorzeitigen Wegfalls eines Nießbrauchsrechts durch Tod des Berechtigten.

180 *Christoffel*, Der praktische Fall: Übertragung eines Grundstücks gegen Rente aus ertrag- und schenkungsteuerlicher Sicht, ErbBstg 2022, 169; *Gummels*, Die vererbte Basisrente kann „teuer werden“: Antrag auf Jahreswert-Besteuerung als Ausweg, ErbBstg 2021, 203.

181 Die Kurse werden regelmäßig für Umsatzsteuerzwecke im Bundessteuerblatt Teil I veröffentlicht.

a) Hausrat, bewegliche Gegenstände

Wird Hausrat (z.B. Möbel, Tisch-, Bettwäsche, Geschirr, übliche Teppiche, Wandbilder, Lampen, Vorhänge usw.) geschenkt, z.B. anlässlich der Heirat eines Kindes eine Einbauküche, bleiben **Schenkungen an Personen der Steuerklasse I** (z.B. Kinder, Enkel, Ehegatten) bis zu einem Wert von 41.000 EUR steuerfrei. Darüber hinausgehende Schenkungen sind steuerbar, soweit auch die persönlichen Freibeträge überschritten werden und kein übliches steuerfreies Gelegenheitsgeschenk (§ 13 Abs. 1 Nr. 14 ErbStG) vorliegt. Außerdem bleiben Schenkungen von anderen beweglichen Gegenständen (z.B. Pkw,[182] Motorrad, Kunstwerke, Skulpturen, Musikinstrument u.Ä.) bis zu einem Wert von **12.000 EUR** steuerfrei, darüber hinaus eben steuerbar, z.B. Schenkung eines teuren Flügels im Wert von 50.000 EUR ist mit 38.000 EUR steuerbar. Erfasst werden von der Vorschrift auch Gegenstände, die nicht dem persönlichen Gebrauch des Erblassers dienen.[183] Bei **Schenkungen an Personen der Steuerklasse II und III** gibt es für Hausrat und bewegliche Gegenstände einen zusammengefassten Freibetrag von 12.000 EUR. In **Zeile 86** ist der gesamte Wert des geschenkten Hausrats und in **Zeile 86** der gesamte Wert der beweglichen Gegenstände anzugeben. Das Finanzamt berücksichtigt die Freibeträge von Amts wegen. 158

Beispiel

Tochter T bekommt zum Hochschulabschluss eine Eigentumswohnung mit Verkehrswert von 450.000 EUR mit vollständiger Einrichtung: Wert 55.000 EUR, einen neuen Pkw mit Wert 35.000 EUR und Schmuck 5.000 EUR geschenkt. T hat die Eigentumswohnung mit dem Bedarfswert von (angenommen) 450.000 EUR, Hausrat mit 55.000 EUR, Pkw mit 35.000 EUR und Schmuck mit 5.000 EUR in ihrer Schenkungsteuererklärung anzugeben. Das Finanzamt berechnet Hausrat, Pkw und Schmuck mit 95.000 EUR abzgl. Hausratfreibetrag von 41.000 EUR und beweglichem Gegenstandfreibetrag von 12.000 EUR mit = 42.000 EUR. Die Wohnung ist mit 450.000 EUR anzusetzen, ergibt 450.000 EUR + 42.000 EUR = 492.000 EUR. Davon ist der persönliche Freibetrag von 400.000 EUR abzuziehen, so dass eine steuerbare Schenkung von 92.000 EUR herauskommt. Möglicherweise ist der Schmuck oder Pkw übliches Gelegenheitsgeschenk, dies ist in den Bemerkungen am Ende der Erklärung anzugeben. In diesem Fall blieben diese Schenkungen ganz steuerfrei.

182 *Erle*, Der Pkw als Hausrat, ZEV 2016, 240.
183 FG Düsseldorf v. 8.2.2017 – 4 K 2510/15 Erb, EFG 2017, 679.

b) Erfindungen und Urheberrechte im Privatvermögen

159 In **Zeile 86** sind die zugewendeten Urheberrechte, Erfindungen etc. mit dem kapitalisierten Reinwert einzutragen.[184] Dies betrifft nur Rechte, die keinem Betriebsvermögen zuzuordnen sind. Die Rechte haben nur einen Wert, wenn sie vermarktet werden oder unzweifelhaft vermarktet werden können. In diesem Fall sind die Jahreserträge mit den Vervielfältigern gem. R B 9.2 ErbStR zu multiplizieren. Wirtschaftsgüter, z.B. Urheberrechte, die einem inländischen Gewerbebetrieb überlassen sind (§ 121 Nr. 6 BewG), gehören zum Inlandsvermögen und unterliegen der beschränkten Steuerpflicht.

c) Übrige körperliche Vermögensgegenstände

160 Schmuck, Kunstgegenstände,[185] Fahrzeuge etc. (R B 9.3 ErbStR) sind mit dem gemeinen Wert (Verkehrswert) anzugeben. Im Zweifel ist der Wert vorsichtig zu schätzen. Versteigerungswerte, Spitzenkatalogwerte etc. sind nicht maßgebend (R B 9.3 ErbStR).

d) Übrige Vermögensgegenstände im Eigentum von sonstigen Gemeinschaften

161 Für Vermögensgegenstände, die mehreren Personen zustehen und die nicht land- und forstwirtschaftliches Vermögen, nicht Grundvermögen und nicht Betriebsvermögen und keine nicht notierten Anteile an Kapitalgesellschaften sind (z.B. vermögensverwaltende GbR, Erbengemeinschaft), ist der Wert nach § 151 Abs. 1 Nr. 4 BewG festzustellen, wenn er für die Schenkungsteuer erforderlich ist (näheres R B 151.6 ErbStR). Ein Schenkungsteuerbescheid kann bereits erteilt werden, wenn der Feststellungsbescheid noch nicht erteilt ist. In diesem Fall kann der Wert der Vermögensgegenstände geschätzt werden. Nach Vorliegen des Feststellungsbescheids für den Bedarfswert wird die Schenkungsteuerveranlagung von Amts wegen geändert.

5. Erwerbsnebenkosten

162

Zeile					
89	**Erwerbsnebenkosten**	Bitte fügen Sie entsprechende Unterlagen oder Belege bei.			99 | 42
90	Hat der Erwerber Erwerbsnebenkosten getragen (z. B. für Notar, Grundbuch, Handelsregister)? ☐ ja	Wert 42		☐ nein	Erwerbsnebenkosten 42
91	Hat der Erwerber Steuerberatungskosten getragen? ☐ ja	Wert 44		☐ nein	Steuerberatungskosten 44

184 Zu Bewertung/Kapitalisierungszinssatz ab 2022 ff. BMF-Schr. v. 7.1.2022 – IV C 1-S 1980–1/19/10038:005, BStBl 2022 I, 122; Kapitalisierungszinssätze für Erwerbe ab dem Jahr 2018 BY LfSt v. 3.2.2022 – S 3101.1.1–9/22 St 34, ErbSt-Kartei BY § 12 ErbStG Karte 9.1. Zu Urheberrechten im Erbschaftsteuerrecht siehe *Halaczinsky*, ErbStB 2003, 189; *Halaczinsky*, Ausgewählte Fragen der Bewertung für Erbschaft-/Schenkungsteuerzwecke, UVR 2018, 304 und 339.

185 Näheres siehe § 4 Rdn 116.

Bei Schenkungen unter Lebenden können im Zusammenhang mit der Ausführung der Zuwendung zwangsläufig Kosten[186] anfallen: 163
- Allgemeine Erwerbsnebenkosten (Kosten der Rechtsänderung, z.B. Kosten für Notar- oder Handelsregister)
- Steuer- und Rechtsberatung im Vorfeld der Schenkung
- Kosten zur Erstellung der Steuer- bzw. Feststellungserklärung
- Kosten für Rechtsbehelfsverfahren oder Finanzgerichtsverfahren im Steuerfestsetzungs- bzw. Feststellungsverfahren
- Kosten eines Gutachters für die Ermittlung des gemeinen Werts von Grundbesitz, Betriebsvermögen oder nicht notierten Anteilen an Kapitalgesellschaften
- Grunderwerbsteuer.

Die Erwerbsnebenkosten sind zu addieren und in einem Betrag **in Zeile 90**, die gesamten Steuerberaterkosten separat in **Zeile 91** einzutragen.

Bei der schenkungsteuerlichen Behandlung ist zu unterscheiden zwischen den Erwerbsnebenkosten, die 164
a) der Beschenkte selbst trägt und
b) die der Schenker mitübernimmt.

Zu a) Bei den Erwerbsnebenkosten, die der Beschenkte zu tragen hat, um die Schenkung endgültig wirksam werden zu lassen, handelt es sich um Folgekosten der Schenkung, die keine Gegenleistung für das übertragene Vermögen darstellen. D.h. bei Vollschenkung, gemischter Schenkung und bei mittelbarer Schenkung sind die Kosten in vollem Umfang vom Steuerwert der Zuwendung abzuziehen.

Zu b) Trägt der Schenker auch die Erwerbsnebenkosten, handelt es sich um eine zusätzliche Schenkung, die die Bereicherung des Beschenkten entsprechend erhöht. Der zusätzlichen Bereicherung steht jedoch eine Entreicherung des Beschenkten durch die Folgekosten der Schenkung gegenüber. Das gilt nicht nur, wenn der Schenker dem Beschenkten einen Geldbetrag in Höhe der Erwerbsnebenkosten zuwendet, damit dieser sie zahlen kann, sondern auch dann, wenn der Schenker selbst (in Abkürzung des Zahlungswegs) die Erwerbsnebenkosten begleicht.

Beispiel

Der Schenker übereignet dem Beschenkten ein unbebautes Grundstück mit einem Grundbesitzwert von 300.000 EUR. Die allgemeinen Erwerbsnebenkosten betragen 8.000 EUR.

Lösung

Trägt der Schenker – durch Geldzuwendung oder durch eigene Zahlung – die Erwerbsnebenkosten, beträgt der Gesamtwert der Zuwendungen

186 *Moench*, Abzug der Erwerbskosten bei der Schenkungsteuer, DStR 1994, 967.

(300.000 EUR + 8.000 EUR =) 308.000 EUR. Die Bereicherung des Beschenkten beträgt (308.000 EUR – 8.000 EUR =) 300.000 EUR.

Bei einer anteiligen (mittelbaren) oder teilweise befreiten Schenkung stehen der Bereicherung allerdings die Nebenkosten nur mit dem Anteil gegenüber, der dem Verhältnis der Zuwendung (ohne Nebenkosten) zu den Anschaffungskosten des Gegenstands (ohne Nebenkosten) entspricht. Weitere Einzelheiten sind in dem Gleich lautenden Ländererlass v. 23.3.2015[187] zur Behandlung von Erwerbsnebenkosten und Steuerberatungskosten sowie Rechtsberatungskosten im Zusammenhang mit einer Schenkung mit Berechnungsbeispielen und in H E 10.7 ErbStH geregelt.

165 Im Vorfeld der Schenkung angefallene Beratungskosten stehen nicht im unmittelbaren Zusammenhang mit dem schenkweise zugewendeten Vermögen und sind deshalb nicht abziehbar. Die Kosten des Beschenkten für die Erstellung der Schenkungsteuererklärung und der Erklärung zur gesonderten Feststellung nach § 157 i.V.m. § 151 BewG sind im vollen Umfang abzugsfähig. Sie unterliegen nicht der Kürzung nach § 10 Abs. 6 ErbStG. Allerdings sind die Kosten für anschließende Rechtsbehelfsverfahren oder finanzgerichtliche Verfahren bzw. Verfahren zur Änderung der Steuerfestsetzung oder Wertfeststellung nicht abziehbar.

Hinweis

Bei einer Übernahme der Steuerberater- und Rechtsberatungskosten durch den Schenker kann es sich um eine zusätzliche Zuwendung handeln, wenn der Beschenkte diese zu tragen hätte. Die Kosten sind dennoch in vollem Umfang abzugsfähig. Eine Kürzung nach § 10 Abs. 6 ErbStG erfolgt nicht.

166 Grunderwerbsteuer und ggf. Umsatzsteuer sind nur bei gemischter Schenkung denkbar; sie können bei Zahlung vom Beschenkten abgezogen werden; ggf. nur anteilig. Übernimmt der Schenker die Grunderwerb- und Umsatzsteuer, liegt darin eine zusätzliche Bereicherung des Beschenkten. Der zusätzlichen Bereicherung steht jedoch eine Bereicherungsminderung in gleicher Höhe durch die Folgekosten der Schenkung gegenüber. Die Grunderwerb-/Umsatzsteuer kann in voller Höhe als Erwerbsnebenkosten abgezogen werden.

6. Gemischte Schenkung, Schenkung unter Auflage

167 Grundsätzlich hat ein Beschenkter für eine Schenkung – abgesehen von Erwerbsnebenkosten (dazu siehe Rdn 162 ff.) – keine Gegenleistung zu erbringen. Entsprechend ist das Formular „Schenkungsteuererklärung“ aufgebaut. Zu versteuern ist der Reinwert der Schenkung. Muss der Beschenkte dennoch Gegen-

187 BStBl 2015 I, 264.

leistungen erbringen, ist zu prüfen, ob statt einer Schenkung ein entgeltlicher oder ein teilentgeltlicher Erwerb vorliegt, dazu Rdn 182 ff.

Entgeltliche Geschäfte unterliegen naturgemäß nicht der Schenkungsteuer. Entgeltlich können auch günstige Geschäfte, sogar Erwerbe gegen einen symbolischen EUR sein. Keine Schenkungen können auch objektiv unentgeltliche Erwerbe sein, wenn der Zuwendende subjektiv nicht freigebig handelt. Ob es sich bei einer Vermögensverschiebung um eine freigebige Zuwendung des Zuwendenden an den Bedachten handelt, richtet sich nach dem zwischen ihnen bestehenden Innenverhältnis.[188] Fehlt es an einer „unentgeltlichen" Vermögensübertragung, liegt keine freigebige Zuwendung vor, auch dann nicht, wenn eine Vermögensmehrung bei einer Person eintritt![189] Im Bereich geschäftlicher Beziehungen kann auch bei einem objektiv (teil-)unentgeltlichen Vorgang das subjektive Merkmal der Freigebigkeit i.S.v. § 7 Abs. 1 Nr. 1 ErbStG trotz vorliegender Kenntnis des Zuwendenden hinsichtlich der Umstände, die seine Leistung zu einer objektiv (teil-)unentgeltlichen machen, entfallen, soweit der Steuerpflichtige in objektiv nachvollziehbarer Weise dartut, dass die Bereicherung des Zuwendungsempfängers der Förderung des Geschäfts des Zuwendenden diente, d.h. objektiv und nahezu ausschließlich auf die Erzielung geschäftlicher Vorteile des Zuwendenden gerichtet ist.[190] 168

Liegt objektiv und subjektiv dem Grunde nach eine Schenkung vor, muss aber der Beschenkte eine Gegenleistung erbringen, spricht man von einer gemischten Schenkung. Eine gemischte Schenkung bzw. Schenkung unter Leistungsauflage liegt vor, wenn der Wert der Zuwendung höher ist als der Wert der vom Begünstigten zu erbringenden Gegenleistung (z.B. Übernahme von Grundstücksbelastungen, Zahlung eines zu geringen Kaufpreises oder eines Gleichstellungsgeldes) und/oder der Wert der von ihm zu erfüllenden Auflagen (z.B. Zahlung einer Rente, Einräumung des Nießbrauchs oder eines Wohnrechtes). Im Grunde ist die gemischte Schenkung in den unentgeltlichen Teil und in einen entgeltlichen Teil aufzuteilen. Nur der unentgeltliche Teil unterliegt der Schenkungsteuer. Zur Ermittlung des unentgeltlichen Teils werden vom vollen Verkehrs- bzw. Steuerwert des zugewendeten Vermögensgegenstandes die zu erbringenden Gegenleistungen und die zu erfüllenden Auflagen grundsätzlich unmittelbar abgezogen (R E 7.4 ErbStR). Die Werte der geschenkten Gegenstände ergeben sich aus den Zeilen 31–88 der Schenkungsteuererklärung. Die Gegenleistungen bei gemischter Schenkung und Schenkung unter Auflage sind je nach Art der übernommenen Gegenleistung oder Auflage mit den addierten Werten in Zeile 2, 11, 21, oder 36 der **Anlage „Gegenleistungen und Auflagen zur Schenkungsteuererklärung"** einzutragen (Näheres hierzu siehe Rdn 182). 169

188 BFH v. 7.11.2007 – II R 28/06, BStBl 2008 II, 258.

189 BFH v. 9.12.2009 – II R 28/08, BStBl 2010 II, 566; FG Baden-Württemberg v. 25.5.2011 – 7 K 1475/09, EFG 2011, 2178 zum Verzicht auf Mehrheitsstimmrecht.

190 BFH v. 29.10.1997 – II R 60/94, BStBl 1997 II, 832; dazu *Viskorf*, Stbg 1998, 337.

III. Angabe von Vorschenkungen, Bemerkungen und Anträge

170

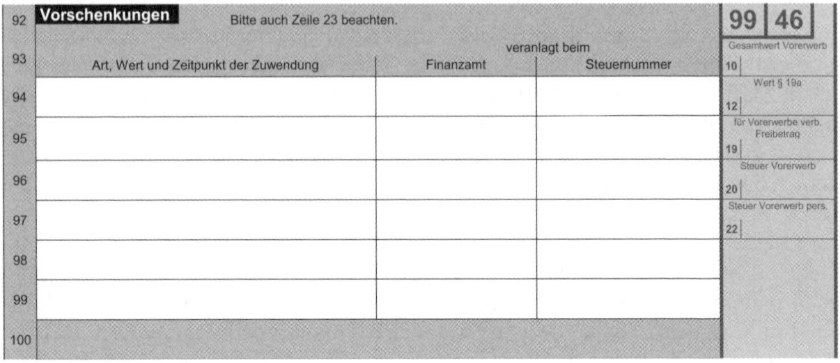

92	**Vorschenkungen** Bitte auch Zeile 23 beachten.			99 46
93	Art, Wert und Zeitpunkt der Zuwendung	veranlagt beim Finanzamt	Steuernummer	Gesamtwert Vorerwerb 10
94				Wert § 19a 12
95				für Vorerwerbe verb. Freibetrag 19
96				Steuer Vorerwerb 20
97				Steuer Vorerwerb pers. 22
98				
99				
100				

1. Vorschenkungen

171 In **Zeilen 92–99** sind frühere Schenkungen vom selben Schenker anzugeben, selbst wenn diese seinerzeit aufgrund der Freibeträge steuerfrei waren, zur Zusammenrechnung bei Erbschaften. Denn mehrere innerhalb von 10 Jahren von derselben Person anfallende Erwerbe sind bei der Besteuerung des jeweils letzten Erwerbs im 10-Jahres-Zeitraum mit diesem letzten Erwerb zusammenzurechnen (§ 14 ErbStG). Das bedeutet, dass die jetzige Schenkung zusammen mit der früheren Schenkung eine höhere Steuer verursachen kann. Bei der Zusammenrechnung

- bleiben die früheren Erwerbe mit ihrem früheren steuerlichen Wert maßgebend
- wird die Steuer für den Gesamtbetrag auf der Grundlage der geltenden Tarifvorschriften im Zeitpunkt des Letzterwerbs berechnet
- wird von der Steuer für den Gesamtbetrag die Steuer abgezogen, welche für die früheren Erwerbe nach den persönlichen Verhältnissen und auf der Grundlage der Tarifvorschriften zur Zeit des letzten Erwerbs zu erheben gewesen wären (fiktive Steuer)
- wird statt der fiktiven Steuer die seinerzeit für den Vorerwerb tatsächlich zu entrichtende Steuer abgezogen, wenn sie höher ist
- Vorerwerbe mit negativem Steuerwert bei der Zusammenrechnung nicht berücksichtigt und
- die Steuer, die sich für den letzten Erwerb ohne Zusammenrechnung mit früheren Erwerben ergibt, darf durch den Abzug der Steuer für die Vorer-

werbe nicht unterschritten werden (§ 10 Abs. 1 Satz 4 ErbStG), d.h. mindestens ist die Steuer für den letzten Erwerb zu zahlen.[191]

Die geforderten Angaben dienen gleichzeitig der Kontrolle, ob die Anzeigepflichten früher ordnungsgemäß erfüllt worden sind. Spätestens wenn in der aktuellen Erklärung Vorschenkungen bewusst unvollständig angegeben oder verschwiegen werden, kann eine Steuerhinterziehung oder zumindest eine leichtfertige Steuerverkürzung vorliegen.[192]

Die Fristberechnung geht vom Zeitpunkt der letzten Schenkung (31.12.2022) aus 172
und betrachtet die erste Schenkung vor zehn Jahren (31.12.2012) nicht mehr „innerhalb von zehn Jahren“ (siehe noch § 3 Rdn 43 und § 4 Rdn 150).

173

101	**Bemerkungen/Anträge/sonstige Befreiungen oder Vergünstigungen**	
102		Entl. betr. § 19a 24
103		Hausrat 60
104		
105		
106		
107		bew. körp. Gegenst. 61

191 *Fliedner*, Die Berechnung der Steuer bei mehreren Erwerben nach § 14 ErbStG i.d.F. des ErbStRG, UVR 2009, 204. Aufgrund der Selbstständigkeit der Besteuerung der einzelnen Erwerbe sind die in die Zusammenrechnung nach § 14 Abs. 1 Satz 1 ErbStG einzubeziehenden Vorerwerbe dem letzten Erwerb mit den ihnen (damals) zukommenden materiellrechtlich zutreffenden Werten hinzuzurechnen. Dieser richtige Wertansatz ist auch für die Berechnung der nach § 14 Abs. 1 Satz 2 ErbStG abziehbaren fiktiven Steuer maßgebend. Gleiches gilt auch für die Berechnung der nach § 14 Abs. 1 Satz 3 ErbStG abziehbaren Steuer. Die für die Vorerwerbe ergangenen Steuerbescheide entfalten keine Bindungswirkung etwa im Sinn von Grundlagenbescheiden (Hessisches FG v. 22.3.2016 – 1 K 2014/14, EFG 2016, 1277).

192 FG Nürnberg v. 17.6.2021 – 4 K 1444/18, EFG 2022, 1108, Revision eingelegt (Az. des BFH: II R 39/21); *Wittig*, Schenkungsteuerhinterziehung bei Nichtanzeige und Nichtangabe von Vorschenkungen gem. §§ 30, 31 ErbStG, HRRS 2016, 137; BGH v. 10.2.2015 – 1 StR 405/14, DStR 2015, 1867. (Die in einer Schenkungsteuererklärung enthaltene unzutreffende Angabe, vom Schenker keine Vorschenkungen erhalten zu haben, stellt sowohl für die Besteuerung der Schenkung, auf die sich die Erklärung bezieht, als auch für diejenige der Vorschenkungen eine unrichtige Angabe über steuerlich erhebliche Tatsachen im Sinne von § 370 Abs. 1 Nr. 1 AO dar).

2. Bemerkungen und Anträge

174 Eintragungen in diese „unscheinbaren“ Zeilen können erhebliche finanzielle Bedeutung haben. Hier sind z.B. Wahlrechte nach §§ 23, 28 ErbStG geltend zu machen.

3. Antrag auf Jahresversteuerung

175 Renten und andere wiederkehrende Nutzungen/Leistungen werden grundsätzlich sofort nach ihrem Kapitalwert besteuert. Bei Steuern, die vom Kapitalwert von Renten oder anderen wiederkehrenden Nutzungen (Nießbrauch, Wohnrecht) oder Leistungen zu entrichten sind, ist die Erbschaftsteuer nach § 23 ErbStG nach Wahl des Erwerbers statt vom Kapitalwert jährlich im Voraus vom Jahreswert des Nießbrauchs zu entrichten.[193] Die Steuer wird in diesem Fall nach dem Steuersatz erhoben, der sich für den gesamten Erwerb einschließlich des Kapitalwerts der Renten oder anderen wiederkehrenden Nutzungen/Leistungen ergibt. Die Jahresversteuerung ist antragsgebunden. Das Antragsrecht steht nur dem Erwerber persönlich zu.

Hinweis

Nach Auffassung der Finanzverwaltung muss der Antrag spätestens im Rechtsbehelfsverfahren gestellt werden. Zur Berechnung des Jahresbetrags und der Berücksichtigung der Freibeträge gem. §§ 16, 17 ErbStG nach der Aufzehrungs- oder Kürzungsmethode siehe H E 23 ErbStH.

176
1. Für den Gesamterwerb wird wie im Normalfall der Steuersatz berechnet.
2. Es wird die Sofortsteuer ermittelt.
3. Es wird die Jahressteuer ermittelt, unter Anwendung des zuvor ermittelten Vomhundertsatzes auf den Jahreswert des Nutzungsrechts.
4. Sind die Freibeträge nicht durch das der Sofortversteuerung unterliegende Vermögen verbraucht, wird die Jahressteuer entsprechend einige Jahre (ggf. anteilig) nicht erhoben.

177 Der Erwerber hat das Recht, die **Jahressteuer** zum jeweils nächsten Fälligkeitstermin mit ihrem Barwert (abgezinster Betrag nach § 12 Abs. 3 BewG) abzulösen (§ 23 Abs. 2 ErbStG). Die Besteuerung nach dem Jahreswert/die Ablösung mit dem Barwert ist je nach Einschätzung des zukünftigen Verlaufs des Nutzungsrechtes, insbesondere der Dauer, vorteilhaft oder weniger vorteilhaft. So ist die Sofortversteuerung günstiger, wenn der Berechtigte nicht solange – wie nach der durchschnittlichen Lebenserwartung i.S.d. BewG – leben würde.

---

193 Die Jahressteuerzahlung ist nicht als dauernde Last abzugsfähig: BFH v. 18.1.2011 – X R 63/08, DB 2011, 1083; Berechnungsbeispiele zum Jahresbetrag siehe H E 23 ErbStH.

Hinweis

Wird für eine von Todes wegen erworbene Leibrente nach § 23 Abs. 1 ErbStG die jährliche Besteuerung des Jahreswerts gewählt und fallen die Rentenzahlungen später wegen der Zahlungsunfähigkeit und Überschuldung des Verpflichteten aus, kann eine abweichende Festsetzung der Erbschaftsteuer für die Ablösung der Jahressteuer nach § 23 Abs. 2 ErbStG i.V.m. § 163 Satz 1 AO gerechtfertigt sein.[194]

4. Stundung nach § 28 ErbStG

Für Erwerbe von Todes wegen ab **1.7.2016** von begünstigtem Vermögen i.S.d. § 13b Abs. 2 ErbStG (insb. Betriebsvermögen oder land- und forstwirtschaftliches Vermögen) ist dem Erwerber die darauf entfallende Erbschaftsteuer auf Antrag bis zu sieben Jahre zu stunden.[195] Der Antrag kann in Zeilen 102 ff. gestellt werden. Der erste Jahresbetrag ist ein Jahr nach der Festsetzung der Steuer fällig und ist bis dahin zinslos zu stunden. Für die weiteren zu entrichtenden Jahresbeträge sind die §§ 234 und 238 AO ab dem zweiten Jahr nach der Festsetzung der Steuer anzuwenden, d.h. sie sind zu verzinsen. Die Stundung endet, 178

- sobald der Erwerber, ausgehend vom Zeitpunkt der Entstehung der Steuer, den Tatbestand nach § 13a Abs. 3 ErbStG (Verletzung der Lohnsummenfrist) nicht einhält oder einen der Tatbestände nach § 13a Abs. 6 ErbStG (Verletzung der Behaltenspflicht) erfüllt. Im Fall der Optionsverschonung oder des Erlasses nach der Verschonungsbedarfsprüfung gilt eine Lohnsummen- und Behaltensfrist von 7 Jahren.
- sobald der Erwerber den Betrieb oder den Anteil daran überträgt oder aufgibt.

Die Stundung für Erbschaftsteuer, die der Erwerber nachträglich zu entrichten hat, weil er gegen die Erhaltung der Lohnsummen oder gegen die Behaltenszeiten verstoßen hat, ist ausgeschlossen.

Bis 30.6.2016 war diese Stundung von geringer Bedeutung, da nur schwer zu erreichen; u.a. keine Stundung, wenn außerhalb des ererbten Betriebsvermögens ausreichende Mittel zur Tilgung der Steuer (und Erhaltung des Betriebs) aufgebracht werden können (H E 28 ErbStH). Zur Stundung bei Erwerb von Betriebsvermögen nach „altem“ Recht R E 28 ErbStR 2011.

Gehört zum Erwerb ein im Inland, einem Mitgliedstaat der Europäischen Union oder in einem Staat des Europäischen Wirtschaftsraums belegenes, **zu Wohnzwecken vermietetes** Grundstück oder ein entsprechender Grundstücksteil i.S.d. § 13d ErbStG, ist dem Erwerber die darauf entfallende Erbschaftsteuer auf Antrag 179

194 BFH v. 22.10.2014 – II R 4/14, BStBl 2015 II, 237; dazu *Bruschke*, Nachträgliche „Korrektur“ des Wahlrechtes nach § 23 ErbStG über eine Billigkeitsmaßnahme, ErbStB 2015, 80.

195 Das frühere Erfordernis „als dies zur Erhaltung des Betriebs notwendig ist“, ist ab 1.7.2016 weggefallen.

bis zu zehn Jahre zu stunden, soweit er die Steuer nur durch die Veräußerung dieses Vermögens aufbringen kann (§ 28 Abs. 3 ErbStG, R E 28 Abs. 2, 4 ErbStR). Gleiches gilt für die Steuer für ein zum Erwerb gehörendes Ein- oder Zweifamilienhaus oder Wohneigentum, welches der Erwerber nach dem Erwerb zu eigenen Wohnzwecken nutzt (§ 28 Abs. 3 ErbStG, näheres siehe noch R E 28 Abs. 3 ErbStR). Auf das Verwandtschaftsverhältnis des Erwerbers zum Erblasser oder Schenker kommt es nicht an.

5. Erlass nach § 28a ErbStG

180 Bei Großvermögen (> 26 Mio. EUR) ist die Verschonung von Unternehmensvermögen erheblich eingeschränkt. Der Erwerber kann einen abschmelzenden Verschonungsabschlag gem. § 13c ErbStG oder einen (Teil-)Erlass der auf das Großvermögen entfallenden Schenkungsteuer beantragen. Hierfür muss das Finanzamt eine Verschonungsbedarfsprüfung nach § 28a ErbStG durchführen. Näheres dazu siehe § 3 Rdn 67 ff.

6. Mitteilung von grenzüberschreitenden Steuergestaltungen

181

108	**Mitteilung von grenzüberschreitenden Steuergestaltungen**		
109	☐ Der Schenker hat eine grenzüberschreitende Steuergestaltung nach §§ 138d ff. AO genutzt, deren steuerlicher Vorteil sich bei der Schenkungsteuer auswirken soll. Bitte erläutern Sie die Steuergestaltung in einer gesonderten Anlage.		
110	Registriernummer		Offenlegungsnummer

Hinweis

Von der Gestaltung muss eine Steuer betroffen sein, auf die das EU-Amtshilfegesetz Anwendung findet. Außerdem muss eine Steuergestaltung mit einem grenzüberschreitenden Bezug vorliegen. Weitere Voraussetzung ist das Vorliegen eines Merkmals des § 138e AO.[196]

Zur **Definition einer grenzüberschreitenden Gestaltung** siehe § 138d Abs. 2 ff. i.V.m. § 138e AO. **§ 138e AO** enthält die **abschließende Aufzählung der Kennzeichen, die einen mitteilungspflichtigen Tatbestand auslösen**.

Im Übrigen siehe Ausführungen zur **gleichen Angabe bei der Erbschaftsteuererklärung** in § 4 Rdn 156.

196 Ausführlich zum ganzen BMF-Schr. v. 29.3.2021 – IVB6-S1316/19/10024:012, BStBl 2021 I, 582.

C. Anlage „Gegenleistungen und Auflagen zur Schenkungsteuererklärung"

Finanzamt	**Anlage Gegenleistungen und Auflagen zur Schenkungsteuererklärung** 182
Aktenzeichen	

FA	Steuernummer	UFA	Zeitraum	Vorgang
11		72		1

Zeile				
	Angaben zur gemischten Schenkung und Schenkung unter Auflagen			99 42
1	**Übernommene Verbindlichkeiten** (soweit nicht bereits beim Betriebsvermögen oder land- und forstwirtschaftlichen Vermögen berücksichtigt)		☐ nein	
	☐ ja Art der Schuld	Name und Anschrift des Gläubigers, Nennbetrag, Zinssatz	Wert	
2				

Ein Erwerber muss die Anlage „Anlage Gegenleistungen und Auflagen zur Schenkungsteuererklärung" ausfüllen, wenn er eine gemischte Schenkung oder eine Schenkung unter Auflagen erhalten hat; dazu Rdn 167 ff., 185. Erbringt der Beschenkte bei einer Schenkung gewisse Gegenleistungen (z.B. geringes Entgelt, Ausgleichszahlungen), übernimmt er Schulden und Lasten des Schenkers (z.B. bei einer Grundstückschenkung) oder übernimmt er die Duldung von Nutzungen (Nießbrauch/Wohnrecht), liegt teilweise ein entgeltliches Geschäft vor (gemischte Schenkung), Näheres Rdn 185 ff., 205 ff. Für die Beurteilung, ob eine Schenkung mit Gegenleistung, eine Leistungsauflage oder eine Nutzungsauflage/Duldungsauflage gegeben ist, ist der Inhalt der vertraglichen Vereinbarungen maßgebend. Während bei gemischten Schenkungen und Schenkungen unter einer Leistungsauflage nur der die Gegenleistung übersteigende Wert der (gemischten) freigebigen Zuwendung schenkungsteuerrechtlich relevant ist, sind Nutzungs- oder Duldungsauflagen durch Abzug der Last zu berücksichtigen.

I. Wirtschaftliche Belastung der übernommenen Gegenleistung

Generell gilt: Verbindlichkeiten und Lasten müssen eine wirtschaftliche Belastung für den Beschenkten sein. 183 Die übernommene Verbindlichkeit muss in einem wirtschaftlichen Zusammenhang mit dem erhaltenen Vermögensgegenstand stehen. Die Entstehung der Verbindlichkeit muss ursächlich und unmittelbar auf Vorgängen beruhen, die diesen Vermögensgegenstand betreffen und diesen Vermögensgegenstand wirtschaftlich belasten. Gegenleistungen, die der Beschenkte aufgrund eines Schenkungsvertrags erbringen muss, stehen in wirtschaftlichem Zusammenhang mit allen zugewendeten Vermögensgegenständen.

Hinweis

Soll ein „überschuldeter Vermögensgegenstand" geschenkt werden (z.B. fremdfinanzierte Aktien, deren Kurs zzt. unter den Schuldbetrag gesunken ist), kann der Schuldenüberhang genutzt werden, in einer einheitlichen Schenkung (dazu R E 7.4 Abs. 3 ErbStR) noch weitere positive Vermögensgegenstände zu schenken.

184 Der Abzug der Verbindlichkeiten, Gegenleistungen, Leistungs-, Nutzungs- und Duldungsauflagen (Schulden und Lasten) ist nach § 10 Abs. 6 ErbStG beschränkt, soweit der Gegenstand der Zuwendung nach §§ 13, 13a–13c oder 13d ErbStG befreit ist.

Hinweis

Vermögensgegenstände, für die der Erwerber lediglich im Rahmen der Wertermittlung nach § 13 Abs. 1 Nr. 1 ErbStG einen pauschalen Freibetrag erhält (Hausrat und andere bewegliche körperliche Gegenstände), unterliegen dagegen selbst uneingeschränkt der Besteuerung, so dass eine Beschränkung des Abzugs von Schulden und Lasten nicht in Betracht kommt. Wird z.B. ein Pkw im Wert von 40.000 EUR geschenkt, der noch mit 25.000 EUR fremdfinanziert ist, und übernimmt der Beschenkte die Finanzierung, sind 40.000 EUR abzgl. des Freibetrags für bewegliche Gegenstände von 12.000 EUR zur versteuern. Die Übernahme der Restverbindlichkeit von 25.000 EUR mindert die Bereicherung und ist in Zeile 2 der „Anlage Gegenleistungen und Auflagen zur Schenkungsteuererklärung" einzutragen. Im Ergebnis sind 3.000 EUR zu versteuern, falls andere Freibeträge nicht greifen.

In **Zeilen 3–10, 13–20, 27–34, 45–52** sind jeweils die Schulden und Lasten entsprechend ihrem wirtschaftlichen Zusammenhang den einzelnen Arten begünstigten Vermögens bzw. den einzelnen Vermögensgegenständen zuzuordnen. Stehen Schulden und Lasten im wirtschaftlichen Zusammenhang mit allen Vermögensgegenständen, ohne dass sie wirtschaftlich einem einzelnen Vermögensgegenstand oder einzelnen Vermögensgegenständen zugeordnet werden können, sind sie auf die einzelnen Vermögensgegenstände nach dem Verhältnis der Steuerwerte aufzuteilen. Diese Berechnung müssen Sie jedoch nicht selbst vornehmen. Vielmehr können Sie in den **Zeilen 10, 20, 34 oder 52** den Wert der Schulden und Lasten angeben, die mit der Gesamtheit aller erworbenen Vermögensgegenstände zusammenhängen.

II. Gemischte Schenkung

1. Begriff

185 Eine gemischte Schenkung bzw. Schenkung unter Leistungsauflage liegt vor, wenn der Wert der Zuwendung höher ist als der Wert der vom Begünstigten zu erbringenden Gegenleistung (z.B. Übernahme von Grundstücksbelastungen, Zahlung eines zu geringen Kaufpreises oder eines Gleichstellungsgeldes) und/ oder der Wert der von ihm zu erfüllenden Auflagen (z.B. Zahlung einer Rente,

Einräumung des Nießbrauchs oder eines Wohnrechtes).[197] Im Grunde ist die gemischte Schenkung in den unentgeltlichen Teil und in einen entgeltlichen Teil aufzuteilen. Nur der unentgeltliche Teil unterliegt der Schenkungsteuer. Zur Ermittlung des unentgeltlichen Teils werden vom vollen Verkehrs- bzw. Steuerwert des zugewendeten Vermögensgegenstandes die zu erbringenden Gegenleistungen und die zu erfüllenden Auflagen grundsätzlich unmittelbar abgezogen. Eine Leistungs-, Nutzungs- oder Duldungsauflage ist mit dem nach §§ 13–16 BewG ermittelten Wert zu berücksichtigen.[198] Die Werte der geschenkten Gegenstände ergeben sich aus den Zeilen 31–88 der Schenkungsteuererklärung. Die Gegenleistungen sind je nach Art der übernommenen Gegenleistung oder Auflage mit den addierten Werten in den **Zeilen 2, 11, 21, oder 36** einzutragen. Da nach dem ErbStG nicht alle Schulden und Lasten in vollem Umfang abziehbar sind, werden für die Abziehbarkeit bei jeder Art der Gegenleistung besondere Angaben erforderlich (Zeilen 3 bis 10, 13 bis 20, 27 bis 34, 45 bis 52).

Hinweis

Betriebsschulden sind jedoch nicht hier, sondern beim Betriebsvermögen zu berücksichtigen (§ 103 BewG). Im Zusammenhang mit dem Betrieb der Land- und Forstwirtschaft stehende Schulden werden ebenfalls bereits bei dessen Bewertung berücksichtigt (§ 158 Abs. 5 BewG).

197 Nach Auffassung des FG Mecklenburg-Vorpommern v. 27.4.2022 – 3 K 273/20, EFG 2022, 1782 kann bei einem Darlehen (hier im Jahr 2016) zu einem niedrigen Zinssatz von 1,0 % eine gemischte freigebige Zuwendung vorliegen. In diesem Fall ist der Jahreswert des Nutzungsvorteils mit 5,5 % abzüglich des vereinbarten Zinssatzes zu berechnen, wenn kein anderer Wert feststeht. (Revision eingelegt Az. des BFH: II R 20/22).

198 Siehe noch R E 7.4 ErbStR und H E 7.4 (1) mit Berechnungsbeispielen.

2. Übernommene Verbindlichkeiten

186

Zeile	Angaben zur gemischten Schenkung und Schenkung unter Auflagen			99 42
1	**Übernommene Verbindlichkeiten** (soweit nicht bereits beim Betriebsvermögen oder land- und forstwirtschaftlichen Vermögen berücksichtigt) ☐ ja		☐ nein	
	Art der Schuld	Name und Anschrift des Gläubigers, Nennbetrag, Zinssatz		
2			EUR	
3	Davon stehen in wirtschaftlichem Zusammenhang mit nach § 13b Abs. 1 ErbStG begünstigungsfähigem/begünstigungsfähigen	Betriebsvermögen:	EUR	
4		land- und forstwirtschaftlichen Vermögen:	EUR	
5		Anteilen an Kapitalgesellschaften:	EUR	
6	Davon stehen in wirtschaftlichem Zusammenhang mit begünstigten zu Wohnzwecken vermieteten Grundstücken bzw. Grundstücksteilen (§ 13d ErbStG):		EUR	
7	Davon stehen in wirtschaftlichem Zusammenhang mit einem Familienheim (§ 13 Abs. 1 Nr. 4a ErbStG):		EUR	
8	Davon stehen in wirtschaftlichem Zusammenhang mit anderen begünstigten Vermögensgegenständen:		EUR	
9	Davon stehen in wirtschaftlichem Zusammenhang mit nicht begünstigten Vermögensgegenständen:		EUR	
10	Davon stehen in wirtschaftlichem Zusammenhang mit der Gesamtheit aller erworbenen Vermögensgegenstände:		EUR	

Hier sind insb. bei Grundstücksschenkungen Hypotheken-, Grund- und Darlehensschulden, deren Tilgung der Beschenkte übernommen hat (persönliche Schuldübernahme), mit dem Wert im Besteuerungszeitpunkt anzugeben.

3. Gemischte Schenkung bei Grundbesitz

187 Gerade im Immobilienbereich kommen häufig gemischte Schenkungen vor. In **Zeile 2** sind die übernommenen Verbindlichkeiten einzutragen. Das Finanzamt ermittelt dann von Amts wegen die Bereicherung. Der Vordruck geht offenbar von einer gemischten Schenkung eines Grundstücks aus. Bei mehreren gemischten Grundstücksschenkungen im Rahmen einer einheitlichen Schenkung könnte man auf einer Anlage die Angaben differenziert darstellen und dann zusammengerechnet in die Anlage übertragen oder direkt mehrere Anlagen ausfüllen.

188 Werden bei der Zuwendung eines Grundstücks vom Erwerber Grundpfandrechte, die der Sicherung von Darlehen dienen, zwar dinglich aber nicht persönlich übernommen, und bleibt der Zuwendende zu deren Rückzahlung einschließlich der Zinsen (im Innenverhältnis) allein verpflichtet, übernimmt der Erwerber eine aufschiebend bedingte Last.[199] Sie ist bei der Ermittlung der Bereicherung des Erwerbers zunächst nicht zu berücksichtigen (§ 12 Abs. 1 ErbStG i.V.m. § 6 Abs. 1 BewG). Eine zu berücksichtigende Last des Erwerbers tritt erst ein, wenn der Zuwendende seinen Verpflichtungen aus dem Darlehensvertrag nicht nach-

199 Näheres siehe noch H E 7.4 (1) ErbStH.

kommt und der Gläubiger der Grundpfandrechte den dinglichen Anspruch auf Befriedigung aus dem Grundstück geltend macht (vgl. §§ 1142, 1150 BGB). Dies ergibt sich aus § 6 Abs. 2 i.V.m. § 5 Abs. 2 BewG. Allgemein gilt: Die bei der gemischten Schenkung eines Grundstücks vorgesehene aufschiebend bedingte Gegenleistung ist mit ihrem Wert im Zeitpunkt des Eintritts der Bedingung, jedoch abgezinst auf den Zeitpunkt der zu berichtigenden Steuerfestsetzung, anzusetzen.[200] Der tatsächlich übernommene Schuldbetrag ist auf den Stichtag der Steuerentstehung abzuzinsen. Der Vervielfältiger für die Abzinsung ist der Tabelle 1 der Gleich lautenden Erlasse[201] der obersten Finanzbehörden der Länder vom 9.9.2022 zu entnehmen. Entsprechendes gilt, wenn der Beschenkte für auf dem Grundstück abgesicherte Verbindlichkeiten zwar die persönliche Haftung übernimmt, der Schenker (und Vorbehaltsnießbraucher) sich aber verpflichtet, die Verbindlichkeit für die Dauer des Nießbrauchs weiter zu tilgen und zu verzinsen.[202]

Beispiel

Eine Mutter schenkt ihren beiden Kindern je zur Hälfte Grundstücke. Sie behält sich an dem übertragenen Grundbesitz das lebenslängliche unentgeltliche Nießbrauchsrecht vor und verpflichtet sich, die Zins- und Tilgungsleistungen für die durch die bestehen bleibenden Grundschulden gesicherten Verbindlichkeiten allein zu tragen. Die dinglich übernommenen Verbindlichkeiten sind nicht im Rahmen der Schenkungsteuerfestsetzung als Gegenleistung der Kinder bereicherungsmindernd zu berücksichtigen. Verstirbt die Mutter, sind die nach dem Tod der Mutter noch valutierenden Verbindlichkeiten, die im Rahmen der Erbschaft auf die Kinder als Erben übergegangen sind, gem. § 10 Abs. 5 Nr. 1 ErbStG im Erbfall als Nachlassverbindlichkeiten anzusetzen.[203]

200 FG Köln v. 27.8.2014 – 9 K 2193/12, EFG 2015, 58.

201 Gleich lautender Ländererlass v. 9.9.2022, BStBl 2022 I, 1351.

202 BFH v. 17.10.2001 – II R 72/99, BStBl 2002 II, 165.

203 So FG Köln v. 27.1. 2016 – 7 K 2894/14, EFG 2016, 581.

4. Gegenleistungen oder sonstige Verpflichtungen

189

Zeile				
11	**Gegenleistungen oder sonstige Verpflichtungen** (z.B. Barabfindung)		☐ nein	übern. Verbindlichk. und Gegenleistungen
	☐ ja Art	Name und Anschrift des (der) Berechtigten		
12			EUR	46
13	Davon stehen in wirtschaftlichem Zusammenhang mit nach § 13b Abs. 1 ErbStG begünstigungsfähigem/begünstigungsfähigen	Betriebsvermögen:	EUR	
14		land- und forstwirtschaftlichen Vermögen:	EUR	
15		Anteilen an Kapitalgesellschaften:	EUR	
16	Davon stehen in wirtschaftlichem Zusammenhang mit begünstigten zu Wohnzwecken vermieteten Grundstücken bzw. Grundstücksteilen (§ 13d ErbStG):		EUR	
17	Davon stehen in wirtschaftlichem Zusammenhang mit einem Familienheim (§ 13 Abs. 1 Nr. 4a ErbStG):		EUR	
18	Davon stehen in wirtschaftlichem Zusammenhang mit anderen begünstigten Vermögensgegenständen:		EUR	
19	Davon stehen in wirtschaftlichem Zusammenhang mit nicht begünstigten Vermögensgegenständen:		EUR	
20	Davon stehen in wirtschaftlichem Zusammenhang mit der Gesamtheit aller erworbenen Vermögensgegenstände:		EUR	

190 In **Zeilen 11 und 12** sind die vom Beschenkten übernommenen Gegenleistungen, z.B. Barabfindungen und sonstige Verpflichtungen, anzugeben.

191 Übernimmt der Beschenkte aufgrund eingegangener Verpflichtung infolge einer Schenkung die Pflege des Schenkers und/oder einer von ihm benannten Person, liegt darin eine sonstige Gegenleistung. Die Gewährung von Pflege setzt begrifflich eine wegen Krankheit, Behinderung, Alters oder eines sonstigen Grundes bestehende Hilfsbedürftigkeit des Pflegeempfängers voraus. Werden z.B. im Zusammenhang mit der Übertragung von Immobilien Pflegeleistungen zugunsten des Zuwendenden oder einer von ihm bestimmten Person vereinbart, stellt sich die Frage, ob, in welcher Höhe und wann sich die übernommene Pflegeverpflichtung bereicherungsmindernd auswirkt.[204] Stehen Leistung und Gegenleistung in einem ausgewogenen Verhältnis (schriftlicher oder mündlicher Dienstvertrag), liegt ein entgeltlicher Erwerb vor. Ist der Wert des übertragenen Vermögens deutlich höher als die Pflegeverpflichtung, liegt eine gemischte Schenkung oder bei Übergang von Todes wegen ein Übergang mit einer Nachlassverbindlichkeit vor. Soweit eine entgeltliche Gegenleistung vorliegt, kann keine Schenkungsteuer anfallen.

---

204 H E 7.4 (1) „Übernommene Pflegeleistungen als Gegenleistung" und H E 13.5 (2), aktualisiert durch Gleich lautenden Ländererlass v. 4.6.2014, BStBl 2014 I, 891; BayLfSt v. 8.6.2016, S 3806.1.1–1/9 St 34, ErbSt-Kartei BY § 10 ErbStG Karte 9 zu Verpflichtung zur Pflege im Bedarfsfall. *Halaczinsky*, Pflege aus erbschaftsteuerlicher Sicht, UVR 2013, 206; *Grootens*, Pflegeleistungen in der Erbschaft- und Schenkungsteuer, ErbStB 2015, 114. Zu Pflegeverpflichtungen siehe noch *Griesel*, in: Daragan/Halaczinsky/Riedel, Praxiskommentar ErbStG und BewG, § 7 ErbStG Rn 76.

Gebräuchlicher Formulierungsvorschlag

Der Erwerber verpflichtet sich hiermit, den Berechtigten bis an sein Lebensende unentgeltlich im Bedürfnisfall zu pflegen und ihm hierbei alle Leistungen zu erbringen, die einer geordneten und standesgemäßen Pflege entsprechen. Diese Leistungen sollen jedoch nur erbracht werden, soweit sie in dem übertragenen Hausanwesen erfüllt werden können. Sofern die Pflege außer Haus erforderlich sein sollte, ruht die Leistungspflicht des Erwerbers. Es ist insoweit keine Ersatzleistung geschuldet. Kosten hat der Erwerber insoweit zu tragen, als solche entstehen, wenn er sich zur Erfüllung dieser Verpflichtung dritter Personen bedient. Zur Sicherung der vorstehenden Verpflichtung bestellt der Erwerber dem Berechtigten an dem Vertragsanwesen eine Reallast.[205]

Häufig handelt es sich bei der Übernahme von (zukünftigen Pflegeverpflichtungen) um aufschiebend bedingte Verpflichtungen, die nach § 6 BewG erbschaftsteuerlich zunächst nicht zu berücksichtigen sind. 192

Eine **Pflegeverpflichtung** ist erst als Last zu berücksichtigen, wenn ein Pflegefall tatsächlich eingetreten ist und eine Pflegeleistung erbracht wird. Bis dahin handelt es sich um eine zinslos gestundete Verpflichtung, daher ist deren Kapitalwert bei Entstehen gem. § 12 Abs. 3 BewG noch abzuzinsen. Liegt eine Pflegebedürftigkeit i.S.v. § 15 SGB XI vor, kann bei der Bewertung der Pflegeleistung der Jahreswert – soweit kein Wert durch Vereinbarung bestimmt oder sich keine anderen Anhaltspunkte ergeben – das Zwölffache der in der gesetzlichen Pflegeversicherung vorgesehenen monatlichen Pauschalvergütung bei Inanspruchnahme von Pflegesachleistungen (§ 36 Abs. 3 SGB XI) angesetzt werden.

Wird eine Pflege übernommen, kann anstelle errechneter Beträge auch der **Freibetrag für Pflege** (§ 13 Abs. 1 Nr. 9 ErbStG) in Anspruch genommen werden, dazu Rdn 196.[206]

205 Zu einem Fall einer Grundstücksschenkung mit eingegangen Pflegeverpflichtung, Rentenverpflichtung und vorbehaltenem Wohnrecht FG Hamburg v. 14.3.2017 – 3 V 12/17, ZEV 2017, 468.

206 Der verminderte Wertansatz eines Grundstücks nach § 13d Abs. 1 ErbStG (90 %) schließt eine Steuerbefreiung nach § 13 Abs. 1 Nr. 9 ErbStG (Pflegepauschbetrag) nicht aus. § 13d Abs. 1 ErbStG führt deshalb nicht dazu, dass z.B. der Wert einer Pflegeleistungen entsprechend dem Verhältnis zwischen dem verminderten Wertansatz des Grundstücks und dem festgestellten Grundbesitzwert zu mindern ist, so BFH v. 11.9.2013 – II R 37/12, BStBl 2014 II, 114.

193 Dieser beträgt ab 2017 (Geldleistung ambulant für häusliche Pflege)

Pflegegrad 1:	0 EUR
Pflegegrad 2:	316 EUR
Pflegegrad 3:	545 EUR
Pflegegrad 4:	728 EUR
Pflegegrad 5:	901 EUR

194 Die Beträge sind zu kürzen, soweit

- Sachleistungen durch professionelle Pflegekräfte in Anspruch genommen werden oder
- die pflegebedürftige Person Pflegegeld aus der Pflegeversicherung oder eine Pauschalhilfe nach den Beihilfevorschriften erhält und dieses zu Lebzeiten an die verpflichtete Pflegeperson weitergibt. Die Weitergabe selbst ist nach § 13 Abs. 1 Nr. 9a ErbStG steuerfrei.

195 In Fällen, in denen die **Pflegebedürftigkeit** erst später eintritt oder sich erhöht, ist darauf zu achten, dass die bisherige Steuerfestsetzung gem. § 6 Abs. 2 i.V.m. § 5 Abs. 2 BewG auf Antrag nach dem tatsächlichen Wert des Erwerbs berichtigt wird (nach Bestandskraft nach § 175 Abs. 1 Satz 1 AO, Berücksichtigung eines Leistungsentgelts als Gegenleistung oder nachträgliche Gewährung des Freibetrags nach § 13 Abs. 1 Nr. 9a ErbStG). Der Antrag (am besten schriftlich) muss bis zum Ablauf des Jahres, das auf den Eintritt der Bedingung folgt, gestellt werden. Zuviel gezahlte Steuern werden erstattet. Erstattungszinsen gibt es bei Erbschaftsteuern nicht.

196 **Hinweis**

Erwerber, die dem Zuwender (Schenkenden) unentgeltlich oder gegen ein unzureichendes Entgelt Pflege oder Unterhalt gewährt haben, können einen Betrag bis zu 20.000 EUR absetzen, soweit die Zuwendung als angemessenes Entgelt anzusehen ist (§ 13 Abs. 1 Nr. 9 ErbStG). Entgegen der bisherigen Auffassung der Finanzverwaltung schließt eine aufgrund des Verwandtschaftsverhältnisses bestehende gesetzliche Unterhaltspflicht die Gewährung des Pflegefreibetrags nicht aus.[207] Es ist nicht erforderlich, dass der Erblasser pflegebedürftig i.S.d. § 14 Abs. 1 SGB XI in der für das Streitjahr geltenden Fassung (SGB XI a.F.) und einer Pflegestufe nach § 15 Abs. 1 Satz 1 SGB XI a.F. zugeordnet war.

Siehe noch § 4 Rdn 128 f.

---

207 Näheres zur Thematik BFH v. 10.5.2017 – II R 37/15, BStBl 2017 II, 1069.

Die Leistung von sonstigen Entgelten (Abstands- oder Ausgleichsgelder, auch an Dritte), führen entweder 197
- zu einem voll entgeltlichen Geschäft
- zu einer gemischten Schenkung oder
- zu einer Schenkung unter Auflage.

Hinweis

Wird eine Gegenleistung berücksichtigt, unterliegt der Erwerb, soweit er als Leistungsentgelt anzusehen ist, der Einkommensteuer (R E 13.5 Abs. 5 ErbStR). Es kann sein, dass eine Kontrollmitteilung an die Veranlagungsstelle gefertigt wird. Gehören Grundstücke zur Gegenleistung, ist auch an die Grunderwerbsteuer zu denken.

Im Fall der gemischten Schenkung sind die sonstigen Entgelte und Auflagen in **Zeile 11** einzutragen; Leistungsauflagen sind jedoch in **Zeile 21** einzutragen.

Muss der Beschenkte (Erbe) gem. den Wünschen des Schenkers seinen Erwerb 198
unmittelbar nach dem Empfang oder nach einer gewissen Zeit der eigenen Innehabung an einen Dritten weitergeben,[208] muss schenkungsteuerrechtlich – unabhängig von der Frage, ob zivilrechtlich zwei Schenkungsvorgänge vorliegen (nämlich eine Schenkung an den zunächst Beschenkten (Ersterwerber) und eine eigenständige Weiterschenkung an den Dritten) – geprüft werden, wer letztlich durch diese Vorgänge bereichert ist. Diese Frage kann erhebliche Bedeutung für die Anzahl der steuerpflichtigen Vorgänge, die Steuerklasse und die Höhe des zu gewährenden Freibetrages und damit für die Gesamthöhe der Steuerlast haben (§ 7 Abs. 1 Satz 1 Nr. 2 letzte zwei Halbsätze ErbStG). Mit Eintritt der Bedingung entfällt die Bereicherung durch den Erwerb der Sache. In einem solchen Falle hat der „Ersterwerber" nur den Nutzen zu versteuern, während die Steuerpflicht erst mit dem Übergang auf den „Zweiterwerber" eintritt.[209]

III. Leistungsauflagen – wiederkehrende Leistungen

1. Begriff der Schenkung unter Auflage

Bei der **Schenkung unter Auflage** (§ 525 BGB) wird der Schenkung eine Bestim- 199
mung hinzugefügt, dass der Bedachte nach Erhalt des Schenkungsgegenstands zu einer bestimmten Leistung verpflichtet ist. Die Leistung kann dem Schenker, einem Dritten oder dem Beschenkten selbst zugute kommen. Im letzteren Fall kann die Auflage bei der Besteuerung nicht berücksichtigt werden (§ 10 Abs. 9 ErbStG). Von der gemischten Schenkung unterscheidet sich die Schenkung unter einer Auflage dadurch, dass der Beschenkte die Leistung nicht als Gegenleistung

208 *Ebeling*, Schenkungsteuerliche Bewertung von Auflagenschenkungen bei vorzeitigem Ableben von Schenker und Auflagenbegünstigten, DStR 2002, 503.
209 BFH v. 17.2.1993 – II R 72/90, BStBl 1993 II, 523.

für einen bestimmten wertmäßigen Teil der Zuwendung zu erbringen hat, sondern erst auf der Grundlage und aus dem Wert der Zuwendung. Die Auflage schränkt die Zuwendung selbst ein, so dass sie grundsätzlich voll vom Steuerwert abgezogen werden kann.[210]

200 Für die schenkungsteuerliche Behandlung ist von Bedeutung, ob es sich um eine

- **Leistungsauflage oder**
- **Nutzungs-/Duldungsauflage**

handelt. Liegt eine Leistungsauflage vor, kommen die Grundsätze der gemischten Schenkung zur Anwendung, siehe Rdn 185. Liegt eine Nutzungs-/Duldungsauflage vor, ist die vom Beschenkten zu übernehmende Nutzungs- oder Duldungslast voll abziehbar. Im Ergebnis sind aber die **Leistungs- und die Nutzungs-/Duldungsauflagen gleichermaßen mit ihrem nach § 12 ErbStG ermittelten Wert abziehbar.**[211]

Bis 2008 galt ein Abzugsverbot, sofern das Nutzungs- oder Duldungsrecht zugunsten des Schenkers oder seines Ehegatten bestand, siehe dazu Rdn 209 ff.

2. Leistungsauflage – wiederkehrende Leistungen bei einer Schenkung

201

21	**Leistungsauflagen – wiederkehrende Leistungen** (z.B. Rente)			☐ nein	
	☐ ja Art der Last	Name und Anschrift des (der) Berechtigten			
22					
23	Zeitpunkt oder Ereignis, mit dessen Eintritt der Anspruch wegfällt				Leist.Aufl., Zeit 48
24	Hängt die Dauer des Anspruchs von der Lebenszeit einer oder mehrerer Personen ab?			☐ nein	
	☐ ja	Name, Anschrift und Geburtsdatum dieser Person(en)		Geschlecht	
25					Leist.Aufl., Leben 49
			Jahreswert	Kapitalwert	
26	Gesamtwert der Leistungsauflage:		EUR	EUR	
27	Davon stehen in wirtschaftlichem Zusammenhang mit nach § 13b Abs. 1 ErbStG begünstigungs-fähigem/begünstigungsfähigen	Betriebsvermögen:	EUR	EUR	
28		land- und forstwirtschaftlichen Vermögen:	EUR	EUR	
29		Anteilen an Kapitalgesellschaften:	EUR	EUR	

Zeile	Davon stehen in wirtschaftlichem Zusammenhang mit	Jahreswert	Kapitalwert
30	begünstigten zu Wohnzwecken vermieteten Grundstücken bzw. Grundstücksteilen (§ 13d ErbStG):	EUR	EUR
31	Davon stehen in wirtschaftlichem Zusammenhang mit einem Familienheim (§ 13 Abs. 1 Nr. 4a ErbStG):	EUR	EUR
32	Davon stehen in wirtschaftlichem Zusammenhang mit anderen begünstigten Vermögensgegenständen:	EUR	EUR
33	Davon stehen in wirtschaftlichem Zusammenhang mit nicht begünstigten Vermögensgegenständen:	EUR	EUR
34	Davon stehen in wirtschaftlichem Zusammenhang mit der Gesamtheit aller erworbenen Vermögensgegenstände:	EUR	EUR

210 BFH v. 12.4.1989 – II R 37/87, BStBl 1989 II, 524.
211 R E 7.4 Abs. 1 ErbStR.

Ist der Bedachte durch eine Auflage zu Geldzahlungen (z.B. Leibrente) verpflichtet, ist regelmäßig von einer Leistungsauflage auszugehen. Wird ein Vermögensgegenstand, z.B. ein Grundstück, eine KG- Beteiligung unter Vorbehalt einer Leibrente, Versorgungsleistung oder Dienstleistung, von Ausgleichszahlungen unentgeltlich zugewendet, liegt schenkungsteuerlich eine Schenkung unter Leistungsauflage vor. Die Verpflichtung wird nach den Grundsätzen der gemischten Schenkung ggf. anteilig berücksichtigt; und zwar auch dann, wenn die Vermögensübertragung gegen Versorgungsleistungen einkommensteuerlich als unentgeltlich gilt.[212] Die Entstehung der Verbindlichkeit muss ursächlich und unmittelbar auf Vorgängen beruhen, die diesen Vermögensgegenstand betreffen und diesen Vermögensgegenstand wirtschaftlich belasten. Bei Leistungsauflagen (z.B. Rentenleistungen), die erst mit dem Erwerb begründet werden, ist ein wirtschaftlicher Zusammenhang mit allen zugewendeten Vermögensgegenständen gegeben. In **Zeilen 21–26** sind die Art der Last, z.B. Leibrente, der Name des Berechtigten, die Dauer, der Jahreswert und evtl. der selbst errechnete Kapitalwert einzutragen. Das Finanzamt berechnet den Kapitalwert von Amts wegen, Näheres dazu siehe oben Rdn 152.

Bestimmte Leistungsverpflichtungen entstehen erst nach Ausführung der Schenkung, z.B. Rentenbeginn ab bestimmtem Alter. Zukünftige Ereignisse, die mit steuerlicher Wirkung erst nach Eintritt des Erwerbsfalles, d.h. Entstehung der Steuer (§ 9 ErbStG) geschehen, werden bei der ErbSt nur eingeschränkt berücksichtigt. Aufschiebend bedingte private Schulden und Lasten werden nach Maßgabe der §§ 4–8 BewG nicht berücksichtigt; auflösend bedingte private Schulden und Lasten werden zunächst berücksichtigt. D.h. erst in der Zukunft entstehende Leistungsauflagen sind hier nicht einzutragen.

Hinweis

Tritt die betreffende Bedingung ein und ist dann die Leistungsauflage zu erbringen, ist gem. § 5 Abs. 2 BewG i.V.m. § 6 BewG ein Antrag auf Abzug der Leistungsauflage bis Ablauf des Jahres zu stellen, das auf den Eintritt der Bedingung folgt. Bei einer schon durchgeführten Schenkungsteuerveranlagung kann dies zu einer Erstattung führen.

Hinweis 202

Werden in Zeilen 21 ff. Eintragungen gemacht, ist zu bedenken, dass der Leistungsempfänger usw. auch schenkungsteuerpflichtig geworden sein kann! Die Besteuerung der nach § 7 Abs. 1 Nr. 2 ErbStG steuerpflichtigen Erwerbe, die

212 Zur Behandlung der privaten Versorgungsleistungen siehe § 10 Abs. 1 Nr. 1a EStG und § 22 Nr. 1b EStG; BMF v. 10.3.2010 – IV C 3 – S 221/09/10004, 2010/0188949, BStBl 2010 I, 227 zur einkommensteuerlichen Behandlung von wiederkehrenden Leistungen im Zusammenhang mit der Übertragung von Privat- oder Betriebsvermögen. Zu Altenteilsleistungen in der Land- und Forstwirtschaft sowie Leistungen aufgrund sog. Wirtschaftsüberlassungsverträge OFD Frankfurt v. 11.8.2017 – S 2230 A-2-St 216, juris.

in Vollzug einer Auflage oder einer Bedingung des Schenkers anfallen (z.B. eine Barabfindung, die der Beschenkte anderen Erbberechtigten zu zahlen hat), wird durch die Besteuerung der Schenkung, durch die sie veranlasst wird, nicht berührt. Diese Erwerbe des Leistungsempfängers etc. unterliegen mit dem Wert der Besteuerung, der sich für sie nach § 12 ErbStG ergibt.

3. Gemischte Schenkung bei vorweggenommener Erbfolge eines Unternehmens

203 Bei der **vorweggenommenen Erbfolge** spielt die Vermögensübergabe in Verbindung mit Leistungs-, Nutzungs- und Duldungsauflagen eine große Rolle.

Beispiel

Vermögensübergabe eines Einzelunternehmens, einer Praxis oder Gesellschaftsbeteiligung gegen Leibrenten, Abstandszahlungen, Gleichstellungsgelder, Nießbrauch, Wohnrecht etc.

Die betrieblichen Schulden und Lasten werden grundsätzlich direkt bei der Ermittlung des Werts des Betriebsvermögens (Saldomethode) berücksichtigt. Entstehen aber bei der Übergabe eines Betriebs etc. außerbetriebliche Schulden und Lasten, z.B. durch Übernahme von Versorgungsleistungen, Abstandsgeldern etc., liegt eine gemischte Schenkung vor. Da das Gesetz unterstellt, dass die steuerlichen Werte für Unternehmensvermögen/Anteile usw. die gemeinen Werte/Verkehrswerte repräsentieren, können die privat übernommenen Schulden und Lasten im Zusammenhang mit Unternehmensvermögen einfach abgezogen werden. Zu diesem Zweck sind übernommene Leistungsauflagen, z.B. Versorgungsrente für den Übergeber, in **Zeilen 21 ff.**, übernommene Duldungslasten, z.B. Nießbrauchsrechte, in **Zeilen 35 ff.** einzutragen. Allerdings ist der Abzug nur insoweit möglich, wie Unternehmensvermögen überhaupt der Besteuerung unterliegt. Das wäre bei der Regelverschonung zu 15 % der Fall. Werden z.B. Renten- und Pflegeverpflichtungen übernommen und die Vollverschonung des Unternehmensvermögens gewählt, können die übernommen Renten- und Pflegeverpflichtungen überhaupt nicht als Gegenleistungen bereicherungsmindernd abgezogen werden (§ 10 Abs. 6 Satz 4 ErbStG). Zur Prüfung der Abzugsfähigkeit dienen die Eintragungen in **Zeilen 27–29** und in **Zeilen 45–47**.

204 **Hinweis**

Der Abzug wird nachträglich möglich, soweit nachträglich anteilig die Verschonung rückgängig gemacht wird, z.B. wegen Veräußerung vor Ablauf der 7-jährigen Behaltenszeit. In diesem Fall können Versorgungsleistungen zwar auch nach den steuerlichen Vorschriften bewertet werden. Sie können aber auch z.B. durch einen Rentengutachter nach finanzmathematischen Verkehrswertregeln, z.B. auch ohne Berücksichtigung des § 6 BewG, ermittelt werden. Danach könnte z.B. eine aufschiebend bedingte Versorgungsleistung für einen weiteren Berechtigten verkehrswertmindernd berücksichtig werden.

IV. Schenkung gegen Nutzungs- oder Duldungsauflage

205

Zeile					
35	**Nutzungs-/Duldungsauflagen**			☐ nein	
	wiederkehrende Nutzungen (z.B. Nießbrauch, Wohnrecht, wenn nicht bereits im Grundbesitzwert berücksichtigt)				
	☐ ja	Art der Last	Name und Anschrift des (der) Berechtigten		
36					
37	Zeitpunkt oder Ereignis, mit dessen Eintritt die Last wegfällt:				
38	Hängt die Dauer des Anspruchs von der Lebenszeit einer oder mehrerer Personen ab?			☐ nein	
	☐ ja	Name, Anschrift und Geburtsdatum dieser Person(en)		Geschlecht	
39					
40	Bei wiederkehrenden Nutzungen eines Wirtschaftsguts: Bezeichnung, Lage, Firma, Anteile u.a.			Wert nach BewG	
41				EUR	Nutz. Aufl. abzugf. 40
42	Bei Wohnrecht oder Nießbrauch an einem Grundstück:				
43	Fläche der belasteten Räume in m²	gesamte Wohn- und Nutzfläche des Gebäudes in m²			99 45
			Jahreswert	Kapitalwert	
44	Gesamtwert der Nutzungs-/Duldungsauflagen:		EUR	EUR	nabz. Schu/La Famheim 45
45	Davon stehen in wirtschaftlichem Zusammenhang mit nach § 13b Abs. 1 ErbStG begünstigungsfähigem/begünstigungsfähigen	Betriebsvermögen:	EUR	EUR	begr. abz. Schulden §13c 46
46		land- und forstwirtschaftlichen Vermögen:	EUR	EUR	Gegenleistungen/Aufl. in Zsh. LuF
47		Anteilen an Kapitalgesellschaften:	EUR	EUR	61
48	Davon stehen in wirtschaftlichem Zusammenhang mit begünstigten zu Wohnzwecken vermieteten Grundstücken bzw. Grundstücksteilen (§ 13d ErbStG):		EUR	EUR	Gegenleistungen/Aufl. in Zsh. BV 62
49	Davon stehen in wirtschaftlichem Zusammenhang mit einem Familienheim (§ 13 Abs. 1 Nr. 4a ErbStG):		EUR	EUR	Gegenleistungen/Aufl. in Zsh. Ant
50	Davon stehen in wirtschaftlichem Zusammenhang mit anderen begünstigten Vermögensgegenständen:		EUR	EUR	63
51	Davon stehen in wirtschaftlichem Zusammenhang mit nicht begünstigten Vermögensgegenständen:		EUR	EUR	nicht unmittelbar zuordenbar
52	Davon stehen in wirtschaftlichem Zusammenhang mit der Gesamtheit aller erworbenen Vermögensgegenstände:		EUR	EUR	49

1. Nutzungs- oder Duldungslasten bei der Schenkung

In **Zeilen 35 ff.** sind die bei einer Schenkung übernommenen Nutzungs-/Duldungslasten einzutragen; diese mindern letztlich die Schenkungsteuer. Ist statt des Schenkers ein Dritter Nutzungs-/Duldungsberechtigter, kann zugleich an diesen eine Schenkung vorliegen. Die Entstehung der Verbindlichkeit muss ursächlich und unmittelbar auf Vorgängen beruhen, die diesen Vermögensgegenstand betreffen und diesen Vermögensgegenstand wirtschaftlich belasten. Bei Nutzungs- und Duldungsauflagen (Nießbrauch, Wohnrecht), die erst mit dem Erwerb begründet werden, ist ein wirtschaftlicher Zusammenhang mit dem oder den Vermögensgegenständen gegeben, auf die sich die Verpflichtung bezieht. Anzugeben ist in **Zeile 44** der Jahreswert der Auflage. Bei der Ermittlung des Kapitalwerts eines Nießbrauchs- oder anderen Nutzungsrechts, z.B. eines Wohnrechts an einem Grundstück oder dem Teil eines Grundstücks, kann der Jahres- 206 wert dieser Nutzung höchstens den 18,6ten Teil des nach den Vorschriften des BewG anzusetzenden Werts betragen (§ 16 BewG). Eine Berechnung des Kapitalwerts kann unterbleiben; er wird vom Finanzamt ermittelt. Bei einem Wohnrecht oder Nießbrauch an einem Grundstück soll die Fläche der mit dem Recht belasteten Räume und die gesamte Wohn- und Nutzfläche des Gebäudes angegeben werden.

207 Der Nießbrauch und andere Nutzungsrechte (z.B. das dingliche Wohnrecht) eignen sich sehr gut zu **Gestaltungen** der vorweggenommenen Erbfolge (Schenkungen). Insbesondere vorteilhaft ist die Schenkung von Vermögensgegenständen mit der Verpflichtung, dem Zuwendenden den Nießbrauch oder andere Nutzungsrechte zu belassen (Vorbehaltsnießbrauch). Der schenkungsteuerliche Vorteil besteht darin, dass der Gegenstand, z.B. die Immobilien, der Betrieb, die Beteiligung, zu den heute geltenden Bewertungsregeln besteuert wird. Der Übergeber behält aber die wirtschaftlichen Vorteile, der Erwerber erhält das Eigentum an der Substanz.[213]

Beispiel

Frau A ist verwitwet. Sie hat 2 Kinder. Ihr Vermögen besteht aus einem Mietwohngrundstück mit Steuerwert von 800.000 EUR sowie aus einem Wertpapierdepot i.H.v. 600.000 EUR. Die laufenden Erträge ihres Vermögens benötigt sie für ihren Lebensunterhalt.

A tut nichts

Erwerb im Erbfall je Kind	700.000 EUR
./. Freibetrag	400.000 EUR
stpfl. Erwerb	300.000 EUR
ErbSt je Kind 15 %	45.000 EUR
Zusammen	90.000 EUR

213 *Halaczinsky*, Rechtsprechungsübersicht – Schenkungsteuer bei der Übertragung von Grundstücken unter Nießbrauchsvorbehalt, UVR 2020, 348; *Urbach*, Grundstücksübertragungen unter Nießbrauchsvorbehalt, KÖSDI 2014, Nr. 8, 18972; *Küspert*, Der Nießbrauch am Personengesellschaftsanteil, FR 2014, 397.

A schenkt je Kind 1/2 Mietwohngrundstück gegen Vorbehalt des lebenslangen Nießbrauchs. Ihre Einkommenssituation bleibt unverändert. Nach 12 Jahren stirbt sie und wird von den Kindern zu 1/2 beerbt.

a) Schenkung

Erwerb je Kind	400.000 EUR
./. Freibetrag	400.000 EUR
ErbSt	0

Die Möglichkeit, die Duldungsverpflichtung des Nießbrauchs als Gegenleistung von dem Erwerb abzuziehen (siehe Rdn 209), wäre nur relevant, wenn in den folgenden 10 Jahren weitere Erwerbe von der Mutter stattfinden würden.

b) Erbfall (Wertpapiere)

Erwerb je Kind		300.000 EUR
./. Freibetrag		400.000 EUR
stpfl. Erwerb	0 EUR	
ErbSt je Kind 11 %	0 EUR	
Zusammen	0 EUR	

c) Ersparnis 90.000 EUR ./. 0 EUR = 90.000 EUR

Nießbrauchsgestaltungen wirken weit in die Zukunft, deshalb kann es sich anbieten, eine Nießbrauchsbestellung unter freiem Widerrufsvorbehalt vorzunehmen. 208
Für die Schenkungsteuer ist seit längerem geklärt, dass eine Schenkung auch dann ausgeführt ist, wenn sie unter freiem Widerrufsvorbehalt steht. Für die Ertragsteuer gilt ebenfalls, dass der Nießbrauch trotz Widerrufsvorbehalt wirtschaftlich bestellt ist, wenn keine weiteren Einschränkungen damit verbunden sind.

Hinweis

Wird ein Grundstück unter Nießbrauchsvorbehalt übertragen und wird später vorzeitig auf den Nießbrauch verzichtet, liegt eine neue (weitere) Schenkung vor. Dabei ist die Bereicherung nach dem Wert des Nießbrauchs-/Nutzungsrechts im Zeitpunkt des Verzichts anzusetzen.[214]

214 BFH v. 20.5.2014 – II R 7/13, BStBl 2014 II, 896 zur schenkungsteuerrechtlichen Behandlung eines vorzeitigen unentgeltlichen Verzichts auf ein vorbehaltenes Nießbrauchsrecht an einem GmbH-Geschäftsanteil. Bei einer Anteilsübertragung unter Nießbrauchsvorbehalt und einem vorzeitigen Verzicht des Nießbrauchers auf den Nießbrauch kommt es für die Festsetzung der (hier: vom Schenker übernommenen) Schenkungsteuer auf die Bereicherung des Anteilserwerbers und nicht des Schenkers (Nießbraucher) an. Dazu BayLfSt v. 5.12.2014 – S 3837.1.1–4/2 St 34, ErbSt-Kartei BY § 25 ErbStG Karte 10. Bis

2. Bewertung der Nutzungs- oder Duldungslast bei der Schenkung

209 Der Beschenkte ist um den Steuerwert des geschenkten Gegenstandes abzgl. der Nutzungs- oder Duldungslast bereichert. Grundsätzlich gilt: Die Nutzungs-, Duldungs- oder Rentenverpflichtung kann mit ihrem Kapitalwert nach §§ 13–16 BewG vom Steuerwert des Objekts abgezogen werden. Bei der Ermittlung des Kapitalwerts eines Nießbrauchs- oder anderen Nutzungsrechts, z.B. eines Wohnrechts an einem Grundstück oder dem Teil eines Grundstücks, kann der Jahreswert dieser Nutzung höchstens den 18,6-ten Teil des nach den Vorschriften des BewG anzusetzenden Werts betragen (§ 16 BewG). Übernimmt der Beschenkte Nutzungs- und Duldungsauflagen (z.B. Nießbrauch- oder Wohnrecht), liegt in Höhe der übernommenen Nutzungs- oder Duldungsauflage gleichzeitig ein „Entgelt“ vor, bei Grundstücken demnach eine grunderwerbsteuerbare Gegenleistung.

3. Schenkung gegen Nutzungs- oder Duldungsauflage zugunsten des Schenkers oder des Ehegatten des Schenkers (§ 25 ErbStG a.F. und Wirkung nach 2008)

210 § 25 ErbStG hat den sofortigen Abzug der Nießbrauchs-/Nutzungsverpflichtung (z.B. Duldung eines Wohnrechts) zugunsten des Schenkers oder des Ehegatten des Erblassers (Schenkers) **bis einschl. 2008 verboten**, soweit dieser

- unmittelbar im Zusammenhang mit dem Erwerb von Todes wegen oder der Schenkung begründet worden ist
- durch eine frühere unentgeltliche Zuwendung begründet worden ist, um die Anwendung der Fallgestaltung nach a) zu umgehen (z.B. wenn A seiner Ehefrau B den Nießbrauch an einem Grundstück einräumt und anschließend das belastete Grundstück dem Sohn C zuwendet)
- bei einem früheren Erwerb von Todes wegen oder bei einer früheren Schenkung begründet worden ist und deshalb die Versteuerung ausgesetzt worden ist.

211 Die Steuer, die auf den Kapitalwert der Belastungen entfiel, wurde bis zum Erlöschen der Belastungen (Wegfall des Nießbrauchs, Wohnrechts etc.) gestundet (§ 25 Abs. 1 Satz 2 ErbStG a.F., R 85 Abs. 3, R 86 ErbStR). Dem Nachteil der Nichtabzugsfähigkeit der Belastungen stand der Stundungsvorteil gegenüber.

212 Die gestundete Steuer kann – **auch heute – nach 2008** auf Antrag des Erwerbers jederzeit mit ihrem Barwert nach § 12 Abs. 3 BewG abgelöst werden. Zur Berechnung der Laufzeit ist von der mittleren Lebenserwartung der betreffenden Person auszugehen, die sich aus der Sterbetafel des Statistischen Bundesamtes ergibt, deren Erhebungszeitraum dem Bewertungsstichtag vorangeht. Für Schenkungs-

---

31.12.2008 aus der Differenz der Kapitalwerte der ersten und der zweiten Schenkung, so BFH v. 17.3.2002 – II R 3/01, BStBl 2002 II, 429, Berechnungsbeispiel in H 85 (4) ErbStH 2003. ebenso für das **Zivilrecht**: OLG Köln v. 9.3.2017 – 7 U 119/16, MDR 2017, 697.

fälle siehe noch R E 25 Abs. 2, 3 ErbStR. Zur Berechnung des Stundungsbetrags siehe H E 25 ErbStH.[215]

Veräußerte der Erwerber das belastete Vermögen vor Erlöschen der Belastung ganz oder teilweise, endete insoweit die Stundung mit dem Zeitpunkt der Veräußerung. 213

War Gesamtgläubiger eines **vor 2009** geschenkten Nutzungsrechts neben dem Schenker dessen Ehegatte, war die Belastung insgesamt nicht abziehbar (§ 25 ErbStG). Die darauf entfallende Steuer war bis zum Erlöschen des Anspruchs zinslos zu stunden. Beim Tod eines der Gesamtgläubiger oder Erlöschen seines Anspruchs aus anderen Gründen, fiel die Stundung insoweit weg, als sie auf den dieser Person zuzurechnenden Teil des Kapitalwerts der gesamten Belastung entfiel. Hinsichtlich des der anderen Person zuzurechnenden Anteils der Belastung galt die Stundung fort. Für die Ermittlung des zuerst und des später wegfallenden Stundungsbetrags ist das gesamte Renten- oder Nutzungsrecht nach dem Verhältnis der Kapitalwerte der beiden unterschiedlich lang laufenden Renten- oder Nutzungsrechte aufzuteilen. 214

Hatte der Erwerber des geschenkten Gegenstandes (z.B. Immobilie) dem Schenker und einem Dritten (nicht Ehegatte) **vor 2009** ein **Nutzungsrecht** (Nießbrauch, Wohnrecht) eingeräumt, war nur die Nutzungslast bzgl. des Dritten abzugsfähig (siehe § 25 ErbStG a.F.). Daher war die Nutzungslast (Kapitalwert des Nutzungsrechts) in einen abzugsfähigen Teil bzgl. des Dritten und in einen nicht abzugsfähigen Teil bzgl. des Schenkers aufzuteilen. Bei wiederkehrenden Nutzungen für den Schenker (die dem Abzugsverbot unterliegen) wird dem beschwerten Vermögenserwerber eine zinslose Stundung des Steuerbetrags gewährt, der infolge des Nichtabzugs der Belastung zusätzlich anfällt. Zur Berechnung der Steuer, die auf die Belastung entfällt, war von der veranlagten Steuer die Steuer abzuziehen, die sich ergeben würde, wenn bei der Veranlagung der Erwerb um die nicht abzugsfähigen Belastungen gekürzt worden wäre. Zinslos zu stunden war dann der Unterschied zwischen den beiden Steuerbeträgen. Dafür war wiederum der anteilige Kapitalwert der Nutzungslast bzgl. des Schenkers und des Dritten zu ermitteln. Erlischt der Anspruch des Schenkers, z.B. im Fall seines Todes **nach 2008**, wird die gestundete Steuer fällig (§ 25 Abs. 1 Satz 2 ErbStG a.F.). Der Teil des Anspruchs des Schenkers geht ersatzlos unter. Auf den Dritten geht nichts über.[216] 215

215 Dazu OFD Frankfurt v. 16.3.2017 – S 3837 A-008-St 119, juris (mit Tabelle der maßgeblichen BMBF-Schreiben); Gleich lautende Erlasse der obersten Finanzbehörden der Länder v. 18.11.2016, BStBl 2016 I, 1246.

216 Vgl. BFH v. 7.2.2001 – II B 11/00, BStBl 2001 II, 245.

4. Zukünftige Veränderungen der Leistungs-, Nutzungs- oder Duldungsauflagen

216 Wird das **Renten- oder Nutzungsrecht zwei oder mehreren Dritten** (z.B. Geschwistern) als Gesamtgläubiger in der Form eingeräumt, dass ihnen das Recht erst nach dem Tod eines vorverstorbenen Gesamtgläubigers zusteht, ist dieses Recht nach § 6 BewG nicht bzw. erst später zu berücksichtigen. D.h., die Nutzungslast kann zunächst nur mit dem Kapitalwert des zuerst Berechtigten nach der Wertermittlungs- oder Saldomethode abgezogen werden.

217 In **Zeilen 98–100 und 103–105** sind die vorgegebenen künftigen, zeitlichen oder betragsmäßigen Änderungen/Ereignisse einzutragen. Das ErbStG enthält eine Anzahl von Spezialregelungen, z.B. §§ 6, 7 Abs. 2, 10 Abs. 5 Nr. 3, 13 Abs. 1 Nr. 3, 13, 16b, 13a Abs. 5, 14, 23, 29 ErbStG.

Hinweis

Hat eine nach § 14 Abs. 1 BewG bewertete Nutzung oder Leistung bei einem in § 14 Abs. 2 BewG angeführten Alter nicht mehr als die dort angegebenen Jahre bestanden und beruht der Wegfall auf dem Tod des Berechtigten, ist nach § 14 Abs. 2 Satz 1 Nr. 6 BewG die Festsetzung der nicht laufend veranlagten Steuern auf Antrag nach der wirklichen Dauer der Nutzung oder Leistung zu berichtigen. Ist eine Last weggefallen, so bedarf die Berichtigung keines Antrags (§ 14 Abs. 2 Satz 3 BewG). Bei einem „verfrühten" Tod des Berechtigten kann das Finanzamt nach § 14 Abs. 2 S. 1 Nr. 7 und S. 3 BewG von Amts wegen wie eine kürzer befristete Rente behandeln.[217]

5. Zusammenrechnung bei gemischter Schenkung und Schenkung unter Auflage

218 Der Erlass regelt die Zusammenrechnung. Die Behandlung/Zusammenrechnung von Erwerben durch gemischte Schenkung und Schenkung unter Auflage mit nachfolgenden Erwerben innerhalb von zehn Jahren, für die die Steuer nach dem 31.12.2008 entstanden ist, wird ausführlich in dem Gleich lautenden Ländererlass v. 19.8.2011 geregelt.[218] Durch Beispielsberechnungen wird die Zusammenrechnung für folgende Fälle verbindlich vorgegeben:

1. Vorerwerbe, für die die Steuer nach dem 31.12.2008 entstanden ist und die noch nicht bestandskräftig veranlagt worden sind.
2. Vorerwerbe, für die die Steuer nach dem 31.12.2008 entstanden ist und die nach früherer Rechtslage bestandskräftig veranlagt worden sind.

---

217 Dazu FG Düsseldorf v. 15.91999 – 4 K 7157/96 Erb, EFG1999, 1167 und nachgehend BFH v. 17.10.2001 – II R 72/99, BStBl 2002 II, 25.

218 BStBl 2011 I, 860, aufgehoben mit Wirkung ab 2013. Es gilt R E 14.1 ErbStR und Berechnung nach H E 14.1 ErbStH.

D. Anlage „Steuerbefreiung Familienheim (§ 13 Abs. 1 Nr. 4a ErbStG) zur Schenkungsteuererklärung"

Nur wer als Ehegatte oder eingetragener Lebenspartner ein im Inland oder in einem EU-/EWR-Staat belegenes Familienheim im Sinne von § 13 Abs. 1 Nr. 4a ErbStG geschenkt bekommen hat, muss zur Erreichung der Steuerbefreiung die Anlage „Steuerbefreiung Familienheim (§ 13 Abs. 1 Nr. 4a ErbStG) zur Schenkungsteuererklärung“ ausfüllen. 219

I. Steuerbefreiung für Schenkung eines Familienheims

Ehegatten und eingetragene Lebenspartner können sich untereinander das Familienheim oder andere Zuwendungen im Zusammenhang mit einem Familienheim steuerfrei schenken (§ 13 Abs. 1 Nr. 4a ErbStG)[219] (siehe auch § 3 Rdn 22). Die Befreiung ist nicht wertmäßig und auch nicht zeitlich eingeschränkt, so dass während einer Ehe/Lebenspartnerschaft auch sehr wertvolle Familienheime mehrfach geschenkt werden könnten. Maßgebende Voraussetzung für die Gewährung der Steuerbefreiung nach § 13 Abs. 1 Nr. 4a ErbStG; R E 13.3 ErbStR, H E 13.3. ErbStH ist das Vorhandensein eines Familienheims und der Ehe/Lebenspartnerschaft im Besteuerungszeitpunkt. Bei dem „Familienheim“ muss es sich um eine Wohnung des Zuwendenden und seines Ehegatten handeln, die zu eigenen Wohnzwecken genutzt wird und insgesamt den familiären Mittelpunkt des Lebens der Ehegatten/Lebenspartner darstellt; ein Zweithaus ist trotz ausschließlicher Selbstnutzung nicht begünstigt.[220] Näheres siehe R E 13.3 Abs. 2 ErbStR, H E 13.3 ErbStH. Wohnung und Gebäude können identisch sein (Einfamilienhaus, Eigentumswohnung), die Wohnung kann aber auch Teil eines Gebäudes sein, z.B. Wohnung im eigenen Miethaus, im Zweifamilienhaus etc. Das Familienheim kann sich im Inland, im Gebiet der EU oder des EWR befinden, z.B. grenznah in den Niederlanden. Die Befreiung ist auf die Fläche der selbstgenutzten Wohnung beschränkt. Es besteht keine bestimmte Behaltenspflicht; eine spätere Veräußerung oder Nutzungsänderung ist unschädlich. Siehe noch amtliche Erläuterungen zu der Anlage „Steuerbefreiung Familienheim (§ 13 Abs. 1 Nr. 4a ErbStG) zur Schenkungsteuererklärung“. 220

219 *Schmitt*, Das Familienheim in der erbschaftsteuerlichen Beratungspraxis (Teil I und Teil II) DStR 2023, 14 und 76; *Bruschke*, Das „Familienheim“ bei der Erbschaftsteuer, ErbStB 2020, 203; *Gohlisch*, Bewertung eines Einfamilienheims mit Garage für Zwecke der Schenkung und Erbschaftsteuer und Berechnung der sich im Falle einer Schenkung oder Erbschaft ergebenden Steuer, ZErb 2010, 71.

220 Beachten Sie: Ein zu eigenen Wohnzwecken genutztes Gebäude, in dem sich nicht der Mittelpunkt des familiären Lebens der Eheleute befindet, ist kein steuerbegünstigtes Familienwohnheim i.S.d. § 13 Abs. 1 Nr. 4a Satz 1 ErbStG. Nicht begünstigt sind deshalb Zweitwohnungen oder Ferienwohnungen. BFH v. 18.7.2013 – II R 35/11, BStBl 2013 II, 1051.

221 Unter die Befreiung fallen auch Geldzuwendungen, mit denen das Objekt (Familienheim) erworben oder abgezahlt werden kann; Näheres siehe R E 13.3. Abs. 4 ErbStR und Anleitung zum Ausfüllen der Anlage. Die Vorschrift gilt auch für die Übertragung des Familienheims als Abfindung für einen Erb- oder Pflichtteilsverzicht.

Hinweis

Da Schenkungen des Familienheims ohne weitere Einschränkungen befreit sind, ist zu erwägen, diese zu Lebzeiten auszuführen, wenn z.B. absehbar ist, dass eine 10-jährige Selbstnutzung des Erwerbers nicht möglich ist, ggf. unter Nießbrauchsvorbehalt oder Widerrufsrecht.

II. Formular „Anlage Steuerbefreiung Familienheim (§ 13 Abs. 1 Nr. 4a ErbStG) zur Schenkungsteuererklärung"

222

Finanzamt Aktenzeichen		**Anlage Steuerbefreiung Familienheim (§ 13 Abs. 1 Nr. 4a ErbStG) zur Schenkungsteuererklärung**		
FA 11	Steuernummer	UFA 72	Zeitraum	Vorgang 1

Zeile					
1	**Erwerber**	Name, Vorname			99 45
2	Lage des Grundstücks	Straße, Hausnummer, PLZ, Ort			
3	Wohn- u. Nutzfläche des **gesamten** Objekts	m²	Wohnfläche der **zu eigenen Wohnzwecken** genutzten Wohnung	m²	
4	Seit wann wird die Wohnung zu eigenen Wohnzwecken selbst genutzt?			Datum	
5	**Verschaffung des Eigentums oder Miteigentums an einem Grundstück**				
6	Grundbesitzwert				Steuerbefreiung 25
7	**Freistellung von Verpflichtungen**				
8	Art				
9	Wert				
10	**Begleichung nachträglichen Herstellungs- oder Erhaltungsaufwands**				
11	Art				
12	Wert				

223 Aus der Anlage **Zeile 1 und 2** gehen der erwerbende Ehegatte/Lebenspartner und das konkret zugewendete Familienheim (Belegenheit) hervor.

224 In **Zeile 3** ist die Gesamtwohn- und Nutzfläche der zu eigenen Wohnzwecken genutzten Wohnung einzutragen. Ist z.B. ein selbstgenutztes Einfamilienhaus geschenkt, sind beide Flächen gleich. Wird ein Zweifamilienhaus geschenkt, in

dem eine Wohnung vermietet ist oder als Praxis genutzt wird, ist die Wohnfläche des Familienheims kleiner, d.h. der Anteil, der nicht das selbstgenutzte Familienheim betrifft, ist schenkungsteuerbar. Zur begünstigten Wohn- und Nutzfläche gehören auch Garagen, Nebenräume und Nebengebäude, die sich auf dem Grundstück befinden und mit der Wohnung gemeinsam genutzt werden. Räume, die zu anderen als Wohnzwecken genutzt werden, sind einzubeziehen, wenn die Nutzung von untergeordneter Bedeutung ist (z.B. Nutzung eines Arbeitszimmers). Die unentgeltliche gewerbliche oder freiberufliche Mitbenutzung der Wohnung ist grundsätzlich unschädlich, wenn die Wohnnutzung überwiegt. Bei einer entgeltlichen, gewerblichen oder freiberuflichen Mitbenutzung der Wohnung ist die Befreiung auf den eigenen Wohnzwecken dienenden Teil der Wohnung begrenzt. Für die Berechnung ist die Wohnflächenverordnung v. 25.11.2003[221] mit nachfolgenden Änderungen maßgeblich.

In **Zeile 4** wird gefragt, ab wann die Wohnung zu eigenen Wohnzwecken genutzt wird. Grundsätzlich ist keine bestimmte der Schenkung vorhergehende Nutzungszeit vorgeschrieben. Wahrscheinlich geht es hier um die Plausibilität der Angabe, z.B. eine bisher in einem Miethaus vermietete Wohnung wird als „Familienheim“ verschenkt. 225

In **Zeile 6** ist der geschätzte Grundbesitzwert einzutragen. Beim Übergang eines Miteigentumsanteils an einem Grundstück ist nur der Wert des Anteils einzutragen. Dieser Eintrag ist unverbindlich und dient nur der Einschätzung für das Finanzamt, ob ein steuerbarer Erwerb vorliegen könnte. Grundsätzlich ist der Wert des Familienheims auf Anforderung der Erbschaftsteuerstelle von der Bewertungsstelle gesondert festzustellen (§ 151 BewG; zu Ausnahmen R B 151.2 Abs. 4 ErbStR); im Feststellungsbescheid sind nachrichtlich Angaben zur Wohnfläche der bisher vom Rechtsvorgänger selbst genutzten Wohnung erforderlich H B 151.2 ErbStH. Hierzu ist ggf. eine Feststellungserklärung abzugeben, siehe dazu § 7. 226

Werden anstelle des Grundstücks selbst Zuwendungen im Zusammenhang mit dem Familienheim getätigt, z.B. Einräumung einer Miteigentümerstellung, Bezahlung von nachträglichen Herstellungskosten, sind diese begünstigten Zuwendungen in den **Zeilen 7 ff.** einzutragen. Näheres siehe Anleitung zum Ausfüllen der Anlage. 227

Übernommene **Verbindlichkeiten**, Gegenleistungen, Leistungs-, Nutzungs- oder Duldungsauflagen, die mit dem begünstigten Vermögen in wirtschaftlichem Zusammenhang stehen, sind bei 100 % Befreiung **nicht abzugsfähig** (§ 10 Abs. 6 Satz 1 ErbStG). Werden bei der Schenkung des Familienheims Schulden oder Lasten übernommen, sollten diese in der Anlage „Gegenleistungen und Auflagen“ angegeben werden (siehe Rdn 187 ff., 201 ff.). Dies ist von Bedeutung, wenn die Schenkung des Familienheims nicht voll befreit ist. Beispiel: In dem geschenk- 228

221 BGBl 2003 I, 2346.

ten Haus befinden sich neben der selbstgenutzten Wohnung (Familienheim) noch weitere (nicht befreite) Wohnungen, Geschäftsräume. Die auf dem Haus ruhenden Schulden und Lasten sind insoweit abzugsfähig.

E. Anlage „Steuerbefreiung für zu Wohnzwecken vermietete Grundstücke (§ 13d ErbStG) zur Schenkungsteuererklärung"

229 Grundstücke oder Grundstücksteile die

- im Zeitpunkt der Steuerentstehung
- im Inland, in einem Mitgliedstaat der Europäischen Union oder in einem Staat des Europäischen Wirtschaftsraums (Island, Norwegen, Liechtenstein) belegen und
- vom Schenker zu Wohnzwecken vermietet sind

werden nur mit **90 %** ihres Wertes angesetzt (§ 13d ErbStG).[222] Es kommt nur auf die Verhältnisse am Besteuerungsstichtag (§ 9 ErbStG), insbesondere auf die Vermietung zu Wohnzwecken am Stichtag, an, eine Behaltensverpflichtung oder eine Verpflichtung zur weiteren Vermietung zu Wohnzwecken besteht nicht.

Es handelt sich um eine **sachliche Befreiung**, die nicht nur bei Schenkungen, sondern auch bei Erwerben durch Erbanfall, Vermächtnis etc. erlangt werden kann.

Hinweis

Bei Schenkungen ist das Formular „Anlage Steuerbefreiung für zu Wohnzwecken vermietete Grundstücke (§ 13d ErbStG) zur Schenkungsteuererklärung" auszufüllen. Die notwendigen Angaben entsprechen denjenigen, die im Formular „Anlage Steuerbefreiung für zu Wohnzwecken vermietete Grundstücke (§ 13d ErbStG) zur Erbschaftsteuererklärung" verlangt werden. Zur Ausfüllung in Schenkungsfällen wird daher (aus Platzgründen) auf die Ausführungen in § 4 Rdn 217 ff. verwiesen.

222 § 13d ErbStG war bis zum 30.6.2016 wortgleich zu § 13c ErbStG. Die frühere Rechtsprechung, Kommentierungen und Verwaltungsanweisungen gelten entsprechend fort. Näheres siehe jetzt R E 13d ErbStR mit Berechnungsbeispielen in H E 13d ErbStH.

F. Anlage „Steuerentlastung für Unternehmensvermögen (§§ 13a, 13b und 13c ErbStG) zur Schenkungsteuererklärung"

Olivia Trentmann/Raymond Halaczinsky

I. Vorbemerkung

Die Verschonung des „Unternehmensvermögens“ wurde mit Wirkung für Erwerbe, für die die Steuer **ab dem 1.7.2016** entsteht/entstanden ist, umfassend neu geregelt. Die Rechtsgrundlagen des neuen „Verschonungsrechts“, die Verschonungsinstrumente und die rechtliche „Identifizierung“ des zu verschonenden Vermögens sind ausführlich in § 4 Rdn 229 ff. zur Anlage „Steuerentlastung für Unternehmensvermögen (§§ 13a, 13b und 13c ErbStG) zur Erbschaftsteuererklärung“ erläutert. Da das Verschonungsrecht genauso bei Schenkungen, genauer bei Erwerben unter Lebenden gilt, wird insoweit hierauf verwiesen. Unter die begünstigten Erwerbe fallen z.B. Zuwendungen von begünstigten Unternehmensvermögen auf eine Stiftung, der Erwerb von Anteilen an einer Personengesellschaft/Unternehmensvermögen auf die verbleibenden Gesellschafter (Anwachsungserwerb) oder von Anteilen an Kapitalgesellschaften aufgrund einer gesellschaftsvertraglichen Übertragungsverpflichtung oder auch durch Leistung einer Abfindung in Form von Kapitalanteilen. Näheres zu den begünstigten Erwerben siehe noch R E 13b.2 ErbStR. 230

Das Ausfüllen der Anlage „Steuerentlastung für Unternehmensvermögen (§§ 13a, 13b und 13c ErbStG) zur Schenkungsteuererklärung“ setzt erhebliche Vorarbeiten insb. buchungstechnischer Art voraus. Zur Gewährung der Entlastungen benötigt das Finanzamt in der Anlage „Steuerentlastung“ verschiedene weitere Angaben, die inhaltlich auf den Angaben in der Anlage Betriebsvermögen (vgl. § 9 Rdn 13 ff., §§ 9, 10, 11, 13) aufbauen. Zur Beurteilung der betrieblichen Daten für Erbschaft-/Schenkungsteuerzwecke ist in den allermeisten Fällen eine qualifizierte Rechts-/Steuerberatung unerlässlich. In komplexeren Fällen sollte unbedingt ein erfahrener Berater aus dem Bereich der rechts- und/oder steuerberatenden Berufe (einschl. Wirtschaftsprüfer) hinzugezogen werden. Die ggf. hohen Beratungskosten muss allerdings der Steuerpflichtige/Erbe grds. selbst tragen. 231

Für jede wirtschaftliche Einheit des begünstigten Vermögens ist eine eigene Anlage „Steuerentlastung für Unternehmensvermögen (§§ 13a, 13b und 13c ErbStG)“ beizufügen und auszufüllen. Nach R E 13b.7 ErbStR sind in einem weiteren Arbeitsgang vom Finanzamt mehrere selbstständig zu bewertende wirtschaftliche Einheiten vor Anwendung der §§ 13a–13c ErbStG zusammenzurechnen. Im Zusammenhang mit dieser Anlage sind weitere Erklärungen abzugeben. 232

II. Besonderheiten bei Schenkungen

1. Gestaltungsmöglichkeit

233 Die Verschonungen für Unternehmensvermögen können optimal in eine Gesamtplanung einer Unternehmensnachfolge zu Lebzeiten eingeplant werden. Der Vorteil bei lebzeitigen Übertragungen besteht in den größeren Gestaltungsmöglichkeiten bei der Vorbereitung der Übertragung, bei Sicherstellung der Behaltenszeit durch Einfluss- oder Mitwirkungs-/Mitarbeitsmöglichkeiten des Übertragenden. Dem Erwerber/Beschenkten muss das übertragene Betriebsvermögen zwar gehören; es muss bei ihm ertragsteuerlich Betriebs- oder LuF-Vermögen sein und er muss bei Personengesellschaften **Mitunternehmer** sein,[223] aber der Erwerber muss in der Behaltenszeit nicht selbst das Unternehmen führen. Das kann z.B. der bisherige Unternehmer, d.h. der Übertragende oder ein von ihm beauftragter und überwachter Geschäftsführer sein. Damit kann die Erfüllung der Behaltenszeit eher sichergestellt werden, als bei Übertragung im hohen Alter. Bei Anteilsschenkungen z.B. von Geschäftsanteilen an einer GmbH genügt nur der Erwerb des Eigentums daran. Es ist zu empfehlen, bei Gestaltungen einer vorweggenommenen Unternehmensnachfolge auch für eigentlich nicht erwartete Fälle – z.B. vorzeitiger Tod des Nachfolgers, Änderung des Steuerrechts – Vorsorge zu treffen. Dies kann z.B. durch Regelung von Widerrufsrechten und/oder Rückforderungsrechten geschehen. Schenkungsteuerlich ist sogar ein freies, jederzeitiges Widerrufsrecht für die Ausführung der Schenkung unbeachtlich.[224]

Eine vorweggenommene Unternehmens- bzw. Anteilsübertragung sollte in der Regel nur unter Hinzuziehung von steuer- und rechtsberatenden Berufsangehörigen gestaltet und durchgeführt werden.

2. Gemischte Schenkung, Schenkung unter Auflage

234 Bei Übergabe von Unternehmensvermögen verlangt der übergebende Unternehmer häufig – insb. zur Alterssicherung – vom Übernehmenden bestimmte Gegenleistungen, etwa eine Leibrente, eine Ertragsbeteiligung in Form von Nießbrauchsrechten u. dgl. Übernimmt der Beschenkte mit dem Erwerb von zu verschonendem Unternehmensvermögen private Schulden oder Duldungslasten bzw. fallen bei ihm Erwerbsnebenkosten an, ist seine Bereicherung gemindert. Schulden und Lasten, die bereits bei der Ermittlung des Werts des begünstigten Vermögens berücksichtigt worden sind, also betriebliche Schulden und Lasten, können auf keinen Fall zusätzlich abgezogen werden. Private Schulden und Las-

223 Siehe *Geck*, Die unentgeltliche lebzeitige Übertragung von Anteilen an gewerblich geprägten Personengesellschaften nach der Erbschaftsteuerreform, ZEV 2009, 601.

224 Ertragsteuerlich würde dagegen ein freies Widerrufsrecht bei Übertragung eines Anteils an einer Personengesellschaft die Mitunternehmerstellung des Erwerbers zerstören und damit auch die Steuerentlastungen nach §§ 13a, 13b ErbStG. Siehe noch Rdn 104.

ten, die mit dem nach §§ 13a–13c ErbStG befreiten Vermögen in wirtschaftlichem Zusammenhang stehen, z.B. eine Versorgungsrente an den Übergeber, sind nach § 10 Abs. 6 ErbStG nur mit dem Betrag abzugsfähig, der dem Verhältnis des nach Anwendung der §§ 13a–13c ErbStG anzusetzenden Wert des gesamten begünstigten Vermögens zu dem Wert dieses Vermögens vor Anwendung des § 13a ErbStG entspricht (§ 10 Abs. 6 Satz 4 ErbStG).

Der Abzug von Schulden und Lasten, die nicht im wirtschaftlichen Zusammenhang mit einzelnen Vermögensgegenständen stehen, wurde durch das **JStG 2020**[225] bei Erwerben, für die die Steuer nach dem 28.12.2020 entstanden ist, **eingeschränkt** (§ 10 Abs. 6 Satz 5 bis 10 ErbStG). Dies betrifft insb. **Pflichtteils- und Zugewinnausgleichsverbindlichkeiten**, **Steuerschulden** und ggf. **Konsumentendarlehen**.[226]

Hinweis

Ist also das begünstigte Vermögen in vollem Umfang von der Steuer befreit, können die mit der Unternehmensübertragung zusammenhängenden privaten Schulden und Lasten nicht abgezogen werden; bei 85 % Befreiung eben nur 15 %. Soweit aber die Befreiung nach § 13a ErbStG wegen Verstoßes gegen die Behaltensvoraussetzungen oder die Lohnsummenregelung nachträglich ganz oder teilweise entfällt, sind die bisher nicht abzugsfähigen Schulden und Lasten entsprechend zum Abzug zuzulassen.

Hinweis 235

Der eingeschränkte Schuldenabzug ist ganz generell bei sog. vorweggenommenen Unternehmensübertragungen gegen Versorgungszusage, Gleichstellungs- oder Ausgleichgeldern und dergleichen mit zu bedenken. Grundsätzlich geht die Minderung der Bereicherung durch übernommene Verbindlichkeit weitgehend bzw. bei Vollverschonung ganz verloren. Hier wäre zu überlegen, ob es andere Möglichkeiten gibt. Es ist z.B. nicht zwangsläufig so, dass mit einer Schenkung von zu verschonendem Betriebsvermögen auch damit (private) Schulden/Lasten verbunden werden müssen. So kann der Schenker z.B. bei fremdfinanzierten GmbH-Anteilen die Anteile unbelastet verschenken und die Schulden weiter behalten. Bei nachfolgenden Schenkungen von nicht zu verschonendem Vermögen, z.B. Geschäftsimmobilie, könnten die Verbindlichkeiten mitübertragen und hier vom Grundbesitzwert abgezogen werden. Vorausgesetzt ist, dass bei derartigen Gestaltungen u.a. die kreditgebende Bank einverstanden ist.

---

225 JStG 2020 v. 21.12.2020, BGBl 2020 I, 3096; dazu Gleich lautende Erlasse der obersten Finanzbehörden der Länder v. 13.9.2021, BStBl 2021 I, 1837.

226 Diese waren/sind bei Erwerben bis 27.12.2020 unbeschränkt abziehbar, BFH v. 22.7.2015 – II R 12/14, BStBl 2016 II, 230; R E 10.10 Abs. 3 ErbStR 2019. Dazu z.B. *Grootens*, Abzug von Pflichtteils- und Zugewinnausgleichsansprüchen als Nachlassverbindlichkeit bei ganz- oder teilweise steuerfreiem Erwerb, ErbStB 2015, 333.

III. Formular „Anlage Steuerentlastung für Unternehmensvermögen (§§ 13a, 13b und 13c ErbStG) zur Schenkungsteuererklärung"

236

Finanzamt	**Anlage Steuerentlastung für Unternehmensvermögen (§§ 13a, 13b und 13c ErbStG) zur Schenkungsteuererklärung**
Aktenzeichen	

FA	Steuernummer	UFA	Zeitraum	Vorgang
11		72		1

Zeile			
1	**Erwerber**	Name, Vorname	99 21

Zur Gewährung der Steuerentlastungen benötigt das Erbschaft-/Schenkungsteuer-Finanzamt verschiedene Angaben. In der **Zeile 1** ist zunächst einmal der **Erwerber**/Beschenkte einzutragen. Haben mehrere Personen begünstigtes Unternehmensvermögen geschenkt bekommen, muss zwangsläufig jede Person eine eigene Schenkungsteuererklärung mit den entsprechenden Angaben abgeben. Alle Werte sind bezogen auf den Anteil des jeweiligen Erwerbers anzugeben.

237

Zeile				
2	**Begünstigungsfähiges Vermögen**			Art des begünstigungsfähigen Vermögens 11 = LuF 31 = BV 41 = KapG
3	**Begünstigungsfähiges land- und forstwirtschaftliches Vermögen**			
4	Lage, Finanzamt und Steuernummer		EUR	101
				Betriebsbezeichnung 102
5	**Begünstigungsfähiges Betriebsvermögen**			
6	Firma, Finanzamt und Steuernummer		EUR	99 25
7	Bei einer Personengesellschaft bitte Beteiligung des Zuwenders (Schenkers) an der Personengesellschaft in Prozent angeben		in %	Wert der wirtschaftlichen Einheit 105
8	**Begünstigungsfähige Anteile an Kapitalgesellschaften**			
	Gesellschaft, Finanzamt und Steuernummer	Beteiligung am Nennkapital in %		Sch/Lasten in Zsh. Mit wirtschaftlicher Einheit
9			EUR	123

Das **begünstigungsfähige Vermögen** ist in den **Zeilen 2–9** ggf. nach Art getrennt mit den abgefragten weiteren Daten anzugeben. Die Werte sind aus den entsprechenden Feststellungserklärungen zu entnehmen (Erläuterungen dazu s. §§ 9, 10, 11, 13). Die Vermögensart und der festgestellte Wert sind Gegenstand des Feststellungsbescheids (§ 182 Abs. 1 Satz 1 AO). Der Verschonungsabschlag nach § 13a Abs. 1 ErbStG und der Abzugsbetrag nach § 13a Abs. 2 ErbStG können nur von einem insgesamt positiven Steuerwert des gesamten begünstigten Vermögens abgezogen werden.

Umfasst das auf einen Erwerber übertragene begünstigte Vermögen mehrere selbstständig zu bewertende wirtschaftliche Einheiten einer Vermögensart (z.B.

mehrere Gewerbebetriebe) oder mehrere Arten begünstigten Vermögens (land- und forstwirtschaftliches Vermögen, Betriebsvermögen, Anteile an Kapitalgesellschaften), ist für jede einzelne wirtschaftliche Einheit eine Anlage „Steuerentlastung“ auszufüllen. Das Erbschaft-/Schenkungsteuer-Finanzamt muss dann vor Anwendung der Verschonungen die Zusammenrechnung vornehmen. Das Erbschaft-/Schenkungsteuer-Finanzamt verlangt im Zweifel ergänzende Unterlagen, z.B. Schenkungsvertrag, Übergabevertrag etc.

238

10	**Verwaltungsvermögen und Schulden**		
11	Summe der gemeinen Werte der Vermögensgegenstände des Verwaltungsvermögens, § 13b Abs. 4 Nr. 1 bis 4 i.V.m. Abs. 3 ErbStG Zusammensetzung und Berechnung bitte auf gesondertem Blatt erläutern.	EUR	Verwaltungsvermögen gesamt 103
12	Summe der gemeinen Werte der Vermögensgegenstände des jungen Verwaltungsvermögens, § 13b Abs. 4 Nr. 1 bis 4, Abs. 7 Satz 2 i.V.m. Abs. 3 ErbStG Zusammensetzung und Berechnung bitte auf gesondertem Blatt erläutern.	EUR	Verwaltungsvermögen jung 109
13	Summe der gemeinen Werte der Finanzmittel, § 13b Abs. 4 Nr. 5 i.V.m. Abs. 3 ErbStG Zusammensetzung und Berechnung bitte auf gesondertem Blatt erläutern.	EUR	Finanzmittel gesamt 104
14	Summe der gemeinen Werte der jungen Finanzmittel, § 13b Abs. 4 Nr. 5 Satz 2 ErbStG Zusammensetzung und Berechnung bitte auf gesondertem Blatt erläutern.	EUR	Finanzmittel jung 106
15	Summe der gemeinen Werte der Schulden, nach Anwendung des § 13b Abs. 3 und Abs. 8 ErbStG Zusammensetzung und Berechnung bitte auf gesondertem Blatt erläutern.	EUR	Summe Schulden 107

Das Verwaltungsvermögen ist in den **Zeilen 10–15** mit den jeweiligen Werten einzutragen. Die Eintragungen sind auf der Basis der vom Erwerber bzw. der vom steuerlichen Berater ermittelten/geschätzten Werte vorzunehmen. Diese Eintragungen dienen dazu, den tatsächlichen Wert des begünstigten Vermögens zu ermitteln. Die Begünstigungen nach §§ 13a–13c, 19a und 28a ErbStG können nur gewährt werden, wenn und soweit das land- und forstwirtschaftliche Vermögen oder das Betriebsvermögen der Betriebe oder der Gesellschaften nicht aus schädlichem Verwaltungsvermögen i.S.d. § 13b Abs. 4 ff. ErbStG besteht. Näheres zum Verwaltungsvermögen usw. siehe § 4 Rdn 239 ff. (Anlage „Steuerentlastung für Erbschaftsteuer“) und die amtliche Anleitung zur entsprechenden Anlage „Unternehmensvermögen zur Schenkungsteuererklärung“.[227]

Die hier eingetragenen, selbsterrechneten Werte werden später durch die Werte des Verwaltungsvermögens usw. ersetzt, die in einem gesonderten Feststellungsverfahren durch das für die Bewertung der wirtschaftlichen Einheit örtlich zuständige Finanzamt i.S.d. § 152 Nr. 1–3 BewG gesondert festgestellt werden (§ 13b Abs, 10 ErbStG; Grundlagenbescheid), siehe Berechnungsbeispiel in H E 13b.30 ErbStH.

239

16	**Übermäßiges Verwaltungsvermögen**	
17	Anteil des Verwaltungsvermögens am begünstigungsfähigen Vermögen: Summe aus Zeilen 11 und 13 x 100 Wert des begünstigungsfähigen Vermögens aus Zeile 4, 6 oder 9	in %

227 Zur Behandlung von (jungem) Verwaltungsvermögen und (jungen) Finanzmitteln bei Umwandlungsvorgängen siehe gleich lautende Erlasse v.13.10.2022, BStBl 2022 I, 1517.

Das begünstigte Unternehmensvermögen ist überhaupt nicht begünstigt (§ 13b Abs. 2 Satz 2 ErbStG), wenn es derart zusammengesetzt ist, dass das Brutto-Verwaltungsvermögen mindestens 90 % des gemeinen Werts des begünstigungsfähigen Vermögens ausmacht (90 %-Test). Ebenso kommen keine Stundung nach § 28 Abs. 1 ErbStG und kein Erlass nach Verschonungsbedarfsprüfung gem. § 28a ErbStG in Frage. Für die Prüfung, ob **übermäßiges Verwaltungsvermögen** vorliegt, ist in **Zeile 17** die Angabe des selbst errechneten Verhältnisses einzutragen. Die Schuldenverrechnung mit den Finanzmitteln, der Sockelbetrag beim Finanzmitteltest, die anteilige Schuldenverrechnung mit dem Verwaltungsvermögen und der Abzug des unschädlichen Verwaltungsvermögens bleiben bei der Ermittlung dieser Verwaltungsvermögensquote unberücksichtigt. Zum übermäßigen Verwaltungsvermögen siehe Erläuterungen in R E 13b.10 ErbStR mit Berechnungsbeispiel in H E 13b.10 ErbStH.

240

18	**Sockelbetrag für Finanzmittel**	
19	☐ Der Hauptzweck des Unternehmens ist eine Tätigkeit im Sinne des § 13 Abs. 1, des § 15 Abs. 1 Satz 1 Nr. 1 oder des § 18 Abs. 1 Nr. 1 und 2 EStG.	Hauptzweck 108 ja = 1

Die Zahlungsmittel/**Finanzmittel** gehören in bestimmten Grenzen zum begünstigten Unternehmensvermögen. Schädliches Verwaltungsvermögen liegt erst vor, wenn der gemeine Wert des nach Abzug des gemeinen Werts der Schulden verbleibenden Bestands an Zahlungsmitteln, Geschäftsguthaben, Geldforderungen und anderen Forderungen (Finanzmittel), 15 % des anzusetzenden Werts des Betriebsvermögens des Betriebs (wohl Betriebsvermögens im ertragsteuerlichen Sinne) oder der Gesellschaft übersteigt (§ 13b Abs. 4 Nr. 5 ErbStG). D.h. der **Sockelbetrag von 15 %** des festgestellten Werts des (Anteils) Betriebsvermögens **bleibt begünstigt; allerdings nur unter der Bedingung**, dass das begünstigungsfähige Vermögen des Betriebs oder der nachgeordneten Gesellschaften nach seinem **Hauptzweck** einer (originären gewerblichen/freiberuflichen oder land- und forstwirtschaftlichen) Tätigkeit i.S.d. §§ 13 Abs. 1, 15 Abs. 1 Satz 1 Nr. 1, 18 Abs. 1 Nr. 1 und 2 EStG dient (§ 13b Abs. 4 Nr. 5 Satz 4, 5 ErbStG). In der **Zeile 19** ist zu erklären, dass dies der Fall ist. Für Erwerbe mit einer Steuerentstehung ab dem 29.12.2020 wird das Vorliegen der Voraussetzungen für den Abzug des Sockelbetrags durch das für die Bewertung der wirtschaftlichen Einheit zuständige Finanzamt festgestellt.

Zum Thema siehe insbesondere R E 13b.23 ErbStR und H E 13b.23 ErbStH sowie § 4 Rdn 245, 249 f.

241 Wird ein Familienunternehmen oder ein Anteil daran verschenkt, wird vor Anwendung der Regel-/Optionsverschonung vom Wert des begünstigten Vermögens ein Abschlag von bis zu 30 % gewährt. Dieser ist stets vor der Anwendung der Verschonung nach § 13a Abs. 1 (Regelverschonung) oder Abs. 10 ErbStG (Optionsverschonung), § 13c ErbStG (Verschonungsabschlag für Großvermö-

gen) und § 28a ErbStG (Erlass bei Großvermögen) abzuziehen (**Vorababschlag für Familienunternehmen**). D.h. **Bemessungsgrundlage** ist das begünstigte Vermögen i.S.d. § 13b Abs. 2 ErbStG vor Anwendung der Regel-/Optionsverschonung und der Obergrenze von 26 Mio. EUR (Schwellenwert). Auch der Verschonungsabschlag für Großvermögen gem. § 13c ErbStG und der Erlass bei Großvermögen gem. § 28a ErbStG kommen ggf. erst nach Gewährung des Vorababschlags zur Anwendung. Der Vorwegabschlag setzt gewisse Beschränkungen von Entnahmen/Ausschüttungen, Verfügungsmöglichkeiten und bestimmte Regelungen zu Abfindungen im Gesellschaftsvertrag oder der Satzung voraus (§ 13a Abs. 9 Satz 1 ErbStG). Die Voraussetzungen für den Vorwegabschlag müssen bereits in einem Zeitraum von zwei Jahren vor dem Zeitpunkt der Steuerentstehung gegeben sein.

Für Erwerbe mit einer Steuerentstehung ab dem 29.12.2020 werden das Vorliegen der Voraussetzungen für den Vorwegabschlag und dessen Höhe durch das für die Bewertung der wirtschaftlichen Einheit zuständige Finanzamt förmlich festgestellt.

20	**Vorwegabschlag für Familienunternehmen**			
21	☐ Die Voraussetzungen für den Vorwegabschlag (§ 13a Abs. 9 ErbStG) liegen vor. (Bitte den Gesellschaftsvertrag oder die Satzung und weitere zum Nachweis geeignete Unterlagen einreichen.)			
22	Die Höhe des Vorwegabschlags beträgt: (Bitte die Ermittlung auf einem gesonderten Blatt erläutern.)		in %	Vorwegabschlag 111
23	Die nachfolgenden Angaben sind nur beim Erwerb einer Beteiligung an einer Personengesellschaft auszufüllen, wenn gleichzeitig Sonderbetriebsvermögen mit erworben wurde. Die Wertermittlung in den Zeilen 24 bis 29 bitte auf gesondertem Blatt erläutern.			SonderBV mitübertragen? 110 ja = 1 Nein = 2
24	Wert des erworbenen Anteils am Gesamthandsvermögen		EUR	Wert Anteil GHV 115
25	Summe der gemeinen Werte der Vermögensgegenstände des Verwaltungsvermögens im erworbenen Anteil am Gesamthandsvermögen, § 13b Abs. 4 Nr. 1 bis 4 i.V.m. Abs. 3 ErbStG		EUR	Verwaltungsvermögen gesamt GHV 113
26	Summe der gemeinen Werte der Vermögensgegenstände des jungen Verwaltungsvermögens im erworbenen Anteil am Gesamthandsvermögen, § 13b Abs. 4 Nr. 1 bis 4, Abs. 7 Satz 2 i.V.m. Abs. 3 ErbStG		EUR	Verwaltungsvermögen jung GHV 119
27	Summe der gemeinen Werte der Finanzmittel des Verwaltungsvermögens im erworbenen Anteil am Gesamthandsvermögen, § 13b Abs. 4 Nr. 5 i.V.m. Abs. 3 ErbStG		EUR	Finanzmittel gesamt GHV 114
28	Summe der gemeinen Werte der jungen Finanzmittel im erworbenen Anteil am Gesamthandsvermögen, § 13b Abs. 4 Nr. 5 Satz 2 ErbStG		EUR	Finanzmittel jung GHV 116
29	Summe der gemeinen Werte der Schulden im erworbenen Anteil am Gesamthandsvermögen nach Anwendung des § 13b Abs. 3 und Abs. 8 ErbStG		EUR	Summe Schulden GHV 117

In die **Zeile 21** ist einzutragen, ob überhaupt ein Familienunternehmen i.S.d. § 13a Abs. 9 ErbStG vorliegt. Die prozentuale Höhe des Abschlags in der **Zeile 22** entspricht der im Gesellschaftsvertrag oder in der Satzung vorgesehenen prozentualen Minderung der Abfindung gegenüber dem gemeinen Wert des begünstigen Vermögens; er darf 30 % nicht übersteigen. Die **Zeilen 23–29** sind (nur) beim Erwerb einer Beteiligung an einer **Personengesellschaft** auszufüllen, wenn **gleichzeitig Sonderbetriebsvermögen** mit erworben wurde. Die erforderlichen Angaben und Werte können aus den Anlagen „Betriebsvermögen“ errechnet werden (siehe §§ 9 und 10). Die Wertermittlung in den Zeilen 24–29 sind auf einem gesonderten Blatt zu erläutern.

Näheres zur Thematik s. § 4 Rdn 251 ff. (Anlage Steuerentlastung zur Erbschaftsteuer), R E 13a.20 ErbStR und zur Berechnung H E 13a.20 ErbStH.

242 In den **Zeilen 30–31** werden Steuerpflichtige auf die Optionsmöglichkeit (§ 13a Abs. 10 ErbStG) und der Erfordernis einer **gesonderten schriftlichen Beantragung** hingewiesen.

30	**Optionsverschonung**	**99 45**
31	Wenn Sie zu einer vollständigen Steuerbefreiung (§ 13a Abs. 10 ErbStG) optieren wollen, ist dies schriftlich zu beantragen oder zur Niederschrift zu erklären. Dieses Wahlrecht ist **unwiderruflich** und kann nur **einheitlich** für das **gesamte** begünstigte Vermögen ausgeübt werden. Bitte ggf. den Antrag beifügen.	Optionsverschonung 53 ja = 1

In dem Formular selber ist hierzu nichts einzutragen.

Hinweis

Der Erwerber kann gem. § 13a Abs. 10 ErbStG zur Optionsverschonung (Vollverschonung) des erworbenen Betriebsvermögens „optieren“. Das Wahlrecht ist durch unwiderrufliche schriftliche Erklärung (formlos) auszuüben. Der Erwerber kann nach Auffassung der Finanzverwaltung den Antrag auf Optionsverschonung (§ 13a Abs. 10 ErbStG) im Erbfall insgesamt **nur einheitlich** für alle Arten des erworbenen begünstigten Vermögens (land- und forstwirtschaftliches Vermögen, Betriebsvermögen und Anteile an Kapitalgesellschaften) stellen.

Zur Optionsverschonung siehe § 4 Rdn 253 (Anlage Steuerentlastung – Erbschaftsteuer), und R E 13a.21 ErbStR mit Beispielen in H E13a.21 ErbStH.

243 Übersteigt der Wert des erworbenen begünstigten Vermögens 26 Mio. EUR (Schwellenwert; § 13a Abs. 1 Satz 1 ErbStG), kann eine Verschonung von der Schenkungsteuer nur eingeschränkt gewährt werden. Diese **Großvermögen** sind prinzipiell von der Verschonung des Unternehmensvermögens ausgenommen; es gibt aber Ausnahmen. Ein Abschmelzmodell nach § 13c ErbStG und ein Erlass nach § 28a ErbStG sind insoweit noch möglich. Zum Schwellenwert allgemein s. § 13a Abs. 1 ErbStG sowie R E13a.2 ErbStR.

32	**Schwellenwert**				
33	☐ Der Wert des erworbenen begünstigten Vermögens, einschließlich evtl. Vorerwerbe begünstigten Vermögens vom Schenker, beträgt mehr als 26 Mio. EUR.				
34	Zeitpunkt des Vorerwerbs		Wert	EUR	Gesamtwert beg. Verm. aus Vorerwerben 77
35	Wenn Sie das Abschmelzmodell nach § 13c ErbStG in Anspruch nehmen wollen, ist dies schriftlich zu beantragen oder zur Niederschrift zu erklären. Dieses Antragsrecht ist **unwiderruflich** und kann nur **einheitlich** für das **gesamte** begünstigte Vermögen ausgeübt werden. Bitte ggf. den Antrag beifügen.				Abschmelzmodell 78 ja = 1
36	Wenn Sie einen Antrag auf Erlass nach § 28a ErbStG stellen wollen, füllen Sie bitte den Vordruck „Antrag auf Verschonungsbedarfsprüfung (§ 28a ErbStG) aus.				Verschonungsbedarfsprüfung 79 ja = 1

Die **Zeilen 32–36** dienen dem Erbschaft-/Schenkungsteuer-Finanzamt zur Prüfung, ob und wie das übertragene Großvermögen ggf. entlastet werden kann. In der **Zeile 33** ist anzugeben, ob nach Ansicht des Erklärenden überhaupt ein

Großvermögen von mehr als 26 Mio. EUR vorliegt. Das wird dann der Fall sein, wenn nach der Anlage „Betriebsvermögen" ein entsprechend hoher Unternehmens-/Beteiligungswert errechnet wurde und erklärt wird. **Zeile 34** ist – u.a. auch steuerstrafrechtlich – von erheblicher Bedeutung. Denn der Schwellenwert für Großvermögen kann auch dann erreicht werden, wenn nicht aktuell, aber durch Zusammenrechnung mit Vorschenkungen von derselben Person, der Wert von 26 Mio. EUR erreicht wird. Bei mehreren Erwerben von begünstigten Vermögen i.S.d. § 13b Abs. 2 ErbStG von derselben Person innerhalb von zehn Jahren werden die früheren Erwerbe nach ihrem früheren Wert dem letzten Erwerb hinzugerechnet. Wird die Grenze von 26 Mio. EUR durch mehrere innerhalb von zehn Jahren von derselben Person anfallende Erwerbe überschritten, entfällt die Steuerbefreiung für die bis dahin als steuerfrei behandelten früheren Erwerbe mit Wirkung für die Vergangenheit, wenn auch für die früheren Erwerbe die Steuer nach dem 30.6.2016 entstanden ist. In die Zusammenrechnung sind nicht nur Vorerwerbe von begünstigtem Vermögen einzubeziehen, für die die Steuer nach dem 30.6.2016 entsteht, sondern auch Vorerwerbe von begünstigtem Vermögen, für die die Steuer nach der jeweils geltenden Gesetzeslage vor dem 1.7.2016 bzw. 1.1.2009 entstanden ist.[228]

In den **Zeilen 35–36** wird auf die rechtlichen Möglichkeiten zum Erreichen der speziellen Entlastungen für Großvermögen hingewiesen. Siehe dazu Erläuterungen in § 4 Rdn 254 zur Anlage „Steuerentlastung für Unternehmensvermögen – Erbschaftsteuer".

In den **Zeilen 37 ff.** sind weitere Angaben erforderlich. 244

37	**Weitere Angaben**		
38	☐ Es wurde ein Abzugsbetrag nach § 13a Abs. 2 ErbStG bei einer früheren Zuwendung des Schenkers in Anspruch genommen.		
39	Zeitpunkt		Ausschluss Abzugsbetrag § 13a Abs. 2 52 ja = 1
40	Ist das begünstigte Vermögen seit dem Erwerb ganz oder teilweise veräußert oder aufgegeben worden?		
41	☐ nein		
42	☐ ja Bitte auf gesondertem Blatt auch Art und Wert erläutern.	Zeitpunkt	
43	Ist der Veräußerungserlös ganz oder teilweise in begünstigtes Vermögen reinvestiert worden?		
44	☐ nein		
45	☐ ja Bitte auf gesondertem Blatt auch Art und Wert erläutern.	Zeitpunkt	

Durch den Eintrag in den **Zeilen 38–39** wird dem Erbschaft-/Schenkungsteuer-Finanzamt die Arbeit erleichtert zu prüfen, ob der Abzugsbetrag von 150.000 EUR (§ 13a Abs. 2 ErbStG) dem Erwerber innerhalb von 10 Jahren im

228 Vgl. R E 13a.2 Abs. 3 ErbStR.

Verhältnis zum Zuwender schon in Anspruch genommen worden ist. Auch wenn der Abzugsbetrag seinerzeit nur anteilig in Anspruch genommen wurde, verfällt der Restbetrag (R E 13a.3 Abs. 2 Satz 3 ErbStR).

245 In den **Zeilen 40–42** ist anzugeben, ob seit der Ausführung der Schenkung, d.h. seit Erwerb des begünstigten Vermögens, schon Teile oder sogar das ganze Vermögen veräußert bzw. der Betrieb ganz oder teilweise aufgegeben worden ist. Ein Verstoß gegen die Behaltensregelungen liegt auch vor, wenn eine, mehrere oder alle im Besteuerungszeitpunkt wesentlichen Betriebsgrundlagen veräußert oder in das Privatvermögen überführt werden. Ob und wann dies der Fall ist, kann durchaus umstritten sein; dazu R E 13a.12 Abs. 2, 3, 13a.7 Abs. 2, 3, 4,13a.13 Abs. 2, 3 ErbStR, sowie zum Begriff der „wesentlichen Betriebsgrundlagen“ im Bereich der LuF R B 162 Abs. 4 ErbStR, sowie allgemein H 16 (5) EStH. Zur Behaltenspflicht bei Anteilen an Kapitalgesellschaften s. R E 13a.15 und 13a.16 ErbStR. In der Regel erfolgt eine Schenkungsteuererklärung nicht immer zeitnah zur Schenkung oder die Anlage „Steuerentlastung für Unternehmensvermögen zur Schenkungsteuererklärung“ wird nachgereicht. Wenn der Betrieb innerhalb der 5- bzw. 7-jährigen Behaltenspflicht schon im Ganzen veräußert oder endgültig aufgegeben worden ist, auch infolge einer Insolvenz, wird man dann die Anlage „Steuerentlastung für Unternehmensvermögen“ gewöhnlich gar nicht abgeben. Das heißt aber nicht, dass bei einer Veräußerung/Aufgabe überhaupt keine Vergünstigung in Betracht käme. Denn die Verschonungen werden auch zeitanteilig gewährt, also z.B. bei einem Jahr „Behalten“ zu 1/5 bzw. 1/7.

Die ebenfalls schädliche Überentnahme (dazu R E 13a.15 ErbStR) errechnet sich erst am Ende der Behaltenszeit und ist daher ggf. selbstständig anzuzeigen.

246 In den **Zeilen 43–45** ist zu erklären, ob der Veräußerungserlös ganz oder teilweise in begünstigtes Vermögen reinvestiert worden ist. Im Fall einer Veräußerung oder Aufgabe ist bzgl. der Vergünstigungen für Betriebsvermögen etc. noch nicht alles verloren. Im Fall der Veräußerung von wesentlichen Betriebsgrundlagen oder von wesentlichen Wirtschaftsgütern ist von einer Nachversteuerung abzusehen, wenn der Veräußerungserlös innerhalb der jeweiligen, nach § 13b Abs. 1 Nr. 1 bis 3 ErbStG begünstigungsfähigen Vermögensart (land- und forstwirtschaftliches Vermögen, Betriebsvermögen oder Anteile an Kapitalgesellschaften) verbleibt (§ 13a Abs. 6 Satz 3 ErbStG); bei dem Vermögen darf es sich nicht um Verwaltungsvermögen i.S.d. § 13b Abs. 3 und 4 ErbStG handeln. Hierunter fällt somit neben der Anschaffung von Anlagegütern, Betriebsteilen oder von neuen Betrieben, die das veräußerte Vermögen im Hinblick auf den ursprünglichen oder einen neuen Betriebszweck ersetzen, auch beispielsweise die Tilgung betrieblicher Schulden. Die Reinvestition muss **innerhalb von sechs Monaten** nach der Veräußerung erfolgen. Näheres siehe noch R E 13a.18 ErbStR. Ggf. sollte ein Berater hinzugezogen oder die Reinvestition mit dem Erbschaft-/Schenkungsteuer-Finanzamt abgeklärt werden.

Da nicht jede Reinvestition die Verschonung erhält, ist diese auf einer gesonderten – selbst gefertigten – Anlage zu erläutern.

Sowohl die Regel- wie auch die Optionsverschonung sind u.a. auch von dem 247
Erhalt von Arbeitsplätzen abhängig. Dies wird durch die Lohnsumme gemessen. Die endgültige Höhe des Verschonungsabschlags ist von der Einhaltung der Lohnsummenregelung abhängig (§ 13a Abs. 3 und 10 ErbStG, dazu § 2 Rdn 7 ff.). Diese gilt nur bei Unternehmen, die im Besteuerungszeitpunkt **mehr als 5 Beschäftigte** haben.

46	**Ausgangslohnsumme**		99 25
47	Anzahl der Beschäftigten des Betriebs bzw. der Gesellschaft		Anzahl der Beschäftigten 120
48	Ausgangslohnsumme des Betriebs bzw. der Gesellschaft	EUR	Ausgangslohnsumme 121

Deshalb ist in der **Zeile 47** die Anzahl der Beschäftigten anzugeben. Das klingt erst einmal einfach, aber zur Ermittlung der Anzahl der Beschäftigten sind die Verwaltungsanweisungen in R E 13a. 4–8 ErbStR sowie die Berechnungsbeispiele in H E 13a.4–8 ErbStH zu „studieren". So sind z.B. geringfügig Beschäftigte mitzurechnen, nicht aber Leiharbeiter.

In der **Zeile 48** ist die selbsterrechnete Ausgangslohnsumme einzutragen. Dies ist die durchschnittliche Lohnsumme der letzten fünf vor dem Besteuerungszeitpunkt endenden Wirtschaftsjahre. Hierzu siehe R E 13a.7 ErbStR und H E 13a.7 ErbStH mit umfangreichen Berechnungsbeispielen.

Es kann generell von Interesse sein, im Zeitpunkt der Übertragung eine möglichst geringe Ausgangslohnsumme auszuweisen. Dazu gibt es verschiedenen Möglichkeiten. Letztlich handelt es sich bei dem Eintrag um einen unverbindlichen Betrag. Das für die Bewertung der wirtschaftlichen Einheit zuständige Finanzamt muss die Ausgangslohnsumme sowie die Anzahl der Beschäftigten später gesondert feststellen (Grundlagenbescheid). Einwendungen gegen die festgestellten Werte sind im Einspruchsverfahren gegen die Feststellungsbescheide vorzutragen.

Hinweis

Der Erwerber ist gem. § 13a Abs. 7 Satz 1 ErbStG verpflichtet, dem für die Erbschaftsteuer zuständigen Finanzamt innerhalb einer Frist von 6 Monaten nach Ablauf des jeweiligen Wirtschaftsjahrs das Unterschreiten der Mindestlohnsummengrenze anzuzeigen. Das kann nach Ablauf der gesetzlichen Behaltensfristen von 5 bzw. 7 Jahren oder nach Ablauf des Jahres sein, in dem die Behaltenspflicht z.B. durch Veräußerung, verletzt worden ist. Die Nichterfüllung der Behaltenszeit ist ebenfalls anzuzeigen, und zwar gem. § 13a Abs. 7 Satz 2 ErbStG innerhalb eines Monats nach der Veräußerung, Aufgabe und dgl. Die Anzeige ist schriftlich zu erstatten und wird als Steuererklärung i.S.d. AO angesehen (§ 13a Abs. 7 Satz 4, 5 ErbStG); d.h. das vorsätzliche Unterlassen einer derartigen Anzeige kann eine Steuerhinterziehung sein. Außerdem endet die Festsetzungsfrist für die Nachbesteuerung nicht vor Ablauf des 4. Jahres, nachdem das zuständige Finanzamt von dem Unterschreiten der Lohnsumme oder der Nichterfüllung der Behaltenszeit Kenntnis erlangt hat.

Teil 3: Die Feststellungserklärungen

§ 7 Das Feststellungsverfahren

Übersicht:

A. Rechtsgrundlagen der Feststellung

Raymond Halaczinsky

I. Anwendungsbereich

1 Die **Werte** bestimmter hinterlassener Vermögensgegenstände sind in einem gesonderten (Wert-)Feststellungsverfahren von speziellen Stellen – also nicht von den Erbschaftsteuerstellen – gesondert festzustellen (gem. § 151 Abs. 1 i.V.m. § 157 BewG im Bedarfsfall, deshalb sog. Bedarfswerte).[1] Die gesonderte Wertfeststellung ist **nur für inländisches Vermögen** durchzuführen. **Ausländisches Vermögen** unterliegt grds. nicht der gesonderten Feststellung (§ 151 Abs. 4 BewG); es sei denn, es ist Teil eines inländischen LuF-Vermögens, Betriebsvermögens oder des Vermögens einer Gemeinschaft. Ist ausländisches Vermögen Teil einer inländischen Einheit des Betriebsvermögens oder vermögensverwaltenden Gemeinschaft/Gesellschaft mit Sitz oder Geschäftsleitung im Inland, ist es im Rahmen der Wertfeststellung des inländischen Vermögens gesondert festzustellen (§ 152 Nr. 2 bis 4 BewG, B 151.1 Abs. 2 ErbStR und R B 152 Satz 2 und 3 ErbStR). Dabei wird dieses, z.B. ausländischer Grundbesitz, nach § 31 BewG mit dem Verkehrswert am Belegenheitsort bewertet (§ 12 Abs. 7 BewG).

1 Ausführlich *Halaczinsky*, Die gesonderte Feststellung von Besteuerungsgrundlagen im Erbschaftsteuerrecht, UVR 2011, 203; aus der Verwaltung Leitfaden für Feststellungen nach § 151 Abs. 1 S. 1 Nr. 2 bis 4 BewG sowie nach § 13a Abs. 4, § 13a Abs. 9a und § 13b Abs. 10 ErbStG, BayLfSt v. 8.12.2022, S 3102.1.1–19/22 St34, FMNR202202540, juris.

Gesondert festzustellen sind:
1. Inländische Grundbesitzwerte im Sinne des § 157 BewG
2. Wert des inländischen Betriebsvermögens bei Gewerbebetrieben (§ 95 BewG)
3. Wert des inländischen Betriebsvermögens bei freiberuflich Tätigen (§ 96 BewG)
4. Wert des Anteils am Betriebsvermögen von inländischen Personengesellschaften (§ 97 Abs. 1a BewG)
5. Wert von Anteilen an inländischen Kapitalgesellschaften im Sinne des § 11 Abs. 2 BewG sowie
6. Wert von anderen (nicht vorgenannten) Vermögensgegenständen und von Schulden, die mehreren Personen zustehen (sonstigen inländischen Gemeinschaften).

2 Außerdem sind **für die Verschonungen des Unternehmensvermögens** nach § 13a Abs. 4 ErbStG für **Feststellungsstichtage ab dem 1.7.2016**
1. die Ausgangslohnsumme
2. die Anzahl der Beschäftigten
3. die Summe der maßgebenden jährlichen Lohnsummen

sowie nach § 13b Abs. 10 ErbStG die Summen
1. der gemeinen Werte der Finanzmittel
2. der jungen Finanzmittel
3. der Vermögensgegenstände des Verwaltungsvermögens
4. der Schulden und
5. des jungen Verwaltungsvermögens

sowie für **Bewertungsstichtage ab dem 29.12.2020** Feststellungen
6. zum Vorliegen der Voraussetzungen und zur Höhe des Vorwegabschlags für Familienunternehmen nach § 13a Abs. 9a ErbStG,
7. zum Wert des Betriebsvermögens, das einer weder in einem Mitgliedstaat der Europäischen Union noch in einem Staat des Europäischen Wirtschaftsraums belegenen Betriebsstätte dient (im Folgenden Betriebsstätte in Drittstaaten) und
8. zum Vorliegen der Voraussetzungen für den Abzug des Sockelbetrags beim Finanzmitteltest (§ 13b Abs. 10 ErbStG)

gesondert festzustellen, wenn und soweit diese Werte für die Erbschaftsteuer oder eine andere Feststellung im Sinne dieser Vorschrift von Bedeutung sind.

Sofern die Werte für die Festsetzung der Erbschaft-/Schenkungsteuer benötigt werden, leiten die Feststellungsstellen auf Anforderung der Erbschafts-/Schenkungsteuerstelle bzw. vorhergehender Feststellungsstellen ein Feststellungsverfahren ein. Dies wird regelmäßig der Fall sein, wenn der Erwerber/Steuerpflichtige mit seiner Erbschaft-/Schenkungsteuererklärung eine Anlage „Angaben zu Bedarfswerten“ abgegeben hat (dazu § 4 Rdn 67 ff. und § 6 Rdn 90, 102). Bei der Anforderung hat das Erbschaftsteuerfinanzamt Bagatellregelungen zu beachten (Tz. 1.7 der ErbStVA), nach denen es die Besteuerungsgrundlagen ohne gesonderte Feststellung selbst schätzen darf und soll.

Für den Steuerpflichtigen/Beteiligten beginnt das Feststellungsverfahren dadurch, dass er zur Abgabe einer Feststellungserklärung aufgefordert wird.

Hinweis

Der Erwerber/Steuerpflichtige braucht von sich aus keine Feststellungserklärung zur Feststellung eines Bedarfswerts abgeben (§ 152 BewG). Die für die Feststellungen zuständigen Finanzämter werden ihn ggf. zur Abgabe entsprechender Feststellungserklärungen auffordern. Soweit im Rahmen der amtlichen Feststellung Werte ermittelt werden, die von der Erbschaft- bzw. Schenkungsteuerfestsetzung abweichen, werden diese von Amts wegen berücksichtigt (§ 175 Abs. 1 Satz 1 Nr. 1 AO).

II. Gesonderte und einheitliche Wertfeststellung der Besteuerungsgrundlagen

Nach § 151 i.V.m. § 157 BewG i.V.m. §§ 179 ff. AO sind die o.g. Werte von Gegenständen **gesondert**, d.h. außerhalb des Veranlagungs-(Steuerfestsetzungs-) verfahrens festzustellen. Eine gesonderte Feststellung ist gegenüber mehreren Beteiligten **einheitlich** vorzunehmen, wenn der Gegenstand der Feststellung mehreren Personen zuzurechnen ist; z.B. ein Erblasser vererbt sein Grundstück an mehrere Erben. Einzelheiten dazu sind in R B 151.2 ErbStR und H B 151.2 ErbStH geregelt. 3

Hinweis

In bestimmten Fällen (betr. Grundstücke) **ist zunächst keine gesonderte Feststellung erforderlich:**

- wenn bei einer Grundstücksschenkung absehbar ist, dass der Steuerwert der freigebigen Zuwendung unter dem persönlichen Freibetrag des Erwerbers liegt und auch eine Zusammenrechnung mit früheren Zuwendungen von derselben Person (§ 14 ErbStG) nicht zu einer Steuerfestsetzung führt
- wenn bei einer Grundstücksschenkung absehbar ist, dass sie gem. § 13 Abs. 1 Nr. 4a ErbStG steuerfrei ist
- wenn ein Grundstückserwerb von Todes wegen nach den Regelungen des § 13 Abs. 1 Nr. 4b oder 4c ErbStG vollständig steuerfrei ist
- wenn eine wirtschaftliche Einheit innerhalb eines Jahres mehrmals erworben wird, kann das jeweilige Lagefinanzamt der Wertermittlung einen bereits festgestellten Grundbesitzwert (sog. Basiswert) zugrunde zu legen, wenn innerhalb dieses Jahres keine wesentlichen Änderungen eingetreten sind
- wenn ein Fall von geringer Bedeutung vorliegt (vgl. R B 151.1 Abs. 3 ErbStR).

Näheres siehe R B 151.2 Abs. 4, 5, 11 ErbStR. Bei Aufforderung zur Abgabe einer Feststellungserklärung durch das Finanzamt kann zur **Kostenersparnis** darauf hingewiesen und hingewirkt werden.

4 **Örtlich zuständig** für die gesonderten Feststellungen ist bei Grundbesitz das Lagefinanzamt (Bewertungsstelle) und ansonsten das Betriebsfinanzamt für die Feststellungen nach § 151 Abs. 1 Satz 1 Nr. 2 und 3 BewG oder Verwaltungsfinanzamt für Feststellungen nach § 151 Abs. 1 Satz 1 Nr. 4 BewG, in dessen Bezirk im Zeitpunkt der Durchführung der gesonderten Feststellungen die jeweiligen Voraussetzungen erfüllt sind. Die örtliche Zuständigkeit richtet sich nach § 152 BewG. In den meisten Bundesländern ist die Bewertung insb. von Grundstücken, LuF-Vermögen ebenso wie die Erbschaft-/Schenkungsbesteuerung auf ein oder einige wenige Finanzämter im Land konzentriert.

Nach dem Bewertungsstichtag erfolgte örtliche Änderungen des Sitzes der Geschäftsleitung des Gewerbebetriebs oder der Kapitalgesellschaft, der vorwiegenden Ausübung der freiberuflichen Tätigkeit bzw. der Verwaltung des Vermögens in den Bezirk eines anderen Finanzamts, führen zu einem Wechsel der örtlichen Zuständigkeit für die gesonderten Feststellungen, wenn sie bis zu diesem Zeitpunkt noch nicht durchgeführt wurden.

Hinweis

Für die Wertermittlung ausländischen Vermögens, das nicht Teil eines inländischen Betriebsvermögens ist oder zum Vermögen einer Kapitalgesellschaft oder einer vermögensverwaltenden Gemeinschaft/Gesellschaft mit Sitz oder Geschäftsleitung im Inland gehört und das somit nicht der gesonderten Feststellung unterliegt (§ 151 Abs. 4 BewG), bleibt das jeweilige Erbschaftsteuerfinanzamt zuständig.

Die Erbschafts-/Schenkungsteuerstelle darf für die o.g. Vermögensgegenstände deren Werte grds. nicht selbst feststellen (§ 151 Abs. 1 BewG i.V.m. §§ 179, 162 AO). Es fordert bei Bedeutung das betr. Lage-/Betriebsstättenfinanzamt zu entspr. Feststellungen auf. Ist für das Feststellungsfinanzamt ersichtlich, dass weitere Feststellungen nach § 151 Abs. 1 Satz 1 Nr. 1–4 BewG erforderlich (von Bedeutung) sind, fordert es die zuständigen Finanzämter (Lage-/Betriebsstätten- oder Verwaltungsfinanzamt) hierzu auf.

Bis zur Feststellung des Wertes durch das zuständige Finanzamt kann das für die Festsetzung der Erbschaft- bzw. Schenkungsteuer zuständige Finanzamt aber den Wert nach § 155 Abs. 2 AO i.V.m. § 162 Abs. 5 AO schätzen.

5 Das Betriebsfinanzamt darf die erforderlichen Feststellungen nur innerhalb der Feststellungsfrist durchführen (i.d.R. vier Jahre § 169 Abs. 2 Nr. 2 i.V.m. § 181 Abs. 1 AO). Insb. bei den erbschaftsteuerlichen Feststellungen nach §§ 13a Abs. 4, Abs. 9a und 13b Abs. 10 ErbStG gelten besondere Anlaufhemmungen; Näheres siehe § 3 Rdn 3.

Hinweis

Hat der Steuerpflichtige oder sein Berater schon eine Feststellungserklärung ohne Aufforderung abgegeben, tritt die Anlaufhemmung nach § 170 Abs. 2 Satz 1 Nr. 1 AO trotzdem nicht ohne eine Aufforderung an den Einzelunternehmer/die Personengesellschaft/die Kapitalgesellschaft oder die vermögensverwaltende Gesellschaft/Gemeinschaft ein. Nach Aufforderung ist gewöhnlich keine erneute Abgabe der Feststellungserklärung erforderlich.

III. Wertermittlung der Vermögensgegenstände

Die gesonderte Feststellung der Werte ist nach Maßgabe von § 12 ErbStG und 6
§ 157 Abs. 2–5 BewG vorzunehmen. Es gelten folgende Wertermittlungsvorschriften:

- für das LuF-Vermögen die §§ 158 bis 175 BewG
- für Grundstücke des Grundvermögens und bestimmte Betriebsgrundstücke die §§ 176 bis 198 BewG
- für Anteile an Kapitalgesellschaften § 11 Abs. 2 BewG
- für Betriebsvermögen oder eines Anteils daran § 109 i.V.m. § 11 Abs. 2 BewG
- für Anteile an vermögensverwaltenden Gemeinschaften/Gesellschaften je nach Art des Vermögens die vorgenannten Vorschriften, ansonsten allgemein §§ 9, 12 ff. BewG.

Auf die Einzelheiten der Wertermittlung wird an passender Stelle in den §§ 9–13 eingegangen.

IV. Gesonderte Feststellung für Zwecke der Verschonung von Unternehmensvermögen

Das für die Bewertung der wirtschaftlichen Einheit örtlich zuständige Finanzamt 7
i.S.d. § 152 Nr. 1 bis 3 BewG hat nach § 13a Abs. 4 ErbStG (zuvor § 13a Abs. 1a ErbStG) die **Ausgangslohnsumme**, die **Anzahl der Beschäftigten** und die **Summe der maßgebenden jährlichen Lohnsummen** gesondert festzustellen, wenn diese Angaben für die Erbschaftsteuer oder eine andere Feststellung im Sinne dieser Vorschrift von Bedeutung sind. Außerdem muss das betr. Finanzamt gem. § 13b Abs. 10 ErbStG die **Summe der gemeinen Werte der Finanzmittel, der jungen Finanzmittel, des Verwaltungsvermögens, des jungen Verwaltungsvermögens und der Schulden** feststellen. Für die **zusätzlichen Feststellungen** (vgl. Rdn 1) der Ausgangslohnsumme, der Anzahl der Beschäftigten und der Summe der maßgebenden jährlichen Lohnsummen gelten die Verkehrswerte und für die Wertfeststellungen des **Verwaltungsvermögens** (Vermögensgegenstände des (jungen) Verwaltungsvermögens, der (jungen) Finanzmittel, und der Schulden des Verwaltungsvermögens) gelten der Allgemeine Teil und der besondere Teil des BewG (je nach Vermögensgegenstand z.B. Finanzmittel nach § 12 BewG, Grundstücke nach §§ 176 ff. BewG). Hinzu kommen für Bewertungs-

stichtage **ab dem 29.12.2020** Feststellungen zum Vorliegen der Voraussetzungen und zur Höhe des Vorwegabschlags für Familienunternehmen (§ 13a Abs. 9a ErbStG), zum Wert des Betriebsvermögens, das einer weder in einem Mitgliedstaat der Europäischen Union noch in einem Staat des Europäischen Wirtschaftsraums belegenen Betriebsstätte dient (im Folgenden Betriebsstätte in Drittstaaten) und zum Vorliegen der Voraussetzungen für den Abzug des Sockelbetrags beim Finanzmitteltest (§ 13b Abs. 10 ErbStG).

Neben den förmlichen Feststellungen muss das Betriebsfinanzamt dem Erbschaftsteuerfinanzamt diverse Angaben **nachrichtlich** mitteilen, dazu R 13b.30 Abs. 5 ErbStR (teilweise überholt durch vorgenannte Vorschriften für Bewertungsstichtage ab 29.12.2020) und § 15 Rdn 27. Die nachrichtlichen Mitteilungen bzw. deren Schlussfolgerungen können nur im Rahmen des betreffenden Erbschaft-/Schenkungsteuerbescheides angefochten werden.

B. Zur Erklärungspflicht

8 **Erklärungspflichtig** i.S.d. § 153 BewG ist jeder, für dessen Besteuerung eine gesonderte Feststellung von Bedeutung ist, und von dem das zuständige Finanzamt die Abgabe einer Feststellungserklärung verlangt. In der Regel wird dies der Erbe/Beschenkte/sonst Bedachte sein, wenn ihm die Feststellungsobjekte direkt zuzurechnen sind. In den Fällen, in denen der Gegenstand der Feststellung einer **Personengemeinschaft oder Personengesellschaft** zuzurechnen ist, ist die Feststellungserklärung vorrangig von der Gemeinschaft bzw. Gesellschaft anzufordern (§ 153 Abs. 2 BewG; vgl. R B 153 Abs. 3 S. 1 ErbStR). Damit wird sichergestellt, dass diese Unternehmen Feststellungsbeteiligte i.S.d. § 154 BewG werden. Hat ein Erklärungspflichtiger eine Erklärung zur gesonderten Feststellung abgegeben, sind andere Beteiligte insoweit von der Erklärungspflicht befreit (§ 153 Abs. 4 Satz 2 BewG).

Die konkrete Erklärungspflicht entsteht erst durch Aufforderung des zuständigen Finanzamts (§ 152 BewG). Ob das Finanzamt zur Feststellungserklärung auffordert, steht in seinem pflichtgemäßen Ermessen. Im Übrigen gelten die allgemeinen Verfahrensregelungen für Steuererklärungen (§ 150 AO).[2]

Beispiel

Der Erbe hat Grundstücke oder eine Beteiligung an einer Personengesellschaft geerbt. Das Finanzamt kann von ihm eine Feststellungserklärung verlangen. Erwirbt ein Erbe eine Beteiligung an einer Personengesellschaft oder einer sonstigen Gemeinschaft, kann die Feststellungserklärung – nach ermessensge-

2 *Höne/Krause*, Die Feststellungspflicht nach § 153 BewG im Wertfeststellungsverfahren für erbschaft- und schenkungsteuerliche Zwecke, ZEV 2010, 179.

rechter Auswahl – auch von dieser angefordert werden (§ 153 Abs. 2 BewG). Dies gilt entsprechend bei vermögensverwaltenden Grundstücksgesellschaften; sie sind vorrangig zur Abgabe einer Feststellungserklärung aufzufordern. Dadurch wird die Gesellschaft Beteiligte des Feststellungsverfahrens.

Geht es um die Bewertung eines nicht notierten Anteils an einer Kapitalgesell- 9
schaft, insbesondere um Anteile an einer GmbH oder kleinen AG, kann die Feststellungserklärung **nur von der Kapitalgesellschaft** verlangt werden (§ 153 Abs. 3 BewG). Hat nicht die Kapitalgesellschaft die Feststellungserklärung abgegeben, muss das Finanzamt die Kapitalgesellschaft unter Hinweis auf § 153 Abs. 3 BewG zur Erklärung auffordern. Eine erneute Abgabe der Feststellungserklärung ist erforderlich. Der Erklärungspflichtige ist in Zeile 14 ff. einzutragen.

14	**Erklärungspflichtiger § 153 BewG**		
15	Name, Vorname / Firma		
16	Straße und Hausnummer oder Postfach		
17	Postleitzahl	Ort	Tagsüber telefonisch erreichbar

Es kann sein, dass für die Wertermittlung des Werts einer Personen- oder Kapital- 10
gesellschaft oder sonstigen Gemeinschaft **weitere gesonderte Feststellungen** erforderlich werden, z.B. einer GmbH gehören Grundstücke, Beteiligungen, usw. In diesem Fall sind die betreffenden Gesellschaften, Gemeinschaften – m.E. vorrangig – zur Feststellungserklärung aufzufordern (§ 153 Abs. 2 BewG), da die Erben häufig nicht im Besitz der notwendigen Unterlagen sind. Bei Unterbeteiligungen ergeben sich unterschiedliche Erklärungspflichten, bei einer Personengesellschaft könnte anstelle der Gesellschaft auch der Erbe/Beschenkte, bei einer Kapitalgesellschaft nur diese aufgefordert werden. Zur Anforderung der Feststellungserklärung bei Unterbeteiligungen siehe noch H B 153 ErbStH.

Hinweis

Bei Beteiligungsstrukturen/Beteiligungsketten sind auf den verschiedenen Beteiligungsebenen diverse Feststellungserklärungen meist gegenüber verschiedenen Finanzämtern vorzunehmen. Wenn möglich könnten Erben etc. durch Bevollmächtigung einer oder weniger Beratungskanzlei(en) die Erklärungen koordinieren, die auch mit der Erbschaft-/Schenkungsteuer befasst ist/sind.

Insbesondere bei der Bewertung von Nießbrauchs- und Wohnrechten ist der 11
zu kapitalisierende Jahreswert auf den 18,6-fachen Teil des Gegenstandwerts, insbesondere des Steuerwerts eines Grundstücks, begrenzt. In den Fällen der Begrenzung des Jahreswerts von Nutzungen eines Grundstücks nach § 16 BewG kann sowohl der Erwerber als auch der Grundstückseigentümer zur Abgabe einer Feststellungserklärung aufgefordert werden (§ 180 AO; R B 153 Abs. 7 ErbStR).

12 **Formal wichtig** ist, dass die Erklärung nur wirksam abgeben ist, wenn sie vom Erklärungspflichtigen bzw. von seinem Bevollmächtigten eigenhändig **unterschrieben** worden ist (§ 152 Abs. 4 BewG). Hat ein Erklärungspflichtiger eine Feststellungserklärung abgegeben, z.B. eine KG für ihr Betriebsvermögen, braucht der Erbe nicht noch selbst eine Erklärung abgeben (§ 153 Abs. 4 Satz 2 BewG). Allerdings wird das Finanzamt dennoch eine Aufforderung an den Einzelunternehmer/die Personengesellschaft/die Kapitalgesellschaft oder die vermögensverwaltende Gesellschaft/Gemeinschaft richten, um die Anlaufhemmung nach § 170 Abs. 2 Satz 1 Nr. 1 AO herbeizuführen. Normalerweise ist die Feststellungserklärung innerhalb von 4 Wochen abzugeben. Häufig kann die Frist nicht eingehalten werden, deshalb empfiehlt es sich, gem. § 109 i.V.m. § 149 AO **Fristverlängerung** zu beantragen, ansonsten kann das Finanzamt ggf. einen **Verspätungszuschlag** festsetzen (§ 150 AO).[3] Wurde die Frist unverschuldet versäumt, kann ggf. rückwirkend Fristverlängerung beantragt und gegen eine Festsetzung des Verspätungszuschlags Einspruch eingelegt werden.

13 **Beteiligter** am Feststellungsverfahren ist vor allem der Steuerschuldner, z.B. Erbe, Vermächtnisnehmer (§ 154 Abs. 1 Satz 1 Nr. 3 BewG) und dann derjenige, dem der Gegenstand der Feststellung zuzurechnen ist. Befindet sich z.B. im Gesamthandsvermögen einer KG ein Grundstück, ist das Grundstück der KG zuzurechnen. In § 154 Abs. 1 Nr. 2 und 3 BewG wird die Beteiligtenstellung erweitert auf

- diejenigen, die das Finanzamt zur Abgabe einer Feststellungserklärung aufgefordert hat und
- diejenigen, die eine Steuer schulden, für deren Festsetzung die Feststellung von Bedeutung ist. Hat jemand z.B. einen GmbH-Anteil geerbt und gehört der GmbH ein Grundstück, ist der Erbe auch Beteiligter am Feststellungsverfahren betr. den Grundbesitz der GmbH.

Handelt es sich um einen Erbfall mit mehreren Erben, wird der Gegenstand der Feststellung der Erbengemeinschaft in Vertretung der Miterben zugerechnet (§ 151 Abs. 2 Nr. 2 BewG). Die Miterben sind in diesem Fall ebenfalls Feststellungsbeteiligte (§ 154 Abs. 1 Satz 1 Nr. 3 BewG).[4]

Im Einzelfall können ggf. auch mehrere Beteiligte vorhanden sein. Erwirbt jemand als Alleinerbe einen nicht notierten Anteil an einer inländischen Kapitalgesellschaft, ist der Anteilserwerber Beteiligter gem. § 154 Abs. 1 Satz 1 Nr. 1 und 3 BewG, weil ihm der Gegenstand der Feststellung zuzurechnen ist und er Schuldner der Erbschaftsteuer ist. Darüber hinaus ist die Kapitalgesellschaft Be-

3 Hierunter fallen auch die Feststellungserklärungen nach § 151 Abs. 1 Satz 1 Nr. 2 bis 4 BewG, § 13a Abs. 4, § 13a Abs. 9a und § 13b Abs. 10 ErbStG. Die Abgabeverpflichtung für diese Feststellungserklärungen resultiert aus der Aufforderung durch das Finanzamt. Die Verspätung tritt ein, wenn die Erklärung nicht bis zum Ablauf der durch das Finanzamt gesetzten Frist abgegeben wurde.

4 BFH v. 30.9.2015 – II R 31/13, BStBl 2016 II, 637.

teiligte gem. § 154 Abs. 1 Satz 1 Nr. 2 BewG, wenn sie zur Abgabe der Feststellungserklärung aufgefordert wird. Entsprechendes gilt beim Erwerb einer Beteiligung an einer Personengesellschaft durch einen Alleinerben.

Gesamtschuldner (beispielsweise Schenker und Beschenkter bei einer Schenkung) sind nach § 154 Abs. 1 Satz 1 Nr. 3 BewG i.d.F. des Steueränderungsgesetzes 2015[5] immer Beteiligte am Verfahren; das gilt **für Bewertungsstichtage ab 1.1.2016.**[6] Aufgrund der Beteiligtenstellung ist diesem auch der Feststellungsbescheid bekanntzugeben (R B 154 Abs. 3 ErbStR); entsprechend ist dieser zusätzlich rechtsbehelfsbefugt (neben dem eigentlichen Feststellungsadressat (§ 155 Satz 1 BewG). Das Finanzamt kann die Bekanntgabe der Feststellung zunächst auf den Beteiligten beschränken (i.d.R. auf den Beschenkten), für den die Feststellung von Bedeutung ist (z.B. auf den Beschenkten), wobei jedoch alle Beteiligten im Bescheid namentlich zu bezeichnen sind. Ist eine anschließende Bekanntgabe an einen anderen Beteiligten erforderlich, kann diese nachgeholt werden (AEAO zu § 122, Nr. 2.5.1 und 4.7). Im Falle einer Schenkung, bei der der Schenker die Steuer übernommen hat (siehe dazu § 6 Rdn 68), ist der Bescheid an den Beschenkten und den Schenker sowie an die Gesellschaft bekanntzugeben (R B 154 Abs. 3 Satz 4 ErbStR). 14

War der Erblasser Alleineigentümer einer wirtschaftlichen Einheit des Grundbesitzes und geht das Eigentum daran im Wege des Erwerbs durch Erbanfall auf mehrere Erben als Gesamtrechtsnachfolger über, ist der Wert der wirtschaftlichen Einheit der Erbengemeinschaft gegenüber einer Erbengemeinschaft in Vertretung der Miterben gesondert und einheitlich festzustellen und der Erbengemeinschaft in Vertretung der Miterben zuzurechnen (§ 179 Abs. 2 Satz 2 AO).[7] Die Bekanntgabe richtet sich nach §§ 122, 183 AO. Im Bescheid über die gesonderte und einheitliche Feststellung sind alle Miterben namentlich aufzuführen.[8] Die Bekanntgabe richtet sich nach §§ 122, 183 AO. Inhaltsadressaten der Feststellung sind die Miterben, für deren Besteuerung die Werte nach § 151 Abs. 1 BewG von Bedeutung sind und nicht die Erbengemeinschaft. Adressierungs-/Bekanntgabefehler führen zur Nichtigkeit des Bescheides. Bei der Bekanntgabe an einen Empfangsbevollmächtigten ist ein Hinweis erforderlich, dass die Bekanntgabe mit Wirkung für und gegen alle Feststellungsbeteiligten erfolgt (§ 183 Abs. 1 Satz 5 AO; AEAO zu § 122, Nr. 2.5.2). Wenn für die Erbengemeinschaft kein Empfangsbevollmächtigter vorhanden ist und die Regelungen des § 183 Abs. 1 15

5 V. 2.11.2015, BGBl I, 1834, BStBl I, 846.

6 Nach § 154 Abs. 1 Satz 1 Nr. 3 BewG i.d.F. des Steueränderungsgesetzes 2015 (BGBl I,1834) für Bewertungsstichtage ab 1.1.2016. Zur Anwendung des § 154 Abs. 1 BewG i.d.F. des Steueränderungsgesetzes 2015 siehe Gleich lautende Ländererlasse v. 14.3.2016, BStBl 2016 I, 249 mit vielen Beispielen.

7 R E 151.2 Abs. 2 Nr. 2 ErbStR.

8 *Halaczinsky*, Fehlerhafte Bekanntgabe von Erbschaftsteuer- und Bedarfswertbescheiden bei Erbengemeinschaften, UVR 2019, 348.

Satz 2 ff. AO ausnahmsweise keine Anwendung finden sollen, ist der Feststellungsbescheid jedem Miterben bekanntzugeben.

War der Erblasser Miteigentümer einer wirtschaftlichen Einheit des Grundbesitzes und geht der Miteigentumsanteil daran im Wege des Erwerbs durch Erbanfall nur auf einen Erben oder auf mehrere Erben als Gesamtrechtsnachfolger über, gilt das vorher Gesagte entsprechend.

Ist kein Empfangsbevollmächtigter bestellt, hat jeder Miterbe einen Feststellungsbescheid zu erhalten.[9]

16 In Erbbaurechtsfällen kann das Finanzamt die Abgabe einer Feststellungserklärung vom Erbbauberechtigten und vom Erbbauverpflichteten verlangen; der so Aufgeforderte ist Beteiligter gem. § 154 Abs. 1 Nr. 1 BewG. Der Erbbauberechtigte ist außerdem nach § 154 Abs. Nr. 1 BewG Beteiligter am Feststellungsverfahren, da ihm das Erbbaurecht zuzurechnen ist. Für die Bewertung eines Erbbaugrundstücks gilt dies entsprechend.

17 Bei mehreren Beteiligten am Feststellungsverfahren erfolgt gegenüber jedem eine gesonderte Feststellung. Entsprechend ist jedem Beteiligten grds. ein Feststellungsbescheid bekanntzugeben. Im Feststellungsbescheid sind alle Beteiligte namentlich zu benennen (§ 153 Abs. 5 BewG i.V.m. § 181 Abs. 1 AO und § 122 Abs. 1 Satz 1 AO). Wenn der Feststellungsgegenstand einer Erbengemeinschaft zuzurechnen ist, gelten für die Bekanntgabe des Feststellungsbescheids die Grundsätze zur Empfangsbevollmächtigung bei der einheitlichen Feststellung (§ 183 AO). Der Bescheid ist somit grds. dem von der Erbengemeinschaft benannten Vertreter bekannt zu geben (§ 183 Abs. 1 Satz 1 AO). Hat die Erbengemeinschaft keinen Vertreter benannt, kann sie aufgefordert werden, einen solchen zu benennen (§ 183 Abs. 1 Satz 3 bis 4 AO). Zur Feststellungsbeteiligung und Bekanntgabe des Feststellungsbescheids bei Unterbeteiligungen siehe noch H B 154 ErbStH. Zur Rechtsbehelfsbefugnis gegen Feststellungsbescheide siehe noch § 15.

Außerdem ist bei jedem Beteiligten eine Außenprüfung zur Ermittlung der Besteuerungsgrundlagen zulässig (§ 156 BewG).

18 **Feststellungsverjährung**: Für gesonderte Feststellungen bzw. deren Korrekturen gelten die üblichen Verjährungsfristen grundsätzlich entsprechend (§ 181 Abs. 1 AO). Die Frist für die gesonderte Feststellung von Besteuerungsgrundlagen ist aber unabhängig von der Festsetzungsfrist für die Erbschaft-/Schenkungsteuer zu ermitteln. Sie kann später beginnen als die Festsetzungsfrist für die Erbschaft-/Schenkungsteuer und daher noch laufen, nachdem die reguläre Festsetzungsfrist für die ErbSt bereits abgelaufen ist. Für einen solchen Fall sieht § 171 Abs. 10

---

9 So BFH v. 30.9.2015 – II R 31/13, BStBl 2016 II, 637, Bestätigung von FG Münster v. 29.5.2013 – 3 K 4298/11 F, StE 2013, 550.

Satz 1 AO eine Ablaufhemmung der Festsetzungsfrist für die Folgesteuern (hier ErbSt) vor.

Die Feststellungsfrist beginnt grundsätzlich mit Ablauf des Kalenderjahres, in dem die (Folge-)Steuer entstanden ist (§ 181 Abs. 1 Satz 1 i.V.m. § 170 Abs. 1 AO i.V.m. § 11 und § 9 ErbStG). Gem. § 170 Abs. 2 Nr. 1 AO kann sie auch später beginnen. Um eine Anlaufhemmung nach § 170 Abs. 2 Satz 1 Nr. 1 AO zu erreichen, muss das Betriebsfinanzamt/Feststellungsfinanzamt zur Abgabe der Feststellungserklärung auffordern. Es gelten die Ablaufhemmungen des § 171 AO. Wird aufgrund des Verlangens des für die Feststellung zuständigen Finanzamts gemäß § 153 Abs. 1 Satz 1 BewG n.F. eine Feststellungserklärung eingereicht (z.B. in 2022), beginnt die Frist für die Feststellung eines Grundbesitzwerts in sinngemäßer Anwendung des § 170 Abs. 2 Satz 1 Nr. 1 AO gem. § 181 Abs. 3 Satz 2 AO mit Ablauf des Kalenderjahres, in dem die Feststellungserklärung eingereicht wird (z.B. mit Ablauf des 31.12.2022), spätestens jedoch mit Ablauf des dritten Kalenderjahres, das auf das Kalenderjahr folgt, in dem die Steuer entstanden ist (es sei denn, dass die Feststellungsfrist in sinngemäßer Anwendung des § 170 Abs. 1 AO später beginnt). Damit kann es rückwirkend zu einer Anlaufhemmung der Feststellungsfrist von bis zu drei Jahren kommen. Der Ablauf der vierjährigen Feststellungsfrist verschiebt sich entsprechend.[10]

Eine Feststellung kann entsprechend § 181 Abs. 5 AO bis zum Ablauf der Festsetzungsfrist der Erbschaft- bzw. Schenkungsteuer erfolgen. Erfolgt die gesonderte Feststellung erst nach Ablauf der für sie geltenden Feststellungsfrist, aber innerhalb der für die Erbschaft- bzw. Schenkungsteuer geltenden Festsetzungsfrist, ist im Feststellungsbescheid zwingend darauf hinzuweisen (§ 181 Abs. 5 Satz 2 AO).

C. Der allgemeine Teil des Erklärungsformulars zur Feststellung eines Bedarfswerts

Die **Feststellungserklärung** setzt sich aus einem **allgemeinen Erklärungsbogen** zur Feststellung des Bedarfswerts und – je nach Bedarf – aus einer oder mehreren besonderen Anlagen (siehe **Zeilen 18–22**) zusammen. Hat der Steuerpflichtige z.B. ein Grundstück und einen KG-Anteil geerbt, gibt er eine „**Erklärung zur Feststellung des Bedarfswerts**“ und zwei entsprechende Anlagen ab. Allerdings funktioniert das m.E. nur, soweit dieselben Stellen im Finanzamt dafür zuständig sind. Ansonsten sind entsprechend mehrere Erklärungen zur Feststellung eines Bedarfswerts mit den jeweiligen Anlagen ggf., an verschiedene Finanzämter abzugeben. 19

10 BFH v. 17.4.2013 – II R 59/11, BFH/NV 2013, 1149; Näheres *Halaczinsky*, in: Rössler/Troll, BewG, § 153 Rn 25 ff. (April/2022).

Hinweis

Je nachdem, in welchem Zeitraum der Erwerb stattgefunden hat, ist das Formular unterschiedlich. Im Folgenden wird das Formular erläutert, das für Erwerbe ab 1.7.2016 gilt (BBW 1a Erklärung zur Feststellung nach § 151 Abs. 1 Satz 1 Nr. 2–4 BewG für Stichtage ab 1.7.2016).

Das Formular kann entweder

- zur Erklärung zur Feststellung des Bedarfswerts für den Gewerbebetrieb/den freien Beruf, für nicht notierte Anteile an Kapitalgesellschaften oder Anteile daran und für den Anteil am Wert von anderen Vermögensgegenständen und von Schulden im Sinne des § 151 Abs. 1 Satz 1 Nr. 4 BewG **(Zeilen 1–3)** oder
- zur Feststellung nach § 13a Abs. 4 ErbStG nach § 13b Abs. 10 ErbStG

benutzt werden. Lt. amtlicher Anleitung verlangt die Finanzverwaltung generell, dass für jede Feststellung sowohl die allgemeine Erklärung zur Feststellung eines Bedarfswerts nebst entsprechenden Anlagen abzugeben ist.

Zur **örtlichen Zuständigkeit** für die Feststellungen siehe § 152 BewG und R B 152 ErbStR, H B 152 ErbStH und Rdn 4.

20 **In Zeilen 1–3** ist anzugeben, um welche Feststellung es bei der betreffenden Erklärung genau geht.

BBW 1a Feststellungserklärung Bedarfswert § 151 Abs. 1 Satz 1 Nr. 2 bis 4 BewGZutreffende weiße Felder bitte ausfüllen oder ☒ ankreuzen

An das Finanzamt			Eingangsstempel
Aktenzeichen/Steuernummer			
Zeile 1	**Erklärung zur Feststellung des Bedarfswerts**		
2	☐ für den Gewerbebetrieb/ den freien Beruf	☐ für die Anteile an einer Kapitalgesellschaft	
3	☐ für die Beteiligung an einer Personengesellschaft	☐ für den Anteil am Wert von anderen Vermögensgegenständen und von Schulden im Sinne des § 151 Abs. 1 Satz 1 Nr. 4 BewG	

21 In den **Zeilen 4, 5** ist anzugeben, ob es sich um eine erbschaftsteuerliche Feststellung und um welche in Zeile 5 Genannte es sich handelt. Näheres dazu siehe Rdn 32.

4	**Zur Feststellung**		
5	☐ nach § 13a Abs. 4 ErbStG	☐ nach § 13a Abs. 9a ErbStG	☐ nach § 13b Abs. 10 ErbStG

22 In **Zeilen 6 ff.** werden weitere allgemeine Informationen abgefragt. Der in **Zeile 6** anzugebende Bewertungsstichtag ist nach § 11 ErbStG derjenige Tag, an dem die Steuer gem. § 9 ErbStG für den Erwerb von Todes wegen entstanden ist, in der Regel der Todestag des Erblassers oder bei Schenkungen der Tag der Ausführung der Schenkung. Da es erbschaft-/schenkungsteuerlich grds. genau auf die Verhältnisse am Stichtag (Bewertungsstichtag § 11 ErbStG und Besteuerungszeitpunkt

§ 9 ErbStG) ankommt, ist es wichtig, in **Zeile 6** den **genauen Stichtag** einzutragen. Näheres dazu siehe § 3 Rdn 10.

In **Zeilen 7 ff.** sind das zu bewertende Unternehmen bzw. die zu bewertende Gemeinschaft namentlich mit Adresse etc. zu bezeichnen. Anzugeben ist auch das Betriebsfinanzamt und die Steuernummer bei der Einkommen-/Körperschaftsteuer und Steuer-Identifikationsnummer.

6	**Bewertungsstichtag**	Tag Monat Jahr		
7	**Zu bewertendes Unternehmen/Gemeinschaft**			
8	Name/Firma			
9	Straße und Hausnummer oder Postfach			
10	Postleitzahl	Ort	Tagsüber telefonisch erreichbar	
11	Betriebsfinanzamt			
12	Steuernummer		Wirtschafts-Identifikationsnummer	
13	Übertragener Anteil	Prozent	oder Zähler	Nenner

14	**Erklärungspflichtiger § 153 BewG**		
15	Name, Vorname / Firma		
16	Straße und Hausnummer oder Postfach		
17	Postleitzahl	Ort	Tagsüber telefonisch erreichbar

23

Erklärungspflichtig gem. § 153 BewG ist gewöhnlich der Erbe oder sonst Bedachte des Unternehmensvermögens, bei Schenkung ersatzweise auch der Schenker. Wenn es um Anteile an Kapitalgesellschaften geht, ist nur die Kapitalgesellschaft selbst, vertreten durch ihr „Organ" (Geschäftsführer, Vorstand, sonst Bevollmächtigter), erklärungspflichtig.

In den **Zeilen 19 und 20** ist anzugeben, welche und wieviel Anlage(n) Betriebsvermögen usw. beigefügt worden sind. Die Anlagen sind in §§ 9–13 beschrieben. 24

18	**Beigefügte Anlagen**			
19	Anlage Betriebsvermögen	Anzahl	Anlage Vereinfachtes Ertragswertverfahren	Anzahl
20	Anlage Substanzwert	Anzahl	Anlage Vermögen und Schulden von Gesellschaften/ Gemeinschaften (§ 151 Abs. 1 Satz 1 Nr. 4 BewG)	Anzahl

Hierzu wird auf § 4 Rdn 156 der Erbschaftsteuererklärung verwiesen. 25

21	**Mitteilung von grenzüberschreitenden Steuergestaltungen**	
22	☐ Das Unternehmen/die Gemeinschaft nutzt eine grenzüberschreitende Steuergestaltung nach §§ 138d ff. AO, deren steuerlicher Vorteil sich bei dieser Feststellung auswirken soll. Bitte erläutern Sie die Steuergestaltung auf gesondertem Blatt.	
23	Registriernummer	Offenlegungsnummer

26 In den **Zeilen 24–28** ist nur etwas einzutragen, wenn einem anderen als dem Erben/Steuerpflichtigen der Feststellungsbescheid bekanntgegeben werden soll, z.B. bei mehreren Erben einem der Erben, dem Steuerberater, Rechtsanwalt etc. Wer einen Steuerberater, Anwalt etc. hat, kann diesen als Empfangsbevollmächtigten benennen **(Zeile 25–27)**; dann wird der Schriftverkehr einschl. Bescheidzusendung mit/an diesen erfolgen. Zur Wirksamkeit der Empfangsvollmacht ist die Unterschrift der Beteiligten erforderlich, die einen Empfangsbevollmächtigten bestellen. Dies erfolgt im Allgemeinen in einer Vollmachtsurkunde.

24	**Empfangsbevollmächtigter des Erklärungspflichtigen**		Der Bescheid soll abweichend von Zeilen 15 bis 17 bekanntgegeben werden an:
25	Name, Vorname / Firma		
26	Straße und Hausnummer oder Postfach		
27	Postleitzahl	Ort	Tagsüber telefonisch erreichbar
28	Die mit dieser Erklärung angeforderten Daten werden aufgrund des § 149 AO i. V. m. § 153 BewG erhoben. Informationen über die Verarbeitung personenbezogener Daten in der Steuerverwaltung und über Ihre Rechte nach der Datenschutz-Grundverordnung sowie über Ihre Ansprechpartner in Datenschutzfragen entnehmen Sie bitte dem allgemeinen Informationsschreiben der Finanzverwaltung. Dieses Informationsschreiben finden Sie unter www.finanzamt.de (unter der Rubrik „Datenschutz") oder erhalten Sie bei Ihrem Finanzamt. Die Angabe der Telefonnummer ist freiwillig.		Bei der Anfertigung dieser Steuererklärung und der Anlagen hat mitgewirkt:
29	**Unterschrift**	Datum, Unterschrift (ggf. des gesetzlichen Vertreters oder des Bevollmächtigten)	

Unabdingbar ist die **persönliche Unterschrift des Erklärenden.** Im Fall der gesetzlichen Vertretung oder einer Bevollmächtigung kann der gesetzliche Vertreter/Bevollmächtigte unterschreiben. Es muss aber der Nachweis der Vertretungsbefugnis/Bevollmächtigung erbracht werden, i.d.R. durch Beifügung/Übersendung der Vollmacht.

Die Abgabe der Feststellungserklärung ist nur bei Unterschrift **(Zeile 29)** durch den Beteiligten/Bevollmächigen wirksam. Die Bekanntgabevollmacht beinhaltet nicht zwangsläufig auch die Vertretungsbefugnis für evtl. Einspruch, Klage. Ist das nicht der Fall, muss der Empfangsbevollmächtigte dafür Sorge tragen, dass an ihn gesandte Bescheide unverzüglich an die Beteiligten weitergeleitet werden, damit innerhalb der einmonatigen Einspruchsfrist entschieden werden kann, ob ein Rechtsbehelf eingelegt werden soll. Für Geschäftsunfähige oder beschränkt Geschäftsfähige sowie bei nicht natürlichen Personen hat der gesetzliche Vertreter zu unterschreiben. Nicht unterschriebene Erklärungen gelten als nicht abgegeben, sie können z.B. nicht den Beginn der Festsetzungsverjährung in Gang setzen. Die Unterschrift kann an Amtsstelle oder durch Rücksendung des Formulars oder auch Abgabe eines neuen unterschriebenen Formulars nachgeholt werden. Hat ein Steuerberater oder eine sonstige Person an der Anfertigung der Erklärung mitgewirkt, ist sie namentlich auf der rechten Seite anzugeben.

27 Auf **Blatt 2** der Feststellungserklärung sind der/die Erwerber (bei Schenkungen insb. der Beschenkte und in Erbfällen mit einem Alleinerben der Erbe) zu benennen. Hat der Schenker die Entrichtung der vom Erwerber geschuldeten Schenkungsteuer selbst übernommen, ist hier der Schenker einzutragen. Im Allgemei-

nen ergeben sich die Angaben auch schon aus der Erbschaftsteuererklärung und der dazugehörigen Anlage „Erwerber“; siehe dazu § 4 Rdn 169 ff., § 6 Rdn 15.In den **Zeilen 38–47** sind ggf. weitere Beteiligte nach § 154 BewG und ggf. deren Empfangsbevollmächtigte einzutragen. Hat der Schenker die Entrichtung der vom Erwerber geschuldeten Schenkungsteuer selbst übernommen, ist hier der Erwerber einzutragen (da er die Steuer subsidiär schuldet).

Zeile				
30	**Erwerber/Steuerschuldner**			
31	Name/Firma			
32	Vorname			
33	Geburtsdatum	Tag Monat Jahr	Steuernummer	Steuer-Identifikationsnummer
34	Straße und Hausnummer oder Postfach			
35	Postleitzahl	Ort		Tagsüber telefonisch erreichbar
36	Die Empfangsbevollmächtigung laut Zeile 25 bis 27 gilt entsprechend. Bitte fügen Sie die entsprechende Vollmacht bei.			
37	**Weitere Beteiligte § 154 BewG**			
38	Name, Vorname / Firma			
39	Straße und Hausnummer oder Postfach			
40	Postleitzahl	Ort		Tagsüber telefonisch erreichbar
41	Steuernummer		Steuer-Identifikationsnummer	
42	Die Empfangsbevollmächtigung laut Zeile 25 bis 27 gilt entsprechend. Bitte fügen Sie die entsprechende Vollmacht bei.			
43	Name, Vorname / Firma			
44	Straße und Hausnummer oder Postfach			
45	Postleitzahl	Ort		Tagsüber telefonisch erreichbar
46	Steuernummer		Steuer-Identifikationsnummer	
47	Die Empfangsbevollmächtigung laut Zeile 25 bis 27 gilt entsprechend. Bitte fügen Sie die entsprechende Vollmacht bei.			

Ist eine wirtschaftliche Einheit von einer **Erbengemeinschaft** geerbt worden, 28
d.h. ist die wirtschaftliche Einheit, z.B. ein Grundstück, einer Erbengemeinschaft zuzurechnen, ist in **Zeilen 48 ff.** die Erbengemeinschaft in Vertretung der Miterben einzutragen. Ist die wirtschaftliche Einheit einer Erbengemeinschaft zuzurechnen, sind die Bezeichnung der Erbengemeinschaft und die Namen der einzelnen Erben in den **Zeilen 49–54** einzutragen. Werte nach § 151 Abs. 1 BewG, insb. Grundbesitzwerte, Betriebsvermögens- und Anteilswerte, sind gegenüber einer Erbengemeinschaft in Vertretung der Miterben gesondert und einheitlich festzustellen. Die Bekanntgabe des betr. Feststellungsbescheids gegenüber einer Erbengemeinschaft richtet sich nach §§ 122, 183 AO. Inhaltsadressaten der Feststellung sind die Miterben, für deren Besteuerung die Werte nach § 151 Abs. 1 BewG von

Bedeutung sind.[11] In **Zeilen 55 ff.** ist der Empfangsbevollmächtigten (§ 183 AO) der Erbengemeinschaft oder – soweit gewünscht und vorhanden – auch in anderen Fällen zu benennen. In dem Fall wird der Feststellungsbescheid dem Empfangsbevollmächtigten zugesandt. Zeile 55 enthält den Hinweis, dass im Fall einer Erbengemeinschaft der Empfangsbevollmächtigter diesem im Feststellungsverfahren die Einspruchs- und Klagebefugnis zusteht (§ 352 AO, § 48 FGO). In **Zeile 56** haben **alle Miterben** die Empfangsbevollmächtigung **persönlich zu unterschreiben**. Kann der Empfangsbevollmächtigte eine schriftliche Vollmacht eines Miterben vorweisen, kann er für diesen unterschreiben.

48	**Angaben Erbengemeinschaft**			
49	Bezeichnung der Erbengemeinschaft			
50	Name, Vorname, Anschrift der Erben (ggf. gesondertes Blatt verwenden)			
51				
52				
53				
54				
55	**Empfangsbevollmächtigter der Erbengemeinschaft**			
56	Name, Vorname			
57	Straße und Hausnummer oder Postfach			
58	Postleitzahl	Ort		Tagsüber telefonisch erreichbar
59	Hat die Erbengemeinschaft einen Empfangsbevollmächtigten bestimmt, steht diesem im Feststellungsverfahren die Einspruchs- und Klagebefugnis zu (§ 352 AO, § 48 FGO). Die Empfangsvollmacht ist von allen Erben durch Unterschrift zu bestätigen.			
	Erbe	Ort	Datum	Unterschrift
60				

29 Das Feststellungsverfahren mündet gewöhnlich in einem Feststellungsbescheid, für den die Vorschriften für Steuerbescheide entsprechend gelten (§ 181 Abs. 1 AO). Ab Bekanntgabe des Feststellungsbescheids darf das Erbschaftsteueramt innerhalb von zwei Jahren (taggenau) den betreffenden Erbschaft- oder Schenkungsteuerbescheid korrigieren, d.h. die erstmalig festgestellten oder geänderten Besteuerungsgrundlagen berücksichtigen (§ 171 Abs. 10, Tz. 6 AEAO zu § 171 AO).

11 BFH v. 30.9.2015 – II R 31/13, BFH/NV 2016, 96. R E 154 ErbStR, H E 154 ErbStH. *Kirschstein*, Erbengemeinschaft als Adressat der gesonderten Feststellung von Grundbesitzwerten, ErbStB 2016, 38.

Grundsätzlich hat derjenige, der gesetzlich zur Abgabe einer Feststellungserklärung verpflichtet und dazu aufgefordert worden ist, auch die **Kosten**, z.B. die Steuerberaterkosten, dafür zu tragen. Gerade bei mehrstufigen Feststellungen betreffen diese auf den unteren Stufen nicht direkt die eigenen Angelegenheiten des Feststellungserklärungsverpflichteten, z.B. Erbe erbt 100 % der Anteile an einer GmbH, die ihrerseits an einer T-GmbH beteiligt ist, die ein Grundstück hat. Die Grundstückswertfeststellung richtet sich zwar gegen die T-GmbH, ist aber für sie ohne Bedeutung. Sie ist nur erforderlich, um den Wert der T-GmbH zu ermitteln, dieser Wert ist wiederum erforderlich, um den Wert der geerbten GmbH-Anteile zu ermitteln. M.E. können ohne zivilrechtliche Vereinbarungen die Erklärungskosten nicht auf den Erben übergewälzt werden. 30

Diese Kosten für eine Erklärung zur gesonderten Feststellung nach § 157 i.V.m. § 151 BewG fallen jedoch an, weil die Beteiligten durch § 31 ErbStG bzw. § 153 BewG zur Abgabe der Steuer- bzw. Feststellungserklärung verpflichtet sind. Deshalb sind die Kosten im vollen Umfang vom Steuerwert der Zuwendung abzugsfähig.[12] Siehe § 4 Rdn 173. Sie unterliegen nicht der Kürzung nach § 10 Abs. 6 ErbStG. 31

Hinweis

Bei der Kostentragung durch den Schenker handelt es um eine zusätzliche Schenkung, die die Bereicherung des Beschenkten entsprechend erhöht. Die Kosten sind in vollem Umfang abzugsfähig. Eine Kürzung nach § 10 Abs. 6 ErbStG erfolgt nicht.

Entstehen die Kosten erst in einem sich an die Wertfeststellung anschließenden Rechtsbehelfsverfahren, einem finanzgerichtlichen Verfahren oder einem Verfahren, in dem die Änderung der Wertfeststellung beantragt wird, können sie nicht abgezogen werden. Werden sie vom Schenker getragen, liegt eine zusätzliche Schenkung vor.

D. Die besonderen Feststellungen nach § 13a Abs. 4, 9a bzw. § 13b Abs. 10 ErbStG

Olivia Trentmann/Raymond Halaczinsky

Zur ordnungsgemäßen Gewährung/Versagung der Verschonungen von „Unternehmensvermögen“ sind in §§ 13a und 13b ErbStG folgende gesonderte Feststellungen vorgesehen: 32

- In § 13a Abs. 4 ErbStG und § 13c i.V.m § 13a Abs. 4 ErbStG: *„Das für die Bewertung der wirtschaftlichen Einheit örtlich zuständige Finanzamt im Sinne*

12 H E 10.7 ErbStH.

des § 152 Nr. 1 bis 3 BewG stellt die Ausgangslohnsumme, die Anzahl der Beschäftigten und die Summe der maßgebenden jährlichen Lohnsummen gesondert fest, wenn diese Angaben für die Erbschaftsteuer oder eine andere Feststellung im Sinne dieser Vorschrift von Bedeutung sind.“
- In § 13a Abs. 9a ErbStG[13]: „*Das für die Bewertung der wirtschaftlichen Einheit örtlich zuständige Finanzamt im Sinne des § 152 Nummer 2 und 3 des Bewertungsgesetzes stellt das Vorliegen der Voraussetzungen für den Abschlag nach Absatz 9 und dessen Höhe auf den Zeitpunkt der Entstehung der Steuer (§ 9) gesondert fest, wenn diese Angaben für die Erbschaftsteuer von Bedeutung sind.“*
- In § 13b Abs. 10 ErbStG: „*Das für die Bewertung der wirtschaftlichen Einheit örtlich zuständige Finanzamt im Sinne des § 152 Nummer 1 bis 3 des Bewertungsgesetzes stellt die Summen der gemeinen Werte der Finanzmittel im Sinne des Absatzes 4 Nummer 5 Satz 1, der jungen Finanzmittel im Sinne des Absatzes 4 Nummer 5 Satz 2, der Vermögensgegenstände des Verwaltungsvermögens im Sinne des Absatzes 4 Nummer 1 bis 4, der Schulden, des jungen Verwaltungsvermögens im Sinne des Absatzes 7 Satz 2, des Betriebsvermögens, das einer weder in einem Mitgliedstaat der Europäischen Union noch in einem Staat des Europäischen Wirtschaftsraums belegenen Betriebsstätte dient, und das Vorliegen der Voraussetzungen des Absatzes 4 Nummer 5 Satz 4 und 5 gesondert fest, wenn und soweit diese Werte für die Erbschaftsteuer oder eine andere Feststellung im Sinne dieser Vorschrift von Bedeutung sind.“*

Diese in §§ 13a, 13b ErbStG vorgesehenen besonderen Feststellungen sind jeweils ein Verwaltungsakt im Sinne des § 118 AO.

33 Mit Wirkung für Erwerbe, für die Erbschaft- oder Schenkungsteuer **nach dem 28.12.2020 entstanden ist**, sind an die Stelle der nachrichtlichen Mitteilungen des Betriebsfinanzamtes zu § 13a Abs. 9a und § 13b Abs. 10 ErbStG an das Erbschaftsteuerfinanzamt oder an das Betriebsfinanzamt auf einer vorgeordneten Beteiligungsstufe weitere folgende gesonderte Feststellungen getreten:[14]
- beim Vorwegabschlag für Familienunternehmen nach § 13a Abs. 9 ErbStG, dass die dort genannten Voraussetzungen für den Vorwegabschlag vorliegen, und wie hoch der Vorwegabschlag ist (§ 13a Abs. 9a ErbStG),[15]
- beim Vermögen von Betriebstätten in Drittstaaten der Wert des zum übertragenen Betriebsvermögen gehörenden Teil einer in einem Drittstaat belegenen Betriebsstätte bei Einzelunternehmen und bei Beteiligungen an Personengesellschaften (§ 13b Abs. 10 ErbStG) sowie

13 Feststellung für Bewertungsstichtage ab dem 29.12.2020.

14 Nicht mehr anzuwenden sind damit ab diesem Zeitpunkt R E 13a.20 Abs. 1 Satz 9 und 10 ErbStR, R E 13b.30 Abs. 5 Satz 1 Nr. 1 bis 3 ErbStR sowie H B 151.9 „Nachrichtliche Angaben“ Nr. 1 Buchstabe b und c, Nr. 2 Buchst. b bis d sowie Nr. 3 ErbStH.

15 *Mühlenstädt*, Läuft der Vorwegabschlag für Familienunternehmen i.S.d. § 13a Abs. 9 ErbStG ins Leere?, ErbStB 2022, 74.

- beim Finanzmitteltest das Vorliegen der in § 13b Abs. 4 Nr. 5 Satz 4 und 5 ErbStG genannten Voraussetzungen für den Abzug des Sockelbetrages, also ob der Hauptzweck des Betriebs eine Tätigkeit iSd § 13 Abs. 1, des § 15 Abs. 1 Satz 1 Nummer 1, des § 18 Abs. 1 Nr. 1 und 2 EStG ist (§ 13b Abs. 10 ErbStG).

Hinweis

Bei Beteiligungen an einer Personengesellschaft bei Mitübertragung von Sonderbetriebsvermögen hinsichtlich des Anteils am Gesamthandsvermögen sind die in R E 13b.30 Abs. 5 ErbStR genannten Werte weiterhin nachrichtlich mitzuteilen.

Für diese besonderen Feststellungserklärungen ist jeweils ein **Formular „Erklärung zur Feststellung des Bedarfswerts nach § 13a Abs. 4, 9a oder § 13b Abs. 10 ErbStG“** mit entsprechenden Anlagen Betriebsvermögen (§§ 9–13) **erforderlich**. In **Zeile 5** ist anzugeben, welche Feststellung für das vorgenannten Unternehmensvermögen/Anteile beantragt wird. 34

An das Finanzamt			Eingangsstempel
Aktenzeichen/Steuernummer			
Zeile 1	**Erklärung zur Feststellung des Bedarfswerts**		
2	☐ für den Gewerbebetrieb/ den freien Beruf	☐ für die Anteile an einer Kapitalgesellschaft	
3	☐ für die Beteiligung an einer Personengesellschaft	☐ für den Anteil am Wert von anderen Vermögensgegenständen und von Schulden im Sinne des § 151 Abs. 1 Satz 1 Nr. 4 BewG	
4	**Zur Feststellung**		
5	☐ nach § 13a Abs. 4 ErbStG	☐ nach § 13a Abs. 9a ErbStG	☐ nach § 13b Abs. 10 ErbStG

Im Übrigen wird zum Ausfüllen auf die obigen Ausführungen (siehe Rdn 21 ff.) und zum Ausfüllen der Anlagen Betriebsvermögen auf die Erläuterungen in §§ 9–13 verwiesen.

E. Feststellung der Summe der maßgebenden jährlichen Lohnsummen

Nach einer Erbschaft-/Schenkungsteuerfestsetzung muss das Erbschaft-/Schenkungsteuerfinanzamt (nach Ablauf der Lohnsummerfrist) prüfen, ob die Mindestlohnsumme eingehalten worden ist. Bei **Nichteinhaltung der Mindestlohnsumme** ist verfahrensrechtliche Folge das Entstehen einer **Anzeigepflicht** (§ 13a Abs. 7 ErbStG). Der Erwerber ist demnach verpflichtet, dem für die Erbschaft-/Schenkungsteuer zuständigen Finanzamt innerhalb einer Frist von **sechs Monaten** nach Ablauf der Lohnsummenfrist das Unterschreiten der Mindestlohnsumme anzuzeigen. Das zuständige Finanzamt entscheidet dann, ob eine Feststellung der Summe der maßgebenden jährlichen Lohnsummen erforderlich ist. Ist 35 dies der Fall, wird es vom Betriebsfinanzamt die Feststellung anfordern.[16] Dieses wird dann den Erwerber oder die entsprechende Gesellschaft zur Abgabe der Erklärung zur Feststellung der Summe der maßgebenden jährlichen Lohnsummen in der Regel mit Übersendung des nachfolgend wiedergegebenen Formulars auffordern. Bei Schenkungen ist für **jede Zuwendung** ein eigenes Feststellungsverfahren durchzuführen. Bei mehrstufigen Beteiligungen fordert das Betriebsfinanzamt die jeweiligen zuständigen Betriebsfinanzämter der nachgeordneten Gesellschaft auf, ihrerseits Feststellungen der Summe der maßgebenden jährlichen Lohnsummen durchzuführen.[17]

36 Das Vereinigte Königreich Großbritannien und Nordirland (Vereinigtes Königreich) ist seit dem 31.1.2020 kein Mitgliedstaat der Europäischen Union mehr und ab dem 1.1.2021 auch nicht mehr wie ein solcher zu behandeln. Für Erwerbe mit einem Zeitpunkt der Steuerentstehung vor dem 1.1.2021 ist das ErbStG mit der Maßgabe anzuwenden, dass das Vereinigte Königreich weiterhin als Mitgliedstaat der EU gilt. Der Austritt des Vereinigten Königreichs allein führt nicht zum Wegfall dieser Steuerbefreiungen und weiteren Begünstigungen. Für Erwerbe mit einer Steuerentstehung nach dem 31.12.2020 sind die für Drittstaaten geltenden Regelungen anzuwenden.[18]

Zur Feststellung der Summe der maßgebenden jährlichen Lohnsummen (§ 13a Abs. 4 ErbStG) gibt es einen eigenen Erklärungsvordruck.[19]

Zutreffende weiße Felder bitte ausfüllen oder ☒ ankreuzen

An das Finanzamt					Eingangsstempel
Aktenzeichen/Steuernummer					
Zeile 1	**Erklärung zur Feststellung der Summe der maßgebenden jährlichen Lohnsummen (§ 13a Absatz 4 ErbStG)**				
2	**für den Zeitraum vom**		**bis**		
3					
4	**Erklärungspflichtiger**				

In diesem Verfahren gelten die Regeln eines Feststellungsverfahrens, dazu § 2. Die Feststellung der Mindestlohnsumme ist ein Grundlagenbescheid i.S.d. § 171 Abs. 10 AO. D.h. der die Verschonung enthaltene Erbschaft-/Schenkungsteuerbescheid kann grds. innerhalb von zwei Jahren nach Bekanntgabe des Feststel-

16 Besonderheiten bei der Ermittlung der Lohnsumme im Falle einer Option nach § 1a KStG s.a. Gleich lautende Ländererlasse der obersten Finanzbehörden der Länder v. 5.10.2022, BStBl 2022 I, 1494.

17 Vgl. R E 13a.10 Abs. 3 S. 2 ErbStR.

18 Weitere Einzelheiten s. Erlasse der obersten Finanzbehörden der Länder v. 13.12.2021 – BStBl 2022, S. 38.

19 Zur Unterschreitung der Lohnsumme aufgrund der Corona-Pandemie s.a. Erlasse der obersten Finanzbehörden der Länder vom 30.12.2021, BStBl 2022 I, 156.

lungsbescheids zugunsten und zuungunsten des Steuerpflichtigen geändert werden (§ 175 Abs. 1 Satz 1 Nr. 2 AO). Für die Ermittlung der maßgebenden jährlichen Lohnsummen ist die Anzahl der Beschäftigten ohne Bedeutung. Weitere Einzelheiten der Erklärung zur Feststellung der Summe der maßgebenden jährlichen Lohnsummen sind in § 2 Rdn 15 und in § 6 Rdn 90 erläutert.

F. Feststellungsverfahren und Feststellungsbescheid

Bei den Feststellungsverfahren und -bescheiden ist zwischen den Wertfeststellun- 37
gen z.B. des Betriebsvermögens eines Einzelunternehmens, eines Grundstücks und den Feststellungen, die nach § 13a Abs. 4, 9a und § 13b Abs. 10 ErbStG für Verschonungszwecke erforderlich sind, zu unterscheiden. Grundsätzlich ist das bewertungsrechtliche Feststellungsverfahren in § 157 i.V.m. §§ 151–156 BewG geregelt. Die Wertfeststellungen erfolgen nach Maßgabe der §§ 157, 151 BewG, die erbschaftsteuerlichen Feststellungen nach § 13a Abs. 4, 9a und § 13b Abs. 10 ErbStG richten sich nach §§ 152–156 und 151 Abs. 3 BewG. Ergänzend sind die Vorschriften der Abgabenordnung (§§ 179 ff. AO) anzuwenden. Jede Feststellung kann für sich angefochten werden. Weitere Einzelheiten zu Rechtsbehelfsmöglichkeiten sind in § 15 erläutert.

§ 8 Die Feststellungserklärung zur Wertfeststellung eines Grundstücks des Grundvermögens

Raymond Halaczinsky

Übersicht:

A. Feststellungsanlass

1 Befindet sich im Nachlass ein Grundstück im Sinne des § 176 BewG,[1] ist Vermächtnisgegenstand ein Grundstück, ist ein Grundstück geschenkt worden oder sonst wie erbschaft-/schenkungsteuerbar erworben, ist/sind der Feststellungserklärung eine (oder mehrere) **Anlage(n) „Grundstück zur Feststellungserklärung“** beizufügen[2] und auszufüllen. Zur Ausfüllung der Anlage „Grundstück zur Feststellungserklärung“ gibt es eine instruktive amtliche Anleitung – Anleitung zur Feststellung des Grundbesitzwerts; zur Vermeidung von Wiederholungen wird darauf verwiesen. In den hier gegebenen Erläuterungen wird nur auf

1 Dazu gehören auch Wohnungseigentum, Teileigentum, Erbbaurechte, Gebäude auf fremden Grund und Boden, nicht aber Betriebsvorrichtungen, Bodenschätze, Scheinbestandteile.

2 Je nach Zeitpunkt des Erwerbs (bis 30.6.2016, bis 2022 und ab 2023) sind unterschiedliche Formulare zu verwenden; hier wird vorrangig das Formular für Erwerbe ab 2023 besprochen. Reicht der vorgesehene Raum für die erforderlichen Eintragungen im Vordruck nicht aus, fordern Sie weitere Vordrucke beim Finanzamt an. Dies gilt insbesondere, wenn sich auf Ihrem Grundstück mehrere Gebäude oder Gebäudeteile befinden; reichen Sie ggf. zusätzliche separate Einlageblätter zur Anlage Grundstück ein. Die Vordrucke erhalten Sie vom entsprechend zuständigen Finanzamt, man kann sie auch aus dem Internet herunterladen; z.B. https://www.finanzamt.nrw.de/steuerinfos/weitere-themen/erbschaft-und-schenkungsteuer/formulare-erbschaft-schenkungsteuer.

besonders wichtige Punkte hingewiesen bzw. werden Hintergrundinformationen gegeben.[3]

Betriebsgrundstücke und **LuF-Grundstücke** gehören **nicht** zum **Grundvermögen** im bewertungsrechtlichen Sinne. Sog. **Betriebsvorrichtungen** gehören bewertungsrechtlich **nicht zum Grundstück**; selbst wenn sie zivilrechtlich Bestandteil des Grundstücks sind (§ 176 Abs. 2 Nr. 2 BewG); d.h. sie sind auch nicht in die gesonderte Feststellung des Grundbesitzwerts einzubeziehen.[4]

Für jeden Erb- oder Schenkungsfall müssen im Allgemeinen die Grundstückswerte vom Lagefinanzamt nach den tatsächlichen Gegebenheiten am Stichtag des Erbfalls bzw. der Schenkung jeweils neu ermittelt werden. Ausnahmsweise kann bei mehrmaligem Erwerb innerhalb eines Jahres ein bereits festgestellter Grundbesitzwert herangezogen werden (sog. **Basiswert**).[5] Näheres zu den Ausnahmen siehe R B 151.2 Abs. 11 ErbStR. Die Erbschaftsteuerstelle entscheidet aufgrund der Angaben zu den hinterlassenen Vermögensgegenständen, ob eine gesonderte Feststellung des Grundbesitzwerts erforderlich ist. Gewöhnlich erhalten Sie erst von der (ggf. zentralen) Bewertungsstelle (Lagefinanzamt) eine Aufforderung zur Abgabe einer Feststellungserklärung. In der Erbschaft- oder Schenkungsteuererklärung müssen Sie nur eine Anlage „Angaben zu Bedarfswerten" beifügen. Auf der Seite 2 dieser Anlage sind die geschenkten, geerbten bzw. sonst vermachten Grundstücke mit Angabe des Lage-Finanzamt, des Einheitswert-Aktenzeichens (des ganzen Grundstücks), des Werts, des Anteils daran aufzuzählen. Näheres siehe § 4 Rdn 66 ff. 2

I. Unmittelbarer Erwerb eines Grundstücks

Die Werte für die geerbten oder geschenkten inländische Immobilien, d.h. für jede wirtschaftliche Einheit des Grundvermögens, werden in einem eigenen Feststellungsverfahren von dem jeweiligen Lagefinanzamt (Bewertungsstelle, ggf. zentrales Bewertungsamt) durch Bescheid gesondert festgestellt (§ 157 Abs. 1 3

3 Die Bewertung des Grundvermögens ist zuletzt durch das Jahressteuergesetz 2022 (JStG 2022) v. 16.12.2022, BGBl 2022 I, 2294 infolge verschiedener Änderungen des Ertragswert- und Sachwertverfahrens sowie der Bewertung von Erbbaurechten, Gebäuden auf fremden Grund und Boden und Anpassungen verschiedener Anlagen zum BewG geändert worden, die sich für Erwerbe ab 2023 erhöhend auf die Grundbesitzwerte auswirken. Zur Anwendung der Vorschriften für die Bewertung des Grundvermögens im Sechsten Abschnitt des Zweiten Teils des Bewertungsgesetzes in der Fassung des Jahressteuergesetzes 2022 vom 16.12.2022 (BGBl 2022 I, 2294) – AEBew JStG 2022 siehe Gleich lautende Erlasse der obersten Finanzbehörden v. 20.3.2023, BStBl 2023 I, 738.

4 Zur Abgrenzung des Grundvermögens von den Betriebsvorrichtungen siehe Gleich lautende Erlasse der obersten Finanzbehörden der Länder v. 5.6.2013, BStBl 2013 I, 734; *Halaczinsky*, Die Abgrenzung des Grundvermögens von den Betriebsvorrichtungen, ErbStB 2013, 324.

5 R B 151.2 Abs. 11 ErbStR; dies kann zu entsprechender Kostenersparnis führen.

bis 3 i.V.m. § 151 Abs. 1 Nr. 1 BewG). Der Bedarfswertbescheid hat Aussagen zu machen über:

- den **Wert**
- die **Art** (Vermögens-/Grundstücksart; Betriebsgrundstück)
- die **Zurechnung** (bei mehreren über die Höhe des Anteils) und
- den Besteuerungsstichtag.[6]

Der separat festgesetzte Grundbesitzwert (Bescheid) ist der Erbschaftsteuerveranlagung zwingend zugrunde zu legen. Wenn er noch geändert wird, kann die Erbschaftsteuerveranlagung auch dann noch geändert werden, wenn sie ansonsten schon bestandskräftig geworden wäre (§§ 175, 171 Abs. 10 AO). Näheres zur Korrektur im Rechtsbehelfsverfahren siehe §§ 351, 172 ff. AO und § 15 in diesem Buch.

II. Mittelbarer Erwerb eines Grundstücks

1. Mittelbare Grundstücksschenkung

4 Auch in Fällen der mittelbaren Grundstücksschenkung sind gesonderte Feststellungen des Grundbesitzwerts durchzuführen; Näheres siehe § 6 Rdn 94. Die mittelbare Grundstücksschenkung (Geldhingabe zum Erwerb eines Grundstücks (R E 7.3 ErbStR und H E 7.3. ErbStH) eignet sich zur praktischen Ausführung einer Schenkung eines Grundstücks, das erst noch beschafft werden muss.

Beispiel

Die Eltern schenken der Tochter eine Eigentumswohnung an ihrem ersten Arbeitsort in der Weise, dass sie ihr das Geld für den Erwerb der ausgesuchten Eigentumswohnung geben. Damit es sich um eine Grundstücksschenkung handelt, sind bestimmte Regeln zu beachten.[7] Die von früher bekannten Vorteile der mittelbaren Grundstücksschenkung, d.h. Geld schenken, Bewertung aber zu dem niedrigeren Grundstückswert, gibt es wegen der verkehrswertnahen Bewertung der Grundstücke praktisch nicht mehr.

Ein Unterfall der mittelbaren Grundstücksschenkung ist in den gem. § 13 Abs. 1 Nr. 4a ErbStG steuerfreien lebzeitigen Zuwendungen im Zusammenhang mit

---

6 Zur Feststellung siehe § 15. Die OFD Nordrhein-Westfalen v. 3.9.2013 – S 3190–2013-St 25, juris (aktualisiert zuletzt am 30.9.2016) hat in einem Leitfaden zum Feststellungsverfahren nach § 151 Abs. 1 Satz 1 Nr. 1 BewG für Bewertungsstichtage ab dem 1.1.2009 anhand verschiedener Fallkonstellationen hinsichtlich der Grundbesitzwertfeststellungen für Zwecke der Erbschaftsteuer, Schenkungsteuer und Grunderwerbsteuer die Beteiligten nach § 154 BewG, die Feststellungsform (gesonderte oder gesonderte und einheitliche Feststellung) und die Zurechnungsfeststellungen ausführlicher erläutert.

7 Näheres siehe *Griesel*, in: Daragan/Halaczinsky/Riedel, Praxiskommentar ErbStG und BewG, § 7 ErbStG Rn 77 ff.; *Volland*, Steuerliche Gestaltung bei der Nachfolge in Immobilien durch mittelbare Grundstücksschenkung, ZEV 2019, 68.

einem Familienheim unter Ehegatten und eingetragenen Lebenspartnern zu sehen (R E 13.3 Abs. 4 ErbStR).

2. Grundstücke im Besitz von Gesellschaften

Grundstücke können mittelbar auch dadurch erworben werden, dass Anteile/Beteiligungen an Gesellschaften, denen Grundstücke gehören, erworben werden. Bei **vermögensverwaltenden** Personengesellschaften/Gemeinschaften[8] fingiert das Gesetz in § 10 Abs. 1 Satz 4 ErbStG den Erwerb eines Anteils am Grundstück der Gesellschaft. Das Grundstück und der Anteil daran sind gesondert festzustellen (vgl. § 151 Abs. 1 Nr. 2 BewG). 5

Wird unmittelbar eine Beteiligung an einer **(gewerblichen/freiberuflichen) Personengesellschaft** mit Grundbesitz geerbt, ist Gegenstand des Erbanfalls zivilrechtlich nicht das Grundstück, sondern die Beteiligung. Auch erbschaftsteuerlich geht die einzelne gesellschaftliche Beteiligung über. Deswegen ist zur Ermittlung des Werts des Anteils zunächst das gesamte Betriebsvermögen der Personengesellschaft zu bewerten und dann – nach bestimmten Vorwegzurechnungen – gemäß der Gewinnbeteiligung aufzuteilen; Näheres siehe § 97 Abs. 1a BewG; dazu § 10 Rdn 8 ff. Bei gewerblichen Personen- und bei Kapitalgesellschaften müssen Grundstücke insb. bei Anwendung des Substanzwertverfahrens und in besonderen Ausnahmefällen bewertet werden, siehe Rdn 21. 6

Bei **Kapitalgesellschaften** bleiben die Grundstücke Eigentum der Gesellschaft. Geerbt wird der (Geschäfts-)Anteil an der Gesellschaft, der nach dem Kurswert, Verkaufspreis oder hilfsweise nach § 11 Abs. 2 BewG bewertet wird (siehe dazu § 11). Der Wert eines Grundstücks der Kapitalgesellschaft ist – wenn erforderlich (insb. bei Anwendung des Substanzwertverfahrens), siehe Rdn 21 – gesondert festzustellen. 7

3. Nießbrauch, Wohnrecht

Ist ein Grundstücksnießbrauch oder ein Wohnrecht zugewandt, bzw. zugunsten eines Bedachten, z.B. des überlebenden Ehegatten, vorbehalten, ist der Grundbesitzwert für das gesamte Grundstück gesondert festzustellen, auch wenn sich das Nutzungsrecht nur auf einen Teil des Grundstücks bezieht. Dies ist erforderlich, weil der Jahreswert der Nutzungen eines Grundstücks nach § 16 BewG auf den 18,6-fachen Teil des steuerlichen Grundbesitzwerts zu begrenzen ist. Bei der Einzelbewertung des vorbehaltenen Wohnrechts ist von dem durch 18,6 geteilten Wert der Wohnung als Jahreswert auszugehen, wenn der Nutzungswert nicht schon bei der Grundbesitzbewertung abgezogen wird. Bei einem Wohnrecht an einer Eigentumswohnung mit einem Steuerwert von 120.000 EUR kann der Jahreswert der Wohnungsnutzung daher (zugunsten des Steuerpflichtigen) 8

8 Auch geschlossener Immobilienfond, Erbengemeinschaft.

höchstens 120.000 EUR : 18,6 = 6.451,62 EUR betragen, selbst wenn er tatsächlich 10.000 EUR betragen würde.

B. Allgemeine Angaben in der Anlage „Grundstück zur Feststellungserklärung"

I. Beschreibung des Grundstücks

9 Haben Sie ein Grundstück geerbt oder geschenkt bekommen, ist der Feststellungserklärung eine „Anlage Grundstück“ beizufügen, und zwar für **jedes Grundstück** jeweils eine Anlage, ggf. müssen weitere „Anlagen Grundstück“ beim Finanzamt angefordert bzw. aus dem Internet heruntergeladen werden. Je nach Zeitpunkt des Erwerbs (bis 30.6.2016, bis 2022 und ab 2023) sind unterschiedliche Formulare zu verwenden; hier wird vorrangig das Formular für Erwerbe ab 2023 besprochen. Für Erwerbe bis 2015 gibt es noch ältere Anlagen „Grundstück“. Reicht der vorgesehene Raum für die erforderlichen Eintragungen in dieser Anlage nicht aus, z.B., wenn sich auf Ihrem Grundstück mehrere Gebäude oder Gebäudeteile befinden, gibt es zusätzliche **separate Einlageblätter (BBW 2a) zur Anlage Grundstück**. Die Vordrucke erhalten Sie vom entsprechend zuständigen Finanzamt, man kann sie auch aus dem Internet herunterladen.[9]

10 **Anlage „Grundstück zur Feststellungserklärung“**

In **Zeilen 1–8** sind die allgemeinen Daten des erworbenen Grundstücks einzutragen.

Zutreffende weiße Felder bitte ausfüllen oder ☒ ankreuzen

Finanzamt				**Anlage Grundstück** zur Feststellungserklärung
Aktenzeichen/Steuernummer				
Zeile 1	**Lage des Grundstücks**			
2	Postleitzahl und Ort/Gemeinde			
3	Straße und Hausnummer			
4	Gemarkung			
5	Grundbuchblatt	Flur	Flurstück(e)	Einheitswertaktenzeichen
6	Wird zusammen mit dem Grundstück ein anderer Grundstücksteil genutzt?		☐ Nein, weiter mit Zeile 9	☐ Ja
7	Gemarkung			
8	Grundbuchblatt	Flur	Flurstück(e)	

9 Z.B. https://www.finanzamt.nrw.de/steuerinfos/weitere-themen/erbschaft-und-schenkungsteuer/formulare-erbschaft-schenkungsteuer.

Zutreffende weiße Felder bitte ausfüllen oder ☒ ankreuzen 11

Finanzamt	**Anlage Grundstück** zur Feststellungserklärung
Aktenzeichen/Steuernummer	**Einlageblatt Nr.**

Nach den allgemeinen Angaben, Lage etc. sind die für die Bewertung des Grund und Bodens notwendigen Maße und Preise (Bodenrichtwerte) in **Zeilen 9–12** anzugeben. 12

9	**Angaben zum Grund und Boden**					
10	Fläche des Grundstücks in m²	Tiefe des Grundstücks in m	Bodenrichtwert je m² in EUR	Cent	Zulässige Geschossflächenzahl für das Grundstück	Wertrelevante Geschossflächenzahl für das Grundstück
11						
12						
13	☐ erschließungsbeitragsfrei	☐ erschließungsbeitragspflichtig	☐ Bauland/baureifes Land	☐ Nettorohbauland		
14	☐ Bruttorohbauland	☐ Bauerwartungsland	☐ Freiflächen	☐ Verkehrsflächen		
15	☐ Gartenland	☐ Sonstige Flächen				

In **Zeilen 11 und 12** sind die Grundstücksfläche und der Bodenrichtwert einzutragen. Kommen für ein Grundstück (ausnahmsweise) unterschiedliche Bodenrichtwerte oder Geschossflächenzahlen in Betracht, sind jeweils gesonderte Flächenangaben erforderlich. Bei Wohnungs- oder Teileigentum ist nur die auf das jeweilige Wohnungs- oder Teileigentum entfallende Fläche einzutragen. Der Bodenrichtwert kann ggf. telefonisch von der Geschäftsstelle des Gutachterausschusses der Gemeinde, ggf. des Kreises erfragt werden.[10] Falls der Bodenrichtwert nicht bekannt ist, kann die Bewertung durch die Bewertungsstelle abgewartet bzw. dieser überlassen werden. Die Ermittlung/Überprüfung des Bodenrichtwerts durch das Finanzamt ist praktisch nur mit Hilfe des örtlichen Gutachterausschusses möglich.

Hinweis

Generell ist darauf zu achten, dass der **zutreffend niedrigste** Bodenrichtwert verwendet wird. Im Einzelfall kann der Bodenrichtwert dennoch über dem Verkehrswert liegen; bei entsprechendem Nachweis ist der niedrigere Verkehrswert anzusetzen (§ 198 BewG); vgl. Rdn 31, 118 ff.

In **Zeilen 13–15** ist der sogenannte Entwicklungszustand des Grundstücks zu beschreiben, z.B. ob es sich um Bauland, Bauerwartungsland oder Gartenland handelt. Dies ist von Bedeutung, da der Bodenrichtwert im Allgemeinen nur für erschließungsfreies Bauland gilt; d.h. es kann sich ein niedrigerer Bodenwert 13

10 Inzwischen haben die Länder im Zuge der Grundsteuerreform Bodenrichtwerte auf verschiedenen Plattformen zur Verfügung gestellt.

und letztlich dadurch eine niedrigere Steuer ergeben. **Erschließungsbeitragsfrei** bedeutet, dass das Grundstück erschlossen ist und die Beitragszahlungen geleistet worden sind. Auf den tatsächlichen Erschließungszustand kommt es nicht an. Im Übrigen ist der Bodenrichtwert noch durch Abschläge an den tatsächlichen Entwicklungszustand anzupassen. **Bauland** sind Flächen, die nach öffentlich-rechtlichen Vorschriften baulich nutzbar sind (baureife Flächen). Siehe noch Rdn 28.

II. Grundstücksart

14

16	**Angaben zur Grundstücksart**				
17	unbebautes Grundstück ☐	Mietwohngrundstück ☐	Wohnungseigentum ☐	Anzahl Wohnungen im Gebäude	
18	Teileigentum ☐	Geschäftsgrundstück ☐	Gemischt genutztes Grundstück ☐	Sonstiges bebautes Grundstück ☐	
19	Ein- und Zweifamilienhaus (EFH/ZFH) ☐ freistehendes EFH	☐ freistehendes ZFH	☐ Doppel- /Reihenendhaus	☐ Reihenmittelhaus	
20	Ist vom Rechtsvorgänger eine Wohnung selbst genutzt worden? ☐ Nein ☐ Ja	Wohnfläche (in m²)	Mitbenutzte Stellplätze (Anzahl)	Mitbenutzte Nebengebäude/-räume (Anzahl)	(Fläche in m²)

Die Grundstücksbewertung ist von der zu bewertenden Grundstücksart abhängig. Liegt ein unbebautes Grundstück vor, ist der gemeine Wert mithilfe des Bodenrichtwerts zu ermitteln; Näheres siehe Rdn 25 ff. Liegt ein bebautes Grundstück vor, ist es **in den Zeilen 17–19** einer der genannten Grundstücksarten zuzuordnen; Näheres dazu ist in der amtlichen **Anleitung** zum Ausfüllen der Anlage „Grundstück" zur Feststellungserklärung zu finden. Von der Grundstücksart ist auch die anzuwendende Bewertungsmethode abhängig, siehe dazu Rdn 33 ff.

15 **Hinweis 1**

Etwas versteckt in **Zeile 20** wird gefragt, ob sich auf dem Grundstück eine Wohnung befindet, die bisher **vom Rechtsvorgänger zu eigenen Wohnzwecken genutzt** wurde. Wenn Sie für den Erwerb eines „Familienheims" eine **Befreiung** nach § 13 Abs. 1 Nr. 4 a–4c ErbStG geltend machen wollen, müssen Sie hier mit „ja" angeben, dass sich auf dem Grundstück eine vom Erblasser/Schenker bisher selbst genutzte Wohnung befindet bzw. befunden hat. Hierfür müssen Sie auch die selbst genutzte Wohnfläche beziffern. Das Finanzamt (Bewertungsstelle) muss in dem Feststellungsbescheid nachrichtlich die gesamte Wohn- und Nutzfläche des/der Gebäude/s und die Wohnfläche der bisher vom Rechtsvorgänger selbst genutzten Wohnung mitteilen. Die Angaben werden von der Erbschaftsteuerstelle zur Anwendung des § 13 Abs. 1 Nr. 4a–4c ErbStG (Familienheim) benötigt. Werden sie vergessen, können die Angaben m.E. gegenüber der Erbschaftsteuerstelle nachgeholt werden, da es sich nur um nachrichtliche Feststellungen handelt. Näheres zu diesen Steuerbefreiungen siehe § 4 Rdn 191 ff.

Hinweis 2

Ist ein Grundstückserwerb von Todes wegen nach den Regelungen des § 13 Abs. 1 Nr. 4b oder 4c ErbStG vollständig steuerfrei, kann angeregt werden (zur **Kostenersparnis**), zunächst auf eine gesonderte Feststellung des Grundbesitzwerts zu verzichten; ebenfalls, wenn z.B. eine geerbte Haushälfte und anderer Nachlass ohnehin unter dem Ehegatten- und/oder Kinderfreibetrag liegt.

III. Angaben zur Bezugsfertigkeit und zum Zustand des Gebäudes

16

21	**Angaben zur Bezugsfertigkeit und zum Zustand des Gebäudes**	
22	Zeitpunkt der Bezugsfertigkeit des Gebäudes/Gebäudeteils (Baujahr)	
23	Welche durchgreifenden Modernisierungsmaßnahmen wurden in den letzten zehn Jahren an diesem Gebäude/Gebäudeteil durchgeführt? ☐ Dacherneuerung inkl. Verbesserung der Wärmedämmung	☐ Modernisierung der Fenster und Außentüren
24	☐ Modernisierung der Leitungssysteme (Strom, Gas, Wasser, Abwasser)	☐ Modernisierung der Heizungsanlage
25	☐ Wärmedämmung der Außenwände	☐ Modernisierung von Bädern
26	☐ Modernisierung des Innenausbaus (z. B. Decken, Fußböden, Treppen)	☐ Wesentliche Verbesserung der Grundrissgestaltung
27	Besteht eine Abbruchverpflichtung für das Gebäude oder den Gebäudeteil? ☐ Nein ☐ Ja; bitte Unterlagen beifügen.	Abbruchzeitpunkt
28		

Die Zeitangabe der Bezugsfertigkeit in **Zeile 22** dient einmal der Abgrenzung unbebautes/bebautes Grundstück (siehe Rdn 23), zum anderen sind die Angaben zur Bezugsfertigkeit für die Berechnung des Alters des Gebäudes am Bewertungsstichtag von Bedeutung; siehe dazu allgemein R B 185.3 ErbStR. Das **Alter bzw. die Restnutzungsdauer** haben **maßgebende Bedeutung für den Gebäudewert**. Denn die Kapitalisierung des Gebäudereinertrags im Ertragswertverfahren erfolgt in Abhängigkeit von der Restnutzungsdauer. Näheres dazu siehe Rdn 59.

Die **Restnutzungsdauer** wird grundsätzlich aus dem Unterschiedsbetrag zwischen der typisierten wirtschaftlichen Gesamtnutzungsdauer und dem Alter des Gebäudes am Bewertungsstichtag ermittelt. Es bestehen aus Vereinfachungsgründen keine Bedenken, das Alter des Gebäudes durch Abzug des Jahres der Bezugsfertigkeit des Gebäudes (Baujahr) vom Jahr des Bewertungsstichtags zu bestimmen.

Die **typisierte Gesamtnutzungsdauer** eines Gebäudes ist der **Anlage 22 BewG**[11] 17
zu entnehmen (Geltung ab 2023). Die Gebäudearten sind den **amtlichen Erläuterungen** in der Anleitung für die Anlage „Grundstück“ zur Feststellungserklä-

11 Z.B. BewG bei www.gesetze-im-internet.de/bewg.

rung zu entnehmen. Die Gesamtnutzungsdauer für nicht aufgeführte Gebäudearten ist aus der Gesamtnutzungsdauer vergleichbarer Gebäudearten abzuleiten.[12]

Ein- und Zweifamilienhäuser	70 Jahre
Mietwohngrundstücke, Mehrfamilienhäuser	70 Jahre
Wohnungseigentum	70 Jahre
Geschäftsgrundstücke, gemischt genutzte Grundstücke und sonstige bebaute Grundstücke:	
Gemischt genutzte Grundstücke (Wohnhäuser mit Mischnutzung)	70 Jahre

Im Übrigen wie **Rechtslage bis 2022.**

BewG Anlage 22 (zu § 185 Abs. 3 Satz 3, § 190 Abs. 6 Satz 1 und 2)
Gesamtnutzungsdauer

Ein- und Zweifamilienhäuser	80 Jahre
Mietwohngrundstücke, Mehrfamilienhäuser	80 Jahre
Wohnungseigentum	80 Jahre
Geschäftsgrundstücke, gemischt genutzte Grundstücke und sonstige bebaute Grundstücke:	
Gemischt genutzte Grundstücke (Wohnhäuser mit Mischnutzung)	80 Jahre
Museen, Theater, Sakralbauten, Friedhofsgebäude	70 Jahre
Bürogebäude/Verwaltungsgebäude	60 Jahre
Banken und ähnliche Geschäftshäuser	60 Jahre
Einzelgaragen/Mehrfachgaragen	60 Jahre
Kindergärten (Kindertagesstätten), Allgemeinbildende und Berufsbildende Schulen, Hochschulen, Sonderschulen	50 Jahre
Wohnheime/Internate, Alten-/Pflegeheime	50 Jahre
Kauf-/Warenhäuser	50 Jahre

12 Zur maßgeblichen Gesamtnutzungsdauer in dem Fall, in dem ein Gebäude mit nichtselbstständigen Gebäudeteilen unterschiedlich genutzt wird, siehe im einzelnen R B 185.4 ErbStR und ab 2023 Rz 19 R B 185 AEBew JStG 2022.

Krankenhäuser, Kliniken, Tageskliniken, Ärztehäuser	40 Jahre
Gemeindezentren, Saalbauten, Veranstaltungsgebäude, Vereinsheime	40 Jahre
Beherbergungsstätten, Hotels, Verpflegungseinrichtungen	40 Jahre
Sport-/Tennishallen, Freizeitbäder/Kur- und Heilbäder	40 Jahre
Tief-, Hoch- und Nutzfahrzeuggaragen als Einzelbauwerke, Carports	40 Jahre
Betriebs-/Werkstätten, Industrie-/Produktionsgebäude	40 Jahre
Lager-/Versandgebäude	40 Jahre
Verbrauchermärkte, Autohäuser	30 Jahre
Reithallen, ehemalige landwirtschaftliche Mehrzweckhallen, Scheunen, u. Ä.	30 Jahre
Teileigentum ist in Abhängigkeit von der baulichen Gestaltung den vorstehenden Gebäudearten zuzuordnen	

Eine **wesentliche Verlängerung der Restnutzungsdauer** (die zu einem höheren Grundbesitzwert und damit letztendlich zu einer höheren Steuer führt) ist nur anzunehmen, wenn in den letzten zehn Jahren **durchgreifende Modernisierungen** vorgenommen wurden. Hierzu dienen die Angaben in **Zeilen 23–26**, damit das Finanzamt eine Verlängerung der Restnutzungsdauer der Gebäude bzw. die Annahme eines späteren Baujahrs prüfen kann (mit Folge einer höheren Erbschaft-/Schenkungsteuer). Es kommt darauf an, ob die Modernisierungen nach dem Punktesystem der nachfolgenden Tabelle 1 eine überwiegende oder umfassende Modernisierung ergeben. Bei einem Wert von 14–16 Punkten gilt das Gebäude als überwiegend modernisiert; bei einem Wert von über 18 Punkten gilt das Gebäude als umfassend modernisiert. 18

Tabelle 1

Modernisierungselemente	Punkte
Dacherneuerung inklusive Verbesserung der Wärmedämmung	4
Modernisierung der Fenster und Außentüren	2
Modernisierung der Leitungssysteme (Strom, Gas, Wasser, Abwasser)	2
Modernisierung der Heizungsanlage	2
Wärmedämmung der Außenwände	4
Modernisierung von Bädern	2
Modernisierung des Innenausbaus, z. B. Decken, Fußböden, Treppen	2
Wesentliche Verbesserung der Grundrissgestaltung	2

14 bis 16 Punkte: überwiegend modernisiert
$\geq$ 18 Punkte: umfassend modernisiert

Die **Gesamtnutzungsdauer in Abhängigkeit vom Modernisierungsgrad** ist aus den Tabellen in Rn 21 zu § 185 BewG des AEBew JStG 2022 bzw. in R E 185 ErbStR zu entnehmen, z.B. aus der hier abgedruckten Tabelle 3.

Tabelle 3

Übliche Gesamtnutzungsdauer von 70 Jahren		
	Modernisierungsgrad	
	14 bis 16 Punkte	≥ 18 Punkte
Gebäudealter (Jahre)	neue Restnutzungsdauer (Jahre)	
≥ 10	60	62
≥ 15	57	60
≥ 20	54	58
≥ 25	51	57
≥ 30	49	55
≥ 35	47	54
≥ 40	45	53
≥ 45	43	52
≥ 50	42	51
≥ 55	41	50
≥ 60	40	50
≥ 65	39	49
≥ 70	38	49

19 Eine **Verkürzung der Restnutzungsdauer** kommt **nur bei bestehender Abbruchverpflichtung** für das Gebäude in Betracht (§ 185 Abs. 3 Satz 7 BewG) (hierzu sind die Eintragungen in **Zeilen 27 f.** erforderlich). In diesen Fällen ist die Restnutzungsdauer auf den Unterschiedsbetrag zwischen der tatsächlichen Gesamtnutzungsdauer und dem Alter des Gebäudes am Bewertungsstichtag begrenzt.

Hinweis

Baumängel und Bauschäden oder wirtschaftliche Gegebenheiten können im typisierenden Bewertungsverfahren zu keiner Verkürzung der Restnutzungsdauer führen. Liegen wegen dieser Gegebenheiten Wertminderungen vor, können Sie den Ansatz eines niedrigeren Verkehrswerts beanspruchen (§ 198 BewG); allerdings müssen Sie die Wertminderung – auf eigene Kosten – durch ein Sachverständigengutachten nachweisen, siehe dazu Rdn 118 ff.

Hinweis 20

Die Restnutzungsdauer eines noch nutzbaren Gebäudes beträgt nach § 185 Abs. 3 Satz 6 BewG **mindestens 30 %** der Gesamtnutzungsdauer, d.h. dass die Restnutzungsdauer bei einem alten Einfamilienhaus/einer alten Villa 30 % von 70 Jahren, also 21 Jahre beträgt. Nur bei **bestehender Abbruchverpflichtung** für das Gebäude kann die **Mindest-Restnutzungsdauer unterschritten werden.**

IV. Nutzung des Grundstücks als Betriebsgrundstück

21

29	**Angaben zum Betriebsgrundstück**
30	Gehörte das Grundstück ertragsteuerlich ganz oder teilweise zum Betriebsvermögen des Voreigentümers? ☐ Nein ☐ Ja
31	Name bzw. Firmenbezeichnung dieses Betriebs/dieser Gesellschaft
32	

In **Zeilen 29–32** ist die Nutzung als Betriebsgrundstück zur Abgrenzung/Zuordnung des Grundstücks/Grundstücksteils zu einem Betriebsvermögen näher zu beschreiben. Dies dient zur Entscheidung, ob das Grundstück im Rahmen des Betriebsvermögens zu bewerten ist. Gehört es zu einem Betriebsvermögen, ist es in der Regel nicht gesondert zu bewerten, da Betriebsvermögen grundsätzlich nach zeitnahen Verkaufspreisen oder in einem Gesamtbewertungsverfahren nach dem Ertrag bewertet werden soll (§ 11 Abs. 2 Satz 1, 2 BewG). Eine **gesonderte Wertfeststellung eines Betriebsgrundstücks wird erforderlich,** wenn

- für Betriebsvermögen der Substanzwert ermittelt werden muss (§ 11 Abs. 2 Satz 3 BewG)
- ein Grundstück zum nicht notwendigen Betriebsvermögen i.S.d. § 200 Abs. 2 BewG gehört
- es innerhalb von 2 Jahren vor dem Bewertungsstichtag eingelegt worden ist (sog. junges Betriebsvermögen i.S.d. § 200 Abs. 4 BewG) oder
- es Verwaltungsvermögen ist (§ 13b Abs. 4 ErbStG).

Näheres zur Bewertung des Betriebsvermögens § 9.

Wird das Betriebsgrundstück nicht in vollem Umfang zu betrieblichen Zwecken genutzt (100 % Betriebsvermögen), sind noch Angaben in **Zeile 152** der **Anlage Betriebsvermögen** auszufüllen; siehe dazu noch Anleitung zur Anlage Betriebsvermögen und § 9 Rdn 97.

C. Erwerb eines unbebauten Grundstücks

22 Wird ein Grundstück unentgeltlich erworben, ist zu unterscheiden, ob es sich um ein unbebautes oder ein bebautes Grundstück handelt.

I. Wann liegt ein unbebautes Grundstück vor?

23 In **Zeile 17** kreuzen Sie an, dass Sie ein unbebautes Grundstück erworben haben. Ein unbebautes Grundstück (zum Grundstücksbegriff siehe R B 176.2, 178, 180 ErbStR) liegt dann vor, wenn sich auf dem Grundstück keine benutzbaren Gebäude oder Gebäudeteile befinden, bzw. die Bauwerke in Bau sind. Benutzbar sind die Gebäude, wenn sie bezugsfertig sind. Dies ist dann der Fall, wenn den künftigen Bewohnern/Benutzern ein Bezug zugemutet werden kann. Der Zeitpunkt des tatsächlichen Einzugs bzw. der Bauabnahme ist nicht maßgeblich. Diese Zeitpunkte haben allenfalls eine Indizwirkung. Folglich müssen die wesentlichen Bauarbeiten durchgeführt sein. Hierzu gehören der Einbau von Türen und Fenstern, aber auch die Anschlüsse für Strom und Wasser sowie die Installation der sanitären Einrichtungen, der Heizkörper und die Fertigstellung der Treppe einschl. Treppengeländer. Der Fußboden muss so weit fertig gestellt sein, dass ein Teppichboden oder ähnlicher Belag ausgelegt werden kann. Verzögerung/Unterbrechung, die auf bautechnischen Gründen beruhen (z.B. Überwindung einer Frostperiode) oder von kurzer Dauer – unter zwei Jahren – sind, führen noch nicht zur Bezugsfertigkeit eines Bauteils.[13] **Außenanlagen** werden nicht besonders erfasst (ebenso wenig wie bei bebauten Grundstücken), siehe R B 179.1 Abs. 1, R B 184 ErbStR. Der so verstandene Zeitpunkt der Bezugsfertigkeit ist in **Zeile 22** einzutragen.

Hinweis

Ein Grundstück ist auch unbebaut, wenn sich auf ihm ausschließlich Gebäude befinden, die auf Dauer keiner Nutzung zugeführt werden können (z.B. aufgelassene Industriegebäude), zerstört oder dem Verfall preisgegeben sind. Von einem Verfall ist auszugehen, wenn erhebliche Schäden an konstruktiven Teilen des Gebäudes eingetreten sind und ein Zustand gegeben ist, der aus bauordnungsrechtlicher Sicht die sofortige Räumung nach sich ziehen würde.

Ist allerdings die Nutzungseinschränkung vorübergehend (z.B. Heizungsausfall oder andere behebbare Baumängel, Reparaturstau), führt dies noch nicht zu einem unbebauten Grundstück (R B 178 Abs. 4 Satz 6 ff. ErbStR).[14]

---

13 Zu Besonderheiten zur Bezugsfertigkeit bei einem zur Vermietung vorgesehenen Bürogebäude siehe BFH v. 25.4.2013 – II R 44/11, BFH/NV 2013, 1544.

14 Ebenso „vermülltes“ aber „technisch funktionsfähiges“ Haus, vgl. FG Hessen v. 26.5.2011 – 3 K 2993, EFG 2012, 99.

Es kann vorkommen, dass sich ein Grundstück im Erbfall gerade im **Zustand der Bebauung** befindet. Die Gebäude/Bauwerke sind noch nicht benutzbar. Beginn des Bebauungszustands ist der Beginn der Abgrabungen. In derartigen Fällen liegt zwar ein unbebautes Grundstück vor, gleichwohl sind die vorhandenen Bauwerke wertmäßig schon zu berücksichtigen (§ 196 BewG). Die Angaben dafür sind in den **Zeilen 107–109** zu machen. Näheres siehe Rdn 116 ff. Davon zu unterscheiden ist die **Errichtung in Bauabschnitten**. Wird ein Gebäude nicht in einem Zuge in planmäßig vorgesehenem Umfang bzw. im Rahmen der behördlichen Genehmigung bezugsfertig erstellt (Errichtung in Bauabschnitten), kann nach Fertigstellung eines Bauabschnittes insoweit Bezugsfertigkeit vorliegen. D.h. ist im Erb- oder Schenkungsfall schon ein Teil planmäßig bezugsfertig, kann schon ein bebautes Grundstück vorliegen, Näheres R B 178 Abs. 3 und 196.1 Abs. 4 ErbStR. Wird dagegen ein Gebäude nur zum Teil fertiggestellt und der **Innenausbau zurückgestellt**, um ihn nach den Wünschen der künftigen Nutzer vorzunehmen, ist das Gebäude schon **insgesamt als bezugsfertig** anzusehen. 24

Beachte

Der Bodenwert für das Grundstück, d.h. die Bewertung eines unbebauten Grundstücks, ist **auch für die Bewertung bebauter Grundstücke erforderlich**, deren Wert nach dem Ertragswert- oder Sachwertverfahren zu ermitteln ist. Denn bei diesen Bewertungsverfahren ergibt sich der Grundstückswert aus der Summe der Werte des (unbebauten) Grundstücks und der darauf befindlichen Bauwerke (vgl. § 183 Abs. 2 Satz 2 BewG, § 184 Abs. 2 BewG, § 185 Abs. 2 BewG, § 189 Abs. 2 BewG, § 191 BewG i.V.m. Anlage 25 BewG, §§ 193 Abs. 1 und 194 Abs. 1 BewG, § 195 Abs. 6 BewG und § 196 Abs. 2 BewG).

II. Wie wird ein unbebautes Grundstück bewertet?

1. Wertableitung aus dem Bodenrichtwert

Die Wertermittlung knüpft an Sachverhalte am Stichtag der Entstehung der Steuer an (§ 11 ErbStG). Neben den aktuellen Maßen und tatsächlichen Zuständen gelten für die Bewertung (auch ab 2023 ff.) bei unbebauten Grundstücken die jeweils aktuellen **Bodenrichtwerte** (siehe § 179 Satz 3 BewG).[15] 25

Bewertungsformel: Bodenrichtwert × m² Fläche

15 Zur Bewertung unbebauter Grundstücke aus Verwaltungssicht siehe R B 176, 179 ErbStR mit Hinweisen dazu. Allgemein z.B. Kommentierung *Sievert/Gohlisch*, in: Daragan/Halaczinsky/Riedel, Praxiskommentar ErbStG und BewG, § 179 BewG; *Stein*, Schenkungsteuer und Immobilienbewertung: Die Bodenrichtwerte werden zum 1.1.22 angepasst – Folgen und Handlungsempfehlungen, ErbBstg 2021, 295.

26 Für unbebaute baureife Grundstücke, die mit den wertbeeinflussenden Merkmalen des Bodenrichtwertgrundstücks in der jeweiligen Bodenrichtwertzone übereinstimmen, ist der Bodenrichtwert anzusetzen. Grundregel ist dabei, dass stets der Bodenrichtwert anzusetzen ist, der vom Gutachterausschuss zuletzt ermittelt worden ist.[16] Wertbeeinflussende Merkmale sind insbesondere die Art und das Maß der baulichen Nutzung, das sich in der Geschossflächenzahl und in der Anzahl der möglichen Geschosse ausdrücken kann, die Grundstückstiefe und die Grundstücksgröße sowie die Unterteilung in erschließungsbeitragspflichtiges oder erschließungsbeitragsfreies Bauland, siehe dazu noch Rdn 28.

2. Anpassung des Bodenrichtwerts auf das erworbene Grundstück

27 Nicht immer ist dem ererbten Grundstück genau ein passender **Bodenrichtwert** zuzuordnen, z.B. kann es vorkommen, dass für einen ganzen Ort nur ein Richtwert angegeben wird. Lagetypische Bodenrichtwerte können zugrunde gelegt werden, wenn der Gutachterausschuss keine zonalen Bodenrichtwerte gebildet hat. Generell ist **darauf zu achten**, dass das Finanzamt nicht den höheren von mehreren in Betracht kommenden Richtwerten ansetzt.

Hinweis

Der Wert von Grundstücken, die von den wertbeeinflussenden Merkmalen des Bodenrichtwertgrundstücks abweichen, ist der anzusetzende Bodenwert grundsätzlich nach den Vorgaben des Gutachterausschusses aus dem Bodenrichtwert der jeweiligen Richtwertzone abzuleiten. Näheres ist dazu in R B 179.2 Absätzen 2–8 ErbStR und H B 179.2 ErbStH geregelt. Bei der Heranziehung der Bodenrichtwerte ist die Besonderheit des jeweiligen Grundstücks zu berücksichtigen. Dies gilt insbesondere bei einer Abweichung der Geschossflächenzahl (GFZ).

Beispiel nach H B 179.2 ErbStH

Der zuletzt ermittelte Bodenrichtwert eines Grundstücks beträgt 150 EUR/m² bei einer Geschossflächenzahl von 0,8. Das zu bewertende Grundstück hat eine zulässige Geschossflächenzahl von 0,6. Der Bodenwert/m² beträgt:

$$\frac{0{,}78 \text{ (Umrechnungskoeffizient bei einer Geschossflächenzahl von 0,6) x } 150{,}00 \text{ EUR/m}^2}{0{,}90 \text{ (Umrechnungskoeffizient bei einer Geschossflächenzahl von 0,8)}} = 130{,}00 \text{ EUR/m}^2$$

16 Lt. BFH sind die vom Gutachterausschuss ermittelten Werte vom Finanzamt, vom Steuerpflichtigen und vom Gericht hinzunehmen (BFH v. 5.12.2007 – II R 70/05, BFH/NV 2008, 757; v. 25.8.2010 – II R 42/09, BStBl 2011 II, 205). Über die bloße Beachtung etwaiger vom Gutachterausschuss vorgegebener Differenzierungen hinaus dürften die Finanzämter daher keine eigenen Werte ableiten.

Außerdem lässt die **Finanzverwaltung** noch in folgenden Fällen eine Korrektur des betreffenden Bodenrichtwerts für bebaute Grundstücke zu: 28
- abweichende Grundstücksgröße
- abweichende Grundstückstiefe
- abweichende bauliche Nutzung.

Sind die Bodenrichtwerte in Abhängigkeit von der **Grundstücksgröße** ermittelt worden und haben die Gutachterausschüsse Umrechnungskoeffizienten in Abhängigkeit von der Grundstücksgröße vorgegeben, sind diese anzuwenden. Sind die Bodenrichtwerte in Abhängigkeit von der **Grundstückstiefe** ermittelt worden, ist die Grundstücksfläche nach ihrer Tiefe in Zonen zu gliedern, deren Abgrenzung sich nach den Vorgaben des Gutachterausschusses richtet, z.B. in Vorder- und Hinterland (R B 179.2 Abs. 4 ErbStR). In Bezug auf den Grundstückszuschnitt kann eine Aufteilung in Vorder- und Hinterland bzw. eine Werterhöhung bei Eckgrundstücken geboten sein.

Außerdem haben die Grundstücksart (Frei- und Verkehrsfläche, dazu R B 179.2 Abs. 5 ErbStR), die Erschließung (R B 179.2 Abs. 6 ErbStR) und die **Grundstücksqualität** (Bauland, Bauerwartungsland etc.) Einfluss auf den Bodenwert. Für Bauerwartungsland, Rohbauland und Nettorohbauland[17] gelten – sofern keine besonderen Angaben des Gutachterausschusses vorliegen – folgende Wertansätze:

Bauerwartungsland	25 %
Bruttorohbauland	50 %
Nettorohbauland	75 %

des Bodenrichtwerts für vergleichbares erschließungsbeitragsfreies Bauland.

Ist trotz dieser Vorgaben kein eindeutiger Bodenwert festzustellen, muss sich das Finanzamt zunächst an den Gutachterausschuss der Belegenheitsgemeinde wenden. Nur wenn auch von dort keine verwertbaren Angaben kommen, ist der Bodenwert nach § 179 Satz 4 BewG vom Finanzamt aus den Werten vergleichbarer Flächen abzuleiten, d.h. letztlich im Einvernehmen mit dem Steuerpflichtigen zu schätzen (R B 179.3 Abs. 2 ErbStR). 29

Der so ermittelte Bodenwert pro m² ist auf volle Cent abzurunden und ergibt multipliziert mit der Grundstücksfläche den Wert des Grund und Bodens (Bodenwert). Der Bodenwert ist auf volle EUR abzurunden. 30

17 Zu den Definitionen von Bauerwartungsland, Rohbauland und Nettorohbauland siehe R B 179.1 Abs. 3 ErbStR.

3. Nachweis eines niedrigeren Verkehrswerts

31 Weitere wertbeeinflussende Merkmale, die nicht in R B 179.1, 2 und 3 ErbStR genannt werden, wie z.B. Ecklage, Zuschnitt, Oberflächenbeschaffenheit und Beschaffenheit des Baugrundes, Lärm-, Staub- oder Geruchsbelästigungen, Altlasten sowie Außenanlagen, bleiben bei der steuerlichen Bewertung außer Ansatz (R B 179.2 Abs. 8 ErbStR. Führen individuelle Merkmale dazu, dass der Bodenwert eindeutig unter dem Wert nach den aktuellen Bodenrichtwerten liegt, sieht das Gesetz höchstens den Ansatz des aktuellen (niedrigeren) Verkehrswerts vor. Allerdings muss der Steuerpflichtige den Ansatz des unter dem Bodenrichtwert liegenden **niedrigeren Verkehrswerts – im eigenen Interesse zur Steuerersparnis – beantragen** und durch Sachverständigengutachten nachweisen (§ 198 BewG)! Der Nachweis des niedrigeren gemeinen Werts kann für die nach § 179, §§ 182 bis 196 BewG bewerteten wirtschaftlichen Einheiten geführt werden, wobei der Nachweis die jeweils gesamte wirtschaftliche Einheit umfassen muss, d.h. wenn es um die Bewertung eines bebauten Grundstücks nach dem Ertragswert- oder Sachwertverfahren geht, spielt ein niedriger Verkehrswert für den Bodenwert isoliert keine Rolle. Die Beantragung ist in **Zeilen 112–114** kenntlich zu machen. Näheres siehe Rdn 118 ff.

D. Erwerb bebauter Grundstücke

I. Begriff des bebauten Grundstücks

32 Zur wirtschaftlichen Einheit eines bebauten Grundstücks gehören der Grund und Boden, die Gebäude, die Außenanlagen, sonstige wesentliche Bestandteile und das Zubehör (mit Ausnahme von Maschinen und Betriebsvorrichtungen und Bodenschätzen (§ 176 Abs. 2 BewG). Zum **Grund und Boden** gehören die bebaute Fläche und die mit dem Gebäude im Zusammenhang stehende unbebaute Fläche, insbesondere der Hofraum sowie ein Haus- und/oder Vorgarten. Wesentliche Bestandteile des Grundstücks sind vor allem die Gebäude und die mit Gebäuden verbundenen Anbauten (z.B. Wintergärten), Nebengebäude wie Garagen, Geräteschuppen und dergleichen. Ein bebautes Grundstück ist ein Grundstück, auf dem sich **benutzbare Gebäude** befinden (siehe Bezugsfertigkeit). Sie gelten mit der Bezugsfertigkeit als bebaut, deshalb ist dieser Zeitpunkt im Formular **in Zeile 21** anzugeben. Sofern bereits vorhandene Gebäude am Bewertungsstichtag wegen baulicher Mängel oder fehlender Ausstattungsmerkmale (z.B. Heizung, Wohnungstüren) vorübergehend nicht benutzbar sind, liegt weiterhin ein bebautes Grundstück vor. Kein bebautes Grundstück liegt aber vor, wenn es im Besteuerungszeitpunkt entkernt ist/war. Bei Grundstücken im Zustand der Bebauung sind die schon vorhandenen Gebäudeteile mit ihren (ertragsteuerlichen) Herstellungskosten anzusetzen. Näheres siehe Rdn 115.

II. Grundstücks-Bewertungsmethoden im Erbschaftsteuerrecht

Für die Bewertung bebauter Grundstücke sieht das Gesetz grundsätzlich **drei Bewertungsverfahren** vor: 33

- Vergleichswertverfahren
- Ertragswertverfahren
- Sachwertverfahren.

Die Anwendung der Bewertungsmethoden ist von der jeweiligen Grundstücksart abhängig (§ 182 BewG):

Grundstücksart	**Bewertungsmethode**	**Anmerkung**
Normales Wohnungseigentum Teileigentum Einfamilienhäuser Zweifamilienhäuser	Vergleichswertverfahren	Bei untypischen Objekten ist das Sachwertverfahren anzuwenden.
Mietwohngrundstücke	Ertragswertverfahren	
Geschäftsgrundstücke gemischt genutzte Grundstücke	Ertragswertverfahren, wenn sich für diese auf dem örtlichen Grundstücksmarkt eine übliche Miete ermitteln lässt.	
Geschäftsgrundstücke gemischt genutzte Grundstücke sonstige Grundstücke	Sachwertverfahren	Vorausgesetzt, dass keine übliche Miete ermittelbar ist.
Wohnungseigentum Teileigentum sowie Ein- und Zweifamilienhäuser	Sachwertverfahren	Vorausgesetzt, dass keine üblichen Vergleichswerte ermittelbar sind.

Zur Einteilung und Abgrenzung der Grundstücke in Grundstücksarten siehe noch R B 181.1 ErbStR und amtliche Anleitung.

Hinweis

Im Rahmen des Nachweises eines niedrigeren Verkehrswerts (§ 198 BewG, daher auch sog. Öffnungsklausel) kann jedes andere anerkannte Bewertungsverfahren angewandt werden, insbesondere wenn es der **Immobilienwertermittlungsverordnung**[18] entspricht.

18 Insbesondere Immobilienwertermittlungsverordnung (ImmoWertV 2021) v. 14.7.2021, BGBl I 2021, 2805; zuvor v. 19.5.2010, BGBl I 2010, 639; zuvor (Wertermittlungsverordnung – WertV) v. 6.12.1988, BGBl I 1988, 2209.

III. Bebaute Grundstücke nach dem Vergleichswertverfahren

1. Anwendungsbereich

34 Die Bewertung im Vergleichswertverfahren erfolgt – **auch nach der Rechtslage ab 2023** –, indem die Wohn-/Nutzfläche mit dem entsprechenden Vergleichspreis multipliziert wird, z.B. Eigentumswohnung mit 70 m² x 3.500 EUR. Sind anstelle von Vergleichspreisen vom Gutachterausschuss für Grundstückswerte auch Vergleichsfaktoren mitgeteilt worden, z.B. für die Wohnfläche (Gebäudefaktor) oder den erzielbaren jährlichen Ertrag (Ertragsfaktor), kann die Bewertung **wahlweise** auch nach diesen Faktoren durchgeführt werden. Näheres siehe Rdn 38. Der **Vergleichswert bebauter Grundstücke umfasst den Boden- und Gebäudewert.**

Liegen **keine geeigneten Vergleichspreise oder -faktoren**[19] vor, muss das Finanzamt das **Sachwertverfahren** anwenden.[20]

35 Das Vergleichswertverfahren kommt nur bei inländischen Grundstücken in Betracht, die mit weitgehend gleichartigen Gebäuden bebaut sind und bei denen sich der Grundstücksmarkt an Vergleichswerten orientiert. Entsprechend den anerkannten Methoden der Verkehrswertermittlung ist das Vergleichswertverfahren für Erbschaftsteuerzwecke regelmäßig für **Wohnungseigentum, Teileigentum sowie für ähnliche Ein- und Zweifamilienhäuser** (insbesondere Reihen- und Siedlungshäuser) anzuwenden. Wie Eigentumswohnungen werden Ein- und Zweifamilienhäuser in der Großstadt in der Regel im Vergleichswertverfahren bewertet. **Voraussetzung** für die **Anwendung** ist eine ausreichende Anzahl geeigneter Vergleichspreise (Rn 11 zu § 183 AEBew JStG 2022; R B 183 Abs. 2 ErbStR).[21]

Vorrangig ist in der Praxis auf die von den Gutachterausschüssen für Grundstückswerte mitgeteilten Vergleichspreise zurückzugreifen.[22] Liegen mehrere Vergleichspreise vor, soll der Durchschnittswert angesetzt werden. Sofern der Gutachterausschuss nur Durchschnittskaufpreise (Kaufpreismittel) aus einer Vielzahl von Kauffällen einer Grundstücksart ohne Berücksichtigung unterschiedlicher

---

19 Für den Umstand, dass (keine) Vergleichswerte oder keine Vergleichsfaktoren vorliegen (§ 182 Abs. 4 Nr. 1 BewG) und das Sachwertverfahren anzuwenden ist, ist das Finanzamt beweispflichtig (vgl. Nds. FG v. 11.4.2014 1 K 107/11, EFG 2014, 1364), wendet sich der betroffene Stpfl. dagegen, muss er m.E. darlegen, dass sehr wohl geeignete Vergleichswerte vorliegen.

20 BFH v. 24.8.2022 – II R 14/20, BFH/NV 2023, 170.

21 *Gohlisch*, Bewertung eines Einfamilienhauses mit Garage auf den 24.12.2009 für Zwecke der Schenkungsteuer oder Erbschaftsteuer und Berechnung der sich im Falle einer Schenkung oder Erbschaft ergebenden (unterschiedlichen) Steuer, ZErb 2010, 71.

22 Vergleichspreis- und Vergleichsfaktorverfahren stehen gesetzessystematisch gleichrangig nebeneinander; es besteht ein Auswahlermessen.

wertbeeinflussender Merkmale abgeleitet hat, sind diese als Vergleichspreise nicht geeignet.

Beispiel

Ein- oder Zweifamilienhaus

A verschenkt K ein Einfamilienhaus (Baujahr 1984) im Stadtteil S der Stadt X. Nach Erhebungen des Gutachterausschusses und/oder Maklerverbände/ andere Marktbeobachter, liegen die Kaufpreise dort oder in ähnlichen Stadtteilen bezogen auf das Baujahr im Durchschnitt zwischen 190.000 EUR und 250.000 EUR. Die Spanne kommt wegen unterschiedlichem Verhandlungsergebnis und unterschiedlicher Ausgestaltung zustande, ohne das genau bekannt wäre, ob und welche Umstände für den oberen Wertbereich maßgebend waren. Das Vergleichswertverfahren wäre hier ungeeignet; das Finanzamt müsste selbst Vergleichspreise ermitteln und wenn dies nicht möglich ist, ist das Sachwertverfahren anzuwenden.

Das Finanzamt ist grds. an die Daten der Gutachterausschüsse für Grundstücksbewertung gebunden (§ 177 BewG).[23] 36

Soweit von den Gutachterausschüssen keine Vergleichspreise vorliegen, kann das zuständige Finanzamt geeignete Vergleichspreise aus anderen Kaufpreissammlungen berücksichtigen (Rz 12 zu § 183 AEBew JStG 2022; R B 183 Abs. 2 ErbStR; H B 183 (2) ErbStH).

Hinweis

Liegen die **Voraussetzungen** für die Anwendung des Vergleichswertverfahrens **nicht vor**, ist die Bewertung im **Sachwertverfahren** durchzuführen.[24]

Im Zweifel ist der Sachwert niedriger als der Vergleichswert. Der Steuerpflichtige sollte am besten eine vergleichende Bewertung machen (lassen). Das Fi-

23 Eine Überprüfung der von den Gutachterausschüssen nach § 183 Abs. 1 Satz 2 BewG mitgeteilten Vergleichspreise durch das Gericht bzw. durch ein Finanzamt ist nach h.M. darauf beschränkt, ob dem Gutachterausschuss offensichtliche Unrichtigkeiten unterlaufen sind (vgl. Nds. FG v. 1.12.2022 – 1 K 90/19, juris; v. 17.11.2022 – 1 K 136/18, EFG 2023, 621; v. 6.9.2018 – 1 K 68/17, EFG 2019, 503 und v. 17.9.2015 – 1 K 147/12, EFG 2016, 185). Nach FG Nds. ist die Mitteilung von 13 Vergleichsobjekten und die Darstellung der Abweichungen der Vergleichsgrundstücke hinsichtlich ihrer wertbeeinflussenden Grundstücksmerkmale (Kaufzeitpunkt, Baujahr, Lagewert, Miteigentumsanteil am Grundstück und Wohnfläche) mit Hilfe einer vorher berechneten Formel auf die wertbeeinflussenden Umstände des Bewertungsobjekts ausreichend.

24 Ein Bescheid über die Feststellung des Grundstückswerts ist aufzuheben, wenn wegen des gesetzlich angeordneten Vorrangs des Vergleichswertverfahrens (§ 182 Abs. 4 Nr. 1 i.V.m. § 189 BewG) die Voraussetzungen für die Anwendung des Sachwertverfahrens nicht festgestellt werden können (FG Köln v. 11.4.2019 – 4 V 405/19, EFG 2019, 1258).

nanzamt muss die Voraussetzungen für das Vergleichswertverfahren gerichtsfest nachweisen.[25]

2. Bewertungsmethode

37

33	Angaben zum Vergleichswert					
34	Liegen Ihnen Vergleichspreise oder Vergleichsfaktoren des Gutachterausschusses vor? ☐ Nein		☐ Ja, bitte Unterlagen beifügen.			
35	Gesamte Wohn-/Nutzfläche des Gebäudes bzw. Gebäudeteils ohne Garagen/Stellplätze in m²	Anzahl der Garagenstellplätze	Anzahl der Tiefgaragenstellplätze	Anzahl der Carportstellplätze	Anzahl der Stellplätze im Freien	Anzahl der Wohnungs- und Teileigentumseinheiten im Gebäude

Im Vergleichswertverfahren erfolgt eine Bewertung des ganzen Grundstücks (Grund und Boden und Gebäude) in einem Arbeitsgang; die dazu erforderlichen Angaben sind in **Zeilen 34–35** zu machen. Dabei wird der Marktwert des Grundstücks regelmäßig aus tatsächlich realisierten Kaufpreisen von anderen Grundstücken abgeleitet, die hinreichend vergleichbar sind. Vorrangig ist auf die von den Gutachterausschüssen ermittelten **Vergleichs(kauf)preise** und Anpassungszu- oder -abschläge zurückzugreifen.

Beispiel

E hat von seiner Schwester ein Einfamilienhaus geerbt: Bauj. 1993, Wohnfläche 120 m², Grundstücksfläche 580 m², Bodenrichtwert 265 EUR. Der Gutachterausschuss hat für 10 bis 20 Jahre alte EFH bei einem Bodenrichtwert zwischen 250 EUR bis 299 EUR einen Vergleichswert von 2.450 EUR angegeben. Dieser Preis bezieht sich auf EFH von 140 m² und eine Grundstücksfläche von 650 m².

Vorgabe des Gutachterausschusses: Bei einer Wohnflächenabweichung von -20 m² soll der Vergleichspreis um 110 EUR erhöht werden.

Bei einer Grundstücksfläche von -70 m² soll der Vergleichspreis um 70 EUR gemindert werden.

Lösung: Der Vergleichspreis ist wegen geringerer Wohnfläche um 110 EUR zu erhöhen und wegen geringerer Grundstücksfläche um 70 EUR zu mindern. Der Steuerwert ergibt sich also nach einem Vergleichspreis 2.450 EUR + 110 EUR ./. 70 EUR = 2.490 EUR x Wohnfl. 120 m² = 298.800 EUR.

38 Fehlen Vergleichskaufpreise, müssen nach § 183 Abs. 2 Satz 1 BewG **Vergleichsfaktoren** (etwa Raum- und Flächeneinheiten) zur Bewertung herangezogen werden, z.B. der Quadratmeterpreis/Wohn-/Nutzfläche bei Eigentumswohnungen in der Lage X oder ein Ertragsfaktor (das x-fache des Jahresreinertrags), wenn

25 Im Fall des BFH (Urt. v. 24.8.2022 – II R 14/20, BFH/NV 2023, 17) reichte der Vergleichspreis für ein geschenktes Grundstück aus, um das Grundstück statt mit dem Sachwert von 518.403 EUR mit dem Vergleichspreis von 920.000 EUR zu bewerten.

diese von den Gutachterausschüssen der betreffenden Kommune ermittelt werden (R B 183 Abs. 3 ErbStR). Vergleichsfaktoren sind geeignet, wenn die Grundstücksmerkmale der ihnen zugrunde liegenden Grundstücke hinreichend mit denen des zu bewertenden Grundstücks übereinstimmen bzw. die Abweichungen in sachgerechter Weise berücksichtigt werden können. Dabei sollten für Wohnungseigentum mindestens folgende Klassifizierungsmerkmale vorliegen: Baujahrsklasse, Wohnungsgröße oder Wohnungsgrößenspanne und Wohnlage. Sind die Vergleichsfaktoren nur undifferenziert in Spannen angegeben, darf das Finanzamt nur den untersten Wert der Preise heranziehen. Näheres siehe noch H B 183 (3) ErbStH. **Berechnungsbeispiel** siehe R B 183 (4) ErbStH. Betreffen diese Vergleichsfaktoren nur das Gebäude, ist noch der Wert des Grund und Bodens dazuzurechnen.

Grds. führen die im BewG vorgesehenen Bewertungsmethoden und hier das Vergleichswert- und das Sachwertverfahren keineswegs zu gleichen oder ähnlichen Werten. Es kann daher je nach Interessenlage versucht werden, etwa das Vergleichswert- oder alternativ das Sachwertverfahren anzugreifen. 39

Insgesamt ist es wohl so, dass ohne qualifizierte Beratung (bzw. Überprüfung durch Bausachverständigen – allerdings auf eigenen Kosten-) kaum zutreffend festgestellt werden kann, ob das Vergleichswertverfahren dem Grunde und der Höhe nach richtig angewendet worden ist.

3. Nachweis eines niedrigeren Verkehrswertes

Besonderheiten, insbesondere die den Wert beeinflussenden Rechte und Belastungen privat-rechtlicher und öffentlich-rechtlicher Art, werden in dem typisierenden steuerlichen Vergleichswertverfahren nach § 183 Abs. 1 und 2 BewG nicht berücksichtigt (§ 177 Abs. 4 BewG), anders dagegen nach der Immobilienwertermittlungsverordnung. Liegen solche (wertmindernden) Besonderheiten vor, kann/sollte der Steuerpflichtige – **im eigenen Interesse zur Steuerersparnis** – den **Ansatz des niedrigeren Verkehrswerts** gem. § 198 BewG beantragen. Hierfür ist ein Nachweis z.B. durch Bausachverständigengutachten, erforderlich. Ist dieses fachgerecht und in sich schlüssig, muss das Finanzamt den niedrigeren Wert ansetzen (§ 198 BewG). Erhöhungen wegen eines Verkehrswerts oberhalb des Steuerwerts durch das Finanzamt scheiden aus, d.h. sind dagegen unzulässig. Die notwendigen Angaben zum Ansatz des Verkehrswerts sind in **Zeilen 112–114** zu machen, siehe dazu Rdn 118 ff. 40

IV. Bebaute Grundstücke nach dem Ertragswertverfahren

1. Anwendungsbereich

Das Ertragswertverfahren ist ein pauschaliertes und typisierendes Verfahren zur Bewertung von bebauten Grundstücken für erbschaftsteuerliche Zwecke. Es ist 41

zwingend anzuwenden bei Mietwohngrundstücken, außerdem bei **Geschäftsgrundstücken** und **gemischt genutzten Grundstücken**, für die sich auf dem örtlichen Grundstücksmarkt eine übliche Miete ermitteln lässt. **Mietwohngrundstücke sind** Grundstücke, die zu mehr als 80 % – berechnet nach der Wohn- oder Nutzfläche – Wohnzwecken dienen und nicht (vermietete) Ein- und Zweifamilienhäuser oder Wohnungseigentum sind. **Geschäftsgrundstücke sind** Grundstücke, die zu mehr als 80 % – berechnet nach der Wohn- oder Nutzfläche – eigenen oder fremden betrieblichen oder öffentlichen Zwecken dienen und nicht Teileigentum sind. **Gemischt genutzte Grundstücke** sind Grundstücke, die teils Wohnzwecken, teils eigenen oder fremden betrieblichen oder öffentlichen Zwecken dienen und keine Grundstücke i.S.d. § 181 Abs. 1 Nr. 1–4 BewG sind.

2. Bewertungsmethode des Ertragswertverfahrens

42 Das Ertragswertverfahren ist vor allem für **Mietwohngrundstücke** anwenden.[26] Für **Geschäftsgrundstücke** und **gemischt genutzte Grundstücke ist es (nur)** anzuwenden, wenn sich für diese **eine übliche Miete ermitteln** lässt. Kann für Letztere keine übliche Miete gefunden werden, ist das Sachwertverfahren anzuwenden.[27]

Im Ertragswertverfahren nach den §§ 184–188 BewG wird der Grundbesitzwert (Ertragswert) vereinfacht aus der **Summe** von **Bodenwert** (Bodenertragswert) und **Gebäudewert** (Gebäudeertragswert) gebildet. Der Bodenwert ist wie bei einem unbebauten Grundstück nach Maßgabe des § 179 BewG zu ermitteln, siehe dazu Rdn 25 ff. Der Gebäudewert ist getrennt vom Bodenwert auf der Grundlage des Ertrags zu ermitteln. Sonstige bauliche Anlagen, insbesondere Außenanlagen, sowie sonstige objektspezifische Grundstücksmerkmale sind regelmäßig mit dem Ertragswert abgegolten. Als Ertragswert (Grundbesitzwert) ist mindestens der Bodenwert anzusetzen (**Mindestwert**). Sollten Abrisskosten u.Ä. anstehen, müsste zum Nachweis gem. § 198 BewG, dass der Verkehrswert des Grundstücks unter dem normalen Bodenwert liegt, ein Gutachten vorgelegt werden. Das in den §§ 184–188 BewG geregelte Ertragswertverfahren unterscheidet sich von der Einheitsbewertung und der früheren Bedarfsbewertung vor allem dadurch, dass Grund und Boden und das Gebäude getrennt voneinander bewertet werden müssen. Genau genommen wird dabei nur das Gebäude nach dem Ertrag bewertet, der Grund und Boden wird mit einem mittelbaren Ver-

26 *Von Arps-Aubert*, Aktuelle Brennpunkte bei der Bewertung von Mietwohngrundstücken nach dem BewG, NWB 2020, 3819.

27 Das Finanzamt hat im Zweifel plausibel darzulegen, warum das Regelverfahren für die Bewertung von Geschäftsgrundstücken nach § 182 Abs. 3 Nr. 2 BewG, nämlich das Ertragswertverfahren, nicht zur Anwendung kommen kann (Sächs. FG v. 15.11.2017 – 8 V 1335/17, UVR 2018, 138).

gleichswertverfahren (nach den Bodenrichtwerten) bewertet. Die Bewertung ist schematisch wie folgt aufgebaut (Schema Rn 15 zu § 184 BewG AEBew JStG 2022, H B 184 ErbStH).

Rohertrag (Jahresmiete bzw. übliche Miete)
(§ 185 Absatz 1, § 186 BewG)

./.

Bewirtschaftungskosten
(§ 185 Absatz 1, § 187 BewG)

=

Reinertrag des Grundstücks
(§ 185 Absatz 1 BewG)

./.

Bodenwertverzinsung /
Bodenwert x Liegenschaftszinssatz
(§ 179, § 185 Absatz 2, § 188 BewG)

=

Bodenrichtwert (ggf. angepasster Bodenwert)	***Gebäudereinertrag (≥ 0 Euro)*** *(§ 185 Absatz 2 BewG)*
x	x
Grundstücksfläche	*Vervielfältiger (§ 185 Absatz 3 BewG)*
=	=
Bodenwert *(§ 179, § 184 Absatz 2 BewG)*	***Gebäudeertragswert*** *(§ 185 Absatz 1 bis 3 BewG)*
▼	▼

Ertragswert = Grundbesitzwert
(§ 184 Absatz 3 BewG)

Zur eigenen Berechnung kann man Schritt für Schritt danach vorgehen.

Hinweis

Das Ertragswertverfahren als solche ist durch das JStG 2022[28] nicht geändert worden. Geändert worden für Bewertungsstichtage **ab 2023** sind die typisierte Gesamtnutzungsdauer, die **Höhe und Berechnung der Bewirtschaftungs-**

28 *Eisele*, JStG 2022: Änderung des Bewertungsgesetzes für Zwecke der erbschaftsteuerlichen Grundbesitzbewertung – Ertrags- und Sachwertverfahren sowie Grundbesitzbewertung in Erbbaurechtsfällen, NWB 2023, 255; *Konrad*, Die Änderungen des BewG durch das Jahressteuergesetz 2022, ZEV 2023, 15; *Halaczinsky*, Erbschaft-/Schenkungsteuer: Höhere Grundbesitzwerte ab 2023, UVR 2023, 49; *Dorn*, Geplante Änderung des BewG durch das JStG 2022: Höhere Immobilienwerte drohen!, DStR 2022, 2289.

kosten und die anzuwendenden Liegenschaftszinsen. Die Änderungen betreffen die rechnerische Ermittlung des Ertragswerts.

43 Bei Mietwohngrundstücken (immer) und bei Geschäftsgrundstücken und gemischt genutzten Grundstücken, für die Mieten feststellbar sind, sind Angaben zur Ertragswertermittlung zu machen. Im Fall von **Geschäftsgrundstücke und gemischt genutzten Grundstücken** sind noch die **Zeilen 59–80** auszufüllen.

36	**Angaben zum Ertragswert**					**(Angaben sind nur bei Geschäftsgrundstücken, gemischt genutzten Grundstücken und Mietwohngrundstücken erforderlich)**				
37	**Angaben zum Rohertrag am Bewertungsstichtag**									
38	**Wohnnutzung**									
39	lfd. Nr./ Lage-plan-Nr.	Lage der Räume (z.B. KG, EG, OG, DG)	Sonstige Wohnräume (keine Wohnung i.S.d. § 181 Abs. 9 BewG)?	Ausstattung e = einfach m = mittel g = gut	Ertragsteuerlich Betriebsvermögen?	V = Vermietung L = Leerstand E = Eigennutzung U = unentgeltliche Überlassung G = vorübergehender Gebrauch	Wohn-/Nutzfläche in m²	Übliche Monatsmiete (Nettokaltmiete) pro m² bzw. je Stellplatz EUR, Cent	Übliche Monatsmiete (Spalte 7 x Spalte 8 bzw. Spalte 6 x Spalte 8) EUR	Vereinbarte mtl. Nettokaltmiete am Bewertungsstichtag EUR
40	1	2	3	4	5	6	7	8	9	10
41			☐		☐					
42			☐		☐					
43			☐		☐					
44			☐		☐					
45			☐		☐					
46			☐		☐					
47			☐		☐					
48			☐		☐					
49			☐		☐					
50			☐		☐					
51			☐		☐					
52			☐		☐					
53	Angaben zu Stellplätzen in Garagen/Tiefgaragen, Carports und im Freien (Angaben zu den Mieten nicht erforderlich, soweit die Mieten in den Zeilen 41 bis 52 enthalten sind)			Stellplätze in Garagen		Anzahl				
54				Stellplätze in Tiefgaragen		Anzahl				
55				Stellplätze in Carports		Anzahl				
56				Stellplätze im Freien		Anzahl				
57	Liegt ein Untermietverhältnis vor? ☐ Nein					☐ Ja, bitte Erläuterungen auf gesondertem Blatt beifügen.				
58										

3. Rohertrag – Tatsächlich vereinbarte Miete

44 **Ausgangspunkt** der Ertragswertbewertung ist der Rohertrag des Grundstücks. Dies ist das Entgelt, das für die Benutzung des bebauten Grundstücks nach der

am Bewertungsstichtag geltenden vertraglichen Vereinbarung, umgerechnet auf zwölf Monate, zu zahlen bzw. üblicherweise zu zahlen ist. Zur Ermittlung des Rohertrags sind die Bewirtschaftungskosten abzuziehen (§ 185 Abs. 1 Satz 2 BewG), dazu Rdn 51, 54 ff. Umlagen, die zur Deckung der Betriebskosten gezahlt werden, sind nicht anzusetzen **(Jahres-Nettokaltmiete)**. Mit dem Rohertrag nach § 186 BewG sind regelmäßig auch die Werteinflüsse der **baulichen Außenanlagen und sonstigen Anlagen erfasst**. Zur Ermittlung des **Rohertrags des Gebäudes** sind die Angaben in **Zeilen 36 ff.** erforderlich. Die **Zeile 64** betrifft den Grund und Boden; im Übrigen sind die Angaben zum Grund und Boden in den **Zeilen 9 ff.** zu machen. Siehe ergänzend ausführliche amtliche Anleitung zur Feststellung des Grundbesitzwerts.

Zur Ermittlung der maßgebenden Miete dienen die Angaben in **Zeilen 37–59**. 45
Zu Einzelheiten der Spaltenkategorien siehe amtliche Anleitung für die Anlage „Grundstück“ zur Feststellungserklärung.

In Spalte 10 ist die vereinbarte Nettokaltmiete einzutragen; damit erübrigen sich soweit Eintragungen zur üblichen Miete. Allerdings werden trotzdem Eintragungen in Spalte 8, 9 verlangt, relevant z.B. bei zeitweiligem Leerstand, Vermietung an Angehörige (siehe Rdn 47 f.).

Bei der vereinbarten Miete handelt es sich um die **Sollmiete**, d.h. maßgeblich ist nicht die tatsächlich gezahlte (Nettokalt-)Miete im Jahr, sondern das Gesamtentgelt, das die Mieter (Pächter) für die Nutzung der bebauten Grundstücke aufgrund vertraglicher Vereinbarungen, umgerechnet auf zwölf Monate, zu zahlen haben. In den Fällen der **Betriebsaufspaltung** ist vorbehaltlich des § 186 Abs. 2 Satz 1 Nr. 2 BewG von der zwischen dem Besitzunternehmen und dem Betriebsunternehmen vertraglich vereinbarten Miete auszugehen. Zu dieser Miete gehören auch Entgelte für **Garagen (dazu Zeilen 53–56)**, Nebengebäude u.Ä., nicht dazu gehören Umlagen zur Deckung von Betriebskosten u.Ä. Siehe zu Miete und Umlagen R B 186.1 und 2 ErbStR.

Bei **Mietausfall** ist somit trotz des geringeren Ertrags eine Bewertung auf der Grundlage der vereinbarten Miete vorzunehmen. Einzutragen ist die Monatsmiete. Zur weiteren Ermittlung des Grundbesitzwerts wird die monatliche Miete vom Finanzamt auf eine Jahresmiete umgerechnet.

Beispiel: vereinbarten monatliche Nettokaltmiete

Am 31.1.2021 wurde ein Mietwohngrundstück durch Schenkung übertragen. Dieses enthält eine ab dem 1.6.2017 vermietete 120 m² große Wohnung. Die vereinbarte monatliche Nettokaltmiete betrug 600 EUR (5,00 EUR/m²). Zum jeweils 1.6. eines Jahres sieht der Mietvertrag eine Steigerung der vereinbarten Nettokaltmiete in Höhe von 0,20 EUR je m²/Wohnfläche vor. Die vereinbarte monatliche Nettokaltmiete am Bewertungsstichtag ermittelt sich für diese Wohnung aus der am 31.1.2021 vereinbarten monatlichen Miete von

6 EUR/m², welche in Spalte 10 als Monatsmiete in Höhe von 720 EUR zu erklären ist.

46 In **Zeile 57** sind evtl. bestehende **Untermietverhältnisse** anzugeben. Vermietet ein Mieter Räume an einen Dritten (Untermieter) weiter, gehören auch die Beträge zur Miete, die der Mieter dem Vermieter (Eigentümer) nach den vertraglichen Vereinbarungen für die Erlaubnis zur Untervermietung zu zahlen hat.

Hinweis

Der Steuerpflichtige kann ggf. eine **niedrigere Bewertung erreichen**, wenn er die tatsächliche Miete am untersten Rand der Spanne der üblichen Miete ansiedelt. Er trägt die Beweislast dafür, dass die tatsächliche Miete noch die übliche ist.

4. Rohertrag – übliche Miete

47 Wurde ein bebautes Grundstück oder Teile hiervon
- nicht – weil leerstehend – oder
- vom Eigentümer oder dessen Familie selbst genutzt oder
- anderen zum vorübergehenden Gebrauch oder
- unentgeltlich zur Nutzung überlassen oder
- verbilligt zu einer um mehr als 20 % von der üblichen Miete abweichenden tatsächlichen Miete überlassen,

ist **zwingend die übliche Miete** anzusetzen. Zur Ermittlung der üblichen Miete finden Sie in R B 186.4 und 5 ErbStR und H B 186.5 ErbStH weiterführende Hinweise.

48 Dazu sind vergleichbare Mieten aus demselben Gebäuden, aus vergleichbaren Objekten oder dem örtlichen Mietspiegel, hilfsweise aus Mietdatenbanken oder Mietwertgutachten heranzuziehen (§ 186 Abs. 2 Satz 2 BewG). Dabei ist für die übliche Miete für die Ertragswertberechnung im typisierenden Verfahren regelmäßig vom **Mittelwert** des Mietspiegels auszugehen (H B 186.4 und 5 ErbStH).

Bei **verbilligter oder überhöhter Vermietung**, d.h. bei einer um mehr als 20 % von der verkehrsüblichen Miete abweichenden tatsächlichen Miete,[29] ist die übliche Miete anzusetzen. Die Gründe, die zu der Abweichung der tatsächlichen Miete von der üblichen Miete um mehr als 20 % nach unten oder oben geführt haben, sind unbeachtlich. Die übliche Miete ist zur Prüfung der 20 %Grenze zu schätzen (§ 162 AO). Die tatsächlich vereinbarte Miete ist mit dem jeweils unters-

29 Die tatsächlich vereinbarte Miete ist mit dem jeweils untersten oder dem jeweils obersten Wert einer Mietspanne zu vergleichen (H B 186.5 ErbStH; FG B-Bbg. v. 19.10.2016 – 3 K 3002/15, EFG 2017, 277, bestätigt durch BFH v. 5.12.2019 – II R 41/16, BStBl 2020 II, 741); d.h. eine Miete, die mehr als 20 % niedriger ist als der unterste Wert der Spanne oder die mehr als 20 % höher ist als der Wert der obersten Spanne, kann nicht mehr als ortsüblich angesehen werden. Auf den Mittelwert kommt es insoweit nicht an.

ten oder dem jeweils obersten Wert einer Mietspanne zu vergleichen.[30] Beträgt beispielsweise die Wohnfläche einer zu bewertenden Eigentumswohnung 80 m², können aus der Kaufpreissammlung alle vergleichbaren Eigentumswohnungen mit einer Wohnfläche zwischen 64 m² und 96 m² (80 m² +/– 20 %) in die Ableitung des Vergleichswerts einbezogen werden. Da sowohl die tatsächlichen wie auch die üblichen Mieten stets eine Preisspanne haben, ist m.E. die Diskrepanz zur üblichen Miete nur in „augenfällig" niedrigen Mieten aufzugreifen.

Die übliche Miete bezieht sich auf die Wohn-/Nutzfläche. Beachten Sie, dass hier keine zu große Fläche angegeben wird, denn die Berechnung richtet sich nach der Wohnflächenberechnungsverordnung. Danach sind bestimmte Flächen (Keller, Terrassen, Balkone, Räume mit Dachschrägen und dergleichen teils gar nicht, teils nur anteilig zu erfassen. Die übliche Miete für das Objekt hängt ggf. sehr ausschlaggebend auch von der **Wohn-/Nutzfläche,**[31] einzutragen in Spalte 7, ab. 49

Auch selbst genutzte Bürogebäude und Ladenlokale u.Ä. sind so zu bewerten. Ergibt sich aus dem Mietspiegel oder sonstigen Unterlagen, z.B. Grundstücksmarktbericht des Gutachterausschusses oder privaten Marktberichten, dass mit den Mieten für die Verkaufsflächen auch Nebenflächen, etwa Teeküche/Personal-/Sanitärraum etc. abgegolten sind, ist nur die Nettoverkaufsfläche zugrunde zu legen.[32]

Beachten Sie, dass auch für **Nebengebäude, Garagen, Stellplätze** und dgl. Mieten anzugeben sind. Bei selbstgenutzten oder leerstehenden Garagen ist als übliche Miete regelmäßig ein Festwert pro Stellplatz/Jahr anzusetzen. Die Miete richtet sich auch nach dem Ausstattungsgrad.

5. Weitere Angaben für die Anwendung des Ertragswertverfahrens

Die Angaben zu „Nichtwohnnutzung" dienen zur Bewertung und Bestimmung der Gesamtnutzungsdauer von Geschäftsgrundstücken und gemischt genutzt Grundstücken (sofern sie im Ertragswertverfahren zu bewerten sind, § 182 Abs. 3 Nr. 2 BewG, R B 182 Abs. 2 ErbStR). Die betreffenden Gebäudearten sind in der **Anleitung zur Anlage Grundstücke** aufgelistet. Die Angaben sind erstmals im Formular für Bewertungsstichtage **ab 2023** zu machen. 50

---

30 H B 186.5 ErbStH 2011; FG B-Bbg v. 19.10.2016 – 3 K 3002/15, EFG 2017, 277, bestätigt durch BFH, v. 5.12.2019 – II R 41/16, BStBl 2020 II, 741); d.h. eine Miete, die mehr als 20 % niedriger ist als der unterste Wert der Spanne oder die mehr als 20 % höher ist als der Wert der obersten Spanne, kann nicht mehr als ortsüblich angesehen werden.

31 Zu berechnen nach der Wohnflächenverordnung v. 25.11.2003, BGBl I 2003, 2346. Eine fehlerhaft zu große Fläche führt letztlich zu einer höheren Erbschaft-/Schenkungsteuerbelastung.

32 Vgl. FG Münster v. 17.2.2011 – 3 K 1678/10 F, StEd 2011, 328.

Zeile										
59	**Nichtwohnnutzung**									
60	lfd. Nr./ Lage-plan-Nr.	Lage der Räume (z.B. KG, EG, OG, DG)	Gebäudeart nach Anlage 24 BewG (z.B. 6.1 Bürogebäude)	Ausstattung e = einfach m = mittel g = gut	Ertragsteuerlich Betriebsvermögen?	V = Vermietung L = Leerstand E = Eigennutzung U = unentgeltliche Überlassung G = vorübergehender Gebrauch	Nutzfläche in m²	Übliche Monatsmiete (Nettokaltmiete) pro m² bzw. je Stellplatz EUR, Cent	Übliche Monatsmiete (Spalte 7 x Spalte 8 bzw. Spalte 6 x Spalte 8) EUR	Vereinbarte mtl. Nettokaltmiete am Bewertungsstichtag EUR
61	1	2	3	4	5	6	7	8	9	10
62					☐					
63					☐					
64					☐					
65					☐					
66					☐					
67					☐					
68					☐					
69					☐					
70					☐					
71					☐					
72					☐					
73					☐					
74	Angaben zu Stellplätzen in Garagen/Tiefgaragen, Carports und im Freien (Angaben zu den Mieten nicht erforderlich, soweit die Mieten in den Zeilen 62 bis 73 enthalten sind)			Stellplätze in Garagen		Anzahl				
75				Stellplätze in Tiefgaragen		Anzahl				
76				Stellplätze in Carports		Anzahl				
77				Stellplätze im Freien		Anzahl				
78	Liegt ein Untermietverhältnis vor? ☐ Nein					☐ Ja, bitte Erläuterungen auf gesondertem Blatt beifügen.				
79										
80										

Die geforderten Angaben ergeben sich aus der **Zeile 60**, sie sind aus den Gebäudeakten zu entnehmen bzw. erstmals für Erbschaft-/Schenkungsteuerzwecke zu ermitteln. Hintergrund ist die Ermittlung der Restnutzungsdauer für **Geschäftsgrundstücke**, die aus einem Gebäude mit nicht selbstständigen Gebäudeteilen verschiedener Bauart oder Nutzung (z.B. geschossweise unterschiedliche Bauart, Tiefgarage unter Bankgebäude) bestehen. Zur Ermittlung einer einheitlichen Restnutzungsdauer ist grds. die typisierte Gesamtnutzungsdauer für Geschäftsgrundstücke laut Anlage 22 zum BewG anzunehmen, die dem durch die Hauptnutzung des Gebäudes bestimmten Gesamtgepräge des Gebäudes entspricht. Ist keine der Nutzungen des Gebäudes prägend, ist für dieses Gebäude bei der Ermittlung der Restnutzungsdauer von der durchschnittlichen Gesamtnutzungsdauer der jeweiligen Gebäudearten der Anlage 22 BewG auszugehen. Handelt es sich bei der zu bewertenden wirtschaftlichen Einheit um ein gemischt genutztes

Grundstück, ist die typisierte Gesamtnutzungsdauer für gemischt genutzte Grundstücke in Höhe von 80 Jahren anzunehmen. Dazu R B 185.3 ErbStR und Rz 18 zu § 185 AEBew JStG 2022.

Für **Bewertungsstichtage** sind **in dem bis 2022 geltenden Formular** in **Zeilen 62** „Bewirtschaftungskosten“ – ggf. bekannte – Erfahrungssätze der Gutachterausschüsse einzutragen, siehe dazu Rdn 56 f. **Ab 2023** setzt das Finanzamt die Bewirtschaftungskosten nur mit den nach Maßgabe des § 187 Abs. 3 BewG an den Bewertungsstichtag angepassten Einzelansätzen für Verwaltungs- und Instandhaltungskosten sowie das Mietausfallwagnis aus der **Anlage 23 BewG**[33] an, siehe dazu Rdn 55. 51

Unter **„Sonstige Angaben“** sind in den **Zeilen 81–88** sind weitere für die Anwendung des Ertragswertverfahrens notwendigen Daten anzugeben. Von der **Gebäudeart (Zeile 82)** hängen die Gesamtlebensdauer und damit auch die Restnutzungszeit eines Gebäudes ab. Die Restnutzungszeit ergibt sich i.d.R. aus der Gesamtnutzungsdauer abzgl. des Gebäudealters im Besteuerungszeitpunkt; zur Restnutzungsdauer siehe Rdn 17. 52

81	**Sonstige Angaben**		
82	Gebäudeart (zur Ermittlung der Gesamtnutzungsdauer) (vgl. Anleitung Seite 5, z. B. Geschäftsgrundstück: Bürogebäude / Verwaltungsgebäude)		
83	Liegt Ihnen ein vom Gutachterausschuss ermittelter Liegenschaftszinssatz vor? ☐ Nein ☐ Ja; bitte Unterlagen beifügen.		Prozent
84	Wie groß ist die bebaute Fläche des Grundstücks?		m²
85			
86			
87			
88			

In Zeile 83 sind zur Hilfe für das Finanzamt schon bekannte Erfahrungssätze zu den **Liegenschaftszinssätzen**[34] des betreffenden Gutachterausschusses anzugeben, z.B. wenn diese schon in einem Wertgutachten für eine Erbauseinandersetzung, Pflichtteilsberechnung und dergleichen ermittelt worden sind. Es ist jedoch nicht erforderlich, dass Sie diese Zahlen selbst ermitteln. Stehen letztendlich keine 53

33 Z.B. BewG bei www.gesetze-im-internet.de/bewg.

34 Nach FG B-Bbg. v. 23.3.2016 – 3 K 3009/16, EFG 2016, 879 (bestätigt durch BFH v. 18.9.2019 – II R 13/16, BStBl 2020 II, 760) sind die von den Gutachterausschüssen angegebenen Liegenschaftszinsen weitestgehend vorrangig verbindlich. Ebenso FG Ba-Wü (Urt. v. 17.11.202 – 2 K 2420/19, ZEV 2022, 624; es bestehen auch keine verfassungsrechtlichen Bedenken hinsichtlich der vorrangigen Anwendung der Liegenschaftszinsen der Gutachterausschüsse (§ 188 Abs. 2 Satz 1 BewG).

geeigneten Liegenschaftszinssätze[35] zur Verfügung, wird das Finanzamt die in § 188 Abs. 2 Satz 2 BewG Genannten anwenden.

Letztlich ist in **Zeile 84** auch anzugeben, wie **groß die bebaute Fläche** des Grundstücks ist. Dies ist damit zu erklären, dass bei der Ermittlung des Betrags der Bodenwertverzinsung nur die der jeweiligen Bebauung zurechenbare Grundstücksfläche anzusetzen ist. Diese zurechenbare Grundstücksfläche entspricht regelmäßig der bebauten Fläche einschließlich der sog. Umgriffsfläche. Ist das Grundstück wesentlich größer, als es einer den Gebäuden angemessenen Nutzung entspricht, und ist eine zusätzliche Nutzung oder Verwertung der Teilfläche (selbstständig verwertbare Teilfläche, z.B. Lagerfläche, Abstellfläche, Gartenfläche, Schrebergarten usw.) zulässig und möglich, ohne dass mehrere wirtschaftliche Einheiten vorliegen, ist diese Teilfläche bei der Berechnung des Bodenwertverzinsungsbetrages nicht zu berücksichtigen (§ 185 Abs. 2 Satz 3 BewG). Bei der Bodenwertermittlung sind dagegen beide Teilflächen anzusetzen. Bei besonders teuren Grundstücksflächen kann ebenfalls eine entsprechend hohe Bodenwertverzinsung den Grundstücksrohertrag erheblich mindern. Hier gilt aber: Verbleibt nach Abzug der Bodenwertverzinsung kein oder ein negativer Betrag, ist nach § 184 Abs. 3 Satz 2 BewG der Bodenwert anzusetzen (Mindestwert). Näheres siehe noch R B 188 ErbStR 2011; **Berechnungsbeispiel** in H B 188 (2) ErbStH.

6. Bewirtschaftungskosten

54 Die **Bewirtschaftungskosten sind ab 2023** mit den nach Maßgabe des § 187 Abs. 3 BewG an den Bewertungsstichtag angepassten Einzelansätzen für Verwaltungs- und Instandhaltungskosten sowie das Mietausfallwagnis aus der **Anlage 23 BewG** neu zu berücksichtigen. Ein Ansatz in tatsächlicher Höhe oder nach **Erfahrungssätzen kommt ab 2023 nicht in Betracht.**

55 Die Verwaltungs- und Instandhaltungskosten für Wohnnutzung in der Anlage 23 BewG sind jährlich anhand des vom Statistischen Bundesamt festgestellten Verbraucherpreisindex für Deutschland anzupassen.

35 Geeignet sind die von den Gutachterausschüssen i.S.d. §§ 192 ff. BauGB nach Maßgabe des § 177 Abs. 2 und 3 BewG ermittelten Liegenschaftszinssätze.Die praktische Anwendung des Liegenschaftszinses (und deren steuerliche Auswirkung) wird in der Entscheidung des FG B-Bbg. v. 23.3.2016 – 3 K 3009/16, EFG 2016, 879, bestätigt durch BFH v. 18.9.2019 – II R 13/16, BStBl 2020 II, 760.

Beispiel:

Indizierung der Basiswerte für die Verwaltungs- und Instandhaltungskosten in der Anlage 23 BewG für Bewertungsstichtage in 2023

Der Verbraucherpreisindex beträgt für den Monat Oktober 2022 (2015 = 100) 122,2 und für den Monat Oktober 2001 (2015 = 100) 81,6. Hieraus ergeben sich für die Bewertungsstichtage in 2023 folgende indizierte Verwaltungs- und Instandhaltungskosten:

I. Bewirtschaftungskosten für Wohnnutzung		
1. Verwaltungskosten		
	Basiswerte (Anlage 23 BewG)	***Werte nach Indizierung* für Bewertungsstichtage in 2023***
jährlich je Wohnung	*230 EUR*	*344 EUR*
jährlich je Garage oder ähnlichen Einstellplatz	*30 EUR*	*45 EUR*
2. Instandhaltungskosten		
	Basiswerte (Anlage 23 BewG)	***Werte nach Indizierung* für Bewertungsstichtage in 2023***
jährlich je Quadratmeter Wohnfläche	*9,00 EUR*	*13,50 EUR*
jährlich je Garage oder ähnlichen Einstellplatz	*68 EUR*	*102 EUR*

Bis 2022 sind die Bewirtschaftungskosten entweder nach pauschalen Erfahrungs- 56
sätzen oder hilfsweise nach pauschalierten Kosten lt. Anlage 23 zum BewG anzusetzen. Dazu dienen die Angaben in den **Zeilen 62** als Hilfestellung.

60	**Sonstige Angaben**	
61	**Gebäudeart** (vgl. Anleitung Seite 5 und 7, z.B. Geschäftsgrundstück: Bürogebäude / Verwaltungsgebäude 6.1)	
62	Liegen Ihnen Erfahrungssätze des Gutachterausschusses zu Bewirtschaftungskosten vor? ☐ Nein ☐ Ja; bitte Unterlagen beifügen.	EUR
63	Liegt Ihnen ein vom Gutachterausschuss ermittelter Liegenschaftszinssatz vor? ☐ Nein ☐ Ja; bitte Unterlagen beifügen.	Prozent
64	Wie groß ist die bebaute Fläche des Grundstücks?	m²

Liegen keine geeigneten Bewirtschaftungskosten der Gutachterausschüsse zur Verfügung stehen, können nach H B 187 (2) ErbStH u.U. die Bewirtschaftungskosten nach der II. Berechnungsverordnung (BV) als geeignete Erfahrungssätze angesetzt werden: (Verwaltungskosten nach §§ 26 Abs. 2, 3 und 41 Abs. 2 II.BV, Instandhaltungskosten nach § 28 Abs. 2, 5 II. BV und Mietausfallwagnis nach § 29 Abs. 2 II. BV).

57 **Anlage 23 (zu § 187 Abs. 2 Satz 2) Pauschalierte Bewirtschaftungskosten für Verwaltung, Instandhaltung und Mietausfallwagnis in Prozent der Jahresmiete oder üblichen Miete (ohne Betriebskosten) – Geltung bis 2022**

Restnutzungsdauer	Grundstücksart			
	1	2	3	4
	Mietwohngrundstück	gemischt genutztes Grundstück mit einem gewerblichen Anteil von bis zu 50% (berechnet nach der Wohn- bzw. Nutzfläche) 7	gemischt genutztes Grundstück mit einem gewerblichen Anteil von mehr als 50% (berechnet nach der Wohn- bzw. Nutzfläche)	Geschäftsgrundstück
≥ 60 Jahre	21	21		18
40 bis 59 Jahre	23	22		20
20 bis 39 Jahre	27	24		22
< 20 Jahre	29	26		23

7. Gebäudereinertrag

58 Das Finanzamt errechnet von Amts wegen aus dem Rohertrag des Grundstücks zunächst den Reinertrag des Grundstücks (§ 185 Abs. 1 Satz 1 BewG). Dafür zieht es vom Rohertrag lt. Zeilen 37 ff. die Bewirtschaftungskosten ab. Aus dem Reinertrag des Grundstücks wird durch Abzug des Bodenwertverzinsungsbetrags der Gebäudereinertrag errechnet. Die Bodenwertverzinsung ergibt sich aus der Multiplikation des Bodenwerts (Rdn 42) mit dem Liegenschaftszinssatz. Der Gebäudereinertrag ist mit den aus Anlage 21 zum BewG ergebenden Vervielfältiger zu kapitalisieren (multiplizieren), dazu Rdn 59. Zum kapitalisierten Gebäudewert ist der Bodenwert hinzuzurechnen. Die Summe ergibt dann den Ertragswert-Grundbesitzwert.

59 Der ermittelte **Gebäudereinertrag** ist gem. § 185 Abs. 3 BewG mit einem sich aus Anlage 21 zum BewG ergebenden **Vervielfältiger zu multiplizieren**. Nach Anlage 21 zum BewG sind die Vervielfältiger in Abhängigkeit von der Restnutzungsdauer[36] des Gebäudes und dem Liegenschaftszins für das Gebäude abzulesen. Obwohl sich die Anlage 21 selbst nicht geändert hat, kommt es **ab 2023 zu höheren Vervielfältigern**. Dies liegt daran, dass ab 2023 zumindest die gesetzlichen (hilfsweise anzuwendenden) Liegenschaftszinssätze durch Änderung des § 188 Abs. 3 BewG herabgesetzt worden sind und lt. Anlage 21 die Vervielfältiger

36 Zur Berechnung der Restnutzungsdauer H B 185.4 ErbStH, z.B. www.bmf-erbsth.de.

umso höher sind, je niedriger der Liegenschaftszinssatz ist, siehe Rdn 42. Außerdem wurden durch Anhebung der Gesamtlebensdauer in der Anlage 22 ab 2023 auch die **Restnutzungsdauer angehoben**, siehe Rdn 15. Die Restnutzungsdauer ergibt sich aus der (typisierten) Gesamtnutzungsdauer lt. **Anlage 22**[37] zum BewG abzgl. des Alters am Bewertungsstichtag.[38] Je länger die Restnutzungsdauer eines Grundstücks ist, umso höher ist der Vervielfältiger. Für die Ermittlung der Restnutzungsdauer ist die Angabe der Gebäudeart in **Zeile 83** notwendig, siehe dazu Rdn 16.

Diese beiden Gesetzesänderungen führen für Bewertungsstichtage **ab 2023** zu erheblich höheren Ertragswerten und damit zu **Erhöhung der Erbschafts-/Schenkungsteuer**! Siehe noch Rdn 42 (Hinweis).

Beachte

Die Restnutzungsdauer eines noch benutzbaren Gebäudes darf in der Regel **30 % der wirtschaftlichen Gesamtnutzungsdauer nicht** unterschreiten (§ 185 Abs. 3 Satz 5 BewG). Ein Gebäude mit einer Gesamtlebensdauer von 80 bzw. 70 Jahren hat daher i.d.R. immer eine Restnutzungsdauer von 24 bzw. 21 Jahren, auch wenn es schon älter als 80 bzw. 70 Jahre ist. Die Regelung macht insbesondere bei älteren Gebäuden in vielen Fällen die Prüfung entbehrlich, ob die restliche Lebensdauer infolge baulicher Maßnahmen verkürzt wurde. In besonderen Fallgestaltungen, wie z.B. bei bestehender vertraglicher Abbruchverpflichtung[39] für das Gebäude, kann die Mindest-Restnutzungsdauer jedoch unterschritten werden. Zur Restnutzungsdauer in Fällen, in denen eine wirtschaftliche Einheit aus **mehreren Gebäuden** oder Gebäudeteilen mit einer gewissen Selbstständigkeit besteht, können sich **unterschiedliche Restnutzungsdauern** ergeben (z.B. Gebäudemix aus einer Fertigungshalle mit 50 Jahren und einem Verwaltungsgebäude mit 60 Jahren typisierter wirtschaftlicher Gesamtnutzungsdauer). In diesen Fällen ist eine gewogene Restnutzungsdauer zu ermitteln. Näheres zu diesem Thema siehe noch R B 185.3 ErbStR bzw. ab 2023 Rz 18 zu § 185 BewG des AEBew JStG 2022.

Der **Gebäudereinertrag ist auch für Bewertungsstichtage bis 2022** mit einem 60
Vervielfältiger nach Anlage 21 zum BewG zu kapitalisieren (multiplizieren). Der Vervielfältiger ist auch hier von dem Liegenschaftszinssatz und der Restnutzungsdauer abhängig (R B 185.2 ErbStR). Der Unterschied besteht darin, dass

37 Z.B. BewG bei www.gesetze-im-internet.de/bewg.

38 Zur Ermittlung der Restnutzungsdauer bei einer wirtschaftlichen Einheit aus mehreren selbstständigen Gebäuden bzw. R B 185.4 Abs. 2 ErbStR mit Berechnungsbeispiel in H B 185.4 ErbStH, zu finden z.B. www.bmf-erbsth.de. Ab 2023 Rz 24ff AEBewG JStG 2022.

39 Zum Bestehen einer Abbruchverpflichtung BFH v. 3.7.1981, III R 97/79, BStBl 1981 II, 759; v. 30.9.2019 – II R 26/17, DStRE 2019, 821, teilweise inhaltsgleich mit BFH v. 16.1.2019 – II R 19/16, BFH/NV 2019, 852.

ab 2023 nach § 188 BewG andere (höhere) Liegenschaftszinssätze und ggf. eine andere (längere) Restnutzungsdauer anzunehmen sind. Soweit verfügbar, können Sie in Zeile 63 den Ihnen bekannten einschlägigen Liegenschaftszinssatz angeben; das ist insb. dann sinnvoll, wenn dieser höher ist als der gesetzliche Liegenschaftszinssatz (§ 188 BewG). Ab 2023 gelten höhere gesetzliche Liegenschaftszinssätze!

Nach Anlage 21 gilt Folgendes:

Restnutzungsdauer; Restlaufzeit des Erbbaurechts bzw.des Nutzungsrechts (in Jahren)	Zinssatz										
	3 %	3,5 %	4 %	4,5 %	5 %	5,5 %	6 %	6,5 %	7 %	7,5 %	8 %
1	0,97	0,97	0,96	0,96	0,95	0,95	0,94	0,94	0,93	0,93	0,93
40	23,11	21,36	19,79	18,40	17,16	16,05	15,05	14,15	13,33	12,59	11,92
50	25,73	23,46	21,48	19,76	18,26	16,93	15,76	14,72	13,80	12,97	12,23

Hinweis

Ist z.B. bei einer Restnutzungsdauer von 50 Jahren ein Liegenschaftszinssatz von 3,5 % statt 5 % (wie bei Mietwohngrundstücken ab 2023) anzuwenden, ergibt sich ein Vervielfältiger von 23,46 statt 18,26. D.h. bei einem Gebäudeertrag von 10.000 EUR = 23.460 EUR statt 18.260 EUR, damit letztlich eine **höhere Erbschaft-/Schenkungsteuer.** Wird – wie bei Mietwohngrundstücken – außerdem (wie ab 2023) die Gesamt- und damit die Restnutzungsdauer erhöht, ergibt sich ein weiterer Erhöhungseffekt auf den Vervielfältiger. Mietwohngebäude haben ab 2023 eine 80-jährige Gesamtnutzungsdauer. Zu einem Bewertungsstichtag in 2023 und bei einem Gebäudealter von 1993 ergibt sich eine Restnutzungsdauer von 50 Jahren, bei einer Gesamtnutzungsdauer von 70 Jahren von 40 Jahren. Dementsprechend ergibt sich auf „doppelte" Weise (durch Herabsetzung der Liegenschaftszinssätze und der Heraufsetzung der Gesamtlebensdauer) ein höherer Vervielfältiger und damit letztlich über höhere Grundstückswerte eine höhere Erbschaft-/Schenkungsteuer.[40]

8. Nachgewiesener niedrigerer Verkehrswert des gesamten Objekts

61 Der Ertragswert eines bebauten Grundstücks kann im Einzelfall über dem aktuellen Verkehrswert liegen. In solchen Fällen käme es zu einer Überbewertung und damit zu einer Überbesteuerung. Der Steuerpflichtige kann/sollte – **im eigenen Interesse zur Steuerersparnis** – deshalb statt des Ansatzes des Ertragswerts den Ansatz des niedrigeren gemeinen Werts **beantragen** (Öffnungsklausel, § 198 BewG). Nur wenn für das gesamte Grundstück (d.h. nicht nur für den Grund und Boden oder das Gebäude) ein niedrigerer gemeiner Wert (Verkehrswert)

40 *Dorn*, Geplante Änderung des BewG durch das JStG 2022: Höhere Immobilienwerte drohen!, DStR 2022, 2289; *Halaczinsky*, Erbschaft-/Schenkungsteuer: Höhere Grundbesitzwerte ab 2023, UVR 2023, 49.

nachgewiesen wird, ist dieser anzusetzen. Der Nachweis kann durch Gutachten oder zeitnahe Verkäufe/Käufe erbracht werden, auch ein ertragsteuerlich anerkannter Einlage- oder Entnahmewert kann als Nachweis verwendet werden. Näheres siehe Erläuterungen zu **Zeilen 145–148** (früher Zeilen 112–114).

9. Zusammenfassendes Beispiel zum Ertragswertverfahren

Der Grundbesitzwert (Ertragswert) für ein mit einem in 1983 erbauten Mehrfamilienhaus bebautes Mietwohngrundstück ist zum **1.2.2023 (Bewertungsstichtag)** zu ermitteln. Das Mehrfamilienhaus hat eine Wohnfläche von insgesamt 900 m², die sich auf 10 Wohnungen verteilt. Im Untergeschoss des Hauses befinden sich zehn Tiefgaragenstellplätze. Der jährliche Rohertrag beträgt 86.400 EUR. Das Grundstück hat eine Fläche von 1.000 m² und der Bodenrichtwert beträgt 400 EUR/m². Vom Gutachterausschuss steht kein geeigneter Liegenschaftszinssatz im Sinne des § 177 Abs. 2 und 3 BewG zur Verfügung. 62

Rohertrag		
abzgl. Bewirtschaftungskosten (aus Anlage 23 BewG)		86.400 EUR
Verbraucherpreisindex Deutschland Oktober 2022	122,2	
Verbraucherpreisindex Deutschland Oktober 2001	81,6	
Verwaltungskosten		
344 EUR (230 EUR x 122,2/81,6) x 10 Wohnungen	./. 3.440 EUR	
45 EUR (30 EUR x 122,2/81,6) x 10 Einstellplätze	./. 450 EUR	
Instandhaltungskosten		
13,50 EUR (9 EUR x 122,2/81,6) x 900 m² Wohnfläche	./. 12.150 EUR	
102 EUR (68 EUR x 122,2/81,6) x 10 Einstellplätze	./. 1.020 EUR	
Mietausfallwagnis		
2 % von 86.400 EUR (jährlicher Rohertrag)	./. 1.728 EUR	
Bewirtschaftungskosten		./. 18.788 EUR
Reinertrag des Grundstücks		67.612 EUR
abzgl. Bodenwertverzinsung		
Bodenwertverzinsung: 3,5 % x 400.000 EUR		./. 14.000 EUR
Liegenschaftszinssatz (§ 188 Abs. 2 Satz 2 Nr. 1 BewG)	3,5 %	
Bodenwert (1.000 m² x 400 EUR/m² Bodenrichtwert)	400.000 EUR	
Gebäudereinertrag		53.612 EUR

Vervielfältiger (Anlage 21 BewG)			x 21,36
Liegenschaftszinssatz (§ 188 Abs. 2 Satz 2 Nr. 1 BewG)		3,5 %	
Restnutzungsdauer (§ 185 Abs. 3 Satz 3 BewG)		40 Jahre	
Bewertungsstichtag	2023		
Bezugsfertigkeit des Gebäudes	1983		
Alter des Gebäudes	40 Jahre		
Gesamtnutzungsdauer (aus Anlage 22 BewG)	80 Jahre		
Mindestrestnutzungsdauer nach § 185 Abs. 3 Satz 6 BewG			
ist überschritten (30 % von 80 Jahren = 24 Jahre)			
Gebäudeertragswert			1.145.152 EUR
Bodenwert (1.000 m² x 400 EUR/m² Bodenrichtwert)			+ 400.000 EUR
Ertragswert/Grundbesitzwert			1.545.152 EUR

Der Erbe könnte den Ansatz des niedrigeren Verkehrswerts beantragen, wenn er durch Bausachverständigengutachten einen entsprechenden Nachweis erbringen könnte. Da nach seiner Einschätzung der Verkehrswert etwa bei 350.000 EUR liegt, könnte sich die Bestellung eines Bausachverständigengutachtens – je nach steuerlicher Auswirkung – lohnen.

V. Bebaute Grundstücke nach dem Sachwertverfahren

63 **Vorbemerkung**

Das ab 2016 geltende Sachwertverfahren ist durch das JStG 2022 mit Wirkung ab 2023 in Details geändert worden. Insbesondere sind zur Berücksichtigung des Unterschieds zwischen dem bundesdurchschnittlichen und dem regionalen Baukostenniveau die Regelherstellungskosten des jeweiligen Gebäudes zusätzlich mit einem Regionalfaktor und einem Alterswertminderungsfaktor zu multiplizieren. Außerdem sind die sog. Wertzahlen angehoben worden. Diese Maßnahmen führen zusammen mit den allgemeinen Preissteigerungen vor allem der Bodenrichtwerte ab Bewertungsstichtagen zu erheblich höheren Grundbesitzwerten im Vergleich zu der bis 2022 geltenden Regelungen des Sachwertverfahrens.[41] Es kommt also genau darauf an, ob der

41 *Eisele*, JStG 2022: Änderung des Bewertungsgesetzes für Zwecke der erbschaftsteuerlichen Grundbesitzbewertung – Ertrags- und Sachwertverfahren sowie Grundbesitzbewertung in Erbbaurechtsfällen, NWB 2023, 255; *Dorn*, Geplante Änderung des BewG durch das JStG 2022: Höhere Immobilienwerte drohen!, DStR 2022, 2289; *Halaczinsky*, Erbschaft-/Schenkungsteuer: Höhere Grundbesitzwerte ab 2023, UVR 2023, 49.

Erbanfall oder die Schenkung noch in 2022 eingetreten oder ausgeführt worden ist. Zum Entstehen und zum Bewertungsstichtag siehe allgemein § 3 Rdn 10 f.

Für die Bewertung nach der **bis 2022** geltenden Rechtslage kann/ist die Anlage Grundstück aus 2016 zu verwenden. Dazu siehe Vorauflage und noch Rdn 79 f.

1. Anwendungsbereich

Das Sachwertverfahren ist **zwingend bei sonstigen bebauten Grundstücken** (z.B. Bootshäuser) anzuwenden. Außerdem ist es zur Bewertung von 64
- Ein- und Zweifamilienhäusern, Eigentumswohnungen und Teileigentum anzuwenden, wenn keine Vergleichswerte vorliegen, und
- bei der Bewertung von **Geschäftsgrundstücken** und **gemischt genutzten Grundstücken**, für die sich auf dem örtlichen Grundstücksmarkt keine übliche Miete ermitteln lässt.

2. Angaben zum Sachwertverfahren

Im Sachwertverfahren nach den §§ 189–191 BewG wird der Grundbesitzwert 65 (Sachwert) aus der Summe von Bodenwert (Bodenertragswert) und Gebäudewert (Gebäudesachwert) gebildet.[42] Der Bodenwert ist wie bei einem unbebauten Grundstück nach Maßgabe des § 179 BewG zu ermitteln, siehe dazu Rdn 25 ff. Der Gebäudewert ist getrennt vom Bodenwert auf der Grundlage der sog. Regelherstellungskosten zu ermitteln. Sonstige bauliche Anlagen, insbesondere Außenanlagen, sind regelmäßig mit dem Gebäudesachwert abgegolten (vgl. § 189 Abs. 1 Satz 2 BewG). Der Bodenwert und der Gebäudesachwert ergeben den vorläufigen Sachwert des Grundstücks. Dieser ist zur Anpassung an die Marktpreissituation mit einer sog. Wertzahl zu multiplizieren, und ergibt erst dann den gemeinen Wert.

Für die Ermittlung des Sachwerts sind die **Angaben** in **Zeilen 89 ff.** erforderlich; 66 siehe ausführliche Anleitung zur Feststellung des Grundbesitzwerts. Für diese Angaben sind die bautechnischen Hausunterlagen und das Bewertungsgesetz nebst Anlagen in der neuesten Fassung, zumindest die Anleitung für die Anlage „Grundstück“ zur Feststellungserklärung heranzuziehen.

---

42 Aus der Literatur: *Grootens*, StÄndG 2015: Das neue Sachwertverfahren zur Grundbesitzbewertung ab dem 1.1.2016, ErbStB 2016, 22.

89	**Angaben zum Sachwert**			**(Angaben sind mit Ausnahme von Mietwohngrundstücken bei allen Grundstücksarten erforderlich)**		
90	**Angaben zum Gebäude**					
91	**Brutto-Grundfläche (nicht** Wohn-/Nutzfläche; vgl. Anleitung Seite 5-7) des gesamten Gebäudes/Gebäudeteils (ohne Stellplätze laut Zeile 111 bis 115), bitte Berechnung und ggf. Bauzeichnungen beifügen					m²
92	Anzahl der Geschosse			(einschließlich Ober- und/oder Dachgeschoss, ohne Keller)		
93	Ist das Gebäude unterkellert?			ja	nein	
94	Ist ein Flachdach oder flach geneigtes Dach vorhanden?			ja	nein	
95	Ist das ggf. vorhandene Dachgeschoss ausgebaut?			ja	nein	
96	**Gebäudeart** (vgl. Anleitung Seite 7-8, z.B. freistehendes Einfamilienhaus mit Keller- und Erdgeschoss sowie ausgebautem Dachgeschoss: 1.01)					
97	lfd. Nr./ Lage-plan-Nr.	Lage der Räume (z.B. KG, EG, OG, DG)	Art der Nutzung (z.B. Wohnung, Büro)	Ertragsteuerlich Betriebsvermögen?	V = Vermietung L = Leerstand E = Eigennutzung U = unentgeltliche Überlassung	Wohn-/Nutzfläche in m²
98	1	2	3	4	5	6
99				☐		
100				☐		

Die **Bruttogrundfläche** in **Zeile 91** (früher Zeilen 67 ff.) ist die Summe der Grundflächen aller Grundrissebenen eines Bauwerks mit Nutzungen nach DIN 277–2:2005–02 und deren konstruktive Umschließungen. Für die Ermittlung der Brutto-Grundfläche sind die äußeren Maße der Bauteile einschließlich Bekleidung, z.B. Putz, Außenschalen mehrschaliger Wandkonstruktionen, in Höhe der Boden- bzw. Deckenbelagsoberkanten anzusetzen (siehe nähere Erläuterungen dazu in Anlage 24 Teil I. BewG und R B 190.6 ErbStR und **ausführlich mit Konstruktionszeichnungen** Anleitung für die Anlage „Grundstück" zur Feststellungserklärung). Besteht eine wirtschaftliche Einheit aus mehreren Gebäuden oder Gebäudeteilen von einer gewissen Selbstständigkeit, die eine verschiedene Bauart aufweisen, unterschiedlich genutzt werden oder die in verschiedenen Jahren bezugsfertig geworden sind, ist jedes Gebäude und jeder Gebäudeteil für sich zu bewerten. Ggf. sind mehrere Einlageblätter zur Anlage „Grundstück" auszufüllen. Eine fehlerhaft zu hohe Bruttogrundfläche kann letztendlich zu einer zu hohen Erbschaft-/Schenkungsteuerbelastung führen.

67 Die Regelherstellungskosten sind von dem individuellen Gebäudetyp (der Gebäudeart) abhängig, siehe Anlage 24 Teil II BewG, auch in der für die Anlage „Grundstück zur Feststellungserklärung" wiedergegeben. Die Gebäudeart ist in **Zeile 96** (früher Zeile 72) einzutragen. Aus der Auflistung in dieser Anlage ist also die Gebäudeart zu bestimmen, z.B. Gebäudeart 16.2 = Lagergebäude (mit bis zu 25 % Mischnutzung z.B. mit Büro- und Sozialelement). Lässt sich das erworbene Gebäude nicht eindeutig einer der genannten Gebäudeart zuordnen, ist es in die „ähnlichste" aufgelistete Gebäudeart einzuordnen (H B 190.2 ErbStR mit Ableitungsbeispielen. Zur weiteren Bestimmung des zu bewertenden Bauwerks sind die Angaben in den **Zeilen 97 ff.** (früher Zeile 73 ff.) erforderlich. Für jedes Gebäude ist eine separate Anlage erforderlich.

Die auf den Einzelfall zutreffenden Regelherstellungskosten sind von dem **Ausstattungsstandard** des Bauwerks abhängig. D.h. es kommt nicht immer genau der in Anlage 24 Teil II angegebene Wert, sondern ein dem Ausstattungsstandard entsprechender Wert der Regelherstellungskosten zum Ansatz. Zur Erklärung des Gebäudestandards ist lt. **Zeile 110** (früher Zeile 85) je nach Grundstücksart **die weitere Anlage „Beschreibung des Gebäudestandards" zur Anlage „Grundstück" abzugeben**; hierzu wird auf die entsprechende Anleitung verwiesen. 68

110	**Zur Bestimmung der Standardstufen fügen Sie bitte den Vordruck Beschreibung des Gebäudestandards BBW 2b bis BBW 2d bei.**

Der Gebäudestandard wird anhand von fünf Standardstufen bestimmt, die sich nach den Standardmerkmalen der Bauteile unterscheiden. Für ein Bauteil ist eine Standardstufe zu bestimmen. Um die für das Gebäude oder den Gebäudeteil maßgeblichen Regelherstellungskosten zu ermitteln, ist der dem Ausstattungsstandard eines jeden Bauwerksteils des Gebäudes oder Gebäudeteils entsprechende Flächenpreis zu addieren und die Gesamtsumme durch die Anzahl der Bauwerksteile zu dividieren. In Betracht kommen bis zu neun verschiedene Bauwerksteile (**Anlage 24 – III** – BewG: z.B. Konstruktion, Außenwände, Fenster, Dächer, Sanitäreinrichtungen, Innenwandbekleidung der Nassräume, Bodenbeläge, Innentüren, Heizung, Elektroinstallation, sonstige Einbauten). Ist ein Bauwerksteil bei einem Gebäude oder Gebäudeteil nicht vorhanden, bleibt dieser Bauwerksteil unberücksichtigt und die Anzahl der Bauwerksteile wird entsprechend reduziert (z.B. Einfamilienhaus ohne sonstige Einbauten). 69

Beispiel:

Beschreibung des Gebäudestandards **zur Anlage Grundstück** ☐ **zur Anlage Grundstück, Einlageblatt-Nr.** ☐

Ein- und Zweifamilienhäuser (Gebäudearten 1.01-3.33) ①
Wohnungseigentum und vergleichbares Teileigentum in Mehrfamilienhäusern (ohne Tiefgaragenplatz) / Mehrfamilienhäuser sowie gemischt genutzte Grundstücke (Wohnhäuser mit Mischnutzung) (Gebäudearten 4.1-5.1) ②

Soweit ein Bauteil vorhanden ist, bitte hierfür die entsprechende Gebäudestandardstufe ankreuzen. Treffen bei einem Bauteil mehrere Gebäudestandardstufen zu, so ist nur die überwiegende Gebäudestandardstufe anzukreuzen!

Bauteil	Standardstufe					Wägungsanteil
	1	2	3	4	5	
	nicht zeitgemäß		zeitgemäß			
	einfachst	einfach	Basis	gehoben	aufwendig	
	☐ Holzfachwerk, Ziegelmauerwerk;	☐ ein-/zweischaliges Mauerwerk, z. B. Gitterziegel oder	☐ ein-/zweischaliges Mauerwerk, z. B. aus Leichtzie-	☐ Verblendmauerwerk, zweischalig, hinterlüftet, Vor-	☐ aufwendig gestaltete Fassaden mit konstruktiver Gliede-	

Berechnungsbeispiele zum **Gebäudestandard** in H B 190.3 ErbStH.[43]

Befinden sich auf dem Grundstück **Garagen** etc., ist dies in **Zeilen 110–115** (früher 85–90) zu beschreiben. 70

43 www.bmf-erbsth.de. Ab 2023 Rz 23 ff. AEBewG JStG 2022.

110	**Zur Bestimmung der Standardstufen fügen Sie bitte den Vordruck Beschreibung des Gebäudestandards BBW 2b bis BBW 2d bei.**				
111	Einzelgaragen/ Mehrfachgaragen	Anzahl Stellplätze	Brutto-Grundfläche in m² (insgesamt)	Baujahr	Standardstufe
112	Stellplätze in Hochgaragen	Anzahl Stellplätze	Stellplatzfläche in m² (insgesamt)	Baujahr	Standardstufe
113	Stellplätze in Tiefgaragen	Anzahl Stellplätze	Stellplatzfläche in m² (insgesamt)	Baujahr	Standardstufe
114	Stellplätze in Nutzfahrzeuggaragen	Anzahl Stellplätze	Brutto-Grundfläche in m² (insgesamt)	Baujahr	Standardstufe
115	Carports	Anzahl Stellplätze	Brutto-Grundfläche in m² (insgesamt)	Baujahr	

Hierzu ist ggf. eine Anlage bzgl. der Ausstattung auszufüllen.

Einzelgaragen / Mehrfachgaragen (Gebäudeart 14.1)

	Standardstufe		
	1 - 3	4	5
	Basis	gehoben	aufwendig
Gebäude-standard	☐ Fertiggaragen	☐ Garagen in Massivbauweise	☐ individuelle Garagen in Massivbauweise mit besonderen Ausführungen wie Ziegeldach, Gründach, Bodenbeläge, Fliesen o.ä., Wasser, Abwasser und Heizung

Weitere besondere Anlagen existieren für separate Garagenbauten (Hoch- oder Tiefgarage, Parkhaus).

71 In **Zeile 116** (früher Zeile 91) sind Angaben zu **Außenanlagen** zu machen.

116	Befinden sich auf dem Grundstück besonders werthaltige Außenanlagen? ☐ Nein ☐ Ja; bitte Erläuterungen auf gesondertem Blatt einreichen.

Übliche **Außenanlagen** und sonstige Anlagen sind regelmäßig mit dem Gebäudewert und dem Bodenwert abgegolten.

Nur in Einzelfällen mit besonders werthaltigen Außenanlagen und sonstigen Anlagen werden hierfür gesonderte Wertansätze nach durchschnittlichen Herstellungskosten erforderlich. **Außenanlagen** gelten als besonders werthaltig, wenn die in R B 190.5 ErbStR bzw. in Rz 60, 61 zu § 190 in AEBew JStG 2022 in der abgedruckten Tabelle dargestellten Größenmerkmale erreicht werden. Von besonders werthaltigen Außenanlagen ist insb. auszugehen, wenn ihre Sachwerte (RHK 2007 für Außenanlagen nach Alterswertminderung) in der Summe 10 % des Gebäudesachwerts übersteigen. Von einem gesonderten Wertansatz für Außenanlagen ist daher regelmäßig **abzusehen**, wenn ihre Sachwerte (RHK für Außenanlagen nach Alterswertminderung) bei einer überschlägigen Berechnung **10 % des Gebäudesachwerts nicht übersteigen**. Bei anderen Außenanlagen, wie z.B. einem Tennis- oder Golfplatz, ist über die Höhe der Herstellungskosten nach den Umständen des Einzelfalls zu entscheiden.

Näheres zu Garagen etc. und Außenanlagen siehe auch Anleitung für die Anlage „Grundstück" zur Feststellungserklärung.

3. Besonderheiten der Bewertung nach dem Sachwertverfahren ab 2023

In einem Erbfall oder einer Schenkung, für die die Erbschaft-/Schenkungsteuer 72 **nach dem 31.12.2022 gem. § 9 ErbStG** entstanden ist, gilt Folgendes: **Die Methode des Sachwertverfahrens nach §§ 189–191 BewG als solche gilt unverändert auch ab 2023.**

Neu ist, dass zur Ermittlung des Gebäudesachwerts die **Regelherstellungskosten** nach § 190 Abs. 1 und 2 BewG **zusätzlich mit einem Regionalfaktor** sowie einem **Alterswertminderungsfaktor** zu multiplizieren sind. Außerdem wurden die sog. **Sachwertfaktoren** geändert. Zwar ist wie bisher der vorläufige Sachwert durch sog. Wertzahlen (Multiplikatoren) an das Wertniveau des Marktes anzupassen. Dabei sind vorrangig die von den Gutachterausschüssen i.S.d. §§ 192 ff. BauGB ermittelten Sachwertfaktoren anzuwenden. Soweit derartige Sachwertfaktoren nicht zur Verfügung stehen, sind die in der **Anlage 25 neu zu § 191 BewG** bestimmten Wertzahlen zu verwenden. Die bisherigen Wertzahlen wurden durchgängig an das aktuelle Marktniveau angepasst, d.h. **erhöht**, z.B. der vorläufige Sachwert von 500.000 EUR für ein Geschäftsgrundstück mit einem Bodenrichtwert von 400 EUR von 0,9 auf 1,0. **Insgesamt führen die Veränderungen des Sachwertverfahrens zu höheren Grundbesitzwert und letztlich zu einer Erbschaft-/Schenkungsteuer.**

In den Zeilen **117–119** sind sonstige Angaben erforderlich, **soweit verfügbar.**

117	Liegt Ihnen ein vom Gutachterausschuss bei der Ableitung der Sachwertfaktoren zu grunde gelegter Regionalfaktor vor? ☐ Nein ☐ Ja; bitte Unterlagen beifügen.	Faktor
118	Liegt Ihnen ein vom Gutachterausschuss ermittelter Sachwertfaktor vor? ☐ Nein ☐ Ja; bitte Unterlagen beifügen.	Faktor
119		

4. Berechnung des Finanzamtes

Aufgrund der Angabe in der Anlage „Grundstücke" errechnet das Finanzamt 73 den Sachwert des Grundstücks. Die Bewertung **auf Bewertungsstichtage ab 2023** ist schematisch wie folgt aufgebaut.

74 Sachwertverfahren – Bewertungsschema

Regelherstellungskosten (§ 190 Absatz 1 und 2 i. V. m. Anlage 24 II., III. BewG)

x

Brutto-Grundfläche (§ 190 Absatz 3 Satz 2, Anlage 24 I. BewG)

x

Baupreisindex (§ 190 Absatz 3 Satz 2 i. V. m. Absatz 4 BewG)

=

durchschnittliche Herstellungskosten des Gebäudes *(§ 190 Absatz 3 Satz 2 BewG)*

x

Regionalfaktor (§ 190 Absatz 3 Satz 1 i. V. m. Absatz 5 BewG)

x

Alterswertminderungsfaktor (§ 190 Absatz 3 Satz 1 i. V. m. Absatz 6 BewG)

=

Gebäudesachwert *(§ 190 BewG)*

Bodenrichtwert (ggf. angepasster Bodenwert)

x

Grundstücksfläche

=

Bodenwert *(§ 179, § 189 Absatz 2 BewG)*

▼ ▼

Vorläufiger Sachwert *(§ 189 Absatz 3 BewG)*

x

Wertzahl (§ 189 Absatz 3, § 191 BewG)

=

Sachwert = Grundbesitzwert *(§ 189 Absatz 3 BewG)*

75 Zur Ermittlung des Gebäudesachwerts sind zunächst – wie bisher – die Regelherstellungskosten im Sinne des § 190 Abs. 1 und 2 i.V.m. Anlage 24 Teil II. und III mit der jeweiligen Brutto-Grundfläche des Gebäudes nach Anlage 24 Teil I. BewG und dem **Baupreisindex** i.S.d. § 190 Abs. 4 BewG zu multiplizieren. Die Regelherstellungskosten mit Kostenstand 2010 sind zuvor noch auf den Bewertungsstichtag zu beziehen (§ 190 Abs. 2 BewG). D.h. für die Anpassung ist mit Hilfe der Preisindizes für die Bauwirtschaft, die das Statistische Bundesamt für den Neubau in konventioneller Bauart von Wohn- und Nichtwohngebäuden jeweils als Jahresdurchschnitt ermittelt hat, vorzunehmen. **Seit 2016** gelten folgende **Baupreisindizes:**

Baupreisindizes (2010 = 100)			
Jahr des Besteuerungszeitpunkts	Gebäudearten 1.01. bis 5.1. Anlage 24 Teil II. BewG	Gebäudearten 5.2. bis 18.2. Anlage 24 Teil II. BewG	Fundstelle BStBl I
2016	111,1	111,4	2016 S. 6
2017	113,4	113,7	2017 S. 30
2018	116,8	117,4	2018 S. 205
2019	122,0	122,7	2019 S. 207
2020	127,2	128,1	2020 S. 209
2021	129,2	130,1	2021 S. 147
2022	141,0	142,0	2022 S. 181
2023	164	166,9	2023 S. 217

Beispiel

Einfamilienhaus (Gebäudeart 1.01)	
Bewertungsstichtag	15.1.2022
RHK aus der Anlage 24, Teil II., zum BewG / Gebäudeart 1.01 / alle 9 Bauteile Standardstufe 3 / Basisjahr der RHK = 2010	835 EUR/m² BGF
Baupreisindex des Statistischen Bundesamtes für das Jahr 2010 für Wohngebäude; Basisjahr = 2010	100,000
Maßgeblicher Baupreisindex des Statistischen Bundesamtes am Bewertungsstichtag für Wohngebäude (Jahresdurchschnitt 2015)	**141,0**

Die Berechnung der anzuwendenden Regelherstellungs- und der Gesamtherstellungskosten ist im Feststellungsbescheid darzustellen. Nimmt das Finanzamt z.B. höhere Bewertungsstandards als die Erklärten an, muss es dies im Bescheid erläutern.

Die so **ermittelten Regelherstellungskosten** sind mit einem **Regionalfaktor zu multiplizieren**, der vom Gutachterausschuss bei der Ableitung der Sachwertfaktoren nach § 191 Satz 1 BewG zugrunde gelegt worden ist. Liegt vom Gutachterausschuss kein Sachwertfaktor vor oder ist der vom Gutachterausschuss ermittelte Sachwertfaktor nach Maßgabe des § 177 Abs. 2 und 3 BewG nicht geeignet, kommt der Regionalfaktor in Höhe von 1,0 nach zur Anwendung (§ 190 Abs. 5 Satz 3 BewG). Nebengebäude, Garagen und Außenanlagen teilen bei der Anwendung des Regionalfaktors im Allgemeinen das Schicksal der Hauptgebäude. 76

Würde der örtliche Regionalfaktor z.B. 1.7 betragen, würden sich die Regelherstellungskosten und damit letztlich der vorläufige Sachwert um 70 % erhöhen.

77 Ab 2023 ist ein **Alterswertminderungsfaktor** nach dem Verhältnis der Restnutzungsdauer des Gebäudes am Bewertungsstichtag zur **Gesamtnutzungsdauer nach Anlage 22** zu § 185 und 190 BewG zu errechnen. Die Alterswertminderung berücksichtigt nicht nur auf die bundesweit durchschnittlichen indizierten Herstellungskosten, sondern auch die Regionalfaktoren. Sind nach Bezugsfertigkeit des Gebäudes Veränderungen eingetreten, die die Restnutzungsdauer des Gebäudes **wesentlich verlängert** haben, ist von der entsprechend verlängerten Restnutzungsdauer auszugehen, dazu Rz 54, 55 zu § 190 BewG AEBew JStG 2022. Die Restnutzungsdauer eines noch nutzbaren Gebäudes beträgt mindestens 30 % der Gesamtnutzungsdauer; Ausnahme: bei einer bestehenden Abbruchverpflichtung.[44] Außerdem führt die Erhöhung der wirtschaftlichen Gesamtnutzungsdauer z.B. für Mietwohnhäuser (siehe Rdn 17) zu einem kleineren Alterswertminderungsfaktor und letztendlich zu einem höheren Gebäudesachwert.

78 Der vorläufige Sachwert ist letztlich noch mit einer Wertzahl zu multiplizieren. Als Wertzahlen sind die vom Gutachterausschuss ermittelten Sachwertfaktoren (Marktanpassungsfaktoren) anzuwenden. Stehen derartige Sachwertfaktoren nicht zur Verfügung, sind die in der Anlage 25 BewG dargestellten Wertzahlen zu verwenden (§ 191 Satz 2 BewG). Beispiel zur Ermittlung der Wertzahl in Rz 64 zu § 191 BewG in AEBew JStG 2022.

Eine zusammenfassende Darstellung der Bewertung eines Einfamilienhauses nach der ab 2023 geltenden Rechtslage finden Sie in Rz 44 zu § 189 BewG AEBew JStG 2022.[45]

> **Hinweis**
>
> Sie können nachweisen, dass der gemeine Wert/individuelle Verkehrswert der wirtschaftlichen Einheit am Bewertungsstichtag niedriger ist als der nach den §§ 179, 182 bis 196 BewG ermittelte Wert. Gelingt der Nachweis, muss das Finanzamt nach § 198 diesen Wert ansetzen. Dazu siehe Rdn 188 f.

5. Berechnung des Sachwerts bis 2022

79 In einem Erbfall oder einer Schenkung, für die die Erbschaft-/Schenkungsteuer bis 31.12.2022 gem. § 9 ErbStG entstanden ist, gilt Folgendes:

---

44 Zum Bestehen einer Abbruchverpflichtung BFH v. 3.7.1981 – III R 97/79, BStBl 1981 II, 759; v. 30.9.2019 – II R 26/17, DStRE 2019, 821, teilweise inhaltsgleich mit BFH v. 16.1.2019 – II R 19/16, BFH/NV 2019, 852.

45 Gleich lautende Ländererlasse v. 20.3.2023, BStBl 2023 I, 2294.

Das Finanzamt hat **auf Bewertungsstichtage bis 2022** den Grundbesitz-Sachwert nach folgendem Schema zu berechnen:

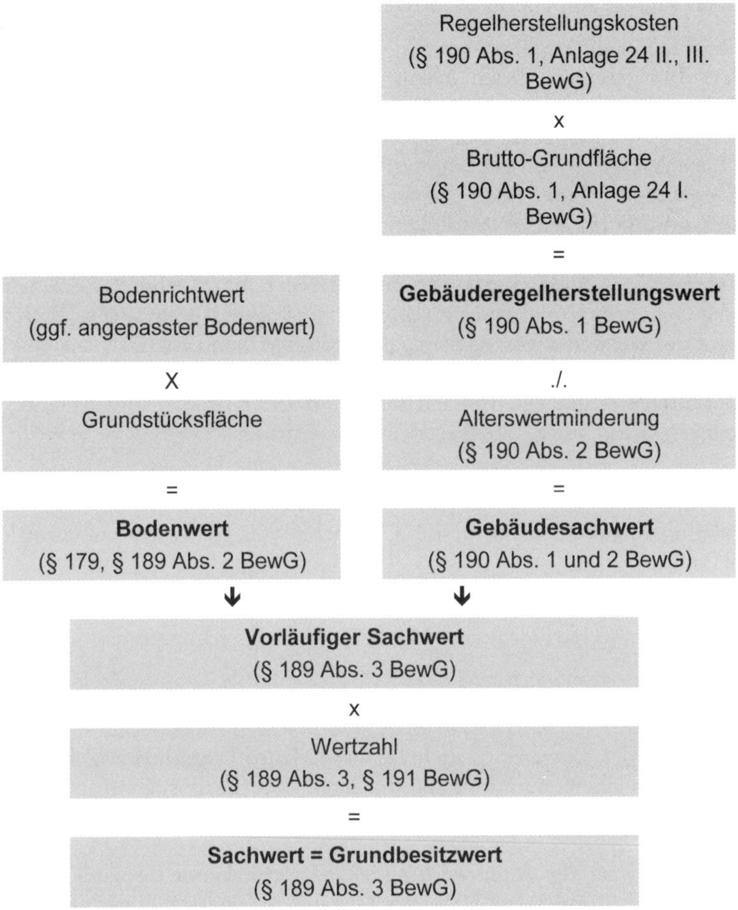

Das Finanzamt muss aufgrund der **Angaben in Zeile 72 ff.** und der weiteren Angaben zum Ausstattungsstandard die Regelherstellungskosten Euro pro m^2 und darauf basierend den **Gebäuderegelherstellungswert** berechnen.[46] Die Regelherstellungskosten mit Kostenstand 2010 sind zuvor noch auf den Bewer-

46 R B 190.1 – 4 ErbStR und H B 190.1 – 4 ErbStH. *Halaczinsky/Behrens*, Steueränderungsgesetz 2015: Änderungen bei der GrESt, ErbSt sowie bei der Bewertung, UVR 2015, 381.

tungsstichtag zu beziehen (§ 190 Abs. 2 BewG). D.h. für die Anpassung ist mit Hilfe der Preisindizes für die Bauwirtschaft, die das Statistische Bundesamt für den Neubau in konventioneller Bauart von Wohn- und Nichtwohngebäuden jeweils als Jahresdurchschnitt ermittelt hat, vorzunehmen; dazu siehe Rdn 75.

80 Der Gebäuderegelherstellungswert ist noch auf das Alter des Gebäudes umzurechnen; dies geschieht durch Abzug einer sog. **Alterswertminderung** (§ 190 Abs. 2 BewG). Diese wird regelmäßig nach dem Verhältnis des Alters des Gebäudes am Bewertungsstichtag zur typisierten wirtschaftlichen Gesamtnutzungsdauer nach Anlage 22 BewG bestimmt. Befindet sich z.B. im Nachlass ein Lagergebäude (Warmlager mit Büro und Sozialtrakt) wird laut Anlage 22 zum BewG eine Gesamtnutzungsdauer von 40 Jahren unterstellt. Ist das Gebäude am Bewertungsstichtag 10 Jahre alt, ergibt sich eine Wertminderung von 1/4 = 25 % des Gebäuderegelherstellungswerts. Bei besonderen Baumaßnahmen oder Schäden kann die Gesamtnutzungsdauer verlängert oder verkürzt sein; sind nach Bezugsfertigkeit des Gebäudes Veränderungen eingetreten, kann ein fiktiv späteres Baujahr anzunehmen oder die tatsächliche Gesamtnutzungsdauer des Gebäudes zu berücksichtigen sein. Näheres dazu siehe R B 190.7 ErbStR und Anleitung für die Anlage „Grundstück" zur Feststellungserklärung.

Beispiel

Einfamilienhaus (Gebäudeart 1.01), Baujahr 1900, umfassend modernisiert (18 Punkte)

Bewertungsstichtag	15.1.2016
Verschiebung (Gebäudealter > 70 Jahre; Modernisierungsgrad: 18 Punkte)	49 Jahre
Übliche Gesamtnutzungsdauer	70 Jahre

2016 (Jahr des Bewertungsstichtags) + 49 Jahre (Verschiebung Baujahr) ./. 70 Jahre (übliche Gesamtnutzungsdauer) = 1995 (fiktiv späteres Baujahr)

Beachte

Der nach Abzug der Alterswertminderung verbleibende Gebäudewert ist regelmäßig mit **mindestens 30 %** des Gebäuderegelherstellungswerts anzusetzen (**Mindestregelherstellungswert**). Diese Restwertregelung macht in vielen Fällen die Prüfung entbehrlich, ob die restliche Lebensdauer des Gebäudes infolge baulicher Maßnahmen verkürzt wurde. Wenn eine geringere Nutzungsdauer objektiv feststeht, wie z.B. bei vertraglicher Abbruchverpflichtung für das Gebäude, kann dieser Mindestansatz jedoch unterschritten werden.

Bei bestehender Abbruchverpflichtung für das Gebäude kann dieser Mindestansatz jedoch unterschritten werden.

In **Zeile 92** ist der vom örtlichen Gutachterausschuss ermittelten Sachwertfaktor einzutragen, soweit dieser bekannt sind. Eigene Ermittlungen sind aber nicht erforderlich. 81

Der sich nach Abzug der Alterswertminderung ergebende Gebäudesachwert ist zu dem Bodenwert hinzuzurechnen und ergibt dann den vorläufigen Sachwert. Durch Anwendung eines Sachwertfaktors oder der amtlichen Wertzahl (§ 191 BewG, Anlage 25 zum BewG) ergibt sich dann der Grundstücksachwert, der auf volle EUR abzurunden ist. Als Wertzahlen sind vorrangig die vom örtlichen Gutachterausschuss ermittelten Sachwertfaktoren (Marktanpassungsfaktoren) zur Angleichung an den gemeinen Wert anzuwenden – anzugeben in **Zeile 92** – soweit diese bekannt sind. Nur wenn keine geeigneten Sachwertfaktoren zur Verfügung stehen, sind die in der Anlage 25 BewG dargestellten Wertzahlen zu verwenden. Sachwertfaktoren sind als geeignet anzusehen, wenn die Ableitung der Sachwertfaktoren weitgehend in demselben Modell erfolgt ist wie die Bewertung. Hat der örtliche Gutachterausschuss bei der Ableitung der Sachwertfaktoren z.B. die NHK 2000 mittels eines Regionalisierungs- oder Ortsgrößenfaktors umgerechnet, sind die Sachwertfaktoren für das typisierte Sachwertverfahren nicht geeignet.

6. Zusammenfassendes Berechnungsbeispiel (Sachwertverfahren bis 2022)

Eine zusammenfassende Darstellung der Bewertung eines Einfamilienhauses nach der bis 2022 geltenden Rechtslage finden Sie in R B 189 ErbStR.[47] 82

7. Nachgewiesener niedrigerer Verkehrswert des gesamten Objekts

Der Sachwert eines bebauten Grundstücks kann im Einzelfall über dem aktuellen Verkehrswert liegen, z.B. wenn bei dem Objekt besondere wertmindernde Umstände – wie Bauschäden oder Baumängel – vorliegen. In solchen Fällen käme es zu einer Überbewertung und damit zu einer Überbesteuerung. Der Steuerpflichtige kann/sollte – **im eigenen Interesse zur Steuerersparnis** – deshalb statt des Ansatzes des Sachwerts den Ansatz eines niedrigeren gemeinen **Verkehrswertes beantragen** (Öffnungsklausel, § 198 BewG). Nur wenn für das gesamte Grundstück (d.h. nicht nur für den Grund und Boden oder das Gebäude) ein niedrigerer gemeiner Wert (Verkehrswert) nachgewiesen wird, ist dieser anzusetzen. Der Nachweis kann durch Bausachverständigengutachten oder zeitnahe Verkäufe/Käufe erbracht werden, auch ein ertragsteuerlich anerkannter Einlage- oder Entnahmewert kann als Nachweis verwendet werden. Näheres siehe noch Erläuterungen zu **Zeilen 118 f.** 83

47 Erbschaftsteuerrichtlinien (ErbStR 2019) z.B. www.bmf-erbsth.de.

VI. Erbbaurecht, Erbbaugrundstück ab 2023

84 **Vorbemerkung**

Die Bewertung der Erbbaurechte und Erbbaugrundstücke ist **mit Wirkung ab 2023 grundlegend** geändert worden.[48] Es kommt also darauf an, ob ein Erbbaurecht und/oder Erbbaugrundstück geerbt oder geschenkt worden sind, für die die Erbschaft-/Schenkungsteuer gem. § 9 ErbStG **bis zum 31.12.2022 oder ab 1.1.2023** entstanden ist.

1. Allgemeine Grundsätze – zwei wirtschaftliche Einheiten

85 In einem Nachlass oder Gegenstand einer Schenkung kann ein Erbbaurecht oder auch ein mit einem Erbbaurecht belastetes Grundstück sein; z.B. Erbbaurecht, wenn der Erblasser/Schenker ein Haus infolge eines Erbbaurechts auf einem Grundstück der Stadt/Kirche errichtet hat oder Erbbaurechtsgrundstück, wenn der Erblasser/Schenker jemandem ein Erbbaurecht bestellt hat, aufgrund dessen der Berechtigte darauf ein Gebäude errichtet hat.

Im Erbschaftsteuer-/Bewertungsrecht gelten das mit einem Erbbaurecht belastete Grundstück und/oder ein Erbbaurecht als „eigenes" Grundstück.[49] Das Gleiche gilt für Erbbaurechte an Wohnungseigentum (Eigentumswohnungen) und an Teileigentum.[50] Für die Bewertung sind die **Zeilen 120–119** auszufüllen. In der **Zeile 121** ist anzukreuzen, ob es sich um ein mit dem Erbbaurecht belastetes Grundstück (Erbbaugrundstück) oder um ein Erbbaurecht handelt. Für die Wertermittlung sind insbesondere auch die Höhe des vertraglich vereinbarten Erbbauzinses am Bewertungsstichtag und die Verpflichtung/bzw. der Anspruch auf Entschädigung bei Erlöschen des Erbbaurechts maßgeblich.

---

48 *Eisele*, JStG 2022: Änderung des Bewertungsgesetzes für Zwecke der erbschaftsteuerlichen Grundbesitzbewertung – Ertrags- und Sachwertverfahren sowie Grundbesitzbewertung in Erbbaurechtsfällen, NWB 2023, 255; *Halaczinsky*, Neue Bewertung der Erbbaurechte, Erbbaugrundstücke und Gebäude auf fremden Grund und Boden ab 2023; UVR 2023,

49 BFH v. 26.8.2020 – II R 43/18, BStBl 2021 II, 597; *Halaczinsky*, Erbbaurecht und Erbbauverpflichtung im Erbschaft- und Grunderwerbsteuerrecht, UVR 2017, 303; *Christoffel*, Neue Bewertung in Erbbaurechtsfällen ab 2023, ErbBstg 2023, 108; *Brüggemann*, Bewertung von Erbbaugrundstücken und Erbbaurechten, ErbBstg 2019, 230.

50 Lasten auf einem Grundstück mehrere Wohnungs- oder Teilerbbaurechte, zerfällt die wirtschaftliche Einheit des Erbbaugrundstücks nach der Verkehrsauffassung in eine entsprechende Anzahl wirtschaftlicher Einheiten. Mit jedem Wohnungs- oder Teilerbbaurecht korrespondiert eine wirtschaftliche Einheit in Gestalt des anteiligen Erbbaugrundstücks, so BFH v. 26.8.2020 – II R 43/18, BStBl 2021 II, 597.

120	**Erbbaurecht/Erbbaugrundstück**	
121	☐ Erbbaugrundstück (mit einem Erbbaurecht belastetes Grundstück) ☐ Erbbaurecht	
122	Handelt es sich um ein Erbbaurecht, das noch nicht ausgeübt wurde? ☐ Ja; bitte die geplante Bebauung angeben.	
123	Wann endet das Erbbaurecht?	Tag Monat Jahr
124	Wie hoch ist der **vertraglich vereinbarte jährliche Erbbauzins** am Bewertungsstichtag?	EUR
125	Ist bei Ablauf des Erbbaurechts eine **Entschädigung** für den Gebäudewert zu zahlen? ☐ Nein ☐ Ja; Anteil der Entschädigung im Verhältnis zum Verkehrswert	Prozent oder Zähler Nenner
126	Liegt Ihnen ein vom Gutachterausschuss ermittelter Erbbaurechts-/Erbbaugrundstückskoeffizient vor? ☐ Nein ☐ Ja; bitte Unterlagen beifügen. (keine Angaben zu den Zeilen 127 bis 129 erforderlich).	Koeffizient
127	Liegt Ihnen ein vom Gutachterausschuss ermittelter Erbbaurechts-/Erbbaugrundstücksfaktor vor? ☐ Nein ☐ Ja; bitte Unterlagen beifügen.	Faktor
128	Liegt Ihnen ein vom Gutachterausschuss für die Ermittlung der Erbbaurechts-/Erbbaugrundstücksfaktoren bekanntgegebener angemessener Erbbauzinssatz vor? ☐ Nein ☐ Ja; bitte Unterlagen beifügen.	Prozent
129	Liegt Ihnen ein vom Gutachterausschuss für die Ermittlung der Erbbaurechts-/Erbbaugrundstücksfaktoren bekanntgegebener Kapitalisierungszinssatz vor? ☐ Nein ☐ Ja; bitte Unterlagen beifügen.	Prozent

Die Angaben in **Zeilen 120–1129** dienen der Bewertung von Erbbaurechten und/oder der Bewertung eines mit einem Erbbaurecht belasteten Grundstücks; dies betrifft sowohl Wohnhäuser wie auch Geschäftshäuser oder sonstige Gebäude.

2. Bewertung von Erbbaurecht und Erbbaugrundstück ab 2023

Die durch das Erbbaurecht gestattete Grundstücknutzung hat einen bestimmten Wert. Wertbestimmend sind hauptsächlich der über die Restlaufzeit kapitalisierte übliche Erbbauzins und das (ggf. vorhandene) Gebäude/Bauwerk. Die Verkehrswertermittlung ist grds. nach verschiedenen möglichen Verfahren möglich. Die Bewertung der Erbbaurechte und Erbbaugrundstücke ist **mit Wirkung ab 2023 grundlegend geändert** worden. Es kommt also darauf an, ob ein Erbbaurecht und/oder Erbbaugrundstück geerbt oder geschenkt worden, für die die Erbschaft-/Schenkungsteuer gem. § 9 ErbStG bis zum 31.12.2022 oder ab 1.1.2023 entstanden ist. 86

3. Erbbaurecht – Bewertung ab 2023

In einem Erbfall oder einer Schenkung, für die die Erbschaft-/Schenkungsteuer nach dem 31.12.2022 gem. § 9 ErbStG entstanden ist (= Bewertungsstichtag ab 2023), gilt Folgendes: Das Erbbaurecht kann nach § 193 BewG nach **zwei Methoden** bewertet werden. Vorrangig ist das Erbbaurecht 87

- durch Anwendung/Multiplikation der von den Gutachterausschüssen ermittelten Erbbaurechtskoeffizienten auf/mit dem Wert des unbelasteten Grundstücks mit einem Erbbaurechtskoeffizienten oder

- nachrangig im Wege einer finanzmathematischen Methode unter Heranziehung/Multiplikation der von den Gutachterausschüssen ermittelten Erbbaurechtsfaktoren mit dem finanzmathematischen Wert des Erbbaurechts (Rendite)

zu ermitteln.

Maßgebend für die Berechnung sind die geeigneten (i.S.d. § 177 BewG) Erbbaurechtskoeffizienten/Erbbaurechtsfaktoren des lokalen Gutachterausschusses. Liegt für das zu bewertende Erbbaurecht kein Erbbaurechtskoeffizient, ist der Wert des Erbbaurechts durch Multiplikation mit einem Erbbaurechtsfaktor zu ermitteln. Soweit derartige Erbbaurechtsfaktoren nicht zur Verfügung stehen, gilt der Erbbaurechtsfaktor 1,0.

a) Bewertung mit Erbbaurechtskoeffizient

88 Zunächst ist der Wert des „unbelasteten Grundstücks" zu ermitteln. Das ist der Wert des Grundstücks, der nach den §§ 179, 182 bis 196 BewG festzustellen wäre, wenn die Belastung mit dem Erbbaurecht nicht bestünde. Zur Wertermittlung wird auf die vorstehenden Ausführungen in Rdn 25–83 verwiesen.

Ergibt sich danach z.B. für ein Einfamilienhaus (im Erbbaurecht) ein Grundbesitzwert von 480.000 EUR, ist dieser Wert mit dem einschlägigen Erbbaurechtskoeffizienten zu multiplizieren. In der **Praxis** kommt es also einmal darauf an, den möglichst niedrigen richtigen Grundbesitzwert (durch entsprechende Angaben in der Feststellungserklärung) und den geeigneten Koeffizienten zu finden.

b) Bewertung mit Erbbaurechtsfaktor

89 Liegen **keine Erbbaurechtskoeffizienten** vor, ist der Wert durch Multiplikation des finanzmathematische Werts des Erbbaurechts mit einem Erbbaurechtsfaktor zu ermitteln. **Basis** für die Bewertung/Multiplikation mit dem **Erbbaurechtsfaktor** ist ein **finanzmathematischer Wert des Erbbaurechts**. Diesen errechnet grds. das Finanzamt; zur (Nach-)Berechnung wird die Ermittlung in Grundzügen dargestellt.

Berechnungsschema zur Ermittlung des Wert des Erbbaurechts anhand der finanzmathematischen Methode:

Wert des unbelasteten Grundstücks nach §§ 179, 182 bis 196 BewG
abzüglich des Bodenwerts des unbelasteten Grundstücks nach § 179 BewG
(§ 193 Absatz 3 Satz 1 Nummer 1 BewG)

+

über die Restlaufzeit der Erbbaurechts kapitalisierte Differenz aus dem angemessenen Verzingsbetrag des Bodenwertes des unbelasteten Grundstücks und dem vertraglich vereinbarten jährlichen Erbbauzins
(§ 193 Absatz 3 Satz 1 Nummer 2 i. V. m. Absatz 4 BewG)

–

ggf. nicht zu entschädigender Wertanteil des Gebäudes bei Ablauf des Erbbaurechts
(§ 193 Absatz 3 Satz 2 i. V. m. Absatz 5 BewG)

=

finanzmathematischer Wert des Erbbaurechts
(§ 193 Absatz 2 Satz 1 i. V. m. Absatz 3 bis 5 BewG)

×

Erbbaurechtsfaktor
(§ 193 Absatz 2 BewG)

=

Wert des Erbbaurechts
(§ 193 Absatz 2 i. V. m. Absatz 3 bis 5 BewG)

Es sind zwei Berechnungsschritte erforderlich wobei der zweite Schritt wiederum 90
mehrere Berechnungen erfordert

Zunächst ist der **Wert des „unbelasteten Grundstücks"** zu ermitteln (wie bei der Bewertung mit einem Erbbaurechtskoeffizient (vgl. Rdn 88). Das ist der Wert des Grundstücks, der nach den §§ 179, 182 bis 196 BewG festzustellen wäre, wenn die Belastung mit dem Erbbaurecht nicht bestünde. Von diesem Wert ist der (bewertungsrechtliche) Wert des Grund und Bodens **abzuziehen.** Zur Wertermittlung dieser Werte wird auf die vorstehenden Ausführungen Rdn 25–83 verwiesen.

Zu dem Grundbesitzwert für das „unbelastete Grundstück" ist **die über die** 91
Restlaufzeit des Erbbaurechts kapitalisierten Differenz aus
- dem angemessenen Verzinsungsbetrag des Bodenwerts des fiktiv unbelasteten Grundstücks und
- dem vertraglich vereinbarten jährlichen Erbbauzins

zu **addieren.**

Der **angemessene Verzinsungsbetrag des Bodenwerts** des unbelasteten Grundstücks ist durch **Multiplikation des Bodenwerts** für das fiktiv unbelastete unbebaute Grundstück nach § 179 BewG **mit dem Zinssatz**, der vom Gutachterausschuss bei der Ermittlung des Erbbaurechtsfaktors zugrunde gelegt wurde, zu errechnen. Soweit verfügbar, können Sie den entsprechenden Zinssatz in **Zeile 124** eintragen; was insb. sinnvoll ist, wenn der gutachterliche Zinssatz oberhalb des gesetzlichen Zinssatzes liegt. Soweit ein derartiger Zinssatz nicht zur Verfügung steht, sind die (Liegenschafts-)Zinssätze nach § 193 Abs. 4 Satz 3 und 4 BewG anzuwenden. **Maßgebender Erbbauzins** ist der am Bewertungsstichtag zu zahlende Erbbauzins, umgerechnet auf einen Jahresbetrag. Die **Differenz** der beiden Werte ist zu **kapitalisieren**, d.h. mit einem Vervielfältiger zu multiplizieren, der sich aus **Anlage 21 zum BewG** in Abhängigkeit von dem maßgebenden Zinssatz und der auf volle Jahre abgerundeten Restlaufzeit des Erbbaurechts ergibt. Beispielhafter Auszug aus Anlage 21 zum BewG:

Restnutzungsdauer; Restlaufzeit des Erbbaurechts bzw.des Nutzungsrechts (in Jahren)	Zinssatz										
	3 %	3,5 %	4 %	4,5 %	5 %	5,5 %	6 %	6,5 %	7 %	7,5 %	8 %
1	0,97	0,97	0,96	0,96	0,95	0,95	0,94	0,94	0,93	0,93	0,93
2	1,91	1,90	1,89	1,87	1,86	1,85	1,83	1,82	1,81	1,80	1,78
3	2,83	2,80	2,78	2,75	2,72	2,70	2,67	2,65	2,62	2,60	2,58

Die vorstehend dargestellte Differenz ist ggf. noch um einen **nicht zu entschädigenden Wertanteil** der Gebäude oder des Gebäudes **zu verringern**. Hierzu dienen die Eintragungen in **Zeile 125**. Zur Ermittlung des bei Ablauf des Erbbaurechts nicht zu entschädigenden Wertanteils der Gebäude oder des Gebäudes ist auf den Zeitpunkt des Ablaufs des Erbbaurechts der Unterschiedsbetrag aus dem Wert des fiktiv unbelasteten Grundstücks nach den §§ 179, 182 bis 196 BewG und dem Bodenwert für das fiktiv unbelastete Grundstück nach § 179 BewG zu ermitteln. Näheres siehe Rz 74 zu § 193 BewG des AEBew JStG 2022.

92 Die so gefundene Differenz ist zu dem Wert des unbelasteten Grundstücks zu addieren.

Im Ergebnis wird bei der finanzmathematischen Bewertung vom bewertungsrechtlichen Grundbesitzwert der bewertungsrechtliche Grund- und Bodenwert ersetzt durch den Wert des Erbbaurechts (Vor- oder Nachteils). Die Wertermittlung ist ausführlich in den Rz 65 ff. zu § 193 des AEBew JStG 2022 beschrieben und geregelt.

Ein **umfangreiches Berechnungsbeispiel** enthält Rz 75 zu § 193 des AEBew JStG 2022.

Hinweis

Sie können nachweisen, dass der gemeine Wert/individuelle Verkehrswert der wirtschaftlichen Einheit am Bewertungsstichtag niedriger ist als der nach den §§ 179, 182 bis 196 BewG ermittelte Wert. Gelingt der Nachweis, muss das Finanzamt nach § 198 BewG diesen Wert ansetzen. Siehe dazu Rdn 118 ff.

4. Erbbaugrundstück – Bewertung ab 2023

Das Erbbaugrundstück ist das Grundstück, auf dem das Erbbaurecht dinglich lastet. Sein Wert besteht für den Eigentümer hauptsächlich in dem Anspruch auf den Erbbauzins (für die Restlaufzeit), dem Wert des Bodenwertanteils und ggf. der entschädigungslos übergehende Bauwerke. In einem Erbfall oder einer Schenkung, für die die Erbschaft-/Schenkungsteuer nach dem 31.12.2022 gem. § 9 ErbStG entstanden ist (= Bewertungsstichtag ab 2023), gilt Folgendes: 93

Das Erbbaugrundstück kann nach § 194 BewG nach **zwei Methoden** bewertet werden. Das Erbbaurecht ist
- vorrangig durch Anwendung/Multiplikation der von den Gutachterausschüssen ermittelten Erbbaugrundstückskoeffizienten auf/mit dem Wert des unbelasteten Grundstücks zu ermitteln (Bodenwertanteil) oder
- nachrangig im Wege einer finanzmathematischen Methode unter Heranziehung/Multiplikation der von den Gutachterausschüssen ermittelten Erbbaugrundstücksfaktoren der Wert des Erbbaurechts auf den finanzmathematischen Wert des Erbbaugrundstücks (Rendite)

zu ermitteln.

Maßgebend für die Berechnung sind die geeigneten (i.S.d. § 177 BewG) Erbbaugrundstückskoeffizienten/Erbbaugrundstücksfaktoren des lokalen Gutachterausschusses. Liegt für das zu bewertende Erbbaugrundstück kein Erbbaugrundstückskoeffizient vor, ist der Wert des Erbbaurechts durch Multiplikation mit einem Erbbaugrundstücksfaktor zu ermitteln. Soweit derartige Erbbaugrundstücksfaktoren nicht zur Verfügung stehen, gilt der Erbbaugrundstücksfaktor 1,0.

a) Bewertung mit Erbbaugrundstückskoeffizient ab 2023

Zunächst ist der Wert des „unbelasteten Grundstücks" zu ermitteln. Das ist der Wert des Grundstücks, der nach § 179 BewG (Wert des unbebauten Grundstücks) festzustellen wäre, wenn die Belastung mit dem Erbbaurecht nicht bestünde. Zur Wertermittlung nach § 179 BewG wird auf die vorstehenden Ausführungen Rdn 25 ff. verwiesen. 94

Ergibt sich danach z.B. für den Bodenwert eines mit einem Einfamilienhaus (im Erbbaurecht) bebauten Grundstücks ein Grundbesitzwert von 1000.000 EUR, ist dieser Wert mit dem einschlägigen Erbgrundstückskoeffizient zu multiplizieren.

b) Bewertung einem Erbbaugrundstücksfaktor ab 2023

Liegt für das zu bewertende Erbbaugrundstück kein Erbbaugrundstückskoeffizient vor, ist der Wert des Erbbaugrundstücks durch Multiplikation des finanzmathematischen Werts des Erbbaugrundstücks mit einem Erbbaugrundstücksfaktor zu ermitteln. 95

Berechnungsschema der Ermittlung des Werts des Erbbaugrundstücks mit einem Erbbaugrundstücksfaktor:

über die Restlaufzeit des Erbbaurechts abgezinster Bodenwert des unbelasteten Grundstücks
(§ 194 Absatz 3 Satz 1 Nummer 1 i. V. m. Absatz 4 BewG)

+

über die Restlaufzeit der Erbbaurechts kapitalisierter vertraglich vereinbarter jährlicher Erbbauzins
(§ 194 Absatz 3 Satz 1 Nummer 2 i. V. m. Absatz 5 BewG)

+

ggf. nicht zu entschädigender Wertanteil des Gebäudes bei Ablauf des Erbbaurechts
(§ 194 Absatz 3 Satz 2 i. V. m. § 193 Absatz 5 BewG)

=

finanzmathematischer Wert des Erbbaugrundstücks
(§ 194 Absatz 2 Satz 1 i. V. m. Absatz 3 bis 5 BewG)

×

Erbbaugrundstücksfaktor
(§ 194 Absatz 2 BewG)

=

Wert des Erbbaugrundstücks
(§ 194 Absatz 2 i. V. m. Absatz 3 bis 5 BewG)

96 Es sind zwei Berechnungsschritte erforderlich, wobei der zweite Schritt wiederum mehrere Berechnungen erfordert.

Zunächst ist der **Wert des „unbelasteten Grundstücks“** zu ermitteln (wie bei der Bewertung mit einem Erbbaugrundstückskoeffizient (siehe Rdn 94). Das ist der bewertungsrechtliche (Boden-)Wert des unbebauten Grundstücks nach § 179 BewG, wenn die Belastung mit dem Erbbaurecht nicht bestünde. Zur Wertermittlung wird auf die vorstehenden Ausführungen in Rdn 25 ff. verwiesen.

97 Zur Ermittlung des **finanzmathematischen Werts des Erbbaugrundstücks** ist sodann die **Summe** aus

- dem über die Restlaufzeit des Erbbaurechts abgezinsten Bodenwert des fiktiv unbelasteten Grundstücks nach § 179 BewG und
- dem nach § 194 Abs. 5 BewG über die Restlaufzeit des Erbbaurechts kapitalisierten vertraglich vereinbarten jährlichen Erbbauzins

zu bilden. Ggf. Ist ein bei Ablauf des Erbbaurechts verbleibender und nicht zu entschädigender Wertanteil der Gebäude oder des Gebäudes hinzuzurechnen.

Der **Bodenwert** des fiktiv unbelasteten Grundstücks nach § 179 BewG ist gem. § 194 Abs. 4 Satz 1 BewG über die Restlaufzeit des Erbbaurechts mit dem sich aus der Anlage 26 BewG ergebenden Abzinsungsfaktor **abzuzinsen**. Der **Abzin-**

sungsfaktor nach Anlage 26 BewG ist abhängig vom maßgebenden Zinssatz und der auf volle Jahre abgerundeten Restlaufzeit des Erbbaurechts. Z.B. Bodenwert 125.000 EUR mal 0,3817 (nach der Formel aus Anlage 26 BewG bei Restlaufzeit des Erbbaurechts 39 Jahre und Zinssatz 2,5 % (Einfamilienhaus).

Der **maßgebende Erbbauzins** ist der am Bewertungsstichtag zu zahlende Erbbauzins, umgerechnet auf einen Jahresbetrag. Beträgt er z.B. 2.800 EUR, ist er zu Kapitalisierung mit 24,73 (Vervielfältiger nach der Formel aus Anlage 21 BewG bei Restlaufzeit des Erbbaurechts 39 Jahren und 2,5 % (Zinssatz Einfamilienhaus) zu multiplizieren.

Die **Summe** des abgezinster Bodenwert und des Barwerts der vertraglich vereinbarten jährlichen Erbbauzinsen (ggf. zzgl. eines nicht zu entschädigenden Wertanteil des Gebäudes/der Gebäude ergibt den **finanzmathematischer Wert des Erbbaugrundstücks**. Dieser ist dann mit dem maßgebenden Erbbaugrundstücksfaktor zu multiplizieren und ergibt dann den bewertungsrechtlichen Grundbesitzwert des Erbbaugrundstücks.

Hinweis

Sie können nachweisen, dass der gemeine Wert/individuelle Verkehrswert der wirtschaftlichen Einheit am Bewertungsstichtag niedriger ist als der nach den §§ 179, 182 bis 196 BewG ermittelte Wert. Gelingt der Nachweis, muss das Finanzamt nach § 198 BewG diesen Wert ansetzen. Siehe dazu Rdn 118 ff.

Die Wertermittlung ist ausführlich in den Rz 165 ff. zu § 194 des AEBew JStG 2022 beschrieben und geregelt. Ein **umfangreiches Berechnungsbeispiel** enthält Rz 75 zu § 194 des AEBew JStG 2022. 98

Hinweis

Das Finanzamt übernimmt die Berechnung. Wenn nicht im Vorfeld etwa einer Schenkung der genaue Wert benötigt wird, kann die Berechnung abgewartet und ggf. im Wege des Einspruchs (innerhalb eines Monats) gegen den betreffenden Feststellungsbescheid überprüft/angefochten werden.

VII. Erbbauzinsansprüche und -verbindlichkeiten

Der Erbbauberechtigte ist gewöhnlich zur Zahlung eines Erbbauzinses verpflichtet. Bei Schenkung/Erwerb eines Erbbaurechts kann die Verpflichtung nicht zusätzlich als Verbindlichkeit abgezogen werden, sie ist vielmehr bei der Bewertung des Erbbaurechts miterfasst. Der Anspruch auf den Erbbauzins steht dem Eigentümer des Erbbaugrundstücks zu; dieser Anspruch ist nicht separat als Vermögenswert anzusetzen, er ist vielmehr bei der Bewertung des Erbbaugrundstücks miterfasst. Dies ist in § 192 BewG ausdrücklich so geregelt. 99

Hinweis

Bei der Grunderwerbsteuer ist der Erwerb (unter Übernahme der Verpflichtung zur Zahlung eines Erbbauzinses) grunderwerbsteuerbar; Bemessungsgrundlage ist bei Bestellung eines Erbbaurechtes der Kapitalwert des Erbbauzinses (meist der 18-fache Jahreswert) sowie eine sonstige für die Bestellung des Erbbaurechts geleistete Gegenleistung. Bei Verlängerung eines ansonsten erlöschenden Erbbaurechts gilt dies entsprechend.

VIII. Gebäude auf fremden Grund und Boden ab 2023

100 Haben Sie ein Gebäude auf fremdem Grund und Boden geerbt oder geschenkt bekommen, sind Eintragungen **in Zeilen 131 ff.** zu machen.

In **Zeile 132** ist anzukreuzen, ob es um den Grund und Boden, auf dem das fremde Gebäude steht, oder um das Gebäude auf fremdem Grund und Boden handelt. Ein **Gebäude auf fremden Gebäude liegt vor,** wenn ein anderer als der Eigentümer des Grund und Bodens darauf ein Gebäude errichtet hat und ihm das Gebäude zuzurechnen oder wenn das Gebäude aufgrund einer Nutzungsvereinbarung errichtet worden ist (§ 95 Abs. 1 Satz 2 BGB) und dem Nutzungsberechtigten für den Fall der Nutzungsbeendigung gegenüber dem Eigentümer des Grund und Bodens ein Anspruch auf Ersatz des Verkehrswerts des Gebäudes zusteht (Rz 87 zu § 195 des AEBew JStG 2022). Die **wirtschaftliche Einheit „belastetes Grundstück"** umfasst die vertraglich überlassene Fläche des Grund und Bodens unter Berücksichtigung der Restlaufzeit des Nutzungsrechts und der erhaltenen Nutzungsentgelte (Rz 88 zu § 195 des AEBew JStG 2022).

Die Werte für die wirtschaftliche Einheit des belasteten Grundstücks und die wirtschaftliche Einheit des Gebäudes auf fremdem Grund und Boden **gesondert** zu ermitteln (§ 195 Abs. 1 BewG, Rn 86 zu § 195 des AEBew JStG 2022).

131	**Gebäude auf fremdem Grund und Boden**	
132	☐ Grund und Boden mit fremdem Gebäude (belastetes Grundstück) ☐ Gebäude auf fremdem Grund und Boden	
133	Wann endet das Nutzungsrecht für das Gebäude auf fremdem Grund und Boden?	Tag / Monat / Jahr
134	Wie hoch ist das **vertraglich vereinbarte jährliche Nutzungsentgelt** für die Überlassung des Grund und Bodens am Bewertungsstichtag?	EUR
135	Besteht eine Abbruchverpflichtung? ☐ Nein ☐ Ja; bitte Unterlagen beifügen.	Abbruchzeitpunkt
136	Liegt Ihnen ein vom Gutachterausschuss ermittelter Liegenschaftszinssatz vor? ☐ Nein ☐ Ja, bitte Unterlagen beifügen.	Prozent
137		

Die Angaben in **Zeilen 134 bis 136** dienen der Wertermittlung.

Die **Berechnung** des Werts wird **vom Finanzamt** vorgenommen. Überblickartig wird im Folgenden die Bewertung dargestellt.

1. Bewertung des Gebäudes auf fremden Grund und Boden

Der Wert des Gebäudes auf fremdem Grund und Boden wird ermittelt durch 101
Bildung der Summe aus

- dem Wert des Grundstücks, der nach den §§ 179, 182 bis 196 BewG festzustellen wäre, wenn die Belastung mit dem Nutzungsrecht nicht bestünde, abzüglich des Bodenwerts des unbelasteten Grundstücks nach § 179 BewG und
- der nach § 195 Abs. 3 BewG über die Restlaufzeit des Nutzungsrechts kapitalisierten Differenz aus dem angemessenen Verzinsungsbetrag des Bodenwerts des unbelasteten Grundstücks und dem vertraglich vereinbarten jährlichen Nutzungsentgelt.

Ggf. ist ein bei Ablauf des Nutzungsrechts nicht zu entschädigender Wertanteil der Gebäude oder des Gebäudes abzuziehen.

Bewertungsschema für Gebäude auf fremden Grund und Boden:

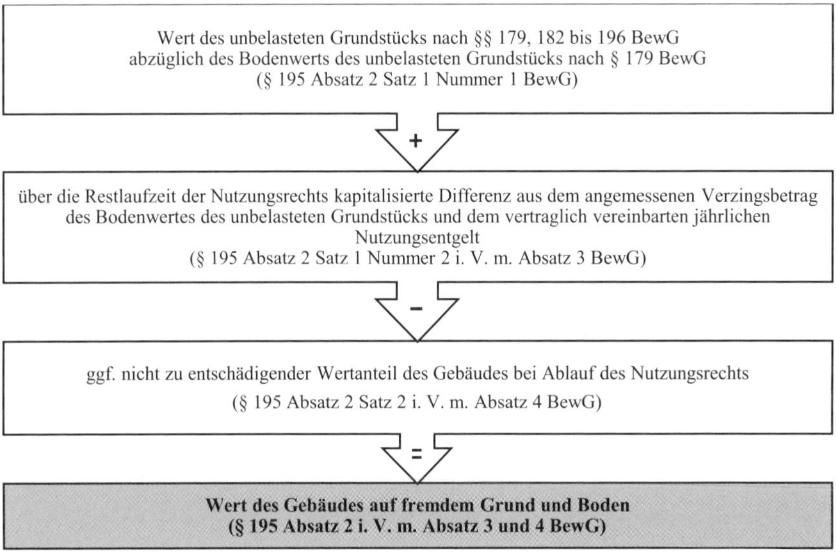

Die Wertermittlung entspricht derjenigen, die für Erbbaurechte nach der finanzmathematischen Methode gem.§ 193 Abs. 2 ff. BewG gelten. Näheres siehe also Rdn 89 ff. Der Wert ergibt sich unmittelbar, d.h. ohne Multiplikation mit einem Koeffizienten oder Faktor.

Berechnungsbeispiel siehe Rz 97 zu § 195 BewG des AEBew JStG 2022.

2. Bewertung des belasteten Grund und Bodens

102 Ein mit einem fremden Gebäude bebautes Grundstück ist vergleichbar mit einem mit Erbbaurecht belasteten Grundstück. Der Wert des mit einem fremden Gebäude belasteten Grund und Bodens orientiert sich an dem Bewertungsstichtag abgezinsten Bodenwert zuzüglich der kapitalisierten Nutzungsentgelte. Der Wert des belasteten Grundstücks setzt sich somit gem. § 195 Abs. 5 BewG
- aus dem abgezinsten Bodenwert
- zzgl. des über die Restlaufzeit des Nutzungsrechts kapitalisierten vertraglich vereinbarten Entgelts

zusammen. Ggf. ist ein nach Ablauf des Nutzungsrechts nicht zu entschädigender Wertanteil der Gebäude oder des Gebäudes hinzurechnen.

Hiermit wird berücksichtigt, dass dem Grundstückseigentümer das Grundstück erst nach Ablauf der Nutzungszeit wieder zur Verfügung steht.

Bewertungsschema für das mit einem fremden Gebäude bebauten Grundstücks:

über die Restlaufzeit des Nutzungsrechts abgezinster Bodenwert des unbelasteten Grundstücks
(§ 195 Absatz 5 Satz 1 Nummer 1 i. V. m. Absatz 6 BewG)

\+

über die Restlaufzeit der Nutzungsrecht kapitalisiertes vertraglich vereinbartes jährliches Nutzungsentgelt
(§ 195 Absatz 5 Satz 1 Nummer 2 i. V. m. Absatz 7 BewG)

\+

ggf. nicht zu entschädigender Wertanteil des Gebäudes bei Ablauf des Nutzungsrechts
(§ 195 Absatz 5 Satz 2 i. V. m. § 195 Absatz 4 BewG)

=

Wert des belasteten Grundstücks
(§ 195 Absatz 5 i. V. m. Absatz 4, 6 und 7 BewG)

Die Wertermittlung entspricht der Wertermittlung eines mit einem Erbbaurecht belasteten Grundstücks nach der finanzmathematischen Methode, dazu Rdn 95 ff. Zur Ermittlung des abgezinsten Bodenwerts ist der Bodenwert nach § 179 BewG zu ermitteln, dazu Rdn 25 f. Der Bodenwert ist durch Multiplikation mit einem Vervielfältiger nach Anlage 26 zum BewG abzuzinsen. Dem über die Restlaufzeit des Nutzungsrechts abgezinsten Wert des fiktiv unbelasteten Grundstücks nach § 179 BewG ist das ebenfalls über die Restlaufzeit des Nutzungsrechts kapitalisierte Nutzungsentgelt hinzuzurechnen. Zur Kapitalisierung des Nutzungsentgelts erfolgt durch Multiplikation eines Vervielfältiger nach Anlage 21 zum BewG. Siehe dazu die Ausführungen zur Kapitalisierung des Erbbauzinses in Rdn 91. Ein bei Ablauf des Nutzungsrechts nicht zu entschädigender Wertanteil der Gebäude oder des Gebäudes ist hinzuzurechnen, siehe dazu Rdn 91.

Berechnungsbeispiel siehe Rz 100 zu § 195 BewG des AEBew JStG 2022.

Hinweis

Sie können nachweisen, dass der gemeine Wert/individuelle Verkehrswert der wirtschaftlichen Einheit am Bewertungsstichtag niedriger ist als der nach den §§ 179, 182 bis 196 BewG ermittelte Wert. Gelingt der Nachweis, muss das Finanzamt nach § 198 BewG diesen Wert ansetzen. Siehe dazu Rdn 118 ff.

IX. Erbbaurecht und Erbbaugrundstück bis 2022

Der Wert eines Erbbaurechts/Erbbaugrundstücks ist **bis 2022 vorrangig im Vergleichswertverfahren** zu ermitteln, wenn für das Erbbaurecht/Erbbaugrundstück Vergleichspreise oder aus Kaufpreisen abgeleitete Vergleichskoeffizienten/-faktoren für entsprechend vergleichbare Erbbaurechte/Erbbaugrundstücke der Gutachterausschüsse vorliegen (§§ 193, 194 BewG). Ansonsten bestimmt sich der Wert u.a. in Abhängigkeit vom Boden- und Gebäudewert, den vertraglich vereinbarten jährlichen Erbbauzinsen, der Restlaufzeit des Erbbaurechts und der Entschädigungsregelung nach einem finanzmathematischen Bewertungsverfahren. 103

Die Bewertung von Erbbaurechten und Erbbaugrundstücken für die die Erbschaft-/Schenkungsteuer **bis zum 31.12.2022** gem. § 9 ErbStG entstanden ist, gilt Folgendes:

1. Erbbaurecht

104 Der Wert des Erbbaurechts setzt sich aus einem Bodenwert- und einem Gebäudewertanteil zusammen. Optisch gilt folgendes Bewertungsschema:

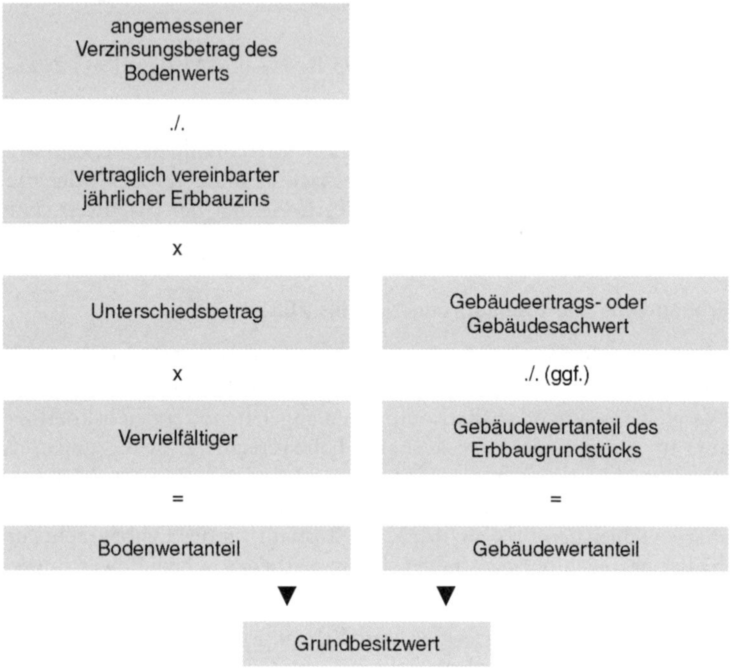

Der Wert des Erbbaurechts wird in folgenden Schritten ermittelt:

a) Bodenwertanteil

105 Der Bodenwertanteil wird wie folgt ermittelt:

Verzinsungsbetrag des Bodenwerts (dafür Bewertung des Grund und Bodens gem. § 179 BewG [Fläche x Bodenrichtwert] **mal** Liegenschaftszinssatz der Gutachterausschüsse oder gem. § 193 Abs. 4 BewG)

abzgl. des Jahreswerts der vertraglich vereinbarten Erbbauzinsen[51]

mal Vervielfältiger gem. Faktor lt. Anlage 21 in Abhängigkeit von der Restlaufzeit

ergibt Bodenwertanteil des Erbbaurechts.

---

51 Zur Bestimmung des maßgebenden Erbbauzinses siehe R B 193 Abs. 5 ErbStR, H B 193 (5) ErbStH.

Hinweis

Nur wenn der vereinbarte jährliche Erbbauzins unter der angemessenen Verzinsung des Bodens liegt, ergibt sich ein Wert des Erbbaurechts. Der Bodenwertanteil kann im Einzelfall auch negativ sein, wenn der vereinbarte Erbbauzins höher ist als der bei Neuabschluss zum Bewertungsstichtag übliche Erbbauzins (z.B. infolge stark gefallener Bodenpreise). Daraus folgt: entspricht der vereinbarte jährliche Erbbauzins der angemessenen Verzinsung des Bodens, saldieren sich die Werte auf 0 EUR; liegt der vereinbarte jährliche Erbbauzins höher als die angemessene Verzinsung des Bodens, ergibt sich ein negativer Betrag, der im Endeffekt zu einer Minderung der Erbschaftsteuer führen kann.

b) Gebäudewertanteil

Ist in Ausübung des Erbbaurechts ein Bauwerk errichtet worden bzw. war 106 schon ein Gebäude vorhanden, ist zu dem Bodenwert der Gebäudewertanteil zu addieren. Der Gebäudewertanteil ist im Ertragswertverfahren und ggf. im Sachwertverfahren zu ermitteln. Das Vergleichswertverfahren steht hier nicht zur Verfügung. Daher sind insbesondere Ein- und Zweifamilienhäuser im Sachwertverfahren zu bewerten; Näheres siehe noch R B 193 Abs. 7 ErbStR. Der Gebäudeertragswert oder -sachwert wird nach den oben schon dargestellten Bewertungsmethoden Rdn 41 ff., 64 ff. ermittelt. Der Gebäudewertanteil ist zu mindern, wenn das Bauwerk mit Zeitablauf des Erbbaurechts ohne oder nur mit einer teilweisen Entschädigung auf den Grundeigentümer übergeht, und zwar um den Gebäudewertanteil des Erbbaurechtsgrundstücks i.S.d. § 193 Abs. 4 BewG. Der Gebäudewertanteil ist der Gebäudeertragswert (§ 185 BewG) oder Gebäudesachwert (§ 190 BewG).[52] Dafür sind die Angaben in **Zeilen 98, 99** erforderlich. Bei der Minderung wird unterstellt, dass das Gebäude infolge der Regelungen über die Mindest-Restnutzungsdauer und über den Mindest-Gebäudewert im Sachwertverfahren in diesem Zeitpunkt noch einen erheblichen Wert hat.

Beispiel

Ein kleines Geschäftsgrundstück ist im Wege des Erbbaurechts auf dem Erbbaurechtsgrundstück errichtet und soll verschenkt werden. Vergleichspreise sollen nicht vorliegen. Der Bodenrichtwert beträgt 150 EUR, die Grundstücksfläche 400 m^2. Der Liegenschaftszinssatz beträgt 3 % lt. Gutachterausschuss. Der erzielbare Erbbauzins/Jahr liegt bei 750 EUR. Die Restlaufzeit des Erbbaurechts beträgt noch 50 Jahre.

52 Näheres R B 193 Abs. 7 ErbStR.

Lösung

1. Bodenwertanteil

Bewertung des Grund und Bodens gem. § 179 BewG (Fläche x Bodenrichtwert) 60.000 EUR, dann Ermittlung des Verzinsungsbetrags des Bodenwerts gem. Liegenschaftszinssätzen der Gutachterausschüsse oder gem. § 193 Abs. 4 BewG 60.000 EUR x 3 %	= 1.800 EUR
abzgl. des Jahreswerts der vertraglich vereinbarten Erbbauzinsen	./.750 EUR
Ergibt	= 1.050 EUR
mal Vervielfältiger gem. Faktor lt. Anlage 21 in Abhängigkeit von der Restlaufzeit (bei 50 Jahre 25,73 und 3 % Liegenschaftszinssatz) x 25,73 ergibt Bodenwertanteil des Erbbaurechts	= 27.016,50 EUR

2. Gebäudewertanteil

Rohertrag = Jahresmiete/übliche Bruttomiete 7.200 EUR abzgl. Bewirtschaftungskosten (geschätzt 20 %) 1.440 EUR ergibt Reinertrag des Grundstücks 5.760 EUR abzgl. Bodenwertverzinsung (= Bodenwert x Liegenschaftszinssatz) 3 % – 1.800 EUR ergibt Reinertrag des Gebäudes 3.960 EUR Reinertrag x Vervielfältiger lt. Anlage 21 BewG 19, 60 bei Restnutzung von 30 Jahre	
ergibt Gebäudeertragswert	= 77.616 EUR
Ggf. abzgl. des Gebäudewertanteils, der schon beim Erbbaurechtgrundstück berücksichtigt ist	

3. Bodenwertanteil + Gebäudewertanteil

= 104.632,50 EUR gerundet	= 104.632 EUR

Weitere Berechnungsbeispiele in H B 193 (7) ErbStH.

2. Erbbaugrundstück

107 Haben Sie ein Grundstück geschenkt bekommen, auf dem ein Erbbaurecht lastet (Erbbaugrundstück), bzw. wollen Sie ein solches verschenken, besteht die Bereicherung grds. in dem üblichen Preis für derartig belastete Grundstücke (Vergleichswert gem. § 194 Abs. 1 BewG). Liegen Vergleichskaufpreise nicht vor, ist zu prüfen, ob eine Bewertung mit Vergleichsfaktoren möglich ist (§ 194 Abs. 1 BewG). Ist das auch nicht der Fall, schreibt das BewG folgende finanzmathemati-

sche Ermittlungsmethode vor: der Wert ist aus dem Bodenwertanteil und ggf. zusätzlich nach einem Gebäudewertanteil zu errechnen (§ 194 Abs. 3 und 4 BewG). Der Bodenwertanteil ist um einen Gebäudewertanteil zu erhöhen, wenn das vom Erbbauberechtigten errichtete Bauwerk auf den Grundeigentümer unentgeltlich (entschädigungslos) übergeht.

Überblick über das Verfahren:

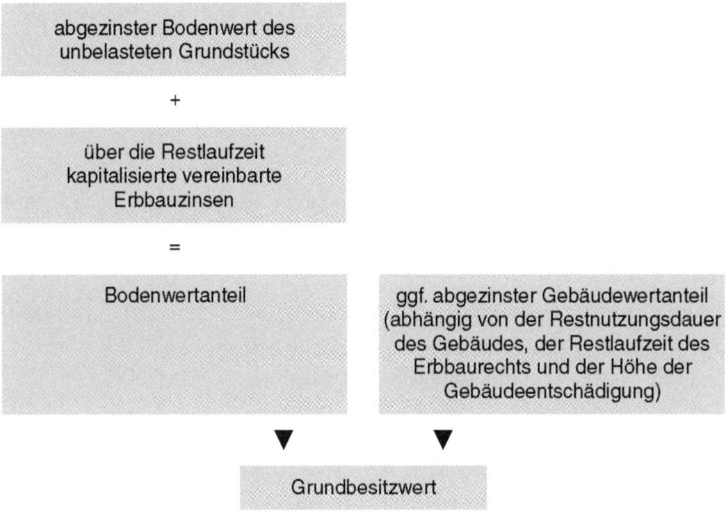

a) Bodenwertanteil des Erbbaurechtsgrundstücks

Der Bodenwertanteil wird in folgenden Schritten ermittelt: 108

Abgezinster Bodenwert (= Bewertung des Grund und Bodens gem. § 179 BewG (Fläche x Bodenrichtwert),

dann Abzinsung des Bodenwerts gem. Faktor lt. Anlage 26 zum BewG

zzgl. des Kapitalwerts der Erbbauzinsen für die Restlaufzeit gem. Faktor lt. Anlage 21 zum BewG

ergibt Wert des Erbbaugrundstücks.

Bei den Erbbauzinsen sind die vereinbarten (nicht die tatsächlich gezahlten) jährlichen Erbbauzinsen anzusetzen. Bei Zahlungen in unterschiedlicher Höhe ist ein Jahresdurchschnitt zu bilden; künftige Anpassung u. dergl. bleiben unberücksichtigt. Ist das Erbbaurecht unentgeltlich oder zu relativ geringen Erbbauzinsen vergeben worden, ist dafür keine Korrektur vorgesehen (§ 193 Abs. 3 BewG), d.h. es ist 0 anzusetzen. Ist der Erbbauzins im Vergleich zum abgezinsten Bodenwert relativ hoch, führt dies hier zu einem entsprechend höheren Wert des Erbbaurechtsgrundstücks. Eine Marktanpassung über Wertzahlen ist nicht vorgesehen.

b) Zusätzlich Gebäudewertanteil

109 Gegebenenfalls ist zu dem Bodenwertanteil noch ein Gebäudewertanteil des Erbbaugrundstücks zu addieren, nämlich dann, wenn dem Eigentümer des Erbbaugrundstücks bei Beendigung des Erbbaurechts durch Zeitablauf ganz oder teilweise entschädigungslos zufällt. Dafür sind die Angaben in **Zeilen 98, 99** erforderlich. Dieser Gebäudewertanteil ist wie folgt zu berechnen: Es ist der bewertungsrechtliche Grundbesitzwert zu ermitteln, der sich voraussichtlich am Laufzeitende ergeben würde. Dieser Wert ist gemäß Faktor lt. Anlage 26 abzuzinsen (§ 194 Abs. 4 BewG).

Beispiel

Berechnung des Werts eines Erbbaurechtsgrundstücks (kleines Geschäftshaus)

Bewertung des Grund und Bodens gem. § 179 BewG (Fläche x Bodenrichtwert)	100.000 EUR
dann Abzinsung des Bodenwerts gem. Faktor lt. Anlage 26 BewG (bei 50 Jahre Restlaufzeit) 0,2281 x 100.000 EUR	= 22.810 EUR
zzgl. des Kapitalwerts der Erbbauzinsen für die Restlaufzeit gem. Faktor lt. Anlage 21 BewG (bei 50 Jahre 25,73 und 3 % Liegenschaftszinssatz) 25,73 x 750 EUR	+ 19.297,50 EUR
ergibt Wert des Erbbaugrundstücks	42.107,50 EUR
ergibt Grundbesitzwert	gerundet 42.107 EUR
ggf. zzgl. Gebäudewertanteil	

Weitere Berechnungsbeispiele in H B 194 ErbStB.

X. Gebäude auf fremdem Grund und Boden bis 2022

1. Zwei wirtschaftliche Einheiten

110 Bei den inländischen Gebäuden auf fremdem Grund und Boden hat man es entweder mit Grundstücken zu tun, für die ein Nutzungs-(Bebauungs-)recht bestellt worden ist, oder mit dem Bauwerk selbst. Bewertungsrechtlich handelt es sich gem. § 195 Abs. 1 BewG um zwei verschiedene wirtschaftliche Einheiten.[53]

53 *Christoffel*, Gebäude auf fremden Grund und Boden: Was ist bewertungsrechtlich zu beachten?, ErbBstg 2021, 119.

Normalerweise wird ein Bauwerk wesentlicher Bestandteil des Grund und Bodens. Ein inländisches Gebäude auf fremdem Grund und Boden liegt aber erbschaftssteuerlich vor, wenn ein anderer als der Eigentümer des Grund und Bodens darauf ein Gebäude errichtet hat und ihm das Gebäude auch steuerrechtlich zuzurechnen ist. Das ist insbesondere der Fall, wenn das Gebäude **Scheinbestandteil** des Grundstücks ist oder wenn das Gebäude aufgrund einer Nutzungsvereinbarung errichtet worden ist und dem Nutzungsberechtigten für den Fall der Nutzungsbeendigung gegenüber dem Eigentümer des Grund und Bodens ein **Anspruch auf Ersatz des Verkehrswerts** des Gebäudes zusteht. Ein solcher Anspruch kann sich aufgrund der Vereinbarung oder aufgrund gesetzlicher Regelungen ergeben. Liegen diese Voraussetzungen nicht vor, wird das Gebäude Bestandteil des Grundstücks mit den entsprechenden bewertungs- und erbschaftssteuerlichen Konsequenzen.

Die Werte für die wirtschaftliche Einheit des Gebäudes auf fremdem Grund 111
und Boden und für die wirtschaftliche Einheit des belasteten Grundstücks sind gesondert zu ermitteln. In **Zeile 99** ist anzukreuzen, ob es um das Gebäude oder Grundstück geht.

2. Allgemeine Angaben

112

101	**Gebäude auf fremdem Grund und Boden**	
102	☐ Grund und Boden mit fremdem Gebäude (belastetes Grundstück) ☐ Gebäude auf fremdem Grund und Boden	
103	Wann endet das Nutzungsrecht für das Gebäude auf fremdem Grund und Boden?	Tag Monat Jahr
104	Bei Grund und Boden mit fremdem Gebäude (belastetes Grundstück): Wie hoch ist das **vertraglich vereinbarte jährliche Entgelt** für die Überlassung des Grund und Bodens?	EUR
105	Besteht eine Abbruchverpflichtung? ☐ Nein ☐ Ja; bitte Unterlagen beifügen.	Abbruchzeitpunkt
106	Liegt Ihnen ein vom Gutachterausschuss ermittelter Liegenschaftszinssatz vor? ☐ Nein ☐ Ja, bitte Unterlagen beifügen.	Prozent

Erben Sie oder bekommen Sie ein Gebäude geschenkt, das auf einem fremden Grundstück errichtet worden ist, z.B. eine Tankstelle, einen Kiosk, bzw. wollen Sie ein solches Gebäude vererben oder verschenken, besteht die Bereicherung grds. in dem bewertungsrechtlichen Gebäudewert gem. § 195 Abs. 2 BewG. In der wirtschaftlichen Einheit „Gebäude auf fremdem Grund und Boden" werden das Gebäude, die vom Nutzungsberechtigten errichteten Außenanlagen, die sonstigen wesentlichen Bestandteile und das Zubehör erfasst. Werden auf einem Grundstück nur Betriebsvorrichtungen (§ 176 Abs. 2 Satz 1 Nr. 2 BewG) oder Außenanlagen errichtet, liegt kein Gebäude auf fremdem Grund und Boden vor. Geht es um das Grundstück, auf dem sich das fremde Gebäude befindet, ist dieses Feststellungsgegenstand.

In **Zeile 102** ist anzugeben, um welchen Bewertungsgegenstand es geht. Die Angaben in **Zeilen 103–106** betreffen Angaben, die zur Bewertung (durch das Finanzamt) erforderlich sind.

3. Gebäude auf fremden Grund und Boden und belastete Grundstücke bis 2022

a) Gebäude

113 In **Zeile 102** ist anzugeben, dass/ob es sich um ein (geschenktes/geerbtes) Gebäude auf fremden Grund und Boden handelt. Die **Bewertung** von Gebäuden auf fremdem Grund und Boden richtet sich nach § 195 Abs. 2 BewG bei der Bewertung im Ertragswertverfahren aus dem **Gebäudeertragswert** (siehe Rdn 41 ff.). Ist der Nutzer verpflichtet, das Gebäude bei Ablauf des Nutzungsrechts zu beseitigen (**dazu Zeile 105**), ist der Vervielfältiger nach Anlage 21 BewG anzuwenden, der sich für die am Bewertungsstichtag verbleibende Nutzungsdauer ergibt. Für den Vervielfältiger ist auch der Liegenschaftszins maßgebend. Vorrangig ist der vom lokalen Gutachterausschuss ermittelte Liegenschaftszins anzugeben – wenn verfügbar – in **Zeile 106**. Ansonsten gilt der gesetzliche Liegenschaftszins gem. § 188 Abs. 2 BewG a.F.). Die Regelung zur Mindestrestnutzungsdauer nach § 185 Abs. 3 Satz 5 BewG (30 % der wirtschaftlichen Gesamtnutzungsdauer) ist in diesen Fällen nicht anzuwenden. Bei der Bewertung des Gebäudes auf fremdem Grund und Boden im Sachwertverfahren ergibt sich der Grundbesitzwert aus dem **Gebäudesachwert** (siehe Rdn 64). Ist der Nutzer verpflichtet, das Gebäude bei Ablauf des Nutzungsrechts zu beseitigen, bemisst sich die Alterswertminderung (§ 190 Abs. 2 Satz 1–3 BewG) nach dem Alter des Gebäudes am Bewertungsstichtag und der tatsächlichen Gesamtnutzungsdauer. Die Regelung zum Mindestrestwert nach § 190 Abs. 2 Satz 4 BewG (30 % Gebäuderegelherstellungswert) ist in diesen Fällen nicht anzuwenden.[54] Ein Bodenwertanteil ist natürlich nicht zu berücksichtigen. Eine vorrangige Heranziehung des Vergleichswertverfahrens ist – im Gegensatz zur Bewertung eines Erbbaugrundstücks nach § 194 Abs. 1 BewG – für Gebäude auf fremden Grund und Boden nicht vorgesehen.[55]

Abweichend von den bewertungsrechtlichen Regelungen können Sie nachweisen, dass der gemeine Wert/**individuelle Verkehrswert** der wirtschaftlichen Einheit am Bewertungsstichtag **niedriger** ist als der nach den §§ 179, 182 bis 196 BewG ermittelte Wert. Gelingt der Nachweis, muss das Finanzamt nach § 198 BewG diesen Wert ansetzen. Siehe dazu Rdn 118 ff.

Beispiel

Ein Gebäude auf fremdem Grund und Boden (Industriegebäude/Werkstattgebäude mit Büro- und Sozialtrakt und teilweiser Spezialnutzung, zu eigenen betrieblichen Zwecken genutzt, Baujahr 2000, einfache Ausstattung, keine übliche Miete ermittelbar) ist für Zwecke der Erbschaftsteuer auf den 15.4.2021 zu bewerten. Die Restlaufzeit des Nutzungsrechts beträgt am Bewertungsstichtag noch 4 Jahre (bis 2025). Das Gebäude ist bei Beendigung

54 BFH v. 17.11.2021 – II R 26/20, BFH/NV 2022, 822.
55 BFH v. 17.11.2021 – II R 26/20, BFH/NV 2022, 822.

des Nutzungsrechts zu beseitigen. Die Brutto-Grundfläche des Gebäudes beträgt 3.100 m².

Lösung

Das Industriegebäude/Werkstattgebäude mit Büro- und Sozialtrakt stellt ein Geschäftsgrundstück dar (Nutzung ausschließlich zu eigenen gewerblichen Zwecken). Für das Geschäftsgrundstück lässt sich aufgrund der Spezialnutzung keine übliche Miete ermitteln, so dass die Bewertung des Gebäudes auf fremdem Grund und Boden nach dem Sachwertverfahren erfolgt. Bedingt durch den bei Beendigung des Pachtverhältnisses notwendigen Abriss des Gebäudes ergibt sich eine verkürzte Nutzungsdauer für das Industriegebäude/Werkstattgebäude (Gebäudeart 15.2 der Anlage 24 II BewG). Die tatsächliche Nutzungsdauer des Gebäudes beträgt insgesamt 25 Jahre (2000–2025), am Besteuerungsstichtag ist es 21 Jahre alt. Die wirtschaftliche Gesamtnutzungsdauer von 40 Jahren nach Anlage 22 BewG ist aufgrund der Abrissverpflichtung ebenso unbeachtlich wie der Mindestrestwert in Höhe von 30 % der Regelherstellungskosten.

Gebäudesachwert	2.821.000 EUR
Regelherstellungswert (RHK 910 EUR/m² x 3.100 m²)	
Alterswertminderung (21 Jahre x 1/25 x 2.418.000 EUR)	./. 2.369.640 EUR
Grundbesitzwert[56]	**= 451.360 EUR**
Baupreisindex 2021: 130,1	**587.219 EUR**

b) Grund und Boden mit fremdem Gebäude bis 2022

In **Zeile 102** ist anzugeben, dass/ob es sich um ein (geschenktes/geerbtes) Grundstück handelt, das mit einem Gebäude auf fremden Grund und Boden bebaut ist. Erwirbt der Steuerpflichtige ein mit einem im fremden Eigentum stehenden Gebäude bebautes Grundstück im Erbwege oder aufgrund einer Schenkung, ist ihm – bei fortbestehendem Nutzungsrecht des fremden Gebäudeeigentümers – bewertungsrechtlich nur der Grund und Boden zuzurechnen. Die gesonderte Feststellung des Grundbesitzwertes erfolgt für ein „belastetes Grundstück“ gem. § 195 Abs. 3 BewG.[57] Bei einem Grundstück, auf dem von einem Fremden ein Gebäude errichtet wurde, z.B. eine Tankstelle, einen Kiosk, besteht die Bereicherung grds. in dem dadurch reduzierten Bodenwert zzgl. des noch zu erwartenden Nutzungsentgelts. 114

Der Wert des belasteten Grundstücks ist genau der auf den Bewertungsstichtag abgezinste Bodenwert zzgl. des über die Restlaufzeit des Nutzungsrechts kapita-

56 Eine Anpassung an den gemeinen Wert durch Wertzahl erfolgt nicht.
57 FG Berlin-Brandenburg v. 4.9.2015 – 3 V 3121/15, EFG 2015, 2047.

lisierten Entgelts (§ 195 Abs. 3 BewG). Bei der Ermittlung des Werts des belasteten Grundstücks erfolgen die Abzinsung des Bodenwerts und die Kapitalisierung des Nutzungsentgelts unter Berücksichtigung der Restlaufzeit des Nutzungsrechts. Ein Gebäudewertanteil ist nicht zu berücksichtigen.

Beispiel

Ein mit einem fremden Gebäude bebautes Mietwohngrundstück ist aufgrund einer Schenkung zum 20.3.2021 zu bewerten. Das Grundstück ist 1.450 m² groß; der Bodenrichtwert (BRW) beträgt 130 EUR/m². Die Restlaufzeit des Nutzungsrechts beträgt am Bewertungsstichtag noch 22 Jahre. Der vereinbarte Pachtzins beträgt jährlich 12.000 EUR. Der Gutachterausschuss gibt einen Liegenschaftszinssatz von 5,5 % vor.

Lösung

Grundbesitzwert = abgezinster Bodenwert (1.450 m² x BRW 130 EUR/m² x 0,3079) (§ 195 Abs. 3 Satz 2 in Verbindung mit § 193 Abs. 4 und Anlage 26 BewG)	58.039 EUR
+ kapitalisierter Pachtzins (12.000 EUR x 12,58) (§ 195 Abs. 3 Satz 3 in Verbindung mit Anlage 21 BewG)	+ 150.960 EUR
Grundbesitzwert	**208.999 EUR**

Hinweis

Die wirtschaftliche Einheit des belasteten Grundstücks umfasst die vertraglich überlassene Fläche des Grund und Bodens. Enthält der Vertrag hierzu keine Angaben, ist auf die tatsächlichen Verhältnisse des Einzelfalls abzustellen. Dabei ist neben der Grundfläche des Gebäudes regelmäßig auch die Fläche im Umgriff des Gebäudes zu erfassen. Ist eine eindeutige Abgrenzung nicht möglich, kann das Fünffache der bebauten Fläche angesetzt werden.

XI. Grundstücke im Zustand der Bebauung

1. Begriff des Grundstücks im Zustand der Bebauung

115

107	**Grundstück im Zustand der Bebauung**	
108	Befinden sich auf dem Grundstück Gebäude oder Gebäudeteile im Zustand der Bebauung? ☐ Ja ☐ Nein	
109	Bis zum Bewertungsstichtag entstandene Herstellungskosten für die im Bau befindlichen Gebäude/-teile	EUR

Es kann vorkommen, dass sich ein Grundstück im Erbfall gerade im Zustand der Bebauung befindet. Ein Grundstück ist im Zustand der Bebauung, d.h. dann kein unbebautes Grundstück mehr, wenn zur planmäßigen Errichtung mit den Abgrabungen oder der Einbringung von Baustoffen begonnen worden ist.

2. Bewertung des Grundstücks im Zustand der Bebauung

Die für die Bewertung notwendigen Angaben sind in **Zeilen 107–109** zu machen. 116
Zur **Bewertung** eines Gebäudes im Zustand der Bebauung ist zu dem Wert des bislang unbebauten Grundstücks oder – falls ein schon bebautes Grundstück noch weiter bebaut wird – dem bisherigen Wert des bebauten Grundstücks, der Wert der Bauwerke mit den bis zum Besteuerungszeitpunkt entstandenen **Herstellungskosten** hinzuaddieren. Maßgeblich sind die entstandenen Herstellungskosten; auf den tatsächlichen Zahlungsabfluss kommt es nicht an. Offenbar gemeint sind die tatsächlichen Herstellungskosten, die z.B. aus der „Bauakte“ des Erblassers zu errechnen sind. Ggf. müssen sie anhand des Baufortschritts geschätzt werden, als Anhaltspunkt für diese Schätzung kann z.B. § 3 Abs. 2 Nr. 2 Makler- und Bauträgerverordnung (MaBV) dienen. Einerseits erleichtert diese Bewertungsregelung die Bewertung der Grundstücke im Zustand der Bebauung, anderseits kommen auf betroffene Steuerpflichtige ggf. aufwändige Berechnungen/Unterlagensichtungen etc. zu. Würde der spätere Steuerwert/Verkehrswert für das bebaute Grundstück aller Voraussicht nach darunter liegen, müsste der Steuerpflichtige den Ansatz des niedrigeren Verkehrswerts mit entsprechendem Nachweis beantragen (§ 198 BewG).

Beispiel

Ein zuvor unbebautes Grundstück (Größe 611 m^2, Bodenrichtwert 100 EUR/m^2) wird mit einem Einfamilienhaus bebaut und zum 1.2.2017 im Zustand der Bebauung geerbt. Bis zu diesem Zeitpunkt sind Herstellungskosten von 65.000 EUR entstanden, von denen 50.000 EUR bezahlt worden sind.

Lösung

Bodenwert 611 m^2 x 100 EUR/m^2	61.100 EUR
Entstandene Herstellungskosten	+ 65.000 EUR
Grundbesitzwert	= 126.100 EUR

Weitere Erläuterungen und Berechnungsbeispiele siehe R B 196.1 und 2 ErbStR und H 196.1 und 2 ErbStH.

XII. Grundstücke mit Zivilschutzanlagen

		117
110	**Gebäude und Gebäudeteile für den Zivilschutz**	
111	Befinden sich auf dem Grundstück Gebäude, Gebäudeteile und/oder Anlagen, die dem Zivilschutz dienen? ☐ Ja (auch bei gelegentlicher bzw. geringfügiger Mitbenutzung für andere Zwecke); bitte Umfang auf gesondertem Blatt erläutern.	

Die Grundstücke mit Zivilschutzanlagen, d.h. Gebäude, Gebäudeteile und Anlagen, die zu den im Zivilschutzgesetz geregelten Zwecken geschaffen worden sind (z.B. Tiefgaragen als Bunker), sind ohne die Zivilschutzanlagen zu bewerten (§ 197 BewG, R B 197 ErbStR). Die dafür notwendigen Angaben sind **in**

Zeile 110 f. zu machen. Eine nur gelegentliche oder geringfügige Mitbenutzung für andere als dem Zivilschutz dienende Zwecke ist unschädlich. Der Wert des Grund und Bodens ist regelmäßig mit dem gesamten Wert des unbebauten Grundstücks nach § 179 BewG anzusetzen.

XIII. Ansatz des niedrigeren Verkehrswerts

118 Der nach dem Bewertungsgesetz ermittelte Grundbesitzwert ist ein typisierender „künstlicher Verkehrswert"; er kann daher durchaus auch mal über dem individuellen Verkehrswert liegen. Der Erwerber/Steuerpflichtige hat aber einen **Rechtsanspruch** auf Ansatz des **individuellen niedrigeren** gemeinen Werts (Verkehrswert/Marktwert), wenn er diesen nachweist (§ 198 BewG).[58] Er ist beweispflichtig, d.h. wird der Nachweis nicht zur Überzeugung des Finanzamts erbracht, bleibt es beim Ansatz des Steuerwerts. Den Steuerpflichtigen trifft die Nachweislast für einen niedrigeren gemeinen Wert und nicht eine bloße Darlegungslast. Für das Grundvermögen gibt es keinen absoluten und sicher realisierbaren Marktwert, sondern allenfalls ein Marktwertniveau, auf dem sich mit mehr oder weniger großen Abweichungen vertretbare Verkehrswerte bilden. Dabei wird von einer Streubreite von +/– 20 % der Verkaufspreise für ein Objekt ausgegangen, innerhalb der ein festgestellter Verkehrswert als noch vertretbar angesehen wird. In **Zeile 113** ist anzukreuzen, ob der Ansatz des niedrigeren individuellen Verkehrswerts beantragt wird.

112	**Nachweis des niedrigeren gemeinen Werts**	
113	Wird der Ansatz des niedrigeren gemeinen Werts beantragt? ☐ Ja; bitte Verkehrswertgutachten/Kaufpreisnachweis beifügen.	EUR
114	Wurde bei der Ermittlung des niedrigeren gemeinen Werts der Wert eines Nutzungsrechts abgezogen? ☐ Nein ☐ Ja, bitte Art des Nutzungsrechts angeben.	

119 In **Zeile 113** ist einzutragen, ob der Ansatz eines niedrigeren Verkehrswerts beantragt wird. § 198 BewG enthält dazu eine sog. Öffnungsklausel; die Verbindlichkeit der bewertungsrechtlichen Bewertungsvorschriften wird durch Nachweis eines individuellen niedrigeren Verkehrswerts aufgehoben.

---

58 Ausführlich siehe z.B. *Sievert/Gohlisch*, in: Daragan/Halaczinsky/Riedel, Praxiskommentar ErbStG und BewG, Kommentierung zu § 198 BewG; *Marquardt/Miethe*, Gleich lautende Ländererlasse zur Anwendung des § 198 BewG, ErbStB 2023, 90; *Seitz*, Immobilienwertermittlung im steuerlichen Kontext – Hinzuziehung von Sachverständigenleistungen, DStR 2022, 1774; *Eisele*, Erbschaftsteuerliche Immobilienbewertung: Verkehrswertnachweis durch Sachverständigengutachten, NWB 2021, 686; *Drosdzol,* Der Nachweis des niedrigeren gemeinen Werts nach § 198 BewG durch Sachverständigengutachten; ZEV 2019, 521; *Halaczinsky*, Die Ermittlung des Verkehrswerts nach der Immobilienwertermittlungsverordnung, ErbStB 2012, 254.

Die Finanzverwaltung[59] verlangt als Nachweis entweder

a) einen normalen Kaufpreis infolge von Veräußerung innerhalb eines Jahres vor oder nach dem Bewertungsstichtag. In besonderen Fällen gelten auch Kaufpreise, die länger als ein Jahr vor oder nach dem Erbanfall erzielt worden sind, als Nachweis oder
b) ein Bausachverständigengutachten[60] (örtlicher Gutachterausschuss oder öffentlich bestellter und vereidigter oder zertifizierter Gutachter).

Hat der oder haben die Erben/Beschenkten das Grundstück im gewöhnlichen Geschäftsverkehr innerhalb eines Jahres nach dem Bewertungsstichtag verkauft, kann der „normale" **Kaufpreis** als Nachweis dienen. Entsprechendes gilt, wenn der Erblasser/Schenker erst innerhalb von einem Jahr das Grundstück gekauft hatte. Ist ein Kaufpreis außerhalb dieses Zeitraums im gewöhnlichen Geschäftsverkehr zustande gekommen und sind die maßgeblichen Verhältnisse hierfür gegenüber den Verhältnissen zum Bewertungsstichtag unverändert geblieben, kann auch dieser als Nachweis des niedrigeren gemeinen Werts – regelmäßig ohne weitere Wertkorrekturen – dienen.[61]

Liegen keine zeitnahen Verkäufe vor, ist als Nachweis regelmäßig ein **Gutachten** 120
des örtlich zuständigen Gutachterausschusses oder eines Sachverständigen für die Bewertung von Grundstücken erforderlich.[62] Es ist – schon bei der Auftragsvergabe – darauf zu achten, dass das Gutachten nach den Regeln der Immobilien-

59 R B 198 ErbStR, H B 198 ErbStH; Gleich lautende Erlasse der obersten Finanzbehörden der Länder v. 7.12.2022, BStBl 2022 I, 1671 zum Nachweis des niedrigeren gemeinen Werts; Anwendung des § 198 BewG in der Fassung des Grundsteuerreform-Umsetzungsgesetzes vom 16.7.2021 (BGBl I S. 2931).

60 Ob das Gutachten tatsächlich den Nachweis erbringt, unterliegt der freien Beweiswürdigung. Diese setzt voraus, dass dem Gutachten ohne weitere Aufklärungs- und Ermittlungsmaßnahmen gefolgt werden kann, so BFH v. 5.12.2019 – II R 9/18, BFHE 267, 380, insbesondere ohne Einholung eines weiteren Sachverständigengutachtens, vgl. BFH v. 25.4.2018 – II R 47/15, BStBl 2019 II, 144. Zur Ordnungsmäßigkeit des Gutachtens rechnet sowohl dessen methodische Qualität als auch eine zutreffende Erhebung und Dokumentation der Begutachtungsgrundlagen (BFH v. 24.10.2017 – II R 40/15, BStBl 2019 II, 21).

61 BFH v. 15.3.2017 – II R 10/15, BFH/NV 2017, 1153.

62 Nach std. Rspr. obliegt es dem Steuerpflichtige nach § 198 BewG, einen niedrigeren gemeinen Wert nachzuweisen. Das Gutachten ist für die Feststellung des Grundbesitzwerts nicht bindend, sondern unterliegt der Beweiswürdigung durch das Finanzamt. Es ist im Grunde zunächst eine Parteibehauptung; es unterliegt der freien Beweiswürdigung durch das Finanzamt und die Gerichte (R B 198 Abs. 3 ErbStR; BFH v. 15.3.2017 – II R 10/15, BFH/NV 2017, 1153). Enthält das Gutachten Mängel (z.B. methodische Mängel oder unzutreffende Wertansätze), ist es in der Regel zurückzuweisen; ein Gegengutachten durch das Finanzamt ist nicht erforderlich. Das Finanzamt/Finanzgericht ist nicht verpflichtet, ein Sachverständigengutachten zur Bestimmung des Grundbesitzwerts einzuholen, so BFH v. 17.11.2021 – II R 26/20, BFH/NV 2022, 822.

wertermittlungsverordnung erstellt wird! Für den Nachweis des niedrigeren gemeinen Werts gelten grundsätzlich die aufgrund des § 199 Abs. 1 BauGB erlassenen Vorschriften (Immobilienwertermittlungsverordnung).[63] Nach Maßgabe dieser Vorschriften sind sämtliche wertbeeinflussende Umstände zur Ermittlung des gemeinen Werts (Verkehrswerts) von Grundstücken zu berücksichtigen. Hierzu gehören auch die den Wert beeinflussenden Rechte und Belastungen privat-rechtlicher und öffentlich-rechtlicher Art, wie z.B. Grunddienstbarkeiten und persönliche Nutzungsrechte. Mit Ausnahme des Nachweises der üblichen Miete kommt ein Einzelnachweis zu Bewertungsgrundlagen nach § 179 und §§ 182–196 BewG, z.B. hinsichtlich der Bewirtschaftungskosten, nicht in Betracht.

Liegt bei der Abgabe der Feststellungserklärung noch kein Gutachten vor oder ist noch kein Gutachten beabsichtigt, ist es unschädlich, wenn in Zeile 113 noch kein Eintrag gemacht wird. Sie können den **niedrigeren individuellen Verkehrswert noch bis zum Ablauf der Bestandskraft des jeweiligen Feststellungsbescheides** beantragen (bis zu einem Monat nach Bekanntgabe des Feststellungsbescheides). Der Ablauf der Bestandskraft kann durch Einlegung eines Einspruchs gegen den Feststellungsbescheid verhindert werden (§ 171 Abs. 3a AO).

Wird der Kaufvertrag mit niedrigerem Kaufpreis erst nach der abschließenden Entscheidung über die Feststellung abgeschlossen, liegt ein nachträglich entstandenes Beweismittel bzgl. des Werts vor, das nicht zu einer Änderung nach § 173 Abs. 1 Nr. 2 AO führt.[64] Der nachträglich nach Eintritt der Bestandskraft des betreffenden Feststellungsbescheids zustande gekommene Kaufvertrag bzw. Kaufpreis stellt nur dann ein rückwirkendes Ereignis nach § 175 Abs. 1 Nr. 2 AO dar, wenn für das zu bewertende Grundstück nach der abschließenden Entscheidung des Finanzamts über die Feststellung des Grundbesitzwerts und innerhalb eines Jahres nach dem Bewertungsstichtag im gewöhnlichen Geschäftsverkehr ein Kaufpreis zustande gekommen ist und sich die maßgeblichen Verhältnisse

63 Insb. ImmoWertV 2021 v. 14.7.2021, BGBl 2021 I, 2805 (anzuwenden ab 2022); zuvor v. 19.5.2010, BGBl I 2010, 639, zuvor (Wertermittlungsverordnung – WertV) v. 6.12.1988, BGBl I 1988, 2209, zuletzt geändert durch Artikel 3 des Bau- und Raumordnungsgesetzes v. 18.8.1997, BGBl I 1997, 2081. Zur zeitlichen Anwendung der Immobilienwertermittlungsverordnung ist auf das Urteil des BFH v. 16.9.2020 – II R 1/18 – BFH/NV 2021, 223) hinzuweisen. Danach sind die Vorschriften der ImmoWertV v. 19.5.2010 (BGBl I 2010, 639) für Bewertungsstichtage ab 1.7.2010 anwendbar (bis 31.12.2021). Für Bewertungen bis 30.6.2010 ist die Wertermittlungsverordnung (WertV v. 6.12.1988 – BGBl I 1988, 2209) zugrunde zu legen. Die zeitliche Anwendbarkeit der WertV bzw. der ImmoWertV richtet sich danach, ob sie am Bewertungsstichtag in Kraft waren. Der Zeitpunkt der Gutachtenerstellung ist für die Anwendung der Verordnungen nicht von Bedeutung.

64 Vgl. FinMin Bdb v. 11.1.2014 – 33-S 0351–005/00 zu § 198 BewG.

zum Zeitpunkt des notariellen Kaufvertrages gegenüber den Verhältnissen am Bewertungsstichtag nicht verändert haben.[65]

In **Zeile 114** ist anzugeben, ob sich **Nießbrauchs- und andere Nutzungsrechte** bei der individuellen Verkehrswertermittlung auf den Grundbesitzwert ausgewirkt haben. Ist das der Fall, können derartige Belastungen nicht noch als Verbindlichkeiten vom Erblasser/Schenker bereicherungsmindernd abgezogen werden. Deshalb hat das Lagefinanzamt das für die Festsetzung der Erbschaft-/Schenkungsteuer zuständige Finanzamt (ErbSt-Finanzamt) darauf hinzuweisen (vgl. § 10 Abs. 6 Satz 11 (früher Satz 6) ErbStG), dass in dem Gutachten nach § 198 BewG ein nachgewiesener gemeiner Wert als Grundbesitzwert festgestellt worden ist, der aufgrund von Grundstücksbelastungen durch Nutzungsrechte, wie z.B. Nießbrauch oder Wohnrecht, gemindert worden ist. 121

Die entstehenden **Gutachterkosten** muss der Steuerpflichtige zunächst **selbst tragen**. Sie sind aber im vollen Umfang als Nachlassverbindlichkeit oder Verbindlichkeit bei einer Schenkung abzugsfähig, wenn sie im Rahmen der Verpflichtung zur Abgabe der Feststellungserklärung angefallen sind. Nach BFH v. 19.6.2013[66] sind Aufwendungen für die Erstellung eines Sachverständigengutachtens nach § 198 BewG zum Nachweis eines niedrigeren gemeinen Werts eines zum Nachlass gehörenden Grundstücks als Nachlassregelungskosten abziehbar, wenn sie vom Erwerber getragen werden. Sie unterliegen nicht der Kürzung nach § 10 Abs. 6 ErbStG. Werden die Gutachterkosten vom Schenker getragen, liegt unabhängig davon, ob die Kosten abzugsfähig sind oder nicht, eine zusätzliche Zuwendung vor.[67] 122

> **Beachte**
>
> Dennoch ist eine Abwägung der möglichen Steuerersparnis mit den entstehenden Kosten des Gutachtens zu empfehlen.[68]

XIV. Weitere Anlagen

Insbesondere für Befreiungen (z.B. zur Gewährung von Befreiungen für das geerbte oder geschenkte Familienheim) und ggf. für den Schuldenabzug sind neben der Wertfeststellung weitere Informationen für die Erbschaftsteuerstelle notwendig; Näheres siehe H B 151.2 ErbStH; dazu § 13. Hierzu wird die **Anlage** 123

65 Grds. kein rückwirkendes Ereignis AEAO Nr. 2.2 zu § 175; BFH v. 17.5.2017 – II R 60/15, BFH/NV 2017, 1299, aber nach Gleich lautende Erlasse der obersten Finanzbehörden der Länder v. 7.12.2022, BStBl 2022 I, 1671, wenn die Verhältnisse sich nicht geändert haben.

66 BFH v. 19.6.2013 – II R 20/12, BFH/NV 2013, 1490.

67 Siehe u.a. dazu H E 10.7 ErbStB.

68 Dazu Honorarordnung für Ingenieure und Architekten (HOAI) v. 4.11.1971, BGBl I 1971, 1745, 1749) idF v. 12.11.2020, BGBl I 2020, 2392); Gebührenrechner unter www.HOAI.de.

zu den nachrichtlichen Angaben von Grundstücken bzw. von Betriebsgrundstücken verwendet: In der Kopfzeile der Anlage wird jeweils die Lage des Grundstücks, der Grundstückseigentümer und das Besitzverhältnis angegeben. Bei Grundstücken ist Folgendes anzugeben:

Anlage zu den nachrichtlichen Angaben von Grundstücken

Lage des Grundstücks:	
Grundstückseigentümer	
Besitzverhältnis:	

Gesamte Wohn- u. Nutzfläche des/der Gebäude/s	in qm
Gesamte zum ertragsteuerlichen Betriebsvermögen des Grundstückseigentümers gehörende Wohn-/Nutzfläche des/der Gebäude/s	in qm
Gesamte der zu eigenen betrieblichen Zwecken genutzten Wohn-/Nutzfläche des/der Gebäude/s	in qm
Wohnfläche einer bisher vom Rechtsvorgänger selbst genutzten Wohnung	in qm
Gesamte Wohnfläche der zu **Wohnzwecken vermieteten** Gebäude oder Gebäudeteile	in qm
Art und Höhe einer im Rahmen des § 198 BewG abgezogenen Belastung (Wohnrecht, Nießbrauchsrecht)	in Euro

Bei **Betriebsgrundstücken** wird bei Bedarf, insb. bei nicht ausschließlicher betrieblicher Nutzung, die **Anlage Betriebsgrundstücke** verwendet; Näheres siehe H B 151.2 ErbStB. In der Kopfzeile werden die Lage des Grundstücks, der Grundstückseigentümer und das Besitzverhältnis angegeben. Außerdem ist anzugeben:

BBW_4b **Anlage** **Betriebsgrundstück** (bei mehreren Grundstücken bitte separate Anlagen nach diesem Muster)

Lage des Grundstücks: ______
Name/Firma und Anschrift ______
Grundstückseigentümer: ______

gesamte Wohn- und Nutzfläche in m²: ______

nach **ertragsteuerlicher Zuordnung** gehört folgende Wohn-/Nutzfläche zum
Betriebsvermögen (Bilanzieungsumfang in %) ______
und in m² (Nutzflächenangabe nur für nicht wohnlich genutzte Gebäude/teile): ______
davon **Eigentumsquote des Beteiligten gem.** Feststellungserklärung ______

ggf. selbst ermittelter Grundbesitzwert in €: ______
vom Finanzamt ermittelter Grundbesitzwert in € (soweit vorhanden): ______

lfd. Nr.	Lage Gebäudeteile (Lage z.B. EG, OG, usw. und genaue Bezeichnung z.B. Lager, Werkstatt, Wohnung, usw.)	Nutzung der Gebäudeteile (PW = Private Wohnzwecke, FW = Fremde Wohnzwecke, EB = Eigenbetrieblich, FB = Fremdbetrieblich)	Ertragsteuerliches Betriebsvermögen (Ja / Nein) und Bilanzierungsquote	Wohn- und Nutzfläche in m²

Sonderbetriebsvermögen-Grundstücke (nur für Personengesellschaften und soweit **Eigentum eines Beteiligten,**
von dem eine Erklärung angefordert wurde)
Lage des Grundstücks: ______
Grunstückseigentümer/Beteiligter: ______
Besitzverhältnis (Quote): ______

Bilanzierungsumfang des Grundstücks in % ______
Anteil an gesamter Wohn-/Nutzfläche in m²: ______

ggf. selbst ermittelter Grundbesitzwert in €: ______
vom Finanzamt ermittelter Grundbesitzwert in € (soweit vorhanden): ______

lfd. Nr.	Lage Gebäudeteile (Lage z.B. EG, OG, usw. und genaue Bezeichnung z.B. Lager, Werkstatt, Wohnung, usw.)	Nutzung der Gebäudeteile (PW o FW = Private o Fremde Wohnzwecke, EB = Eigenbetrieblich, FB = Fremdbetrieblich)	Ertragsteuerliches Betriebsvermögen (Ja / Nein) und Bilanzierungsquote	Wohn- und Nutzfläche in m²

Diese Anlagen sind mit der Feststellungserklärung des betreffenden Grundstücks beizufügen. I.d.R. wird Sie das Feststellungsfinanzamt dazu auffordern.

XV. Wertfeststellung

Das Lagefinanzamt muss für jedes Grundstück aufgrund der Angaben in den vorbeschriebenen Formularen förmlich einen Wert feststellen. Die Wertfeststellung erfolgt in einem gesonderten Feststellungsverfahren (§ 7) und mündet einem Feststellungsbescheid (§ 15). 124

§ 9 Die Bewertung von Betriebsvermögen – Einzelunternehmen

Raymond Halaczinsky

Übersicht:

A. Begriff des Betriebsvermögens

1 Der Begriff des „Betriebsvermögens" (BV) im Erbschaft- und Schenkungsteuerrecht ist vielschichtig. Zum einen handelt es sich um eine Vermögensart (§ 18 Nr. 3 BewG), zum anderen um Betriebsvermögen des einzelnen Gewerbebetriebs, einer freiberuflichen Unternehmung, einer Personen- oder Kapitalgesellschaft i.S.v. R 4.2. ff. EStR. Die §§ 95 ff. BewG regeln für Erbschaftsteuerzwecke sowohl die Zugehörigkeit zur Vermögensart wie auch die Zugehörigkeit von Wirtschaftsgütern zum einzelnen Betrieb.

I. Zugehörigkeit zu einer Vermögensart

2 In der Vermögensart Betriebsvermögen (§ 18 Nr. 3 BewG) werden alle Vermögensgegenstände zusammengefasst, die Betriebsvermögen i.S.d. §§ 95 ff. BewG sind. Betriebsvermögen können insbesondere sein:

- Einzelunternehmen, freiberufliche Praxis
- Beteiligung an einer mitunternehmerischen Personengesellschaft
- Beteiligung an einer gewerblich geprägten Personengesellschaft
- atypische (mitunternehmerische) stille Beteiligung
- mitunternehmerische Unterbeteiligung.

Zu der Vermögensart „Betriebsvermögen" können mehrere – auch verschiedene – Vermögensgegenstände, bzw. Vermögensgesamtheiten gehören. In der bewertungsrechtlichen Begrifflichkeit kann Betriebsvermögen aus einer oder mehreren wirtschaftlichen Einheiten bestehen (§ 2 BewG). Nur das Betriebsvermögen in seiner Gesamtheit und/oder sogar mehrere Arten begünstigungsfähigen Vermögens in seiner Gesamtheit und nicht jeweils der einzelne Betrieb sind zu verschonen (R E 13b.5 Abs. 1 ErbStR).

Beispiel

Im Nachlass eines Unternehmers befinden sich

a) Beteiligungen an verschiedenen KG (1, 2, 3), GmbH & CO KG
b) GmbH-Anteile
c) Aktien, andere Wertpapiere
d) Div. Grundstücke im In- und Ausland, Waldbesitz
e) Hubschrauber, Yacht, Kunstsammlung, wertvoller Hausrat.

Betriebsvermögen	**Grundvermögen**	**LuF-Vermögen**	**Übriges Vermögen**
Beteiligung 1 an KG, sofern U überall Mitunternehmer ist	Grundstücke im In- und Ausland, sofern sie nicht zu einem bestimmten Betriebsvermögen, etwa als SonderBV zu einer KG gehören	Waldbesitz	GmbH-Anteil, sofern er nicht zum Betriebsvermögen einer KG usw. gehört
Beteiligung 2 an KG, sofern U überall Mitunternehmer ist			Aktien, andere Wertpapiere, sofern sie nicht zum Betriebsvermögen einer KG usw. gehören
Beteiligung 3 an KG, sofern U überall Mitunternehmer ist			Hubschrauber, Yacht, u. dgl., sofern sie nicht zum Betriebsvermögen einer KG usw. gehören; Kunstsammlung, wertvoller Hausrat
Beteiligung an der KG der GmbH & CO KG, da KG gewerblich geprägt			
Beteiligung an der Komplementär-GmbH, da gewerblich kraft Rechtsform			
Summe = Vermögensart „Betriebsvermögen“			

Nur die Zugehörigkeit zur Vermögensart „Betriebsvermögen“ führt über § 12 Abs. 5 ErbStG, § 157 Abs. 5 BewG zur Bewertung nach §§ 109 und § 11 Abs. 2 BewG. Bei nicht notierten Anteilen an Kapitalgesellschaften führen § 12 Abs. 2 ErbStG und § 11 Abs. 2 BewG unmittelbar zur selben Bewertung wie für Betriebsvermögen. Außerdem führt die Zugehörigkeit zum Betriebsvermögen zu einer gesonderten Wertfeststellung nach § 151 Abs. 1 Satz 1 Nr. 2 BewG.

II. Bewertungsgegenstand/wirtschaftliche Einheit

3 Bewertungsgegenstand ist der **Gewerbebetrieb** (§§ 95–109 BewG), z.B. ein Bauunternehmen. Unter „Gewerbebetrieb" fällt bewertungsrechtlich auch die Ausübung des **Freien Berufes** i.S.d. § 18 Abs. 1 Nr. 1 EStG (§ 96 BewG), z.B. eine Arztpraxis. Gegenstand kann jeweils auch ein **Teilbetrieb** sein, z.B. Gerüstbau eines Bauunternehmens. Eine weitere Ergänzung bringt § 97 BewG, der die **Personengesellschaften** i.S.d. § 15 Abs. 1 Nr. 2 und Abs. 3 EStG oder § 18 Abs. 4 Satz 2 EStG sowie die **Kapitalgesellschaften** als wirtschaftliche Einheiten in das Betriebsvermögen einbezieht. **Ausgenommen** wird die **Land- und Forstwirtschaft**, wenn sie den Hauptzweck des Unternehmens bildet. Allerdings gehört auch ein LuF-Betrieb zum BV i.S.d. § 95 BewG, wenn er z.B. durch eine Kapitalgesellschaft betrieben wird oder wenn nach ertragsteuerlichen Gründen eine gewerbliche Tätigkeit vorliegt, z.B. gewerbliche Tierzucht. Kann ein Vermögensgegenstand, z.B. der Betrieb, eine Beteiligung an eine KG, etc. dem Grund nach der Vermögensart „Betriebsvermögen" zugeordnet werden, ist dann bei jeder wirtschaftlichen Einheit in einem zweiten Schritt zu prüfen, ob und welche Gegenstände der einzelnen wirtschaftlichen Einheit des „Betriebsvermögens" zugeordnet werden können. Hierbei geht es um die üblichen Einordnungen/Abgrenzungen, z.B. ist ein bestimmtes Wirtschaftsgut noch Betriebs- oder doch notwendiges Privatvermögen?

4 Rechtlich richtet sich die Entscheidung, ob ein Wirtschaftsgut notwendiges oder gewillkürtes BV, SonderBV, gewillkürtes SonderBV oder aber notwendiges Privatvermögen des zu bewertenden Betriebs ist, nach den §§ 95 ff. BewG.[1] Nach § 95 BewG **umfasst das Betriebsvermögen** alle Teile eines Gewerbebetriebes i.S.d. § 15 Abs. 1 und 2 des EStG, die bei der steuerlichen Gewinnermittlung (also einkommensteuerlich) zum BV gehören. Dies betrifft sowohl die aktiven wie auch die passiven Wirtschaftsgüter. Des Weiteren regeln die §§ 99, 103 BewG die Zugehörigkeit von Betriebsgrundstücken (siehe dazu Rdn 64 f.) und Schulden und sonstigen Abzügen (siehe dazu Rdn 69 f.) zum BV. Die Annahme von Betriebsvermögen i.S.d. §§ 95 Abs. 1, 97 Abs. 1 Satz 1 Nr. 5 Satz 1, 151 Abs. 1 Satz 1 Nr. 2 BewG setzt nicht voraus, dass sich der Betrieb noch in einer werbenden Phase befindet. Betriebsvermögen liegt so lange vor, wie an dem jeweiligen Stichtag noch positives oder negatives Betriebsvermögen vorhanden ist.

1 Die Finanzverwaltung hat alles, was nach ihrer Auffassung zum Betriebsvermögen im hier verstandenen Sinne gehört, in R B 95 bis 103.3 ErbStR für die Finanzämter verbindlich geregelt.

- Beim **einzelnen Betrieb** – also bei **Einzelunternehmen** gewerblicher oder freiberuflicher Art – unterscheidet man zwischen **notwendigen und gewillkürten BV** in Abgrenzung zum notwendigen Privatvermögen. Der Begriff des Gewerbebetriebs wird durch Rückgriff auf das EStG bestimmt. Näheres zur Zugehörigkeit von Wirtschaftsgütern zum BV siehe R B 95 ErbStR, H B 95 ErbStH.

Besteht der Erwerb aus einer **Beteiligung an einer Personengesellschaft**, ist zunächst zu klären, ob es sich um eine Mitunternehmerschaft[2] i.S.d. § 15 Abs. 1 Nr. 2 und Abs. 3 EStG (Gewerbebetrieb) oder eine sonstige (vermögensverwaltende) Gemeinschaft handelt. 5

- Betriebsvermögen i.S.d. §§ 95, 97 BewG kann nur eine gewerblich tätige (KG) oder gewerblich geprägte Personengesellschaft (GmbH & Co KG) bzw. eine freiberuflich tätige Personengesellschaft (z.B. Anwalts- oder Steuerberatersozietät) haben. Es muss Mitunternehmerschaft i.S.d. des Einkommensteuergesetzes vorliegen (§ 97 Abs. 1 Nr. 5 BewG) Auch die Überlassung der Ausübung eines Nießbrauchsrechts an einem Anteil an einer Personengesellschaft kann mitunternehmerisches Betriebsvermögen sein.[3]
- Sodann ist bei der Personengesellschaft noch zwischen Wirtschaftsgütern zu unterscheiden, die der Gesamthand gehören und solchen, die einzelnen Gesellschaftern gehören, aber für die betrieblichen Zwecke verwendet werden. Näheres zur Zugehörigkeit von Wirtschaftsgütern zum BV einer Personengesellschaft siehe R B 97.1 und 2 ErbStR, H B 97.1 und 2 ErbStH.
  - Wirtschaftsgüter, die der Personengesellschaft zur gesamten Hand gehören (**Gesamthandsvermögen**), sind immer Teil des Betriebsvermögens der Personengesellschaft (§ 97 Abs. 1 BewG).
  - Eine Sonderstellung nehmen Forderungen und Schulden zwischen Gesellschaft und ihren Gesellschaftern ein. Nach § 97 Abs. 1 Nr. 5 BewG hängt ihre Zugehörigkeit zum BV der Personengesellschaft von ihrer ertragsteuerlichen Behandlung ab; Näheres R B 97.1 Abs. 2 ErbStR, H B 97.1 ErbStH mit Berechnungsbeispiel.
  - Wirtschaftsgüter, die einem oder mehreren Gesellschaftern gehören und dem Betrieb dienen, können **Sonderbetriebsvermögen** sein (§ 97 Abs. 1 Nr. 5 BewG; R B 97.2 ErbStR); sie werden in Sonderbilanzen erfasst. Wirtschaftsgüter aus den Sonderbilanzen gehören entsprechend den ertragsteuerlichen Regelungen zum Gewerbebetrieb der Personengesellschaft und damit zum Betriebsvermögen. Ist bei einer Personengesellschaft notwendiges oder gewillkürtes Sonderbetriebsvermögen vorhanden, wird jedes Wirtschaftsgut des SonderBV – unabhängig von der ansonsten angewendeten Bewertungsmethode – stets einzeln mit dem gemeinen Wert (§ 9

---

2 Ausführlich zur Mitunternehmerschaft und speziell zum Vorbehalt eines Quotennießbrauchs BFH v. 16.5.2013 – II R 5/12, BStBl 2013 II, 635.

3 BFH v. 1.9.2011 – II R 67/09, BFH/NV 2011, 2066.

BewG = Verkehrswert) bewertet (§ 97 Abs. 1a Nr. 2 BewG). Zu diesem Zweck sind immer die **Zeilen 109 ff.** der **Anlage Substanzwertermittlung** auszufüllen; dazu Rdn 10 ff. Übrigens: die isolierte Übertragung von Wirtschaftsgütern des SonderBV, d.h. ohne Anteil an der betreffenden Personengesellschaft, ist nicht nach §§ 13a–13c ErbStG begünstigt!

- Außerdem gibt es noch die **Ansätze in Ergänzungsbilanzen.** Hierbei handelt es sich um ertragsteuerliche Korrekturen für einen Mitunternehmer zu Wertansätzen in der Steuerbilanz der Personengesellschaft für betriebliche Wirtschaftsgüter des Gesamthandvermögens. Diese Ansätze sind für erbschaftsteuerliche Zwecke nicht zu berücksichtigen. Dies gilt auch bei Beteiligung an einer gewerblich geprägten Personengesellschaft i.S.d. § 15 Abs. 3 EStG.

6 Personenhandelsgesellschaften und Partnerschaftsgesellschaften haben die Möglichkeit, zur **Körperschaftsbesteuerung zu optieren.**[4] Gesellschaften, die nach § 1a KStG zur Körperschaftsbesteuerung optiert haben und ihrer Tätigkeit nach weiterhin einer Gesellschaft im Sinne des § 15 Abs. 1 Satz 1 Nr. 2, des § 15 Abs. 3 oder des § 18 Abs. 4 Satz 2 EStG entsprechen, sind **für Zwecke der Erbschaft- und Schenkungsteuer als Personengesellschaften zu behandeln.** Insbesondere gilt: Der Wert eines Anteils am Betriebsvermögen von optierenden Gesellschaften ist aufgrund von § 97 Abs. 1 Satz 1 Nr. 5 Satz 1 BewG nach § 151 Abs. 1 Satz 1 Nr. 2 BewG festzustellen. Bewertungsrechtlich kann es bei der optierenden Gesellschaft kein Sonderbetriebsvermögen mehr geben. Die Anteile an der optierenden Gesellschaft sind unter den Voraussetzungen des § 13b Abs. 1 Nr. 2 ErbStG begünstigungsfähiges Vermögen. Der gemeine Wert eines Anteils am Betriebsvermögen einer optierenden Gesellschaft ist gemäß § 97 Abs. 1a BewG zu ermitteln und aufzuteilen. Dabei ist hinsichtlich der Gesamthandsbilanz im Sinne des § 97 Abs. 1a Nr. 1 Buchstabe a BewG auf die handelsrechtlichen Kapitalkonten der Gesamthandsbilanz abzustellen. Näheres ist ausführlich geregelt im Gleich lautenden Ländererlass der obersten Finanzbehörden der Länder v. 5.10.2022. BStBl 2022 I, 1494.[5] Siehe noch § 10.

Außerdem fallen unter Personengesellschaften i.S.d. § 97 Abs. 1 Satz 1 Nr. 5 BewG **ausländische Körperschaften**, die ihren statuarischen Sitz im Ausland, ihren Geschäftleitungssitz aber im Inland haben, wenn sie **nach der Sitztheorie (IPR) in Deutschland steuerlich als Personengesellschaft** zu behandeln sind.

4 Gesetz zur Modernisierung des Körperschaftsteuerrechts v. 25.6.2021, BGBl 2021 I, 2050 u.a. § 1a KStG m.W.v. 1.7.2021. Zum Ganzen siehe insb. BMF v. 10.11.2021, IV C 2-S 2707/21/10001:004, BStBl 2021 I, 2212 = Anwendungsschreiben zur Option zur Körperschaftsbesteuerung (§ 1a KStG).

5 *Wälzholz*, Anwendungsfragen zum KöMoG im Erbschaftsteuer- und Bewertungsrecht aufgrund der gleich lautenden Ländererlasse vom 5.10.2022, ZEV 2023, 73.

Bei einem **Anteil an einer Kapitalgesellschaft** kommt es zunächst darauf an, ob der Anteil überhaupt der Vermögensart „Betriebsvermögen" zuzuordnen ist. 7

- Ein Anteil an einer Kapitalgesellschaft ist der Vermögensart „Betriebsvermögen" zuzuordnen, wenn der Anteil in einem anderen Betriebsvermögen gehalten wird (z.B. eine AG besitzt Anteile an einer GmbH). Ansonsten gehören Anteile an Kapitalgesellschaften zum übrigen Vermögen.
- Bei der Bewertung der Anteile ist der Wert des Betriebsvermögens der Kapitalgesellschaft selbst zu ermitteln (dazu § 11 BewG und R B 11.1–8 ErbStB mit Berechnungsbeispielen). Hier kommt es wiederum darauf an, ob und welche Wirtschaftsgüter zum Betriebsvermögen der Kapitalgesellschaft gehören. Letzteres ist in § 97 BewG in der Weise geregelt, dass die ihr gehörenden Wirtschaftsgüter immer einen Bestandteil ihres BV darstellen, auch wenn sie nicht betrieblich genutzt werden.

Hinweis

Die Zugehörigkeit zu einem bestimmten Betriebsvermögen ist von erheblicher erbschaftsteuerlicher Bedeutung für die Bewertung und die Verschonung. Nur Wirtschaftsgüter des BV nehmen an den erbschaftsteuerlichen Verschonungen gem. §§ 13a, 13c, 19a, 28a ErbStG teil. Grundsätzlich kann es daher von Interesse sein, Wirtschaftsgüter in das Betriebsvermögen/LuF-Vermögen oder in Kapitalgesellschaften einzulegen.

Ist nun ein Vermögensgegenstand grundsätzlich der Vermögensart „Betriebsvermögen" zuzuordnen, ist er im Gesamtwert des Betriebsvermögens in Zeilen 40–43 des Mantelbogens **Erbschaftsteuererklärung** oder in Zeilen 39–42 des Mantelbogens **Schenkungsteuererklärung** in der Summe aufzunehmen. Außerdem sind die entsprechenden Angaben in der Anlage **„Angaben zur Bedarfsbewertung"** in Teil B aufzulisten (siehe dazu § 4 Rdn 67 ff. und § 6 Rdn 102). Da die Erbschaftsteuerstelle den Wert des inländischen Betriebsvermögens nicht selber feststellen kann/darf, muss sie die Stelle, gewöhnlich die Veranlagungsstelle des Betriebs oder eine zentrale Feststellungsstelle, auffordern, eine gesonderte Wertfeststellung vorzunehmen (§ 7). Sodann kann abgewartet werden, ob von dort eine Aufforderung zur Abgabe einer Feststellungserklärung eingeht. Ist dies der Fall, ist eine **Feststellungserklärung** abzugeben. Diese besteht aus einem **allgemeinen Teil** und der Anlage Betriebsvermögen (Rdn 13 ff.) sowie ggf. weiteren Anlagen. 8

9 **Hinweis**

Erbschaftsteuerrechtlich gibt es noch den Begriff des „Verwaltungsvermögens“. Das Verwaltungsvermögen ist ein Teil des Betriebsvermögens. Bei dem Verwaltungsvermögen handelt es sich um Vermögensgegenstände, die nach den Grundsätzen der (einkommen-)steuerlichen Gewinnermittlung oder gem. § 97 Abs. 1 BewG zum Betriebsvermögen, aber erbschaftsteuerrechtlich gem. §§ 13a, 13c, 19a, und 28a ErbStG nicht zum zu begünstigenden Vermögen gehören (so § 13b Abs. 4 ff. ErbStG). Auch wenn sie „verschonungstechnisch“ aus dem begünstigungsfähigen Betriebsvermögen herausgerechnet werden müssen, bleiben sie ihrer Rechtsnatur nach Betriebsvermögen, d.h. sie sind insb. als und im Betriebsvermögen gem. §§ 109, 11 BewG i.V.m. §§ 12 Abs. 5, 11 ErbStG zu bewerten.

B. Wertfeststellung des Betriebsvermögens

I. Gesonderte Feststellung

10 Der Wert des inländischen Betriebsvermögens oder eines Anteils am Betriebsvermögen wird gem. § 12 Abs. 5 und 7 ErbStG, §§ 31, § 151 Abs. 1 Nr. 2 BewG i.V.m. §§ 95–97 BewG gesondert festgestellt. Näheres dazu siehe § 7. Ausländisches Betriebsvermögen ist von der Erbschaftsteuerstelle selbst unter Mitwirkung des Steuerpflichtigen zu ermitteln (§ 151 Abs. 4 BewG). Gehört ausländisches Vermögen allerdings zu einem inländischen Betriebsvermögen, ist das Betriebsfinanzamt unabhängig von der Art des Vermögens (Grundbesitz oder Beteiligungen) für die Wertermittlung zuständig (§ 12 Abs. 7 ErbStG, § 152 Nr. 2 und Nr. 3 BewG), d.h. die Wertermittlung erfolgt innerhalb der Wertermittlung für das inländische Betriebsvermögen (vgl. R B 151.1 Abs. 3 und R B 152 Satz 2 ErbStR). Maßgebend für die Bewertung ist der Zeitpunkt der Entstehung der Steuer (**Bewertungsstichtag**, § 11 ErbStG). Die Entstehung der Steuer (Besteuerungszeitpunkt) ist ausführlich in § 9 ErbStG geregelt, dazu § 4 Rdn 15, § 6 Rdn 10 ff.

Beispiel

Zum Vermögen einer deutschen GmbH gehört eine Betriebsstätte in der tschechischen Republik. Die Wertfeststellung des geerbten/geschenkten GmbH-Anteils wird vom Betriebsfinanzamt durch einen Feststellungsbescheid i.S.d. § 180 AO vorgenommen. Dabei hat das Betriebsfinanzamt den Verkehrswert (§ 31 BewG) der tschechischen Betriebsstätte auf den Zeitpunkt des Erbanfalls, der Schenkung auf der Basis der entsprechenden Feststellungserklärung zu ermitteln, dieser Wert fließt dann in die Wertfeststellung der GmbH-Anteile ein.

Hinweis

Die gesonderte Feststellung kann gem. § 151 Abs. 3 BewG unterbleiben, wenn

a) erkennbar ist, dass sie für die Steuerfestsetzung nicht erforderlich ist, und/oder
b) schon innerhalb des letzten Jahres eine gesonderte Feststellung des Betriebsvermögenswerts vorgenommen wurde, und die für die Bewertung maßgeblichen Stichtagsverhältnisse sich nicht wesentlich geändert haben (sog. **Basiswertregelung**). Für Anteile am Betriebsvermögen bei Personengesellschaften ist als Basiswert stets der ermittelte Wert des Gesamthandsvermögens maßgebend. Der Wert des Sonderbetriebsvermögens ist zum Bewertungsstichtag grundsätzlich gesondert zu ermitteln und anzusetzen. Damit können entsprechende Beratungskosten gespart werden. Auf Antrag kann der Steuerpflichtige eine neue gesonderte Feststellung beantragen (durch Anforderung und Abgabe einer Feststellungserklärung), insbesondere wenn er eine niedrigere Bewertung erwartet.
c) Sie unterbleibt, soweit es sich um ausländisches Vermögen handelt.

II. Bewertung des einzelnen Betriebsvermögens

1. Allgemeine Grundsätze

Auch wenn die Bewertung an verschiedenen Stellen des ErbStG und des BewG, 11
insbesondere in § 109 BewG geregelt ist, richtet sie sich infolge von gesetzlichen Verweisungen unabhängig von der Rechtsform des Unternehmens letztlich immer nach § 11 Abs. 2 BewG.[6]

§ 11 BewG – Wertpapiere und Anteile

(1) …

(2) [1]Anteile an Kapitalgesellschaften, die nicht unter Absatz 1 fallen, sind mit dem gemeinen Wert anzusetzen. [2]Lässt sich der gemeine Wert nicht aus Verkäufen unter fremden Dritten ableiten, die weniger als ein Jahr zurückliegen, so ist er unter Berücksichtigung der Ertragsaussichten der Kapitalgesellschaft oder einer anderen anerkannten, auch im gewöhnlichen Geschäftsverkehr für nichtsteuerliche Zwecke üblichen Methode zu ermitteln; dabei ist die Methode anzuwenden, die ein Erwerber der Bemessung des Kaufpreises zugrunde legen würde. [3]Die Summe der gemeinen Werte der zum Betriebsvermögen gehörenden Wirtschaftsgüter und sonstigen aktiven Ansätze abzüglich der zum Betriebsvermögen gehörenden Schulden und sonstigen Abzüge (Sub-

6 Ab 2009 gilt die Bewertung nach § 11 Abs. 2 BewG auch für die Ertragsteuer, sofern und sowie für Ertragsteuerzwecke ein gemeiner Wert zu ermitteln ist, z.B. gem. § 16 Abs. 3 Satz 7 EStG.

stanzwert) der Gesellschaft darf nicht unterschritten werden; die §§ 99 und 103 sind anzuwenden. [4]Die §§ 199 bis 203 sind zu berücksichtigen.

Ergänzend wird die Bewertung in R B 109.1, 2 i.V.m. R B 11.2 ff. und § 9 BewG – für die Finanzämter verbindlich – geregelt. Dazu kommen Einzelerlasse, Verfügungen sowie Rechtsprechung.

Hinweise

Macht der Steuerpflichtige keine entsprechenden bzw. keine verwendbaren Angaben, darf das Finanzamt den Wert in einem Feststellungsbescheid **schätzen** (§ 160 AO). Gegen den Schätzbescheid ist der Rechtsbehelf des Einspruchs gegeben, mit dem durch Abgabe der erforderlichen Angaben ein zutreffenderer Wert herbeigeführt werden kann. Ist der Bescheid unter Vorbehalt der Nachprüfung erlassen, kann auch ohne Einspruch nach Maßgabe der Reichweite des § 164 AO durch Abgabe der notwendigen Erklärungen ein zutreffenderer Wert herbeigeführt werden. Beachten Sie, dass auch falsche – zu hohe – Schätzungen bestandskräftig werden, d.h. nicht mehr geändert werden können, wenn nicht rechtzeitig Einspruch eingelegt wird!

Die Erbschaftsteuerstelle darf schon vor Erlass eines Feststellungsbescheids einen Schätzwert für das Betriebsvermögen ansetzen. Am besten ist zu Abwehr eine „richtige" Feststellungserklärung abzugeben. Gegen den Ansatz des Schätzbetrags ist Einspruch gegen den Erbschaft-/Schenkungsteuerbescheid möglich.

2. Erforderliche Erklärungsformulare

12 Um die Bewertung durchführen zu können, muss das Finanzamt diverse Angaben bekommen, diese sind in verschiedenen Formularen anzugeben.

Hinweis

Im Folgenden werden die Formulare vorgestellt, die für Erwerbe gelten, für die die Steuer ab 1.7.2016 entstanden ist. Für davor liegende Erwerbe sind andere auf die frühere Rechtslage angepasste Formulare zu verwenden. Diese sind auf den Internetseiten der Finanzministerien oder Landesämter für Steuern bzw. Oberfinanzdirektionen ihres jeweiligen Landes zu finden/herunterzuladen.

Grundformular ist die **Anlage Betriebsvermögen zur Feststellungserklärung**, siehe dazu § 7.

BBW 1a Feststellungserklärung Bedarfswert § 151 Abs. 1 Satz 1 Nr. 2 bis 4 BewGZutreffende weiße Felder bitte ausfüllen oder ☒ ankreuzen

Zeile			
	An das Finanzamt		Eingangsstempel
	Aktenzeichen/Steuernummer		
1	**Erklärung zur Feststellung des Bedarfswerts**		
2	☐ für den Gewerbebetrieb/ den freien Beruf	☐ für die Anteile an einer Kapitalgesellschaft	
3	☐ für die Beteiligung an einer Personengesellschaft	☐ für den Anteil am Wert von anderen Vermögensgegenständen und von Schulden im Sinne des § 151 Abs. 1 Satz 1 Nr. 4 BewG	
4	**Zur Feststellung**		
5	☐ nach § 13a Abs. 4 ErbStG	☐ nach § 13a Abs. 9a ErbStG	☐ nach § 13b Abs. 10 ErbStG
6	**Bewertungsstichtag**	Tag Monat Jahr	
7	**Zu bewertendes Unternehmen/Gemeinschaft**		
8	Name/Firma		
9	Straße und Hausnummer oder Postfach		
10	Postleitzahl	Ort	Tagsüber telefonisch erreichbar
11	Betriebsfinanzamt		
12	Steuernummer		Wirtschafts-Identifikationsnummer
13	Übertragener Anteil	Prozent oder Zähler	Nenner

Haben Sie in **Zeilen 2 ff.** erklärt, dass es um eine Feststellung für einen inländischen Gewerbebetrieb/freien Beruf oder Anteil daran geht, ist die Anlage Betriebsvermögen auszufüllen. Je nach Art des „Unternehmens" ist das Formular 13

- Betriebsvermögen für Einzelunternehmer
- Betriebsvermögen für Personengesellschaften, dazu § 10
- Betriebsvermögen für Kapitalgesellschaften, dazu § 11
- Sonstige Vermögensgemeinschaften, dazu § 12

auszufüllen.

Außerdem gibt es noch **besondere Formulare und für Betriebe der Land- und Forstwirtschaft**, dazu § 13.

C. Betriebsvermögen für Einzelunternehmen

I. Allgemeine Angaben

14

Finanzamt
Aktenzeichen/Steuernummer

Anlage Betriebsvermögen für Einzelunternehmen

zur Feststellungserklärung

auf den Bewertungsstichtag

Zutreffende weiße Felder bitte ausfüllen oder ☒ ankreuzen

Zeile					
1	**A. Allgemeine Angaben**				
2	Betriebsvermögen				
3	Firma				Tagsüber telefonisch erreichbar
4	Straße und Hausnummer				
5	Postleitzahl und Ort				
6	Betriebsfinanzamt	Steuernummer/Aktenzeichen/Wirtschafts-Identifikationsnummer			
7	**Bisheriger Betriebsinhaber**				
8					
9	Name, Vorname				
10	Straße und Hausnummer				
11	Postleitzahl und Ort				
12	Finanzamt	Steuernummer/Aktenzeichen/Steuer-Identifikationsnummer			
13	**Erwerber/Beteiligter am Feststellungsverfahren**				
14	Höhe der auf den Erwerber/die Erbengemeinschaft übertragenen Beteiligung	Zähler	Nenner	oder	%
15	Name/Vorname/Bezeichnung der Erbengemeinschaft				
16	Straße und Hausnummer				
17	Postleitzahl und Ort				
18	Finanzamt	Steuernummer/Aktenzeichen/Steuer-Identifikationsnummer			
19	**Basiswertregelung**				
20	☐ Die Basiswertregelung nach § 151 Abs. 3 BewG soll angewendet werden. (Bitte die Einzelheiten auf einem gesonderten Blatt erläutern.)				
21	**Sonstige Angaben**				
22					

Vor Zeile 1 ist der **Bewertungsstichtag** anzugeben. Der Bewertungsstichtag orientiert sich an dem Tag, an dem die Steuer gem. § 9 ErbStG entsteht, also in der Regel bei Erbanfall am Todestag und bei Schenkungen am Tag der rechtswirksamen Ausführung der Schenkung. Dem Bewertungs-/Entstehungsstichtag kann im Einzelfall sehr große Bedeutung zukommen. Näheres § 4 Rdn 15 und § 6 Rdn 10 ff.

In **Zeilen 1–18** sind die allgemeinen Angaben zu den Personen und dem Betrieb/der Beteiligung, zum bisherigen Finanzamt u. dgl. zu machen. Zu Erbengemeinschaften (**Zeile 14**) siehe amtliche Erläuterungen. Sind mehrere wirtschaftliche Einheiten im Nachlass, z.B. mehrere Einzelunternehmen, sind entsprechend mehrere Anlagen auszufüllen.

In **Zeile 19, 20** können Sie die Übernahme der Wertermittlung eines kurz zuvor erfolgten Erwerbs wählen (vgl. Rdn 10); dann erübrigen sich zunächst weitere Angaben auf Seite 2. Siehe ergänzend amtliche Anleitung zur Anlage Betriebsvermögen.

II. Erklärung des Werts des „Betriebsvermögens"

Auf **Seite 2** ist der – selbst ermittelte – Wert des Betriebsvermögens zum Besteue- 15
rungszeitpunkt anzugeben. Im Allgemeinen sind dazu umfangreichere Vorarbeiten mit Hilfe der Buchführung zu leisten. Abgesehen von einfach gelagerten Betrieben ist die Erklärung des Werts des Betriebsvermögens m.E. nur mithilfe eines Steuerberaters/rechtskundigen Beraters zu erstellen.

Hinweis

Ziel für die gesonderte Feststellung muss grds. immer der möglichst niedrige Steuerwert sein, da dieser bei einer evtl. erforderlich werdenden Nachversteuerung bei ganz oder teilweisem Wegfall der Verschonungen gem. §§ 13a–13c, 19a Abs. 5, 28a Abs. 4 ErbStG Bemessungsgrundlage sein wird! Entsprechend sind die Feststellungsbescheide sorgfältig auf Richtigkeit zu prüfen, selbst wenn die Feststellungen zunächst wegen der Verschonung nicht steuerlich auswirken.

Der Gesetzgeber sieht für das Betriebsvermögen verschiedene Bewertungsmög- 16
lichkeiten vor, um das Bewertungsziel (Ansatz des gemeinen Werts des Betriebsvermögens) zu erreichen. Der nach den verschiedenen Methoden ermittelten Wert ist in dem jeweiligen Abschnitt des Formulars einzutragen:

- B. Wert nach Ableitung aus zeitnahen Verkäufen (siehe dazu Rdn 18 ff.)
- C. Wert nach einem (privatrechtlichen) Unternehmenswertgutachten (siehe dazu Rdn 21 ff.)
- D. Wert nach dem vereinfachten Ertragswertverfahren, §§ 199 ff. BewG (siehe dazu Rdn 25 ff.)
- E. Wert nach dem Substanzwertverfahren (siehe dazu Rdn 57 ff.).

Hinweis

Das Gesetz gibt als klare Rangfolge der Bewertungsmethode nur vor, dass an erster Stelle die Ableitung aus zeitnahen Verkaufspreisen vorrangig ist. Im Weiteren schreibt das Gesetz eine Bewertung unter Berücksichtigung des künftigen Ertrags vor. Das vereinfachte Ertragswertverfahren gem. § 199 BewG darf allerdings nicht angewendet werden, wenn es zu offensichtlich unzutreffenden Ergebnissen führt. Dafür lässt es dem Steuerpflichtigen die Wahl der geeigneten Bewertungsmethode. Untergrenze ist der Substanzwert. Die Wertspanne umfasst damit von unten ab dem Substanzwert bis nach oben den höchsten zu berücksichtigenden Verkaufspreis.

Die gesetzlichen Bewertungsmethoden führen zu unterschiedlichen Werten; es handelt sich in allen Fällen um den typisierten Verkehrswert. Die Werte entsprechen dennoch nicht immer den wirklichen Verkehrswerten. In Steuerfällen mit größeren Auswirkungen ist eine „Probebewertung" nach den in Betracht kommenden Methoden wohl unvermeidlich.[7] Im Allgemeinen wird der Steuerpflichtige den niedrigsten selbst errechneten Wert erklären, der in dieser Spanne liegt. Er ist darlegungs- und beweispflichtig, dass die von ihm gewählte Wertermittlungsmethode sachgerecht ist. Das Finanzamt ist stärker gebunden; im Bereich des Ertragswertverfahrens muss es m.E. die Bewertung vorrangig nach §§ 199 ff. BewG vornehmen. Es darf davon nur abweichend, wenn es nachweisen kann, dass diese Bewertung zu einem offensichtlich unzutreffenden Ergebnis führt; siehe dazu noch Rdn 27 ff.

Da der steuerliche Wert nicht immer den Verkehrswert widerspiegelt, ist es problematisch, diesen gesellschaftsrechtlichen, erbrechtlichen und eherechtlichen Auseinandersetzungen (ungeprüft) zugrunde zu legen.

17

40	**F. Anzusetzender gemeiner Wert des Betriebsvermögens** (gemeiner Wert, vorrangig B; andernfalls C oder D, mindestens E)			
41	Gemeiner Wert des **gesamten Betriebsvermögens** lt. Zeile 28, 35, 37 oder 39			EUR
42	Umfang des erworbenen Anteils an dem **Einzelunternehmen** (Zeile 14)	in %	Zeile 41 x Umfang des erworbenen Anteils in %	EUR

Unter Abschn.F. gibt der Steuerpflichtige an, welcher der Werte nach seiner Ansicht anzusetzen ist. Generell gilt, dass vorrangig der nach § 109 Abs. 1 BewG i.V.m. § 11 Abs. 2 BewG aus Verkäufen abgeleitete gemeine Wert (Teil B) anzusetzen ist. Dies dürfte bei Einzelunternehmen eher selten in Betracht kommen. Deshalb ist es erforderlich zu entscheiden, welcher Wert letztlich als Bemessungsgrundlage für die Erbschaft-/Schenkungsteuer maßgebend sein soll, im Zweifel natürlich der rechtlich mögliche niedrigste Wert. Allerdings ist dies nicht verbind-

7 *Bruckmeier/Zwirner/Mugler*, Unternehmensbewertung im Erbschaftsteuerrecht: Handlungsempfehlungen und Modellrechnungen – §§ 199 ff. BewG und IDW S 1 im Vergleich, DStR 2011, 422.

lich für das Finanzamt. In **Zeile 42** ist der Wert des Betriebsvermögens einzutragen, der dem Umfang des erworbenen Anteils am Einzelunternehmen entspricht.

D. Wertableitung aus zeitnahen Verkäufen

Vorrangig ist der Wert von Betriebsvermögen aus zeitnahen Verkäufen unter 18
fremden Dritten (d.h. Verkäufe an Verwandte/Angehörige scheiden aus) abzuleiten.[8] Gelingt der Nachweis aus tatsächlichen (niedrigeren) Verkäufen, darf das Finanzamt nicht den Substanzwert als Mindestwert ansetzen.[9]

In **Abschn. B** auf **Seite 2** sind dazu die entsprechenden Angaben zu machen. Ergänzend zur **Anleitung zur Anlage Betriebsvermögen** ist auf R B 11.2 ErbStR und H B 11.2 ErbStH (betr. zeitnahe Verkäufen von Anteilen an Kapitalgesellschaften) hinzuweisen.

Zeile				
23	**B. Ableitung aus Verkäufen**			
24	Innerhalb eines Jahres vor dem Bewertungsstichtag haben folgende Verkäufe stattgefunden (Bitte Käufer und Verkäufer, ggf. Verwandtschaftsverhältnis auf einem gesonderten Blatt angeben und den Vertrag beifügen.):			
25	Zeitpunkt des Verkaufs Tag	Monat	Jahr	Kaufpreis
26				EUR
27				EUR
28	Gemeiner Wert des **gesamten Betriebsvermögens** des Einzelunternehmens			EUR
29	☐ Die vorgenannten Verkäufe sind zur Ermittlung des gemeinen Werts nicht geeignet (bitte Begründung beifügen). ☐ Verkäufe, aus denen sich der gemeine Wert ableiten lässt, sind nicht bekannt.			

Die **Abschn. C, D und E dieser Anlage sind nicht auszufüllen**, wenn die Verkäufe Ihrer Meinung nach zur Ableitung des gemeinen Werts geeignet sind. Ggf. können sie Anforderungen des Finanzamts zu entsprechenden Erklärungen abwarten.

Die Ableitung des Werts eines Einzelunternehmens aus Verkäufen kommt in der 19
Regel nicht in Betracht.[10] Es ist meistens kaum möglich, aus den verkauften Teilen auf den Gesamtwert des Einzelunternehmens zu schließen. Ist das Einzelunternehmen im wesentlichen Kern verkauft, kann es danach mit seinem „früheren" Wert auch nicht mehr verschenkt oder vererbt werden.

8 *Kowanda*, Die Berücksichtigung des Verkaufspreises im Bewertungs- und Ertragsteuerrecht unter Berücksichtigung verfahrensrechtlicher Problemfelder – Teil I und 2, ErbStB 2018, 85 und 116; *Möllmann*, Erbschaft- und schenkungsteuerliche Unternehmensbewertung anhand von Börsenkursen und stichtagsnahen Verkäufen, BB 2010, 407.

9 R B 11.5 Abs. 1 Satz 2 ErbStB.

10 *Brüggemann/Winter*, Gewerbebetrieb: Unternehmensbewertung und Berechnung der Schenkungsteuer, ErbBstg 2010, 73.

Beispiel

Ein Physiotherapeut verkauft im Jahr 2021 seine gutgehende Praxis in der Stadt A und gründet/kauft eine Praxis in der Stadt B. Im Jahr 2022 verstirbt er. Der Kaufpreis ist kaum für die Bewertung der Praxis in der Stadt B geeignet.

Ein Einzelhändel verkauft im Jahr 2021 sein Geschäft/seinen Laden für Stahlwaren, Werkzeug, Maschinen in der Stadt (wegen der hohen Miete oder zur Realisierung eines hohen Grundstückpreises) und erweiterte seinen Geschäftsteil in einem Gewerbebetrieb (bisher hauptsächlich Maschinenverkauf und Maschinenverleih) entsprechend um den verkauften Teil (Geschäftsbereich). Im Jahr 2022 verstirbt er. M.E. ist der erzielte Kaufpreis kaum für die Wertermittlung des Betriebsvermögens (im Gewerbegebiet) geeignet, ggf. als Untergrenze oder Ausgangswert.

Theoretisch gilt: Die Ableitung ist nur bei Verkäufen unter **fremden Dritten** zu berücksichtigen, die **zum Bewertungsstichtag weniger als 1 Jahr zurückliegen.**[11] „Fremde Dritte" bedeutet, dass Verkäufe an Familienangehörige, zumindest i.S.v. § 15 AO, sowie zwischen den Erben für die Bewertung keine Relevanz haben. Denkbar wäre auch, dass eine Verkehrswertermittlung für ein Einzelunternehmen im Zuge eine Einbringung in eine Kapitalgesellschaft vorgenommen worden ist und sich daraus sich Anhaltspunkte für einen steuerlichen Wert ergeben.

20 Im Übrigen ist lt. **Zeile 28** ohnehin der Wert des gemeinen Werts des gesamten Einzelunternehmens nach der in Betracht kommenden bewertungsrechtlichen Bewertungsmethode anzugeben, so dass für Steuerpflichtige eine Ableitung aus einem früherem Verkaufspreis nur von Interesse sein kann, wenn dadurch ein Nachweis für einem unter dem Steuerwert nach §§ 199 ff. BewG liegenden Wert erbracht werden könnte. Der Kaufpreis muss marktangemessen sein, ansonsten ist er zur Ableitung des Verkehrswerts ungeeignet **(Zeile 29)**. Ist der Preis nach dem Bewertungsstichtag erheblich gefallen, käme notfalls noch eine niedrigere Bewertung aus Billigkeitsgründen in Frage, wobei die Finanzverwaltung dies erfahrungsgemäß sehr restriktiv behandelt. Verkäufe nach dem Erbanfall oder der Schenkung sind also grundsätzlich nicht heranzuziehen. Liegt ein Verkauf

11 Zur Jahresfrist siehe R B 11.2 Abs. 1 ErbStR. FG Düsseldorf v. 3.4.2019 – 4 K 2524/16 F, EFG 2019, 1163 = Der gemeine Wert des Kommanditanteils an einer GmbH & Co. KG kann grundsätzlich nicht aus Verkäufen abgeleitet werden, die erst nach dem erbschaftsteuerlichen Bewertungsstichtag abgeschlossen worden sind. Dies ist ausnahmsweise nur dann möglich, wenn der formelle Vertragsabschluss kurz nach dem Stichtag liegt und die Einigung über den Kaufpreis schon am Bewertungsstichtag herbeigeführt war.

unter fremden Dritten länger als ein Jahr zurück oder kurz nach dem Besteuerungszeitpunkt, kann man sich auf folgende Rechtsprechungsansicht berufen:[12]

a) Der gemeine Wert kann **bei länger als ein Jahr zurückliegenden Vertragsabschlüssen** aus Kaufpreisen abgeleitet werden, wenn die Vertragsbeteiligten im Kaufvertrag den Kaufpreis nach einem Zeitpunkt bemessen haben, der innerhalb des (Jahres-)Zeitraums des § 11 Abs. 2 Satz 2 BewG liegt.

b) Ist kurz nach einer Schenkung/**dem Erbanfall** ein Verkauf zu einem niedrigeren Kaufpreis erfolgt, kann nach BFH[13] eine Ableitung aus diesem niedrigeren Verkaufspreis in Betracht kommen, wenn sich die Verhandlungen durch Festlegung eines Preisrahmens vor dem Feststellungszeitpunkt soweit verdichtet haben, dass der Kaufpreis durch den Kaufvertrag nur noch dokumentiert wird.

Wird nur ein Teil eines Einzelunternehmens erworben, erfolgt die Ermittlung des übertragenen Anteils an dem Einzelunternehmen unter Abschn. F. in Zeile 42 der Anlage Betriebsvermögen für Einzelunternehmen.

E. Wertermittlung durch Unternehmenswertgutachten

§ 11 Abs. 2 Satz 2 BewG lässt u.a. eine Ermittlung des gemeinen Werts (Verkehrswerts) nach anerkannten, auch im gewöhnlichen Geschäftsverkehr für nicht steuerliche Zwecke üblichen Methoden zu. Vorgabe ist hierfür, dass nur eine solche Methode anzuwenden ist, die ein Erwerber der Bemessung des Kaufpreises zugrunde legen würde. Hierfür kommen eine Vielzahl von Methoden in Abhängigkeit von Branchen und Bewertungsanlässen auch für Einzelunternehmen (§ 109 Abs. 1 Satz 2 BewG) in Betracht.[14] In der betriebswirtschaftlichen und zivilrechtlichen Unternehmensbewertung dominiert die Ertragswertmethode.[15] Ab 2009 ist die vorgeschriebene Berücksichtigung der Ertragsaussichten – vereinfacht oder detailliert – sowohl mit der Ertragswertmethode allein als auch mittels kombinierter Unternehmensbewertung unter Einbeziehung des Vermögenswerts (Substanzwerts) möglich. Aufgrund der vielfältigen Organisationsformen und Tätigkeitsbereiche der Unternehmen hat sich kein außersteuerliches Bewertungsverfahren herausgebildet, das für alle Unternehmen gleichermaßen anwendbar ist. 21

12 BFH v. 16.5.2013 – II R 4/11, BFH/NV 2013, 1223–1225 (der BFH stellt in den Entscheidungsgründen lehrbuchartig die Kriterien für die vorrangige Wertableitung aus Verkäufen dar); BFH v. 2.11.1988 – II R 52/85, BStBl 1989 II, 80; *Riedel*, in: Daragan/Halaczinsky/Riedel, Praxiskommentar ErbStG und BewG, BewG § 11 Rn 29, 30.

13 BFH v. 2.11.1988 – II R 52/85, BStBl II 1989, 80.

14 Ausführlicher Überblick dazu *Riedel*, in: Daragan/Halaczinsky/Riedel, Praxiskommentar ErbStG und BewG, Anhang zu § 11 Abs. 2 BewG.

15 FG Hamburg v. 28.4.2009 – 3 K 43/09, EFG 2010, 103 m.w.N.

Das **Bayerische Staatsministerium**[16] hat einen Überblick über die in einzelnen Branchen gebräuchlichen Bewertungsverfahren veröffentlicht, die – für die Steuerpflichtigen – Grundlage für die Ermittlung dieser Werte sein können. Die Finanzämter brauchen diese Methoden nicht von Amts wegen anwenden, sondern nur prüfen, ob die Betroffenen eine zutreffende Methode gewählt und fachgerecht angewandt haben.

22 In **Zeilen 30–35** ist das Gutachten und der Gutachter zu beschreiben/anzugeben, in den Zeilen 35 der Wert nach dem Gutachten. Wird nur ein Teil eines Einzelunternehmens erworben, erfolgt die Ermittlung des übertragenen Anteils an dem Einzelunternehmen unter Abschn.F. in Zeile 42 der Anlage Betriebsvermögen für Einzelunternehmen.

Das Gutachten ist dem Finanzamt zu Prüfung in geeigneter Weise zugänglich zu machen, gewöhnlich sollte es der Erklärung beigefügt sein.

30	**C. Gutachtenwert**	
31	☐ Wertermittlung erfolgt in Ausübung des Wahlrechts im vereinfachten Ertragswertverfahren (weiter mit Teil D).	
32	☐ Wertermittlung erfolgt nach einem Ertragswertverfahren laut beigefügtem Gutachten.	
33	☐ Wertermittlung erfolgt nach einer anderen anerkannten, auch im gewöhnlichen Geschäftsverkehr für nichtsteuerliche Zwecke üblichen Methode laut beigefügtem Gutachten.	
34	Name und Anschrift des Gutachters:	
35	Gemeiner Wert des **gesamten Betriebsvermögens** des Einzelunternehmens	EUR

23 Der Steuerpflichtige kann grds. selbst **wählen**, ob er den Verkehrswert mithilfe eines Unternehmenswertgutachtens oder eines im Bewertungsgesetz vorgesehenen Verfahrens erklärt (R B 11.2 Abs. 2 ErbStR zur Anteilsbewertung). Gem. BFH v. 2.12.2020[17] hat allein der Steuerpflichtige die Wahl zwischen einem individuellen Ertragswertverfahren nach § 11 Abs. 2 Satz 2 BewG und der Anwendung des vereinfachten Ertragswertverfahrens nach §§ 199 ff. BewG. Entscheidet sich der Steuerpflichtige gegen das vereinfachte Ertragswertverfahren (nach §§ 199 ff. BewG) durch Vorlage eines unter Beachtung des IDW S 1 erstellten individuellen Gutachtens, können die §§ 199 ff. BewG auch nicht nach Art eines Auffangtatbestandes der Bewertung zugrunde gelegt werden. Das gilt selbst dann, wenn der Unternehmenswert nach Maßgabe von § 11 Abs. 2 Satz 2 BewG bislang unzurei-

16 Bay.LfSt v. 12.3.2014 – S 3224.1.1–1/14 St 34, ErbSt-Kartei BY § 12 Abs. 5 ErbStG Karte 9 zur Bewertung des Unternehmensvermögens; hier: Branchenspezifische Bewertungsmethoden (inzwischen aufgehoben). *Kowanda*, Vereinfachtes Ertragswertverfahren und gutachterliche Stellungnahme, ErbStB 2020, 54 und 77; *Grootens*, Bewertung des Betriebsvermögens anhand von branchenspezifischen Bewertungsmethoden, ErbStB 2013, 188.

17 BFH v. 2.12.2020 – II R 5/19, BStBl 2022 II, 15; *Kummer/Wangler*, Wahl der Unternehmensbewertungsmethode nach der Erbschaftsteuerreform 2016 – Ein steuerliches Paradoxon beim neuen Verwaltungsvermögenstest, DB 2017, 1917.

chend ermittelt worden ist. In letzteren Fall ist zunächst das Gutachten nachzubessern bzw. sind kleinere Lücken im Auslegungsweg zu schließen. Zur Ordnungsmäßigkeit eines Gutachtens siehe BFH in derselben Entscheidung. Der **Steuerpflichtige** hat für die fachgerechte Unternehmensbewertung die Darlegungs- und auch **Beweislast** zu tragen.[18] Steht nicht zur Überzeugung des Finanzamts, ggf. des Finanzgerichts, fest, dass mit dem vorgelegten Unternehmensbewertungsgutachten der „richtige“ Verkehrswert nachgewiesen worden ist, muss es stattdessen den Wert nach dem steuerlichen Verfahren gem. §§ 199 ff. BewG ansetzen (sofern nach § 11 Abs. 2 BewG keine Ableitung aus Verkaufspreisen oder der Ansatz des Substanzwerts vorgeschrieben ist oder das Verfahren zu offensichtlich unzutreffenden Werten käme).

Gewöhnlich wird man ein Unternehmenswertgutachten in Auftrag geben,[19] wenn 24
man annimmt, dass der individuelle ermittelte Unternehmenswert unter dem Steuerwert nach § 11 Abs. 2 BewG liegt. Dabei ist zu beachten, dass bei geringem Ertrag der (gutachterliche) Unternehmenswert unterhalb des Substanzwerts liegen kann. Nach § 11 Abs. 2 Satz 3 BewG muss aber mindestens der Substanzwert angesetzt werden.[20] Als Substanzwert ist der Wert anzusetzen, der sich ergibt, wenn die Summe der gemeinen Werte der zum Betriebsvermögen gehörenden Wirtschaftsgüter und sonstigen aktiven Ansätze um die Summe der zum Betriebsvermögen gehörenden Schulden und sonstigen Abzüge gemindert wird. Es handelt sich hier nicht um den Liquidationswert, sondern um einen fiktiven Wiederbeschaffungswert, d.h. er kann selbst bei einem Betrieb kurz vor der Insolvenz noch ziemlich hoch sein. Wenn dies absehbar sein sollte, würde ein Unternehmenswertgutachten (auf der Grundlage irgendeiner Ertragswertmethode) nutzlos sein.

Das Finanzamt verlangt bei Abgabe eines Unternehmenswertgutachtens zwingend die Anlage zur Ermittlung des Substanzwerts.

Hinweis

Die Kosten für ein Unternehmenswertgutachten sind vom Steuerpflichtigen zu tragen. Diese Kosten können erheblich sein, zumal hier auch in gewissen Rahmen Honorarvereinbarungen frei gestaltet werden können.[21] Auf jeden

18 *Lorenz*, Beweislastfragen im Rahmen der erbschaftsteuerrechtlichen Unternehmensbewertung, DStR 2017, 1681.

19 In der Wirtschaft werden maschinelle Berechnungsmodelle angeboten, siehe z.B. www.peter-knief.de. Z.B. Richtlinien zur Bewertung von Rechtsanwaltskanzleien, www.brak.de.

20 Das Finanzamt muss den Substanzwert ansetzen, wenn der gutachterliche Wert unter dem bewertungsrechtlichen Wert liegt, siehe R B 11.5 Abs. 1 Satz 1 ErbStR!

21 *Knief/Weipert* haben für 2010 Kosten für die Bewertung einer Freiberufler-Praxis mit ca. 5.200 EUR, für Sozietätsanteile mit ca. 12.240 EUR angesetzt. Ein Gutachten für eine mittelständische GmbH mit Grundstücken und weiteren Beteiligungen kann auch schon mal 50.000 EUR kosten. *Knief/Weipert*, Erste praktische Erfahrungen mit dem vereinfachten Ertragswertverfahren gem. §§ 199 ff. BewG, StBb 2010, 1 ff.

Fall sollte die Kostenfrage vor Auftragsgabe möglichst genau geklärt werden, damit abgeschätzt werden kann, ob die zu erwartenden Steuerersparnisse die Kosten rechtfertigen.

F. Bewertung nach dem vereinfachten Ertragswertverfahren

I. Anwendungsbereich, rechtlicher Rahmen

1. Unternehmenswert = finanzmathematisch ermittelter Kapitalwert

25 Der Wert des Betriebsvermögens ist unter Berücksichtigung der Ertragsaussichten zu ermitteln, wenn eine Ableitung aus Verkäufen nicht in Betracht kommt und der Steuerpflichtige keine Bewertung nach einem Verkehrswertgutachten gewählt hat (§ 11 Abs. 2 Satz 1 ErbStG). Das Bewertungsgesetz bietet dazu ein sog. vereinfachtes Ertragswertverfahren gem. §§ 199–203 BewG an.[22] Nach diesem relativ einfachen Gesamtbewertungsverfahren gem. §§ 199 ff. BewG wird der Unternehmenswert durch Kapitalisierung des durchschnittlichen Jahresertrags mit einem Kapitalisierungsfaktor errechnet, d.h. der Unternehmenswert entspricht dem Kapitalwert der nachhaltigen durchschnittlichen Rendite. Sofern das Finanzamt – von Amts wegen – einen Unternehmenswert ermitteln muss (z.B. für eine Schätzung), ist es wohl an diese Bewertungsmethode gebunden, es sein denn, diese Bewertung würde zu einem offensichtlich unzutreffenden Wert führen (§ 199 Abs. 2 BewG). Der **Erwerber ist nicht verpflichtet**, das gesetzliche Ertragswertverfahren anzuwenden. Entscheidet er sich für eine Bewertung nach einem Unternehmenswertgutachten, darf das Finanzamt – auch nicht als einer Art Auffangbewertung – das vereinfachte Ertragswertverfahren anwenden.[23] Übt der Erwerber/Unternehmer seine Wahlrechte betr. die Unternehmensbewertung nicht aus, müsste das Finanzamt die Bewertung nach „allgemeinen Grundsätzen“ vornehmen.[24] Will sich der Erwerber/Unternehmer gegen den vom Finanzamt ermittelten Wert wenden, braucht er kein eigenes Bewertungsgutachten vorlegen.

22 *Kowanda*, Vereinfachtes Ertragswertverfahren und gutachterliche Stellungnahme, ErbStB 2020, 54 und 77; *Kummer/Wangler*, Wahl der Unternehmensbewertungsmethode nach der Erbschaftsteuerreform 2016 – Ein steuerliches Paradoxon beim neuen Verwaltungsvermögenstest, DB 2017, 1917; *Schilling/Kandels*, Wege aus der Krise beim vereinfachten Ertragswertverfahren nach BewG, DB 2013, 599; *Rüttenauer*, Aktuelle Praxisfragen bei der Anwendung des vereinfachten Ertragswertverfahrens, ErbStB 2014, 102; zur Methodik Berechnungsschema *Riedel*, in: Daragan/Halaczinsky/Riedel, Praxiskommentar ErbStG und BewG, § 199 BewG Rn 28.

23 Näheres BFH v. 2.12.2020 – II R 5/19, BStBl 2022, 15.

24 R B 199.1 Abs. 4 Satz 7 ErbStR. In Betracht kommen vor allem eine Sachwertbewertung oder eine Kapitalisierung des Ertrags.

Es genügt, wenn er sich darauf beruft, dass das Bewertungsverfahren/vereinfachte Ertragswertverfahren in seinem Fall zu einem offensichtlich unzutreffenden Ergebnis führt.[25]

Das vereinfachte Ertragswertverfahren ist rechtsformneutral auf alle Arten des Betriebsvermögens anzuwenden.[26] Es soll die Möglichkeit bieten, ohne hohen Ermittlungsaufwand oder Kosten für einen Gutachter einen objektivierten Unternehmens- bzw. Anteilswert auf der Grundlage der Ertragsaussichten nach § 11 Abs. 2 Satz 2 BewG zu ermitteln. Eine Art Öffnungsklausel für den Nachweis eines geringeren Verkehrswerts – ähnlich wie in § 198 BewG für das Grundvermögen – ist nicht vorgesehen. 26

2. Keine Anwendung bei offensichtlich unzutreffender Bewertung

Will das Finanzamt von dem im vereinfachten Ertragswertverfahren ermittelten Wert abweichen, trägt es die Feststellungslast für die Ermittlung eines abweichenden Werts. Es muss nachweisen, dass das vereinfachte Ertragswertverfahren zu einem offensichtlich unzutreffenden Ergebnis führt. Dies ist in der Praxis streitanfällig. 27

Erkenntnisse[27] über eine offensichtlich unzutreffende Wertermittlung zum gemeinen Wert können beispielsweise in den nachstehenden Fällen hergeleitet werden: 28

- Vorliegen zeitnaher Verkäufe, wenn diese nach dem Bewertungsstichtag liegen.
- Vorliegen von Verkäufen, die mehr als ein Jahr vor dem Bewertungsstichtag liegen.
- Erbauseinandersetzungen, bei denen die Verteilung der Erbmasse Rückschlüsse auf den gemeinen Wert zulässt.
- Branchentypisch sind ertragswertorientierte Verfahren ausgeschlossen (weil z.B. Multiplikatorenverfahren oder Substanzwertverfahren zur Anwendung kommen).

---

25 Zur Statthaftigkeit eines Antrags auf Aussetzung der Vollziehung des Bescheids über die gesonderte Feststellung des Werts der Anteile an einer Kapitalgesellschaft für Zwecke der Erbschaftsteuer – Beschwer und Rechtschutzinteresse – Sog. vereinfachtes Ertragswertverfahren Hessisches Finanzgericht v. 15.10.2015 – 4 V 2138/14, 4 V 2243/14, EFG 2016, 271; U.a lässt es das FG unentschieden, ob das sog. vereinfachte Ertragswertverfahren (§§ 199 bis 203 BewG) eine gleichheitswidrige Verschonung von Erbschaftsteuer beinhaltet, wenn der tatsächliche Ertragswert (möglicherweise) höher ist.

26 Prinzipiell kann dieses Ertragswertverfahren auch für die Bewertung ausländischer Unternehmen angewandt werden, wenn die erforderlichen Zahlen beweisbar aus der Buchhaltung abgeleitet werden können, R B 199.2 ErbStR. *Müller/Woltery*, Das vereinfachte Ertragswertverfahren: Anwendungsprobleme bei ausländischen Gesellschaften und Unternehmen mit langen Geschäftszyklen, DB 2017, 1461.

27 R B 11.4 ErbStR; 199.1 Abs. 5 ErbStR.

- Bei komplexen Strukturen von verbundenen Unternehmen kann davon ausgegangen werden, dass das vereinfachte Ertragswertverfahren regelmäßig zu unzutreffenden Ergebnissen führt.
- Bei neu gegründeten Unternehmen, bei denen der künftige Jahresertrag noch nicht aus den Vergangenheitserträgen abgeleitet werden kann, insbesondere bei Gründungen innerhalb eines Jahres vor dem Bewertungsstichtag, ist das vereinfachte Ertragswertverfahren nicht anzuwenden, da es hier regelmäßig, z.B. wegen hoher Gründungs- und Ingangsetzungsaufwendungen, zu offensichtlich unzutreffenden Ergebnissen führt.
- Gleiches gilt bei einem Branchenwechsel eines Unternehmens, bei dem deshalb der künftige Jahresertrag noch nicht aus den Vergangenheitserträgen abgeleitet werden kann. In letzteren Fällen sollen die Finanzämter es nicht beanstanden, wenn der Steuerpflichtige den Substanzwert als Mindestwert (§ 11 Abs. 2 BewG) ansetzt, sofern dies nicht zu unzutreffenden Ergebnissen führt.
- Im Übrigen kann hierzu die Rechtsprechung zur Anwendung bzw. Nichtanwendung des Stuttgarter Verfahrens herangezogen werden.

3. Keine Anwendung bei Werten unter dem Substanzwert

29 Die Anwendung des Ertragswertverfahrens scheidet gesetzlich aus, wenn der Ertragswert unter dem Substanz- und oder Liquidationswert liegt (§ 11 Abs. 2 Satz 3 BewG).[28] Der Substanzwert, das ist die Summe der gemeinen Werte der zum Betriebsvermögen gehörenden Wirtschaftsgüter und sonstigen aktiven Ansätze abzüglich der zum Betriebsvermögen gehörenden Schulden und sonstigen Abzüge (§ 11 Abs. 2 Satz 3 BewG), ist zwingend anzusetzen, wenn er über dem Ertragswert liegt, dazu Rdn 58 ff. Der Substanzwert ist (nur) als Mindestwert anzusetzen, wenn der gemeine Wert nach dem vereinfachten Ertragswertverfahren oder mit einem Gutachtenwert (Ertragswertverfahren oder andere im gewöhnlichen Geschäftsverkehr für nicht steuerliche Zwecke übliche Methode) ermittelt wird. Wird der gemeine Wert aus tatsächlichen Verkäufen abgeleitet, ist der Ansatz des Substanzwerts als Mindestwert ausgeschlossen.

4. Andere Bewertungsmethoden für nicht steuerliche Zwecke

30 Der Steuerwert kann also zwischen dem Substanzwert und dem höchstmöglichen Unternehmenswert liegen; abgesehen vom Wert nach Kaufpreisen. Ist dies der Wert nach vereinfachten Ertragswertverfahren, sollte von Seiten des Steuerpflich-

---

28 FG Düsseldorf v. 3.4.2019 – 4 K 2524/16 F, EFG 2019, 1163 = Der Substanzwert i.S. des § 11 Abs. 2 Satz 3 BewG stellt den Mindestwert auch bei der Bewertung nach dem vereinfachten Ertragswertverfahren dar. Wenn eine Erbin ihre Kommanditanteile 2,5 Jahre nach dem Bewertungsstichtag zu einem niedrigeren Kaufpreis veräußert hat, ändert nichts daran, dass der Substanzwert als Mindestwert anzusetzen ist.

tigen geprüft werden, ob sich nach einer anderen anerkannten Unternehmensbewertungsmethode ein niedrigerer Wert schlüssig nachweisen lässt. Auch nach Auffassung der Finanzverwaltung kann der Steuerpflichtige wahlweise eine andere Unternehmensbewertungsmethode anwenden, die der Erwerber bei der Bemessung eines Kaufpreises für außersteuerliche Zwecke zugrunde legen würde. In Betracht kommen z.B. das Ertragswertverfahren nach dem IDW S 1, das Discountet-Cashflow-Verfahren, der AHW-Standard im Handwerksbereich sowie branchenübliche Verfahren, z.B. Multiplikatoren-Verfahren bei freiberuflichen Unternehmen.[29]

Hinweis

Nach R B 199.1 Abs. 4 bis 6 ErbStR trägt derjenige die Feststellungslast, der von der Wertermittlung nach dem vereinfachten Ertragswertverfahren abweichen will.

Die vorgenannten Verfahren sind nicht Gegenstand dieses Buches.[30] In der Regel ist hierzu ein Wirtschaftsprüfer hinzuziehen. Der „Pferdefuß" des optimal niedrigsten Werts besteht darin, dass eine Bewertung nach allen in Betracht kommenden Methoden vorgenommen werden muss. Dies ist jedenfalls auch kostenträchtig und angesichts der sehr weit reichenden Verschonungen für Betriebsvermögen genau zu überlegen. 31

5. Einschränkung der Kapitalisierung

§ 200 BewG schränkt den Anwendungsbereich der Bewertung nur nach dem Jahresertrag sachlich ein (eingeschränkte Gesamtbewertungsmethode). Erträge und Aufwendungen, die auf bestimmte Wirtschaftsgüter, z.B. auf nicht betriebsnotwendige Wirtschaftsgüter, entfallen, sind aus dem zu kapitalisierenden Jahresertrag herauszurechnen, d.h. vor der Vervielfältigung mit dem Kapitalisierungsfaktor muss vorweg eine Ertragskorrektur vorgenommen werden. Dieser „Ertragskorrektur" steht ein Ansatz der nicht im Ertrag erfassten Wirtschaftsgü- 32

29 *Creutzmann*, Unternehmensbewertung im Steuerrecht – Neuregelung des Bewertungsrechts ab 1.1.2009, DB 2009, 2784 m.w.H.; *Wassermann*, Mittelständische Unternehmensbewertung im neuen Erbschaftsteuerrecht, DStR 2010, 183; *Lorenz*, Beweislastfragen im Rahmen der erbschaftsteuerrechtlichen Unternehmensbewertung, DStR 2017, 1681.

30 Auch in der Verkehrswertlehre wird überwiegend vertreten, dass der wahre Unternehmenswert grundsätzlich der Ertragswert zuzüglich des Verkehrswertes des nicht betriebsnotwendigen Vermögens ist (vgl. Institut der Wirtschaftsprüfer Deutschland e.V. verlautbarten Prüfungsstandard der Grundsätze zur Durchführung von Unternehmensbewertungen (IDW S 1 i.d.F. 2008 – Stand: 4.7.2016). Ausführlich *Riedel*, in: Daragan/Halaczinsky/Riedel, Praxiskommentar ErbStG und BewG, Anhang zu § 11 Abs. 2 BewG Rn 86 ff.: Grundsätze und Methoden der Unternehmensbewertung aus betriebswirtschaftlicher Sicht.

ter und der damit zusammenhängenden Aufwendungen mit ihrem gemeinen Wert gegenüber (die in **Zeilen 43–48** anzugeben sind). Dies betrifft
- nicht betriebsnotwendiges Vermögen (siehe Rdn 48 f.)
- Unterbeteiligungen (siehe Rdn 50 f.) und
- innerhalb von zwei Jahren ins Betriebsvermögen eingelegte Wirtschaftsgüter (siehe Rdn 52 f.).

Der Gedanke dahinter ist, dass diese Wirtschaftsgüter den vergangenen Ertrag nur geringfügig mitverursacht, trotzdem aber den Wert des Betriebs gesteigert haben. Außerdem sind die Wirtschaftsgüter des Sonderbetriebsvermögens mit ihren gemeinen Werten anzusetzen, dazu Rdn 54.

33 **Betriebliche Schulden und Lasten** werden bei dem Ertragswertverfahren nur in den vorgenannten Fällen, ansonsten überhaupt nicht unmittelbar berücksichtigt. Sie sind ja als Aufwendungen, z.B. für Zinsen, in das Betriebsergebnis eingeflossen. Sonstige Schulden und Lasten, die z.B. im Rahmen einer **vorweggenommenen Unternehmensnachfolge** übernommen werden, z.B. Rente, Wohnrecht und dgl. für den Betriebsübergeber und ggf. seinen engsten Angehörigen, mindern natürlich die Bereicherung. Sie sind z.B. bei Schenkungen in der **Anlage „Gegenleistungen und Auflagen zur Schenkungsteuererklärung“** einzutragen (vgl. § 6 Rdn 182 f.). Dabei ist noch § 10 Abs. 6 Satz 4 ErbStG zu berücksichtigen. Wird für den Erwerb die sog. Vollverschonung des Betriebsvermögens beantragt, können die damit zusammenhängenden Schulden auch nicht abgezogen werden, bei der normalen 85 % Verschonung nur mit 15 %.

II. Wertermittlung im vereinfachten Ertragswertverfahren

34 Zur Wertermittlung im vereinfachten Ertragswertverfahren ist zwingend ein weiterer Vordruck auszufüllen (**Anlage „Vereinfachtes Ertragswertverfahren“**). Das Bewertungsergebnis aus diesem Vordruck ist in die Anlage Betriebsvermögen in **Zeile 37** einzutragen. Bei der Übertragung eines **Einzelunternehmens** ist der volle gemeine Wert (100 %) einzutragen.

36	**D. Wert nach vereinfachtem Ertragswertverfahren** (§§ 199 ff. BewG)	
37	Gemeiner Wert des **gesamten Betriebsvermögens** des Einzelunternehmens laut beigefügter „Anlage Vereinfachtes Ertragswertverfahren“	EUR

1. Ausgangswert – Gewinn

a) Betriebsergebnis

35

Finanzamt				
Aktenzeichen/Steuernummer		Bewertungsstichtag:	....	
	Anlage Vereinfachtes Ertragswertverfahren zur Feststellungserklärung			
Zeile 1	**Ermittlung des Ertragswerts im vereinfachten Ertragswertverfahren (§ 200 BewG)**			
2	**Ermittlung des Jahresertrags (§ 201 und § 202 BewG)**			
3	Betriebsergebnisse der letzten drei vor dem Besteuerungszeitpunkt abgelaufenen Wirtschaftsjahre	20....	20....	20....
4	**Ausgangswert** (Gewinn im Sinne des § 4 Abs. 1/§ 4 Abs. 3 EStG)	EUR	EUR	EUR

Zur Ermittlung des durchschnittlichen Jahresertrags (Ertragsaussichten des Gewerbebetriebes oder der Gesellschaft am Bewertungsstichtag) ist regelmäßig der Ertrag aus der Vergangenheit zugrunde zu legen. Die Ermittlung des zu kapitalisierenden Jahresertrags erfolgt grundsätzlich in zwei Schritten:

1. Ermittlung des Betriebsergebnisses/Jahr
2. Ermittlung des durchschnittlichen Jahresertrags.

Für die Schätzung des Jahresertrages auf den Bewertungsstichtag ist auf die Betriebsergebnisse der Vergangenheit zurückzugreifen, und zwar grundsätzlich auf die letzten **drei vor dem Besteuerungszeitpunkt abgelaufenen Wirtschaftsjahre** (§ 201 Abs. 1 BewG). Auszugehen ist dabei von dem jeweils für das einzelne Wirtschaftsjahr ermittelten (steuerlichen Bilanz-)Gewinn i.S.v. § 4 Abs. 1 Satz 1 EStG. Bei Nichtbilanzierenden sind die Überschüsse der Betriebseinnahmen über die Betriebsausgaben unter Berücksichtigung von Einlagen und Entnahmen zugrunde zu legen (§ 202 Abs. 2 BewG). Der so ermittelt Wert (pro Jahr) ist der sog. Ausgangswert pro Veranlagungsjahr (einzutragen in Zeile 4). Nach § 201 Abs. 2 BewG ist anstelle des drittletzten abgelaufenen Wirtschaftsjahrs zwingend das Ergebnis des **letzten noch nicht abgelaufenen Wirtschaftsjahrs** einzubeziehen, wenn es für die Herleitung der künftig zu erzielenden Jahreserträge von Bedeutung ist.

- Hat das letzte noch nicht abgelaufene Wirtschaftsjahr erkennbar Bedeutung für den zukünftig nachhaltig erzielbaren Ertrag (z.B. Abwärtstrend wegen Tod der Unternehmerpersönlichkeit), ist es anstelle des drittletzten abgelaufenen Wirtschaftsjahres einzubeziehen. Soweit bei der Ermittlung des Durchschnittsertrags anstelle des drittletzten abgelaufenen Wirtschaftsjahrs ein noch nicht abgelaufenes Wirtschaftsjahr wegen der Bedeutung für die Herleitung des künftig zu erzielenden Jahresertrags einzubeziehen ist, erfolgt die Berücksichtigung dieses Wirtschaftsjahrs mit dem vollen Betriebsergebnis und nicht nur zeitanteilig. Somit wird auch in diesen Fällen die Summe der Betriebsergebnisse durch drei dividiert (§ 201 Abs. 2 BewG).

- Wenn sich im Dreijahreszeitraum der **Charakter des Unternehmens** nach dem Gesamtbild der Verhältnisse **nachhaltig geändert** hat oder das **Unternehmen neu entstanden** ist, ist ein **verkürzter Ermittlungszeitraum** zugrunde zu legen (§ 201 Abs. 3 BewG); die Summe der Betriebsergebnisse ist in den Fällen eines verkürzten Ermittlungszeitraumes abweichend von § 201 Abs. 2 BewG durch zwei zu dividieren. Umfasst der dreijährige Ermittlungszeitraum bei einer Neugründung zu Beginn ein Rumpfwirtschaftsjahr, ist regelmäßig nicht das Betriebsergebnis des Rumpfwirtschaftsjahrs, sondern das volle Betriebsergebnis des letzten, noch nicht abgelaufenen Wirtschaftsjahrs einzubeziehen.
- Ist das Unternehmen durch **Umwandlung, durch Einbringung von Betrieben oder Teilbetrieben oder durch Umstrukturierungen** entstanden, ist bei der Ermittlung des Durchschnittsertrags von den früheren Betriebsergebnissen des Gewerbebetriebs oder der Gesellschaft auszugehen. Soweit sich die Änderung der Rechtsform auf den Jahresertrag auswirkt, sind die früheren Betriebsergebnisse entsprechend zu korrigieren.

36 Die praktische Sichtweise der **Finanzverwaltung** kommt Steuerpflichtigen **in Zeiten eines betrieblichen Aufschwungs** zugute, weil die früheren niedrigeren Betriebsergebnisse verwendet werden können. In Zeiten eines **betrieblichen Abschwungs** mit zu erwartenden niedrigeren Betriebsergebnissen führt ein rein vergangenheitsbezogenes Ertragswertverfahren tendenziell zu **Überbewertungen**. In diesen Fällen kann ein anderes für nicht steuerliche Zwecke anerkanntes Unternehmensbewertungsverfahren vorzuziehen sein. Auch die Finanzverwaltung darf m.E. bei deutlicher absteigender Tendenz nicht die hohen Betriebsergebnisse der Vergangenheit heranziehen. Steht z.B. schon zum Bewertungsstichtag fest, dass der künftige Jahresertrag durch bekannte objektive Umstände, z.B. wegen des Todes des Unternehmers, sich nachhaltig verändert, muss dies bei der Ermittlung des Durchschnittsertrags entsprechend berücksichtigt werden. Siehe ergänzend Verwaltungsanweisungen in R B 201 ErbStR, H B 201 ErbStH.

Beispiel

Erblasser verstirbt am 5.7.2022.

a) Die nach § 202 BewG ermittelten Jahreserträge betrugen in 2019: 100, 2020: 110 und 2021: 125 = Durchschnittsertrag = 111,66.

b) Jahreserträge wie vor, aber in 2022 gab es einen Gewinneinbruch wegen Tod des Unternehmers, hochgerechneter Ertrag nur 55. Durchschnittsertrag nach Erklärung des Steuerpflichtigen: 88,33. M.E. muss das Finanzamt das akzeptieren.

c) Jahreserträge wie vor, aber in 2022 gab es einen Gewinnsprung auf hochgerechnet 200. Durchschnittsertrag lt. Erklärung: 111,66. M.E. muss das Finanzamt den Aufwärtstrend beweisen.

Hinweis

Auf die Betriebsergebnisse der letzten Jahre kann bei geplanter Schenkung (vorweggenommene Erbfolge) durch verschiedene Maßnahmen in gewissem Umfang **Einfluss genommen** werden. Speziell vor einer geplanten Schenkung kann das Betriebsergebnis durch Ausnutzung von tatsächlichem betriebswirtschaftlichem Handeln, durch Bilanzierung und Bewertungswahlrechte „geschmälert" und so der Unternehmenswert niedrig gehalten werden. Die **„Ergebnissteuerung"** ist ohne fundierte Sachkenntnisse im Handels- und Bilanzsteuerrecht kaum optimal möglich und sollte daher in Zusammenarbeit mit einem Experten und (wichtig) auch mit der **Hausbank** durchgeführt werden. Ansonsten könnte der Ausweis eines niedrigeren Betriebsergebnisses über mehrere Jahre zur Verringerung des Kreditvolumens und zu einer Ratingabstufung führen.

Der Ausgangswert des einzelnen Betriebsergebnisses/Jahr ist zu korrigieren hinsichtlich solcher Vermögensminderungen oder Vermögensmehrungen, die einmalig sind oder jedenfalls den künftig nachhaltigen erzielbaren Jahresertrag nicht beeinflussen (Zeilen 5 ff.)

b) Die Hinzurechnungen

37

5	**Hinzurechnungen (§ 202 Abs. 1 Nr. 1 BewG)**			
6	Investitionsabzugsbeträge	+	+	+
7	Sonderabschreibungen und erhöhte Absetzungen	+	+	+
8	Bewertungsabschläge und Zuführungen zu steuerfreien Rücklagen sowie Teilwertabschreibungen	+	+	+
9	Absetzungen auf den Geschäfts- oder Firmenwert oder auf firmenwertähnliche Wirtschaftsgüter	+	+	+
10	Einmalige Veräußerungsverluste sowie außerordentliche Aufwendungen	+	+	+
11	Im Gewinn <u>nicht</u> enthaltene Investitionszulagen	+	+	+
12	Ertragsteueraufwand	+	+	+
13	Aufwendungen im Zusammenhang mit <u>nicht</u> betriebsnotwendigem Vermögen (§ 200 Abs. 2 BewG)	+	+	+
14	Aufwendungen im Zusammenhang mit jungem Betriebsvermögen (§ 200 Abs. 4 BewG)	+	+	+
15	Übernommene Verluste aus Beteiligungen (§ 200 Abs. 2 und 3 BewG)	+	+	+

Die in **Zeilen 6–15** genannten **Hinzurechnungspositionen erhöhen das Betriebsergebnis.** Es handelt sich – global betrachtet – um Aufwand, der außerordentlich ist, d.h. nicht regelmäßig anfällt bzw. um Aufwand für Wirtschaftsgüter, deren Ertrag nicht berücksichtigt wird (**Zeilen 13–15**). Da der Ertragsteueraufwand pauschal mit 30 % abgezogen wird, ist der gebuchte Ertragsteueraufwand (KSt, Soli, GewSt) durch Hinzurechnung zu korrigieren. In Zeile 7 sind nur die normalen Absetzungen für Abnutzung zu berücksichtigen. (§ 202 Abs. 1 Nr. 1 Buchst. a BewG). Im Allgemeinen können die Positionen aus der Buchführung entnommen werden, im Einzelfall sind sachgerechte Schätzungen angebracht, z.B. Aufwendungen für in Zeile **13–14** genannte Wirtschaftsgüter.

c) Die Abrechnungen

38

16	**Abzüge (§ 202 Abs. 1 Nr. 2 BewG)**			
17	Gewinnerhöhende Auflösungsbeträge steuerfreier Rücklagen sowie Teilwertzuschreibungen	./.	./.	./.
18	Einmalige Veräußerungsgewinne sowie außerordentliche Erträge	./.	./.	./.
19	Im Gewinn enthaltene Investitionszulagen	./.	./.	./.
20	Angemessener Unternehmerlohn (soweit dieser noch nicht berücksichtigt wurde)	./.	./.	./.
21	Erträge aus der Erstattung von Ertragsteuern	./.	./.	./.
22	Erträge in Zusammenhang mit nicht betriebsnotwendigem Vermögen (§ 200 Abs. 2 BewG)	./.	./.	./.
23	Erträge in Zusammenhang mit betriebsnotwendigen Beteiligungen (§ 200 Abs. 3 BewG)	./.	./.	./.
24	Erträge im Zusammenhang mit jungem Betriebsvermögen (§ 200 Abs. 4 BewG)	./.	./.	./.

Die in **Zeilen 16–24** genannten **Abrechnungspositionen vermindern das Betriebsergebnis**. Es handelt sich – global betrachtet – um außerordentlichen Ertrag, d.h. um Ertrag, der nicht regelmäßig anfällt bzw. um den Ertrag für Wirtschaftsgüter, die mit ihren Substanzwert anzusetzen sind. Im Allgemeinen können die Positionen aus der Buchführung entnommen werden, im Einzelfall sind sachgerechte Schätzungen angebracht, z.B. der Erträge von in Zeilen 22–24 genannten Wirtschaftsgütern.

39 Hauptproblem ist hier die Bezifferung des **angemessenen Unternehmerlohns in Zeile 20**.[31] In Hinblick auf das Bewertungsergebnis besteht ein Interesse an einem hohen Ausweis. M.E. hat dieser Ausweis keine Wechselwirkung zu ertragsteuerlichen Fragen, z.B. ob und inwieweit eine verdeckte Gewinnausschüttung (vGA) vorläge, und auch nicht zu handelsrechtlichen Fragen, ob z.B. der Unternehmerlohn in der Höhe entnommen werden darf. Es handelt sich m.E. um eine lediglich für Bewertungszwecke erforderliche rechnerische Position. Die Hinweise der **Finanzverwaltung** in R B 202 Abs. 3 Nr. 2d ErbStR geben nur wenig brauchbare Hilfestellung. Danach soll die Höhe des Unternehmerlohns nach der Vergütung bestimmt werden, die eine nicht beteiligte Geschäftsführung erhalten würde. Erhalten geschäftsführende Gesellschafter von Personengesellschaften wirtschaftlich begründete Tätigkeitsvergütungen als Vorabanteile aus dem Gewinn, sind sie als Unternehmerlohn abzuziehen, soweit sie nach Art und

31 Allgemein zum Thema z.B. *Riedel*, in: Daragan/Halaczinsky/Riedel, Praxiskommentar ErbStG und BewG, § 202 BewG Rn 14 ff.

Umfang angemessen sind.[32] Bei der Ermittlung eines angemessenen Unternehmerlohns sollen die Grundsätze zu beachten sein, die bei der ertragsteuerlichen Behandlung der verdeckten Gewinnausschüttung angewandt werden.[33] Häufig wird der angemessene Unternehmerlohn aus den an leitende Angestellte des Unternehmens gezahlten Bruttogehältern abgeleitet werden können. Soweit branchenspezifische Datensammlungen zu Geschäftsführergehältern in einem Fremdvergleich vorliegen, können diese in geeigneter Weise berücksichtigt werden. Erhalten geschäftsführende Gesellschafter von Personengesellschaften wirtschaftlich begründete Tätigkeitsvergütungen als Vorabanteile aus dem Gewinn, sind sie als Unternehmerlohn abzuziehen, soweit sie nach Art und Umfang angemessen sind. Dies kann in der Praxis nur eingeschränkt für Gesellschafter-Geschäftsführer von gewerblichen Kapital- oder Personengesellschaften gelten. Auf eine Vielzahl von Betrieben, insbesondere auch im Freiberuflerbereich, sind derartige Ableitungen nicht möglich.[34] Falls der Unternehmerlohn also nicht zufällig aus Vergleichen innerhalb des Betriebs, z.B. mit Gehältern von angestellten Geschäftsführern und dergleichen geschätzt werden kann, muss unter Berücksichtigung des gewünschten Ergebnisses auf entsprechende betriebswirtschaftliche Literatur[35] und Sammlung[36] zurückgegriffen werden. Da die Finanzämter ebenfalls keine sicheren Schätzungsgrundlagen für alle Bewertungsfälle haben, können sie die Abrechnungsposition nur angreifen/kürzen, wenn sie nachweisen können, dass der Ansatz unangemessen hoch war.

---

32 Bei an Gesellschafter gezahlten Darlehenszinsen sowie die Kapitalkontoverzinsung handelt es sich nicht um Unternehmerlohn wie eine Tätigkeitsvergütung i.S.v. § 202 Abs. 1 Satz 2 Nr. 2 Buchst. d BewG, so Sächsisches FG v. 14.11.2018 – 2 K 377/18, EFG 2019, 677. Zur Ermittlung des Unternehmerlohns bei der Bewertung eines Einzelunternehmens (hier: Raumausstattung) in Anlehnung an die Regelungen in §§ 199 ff. BewG ausführlich FG Münster v. 21.2.2018 – 10 K 2253/14 K, F, EFG 2018, 976.

33 *Kowanda*, Problemfelder bei der Bewertung ausländischer Beteiligungen im vereinfachten Ertragswertverfahren, ErbStB 2019, 45, 154, 174; *Hauschild/Wenzel*, Zur Bewertung des Unternehmens im Zugewinnausgleich, DB 2018, 1072.

34 *Büte*, Unternehmen, Unternehmensbeteiligungen und freiberufliche Praxen richtig bewerten, FuR 2019, 582; *Knief*, Der kalkulatorische Unternehmerlohn für Steuerberater, DStR 2008, 1985; *Knief*, Die Bewertung medizinischer Praxen, DB 2009, 866.

35 *Knief*, Der kalkulatorische Unternehmerlohn für Einzelunternehmer und Personengesellschafter, Eine betriebswirtschaftliche Herausforderung durch den BGH und die Reform des BewG und des ErbStG, DB 2010, 289.

36 Zur Ermittlung eines angemessenen Unternehmerlohns wird häufig auf die Grundsätze verwiesen, die bei der ertragsteuerlichen Behandlung der verdeckten Gewinnausschüttung angewandt werden; ausführlich R 8.5 KStR und H 8.5 KStH mit weiteren Nachw.; BMF v. 14.10.2002 – IV A2 – S 2742 – 62/02, DB 2002, 2243; OFD Karlsruhe v. 17.4.2001 – S 2742 A – 89 – St 331, juris für Bezüge von Gesellschafter-Geschäftsführern (Das BMF-Schreiben v. 14.10.2002 ist durch die BFH-Urteile v. 27.2.2003 – I R 46/01, BStBl 2003 II, 132 und v. 4.6.2003 – I R 24/02, BStBl 2003 II, 136 teilweise überholt). Siehe noch Kommentierungen z.B. *Eisele*, in: Rössler/Troll, BewG § 202 Rn 7.

Hinweis

Da es sich um eine „Abrechnungsposition" handelt, besteht tendenziell bei den Steuerpflichtigen die Neigung, den Unternehmerlohn möglichst hoch anzusetzen. Dabei ist zu bedenken, dass damit der Ertragswert so stark nach unten gehen kann, dass stattdessen der Mindest(substanz)wert angesetzt werden muss. Sinnvoll ist eine „Gestaltung" des Unternehmerlohns also erst dann, wenn der Ertragswert selbst bei höchstmöglich denkbaren Unternehmerlohn noch über dem Substanzwert liegt. Die Auswirkung pro 10.000 EUR mehr oder weniger Unternehmerlohn sind evident, bei einem Erwerb durch Ehegatten zwischen 601.000 EUR und 6.000.000 EUR und dem Vervielfältiger von 12.33 ergibt sich ein Steuer(mehr)betrag von 16.399 EUR.[37] In diesem Fall ist es für die Anerkennung durch das Finanzamt sehr vorteilhaft, wenn der angesetzte Unternehmerlohn durch branchenbezogene Daten pro Ergebnisjahr unterlegt werden kann.

40 Neben dem Unternehmerlohn kann auch **fiktiver Lohnaufwand für bislang unentgeltlich tätige Familienangehörige** des Eigentümers berücksichtigt werden.

Beispiel

Der Enkel des 75-jährigen Bauunternehmers arbeitet als „Praktikant" in dem Unternehmen mit, erledigt aber praktisch die tägliche Unternehmensführung, weil er als Nachfolger vorgesehen ist.

41 Auch diese Position ist grundsätzlich nur bewertungstechnischer Art, kann aber zu Diskussionen – auch mit der mitarbeitenden Person – führen. Grundsätzlich ist in derartigen Fällen immer anzuraten, die Mitarbeit und deren Bedingungen schriftlich zu fixieren und insbesondere auch eine Regelung (Aufwendungsersatz) für den „Crashfall" vorzusehen. Erbschaftsteuerlich ist Arbeit gegen zu niedrigen Lohn m.E. keine Schenkung.

Hinweis

Der BFH hat in seinem Urt. v. 1.7.2008[38] Rechtsgrundsätze zur Anwendung des Bereicherungsprinzips für den Fall entwickelt, dass ein Erbe in Erwartung des späteren Erbanfalls selbst durch Baumaßnahmen einen Wertzuwachs bei einem nachlasszugehörigen Grundstück bewirkt hat. Danach schließt § 10 Abs. 1 Satz 1 ErbStG die Erfassung des entsprechenden Wertzuwachses aus. Diese Rechtsgrundsätze müssten m.E. auch im Fall mitarbeitender Personen

37 *Knief/Weipert*, Erste praktische Erfahrungen mit dem vereinfachten Ertragswertverfahren gem. §§ 199 ff. BewG, StBb 2010, 1 ff. Beim aktuellen Vervielfältiger von 13,75 ist die steuerliche Auswirkung noch höher.

38 BFH v. 1.7.2008 – II R 38/07, BStBl II, 876.

in der Annahme der Unternehmensnachfolge angewendet werden. Der Betreffende trägt allerdings die Beweislast hinsichtlich des Werts der Mitarbeit. Dies könnte sich aus dem Unternehmensbewertungsgutachten ergeben.

d) Sonstige Hinzurechnungen und Abzüge

42

25	**Sonstige Hinzurechnungen und Abzüge (§ 202 Abs. 1 Nr. 3 BewG)**			
26	Sonstige Hinzurechnungen	+	+	+
27	Sonstige Abzüge	./.	./.	./.

Hinzuzurechnen oder abzuziehen sind sonstige wirtschaftlich nicht begründete Vermögensminderungen oder -erhöhungen mit Einfluss auf den zukünftig nachhaltig zu erzielenden Jahresertrag und mit gesellschaftsrechtlichem Bezug, soweit sie nicht nach den Nummern 1 und 2 des § 202 Abs. 1 BewG berücksichtigt wurden. Hierzu zählen auch solche Vermögensminderungen oder -erhöhungen, die mit Angehörigen des Unternehmers oder Gesellschafters oder sonstigen diesem nahestehenden Personen im Zusammenhang stehen. Auch ein überhöhter Unternehmerlohn, den das Unternehmen an den Inhaber bzw. Gesellschafter zahlt, gehört zu den hier zu berücksichtigenden Vermögensminderungen. Der überhöhte (d.h. unangemessene) Teil des Unternehmerlohns ist hinzuzurechnen. Die in § 202 Abs. 1 Satz 2 Nr. 3 BewG genannten Vermögensminderungen oder -erhöhungen müssen nicht notwendig in einem bilanzierungsfähigen Wirtschaftsgut bestehen. Das bedeutet für die Praxis, dass **verdeckte Gewinnausschüttungen Hinzurechnungspositionen** sind. Werden z.B. nachträglich bei einer Betriebsprüfung verdeckte Gewinnausschüttungen festgestellt, müsste es zu einer geänderten Berechnung/Erhöhung des Ertragswerts nach §§ 199 ff. BewG kommen.

Beispiel

1. Eine Gesellschaft zahlt an den Gesellschafter-Geschäftsführer einen überhöhten Unternehmerlohn.

Lösung: Die wirtschaftlich nicht begründete Vermögensminderung der Gesellschaft ist in Höhe der Differenz zum angemessenen Unternehmerlohn zur Ermittlung des Betriebsergebnisses hinzuzurechnen (§ 202 Abs. 1 Satz 2 Nr. 3 BewG).

2. Eine natürliche Person überlässt der Gesellschaft, an der sie oder eine ihr nahestehende Person beteiligt ist, ein Grundstück zu einer zu niedrigen Miete.

Lösung: Die wirtschaftlich nicht begründete Vermögenserhöhung der Gesellschaft ist in Höhe der Differenz zur üblichen Miete zur Ermittlung des Betriebsergebnisses abzuziehen (§ 202 Abs. 1 Satz 2 Nr. 3 BewG).

In Bezug auf verdeckte Gewinnausschüttungen ist darauf hinzuweisen, dass die Finanzverwaltung (disparitätische) verdeckte Gewinnausschüttungen nicht als Schenkungen im Verhältnis Kapitalgesellschaft zum Gesellschafter oder zu einer ihm nahestehenden Person ansieht (vgl. R E 7.5 Abs. 7 ErbStR). Näheres siehe § 6 Rdn 46 ff. Aber: Nach R E 7.5. Abs. 7 Satz 6 ErbStR können zwischen dem Gesellschafter und der nahestehenden Person Schenkungen vorliegen, wenn auf Veranlassung des Gesellschafters von der Kapitalgesellschaft z.B. überhöhte Vergütungen gezahlt werden!

e) Das Betriebsergebnis/Jahr

43

28	**Betriebsergebnis** (vor Ertragsteueraufwand)	0	0	0
29	**Ertragsteueraufwand (§ 202 Abs. 3 BewG)** pauschal 30% von Zeile 28	./.	./.	./.
30	**Betriebsergebnis (§ 202 BewG)**	0	0	0

Das um die Hinzu- und Abrechnungen bereinigte Betriebsergebnis (Jahr) ist zur Abgeltung des **Ertragsteueraufwandes** für jedes einzelne Wirtschaftsjahr um 30 % zu mindern (**Zeile 29**), eine Einzelermittlung der ertragsteuerlichen Belastung ist somit insoweit nicht vorgesehen. Der pauschale Ertragsteueraufwand soll der durchschnittlichen Unternehmenssteuerlast für Kapitalgesellschaften und Personenunternehmen entsprechen. Jedoch ist der Ertragsteueraufwand bei Vollthesaurierung bei Personen- und Kapitalgesellschaften auch nach Inkrafttreten der Unternehmenssteuerreform systemimmanent unterschiedlich. Insbesondere bei höheren persönlichen Einkommensteuerbelastungen dürfte sich auf der Ebene der Personengesellschaften zwar eine höhere als 30 % Belastung ergeben. Die Finanzverwaltung wird es in der Regel nicht beanstanden, wenn die aus dem Bereich der gewerblichen Unternehmen vorliegende Steuerbelastung von 30 % auch bei einem im vereinfachten Ertragswertverfahren ermittelten Wert eines der Ausübung eines freien Berufs dienenden Vermögens abgezogen wird. Ein Ausweg ergäbe sich, wenn die Anwendung des vereinfachten Ertragswertverfahrens im Einzelfall zu offensichtlich unzutreffenden Ergebnissen führen würde oder durch Anwendung einer anderen anerkannten Unternehmensbewertungsmethode. Ein allgemeiner Nachweis eines niedrigeren Werts ist nicht vorgesehen.

2. Ermittlung des zu kapitalisierenden Jahresertrags

44

Zeile			
31	**Ermittlung des Ertragswerts im vereinfachten Ertragswertverfahren (§ 200 BewG)**		
32	Durchschnittsertrag =	Summe der Betriebsergebnisse (Zeile 30) / Anzahl der Jahre des Ermittlungszeitraums	EUR
33			
34	In Zukunft erzielbarer Jahresertrag (Bitte eingehende Begründung in besonderer Anlage beifügen)		EUR
35	Anzusetzender Jahresertrag (§ 201 BewG) (Betrag aus Zeile 32 oder 34)		EUR

Der Durchschnittsertrag ist nach § 201 Abs. 2 BewG möglichst aus den Betriebsergebnissen der letzten drei vor dem Bewertungsstichtag abgelaufenen Wirtschaftsjahre herzuleiten. Es ist der arithmetische Durchschnitt (Divisor 3) zu bilden. Zu den **Ausnahmen** siehe Rdn 32.

a) Der Kapitalisierungsfaktor ab 2016

Durch das Gesetz zur Anpassung des Erbschaftsteuer- und Schenkungsteuergesetzes an die Rechtsprechung des Bundesverfassungsgerichts v. 4.11.2016[39] ist der **Kapitalisierungsfaktor gesetzlich auf 13,75** festgesetzt. Der Faktor gilt für Erwerbe, für die Steuer **ab 1.1.2016** entstanden ist bzw. entsteht.[40] Er ersetzt damit für alle Bewertungsstichtage im Jahr 2016 den bisherigen Kapitalisierungsfaktor. Das Bundesfinanzministerium ist gem. § 203 Abs. 2 BewG ermächtigt, den Kapitalisierungsfaktor an die Entwicklung der Zinsstrukturdaten anzupassen. 45

36	**Ermittlung Ertragswert (§ 200 Abs. 1 BewG)**				
37	**Ertragswert =**	Anzusetzender Jahresertrag (Zeile 35)	x	Kapitalisierungsfaktor (§ 203 BewG) **13,75**	EUR

b) Der Kapitalisierungsfaktor bis 31.12.2015

Nach § 203 BewG **war bis 31.12.2015** zur Kapitalisierung des bewertungsrechtlichen Jahresertrags ein einheitlicher variabler Kapitalisierungszinssatz anzuwenden.[41] Näheres siehe Vorauflage. 46

3. Gesonderter Ansatz mit dem gemeinen Wert

47

38	**Gesonderter Ansatz mit dem gemeinen Wert (§ 200 Abs. 2 bis 4 BewG)**	EUR
39	**Nicht betriebsnotwendiges Vermögen (§ 200 Abs. 2 BewG)** Gemeiner Wert	+
40	Mit Zeile 39 in wirtschaftlichem Zusammenhang stehende Schulden	./.
41	**Betriebsnotwendige Beteiligungen an anderen Gesellschaften (§ 200 Abs. 3 BewG)** Gemeiner Wert	+
42	**Innerhalb von zwei Jahren vor dem Bewertungsstichtag eingelegte Wirtschaftsgüter (§ 200 Abs. 4 BewG)** Gemeiner Wert	+
43	Mit Zeile 42 in wirtschaftlichem Zusammenhang stehende Schulden	./.

39 BGBl 2016 I, 2464.

40 Zu Übergangsregelungen siehe Gleich lautende Ländererlasse v. 11.5.2017, BStBl 2017 I, 751.

41 *Gerber/König*, ErbStRG: Auswirkungen eines einheitlichen Kapitalisierungszinssatzes auf die Bewertung von Unternehmen unterschiedlicher Risikoklassen, BB 2009, 1268.

a) Nicht betriebsnotwendiges Vermögen

48 Nicht betriebsnotwendiges Vermögen und die wirtschaftlich damit zusammenhängenden Schulden werden gem. § 200 Abs. 2 BewG zusätzlich zu dem Ertragswert mit den eigenständig ermittelten gemeinen Werten (Saldo) angesetzt (**Zeilen 39–43**), d.h. zum Ertragswert addiert. Die Erträge und Aufwendungen, die aus den nicht betriebsnotwendigen Vermögen in den Jahresertrag eingeflossen sind, sind aus den Betriebsergebnissen herauszurechnen (§ 202 Abs. 1 Nr. 2 Buchst. f BewG). Ein solches Vorgehen ist auch aus der Unternehmensbewertung grundsätzlich allgemein bekannt. Kriterium für nicht betriebsnotwendiges Vermögen ist die „Testfrage“: „Kann das Wirtschaftsgut und die damit zusammenhängende Schuld aus dem Betrieb herausgelöst werden, ohne die eigentliche Unternehmenstätigkeit zu beeinträchtigen?“ Speziell ist hier wohl das gewillkürte Betriebsvermögen daraufhin zu untersuchen, ob es nicht betriebsnotwendig ist. Nach der Gesetzesbegründung soll gewillkürtes Betriebsvermögen, das in erster Linie der weitgehend risikolosen Renditeerzielung dient und in der Regel weder die Schaffung von Arbeitsplätzen noch zusätzliche volkswirtschaftliche Leistungen bewirkt, nach der Zielrichtung dieses Gesetzes nicht begünstigt werden. Dient gewillkürtes Betriebsvermögen, speziell ein Grundstück, der finanziellen Absicherung von betrieblichen Krediten, könnte sich die Frage nach der Betriebsnotwendigkeit stellen. Die Kriterien im Einzelnen sind noch nicht klar definiert. Die Finanzverwaltung[42] nennt als Beispiele für nicht betriebsnotwendige Wirtschaftsgüter – je nach Unternehmenszweck – Grundstücke, Gebäude, Kunstgegenstände, Beteiligungen, Wertpapiere oder auch Geldbestände. Laufende Aufwendungen für nicht betriebsnotwendige Wirtschaftsgüter, z.B. Grundstücksaufwendungen, dürfen das Betriebsergebnis natürlich nicht mindern, sie sind dementsprechend zu neutralisieren, d.h. aus den Ausgaben herauszurechnen. Dieses nicht betriebsnotwendige Vermögen dürfte i.d.R. auch „schädliches“ Verwaltungsvermögen i.S.v. § 13b Abs. 4 ErbStG sein. Das muss aber nicht immer so sein. Denn hier hat die Bewertungsvorschrift eine andere Funktion.

49 Die Ermittlung des gemeinen Werts der nicht betriebsnotwendigen Wirtschaftsgüter richtet sich nach dem Bewertungsgesetz. Dabei sind Grundbesitz, Betriebsvermögen, Anteile an Personen- und an Kapitalgesellschaften, für die ein Wert nach § 151 Abs. 1 Satz 1 Nr. 1–3 BewG festzustellen ist, mit dem (später vom Finanzamt) auf den Bewertungsstichtag festgestellten Wert anzusetzen. § 151 Abs. 3 BewG (Basiswertregelung) ist hierbei zu beachten. Andere Wirtschaftsgüter sind im Zweifel nach §§ 9, 11 oder 12 ff., 31 BewG zu bewerten.

42 R B 200 Abs. 2 ErbStR.

b) Unterbeteiligung

Beteiligungen an anderen Gesellschaften können zum nicht betriebsnotwendigen Vermögen gehören und werden nach § 200 Abs. 3 BewG gesondert bewertet und erfasst. Gehören sie zum betriebsnotwendigen Vermögen, z.B. Anteile eines Kommanditisten an der Komplementär-GmbH, müssen sie gem. § 200 Abs. 3 BewG ebenfalls mit ihrem gemeinen Wert zum Ertragswert addiert werden **(Zeile 41)**. Auch hier sind die Erträge, die aus den Beteiligungen in den Jahresertrag eingeflossen sind, aus den Betriebsergebnissen herauszurechnen. Damit verbundene Aufwendungen bleiben bei betriebsnotwendigen Beteiligungen unberücksichtigt, d.h. keine Zurechnung des Saldos des gemeinen Werts und kein Herausrechnen der Aufwendungen für die Beteiligungen aus dem Betriebsergebnis. Für wirtschaftlich unbedeutende Beteiligungen können im Verwaltungsweg noch Vereinfachungen bei der Bewertung vorgesehen werden. Beteiligungen an anderen Gesellschaften sind dann nicht in der Zeile 41, sondern **in der Zeile 39** anzugeben, wenn die Beteiligungen an anderen Gesellschaften zum nicht betriebsnotwendigen Vermögen gehören. 50

Die Ermittlung des gemeinen Werts der Unterbeteiligung richtet sich grundsätzlich **nach § 11 Abs. 2 BewG**. Siehe zu Beteiligungen an Personengesellschaften § 10 und für Beteiligungen an Kapitalgesellschaften § 11. 51

Hinweis

Im Einvernehmen mit den Verfahrensbeteiligten kann das Finanzamt[43] darauf verzichten, eine gesonderte Ermittlung des gemeinen Werts von zum Vermögen gehörenden Anteilen an einer Kapitalgesellschaft und Beteiligungen an einer Personengesellschaft vorzunehmen, wenn der Verwaltungsaufwand der Beteiligten außer Verhältnis zur steuerlichen Auswirkung steht und der festzustellende Wert unbestritten ist. In diesen Fällen kann aus Vereinfachungsgründen die durchschnittliche Bruttoausschüttung der Untergesellschaft der letzten drei Jahre als durchschnittlicher Jahresertrag multipliziert mit dem Kapitalisierungsfaktor nach § 203 BewG angesetzt werden; mindestens ist der Steuerbilanzwert der Beteiligung anzusetzen. Zur Kostenersparung kann der Steuerpflichtige dies anregen.

c) Innerhalb von zwei Jahren ins Betriebsvermögen eingelegtes Wirtschaftsgut

Innerhalb von zwei Jahren eingelegte Wirtschaftsgüter und die wirtschaftlich damit zusammenhängenden Schulden werden zusätzlich zu dem Ertragswert mit den eigenständig ermittelten gemeinen Werten (Saldo) angesetzt, d.h. zum Ertragswert addiert (§ 200 Abs. 4 BewG), anzugeben in **Zeile 42**. Ggf. sind Wirtschaftsgüter, die an die Stelle der der „jungen" Wirtschaftsgüter getreten sind 52

43 R B 200 Abs. 4 ErbStR.

(Surrogate), anzusetzen.[44] Insbesondere solche eingelegten Wirtschaftsgüter, die einen hohen gemeinen Wert bei relativ geringer Rendite haben, würden nicht hinreichend im Ertragswert abgebildet. Die Regelung dient auch der Missbrauchsvermeidung. Die Erträge und Aufwendungen, die aus den neu eingelegten Wirtschaftsgütern in den Jahresertrag eingeflossen sind, sind aus den Betriebsergebnissen herauszurechnen (vgl. § 202 BewG). Das gilt insbesondere auch für betriebsnotwendige Wirtschaftsgüter und Beteiligungen. Bei diesen neu eingelegten Wirtschaftsgütern handelt es sich ggf. um Verwaltungsvermögen, aber im Sinne des § 13b Abs. 7 Satz 2 ErbStG um nicht begünstigtes Vermögen. Bezugszeitpunkt ist der Bewertungsstichtag (§ 11 ErbStG), der wiederum vom Zeitpunkt der Entstehung (§ 9 ErbStG) abhängig ist. Sofern die Wirtschaftsgüter des jungen Betriebsvermögens zum nicht betriebsnotwendigen Vermögen gehören, ist deren gemeiner Wert in **Zeile 39** einzutragen.

53 Die Ermittlung des gemeinen Werts der sog. jungen Wirtschaftsgüter auf den Bewertungsstichtag richtet sich nach dem Bewertungsgesetz. Grundbesitz, für den ein Wert nach § 151 Abs. 1 Satz 1 Nr. 1 BewG festzustellen ist, ist mit dem (später vom Finanzamt) auf den Bewertungsstichtag festgestellten Wert anzusetzen. Die Basiswertregelung in § 151 Abs. 3 BewG kann hierbei angewendet werden.

d) Sonderbetriebsvermögen

54 Ergänzend ist darauf hinzuweisen, dass für die Wirtschaftsgüter und Schulden des Sonderbetriebsvermögens eines Gesellschafters stets der gemeine Wert im Rahmen einer Einzelbewertung zu ermitteln ist (§ 97 Abs. 1a Nr. 2 BewG). Das gilt unabhängig davon, wie der Wert des Gesamthandsvermögens ermittelt wird (marktübliches Verfahren, vereinfachtes Ertragswertverfahren oder Substanzwert). Wegen der Einzelbewertung des Sonderbetriebsvermögens erfolgt aber weder beim Erwerb von Gesellschaftsanteilen mit Sonderbetriebsvermögen noch beim Erwerb von Gesellschaftern ohne Sonderbetriebsvermögen eine Korrektur des Betriebsergebnisses um die mit diesem im Zusammenhang stehenden Erträge und Aufwendungen der Gesellschaft. § 202 Abs. 1 Satz 2 Nr. 3 BewG bleibt hiervon unberührt.

4. Ergebnis – Ertragswert

55

44	**Summe Zeile 39 bis 43**	0
45	**Ertragswert des Betriebs/der Gesellschaft** (Summe aus Zeile 37 und Zeile 44)	0

44 R B 200 Abs. 5 ErbStR.

Mit Hilfe des Formulars kann also der Wert des Betriebsvermögens nach dem vereinfachten Ertragswertverfahren aus dem Ertragswert des betriebsnotwendigen Vermögens (§ 200 Abs. 1 BewG) selbst errechnet werden.

Wert des Betriebsvermögens

= Jahresertrag §§ 201–202 BewG x Kapitalisierungsfaktor (§ 203 BewG)

\+ Nettowert des nicht betriebsnotwendigen Vermögens (§ 200 Abs. 2 BewG)

\+ Wert der Beteiligungen an anderen Gesellschaften (§ 200 Abs. 3 BewG)

\+ Nettowert des jungen Betriebsvermögens (§ 200 Abs. 4 BewG)

Wird nur ein Teil eines Einzelunternehmens erworben, erfolgt die Ermittlung des übertragenen Anteils an dem Einzelunternehmen unter Abschn.F. in Zeile 42 der Anlage Betriebsvermögen für Einzelunternehmen.

Während die Methode an sich einfach ist, ist sie doch zum Teil mit erheblichen 56 Ermittlungsarbeiten und Vorentscheidungen behaftet. Vor allem ist aber zu bedenken, dass die im vereinfachten Ertragswertverfahren vorgesehenen Typisierungen dazu führen können, dass der in diesem Verfahren ermittelte Wert höher oder niedriger ist als der gemeine (richtigere) Wert. Um einen niedrigeren Wert nachzuweisen, müsste der Unternehmenswert durch andere Bewertungsmethoden – auf eigene Kosten – nachgewiesen werden. Er kann/darf aber wiederum nicht unter dem nachfolgend erläuterten Substanzwert liegen.

G. Bewertung mit dem Substanzwert

I. Rechtsgrundlage und Anwendungsbereich des Substanzwerts

Bei dem Substanzwert im hier verstandenen Sinne handelt es sich nicht um den 57 sog. Liquidationswert, sondern um einen fiktiven Wiederherstellungswert. Das bedeutet, dass der Substanzwert selbst bei kurz bevorstehender Insolvenz ggf. noch ein positiver Unternehmenswert sein könnte. Die Finanzverwaltung[45] lässt aber – aus Vereinfachungsgründen – bei Einzelunternehmen, Personengesellschaften oder Kapitalgesellschaften, die sich in Liquidation befinden – zu, den **Liquidationswert** (einschließlich der Liquidationskosten, die beispielsweise für einen Sozialplan anfallen) **anzusetzen**.

Der Substanzwert bildet bei der Ermittlung des gemeinen Werts den **Mindestwert/die Wertuntergrenze** (§ 11 Abs. 2 Satz 3 BewG). Dies gilt unabhängig davon, ob der gemeine Wert mit einem individuellen Gutachten oder nach dem

45 R B 11.5 Abs. 9 ErbStR.

vereinfachten Ertragswertverfahren ermittelt worden ist. Nur in den Fällen, in denen der gemeine Wert aus Verkäufen abgeleitet worden ist, ist der Substanzwert nicht anzusetzen, siehe auch Rdn 18.

Zur Wertermittlung im Substanzwertverfahren ist zwingend ein besonderer Vordruck auszufüllen. Das Bewertungsergebnis aus diesem Vordruck ist in die Anlage Betriebsvermögen auf Seite 2 **unter E (Zeile 39)** einzutragen. Wird nur ein Teil eines Einzelunternehmens erworben, erfolgt die Ermittlung des übertragenen Anteils an dem Einzelunternehmen unter F. in **Zeile 42.**

38	**E. Substanzwert** (Mindestwert nach § 11 Abs. 2 Satz 3 BewG)			
39	Substanzwert des **gesamten Betriebsvermögens** des Einzelunternehmens laut beigefügter „Anlage Substanzwert“			EUR
40	**F. Anzusetzender gemeiner Wert des Betriebsvermögens** (gemeiner Wert, vorrangig B; andernfalls C oder D, mindestens E)			
41	Gemeiner Wert des **gesamten Betriebsvermögens** lt. Zeile 28, 35, 37 oder 39			EUR
42	Umfang des erworbenen Anteils an dem **Einzelunternehmen** (Zeile 14)	in %	Zeile 41 x Umfang des erworbenen Anteils in %	EUR

Hinweis

Auch der jeweilige Substanzwert wird nur verbindlich, wenn er von der zuständigen Stelle (i.d.R. vom Betriebsfinanzamt) bestandskräftig in einem Feststellungsbescheid festgestellt worden ist.

II. Die Anlage Substanzwert

Finanzamt					58
Aktenzeichen/Steuernummer					

Anlage Substanzwert

zur Feststellungserklärung

auf den Bewertungsstichtag ....

Allgemeine Angaben Zutreffende weiße Felder bitte ausfüllen oder ☒ ankreuzen

Zeile					
1	**Bezeichnung** des Gewerbebetriebs/des freien Berufs bzw. der Personengesellschaft oder der Kapitalgesellschaft				
2	Name/Firma/Bezeichnung				Tagsüber telefonisch erreichbar
3					
4	**Ort der Geschäftsleitung oder Sitz**				
5	Straße und Hausnummer				
6	Postleitzahl und Ort				
7	Betriebsfinanzamt		Steuernummer/Aktenzeichen/Wirtschafts-Identifikationsnummer		
8					
9	Bewertungsstichtag	Tag	Monat	Jahr	
10	Abschlusszeitpunkt	Tag	Monat	Jahr	
11					
12					
13					
14					
15	Bemerkungen:				
16					
17					
18					
19					
20					
21					
22					

Auf Seite 1 der Anlage zur Ermittlung des Substanzwerts sind allgemeine Angaben zu dem zu bewertenden Betriebsvermögen zu machen. Unter Bemerkungen ab **Zeile 15** könnte z.B. angegeben werden, dass im Substanzwert Gegenstände enthalten sind, für die Steuerbefreiungen nach § 13 Abs. 1 Nr. 2 und 3 ErbStG in Frage kommen (z.B. für denkmalgeschützte Betriebsgrundstücke). Hierzu bietet sich eine schriftliche Aufstellung auf einem gesonderten Blatt (formlos) an. Zu bedenken ist allerdings, dass Schulden und Lasten, die auf den befreiten Objekten ruhen, nicht abzugsfähig sind (§ 10 Abs. 6 ErbStG). Zu prüfen ist, ob ggf. auf diese Befreiung verzichtet werden soll (vgl. § 13 Abs. 3 Satz 2 ErbStG) und so die Schulden abgezogen werden können.

III. Wertermittlung des Substanzwerts

59 Der Substanzwert ergibt sich durch Gegenüberstellung der Aktiv- und Passivposten des betreffenden Betriebsvermögens zum Bewertungsstichtag. Grds. gilt: Aktive und passive Wirtschaftsgüter gehören **auch dann** dem Grunde nach zum ertragsteuerlichen Betriebsvermögen, wenn für sie ein **steuerliches Aktivierungs- oder Passivierungsverbot** besteht.[46] Die zum Betriebsvermögen gehörenden Wirtschaftsgüter und sonstigen aktiven Ansätze sowie die zum Betriebsvermögen gehörenden Schulden und sonstigen Abzüge sind bei der Ermittlung des Substanzwerts mit dem gemeinen Wert – ermittelt nach den Vorschriften des BewG – anzusetzen (§ 11 Abs. 2 Satz 3 BewG). Grundbesitz, Betriebsvermögen und Anteile an Kapitalgesellschaften, für die ein Wert nach § 151 Abs. 1 Satz 1 Nr. 1–3 BewG festzustellen ist, sind mit dem auf den **Bewertungsstichtag (Zeile 9)** festgestellten Wert anzusetzen. Der Bestand ist aus der Buchhaltung zu entnehmen, dabei ist darauf zu achten, dass es hier nicht unbedingt auf den Bilanzstichtag, sondern auf den Besteuerungszeitpunkt (§§ 9, 11 ErbStG) ankommt.

Beispiel

A ist am 30.6.2022 gestorben und hinterlässt u.a. ein Einzelunternehmen. Hier kommt es auf den Bestand und auch auf den gemeinen Wert am 30.6.2022 an. Sofern für einzelne Wirtschaftsgüter eine gesonderte Wertfeststellung vorgeschrieben ist (siehe § 151 i.V.m. § 157 BewG), ist der auf diesen Stichtag amtlich festgestellte Wert anzusetzen bzw. später zu übernehmen.

60 Entsteht die Steuer zu einem Zeitpunkt, der nicht mit dem Schluss des Wirtschaftsjahrs übereinstimmt, auf das der Betrieb einen regelmäßigen jährlichen Abschluss macht, und erstellt der Betrieb keinen Zwischenabschluss, der den Grundsätzen der Bilanzkontinuität entspricht, kann aus Vereinfachungsgründen der Wert des Betriebsvermögens aus der auf den Schluss des letzten vor dem Bewertungsstichtag endenden Wirtschaftsjahrs erstellten Vermögensaufstellung abgeleitet werden, sofern dies im Einzelfall nicht zu unangemessenen Ergebnissen führt und deshalb eine besondere Ermittlung des Substanzwerts auf den Bewertungsstichtag vorzunehmen ist.

---

46 R B 11.5 Abs. 3 Sätze 1 und 2 ErbStR.

1. Die Besitzposten

a) Anlagevermögen

61

Zeile	Besitzposten Wirtschaftsgüter/sonstige aktive Ansätze	Wert in EUR in der Steuerbilanz	Wert in EUR nach dem BewG
23			
24	**Ausstehende Einlagen**		
25	**Anlagevermögen** **Immaterielle Wirtschaftsgüter**		
26	Konzessionen, gewerbliche Schutzrechte und ähnliche Rechte und Werte; geschäftswertbildende, firmenwertbildende oder praxiswertbildende Faktoren, denen ein eigenständiger Wert zugewiesen werden kann		
27	Geschäfts- oder Firmenwert (soweit nicht in Zeile 26 enthalten)		
28	**Geleistete Anzahlungen**		
29	**Summe** (Zeilen 26 bis 28)		
30	**Sachanlagen**		
31	**Inländische Betriebsgrundstücke**		
32	Betriebsgrundstücke, die wie land- und forstwirtschaftliches Vermögen zu bewerten sind ☐ Nein ☐ Ja (bitte Anlage beifügen)		
33	Unbebaute Grundstücke ☐ Nein ☐ Ja (bitte Anlage beifügen)		
34	Bebaute Grundstücke ☐ Nein ☐ Ja (bitte Anlage beifügen)		
35	Grundstücke im Zustand der Bebauung ☐ Nein ☐ Ja (bitte Anlage beifügen)		
36	Erbbaurecht/Erbbaugrundstück ☐ Nein ☐ Ja (bitte Anlage beifügen)		
37	Gebäude auf fremdem Grund und Boden/belastetes Grundstück ☐ Nein ☐ Ja (bitte Anlage beifügen)		
38	**Summe** (Zeilen 32 bis 37)		
39	**Ausländische Betriebsgrundstücke**		
40	**Bodenschätze**		
41	**Technische Anlagen und Maschinen**		
42	Maschinen und maschinelle Anlagen		
43	Betriebsvorrichtungen		
44	**Andere Anlagen, Betriebs- und Geschäftsausstattung**		
45	Einrichtung und Inventar		
46	Fahrzeuge		
47	Einbauten in fremde Grundstücke		
48	Technische Anlagen und Maschinen im Bau		
49	Geleistete Anzahlungen und Sonstiges		
50	**Summe** (Zeilen 45 bis 49)		
51	**Finanzanlagen**		
52	Beteiligungen an Personengesellschaften ☐ Nein ☐ Ja (bitte Anlage beifügen)		
53	Anteile an Kapitalgesellschaften und Genussscheine ☐ Nein ☐ Ja (bitte Anlage beifügen)		
54	Andere Wertpapiere		
55	Geschäftsguthaben bei Genossenschaften		
56	Ausleihungen		
57	**Summe** (Zeilen 52 bis 56)		

Die zum Betriebsvermögen gehörenden Wirtschaftsgüter und sonstigen aktiven Ansätze sowie die zum Betriebsvermögen gehörenden Schulden und sonstigen Abzüge sind bei der Ermittlung des Substanzwerts mit dem gemeinen Wert anzusetzen (§ 11 Abs. 2 Satz 3 BewG).

Besondere Schwierigkeiten dürfte die Wertermittlung der immateriellen Wirtschaftsgüter für **Zeile 25, 26** bereiten. Sofern ein Unternehmen nach einem Ertragswertverfahren bewertet wird, kommt es in der Regel auf den Einzelwert von selbst geschaffenen Vermögensgegenständen nicht an. Ihr „Vorhandensein" fließt in das Betriebsergebnis mit ein. Sind die Betriebsergebnisse allerdings niedrig oder sogar negativ, muss der Substanzwert und dabei auch der Wert der selbst geschaffenen immateriellen Vermögensgegenstände ermittelt und angesetzt werden. Grundsätzlich gilt, dass bei der Bewertung in Anwendung von § 255 Abs. 2, 2a HGB i.d.F. ab 2010 zweistufig geprüft werden muss,

a) ob überhaupt ein ansatzfähiges Wirtschaftsgut vorliegt und
b) ob für das Wirtschaftsgut eindeutig zuzurechnende Aufwendungen gemacht wurden.

62 Für den **Ansatz** ist entscheidend, dass schon ein **selbstständig verkehrsfähiges Wirtschaftsgut** mit **wirtschaftlichem Nutzungspotential** vorliegt. Nach § 248 Abs. 2 Satz 2 HGB nicht ansatzfähige Wirtschaftsgüter müssen m.E. auch nicht für erbschaftsteuerliche Zwecke angesetzt werden.

Zum Betriebsvermögen gehören selbst geschaffene oder entgeltlich erworbene immaterielle Wirtschaftsgüter (z.B. Patente, Lizenzen, Warenzeichen, Markenrechte, Konzessionen, Bierlieferrechte). Der Geschäftswert,[47] Firmenwert oder Praxiswert ist ebenso wie geschäftswert-, firmenwert- oder praxiswertbildende Faktoren, denen ein eigenständiger Wert zugewiesen werden kann und damit eigenständig veräußerbar sind (z.B. Kundenstamm, Know-how) anzusetzen, unabhängig davon, ob sie selbst geschaffen oder entgeltlich erworben wurden.[48]

Die **Bewertung** eines selbst geschaffenen immateriellen Vermögensgegenstands des Anlagevermögens richtet sich handelsrechtlich nach den bei dessen Entwicklung anfallenden Aufwendungen nach § 255 Abs. 2 HGB. Nicht einzubeziehen sind – entsprechend § 255 Abs. 2 Satz 4 HGB – die sog. Forschungskosten. Liegt ein handelsrechtlicher Ansatz vor, kann dieser m.E. übernommen werden. Insge-

47 Nach FG Düsseldorf v. 19.8.2014 – 6 K 2634/11 K, G, EFG 2014, 1987 war nach dem Recht vor 2016 ein Geschäftswert und Firmenwert bei der Ermittlung des Substanzwertes nicht zu berücksichtigen, da er nicht einzelverkehrsfähig sei. Nach *Riedel* in: Daragan/Halaczinsky/Riedel, Praxiskommentar ErbStG und BewG, § 11 BewG Rn 50 ist er jetzt anzusetzen, siehe auch Zeile 27.

48 R B 11.5 Abs. 3 Sätze 4 und 5 ErbStR.

samt handelt es sich um einen Bereich, der in größeren Fällen wohl kaum ohne entsprechenden Experten bewältigt werden kann.[49]

Der **gemeine Wert von Erfindungen oder Urheberrechten, die in Lizenz vergeben oder in sonstiger Weise gegen Entgelt einem Dritten zur Ausnutzung überlassen** sind, wird in der Weise ermittelt, dass der Anspruch auf die in wiederkehrenden Zahlungen bestehende Gegenleistung kapitalisiert wird, soweit keine anderen geeigneten Bewertungsgrundlagen vorhanden sind.[50] Hierfür sind die vertraglichen Vereinbarungen mit dem Lizenznehmer maßgeblich. Ist keine feste Lizenzgebühr vereinbart und die Vertragsdauer unbestimmt, kann auf die letzte vor dem Besteuerungszeitpunkt gezahlte Lizenzgebühr und eine Laufzeit von acht Jahren abgestellt werden. Der Kapitalisierung ist der marktübliche Zinssatz zugrunde zu legen. Bei der Bewertung von Betriebsvermögen, Beteiligungen an Personengesellschaften und Anteilen an Kapitalgesellschaften mit dem Substanzwert für die Bewertung von Erfindungen oder Urheberrechten ist es bei der Ermittlung des gemeinen Werts von Erfindungen oder Urheberrechten nicht zu beanstanden,[51] wenn auf den Zinssatz abgestellt wird, den die Deutsche Bundesbank anhand der Zinsstrukturdaten aus der langfristig erzielbaren Rendite öffentlicher Anleihen jeweils auf den ersten Börsentag des Jahres errechnet (Basiszins). Für das Jahr 2023 gilt ein Vervielfältiger von 7,05 %. Für Bewertungsstichtage ab 1.1.2018[52] kann auf den Basiszins abgestellt werden, den das Bundesministerium der Finanzen nach § 18 Abs. 4 InvStG 2018 jährlich einmal im Bundessteuerblatt Teil I veröffentlicht.[53] 63

Hinweis

Der selbst **geschaffene Firmen- oder Praxiswert** braucht nicht erklärt werden.

Inländische Betriebsgrundstücke (Zeilen 31–38) sind (jedenfalls später) durch das Finanzamt gesondert zu bewerten, siehe dazu § 8; in das Formular ist ggf. der Wert laut Feststellungsbescheid oder zunächst ein selbst errechneter Wert 64

49 Aus der Literatur: *Laubach/Kraus/Bornhofen*, Zur Umsetzung der HGB-Modernisierung durch das BilMoG; die Bilanzierung selbst geschaffener immaterieller Vermögensgegenstände, DB 2009 Beilage 5; Beispiel zur Bewertung einer „Webseite“ in *Hall/Kessler*, Handbuch BilMoG 2009, Kap. 1 S. 151 ff.

50 FinMin Schl-Holst. v. 22.1.2018, VI 353-S 3101–1002, juris; *Halaczinsky*, Der Erwerb von Urheberrechten, ErbStB 2010, 309.

51 R B 11.5 Abs. 6 ErbStR.

52 Für Bewertungsstichtage vor dem Jahr 2017 war es nicht zu beanstanden, wenn der jeweils maßgebende Kapitalisierungszinssatz nach § 203 Abs. 1 BewG angewendet wurde.

53 Zuletzt v. 4.1.2023 – IV C 1-S 1980–1/19/10038:007, BStBl 2023 I, 178. Tabelle über die seit 2018 anzuwendenden Vervielfältiger z.B. OFD Frankfurt aM v. 4.1.2023 – S 3101 A-001-St 71, ofix HE oder juris.

einzutragen. Außerdem wird eine gesonderte formlose schriftliche Aufstellung verlangt, aus der sich ergibt:
- Lage des Grundstücks: PLZ, Ort, Straße, Hausnummer, Flur, Flurstück/Parzelle
- Feststellung des Grundbesitzwerts durch das Finanzamt (Lagefinanzamt)
- Einheitswert-Aktenzeichen
- Festgestellter Grundbesitzwert insgesamt (falls bekannt) in EUR
- Bei gemischt genutzten Grundstücken: Umfang der Zugehörigkeit zum ertragsteuerlichen Betriebsvermögen in Prozent.

65 Die **Zugehörigkeit eines Grundstücks zum Betriebsvermögen** richtet sich nach den ertragsteuerrechtlichen Regelungen. Gehört nur ein Teil des Grundstücks zum Betriebsvermögen, ist der Grundbesitzwert für das gesamte Grundstück nach § 151 Abs. 1 Satz 1 Nr. 1 BewG festzustellen. Dieser ist nach ertragsteuerrechtlichen Grundsätzen vom Betriebsfinanzamt (§ 152 Nr. 2 BewG) aufzuteilen. Ein hiernach dem Grundvermögen zuzuordnender Anteil ist vom Betriebsfinanzamt dem zuständigen Erbschaft- und Schenkungsteuerfinanzamt nachrichtlich mitzuteilen. Wenn das Grundstück oder der Grundstücksteil gesondert anzusetzen ist (Substanzwertverfahren, Ansatz als Sonderbetriebsvermögen oder junges Betriebsvermögen), ist der gemeine Wert zu berücksichtigen, soweit er auf den betrieblichen Teil entfällt. Ist für Grundbesitz ein Wert nach § 151 Abs. 1 Satz 1 Nr. 1 BewG festzustellen, ist (später) der auf den Bewertungsstichtag festgestellten Werte anzusetzen. Die Basiswertregelung in § 151 Abs. 3 BewG ist hierbei zu beachten, R B 11.5. Abs. 5 ErbStR. Zur Grundbesitzbewertung § 8.

66 Entsprechendes gilt für Beteiligungen und Anteile an Kapitalgesellschaften, soweit für sie ein Wert nach § 151 Abs. 1 Satz 1 Nr. 1–3 BewG festzustellen ist; hierzu ist ein besonderes Wertfeststellungsverfahren erforderlich, dazu §§ 10, 11. Siehe dazu noch Erläuterung in **Anleitung** zur Anlage Ermittlung des Substanzwerts.

67 Wirtschaftsgüter des beweglichen abnutzbaren Anlagevermögens sind mit dem gemeinen Wert anzusetzen. Wirtschaftsgüter des beweglichen, abnutzbaren Anlagevermögens **(Zeilen 40–48)** können aus Vereinfachungsgründen mit 30 % der Anschaffungs- oder Herstellungskosten angesetzt werden, wenn dies nicht zu unzutreffenden Ergebnissen führt.[54] Geldvermögen, Finanzanlagen **(Zeilen 24, 28, 49, 54 ff.)** sind nach § 12 BewG zu bewerten.

54 R B 11.5 Abs. 7 ErbStR.

b) Umlaufvermögen

68

Zeile	Umlaufvermögen	Wert in EUR in der Steuerbilanz	Wert in EUR nach dem BewG
58	**Umlaufvermögen**	in der Steuerbilanz	nach dem BewG
59	**Vorräte**		
60	Roh-, Hilfs- und Betriebsstoffe		
61	Unfertige Erzeugnisse, unfertige Leistungen		
62	Fertige Erzeugnisse und Waren		
63	**Summe** (Zeilen 60 bis 62)		
64	**Forderungen und sonstige Vermögensgegenstände**		
65	Forderungen aus Lieferungen und Leistungen		
66	Forderungen gegen verbundene Unternehmen		
67	Sonstiges		
68	Geleistete Anzahlungen		
69	Übrige Forderungen		
70	Steuererstattungs-/-vergütungsansprüche		
71	**Summe** (Zeilen 65 bis 70)		
72	**Wertpapiere**		
73	**Schecks, Kassenbestand und Guthaben bei Kreditinstituten**		
74	**Rechnungsabgrenzungsposten**		
75	**Summe der Besitzposten** (Zeilen 24 bis 74)		

Wirtschaftsgüter des Umlaufvermögens sind mit ihren **Wiederbeschaffungs- oder Wiederherstellungskosten** zum Bewertungsstichtag anzusetzen. Ihr Wert kann auch nach der retrograden Methode ermittelt werden. Auf Grund der Verbrauchsfolgefiktion des Lifo-Verfahrens gebildete stille Reserven sind bei der Ermittlung des Substanzwertes anzusetzen. Zum Betriebsvermögen gehörende Genossenschaftsanteile sind grundsätzlich im Rahmen der Ermittlung des Substanzwerts als Kapitalforderungen nach § 12 BewG mit dem Nennwert zu bewerten.[55] Forderungen, Bankguthaben und dgl. sind nach § 12 BewG, Wertpapiere nach § 11 Abs. 1 BewG zu bewerten.

55 R B 11.5 Abs. 8 ErbStR.

2. Die Schuldposten

69

76	**Schuldposten** Schulden/sonstige Abzüge		
77	**Rückstellungen**		
78	Rückstellungen für Pensionen und ähnliche Verpflichtungen		
79	Steuerrückstellungen		
80	Sonstige Rückstellungen		
81	**Verbindlichkeiten**		
82	Kapitalschulden		
83	Erhaltene Anzahlungen auf Bestellungen		
84	Verbindlichkeiten aus Lieferungen und Leistungen		
85	Schuldwechsel		
86	Verbindlichkeiten gegenüber verbundenen Unternehmen		
87	Sonstige Verbindlichkeiten		
88	Rechnungsabgrenzungsposten		
89	Wertberichtigungsposten		
90	**Summe der Schuldposten** (Zeilen 78 bis 89)		

Der gemeine Wert der **Schuldposten** lt. **Zeilen 76 ff.** ist gem. §§ 9, 12 BewG zu ermitteln. Nach Auffassung der **Finanzverwaltung** sind die Schulden und sonstigen passiven Ansätze bei **bilanzierenden Gewerbetreibenden und freiberuflich Tätigen** (§ 4 Abs. 1 oder § 5 EStG) dem Grunde nach zu berücksichtigen (§ 103 Abs. 1 und § 109 BewG). Offenbar will die Finanzverwaltung die §§ 6–8 BewG nicht anwenden. Da ab 2009 dafür die gemeinen Werte nach dem **allgemeinen Teil des BewG** zu ermitteln sind, müssten m.E. auch die §§ 6 ff. BewG angewendet werden. Das hätte erhebliche nachteilige Auswirkungen für die Ermittlung von Rückstellungen u.Ä. **Handelsrechtlich gebotene Rückstellungen** (z.B. Drohverlustrückstellung), die steuerlich nicht passiviert werden dürfen (§ 5 Abs. 4a Satz 1 EStG), sind bei der Ermittlung des Substanzwerts anzusetzen.[56] Pensionsrückstellungen sind nicht mit dem Wert nach § 6a EStG, sondern mit dem gemeinen Wert anzusetzen. Dabei ist es grundsätzlich nicht zu beanstanden, den handelsrechtlichen Wert zu übernehmen. In der Steuerbilanz gewinnmindernd gebildete **Rücklagen** z.B. nach § 6b EStG, R. 6.5 EStR, R. 6.6 EStR sowie Ausgleichsposten nach § 14 KStG, § 4g EStG, die Luftposten nach § 20 UmwStG und andere Ausgleichsposten, die Rücklagencharakter haben, sind **nicht abzugsfähig** (§ 103 Abs. 3 BewG). Eine zukünftige Ertragssteuerbelastung (latente Ertragsteuern) ist nicht wertmindernd zu berücksichtigen.[57]

56 R B 11.5 Abs. 3 Satz 3 ErbStR.

57 R B 11.5 Abs. 3 Satz 6 und 7 ErbStR.

Bei **nicht bilanzierenden Gewerbetreibenden und freiberuflich Tätigen** sind Schulden und sonstige Abzüge nur zu berücksichtigen, wenn sie in wirtschaftlichem Zusammenhang mit der Gesamtheit oder mit einzelnen Teilen des Betriebsvermögens stehen, Näheres siehe R B 103.2 ErbStR. Schulden, die im Zusammenhang mit einem Betriebsgrundstück stehen, sind abzuziehen, soweit sie bei der steuerlichen Gewinnermittlung zum Betriebsvermögen gehören. 70

3. Errechnung des Substanzwerts am Bewertungsstichtag

Auszugehen ist vom Zwischenwert des Substanzwerts. 71

91	**Zwischenwert Substanzwert** (Zeile 75 abzüglich Zeile 90)	

Sofern der Bewertungsstichtag mit dem Bilanzstichtag zusammenfällt, sind in den folgenden **Zeilen 92–107** keine Angaben erforderlich. **Bei Schenkungen** von Betriebsvermögen (vorweggenommene Unternehmensnachfolge) wird häufig der Bilanzstichtag/Abschlusszeitpunkt als Tag der Schenkung gewählt. Dies erleichtert die erbschaftsteuerliche Bewertung. Gleiches gilt, wenn der Betrieb einen den Grundsätzen der Bilanzkontinuität entsprechenden Zwischenabschluss auf den Bewertungsstichtag erstellt.

Bei **Erbanfällen** im laufenden Jahr muss das Betriebsvermögen am Tag der Entstehung der Steuer, häufig am Todestag des Erblassers, ermittelt und bewertet werden (zum Entstehungszeitpunkt siehe § 9 ErbStG und § 2 dieses Buches). Entsprechendes gilt bei **Schenkungen** im laufenden Jahr. In diesen Fällen steht es dem Steuerpflichtigen frei, eine genaue Vermögensaufstellung auf den entsprechenden Stichtag zu erstellen. Dies wird insbesondere dann zu empfehlen sein, wenn mit ganz erheblichen Wertminderungen seit dem letzten Abschlusszeitpunkt zu rechnen ist. Die **Finanzverwaltung** lässt eine **vereinfachte Ermittlung** zu. D.h. Sie können die Wertansätze aus der auf den Schluss des letzten vor dem Bewertungsstichtag endenden Wirtschaftsjahrs erstellten Vermögensaufstellung (Bilanz) übernehmen und dann nach Maßgabe der **Zeilen 92 ff.** auf den tatsächlichen Besteuerungsstichtag ableiten (R B 109.2 Abs. 2, 3 ErbStR). Dazu enthält R B 109.2 Abs. 2, 3 ErbStR sinngemäß folgende Anweisung: 72

Aus Vereinfachungsgründen kann der Wert des Vermögens der Kapitalgesellschaft zum Bewertungsstichtag aus der auf den Schluss des letzten vor dem Bewertungsstichtag endenden Wirtschaftsjahrs erstellten Vermögensaufstellung abgeleitet werden, sofern dies im Einzelfall nicht zu unangemessenen Ergebnissen führt.

Dabei ist von der Summe der gemeinen Werte für die Wirtschaftsgüter, sonstigen aktiven Ansätze, Schulden und sonstigen Abzüge am Abschlusszeitpunkt zu bilden, die bei der Ermittlung des Substanzwerts der Kapitalgesellschaft auszuge- 73 hen (Substanzwert lt. **Zeile 91 = Zwischenwert lt. Zeile 93**). Als **Korrekturen** kommen nach R B 109.2 Abs. 3 ErbStR insbesondere in Betracht:

1. *Hinzurechnung des Gewinns und der Einlagen sowie Abrechnung des Verlustes, der auf den Zeitraum vom letzten Bilanzstichtag vor dem Bewertungsstichtag bis zum Bewertungsstichtag entfällt. Auszugehen ist dabei vom Gewinn laut Steuerbilanz. Der Gewinn oder Verlust ist zu korrigieren, soweit darin Abschreibungen (Normal AfA, erhöhte AfA, Sonderabschreibungen, Teilwertabschreibungen) oder Aufwendungen auf betrieblichen Grundbesitz (Grund und Boden, Betriebsgebäude, Außenanlagen, sonstige wesentliche Bestandteile und Zubehör) enthalten sind, die das Ergebnis gemindert haben, mit dem Wertansatz der Betriebsgrundstücke aber abgegolten sind. Gewinn oder Verlust und Abschreibungen oder andere Aufwendungen bis zum Bewertungsstichtag sind, soweit dies nicht im Einzelfall zu unangemessenen Ergebnissen führt, zeitanteilig aus den entsprechenden Jahresbeträgen zu berechnen;*
2. *Berücksichtigung von Vermögensänderungen infolge Veräußerung oder Erwerb von Anlagevermögen, insbesondere von Betriebsgrundstücken, Wertpapieren, Anteilen und Genussscheinen von Kapitalgesellschaften und Beteiligungen an Personengesellschaften, soweit sie sich nicht bereits nach Nummer 1 ausgewirkt haben;*
3. *Vermögensabfluss durch Gewinnausschüttungen;*
4. *Vermögenszuführungen oder -abflüsse infolge von Einlagen/Entnahmen und von Kapitalerhöhungen oder Kapitalherabsetzungen;*
5. *Vermögenszuführungen durch verdeckte Einlagen.*

Dafür sind die Angaben in **Zeilen 92–107** erforderlich.

Zeile	Ableitung des Werts zum Bewertungsstichtag	Wert in EUR	Wert in EUR
92			
93	**Zwischenwert Substanzwert** (Zeile 91)		
94	**Hinzu- und Abrechnungen** für den Zeitraum zwischen Abschlusszeitpunkt und Bewertungsstichtag (nur ausfüllen, wenn Abschlusszeitpunkt und Bewertungsstichtag voneinander abweichen)		
95	**Gewinn / Verlust** des gesamten Wirtschaftjahrs, in das der Bewertungsstichtag fällt	+/-	
96	**Besondere Aufwendungen auf Betriebsgrundstücke**	+	
97	**Gewinn (-)/Verlust (+)** aus der Veräußerung von Anlagevermögen	-/+	
98	**Korrigierter Gewinn/Verlust** **Summe** (Zeilen 95 bis 97)	+/-	
99	**Korrigierter Gewinn/Verlust** (Zeile 98), der anteilig auf den Zeitraum zwischen Abschlusszeitpunkt und Bewertungsstichtag entfällt		+/-
100	**Vermögensveränderungen** infolge Veräußerung oder Erwerb von Anlagevermögen	+/-	
101	**Einlagen** (nur bei Einzelunternehmen und Personengesellschaften)	+	
102	**Entnahmen** (nur bei Einzelunternehmen und Personengesellschaften)	-	
103	**Kapitalerhöhungen** (nur bei Kapitalgesellschaften)	+	
104	**Verdeckte Einlagen** (nur bei Kapitalgesellschaften)	+	
105	**Gewinnausschüttungen** (nur bei Kapitalgesellschaften)	-	
106	**Kapitalherabsetzungen** (nur bei Kapitalgesellschaften)	-	
107	**Hinzu- und Abrechnungen** **Summe** (Zeilen 100 bis 106)		+/-
108	**Substanzwert** **Summe** (Zeilen 93, 99 und 107)		

4. Ergebnis: Substanzwert

Der (fachgerecht) ermittelte Substanzwert ergibt sich infolge des „selbst rechnenden" Formulars und ist in **Zeile 108** einzutragen. Dieser Wert ist in Zeile 41, 42 der Anlage Betriebsvermögen für Einzelunternehmen einzutragen. 74

H. Angaben zu §§ 13a, 13b und 13c ErbStG

Auf Seite 3 ff. der Anlage Betriebsvermögen für Einzelunternehmen werden Angaben zur Anwendung der Verschonungen für Betriebsvermögen nach §§ 13a, 13b und 13c ErbStG abgefragt. Insb. geht es hier im Endeffekt um die Ermittlung der nicht zu verschonenden Teile des Unternehmensvermögens. Zu den Verschonungen für Betriebsvermögen siehe allgemein § 3 Rdn 25, § 4 Rdn 226 ff. und § 6 Rdn 230 ff. 75

Hinweis

Die Angaben in der Anlage Betriebsvermögen für Einzelunternehmen sollten mit den Angaben in der Anlage Steuerentlastung (§ 4 Rdn 226 ff. und § 6 Rdn 236 ff.) abgestimmt werden.

Das Betriebsfinanzamt stellt aufgrund der Angaben/Feststellungserklärung in den Zeilen 45–116 nach § 13b Abs. 10 ErbStG die Summe der ermittelten Einzelwerte der Wirtschaftsgüter des Verwaltungsvermögens, der Schulden und des jungen Verwaltungsvermögens, die Summen der gemeinen Werte der Finanzmittel, der jungen Finanzmittel und nach § 13a Abs. 4 ErbStG die Ausgangslohnsumme, die Anzahl der Beschäftigten und die Summe der maßgebenden jährlichen Lohnsummen sowie gesondert fest, wenn und soweit diese Werte für die Erbschaftsteuer oder eine andere Feststellung im Sinne dieser Vorschrift von Bedeutung sind. (Feststellungsstichtage ab dem 1.7.2016). Im Rahmen der Festsetzung der Erbschaftsteuer wird bei **Finanzmitteln ein Sockelbetrag** von 15 % des Unternehmenswerts zugunsten abgezogen. Hierzu ist dem Erbschaftsteuerfinanzamt für Bewertungsstichtage bis zum 28.12.2020 nachrichtlich mitzuteilen, ob die Voraussetzungen dafür vorliegen.[58] Für Bewertungsstichtage **ab dem 29.12.2020** erfolgt hierzu eine Feststellung (§ 13b Abs. 10 ErbStG). Außerdem wird **ab 29.12.2020** gesondert festgestellt, ob die Voraussetzungen für den Vorwegabschlag bis zu 30 % vom Wert des begünstigten Vermögens bei dem Erwerb von Beteiligungen/Anteilen an Familienunternehmen vorliegen (§ 13a Abs. 9a und 9 ErbStG).[59]

Bei **mehrstufigen Beteiligungsverhältnissen** sind für die Feststellung mehrfache Feststellungsverfahren durchzuführen, da auf jeder Beteiligungsstufe die Werte zu ermitteln sind und dies regelmäßig am leichtesten durch das für das jeweilige Unternehmen örtlich zuständige Finanzamt durchzuführen ist. Bei Beteiligungen z.B. bei Holdingkonstruktionen sind die maßgeblichen Werte im Wege einer getrennten Ermittlung zunächst bei der jeweils betroffenen Einheit festzustellen und anschließend über die Verbundvermögensaufstellung zuzurechnen.[60]

Zu den gesonderten Feststellungen und den Rechtsbehelfsmöglichkeiten siehe §§ 7, 14.

Hinweis

Grundsätzlich ist davon auszugehen, dass das Finanzamt – jedenfalls zunächst – die auf Seite 3 ff. erklärten Werte mangels anderer Erkenntnisse übernimmt. Ggf. wird es die Erklärung zu Überprüfung gesondert eingerichteten Fachprüfungsstellen bzw. besonderen Fachprüfen weiterleiten. Im Zweifel kann es auch gem. § 156 BewG eine Außenprüfung anordnen.

Mit diesen Erklärungen werden die Weichen für eine ggf. spätere Nachversteuerung gestellt.

---

58 R E 13b.23 Abs. 1 und Abs. 6 Satz 4 und 5 ErbStR sowie H B 151.9 „Nachrichtliche Angaben" ErbStH.

59 Diese Feststellungen sind/waren für Bewertungsstichtage bis zum 28.12.2020 nicht Teil der Feststellung.

60 Vgl. FG Berlin-Brandenburg v. 9.6.2022 – 9 K 9084/21, EFG 2023, 521.

I. Verwaltungsvermögen

Das Verwaltungsvermögen abzgl. der darauf entfallenden Schulden und Lasten = Netto-Verwaltungsvermögen im Unternehmensvermögen (also ein Teil des Betriebsvermögens) ist weitestgehend von den Verschonungen gem. §§ 13a, 13b und 13c, 19a und 28a ErbStG ausgeschlossen. **Seit 2016** wird der Nettowert des Verwaltungsvermögens wie begünstigtes Vermögen behandelt, soweit er 10 % des um den Nettowert des Verwaltungsvermögen gekürzten Werts des Betriebsvermögens nicht übersteigt. D.h. **unschädliches Verwaltungsvermögen bis zu 10 % des Werts des (anteiligen) Betriebsvermögens** (nach Maßgabe des § 13b Abs. 7 ErbStG). Die bis 2015 geltende „50 % Alles oder nichts" Regelung ist ersatzlos entfallen. Die Finanzverwaltung hat ihre Auffassung, was zum Verwaltungsvermögen gehört, in R 13b.12 ff. ErbStR, H E 13b. 12 ff. ErbStH niedergelegt. Was Verwaltungsvermögen ist, wird auch überblickartig in der **Anleitung zur Anlage Betriebsvermögen auf den Seiten 4–7** sowie in der **amtliche Anleitung zur Anlage Steuerentlastung erläutert.**[61] 76

Zur Identifizierung des Verwaltungsvermögens ist praktisch das ganze aktive und passive Betriebs-/Unternehmensvermögen durchzuschauen. Gerade über das (Nicht-)Vorliegen von Verwaltungsvermögen wird in der Praxis mit dem betr. Finanzamt gestritten.[62] Beinhaltet das Unternehmensvermögen kein Verwaltungsvermögen (Idealfall), sind keine Angaben auf den Seiten 3 ff. zu machen. Die Ermittlung des Verwaltungsvermögens kann sehr aufwändig sein und ist bei Beteiligungsketten auf jeder Beteiligungsebene im Rahmen einer **Verbundvermögensaufstellung**[63] vorzunehmen.

Alle Wirtschaftsgüter des Verwaltungsvermögens sind sodann mit ihren gemeinen Werten nach den Vorschriften des Bewertungsgesetzes zu bewerten, also nach dem Allgemeinen Teil des BewG, bzw. soweit für die Vermögensart (z.B. Grund-

61 Zu der umfangreichen Literatur und Rechtsprechung wird auf einschlägige Kommentierungen mit weiteren Nachweisen verwiesen, z.B. *Riedel*, in: Daragan/Halaczinsky/Riedel, Praxiskommentar ErbStG und BewG, § 13a ErbStG Rn 185 ff. Aus der Rspr. BFH v. 1.2.2023 – II R 36/20, BFH/NV 2023, 906 –, BFHE betr. geleistete Anzahlungen als Verwaltungsvermögen i.S.d. § 13b ErbStG.

62 *Halaczinsky*, Verschonung des Unternehmensvermögens in Erb- und Schenkungsfällen – aktuelle Zweifelsfälle aus der Rechtsprechung, UVR 2020, 276.

63 R E 13b.29 ErbStR und H E 13b.29 ErbStH. Gehören zu dem zu bewertenden Unternehmen auf der obersten Stufe Beteiligungen an Personengesellschaften oder Anteile an Kapitalgesellschaften, erfolgt die rechentechnische Ermittlung des Verwaltungsvermögens, des jungen Verwaltungsvermögens, der Finanzmittel, der jungen Finanzmittel und der Schulden durch eine Verbundvermögensaufstellung (§ 13b Abs. 9 ErbStG). Eine Konzernbilanz ist keine Verbundvermögensaufstellung, R E 13b.29 Abs. 1 Satz 3 ErbStR. *Kußmaul/Bechter*, Die Verbundvermögensaufstellung i.R.d. Ermittlung des begünstigten Vermögens i.S.d. § 13b ErbStG, StB 2022, 1, 41; *Schneider*, Die Verbundvermögensaufstellung i.S.v. § 13b Abs. 9 ErbStG, UVR 2017,113.

vermögen) vorgesehen nach dem Sechsten Teil des Bewertungsgesetzes einzeln mit ihrem gemeinen Wert (nicht mit dem Teilwert) zu bewerten. Es gelten die Vorschriften des Bewertungsgesetzes, insb. die Regelungen des Substanzwertverfahrens. Bei der Bewertung dürfen m.E. zulässige Wertungen zugunsten vorgenommen werden. Entsprechendes gilt für die abzugsfähigen Schulden und Lasten.

Hinweis

Viele der hier abgefragten Angaben sind auch schon in der Anlage Steuerentlastung für Unternehmensvermögen (dazu § 4 Rdn 226 ff. und § 6 Rdn 236 ff.) zu machen. Es kann sich anbieten, auch schon vor Aufforderung zur Abgabe einer Feststellungserklärung für das Betriebsvermögen (Einzelunternehmen, Personen- oder Kapitalgesellschaft) die für den Fall passende Anlage Betriebsvermögen auszufüllen und damit einen „Gleichklang" mit der Anlage Steuerentlastung für Unternehmensvermögen herzustellen.

1. Netto-Verwaltungsvermögen

77 Das nicht begünstigungsfähige **„schädliche" Netto-Verwaltungsvermögen errechnet** sich aus den Angaben in **Zeilen 43–88 und 89–107** und, sofern nur ein Teil des Unternehmens erworben/geerbt wurde, aus den Angaben in Zeilen **108–116** in Abschn. G.

Unschädlich ist Netto-Verwaltungsvermögen bis zu 10 % des Werts des (anteiligen) Betriebsvermögens gem. § 13b Abs. 7 ErbStG.

Zeile			
43	**G. Angaben zu §§ 13a, 13b und 13c ErbStG**		
44	**Verwaltungsvermögen (einschl. Altersversorgungsvermögen, ohne Finanzmittel)**		
45	☐ Es liegen Dritten zur Nutzung überlassene Grundstücke oder Grundstücksteile vor, die gemäß § 13b Abs. 4 Nr. 1 ErbStG nicht zum Verwaltungsvermögen zählen. (Bitte auf einem gesonderten Blatt erläutern.)		
46		1 Wert	2 Von Spalte 1 junges Verwaltungsvermögen
47	Dritten zur Nutzung überlassene Grundstücke, Grundstücksteile	EUR	EUR
48	Anteile an Kapitalgesellschaften von 25 Prozent oder weniger	EUR	EUR
49	Wertpapiere und vergleichbare Forderungen	EUR	EUR
50	Kunstgegenstände, Gegenstände der privaten Lebensführung, u.ä.	EUR	EUR
51	anteiliges Verwaltungsvermögen aus nachgeordneten Gesellschaften	EUR	EUR
52	Summe	EUR	EUR
53	./. Verwaltungsvermögen lt. Zeilen 47 bis 51, welches innerhalb von zwei Jahren ab dem Stichtag investiert wurde (Bitte entsprechende Unterlagen beifügen.)	EUR	EUR
54	**Verwaltungsvermögen / junges Verwaltungsvermögen (ohne Finanzmittel)**	EUR	EUR
55	**Finanzmittel (einschl. Altersversorgungsvermögen)**		
56		Wert	Junge Finanzmittel
57	Zahlungsmittel, Geschäftsguthaben, Geldforderungen und andere Forderungen	EUR	
58	./. anteilige Forderungen gegenüber verbundenen Unternehmen (Wert aus Zeile 142; bitte in den Zeilen 137 bis 142 näher erläutern)	EUR	
59	./. Finanzmittel, welche innerhalb von zwei Jahren ab dem Stichtag investiert wurden (Bitte entsprechende Unterlagen beifügen.)	EUR	
60	+ anteilige Finanzmittel aus nachgeordneten Gesellschaften	EUR	
61	**Finanzmittel**	EUR	
62	Einlagen von Finanzmitteln innerhalb der letzten zwei Jahre vor dem Bewertungsstichtag		EUR
63	Entnahmen von Finanzmitteln innerhalb der letzten zwei Jahre vor dem Bewertungsstichtag		EUR
64	**Junge Finanzmittel ohne junge Finanzmittel nachgeordneter Gesellschaften** (Zeile 62 ./. Zeile 63, mindestens 0 EUR)		EUR
65	+ anteilige junge Finanzmittel aus nachgeordneten Gesellschaften		EUR
66	**Junge Finanzmittel** (max. Finanzmittel Zeile 61)		EUR
67	**Wenn keine Altersversorgungsverpflichtungen bestehen, weiter bei Zeile 89**		

In den Zeilen 43–52 ist das am Bewertungsstichtag vorhanden Verwaltungsvermögen mit der Summe der gemeinen Werte einzutragen, z.B. **in Zeile 47** (ein Autohändler vermietet Teile seines Grundstücks an Dritte, Autowerkstatt, Lackiererei); in **Zeile 48** (der Autohändler ist jeweils zu 20 % an der Autowerkstatt und an der Lackiererei beteiligt).[64]

Die **Zeile 45** betrifft **Sonderfälle**, in denen die Überlassung von Grundstücken ausnahmsweise nicht zu Verwaltungsvermögen sondern zu zu **begünstigenden Vermögen führt**. Es handelt sich um Grundstücksüberlassungen im Rahmen von Betriebsaufspaltungen oder als Sonderbetriebsvermögen bei Personengesellschaften (dazu R E 13b. 14 ErbStR), im Rahmen von Betriebsverpachtungen (dazu R E 13b. 15 ErbStR), innerhalb von Konzernen (dazu R E 13b. 16 ErbStR), im Rahmen eines Wohnungsunternehmens (dazu R E 13b. 17 ErbStR), im Zusammenhang mit Lieferungsverträgen (dazu R E 13b. 19 ErbStR)[65] oder um verpachtete Land- und forstwirtschaftliche Grundstücke (dazu R E 13b. 19 ErbStR).

a) Junges Verwaltungsvermögen

78 Junges Verwaltungsvermögen ist jedes Wirtschaftsgut, welches nach der gesetzlichen Aufzählung in § 13b Abs. 4 ff. ErbStG dem Grunde nach zum Verwaltungsvermögen gehört, wenn es dem Betrieb im Besteuerungszeitpunkt weniger als zwei Jahre zuzurechnen ist; dazu § 13a Abs. 7 Satz 2 ErbStG, R E 13b.27, 28, 29 ErbStR.[66] Es kommt nicht darauf an, ob es sich um Umschichtungen und Zukäufe innerhalb eines bestehenden Wertpapierdepots oder ob es sich um Neuanschaffungen aus Liquiditätsreserven der Gesellschaft handelt.[67] Besteht das Unternehmensvermögen aus Wirtschaftsgütern, die in den letzten zwei Jahren vor dem Bewertungsstichtag (taggenau) investiert/angeschafft worden sind, handelt es sich um junges Verwaltungsvermögen. Junges Verwaltungsvermögen wird auf keinen Fall verschont; damit soll verhindert werden, dass kurz vor einer Schenkung Wirtschaftsgüter in das Unternehmensvermögen zur Ausnutzung der Verschonung eingelegt/eingebracht werden. Auch das junge Verwaltungsvermögen aus der Verbundvermögensaufstellung ist mit einzubeziehen, **Zeile 51** (dazu R E 13b.29 ErbStRund H E 13b.29 (Berechnungsbeispiel) ErbStH). Bei jungem

64 Zugehörigkeit zum Verwaltungsvermögen ist in R E 13b.12ff ErbStR amtlich beschrieben.

65 Dazu z.B. Bay. Landesamt für Steuern v. 17.1.2018, S 3812a.2.1–3/6 St 34, ErbSt-Kartei BY § 13b ErbStG Karte 1.

66 Zum Sonderfall der Umwandlung siehe Gleich lautende Ländererlasse v. 13.10.2022, BStBl 2022 I, 1517 – Behandlung von (jungem) Verwaltungsvermögen und (jungen) Finanzmitteln bei Umwandlungsvorgängen sowie Folgen von Umwandlungsvorgängen für die Anwendung des vereinfachten Ertragswertverfahrens, Formwechsel einer Kapitalgesellschaft in eine andere Kapitalgesellschaft oder Formwechsel einer Personengesellschaft in eine andere Personengesellschaft. *Weisheit*, Auswirkungen von Umwandlungsvorgängen auf die erbschaft- und schenkungsteuerliche Begünstigung von Betriebsvermögen nach den neuen koordinierten Ländererlassen, ZEV 2023, 20.

67 BFH v. 21.1.2020 – II R 8/18, BStBl 2020 II, 567; FG Münster v. 30.11.2017, 3 K 2867/15 Erb, BB 2018, 341.

Verwaltungsvermögen handelt sich es dennoch um „Betriebsvermögen“ im bewertungsrechtlichen Sinn. In **Zeile 53** steht der Wert des Verwaltungsvermögens ohne das junge Verwaltungsvermögens. Der gemeine Wert des jungen Verwaltungsvermögens (Summenwert) ist in **Zeile 54** einzutragen. Auf Grund der Angaben stellt das Finanzamt das junge Verwaltungsvermögen gem. § 13b Abs. 10 ErbStG gesondert fest (Grundlagenbescheid), siehe Berechnungsbeispiel in H E 13b.30 ErbStR.

b) Finanzmittel

Finanzmittel gehören im Prinzip zum Verwaltungsvermögen. Der Gesetzgeber 79 konzediert, dass Unternehmen im gewissen Umfang Zahlungsmittel, Geschäftsguthaben, Geldforderungen und anderen Forderungen im Bestand haben müssen.[68] Zur ausführlichen Definition der Finanzmittel siehe R E 13b.23 ErbStR und H 13b.23 ErbStH und amtliche Anleitung zur Anlagen Steuerentlastung für Unternehmensvermögen. In den **Zeilen 55 ff.** sind die jeweiligen Summen zum Bewertungsstichtag einzutragen.

Nur „übermäßige“ Finanzmittel werden als schädliches Betriebsvermögen ange- 80 sehen. Die „übermäßigen“ Finanzmittel sind solche, die am Bewertungsstichtag 15 % des anzusetzenden Werts des Betriebsvermögens des Betriebs oder der Gesellschaft übersteigen. Dies bedeutet: 15 % der so errechneten Finanzmittel (sog. **Sockelbetrag**) zählen nicht zum schädlichen Verwaltungsvermögen und werden verschont.[69] Voraussetzung für den Abzug des Sockelbetrags ist, dass das begünstigungsfähige Vermögen des Betriebs oder der nachgeordneten Gesellschaften nach seinem Hauptzweck einer Tätigkeit i.S.d. § 13 Abs. 1 EStG, des § 15 Abs. 1 Satz 1 Nr. 1 EStG, des § 18 Abs. 1 Nr. 1 und 2 EStG dient. Ein Abzug des Sockelbetrags ist ausgeschlossen, wenn das begünstigungsfähige Vermögen nach dem Hauptzweck des Unternehmens oder der Gesellschaft einer vermögensverwaltenden Tätigkeit dient.

Die erforderliche Berechnung der schädlichen Finanzmittel und des begünstigungsfähigen Sockelbetrags wird als „Finanzmitteltest“ bezeichnet. Der Finanzmitteltest ist durch das zuständige Erbschaftsteuerfinanzamt auf der Grundlage der Feststellungen durch die Betriebsfinanzämter durchzuführen.[70] Der Finanzmitteltest mit **Berechnungsbeispielen** ist aus der Sicht der Finanzverwaltung in H 13b.23 ErbStH dargestellt, siehe dazu § 4 Rdn 249 f. In **Zeilen 57, 61** sind der

68 Aus der Fülle der Literatur siehe Kommentierung *Riedel*, in: Daragan/Halaczinsky/Riedel, Praxiskommentar ErbStG und BewG, § 13a ErbStG Rn 282 ff.; BFH v. 1.2.2023 – II R 36/20, DStR 2023, 934 = Geleistete Anzahlungen sind jedenfalls dann keine „anderen Forderungen“ i.S.v. § 13b Abs. 2 Satz 2 Nr. 4a ErbStG a.F., wenn sie nicht für den Erwerb von Verwaltungsvermögen geleistet wurden.

69 *Dorn/Scharfenberg*, Offene Fragen im Zusammenhang mit dem Finanzmittelfreibetrag i.S.d. § 13b Abs. 4 Nr. 5 ErbStG, ZEV 2022, 448.

70 R E 13b.23 Abs. 1 Satz 2 und R E 13b.29 Abs. 7 ErbStR.

gemeine Wert der Finanzmittel i.S.d. § 13b Abs. 4 Nr. 5 ErbStG und die Abzüge lt. **Zeilen 58–60** einzutragen.

Hinweis

Der Finanzmitteltest kann nur durchgeführt werden, wenn der anzusetzende Wert des Betriebsvermögens bekannt ist. Dies ist letztendlich erst der Fall, wenn der Wert gesondert festgestellt worden ist. Bis dahin lässt sich der 15 % Wert leider nicht sicher prognostizieren.

aa) Junge Finanzmittel

81 Eine **Sonderrolle** spielen die **jungen Finanzmittel**. Dabei handelt es sich um den positiven Saldo der innerhalb von zwei Jahren vor dem Bewertungsstichtag eingelegten und entnommenen Finanzmittel.[71] Dies gilt unabhängig davon, ob die eingelegten Finanzmittel am Besteuerungszeitpunkt noch vorhanden sind. Junge Finanzmittel sind per se schädliches Verwaltungsvermögen. Der Wert der **jungen Finanzmittel** ist (logischerweise) **nach oben begrenzt**, und zwar auf den Wert aller Finanzmittel am Bewertungsstichtag vor Abzug der abzugsfähigen Schulden und des (zu verschonenden) Sockelbetrags (von 15 %). Die Berechnung ist in der Praxis kompliziert. Allerdings dürfte der Fall von aus dem Privatvermögen eingelegten Finanzmitteln nicht in der Masse der Fälle vorkommen. In den **Zeilen 61–66** sind die erforderlichen Eintragungen zu machen. Übersteigen die Entnahmen die Einlagen von Finanzmitteln, ist in **Zeile 66** 0 EUR einzutragen

Das Finanzamt stellt die jungen Finanzmittel gem. § 13b Abs. 10 ErbStG und die Voraussetzungen für den Ansatz eines Sockelbetrags aufgrund Ihrer Angaben gesondert fest (Grundlagenbescheid).

bb) Reinvestition von jungen Finanzmitteln und jungem Verwaltungsvermögen

82 **Gestaltungsmöglichkeit**: Durch **Abwarten der Zwei-Jahres-Frist** kann die Eigenschaft des jungen Verwaltungsvermögens bzw. der jungen Finanzmittel einfach vermieden werden.

Eine andere Möglichkeit wäre, das junge Verwaltungsvermögen bzw. das junge Finanzvermögen **für eine Investition nach der Investitionsbegünstigung** gemäß § 13b Abs. 5 ErbStG zu verwenden, dazu Rdn 83 f. Aus dem Verwaltungsvermögen sind dann rückwirkend die für anzuerkennende Reinvestitionen eingesetzten Mittel herauszurechnen, d.h. sie **erhöhen die Steuerverschonung für das Unternehmensvermögen**. Für die Praxis ermöglicht die Reinvestitionsmöglichkeit bei geplanten/anstehenden Übertragungen die Bildung von Rücklagen

71 Bei Personengesellschaften sind die Einlagen und Entnahmen aller Gesellschafter im Gesamthandsvermögen zu berücksichtigen. Bei Kapitalgesellschaften sind die Einlagen und Ausschüttungen aller Gesellschafter zu berücksichtigen.

für größere Investitionen und somit den Erwerbern, die (nachträgliche) Begünstigung des erworbenen Vermögens zu erhalten bzw. wiederzuerlangen.

Hinweis

Der Erwerber hat jeweils die Voraussetzungen der Investitionsklausel nachzuweisen. Voraussetzung hierfür ist im Prinzip eine eingehende und fortlaufende Dokumentation der unternehmerischen Investitionsentscheidungen.

Beim **Erwerb von Todes wegen** entfällt nach § 13b Abs. 5 ErbStG rückwirkend 83
zum Zeitpunkt der Entstehung der Steuer – regelmäßig der Todeszeitpunkt des Erblassers – die Zurechnung von Vermögensgegenständen zum Verwaltungsvermögen, wenn der Erwerber innerhalb von zwei Jahren ab dem Zeitpunkt der Entstehung der Steuer diese Vermögensgegenstände des Verwaltungsvermögens – wie beispielsweise Dritten zur Nutzung überlassene Grundstücke, Kunstgegenstände, Wertpapiere oder **insbesondere Finanzmittel** – in Vermögensgegenstände innerhalb des vom Erblasser erworbenen, begünstigungsfähigen Vermögens i.S.d. § 13b Abs. 1 ErbStG investiert hat, die unmittelbar einer land- und forstwirtschaftlichen, originär gewerblichen oder freiberuflichen Tätigkeit dienen und kein Verwaltungsvermögen sind. Bei Schenkungen ist das nicht möglich. **Weitere Voraussetzung** der Investitionsklausel ist, dass die Investition aufgrund eines im Zeitpunkt der Entstehung der Steuer **vorgefassten Plans des Erblassers** erfolgt und keine anderweitige Ersatzbeschaffung von Verwaltungsvermögen vorgenommen wird oder wurde. Der Plan des Erblassers muss so konkret sein, dass dieser und die entsprechend vom Erwerber umgesetzte Investition nachvollzogen werden können. Die Finanzverwaltung sieht es – wenn der Erblasser keinen Einfluss auf die Geschäftsleitung hatte – dafür als genügend an, wenn lediglich die Geschäftsleitung einer Gesellschaft zum Zeitpunkt des Todes des Erblassers einen konkreten Investitionsplan gefasst hat, der Erblasser selbst aber keinen Einfluss auf die Geschäftsleitung des Betriebs hatte. Es ist daher nicht erforderlich, dass der Erblasser selbst den Investitionsplan gefasst haben muss, noch bedarf es der Kenntnis, wenn er diese Investitionsentscheidung zurechenbar auf Dritte delegiert hat. Der Plan muss die zu erwerbenden oder herzustellenden Gegenstände beinhalten. Das am Besteuerungszeitpunkt vorhandene Verwaltungsvermögen ist für die Investition zu verwenden, ohne dass der Erblasser vorgegeben haben muss, welche konkreten Gegenstände des Verwaltungsvermögens bzw. welche Finanzmittel zur Finanzierung zu verwenden sind. Wird im Anschluss der Investition wiederum der Gegenstand veräußert und entstehen dadurch Finanzmittel (Zahlungsmittel oder Forderungen), ist dies nicht schädlich, soweit diese Mittel dann wieder in Umlaufvermögen investiert werden. **Auch im mehrstufigen Verfahren** kann die Investitionsklausel zur Anwendung kommen. Voraussetzung ist, dass der Erblasser seinen Plan auf der zu betrachtenden Beteiligungsstufe

tatsächlich durchsetzen konnte. Eine Zurechnung der Entscheidung der Geschäftsleitung auf der zu betrachtenden Beteiligungsstufe erfolgt aber nicht.[72]

84 **Finanzmittel sind rückwirkend** nicht mehr als Verwaltungsvermögen zu behandeln, soweit der Erwerber diese Finanzmittel innerhalb von zwei Jahren ab dem Zeitpunkt der Entstehung der Steuer verwendet, um bei aufgrund **wiederkehrender saisonaler Schwankungen** fehlenden Einnahmen die Vergütungen **(laufende Löhne Gehälter und andere Bezüge) an die Beschäftigten zu zahlen** (§ 13b Abs. 5 Satz 3 ErbStG). Ursächlich für diese Mittelverwendung muss sein, dass aufgrund wiederkehrender saisonaler Schwankungen vorübergehend entsprechende Einnahmen fehlen. Die Mittelverwendung muss aufgrund eines im Zeitpunkt der Entstehung der Steuer vorgefassten nachweisbaren Plans des Erblassers erfolgen.

c) Altersversorgungsverpflichtungen

85 Eine Sonderstellung im Verschonungsregime nimmt das **Altersversorgungsvermögen** ein. Selbst wenn dieses Vermögen seiner Natur nach Verwaltungsvermögen wäre, z.B. junges Verwaltungsvermögen, Finanzmittel, Wertpapiere, Grundstücke u. dgl.,[73] wird dieses Vermögen **in die Verschonung des Unternehmensvermögens (und nicht in das schädliche Verwaltungsvermögen) einbezogen**, soweit es sich um Deckungsvermögen für Altersvorsorgeverpflichtungen handelt. Auf Grund der Ausnahmestellung gilt eine restriktive Auslegung bei der Entscheidung, was zu diesem Vermögen gehört. Die Ausnahmeregelung orientiert sich an § 146 Abs. 2 Satz 2 HGB und nimmt sog. CTA-Strukturen aus dem Verwaltungsvermögen heraus.[74] Näheres zur Definition R E 13b.11 ErbStR und amtliche Anleitung zur Anlage Betriebsvermögen. Obergrenze des begünstigten Altersversorgungsvermögens ist die Höhe des gemeinen Werts der Altersversorgungsverpflichtungen. Im Zweifel wäre für die Obergrenze der abgezinste, nach §§ 13 ff. BewG ermittelt Wert der Summe aller Alterswertverpflichtungen maßgebend.

86 Vermögen, das der Sicherung von Altersversorgungsverpflichtungen dient (Deckungsvermögen), gilt nicht als schädliches Verwaltungsvermögen. Das Verwaltungsvermögen darf aber nur bis zur Höhe der Altersversorgungsverpflichtung (zum gemeinen Wert) gemindert werden.[75] Die Technik der Verrechnung der Altersversorgungsverpflichtung mit Verwaltungsvermögen ergibt sich aus den **Zeilen 68–88**.

---

72 R E 13b.24 Abs. 3 Sätze 9 bis 11 ErbStR.

73 Nicht darunter fallen die jungen Finanzmittel nach § 13b Abs. 4 Nr. 5 Satz 2 ErbStG, R E 13b.11 Abs. 2 Sätze 1 und 3 ErbStR.

74 Dazu z.B. *Hermann*, Planvermögen in CTA-Strukturen, DB 2014, 2072; *Ditz/Tcherveniachki*, Steuerliche Konsequenzen eines Contractual Trust Arrangement („CTA“), DB 2010, 632.

75 R E 13b.11 Abs. 4 ErbStR und Berechnungsbeispiel in H E 13b.11 ErbStH.

Lt. **Zeilen 68–71** ergibt sich der maximale Wert der Altersversorgungsverpflichtungen nach Abzug des Verwaltungsvermögens, das der Deckung der Altersversorgungsverpflichtungen dient, vom Gesamtwert der Altersversorgungsverpflichtung. Dies ist zugleich der maximale Wert, der besonders verschont werden kann.

68	**Kürzung der Schulden aus Altersversorgungsverpflichtungen**	
69	Schulden aus Altersversorgungsverpflichtungen insgesamt	EUR
70	./. Verwaltungsvermögen (einschl. Finanzmittel und junges Verwaltungsvermögen), das zur Deckung der Altersversorgungsverpflichtung dient	EUR
71	Saldo (mindestens 0 EUR)	EUR

Der so errechnete Wert der Altersversorgungsverpflichtung kompensiert Verwaltungsvermögen gem. R E13b.11 Abs. 4 ErbStR mit Berechnungsschema in H E 13b.11 ErbStH nach folgender Reihenfolge: Verrechnung

1. mit jungem Verwaltungsvermögen
2. mit Verwaltungsvermögen
3. mit Finanzmitteln.

Die in **Zeilen 72–87** zu machenden Angaben dienen genau der Ermittlung des Verwaltungsvermögens nach Ausscheiden des der Altersversorgung gebundenen Vermögens. Dabei sind die schon zuvor errechneten und eingetragenen Werte für das Verwaltungsvermögen usw. heranziehen.

Zeile	Verrechnung des Verwaltungsvermögens mit Altersversorgungsverpflichtungen		
73	Junges Verwaltungsvermögen laut Zeile 54 Spalte 2		EUR
74	./. darin enthaltenes Altersversorgungsvermögen (maximal kleinerer Wert aus Zeile 69 bzw. Zeile 70)		EUR
75	Junges Verwaltungsvermögen nach Verrechnung mit Altersversorgungsverpflichtungen		EUR
76	Verwaltungsvermögen laut Zeile 54 Spalte 1		EUR
77	Abzgl. bereits in Zeile 74 berücksichtigtes Altersversorgungsvermögen		EUR
78	Verbleibendes Verwaltungsvermögen		EUR
79	Darin enthaltenes Altersversorgungsvermögen soweit nicht bereits in Zeile 77 enthalten	EUR	
80	Maximal (kleinerer Wert aus Zeile 69 bzw. Zeile 70) ./. Zeile 77	EUR	
81	Abzuziehen ist kleinerer Wert aus Zeile 79 bzw. 80, maximal Zeile 78		EUR
82	Verwaltungsvermögen (ohne Finanzmittel) nach Verrechnung mit Altersversorgungsverpflichtungen, Zeile 78 ./. Zeile 81		EUR
83	Finanzmittel laut Zeile 61		EUR
84	Darin enthaltenes Altersversorgungsvermögen	EUR	
85	Maximal (kleinerer Wert aus Zeile 69 bzw. Zeile 70) ./. Zeile 77 ./. Zeile 81	EUR	
86	Abzuziehen ist kleinerer Wert aus Zeile 84 bzw. 85, maximal Zeile 83		EUR
87	Finanzmittel nach Verrechnung mit Altersversorgungsverpflichtungen Zeile 83 ./. Zeile 86		EUR
88	Junge Finanzmittel laut Zeile 66, maximal Zeile 87		EUR

Der so errechnete Wert der Altersversorgungsverpflichtung kompensiert Verwaltungsvermögen gem. R E13b.11 Abs. 4 ErbStR mit Berechnungsschema in H E 13b.11 ErbStH nach folgender Reihenfolge:

Bei einer **Unterdotierung** sind die übersteigenden Altersversorgungsverpflichtungen als Schulden im Rahmen des Finanzmitteltests (§ 13b Abs. 4 Nr. 5 ErbStG) oder der Schuldenverrechnung (§ 13b Abs. 6 ErbStG) zu berücksichtigen. Umgekehrt bleiben eine **Überdotierung** und eine übermäßige Aussonderung von originärem Verwaltungsvermögen unberücksichtigt.

2. Schulden des Verwaltungsvermögens

87 **Schädlich, d.h. nicht begünstigungsfähig** ist nur das **Netto-Verwaltungsvermögen** (§ 13b Abs. 6 ErbStG). Um dieses zu ermitteln, müssen also die auf das Verwaltungsvermögen entfallenden Schulden und Lasten ermittelt, bewertet und dann vom maßgebenden Brutto-Verwaltungsvermögen abgezogen werden. Laut Gesetz ist hierzu wie folgt vorzugehen:

a) Ermittlung der abziehbaren Schulden

Verbleibt nach Verrechnung von Altersversorgungsansprüche/-verpflichtungen und dem Finanzmitteltest ein Schuldenüberhang, sind diese Schulden zur Berechnung des Nettowerts des Verwaltungsvermögens anteilig mit dem Verwaltungsvermögen nach § 13b Abs. 4 Nr. 1 bis 4 ErbStG zu verrechnen. Eine direkte Zuordnung von Schulden, die wirtschaftlich mit bestimmten Wirtschaftsgütern zusammenhängen, erfolgt nicht. Die anteiligen Schulden bestimmen sich nach dem Verhältnis des gemeinen Werts des Verwaltungsvermögens zum gemeinen Wert des Betriebsvermögens des Betriebs oder der Gesellschaft zuzüglich der vorgenannten Schulden. Dabei ist das Verwaltungsvermögen um den festgestellten Wert des jungen Verwaltungsvermögens (§ 13b Abs. 8 ErbStG) zu verringern. Als Nettowert des Verwaltungsvermögens ist mindestens der gemeine Wert des jungen Verwaltungsvermögens und der auf den tatsächlichen Bestand der vor Anwendung der Schuldenverrechnung und vor Abzug des Sockelbetrags gedeckelten jungen Finanzmittel anzusetzen (§ 13b Abs. 8 Satz 3 ErbStG). Die **Berechnungsformel** lt. H E 13b.26 ErbStH. wird den **Zeilen 89–92** nachvollzogen. 88

89	**Schulden**	
90	Schulden (ohne Altersversorgungsverpflichtungen)	EUR
91	+ zusätzlich verrechenbare Schulden aus Altersversorgungsverpflichtungen (Zeile 71)	EUR
92	Verbleibende Schulden (nach Verrechnung mit Altersversorgungsvermögen)	EUR

In **Zeile 90** sind die Schulden des Einzelunternehmens ohne die Schulden aus Altersversorgungsverpflichtungen einzutragen. Diese sind zu erhöhen um die nach der Verrechnung des Verwaltungsvermögens mit Altersversorgungsverpflichtungen verbleibenden Altersversorgungsverpflichtungen (**Zeile 91**).

b) Ermittlung der nicht vom Verwaltungsvermögen abziehbaren Schulden

Um zu verhindern, dass das Verwaltungsvermögen zu sehr um Schulden reduziert wird, begrenzt das Gesetz die Schulden, die vom Verwaltungsvermögen abgezogen werden können. Eine Schuldenverrechnung (Abzug vom Verwaltungsvermögen) ist nach § 13b Abs. 8 Satz 2 ErbStG verboten, wenn der im Zeitpunkt der Steuerentstehung vorhandene Schuldenstand den durchschnittlichen Schuldenstand der letzten drei Jahre vor dem Zeitpunkt der Steuerentstehung übersteigt. Besteht das Unternehmen weniger als drei Jahre, ist der verkürzte Ermittlungszeitraum zugrunde zu legen. Zur Ermittlung sind die Werte in **Zeilen 93–100** einzutragen. 89

Die Verwaltung lässt es zu, dass der durchschnittliche Schuldenstand aus den Schuldenständen am Ende der letzten drei vor dem Zeitpunkt der Entstehung der Steuer abgelaufenen Wirtschaftsjahre abgeleitet wird. Näheres siehe amtliche Anleitung.

Nicht abzugsfähig sind auch „wirtschaftlich nicht belastende" Schulden, deren Wert ist in **Zeile 102** einzutragen. Zum Begriff R 13b.28 Abs. 2 ErbStR.

93	**Nicht verrechenbare Schulden § 13b Abs. 8 Satz 2 ErbStG**		
94	Schulden vorvorletztes Wirtschaftsjahr vor dem Bewertungsstichtag	EUR	
95	Schulden vorletztes Wirtschaftsjahr vor dem Bewertungsstichtag	EUR	
96	Schulden letztes Wirtschaftsjahr vor dem Bewertungsstichtag	EUR	
97	Durchschnittlicher Schuldenstand der letzten 3 Jahre (Summe Zeilen 94 bis 96) / 3	EUR	
98	./. verrechnete Schulden aus Altersversorgungsverpflichtungen (kleinerer Wert aus Zeile 69 bzw. Zeile 70)	EUR	
99	Durchschnittlicher Schuldenstand nach Abzug verrechneter Altersversorgungs-verpflichtungen	EUR	EUR
100	Betrag der den durchschnittlichen Schuldenstand übersteigenden Schulden (Zeile 92 ./. 99, mindestens 0)		EUR
101	./. durch Betriebstätigkeit veranlasste Erhöhung des Schuldenstands		EUR
102	+ wirtschaftlich nicht belastende Schulden		EUR
103	nicht verrechenbare Schulden nach § 13b Abs. 8 Satz 2 ErbStG Zeile 100 ./. Zeile 101 + Zeile 102		EUR

Entsprechend dem Formular ergibt sich dann letztlich in **Zeile 107** der Betrag der vom Verwaltungsvermögen abziehbaren Schulden. Zu **Zeilen 105 und 106** siehe amtliche Anleitung.

Zeile 104	**Schulden** nach Berücksichtigung von § 13b Abs. 8 Satz 2 ErbStG Zeile 92 ./. Zeile 103	EUR
105	./. anteilige Schulden gegenüber verbundenen Unternehmen (Wert aus Zeile 150; bitte in den Zeilen 145 bis 150 näher erläutern)	EUR
106	+ anteilige Schulden aus nachgeordneten Gesellschaften	EUR
107	**Schulden**	EUR

c) Ermittlung der auf den übertragenen Anteil entfallenden Werte

90 Wurde nur ein Anteil am Einzelunternehmen geerbt oder schenkweise erworben, sind die zuvor ermittelten Werte auf den übertragenen Anteil umzurechnen. Hat A nur 50 % des Einzelunternehmens, z.B. einen Teilbetrieb, erworben, sind die zuvor ermittelten Werte mit 50 % anzusetzen. Die dazu erforderlichen Angaben sind in den Zeilen **108–116** zu machen.

108	**Ermittlung der auf den übertragenen Anteil entfallenden Werte**			
109	Gemeiner Wert des erworbenen Anteils Zeile 42			EUR
110	Gemeiner Wert des gesamten Betriebsvermögens Zeile 41			EUR
111	Aufteilungsmaßstab:	Zeile 109 / Zeile 110	x 100	in %
112	Wert des Verwaltungsvermögens Zeile 54 Spalte 1 oder Zeile 82	EUR	x Zeile 111	EUR
113	Wert des jungen Verwaltungsvermögens Zeile 54 Spalte 2 oder Zeile 75	EUR	x Zeile 111	EUR
114	Wert der Finanzmittel Zeile 61 oder Zeile 87	EUR	x Zeile 111	EUR
115	Wert der jungen Finanzmittel Zeile 66 oder Zeile 88	EUR	x Zeile 111	EUR
116	Wert der Schulden Zeile 107	EUR	x Zeile 111	EUR

II. Ausgangslohnsumme

Die endgültige Höhe des Verschonungsabschlags nach §§ 13a–13c ErbStG sowie des Erlasses ist von der Einhaltung der Lohnsummenregelung abhängig (§§ 13a Abs. 3, 13b Abs. 10, 13c Abs. 2 ErbStG und § 28a Abs. 4 ErbStG). Der Verschonungsabschlag kann in voller Höhe nur gewährt werden, wenn nach Ablauf des Behaltenszeitraums, genau der Lohnsummenfrist von fünf oder sieben Jahren, die jeweils maßgebende Mindestlohnsumme erreicht wird (gilt nur für Betriebe mit mehr als 5 Beschäftigten).[76] Die Höhe der einzuhaltende Mindestlohnsumme hängt von der Anzahl der Beschäftigen ab (§ 13a Abs. 3 ErbStG). Hierfür ist ein Vergleich der Lohnsummen im Zeitpunkt des Erwerbs (Ausgangslohnsumme) und der Lohnsummen am Ende der Behaltenszeit (Mindestlohnsumme) erforderlich. Die Messung hängt also zunächst von der Ausgangslohnsumme und die Ausgangslohnsumme wiederum von den jährlichen zurückliegenden Lohnsummen (Zeilen 123 ff.) ab. Die **Zeilen 117 ff.** dienen der Ermittlung und Feststellung der Ausgangslohnsumme durch das Betriebsfinanzamt. Zur Erklärung nach Ablauf der Behaltenszeit (Lohnsummenfrist) siehe § 2 Rdn 10. 91

76 Zur Billigkeitsregelung, wenn die Mindestlohnsumme ausschließlich aufgrund der durch das Coronavirus SARS-CoV-2 ausgelösten COVID-19-Pandemie unterschritten wird, Gleich lautende Erlasse der obersten Finanzbehörden der Länder v. 30.12.2021, BStBl 2022 I, 156.

117	**Ausgangslohnsumme**		
118	Anzahl der Beschäftigten im Betrieb **ohne** solche in nachgeordneten Gesellschaften		Anzahl
119	Anteilig einzubeziehende Beschäftigte aus unmittelbarer oder mittelbarer Beteiligung an Personengesellschaften (§ 13a Abs. 3 Satz 11 ErbStG) (Bitte Anlage beifügen auch mit Name, Anschrift, Steuernummer und Beteiligungshöhe.)		Anzahl
120	Anteilig einzubeziehende Beschäftigte aus unmittelbarer oder mittelbarer Beteiligung an Kapitalgesellschaften von mehr als 25 % (§ 13a Abs. 3 Satz 11 und 12 ErbStG) (Bitte Anlage beifügen auch mit Name, Anschrift, Steuernummer und Beteiligungshöhe.)		Anzahl
121	Anzahl der Beschäftigten im Betrieb **einschließlich** solcher in nachgeordneten Gesellschaften (Summe Zeilen 118 bis 120)		Anzahl
122	Ausgangslohnsumme des Betriebs		
123	Löhne/Gehälter des Betriebs **ohne** solche in nachgeordneten Gesellschaften der letzten fünf Wirtschaftsjahre vor dem Zeitpunkt der Entstehung der Steuer	Wirtschaftsjahr	Löhne und Gehälter
124			EUR
125			EUR
126			EUR
127			EUR
128			EUR
129	Summe Zeile 124 bis 128		EUR
130	Durchschnittliche Lohnsumme des Betriebs **ohne** solche in nachgeordneten Gesellschaften (Zeile 129 geteilt durch die Anzahl der maßgeblichen Wirtschaftsjahre)		EUR
131	Anteilige Ausgangslohnsummen unmittelbarer oder mittelbarer Beteiligungen an Personengesellschaften (§ 13a Abs. 3 Satz 11 ErbStG) (Bitte Anlage beifügen auch mit Name, Anschrift, Steuernummer und Beteiligungshöhe.)		EUR
132	Anteilige Ausgangslohnsummen unmittelbarer oder mittelbarer Beteiligungen an Kapitalgesellschaften von mehr als 25 % (§ 13a Abs. 3 Satz 11 und 12 ErbStG) (Bitte Anlage beifügen auch mit Name, Anschrift, Steuernummer und Beteiligungshöhe.)		EUR
133	Ausgangslohnsumme des Betriebs **einschließlich** solcher in nachgeordneten Gesellschaften (Summe Zeilen 130 bis 132)		EUR

1. Anzahl der Beschäftigten

92 In **Zeilen 118–121** sind die selbst ermittelten Anzahlen der Beschäftigten einzutragen. Dies gilt nicht für Kleinunternehmen; die Verpflichtung zur Einhaltung einer Mindestlohnsumme betrifft **nicht Kleinunternehmen (bis 5 Beschäftigte)**, sondern nur Unternehmen, die im Besteuerungszeitpunkt mehr als 5 Beschäftigte haben. Diese brauchen die Zeilen 117 ff. nicht auszufüllen. Ebenfalls **nicht relevant** sind Fälle mit **Ausgangslohnsumme von 0 EUR**.

Bei kleineren Unternehmen bis zu 15 Beschäftigten gelten geringere Mindestlohnsummen als bei Unternehmen mit mehr als 15 Beschäftigten, siehe § 13a Abs. 3 und 10 ErbStG, R E 13a.4 ff. ErbStR.

Um die Anzahl der Beschäftigten richtig angeben zu können, muss zunächst festgestellt werden, welche Personen am Bewertungsstichtag „Beschäftigte" waren.[77] So sind z.B. geringfügig Beschäftige mitzurechnen, nicht aber Leiharbeiter. Hierzu ist auf R E 13a.4, 6, 7 und 8 ErbStr und H 13a.4 ff. ErbStH hinzuweisen.

Richtig schwierig wird die Ermittlung der Anzahl der Beschäftigten, wenn mehrere wirtschaftliche Einheiten geerbt bzw. schenkweise erworben werden und/oder wenn zum Unternehmen mittelbare und unmittelbare Beteiligungen an Personengesellschaften oder Kapitalgesellschaften gehören; noch schwieriger wird es, wenn Beteiligungen an ausländischen Unternehmen bestehen. Beschäftigte nachgeordneter Gesellschaften sind wie folgt einzubeziehen (§ 13a Abs. 3 Sätze 11 und 12 ErbStG): bei Beteiligungen an Personengesellschaften in Höhe der Beteiligungsquote, bei Anteilen an Kapitalgesellschaften von mehr als 25 % in Höhe der Beteiligungsquote. Im Fall einer Betriebsaufspaltung ist die Anzahl der Beschäftigten der Besitzgesellschaft und der Betriebsgesellschaft zusammenzurechnen. Bei Holdinggesellschaften sind auch die Beschäftigten nachgeordneter Beteiligungsgesellschaften entsprechend der Beteiligungsquote mit einzubeziehen. Zur Beschäftigten bei ausländischen Betriebsstätten/Beteiligungen siehe Tabellen in H E 13.7 ErbStG.

Zur Ermittlung der Anzahl der Beschäftigten sind die Verwaltungsanweisungen in R E 13a. 4–8 sowie die Berechnungsbeispiele in H E 13.4–8 ErbStH sowie ergänzende Erlasse der Obersten Finanzbehörden der Länder[78] zu „studieren“. Von der „richtigen“ Anzahl der Beschäftigten ist natürlich auch die maßgebende Ausgangslohnsumme des Betriebs abhängig.

2. Ausgangslohnsumme des Betriebs

In **Zeile 133** ist die letztlich selbsterrechnete Ausgangslohnsumme einzutragen; 93
hier sind nur die Löhne der (vorgegenannten) Beschäftigen einzubeziehen. Der Wert ergibt sich auch den Eintragungen in **Zeilen 124–132**.

Die **Beschreibung der Lohnsumme** orientiert sich an der Definition in der EG-Verordnung Nr. 1503/2006, abgedr. in R E 13a.5 ErbStR und H E 13a.5 ErbStH. Die Lohnsumme umfasst grundsätzlich alle Vergütungen (Löhne und Gehälter und andere Bezüge und Vorteile), die im maßgebenden Wirtschaftsjahr an die

77 FG Münster v. 1.10.2020 – 3 K 2983/17 F, EFG 2021, 130 = In die gesonderte Feststellung der Ausgangslohnsumme sind auch solche Gehälter einzubeziehen, die die späteren Gesellschafter-Geschäftsführer der Personengesellschaft vor dem Erwerb als Arbeitnehmer bezogen hatten.

78 Z.B. v. 5.12.2012, BStBl 2012 I, 1250 mit Berechnungsbeispielen.

auf den Lohn- und Gehaltslisten erfassten Beschäftigten gezahlt werden.[79] Dies ist die durchschnittliche Lohnsumme der letzten fünf vor dem Besteuerungszeitpunkt endenden Wirtschaftsjahre. In den **Zeilen 123 ff.** sind die zurückliegenden Lohnsummen einzutragen. Bei der Ermittlung der Ausgangslohnsumme sind die letzten fünf vor dem Zeitpunkt der Entstehung der Steuer endenden Wirtschaftsjahre maßgebend. Aus diesen Lohnsummen ist der arithmetische Durchschnitt zu bilden (**Zeile 130**).

Erbt z.B. der Sohn oder die Tochter vom Vater in 2022 einen KG-Geschäftsanteil, kommt es auf die Lohnsumme der KG von 2017 bis 2021 an, bei abweichendem Wirtschaftsjahr z.B. v. 1.7.2017 bis 30.6.2021. Im Einzelfall kann es hierzu ggf. um viele Detailfragen gehen, die im Zweifel nur mit Hilfe eines Experten gelöst werden können.[80] Insb. bei geplanten Übertragungen/Schenkungen können buchhaltungstechnisch schon Vorarbeiten geleistet werden.

94 Bei Beteiligungen an Kapitalgesellschaften **von mehr als 25 %** oder bei Beteiligungen an Personengesellschaften sind die Lohnsummen der Beteiligungsgesellschaften in die Ausgangslohnsumme einzubeziehen. Diese Lohnsummen sind in **Zeilen 131 und 132** einzutragen, anteilig in Höhe der Beteiligung.

Beispiel

Einzelunternehmer hatte in seinem Betriebsvermögen eine Beteiligung an einer KG i.H.v. 51 %. Von der Ausgangslohnsumme der KG ist seinem zu verschonenden Einzelunternehmen nur 51 % der Ausgangslohnsumme der KG zuzurechnen, d.h. zu der Ausgangslohnsumme des Einzelunternehmens hinzuzurechnen.

Ausnahme: Bei Beteiligungen an Kapitalgesellschaften bis zu 25 % entfällt eine anteilige Berücksichtigung der Ausgangslohnsumme.

Zu **Zeilen 119, 120 und 131, 132** ist anzumerken, dass bei Beteiligungen die Ausgangslohnsumme in einem ersten Schritt in jeder beteiligten Gesellschaft zunächst separat zu ermitteln ist. Als Beschäftigte sind dem „Mutterunternehmen" die Beschäftigten nur anteilig im Verhältnis zu Beteiligung zuzuordnen, z.B. bei einer Beteiligung an einer GmbH von 50.9 % eben zu 50.9 %. Dabei ist in den **Zeilen 119 und 120** die Anzahl der Beschäftigten auf zwei Nachkomma-

79 Auch Kurzarbeitergeld, siehe Gleich lautende Erlasse der obersten Finanzbehörden der Länder v. 14.10.2020, BStBl 2020, 1163. Die an Beschäftigte im Vereinigten Königreich gezahlten Löhne und Gehälter sind bei der Ermittlung der Summe der maßgebenden jährlichen Lohnsummen nach dem Brexit so zu berücksichtigen, als wäre das Vereinigte Königreich weiterhin ein Mitgliedstaat der EU, so Gleich lautende Erlasse der obersten Finanzbehörden der Länder v. 13.12.2021, BStBl 2022 I, 38.

80 Aus der Fülle der Literatur siehe Kommentierung *Riedel*, in: Daragan/Halaczinsky/Riedel, Praxiskommentar ErbStG und BewG, § 13a ErbStG Rn 97 ff.; *Unterberg*, Ausgewählte Problembereiche im Verhältnis zwischen Umwandlungen und Erbschaftsteuer – Teil I und II, ErbStB 2020, 294 und 323.

stellen abzurunden. Als Ausgangslohnsummen sind ebenfalls in einem zweiten Schritt nur die anteiligen Ausgangslohnsummen einzubeziehen (§ 13a Abs. 3 Satz 11–13 ErbStG).

Die durchschnittliche Ausgangslohnsumme ist insgesamt zu ermitteln und der Umfang der Beteiligung auszuweisen. In **Zeile 133** ist die letztlich selbsterrechnete Ausgangslohnsumme einzutragen. Zur Berechnung siehe R E 13a. 7 ErbStR und H 13a.7 ErbStH mit **Berechnungsbeispielen**. 95

Hinweis

Es kann generell von Interesse sein, im Zeitpunkt der Übertragung eine möglichst geringe Ausgangslohnsumme auszuweisen. Dazu gibt es verschiedenen Möglichkeiten; diese müssen letztlich transparent und plausibel sein.

Das Erbschaftsteuerfinanzamt (bei mehrstufigen Beteiligungen das Feststellungsfinanzamt der vorhergehenden Stufe) muss das Feststellungsfinanzamts nach Ablauf der Lohnsummenfrist (fünf bzw. sieben Jahre nach dem Zeitpunkt der Steuerentstehung) oder nach Bekanntwerden einer Veräußerung/Aufgabe/Einstellung des Betriebes bzw. der Gesellschaft auf eine Feststellung der Summe der maßgebenden jährlichen Lohnsummen durchführen. Zu diesem Zweck werden die betreffenden Erwerber/Steuerpflichtigen aufgefordert, eine Erklärung „Erklärung zur Feststellung der Summe der maßgebenden jährlichen Lohnsummen" abzugeben, dazu § 2 Rdn 15. Für die Ermittlung der maßgebenden jährlichen Lohnsummen ist die Anzahl der Beschäftigten ohne Bedeutung. Das Feststellungsfinanzamt erstellt den „Bescheid über die Feststellung der Summe der maßgebenden jährlichen Lohnsummen" und übersendet die Mitteilung (Durchschrift des Bescheides) an das anfordernde ErbStFA. Bei mehreren nacheinanderfolgenden Erwerben gilt die Basiswertregelung (§ 151 Abs. 3 BewG) entsprechend. Zur gesonderten Feststellung/Erklärung und den Rechtsbehelfsmöglichkeiten siehe § 2, 7 und §§ 13 f. 96

III. Forderungen und Schulden gegenüber verbundenen Unternehmen

Abschn. H des Formulars dient der genauen Zuordnung von Forderungen/Schulden bei verbundenen Unternehmen zum zu verschonenden Unternehmensvermögen. Die Angaben sind **nur bei Verbundvermögensaufstellungen** erforderlich.[81] Die Rechentechnik der Verbundvermögensaufstellung ist erforderlich, wenn zum begünstigungsfähigen Vermögen unmittelbar oder mittelbar Beteiligungen an Personengesellschaften bzw. unmittelbar oder mittelbar Anteile an Kapitalgesellschaften gehören. In einer Verbundvermögensaufstellung sind zur Ermittlung des begünstigten Vermögens nicht die gemeinen Werte der Beteiligungen oder Anteile anzusetzen, sondern die gemeinen Werte der diesen Gesellschaf- 97

81 *Dorn*, Gesellschaftsbeteiligungen: Die Verbundvermögensaufstellung – ein Überblick zu Notwendigkeit, Inhalt und Umsetzung in der Praxis, ErbBstg 2023, 12.

ten zuzurechnenden Vermögensgegenstände des Verwaltungsvermögens, des jungen Verwaltungsvermögens, der Finanzmittel, der jungen Finanzmittel und der Schulden. Nach § 13b Abs. 9 ErbStG ist das Verwaltungsvermögen bei verbundenen Unternehmen transparent (ohne Berücksichtigung der rechtlichen Selbstständigkeit der verbundenen Unternehmen) zu ermitteln. Näheres dazu in R E 13b. 29 ErbStR mit **Berechnungsbeispielen zu Verbundvermögensaufstellungen** in H E 13b ErbStH; ergänzend siehe die Erläuterung in der amtlichen Anleitung. Ein amtliches Formular für die Verbundvermögensaufstellung gibt es wohl nicht.

In den **Zeilen 134 ff.** geht es um den Ansatz bzw. Zuordnung von Forderungen und Schulden gegenüber verbundenen Unternehmen.

Zeile			
134	**H. Forderungen und Schulden gegenüber verbundenen Unternehmen**		
135	**Forderungen gegenüber verbundenen Unternehmen**		
136		1. verbundenes Unternehmen	2. verbundenes Unternehmen
137	Name des verbundenen Unternehmens (Schuldner)		
138	Steuernummer des verbundenen Unternehmens		
139	Höhe der Beteiligung des zu bewertenden Unternehmens am verbundenen Unternehmen lt. Zeile 137	in %	in %
140	Beteiligungshöhe zu Zeile 139	100 %	100 %
141	Wert der Forderung am Bewertungsstichtag	EUR	EUR
142	Nicht anzusetzender Teil der Forderung (Bitte die Ermittlung auf einem gesonderten Blatt erläutern.)	EUR	EUR
143	**Schulden gegenüber verbundenen Unternehmen**		
144		1. verbundenes Unternehmen	2. verbundenes Unternehmen
145	Name des verbundenen Unternehmens (Gläubiger)		
146	Steuernummer des verbundenen Unternehmens		
147	Höhe der Beteiligung des zu bewertenden Unternehmens am verbundenen Unternehmen lt. Zeile 145	in %	in %
148	Beteiligungshöhe zu Zeile 147	100 %	100 %
149	Wert der Schuld am Bewertungsstichtag	EUR	EUR
150	Nicht anzusetzender Teil der Schuld (Bitte die Ermittlung auf einem gesonderten Blatt erläutern.)	EUR	EUR

In der Sonderregelung in § 13b Abs. 9 Satz 3 ErbStG geht es um Forderungen und Schulden zwischen den Gesellschaften untereinander oder im Verhältnis zu dem übertragenen Betrieb oder der übertragenen Gesellschaft. Soweit sich in der Verbundvermögensaufstellung Forderungen und Verbindlichkeiten zwischen den Gesellschaften untereinander oder im Verhältnis zu dem übertragenen Betrieb oder der übertragenen Gesellschaft gegenüberstehen, sind diese nicht anzusetzen. Damit scheidet der Ansatz einer Forderung als Finanzmittel aus, soweit der Forderung eine Verbindlichkeit innerhalb der zum übertragenen Vermögen gehörenden Beteiligungsstruktur gegenübersteht; das gilt in gleicher Weise für die Verbindlichkeit. Sofern der Steuerpflichtige nach § 13b Abs. 9 Satz 3 ErbStG den Nichtansatz einer Forderung und damit einen niedrigeren Wertansatz der Finanzmittel begehrt, hat er dies dem Betriebsfinanzamt durch geeignete Unterlagen nachzuweisen.

Hinweis

Forderungen und Verbindlichkeiten, die sich im Gesamthandsvermögen und im Sonderbetriebsvermögen einer Personengesellschaft gegenüberstehen, sind anzusetzen, weil es sich nicht um eine Beteiligung handelt.

IV. Weitere Angaben in der Anlage Betriebsvermögen – Einzelunternehmen

In **Abschn. I des Formulars** sind weitere nachrichtliche Eintragungen erforderlich. Die Angaben dienen der „Aussortierung“ von nicht begünstigungsfähigem Vermögen. 98

151	**I. Nachrichtliche Angaben**	
152	☐ Zu dem übertragenen Betriebsvermögen gehören Grundstücke, die sowohl dem Betriebsvermögen als auch dem Grundvermögen zuzuordnen sind. (Bitte auf gesondertem Blatt erläutern.)	
153	☐ Zu dem übertragenen Betriebsvermögen gehört Vermögen in Drittstaaten (nicht Mitgliedstaat der Europäischen Union oder des Europäischen Wirtschaftsraums) belegener Betriebsstätten. (Bitte auf gesondertem Blatt erläutern.)	EUR
154	☐ Der Hauptzweck des Unternehmens ist eine Tätigkeit im Sinne des § 13 Abs. 1, des § 15 Abs. 1 Satz 1 Nr. 1 oder des § 18 Abs. 1 Nr. 1 und 2 EStG.	

Zeile 152 betrifft gemischt betrieblich und privat genutzten Grundstücke (z.B. Werkstatt, Lager, Fertigung im Erdgeschoss und Keller, Wohnung im I. und II. OG). Nur der betrieblich genutzte Teil kann in die Bewertung des BV einbezogen und als BV begünstigt werden. Näheres zu Zeile 152 siehe Anleitung zur Anlage BV.

In **Zeile 153** ist zur Ermittlung des nicht begünstigten Vermögens einer in einem Drittstaat belegenen Betriebsstätte einzutragen, ob zum übertragenen Betriebsvermögen Vermögen in Drittstaaten gehört. Betriebsstätten sind feste Geschäftseinrichtungen oder Anlagen, die der Tätigkeit eines Unternehmens dient (§ 12 AO), z.B. Steinbruch in Mazedonien. Näheres zu Zeile 152 siehe Anleitung zur Anlage BV. In **Zeile 154** ist letztlich nochmals zu erklären, ob der Hauptzwecke des Unternehmens ein gewerbliche, freiberuflich oder land- und forstwirtschaftliche und keine gewerblich geprägte Tätigkeit ist. Diese Angabe wird zur Prüfung der Gewährung des Sockelbetrags für Finanzmittel benötigt (§ 13b Abs. 4 Nr. 5 Satz 4 ErbStG), dazu schon § 4 Rdn 249.

Hinweis

Die Angaben zur Verschonung in der Anlage Betriebsvermögen Einzelunternehmen sollten mit den Angaben in der Anlage Steuerentlastung (§ 4 Rdn 226 ff. und § 6 Rdn 230 ff.) abgestimmt werden.

§ 10 Die Bewertung einer Beteiligung an einer Personengesellschaft

Olivia Trentmann/Raymond Halaczinsky

Übersicht:

A. Anwendungsbereich

Hier geht es anlässlich von Schenkungen oder Erbfällen um die Bewertung von Beteiligung an einer Personengesellschaft wie z.B. einer **KG, GmbH & Co. KG, OHG, GbR**-Beteiligung, Beteiligung an einer atypisch stillen Gesellschaft, an einer atypisch stillen Unterbeteiligung, an einer Partenreederei, Partnerschaft oder europäischen Interessenvereinigung. Auch die Bewertung an ehelichen Gütergemeinschaften, wenn ein Ehegatte z.B. ein Gewerbe betreibt, oder an Erbengemeinschaften, wenn z.B. mehrere Erben ein Einzelunternehmen oder eine mitunternehmerische Beteiligung erben, erfolgt nach diesen Vorgaben. Vorab ist jeweils zu klären, ob die Beteiligung dem Betriebsvermögen oder dem übrigen Vermögen zuzuordnen ist.[1] Für die Bewertung als Betriebsvermögen ist Voraussetzung, dass es sich um eine Personengesellschaft i.S.d. § 15 Abs. 1 Nr. 2 (**Mitunternehmerschaft**) und Nr. 3 EStG (**Komplementärbeteiligung** an einer KGaA) und Abs. 3 (**gewerblich geprägte Personengesellschaft**) oder i.S.v. § 18 Abs. 4 Satz 2 EStG (**freiberufliche** Personengesellschaft) handelt. Diese Entscheidung ist i.d.R. durch die einkommensteuerliche Behandlung schon getroffen und für die schenkung-/erbschaftsteuerliche Bewertung verbindlich. Näheres dazu siehe noch R E 13b.5 Abs. 3 ErbStR. Für die Beurteilung, ob z.B. ein Mitunternehmer- 1

1 Ist die betreffende Beteiligung dem Betriebsvermögen zuzuordnen, kann es sich um nach § 13b Abs. 1 Nr. 2 ErbStG begünstigungsfähiges Vermögen handeln.

anteil vorliegt, ist allein auf die Verhältnisse im Zeitpunkt der Übertragung des Anteils abzustellen.[2]

Personenhandelsgesellschaften und Partnerschaftsgesellschaften, die nach § 1a KStG zur Körperschaftsbesteuerung[3] optiert haben, sind weiterhin als Personengesellschaften zu behandeln (Näheres siehe Rdn 10).

Beispiel zur Fragestellung

Der Erblasser hat ein mittelständisches Einzelunternehmen mit diversen Betriebsstätten im In- und Ausland und div. weitere Beteiligungen in Form einer GmbH & Co. KG betrieben. Zuletzt war er noch mit 51 % an der GmbH & Co. KG und zu 100 % an der GmbH beteiligt. Laut Testament sollen seine Ehefrau von der GmbH & Co. KG 26,9 % und sein Kind 24,1 % erben.

Hier geht es um die Frage: Mit welchem Wert sind die 26,9 % bzw. 24,1 % anzusetzen?

Wie hat die Bewertung der GmbH & Co. KG zu erfolgen?

(Das Einzelunternehmen und die 100 % Anteile an der GmbH soll die Ehefrau erben, hierfür ist jeweils eine weitere gesonderte Bewertung erforderlich, siehe dazu § 9 und § 11.)

2 Für den Fall, dass die Personengesellschaft als nicht gewerbliche oder freiberufliche Mitunternehmerschaft zu qualifizieren ist (z.B. eine **vermögensverwaltende KG**), kann es sich um eine **sonstige Gemeinschaft** handeln. Das Vermögen einer sonstigen Gemeinschaft ist nach Maßgabe des § 151 Abs. 1 Nr. 4 BewG ebenfalls gesondert zu bewerten. Näheres dazu siehe § 12. Entsprechendes würde gelten, wenn z.B. aufgrund einer Betriebsprüfung einer Personengesellschaftsbeteiligung die **Mitunternehmereigenschaft nachträglich versagt** worden wäre.[4]

3 Wird im Rahmen eines Erwerbs von Todes wegen oder einer Schenkung unter Lebenden ein **Nießbrauchsrecht an einem Anteil an einer Personengesellschaft** im Sinne des § 15 Abs. 1 Satz 1 Nr. 2 und Abs. 3 oder § 18 Abs. 4 Satz 2 EStG eingeräumt oder die Ausübung eines solchen Nießbrauchsrechts einem anderen überlassen, richtet sich die erbschaft- bzw. schenkungsteuerrechtliche Beurteilung, insb. auch die Zuordnung zum begünstigungsfähigen Vermögen, nach der Ausgestaltung des Nießbrauchsrechts (H E 13b. 5 ErbStH und R E 13b.30 Abs. 6

2 Vgl. BFH, Urt. v. 17.6.2020 – II R 33/17, BFHE 269, 429, BStBl 2021 II, 217.

3 Gesetz zur Modernisierung des Körperschaftsteuerrechts v. 25.6.2021, BGBl 2021 I, 2050 u.a. § 1a KStG m.W.v. 1.7.2021. Zum Ganzen siehe insb. BMF v. 10.11.2021 – IV C 2-S 2707/21/10001:004, BStBl 2021 I, 2212 = Anwendungsschreiben zur Option zur Körperschaftsbesteuerung (§ 1a KStG).

4 S.a. BFH v. 27.4.2022 – II R 9/20, BFHE 277, 442, BStBl 2022 II, 541. Für eine vermögensverwaltende Stiftung & Co. KG, bei der ausschließlich eine Stiftung persönlich haftende Gesellschafterin ist, ist ein Wert nach § 151 Abs. 1 Satz 1 Nr. 4 BewG festzustellen (Az. des BVerfG: 1 BvR 1560/22).

ErbStR).[5] Durch die Bestellung des Nießbrauchs an einem Gesellschaftsanteil erzielt der Nießbraucher – anstelle des Gesellschafters – die auf den Anteil entfallenden Einkünfte, wenn und soweit er aufgrund der ihm vertraglich zur Ausübung überlassenen Stimm- und Verwaltungsrechte grundsätzlich in der Lage ist, auch an Grundlagengeschäften der Gesellschaft mitzuwirken. Entsprechendes gilt auch für den Quotennießbrauch.[6]

Ist der (Zuwendungs-)Nießbrauch so ausgestaltet, dass der Nießbraucher ertragsteuerrechtlich als Mitunternehmer der Personengesellschaft anzusehen ist, gehört das Nießbrauchsrecht als immaterielles Wirtschaftsgut ertragsteuerrechtlich und damit auch bewertungsrechtlich zum Sonderbetriebsvermögen, da es unmittelbare und untrennbare Voraussetzung für die Erzielung der gewerblichen Einkünfte ist.[7] Dies gilt unabhängig davon, ob der Nießbraucher zivilrechtlich Gesellschafter der Personengesellschaft ist. Für das Nießbrauchsrecht ist der **Kapitalwert** nach §§ 13–16 BewG zu ermitteln. Der Kapitalwert ist in der Anlage „Betriebsvermögen Beteiligungen an Personengesellschaften" in Abschn. F einzutragen. Die Wertermittlung ist auf einem gesonderten Blatt oder durch ein Gutachten zu erläutern. Das Nießbrauchsrecht gehört bei Vorliegen der weiteren Voraussetzungen des § 13b Abs. 1 Nr. 2 ErbStG **zum begünstigungsfähigen Betriebsvermögen**. Dabei ist unbeachtlich, dass nur Sonderbetriebsvermögen übertragen wird, da der Mitunternehmeranteil ausschließlich hierin besteht. Besteht das Nießbrauchsrecht nur an einem Teil des Anteils, ist der entsprechende Teil des Anteils zugrunde zu legen. Handelt es sich bei der Personengesellschaft (an der der Nießbrauch besteht) nicht um einen Betrieb mit übermäßigem Verwaltungsvermögen im Sinne des § 13b Abs. 2 Satz 2 ErbStG, kann die Steuerbefreiung für das Nießbrauchsrecht, soweit begünstigtes Vermögen im Sinne des § 13b Abs. 2 S. 1 ErbStG vorliegt, gewährt werden. Ein an Erfüllungs statt eingeräumter Nießbrauch an einer Mitunternehmerschaft ist grds. nicht begünstigungsfähig.[8]

B. Gesonderte Wertfeststellung

In den Zeilen **39–42 der Erbschaftsteuererklärung** bzw. in den **Zeilen 41–43 der Schenkungsteuererklärung** sind die Summenwerte aller erworbenen mitunternehmerischen Beteiligungen an Personengesellschaften einzutragen; zusätzlich 4

5 Auswirkungen der Option nach § 1a KStG s.a. *Stein*, Der Nießbrauch am Personengesellschaftsanteil in der KöMoG-Option: Überlegungen zur schenkungsteuerlichen Absicherung und Gestaltung, ZEV 2022, 331; *Carle*, KöMoG: Gesellschaftsrechtliche Anforderungen des Optionsmodells, NWB 2021, 2270.

6 Vgl. BFH, Urt. v. 15.11.2022 – IX R 4/20 –, BFHE 278, 519, BStBl 2023 II, 389.

7 BFH v. 1.9.2011 – II R 67/09, BFH/NV 2011 2066.

8 Vgl. BFH, Urt. v. 25.11.2020 – II R 36/18, DStR 2021, 1592.

sind ggf. Angaben in der Schenkungsteuererklärung in den **Zeilen 44–48** zu machen. In diesen Erklärungen ist zwischen Beteiligungen an Personengesellschaften mit Sitz oder Geschäftsleitung im Inland, in einem Mitgliedstaat der EU oder im EWR (Island, Liechtenstein, Norwegen) und solchen mit Sitz oder Geschäftsleitung im sonstigen Ausland (Drittstaaten) zu unterscheiden. Außerdem ist die jeweilige Beteiligung in der Anlage „Angaben zu Bedarfswerten zur Erbschaft-/Schenkungsteuererklärung" einzutragen. Die zunächst selbst ermittelten Werte (ggf. laut der Feststellungserklärung) werden später durch die vom Betriebsfinanzamt gesondert festgestellten Werte ersetzt.[9]

I. Beteiligung an Personengesellschaften mit Sitz oder Geschäftsleitung im Inland

5 Gesondert festgestellt werden die Werte der Beteiligungen an Personengesellschaften **mit Sitz oder Geschäftsleitung im Inland** (§ 12 Abs. 5 ErbStG, § 157 Abs. 4 i.V.m. § 151 Abs. 1 Nr. 3 i.V.m. Abs. 4 BewG). Hierfür ist eine Feststellungserklärung mit der Anlage „Betriebsvermögen für Beteiligungen an Personengesellschaften" und weitere Anlagen oder ein Unternehmenswertgutachten pro Beteiligung einzureichen. Bei der Wertermittlung einer Beteiligung an Personengesellschaften ist so vorzugehen, dass

- zunächst der Wert des BV der Personengesellschaft, deren Anteile sich im Nachlass befinden, insgesamt ermittelt wird
- in einem zweiten Schritt wird dann der anteilige – auf den erwerbenden Gesellschafter entfallende – Wert ermittelt.

Auch bei Schenkungen ist in dieser Reihenfolge vorzugehen.

6 Grundsätzlich gehören **zum Betriebsvermögen** einer Personengesellschaft **alle in ihrem Eigentum befindlichen Wirtschaftsgüter** und das Sonderbetriebsvermögen (§ 97 Abs. 1 Nr. 5 BewG), wobei die Wirtschaftsgüter und Schulden des Sonderbetriebsvermögens eines Gesellschafters im Rahmen einer Einzelbewertung mit dem gemeinen Wert anzusetzen sind (vgl. § 97 Abs. 1a Nr. 2 BewG). Betriebsvermögen über das Ende der werbenden Tätigkeit einer Personengesellschaft hinaus liegt so lange vor, wie an dem jeweiligen Stichtag noch positives oder negatives Betriebsvermögen vorhanden ist. Zu dem negativen Betriebsvermögen

9 Die Oberfinanzdirektionen Münster und Rheinland haben die Wertermittlung und Aufteilung bei einer OHG in einem Praxisfall „Gesonderte Feststellung des Werts des Anteils am Betriebsvermögen der Y-OHG nach § 151 Abs. 1 Satz 1 Nr. 2 BewG und Feststellungen nach § 13a Abs. 1a ErbStG a.F., § 13b Abs. 2a ErbStG a.F." ausführlich dargestellt; z.B. Oberfinanzdirektion Münster v. 1.7.2011 – S 3190-103-St23-35, juris: FMNR40f430012. Im Wesentlichen können die Grundsätze auch heute noch angewendet werden.

gehören insbesondere betrieblich begründete Verbindlichkeiten.[10] Zum Betriebsvermögen einer Personengesellschaft siehe R B 97.1–3 ErbStR.

II. Beteiligungen an Personengesellschaften mit Sitz oder Geschäftsleitung im Ausland

Nicht gesondert festgestellt werden die Werte der Beteiligungen an Personengesellschaften mit Sitz oder Geschäftsleitung im **Ausland**, auch nicht, wenn sich Sitz oder Geschäftsleitung in einem Mitgliedstaat der EU oder im EWR (Island, Liechtenstein, Norwegen) befinden; mit einer **Ausnahme**. Der gemeine Wert ausländischen Vermögens, das zu einem inländischen Betriebsvermögen oder zum Vermögen einer Kapitalgesellschaft oder vermögensverwaltenden Gemeinschaft/Gesellschaft mit Sitz oder Geschäftsleitung im Inland gehört, ist im **Rahmen der gesonderten Feststellung** des gemeinen Werts dieser wirtschaftlichen Einheit nach § 151 Abs. 1 Satz 1 Nr. 2 bis 4 BewG zu berücksichtigen. Hierfür ist der selbst ermittelte Beteiligungswert (Verkehrswert) formlos in der Feststellungserklärung aufzunehmen und soweit erforderlich (bei Substanzwertverfahren) zu erklären. Die Finanzverwaltung hat keine Bedenken, bei der Bewertung von Beteiligungen an ausländischen Personengesellschaften auch das vereinfachte Ertragswertverfahren (§§ 199 ff. BewG) entsprechend anzuwenden. Die Ermittlung der Bewertungsgrundlagen hat in der jeweiligen Landeswährung zu erfolgen, der in dieser Währung ermittelte Ertragswert ist mit dem für den Bewertungsstichtag festgestellten Devisenkurs in EUR umzurechnen. Der Gewinnermittlung können die im jeweiligen Land geltenden Gewinnermittlungsvorschriften zugrunde gelegt werden, wenn sie eine gem. § 202 Abs. 1 Satz 2 BewG entsprechende Korrektur zulassen. Der nach § 203 BewG maßgebende Kapitalisierungsfaktor ist anzuwenden, wenn dies nicht zu offensichtlich unzutreffenden Ergebnissen führt. Zulässig sind hier auch alle anderen sach- und fachgerechten Unternehmensbewertungsmethoden. Für den selbst ermittelten Wert ist der Steuerpflichtige nachweispflichtig. Es gelten hierbei gem. § 90 Abs. 2, 3 AO erhöhte Mitwirkungspflichten. Gehören zum inländischen Betriebsvermögen einer Personengesellschaft ausländische Betriebsstätten in sog. Drittstaaten, ist das Vermögen separat in der **Zeile 236** der Anlage „Betriebsvermögen für Beteiligungen an Personengesellschaften“ mit seinem ermittelten Verkehrswert anzugeben. 7

10 Deshalb ist auch für eine Personengesellschaft, deren Auflösung beschlossen ist und die sich im Stadium der Liquidation befindet, noch gem. § 151 Abs. 1 Satz 1 Nr. 2 BewG ein Wert festzustellen (FG Düsseldorf v. 20.10.2017 – 4 K 3022/16 F, EFG 2017, BFH v. 17.6.2020, II R 43/17, BFHE 269, 364, BStBl 2022 II, 13.

C. Die Wertermittlung

8 Die Wertermittlung erfolgt in zwei Stufen

a) Wertermittlung des Gesamthandsvermögens
b) Wertermittlung des Anteils des Gesellschafters an der Personengesellschaft.

Für Zwecke der Wertermittlung des Gesamthandsvermögens der Personengesellschaft ist nach Aufforderung eine entsprechende Feststellungserklärung mit der Anlage „Betriebsvermögen für Beteiligungen an Personengesellschaften" und je nach Bewertung mit weiteren Anlagen einzureichen, z.B. Anlage zur Ermittlung des Ertragswerts (siehe § 9 Rdn 34 ff.) oder Anlage zur Ermittlung des Substanzwerts (siehe § 9 Rdn 57 ff.).

Hinweis

Im Rahmen von § 151 Abs. 1 Satz 1 Nr. 2 BewG ist nur der Anteil des Erblassers an der Personengesellschaft zu bewerten, der Gegenstand des Erwerbs (§ 12 Abs. 5 ErbStG) ist. Es ist deshalb nicht zulässig, ein positives Kapitalkonto des Gesellschafters, dessen Anteil zu bewerten ist, mit negativen Kapitalkonten anderer Kommanditisten zu saldieren. Es kommt nicht darauf an, wie sich die Gesellschafter einer Kommanditgesellschaft nach dem Bewertungsstichtag (§§ 9 Abs. 1 Nr. 1, 11, 12 Abs. 5 ErbStG) auseinandersetzen (§§ 155 Abs. 1, 161 Abs. 2 HGB).[11]

9 Die Ermittlung des Werts der Personengesellschaft im Ganzen richtet sich letztlich nach § 11 Abs. 2 BewG (über § 109 Abs. 2 BewG; § 97 Abs. 1a BewG). Hierzu ist – bei inländischen Personengesellschaften (ebenso bei in der EU oder im EWR belegenen Personengesellschaften) das Betriebsvermögen genauso zu bewerten, wie unmittelbar erworbenes Betriebsvermögen. In den Gewerbebetrieb einer Personengesellschaft (§ 97 Abs. 1 Satz 1 Nr. 5 BewG) sind entsprechend der ertragsteuerlichen Regelung die Wirtschaftsgüter und sonstigen aktiven Ansätze sowie die Schulden und sonstigen Abzüge, soweit sie zum **Gesamthandsvermögen gehören**, und die Wirtschaftsgüter aus den Sonderbilanzen (**Sonderbetriebsvermögen I und II**) einzubeziehen. Zur Berücksichtigung von Schulden und sonstigen Abzügen ist § 103 BewG stets zu beachten. Bewertungsrechtlich haben die **Forderungen und Verbindlichkeiten zwischen Gesellschaft und Gesellschafter** eine besondere Rolle. Sie sind (nur) in das Betriebsvermögen der Personengesellschaft einzubeziehen, soweit sie bei der steuerlichen Gewinnermittlung zum Betriebsvermögen der Gesellschaft gehören, dazu R B 97.1 Abs. 2 ErbStR sowie H B 97.1 ErbStH mit Berechnungsbeispiel. Zum Betriebsvermögen nebst Sonderbetriebsvermögen einer Personengesellschaft siehe noch R B 97.1–3 ErbStR.

11 FG Düsseldorf v. 20.10.2017, 4 K 3022/16 F, EFG 2017, 1934.

Hinweis

Auch bei der Anwendung des Ertragswertverfahrens (bei dem die Werte der einzelnen Wirtschaftsgüter des BV grds. keine Rolle spielen) ist für die Wirtschaftsgüter und Schulden des Sonderbetriebsvermögens eines Gesellschafters stets der gemeine Wert im Rahmen einer Einzelbewertung zu ermitteln (§ 97 Abs. 1a Nr. 2 BewG) und dem Ertragswert hinzuzurechnen.

Personenhandelsgesellschaften und Partnerschaftsgesellschaften haben mit Wirkung zum 1.7.2021 die Möglichkeit, zur **Körperschaftsbesteuerung zu optieren.**[12] Gesellschaften, die nach § 1a KStG zur Körperschaftsbesteuerung optiert haben und ihrer Tätigkeit nach weiterhin einer Gesellschaft im Sinne des § 15 Abs. 1 Satz 1 Nr. 2, des § 15 Abs. 3 oder des § 18 Abs. 4 Satz 2 EStG entsprechen, sind **für Zwecke der Erbschaft- und Schenkungsteuer (weiterhin) als Personengesellschaften zu behandeln.**[13] 10

Der Wert eines Anteils am Betriebsvermögen von optierenden Gesellschaften ist aufgrund von § 97 Abs. 1 Satz 1 Nr. 5 Satz 1 BewG nach § 151 Abs. 1 Satz 1 Nr. 2 BewG festzustellen.

Da nach der Option zur Körperschaftsbesteuerung die optierende Gesellschaft wie eine Kapitalgesellschaft besteuert wird und die Gesellschafter wie die nicht persönlich haftenden Gesellschafter einer Kapitalgesellschaft behandelt werden (§ 1a Abs. 1 Satz 1 KStG, § 2 Abs. 8 GewStG), ist keine Feststellung nach § 97 Abs. 1 Satz 1 Nr. 5 Satz 2 BewG für das Sonderbetriebsvermögen mehr möglich.

Soweit Wirtschaftsgüter des Sonderbetriebsvermögens, welche nicht im Rahmen der Option auf die Gesamthand übertragen werden, gemeinsam mit dem Anteil am Betriebsvermögen der optierenden Gesellschaft übertragen werden, sind sie bei der Erbschaft- und Schenkungsteuerfestsetzung gesondert zu berücksichtigen. Eine Steuerbegünstigung nach §§ 13a, 13b, 13c, 19a und 28a ErbStG ist für diese Wirtschaftsgüter nur möglich, wenn dieses Vermögen selbst begünstigungsfähiges Vermögen im Sinne des § 13b Abs. 1 ErbStG ist.

---

12 Gesetz zur Modernisierung des Körperschaftsteuerrechts v. 25.6.2021, BGBl 2021 I, 2050 u.a. § 1a KStG m.W.v. 1.7.2021. Zum Ganzen siehe insb. BMF v. 10.11.2021 – IV C 2-S 2707/21/10001:004, BStBl 2021 I, 2212 = Anwendungsschreiben zur Option zur Körperschaftsbesteuerung (§ 1a KStG).

13 Näheres siehe Gleich lautende Ländererlasse der obersten Finanzbehörden der Länder v. 5.10.2022, BStBl 2022 I, 1494; *Wälzholz*, Anwendungsfragen zum KöMoG im Erbschaftsteuer- und Bewertungsrecht aufgrund der gleich lautenden Ländererlasse vom 5.10.2022, ZEV 2023, 73; *Mayer/Käshammer*, Das Optionsmodell zur Körperschaftsbesteuerung – Praxishinweise und steuerliche Implikationen, NWB 2021, 1300; *Winkler/Carle*, KöMoG: Optionsmodell und Erbschaft-/Schenkungsteuerrecht, NWB 2021, 2508; *Carle*, KöMoG: Gesellschaftsrechtliche Anforderungen des Optionsmodells, NWB 2021, 2270.

Der gemeine Wert eines Anteils am Betriebsvermögen einer optierenden Gesellschaft ist gemäß § 97 Abs. 1a BewG zu ermitteln und aufzuteilen. Dabei ist hinsichtlich der Gesamthandsbilanz gem. § 97 Abs. 1a Nr. 1 Buchstabe a BewG auf die (ausnahmsweise) handelsrechtlichen Kapitalkonten der Gesamthandsbilanz abzustellen.

I. Die Anlage „Betriebsvermögen für Beteiligungen an Personengesellschaften"

11 Grundsätzlich entspricht das Betriebsvermögen von Personengesellschaften demjenigen eines Einzelunternehmens. Bewertungsrechtlich werden aber alle Wirtschaftsgüter, die einer Personengesellschaft im Gesamthandsvermögen gehören, ihrem Betriebsvermögen zugeordnet (§ 97 Abs. 1 BewG). Eine weitere Besonderheit ist das sog. Sonderbetriebsvermögen. Das sind Wirtschaftsgüter, die zivilrechtlich einem oder mehreren Gesellschaftern gehören und dem Betrieb der Gesellschaft dienen (Beispiel: Eine KG betreibt ein Unternehmen auf dem Grundstück eines ihrer Gesellschafter. Das Grundstück stellt bei dem Gesellschafter Sonderbetriebsvermögen dar.).

Sonderbetriebsvermögen ist demnach für die Bewertung und Verschonung des Unternehmensvermögens einer Personengesellschaft und auch für die Bestimmung des wertmäßigen Anteils des einzelnen Gesellschafters an der Personengesellschaft von erheblicher Bedeutung. Dies schlägt sich im Formular „Betriebsvermögen für Beteiligungen an Personengesellschaften“ (kurz Anlage „Betriebsvermögen Personengesellschaft“) in den Abschnitten G und H nieder.

Finanzamt	
Aktenzeichen/Steuernummer	

Anlage Betriebsvermögen für Beteiligungen an Personengesellschaften

zur Feststellungserklärung

auf den Bewertungsstichtag ______________

Zutreffende weiße Felder bitte ausfüllen oder ☒ ankreuzen

Zeile					
1	**A. Allgemeine Angaben**				
2	Beteiligung an der Personengesellschaft				
3	Firma				Tagsüber telefonisch erreichbar
4	Straße und Hausnummer				
5	Postleitzahl und Ort				
6	Betriebsfinanzamt	Steuernummer/Aktenzeichen/Wirtschafts-Identifikationsnummer			
7	**Beteiligungsverhältnis** des (bisherigen) Gesellschafters				
8	Höhe der Beteiligung des Gesellschafters	Zähler	Nenner	oder	%
9	Name, Vorname				
10	Straße und Hausnummer				
11	Postleitzahl und Ort				
12	Finanzamt	Steuernummer/Aktenzeichen/Steuer-Identifikationsnummer			
13	**Erwerber/Beteiligter am Feststellungsverfahren**				
14	Höhe der auf den Erwerber/die Erbengemeinschaft übertragenen Beteiligung (Anteil, der von Zeile 8 erworben wurde)	Zähler	Nenner	oder	%
15	Name/Vorname/Bezeichnung der Erbengemeinschaft				
16	Straße und Hausnummer				
17	Postleitzahl und Ort				
18	Finanzamt	Steuernummer/Aktenzeichen/Steuer-Identifikationsnummer			
19	**Basiswertregelung**				
20	☐ Die Basiswertregelung nach § 151 Abs. 3 BewG soll angewendet werden. (Bitte die Einzelheiten auf einem gesonderten Blatt erläutern.)				
21	**Sonstige Angaben**				
22					

Auf der Seite 1 der Anlage „Betriebsvermögen Personengesellschaft“ sind die 12
allgemeinen Angaben zur Personengesellschaft zu machen. Vorab ist der Bewertungsstichtag, in der Regel der Todestag oder der Tag der Ausführung der Schenkung, anzugeben. Zur Bedeutung des Bewertungsstichtags siehe § 4 Rdn 15 und § 6 Rdn 10 ff.

Wichtig bei dem Ausfüllen der Anlage ist, dass in **Zeile 8** das Beteiligungsverhältnis des bisherigen Gesellschafters einzutragen ist. In **Zeile 14** ist einzutragen, in welchem Umfang die Beteiligung aus Zeile 8 erworben wurde (s.a. Beispiel in der Anleitung zur Anlage „Betriebsvermögen Personengesellschaft").

In **Zeile 20** kann man die sog. Basiswertregelung beantragen, d.h. die Übernahme einer schon innerhalb des **letzten Jahres** erfolgten gesonderten Feststellung des Betriebsvermögenswerts sofern sich die für die Bewertung maßgeblichen Stichtagsverhältnisse nicht wesentlich geändert haben (siehe dazu § 9 Rdn 10).

II. Gemeiner Wert der Personengesellschaft

13 Wird ein (mitunternehmerischer)[14] Anteil an einer Personengesellschaft geschenkt oder vererbt, ist zur Ermittlung der Bereicherung des Erwerbers aus dem Gesamtwert des Betriebsvermögens der Personengesellschaft der Wert des erworbenen Anteils zu errechnen. Die dazu erforderlichen Angaben für den Gesamtwert der Personengesellschaft sind in die Zeilen **23–50** der Anlage „Betriebsvermögen Personengesellschaft" einzutragen. Wird wie im Regelfall (nur) ein **Anteil an der Beteiligung der Personengesellschaft** erworben, erfolgt die weitere Ermittlung des übertragenen Anteils unter dem Abschnitt G. Die Basiswertregelung in § 151 Abs. 3 BewG ist hierbei zu beachten (**Zeile 20**). Im Fall der Basiswertregelung sind keine weiteren Angaben in den Zeilen 23 ff. notwendig.

Die Angaben in den **Zeilen 23–50** entsprechend weitestgehend den Angaben, die für Einzelunternehmen zu machen sind. Insoweit wird auf die Ausführungen in § 9 Rdn 17–74 verwiesen. Zu Besonderheiten der Wertermittlung des Betriebsvermögens bei Personengesellschaften siehe R B 97.1 ErbStR und H B 97.1 ErbStH.

14 Beteiligungen an Erbengemeinschaften, Ehegattengemeinschaften und vermögensverwaltenden Personengesellschaften (z.B. Grundstücks-GbR) sind in dem anderen Vordruck „Anlage zur gesonderten Feststellung des Vermögens und Schulden von Gemeinschaften/Gesellschaften im Sinne des § 151 Abs. 1 Satz 1 Nr. 4 BewG zur Feststellungserklärung" zu erklären; siehe dazu § 12.

Zeile		
23	**B. Ableitung aus Verkäufen**	
24	Innerhalb eines Jahres vor dem Bewertungsstichtag haben folgende Verkäufe stattgefunden (Bitte Käufer und Verkäufer, ggf. Verwandtschaftsverhältnis, sowie einen ggf. im Kaufpreis enthaltenen Paketzuschlag auf einem gesonderten Blatt angeben und den Vertrag beifügen.):	
25	Zeitpunkt des Verkaufs (Tag / Monat / Jahr) — Kaufpreis	Veräußerter Anteil
26	EUR	%
27	EUR	%
28	Gemeiner Wert des **gesamten Betriebsvermögens** der Personengesellschaft (**ohne** Sonderbetriebsvermögen)	EUR
29	Gemeiner Wert der **erworbenen Beteiligung** an der Personengesellschaft (**ohne** Sonderbetriebsvermögen), übertragen in Teil G Zeile 64.	EUR
30	☐ Die vorgenannten Verkäufe sind zur Ermittlung des gemeinen Werts nicht geeignet (bitte Begründung beifügen). ☐ Verkäufe, aus denen sich der gemeine Wert ableiten lässt, sind nicht bekannt.	
31	**C. Gutachtenwert**	
32	☐ Wertermittlung erfolgt in Ausübung des Wahlrechts im vereinfachten Ertragswertverfahren (weiter mit Teil D).	
33	☐ Wertermittlung erfolgt nach einem Ertragswertverfahren laut beigefügtem Gutachten.	
34	☐ Wertermittlung erfolgt nach einer anderen anerkannten, auch im gewöhnlichen Geschäftsverkehr für nichtsteuerliche Zwecke üblichen Methode laut beigefügtem Gutachten.	
35	Name und Anschrift des Gutachters:	
36		
37	Gemeiner Wert des **gesamten Betriebsvermögens** der Personengesellschaft (**ohne** Sonderbetriebsvermögen)	EUR
38	In den Fällen eines Gutachtenwerts für den erworbenen Anteil an der Personengesellschaft: Gemeiner Wert der **erworbenen Beteiligung** an der Personengesellschaft (**ohne** Sonderbetriebsvermögen)	EUR
39	Gemeiner Wert des **erworbenen Sonderbetriebsvermögens** lt. Gutachten	EUR
40	Gemeiner Wert der **erworbenen Beteiligung** an der Personengesellschaft oder Summe aus Zeile 38 und 39	EUR
41	**D. Wert nach vereinfachtem Ertragswertverfahren** (§§ 199 ff. BewG)	
42	Gemeiner Wert des **gesamten Betriebsvermögens** der Personengesellschaft (**ohne** Sonderbetriebsvermögen) laut beigefügter „Anlage Vereinfachtes Ertragswertverfahren"	EUR
43	**E. Substanzwert** (Mindestwert nach § 11 Abs. 2 Satz 3 BewG)	
44	Substanzwert des **gesamten Betriebsvermögens** der Personengesellschaft (**ohne** Sonderbetriebsvermögen) laut beigefügter „Anlage Substanzwert"	EUR
45	In den Fällen eines Gutachtenwerts für den erworbenen Anteil an der Personengesellschaft (Zeile 38 bis 40): Substanzwert der **erworbenen Beteiligung** an der Personengesellschaft (nach Aufteilung des Werts lt. Zeile 44 in Teil G Zeilen 52 bis 64)	EUR
46	Gemeiner Wert des **erworbenen Sonderbetriebsvermögens** (lt. Teil G Zeile 71)	EUR
47	Summe der Zeilen 45 und 46	EUR
48	**F. Anzusetzender gemeiner Wert des Betriebsvermögens** (gemeiner Wert, vorrangig B; andernfalls C oder D, mindestens E)	
49	Gemeiner Wert des **gesamten Betriebsvermögens** lt. Zeile 28, 37, 42 oder 44	EUR
50	Gemeiner Wert der **erworbenen/maßgeblichen Beteiligung** an der Personengesellschaft lt. Zeile 40 oder 47; Wert übertragen in Teil G Zeile 72	EUR

1. Ermittlung des gemeinen Werts der erworbenen Beteiligung des Gesellschafters

Ein Anteil an einer Personengesellschaft wird häufig verschenkt oder vererbt. Für 14
die Erbschaft-/Schenkungsbesteuerung wird daher der Wert der geschenkten/geerbten Beteiligung an einer Personengesellschaft benötigt. Der Wert des Anteils eines Gesellschafters ergibt sich im Prinzip aus dem Anteil am Gesamthandsver-

mögen lt. Abschnitt B. bis F. und dem Wert des Sonderbetriebsvermögens lt. Abschnitt G. der Anlage „Betriebsvermögen Personengesellschaft".[15]

15 Zur Ermittlung des gemeinen Werts der Beteiligung wird der Wert des Betriebsvermögens der Personengesellschaft gem. § 97 Abs. 1a BewG und R B 97.3 ErbStR aufgeteilt (Berechnungsbeispiel in H B 97.4 ErbStH). Für die Aufteilung sind die Eintragungen in Abschnitt G. maßgeblich.

Zeile			
51	**G. Ermittlung des gemeinen Werts der Beteiligung des Gesellschafters einer Personengesellschaft**		
52	**Gewinnverteilungsschlüssel des Gesellschafters**	Zähler	Nenner
53	**1. Gemeiner Wert des Betriebsvermögens der Personengesellschaft**		
54	Anzusetzender gemeiner Wert des Betriebsvermögens laut Zeile 49 (Gesamthandsvermögen)		EUR
55	Abzüglich Summe der Kapitalkonten aller Gesellschafter laut Gesamthandsbilanz zum Bewertungsstichtag (bei zurückbehaltenem Kapitalkonto siehe Erläuterungen)		EUR
56	Verbleibender gemeiner Wert des Betriebsvermögens		EUR
57	**2. Gemeiner Wert der Beteiligung des Gesellschafters**		
58	Kapitalkonto des bisherigen Gesellschafters laut Gesamthandsbilanz		EUR
59	Zuzüglich anteiliger verbleibender gemeiner Wert des Betriebsvermögens (gemeiner Wert laut Zeile 56 x Gewinnverteilungsschlüssel laut Zeile 52)		EUR
60	Gemeiner Wert der Beteiligung des bisherigen Gesellschafters (ohne Sonderbetriebsvermögen), Summe Zeile 58 und 59		EUR
61	Umfang des erworbenen Anteils (Zeile 14)	%	
62	Übertragenes Kapitalkonto (Zeile 58 x Zeile 61) oder gesondert ermittelter Wert		EUR
63	Zuzüglich übertragener Anteil am verbleibenden Wert des Betriebsvermögens (Zeile 59 x Zeile 61)		EUR
64	**Zwischenwert** (Summe Zeile 62 und 63) oder gemeiner Wert des erworbenen Anteils am Gesamthandsvermögen (lt. Zeile 29)		EUR
65	**Gemeiner Wert des erworbenen Sonderbetriebsvermögens**		

In den **Zeilen 51–56** geht es zunächst um das **Gesamthandsvermögen**. Der Wert des Gesamthandsvermögens ist grundsätzlich nach dem **Gewinnverteilungsschlüssel**, der sich aus dem Gesellschaftsvertrag zum Bewertungsstichtag ergibt, auf die Gesellschafter aufzuteilen. Dieser ist in der **Zeile 52** anzugeben und ergibt sich aus dem Gesellschaftsvertrag. Vorabgewinne sind nicht zu berücksichtigen. Das in **Zeile 54** einzutragende Gesamthandsvermögen der Personengesellschaft kann unter Berücksichtigung der Ertragsaussichten der Gesellschaft oder einer anderen anerkannten, auch im gewöhnlichen Geschäftsverkehr für nichtsteuerliche Zwecke üblichen Methode oder nach dem Substanzwertverfahren ermittelt worden sein. Wenn der Wert des Anteils eines Gesellschafters am Gesamthands-

15 Zur Ableitung des gemeinen Werts s.a. FG München, Urt. v. 26.1.2022 – 4 K 1283/20, EFG 2022, 908. Hiernach ist eine Ableitung des gemeinen Werts von geschenkten Kommanditanteilen aus gescheiterten, zeitlich vor der Schenkung liegenden Verkaufsverhandlungen mit fremden Dritten oder aus der erst über ein Jahr nach der Schenkung tatsächlich erfolgten Weiterveräußerung der Anteile nicht möglich.

vermögen unter Berücksichtigung der Ertragsaussichten der Gesellschaft oder einer anderen anerkannten, auch im gewöhnlichen Geschäftsverkehr für nichtsteuerliche Zwecke üblichen Methode ermittelt wird, ergibt sich der Wert des Anteils eines Gesellschafters als Summe aus dem ermittelten Anteil am Gesamthandsvermögen und dem gemeinen Wert des Sonderbetriebsvermögens. Bei der Basiswertregelung nach § 151 Abs. 3 BewG ist auch der Ansatz des Sonderbetriebsvermögens mit dem gemeinen Wert möglich.

Hinweis

Eine Aufteilung nach § 97 Abs. 1a BewG ist nicht vorzunehmen, wenn der Wert des Anteils eines Gesellschafters am Gesamthandsvermögen aus Verkäufen abgeleitet oder unter Berücksichtigung der Ertragsaussichten der Gesellschaft oder einer anderen anerkannten, auch im gewöhnlichen Geschäftsverkehr für nichtsteuerliche Zwecke üblichen Methode ermittelt wird (Gutachtenwert). Dann ergibt sich der Wert des Anteils eines Gesellschafters als Summe aus dem ermittelten Anteil am Gesamthandsvermögen und dem gemeinen Wert des Sonderbetriebsvermögens.

Nach Abzug der Kapitalkonten **aller Gesellschafter** vom gemeinen Wert des Gesamthandsvermögens ergibt sich das verbleibende Gesamthandsvermögen der Personengesellschaft (**Zeile 56**). Zum Kapitalkonto (**Zeilen 55, 58**) rechnen unter anderem neben dem Festkapital auch der Anteil an einer gesamthänderischen Rücklage und die variablen Kapitalkonten, soweit es sich dabei ertragsteuerrechtlich um Eigenkapital der Gesellschaft handelt. Nicht zu erfassen sind insbesondere die Kapitalkonten aus den Ergänzungsbilanzen und den Sonderbilanzen. 16

In den **Zeilen 57–64** geht es um den **Anteilswert des bisherigen Gesellschafters**. Zu dem verbleibenden anteiligen Wert des **bisherigen** Gesellschafters aus Zeile 60 sind vorweg dem bisherigen Gesellschafter die übertragenen Kapitalkonten aus der Gesamthandsbilanz zuzurechnen (**Zeile 62**), das ergibt den gemeinen Wert des erworbenen Anteils der Beteiligung (ohne Sonderbetriebsvermögen, **Zeile 64**).

Zu weiteren Schritten siehe Anleitung zur Anlage „Betriebsvermögen für Beteiligungen an Personengesellschaften“.

2. Sonderbetriebsvermögen

Bei Personengesellschaften kann das Sonderbetriebsvermögen eine mehr oder weniger große Rolle spielen. Bei der Übertragung einzelner Wirtschaftsgüter des Sonderbetriebsvermögens können die Begünstigungen nach §§ 13a, 13b ErbStG nur gewährt werden, wenn die Wirtschaftsgüter gleichzeitig mit dem Anteil an der Personengesellschaft übertragen werden.[16] 17

---

16 Vgl. BFH- Urt. v. 17.6.2020 – II R 38/17, BFHE 269, 436, BStBl 2021 II, 98.

Unter Sonderbetriebsvermögen versteht man Wirtschaftsgüter, die im Eigentum von einem oder mehreren Mitunternehmern einer Personengesellschaft stehen. Die Wirtschaftsgüter gehören zum Sonderbetriebsvermögen I, wenn sie unmittelbar dem Betrieb der Mitunternehmerschaft dienen. Sie gehören zu Sonderbetriebsvermögen II, wenn sie unmittelbar zur Begründung oder Stärkung der Beteiligung des Mitunternehmers an der Personengesellschaft eingesetzt werden und damit die Beteiligung des Gesellschafters fördern. Gewillkürtes Sonderbetriebsvermögen ist auch möglich. Was im Einzelfall zum Sonderbetriebsvermögen gehört, wird schon für ertragsteuerliche Zwecke entschieden. Die Sonderbilanz weist aktive und passive Wirtschaftsgüter des Sonderbetriebsvermögens I und II aus. Die ertragsteuerliche Beurteilung bzw. Zuordnung kann grds. übernommen werden, auch wenn sie für Erbschaft-/Schenkungsteuerzwecke nicht verbindlich ist. Hat oder hatte der den Anteil verschenkende oder vererbende Gesellschafter auch Sonderbetriebsvermögen, ist zunächst festzustellen, ob dieses Sonderbetriebsvermögen voll oder teilweise auf den Beschenkten/Erben übertragen worden ist. Hat z.B. ein Schenker sich das gesamte Sonderbetriebsvermögen, etwa sein Grundstück, zurückbehalten, würden sich Eintragungen in den **Zeilen 65 ff.** erübrigen. Ist Sonderbetriebsvermögen ganz oder teilweise mit verschenkt/vererbt worden, ist der Wert dieses Sonderbetriebsvermögens zu dem Wert der geschenkten/geerbten Beteiligung hinzuzurechnen (**Zeile 72**).

65	**Gemeiner Wert des erworbenen Sonderbetriebsvermögens**	
66	Grundstücke (Bitte auf gesondertem Blatt erläutern.)	EUR
67	Beteiligungen (Bitte auf gesondertem Blatt erläutern.)	+ EUR
68	Übrige Wirtschaftsgüter und sonstige aktive Ansätze (z.B. Hinterbliebenenbezüge) (Bitte auf gesondertem Blatt erläutern.)	+ EUR
69	Verbindlichkeiten (Bitte auf gesondertem Blatt erläutern.)	- EUR
70	Übrige Schulden und sonstige Abzüge (Bitte auf gesondertem Blatt erläutern.)	- EUR
71	**Wert des erworbenen Sonderbetriebsvermögens** (Zeilen 66 bis 70)	EUR
72	**Gemeiner Wert des erworbenen Anteils des Erwerbers** (Summe Zeilen 64 und 71 oder Wert aus Zeile 50)	EUR

In den **Zeilen 66–70** sind die zum Sonderbetriebsvermögen gehörenden Wirtschaftsgüter und sonstigen aktiven Ansätze sowie die zum Sonderbetriebsvermögen gehörenden Schulden und sonstigen Abzüge mit ihren **gemeinen Werten** einzutragen. Sonderbetriebsvermögen ist auf jeden Fall separat mit dem gemeinen Wert anzusetzen (§ 97 Abs. 1a Nr. 2 BewG; dazu R B 97.2 und R B 11.3 und 4 ErbStR). Das bedeutet, dass bei einer (Mit-)Übertragung von Sonderbetriebsvermögen die Angaben zur Wertermittlung auf einem gesonderten Blatt zu erläutern sind. Grundbesitz, Betriebsvermögen und Anteile an Kapitalgesellschaften, für die ein Wert nach § 151 Abs. 1 Satz 1 Nr. 1–3 BewG festzustellen ist, sind mit dem auf den Bewertungsstichtag festgestellten Wert anzusetzen. Das gilt unabhängig davon, wie der Wert des Gesamthandsvermögens ermittelt wird (marktübliches Verfahren, vereinfachtes Ertragswertverfahren oder Substanzwert).

Der Wert des erworbenen Sonderbetriebsvermögens (Summe in **Zeile 71**) ist nur für den Gesellschafter zu ermitteln, dessen Anteil übertragen wird. Abweichend davon wäre in Zeile 71 der Wert aus Zeile 50 (z.B. der Gutachtenwert) einzutragen. Siehe dazu noch ausführliche Erläuterungen in der amtlichen Anleitung.

Letztlich ist in der **Zeile 72** der selbst errechnete Wert des **erworbenen Anteils** an der Personengesellschaft einzutragen. Diesen Wert stellt das Finanzamt lt. Erklärung oder einen anderen Wert lt. eigener Berechnung gesondert fest, dazu § 7.

Beispiel 18

Zu bewerten ist der Anteil des **Gesellschafters A** (GHV und SBV).

Wert des Gesamthandsvermögens zum Bewertungsstichtag	12.000.000 EUR
Kapitalkonten lt. Gesamthandsbilanz der Personengesellschaft	9.000.000 EUR

Davon entfallen auf A 5.000.000 EUR, auf B 1.000.000 EUR und auf C 3.000.000 EUR.

Gewinn- und Verlustverteilung A, B und C je 1/3.

Der Gesellschafter A verpachtet an die Personengesellschaft ein Grundstück mit dem gemeinen Wert von 1.500.000 EUR (Sonderbetriebsvermögen).

Lösung (einzutragen sind in)

	Gesellschafter		**A**	**B/C**
Zeile 52	**Gewinnverteilungsschlüssel**		1/3	
Zeile 54	Wert des Gesamthandsvermögens	12.000.000 EUR		
Zeile 55	abzgl. Kapitalkonten lt. Gesamthandsbilanz	9.000.000 EUR	5.000.000 EUR (Zeile 58)	4.000.000 EUR
Zeile 56	Unterschiedsbetrag	3.000.000 EUR	1.000.000 EUR (Zeile 59)	2.000.000 EUR
Zeile 64	Anteil am Wert des Gesamthandsvermögens		6.000.000 EUR	6.000.000 EUR

	Gesellschafter	A	B/C
Zeile 52	Gewinnverteilungs-schlüssel	1/3	
Zeile 71	zzgl. Wert des Sonderbetriebs-vermögens	1.500.000 EUR	
Zeile 72	Anteil am Wert des Betriebsvermögens	7.500.000 EUR	

Hinweis

Wird das Sonderbetriebsvermögen bei der Übertragung (Erbfall/Schenkung) von der mitunternehmerischen Beteiligung gelöst (isolierte Übertragung von Sonderbetriebsvermögen), verliert es seine Eigenschaft als Betriebsvermögen. Ertragsteuerlich führt dies zur Aufdeckung der stillen Reserven und erbschaftsteuerlich zum Verlust der Verschonung nach §§ 13a–13c ErbStG, siehe R E 13b.5 Abs. 3 ErbStR.

Eine Ausnahme besteht beim Nießbrauch an einem mitunternehmerischen Personengesellschaftsanteil.

3. Nießbrauch an einem Anteil an einer Personengesellschaft

19 Insb. bei vorweggenommenen Erbfolgen behält sich der bisherige Gesellschafter häufig noch ganz oder teilweise den Nießbrauch an dem Gesellschaftsanteil vor und/oder räumt einem Dritten (vor allem Ehegatten) einen Nießbrauch ein. Durch die Bestellung des Nießbrauchs an einem Gesellschaftsanteil erzielt der Nießbraucher – anstelle des Gesellschafters – die auf den Anteil entfallenden Einkünfte, wenn und soweit er aufgrund der ihm vertraglich zur Ausübung überlassenen Stimm- und Verwaltungsrechte grundsätzlich in der Lage ist, auch an Grundlagengeschäften der Gesellschaft mitzuwirken. Entsprechendes gilt auch für den Quotennießbrauch.[17] Ist das Nießbrauchsrecht so ausgestaltet, dass der Nießbrauchsberechtigte **Mitunternehmer** der Personengesellschaft ist, handelt es sich bei dem **Nießbrauchsrecht um Sonderbetriebsvermögen** des Nießbrauchsberechtigten. Es ist demnach mit seinem gemeinen Wert als Erwerb anzusetzen. Der gemeine Wert des Nießbrauchsrechts ist nach §§ 13–16 BewG mit seinem **Kapitalwert** zu bewerten. Dieser Wert ist in **Zeile 74** einzutragen und dessen Berechnung ist auf einem gesonderten Blatt zu erläutern.

73	**Nießbrauch an einem Mitunternehmeranteil**	
74	Gemeiner Wert des Nießbrauchsrechts nach §§ 13 bis 16 BewG (Bitte auf gesondertem Blatt, inklusive Wertberechnung des Nießbrauchrechts, erläutern.)	EUR

17 Vgl. BFH-Urt. v. 15.11.2022 – IX R 4/20, BFHE 278, 519, BStBl 2023 II, 389.

D. Angaben zu §§ 13a, 13b und 13c ErbStG

Der mitunternehmerische Anteil an einer Personengesellschaft stellt grds. begünstigungsfähiges Unternehmensvermögen dar. Sind z.B. Vater und Mutter an einer KG beteiligt, kann ein Kind sowohl vom Vater wie auch von der Mutter begünstigungsfähiges Unternehmensvermögen erben bzw. geschenkt bekommen. 20

Auf Seite 4 ff. der Anlage „Betriebsvermögen für Personengesellschaften“ werden Angaben zur Anwendung der Verschonungen für Betriebsvermögen nach §§ 13a, 13b und 13c ErbStG abgefragt. Hierbei geht es insbesondere um die Ermittlung der nicht zu verschonenden Teile des Unternehmensvermögens. Zu den Verschonungen für Betriebsvermögen siehe allgemein § 4 Rdn 226 ff. und § 6 Rdn 230 ff.

Das Betriebsfinanzamt stellt aufgrund Ihrer Angaben/Feststellungserklärung nach § 13b Abs. 10 ErbStG die Summe der ermittelten Einzelwerte der Wirtschaftsgüter des Verwaltungsvermögens, der Schulden und des jungen Verwaltungsvermögens, die Summen der gemeinen Werte der Finanzmittel, der jungen Finanzmittel und nach § 13a Abs. 4 ErbStG die Ausgangslohnsumme, die Anzahl der Beschäftigten und (später) die Summe der maßgebenden jährlichen Lohnsummen gesondert fest, wenn und soweit diese Werte für die Erbschaftsteuer oder eine andere Feststellung im Sinne dieser Vorschrift von Bedeutung sind (Feststellungsstichtage ab dem 1.7.2016).[18]

Für Bewertungsstichtage ab dem 29.12.2020 stellt das Betriebsfinanzamt zudem den Wert des Betriebsvermögens, das einer weder in einem Mitgliedstaat der Europäischen Union noch in einem Staat des Europäischen Wirtschaftsraums belegenen Betriebsstätte dient, und das Vorliegen der Voraussetzungen des § 13b Abs. 4 Nr. 5 Satz 4 und 5 ErbStG (Hauptzweck) gesondert fest. Das Betriebsfinanzamt stellt für Bewertungsstichtage ab dem 29.12.2020 auch das Vorliegen der Voraussetzungen für den Vorwegabschlag für Familienunternehmen (§ 13a Abs. 9 ErbStG) gesondert fest.

Zu den gesonderten Feststellungen und den Rechtsbehelfsmöglichkeiten siehe §§ 7, 14 f.

Hinweis

Grundsätzlich ist davon auszugehen, dass das Finanzamt – jedenfalls zunächst – die auf den Seiten 3 ff. erklärten Werte mangels anderer Erkenntnisse übernimmt. Ggf. wird es die Erklärung zu Überprüfung gesondert eingerichteten Fachprüfungsstellen bzw. besonderen Fachprüfen weiterleiten. Im Zweifel kann es auch gem. § 156 BewG eine Außenprüfung anordnen.

18 Zur Behandlung von (jungem) Verwaltungsvermögen und (jungen) Finanzmitteln bei Umwandlungsvorgängen siehe Gleich lautende Erlasse der obersten Finanzbehörden der Länder v. 13.10.2022, BStBl 2022 I, 1517.

Mit diesen Erklärungen werden die Weichen für eine ggf. spätere Nachversteuerung[19] gestellt.

Größtenteils entsprechen die Angaben denjenigen, die auch in der Anlage „Betriebsvermögen Einzelunternehmen“ zu machen sind, siehe daher auch § 9 Rdn 75 ff. Die **Besonderheit bei Personengesellschaften** ist, dass das **Sonderbetriebsvermögen** aus schädlichem Verwaltungsvermögen bestehen kann oder schädliches Verwaltungsvermögen beinhalten kann.

I. Verwaltungsvermögen und Schulden im Gesamthandsvermögen

21 Die **Eintragungen im Abschnitt H.** dienen der Ermittlung der festzustellenden Werte der Summe der gemeinen Werte des Verwaltungsvermögens, des jungen Verwaltungsvermögens, der Finanzmittel, der jungen Finanzmittel und der Schulden im Gesamthandsvermögen und des Sonderbetriebsvermögens (§ 13b Abs. 10 ErbStG).

Grundsätzlich gilt, dass Verwaltungsvermögen, junges Verwaltungsvermögen, Finanzmittel, junge Finanzmittel und Schulden aus dem Gesamthandsvermögen einer Personengesellschaft dem Gesellschafter nach dem Wert der Beteiligung des Gesellschafters am Gesamthandsvermögen zum gemeinen Wert des Gesamthandsvermögens der Gesellschaft zuzurechnen sind (R E 13b.12 Abs. 4 Satz 2, R E 13b.23 Abs. 9 Satz 3 und 7, R E 13b.27 Satz 4 ErbStR).[20]

19 Zur Nachversteuerung bei doppelstöckigen Personengesellschaften s.a. BFH Urt. v. 16.3.2021 – II R 10/18, DStR 2021, 1648.

20 Zu weiteren Besonderheiten siehe auch Gleich lautende Erlasse der obersten Finanzbehörden der Länder v. 11.2.2021 – S 3812b BStBl 2021 I, 355.

Zeile			
75	**H. Angaben zu §§ 13a, 13b und 13c ErbStG**		
76	**Verwaltungsvermögen im Gesamthandsvermögen (einschl. Altersversorgungsvermögen, ohne Finanzmittel)**		
77	☐ Es liegen Dritten zur Nutzung überlassene Grundstücke oder Grundstücksteile vor, die gemäß § 13b Abs. 4 Nr. 1 ErbStG nicht zum Verwaltungsvermögen zählen. (Bitte auf einem gesonderten Blatt erläutern.)		
78		1 Wert (ohne Sonderbetriebsvermögen)	2 Von Spalte 1 junges Verwaltungsvermögen
79	Dritten zur Nutzung überlassene Grundstücke, Grundstücksteile	EUR	EUR
80	Anteile an Kapitalgesellschaften von 25 Prozent oder weniger	EUR	EUR
81	Wertpapiere und vergleichbare Forderungen	EUR	EUR
82	Kunstgegenstände, Gegenstände der privaten Lebensführung, u.ä.	EUR	EUR
83	anteiliges Verwaltungsvermögen aus nachgeordneten Gesellschaften	EUR	EUR
84	Summe	EUR	EUR
85	./. Verwaltungsvermögen lt. Zeilen 79 bis 82, welches innerhalb von zwei Jahren ab dem Stichtag investiert wurde (Bitte entsprechende Unterlagen beifügen.)	EUR	EUR
86	**Verwaltungsvermögen / junges Verwaltungsvermögen (ohne Finanzmittel)**	EUR	EUR
87	**Finanzmittel im Gesamthandsvermögen (einschl. Altersversorgungsvermögen)**		
88		Wert (ohne Sonderbetriebsvermögen)	Junge Finanzmittel
89	Zahlungsmittel, Geschäftsguthaben, Geldforderungen und andere Forderungen	EUR	
90	./. anteilige Forderungen gegenüber verbundenen Unternehmen (Wert aus Zeile 221; bitte in den Zeilen 215 bis 221 näher erläutern)	EUR	
91	./. Finanzmittel, welche innerhalb von zwei Jahren ab dem Stichtag investiert wurden (Bitte entsprechende Unterlagen beifügen.)	EUR	
92	+ anteilige Finanzmittel aus nachgeordneten Gesellschaften	EUR	
93	**Finanzmittel** (mindestens 0 EUR)	EUR	
94	Einlagen von Finanzmitteln durch alle Gesellschafter innerhalb der letzten zwei Jahre vor dem Bewertungsstichtag		EUR
95	Entnahmen von Finanzmitteln durch alle Gesellschafter innerhalb der letzten zwei Jahre vor dem Bewertungsstichtag		EUR
96	**Junge Finanzmittel ohne junge Finanzmittel nachgeordneter Gesellschaften** (Zeile 94 ./. Zeile 95)		EUR
97	+ anteilige junge Finanzmittel aus nachgeordneten Gesellschaften		EUR
98	**Junge Finanzmittel**		EUR
99	**Wenn keine Altersversorgungsverpflichtungen bestehen, weiter bei Zeile 121**		
100	**Kürzung der Schulden aus Altersversorgungsverpflichtungen im Gesamthandsvermögen**		
101	Schulden aus Altersversorgungsverpflichtungen insgesamt		EUR
102	./. Verwaltungsvermögen (einschl. Finanzmittel und junges Verwaltungsvermögen), das zur Deckung der Altersversorgungsverpflichtung dient		EUR
103	Saldo (mindestens 0 EUR)		EUR

Zeile			
104	**Verrechnung des Verwaltungsvermögens mit Altersversorgungsverpflichtungen im Gesamthandsvermögen**		
105	Junges Verwaltungsvermögen (Zeile 86 Spalte 2 ./. Zeile 83 Spalte 2)		EUR
106	./. darin enthaltenes Altersversorgungsvermögen (maximal kleinerer Wert aus Zeile 101 bzw. Zeile 102)		EUR
107	Junges Verwaltungsvermögen nach Verrechnung mit Altersversorgungsverpflichtungen plus junges Verwaltungsvermögen aus nachgeordneten Gesellschaften (Zeile 105 ./. Zeile 106 + Zeile 83 Spalte 2)		EUR
108	Verwaltungsvermögen (Zeile 86 Spalte 1 ./. Zeile 83 Spalte 1)		EUR
109	./. bereits in Zeile 106 berücksichtigtes Altersversorgungsvermögen		EUR
110	Verbleibendes Verwaltungsvermögen		EUR
111	Darin enthaltenes Altersversorgungsvermögen soweit nicht bereits in Zeile 109 enthalten	EUR	
112	Maximal (kleinerer Wert aus Zeile 101 bzw. Zeile 102) ./. Zeile 109	EUR	
113	Abzuziehen ist der kleinere Wert aus Zeile 111 bzw. 112, maximal Zeile 110		EUR
114	Verwaltungsvermögen nach Verrechnung mit Altersversorgungsverpflichtungen plus Verwaltungsvermögen aus nachgeordneten Gesellschaften (Zeile 110 ./. Zeile 113 + Zeile 83 Spalte 1)		EUR
115	Finanzmittel (Zeile 93 ./. Zeile 92)		EUR
116	Darin enthaltenes Altersversorgungsvermögen	EUR	
117	Maximal (kleinerer Wert aus Zeile 101 bzw. Zeile 102) ./. Zeile 109 ./. Zeile 113	EUR	
118	Abzuziehen ist der kleinere Wert aus Zeile 116 bzw. 117, maximal Zeile 115		EUR
119	Finanzmittel nach Verrechnung mit Altersversorgungsverpflichtungen plus Finanzmittel aus nachgeordneten Gesellschaften (Zeile 115 ./. Zeile 118 + Zeile 92)		EUR
120	Junge Finanzmittel laut Zeile 98		EUR
121	**Schulden im Gesamthandsvermögen**		
122	Schulden (ohne Altersversorgungsverpflichtungen)		EUR
123	+ zusätzlich verrechenbare Schulden aus Altersversorgungsverpflichtungen (Zeile 103)		EUR
124	Verbleibende Schulden (nach Verrechnung mit Altersversorgungsvermögen)		EUR
125	**Nicht verrechenbare Schulden § 13b Abs. 8 Satz 2 ErbStG**		
126	Schulden vorvorletztes Wirtschaftsjahr vor dem Bewertungsstichtag	EUR	
127	Schulden vorletztes Wirtschaftsjahr vor dem Bewertungsstichtag	EUR	
128	Schulden letztes Wirtschaftsjahr vor dem Bewertungsstichtag	EUR	
129	Durchschnittlicher Schuldenstand der letzten 3 Jahre (Summe Zeilen 126 bis 128) / 3	EUR	
130	./. verrechnete Schulden aus Altersversorgungsverpflichtungen (kleinerer Wert aus Zeile 101 bzw. Zeile 102)	EUR	
131	Durchschnittlicher Schuldenstand nach Abzug verrechneter Altersversorgungsverpflichtungen (Zeile 129 ./. 130, mindestens 0)	EUR	EUR
132	Betrag der den durchschnittlichen Schuldenstand übersteigenden Schulden (Zeile 124 ./. 131, mindestens 0)		EUR
133	./. durch Betriebstätigkeit veranlasste Erhöhung des Schuldenstands		EUR
134	+ wirtschaftlich nicht belastende Schulden		EUR
135	nicht verrechenbare Schulden nach § 13b Abs. 8 Satz 2 ErbStG Zeile 132 ./. Zeile 133 + Zeile 134		EUR

Zeile		
136	**Schulden** nach Berücksichtigung von § 13b Abs. 8 Satz 2 ErbStG Zeile 124 ./. Zeile 135	EUR
137	./. anteilige Schulden gegenüber verbundenen Unternehmen (Wert aus Zeile 230; bitte in den Zeilen 224 bis 230 näher erläutern)	EUR
138	+ anteilige Schulden aus nachgeordneten Gesellschaften	EUR
139	**Schulden im Gesamthandsvermögen**	EUR

In den **Zeilen 75–139** sind die erforderlichen Angaben zur Ermittlung des schädlichen Nettowerts des Verwaltungsvermögens innerhalb des Gesamthandsvermögens der Personengesellschaft zu machen. Die erforderlichen Angaben entsprechen weitestgehend denjenigen, die für Einzelunternehmen zu machen sind, dazu wird auf die ausführlichen Erläuterungen in § 9 Rdn 75 und ergänzend auf die amtliche Anleitung verwiesen.[21]

Bei Personenhandelsgesellschaften und Partnerschaftsgesellschaften, die zur **Körperschaftsbesteuerung** gem. § 1a KStG optieren, findet bezogen auf das Gesamthandsvermögen kein Rechtsträgerwechsel statt. Demnach wird Verwaltungsvermögen im Sinne des § 13b Abs. 4 Nr. 1 bis 4 ErbStG im Gesamthandsvermögen durch die Option nicht zu jungem Verwaltungsvermögen. Für junges Verwaltungsvermögen im Gesamthandsvermögen beginnt durch die Option der Zweijahreszeitraum nach § 13b Abs. 7 Satz 2 ErbStG nicht erneut zu laufen. Wird im Rahmen der Option Verwaltungsvermögen aus dem bisherigen Sonderbetriebsvermögen eines Gesellschafters ins Gesamthandsvermögen überführt, entsteht aufgrund des Rechtsträgerwechsels junges Verwaltungsvermögen bei der optierenden Gesellschaft. Die Aufteilung und Zurechnung der festzustellenden Werte erfolgt für eine optierende Gesellschaft nach den für Personengesellschaften maßgeblichen Grundsätzen.[22]

21 Zur Begünstigung von Grundstücken im Betriebsvermögen bei Nutzungsüberlassung an Dritte s.a. BFH, Urt. v. 16.3.2021 – II R 3/19, BFHE 272, 508, BStBl 2022 II, 706; zum Vorliegen von Verwaltungsvermögen bei der Vermietung von Wohnungen durch eine gewerblich geprägte Personengesellschaft s.a. FG Münster, Urt. v. 25.6.2020 – 3 K 13/20 F, EFG 2020, 1316; zur Entstehung von Verwaltungsvermögen bei Beteiligungsstrukturen mit einer Steuerentstehung bis zum 30.6.2016 s.a. FG Rheinland-Pfalz, Urt. v. 18.8.2022 – 4 K 2120/19, EFG 2023, 291, Revision eingelegt (Az. des BFH: II R 55/22).

22 Näheres siehe Gleich lautende Ländererlasse der obersten Finanzbehörden der Länder v. 5.10.2022, BStBl 2022 I, 1494; *Dorn/Saecker*, Entstehung von jungem Verwaltungsvermögen und jungen Finanzmitteln durch Umstrukturierungen, NWB 2023, 398; *Mayer/Käshammer*, Das Optionsmodell zur Körperschaftsbesteuerung – Praxishinweise und steuerliche Implikationen, NWB 2021, 1300; *Carle*, KöMoG: Gesellschaftsrechtliche Anforderungen des Optionsmodells; NWB 2021, 2270.

II. Verwaltungsvermögen und Schulden im Sonderbetriebsvermögen

22 Bei Personengesellschaften gilt sowohl für die Bestimmung des begünstigungsfähigen Vermögens wie auch des (tatsächlich) begünstigten Vermögens eine **gesellschafterbezogene Betrachtungsweise**. Für die Identifizierung des schädlichen Verwaltungsvermögens ist demnach auch das erworbene Sonderbetriebsvermögen zu betrachten. In den **Zeilen 140–170** sind die erforderlichen Angaben zur Ermittlung des schädlichen Nettowerts des Verwaltungsvermögens innerhalb des Sonderbetriebsvermögens der Personengesellschaft zu machen. Rechtlich gesehen unterscheiden sich die erforderlichen Angaben nicht von denen, die für das Gesamthandsvermögen gemacht werden müssen, z.B. ist der Finanzmitteltest für die Bestimmung des Sockelbetrags genauso wie beim Gesamthandsvermögen, aber eben mit den Mitteln des erworbenen Sonderbetriebsvermögens, vorzunehmen.

Werden Wirtschaftsgüter aus einem Sonderbetriebsvermögen in das Gesamthandsvermögen der gleichen Personengesellschaft übertragen, handelt es sich hierbei um Einlagen in das Gesamthandsvermögen i.S.d. § 6 Abs. 5 Nr. 3 Satz 2 EStG. Auch die Übertragung von Finanzmitteln i.S.d. § 13b Abs. 4 Nr. 5 Satz 1 ErbStG ist hiervon erfasst. Die Einlage von Finanzmitteln innerhalb von zwei Jahren vor der Übertragung der Anteile führt zu jungen Finanzmitteln gem. § 13b Abs. 4 Nr. 5 Satz 2 ErbStG im Gesamthandsvermögen. Demgegenüber steht eine entsprechende Entnahme aus dem Sonderbetriebsvermögen. Ebenso führt eine Überführung von Wirtschaftsgütern des Verwaltungsvermögens i.S.d. § 13b Abs. 1 Nr. 1 bis 4 ErbStG aus dem Sonderbetriebsvermögen in das Gesamthandsvermögen innerhalb von zwei Jahren vor der Anteilsübertragung zu jungem Verwaltungsvermögen.[23]

---

23 Vgl. OFD Frankfurt/M. v. 5.2.2021 – S 3812b A – 019 – St 711.

140	**Verwaltungsvermögen im erworbenen Sonderbetriebsvermögen (ohne Finanzmittel)**		
141	☐ Es liegen Dritten zur Nutzung überlassene Grundstücke oder Grundstücksteile vor, die gemäß § 13b Abs. 4 Nr. 1 ErbStG nicht zum Verwaltungsvermögen zählen. (Bitte auf einem gesonderten Blatt erläutern.)		
142		1 Wert (nur Sonderbetriebsvermögen)	2 Von Spalte 1 junges Verwaltungsvermögen
143	Dritten zur Nutzung überlassene Grundstücke, Grundstücksteile	EUR	EUR
144	Anteile an Kapitalgesellschaften von 25 Prozent oder weniger	EUR	EUR
145	Wertpapiere und vergleichbare Forderungen	EUR	EUR
146	Kunstgegenstände, Gegenstände der privaten Lebensführung, u.ä.	EUR	EUR
147	anteiliges Verwaltungsvermögen aus nachgeordneten Gesellschaften	EUR	EUR
148	Summe	EUR	EUR
149	./. Verwaltungsvermögen lt. Zeilen 143 bis 146, welches innerhalb von zwei Jahren ab dem Stichtag investiert wurde (Bitte entsprechende Unterlagen beifügen.)	EUR	EUR
150	**Verwaltungsvermögen / junges Verwaltungsvermögen (ohne Finanzmittel)**	EUR	EUR

151	**Finanzmittel im erworbenen Sonderbetriebsvermögen**	
152		Wert (nur Sonderbetriebsvermögen)
153	Zahlungsmittel, Geschäftsguthaben, Geldforderungen und andere Forderungen	EUR
154	./. Finanzmittel, welche innerhalb von zwei Jahren ab dem Stichtag investiert wurden (Bitte entsprechende Unterlagen beifügen.)	EUR
155	+ anteilige Finanzmittel aus nachgeordneten Gesellschaften	EUR
156	**Finanzmittel im erworbenen Sonderbetriebsvermögen**	EUR

157	**Junge Finanzmittel im erworbenen Sonderbetriebsvermögen**	
158	**Zeile 159 bis 166 nur auszufüllen,** soweit Finanzmittel im Sonderbetriebsvermögen (Zeile 156) mitübertragen werden:	
159	Einlagen von Finanzmitteln des bisherigen Gesellschafters in das Sonderbetriebsvermögen innerhalb der letzten zwei Jahre vor dem Bewertungsstichtag	EUR
160	Entnahmen von Finanzmitteln des bisherigen Gesellschafters aus dem Sonderbetriebsvermögen innerhalb der letzten zwei Jahre vor dem Bewertungsstichtag	EUR
161	Junge Finanzmittel ohne junge Finanzmittel nachgeordneter Gesellschaften (Zeile 159 ./. Zeile 160)	EUR

Zeile				
162	**Soweit Finanzmittel im Sonderbetriebsvermögen anteilig übertragen werden:** Anteil der mitübertragenen Finanzmittel			
163	Finanzmittel im erworbenen Sonderbetriebsvermögen (Zeile 153 ./. Zeile 154) / Finanzmittel im Sonderbetriebsvermögen des Gesellschafters (ohne nachgelagerte Gesellschaften)		EUR / EUR	%
164	**Junge Finanzmittel** Zeile 161 x Anteil der mitübertragenen Finanzmittel (Zeile 163 Spalte 2)			EUR
165	+ anteilige junge Finanzmittel aus nachgeordneten Gesellschaften			EUR
166	**Junge Finanzmittel im erworbenen Sonderbetriebsvermögen**			EUR
167	**Schulden im erworbenen Sonderbetriebsvermögen**			
168	Schulden			EUR
169	+ anteilige Schulden aus nachgeordneten Gesellschaften			EUR
170	**Schulden insgesamt**			EUR
171	**Ermittlung der auf die übertragene Beteiligung entfallenden Werte aus dem Gesamthandsvermögen**			
172	Gemeiner Wert des erworbenen Anteils am Gesamthandsvermögen der Personengesellschaft lt. Zeile 64; oder höherer Wert aus Zeile 38 oder 45			EUR
173	Gemeiner Wert des Gesamthandsvermögens der Personengesellschaft Zeile 54			EUR
174	Aufteilungsmaßstab: Zeile 172 / Zeile 173 x 100 (ggf. abweichenden Aufteilungsmaßstab bitte auf gesondertem Blatt unter Angabe der Kapitalkonten aller Gesellschafter erläutern).			in %
175	Wert des Verwaltungsvermögens Zeile 114 ansonsten Zeile 86 Spalte 1	EUR	x Zeile 174	EUR
176	Wert des jungen Verwaltungsvermögens Zeile 107 ansonsten Zeile 86 Spalte 2	EUR	x Zeile 174	EUR
177	Wert der Finanzmittel Zeile 119 ansonsten Zeile 93	EUR	x Zeile 174	EUR
178	Wert der jungen Finanzmittel Zeile 120 ansonsten Zeile 98	EUR	x Zeile 174	EUR
179	Wert der Schulden Zeile 139	EUR	x Zeile 174	EUR
180	**Ermittlung der auf die übertragene Beteiligung entfallenden Werte aus dem Sonderbetriebsvermögen**			
181	Wert des übertragenen Verwaltungsvermögens Zeile 150 Spalte 1			EUR
182	Wert des übertragenen jungen Verwaltungsvermögens Zeile 150 Spalte 2			EUR
183	Wert der übertragenen Finanzmittel Zeile 156			EUR
184	Wert der übertragenen jungen Finanzmittel Zeile 166			EUR
185	Wert der übertragenen Schulden Zeile 170			EUR

Zeile	Ermittlung der auf die übertragene Beteiligung entfallenden Werte						
186							
187	Wert des Verwaltungsvermögens im Gesamthandsvermögen Zeile 175	EUR	+	Wert des Verwaltungsvermögens im Sonderbetriebsvermögen Zeile 181	EUR	=	EUR
188	Wert des jungen Verwaltungsvermögens im Gesamthandsvermögen Zeile 176	EUR	+	Wert des jungen Verwaltungsvermögens im Sonderbetriebsvermögen Zeile 182	EUR	=	EUR
189	Wert der Finanzmittel im Gesamthandsvermögen Zeile 177	EUR	+	Wert der Finanzmittel im Sonderbetriebsvermögen Zeile 183	EUR	=	EUR
190	Wert der jungen Finanzmittel im Gesamthandsvermögen Zeile 178	EUR	+	Wert der jungen Finanzmittel im Sonderbetriebsvermögen Zeile 184	EUR	=	EUR
191	Junge Finanzmittel (Zeile 190 letzte Spalte, mind. 0 EUR; auf oberster Feststellungsebene: max. Zeile 189 letzte Spalte)						EUR
192	Wert der Schulden im Gesamthandsvermögen Zeile 179	EUR	+	Wert der Schulden im Sonderbetriebsvermögen Zeile 185	EUR	=	EUR

In den **Zeilen 181–185** sind die selbst ermittelten Summenwerte des Verwaltungsvermögens usw. des übertragenen Sonderbetriebsvermögen einzutragen.

In den **Zeilen 186–192** sind jeweils die Summe des selbst errechneten Verwaltungsvermögens usw. betr. des erworbenen Gesellschaftsanteils an der Personengesellschaft insgesamt einzutragen.

Diese Summen werden vom betreffenden Betriebsfinanzamt lt. Erklärung bzw. nach Prüfung ggf. abgeändert festgestellt.

III. Ausgangslohnsumme

23 Die endgültige Höhe der Verschonung nach §§ 13a–13c ErbStG sowie des Erlasses bei Großvermögen gem. § 28a ErbStG ist von der Einhaltung der **Lohnsummenregelung** abhängig (§§ 13a Abs. 3, 13b Abs. 10, 13c Abs. 2 ErbStG und § 28a Abs. 4 ErbStG). Der Verschonungsabschlag kann nur in voller Höhe gewährt werden, wenn nach Ablauf der Lohnsummenfrist von fünf oder sieben Jahren die jeweils maßgebende Mindestlohnsumme erreicht wird. Hierfür ist ein Vergleich der Lohnsummen im Zeitpunkt des Erwerbs (Ausgangslohnsumme) und der Summe der maßgebenden jährlichen Lohnsummen am Ende der Lohnsummenfrist (Mindestlohnsumme) erforderlich. Die Messung hängt also zunächst von der Ausgangslohnsumme und die Ausgangslohnsumme wiederum von den jährlichen zurückliegenden Lohnsummen (Zeilen 199 ff.) ab, siehe dazu **Anleitung zur Anlage „Betriebsvermögen Personengesellschaften"**. Die **Zeilen 193 ff.** dienen der Ermittlung und Feststellung der Anzahl der Beschäftigten sowie der Ausgangslohnsumme durch das Betriebsfinanzamt. Insoweit wird auf die weitestgehend identischen Abfragen/erforderlichen Angaben in der **Anlage „Betriebsvermögen Einzelunternehmen"** verwiesen (dazu § 9 Rdn 90 ff.). In die gesonderte Feststellung der Ausgangslohnsumme sind auch solche Gehälter

einzubeziehen, die die späteren Gesellschafter-Geschäftsführer der Personengesellschaft vor dem Erwerb als Arbeitnehmer bezogen hatten.[24]

Ferner ist zu beachten, dass in **Zeile 197** auch die anteilig einzubeziehenden Beschäftigten aus dem übertragenen Sonderbetriebsvermögen einzutragen sind. Die anteilige Ausgangslohnsumme aus dem übertragenen Sonderbetriebsvermögen ist in **Zeile 210** anzugeben. Zur Erklärung nach Ablauf der Lohnsummenfrist siehe § 2.[25]

193	**Anzahl der Beschäftigten**		
194	Anzahl der Beschäftigten in der Gesellschaft **ohne** solche in nachgeordneten Gesellschaften		Anzahl
195	Anteilig einzubeziehende Beschäftigte aus unmittelbarer oder mittelbarer Beteiligung an Personengesellschaften (§ 13a Abs. 3 Satz 11 ErbStG) (Bitte auf gesondertem Blatt erläutern und Name, Anschrift, Steuernummer der Gesellschaft sowie Beteiligungshöhe angeben.)		Anzahl
196	Anteilig einzubeziehende Beschäftigte aus unmittelbarer oder mittelbarer Beteiligung an Kapitalgesellschaften von mehr als 25 % (§ 13a Abs. 3 Satz 11 und 12 ErbStG) (Bitte auf gesondertem Blatt erläutern und Name, Anschrift, Steuernummer der Gesellschaft sowie Beteiligungshöhe angeben.)		Anzahl
197	Anteilig einzubeziehende Beschäftigte aus dem übertragenen Sonderbetriebsvermögen (Bitte auf gesondertem Blatt erläutern und Name, Anschrift, Steuernummer der Gesellschaft sowie Beteiligungshöhe angeben.)		Anzahl
198	Anzahl der Beschäftigten in der Gesellschaft **einschließlich** solcher in nachgeordneten Gesellschaften (Summe Zeilen 194 bis 197)		Anzahl
199	**Ausgangslohnsumme der Gesellschaft**		
200	Löhne/Gehälter der Gesellschaft **ohne** solche in nachgeordneten Gesellschaften der letzten fünf Wirtschaftsjahre vor dem Zeitpunkt der Entstehung der Steuer	Wirtschaftsjahr	Löhne und Gehälter
201			EUR
202			EUR
203			EUR
204			EUR
205			EUR
206	Summe Zeile 201 bis 205		EUR
207	Durchschnittliche Lohnsumme der Gesellschaft **ohne** solche in nachgeordneten Gesellschaften (Zeile 206 geteilt durch die Anzahl der maßgeblichen Wirtschaftsjahre)		EUR
208	Anteilige Ausgangslohnsummen unmittelbarer oder mittelbarer Beteiligungen an Personengesellschaften (§ 13a Abs. 3 Satz 11 ErbStG) (Bitte auf gesondertem Blatt erläutern und Name, Anschrift, Steuernummer der Gesellschaft sowie Beteiligungshöhe angeben.)		EUR
209	Anteilige Ausgangslohnsummen unmittelbarer oder mittelbarer Beteiligungen an Kapitalgesellschaften von mehr als 25 % (§ 13a Abs. 3 Satz 11 und 12 ErbStG) (Bitte auf gesondertem Blatt erläutern und Name, Anschrift, Steuernummer der Gesellschaft sowie Beteiligungshöhe angeben.)		EUR
210	Anteilige Ausgangslohnsummen aus dem übertragenen Sonderbetriebsvermögen (Bitte auf gesondertem Blatt erläutern und Name, Anschrift, Steuernummer der Gesellschaft sowie Beteiligungshöhe angeben)		EUR
211	Ausgangslohnsumme der Gesellschaft **einschließlich** solcher in nachgeordneten Gesellschaften (Summe Zeilen 207 bis 210)		EUR

24 Vgl. FG Münster v. 1.10.2020 – 3 K 2983/17 F, EFG 2021, 130.

25 Besonderheiten bei der Ermittlung der Lohnsumme im Falle einer Option nach § 1a KStG s.a. Gleich lautende Ländererlasse der obersten Finanzbehörden der Länder v. 5.10.2022, BStBl 2022 I, 1494.

IV. Forderungen und Schulden gegenüber verbundenen Unternehmen

Der **Abschnitt I der Anlage „Betriebsvermögen Personengesellschaft"** dient 24
der genauen Zuordnung von Forderungen und Schulden bei verbundenen Unternehmen. Die Angaben sind nur bei Verbundvermögensaufstellungen (§ 13b Abs. 9 ErbStG) erforderlich; sie dienen der Ermittlung des anzusetzenden Verwaltungsvermögens bei verbundenen Unternehmen.

Zeile			
212	**I. Forderungen und Schulden gegenüber verbundenen Unternehmen im Gesamthandsvermögen**		
213	**Forderungen gegenüber verbundenen Unternehmen im Gesamthandsvermögen**		
214		1. verbundenes Unternehmen	2. verbundenes Unternehmen
215	Name des verbundenen Unternehmens (Schuldner)		
216	Steuernummer des verbundenen Unternehmens		
217	Name des übertragenen Unternehmens, das Gegenstand des Erwerbs ist (oberste Feststellungsebene)		
218	Höhe der Beteiligung des übertragenen Unternehmens lt. Zeile 217 am verbundenen Unternehmen lt. Zeile 215	in %	in %
219	Höhe der Beteiligung des übertragenen Unternehmens lt. Zeile 217 am zu bewertenden Unternehmen lt. Zeile 3	in %	in %
220	Wert der Forderung am Bewertungsstichtag	EUR	EUR
221	Nicht anzusetzender Teil der Forderung (Bitte die Ermittlung auf einem gesonderten Blatt erläutern.)	EUR	EUR
222	**Schulden gegenüber verbundenen Unternehmen im Gesamthandsvermögen**		
223		1. verbundenes Unternehmen	2. verbundenes Unternehmen
224	Name des verbundenen Unternehmens (Gläubiger)		
225	Steuernummer des verbundenen Unternehmens		
226	Name des übertragenen Unternehmens, das Gegenstand des Erwerbs ist (oberste Feststellungsebene)		
227	Höhe der Beteiligung des übertragenen Unternehmens lt. Zeile 226 am verbundenen Unternehmen lt. Zeile 224	in %	in %
228	Höhe der Beteiligung des übertragenen Unternehmens lt. Zeile 226 am zu bewertenden Unternehmen lt. Zeile 3	in %	in %
229	Wert der Schuld am Bewertungsstichtag	EUR	EUR
230	Nicht anzusetzender Teil der Schuld (Bitte die Ermittlung auf einem gesonderten Blatt erläutern.)	EUR	EUR

In einer **Verbundvermögensaufstellung** sind zur Ermittlung des (tatsächlich) begünstigten Vermögens nicht die gemeinen Werte der Beteiligungen oder Anteile anzusetzen, sondern die gemeinen Werte der diesen Gesellschaften zuzurechnenden Vermögensgegenstände des Verwaltungsvermögens, des jungen Verwaltungsvermögens, der Finanzmittel, der jungen Finanzmittel und der Schulden. Nach § 13b Abs. 9 ErbStG ist das Verwaltungsvermögen bei verbundenen Unternehmen transparent (ohne Berücksichtigung der rechtlichen Selbstständigkeit der verbundenen Unternehmen) zu ermitteln. Näheres dazu R E 13b. 29 ErbStR und H E 13b ErbStH mit Berechnungsbeispielen. Soweit sich in der Verbundvermögensaufstellung Forderungen und Verbindlichkeiten zwischen den Gesellschaften untereinander oder im Verhältnis zu dem übertragenen Betrieb oder der übertragenen Gesellschaft gegenüberstehen, sind diese nicht anzusetzen. Damit scheidet der Ansatz einer Forderung als Finanzmittel aus, soweit der Forderung eine Verbindlichkeit innerhalb der zum übertragenen Vermögen gehörenden Beteiligungsstruktur gegenübersteht; das gilt in gleicher Weise für die Verbindlichkeit. Die Rechentechnik der Verbundvermögensaufstellung ist auf **jeder Beteiligungsstufe** anzuwenden. Sofern der Steuerpflichtige nach § 13b Abs. 9 Satz 3 ErbStG den Nichtansatz einer Forderung und damit einen niedrigeren Wertansatz der Finanzmittel begehrt, hat er dies dem Betriebsfinanzamt durch geeignete Unterlagen nachzuweisen; hierzu dienen auch die Angaben in den **Zeilen 212–230**. Der Eintrag in der **Zeile 221 bzw. 230** betrifft den nicht anzusetzenden Teil der Forderung/Schulden (§ 13b Abs. 9 Satz 3 ErbStG). Ergänzend s. die Erläuterung in der amtlichen Anleitung.

Hinweise

Gehören zum übertragenen Vermögen unmittelbar oder mittelbar gehaltene Anteile an einer Kapitalgesellschaft, die die Beteiligungsquote von mehr als 25 % unterschreiten, wird der gemeine Wert der Anteile an der Kapitalgesellschaft insgesamt als Verwaltungsvermögen angesetzt.[26]

Forderungen und Verbindlichkeiten, die sich im Gesamthandsvermögen und im Sonderbetriebsvermögen einer Personengesellschaft gegenüberstehen, sind anzusetzen, weil es sich nicht um eine Beteiligung handelt.[27]

V. Weitere Angaben in der Anlage „Betriebsvermögen für Beteiligungen an Personengesellschaften"

25 In **Abschnitt J** des Formulars sind weitere Eintragungen erforderlich. Die Angaben dienen insbesondere zu Ermittlung des begünstigten Vermögens.

231	**J. Weitere Angaben**	
232	☐ Die Voraussetzungen für den Vorwegabschlag (§ 13a Abs. 9 ErbStG) liegen vor. (Bitte den Gesellschaftsvertrag oder die Satzung und weitere zum Nachweis geeignete Unterlagen einreichen.)	
233	Die Höhe des Vorwegabschlags beträgt: (Bitte die Ermittlung auf einem gesonderten Blatt erläutern.)	in %
234	☐ Zu dem übertragenen Betriebsvermögen gehören Grundstücke, die sowohl dem Betriebsvermögen als auch dem Grundvermögen zuzuordnen sind. (Bitte auf gesondertem Blatt erläutern.)	
235	☐ Zu dem übertragenen Betriebsvermögen gehört Vermögen in Drittstaaten (nicht Mitgliedstaat der Europäischen Union oder des Europäischen Wirtschaftsraums) belegener Betriebsstätten. Gemeiner Wert der Betriebsstätten x Zeile 174 (Bitte auf gesondertem Blatt erläutern.)	EUR
236	☐ Der Hauptzweck des Unternehmens ist eine Tätigkeit im Sinne des § 13 Abs. 1, des § 15 Abs. 1 Satz 1 Nr. 1 oder des § 18 Abs. 1 Nr. 1 und 2 EStG. (Bitte auf gesondertem Blatt erläutern.)	

26 Vgl. R E 13b.29 Abs. 8 ErbStR.
27 Vgl. R E 13b.29 Abs. 5 Satz 7 ErbStR.

Die Angaben in den **Zeilen 232 und 233** sind (nur) in Fällen von sog. Familienunternehmen zu machen, wenn ein Vorwegabschlag vom begünstigten Vermögen geltend gemacht werden soll. Zum Komplex „Familienunternehmen" siehe § 4 Rdn 251 ff.

Die **Zeile 234** betrifft Grundstücke, die sowohl dem Betriebsvermögen als auch dem Grundvermögen zugeordnet sind (z.B. Werkstatt, Lager, Fertigung im Erdgeschoss und Keller, Wohnung im I. und II. OG). Nur der betrieblich genutzte Teil kann in die Bewertung des Betriebsvermögens einbezogen und als Unternehmensvermögen begünstigt werden. Näheres zur Zeile 234 siehe Anleitung zur Anlage „Betriebsvermögen Personengesellschaft".

In **Zeile 235** ist zur Ermittlung des nicht begünstigten Vermögens eine in einem Drittstaat belegenen Betriebsstätte einzutragen. Betriebsstätten sind feste Geschäftseinrichtungen oder Anlagen, die der Tätigkeit eines Unternehmens dient (§ 12 AO), z.B. Steinbruch in Mazedonien. Näheres zur Zeile 235 siehe Anleitung zur Anlage „Betriebsvermögen Personengesellschaft".

In **Zeile 236** ist letztlich nochmals zu erklären, ob der Hauptzweck des Unternehmens eine gewerbliche, freiberuflich oder land- und forstwirtschaftliche und keine gewerblich geprägte Tätigkeit ist. Diese Angabe wird zur Prüfung der Gewährung des Sockelbetrags von 15 % für Finanzmittel benötigt (§ 13b Abs. 4 Nr. 5 Satz 4 ErbStG), siehe dazu auch § 4 Rdn 249 f.

Für Bewertungsstichtage ab dem 29.12.2020 stellt das Betriebsfinanzamt den Wert des Betriebsvermögens, das einer weder in einem Mitgliedstaat der Europäischen Union noch in einem Staat des Europäischen Wirtschaftsraums belegenen Betriebsstätte dient, und das Vorliegen der Voraussetzungen des § 13b Abs. 4 Nr. 5 Satz 4 und 5 ErbStG (Hauptzweck) gesondert fest. Das Betriebsfinanzamt stellt für Bewertungsstichtage ab dem 29.12.2020 auch das Vorliegen der Voraussetzungen für den Vorwegabschlag für Familienunternehmen (§ 13a Abs. 9 ErbStG) gesondert fest.

Hinweis

Die Angaben zur Verschonung in der Anlage „Betriebsvermögen Personengesellschaft" sollten mit den Angaben in der Anlage „Steuerentlastung" (§ 4 Rdn 226 ff. und § 6 Rdn 236) abgestimmt werden.

§ 11 Die Bewertung nicht notierter Anteile an Kapitalgesellschaften

Olivia Trentmann/Raymond Halaczinsky

Übersicht:

A. Anwendungsbereich

Hier geht es um die Bewertung von **GmbH**-Anteilen, Anteilen an nicht börsennotierten (kleineren) **AG**, Anteilen an **KGaA**, Anteilen an europäischen Gesellschaften (**SE**) und vergleichbaren ausländischen juristischen Personen anlässlich von Schenkungen oder Erbfällen. 1

Beispiel zur Fragestellung

Der Erblasser hat ein mittelständisches Unternehmen mit diversen Betriebstätten im In- und Ausland und div. weiteren Beteiligungen in Form einer GmbH betrieben. Zuletzt war er noch mit 51 % an der GmbH beteiligt. Laut Testament sollen seine Ehefrau davon 26,9 % und sein Kind 24,1 % erben.

Hier geht es um die Frage: Mit welchem Wert sind die 26,9 % bzw. 24,1 % anzusetzen?

B. Gesonderte Wertfeststellung

In den **Zeilen 43–44 der Erbschaftsteuererklärung** bzw. in den **Zeilen 49–50 der Schenkungsteuererklärung** sind die Summenwerte aller erworbenen nicht notierten Anteile an inländischen Kapitalgesellschaften und an Kapitalgesellschaften mit Sitz oder Geschäftsleitung im Inland, in einem Mitgliedstaat der EU oder im EWR (Island, Liechtenstein, Norwegen) einzutragen. In die **Zeile 46** der Erbschaftsteuererklärung bzw. **Zeile 52** der Schenkungsteuererklärung sind die nicht notierten Anteile mit Sitz oder Geschäftsleitung im sonstigen Ausland 2

(Drittstaaten) einzutragen. Die Werte der nicht notierten Anteile an Kapitalgesellschaften mit Sitz oder Geschäftsleitung in der EU, im EWR oder in Drittstaaten sind selbst zu errechnen – dabei kann dieselbe Methode wie bei Anteilen an inländischen Kapitalgesellschaften angewandt werden. Es erfolgt aber keine gesonderte Wertfeststellung durch das Betriebstättenfinanzamt (R B 151. 1 Abs. 3 und R B 152 ErbStR). Außerdem ist die Beteiligung in der Anlage „Angaben zu Bedarfswerten" einzutragen. Die zunächst selbst ermittelten Werte für die inländischen Kapitalgesellschaften (ggf. lt. der Feststellungserklärung) werden später durch die vom Betriebsfinanzamt gesondert festgestellten Werte ersetzt. Eine Feststellung erfolgt nur, wenn die Werte für die Erbschaft-/Schenkungsteuer oder eine andere Feststellung von Bedeutung sind. Näheres zur Wertermittlung siehe Rdn 6 ff.

43	**Übriges Vermögen** Gehören zum Nachlass nicht notierte Anteile an Kapitalgesellschaften im Inland oder in	☐ nein	
44	EU-/EWR-Staaten? ☐ ja ☐☐ Anzahl der Beteiligungen Gesamtwert:		Anteile an KapGes. 46
45	Gehören zum Nachlass nicht notierte Anteile an Kapitalgesellschaften in Drittstaaten?	☐ nein	
46	☐ ja ☐☐ Anzahl der Beteiligungen Gesamtwert:		

I. Nicht notierte Anteile an Kapitalgesellschaften mit Sitz oder Geschäftsleitung im Inland

3 Gesondert festgestellt werden die Werte nicht notierter Anteile an Kapitalgesellschaften **mit Sitz oder Geschäftsleitung im Inland** (§§ 157 Abs. 4 i.V.m. 151 Abs. 1 Nr. 3 i.V.m. Abs. 4 BewG), wenn die Werte für die Erbschaft-/Schenkungsteuer oder eine andere Feststellung von Bedeutung sind.[1] Hierfür ist eine Feststellungserklärung mit der Anlage „Betriebsvermögen für Anteile an Kapitalgesellschaften" und weiteren Anlagen bzw. mit einem Unternehmenswertgutachten pro Beteiligung einzureichen. Bei der Wertermittlung von Anteilen an nicht notierten inländischen Kapitalgesellschaften ist so vorzugehen, dass

– zunächst der Wert der Kapitalgesellschaft, deren Anteile sich im Nachlass befinden, insgesamt ermittelt wird
– in einem zweiten Schritt wird dann der anteilige Wert ermittelt.

4 Grundsätzlich gehören **zum Betriebsvermögen** einer Kapitalgesellschaft **alle in ihrem Eigentum befindlichen Wirtschaftsgüter** am Bewertungsstichtag (§ 97 Abs. 1 Nr. 1 BewG, § 11 ErbStG). Zum Betriebsvermögen einer Kapitalgesellschaft siehe noch R B 97.6 ErbStR. Nicht notierte Anteile an Kapitalgesellschaften selbst gehören i.d.R. zum **übrigen Vermögen**. Es sei denn sie gehören z.B. zum Betriebsvermögen eines Gewerbebetriebs (einschl. freiberuflicher Unterneh-

1 Zum Feststellungsverfahren und zu verfahrensrechtlichen Vorschriften s.a. *Mühlenstädt*, Verfahrensrechtliche Besonderheiten bei der Anteilsbewertung nach § 151 BewG, ErbStB 2022, 213.

men) oder zum Vermögen einer Personengesellschaft (einschl. Sonderbetriebsvermögen).

Beispiel

Der Bauunternehmer B ist Eigentümer aller Anteile der Bau-GmbH. Die Anteile gehören bei ihm zum übrigen Vermögen. Die Bau-GmbH ist Eigentümer aller GmbH-Anteile der Gerüstbau-GmbH. Die Anteile der Gerüstbau-GmbH gehören zum Betriebsvermögen der Bau-GmbH.

In beiden Fällen ist die GmbH-Beteiligung gleichermaßen nach § 11 Abs. 2 BewG zu bewerten. Im ersten Fall muss B die Feststellungserklärung für die Bau-GmbH abgegeben. Der Erwerb der Beteiligung kann nach §§ 13a, 13c ErbStG verschont sein, da der Erblasser/Schenker zu mehr als 25 % an der GmbH beteiligt war (siehe noch § 13b Abs. 1 Nr. 3 ErbStG). Im zweiten Fall muss die Bau-GmbH für die Wertfeststellung der Beteiligung an der Gerüstbau-GmbH eine Feststellungserklärung abgeben. Die daraufhin erfolgende Wertfeststellung fließt in der Bewertung der Bau-GmbH mit ein. Im zweiten Fall kommt es für die Verschonung nach §§ 13a, 13c ErbStG darauf an, ob die festgestellten Werte der Gerüstbau-GmbH zum begünstigungsfähigen Betriebsvermögen i.S.d. § 13b ErbStG in der Bau-GmbH gehört (siehe dazu § 4 Rdn 226 ff., § 6 Rdn 230 ff.). Die Verbundvermögensaufstellung ist insoweit zu beachten (§ 13b Abs. 9 ErbStG).

II. Nicht notierte Anteile an Kapitalgesellschaften mit Sitz oder Geschäftsleitung im Ausland

Nicht gesondert festgestellt werden die Werte der nicht notierten Anteile an Kapitalgesellschaften mit Sitz oder Geschäftsleitung im Ausland, auch nicht, wenn sich der Sitz oder die Geschäftsleitung in einem Mitgliedstaat der EU oder im EWR (Island, Liechtenstein, Norwegen) befinden, mit einer **Ausnahme**. Der gemeine Wert ausländischen Vermögens, das zum Vermögen einer Kapitalgesellschaft oder vermögensverwaltenden Gemeinschaft/Gesellschaft mit einem Sitz oder einer Geschäftsleitung im Inland gehört, ist im **Rahmen der gesonderten Feststellung** des gemeinen Werts dieser wirtschaftlichen Einheit nach § 151 Abs. 1 Satz 1 Nr. 2 bis 4 BewG zu berücksichtigen.[2] 5

Beispiel

Eine mittelständische GmbH (Automobilzulieferer) ist an diversen Kapitalgesellschaften in Osteuropa (Produktionsfirmen) beteiligt.

Für diese Beteiligungen ist der selbst ermittelte Anteilswert (Verkehrswert) in der Feststellungserklärung aufzunehmen. Das Finanzamt stellt den Wert im Rahmen der Feststellung des Werts der inländischen GmbH fest.

2 Vgl. R B 151.1 Abs. 3 Satz 2 ErbStR.

Ist keine Wertermittlung im Rahmen einer gesonderten Feststellung vorgesehen (z.B. für eine **Beteiligung in einem Drittstaat**), ist der selbst ermittelte Verkehrswert des Anteils formlos der Erbschaftsteuer-/Schenkungsteuerstelle zu erklären. Die Finanzverwaltung hat keine Bedenken, bei der Bewertung von Anteilen an ausländischen Kapitalgesellschaften oder ausländischem Betriebsvermögen das vereinfachte Ertragswertverfahren (§§ 199 ff. BewG) entsprechend anzuwenden. Die Ermittlung der Bewertungsgrundlagen hat in der jeweiligen Landeswährung zu erfolgen, der in dieser Währung ermittelte Ertragswert ist mit dem für den Bewertungsstichtag festgestellten Devisenkurs in EUR umzurechnen. Der Gewinnermittlung können die im jeweiligen Land geltenden Gewinnermittlungsvorschriften zugrunde gelegt werden, wenn sie eine gem. § 202 Abs. 1 Satz 2 BewG entsprechende Korrektur zulassen. Der nach § 203 BewG maßgebende Kapitalisierungsfaktor ist anzuwenden, wenn dies nicht zu offensichtlich unzutreffenden Ergebnissen führt. Vorrangig ist aber auch hier eine Wertableitung aus Verkäufen innerhalb des letzten Jahres an Dritte vorzunehmen. Zulässig sind alle sach- und fachgerechten Unternehmensbewertungsmethoden. Für den selbst ermittelten Wert ist der Steuerpflichtige nachweispflichtig, gem. § 90 Abs. 2 und 3 AO gelten hierbei die erhöhten Mitwirkungspflichten.

C. Die Wertermittlung

6 Die Wertermittlung erfolgt in zwei Stufen:

a) Wertermittlung des Vermögens der Kapitalgesellschaft
b) Wertermittlung des Anteils des Gesellschafters an der Kapitalgesellschaft.

Zu a): Für Zwecke der Wertermittlung des Vermögens der Kapitalgesellschaft ist vom jeweiligen Anteilseigner nach Aufforderung durch das Betriebsfinanzamt eine entsprechende Feststellungserklärung mit der Anlage „Betriebsvermögen für Anteile an Kapitalgesellschaften" und je nach Bewertung mit weiteren Anlagen einzureichen, z.B. Anlage zur Ermittlung des Ertragswerts (siehe § 9 Rdn 25 ff.) oder Anlage zur Ermittlung des Substanzwerts (siehe § 9 Rdn 57 ff.).

Zu b): Die Aufteilung erfolgt nach den Angaben in der Anlage zum „Betriebsvermögen für Anteile an Kapitalgesellschaften" in **Abschnitt G**. Zur Ableitung aus Verkäufen siehe § 9 Rdn 18 ff.[3]

7 Zu a): Die Ermittlung des Werts der Kapitalgesellschaft im Ganzen richtet sich nach § 11 Abs. 2 BewG (über § 109 Abs. 2 BewG; § 97 Abs. 1 BewG). Hierzu ist

3 Lt. BFH v. 8.2.2013 – VIII B 54/12, BFH/NV 2013, 1098 kann der Wert nicht öffentlich gehandelter Vorzugsaktien mangels anderer Anhaltspunkte aus dem Börsenkurs der börsennotierten Aktien desselben Unternehmens abgeleitet werden. Es ist nicht zu beanstanden, wenn ein Bewertungsabschlag vorgenommen wird, weil die Vorzugsaktien zeitnah in Stammaktien umgetauscht werden konnten und auch umgetauscht worden sind.

bei inländischen Kapitalgesellschaften das Betriebsvermögen genauso zu bewerten wie unmittelbar erworbenes Betriebsvermögen. Auf entsprechende Anforderung durch das Betriebsfinanzamt ist eine Feststellungserklärung mit der Anlage „Betriebsvermögen für Anteile von Kapitalgesellschaften“ und je nach Bewertung mit weiteren Anlagen einzureichen, z.B. Anlage zur Ermittlung des Ertragswerts (siehe § 9 Rdn 25 ff.), Anlage zur Ermittlung des Substanzwerts (siehe § 9 Rdn 57 ff.).

Zu b): Hat der Erblasser nicht 100 % an einer inländischen Kapitalgesellschaft besessen und/oder vererbt/verschenkt, ist aus dem Gesamtwert der Kapitalgesellschaft der gemeine Wert der vererbten/geschenkten Anteile gem. § 97 Abs. 1b BewG zu ermitteln; dazu Rdn 14 ff.

Personenhandelsgesellschaften und Partnerschaftsgesellschaften haben mit Wir- 8
kung zum 1.7.2021 die Möglichkeit, zur **Körperschaftsbesteuerung zu optieren.**[4] Gesellschaften, die nach § 1a KStG zur Körperschaftsbesteuerung optiert haben und ihrer Tätigkeit nach weiterhin einer Gesellschaft im Sinne des § 15 Abs. 1 Satz 1 Nr. 2, des § 15 Abs. 3 oder des § 18 Abs. 4 Satz 2 EStG entsprechen, sind **für Zwecke der Erbschaft- und Schenkungsteuer (weiterhin) als Personengesellschaften zu behandeln (siehe § 10).**[5]

D. Anlage „Betriebsvermögen für Anteile an Kapitalgesellschaften zur Feststellungserklärung"

Hat der Erbe oder Beschenkte einen Anteil an einer nicht notierten Kapitalgesell- 9
schaft (Sitz im Inland) geerbt/geschenkt bekommen, muss zur Bemessung der Erbschaft-/Schenkungsteuer der Wert ermittelt und gesondert festgestellt werden. Soll der Anteil von der Erbschaft-/Schenkungsteuer gem. §§ 13a–13c, 19a ErbStG verschont werden, sind dafür weitere Feststellungen erforderlich. Zu diesen Feststellungen muss der Erwerber – auf Anforderung des betreffenden Betriebsfinanzamts – eine Feststellungserklärung und dazu eine oder mehrere Anlage(n) „Betriebsvermögen für Anteile an Kapitalgesellschaften“ abgeben. Im Prinzip entspricht diese Anlagen den Anlagen „Betriebsvermögen für Einzelunternehmen“ (§ 9) und „Betriebsvermögen Personengesellschaften“ (§ 10), so dass ergänzend auch die dortigen Erläuterungen zurückgegriffen werden kann.

---

4 Gesetz zur Modernisierung des Körperschaftsteuerrechts v. 25.6.2021, BGBl 2021 I, 2050 u.a. § 1a KStG m.W.v. 1.7.2021. Zum Ganzen siehe insb. BMF v. 10.11.2021 – IV C 2-S 2707/21/10001:004, BStBl 2021 I, 2212 = Anwendungsschreiben zur Option zur Körperschaftsbesteuerung (§ 1a KStG).

5 Näheres siehe gleich lautende Ländererlasse der obersten Finanzbehörden der Länder v. 5.10.2022. BStBl 2022 I, 1494; *Mayer/Käshammer*, Das Optionsmodell zur Körperschaftsbesteuerung – Praxishinweise und steuerliche Implikationen, NWB 2021, 1300; *Winkler/Carle*, KöMoG: Optionsmodell und Erbschaft-/Schenkungsteuerrecht, NWB 2021, 2508.

I. Allgemeine Angaben

10

Finanzamt	
Aktenzeichen/Steuernummer	

Anlage Betriebsvermögen für Anteile an Kapitalgesellschaften

zur Feststellungserklärung

auf den Bewertungsstichtag ....

Zutreffende weiße Felder bitte ausfüllen oder ☒ ankreuzen

Zeile					
1	**A. Allgemeine Angaben**				
2	Anteile an einer Kapitalgesellschaft				
3	Firma				Tagsüber telefonisch erreichbar
4	Straße und Hausnummer				
5	Postleitzahl und Ort				
6	Betriebsfinanzamt	Steuernummer/Aktenzeichen/Wirtschafts-Identifikationsnummer			
7	**Beteiligungsverhältnis** des (bisherigen) Gesellschafters				
8	Höhe der Beteiligung des Gesellschafters	Zähler	Nenner	oder	%
9	Name, Vorname				
10	Straße und Hausnummer				
11	Postleitzahl und Ort				
12	Finanzamt	Steuernummer/Aktenzeichen/Steuer-Identifikationsnummer			
13	**Erwerber/Beteiligter am Feststellungsverfahren**				
14	Höhe der auf den Erwerber/die Erbengemeinschaft übertragenen Beteiligung (Anteil, der von Zeile 8 erworben wurde)	Zähler	Nenner	oder	%
15	Name/Vorname/Bezeichnung der Erbengemeinschaft				
16	Straße und Hausnummer				
17	Postleitzahl und Ort				
18	Finanzamt	Steuernummer/Aktenzeichen/Steuer-Identifikationsnummer			
19	**Basiswertregelung**	☐ Die Basiswertregelung nach § 151 Abs. 3 BewG soll angewendet werden. (Bitte die Einzelheiten auf einem gesonderten Blatt erläutern.)			
20	**Sonstige Angaben**				
21					
22	**Börsennotierte Anteile an Kapitalgesellschaften**				
23	☐ Die Kapitalgesellschaft ist börsennotiert. Kurswert eines Anteils:	Kurswert der übertragenen Anteile:			

Auf der Seite 1 der Anlage sind die **allgemeinen Angaben** zu machen. Die Angaben beziehen sich auf den in der Überschrift anzugebenden Bewertungsstichtag (zu dessen Bedeutung siehe § 4 Rdn 15 und § 6 Rdn 10 ff.).

Wichtig ist hierbei, dass in **Zeile 8** das Beteiligungsverhältnis des bisherigen Gesellschafters einzutragen ist. In **Zeile 14** ist einzutragen in welchem Umfang die Beteiligung aus Zeile 8 erworben wurde (s.a. Beispiel in der Anleitung zur Anlage „Betriebsvermögen Kapitalgesellschaft“).

In der **Zeile 20** kann die sog. Basiswertregelung beantragt werden, d.h. Übernahme einer schon innerhalb des letzten Jahres erfolgten gesonderten Feststellung des Betriebsvermögenswerts, sofern sich die für die Bewertung maßgeblichen Stichtagsverhältnisse nicht wesentlich geändert haben (siehe dazu § 9 Rdn 10).

In den **Zeilen 22 und 23** sind Eintragungen zu börsennotierten Anteilen an Kapitalgesellschaften zu machen. Bei diesen Anteilen ist der jeweilige Börsenkurs maßgeblich. Die Abschnitte B bis F sind insoweit nicht auszufüllen.

II. Gemeiner Wert des/der Anteile

Hat der Erblasser/Schenker nicht 100 % an einer inländischen Kapitalgesellschaft 11
besessen und/oder vererbt/verschenkt, ist aus dem Gesamtwert der Kapitalgesellschaft der gemeine Wert der vererbten/geschenkten Anteile zu ermitteln. Hierfür gilt gem. § 97 Abs. 1b BewG: Der gemeine Wert eines nicht notierten Anteils an einer Kapitalgesellschaft richtet sich nach dem Verhältnis des Anteils am Nennkapital (Grund- oder Stammkapital) der Gesellschaft zum gemeinen Wert des Betriebsvermögens der Kapitalgesellschaft am Bewertungsstichtag.

1. Gemeiner Wert der Kapitalgesellschaft

Zur Ermittlung des gemeinen Werts der Kapitalgesellschaft ist die Seite 2 in den 12
Zeilen 24–42 mit den jeweils notwendigen weiteren Anlagen auszufüllen.

Zeile						
24	**B. Ableitung aus Verkäufen**					
25	Innerhalb eines Jahres vor dem Bewertungsstichtag haben folgende Verkäufe stattgefunden (Bitte Käufer und Verkäufer, ggf. Verwandtschaftsverhältnis, sowie einen ggf. im Kaufpreis enthaltenen Paketzuschlag auf einem gesonderten Blatt angeben und den Vertrag beifügen.):					
26	Zeitpunkt des Verkaufs Tag	Monat	Jahr	Nennwert der veräußerten Anteile	Kaufpreis	Veräußerter Anteil
27				EUR	EUR	%
28				EUR	EUR	%
29	Gemeiner Wert des **gesamten Betriebsvermögens** der Kapitalgesellschaft					EUR
30	☐ Die vorgenannten Verkäufe sind zur Ermittlung des gemeinen Werts nicht geeignet (bitte Begründung beifügen). ☐ Verkäufe, aus denen sich der gemeine Wert ableiten lässt, sind nicht bekannt.					
31	**C. Gutachtenwert**					
32	☐ Wertermittlung erfolgt in Ausübung des Wahlrechts im vereinfachten Ertragswertverfahren (weiter mit Teil D).					
33	☐ Wertermittlung erfolgt nach einem Ertragswertverfahren laut beigefügtem Gutachten.					
34	☐ Wertermittlung erfolgt nach einer anderen anerkannten, auch im gewöhnlichen Geschäftsverkehr für nichtsteuerliche Zwecke üblichen Methode laut beigefügtem Gutachten.					
35	Name und Anschrift des Gutachters:					
36	Gemeiner Wert des **gesamten Betriebsvermögens** der Kapitalgesellschaft					EUR
37	**D. Wert nach vereinfachtem Ertragswertverfahren** (§§ 199 ff. BewG)					
38	Gemeiner Wert des **gesamten Betriebsvermögens** der Kapitalgesellschaft laut beigefügter „Anlage Vereinfachtes Ertragswertverfahren"					EUR
39	**E. Substanzwert** (Mindestwert nach § 11 Abs. 2 Satz 3 BewG)					
40	Substanzwert des **gesamten Betriebsvermögens** der Kapitalgesellschaft laut beigefügter „Anlage Substanzwert"					EUR
41	**F. Anzusetzender gemeiner Wert des Betriebsvermögens** (gemeiner Wert, vorrangig B; andernfalls C oder D, mindestens E)					
42	Gemeiner Wert des **gesamten Betriebsvermögens** lt. Zeile 29, 36, 38 oder 40					EUR

Im Großen und Ganzen entsprechen die Fragen (notwendigen Angaben) in den Zeilen 24–42 den Fragen in den Anlagen „Betriebsvermögen für Einzelunternehmen" und „Betriebsvermögen für Personengesellschaften". Es kann somit auf die Erläuterungen in § 9 Rdn 17–74 verwiesen werden.[6]

13 Zu den **Zeilen 24–30**: Bei nicht notierten Anteilen an Kapitalgesellschaften spielt die Ableitung/Bewertung **aus Verkäufen in der Praxis eine größere Rolle**. Die Ableitung des gemeinen Werts aus Verkäufen ist die vorrangige Bewertungsmethode, sie gilt aber mit diversen Einschränkungen. Für Steuerpflichtige wird eine Ableitung aus einem früheren Verkaufspreis hauptsächlich von Interesse sein, wenn dadurch ein Nachweis für einen niedrigeren – unter einem nach Abschnitt C., D. oder E. liegenden – Wert erbracht werden könnte. Wenn die Finanzverwaltung einen höheren gemeinen Wert aus Verkäufen ableiten will, ist m.E. das Finanzamt für diesen Wert auch beweispflichtig.

6 Weitere Einzelheiten mit Beispielen zum vereinfachten Ertragswertverfahren und zum Gutachten nach IDW S 1 s.a. *Zwirner/Vodermeier*, Unternehmensbewertung im Steuerrecht: §§ 199 ff. BewG und IDW S 1 im Vergleich – unter Berücksichtigung der Corona-Pandemie und des weiter anhaltenden Niedrigzinsumfelds, DStR 2021, 2097.

Der Kaufpreis muss marktangemessen sein, ansonsten ist er zur Ableitung des Verkehrswerts ungeeignet **(Zeile 30)**.[7] Maßgebend sind daher nur **Verkäufe unter fremden Dritten**. „Fremde Dritte“ bedeutet, dass die Verkäufe an Familienangehörige, zumindest i.S.v. § 15 AO, für die Bewertung keine Relevanz haben.[8] Denkbar wäre auch, dass eine Verkehrswertermittlung im Zuge der Ausgabe neuer Geschäftsanteile im Rahmen der Kapitalerhöhung zur Aufnahme eines neuen Gesellschafters vorgenommen worden ist und sich daraus Anhaltspunkte für einen steuerlichen Wert ergeben.[9]

Theoretisch gilt:

- **Ableitung aus Kaufpreisen vor dem Bewertungsstichtag**
  Die Ableitung ist nur bei Verkäufen unter **fremden Dritten** zu berücksichtigen, die **zum Bewertungsstichtag weniger als ein Jahr zurückliegen**. Liegt ein Verkauf unter fremden Dritten **länger als ein Jahr** vor dem Besteuerungszeitpunkt **zurück**, kann man sich auf folgende Rechtsprechungsansicht berufen[10]: Der gemeine Wert kann **bei länger als ein Jahr zurückliegenden Vertragsabschlüssen** aus Kaufpreisen abgeleitet werden, wenn die Vertragsbeteiligten im Kaufvertrag den Kaufpreis nach einem Zeitpunkt bemessen haben, der innerhalb des (Jahres-)Zeitraums des § 11 Abs. 2 Satz 2 BewG liegt.
- **Ableitung aus Verkäufen nach dem Bewertungsstichtag**
  Ist **kurz nach** einer Schenkung/einem Erbfall ein **Verkauf zu einem niedrigeren Kaufpreis** erfolgt, kann nach der Auffassung des BFH[11] eine Ableitung aus diesem niedrigeren Verkaufspreis in Betracht kommen, wenn sich die Verhandlungen durch Festlegung eines Preisrahmens vor dem Feststellungszeitpunkt soweit verdichtet haben, dass der Kaufpreis durch den Kaufvertrag nur noch dokumentiert wird. Ist der **Wert/Preis nach dem Bewertungsstichtag erheblich gefallen**, ist dies für den Stichtagswert grundsätzlich unbeachtlich. Ggf. käme notfalls noch eine niedrigere Bewertung aus Billigkeitsgründen in Frage, wobei die Finanzverwaltung dies erfahrungsgemäß sehr restriktiv behandelt.[12] Sind die **Anteile nach Verkauf bis zum Besteuerungszeitpunkt wertvoller** geworden, kann die Finanzverwaltung eine Ableitung aus dem Kaufpreis ablehnen, etwa wenn nach den im gewöhnlichen Geschäftsverkehr

---

7 Ausführlicher z.B. *Riedel*, in: Daragan/Halaczinsky/Riedel, Praxiskommentar ErbStG und BewG, § 11 BewG Rn 23 f.

8 Zum gewöhnlichen Geschäftsverkehr BFH v. 14.10.1966 – III 281/63, BStBl 1967 II, 82; BFH v. 28.11.1980 – III R 86/78, BStBl 1980 II, 353; BFH v. 23.2.1979 – III R 44/77, BStBl 1979 II, 618.

9 R B 11.2 ErbStR.

10 BFH v. 16.5.2013 – II R 4/11, BFH/NV 2013, 1223 (der BFH stellt in den Entscheidungsgründen lehrbuchartig die Kriterien für die vorrangige Wertableitung aus Verkäufen dar); v. 2.11.1988 – II R 52/85, BStBl 1989 II, 80; *Riedel*, in: Daragan/Halaczinsky/Riedel, Praxiskommentar ErbStG und BewG, § 11 BewG Rn 29, 30.

11 BFH v. 2.11.1988 – II R 52/85, BStBl 1989 II, 80.

12 Siehe § 3 Rdn 10.

erfolgten Veräußerungen und vor dem Bewertungsstichtag noch weitere objektive Umstände hinzutreten, die dafür sprechen, dass diese Verkäufe nicht mehr den gemeinen Wert der Anteile zum Bewertungsstichtag repräsentieren. In derartigen Fällen müsste der tatsächlich erzielte Kaufpreis durch Zu- oder Abschläge an die geänderten Umstände angepasst und so der gemeine Wert der Anteile geschätzt werden.[13]

Wird nur ein **Teil der Anteile verkauft**, ist daraus – wenn möglich – der gemeine Wert der Anteil abzuleiten. Für die Ableitung des gemeinen Werts von nicht notierten Anteilen genügt auch der Verkauf eines einzigen Anteils, wenn der Gegenstand dieses Verkaufs nicht nur ein **Zwerganteil** ist, dessen Verkaufspreis für den gemeinen Wert der übrigen Anteile nur einen begrenzten Aussagewert hat (ebenso R B 11.2 Abs. 1 ErbStR).

2. Wert des nicht notierten Anteils der Kapitalgesellschaft

14 Aus dem ermittelten gemeinen Wert des gesamten Betriebsvermögens (**Zeile 42**) ist der Wert des geerbten/geschenkten Anteils zu errechnen.

43	**G. Ermittlung des gemeinen Werts des Anteils des Gesellschafters einer Kapitalgesellschaft**			
44	**Gemeiner Wert des Betriebsvermögens der Kapitalgesellschaft** lt. Zeile 42			EUR
45	Nennkapital der Kapitalgesellschaft (Grund- oder Stammkapital)			EUR
46	eingezahlt sind			EUR
47	Bei nicht vollständig eingezahltem Nennkapital: Die Beteiligung am Vermögen und Gewinn richtet sich nach dem eingezahlten Nennkapital		☐ Ja	☐ Nein
48	eigene Anteile der Kapitalgesellschaft am Grund- oder Stammkapital			EUR
49	**Beteiligungsverhältnis des (bisherigen) Gesellschafters** (Anteil am Nennkapital)	in %	in EUR	davon sind eingezahlt: EUR
50	**Erwerber**			
51	Anteil der erworbenen Beteiligung in % (Zeile 14) Anteil der erworbenen Beteiligung in EUR am gesamten Nennkapital		in %	in EUR
52	Gemeiner Wert des Betriebsvermögens (Zeile 44) x Anteil am Nennkapital (Zeile 51 in EUR) / Nennkapital Zeile 45 (ggf. minus Zeile 48)			EUR
53	Es sind gesellschaftsrechtliche Vereinbarungen zu berücksichtigen, die eine von Zeile 44 bis 52 abweichende Aufteilung zur Folge haben. Der Wert des Anteils beträgt: (Bitte die gesellschaftsrechtliche Vereinbarung beifügen und Wertermittlung auf einem gesonderten Blatt erläutern.)			EUR
54	Wert aus Zeile 52 oder 53 (mindestens 0 EUR)			EUR
55	Paketzuschlag § 11 Abs. 3 BewG			EUR
56	**Gemeiner Wert des erworbenen/maßgeblichen Anteils an der Kapitalgesellschaft** Summe Zeile 54 und 55			EUR

Der gemeine Wert wird für je 100 EUR des (eingezahlten) Nennkapitals ermittelt. Die dafür erforderlichen Angaben sind in Abschnitt G. der Anlage „Betriebsvermögen Kapitalgesellschaft" einzutragen. Der als Bemessungsgrundlage bei der

13 Vgl. *Riedel*, in: Daragan/Halaczinsky/Riedel, Praxiskommentar ErbStG und BewG, § 11 BewG Rn 31 ff.; BFH v. 29.7.2010 – VI R 30/07, ErbStB 2010, 376 mit Anm. *Halaczinsky*.

Erbschaft-/Schenkungsteuer anzusetzende Wert der erworbenen Beteiligung ergibt sich letztlich aus der **Zeile 56** der Anlage „Betriebsvermögen Kapitalgesellschaft“.

Bei der Berechnung des Nennkapitals (**Zeilen 44–48**) ist zu beachten: Soweit die Gesellschaft eigene Anteile hält, mindern sie das Nennkapital, weil sich die Beteiligung der Gesellschafter am Vermögen und Gewinn der Gesellschaft regelmäßig nach dem Verhältnis der Anteile am Nennkapital richtet. Dies gilt auch, wenn das Nennkapital noch nicht voll eingezahlt ist. Dabei ist es unerheblich, ob noch mit der Einzahlung des Restkapitals zu rechnen ist. Richtet sich jedoch die Beteiligung am Vermögen und am Gewinn der Gesellschaft aufgrund einer ausdrücklichen Vereinbarung der Gesellschafter nach der jeweiligen Höhe des eingezahlten Nennkapitals, bezieht sich der gemeine Wert nur auf das tatsächlich eingezahlte Nennkapital. 15

In **Zeile 51** ist der Prozentsatz einzutragen, der sich aus Zeile 14 ergibt, und der Euro-Betrag des Anteils am Nennkapital, der auf den **Erwerber übertragen wird.**

Beispiel

Überträgt ein Gesellschafter, dem bisher 60 % der Anteile an einer GmbH mit einem Stammkapital von 100.000 EUR gehörten, nur die Hälfte seiner Anteile auf den Erwerber, ist in Zeile 51 der Prozentsatz von 50 % (Umfang der vom Erwerber erworbenen Anteile) einzutragen. Das anteilig erworbene Stammkapital ist mit 30.000 EUR einzutragen.

Nach § 11 Abs. 3 BewG ist ein **Paketzuschlag (Zeile 55)** vorzunehmen, wenn der gemeine Wert der zu bewertenden Anteile höher ist als der Wert, der den Beteiligungscharakter der zu bewertenden Anteile nicht berücksichtigt. Der Paketzuschlag kommt bei der Ermittlung des gemeinen Werts durch Ableitung aus Verkäufen oder durch ein Gutachtenwert, **nicht aber bei der Anwendung des vereinfachten Ertragswertverfahrens** (§§ 199 ff. BewG) und auch nicht nach dem **Substanzwert**, in Betracht. Ein Paketzuschlag ist vorzunehmen, wenn ein Gesellschafter mehr als 25 % der Anteile an einer Kapitalgesellschaft auf einen oder mehrere Erwerber überträgt. Als Paketzuschlag kann, je nach Umfang der zu bewertenden Beteiligung, im Allgemeinen ein Zuschlag von bis zu 25 % in Betracht kommen. Höhere Zuschläge sind im Einzelfall möglich. Näheres siehe R B 11.8 ErbStR. 16

Grundsätzlich ist der gemeine Wert des gesamten Betriebsvermögens der Kapitalgesellschaft auf die Gesellschafter nach dem Verhältnis des Anteils des Nennkapitals zum gesamten Kapital aufzuteilen. Daraus ergibt sich die Formel in **Zeile 52**. Zu Ausnahmen siehe R B 11.4 ErbStR und Anleitung zur Anlage „Betriebsvermögen Kapitalgesellschaft“. 17

Für Bewertungsstichtage ab dem 1.1.2016 sind gesellschaftsrechtliche Vereinbarungen zu berücksichtigen, die eine von Zeile 44 bis 52 abweichende Aufteilung zur Folge haben, wenn eine Aufteilung nach dem Verhältnis des Anteils am Nennkapital zu einem unzutreffenden Ergebnis führt (s.a. R B 97.6 ErbStR und Beispiele in H B 97.6 ErbStH). Eine entsprechende Eintragung ist in **Zeile 53** vorzunehmen.

Der bei der Erbschaft- oder Schenkungsteuererklärung anzusetzende Wert ergibt sich aber letztlich aus **Zeile 56**.

Beispiel

A verschenkt 50 % seines Anteils an der A-GmbH an B. Zu bewerten ist der erworbene Anteil des B.

Nennkapital der A-GmbH	200.000 EUR
Anteil A am Nennkapital	100.000 EUR
Gemeiner Wert der A-GmbH (Ertragswert)	500.000 EUR
Substanzwert	300.000 EUR

Lösung (einzutragen sind in)

	Gesellschafter		A	B
Zeile 43	Gemeiner Wert der GmbH	500.000 EUR		
Zeile 44	Nennkapital	200.000 EUR		
Zeile 49	Beteiligung des A	50 %	100.000 EUR	
Zeile 51	Geschenkter Wert des Nennkapitals		50.000 EUR	50.000 EUR
Zeile 52	Anteiliger Erwerb 500 000 EUR x 50/200 =			125.0000 EUR
Zeile 56	Gemeiner Wert des erworbenen Anteils an der Kapitalgesellschaft			125.0000 EUR

E. (Unter-)Beteiligung einer Kapitalgesellschaft

18 Ist die zu bewertende Kapitalgesellschaft an einer oder mehreren Kapitalgesellschaften beteiligt, diese wiederum an weiteren Kapitalgesellschaften, z.B. Mutter-GmbH ↔ Tochter-GmbH ↔ Enkel-GmbH usw., ist für die Bewertung der Mutter-GmbH der Wert der Tochter-GmbH und für die Bewertung der Tochter-GmbH der Wert der Enkel-GmbH usw. erforderlich. Die jeweils zuständigen Feststellungsstellen haben entsprechende Wertfeststellungen durchzuführen. Zu

diesem Zweck muss die Feststellungsstelle den gesetzlichen Vertreter der Enkel-GmbH auffordern, eine Feststellungserklärung, hier Anlage „Betriebsvermögen Kapitalgesellschaften" mit der Anlage Ertrags- oder Sachwertverfahren, oder ein Unternehmenswertgutachten abzugeben. Wirkt sich eine Unter-Unterbeteiligung nur noch geringfügig auf den Wert der Mutter-GmbH aus (deren Anteile unmittelbar geerbt oder geschenkt worden sind), kann im Einvernehmen mit den Verfahrensbeteiligten darauf **verzichtet werden**, eine **gesonderte Ermittlung** des gemeinen Werts von zum Vermögen gehörenden Anteilen an einer Kapitalgesellschaft oder einer Beteiligung an einer Personengesellschaft vorzunehmen, wenn es sich um einen Fall von geringer Bedeutung handelt. Ein Fall von geringer Bedeutung liegt insbesondere vor, wenn der Verwaltungsaufwand der Beteiligten außer Verhältnis zur steuerlichen Auswirkung steht und der festzustellende Wert unbestritten ist. In diesen Fällen kann aus Vereinfachungsgründen die durchschnittliche Bruttoausschüttung der Untergesellschaft der letzten drei Jahre als durchschnittlicher Jahresertrag multipliziert mit dem Kapitalisierungsfaktor nach § 203 BewG angesetzt werden; mindestens ist der Steuerbilanzwert der Beteiligung anzusetzen.

F. Angaben zu §§ 13a, 13b und 13c ErbStG

Die Angaben sind nur erforderlich, wenn begünstigte Anteile an Kapitalgesell- 19
schaften geerbt oder geschenkt wurden. Sind Anteile von bis zu 25 % erworben worden, ist in der Regel keine Verschonung möglich; Ausnahme sind sog. Poolvereinbarungen, dazu Rdn 20. Begünstigungsfähig sind nur Anteile an einer Kapitalgesellschaft (z.B. GmbH, AG, KGaA), wenn die Kapitalgesellschaft zur Zeit der Entstehung der Steuer ihren Sitz oder ihre Geschäftsleitung im Inland oder in einem Mitgliedstaat der Europäischen Union oder in einem Staat des Europäischen Wirtschaftsraums hat und der **Erblasser oder Schenker** zu diesem Zeitpunkt unmittelbar **zu mehr als 25 % am Nennkapital der Kapitalgesellschaft beteiligt** ist.[14] Auch bei einer sog. mittelbaren Anteilsschenkung, d.h. bei einer Schenkung von Geld zum Erwerb der Anteile vom Anteilsinhaber, gilt die Grenze von mehr als 25 %. Was in diesem Fall zum tatsächlich begünstigungsfähigen Vermögen zählt, ist tabellenartig in H E 13b.6 ErbStH aufgezählt.

Hinweis

Nicht notierte Anteile an Kapitalgesellschaften sind auch dann begünstigungsfähig, wenn sie sich in Privatbesitz befinden.

14 Näheres dazu R E 13b.6 Abs. 1 und 2 ErbStR.

20 Erreicht der Erblasser/Schenker als Gesellschafter allein nicht die erforderliche Mindestbeteiligungsquote von mehr als 25 %, sind die Anteile dennoch in die Verschonungsregelung einzubeziehen, wenn der Erblasser/Schenker mit anderen Gesellschaftern eine sog. **Poolvereinbarung** i.S.v. § 13b Abs. 1 Nr. 3 Satz 2 ErbStG abgeschlossen hat. Es handelt sich praktisch um ein vom **Gesetzgeber geschenktes Gestaltungsmittel.** Bei dieser Gestaltung ist die Summe der dem Erblasser oder Schenker unmittelbar zuzurechnenden Anteile und der Anteile der weiteren Gesellschafter (Poolmitglieder) bei der Berechnung der Mindestbeteiligungsquote maßgebend, d.h. dadurch kann die Grenze von mehr als 25 % beim Erblasser/Schenker und damit die Verschonung noch erreicht werden. Zu Poolvereinbarungen gibt es neben den Vorgaben der Finanzverwaltung in R E 13b.6 Abs. 3 ff. ErbStR. eine Vielzahl von Literatur und Formulierungsvorschlägen.[15]

I. Verwaltungsvermögen

21 Hat der Steuerpflichtige begünstigungsfähige Anteile an nicht notierten Anteilen an Kapitalgesellschaften geerbt oder geschenkt bekommen, sind zur Verschonung der Anteile von der Erbschaft-/Schenkungsteuer gem. §§ 13a–13c ErbStG einige Angaben in Abschnitt H. des Erklärungsformulars erforderlich.

15 Siehe für alle z.B. *Riedel*, in: Daragan/Halaczinsky/Riedel, Praxiskommentar ErbStG und BewG, § 13b ErbStG Rn 116 f. m.w. Nachw.

Zeile			
57	**H. Angaben zu §§ 13a, 13b und 13c ErbStG**		
58	**Verwaltungsvermögen (einschl. Altersversorgungsvermögen, ohne Finanzmittel)**		
59	☐ Es liegen Dritten zur Nutzung überlassene Grundstücke oder Grundstücksteile vor, die gemäß § 13b Abs. 4 Nr. 1 ErbStG nicht zum Verwaltungsvermögen zählen. (Bitte auf einem gesonderten Blatt erläutern.)		
60		1 Wert	2 Von Spalte 1 junges Verwaltungsvermögen
61	Dritten zur Nutzung überlassene Grundstücke, Grundstücksteile	EUR	EUR
62	Anteile an Kapitalgesellschaften von 25 Prozent oder weniger	EUR	EUR
63	Wertpapiere und vergleichbare Forderungen	EUR	EUR
64	Kunstgegenstände, Gegenstände der privaten Lebensführung, u.ä.	EUR	EUR
65	anteiliges Verwaltungsvermögen aus nachgeordneten Gesellschaften	EUR	EUR
66	Summe	EUR	EUR
67	./. Verwaltungsvermögen lt. Zeilen 61 bis 64, welches innerhalb von zwei Jahren ab dem Stichtag investiert wurde (Bitte entsprechende Unterlagen beifügen.)	EUR	EUR
68	**Verwaltungsvermögen / junges Verwaltungsvermögen (ohne Finanzmittel)**	EUR	EUR
69	**Finanzmittel (einschl. Altersversorgungsvermögen)**		
70		Wert	Junge Finanzmittel
71	Zahlungsmittel, Geschäftsguthaben, Geldforderungen und andere Forderungen	EUR	
72	./. anteilige Forderungen gegenüber verbundenen Unternehmen (Wert aus Zeile 157; bitte in den Zeilen 151 bis 157 näher erläutern)	EUR	
73	./. Finanzmittel, welche innerhalb von zwei Jahren ab dem Stichtag investiert wurden (Bitte entsprechende Unterlagen beifügen.)	EUR	
74	+ anteilige Finanzmittel aus nachgeordneten Gesellschaften	EUR	
75	**Finanzmittel** (mindestens 0 EUR)	EUR	
76	Einlagen von Finanzmitteln durch alle Gesellschafter innerhalb der letzten zwei Jahre vor dem Bewertungsstichtag		EUR
77	Entnahmen (Ausschüttungen) von Finanzmitteln durch alle Gesellschafter innerhalb der letzten zwei Jahre vor dem Bewertungsstichtag		EUR
78	**Junge Finanzmittel ohne junge Finanzmittel nachgeordneter Gesellschaften** (Zeile 76 ./. Zeile 77)		EUR
79	+ anteilige junge Finanzmittel aus nachgeordneten Gesellschaften		EUR
80	**Junge Finanzmittel** (Zeile 78 + Zeile 79; mindestens 0 EUR, bei oberster Feststellungsebene: max. Finanzmittel Zeile 75)		EUR
81	**Wenn keine Altersversorgungsverpflichtungen bestehen, weiter bei Zeile 103**		
82	**Kürzung der Schulden aus Altersversorgungsverpflichtungen**		
83	Schulden aus Altersversorgungsverpflichtungen insgesamt		EUR
84	./. Verwaltungsvermögen (einschl. Finanzmittel und junges Verwaltungsvermögen), das zur Deckung der Altersversorgungsverpflichtung dient		EUR
85	Saldo (mindestens 0 EUR)		EUR

Zeile				
86	**Verrechnung des Verwaltungsvermögens mit Altersversorgungsverpflichtungen**			
87	Junges Verwaltungsvermögen (Zeile 68 Spalte 2 ./. Zeile 65 Spalte 2)		EUR	
88	./. darin enthaltenes Altersversorgungsvermögen (maximal kleinerer Wert aus Zeile 83 bzw. Zeile 84)		EUR	
89	Junges Verwaltungsvermögen nach Verrechnung mit Altersversorgungsverpflichtungen plus junges Verwaltungsvermögen aus nachgeordneten Gesellschaften (Zeile 87 ./. Zeile 88 + Zeile 65 Spalte 2)		EUR	
90	Verwaltungsvermögen (Zeile 68 Spalte 1 ./. Zeile 65 Spalte 1)		EUR	
91	./. bereits in Zeile 88 berücksichtigtes Altersversorgungsvermögen		EUR	
92	Verbleibendes Verwaltungsvermögen		EUR	
93	Darin enthaltenes Altersversorgungsvermögen soweit nicht bereits in Zeile 91 enthalten	EUR		
94	Maximal (kleinerer Wert aus Zeile 83 bzw. Zeile 84) ./. Zeile 91	EUR		
95	Abzuziehen ist der kleinere Wert aus Zeile 93 bzw. 94, maximal Zeile 92		EUR	
96	Verwaltungsvermögen nach Verrechnung mit Altersversorgungsverpflichtungen plus Verwaltungsvermögen aus nachgeordneten Gesellschaften (Zeile 92 ./. Zeile 95 + Zeile 65 Spalte 1)		EUR	
97	Finanzmittel (Zeile 75 ./. Zeile 74)		EUR	
98	Darin enthaltenes Altersversorgungsvermögen	EUR		
99	Maximal (kleinerer Wert aus Zeile 83 bzw. Zeile 84) ./. Zeile 91 ./. Zeile 95	EUR		
100	Abzuziehen ist der kleinere Wert aus Zeile 98 bzw. 99, maximal Zeile 97		EUR	
101	Finanzmittel nach Verrechnung mit Altersversorgungsverpflichtungen plus Finanzmittel aus nachgeordneten Gesellschaften (Zeile 97 ./. Zeile 100 + Zeile 74)		EUR	
102	Junge Finanzmittel laut Zeile 80, (bei oberster Feststellungsebene: maximal Finanzmittel aus Zeile 101)		EUR	
103	**Schulden**			
104	Schulden (ohne Altersversorgungsverpflichtungen)			EUR
105	+ zusätzlich verrechenbare Schulden aus Altersversorgungsverpflichtungen (Zeile 85)			EUR
106	Verbleibende Schulden (nach Verrechnung mit Altersversorgungsvermögen)			EUR
107	**Nicht verrechenbare Schulden § 13b Abs. 8 Satz 2 ErbStG**			
108	Schulden vorvorletztes Wirtschaftsjahr vor dem Bewertungsstichtag		EUR	
109	Schulden vorletztes Wirtschaftsjahr vor dem Bewertungsstichtag		EUR	
110	Schulden letztes Wirtschaftsjahr vor dem Bewertungsstichtag		EUR	
111	Durchschnittlicher Schuldenstand der letzten 3 Jahre (Summe Zeilen 108 bis 110) / 3		EUR	
112	./. verrechnete Schulden aus Altersversorgungsverpflichtungen (kleinerer Wert aus Zeile 83 bzw. Zeile 84)		EUR	
113	Durchschnittlicher Schuldenstand nach Abzug verrechneter Altersversorgungsverpflichtungen (Zeile 111 ./. 112, mindestens 0)		EUR	EUR
114	Betrag der den durchschnittlichen Schuldenstand übersteigenden Schulden (Zeile 106 ./. 113, mindestens 0)			EUR
115	./. durch Betriebstätigkeit veranlasste Erhöhung des Schuldenstands			EUR
116	+ wirtschaftlich nicht belastende Schulden			EUR
117	nicht verrechenbare Schulden nach § 13b Abs. 8 Satz 2 ErbStG Zeile 114 ./. Zeile 115 + Zeile 116			EUR

Zeile				
118	**Schulden** nach Berücksichtigung von § 13b Abs. 8 Satz 2 ErbStG Zeile 106 ./. Zeile 117			EUR
119	./. anteilige Schulden gegenüber verbundenen Unternehmen (Wert aus Zeile 166; bitte in den Zeilen 160 bis 166 näher erläutern)			EUR
120	+ anteilige Schulden aus nachgeordneten Gesellschaften			EUR
121	**Schulden**			EUR
122	**Ermittlung der auf den übertragenen Anteil entfallenden Werte**			
123	Gemeiner Wert des erworbenen Anteils an der Kapitalgesellschaft ohne Paketzuschlag Zeile 54 oder Zeile 23			EUR
124	Gemeiner Wert der Kapitalgesellschaft Zeile 44			EUR
125	Aufteilungsmaßstab: Wert aus Zeile 123 / Wert aus Zeile 124	Wenn der Wert in Zeile 54 = 0, dann Anteil am Nennkapital (Zeile 51) / Nennkapital Zeile 45 (ggf. minus Zeile 48)	x 100	in %
126	Wert des Verwaltungsvermögens Zeile 96 ansonsten Zeile 68 Spalte 1	EUR	x Zeile 125	EUR
127	Wert des jungen Verwaltungsvermögens Zeile 89 ansonsten Zeile 68 Spalte 2	EUR	x Zeile 125	EUR
128	Wert der Finanzmittel Zeile 101 ansonsten Zeile 75	EUR	x Zeile 125	EUR
129	Wert der jungen Finanzmittel Zeile 102 ansonsten Zeile 80	EUR	x Zeile 125	EUR
130	Wert der Schulden Zeile 121	EUR	x Zeile 125	EUR

Die erforderlichen Eintragungen entsprechen im Wesentlichen denjenigen, die in der Anlage „Betriebsvermögen für Einzelunternehmen“ in Zeilen 43–116 zu machen sind. Es wird daher insoweit auf die Ausführungen in § 9 Rdn 76 ff. und ergänzend auf die amtliche Anleitung zu Anlage „Betriebsvermögen für Kapitalgesellschaften“ verwiesen.[16]

II. Ausgangslohnsumme

Die endgültige Höhe des Verschonungsabschlags nach §§ 13a–13c ErbStG (sowie des Erlasses nach § 28a ErbStG) ist ggf. auch von der **Einhaltung der Lohnsummenregelung** abhängig (§§ 13a Abs. 3, 13b Abs. 10, 13c Abs. 2 ErbStG und § 28a Abs. 4 ErbStG). Der Verschonungsabschlag kann in voller Höhe nur gewährt werden, wenn nach Ablauf der Lohnsummenfrist (fünf oder sieben Jahre) die jeweils maßgebende Mindestlohnsumme erreicht wird. Hierfür ist ein Vergleich der durchschnittlichen Lohnsummen im Zeitpunkt des Erwerbs (Ausgangslohnsumme) und der jährlichen Lohnsummen am Ende der Behaltenszeit (Mindestlohnsumme) erforderlich. Die Messung hängt zunächst von der Ausgangslohnsumme und die Ausgangslohnsumme wiederum von den jährlichen zurückliegenden Lohnsummen (Zeilen 137 ff.) ab, siehe dazu Anleitung zur Anlage „Betriebsvermögen Kapitalgesellschaft“. 22

16 Zur Behandlung von (jungem) Verwaltungsvermögen und (jungen) Finanzmitteln bei Umwandlungsvorgängen siehe gleich lautende Erlasse der obersten Finanzbehörden der Länder v.13.10.2022, BStBl 2022 I, 1517; *Dorn/Saecker*, Entstehung von jungem Verwaltungsvermögen und jungen Finanzmitteln durch Umstrukturierungen, NWB 2023, 398.

Die **Zeilen 131 ff.** dienen der Ermittlung und Feststellung der Anzahl der Beschäftigten sowie der Ausgangslohnsumme durch das Betriebsfinanzamt. Zur Erklärung nach Ablauf der Behaltenszeit (Lohnsummenfrist) siehe § 2.

131	**Anzahl der Beschäftigten**		
132	Anzahl der Beschäftigten in der Gesellschaft **ohne** solche in nachgeordneten Gesellschaften		Anzahl
133	Anteilig einzubeziehende Beschäftigte aus unmittelbarer oder mittelbarer Beteiligung an Personengesellschaften (§ 13a Abs. 3 Satz 11 ErbStG) (Bitte auf gesondertem Blatt erläutern und Name, Anschrift und Steuernummer der Gesellschaft sowie Beteiligungshöhe angeben.)		Anzahl
134	Anteilig einzubeziehende Beschäftigte aus unmittelbarer oder mittelbarer Beteiligung an Kapitalgesellschaften von mehr als 25 % (§ 13a Abs. 3 Satz 11 und 12 ErbStG) (Bitte auf gesondertem Blatt erläutern und Name, Anschrift und Steuernummer der Gesellschaft sowie Beteiligungshöhe angeben.)		Anzahl
135	Anzahl der Beschäftigten in der Gesellschaft **einschließlich** solche in nachgeordneten Gesellschaften (Summe Zeilen 132 bis 134)		Anzahl
136	**Ausgangslohnsumme der Gesellschaft**		
137	Löhne/Gehälter der Gesellschaft **ohne** solche in nachgeordneten Gesellschaften der letzten fünf Wirtschaftsjahre vor dem Zeitpunkt der Entstehung der Steuer	Wirtschaftsjahr	Löhne und Gehälter
138			EUR
139			EUR
140			EUR
141			EUR
142			EUR
143	Summe Zeile 138 bis 142		EUR
144	Durchschnittliche Lohnsumme der Gesellschaft **ohne** solche in nachgeordneten Gesellschaften (Zeile 143 geteilt durch die Anzahl der maßgeblichen Wirtschaftsjahre)		EUR
145	Anteilige Ausgangslohnsummen unmittelbarer oder mittelbarer Beteiligungen an Personengesellschaften (§ 13a Abs. 3 Satz 11 ErbStG) (Bitte auf gesondertem Blatt erläutern und Name, Anschrift und Steuernummer der Gesellschaft sowie Beteiligungshöhe angeben.)		EUR
146	Anteilige Ausgangslohnsummen unmittelbarer oder mittelbarer Beteiligungen an Kapitalgesellschaften von mehr als 25 % (§ 13a Abs. 3 Satz 11 und 12 ErbStG) (Bitte auf gesondertem Blatt erläutern und Name, Anschrift und Steuernummer der Gesellschaft sowie Beteiligungshöhe angeben.)		EUR
147	Ausgangslohnsumme der Gesellschaft **einschließlich** solche in nachgeordneten Gesellschaften (Summe Zeilen 144 bis 146)		EUR

Die erforderlichen Eintragungen entsprechen im Wesentlichen denjenigen, die in der Anlage „Betriebsvermögen für Einzelunternehmen" in Zeilen 117–133 zu machen sind. Es wird daher insoweit auf die Ausführungen in § 9 Rdn 90 ff. und ergänzend auf die amtliche Anleitung zu Anlage „Betriebsvermögen für Kapitalgesellschaften" verwiesen.

Hinweis

Bei der Ermittlung der Anzahl der Beschäftigten und der Ausgangslohnsumme beim Erwerb von begünstigungsfähigen Anteilen an Kapitalgesellschaften gibt es **zusätzliche Komplizierungen**. Diese speziellen Ermittlungsprobleme sind tabellarisch in H E 13a.7 (3) ErbStH sowie in H E 13a.8 (2) ErbStH mit Lösungen/Berechnungsbeispielen dargestellt.

Zur **Vereinfachungsmöglichkeiten** bei der Ermittlung der maßgebenden jährlichen Lohnsummen siehe R E 13a.7 Abs. 4–6 ErbStR.

III. Forderungen und Schulden gegenüber verbundenen Unternehmen

Der Abschnitt I des Formulars dient der genauen Zuordnung von Forderungen oder Schulden bei verbundenen Unternehmen zum zu verschonenden Unternehmensvermögen. Die Angaben sind **nur bei der Verbundvermögensaufstellungen** erforderlich. Eine Verbundvermögensaufstellung ist anzufertigen, wenn zum begünstigungsfähigen Vermögen im Sinne des § 13b Abs. 1 Nr. 2 und 3 ErbStG Beteiligungen an Personengesellschaften oder Anteile an Kapitalgesellschaften gehören (§ 13b Abs. 9 ErbStG). Werden z.B. GmbH-Anteile geerbt und ist die GmbH an keiner anderen Gesellschaft beteiligt, sind in Abschnitt I keine Eintragungen zu machen. 23

Bei **Beteiligungsstrukturen** erfolgt also die rechentechnische Ermittlung des tatsächlich begünstigten Vermögens durch eine Verbundvermögensaufstellung. In einer Verbundvermögensaufstellung sind zur Ermittlung des begünstigten Vermögens nicht die gemeinen Werte der Beteiligungen oder Anteile anzusetzen, sondern die gemeinen Werte der diesen Gesellschaften zuzurechnenden Vermögensgegenstände des Verwaltungsvermögens, des jungen Verwaltungsvermögens, der Finanzmittel, der jungen Finanzmittel und der Schulden. Es bedarf daher auch einer Sonderregelung für Forderungen und Schulden zwischen den Gesellschaften untereinander oder im Verhältnis zu dem übertragenen Betrieb oder der übertragenen Gesellschaft.

Zeile			
148	**I. Forderungen und Schulden gegenüber verbundenen Unternehmen**		
149	**Forderungen gegenüber verbundenen Unternehmen**		
150		1. verbundenes Unternehmen	2. verbundenes Unternehmen
151	Name des verbundenen Unternehmens (Schuldner)		
152	Steuernummer des verbundenen Unternehmens		
153	Name des übertragenen Unternehmens, das Gegenstand des Erwerbs ist (oberste Feststellungsebene)		
154	Höhe der Beteiligung des übertragenen Unternehmens lt. Zeile 153 am verbundenen Unternehmen lt. Zeile 151	in %	in %
155	Höhe der Beteiligung des übertragenen Unternehmens lt. Zeile 153 am zu bewertenden Unternehmen lt. Zeile 3	in %	in %
156	Wert der Forderung am Bewertungsstichtag	EUR	EUR
157	Nicht anzusetzender Teil der Forderung (Bitte die Ermittlung auf einem gesonderten Blatt erläutern.)	EUR	EUR
158	**Schulden gegenüber verbundenen Unternehmen**		
159		1. verbundenes Unternehmen	2. verbundenes Unternehmen
160	Name des verbundenen Unternehmens (Gläubiger)		
161	Steuernummer des verbundenen Unternehmens		
162	Name des übertragenen Unternehmens, das Gegenstand des Erwerbs ist (oberste Feststellungsebene)		
163	Höhe der Beteiligung des übertragenen Unternehmens lt. Zeile 162 am verbundenen Unternehmen lt. Zeile 160	in %	in %
164	Höhe der Beteiligung des übertragenen Unternehmens lt. Zeile 162 am zu bewertenden Unternehmen lt. Zeile 3	in %	in %
165	Wert der Schuld am Bewertungsstichtag	EUR	EUR
166	Nicht anzusetzender Teil der Schuld (Bitte die Ermittlung auf einem gesonderten Blatt erläutern.)	EUR	EUR

Soweit sich in der Verbundvermögensaufstellung Forderungen und Schulden zwischen den Gesellschaften untereinander oder im Verhältnis zu dem übertragenen Betrieb oder der übertragenen Gesellschaft gegenüberstehen, sind diese nicht anzusetzen. Damit scheidet der Ansatz einer Forderung als Finanzmittel aus, soweit der Forderung eine Verbindlichkeit innerhalb der zum übertragenen Vermögen gehörenden Beteiligungsstruktur gegenübersteht; das gilt in gleicher Weise für die Verbindlichkeit. Sofern der Steuerpflichtige nach § 13b Abs. 9 Satz 3 ErbStG den Nichtansatz einer Forderung und damit einen niedrigeren Wertansatz der Finanzmittel begehrt, hat er dies dem Betriebsfinanzamt durch geeignete Unterlagen nachzuweisen; hierzu dienen auch die Angaben **in den Zeilen 149–166**. Näheres zur Verbundvermögensaufstellung siehe R E 13b.29 ErbStR und mit **Berechnungsbeispielen** H E 13b.29 ErbStH.

IV. Weitere Angaben

In **Abschnitt J des Formulars** sind weitere Eintragungen erforderlich. Die Angaben dienen der Ermittlung des begünstigten Vermögens. 24

167	**J. Weitere Angaben**	
168	☐ Die Voraussetzungen für den Vorwegabschlag (§ 13a Abs. 9 ErbStG) liegen vor. (Bitte den Gesellschaftsvertrag oder die Satzung und weitere zum Nachweis geeignete Unterlagen einreichen.)	
169	Die Höhe des Vorwegabschlags beträgt: (Bitte die Ermittlung auf einem gesonderten Blatt erläutern.)	in %
170	☐ Der Hauptzweck des Unternehmens ist eine Tätigkeit im Sinne des § 13 Abs. 1, des § 15 Abs. 1 Satz 1 Nr. 1 oder des § 18 Abs. 1 Nr. 1 und 2 EStG. (Bitte auf gesondertem Blatt erläutern.)	

Die Zeilen 168–169 betreffen „Familiengesellschaften“, bei denen die Verfügung über die Anteile gesellschaftsvertraglich/satzungrechtlich eingeschränkt sind, dazu § 4 Rdn 251 ff. Es handelt sich um eine – auch steuerstraftrechtlich relevante – Erklärung.

In **Zeile 170** ist letztlich nochmals zu erklären, ob der Hauptzweck des Unternehmens eine gewerbliche, freiberuflich oder land- und forstwirtschaftliche und keine gewerblich geprägte Tätigkeit ist. Diese Angabe wird zur Prüfung der Gewährung des Sockelbetrags für Finanzmittel benötigt (§ 13b Abs. 4 Nr. 5 Satz 4 ErbStG), dazu schon § 4 Rdn 249 ff.

§ 12 Die Bewertung von Anteilen an sonstigen Gemeinschaften

Olivia Trentmann/Raymond Halaczinsky

Übersicht:

A. Begriff der Sonstigen Gemeinschaft

Die Anlage „Vermögen und Schulden von Gemeinschaften/Gesellschaften (§ 151 Abs. 1 Satz 1 Nr. 4 BewG)" dient der Ermittlung des Anteils am Wert des Vermögens und der Schulden, wenn die Vermögensgegenstände und Schulden **mehreren Personen** zuzurechnen sind. Diese Regelung **betrifft** nur Beteiligungen an Gemeinschaften, deren Vermögen nicht selbst gem. § 151 Abs. 1 Nr. 1–3 BewG gesondert zu bewerten ist.[1] Es handelt sich insbesondere um 1

- vermögensverwaltende Personengesellschaften, z.B. auch Fonds[2]
- Erbengemeinschaften, z.B. an einem Urheber- und Verlagsrecht, sowie
- „mitunternehmerische" Personengesellschaften, bei denen die Mitunternehmerschaft noch nicht eingetreten ist, z.B. GmbH & Co. KG vor Handelsregistereintragung,[3] oder rückwirkend nicht anerkannt worden ist, z.B. wegen mangelnder mitunternehmerischer Rechte eines Gesellschafters.[4]

Es handelt sich um Personengesellschaften, die (ertrag-)steuerrechtlich im Rahmen der Überschusseinkünfte tätig sind, die also insbesondere Einkünfte aus Kapitalvermögen gem. § 20 EStG, Einkünfte aus Vermietung und Verpachtung gem. § 21 EStG und/oder sonstige Einkünfte i.S.d. § 22 EStG erzielen.

---

1 *Volquardsen*, in: Daragan/Halaczinsky/Riedel, Praxiskommentar ErbStG und BewG, § 151 Rn 35 f; *Geck*, Die vermögensverwaltende Personengesellschaft im Ertrag- und Erbschaftsteuerrecht, KÖSDI 2010, Nr. 2, 16842; *Rüttenauer*, Die Bewertung von vermögensverwaltenden Gesellschaften, ErbStB 2014, 265.

2 FG Münster v. 16.4.2015 – 3 K 1402/12 F, EFG 2015, 1170 zur Bewertung von Anteilen an einem in Form einer Kommanditgesellschaft geführten Flugzeugfonds.

3 BFH v. 4.2.2009 – II R 41/07, BStBl 2009 II, 600.

4 BFH v. 1.3.1994 – VII R 35/92, BStBl 1995 II, 241.

2 Bei diesen sog. **sonstigen Gemeinschaften** können die Aktivposten und die Gesellschaftsschulden der Gemeinschaft nicht zu einer wirtschaftlichen Einheit zusammengefasst werden. Denn § 10 Abs. 1 Satz 4 ErbStG fingiert, dass den Gemeinschaftern die Aktiv- und die Passivposten anteilig als Bruchteilseigentum zuzurechnen sind. Daher gilt der unmittelbare oder mittelbare Erwerb eines solchen Gemeinschaftsanteils als Erwerb der Miteigentumsanteile an den zum Gemeinschaftsvermögen gehörenden Wirtschaftsgütern. Es wird also durch die Gemeinschaft hindurch auf die **einzelnen Aktiv- und Passivposten** geschaut. Folglich werden keine Anteile an der Personengesellschaft verschenkt bzw. vererbt, sondern der entsprechende Anteil z.B. am Grundstück geht unmittelbar über. Beim Erwerb eines Anteils an einer vermögensverwaltenden Gesellschaft sind demnach die Vermögensgegenstände und Schulden der Gesellschaft entsprechend § 10 Abs. 1 Satz 4 ErbStG dem Erwerber zuzurechnen. Es handelt sich hierbei lediglich um eine Bewertungsregelung; § 10 Abs. 1 Satz 4 BewG führt nicht dazu, dass dem Erwerber tatsächlich die Vermögensgegenstände selbst zuzurechnen sind.[5]

Hinweis

Befindet sich zum Bewertungsstichtag eine Beteiligung an einer vermögensverwaltenden, nicht gewerblich geprägten Personengesellschaft im Vermögen eines übertragenen Betriebs/einer Gesellschaft, sind die anteiligen Wirtschaftsgüter, sonstigen Besitzposten und Gesellschaftsschulden der vermögensverwaltenden Gesellschaft Teil des Betriebsvermögens des erworbenen Betriebs bzw. der erworbenen Beteiligung an einer mitunternehmerischen Personengesellschaft oder einer Kapitalgesellschaft. Daher sind die (anteiligen) Wirtschaftsgüter der Gemeinschaft auch im Rahmen der Durchführung des Verwaltungsvermögenstests gem. § 13b Abs. 2 Satz 4 ErbStG beim übertragenden Betrieb/der Gesellschaft zu berücksichtigen.

3 **Nicht betroffen** von der Bewertung einer Beteiligung an einer sonstigen Gemeinschaft sind insbesondere

- Grundstücksgemeinschaften
- gewerbliche und/oder freiberufliche Betriebe/Praxen
- Anteile an mitunternehmerischen Beteiligungen
- nicht notierte Anteile an Kapitalgesellschaften

da deren Vermögen gesondert und ggf. einheitlich festzustellen ist (siehe hierzu Rdn 5).

5 BFH v. 11.6.2013 – II R 4/12, DStR 2013, 1536.

B. Die gesonderte Wertfeststellung

Der Wert von anderen, d.h. von nicht in § 151 Abs. 1 Nr. 1–3 BewG genannten Vermögensgegenständen (Wirtschaftsgütern) und von Schulden, die mehreren Personen zustehen, ist in bestimmten Fällen gesondert festzustellen, wenn der Wert für die Erbschaftsteuer oder eine andere Feststellung von Bedeutung ist (§ 151 Abs. 1 Satz 1 Nr. 4 BewG).[6] Zum Verfahren siehe H B 151.7 ErbStH. Eine Feststellung nach § 13a Abs. 7 und § 13b Abs. 10 ErbStG erfolgt nicht (d.h. keine Feststellung von Ausgangslohnsumme, Anzahl der Beschäftigten, Summe der gemeinen Werte von Verwaltungsvermögen, des jungen Verwaltungsvermögens, der Finanzmittel, der jungen Finanzmittel und der Schulden), da insoweit kein begünstigungsfähiges Vermögen i.S.d. § 13b Abs. 1 ErbStG vorliegt. Zuständig ist in der Regel das Finanzamt, von dessen Bezirk die Verwaltung des Vermögens ausgeht (Näheres siehe § 152 Nr. 4 BewG). 4

Anzugeben sind alle am Bewertungsstichtag im Eigentum der Gemeinschaft/Gesellschaft stehenden Wirtschaftsgüter und Schulden. **Ausgenommen** von dieser speziellen Feststellung **bleiben** 5
- inländischer Grundbesitz (§ 157 Abs. 2 und 3 BewG)
- inländisches Betriebsvermögen (§§ 95, 96 BewG) oder
- Anteile an inländischem Betriebsvermögen (§ 97 Abs. 1a BewG) und
- Anteile an Kapitalgesellschaften im Sinne des § 11 Abs. 2 BewG.

Die Werte dieser Vermögensgegenstände werden in einem besonderen Feststellungsverfahren ermittelt und den Beteiligten anteilig zugerechnet (§ 151 Abs. 1 Satz 1 Nr. 1–3 BewG, § 10 Abs. 1 Satz 4 ErbStG).

Sind solche Vermögensgegenstände im Nachlass oder werden sie geschenkt, ist der entsprechende Vordruck „Erklärung zur Feststellung des Bedarfswerts“ nebst zugehörigen Anlagen auszufüllen (siehe dazu z.B. § 4 Rdn 67 f. und § 6 Rdn 90, 102 f.). Die Werte dieser Vermögensgegenstände werden ohnehin in einem gesonderten Feststellungsverfahren ermittelt und den Beteiligten anteilig zugerechnet (§ 151 Abs. 1 Satz 1 Nr. 1–3 BewG, § 10 Abs. 1 Satz 4 ErbStG), siehe dazu § 5. Das Verwaltungsfinanzamt (vgl. Rdn 4) unterrichtet das Erbschaft-/Schenkungsteuerfinanzamt nach Eingang der Aufforderung zur Feststellung des Anteils am Wert von anderen Vermögensgegenständen und Schulden, die mehreren Personen zustehen, wenn zum Vermögen der Gemeinschaft/Gesellschaft inländischer Grundbesitz, inländisches Betriebsvermögen mit Sitz oder Geschäftsleitung im Inland oder Anteile an Kapitalgesellschaften mit Sitz oder Geschäftsleitung im Inland gehören. Die dazu erforderlichen gesonderten Feststellungen werden durch die Erbschaft-/Schenkungsteuerfinanzämter bei dem jeweiligen Lage- bzw. Betriebsfinanzamt angefordert.

6 *Höne*, „Andere Vermögensgegenstände“ und Schulden, Bewertung und Besteuerung unter Berücksichtigung des § 10 Abs. 1 Satz 4 ErbStG, NWB-EV 2009, 402.

6 Im Feststellungsbescheid für die Beteiligungen an sonstigen Gemeinschaften mit anderen Vermögensgegenständen und Schulden ist der Wert des Anteils des Erblassers oder Schenkers an den Besitzposten und den Schuldposten (unsaldiert) festzustellen (R B 151.7 Abs. 1 ErbStR). Der jeweilige Anteil, der auf die einzelnen Beteiligten entfällt, ist Gegenstand der Zurechnungsfeststellung gem. § 151 Abs. 2 Nr. 2 BewG. Hinsichtlich der Zurechnung gilt R B 151.2 Abs. 2 Nr. 1–5 ErbStR sinngemäß, d.h.:

1. …
2. …
3. *War der Erblasser Miteigentümer der sonstigen Gemeinschaft und geht der Miteigentumsanteil daran im Weg des Erwerbs durch Erbanfall nur auf einen Erben oder auf mehrere Erben als Gesamtrechtsnachfolger über, ist der Wert des vererbten Miteigentumsanteils nach Nr. 1 oder 2 festzustellen und dem Erben oder der Erbengemeinschaft (in Vertretung der Miterben) zuzurechnen. Die übrigen Miteigentümer sind nicht am Verfahren zu beteiligen.*
4. *Wird die Beteiligung an der sonstigen Gemeinschaft oder ein Miteigentumsanteil daran durch Vermächtnis zugewandt, ist der Wert der wirtschaftlichen Einheit oder des Miteigentumsanteils gesondert festzustellen und dem Erben oder der Erbengemeinschaft (in Vertretung der Miterben) zuzurechnen. Vermächtnisnehmer sind wie Erben und Miterben am Feststellungsverfahren zu beteiligen.*[7]
5. *Geht eine wirtschaftliche Einheit des Grundbesitzes oder ein Miteigentumsanteil daran im Wege der Schenkung unter Lebenden über, ist für jeden Erwerber der Wert des von ihm erworbenen (Mit-)Eigentumsanteils am Grundbesitz gesondert festzustellen. Die Feststellung ist gegenüber dem Erwerber und dem Schenker einheitlich zu treffen.*

Für **Bewertungsstichtage nach dem 31.12.2015** ist hinsichtlich der Frage, ob eine gesonderte oder eine gesonderte und einheitliche Feststellung durchzuführen ist, die Anzahl der Beteiligten nach § 154 Abs. 1 Satz 1 BewG maßgeblich.[8] Sobald mehr als ein Beteiligter nach § 154 Abs. 1 Satz 1 BewG vorhanden ist, ist – unabhängig von der späteren Wahl der Bekanntgabe oder der Anzahl der Steuerschuldner – eine gesonderte und einheitliche Feststellung durchzuführen.

7 BFH, Urt. v. 6.5.2021 – II R 34/18, ZEV 2021, 587.

8 Nach § 154 Abs. 1 Satz 2 BewG (eingeführt durch das Steueränderungsgesetz 2015 für Stichtage nach dem 31.12.2015) erfolgt gegenüber mehreren Beteiligten nach Satz 1 eine gesonderte und einheitliche Feststellung (§ 179 Abs. 2 Satz 2 AO).

C. Die Anlage zur gesonderten Feststellung des Vermögens und Schulden von Gemeinschaften/Gesellschaften im Sinne des § 151 Abs. 1 Satz 1 Nr. 4 BewG

Die Anlage zur gesonderten Feststellung des Vermögens von Gemeinschaften/ Gesellschaften im Sinne des § 151 Abs. 1 Satz 1 Nr. 4 BewG dient der Ermittlung des Werts des Vermögens und der Schulden, wenn die Vermögensgegenstände und Schulden mehreren Personen zuzurechnen sind. Anzugeben sind alle am Bewertungsstichtag im Eigentum der Gemeinschaft/Gesellschaft stehenden Wirtschaftsgüter und Schulden. Näheres siehe noch amtliche Anleitung zur Anlage „Vermögen und Schulden von Gemeinschaften/Gesellschaften (§ 151 Abs. 1 Satz 1 Nr. 4 BewG)“. 7

I. Allgemeine Angaben zur Gemeinschaft

In den **Zeilen 1–6** ist anzugeben, um welche Art von Gemeinschaft oder Gesellschaft es sich handelt und von wo die Verwaltung des Vermögens ausgeht. Auch bei sonstigen Gemeinschaften kommt es für die Bewertung auf die Verhältnisse am **Bewertungsstichtag** (= Besteuerungszeitpunkt) an. Daher ist in der Kopfzeile der richtige Bewertungsstichtag einzutragen (Näheres hierzu siehe noch § 3 Rdn 10, § 4 Rdn 15, § 6 Rdn 10–12). 8

9

Finanzamt
Aktenzeichen/Steuernummer

Anlage Vermögen und Schulden von Gemeinschaften/Gesellschaften

(§ 151 Abs. 1 Satz 1 Nr. 4 BewG)

zur Feststellungserklärung

auf den Bewertungsstichtag ....

Zutreffende weiße Felder bitte ausfüllen oder ☒ ankreuzen

Zeile					
1	**A. Allgemeine Angaben**				
2	Bezeichnung der Gemeinschaft oder Gesellschaft			Tagsüber telefonisch erreichbar unter	
3	Ort der Verwaltung				
4	Straße und Hausnummer				
5	Postleitzahl und Ort				
6	Verwaltungsfinanzamt		Steuernummer/Aktenzeichen/Wirtschafts-Identifikationsnummer		
7	**Beteiligungsverhältnis** des (bisherigen) Beteiligten				
8	Höhe der Beteiligung	Zähler	Nenner	oder	%
9	Name, Vorname				
10	Straße und Hausnummer				
11	Postleitzahl und Ort				
12	Finanzamt	Steuernummer/Aktenzeichen/Steuer-Identifikationsnummer			
13	**Erwerber**				
14	Höhe der auf den Erwerber übertragenen Beteiligung (Anteil, der von Zeile 8 erworben wurde)	Zähler	Nenner	oder	%
15	Name, Vorname				
16	Straße und Hausnummer				
17	Postleitzahl und Ort				
18	Finanzamt	Steuernummer/Aktenzeichen/Steuer-Identifikationsnummer			

Die Zeilen 7–12 betreffen das Beteiligungsverhältnis des **bisherigen Beteiligten** (Erblasser/Schenker). In den **Zeilen 13–18** sind die für die Besteuerung des Erwerbers relevanten Angaben erforderlich. Hat ein Erwerber 100 % eines 50 %-Anteils des bisherigen Beteiligten erworben, ist in die **Zeile 14** 100 % oder 1/1 einzutragen.

10

Zeile	
19	**Basiswertregelung**
20	☐ Die Basiswertregelung nach § 151 Abs. 3 BewG soll angewendet werden. (Bitte die Einzelheiten auf einem gesonderten Blatt erläutern)

Die **Zeilen 19–20** betreffen die Möglichkeit, die gesonderte Feststellung zu vermeiden (d.h. Kosten und Mühe zu sparen). Bei mehrmaligem Erwerb einer wirtschaftlichen Einheit innerhalb eines Jahres ist möglicherweise schon eine gesonderte Wertfeststellung durchgeführt worden. Dieser sog. Basiswert gilt ab diesem Zeitpunkt für einen Zeitraum von einem Jahr. Auf **Antrag** in der **Zeile 20** hat das jeweilige zuständige Feststellungsfinanzamt einen bereits festgestellten Bedarfswert (sog. Basiswert) zugrunde zu legen, wenn innerhalb dieses Jahres keine wesentlichen Änderungen eingetreten sind (§ 151 Abs. 3 BewG).

21	**Sonstige Angaben**	11
22	Bemerkungen:	
23		
24		

Hier können sowohl Angaben zu Fragen der persönlichen Beteiligung des bisherigen Beteiligten oder des Erwerbers wie auch zur Vermögensaufstellung eingetragen werden, bzw. Verweise auf weitere formlose Anlagen.

II. Angaben zu den Vermögensgegenständen der Gemeinschaft

1. Aktive Vermögensposten

Das Vermögen einer sonstigen Gemeinschaft kann aus allen denkbaren Vermögensgegenständen bestehen (die nicht selbst gesondert festzustellen sind). Die Bewertung richtet sich nach dem allgemeinen Bewertungsrecht (§§ 1–16 BewG). Es gelten demnach die Grundsätze, die auch für die Bewertung des übrigen Vermögens und des Auslandsvermögens (§ 151 Abs. 4 BewG) bei der Erbschaft- und Schenkungsteuererklärung gelten (siehe § 7 Rdn 1). Ergänzend kann auf die amtliche **Anleitung zur Anlage zur „gesonderten Feststellung des Vermögens und Schulden von Gemeinschaften/Gesellschaften** im Sinne des § 151 Abs. 1 Satz 1 Nr. 4 BewG" verwiesen werden. 12

Werden die Gemeinschaften **„geschäftsmäßig" verwaltet**, z.B. Fonds, seit langen bestehende Gemeinschaften oder Erbengemeinschaften von wissenschaftlichen oder künstlerischen Nachlässen, werden die gesetzlichen Vertreter oder deren Beauftrage (**Geschäftsführer**, und dgl.) im Allgemeinen die erforderlichen Zahlen und Angaben machen können. Die Gemeinschaft kann auch selbst vom Finanzamt zur Abgabe der Feststellungserklärung aufgefordert werden. Die in den **Zeilen 25 ff.** erforderliche Vermögensaufstellung entspricht in etwa denjenigen Aufstellungen in der Erbschaft- oder Schenkungsteuererklärung, zu den Erläuterungen dazu siehe §§ 4, 6 des Buches sowie die amtliche Anleitung zur Anlage „Vermögen und Schulden von Gemeinschaften/Gesellschaften (§ 151 Abs. 1 S. 1 Nr. 4 BewG)". 13

14

Zeile				
25	**B. Vermögen nach dem Stand am Bewertungsstichtag**			
26	**Ausländisches Sachvermögen**			
27	**Ausländisches land- und forstwirtschaftliches Vermögen** Lage des Betriebs			EUR
28				
29				
30			**Summe**	
31	**Ausländisches Grundvermögen** Lage des Grundstücks			EUR
32				
33				
34			**Summe**	
35	**Ausländisches Betriebsvermögen** Bezeichnung/Lage des Betriebs			EUR
36				
37				
38			**Summe**	
39	**Übriges Vermögen**			
40	a) Kapitalforderungen mit einem Zinssatz von 3 % bis 9 % und sonstige nicht ab- oder aufzuzinsende Kapitalforderungen Bitte gesonderte Aufstellung beifügen.			
41	Art der Kapitalforderung	Zinssatz	Nennbetrag EUR	Wert EUR
42				
43				
44				
45			**Summe**	
46	b) Andere unter a) nicht aufgeführte Kapitalforderungen mit einem Zinssatz unter 3 % bzw. über 9 % Bitte gesonderte Aufstellung beifügen.			
47	Art der Kapitalforderung	Zinssatz	Nennbetrag EUR	Wert EUR
48				
49				
50				
51			**Summe**	
52	c) Steuererstattungs-/-vergütungsansprüche Bitte gesonderte Aufstellung beifügen.			EUR
53				
54	d) Forderungen aus stiller Beteiligung Bezeichnung		Nominalwert der Einlage EUR	Wert EUR
55				
56	e) Inländische Zahlungsmittel und Guthaben Bargeld/Guthaben usw.			EUR
57				
58				
59				
60			**Summe**	

2

Zeile				
61	f) Ausländische Zahlungsmittel und Guthaben Bargeld/Guthaben usw.		Wert in ausländischer Währung	Wert EUR
62				
63				
64				
65			Summe	
66	g) Festverzinsliche Wertpapiere, Schuldbuchforderungen, Zero-Bonds, Genussrechte u. Ä. Bezeichnung des Wertpapiers			EUR
67				
68				
69				
70	Bitte gesonderte Aufstellung/Depotauszug beifügen.		Summe	
71	h) Notierte Anteile an inländischen Kapitalgesellschaften und Anteile an ausländischen Kapitalgesellschaften			
72	Bezeichnung des Anteils	Stückzahl	Kurswert/gemeiner Wert je Anteil EUR	Wert EUR
73				
74				
75				
76	Bitte gesonderte Aufstellung/Depotauszug beifügen.		Summe	
77	davon Beteiligung an Kapitalgesellschaft zu mehr als 25 % - Bezeichnung des Anteils	Nennbetrag EUR	Höhe der Beteiligung %	Wert EUR
78				
79				
80	i) Investmentzertifikate und Anteile an offenen Immobilienfonds Bezeichnung des Anteils			Rücknahmepreis EUR
81				
82				
83				
84	Bitte gesonderte Aufstellung/Depotauszug beifügen.		Summe	
85	j) Geschäftsguthaben bei Erwerbs- und Wirtschaftsgenossenschaften Name der Genossenschaft und Ort der Geschäftsleitung			EUR
86				
87				
88				
89			Summe	
90	k) Options-, Bezugsrechte u. Ä. Bezeichnung			Kurswert/Wert EUR
91				
92				
93				
94			Summe	

3

Zeile		
95	l) Ansprüche auf Renten und andere wiederkehrende Nutzungen und Leistungen Bitte gesonderte Aufstellung beifügen.	Kapitalwert EUR
96		
97		
98		
99	Summe	
100	m) Noch nicht fällige Ansprüche aus Lebens- und Kapitalversicherungen Versicherungsgesellschaft und Nr. des Versicherungsscheins	Rückkaufswert EUR
101		
102		
103	Summe	
104	n) Edelmetalle, Edelsteine, Perlen, Münzen und Medaillen	EUR
105		
106	o) Kunstgegenstände und Sammlungen	EUR
107		
108	p) Weiteres, oben nicht aufgeführtes übriges Vermögen Bitte gesonderte Aufstellung beifügen.	EUR
109		

Gehört ausländisches Vermögen zum Vermögen einer vermögensverwaltenden Gesellschaft/Gemeinschaft mit Sitz oder Geschäftsleitung im Inland, ist dieses Vermögen mit dem gemeinen Wert (§§ 9 ff., 31 BewG) anzusetzen. Das Verwaltungsfinanzamt hat die gemeinen Werte der einzelnen ausländischen Vermögensgegenstände eigenständig zu ermitteln. Zum ausländischen Sachvermögen siehe noch Anleitung zur Anlage „Vermögen und Schulden von Gemeinschaften/Gesellschaften (§ 151 Abs. 1 Satz 1 Nr. 4 BewG)".

2. Passive Vermögensposten

15 Das Vermögen einer sonstigen Gemeinschaft kann aus allen denkbaren Verbindlichkeiten bestehen. Die Bewertung richtet sich nach dem allgemeinen Bewertungsrecht (§§ 1–16 BewG). Es gelten demnach die Ausführungen für die Bewertung des übrigen Vermögens und des Auslandsvermögens bei der Erbschaft- und Schenkungsteuererklärung (siehe § 7 Rdn 1). Ergänzend kann auf die amtliche **Anleitung zur Anlage zur „gesonderten Feststellung des Vermögens und Schulden von Gemeinschaften/Gesellschaften** (§ 151 Abs. 1 Satz 1 Nr. 4 BewG)" verwiesen werden.

16

Zeile				
110	**Schulden und Abzüge, soweit sie nicht zum inländischen oder ausländischen Betriebsvermögen oder entsprechenden land- und forstwirtschaftlichen Vermögen gehören**			
111	a) Schulden mit einem Zinssatz von 3 % bis 9 % und sonstige nicht ab- oder aufzuzinsende Schulden Bitte gesonderte Aufstellung beifügen.			
112	Art der Schuld, Name und Anschrift des Gläubigers	Zinssatz	Nennbetrag EUR	Wert EUR
113				
114				
115				
116			Summe	
117	b) Andere unter a) nicht aufgeführte Schulden mit einem Zinssatz unter 3 % bzw. über 9 % Bitte gesonderte Aufstellung beifügen.			
118	Art der Schuld, Name und Anschrift des Gläubigers	Zinssatz	Nennbetrag EUR	Wert EUR
119				
120				
121				
122			Summe	
123	c) Steuerschulden Bitte gesonderte Aufstellung beifügen.			EUR
124				
125	d) Lasten aus Renten und anderen wiederkehrenden Nutzungen und Leistungen Bitte gesonderte Aufstellung beifügen.			Kapitalwert EUR
126				
127				
128				
129			Summe	

3. Verbindlichkeiten in Zusammenhang mit (teil-)weise befreiten Vermögensgegenständen

Besitzt die Gemeinschaft wertvolle Kulturgüter, Kunstsammlungen, wissenschaftliche Sammlungen etc., ist zu beachten, dass die damit wirtschaftlich im Zusammenhang stehenden Schulden und Lasten nicht oder nur eingeschränkt abziehbar sind (§ 10 Abs. 6 Satz 3 ErbStG). 17

Hinweis

Gem. § 13 Abs. 3 Satz 2 ErbStG kann die Gemeinschaft auf diese Steuerbefreiung verzichten. Das ist dann zu empfehlen, wenn die Kulturgüter etc. sehr hoch belastet und am Stichtag einen niedrigen gemeinen Wert haben. Die Konsequenz bei dem Verzicht auf die Steuerbefreiung ist dann, dass die Schulden voll abzugsfähig werden, der gemeine Wert der Kulturgüter aber nicht zu einer zusätzlichen Bereicherung führt. Hier ist allerdings zuerst Klarheit über den Verkehrswert dieser Wirtschaftsgüter zu schaffen.

4. Die Feststellung

18 Das Feststellungsfinanzamt stellt aufgrund der vom Steuerpflichtigen eingereichten Erklärung den Wert der einzelnen Positionen gesondert in einer Anlage zum Feststellungsbescheid (tabellarisch) fest. Der auf den Erwerber entfallende Teil errechnet sich nach der Quote seiner erworbenen Beteiligung an der Gemeinschaft.

5. Auswirkung auf die Steuererklärung

19 Beim Erben/Beschenkten gehen die ihm anteilig zugerechneten Vermögensgegenstände in die entsprechenden Zeilen der Erbschaft- oder Schenkungsteuererklärung ein, z.B. ein ihm zugerechneter Anteil an einem Wertpapierdepot in **Zeile 53–55** der Schenkungsteuererklärung oder ein ihm zugerechneter Anteil an einer Gemeinschaftsschuld in **Zeile 92** der Schenkungsteuererklärung. Bei Schenkung einer Beteiligung an einer sonstigen Gemeinschaft mit aktiven und passiven Vermögen liegt eine gemischte Schenkung vor, d.h. es gelten die Grundsätze der Saldomethode (Näheres siehe § 6 Rdn 203). Eine Steuerbefreiung nach §§ 13a–13c ErbStG ist für den Anteil am Wert von Vermögensgegenständen und Schulden, die mehreren Personen zustehen, nicht möglich, da es sich nicht um begünstigungsfähiges Vermögen i.S.d. § 13b Abs. 1 ErbStG handelt.

§ 13 Die Bewertung eines land- und/oder forstwirtschaftlichen Betriebs

Olivia Trentmann/Raymond Halaczinsky

Übersicht:

A. Allgemeines

Hat der Erwerber einen land- und/oder forstwirtschaftlichen Betrieb oder einen Anteil daran geerbt[1] oder geschenkt bekommen, ist mit dem Haupterklärungsbogen (Erbschaft- oder Schenkungsteuererklärung) ein Vordruck „Erklärung zur Feststellung des Bedarfswerts" nebst zugehöriger Anlage auszufüllen, siehe dazu § 4 Rdn 67 und § 6 Rdn 90, 102 ff. Hier sind insbesondere die Personendaten zu erfassen. Anschließend ist – auf Anforderung des Finanzamts – eine Erklärung zur Feststellung des Bedarfswerts **(Zeile 2 links)** sowie eine ggf. mehrere Anlage(n) „Land- und Forstwirtschaft zur Feststellungserklärung" abzugeben. 1

1 *Wellmann*, Landwirtschaftserbrecht, ZErb 2010, 12; *Wirich*, Das Leibgeding – Funktionsbedingungen und Funktionsgrenzen in der Unternehmens- und Vermögensnachfolge, 2006.

	An das Finanzamt	Eingangsstempel
	Aktenzeichen/Steuernummer	
Zeile 1	**Erklärung zur Feststellung des Bedarfswerts**	
2	☐ für das Grundstück ☐ für den Betrieb der Land- und Forstwirtschaft	
3	**zur Feststellung**	
4	☐ nach § 13a Abs. 4 ErbStG ☐ nach § 13b Abs. 10 ErbStG	
5	**Bewertungsstichtag** Tag Monat Jahr	
6	**Voreigentümer/bisheriger Rechtsträger/Eigentümer**	
7	Name, Vorname / Firma	
8	Straße und Hausnummer oder Postfach	
9	Postleitzahl · Ort	Tagsüber telefonisch erreichbar
10	Geburtsdatum · Tag Monat Jahr	
11	Wohnsitz-/Betriebsfinanzamt	
12	Steuernummer	Steuer-Identifikationsnummer
13	Übertragener Anteil · Prozent · oder · Zähler	Nenner

Allgemeines zur Feststellungserklärung siehe § 7.

B. Begriff des LuF-Betriebs und Anwendungsbereich

2 Der Begriff des „Land- und Forstwirtschaftlichen (LuF) Vermögens" ist im Erbschaft- und Schenkungsteuerrecht vielschichtig. Zum einen handelt es sich um eine Vermögensart (§ 18 Nr. 1 BewG), zum anderen um das „Betriebsvermögen" des einzelnen LuF-Betriebs oder eines LuF-Betriebs in Form einer Personen- oder Kapitalgesellschaft i.S.v. R 15.5, 13.1 ff. EStR. Die §§ 158 ff. BewG regeln für Erbschaftsteuerzwecke sowohl die Zugehörigkeit zur Vermögensart wie auch die Zugehörigkeit von Wirtschaftsgütern zum einzelnen LuF-Betrieb i.S.v. R 4.2. ff. EStR.

Hinweis

Bei Schenkungen oder im Erbfall **ist gewöhnlich bekannt, ob und inwieweit ein LuF-Betrieb vorliegt**. Einzelheiten zum Begriff, zum Vorliegen eines LuF-Betriebs, zur Abgrenzung von Betriebs- und Grundvermögen sowie zum übrigen Vermögen kann den Verwaltungsanweisungen in R B 158.1–158.4 ErbStR und H B 158.1, 2 ErbStH entnommen werden.[2] Für die Bewertung

2 Zur Abgrenzung bei Abbauland siehe BFH v. 9.4.2008 – II R 24/06, BStBl 2008 II, 951.

und Inanspruchnahme der Steuerentlastungen sind spezielle Kenntnisse im Bereich der LuF erforderlich. Es kann sich daher insbesondere bei größeren Erwerben empfehlen, einen entsprechenden Experten hinzuzuziehen.

I. Zugehörigkeit zu einer Vermögensart

LuF-Vermögen ist zunächst einmal eine Vermögensart (§ 18 Nr. 1 BewG). In dieser Vermögensart werden alle Vermögensgegenstände zusammengefasst, die LuF-Betriebsvermögen i.S.d. §§ 158 ff. BewG sind.[3] Betriebsvermögen kann insbesondere sein: 3

- Einzelunternehmen
- Beteiligung an einer mitunternehmerischen Personengesellschaft/Familiengesellschaft; bei den Beteiligungen an Personengesellschaften gilt jede Beteiligung als wirtschaftliche Einheit. Bei Ehegatten siehe noch H 13.4 EStH
- Gütergemeinschaft
- sonstige mitunternehmerische Ehegattengemeinschaft (H 13.4 EStH)
- mitunternehmerische Unterbeteiligung
- atypische (mitunternehmerische) stille Beteiligung.

Zum LuF-Betriebsvermögen kann gem. § 158 Abs. 3 Satz 1 und 2 BewG gehören:

- der für LuF genutzte Grund und Boden
- die Wohngebäude/Wohnteil und der dazugehörige Grund und Boden
- die Betriebswohnung
- eine Stückländerei
- die Wirtschaftsgebäude
- Nebenbetriebe
- die stehenden Betriebsmittel
- der normale Bestand an umlaufenden Betriebsmitteln
- die immateriellen Wirtschaftsgüter.

Verbindlichkeiten gehören nach § 158 Abs. 5 BewG seit der umfassenden Reform im Jahr 2009 zum land- und forstwirtschaftlichen Vermögen im erbschaft- und schenkungsteuerlichen Sinne, soweit sie nicht im unmittelbaren wirtschaftlichen Zusammenhang mit den in § 158 Abs. 4 BewG genannten Wirtschaftsgütern stehen. Demnach gehört nur das land- und forstwirtschaftliche **Reinvermögen** zum begünstigungsfähigen Vermögen.

Nicht zum land- und forstwirtschaftlichen Vermögen gehören die in § 158 Abs. 4 BewG genannten Vermögensgegenstände, z.B. Geschäftsguthaben, Zahlungsmit-

3 Der Gesetzgeber hat in den §§ 157 ff. BewG eine eigenständige Definition des land- und forstwirtschaftlichen Vermögens und der entsprechenden Wirtschaftsgüter des Betriebs normiert. Die Finanzverwaltung hat in den R B 158 ff. ErbStR das LuF-Vermögen näher definiert.

tel (siehe Rdn 6) sowie damit zusammenhängende Verbindlichkeiten (§ 158 Abs. 5 Hs. 2 BewG).

Zu der Vermögensart „LuF-Vermögen" können mehrere – auch verschiedene – Vermögensgegenstände bzw. Vermögensgesamtheiten gehören. In der bewertungsrechtlichen Begrifflichkeit kann LuF-Vermögen aus einer oder mehreren wirtschaftlichen Einheiten bestehen (§ 2 BewG), z.B. Hof und LuF in Bayern und in Sachsen. Zur Entscheidung, ob ein oder mehrere Betriebe vorliegen, siehe R 15.5 EStR. Werden mehrere Betriebe oder Betriebsteile oder Anteile von LuF-Gesellschaften erworben, sind entsprechend mehrere Feststellungserklärungen abzugeben.

4 **Ausgenommen** vom LuF-Vermögen sind „LuF-Betriebe", wenn sie z.B. durch eine Kapitalgesellschaft betrieben werden oder wenn nach ertragsteuerlichen Gründen eine gewerbliche Tätigkeit vorliegt,[4] z.B. gewerbliche Tierzucht.[5] Maschinengemeinschaften, die ausschließlich für ihre Gesellschafter bzw. Gemeinschafter tätig sind, sind mangels LuF-Flächen übriges Vermögen von sonstigen Gemeinschaften[6] (§ 151 Abs. 1 Satz 1 Nr. 4 BewG, siehe dazu § 12) oder Gewerbebetrieb und dort Betriebsvermögen (§ 151 Abs. 1 Satz 1 Nr. 2 BewG; vgl. § 9 Rdn 2 ff.). Anteile an anderen Personengesellschaften oder Anteile an Kapitalgesellschaften oder an anderen Vermögensmassen, wie etwa Genossenschaften, die Land- und/oder Forstwirtschaft betreiben, sind grundsätzlich Gewerbebetriebe kraft **Rechtsform**, für die ein eigenständiger Wert zu ermitteln ist. Sie sind der Vermögensart Betriebsvermögen zuzuordnen. (Näheres zum Betriebsvermögen siehe § 9 Rdn 3). Landwirtschaftlich tätige Personengesellschaft sind aufgrund ihrer weiteren Einkünfte infolge des § 15 Abs. 3 Nr. 1 EStG grds. als Gewerbebetrieb zu beurteilen.

---

4 Die Abgrenzung eines Betriebs der Land- und Forstwirtschaft vom Gewerbebetrieb erfolgt vorbehaltlich der §§ 158 ff. BewG nach R 15.5 EStR und H15.5 EStH. Ausführlich siehe gleich lautende Erlasse der obersten Finanzbehörden der Länder vom 15.12.2011 (BStBl 2011 I, 1213 und 1217). Die Verwaltungsregelungen sehen vor, dass unter Einhaltung bestimmter Umsatzgrenzen eine grds. gewerbliche Tätigkeit noch dem Betrieb der Land- und Forstwirtschaft zugerechnet werden kann. Zur Abgrenzung der Land- und Forstwirtschaft vom Gewerbe im Bereich des Weinbaus – Ertragsteuerrechtliche Behandlung eigener und fremder Erzeugnisse in Haupt- und Nebenbetrieben s. BMF v. 19.10.2017 – IV C 7-S 2233/17/10002, BStBl 2017 I, 1431. Siehe ergänzend auch Kommentierungen zu § 24 UStG; *Wiegand*, Abgrenzung der Land- und Forstwirtschaft vom Gewerbe, NWB 2012, 460; *Koss*, Besonderheiten bei der Besteuerung forstwirtschaftlicher Betriebe, DStZ 2015, 326.

5 Tierbestände, die die Grenzen des § 169 BewG überschreiten und weder nach § 51a BewG noch nach § 175 BewG zur Land- und Forstwirtschaft gehören.

6 Vgl. R B 158.4 Abs. 1 ErbStR.

Beispiel

Betreibt ein Tiermastbetrieb eine Biogasanlage, liegen insoweit zwei unterschiedliche Betriebe vor. Bei dem Mastbetrieb handelt es sich grds. um einen Betrieb der Land- und Forstwirtschaft. Bei der Biogasanlage handelt es sich um einen Gewerbebetrieb.[7] Bei Übertragung der Betriebe durch eine Schenkung oder im Wege der Erbfolge wäre für den Mastbetrieb der Land- und Forstwirtschaft ein Grundbesitzwert nach § 151 Abs. 1 Satz 1 Nr. 1 BewG und für den Gewerbebetrieb (Biogasanlage) der Wert des Betriebsvermögens nach § 151 Abs. 1 Satz 1 Nr. 2 BewG festzustellen.

Das land- und forstwirtschaftliche Vermögen ist vom Grundvermögen abzugrenzen. Zum land- und forstwirtschaftlichen Vermögen gehört, was einem Betrieb der Land- und Forstwirtschaft **auf Dauer** zu dienen bestimmt ist. Nur wenn die in §§ 158 und 159 BewG genannten Voraussetzungen für die Zurechnung zum land- und forstwirtschaftlichen Vermögen nicht vorliegen, können die Wirtschaftsgüter, insbesondere Grund und Boden sowie Gebäude, zum Grundvermögen gehören. Die Abgrenzungsentscheidung ist bei der Feststellung des Grundbesitzwerts für den Betrieb der Land- und Forstwirtschaft zu entscheiden, R B 158.3 Abs. 1 ErbStR. 5

Beispiel

Auf einer Hofstelle des land- und forstwirtschaftlichen Betriebs befinden sich auch an fremde Dritte vermietete Wohnungen; der (anteilige) Grundbesitz ist dem Grundvermögen zuzurechnen. Bei einer Übertragung des Betriebs durch eine Schenkung oder im Wege der Erbfolge wäre auch für diese wirtschaftliche Einheit – Grundvermögen – ein eigener Grundbesitzwert nach § 151 Abs. 1 Satz 1 Nr. 1 BewG festzustellen.

Bewirtschaftet der Betriebsinhaber die landwirtschaftlichen Flächen nicht mehr selbst, sondern verpachtet er rd. 80 % daran an einen anderen Landwirt, lässt er die restliche Fläche unbewirtschaftet und hält nur noch etwa 20 Hühner als Nutztiere, ist das Wohngebäude mit dem dazugehörigen Grundstück dem Grundvermögen zuzuordnen.

Leerstehende, früher land- und fortwirtschaftlich genutzte Wirtschaftsgebäude verlieren mit der Einstellung des Betriebes ebenfalls ihre land- und forstwirtschaftliche Zweckbestimmung, wenn die Nebengebäude dem Wohn-

7 Zur umsatzsteuerlichen Behandlung des Betriebs von Biogasanlagen und Blockheizkraftwerken im Bereich der Landwirtschaft siehe z.B. USt-Kartei ST § 24 UStG Karte 9, USt-Kartei BW § 24 Abs. 1 UStG S 7410 Karte 5. Nach BFH v. 6.3.2013 – II R 55/11, BStBl 2013 II, 518 ist eine Biogasanlage keine LuF, wenn nach dem Gesamtbild der Verhältnisse die land- und forstwirtschaftliche Betätigung nur die untergeordnete Bedeutung einer Hilfstätigkeit hat und die gewerbliche Betätigung dem Betrieb das Gepräge gibt.

gebäude als Abstellmöglichkeit, sei es auch für ehemalig landwirtschaftlich genutzte Geräte, zur Tierhaltung oder als Garage bzw. Schuppen dienen.[8]

6 Anders als etwa bei gewerblichen Betriebsvermögen sind bestimmte Vermögensgegenstände gesetzlich dem übrigen Vermögen zugewiesen (§ 158 Abs. 4, 5 BewG). **Nicht zum LuF-Vermögen gehören** (§ 158 Abs. 4 BewG): Grund und Boden sowie Gebäude, die nicht land- und forstwirtschaftlichen Zwecken dienen, Kleingartenland und Dauerkleingartenland, Geschäftsguthaben, Wertpapiere und Beteiligungen, Überbestand an umlaufenden Betriebsmitteln, Tierbestände, die nicht zu den landwirtschaftlichen Nutzungen gehören, Geldforderungen und Zahlungsmittel, Pensionsverpflichtungen und damit im Zusammenhang stehende Verbindlichkeiten.

7 Nur die Zugehörigkeit zur Vermögensart „LuF-Vermögen" und innerhalb der Vermögensart die Zugehörigkeit zu einem LuF-Betrieb führt über § 12 Abs. 3 ErbStG, § 157 Abs. 2 BewG bei **inländischen** LuF-Betrieben **zur Bewertung** nach §§ 158 ff. BewG und **zur Verschonung** nach §§ 13a–13c und § 19a ErbStG (bei **inländischen** und in der **EU**/im **EWR** belegenen Betrieben). Der Wert eines inländischen LuF-Betriebs bzw. eines Anteils daran wird vom Lagefinanzamt bzw. einer zentralen Bewertungsstelle ermittelt und in einem Feststellungsbescheid gesondert festgestellt. Der Verkehrswert eines **ausländischen** LuF-Betriebs ist gem. § 12 Abs. 7 ErbStG, § 31 BewG, § 151 Abs. 4 BewG vom Steuerpflichtigen selbst zu ermitteln und zu errechnen.

II. Wirtschaftliche Einheit des LuF-Vermögens

8 Die wirtschaftliche Einheit des land- und forstwirtschaftlichen Vermögens ist der einzelne LuF-Betrieb, bzw. die Beteiligung daran. Kann ein Vermögensgegenstand grundsätzlich der Vermögensart „LuF-Vermögen" zugeordnet werden, ist sodann bei jeder wirtschaftlichen Einheit in einem zweiten Schritt zu prüfen, ob und welche Gegenstände der einzelnen wirtschaftlichen Einheit des „LuF-Betriebsvermögens" zugeordnet werden können.

Nach § 158 Abs. 1 Satz 1 BewG ist Land- und Forstwirtschaft die planmäßige Nutzung der natürlichen Kräfte des Bodens zur Erzeugung von Pflanzen und Tieren sowie die Verwertung der dadurch selbst gewonnenen Erzeugnisse. Diese Vorschrift knüpft an eine bestimmte Nutzung des Bodens, aber nicht an das Eigentum am Boden an. Auch ein Nießbraucher, der den Betrieb tatsächlich selbst bewirtschaftet, erfüllt die Tätigkeitsmerkmale des § 158 Abs. 1 Satz 1

8 Hessisches FG v.13.5.2015 – 3 K 927/13, EFG 2016, 612.

BewG.[9] Zum land- und forstwirtschaftlichen Vermögen gehören nach § 158 Abs. 1 Satz 2 BewG alle Wirtschaftsgüter, die einem Betrieb der Land- und Forstwirtschaft zu diesem Zweck auf Dauer zu dienen bestimmt sind. Insbesondere gehören dazu der Grund und Boden sowie Gebäude, die Wirtschaftsgebäude, sog. stehenden Betriebsmittel, der normale Bestand an umlaufenden Betriebsmitteln, die immateriellen Wirtschaftsgüter, Wohngebäude und der dazugehörige Grund und Boden sowie alle Verbindlichkeiten, die mit den Wirtschaftsgütern des LuF-Vermögens im wirtschaftlichen Zusammenhang stehen. Die Definition der wirtschaftlichen Einheit richtet sich tätigkeitsbezogen nach den Grundsätzen der R 15.5 EStR und im Übrigen nach § 2 BewG.

Hinweis

Der Betrieb der Land- und Forstwirtschaft (§ 158 Abs. 2, § 160 BewG) setzt weder eine Mindestgröße noch einen vollen land- und forstwirtschaftlichen Besatz mit Wirtschaftsgebäuden, Betriebsmitteln usw. voraus. Auch ein einzelnes land- und forstwirtschaftlich genutztes Grundstück, das gemäß § 159 BewG nicht zum Grundvermögen zu rechnen ist, kann ein Betrieb der Land- und Forstwirtschaft sein.[10]

Mehrere Flächen werden ohne Rücksicht auf ihre räumliche Lage unter der Voraussetzung zu einer wirtschaftlichen Einheit vereinigt, dass sie zusammen bewirtschaftet werden und zwischen ihnen ein wirtschaftlicher Zusammenhang besteht. § 158 Abs. 5 BewG erweitert den Umfang der wirtschaftlichen Einheit, indem für Zwecke der Erbschaft- und Schenkungsteuer seit der umfassenden Reform im Jahr 2009 das **Reinvermögen** als Bereicherung zu ermitteln ist, d.h. Schulden und Lasten sind in die wirtschaftliche Einheit einzubeziehen. In zweiter Linie wird klargestellt, dass Schulden nur insoweit abzugsfähig sind, als korrespondierend hierzu das entsprechende Wirtschaftsgut erfasst wird (§ 158 Abs. 5 BewG). 9

Solange **keine Aufgabe** gegenüber dem Finanzamt erklärt worden ist, ist vom Bestehen eines LuF-Betriebs auszugehen. Solange der LuF-Betrieb besteht, gehören der Grund und Boden sowie die Gebäude, die einem Betrieb der Land- und Forstwirtschaft dauernd zu dienen bestimmt sind, auch dann zum land- und forstwirtschaftlichen Vermögen, wenn der Betrieb ganz oder in Teilen auf bestimmte oder unbestimmte Zeit nicht bewirtschaftet wird. Das ist der Fall, wenn sie keine Zweckbestimmung erhalten haben, die zu einer zwingenden Zuordnung 10

9 Vgl. BFH, Urt. v. 25.11.2020 – II R 9/19, BFHE 272, 100, BStBl 2021 II, 491, Begünstigung land- und forstwirtschaftlichen Vermögens in der Erbschaftsteuer: Betrieb des Nießbrauchers; weitere Einzelheiten siehe *Schmid*, Begünstigung land- und forstwirtschaftlichen Vermögens in der Erbschaftsteuer: Betrieb des Nießbrauchers, BFH/PR 2021, 279–281.

10 S.a. R B 158.1 Abs. 2 ErbStR.

zum Grund- oder Betriebsvermögen führen. Als Beispiele hierfür kommen in Betracht:

- Grund und Boden, der auf bestimmte oder unbestimmte Zeit nicht land- und forstwirtschaftlich genutzt wird, z.B. stillgelegte Flächen
- der Wohnteil, der wegen Änderung der Anzahl der zum Haushalt des Betriebsinhabers gehörenden Familienangehörigen oder der Altenteile nicht oder nicht voll genutzt wird
- Wirtschaftsgebäude, die vorübergehend oder dauernd teilweise oder ganz leer stehen, z.B. gehört der leerstehende Rindviehstall eines Betriebs, dessen Inhaber wegen Wirtschaftsumstellung das Rindvieh abgeschafft hat, zum land- und forstwirtschaftlichen Vermögen.

Früher land- und forstwirtschaftlich genutzte Wirtschaftsgebäude verlieren selbst mit der Einstellung der aktiven Bewirtschaftung des Betriebs und der nicht langfristigen Verpachtung der Ländereien regelmäßig nicht ihre land- und forstwirtschaftliche Zweckbestimmung.[11]

11 Im Allgemeinen sind Veräußerungen von LuF-Betrieben eher selten, in Betracht kommt vielmehr eine Verpachtung. Die **Verpachtung** im Ganzen ohne Aufgabe ändert nichts an der Vermögensart „LuF". Sie führt m.E. noch nicht zum Auslösen des Liquidationswerts, siehe R B 158.1 ErbStR, H B 158.1 ErbStH. Im Fall der **Betriebsverpachtung im Ganzen** einschließlich des Wohnhauses bleibt der Wohnteil LuF-Vermögen. Behält der Verpächter das Wohnhaus auf der Hofstelle für sich zurück, ist die Verbindung zur verpachteten Betriebsfläche gelöst; d.h. die Verpächterwohnung gehört zum Grundvermögen. Ausnahme: Pächter- und Verpächterwohnung liegen in einem Gebäude. Die Vereinfachungsregelung der R B 164 Abs. 9 ErbStR (Bewertung ausschließlich im Mindestwertverfahren) ist anwendbar.

Im Falle der **eisernen Verpachtung** i.S.d. §§ 582a ff. BGB[12] gelten grds. die gleichen Regelungen wie für einen normalen Betrieb der Land- und Forstwirtschaft. Mit dem Ansatz des Fortführungswertes für das Besatzkapital ist der Substanzerhaltungsanspruch grds. abgegolten Zur Verpachtung siehe noch Rdn 52 ff.

12 Ist ein Vermögensgegenstand grundsätzlich der Vermögensart „LuF-Vermögen" zuzuordnen, ist er im Gesamtwert des LuF-Vermögens in die Zeilen 31–34 des Mantelbogens **Erbschaftsteuererklärung** (siehe § 4 Rdn 52 ff.) oder in die Zeilen 31–35 des Mantelbogens **Schenkungsteuererklärung** (siehe § 6 Rdn 75 ff.) – dort in der Summe – aufzunehmen. Außerdem sind die entsprechenden Angaben in der Anlage **„Angaben zur Bedarfsbewertung"** in Teil B aufzulisten (vgl. § 4 Rdn 67).

---

11 BFH v. 28.3.2012 – II R 37/10, BFH/NV 2012, 1416.

12 Nutzungsüberlassung von Betrieben mit Substanzerhaltungspflicht des Berechtigten; sog. Eiserne Verpachtung, dazu BMF v. 21.2.2002, BStBl I, 262.

C. Gesonderte Feststellung

Der Wert einer inländischen wirtschaftlichen Einheit des LuF-Vermögens ist gesondert festzustellen, wenn der Wert für die Erbschaftsteuer oder eine andere Feststellung von Bedeutung ist (§ 151 Abs. 1 Satz 1 Nr. 1 BewG). Gehören zum LuF-Betrieb Betriebswohnungen und/oder ein Wohnteil (Wohnhaus des Betriebsinhabers) sind die Werte dieser Grundstücke wie private Grundstücke gesondert festzustellen (siehe dazu Rdn 45 ff., 48 ff. und § 8). Die so festgestellten Werte fließen in den Gesamtwert des LuF-Betriebs ein. Dabei sind die Werte für den Wirtschaftsteil, für die Betriebswohnungen und für den Wohnteil jeweils nachrichtlich im Feststellungsbescheid auszuweisen. Das gilt auch bei der Aufteilung nach § 168 Abs. 3 BewG. Gehören zum LuF-Betrieb Anteile an Kapitalgesellschaften, Genossenschaften usw., sind die Anteile unter bestimmten Voraussetzungen ebenfalls gesondert festzustellen. Dies gilt jedoch nur eingeschränkt. Bestehen sonstige Gemeinschaften mit LuF-Vermögen, sind die sonstigen Werte den Beteiligten – ggf. anteilig – zuzurechnen (§ 151 Abs. 1 Satz 1 Nr. 1–3 BewG, § 10 Abs. 1 Satz 4 ErbStG); hinsichtlich der Zurechnung gilt R B 151.2 ErbStR (siehe dazu § 12 Rdn 6). Zur Zurechnung von Betriebswohnungen und Wohnteil siehe § 168 Abs. 5, 6 BewG. Die gesonderte Feststellung mündet in einen Feststellungsbescheid. 13

Hinweis

Die gesonderte Feststellung kann gem. § 151 Abs. 3 BewG **unterbleiben**, wenn

a) erkennbar ist, dass sie für die Steuerfestsetzung nicht erforderlich ist, und/oder
b) schon innerhalb des letzten Jahres eine gesonderte Feststellung des LuF-Vermögenswerts vorgenommen wurde, und sich die für die Bewertung maßgeblichen Stichtagsverhältnisse nicht wesentlich geändert haben (sog. **Basiswertregelung**).

Damit können entsprechende **Beratungskosten gespart** werden. Auf **Antrag** kann der Steuerpflichtige eine **neue gesonderte Feststellung** beantragen (durch Anforderung und Abgabe einer Feststellungserklärung), insbesondere wenn er eine niedrigere Bewertung erwartet.

D. Bewertung des einzelnen LuF-„Betriebs-"Vermögens

I. Allgemeine Grundsätze

14 Die Bewertung des LuF-Vermögens ist in §§ 158 ff. BewG geregelt.[13] Ergänzend hat die Finanzverwaltung ihre Auffassung – für die Finanzämter verbindlich – zur Anwendung dieser Vorschriften in R B 161 – R B 168 ErbStR, H B 161 – H B 168 ErbStH niedergelegt.

15 Der Grundbesitzwert für das LuF-Vermögen ergibt sich aus der Summe des Werts des Wirtschaftsteils, der Betriebswohnungen und des Wohnteils jeweils abzüglich der damit im unmittelbaren wirtschaftlichen Zusammenhang stehenden Verbindlichkeiten (Näheres siehe § 168 BewG).

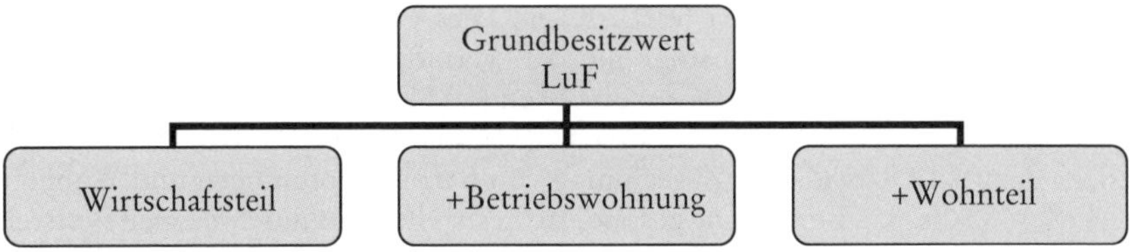

16 Der **Wert des Wirtschaftsteils** insgesamt ergibt sich gem. §§ 163, 164 BewG aus der Summe der einzelnen Wirtschaftswerte des Betriebs (z.B. Wirtschaftswert der landwirtschaftlichen Nutzung, der forstwirtschaftlichen Nutzung, der Stückländerei, der Sondernutzungen i.S.d. §§ 173–174 Abs. 1 BewG und der übrigen Nutzungen (§ 175 BewG), der Nebenbetriebe sowie Abbauland, Geringstland und Unland (§ 160 Abs. 3–6 BewG)).

Von den jeweiligen Werten sind die zuordnenbaren Verbindlichkeiten abzuziehen. Betriebliche Verbindlichkeiten sind alle Verbindlichkeiten, die mit der Bewirtschaftung des Betriebs bzw. den Wirtschaftsgütern nach § 158 Abs. 3 BewG in Zusammenhang stehen. Ausgenommen sind gem. § 158 Abs. 5 BewG Verbindlichkeiten im Zusammenhang mit den Wirtschaftsgütern des § 158 Abs. 4 BewG sowie weitere private Verbindlichkeiten (z.B. Altenteilleistungen, Nießbrauchslasten, Abfindungsansprüche an weichende Erben). Der summierte (und zuvor saldierte) Wert ist gem. § 165 Abs. 2 BewG nach unten durch den Mindestwert

13 Gleich lautende Ländererlasse v. 4.12.2014, BStBl 2014 I, 1577 zu Bewertung in Fällen der Nutzungsüberlassung; *Hutmacher*, Die Bewertung des Wirtschaftsteils eines Betriebs der Land- und Forstwirtschaft, ZEV 2009, 22 und ZNotP 2014, 176; *Stahl*, Gesetzgebungsübersicht, Bewertung nach dem Erbschaft- und Schenkungsteuerrecht-Reform-Entwurf 2008, KÖSDI 2008, Nr. 6, 16069, AUR 2009, 141; *Eisele*, Nutzungsüberlassungen in der Land- und Forstwirtschaft – Einordnung und Abgrenzung, NWB 2015, 1381; *Krause*, Grundbesitzbewertung von Betrieben der Land- und Forstwirtschaft – der Wirtschaftsteil, NWB 2014, 110.

(§ 164 BewG) und nach oben durch den nachgewiesenen Verkehrswert (§ 165 Abs. 3 i.V.m. § 166 BewG) begrenzt. Ergeben sich bei der Ermittlung des Wirtschaftswerts Euro-Beträge mit Nachkommastellen, sind diese kaufmännisch auf volle Euro-Beträge **auf- oder abzurunden**.

Der Wert der **Betriebswohnungen** und des **Wohnteils** ist unter Berücksichtigung 17
von § 167 Abs. 2–4 BewG nach den für das Grundvermögen geltenden Bewertungsregeln (§§ 182–196 BewG und R B 176 bis R B 196 ErbStR) zu ermitteln (siehe dazu Rdn 45 ff., 48 ff.) und zu dem Wert des Wirtschaftsteils zu addieren. Für die Betriebswohnungen und den Wohnteil richtet sich die Abgrenzung vom Wirtschaftsteil nach der **Verkehrsauffassung**. Es bestehen jedoch keine Bedenken, die ertragsteuerrechtlich getroffene Entscheidung zugrunde zu legen.[14]

Hinweis

Die Bestimmungen über die Art und den Umfang des LuF-Vermögens gelten m.E. genauso für ererbte/geschenkte LuF-Betriebe **in den anderen EU-Mitgliedstaaten und Staaten des Europäischen Wirtschaftsraums**. Im Ausland belegene LuF-Betriebe werden hierbei mit ihrem individuellen Verkehrswert und nicht mit dem nach den §§ 162 ff. BewG ermittelten Werten angesetzt (§§ 31, 151 Abs. 4 BewG). Eine gesonderte Feststellung erfolgt nicht für dieses Vermögen.

II. Bewertung des Wirtschaftsteils

Grundsätzlich ist der Wirtschaftsteil mit dem gemeinen Wert (Verkehrswert) 18
zu bewerten. Die Bewertung des Wirtschaftsteils erfolgt grds. nach dem sog. **Fortführungswerts** (§ 162 Abs. 1 BewG). Bei der Ermittlung des gemeinen Werts für den Wirtschaftsteil sind die land- und forstwirtschaftlichen Nutzungen, die Nebenbetriebe, das Abbau-, Geringst- und Unland jeweils gesondert in der Regel mit ihrem **Wirtschaftswert** gem. § 163 BewG zu bewerten. Dabei darf ein **Mindestwert nicht unterschritten** werden (§ 164 BewG). Die Werte des Wirtschaftsteils für Stückländereien und für anderen weniger als 15 Jahre verpachteten Flächen (unechte Stückländereien) werden nach § 164 BewG mit dem Mindestwert ermittelt. Wird der Betrieb vom Erwerber allerdings **nicht fortgeführt**, ist der gemeine Wert nachträglich anders zu ermitteln; in dem Fall ist ein sog. **Liquidationswert (Nachbewertungsvorbehalt)** gem. § 166 BewG anzusetzen.

Hinweis

Alle Werte nach den §§ 158 ff. BewG sind Ausformungen des typisierten gemeinen Werts, (Verkehrswert, vgl. §§ 162 Abs. 1, 167 Abs. 1 BewG). Dies hat – wie bei Grundvermögen – m.E. zur Konsequenz, dass z.B. bei gemischten Schenkungen oder bei der Ermittlung von steuerfreien Ausgleichsforde-

14 Vgl. R B 167.1 Abs. 2 ErbStR.

rung gem. § 5 ErbStG keine Schuldenkappung auf Steuerniveau mehr in Betracht kommt.[15] Zur Bewertung des Wirtschaftsteils allgemein siehe R B 162 ErbStR.

1. Ermittlung des Fortführungswerts

19 Nach der erbschaftsteuerlichen Bewertungskonzeption soll im **Regelfall** der Wert, der den Nutzungen, Nebenbetrieben und übrigen Wirtschaftsgütern im fortgeführten land- und forstwirtschaftlichen Betrieb unter objektiven ökonomischen Bedingungen beizumessen ist (**Fortführungswert = Regelertragswert,** siehe § 162 Abs. 1 Satz 2 BewG), der Verkehrswert sein.[16] Nach dem Gedanken der Betriebsfortführung wird der Verkehrswert durch Kapitalisierung der möglichen Reinerträge ermittelt. Der Mindestwert gem. § 164 BewG darf dabei nicht unterschritten werden.

20 Der Fortführungswert wird in einem typisierten Reinertragswertverfahren auf der Basis der durchschnittlichen Reingewinne pro landwirtschaftlich/selbstgenutzter Fläche und einem **Kapitalisierungsfaktor von 18,6 %** ermittelt (§ 165 i.V.m. § 163 BewG, s.a. Beispiel in H B 163.3 und 163.4 ErbStH.).

Formel

Formel: (ha x Reingewinn lt. Sp. der Anlage 14 ff.) mal 18,6 = Fortführungswert

21 Die Anwendung des Ertragswertverfahrens erfordert demnach unter Berücksichtigung der regionalen Belegenheit des Betriebs nach einer Bestandsaufnahme der Bewirtschaftungsarten die Zuordnung zu den in den Anlagen 14 ff. zum BewG vorgesehenen Nutzungsarten und die Bestimmung der Betriebsgröße. Die **Belegenheit** des Betriebs und die **Nutzungsart** ergeben sich nach den tatsächlichen Verhältnissen am **Bewertungsstichtag**; die Klassifizierung, z.B. als Ackerbaubetrieb, ist in § 163 Abs. 2 BewG unter Bezugnahme auf das EU-Recht geregelt. Die Anknüpfung an das BodSchätzG ist entfallen.

22 Bei dem in § 163 BewG angesprochenen Reingewinn handelt es sich nicht um den individuellen Reingewinn, sondern um einen im Bewertungsgesetz und den Anlagen 14–20 zum BewG bestimmten Reingewinn bzw. Reingewinnfaktoren. § 163 Abs. 2 ff. BewG enthält Bestimmungen, nach denen der gesetzlich vorgegebene Reingewinn/ha zu ermitteln ist. Diese Vorschriften richten sich an den Gesetzgeber. Für die Praxis von Interesse sind die Reingewinnvorgaben in den Anlagen 14 ff. bzw. in § 163 Abs. 9 und 10 BewG. Mit dem jeweiligen Reingewinn sind alle Wirtschaftsgüter im Sinne des § 158 Abs. 3 und 5 BewG abgegolten.[17]

---

15 Zur Rechtslage bis einschl. 2008 siehe R 17 ErbStR 2003.

16 Vgl. R B 162 ErbStR.

17 Vgl. R B 163 Abs. 1 ErbStR.

Der anzusetzende Reingewinn hängt gem. § 163 Abs. 3 und 4 BewG von der Betriebsform/Betriebsgröße ab. Die Betriebsgröße wird in EGE (Europäische Größeneinheit) kategorisiert. 23

Kleinbetrieb	0–40 EGE
Mittelbetrieb	40–100 EGE
Großbetrieb über	100 EGE

Die EGE errechnet sich gem. § 163 Abs. 3 BewG aus den Standarddeckungsbeiträgen/ha geteilt durch 1.200 EUR. Der Standarddeckungsbeitrag ist nach EU-Recht Grundlage für die Bestimmung der „betriebswirtschaftlichen Ausrichtung" und der „wirtschaftlichen Betriebsgröße". Das Bundesministerium der Finanzen veröffentlicht die maßgeblichen Standarddeckungsbeiträge im Bundessteuerblatt. Die Höhe der Standarddeckungsbeiträge ergibt sich aus **Anlage 2** zu R B 163 ErbStR.

Praktisch sind also zur Bestimmung des Reingewinns der landwirtschaftlichen Nutzung die Standarddeckungsbeiträge der selbst bewirtschafteten Flächen und der Tiereinheiten zu ermitteln und 24

1. die Betriebsform zu bestimmen. Hierzu ist das Verhältnis der einzelnen Standarddeckungsbeiträge zur Summe der Standarddeckungsbeiträge des gesamten Betriebs maßgebend.
2. die Betriebsgröße zu bestimmen. Hierzu ist die Summe der Standarddeckungsbeiträge des Betriebs durch 1.200 zu dividieren. Anschließend erfolgt die Zuordnung zu einer der folgenden Betriebsgrößenklassen:
   - Kleinbetrieb 0–40 EGE
   - Mittelbetrieb 40–100 EGE
   - Großbetrieb über 100 EGE

Anhand der nach Nr. 1 und 2 ermittelten Bewertungsfaktoren ist der Reingewinn/ha nach **Anlage 14** zum BewG herzuleiten. Der so ermittelte Reingewinn/ha ist mit 18,6 zu kapitalisieren und auf alle Eigentumsflächen der landwirtschaftlichen Nutzung anzuwenden. 25

Beispiel

1. Ein Mittelbetrieb (Ackerbau) i.S.v. § 163 Abs. 3 BewG in der Region Magdeburg soll 80 EGE haben. Nach Anlage 14, 4. Spalte wäre ein Reingewinn von -22 EUR/ha anzusetzen. Es ergäbe sich ein negativer Reinertrag. In diesem Fall wäre der Mindestwert nach § 164 BewG anzusetzen.
2. Ein Großbetrieb (Ackerbau) i.S.v. § 163 Abs. 3 BewG in der Region Magdeburg, hier 180 EGE, hat nach Anlage 14, 4. Spalte einen Reingewinn von 107 EUR/ha. Bei 200 ha ergäbe sich ein kapitalisierter Reingewinn von 107 EUR x 200 ha x 18,6 = 398.040 EUR.

Wegen weiterer Einzelheiten und weiterer **Berechnungsbeispiele** zur Ermittlung des Reingewinns bei land- und forstwirtschaftlicher Nutzung, sonstigen Nutzungen, bei Nebenbetrieben, bei Abbauland etc. wird auf H B 163.3 ff. ErbStH verwiesen.

2. Mindestwert

26 Für kleine und mittlere Betriebe, die nur einen geringen oder gar negativen Reinertrag erwirtschaften, ist für steuerliche Zwecke ein **Mindestwirtschaftswert** anzusetzen, da diese Betriebe regelmäßig doch werthaltig sind (§ 164 BewG). Der Mindestwert ist zwingend auch bei einem LuF-Betrieb in Form der **Stückländerei** anzusetzen. Der Mindestwirtschaftswert **ergibt sich**

- aus dem Wert für den Grund und Boden (= Regional Netto-Pachtpreis je Hektar x Eigentumsfläche) und
- dem Wert der übrigen Wirtschaftsgüter (sog. Besatzkapital = Hektarwerte der Agrarstatistik x selbst bewirtschaftete Fläche)
- jeweils kapitalisiert mit 18,6 (auf Basis eines Zinssatzes von 5,5 %)
- abzügl. der **in unmittelbarem wirtschaftlichem Zusammenhang stehenden Verbindlichkeiten**

= Mindestwert, jedoch nicht weniger als 0 EUR.

> **Hinweis**
>
> Tendenziell wird das vereinfachte Ertragswertverfahren überwiegend bei Großbetrieben zur Anwendung kommen. Weil bei dem Großteil der kleinen und mittleren Betriebe der Ertragswert negativ ist (siehe Anlage 14 zum BewG), kommt bei diesen Betrieben überwiegend der Mindestwirtschaftswert nach § 164 BewG zum Ansatz.

Können bei einer Stückländerei die ertragswertbildenden Faktoren nicht ermittelt werden, erfolgt die Ermittlung des Werts für den Grund und Boden auf der Grundlage der Klassifizierung im Automatisierten Liegenschaftskataster. Das vereinfachte Bewertungsverfahren (R B 164 Abs. 9 ErbStR) kommt auch zur Anwendung, wenn bei der Bewertung eines Betriebs, der im Ganzen verpachtet ist, die ertragswertbildenden Faktoren nicht ermittelt werden können. Hierzu sind in der Anlage „Land- und Forstwirschaft“ Eintragungen in den **Zeilen 248–263** erforderlich (Näheres siehe Rdn 67).

a) Bodenwert

27 Der **Bodenwert** wird durch Kapitalisierung des regionalen Pachtpreises laut den Anlagen 14–18 zum BewG pro Hektar Eigentumsfläche (also nicht mit Bodenpreisen/Bodenrichtwerten) mit 18,6 errechnet (§ 164 Abs. 2 BewG). Hier stellt das Gesetz ausdrücklich nur auf die **Eigentumsflächen** ab. Die Ermittlung der Pachtpreise erfolgte von Amts wegen und ist gesetzlich in den vorgenannten

Anlagen festgelegt.[18] Da sich die Pachthöhe regelmäßig in Abhängigkeit der Region und der Nutzungsmöglichkeiten bestimmt, sind für verpachtete Flächen die Verhältnisse der jeweiligen wirtschaftlichen Einheit zugrunde zu legen.

b) Übrige Wirtschaftsgüter (sog. Besatzkapital)

Der gemeine Wert der übrigen Wirtschaftsgüter (sog. Besatzkapital) ist unter Berücksichtigung der Nutzung, dem Nutzungsteil und der Nutzungsart des Grund und Bodens sowie der Betriebsgröße zu errechnen. Er ergibt sich durch Kapitalisierung des sog. Besatzkapitals mit 18,6. Je nach Nutzung usw. ergibt sich ein **bestimmter gesetzlich festgelegter Wert** für das sog. Besatzkapital. Dieser gesetzlich in der Spalte 6 der Anlagen 14, 15a, 17 sowie der Spalte 5 der Anlagen 16, 18 festgelegte Wert ist mit der Anzahl (ha) der **selbstbewirtschafteten Flächen** zu vervielfältigen. Hier spricht das Gesetz nicht von Eigentumsflächen, sondern von selbst bewirtschafteten Flächen. Mit der Kapitalisierung sind auch die immateriellen Wirtschaftsgüter eines Betriebs der Land- und Forstwirtschaft wie z.B. Brennrechte, Milchlieferrechte, Jagdrechte, Zahlungsansprüche und Zuckerrübenlieferrechte erfasst. Dadurch wird sichergestellt, dass das Besatzkapital jeweils in dem Betrieb der Land- und Forstwirtschaft berücksichtigt wird, der die Flächen bewirtschaftet. 28

c) Verbindlichkeiten

Vom Bodenwert und vom Besatzkapital sind die dazugehörigen Verbindlichkeiten abzuziehen. Gehört z.B. zum Besatzkapital i.H.v. 20.000 EUR eine teilweise fremdfinanzierte Erntemaschine mit offenen Verbindlichkeiten von 50.000 EUR, ergibt sich ein negatives Besatzkapital (was zu berücksichtigen ist). 29

In R B 164 ErbStR, H B 164.1 und 164.3 ErbStH finden Sie weitere Angaben u.a. zur Ermittlung des Mindestwerts bei sonstigen Nutzungen, bei Stückländerei, bei Abbau- und Geringstland nebst Berechnungsbeispielen. 30

3. Liquidationswert

Wird der Wirtschaftsteil vom Erwerber **nicht mindestens 15 Jahre fortgeführt**, d.h. ein Betrieb der Land- und Forstwirtschaft oder ein Anteil daran innerhalb von 15 Jahren nach dem Bewertungsstichtag veräußert, ist der Wirtschaftsteil 31

18 Laut Gesetzesbegründung wurden sie aus dem Agrarbericht (BMELVTestbetriebsbuchführung) abgeleitet. Dabei wurden die bundesdurchschnittlichen Ergebnisse unter Berücksichtigung der Standarddeckungsbeiträge regionalisiert. Um die in der Landwirtschaft üblichen Einkommensschwankungen zwischen mehreren Wirtschaftsjahren auszugleichen, wurden die Pachtpreise aus einem fünfjährigen Durchschnitt gebildet. Diese Vorgehensweise berücksichtigt, dass es auf dem Grundstücksmarkt keinen innerlandwirtschaftlichen Verkehrswert gibt.

abweichend von §§ 163, 164 BewG **rückwirkend** mit dem **Liquidationswert** nach § 166 BewG zu bewerten (**Nachbewertungsvorbehalt** gem. § 162 Abs. 3 bzw. 4 BewG). Der Liquidationswert ist nicht anzusetzen, wenn der Veräußerungserlös innerhalb von **sechs Monaten** ausschließlich zum Erwerb eines anderen Betriebs der Land- und Forstwirtschaft oder eines Anteils im Sinne des § 158 Abs. 2 Satz 2 verwendet wird (Reinvestition).

Auch wenn wesentliche Wirtschaftsgüter (Grund und Boden, Wirtschaftsgebäude, stehende Betriebsmittel und immaterielle Wirtschaftsgüter i.S.v. § 158 Abs. 3 Satz 1 Nr. 1–3 und 5 BewG) dem Betrieb der Land- und Forstwirtschaft innerhalb eines Zeitraumes von 15 Jahren nicht mehr auf Dauer zu dienen bestimmt sind, erfolgt nach dem Ausscheiden die Bewertung der Wirtschaftsgüter abweichend von §§ 163, 164 BewG ebenfalls mit dem jeweiligen Liquidationswert nach § 166 BewG (§ 162 Abs. 4 BewG; dazu Näheres R B 162.3 und 162.4 ErbStR). Wesentliche Wirtschaftsgüter sind bei stehenden Betriebsmitteln nur dann anzunehmen, wenn der gemeine Wert des einzelnen Wirtschaftsguts oder einer Sachgesamtheit von Wirtschaftsgütern (z.B. Tierbestände, Feldinventar, Büroausstattung, Werkzeug) am Bewertungsstichtag mindestens 50.000 EUR beträgt (R B 162 Abs. 4 Satz 3 ErbStR). Werden wesentliche Wirtschaftsgüter i.S.d. § 162 Abs. 4 BewG ohne Reinvestition verkauft, entnommen oder einer anderen Vermögensart zugeführt, wird der neue Wirtschaftswert in diesen Fällen wie in H B 166 Abs. 3 ErbStH dargestellt ermittelt.[19]

Der nach § 166 BewG zu ermittelnde Liquidationswert geht der Regelung in § 165 BewG vor und stellt – auch in einem Gutachten – letztlich den untersten Wertansatz dar. Hinsichtlich der Höhe des Liquidationswertes nach § 166 Abs. 2 BewG hat der Gesetzgeber nicht die Möglichkeit des Nachweises eines niedrigeren gemeinen Wertes eröffnet.[20]

Hinweis

Der Nachbewertungsvorbehalt erstreckt sich nur auf den Wirtschaftsteil (§ 162 Abs. 3 und 4 i.V.m. § 166 BewG). Die Bewertung der Betriebswohnungen und des Wohnteils wird im Fall der Veräußerung u. dgl. nicht geändert.

19 Bei dieser Berechnung wird jedoch ausschließlich auf das Mindestwertverfahren nach § 164 BewG abgestellt (vgl. dazu auch R B 166 Abs. 4 ErbStR). Zur Frage, wie die Ermittlung des Korrekturbetrags für die übrigen Wirtschaftsgüter i.S.d. § 166 Abs. 2 Nr. 2 BewG (Wirtschaftsgebäude, stehende Betriebsmittel, normaler Bestand an umlaufenden Betriebsmitteln und immaterielle Wirtschaftsgüter) vorzunehmen ist, wenn der Fortführungswert nach § 165 Abs. 1 BewG, d.h. auf Basis des Reingewinnverfahrens nach § 163 BewG gebildet worden ist, siehe *Krause*, Grundbesitzbewertung von Betrieben der Land- und Forstwirtschaft; Anwendungsfragen, Praxisprobleme und Lösungsansätze, NWB 48/2012, 3834.

20 FG Nürnberg v. 14.1.2016 – 4 K 814/15, EFG 2016, 1401. Der Gesetzgeber hat hierzu ausgeführt, ein Verkehrswertnachweis für den gesamten Wirtschaftsteil finde im Liquidationswert seine unterste Grenze (BT-Drucks 16/11107, S. 16).

Letztlich führt ein Strukturwandel zu einer **„Nachsteuer“ bei der Steuerverschonung** i.S.v. §§ 13a, 13b, 13c ErbStG. Hierunter sind Fälle zu verstehen, in denen die Struktur des übernommenen Betriebs in der Weise verändert wird, dass der nämliche Betrieb aufgrund tatsächlicher Hindernisse oder wirtschaftlicher Umstrukturierungen im Bereich der Land- und Forstwirtschaft nicht mehr oder aber in veränderter Form fortbestehen kann. 32

Hinweis

Für die Beibehaltung des Fortführungswerts gilt also eine 15-jährige Behaltensfrist oder eine Reinvestitionspflicht. Ist die 7-jährige Behaltenspflicht für die Optionsverschonung (§ 13a Abs. 10 ErbStG) bei der Veräußerung schon abgelaufen, kann m.E. die rückwirkende Bewertung nach dem Liquidationswert keine Bedeutung mehr haben. Ist die 5-jährige Behaltenspflicht zur 85 %igen (Regel-)Verschonung bei der Veräußerung schon abgelaufen, hat m.E. die rückwirkende Bewertung nach dem Liquidationswert Bedeutung für die restlichen 15 % des begünstigten Werts des LuF-Betriebs. Wird vor Ablauf der Verschonungsfristen nach §§ 13a, 13c ErbStG veräußert, kumulieren sich die Nachversteuerung nach § 13a Abs. 6 ErbStG und die (Höher-) Bewertung nach § 166 BewG.

Der **Liquidationswert** (§ 166 BewG) richtet sich beim Grund und Boden nach den **Bodenrichtwerten** abzgl. 10 % pauschalierte Liquidationskosten. Alle anderen Wirtschaftsgüter werden mit ihrem gemeinen Wert bewertet. Auch deren Wert ist um 10 % zu mindern. In R B 166 ErbStR und H B 166.2 und 166.3 ErbStH finden Sie weitere Angaben zur Ermittlung des Liquidationswerts mit **Berechnungsbeispielen.** 33

Ausnahme: Die höhere Bewertung der wesentlichen Wirtschaftsgüter mit dem Liquidationswert kann vermieden werden, wenn der gesamte Veräußerungserlös jeweils innerhalb von sechs Monaten ausschließlich im betrieblichen Interesse verwendet (**reinvestiert**) wird. Auch der Wirtschaftsteil wird nicht mit dem Liquidationswert angesetzt, wenn der Veräußerungserlös innerhalb von sechs Monaten ausschließlich zum Erwerb eines anderen Betriebs der Land- und Forstwirtschaft oder eines Anteils im Sinne des § 158 Abs. 2 Satz 2 verwendet wird. 34

Die Reinvestition muss zwingend **innerhalb von 6 Monaten** nach dem Übergang von Nutzen, Lasten und Gefahren des Betriebs/Anteils erfolgen. In Betracht kommen der Erwerb eines anderen Betriebs der Land- und Forstwirtschaft, der Erwerb eines Anteils an einem anderen Betrieb der Land- und Forstwirtschaft sowie der Erwerb von Grund und Boden, Wirtschaftsgebäuden, stehenden Betriebsmitteln, immateriellen Wirtschaftsgütern.[21]

Dem Steuerpflichtigen bleibt immer die Möglichkeit, einen niedrigeren Verkehrswertnachweis für den gesamten Wirtschaftsteil nachzuweisen. Der Nachweis 35

21 S.a. R B 162 Abs. 3 ErbStR.

eines niedrigeren gemeinen Werts kann nicht durch ein Einzelertragswertverfahren für den Wirtschaftsteil erbracht werden, da die Grundsätze zur Ermittlung eines Liquidationswerts zu beachten sind.[22] Wird also für den Wirtschaftsteil insgesamt der Liquidationswert angesetzt, scheidet der Ansatz eines niedrigeren Verkehrswerts per se aus (§ 165 Abs. 3 BewG). Soweit im Rahmen der Öffnungsklauseln (§§ 165 Abs. 3 und 167 Abs. 4 BewG) Nutzungsrechte berücksichtigt wurden, ist insoweit der jeweilige Wert nachrichtlich mitzuteilen.

Hinweis

Im Rahmen der gesonderten Feststellung werden zunächst keine Aussagen zum Liquidationswert im Sinne des § 166 BewG getroffen. Im Fall der Nachbewertung nach § 162 Abs. 3 und 4 BewG ist der erteilte Feststellungsbescheid nach § 175 Abs. 1 Satz 1 Nr. 2 AO zu ändern. Der Liquidationswert tritt mit Wirkung für die Vergangenheit im Sinne des § 175 Abs. 1 Satz 1 Nr. 2 AO an die Stelle des bisherigen Fortführungswerts. Der jeweilige Liquidationswert i.S.d. § 166 BewG wird dabei zum Gegenstand des Feststellungsverfahrens. Im Fall der Nachbewertung (§ 162 Abs. 3 und 4 BewG) fordert die Erbschaft- und Schenkungsteuerstelle vom Lagefinanzamt die gesonderte Feststellung des Werts für den Wirtschaftsteil unter Berücksichtigung des Liquidationswerts an, wenn dies für die Besteuerung von Bedeutung ist. Die hierfür erforderlichen Daten werden vom Erwerber im Rahmen einer neuen Feststellungserklärung zum (zurückliegenden) Bewertungsstichtag erhoben. Die Änderung des Grundbesitzwerts führt über § 175 Abs. 1 Nr. 1 AO letztlich zur Anpassung des Erbschaftsteuer- oder Schenkungsteuerbescheids.

4. Zusammenfassende Einschätzung der LuF-Bewertung

36 Gesetzliches Bewertungsziel ist der gemeine Wert des einzelnen LuF-Betriebs (§ 162 BewG), d.h. der nach den Vorschriften des BewG ermittelte Wert ist **für Erbschaft- und Schenkungsteuerzwecke der Verkehrswert.** Dies hat z.B. Bedeutung für die Bewertung von LuF-**Vermächtnissen**, für die Berechnung der **Zugewinnausgleichsforderung** und der Bereicherung bei einer **gemischten Schenkung.** Der sog. Fortführungswert nach dem Regelbewertungsverfahren stellt auf die Ertragskraft des Unternehmens ab und nimmt auf die Gepflogenheiten in der Land- und Forstwirtschaft Rücksicht, dass im Zweifel ein Betrieb nicht verkauft, sondern verpachtet wird. Der Bereicherungswert spiegelt daher eher die möglichen (kapitalisierten) Pachterträge als den gemeinen Wert im Sinne eines möglichen Verkaufspreises wieder. Hier ist demnach anzunehmen, dass über die Bewertung eine schonende Besteuerung eintritt. Da speziell in der Land- und Forstwirtschaft unentgeltliche Betriebsübergaben/-übernahmen häufiger mit dem Ziel erfolgen, dass sie langfristig im Familienbesitz bleiben, kann die Opti-

22 Vgl. R B 165 Abs. 3 ErbStR.

onsverschonung (Behaltenszeit 7 Jahre; Verschonung nach §§ 13a, 13c und 19a ErbStG, die für die LuF begünstigende Sonderelemente vorsieht) gewählt werden, so dass der Erwerber ohnehin keine Erbschaft-/Schenkungsteuer zu zahlen hat. Auch der **Mindestwert** ist wegen seiner Bezugnahme auf Pachtpreise und Besatzkapital eher nicht mit einem erzielbaren Verkaufspreis zu vergleichen. Am ehesten wird der „wirkliche" Verkehrswert (möglicherweise erzielbarer Kaufpreis) bei Ansatz des **Liquidationswerts** erreicht.

E. Die Feststellungserklärung zur Wertermittlung des LuF-Grundbesitzwerts

Da die Erbschaft-/Schenkungsteuerstelle den Wert des LuF-Vermögens nicht selbst ermitteln kann, muss sie gewöhnlich das Lagefinanzamt des LuF-Betriebs oder eine zentrale Bewertungsstelle auffordern, eine gesonderte Wertfeststellung vorzunehmen. Sodann kann abgewartet werden, ob von dort eine Aufforderung zur Abgabe einer Feststellungserklärung eingeht. Ist dies der Fall, ist eine **Feststellungserklärung** abzugeben. Ergänzend zur Feststellungserklärung gibt es eine **Anleitung zur Anlage „Land- und Forstwirtschaft"**, auf die generell verwiesen wird. Die Feststellungserklärung besteht aus einem **allgemeinen Teil**, siehe dazu § 7, und der folgenden **Anlage „Land- und Forstwirtschaft"**. 37

I. Allgemeine Angaben zum LuF-Betrieb

Zutreffende weiße Felder bitte ausfüllen oder ☒ ankreuzen 38

Finanzamt		**Anlage Land- und Forstwirtschaft zur Feststellungserklärung**			
Aktenzeichen/Steuernummer					
Zeile	**Lage des Betriebs der Land- und Forstwirtschaft**	☐ für einen Betrieb der Land- und Forstwirtschaft		☐ für eine Stückländerei	
1	Postleitzahl und Ort/Gemeinde				
2	Straße und Hausnummer				
3	Gemarkung	Einheitswert-/Ersatzwirtschaftswertaktenzeichen			
4	Grundbuchblatt/Flur/Flurstück(e)	☐ Siehe beigefügte Flächenaufstellung bzw. Flächennachweis			
5	Höhe der Beteiligung des bisherigen Betriebsinhabers	Zähler	Nenner	oder	%
6	Höhe der Beteiligung des Erwerbers (Anteil, der von Zeile 5 erworben wird)	Zähler	Nenner	oder	%

Die Anlage „Land- und Forstwirtschaft" zur Feststellungserklärung ist, wenn mehrere Betriebe der Land- und Forstwirtschaft übertragen wurden, für **jeden Betrieb** abzugeben, da jeder Betrieb eine selbstständige wirtschaftliche Einheit darstellt.

In dieser Anlage ist der Betrieb der Land- und Forstwirtschaft **möglichst genau zu bezeichnen**; hierzu sind u.a. die Gemarkung, die Grundbuchblattnummer, die Flur und Flurstücksnummer oder sonst übliche Katasterbezeichnungen sowie die Einheitswertaktenzeichen des Betriebs anzugeben. Ein neueres Formular ist noch in Bearbeitung.

In **Zeile 5** wird die Beteiligungshöhe des bisherigen Betriebsinhabers abgefragt, z.B. 100 % im Falle eines Einzelunternehmens. Ausgehend von diesen Angaben ist in **Zeile 6** der Umfang des Erwerbs von Zeile 5 einzutragen. Wenn Sie den gesamten Betrieb oder den gesamten Anteil eines Gesellschafters an einer Personengesellschaft/Gemeinschaft erworben haben, tragen Sie hier 100 % ein. Die Eintragung von 100 % ist auch dann erforderlich, wenn Sie beispielsweise einen 50 %-Anteil in vollem Umfang erworben haben. Alternativ kann der Umfang der Beteiligung auch als Bruch eintragen werden.

II. Der Wirtschaftsteil

39

7	**Betrieb der Land- und Forstwirtschaft**	ha	a	m²
8	Wie groß ist die Eigentumsfläche des Betriebs am Bewertungsstichtag (lt. Katasterunterlagen)?			
9	Wie groß sind die Flächen lt. Zeile 8, die am Bewertungsstichtag für mindestens weitere 15 Jahre verpachtet sind (Stückländereien)? Für diese Flächen bitte eine eigene Anlage LuF (Stückländerei) ausfüllen; vgl. hierzu Anleitung BBW 30.			
10	Wie groß sind von der Fläche lt. Zeile 8 die Hof- und Gebäudeflächen des Betriebs (lt. Katasterunterlagen)?			
11	Wie groß ist von der Fläche lt. Zeile 10 die den Betriebswohnungen zuzurechnende Grundstückfläche?			
12	Wie groß ist von der Fläche lt. Zeile 10 die dem Wohnteil (inklusive Altenteiler) zuzurechnende Grundstückfläche?			
13	Soweit in der Fläche lt. Zeile 10 Grundstücksflächen enthalten sind, die einer wirtschaftlichen Einheit des Grundvermögens (z. B an Fremde vermietete Wohnung) zugerechnet werden: Größe der Flächen? (vgl. dazu auch Zeile 18)			
14	Dienen Wirtschaftsgebäude dem Betrieb der Land- und Forstwirtschaft?	Nein		Ja, bitte Erläuterungen beifügen
15	Dienen stehende Betriebsmittel dem Betrieb der Land- und Forstwirtschaft?	Nein		Ja, bitte Erläuterungen beifügen
16	Dienen immaterielle Wirtschaftsgüter dem Betrieb der Land- und Forstwirtschaft?	Nein		Ja, bitte Erläuterungen beifügen
17	Lasten auf dem Wirtschaftsteil Verbindlichkeiten (Nachweis bitte beifügen)?	Nein		Ja EUR
18	Werden der Grund und Boden und/oder Gebäude/Gebäudeteile ganz oder teilweise zu nicht land- und forstwirtschaftlichen Zwecken genutzt?	Nein		Ja, bitte Erläuterungen auf ges. Blatt oder die **Anlage Grundstück** beifügen
19	Dienen land- und forstwirtschaftlich genutzte Flächen in absehbarer Zeit anderen als land- und forstwirtschaftlichen Zwecken (z. B. als Bauland)?	Nein		Ja, bitte Erläuterungen auf ges. Blatt oder die **Anlage Grundstück** beifügen

Der Wirtschaftsteil umfasst die land- und forstwirtschaftlichen Nutzungen **(Zeilen 37–203)**, die Nebenbetriebe **(Zeilen 234–241)**, das Abbauland **(Zeilen 243)**, das Geringstland **(Zeile 244)** und das Unland **(Zeile 245)** (§ 160 Abs. 2 BewG). Der Wert des Wirtschaftsteils ist grundsätzlich die Summe der einzelnen Wirtschaftswerte (§§ 163, 165 Abs. 1 BewG). Dieser Wert darf den Mindestwert für den Wirtschaftsteil nicht unterschreiten (§§ 164, 165 Abs. 2 BewG).

40 In **Zeile 8** sind zur Berechnung des Werts für den Wirtschaftsteil die **Eigentumsfläche des Betriebs**, dabei alle Flächenangaben nach den tatsächlichen Verhältnissen am Bewertungsstichtag, zu erklären sowie in Hektar, Ar und Quadratmetern anzugeben. Zudem sind die Hof- und Gebäudeflächen, auch soweit sie auf den

Wohnteil und Betriebswohnungen entfallen, in Zeile 8 einzutragen. Wird der Betrieb in der Rechtsform einer Personengesellschaft oder als Gemeinschaft geführt, ist auch die sich im Alleineigentum eines Gesellschafters/Gemeinschafters befindenden Flächen anzugeben, die im Rahmen des Betriebs genutzt werden.

In **Zeile 10** ist die Größe der Hof- und Gebäudeflächen anzugeben, die auf den Wirtschaftsteil entfallen. In den **Zeilen 11–13** sind jeweils die Grundstücksflächen anzugeben, die auf die Betriebswohnungen, auf den Wohnteil und auf weiteres Grundvermögen entfallen. Wichtig ist hierbei, dass diese Grundstücksflächen auch in der Zeile 10 enthalten sind. 41

Die Angaben in den **Zeilen 14–16** dienen insbesondere der Ermittlung der Wirtschaftsgebäude und eines möglichen Liquidationswerts. Ggf. ist ein Anlageverzeichnis beizufügen, siehe noch die **amtliche Anleitung**. 42

Als Wirtschaftsgebäude kommen insbesondere Gebäude zur Unterbringung von Vieh, Vorräten, Maschinen und anderen Betriebsmitteln sowie Verkaufs-, Arbeits- und Sozialräume in Betracht. Hierzu gehören auch Büros, in denen ausschließlich die mit der Betriebsorganisation und Betriebsführung zusammenhängenden Arbeiten vorgenommen werden. Als stehende Betriebsmittel kommen regelmäßig alle Wirtschaftsgüter des Anlagevermögens in Betracht, die zum land- und forstwirtschaftlichen Vermögen gehören. Zu den immateriellen Wirtschaftsgütern gehören z.B. Lieferrechte, Brennrechte und Lizenzen.

In der **Zeile 17** sind nur die Verbindlichkeiten einzutragen, die auf den Wirtschaftsteil entfallen. Verbindlichkeiten, die im unmittelbaren wirtschaftlichen Zusammenhang mit dem Betrieb der Land- und Forstwirtschaft stehen, sind land- und forstwirtschaftliches Vermögen. Die Verbindlichkeiten sind jeweils dem Wirtschaftsteil, den Betriebswohnungen und dem Wohnteil der Höhe nach zuzuordnen, weil sie beim Grundbesitzwert zu berücksichtigen sind. Soweit die **Verbindlichkeiten auf den Wirtschaftsteil** entfallen, werden sie gem. § 163 Abs. 2 Satz 2 BewG nicht berücksichtigt, wenn dessen Wert durch Kapitalisierung des Reingewinns ermittelt wird (Fortführungswert).[23] Der Abzug von Verbindlichkeiten ist nur bei der Bewertung des Wirtschaftsteils nach dem Mindestwertverfahren (§ 158 Abs. 5 i.V.m. § 164 BewG) und beim Nachweis des niedrigeren gemeinen Werts (§ 165 Abs. 3 BewG) möglich. Bei der Wertermittlung des Fortführungswerts können sie dagegen nicht abgezogen werden, allerdings kann der Mindestwert **nicht negativ** sein (§ 164 Abs. 6 BewG). 43

Hinweis

Pensionsverpflichtungen gehören nicht zum land- und forstwirtschaftlichen Vermögen. Nutzungsrechte, die Dritten eingeräumt wurden, können nur im Rahmen eines Verkehrswertnachweises oder bei der Erbschaft-/Schenkungsteuer abgezogen werden.

23 Abzug beim u.a. Mindestwertverfahren möglich.

44 In den **Zeilen 18 und 19** sind Grund und Boden sowie Gebäude oder Gebäudeteile eines Betriebs der Land- und Forstwirtschaft anzugeben, die am Bewertungsstichtag **nicht zu land- und forstwirtschaftlichen Zwecken genutzt werden** (z.B. gewerblicher Hofladen, Unterstellplätze für Wohnwagen, Lagerflächen für Gewerbebetriebe, Schmiede, Atelier etc.). Diese Flächen rechnen zum Grundvermögen. Dafür ist auf Aufforderung eine separate Feststellungserklärung „Erklärung zur Feststellung des Bedarfswerts“ einschl. „Anlage Grundstück“ erforderlich. Auch land- und forstwirtschaftlich genutzte Flächen, die in absehbarer Zeit anderen als land- und forstwirtschaftlichen Zwecken dienen (z.B. als Bauland, Industrieland oder Land für Verkehrszwecke), rechnen zum Grundvermögen und sind in einer separaten Anlage zu erfassen.

III. Die Betriebswohnungen

45

25	**Betriebswohnungen**				
26	Gehören zum Betrieb Gebäude/Gebäudeteile, die Arbeitnehmern und deren Familienangehörigen zur Verfügung gestellt werden?		Nein		Ja, bitte jeweils eine **Anlage Grundstück** beifügen
27	Wie groß ist die bebaute Fläche des Grundstücks?				m²
28	Besteht ein räumlicher Verbund der Betriebswohnung mit Gebäuden oder Gebäudeteilen des Wirtschaftsteils?		Nein		Ja
29	Besteht eine räumliche Verbindung zur Hofstelle (Lageplan bitte beifügen)?		Nein		Ja, bei Lageplan-Nr.
30	Lasten auf den Betriebswohnungen Verbindlichkeiten (Nachweis bitte beifügen)?		Nein		Ja EUR

Betriebswohnungen sind Wohnungen/Häuser, in denen **Betriebsangehörige** und deren Familienangehörige wohnen (vgl. R B 160.21 ErbStR). Dabei ist es nicht erforderlich, dass der Wohnungsinhaber oder seine Familienangehörigen ganz in dem Betrieb tätig sind. Es genügt, dass der jeweilige Arbeitnehmer vertraglich verpflichtet ist, wenigstens 100 Arbeitstage oder 800 Arbeitsstunden im Jahr mitzuarbeiten. Das Merkmal der Betriebswohnung bleibt bei fortdauernder Nutzung der Wohnung durch den Arbeitnehmer nach Eintritt in den Ruhestand erhalten. Für Betriebswohnungen ist eine gesonderte Anlage „Grundstücke“ einzureichen.

46 Die **Bewertung** der Betriebswohnungen richtet sich nach den Vorschriften, die auch sonst für die Bewertung privater Wohnhäuser gelten (§ 167 i.V.m. §§ 182–196 BewG), siehe Rdn 49.

Hinweis

Der Wert der Betriebswohnungen ist gesondert festzustellen. Dafür ist auf Aufforderung eine separate Feststellungserklärung einschl. „Anlage Grundstück“ erforderlich. Ergibt die steuerliche Bedarfsbewertung einen Wert der Betriebswohnung über dem Verkehrswert, muss das Finanzamt den **niedrigeren Verkehrswert** ansetzen, wenn der Steuerpflichtige **nachweist**, dass der gemeine Wert für die Betriebswohnungen niedriger ist als der Steuerwert (§ 198 BewG). Der Nachweis ist – abgesehen von zeitnahen Verkäufen –

in der Regel durch Bausachverständigengutachten zu erbringen. Die Kosten müssen vom Steuerpflichtigen getragen werden. Das Finanzamt ist dagegen nicht verpflichtet, von sich aus einen niedrigeren Verkehrswert zu ermitteln. Zum niedrigeren Verkehrswert beim Grundvermögen siehe noch § 8 Rdn 118.

Der Wertabschlag von 15 % kann beim nachgewiesenen Verkehrswert nur dann berücksichtigt werden, wenn bei der Verkehrswertermittlung die geminderte Verkaufsfähigkeit land- und forstwirtschaftlicher Wohngebäude, die durch den pauschalen Abschlag abgegolten wird, nicht schon berücksichtigt worden ist.

Die Begünstigung nach § 13d ErbStG (10 % Abschlag) ist bei vermieteten Betriebswohnungen, die zum LuF-Vermögen gehören, dem Grunde nach möglich (da diese nicht zum begünstigten Vermögen gem. § 13b ErbStG gehören).

Die **Verbindlichkeiten**, die im unmittelbaren wirtschaftlichen Zusammenhang mit den Betriebswohnungen stehen, können vom Wert der Betriebswohnungen abgezogen werden (§ 168 Abs. 1 Nr. 2 BewG). Der Stand der Verbindlichkeiten am Stichtag ist **in Zeile 30** einzutragen. Verbindlichkeiten, die sich auf die gesamte wirtschaftliche Einheit des Betriebs der Land- und Forstwirtschaft erstrecken, sind den jeweiligen Betriebsteilen zuzuordnen. 47

IV. Der Wohnteil

48

31	**Wohnteil**					
32	Gehören zum Betrieb Gebäude/Gebäudeteile, die dem Betriebsinhaber, den zu seinem Haushalt gehörenden Familienangehörigen oder den Altenteilern zu Wohnzwecken dienen?		Nein		Ja, bitte jeweils eine **Anlage Grundstück** beifügen	
33	Wie groß ist die bebaute Fläche des Grundstücks?					m²
34	Besteht ein räumlicher Verbund des Wohnteils mit Gebäuden oder Gebäudeteilen des Wirtschaftsteils?		Nein		Ja	
35	Besteht eine räumliche Verbindung zur Hofstelle (Lageplan bitte beifügen)?		Nein		Ja, bei Lageplan-Nr.	
36	Lasten auf dem Wohnteil Verbindlichkeiten (Nachweis bitte beifügen)?		Nein		Ja	EUR

Der Wohnteil ist das Haus, in dem der Betriebsinhaber wohnt (vgl. R B 160.22 ErbStR). Dabei kann es sich um ein freistehendes oder um ein mit Betriebsgebäuden verbundenes Haus handeln. Die Wohnung des Betriebsinhabers muss sich auch nicht in unmittelbarer Nachbarschaft oder auf dem Hauptgrundstück eines mehrere Grundstücke umfassenden land- und forstwirtschaftlichen Betriebs befinden. Entscheidend ist, dass die Lage der Wohnung dem Betriebsinhaber ermöglicht, soweit erforderlich im Betrieb anwesend zu sein und in den Betriebsablauf einzugreifen. Zum Wohnteil gehören auch sog. Altenteilerhäuser. Der Wohnteil gehört nicht zum begünstigungsfähigen „Unternehmensvermögen" i.S.d. §§ 13a,13b, 13c ErbStG. **Ggf.** kann der Erwerb **gem. § 13 Abs. 1 Nr. 4a–4c ErbStG (Familienheim) steuerbefreit sein**. Für den Wohnteil ist eine gesonderte Anlage „Grundstücke" einzureichen.

49 Die **Bewertung** des Wohnteils richtet sich nach den Vorschriften, die auch sonst für die Bewertung von privaten Wohnhäusern gelten (§ 167 i.V.m. §§ 182–196 BewG),[24] siehe dazu § 6. Zum Grund und Boden des Wohnteils im Sinne des § 160 Abs. 1 Nr. 3, Abs. 9 BewG zählen neben der bebauten Fläche auch die vom Betrieb im Rahmen der Wohnungsüberlassung zur Verfügung gestellten übrigen Flächen, wie z.B. Stellplätze, Terrassen und Gärten. Hängt der Wohnteil mit dem Wirtschaftstrakt baulich oder räumlich zusammen, gilt für die Bestimmung der Grundstücksfläche nach § 167 Abs. 2 BewG, dass höchstens das **Fünffache der jeweils bebauten Fläche dem Wohnteil** zugeordnet werden darf. Der Wert des Wohnteils ist um **15 % zu ermäßigen** (§ 167 Abs. 3 BewG), wenn eine räumliche Verbindung mit der Hofstelle besteht (hierzu Angabe in **Zeile 35**). Befindet sich der Wohnteil unmittelbar neben den Wirtschaftsgebäuden oder den dazugehörigen Nebenflächen, ist eine räumliche Verbindung im Sinne des § 167 Abs. 3 BewG stets anzunehmen, ansonsten z.B. auch, wenn der Wohnteil durch eine öffentliche Straße mit geringer Verkehrsbelastung von der Hofstelle getrennt ist. Damit werden pauschale Besonderheiten berücksichtigt, die sich im Falle einer engen Verbindung von Wohnraum mit dem Betrieb ergeben. Die Ermäßigung ist stets am Ende des jeweiligen Rechengangs zur Ermittlung des Werts des Wohnteils vorzunehmen. Entsprechendes gilt für Betriebswohnungen.

Hinweis

Ergibt die steuerliche Bedarfsbewertung einen Wert über dem Verkehrswert, muss das Finanzamt den **niedrigeren Verkehrswert** ansetzen, wenn der Steuerpflichtige **nachweist**, dass der gemeine Wert für den Wohnteil/für die Betriebswohnungen (siehe Rdn 46) niedriger ist als der Steuerwert (§ 198 BewG). Zum niedrigeren Verkehrswert beim Grundvermögen siehe noch § 8 Rdn 118.

Für jede Wohnung, die wie Wohnungseigentum zu bewerten ist, ist eine **eigene Anlage „Grundstück" als Bestandteil der Erklärung zur Feststellung des Grundbesitzwerts des Betriebs der Land- und Forstwirtschaft notwendig**.

Zur Bewertung von Gebäuden innerhalb eines Betriebs der LuF siehe noch H B 167.1 (3) ErbStH mit Schaubild.

50 Die **Verbindlichkeiten**, die im unmittelbaren wirtschaftlichen Zusammenhang mit dem Wohnteil stehen, können vom Wert der Wohnungen des Wohnteils abgezogen werden (§ 168 Abs. 1 Nr. 3 BewG). Der Stand der Verbindlichkeiten am Stichtag ist **in die Zeile 36** einzutragen. Verbindlichkeiten, die sich auf die gesamte wirtschaftliche Einheit des Betriebs der Land- und Forstwirtschaft erstrecken, sind den jeweiligen Betriebsteilen zuzuordnen.

24 *Krause/Grootens*, Bewertung des Wohnteils und der Betriebswohnungen eines LuF-Betriebs, NWB-EV 6/2012, 198.

37	**Nachweis des niedrigeren gemeinen Werts**						51
38	Wird der Ansatz des niedrigeren gemeinen Werts für den Wirtschaftsteil beantragt?		Nein		Ja, bitte Verkehrswertnachweis beifügen	
39	Wurde bei der Ermittlung des niedrigeren gemeinen Werts der Wert eines Nutzungsrechts abgezogen?		Nein		Ja, in welcher Höhe?	EUR

Für den Wirtschaftsteil des Betriebs der Land- und Forstwirtschaft kann abweichend von der Wertermittlung nach den §§ 163, 164 BewG (d.h. von dem durch das Finanzamt ermittelten Fortführungswert) der niedrigere gemeine Wert (Verkehrswert) am Bewertungsstichtag angesetzt werden, wenn der Steuerpflichtige diesen nachweist (§ 165 Abs. 3 BewG). Der Nachweis eines niedrigeren gemeinen Werts kann nicht durch ein Einzelertragswertverfahren für den Wirtschaftsteil erbracht werden, da die Grundsätze zur Ermittlung eines Liquidationswerts zu beachten sind. In **Zeile 38** kann angekreuzt werden, ob der Erwerber den Ansatz des niedrigeren Verkehrswerts beantragt. Als Nachweis ist ein Gutachten eines Sachverständigen für Bewertungsfragen in der Landwirtschaft oder ein Kaufpreisnachweis (d.h. niedrigerer Kaufpreis innerhalb eines Jahres vor dem Besteuerungszeitpunkt) beizufügen. Ggf. ist abzuwägen, ob die Gutachterkosten in vertretbarer Relation zur der Erbschaft-/Schenkungsteuerersparnis stehen. In der **Zeile 39** ist anzugeben, ob bei der Verkehrswertermittlung ein Nutzungsduldungsrecht, insb. ein Nießbrauchsrecht abgezogen wird. Die Angabe ist erforderlich, damit das Nutzungsrecht nicht noch mal als Verbindlichkeit abgezogen wird (§ 10 Abs. 6 Satz 11 ErbStG). Wird das Nutzungsrecht bei der Verkehrswertermittlung nicht wertmindernd berücksichtigt, kann es noch als Verbindlichkeit abgezogen werden. Von dem ermittelten Verkehrswert sind die im unmittelbaren wirtschaftlichen Zusammenhang stehenden Verbindlichkeiten abzuziehen, so dass gegebenenfalls ein negativer Wert des Wirtschaftsteils in den Grundbesitzwert einfließt.

V. Nutzungsüberlassungen, Stückländerei

1. Verpachtung

40	**Nutzungsüberlassungen/Verpachtungen/Pachtbetriebe**					52
41	War der Betrieb am Bewertungsstichtag im Ganzen verpachtet?		Nein, weiter Zeile 42		Ja, weiter Zeile 43
42	Lagen am Bewertungsstichtag ausschließlich Flächen vor, die weniger als 15 Jahre zur Nutzung überlassen sind?		Nein, weiter Zeile 44		Ja, weiter Zeile 43
43	Sind Ihnen Umfang und Nutzungsart der jeweils verpachteten Flächen bekannt?		Nein, bitte weiter Zeile 246 ff		Ja, weiter Zeile 46
44	War der Betrieb am Bewertungsstichtag im Ganzen gepachtet?		Nein, weiter Zeile 46		Ja, weiter Zeile 236

Eine Verpachtung ist in **Zeile 41** anzugeben. Die **Verpachtung** im Ganzen ohne Aufgabe ändert nichts an der Vermögensart, d.h. beim **Eigentümer** liegt ein LuF Betrieb (Fortsetzung der Tätigkeit auf andere Art und Weise) vor, siehe R B 158.1 ErbStR und H B 158.1 ErbStH. Die Verpachtung eines einzelnen land- und forstwirtschaftlich genutzten Grundstücks stellt grds. eine Betriebsverpachtung im Ganzen dar (R E 13b.15 und 13b.19 ErbStR). Mehrere verpachtete

Grundstücke desselben Eigentümers bilden, unabhängig von ihrer Lage zueinander, regelmäßig eine wirtschaftliche Einheit. Auch Flächen, die aus einem aktiven land- und forstwirtschaftlichen Betrieb heraus verpachtet werden, bilden eine eigene wirtschaftliche Einheit, da sie nicht zusammen mit den selbstgenutzten Flächen des Betriebsinhabers bewirtschaftet werden und dieser keine unmittelbare Einwirkungsmöglichkeit und eigene Aufsicht über die sachdienliche Nutzung der verpachteten Flächen hat. Insoweit ist auch eine eigene Wertermittlung durchzuführen. Die Betriebsverpachtung führt m.E. noch nicht zum Auslösen des Liquidationswerts. Die Bewertung erfolgt sowohl im Reingewinnverfahren (§ 163 BewG) als auch im Mindestwertverfahren (§ 164 BewG). Dabei erfolgt kein Ansatz von Besatzkapital, soweit Flächen nicht selbst bewirtschaftet werden (§ 164 Abs. 4 Satz 3 BewG). Gemäß R B 164 Abs. 9 Satz 7 ErbStR können auch im Falle der Betriebsverpachtung im Ganzen die ertragswertbildenden Faktoren nach einem vereinfachten Verfahren ermittelt werden (Bewertung nach vorgegebenen Pachtpreisen auf der Grundlage der Klassifizierung des automatischen Liegenschaftskatasters). Im Fall der **Betriebsverpachtung im Ganzen** einschließlich des Wohnhauses bleibt auch der Wohnteil LuF-Vermögen. Behält der Verpächter das Wohnhaus auf der Hofstelle für sich zurück, ist die Verbindung zur verpachteten Betriebsfläche gelöst; d.h. die Verpächterwohnung gehört zum Grundvermögen. Ausnahme: Pächter- und Verpächterwohnung liegen in einem Gebäude. Beim **Pächter** liegt – nach Maßgabe der allgemeinen Grundsätze gem. R B 160.1 ff. ErbStR – ebenfalls ein LuF-Betrieb vor.

53 Im Falle der **eisernen Verpachtung** i.S.d. §§ 582a ff. BGB[25] gelten grds. die gleichen Regelungen wie für einen normalen Betrieb der Land- und Forstwirtschaft. Mit dem Ansatz des Fortführungswertes für das Besatzkapital ist der Substanzerhaltungsanspruch grds. abgegolten.[26]

2. Stückländerei

54 Stückländereien können einen LuF-Betrieb bilden (R B 160.1 Abs. 6 ErbStR). Stückländerei ist ein **besonderer Fall der Verpachtung**. Eine Stückländerlei liegt **nur bei einem 15-jährigen Verpachtungszeitraum aus der Sicht des Bewertungsstichtags** (§ 161 BewG) vor. Stückländereien sind einzelne land- und forstwirtschaftlich genutzte Flächen,

– bei denen die Wirtschaftsgebäude oder die Betriebsmittel oder beide Arten von Wirtschaftsgütern nicht vom Eigentümer des Grund und Bodens, sondern von Dritten land- und forstwirtschaftlich bewirtschaftet werden und

25 Bei der eisernen Verpachtung übernimmt der Pächter eines land- und forstwirtschaftlichen Betriebs auch das Inventar zum Schätzwert und verpflichtet sich gleichzeitig, es bei Beendigung des Pachtverhältnisses zum Schätzwert zurückzugewähren.

26 Vgl. R E 162 Abs. 1 ErbStR.

- am Bewertungsstichtag für **mindestens 15 Jahre** einem anderen Betrieb der Land- und Forstwirtschaft zu dienen bestimmt sind. Häufig liegt am Bewertungsstichtag kein 15-jähriger Verpachtungszeitraum vor (ggf. aufgrund entsprechender Gestaltung); in der Praxis gibt es daher kaum „echte Stückländereien".

Hinweis

Stückländereien gehören gem. § 13b Abs. 1 Nr. 1 Alt. 1 ErbStG nicht zum begünstigungsfähigen land- und forstwirtschaftlichen Vermögen (sofern sie nicht ausnahmsweise selbst bewirtschaftet werden).

Im Umkehrschluss ergibt sich, dass verpachtete Flächen immer dann in das begünstigungsfähige land- und forstwirtschaftliche Vermögen einbezogen werden können, wenn sie nicht länger als 15 Jahre an Dritte verpachtet sind.

Mehrere Flächen werden ohne Rücksicht auf ihre räumliche Lage unter der Voraussetzung zu einer wirtschaftlichen Einheit vereinigt, dass sie zusammen bewirtschaftet werden und zwischen ihnen ein wirtschaftlicher Zusammenhang besteht.

Das Vorliegen von Stückländerei ist in **Zeile 9** anzugeben. Der **Steuerwert** besteht nur aus dem Wert für den Wirtschaftsteil (§ 168 Abs. 2 BewG). Die **Bewertung** erfolgt ausschließlich mit dem sog. **Mindestwert** (§ 162 Abs. 2 BewG, siehe dazu Rdn 26 ff.). Bei der Bewertung nach § 164 BewG wird nur der Grund und Boden (= Pachtpreis x Fläche x 18,6) angesetzt. Das Besatzkapital wird nicht erfasst. Kann der Steuerpflichtige/Verpächter die erforderlichen Daten (Anbauverhältnisse) nicht beschaffen, gilt gem. R B 164(9) ErbStR, H B 164 (9) ErbStH eine Vereinfachungsregelung (Bewertung nach vorgegebenen Pachtpreisen auf der Grundlage der Klassifizierung des automatischen Liegenschaftskatasters). Stückländereien stellen eine eigenständige wirtschaftliche Einheit dar, für die neben dieser Angabe auch eine weitere Feststellungserklärung abzugeben ist.

Hinweis

Die Klassifizierung und Bewertung der kürzer verpachteten Flächen (sog. unechte Stückländereien) richtet sich nach den allgemeinen Grundsätzen. D.h., „unechte Stückländereien" gehören als Wirtschaftsteil eines Betriebs der Land- und Forstwirtschaft zum begünstigungsfähigen Vermögen nach § 13b Abs. 1 Nr. 1 ErbStG. Insoweit kommen weit reichende Steuerbefreiungen in Form der Regelverschonung (§ 13a Abs. 1 i.V.m. § 13b Abs. 2 ErbStG) oder der Optionsverschonung (§ 13a Abs. 10 ErbStG) in Betracht.

VI. Die landwirtschaftliche Nutzung

55

45	Landwirtschaftliche Nutzung	ha	a	m²
46	Eigentumsflächen zum Bewertungsstichtag, die aus dem Erwerbsvorgang stammen			
47	./. Eigentumsflächen aus dem Erwerbsvorgang, die am Bewertungsstichtag für mindestens weitere 15 Jahre verpachtet oder zur Nutzung überlassen sind			
48	= zu bewertende Eigentumsflächen des Betriebes (ohne Stückländerei)			
49	./. sonstige am Bewertungsstichtag verpachtete oder unentgeltlich zur Nutzung überlassene Flächen, die aus dem Erwerbsvorgang stammen			
50	+ am Bewertungsstichtag zugepachtete oder unentgeltlich zur Nutzung übernommene Flächen			
51	= am Bewertungsstichtag selbst bewirtschaftete Flächen			
52	+ am Bewertungsstichtag im Rahmen einer Betriebsverpachtung im Ganzen bzw. einer eisernen Verpachtung verpachtete Flächen			
53	./. am Bewertungsstichtag im Rahmen einer Betriebsverpachtung im Ganzen bzw. einer eisernen Verpachtung zugepachtete Flächen			
54	= am Bewertungsstichtag für die Ermittlung des Besatzkapitals relevant bewirtschaftete Flächen			

Die Angaben dienen der Ermittlung der relevanten bewirtschafteten Flächen. Sie sind sowohl zur Bestimmung der Merkmale in den Zeilen 55–108 als auch zur Berechnung des Mindestwerts erforderlich. Für die Bestimmung der Merkmale ist die Summe der Flächen aus den **Zeilen 51 und 52** maßgeblich. Die **gesetzlich festgelegten landwirtschaftlichen Nutzungen** umfassen alle ggf. auch anteiligen Wirtschaftsgüter, die für die jeweilige Betätigung in entsprechendem Umfang erforderlich sind. Jede Nutzung wird für sich gesondert bewertet (§ 162 Abs. 1 Satz 3 BewG). Die Flächen der landwirtschaftlichen Nutzung bestimmen sich nach den Anbauverhältnissen am Bewertungsstichtag. Näheres siehe noch Anleitung zur Anlage Land- und Forstwirtschaft mit **Berechnungsbeispielen.**

56 In den **Zeilen 55–87** sind die Merkmale der selbst bewirtschafteten Flächen anzugeben, d.h. es ist anzugeben, wie viele Hektar, Ar und Quadratmeter der selbst bewirtschafteten Flächen am Bewertungsstichtag mit den jeweiligen Erzeugnissen bebaut sind. Sind am Bewertungsstichtag die landwirtschaftlichen Erzeugnisse bereits geerntet, sind die Merkmale der zuletzt angebauten Erzeugnisse maßgebend. Zur landwirtschaftlichen Nutzung siehe noch R B 160.2 ErbStR.

VII. Tiere

57 In den **Zeilen 88–108** ist die Anzahl der am Bewertungsstichtag vorhandenen Tiere bzw. die entsprechenden Tierplätze pro Jahr einzutragen. Der „normale“ Tierbestand gehört zur landwirtschaftlichen Nutzung, wenn im Wirtschaftsjahr für bestimmte Betriebsflächen nur eine bestimmte Menge Vieheinheiten genutzt wird. Für die Umrechnung der Tierbestände (§ 169 BewG) in Vieheinheiten sowie die Gruppen der mehr oder weniger flächenabhängigen Zweige des Tierbestands sind die in den Anlagen 19 und 20 zum BewG aufgeführten Werte maßgebend. Darüber hinausgehende Tierbestände gehören zur gewerblichen Tierzucht (vgl. R 13.2 EStR). Die **Tierzucht** ist der landwirtschaftlichen Nutzung im Sinne

des § 160 Abs. 2 Satz 1 Nr. 1 Buchst. a BewG und der Nutzungsart Veredlung zuzuordnen.

In den **Zeilen 109, 110** ist anzugeben, ob Anteile an einer gemeinschaftlichen Tierhaltung vorliegen. **Gemeinschaftliche Tierhaltungen sind** als land- und forstwirtschaftliches Vermögen zu erfassen (§ 51a BewG i.V.m. § 13 Abs. 1 Nr. 1 Satz 5 EStG, R B 160.2 Abs. 4 ErbStR) und damit land- und forstwirtschaftliches Vermögen im Sinne der §§ 158 ff. BewG. Dies gilt auch, wenn sie in der Rechtsform einer Erwerbs- und Wirtschaftsgenossenschaft, einer Gesellschaft, bei der die Gesellschafter als Mitunternehmer anzusehen sind, oder als Verein betrieben wird. Bei Beteiligungen an derartigen Gesellschaften sind entsprechende Unterlagen beizufügen. Zur Berechnung siehe **Beispiel** in der amtlichen Anleitung.

VIII. Überbestand – LuF-Nutzung

Der Überbestand an umlaufenden Betriebsmitteln eines Betriebs der Land- und 58
Forstwirtschaft **zählt** nicht zum land- und forstwirtschaftlichen Vermögen (§ 158 Abs. 4 Nr. 4 BewG), sondern **zum übrigen Vermögen.** Übersteigen die Vorräte an umlaufenden Betriebsmitteln am Bewertungsstichtag den Durchschnitt der letzten fünf Jahre, liegt insoweit ein Überbestand vor. Der Überbestand wird in der Weise ermittelt, dass vom gesamten Wert aller umlaufenden Betriebsmittel der gesamte Wert des Normalbestandes an umlaufenden Betriebsmitteln abgezogen wird; dabei ist nach Nutzungen vorzugehen. Dazu dienen die Eintragungen in den **Zeilen 111, 112.**

IX. Forstwirtschaftliche Nutzung

Zur forstwirtschaftlichen Nutzung gehören alle Wirtschaftsgüter, die der Erzeu- 59
gung und Gewinnung von Rohholz dienen. In **Zeilen 113–122** sind die Angaben für die **forstwirtschaftliche Nutzung – Ermittlung des Reingewinns,** d.h. die forstwirtschaftlich genutzten Flächen nach dem Stand am Bewertungsstichtag, einzutragen. Der **Reingewinn** errechnet sich nach Anlage 15 zum BewG.

Die Eintragungen zur Ermittlung des Mindestwerts sind in den **Zeilen 123–157** vorzunehmen. Der Mindestwert der forstwirtschaftlichen Nutzung setzt sich aus dem Wert für den Grund und Boden und dem Wert der übrigen Wirtschaftsgüter (Besatzkapital) zusammen. In den **Zeilen 158, 159** ist der sog. Überbestand zu erklären. Ein Überbestand an umlaufenden Betriebsmitteln zählt zum übrigen Vermögen. Durch Windbruch und Windwurf angefallenes Holz gilt solange nicht als eingeschlagen, wie es mit der Wurzel verbunden ist (s.a. R B 160.3 ErbStR und die **amtliche Anleitung** zur Anlage Land- und Forstwirtschaft).

X. Weinbauliche Nutzung

60 Zur weinbaulichen Nutzung gehören alle **Wirtschaftsgüter**, die der Erzeugung von Trauben sowie der Gewinnung von Maische, Most und Wein aus diesen dienen. Näheres siehe R B 160.4 ErbStR. In den **Zeilen 160–166** sind zur Ermittlung des Reingewinns (vgl. R B 163 Abs. 5 ErbStR) die weinbaulich genutzten Flächen nach dem Stand am Bewertungsstichtag einzutragen. Häufig wird es beim Weinbau zu Mindestbewertung kommen. Zur Ermittlung des Mindestwerts der weinbaulichen Nutzung ist auf die relevanten bewirtschafteten Flächen abzustellen; dazu dienen die Eintragungen in den **Zeilen 168–177**.

Kommen die Verwertungsformen in einem Betrieb nebeneinander vor, sind die Flächenanteile in Abhängigkeit von der jeweiligen Erntemenge zu ermitteln (vgl. Beispiel in der amtlichen Anleitung; **Berechnungsbeispiel** in H B 164 (1) ErbStH).

61 Die Vorräte an Fass- und Flaschenwein aus den Ernten der letzten fünf Kalenderjahre vor dem Bewertungsstichtag gehören zum normalen Bestand an umlaufenden Betriebsmitteln; erst darüber hinausgehende Vorräte zählen zum **Überbestand**. Der Überbestand zählt zum übrigen Vermögen und ist dort mit dem gemeinen Wert zu bewerten. Der Überbestand ist in den **Zeilen 178, 179** und auf einem gesonderten Blatt formlos aufzulisten.

XI. Gärtnerische Nutzung

62 In den **Zeilen 180–189** sind zur Ermittlung des Reingewinns (vgl. R B 163 Abs. 6 ErbStR) die gärtnerisch genutzten Flächen nach dem Stand am Bewertungsstichtag einzutragen. Häufig wird es beim Gartenbau zu Mindestbewertung kommen. Zur Ermittlung des Mindestwerts der gärtnerischen Nutzung ist auf die selbst bewirtschaftete Fläche abzustellen; dazu dienen die Eintragungen in den **Zeilen 191–203.** Zur gärtnerischen Nutzung gehören alle Wirtschaftsgüter, die dem Anbau von Gemüse, Blumen- und Zierpflanzen, Obst sowie Baumschulerzeugnissen dienen. Näheres siehe R B 160.5 – 8 ErbStR. Der **Reingewinn** errechnet sich nach Anlage 17 zum BewG. Zur Berechnung des Mindestwert der gärtnerischen Nutzung mit **Berechnungsbeispiel** siehe H B 164 (1) ErbStH.

XII. Sondernutzung

63 Bei den **übrigen land- und forstwirtschaftlichen Nutzungen** wird insb. zwischen Sondernutzungen und sonstigen land- und forstwirtschaftlichen Nutzungen unterschieden. Zu den Sondernutzungen gehört der Anbau von Hopfen, Tabak und Spargel nur, wenn keine landwirtschaftliche Nutzung im Sinne des § 160 Abs. 2 Nr. 1 Buchst. a BewG vorliegt. In den **Zeilen 204–210** sind zur Ermittlung des Reingewinns (vgl. R B 163 Abs. 7 ErbStR; Berechnungsbeispiel in H B 163 (7) ErbStH) die für Sondernutzungen genutzten Eigentumsflächen nach

dem Stand am Bewertungsstichtag einzutragen. Häufig wird es bei Sondernutzungen zu Mindestbewertung kommen. Zur Ermittlung des Mindestwerts der Sondernutzung ist auf die selbst bewirtschaftete Fläche abzustellen; dazu dienen die Eintragungen in den **Zeilen 211–221**. Der **Reingewinn** errechnet sich nach Anlage 18 zum BewG und ist mit 18,6 zu kapitalisieren; der Mindestwert nach § 164 BewG. Zu Sondernutzungen gibt es ein **besonderes Formular Anlage „Sondernutzung des Betriebsteils"**.

XIII. Sonstige land- und forstwirtschaftliche Nutzung

Zur Beschreibung der übrigen land- und forstwirtschaftlichen Nutzungen siehe auch R B 160.9 – 17 ErbStR. Der jeweilige Wirtschaftswert ist durch ein **Einzelertragswertverfahren** zu ermitteln, dazu R B 163 Abs. 8 ErbStR mit **Berechnungsschema** in H B 163 (8) ErbStH. Hierzu dienen die Eintragungen in **Zeilen 222–233**. 64

XIV. Nebenbetriebe

Der Begriff des Nebenbetriebs (z.B. Brennerei, Sägewerk) im Sinne des § 160 Abs. 3 BewG entspricht dem des Einkommensteuerrechts. Das Vorliegen eines Nebenbetriebs ist nach den Tatbestandsmerkmalen in R 15.5 Abs. 3 EStR zu entscheiden (R B 160.18 ErbStR).[27] Der jeweilige Wirtschaftswert ist durch ein **Einzelertragswertverfahren** zu ermitteln R B 163 (9–13) ErbStR. In diesen Fällen ist das betriebsindividuelle Ergebnis zugrunde zu legen. Dieses richtet sich nach dem nachhaltig erzielbaren Reingewinn. Er ist aus den Ergebnissen der letzten fünf vor dem Bewertungsstichtag abgelaufenen Wirtschaftsjahre abzuleiten. Hierzu ist der steuerliche Gewinn um außergewöhnliche Geschäftsvorfälle zu bereinigen und um einen angemessenen Lohnansatz zu vermindern. **Vorrangig** sind pauschale Werte der Finanzverwaltung anzuwenden, wenn solche ermittelt sind. Hierzu dienen die Eintragungen in **Zeilen 234–241**. 65

XV. Sonstige Wirtschaftsgüter

In **Zeilen 242–245** sind die am Bewertungsstichtag vorhandenen Eigentumsflächen der sonstigen LuF-Wirtschaftsgüter einzutragen. Zum **Abbauland** gehören Sandgruben, Kiesgruben, Steinbrüche und dergleichen, wenn sie durch Abbau der Bodensubstanz überwiegend für den Betrieb der Land- und Forstwirtschaft nutzbar gemacht werden. Zum **Geringstland** gehören Heide- und Moorflächen sowie ehemals bodengeschätzte Flächen und ehemalige Weinbauflächen, deren Kulturzustand sich infolge langjähriger Nichtnutzung so verschlechtert hat, dass 66

27 Zur ertragsteuerlichen Abgrenzung LuF-Nebenbetrieb zu gewerblichem Nebenbetrieb siehe z.B. zu Biogasanlagen BMF v. 29.6.2006, BStBl 2006 I, 417.

der Rekultivierungsaufwand den zu erwartenden Ertrag übersteigt. Zum **Unland** gehören die Betriebsflächen, die auch bei geordneter Wirtschaftsweise keinen Ertrag abwerfen können. Zu den Begriffen von Abbauland und Geringstland siehe R B 160.19 und 20 ErbStR. Zur **Bewertung** von Abbauland R B 163 Abs. 10 ErbStR, danach kann pauschal 2,70 EUR/Ar angesetzt werden.

XVI. Vereinfachtes Bewertungsverfahren

67 Das vereinfachte Bewertungsverfahren (**Zeilen 246–263**) kommt zur Anwendung, wenn bei der Bewertung eines Betriebs, der im Ganzen verpachtet ist, oder einer Stückländerei die ertragswertbildenden Faktoren nicht ermittelt werden können (vgl. R B 164 Abs. 9 ErbStR, **Berechnungsbeispiel** in H B 164 (9) ErbStH). In diesem Fall erfolgt die Ermittlung des Werts für den Grund und Boden auf der Grundlage der Klassifizierung im Automatisierten Liegenschaftskataster. (Näheres siehe Rdn 26 sowie in der amtlichen Anleitung).

XVII. Aufteilung bei Personengesellschaften/Gemeinschaften

68

264	**Aufteilung bei Personengesellschaften/-gemeinschaften**				
265	Höhe der erworbenen gesellschaftsrechtlichen Beteiligung	Zähler	Nenner	oder	%
266	**Angaben zum Wirtschaftsteil**	Eigentumsfläche ha	a	m^2	
267	Grund und Boden der Gesellschaft (Gesamthandseigentum)				
268	Grund und Boden des Gesellschafters (Alleineigentum)				
269	Grund und Boden der übrigen Gesellschafter (Alleineigentum)				
270	Prozentualer Umfang des übertragenen Grund und Bodens laut Zeile 268	%			
271	Verhältnis des Besatzkapitals im Gesamthandseigentum zum gesamten Besatzkapital	%			
272	Verhältnis des übertragenen Besatzkapitals des Gesellschafters zum gesamten Besatzkapital	%			
273	Verbindlichkeiten der Gesellschaft	EUR			
274	Übertragene Verbindlichkeiten des Gesellschafters	EUR			

Im Fall des Erbfalls oder des Erwerbs durch Schenkung eines Anteils an Personengesellschaft/Gemeinschaft, die einen Betrieb der Land- und Forstwirtschaft betreibt, ist für Zwecke der Erbschaft-/Schenkungsteuer der **erworbene Anteil** zu ermitteln und zu bewerten. Hierfür ist die Höhe der erworbenen gesellschaftsrechtlichen Beteiligung **in die Zeile 265** einzutragen. Der Wert des Wirtschaftsteils ist stets nach den bei der Ermittlung des Mindestwerts zugrunde gelegten Verhältnissen aufzuteilen.

Es ist zweistufig vorzugehen:
- Zunächst ist der Grundbesitzwert für den ganzen Betrieb einheitlich zu ermitteln.
- Der insgesamt ermittelte Grundbesitzwert ist dann dem Erwerber anteilig zuzurechnen.

Dafür sind die Angaben, in welchem Umfang die Beteiligung an der Personengesellschaft/Gemeinschaft erworben wurde, in den **Zeilen 264 ff.** erforderlich.

Wird ein Betrieb der Land- und Forstwirtschaft von einer (Personen-)Gesellschaft oder Gemeinschaft betrieben (§ 158 Abs. 2 Satz 2 BewG), ist der Wert des land- und forstwirtschaftlichen Vermögens einheitlich zu ermitteln (§ 3 BewG). Dabei sind außer den Wirtschaftsgütern, die der Gesellschaft oder Gemeinschaft gehören, auch die im Eigentum eines oder mehrerer Gesellschafter oder Gemeinschafter stehenden und dem Betrieb auf Dauer zu dienen bestimmten Wirtschaftsgüter, z.B. Nutzflächen, Gebäude oder Betriebsmittel, in den Betrieb einzubeziehen. Dagegen scheidet die Zurechnung von Wirtschaftsgütern aus, die zwar dem Betrieb dauernd zu dienen bestimmt sind, jedoch im Eigentum eines Nichtgesellschafters bzw. -gemeinschafters stehen. Die vorgenannten Grundsätze gelten auch bei Ehegatten. § 26 BewG ist jedoch nicht anwendbar. In diesem Fall ist das land- und forstwirtschaftliche Vermögen zunächst einheitlich zu ermitteln und dann auf die Beteiligten aufzuteilen. Die Aufteilung des Wirtschaftswerts umfasst den Grund und Boden, die übrigen Wirtschaftsgüter und die Verbindlichkeiten. Die Zuordnung erfolgt vorrangig nach den Eigentumsverhältnissen. Die übrigen Wirtschaftsgüter müssen entsprechend dem vom Eigentümer zur Verfügung gestellten Umfang prozentual berücksichtigt werden.

Dies gilt nicht für die Betriebswohnungen und den Wohnteil. Die Zuordnung der Betriebswohnungen und des Wohnteils sowie der damit im unmittelbaren wirtschaftlichen Zusammenhang stehenden Verbindlichkeiten ist vorrangig nach den **Eigentumsverhältnissen** vorzunehmen. Näheres siehe Anleitung zur Anlage „Land- und Forstwirtschaft“ mit Berechnungsbeispiel.

275	**Angaben zu den Betriebswohnungen**	
276	Wert der Betriebswohnungen im Gesamthandseigentum der Gesellschaft	EUR
277	damit im unmittelbaren wirtschaftlichen Zusammenhang stehende Verbindlichkeiten der Gesellschaft	EUR
278	Wert der aus dem Erwerbsvorgang stammenden Betriebswohnungen des Gesellschafters	EUR
279	damit im unmittelbaren wirtschaftlichen Zusammenhang stehende Verbindlichkeiten des Gesellschafters	EUR
280	**Angaben zum Wohnteil**	
281	Wert des Wohnteils im Gesamthandseigentum der Gesellschaft	EUR
282	damit im unmittelbaren wirtschaftlichen Zusammenhang stehende Verbindlichkeiten der Gesellschaft	EUR
283	Wert des aus dem Erwerbsvorgang stammenden Wohnteils des Gesellschafters	EUR
284	damit im unmittelbaren wirtschaftlichen Zusammenhang stehende Verbindlichkeiten des Gesellschafters	EUR

XVIII. Abgrenzung der gewerblichen Tierzucht

69 Grundsätzlich gehört auch die Tierzucht zu Land- und Forstwirtschaft. Ist aber der Tierbestand „überhöht", d.h. steht entsprechend § 169 BewG nicht genug eigene LuF-Nutzfläche als Futtergrundlage zur Verfügung, liegt mit dem übersteigenden Viehbestand eine **gewerbliche Tierzucht** vor. Zur Beurteilung ist eine Umrechnung der Vieheinheiten in Tierbestände und umgekehrt erforderlich. Solange die Tierbestandsgrenzen nicht überschritten werden, rechnen auch sehr wertvolle Tiere zum LuF-Vermögen und sind mit dem Fortführungs- oder Mindestwert mitbewertet. Hierzu dienen die Angaben in den **Zeilen 285 ff.** Wichtig ist hierbei, dass zwischen erzeugten und gehaltenen Tieren unterschieden wird. Näheres siehe Anleitung zur Anlage „Land- und Forstwirtschaft".

Hinweis

Soweit die Anzahl der Vieheinheiten in Abhängigkeit der Flächen die Grenzen des § 169 Abs. 1 BewG nachhaltig überschreitet, erfolgt eine Erfassung dieser Tierbestände im Betriebsvermögen (Gewerbebetrieb). In diesem Fall ist der Vordruck „Anlage Betriebsvermögen" auszufüllen.

F. Feststellung des LuF-Grundbesitzwerts

70 Der letztlich gesondert festzustellende Grundbesitzwert des Betriebs der Land- und Forstwirtschaft besteht gem. § 168 BewG aus

1. dem Wert des Wirtschaftsteils (§ 160 Abs. 2 BewG)
2. dem Wert der Betriebswohnungen (§ 160 Abs. 8 BewG)
3. dem Wert des Wohnteils (§ 160 Abs. 9 BewG)

jeweils abzüglich der damit im unmittelbaren wirtschaftlichen Zusammenhang stehenden Verbindlichkeiten. Ggf. ist der Grundbesitzwert bei Gesamthandseigentum oder Personengesellschaften noch aufzuteilen. Er ist auf volle Euro abzurunden.

71 Der LuF-Grundbesitzwert ist schon der Nettowert, d.h. die mit dem LuF-Vermögen zusammenhängenden Schulden und Lasten werden schon bei der Wertermittlung berücksichtigt. Sie können daher nicht noch einmal als Erblasserverbindlichkeiten abgezogen werden. Andere Verpflichtungen im Zusammenhang mit einem Erwerb eines land- und forstwirtschaftlichen Betriebs (z.B. Versorgungsrente, Wohnrecht, Pflege) sind im Rahmen von gemischten Schenkungen oder bei Erwerben von Todes wegen als Erblasserverbindlichkeiten zu berücksichtigen. (Zur gemischten Schenkung siehe noch § 6 Rdn 176 ff.).

Hinweise

Macht der Steuerpflichtige keine entsprechenden bzw. keine verwendbaren Angaben, darf das Finanzamt den Wert in einem Feststellungsbescheid **schätzen** (§ 160 AO). Gegen den Schätzbescheid ist der Rechtsbehelf des Einspruchs gegeben, mit dem durch Abgabe der erforderlichen Angaben ein zutreffenderer Wert herbeigeführt werden kann. Ist der Bescheid unter Vorbehalt der Nachprüfung erlassen, kann auch ohne Einspruch nach Maßgabe der Reichweite des § 164 AO durch Abgabe der notwendigen Erklärungen ein zutreffenderer Wert herbeigeführt werden. Beachten Sie, dass auch falsche – zu hohe – Schätzungen bestandskräftig werden, d.h. nicht mehr geändert werden können, wenn nicht rechtzeitig Einspruch eingelegt wird.

Die Erbschaft-/Schenkungsteuerstelle darf schon vor Erlass eines Feststellungsbescheids einen Schätzwert für das LuF-Vermögen ansetzen. Am besten ist zu Abwehr eine „richtige" Feststellungserklärung abzugeben. Gegen den Ansatz des Schätzbetrags ist Einspruch gegen den Erbschaft-/Schenkungsteuerbescheid möglich.

Befinden sich auf der Hofstelle eines Betriebs der Land- und Forstwirtschaft auch eine Einheit des Grundvermögens, z.B. an Fremde vermietete Wohnung, oder ein Gewerbebetrieb, ist bei Übertragung der Betriebe durch Schenkung oder im Wege der Erbfolge für das Grundvermögen und/oder den Betrieb der Land- und Forstwirtschaft ein Grundbesitzwert nach § 151 Abs. 1 Satz 1 Nr. 1 BewG und für den Gewerbebetrieb der Wert des Betriebsvermögens nach § 151 Abs. 1 Satz 1 Nr. 2 BewG festzustellen. Hierfür ist die Abgabe jeweils einer eigenen Feststellungserklärung für die wirtschaftlichen Einheiten des Grundvermögens/des Betriebs der Land- und Forstwirtschaft und des Gewerbebetriebs auf Anforderung des betreffenden Feststellungsfinanzamts erforderlich.

G. Feststellungen für die Verschonungen nach §§ 13a, 13b und 13c ErbStG

Land- und forstwirtschaftliche Betriebe nehmen an der Verschonung für Unternehmensvermögen gem. §§ 13a–13c, 19a, 28a ErbStG teil. Allgemein dazu § 3 Rdn 25 f. Der Umfang der Steuerbegünstigung für das land- und forstwirtschaftliche Vermögen bestimmt sich nach den bewertungsrechtlichen Kriterien. Der bewertungsrechtliche Begriff des land- und forstwirtschaftlichen Betriebs ist insoweit **tätigkeitsbezogen** zu betrachten. Demnach kann auch derjenige eine Steuerbegünstigung erhalten, der zwar weder am Grund und Boden noch am Besatz 72 das Eigentum hat, aber den Betrieb tatsächlich ausübt.[28] Nach § 13b Abs. 1 Nr. 1 ErbStG gehört zum begünstigungsfähigen Vermögen der inländische Wirtschaftsteil des land- und forstwirtschaftlichen Vermögens (§ 168 Abs. 1 Nr. 1 BewG) – mit Ausnahme der Stückländereien (§ 168 Abs. 2 BewG) – und selbst bewirtschaftete Grundstücke im Sinne des § 159 BewG sowie entsprechendes land- und forstwirtschaftliches Vermögen, das einer Betriebsstätte in einem Mitgliedstaat der Europäischen Union oder in einem Staat des Europäischen Wirtschaftsraums dient.

Nicht zum begünstigungsfähigen Vermögen gehören alle zu Wohnzwecken dienenden Wirtschaftsgüter eines land- und forstwirtschaftlichen Vermögens, unabhängig von ihrer Zuordnung zu den Betriebswohnungen oder dem Wohnteil (§ 160 Abs. 1 Nr. 2 und 3, Abs. 8 und 9 BewG).

Hinweis

Für das Vorliegen von begünstigungsfähigem Vermögen gem. § 13b Abs. 1 Nr. 1 ErbStG genügt es, dass der Erwerber auch nur einen Teil eines land- und forstwirtschaftlichen Betriebs erwirbt. Nicht erforderlich ist, dass das betreffende Vermögen auch einkommensteuerliches land- und forstwirtschaftliches Betriebsvermögen darstellt.

73 Die Verschonungen werden unter bestimmten Voraussetzungen aufschiebend bedingt gewährt (§§ 13a Abs. 5, 6, 13c Abs. 2, 19a Abs. 5, 28a Abs. 4 ErbStG).[29] U.a. dürfen die Löhne, gemessen an den Lohnsummen, nach Ablauf der 5- oder 7-jährigen Lohnsummenfrist nicht unter ein bestimmtes Niveau sinken, dazu § 2 Rdn 15 ff., 20 ff. und amtliche Anleitung. Dies gilt aber nur bei Betrieben mit **mehr als fünf Beschäftigten**. Zur Überprüfung der Lohnsummenregelung sind die Eintragungen in den **Zeilen 20–22** erforderlich. Die Finanzämter akzeptieren im Allgemeinen, wenn in der Zeile 22 bei inländischen land- und forstwirtschaftlichen Betrieben von dem in der Gewinn- und Verlustrechnung ausgewiesenen Aufwand für Löhne und Gehälter (§ 275 Abs. 2 Nr. 6 HGB) ausgegangen wird. Der Arbeitgeberanteil zu den Sozialabgaben ist hierbei nicht einzubeziehen.

Das schädliche Verwaltungsvermögen nimmt nicht an den Verschonungen gem. §§ 13a ff. ErbStG teil. Zum Verwaltungsvermögen gehören Wirtschaftsgüter, die die Voraussetzungen des § 13b Abs. 4 ErbStG erfüllen. Bei land- und forstwirtschaftlichen Betrieben liegt grds. kein Verwaltungsvermögen vor, da die in Frage kommende Wirtschaftsgüter entweder nach § 158 Abs. 4 BewG nicht zum land- und forstwirtschaftlichen Vermögen gehören oder aufgrund der Rückausnahmen vom Verwaltungsvermögen ausgenommen sind. In **Zeile 23** ist anzugeben, ob der

28 Vgl. BFH, Urt. v. 25.11.2020 – II R 9/19, BFHE 272, 100, BStBl 2021 II, 491; weitere Einzelheiten siehe *Schmid*, Begünstigung land- und forstwirtschaftlichen Vermögens in der Erbschaftsteuer: Betrieb des Nießbrauchers, BFH/PR 2021, 279–281.

29 S.a. R E 13b.4 und R E 13a.14 ErbStR.

Betrieb über Verwaltungsvermögen verfügt, dass dem Betrieb weniger als zwei Jahre vor dem Bewertungsstichtag zuzurechnen waren (junges Verwaltungsvermögen). Eintragungen in der Zeile 23 sind in der Regel nicht zu machen.

20	**Anzahl der Beschäftigten, Ausgangslohnsumme sowie Verwaltungsvermögen**				
21	Anzahl der Beschäftigten im Betrieb bzw. in der Gesellschaft (§ 13a Abs. 3 Satz 3 ErbStG - bitte Erläuterungen beifügen)	Anzahl			
22	**Nur bei mehr als 5 Beschäftigten:** Ausgangslohnsumme des übertragenen Betriebs bzw. der Gesellschaft (§ 13a Abs. 3 Satz 2 ErbStG - bitte Erläuterungen beifügen)	EUR			
23	Verfügt der Betrieb über Wirtschaftsgüter des Verwaltungsvermögens oder über Wirtschaftsgüter des Verwaltungsvermögens, die dem Betrieb weniger als zwei Jahre vor dem Bewertungsstichtag zuzurechnen waren (junges Verwaltungsvermögen)		Nein		Ja, bitte Erläuterungen auf gesondertem Blatt beifügen
24	**Nur bei Feststellung von Schulden nach § 13b Abs. 10 ErbStG:** Verfügt der Betrieb über Schulden, die nicht im Zusammenhang mit Vermögensgegenständen i. S. d. § 158 Abs. 4 BewG stehen; vgl. hierzu Anleitung BBW 30.		Nein		Ja, bitte Erläuterungen auf gesondertem Blatt beifügen

Für die vorgenannten Zwecke sind nach § 13a Abs. 4 und § 13b Abs. 10 ErbStG noch folgende Feststellungen[30] durchzuführen, wenn sie für die Erbschaft- oder Schenkungsteuer von Bedeutung sind: 74

- die Ausgangslohnsumme,
- die Anzahl der Beschäftigten und
- die Summe der maßgebenden jährlichen Lohnsummen (nach Ablauf der Lohnsummenfrist)

sowie

- die Summe der gemeinen Werte der Finanzmittel,
- die Summe der jungen Finanzmittel,
- die Summe der gemeinen Werte der Einzelwirtschaftsgüter des Verwaltungsvermögens,
- die Summe der gemeinen Werte der Einzelwirtschaftsgüter des jungen Verwaltungsvermögens (wobei es bei LuF-Betrieben wohl kein junges Verwaltungsvermögen geben dürfte),
- die Summe der Schulden,
- den Wert des Betriebsvermögens, das einer weder in einem Mitgliedstaat der Europäischen Union noch in einem Staat des Europäischen Wirtschaftsraums belegenen Betriebsstätte dient,
- das Vorliegen der Voraussetzungen nach § 13b Abs. 4 Nr. 5 Satz 4 und 5 ErbStG (Hauptzweck).

Diese Feststellungen sind jeweils eigene Verwaltungsakte. Auch die erforderlichen Feststellungen für den Vorwegabschlag für Familienunternehmen (§ 13a Abs. 9 und 9a ErbStG) sind vom Feststellungsfinanzamt zu treffen. Dazu sind entsprechende Erklärungen erforderlich (siehe noch Erläuterungen in § 7).

30 Für Bewertungsstichtage nach dem 29.12.2020.

Teil 4: Rechtsbehelfsverfahren

§ 14 Einspruch gegen Erbschaft- oder Schenkungsteuerbescheide

Olivia Trentmann/Raymond Halaczinsky

Übersicht:

A. Erbschaft- und Schenkungsteuerbescheide

I. Üblicher Inhalt

1 Inhaltlich bestehen Erbschaft- und Schenkungsteuerbescheide normalerweise aus mehreren Teilen (schematischer beispielhafter Bescheidaufbau):

Finanzamt/ Steuernummer	Bescheiddatum
	Adresse Finanzamt Telefon Fax E-Mail Bankdaten
Bescheid über Erbschaft- oder Schenkungsteuer	
Herrn/Frau NN **Adresse**	
Ggf. Steuerberater etc. NN	
Betreff: Todesfall v. oder Schenkung v.	
Steuerfestsetzung	
Abrechnung	
noch zu zahlen	**Fällig bis zum**
Ermittlung des steuerpflichtigen Erwerbs	
Berechnung der Steuer	
Festzusetzende Erbschaft-/Schenkungsteuer	
Einzeldarstellung	
Geerbte/geschenkte Vermögensgegenstände	
Befreiungen	
Erläuterungen	aus dem Bescheid sollte hervorgehen, ob und warum das Finanzamt von der Erklärung abgewichen ist
Rechtsbehelfsbelehrung	

Der eigentliche Verwaltungsakt ist die Festsetzung der Steuer; dazu kommt der Verwaltungsakt, der die Zahlungspflicht anordnet (Leistungsgebot) und ggf. weitere Verwaltungsakte wie Festsetzung eines Verspätungszuschlags u.Ä. Die anderen Teile des Steuerbescheids, z.B. Werte, Freibeträge, Freistellungen und dergleichen sind sog. unselbstständige Bestandteile des Steuerbescheids. Diese Teile können nur im Rahmen der Anfechtung der Steuerfestsetzung angegriffen werden. Bei gegen mehrere Erwerber ergangenen Steuerfestsetzungen (zusammengefasste Bescheide) ist zu beachten, dass gegenüber jedem Beteiligten ein Verwaltungsakt vorliegt, d.h. ggf. müsste jeder auch Einspruch einlegen.

Hinweise

Grundsätzlich gilt, dass jeder Erbfall oder jede Schenkung ein eigener Steuerfall ist. Die unaufgegliederte Zusammenfassung mehrerer Steuerfälle in einem Bescheid kann zur Unbestimmtheit (§ 119 Abs. 1 AO) und Nichtigkeit eines Steuerbescheids führen.[1]

Das Finanzamt muss grundsätzlich sowohl die objektive Bereicherung des Empfängers auf Kosten des Zuwendenden wie auch die subjektive Freigebigkeit jeder Zuwendung in jedem Einzelfall nachweisen.[2]

II. Gesonderte Feststellungen

Die **Steuerfestsetzungskompetenz der Erbschaft- und Schenkungsteuerstelle ist teilweise von der Wertfeststellungskompetenz** getrennt. §§ 151 ff. BewG weisen die Wertfeststellung der inländischen Grundbesitzwerte, des inländischen Betriebsvermögens, der inländischen nicht notierten Anteile an Kapitalgesellschaften und der Anteile an sonstigen inländischen Gemeinschaften den in § 152 BewG genannten Finanzämtern zu. Siehe **Zeilen 32, 36, 40, 44 der Erbschaftsteuer- und Zeilen 32, 36, 40, 49 der Schenkungsteuererklärung** (Näheres zur gesonderten Wertermittlung siehe § 7 Rdn 3 ff. und § 15). Diese Lage-, Betriebstätten- und sonst zuständigen Finanzämter erlassen Feststellungsbescheide, die für die Erbschaft- und Schenkungssteuerstellen verbindlich zu übernehmen sind. Sie können nicht durch Anfechtung der Erbschaft-/oder Schenkungsteuerfestsetzung angegriffen werden (Näheres zu Rechtsbehelfen gegen Feststellungsbescheide siehe § 15 Rdn 16 ff.). 2

1 BFH v. 20.11.2013 – II R 64/11, BFH/NV 2014, 716; v. 6.6.2007 – II R 17/06, BStBl 2008 II, 46. Nur ausnahmsweise kann in Fällen, in denen Zeitpunkt und Höhe der jeweiligen Einzelzuwendungen – auch Infolge mangelnder Mitwirkung des Steuerpflichtigen – unbekannt geblieben sind, die Steuer unter Angabe des mutmaßlichen Zeitraums, in dem diese Zuwendungen vorgenommen wurden, nach einem einheitlichen (Schätz-)Betrag, der alle Zuwendungen umfassen soll, einheitlich festgesetzt werden.

2 Dazu z.B. Kommentierung von *Gebel*, in: Troll/Gebel/Jülicher/Gottschalk, ErbStG, Anm. 285 ff. zu § 7 ErbStG.

III. Sorgfältige Prüfung

3 Es empfiehlt sich, jeden (Steuer-)Bescheid sorgfältig zu prüfen, ggf. bei Unklarheiten unverzüglich beim zuständigen Finanzamt nachzufragen und ggf. spätestens jetzt – rechtzeitig vor Ablauf der einmonatigen Rechtsbehelfsfrist – einen fachkundigen Berater hinzuziehen und vorsorglich Einspruch einzulegen.

Hinweis

In diesem Buch werden nur grundlegende Erläuterungen zum Rechtsbehelfsverfahren gegeben, mit deren Hilfe auch ein Laie ein Rechtsbehelfsverfahren einleiten und führen kann. Zu vertiefenden Informationen muss auf die Fachliteratur verwiesen werden. Die Hinzuziehung eines rechtskundigen Beraters kann geboten sein.

B. Das Einspruchsverfahren

4 Das Einspruchsverfahren gegen steuerliche Verwaltungsakte/Steuerbescheide ist in den §§ 347 ff. Abgabenordnung (AO) und in dem dazu gehörigen Anwendungserlass zur Abgabenordnung (AEAO) geregelt.

I. Wirkung des Einspruchs

5 Die wichtigsten Wirkungen des Einspruchs sind:
- Der zulässig angefochtene Steuerbescheid wird nicht bestandskräftig.[3]
- Grundsätzlich kann der Steuerbescheid im vollen Umfang erneut überprüft werden.
- Der Steuerbescheid kann auch zuungunsten des Einspruchsführers geändert (verbösert) werden.
- Der Steuerbescheid kann trotz Einspruchs grundsätzlich vollzogen werden, die Zahlung könnte durchgesetzt/vollstreckt werden. Die Aussetzung der Vollziehung ist separat zu beantragen (§ 361 AO).
- Der Ablauf der Festsetzungsfrist ist bis zur unanfechtbaren Entscheidung gehemmt.

Hinweis

Das Einspruchsverfahren ist **kostenfrei**. Steuerpflichtige und Finanzbehörden haben jeweils ihre eigenen Aufwendungen zu tragen, d.h. Steuerpflichtige müssen evtl. Steuerberatungs-/Anwaltskosten selbst tragen. Für den Fall, dass der Steuerpflichtige eine **Klage oder Revision** ganz oder teilweise gewinnt, kann das Gericht das Finanzamt zur **Kostenerstattung** (der Steuerberatungs-/

3 Gleichgültig, ob der Einspruch zulässig oder gar begründet ist, wird der Ablauf der Festsetzungsfrist nach § 171 Abs. 3a AO gehemmt.

Anwaltskosten) – auch für das außergerichtliche Vorverfahren/Einspruchsverfahren – verpflichten (§§ 135, 139 FGO). Außerdem besteht bei außergerichtlichen Rechtsbehelfskosten die Möglichkeit der Kostenerstattung nach **Amtshaftungsgrundsätzen**, wenn das Finanzamt bei seiner Entscheidung nachweisbar eine Amtspflichtverletzung begangen hat (§ 839 BGB).[4] Die Beweislast hierfür trägt der Steuerpflichtige.

II. Einlegung des Einspruchs

1. Form, Inhalt und Frist

a) Form und Inhalt

Der Einspruch ist schriftlich oder elektronisch einzureichen oder zur Niederschrift zu erklären. Ein elektronisch erhobener Einspruch bedarf keiner qualifizierten elektronischen Signatur. Es genügt, wenn aus dem Einspruch hervorgeht, wer ihn eingelegt hat. Die **Schriftform** wird durch jede Übermittlungsfunktion moderner Telekommunikation gewahrt, also auch durch E-Mail, Telegramm, Telefax, Fernschreiben etc. Der BGH hat entschieden, dass Justizbehörden auch nach Dienstschluss für die Funktionsfähigkeit von Telefaxgeräten zu sorgen haben, wenn der Zugang hierüber zu Gericht eröffnet wird. Den Nachweis der fruchtlosen Übermittlungsversuche trägt der Einspruchsführer. Finanzämter, die eine E-Mail-Adresse im Schriftwechsel angeben, erklären damit ihre Bereitschaft zur Entgegennahme elektronischer Dokumente (AEAO zu § 357 Nr. 1 AO). Erklärung der Einspruchseinlegung zur **Niederschrift** bedeutet **mündliche** Erklärung an **Amtsstelle**, also persönliche Anwesenheit oder persönliche Anwesenheit eines Bevollmächtigten (ist in der Praxis nicht üblich). 6

Nicht gewahrt ist die Form durch telefonische Erklärung, auch wenn hierüber ein Aktenvermerk gefertigt wurde.

b) Mussinhalt

Der Einspruch muss an das richtige für die Erbschaft- oder Schenkungsteuer zuständige Finanzamt gerichtet werden; gewöhnlich ergibt sich das aus dem betreffenden Bescheid. In dem Einspruchsschreiben sollte der Bescheid/Verwaltungsakt, möglichst mit entspr. Steuernummer, bezeichnet werden. Außerdem sollte aus dem Einspruch hervorgehen, inwieweit er angefochten und seine Aufhebung beantragt wird, sowie die Angabe von Beweismitteln und von Tatsachen, die zur Begründung dienen (§ 357 Abs. 3 AO). Selbstverständlich sollten Name und Adresse des Einspruchsführers oder für wen der Einspruch geführt werden soll, möglichst genau angegeben werden (§ 357 Abs. 1 Satz 2 AO). Die eigenhän- 7

4 Std. Rspr., siehe z.B. LG Duisburg v. 21.8.2015 – 10 O 89/15, juris; OLG Brandenburg v. 23.2.2006 – 2 U 1/05, ZSteu 2006, Heft 8, R303–R306.

dige Unterschrift ist geboten, wenn auch nicht zwingend erforderlich. Grundsätzlich ist zwar die unrichtige Bezeichnung des Einspruchs (z.B. Beschwerde oder Widerspruch statt Einspruch) gemäß § 357 Abs. 1 Satz 4 AO unschädlich, kann aber zu verfahrensrechtlichen Problemen führen. Wenn weder das Wort Einspruch, Beschwerde oder Rechtsbehelf verwendet wird, hat die Finanzbehörde durch Auslegung nach §§ 133, 157 BGB den wirklichen Willen des Einspruchsführers zu ermitteln (Näheres dazu AEAO zu (vor) § 347 AO), es könnte dabei aber zur Unzulässigkeit eines Rechtsbehelfs kommen.[5]

c) Abgrenzung zu einem Antrag auf schlichte Änderung

8 Anstelle eines umfassenden Einspruchs gegen einen Steuerbescheid kann ein sog. Antrag auf schlichte Änderung gestellt werden (§ 172 Abs. 1 Satz 1 Nr. 2 Buchst. a AO; AEAO zu § 172 Nr. 2 AO, AEAO zu (vor) § 347 AO). Mit einem solchem Antrag können eine oder mehrere **punktuelle Änderungen** des Steuerbescheides erreicht werden, ohne dass der Bescheid noch einmal im Ganzen überprüft werden muss oder kann (wie im Einspruchsverfahren). Voraussetzung ist die Antragstellung innerhalb der Rechtsbehelfsfrist[6] (siehe Rdn 13 ff.), und die genaue Bezeichnung der auf einen bestimmten Sachverhalt bezogenen Änderung. Hat das Finanzamt z.B. einen falschen Steuersatz angewandt, könnte eine Neuberechnung beantragt werden. Es handelt sich um ein einfaches Verfahren, mit dem Fehler unbürokratisch korrigiert werden können. Innerhalb der einmonatigen Einspruchsfrist kann ein Antrag auf schlichte Änderung – auch telefonisch – gestellt werden. Die Gefahr besteht darin, dass der Bescheid mit Ablauf der Rechtsbehelfsfrist unanfechtbar wird. Werden später noch Fehler zuungunsten des Steuerpflichtigen festgestellt, können diese normalerweise[7] nicht mehr korrigiert werden.

Hinweis

Allgemeine Formulierungen – wie Herabsetzung auf 0 EUR, Neuberechnung aufgrund einer noch einzureichenden Steuererklärung u.Ä. – sind zu unbestimmt und daher kein Antrag i.S.d. § 172 Abs. 1 Satz 1 Nr. 2 Buchst. a AO. Ohne Einspruchseinlegung können solche Anträge grds. nicht berücksichtigt werden.[8]

9 Stellt ein Steuerpflichtiger innerhalb der noch laufenden Einspruchsfrist einen Änderungsantrag, der nicht ausdrücklich als „Einspruch" bezeichnet ist, kann

---

5 Dazu z.B. Bay.LfSt v. 6.6.2014, DStR 2014, 1499.

6 Ist allerdings die Bestandskraft eines Verwaltungsakts bereits eingetreten und ist eine Änderung nur noch über die §§ 129 ff. bzw. §§ 173 ff. AO möglich, ist von einem Antrag auf Änderung des unanfechtbaren VA auszugehen.

7 Es sei denn, es kann mit Wiedereinsetzung in den vorigen Stand die Einspruchsfrist „gerettet" werden (siehe Rdn 18 ff.).

8 BFH v. 20.12.2006 – X R 30/05, BStBl 2007 II, 503.

das Finanzamt diesen regelmäßig nur dann als schlichten Änderungsantrag behandeln, wenn der Antragsteller eine genau bestimmte Änderung des Steuerbescheides beantragt und das Finanzamt dem Begehren entsprechen will. Da der Einspruch somit die Rechte des Steuerpflichtigen umfassender wahrt als ein Korrekturantrag, hat das Finanzamt in Zweifelsfällen, insbesondere bei nicht beratenen Steuerpflichtigen, von einem Einspruch auszugehen. Stellt dagegen ein bevollmächtigter Steuerberater, Rechtsanwalt etc. einen Antrag auf schlichte Änderung, kann der Antrag später nicht als Einspruch umgedeutet werden. Gegen ablehnende Entscheidungen über einen Antrag auf „schlichte Änderung" ist der Einspruch möglich.

Liegen **offenbare Schreib-/Rechenfehler** vor, kann statt eines Einspruchs oder eines Antrags auf schlichte Änderung auch eine Berichtigung nach § 129 AO beantragt werden.[9] Der Korrekturantrag kann auch noch nach Eintritt der Bestandskraft, d.h. nach Ablauf der Rechtsbehelfsfrist, gestellt werden. Wenn nicht sicher ist, ob eine offenbare Unrichtigkeit vorliegt, sollte zudem innerhalb der Rechtsbehelfsfrist auch ein Einspruch eingelegt werden, der nach erfolgter Korrektur nach § 129 AO zurückgenommen werden kann. Ist die einmonatige Rechtsbehelfsfrist abgelaufen, kann unter bestimmten Voraussetzungen noch die Korrektur des Bescheides gem. §§ 172 ff. AO insbesondere auch eine Korrektur zugunsten des Steuerpflichtigen wegen nachträglichem Bekanntwerden neuer Tatsachen oder Beweismittel beantragt werden. Wird die Korrektur abgelehnt, ist dagegen ein Einspruch möglich, allerdings nur zur Prüfung, ob die Ablehnung rechtmäßig war. Wird dem Korrekturantrag ganz oder teilweise stattgegeben, kann der Korrekturbescheid insoweit mit einem Einspruch angegriffen werden, als die Änderung reicht. In dem Umfang kann es – nach vorheriger Ankündigung – auch zu einer Verböserung kommen. 10

d) Zuständiges Finanzamt

Der Einspruch ist bei dem örtlich und fachlich zuständigen Finanzamt einzulegen. In allen Bundesländern ist die Veranlagung der Erbschaft- und Schenkungsteuer auf einige wenige Finanzämter konzentriert.[10] Im Allgemeinen ergibt sich das zuständige Finanzamt mit Adresse usw. aus dem anzufechtenden Bescheid selbst. Wird der Rechtsbehelf bei einer anderen als in § 357 Abs. 2 Sätze 1–3 AO benannten Behörde angebracht, wird die Einspruchsfrist gemäß § 357 Abs. 2 Satz 4 AO gewahrt, wenn der Einspruch vor Ablauf der Einspruchsfrist einer zuständigen Anbringungsbehörde übermittelt wurde. Die hierfür erforderliche Übermittlungsfrist sowie der evtl. nicht rechtzeitige Zugang gehen dabei zu Lasten des Einspruchsführers. 11

9 Keine Berichtigung nach § 129 AO wegen unterlassener weiterer Sachverhaltsaufklärung; siehe dazu FG München, Urt. v. 16.2.2022 – 4 K 1100/21, EFG 2022, 1123.

10 Siehe u.a. www.finanzamt.de.

Beispiel

A legt am letzten Tag der Einspruchsfrist bei seinem Wohnsitzfinanzamt Bonn Einspruch gegen einen Schenkungsteuerbescheid ein, der vom Erbschaft-/Schenkungsteuerfinanzamt Aachen erlassen worden ist. Dieses leitet den Einspruch am nächsten Tag an das Finanzamt Aachen weiter; dort kommt er nach Ablauf der Einspruchsfrist an. Der Einspruch ist aufgrund der Fristversäumnis unzulässig.[11]

Für **Feststellungsbescheide** gelten einige Besonderheiten (siehe § 15 Rdn 16 ff.).

2. Einspruchsfrist

12 Der Einspruch ist innerhalb **eines Monats** nach Bekanntgabe des Steuerbescheids bei dem zuständigen Finanzamt einzulegen (§ 355 Abs. 1 AO). Auch bei umfangreicher und zeitintensiver Überprüfung von Verwaltungsakten ist eine **Verlängerung der Einspruchsfrist** selbst **nicht möglich** – wohl aber der **Begründungsfrist**. Voraussetzung ist stets die wirksame Bekanntgabe. Bestreitet der Steuerpflichtige glaubhaft die Bekanntgabe, d.h. den Zugang des Steuerbescheids, obliegt dem Finanzamt die Beweislast dafür, dass der Bescheid/Verwaltungsakt dem Steuerpflichtigen zugegangen ist.[12] Gelingt dies nicht, muss das Finanzamt die Bekanntgabe (erneut) vornehmen, mit der Folge, dass die Rechtsbehelfsfrist von einem Monat entsprechend später beginnt.

a) Berechnung der Einspruchsfrist

13 Die Einspruchsfrist beträgt grds. einen Monat. Die Einspruchsfrist beginnt nur bei ordnungsgemäßer Rechtsbehelfsbelehrung in deutscher Sprache (§ 365 Abs. 1 i.V.m. § 87 Abs. 1 AO, auch wenn der Steuerpflichtige Ausländer ist) zu laufen. Fehlt die Rechtsbehelfsbelehrung oder ist sie unrichtig[13] erteilt, beträgt die Einspruchsfrist nach § 356 Abs. 2 Satz 1 AO ein Jahr seit Bekanntgabe des Verwaltungsaktes (gilt nur bei schriftlich erteilten Verwaltungsakten).

14 Fristbeginn und -ende sind nach den allgemeinen Vorschriften des § 108 Abs. 1 AO i.V.m. §§ 187–193 BGB zu bestimmen. Der Fristbeginn ist von der Bekanntgabe abhängig. Der Bekanntgabetermin ist gem. § 122 Abs. 2 ff. AO gesetzlich festgelegt. Bei Übersendung des Steuerbescheids im **Inland** gilt der Bescheid am **dritten Tag** nach Aufgabe zur Post als bekannt gegeben.

---

11 Erkennt allerdings die Behörde problemlos, dass und welche andere Finanzbehörde zuständig ist, und leitet sie den Einspruch nicht unverzüglich weiter, kommt bei dadurch eingetretener Fristversäumnis Wiedereinsetzung in den vorigen Stand in Betracht (AEAO Nr. 2 zu § 357 AO).

12 Std. Rspr. BFH v. 14.2.2008 – X B 11/08, BFH/NV 2008, 743 m.w.N.

13 Zur Unrichtigkeit der Rechtsbehelfsbelehrung bei fehlendem Hinweis auf § 52d FGO siehe FG München, Urt. v. 25.1.2023 – 4 K 347/22, EFG 2023, 639.

Bescheide/Verwaltungsakte können gem. § 122a Abs. 1 AO mit Einwilligung des Beteiligten oder der von ihm bevollmächtigten Person auch bekannt gegeben werden, indem sie zum Datenabruf durch Datenfernübertragung bereitgestellt werden. Ein zum Abruf bereitgestellter Bescheid/Verwaltungsakt gilt am **dritten Tag** nach Absendung der elektronischen Benachrichtigung über die Bereitstellung der Daten an die abrufberechtigte Person als bekanntgegeben (§ 122a Abs. 4 AO).[14]

Beispiel

Das Finanzamt gibt den Steuerbescheid am 6.2.2023 mit einfachem Brief zur Post. Der Bescheid gilt am 9.2.2023 als bekanntgegeben. Die Einspruchsfrist beginnt am 10.2.2023 um 0.00 Uhr (§ 108 Abs. 1 AO i.V.m. § 187 Abs. 1 BGB) und endet am 9.3.2023 um 24.00 Uhr (§ 108 Abs. 2 AO i.V.m. § 188 Abs. 2 BGB). Als Nachweis für den rechtzeitigen Eingang beim Finanzamt gilt der Posteingangsstempel.

Ist der Bescheid nachweislich später zugegangen, gilt der spätere Zeitpunkt (z.B. wegen fehlerhafter Adressbestandteile – etwa Postleitzahl – konnte die Post den Bescheid erst nach einer Woche ausliefern). Fällt das Ende der Frist auf einen **Sonntag** oder einen gesetzlichen Feiertag oder einen Samstag, endet die Frist mit Ablauf des nächsten Werktags.

Beispiel

Das Finanzamt gibt den Steuerbescheid am 8.2.2023 mit einfachem Brief zur Post. Der Bescheid gilt am 11.2.2023 als bekanntgegeben. Der 11.2.2023 war ein Samstag, daher gilt der Bescheid erst mit Ablauf des folgenden Montag, den 13.2.2023, als bekanntgegeben.[15] Die Einspruchsfrist beginnt demnach am 14.2.2023 um 0.00 Uhr und endet am 13.3.2023 um 24.00 Uhr (§ 108 Abs. 2 AO i.V.m. § 188 Abs. 2 BGB).

Beispiel

Das Finanzamt gibt den Steuerbescheid am 6.3.2023 mit einfachem Brief zur Post. Der Bescheid gilt am 9.3.2023 als bekannt gegeben. Die Einspruchsfrist beginnt am 10.3.2023 um 0.00 Uhr (§ 108 Abs. 1 AO i.V.m. § 187 Abs. 1 BGB) und endet am 9.4.2023 um 24.00 Uhr (§ 108 Abs. 2 AO i.V.m. § 188 Abs. 2 BGB). Da der 9.4.2023 wiederum ein Sonntag (Ostersonntag) ist, endet die Einspruchsfrist mit Ablauf des Dienstag, den 11.4.2023, 24.00 Uhr.

---

14 Eine Bekanntgabe von Bescheiden/Verwaltungsakten durch Bereitstellung zum Datenabruf ist für die Erbschaft-/Schenkungsteuer derzeit noch nicht möglich.

15 Die Drei-Tages-Frist zwischen der Aufgabe eines Verwaltungsakts zur Post und seiner vermuteten Bekanntgabe gem. § 122 Abs. 2 Nr. 1 AO verlängert sich, wenn das Fristende auf einen Sonntag, gesetzlichen Feiertag oder Sonnabend fällt, bis zum nächsten Werktag.

15 Bei Übersendung mit einfacher Post ins **Ausland** gilt der Bescheid einen Monat nach Aufgabe zur Post, als bekanntgegeben.[16] Bei **Zustellung** durch Zustellungsurkunde oder durch **Einschreiben** mit Rückschein oder gegen Empfangsbekenntnis ist Tag der Bekanntgabe der Tag der Zustellung.[17]

16 Für einen Antrag auf Feststellung der Nichtigkeit eines Verwaltungsaktes nach § 125 Abs. 5 AO läuft keine Einspruchsfrist. Der Untätigkeitseinspruch nach § 347 Abs. 1 Satz 2 AO ist gemäß § 355 Abs. 2 AO auch unbefristet möglich.

17 Ist der Aufenthaltsort z.B. eines Erben unbekannt, kann das Finanzamt den Erbschaftsteuerbescheid **öffentlich bekannt** geben (§ 122 Abs. 4 AO).[18] In diesem Fall gilt der Bescheid zwei Wochen nach dem Tag der Bekanntmachung z.B. durch Aushang im Finanzamt als wirksam bekannt gegeben; danach beginnt die übliche Rechtsbehelfsfrist. Davon zu unterscheiden ist die **öffentliche Zustellung**; dazu AEAO Tz. 3.1.5. zu § 122 AO.

b) Was tun bei Versäumung der Rechtsbehelfsfrist?

18 Wurde der außergerichtliche Rechtsbehelf nicht fristgerecht eingelegt, wird der Einspruch nach § 358 Satz 2 AO als unzulässig verworfen. Da die Einspruchsfrist eine gesetzliche Ausschlussfrist ist, kann diese nicht nach § 109 Abs. 1 AO verlängert werden. War der Steuerpflichtige bzw. dessen Berater ohne Verschulden verhindert, die Einspruchsfrist einzuhalten, kann ein **Antrag** auf **Wiedereinsetzung in den vorigen Stand** nach § 110 AO beantragt werden. Liegt ein Wiedereinsetzungsgrund vor und sind die Formalien beachtet, besteht ein Rechtsanspruch auf eine Wiedereinsetzung. Liegt eine Fristversäumnis anderer Art, z.B. einer Antragsfrist, vor, gibt es keine Wiedereinsetzung, aber ggf. rückwirkende Fristverlängerung.

aa) Formalien

19 Der Antrag auf Wiedereinsetzung ist gem. § 110 Abs. 2 AO **einen Monat ab Wegfall des Hindernisses** (bzw. nach Ablauf einer nachfolgenden kurzen Zeit, innerhalb der dem Steuerpflichtigen zuzumuten ist, sich um die Wahrung von Fristen zu kümmern) zu stellen. **Maximal** beträgt die Frist **ein Jahr** ab dem Ablauf der versäumten Einspruchsfrist, es sei denn, es läge eine Verhinderung durch höhere Gewalt vor. Auf das Fristende ist ggf. § 108 Abs. 3 AO anzuwenden. Bei Fristversäumnis der Wiedereinsetzungsfrist ist ggf. eine Wiedereinsetzung gem. § 110 AO in die versäumte Antragsfrist zu prüfen. Innerhalb dieser Antragsfrist ist auch der **versäumte Einspruch nachzuholen**. Wird der ver-

---

16 Zur Bekanntgabe/Zustellung im Ausland s.a. AEAO Tz. 3.1.4 zu § 122 AO.

17 Zu weiteren Bekanntgabearten – etwa förmliche Zustellung – siehe § 122 Abs. 3 AO und Erläuterungen in AEAO zu § 122 AO.

18 Zur Erbschaftsteuerfestsetzung gegen unbekannte Erben s.a. BFH, Urt. v. 17.6.2020 – II R 40/17, BFHE 269, 442, BStBl 2020 II, 850.

säumte Einspruch innerhalb dieser Frist nachgeholt, kann die Wiedereinsetzung auch ohne Antrag gewährt werden (§ 110 Abs. 2 Satz 4 AO).

bb) Wiedereinsetzungsgrund

Wiedereinsetzungsgrund ist eine **schuldlose** Verhinderung der (Rechtsbehelfs-) 20
Fristwahrung. Die Tatsachen zur Begründung des Wiedereinsetzungsgrunds sind glaubhaft zu machen, d.h. durch Vorlage präsenter Beweismittel, die mit hinreichender Sicherheit den Schluss auf die Richtigkeit der Entschuldigung zulassen.

Konkret: der Steuerpflichtige/sein Berater[19] muss darlegen, welche Tatsachen zu der Fristversäumnis geführt haben und aus welchen Gründen ihn daran kein Verschulden trifft. Die Behauptung, den Rechtsbehelf rechtzeitig abgesandt bzw. in den Briefkasten des Finanzamts geworfen zu haben, genügt nicht. Eigenes und Vertreterverschulden (z.B. Steuerberater) – auch leichtes Verschulden – sind schädlich. Nach § 126 Abs. 3 AO gilt die Versäumung der Rechtsbehelfsfrist als nicht verschuldet, wenn einem Verwaltungsakt die erforderliche Begründung nach § 121 AO fehlt oder eine erforderliche Anhörung nach § 91 AO unterblieben ist und dadurch die rechtzeitige Anfechtung des Verwaltungsaktes versäumt worden ist. Ist dem Steuerbescheid keine Rechtsbehelfsbelehrung beigefügt, ist die Einspruchsfrist auf ein Jahr verlängert; wird diese Frist schuldlos überschritten, kommt ggf. Wiedereinsetzung in Betracht, z.B. plötzlich auftretende schwere Krankheit (Schlaganfall, Herzinfarkt), Tod eines Angehörigen.

Keine Entschuldigungsgründe sind: Arbeitsüberlastung, Schwangerschaft, Beinbruch, Sprachschwierigkeiten, Rechtsunkenntnis, längerer Auslandsaufenthalt, Gefängnisaufenthalt, Verlegen/Verlieren des Steuerbescheids, nur kurze Fristüberschreitung, Auto startete nicht, Briefkasten gehört mehreren, wird nicht regelmäßig geleert, und dgl.[20]

Bei Angehörigen der steuer- und rechtsberatenden Berufe werden an die zu 21
beachtende Sorgfalt hohe Anforderungen gestellt. Entschuldigungsgründe, die für nicht beratene und steuerrechtlich unkundige Steuerpflichtige gelten, kann dessen Vertreter nicht geltend machen. Das Verschulden eines **Vertreters** an der Fristversäumnis wird gemäß § 110 Abs. 1 Satz 2 AO dem Vertretenen zugerechnet. Ist eine Vollmacht im Innenverhältnis zwischen Steuerpflichtigem und Bevollmächtigtem **wirksam gekündigt** worden, kann dem Steuerpflichtigen ein nachfolgendes Verschulden seines früheren Bevollmächtigten nicht mehr zugerechnet werden, auch wenn das Erlöschen der Vollmacht der Behörde bzw. dem Gericht noch nicht mitgeteilt worden ist.

19 Zur Glaubhaftmachung eines angeblich falschen Fristeintrags des Steuerberaters ist die Vorlage des Auszugs aus dem Fristenbuch erforderlich, vgl. BFH v. 24.7.2002 – VII B 150/02, BFH/NV 2002, 1489.

20 Näheres siehe neben einschlägiger Kommentierung; StEK AO 1977 § 110 Nr. 15 oder juris.

cc) Entscheidung des Finanzamts

22 Wird eine Wiedereinsetzung gewährt, nimmt das Finanzamt das Rechtsbehelfsverfahren auf. Wird die Wiedereinsetzung abgelehnt, muss der verspätet eingelegte Einspruch ggf. durch Einspruchsentscheidung als unzulässig zurückgewiesen werden.

Beachte

Die Entscheidung über die Wiedereinsetzung in den vorigen Stand ist ein **unselbstständiger Teil der Einspruchsentscheidung in der Hauptsache**, insoweit ergeht also kein besonderer Verwaltungsakt. Die Ablehnung ist also nur durch eine Klage gegen die Einspruchsentscheidung anfechtbar.

3. Was kann man noch tun, wenn die Rechtsbehelfsfrist abgelaufen ist?

23 Voraussetzung für die Wirksamkeit einer Steuerfestsetzung ist die ordnungsgemäße Bekanntgabe des entsprechenden Steuerbescheids; diese ist vom Finanzamt nachzuweisen. Ist nach ordnungsgemäßer Bekanntgabe die Rechtsbehelfsfrist abgelaufen und Wiedereinsetzung nicht möglich, kann unter bestimmten Voraussetzungen noch eine Korrektur des Steuerbescheids gem. §§ 172–177 AO beantragt werden (Korrektur bestandskräftiger Verwaltungsakte). Wird z.B. nach Ablauf der Rechtsbehelfsfrist eine steuermindernde Tatsache oder ein Beweismittel bekannt und trifft den Steuerpflichtigen an dem späten Bekanntwerden kein Verschulden, kann der Bescheid ggf. nach § 173 Abs. 1 Nr. 2 AO noch zugunsten des Steuerpflichtigen geändert werden. Zu beachten ist, dass auch das Finanzamt gem. §§ 172 ff. AO Korrekturen zuungunsten des Steuerpflichtigen vornehmen kann. Ist keine Korrektur mehr möglich, kann in besonders gelagerten Fällen ein (Teil-)Erlass der Steuer beantragt werden (§ 227 AO). Z.B. ein Erbe kann ein Vermächtnis/eine Auflage nicht (mehr ganz) erfüllen, weil er insolvent geworden ist. Die Steuer des Vermächtnisnehmers kann ggf. erlassen werden. Hat der Steuerpflichtige Zahlungsprobleme, kann unter bestimmten Voraussetzungen eine Stundung/Ratenzahlung erreicht werden (§ 222 AO). Gegen die (teilweise) Ablehnung eines Erlasses oder einer Stundung ist wiederum ein Einspruch möglich.

4. Vorbehalt der Nachprüfung, Vorläufigkeit und Rechtsbehelf

24 Der Erbschaft- oder Schenkungsteuerbescheid kann unter dem Vorbehalt der Nachprüfung oder vorläufig erlassen werden bzw. worden sein. Steht der Bescheid unter dem Vorbehalt der Nachprüfung (§ 164 AO), kann er in vollem Umfang überprüft und korrigiert (d.h. aufgehoben oder geändert) werden. Ein **Vorbehalt der Nachprüfung** wird z.B. dann ausgesprochen, wenn Besteuerungsgrundlagen geschätzt werden mussten. In diesem Fall genügt statt eines Einspruchs ein Antrag auf Korrektur, das kann auch die Steuer- oder Feststellungserklärung sein. Wird dieser Antrag abgelehnt, steht dem Steuerpflichtigen

dagegen der Einspruch zu. Steht der Bescheid unter einer **Vorläufigkeit** (§ 165 AO), ist im Allgemeinen nur eine Rechtsfrage ungeklärt. Das kann z.B. auch eine zivilrechtliche Vorfrage sein, ob jemand nun Pflichtteilsberechtigter ist oder nicht. Zum Ende der Vorläufigkeit siehe § 165 Abs. 2 AO.

Der Steuerpflichtige kann seinerseits **anregen**, dass eine Steuerfestsetzung oder Wertfeststellung ihm gegenüber unter Vorbehalt der Nachprüfung oder vorläufig vorgenommen werden soll. Erwartet der Steuerpflichtige z.B., dass noch Steuerschulden des Erblassers bekannt werden könnten, wäre es vorteilhaft, wenn der Bescheid insoweit noch vorläufig oder unter Vorbehalt der Nachprüfung ergehen würde. Ist z.B. unklar, ob ein Freiberufler schon zu Lebzeiten sein „Unternehmen" aufgegeben hat, und daraus ein Aufgabegewinn entstanden ist, wären möglicherweise die durch den Aufgabegewinn entstehenden Steuern nach Eintritt der Bestandskraft nicht mehr abziehbar.[21] 25

Wurde ein Einspruch gegen einen Steuerbescheid eingelegt, der unter dem Vorbehalt der Nachprüfung stand, kann auch die Einspruchsentscheidung weiterhin unter dem Vorbehalt der Nachprüfung ergehen. Wird der Vorbehalt der Nachprüfung in der Einspruchsentscheidung aufgehoben, muss Klage erhoben werden, wenn der Vorbehalt weiter gelten soll.[22] 26

Es kann aber auch sein, dass bzgl. eines Punktes noch ein **Grundsatzverfahren beim EUGH, Bundesverfassungsgericht oder Bundesfinanzhof** anhängig ist. In diesen Fällen wird gewöhnlich von Amts wegen bestimmt, ob bzw. dass die betreffenden Steuerfestsetzungen vorläufig sind. Dann ist grds. kein Einspruch erforderlich, weil der Bescheid bzgl. der ungeklärten Punkte auch nach Eintritt der Unanfechtbarkeit und der Klärung der Rechts- oder Sachfrage noch korrigiert werden kann. Wird allerdings eine Aussetzung der Vollziehung gewünscht, wäre der Einspruch erforderlich (§ 361 AO). 27

Die Diskussion, dass das **Erbschaft-/Schenkungsteuerrecht möglicherweise verfassungswidrig** oder unionsrechtswidrig sein könnte, nimmt kein Ende. Durch das Gesetz zu Anpassung des Erbschaft- und Schenkungsteuergesetzes an die Rspr. des BVerfG v. 4.11.2016[23] ist gegenwärtig das ErbStG verfassungskonform, jedenfalls müssen die Finanzämter davon ausgehen. Die Verfassungs-/Unionsrechtswidrigkeit kann nur von den Finanzgerichten und letztendlich vom Bundesverfassungsgericht entschieden werden. Für Einsprüche, mit denen ausschließlich die Verfassungswidrigkeit oder die Unionsrechtswidrigkeit gerügt wird, fehlt das Rechtsschutzbedürfnis; d.h. sie sind i.d. Regel unzulässig.[24] Eine Aussetzung der Vollziehung kommt wegen möglicher Verfassungswidrigkeit derzeit nicht in Frage. 28

21 BFH v. 14.12.2004 – II R 35/03, BFH/NV 2005, 1093.

22 BFH v. 4.8.1983 – IV R 216/82, BStBl 1984 II, 85.

23 Gleich lautender Ländererlass v. 14.11.2012, BStBl 2012 II, 1082.

24 AEAO Tz. 6 zu § 350 AO.

5. Die rechtliche Überprüfung

29 Ein Erbschaft- oder Schenkungsteuerbescheid kann aus **verfahrensrechtlichen Gründen oder wegen falscher Anwendung der Steuervorschriften**, insbesondere des ErbStG und des BewG aus materiellrechtlichen Gründen **rechtswidrig** oder sogar **nichtig** sein. Nichtige Steuerbescheide, z.B. ein Erbschaftsteuerbescheid an eine zwar namensgleiche aber nicht mit dem Erben identische Person, entfaltet keine Rechtswirkung (§ 125 AO). Rechtswidrige Steuerbescheide, die nicht nichtig sind, sind gleichwohl wirksam und werden nach Ablauf der Einspruchsfrist unanfechtbar. Wenn sie nicht mehr aufgrund anderer Vorschriften korrigiert werden können, insbesondere nach §§ 129, 172–177 AO, § 29 ErbStG, werden sie vollziehbar. Das kann dazu führen, dass eine Steuer zu zahlen ist, die nach dem Gesetz so nicht hätte festgesetzt werden dürfen. Von daher ist jeder Bescheid sorgfältig auf seine Gesetzmäßigkeit/Rechtmäßigkeit zu prüfen. Mit Hilfe der Ausführungen in Rdn 2 ff. und 4 f. kann selbst schon überschlägig geprüft werden, ob das Finanzamt die einschlägigen Vorschriften beachtet hat; ggf. ist ein entsprechend rechtskundiger Berater hinzuziehen.

30 Geht es nur um **Zahlungsangelegenheiten**, sind z.B. Zahlungen bei der Steuerabrechnung nicht berücksichtigt worden oder eine Erstattung falsch berechnet worden, ist zunächst ein sog. Abrechnungsbescheid anzufordern (§ 218 Abs. 2 AO). Ergibt sich daraus, dass die Abrechnung nach Ansicht des Steuerpflichtigen falsch ist, ist gegen den **Abrechnungsbescheid** Einspruch einzulegen und bei Ablehnung ggf. dagegen Klage beim Finanzgericht einzureichen.

Geht es um **Stundung/Erlass** und wird diese(r) ganz oder teilweise abgelehnt, ist gegen den ablehnenden Bescheid ein Einspruch möglich. Hierbei geht es dann aber nur um die „richtige" Ermessensausübung.

6. Aussetzen oder Ruhen des Verfahrens, Hinzuziehung von Beteiligten

31 Besonders in Erbschaft-/Schenkungsteuerangelegenheiten kann es vorkommen, dass die Besteuerung noch von dem Ausgang anderer (zivilrechtlicher) Rechtsstreitigkeiten abhängt oder noch aufwändige Sachverhaltsermittlungen (z.B. im Ausland) erforderlich sind. In diesem Fall kann das Finanzamt – ggf. auf Anregung des Steuerpflichtigen – die Entscheidung über den **Einspruch aussetzen oder ruhen** lassen, Näheres dazu s. § 363 AO und AEAO Tz. 1 ff. zu § 363 AO. Lässt das Finanzamt dagegen ohne Grund das Einspruchsverfahren ruhen, kann der Steuerpflichtige eine **Untätigkeitsklage** beim Finanzgericht erheben.

32 Die **Hinzuziehung zum Einspruchsverfahren** kann gem. § 360 AO erforderlich sein, wenn die rechtlichen Interessen mehrerer Personen betroffen sind, z.B. kann bei einer Schenkungsteuerveranlagung der Schenker hinzugezogen werden, da er Gesamtschuldner der Steuer ist. Personen sind notwendig hinzuzuziehen, wenn sie durch die Entscheidung derart betroffen sind, dass sie gegen alle Beteiligten gleich sein muss, z.B. Wertfeststellung von nicht notierten Anteilen an einer

Kapitalgesellschaft, die mehrere Erben geerbt haben. Wird die notwendige Hinzuziehung unterlassen, ist der entsprechende Bescheid rechtswidrig.

III. Aussetzung der Vollziehung (AdV)

1. Wirkung der AdV

Durch den Einspruch wird die Vollziehung grundsätzlich nicht gehemmt, d.h. die zunächst festgesetzte Steuer ist zu zahlen, ggf. kann sogar vollstreckt werden. Mit einer Aussetzung der Vollziehung (AdV) kann der Vollzug des umstrittenen Bescheides/Verwaltungsakts bzw. des umstrittenen Teils des Bescheides/Verwaltungsakts verhindert werden, d.h., soweit die Aussetzung reicht, braucht die Steuer noch nicht gezahlt werden; schon gezahlte Steuern sind insoweit zu erstatten, ggf. umzubuchen. 33

Beispiel

Es ist eine Steuer von 120.000 EUR festgesetzt worden. Im Rahmen der Wertermittlung ist die Bewertung einer im Ausland belegenen Immobilien streitig, deren – vom Steuerpflichtigen behaupteter – niedrigerer Wert zu 20.000 EUR weniger Steuern führen würde. Durch eine AdV kann erreicht werden, dass zunächst nur 100.000 EUR gezahlt werden müssen; ohne AdV müssten 120.000 EUR gezahlt werden. Bei erfolgreichem Einspruch würden 20.000 EUR erstattet.

Soweit eine AdV gewährt worden ist, können keine Säumniszuschläge festgesetzt werden; bereits verwirkte Säumniszuschläge können durch Aufhebung der Vollziehung rückwirkend beseitigt werden (Antrag notwendig). Die Zahlungsverjährung wird durch eine AdV gem. § 231 Abs. 1 AO unterbrochen. Bei Beendigung der AdV wegen eines unbegründeten Einspruchs ist ein Bescheid über die Aussetzungszinsen zu erteilen (§ 237 AO), gegen den ein Einspruch möglich ist. 34

Hinweis

Bei Erfolglosigkeit sind **Aussetzungszinsen** (0,5 % pro Monat, 6 % pro Jahr) zu bezahlen (§§ 237, 238 AO). Es kann daher ggf. billiger sein, sich Geld für die Steuerzahlung am **Kapitalmarkt** zu leihen.

2. Voraussetzungen für die AdV

Der Einspruch gegen den Erbschaft-/oder Schenkungsteuerbescheid bzw. der Einspruch gegen einen Feststellungsbescheid (siehe Rdn 43) ist Voraussetzung für die AdV. Wird im Einspruchsverfahren der angefochtene Bescheid geändert, wird er zwar Gegenstand des Rechtsbehelfsverfahrens; die AdV des ursprünglichen Bescheids wird aber gegenstandslos, d.h. endet mit der Bekanntgabe des Änderungsbescheides. Ggf. ist die AdV von Amts wegen weiter zu gewähren, soweit die rechtlichen oder tatsächlichen Zweifel fortbestehen. 35

36 Liegt ein Aussetzungsgrund vor und sind die Formalien beachtet, besteht ein Rechtsanspruch auf ermessengerechte Entscheidung. Bei der Entscheidung über Anträge auf Aussetzung der Vollziehung hat das Finanzamt gem. AEAO Tz. 2.4 zu § 361 AO den gesetzlichen Ermessensspielraum im Interesse der Steuerpflichtigen stets voll auszuschöpfen.

a) Formalien

37 Der Steuerpflichtige muss die AdV beantragen.

Formulierungsbeispiel

Hiermit lege ich Einspruch gegen den Erbschaftsteuerbescheid vom (…) StNr. (…) ein und beantrage die Aussetzung der Vollziehung, soweit die Steuer auf den streitigen Wert der Auslandsimmobilie entfällt.

Der Antrag kann auch noch im laufenden Einspruchsverfahren – am besten rückwirkend ab Fälligkeit – gestellt werden. Ist schon gezahlt, aufgerechnet oder vollstreckt worden, kann die Aufhebung der Vollziehung beantragt werden (AEAO Tz. 7 zu § 361 AO). Wird sie gewährt, kommt es zur Erstattung/Gutschrift. Das Finanzamt kann auch **ohne Antrag** eine AdV gewähren, z.B. wenn ein offenkundig begründeter Einspruch nicht rechtzeitig bearbeitet werden kann.

38 Für den Erfolg eines Antrags auf AdV ist eine Glaubhaftmachung (z.B. eidesstattliche Versicherung) unter Vorlage **präsenter Beweismittel** (vorhandene Gutachten, Gerichtsentscheidungen, Urkunden etc.) notwendig. Wird der Antrag auf Unbilligkeit (siehe Rdn 42) gestützt, ist die erhebliche Härte der Einziehung überzeugend, z.B. durch eine **Liquiditätsaufstellung**, darzulegen. Ggf. könnten Sicherheitsleistungen (z.B. **Bürgschaft**) angeboten werden.

b) Aussetzungsgrund

39 Die AdV soll erfolgen, wenn **ernstliche Zweifel** an der Rechtmäßigkeit des angefochtenen Bescheides/Verwaltungsakts bestehen oder die Vollziehung zu einer unbilligen Härte führen würde. Die Voraussetzungen sind in einem sog. **summarischen Verfahren** zu prüfen. Die Entscheidung in der Hauptsache kann nicht vorweggenommen werden.

aa) Ernsthafte rechtliche Zweifel

40 **Gem.** § 361 Abs. 2 Satz 1 Halbsatz 2 AO liegen **ernsthafte Zweifel** vor, wenn bei überschlägiger **(summarischer) Prüfung** des angefochtenen Verwaltungsakts (Steuerbescheid) neben den für die Rechtmäßigkeit sprechenden Gründen gewichtige Umstände zutage treten, die Unsicherheit oder Unentschiedenheit in der Beurteilung von Rechtsfragen oder Unklarheiten in der Beurteilung von Tatfragen bewirken und sich bei abschließender Klärung dieser Fragen der Verwaltungsakt als rechtswidrig erweisen könnte. Es genügt ein schlüssiger Sachvor-

trag (AEAO Tz. 2.5 zu § 361 AO). Verfassungs- und europarechtliche Zweifel begründen tendenziell keine AdV, soweit kein Erlass, Verfügung etc. etwas anderes vorsieht (AEAO Tz. 2.5.4 zu § 361 AO). Ernstliche Zweifel in tatsächlicher Hinsicht können vorliegen, wenn

- das Finanzamt eine Entscheidung getroffen hat, ohne den maßgebenden Sachverhalt aufzuklären
- das Finanzamt von einem unrichtigen Sachverhalt ausgegangen ist (nicht aber bei Verletzung der Mitwirkungspflicht)
- ein Betriebsprüfungs-Bericht nicht aus sich heraus verständlich ist
- die Besteuerungsgrundlagen nicht mitgeteilt worden sind
- ein rechnerisch komplizierter Bescheid mangels Erläuterung aus Verständnisschwierigkeiten nicht nachvollzogen werden kann.

Die Finanzämter sollen dabei ihr gesetzliches Ermessen im Interesse des Steuerpflichtigen stets voll ausschöpfen (AEAO Nr. 2.4 zu § 361 AO).

Trägt der Antragsteller (Steuerpflichtige) im AdV-Verfahren erstmals neue, ihm günstige Tatsachen vor, werden ernstliche tatsächliche Zweifel nur begründet, wenn er sie mit präsenten Beweismitteln (Urkunden, eidesstattliche Versicherung) glaubhaft macht. Ggf. ist eine angemessene Frist zur Beschaffung der Beweismittel zu beantragen. 41

bb) Unbillige Härte

Eine **unbillige Härte** liegt vor (AEAO Nr. 2.6 zu § 361 AO), wenn 42

- durch die sofortige Vollziehung des Verwaltungsakts (Steuerbescheid) dem Steuerpflichtigen entweder wirtschaftliche Nachteile drohen, die über die eigentliche Zahlung hinausgehen und nicht oder schwer wieder gut zu machen wären oder
- seine wirtschaftliche Existenz durch die Zahlung gefährdet würde und der Steuerpflichtige diese Voraussetzungen glaubhaft gemacht hat.

Bei der AdV eines Grundlagenbescheids ist hinsichtlich der Unbilligkeit auf die Vollziehung des Folgebescheids abzustellen (s.a. AEAO Nr. 5.1 zu § 361 AO).

c) Zweifel an der Rechtsmäßigkeit eines Grundlagenbescheids/Feststellungsbescheids

Im Erbschaft- und Schenkungsteuerrecht werden die Werte für Grundbesitz, Betriebsvermögen, nicht notierte Anteile an Kapitalgesellschaften und Beteiligungen an sonstigen Gemeinschaften (siehe § 151 BewG) **gesondert** und ggf. einheitlich durch einen Feststellungsbescheid festgestellt (vgl. § 7 Rdn 3 ff.). Diese Feststellungsbescheide sind sog. **Grundlagenbescheide** i.S.d. § 171 Abs. 10 AO, d.h. sie sind für die Folgebescheide (Erbschaft- oder Schenkungsteuerbescheid) verbindlich (AEAO Tz. 5 zu § 361 AO). Die Feststellungen können nur durch Einspruch gegen den jeweiligen Feststellungsbescheid angefochten werden (§ 351 Abs. 2 AO). Eine Ausnahme besteht, wenn der Streit darüber besteht, ob über- 43 haupt ein Feststellungsbescheid (wirksam) bekanntgegeben worden ist. Bestehen Meinungsverschiedenheiten über einen festgestellten Wert, kann der Feststellungsbescheid (Grundlagenbescheid) in Höhe des streitigen Werts ausgesetzt werden. In diesem Fall ist der **Folgebescheid (Erbschaft- oder Schenkungsteuerbescheid)** von Amts wegen in Höhe der durch den streitigen Wert ausgelösten Steuer auszusetzen und zwar auch, wenn der Folgebescheid nicht angefochten worden ist (§ 361 Abs. 3 Satz 1 AO, AEAO Tz. 6 zu § 361 AO).

3. Aussetzungsentscheidung des Finanzamts

44 Das Finanzamt wird im Allgemeinen eine AdV nur für den Verfahrensabschnitt (Rechtsbehelfsverfahren) gewähren (AEAO Tz. 8 zu § 361 AO). Es erteilt einen schriftlichen Bescheid über die AdV, aus dem sich die Berechnung der ausgesetzten Steuer ergibt, Näheres zur Berechnung siehe AEAO Tz. 4 zu § 361 AO. Bei ganzer oder teilweiser Ablehnung müssen u.a. die Ermessenserwägungen dargelegt sein. Das Finanzamt kann zur Sicherung der Steuerforderung die AdV von einer **Sicherheitsleistung** in bestimmter Höhe abhängig machen (§ 361 Abs. 2 Satz 3 AO, AEAO Tz. 9.2 zu § 361 AO). Bei Aussetzung eines Grundlagenbescheides ist über eine Sicherheitsleistung bei der Aussetzung des Folgebescheides zu entscheiden, es sei denn, dass bei der AdV des Grundlagenbescheides die Sicherheitsleistung ausdrücklich ausgeschlossen worden ist. Der Ausspruch der Sicherheitsleistung ist nicht selbstständig, sondern nur mit der Entscheidung über die AdV anfechtbar.

4. Rechtsbehelf gegen Ablehnung der AdV durch das FA; Einspruch oder unmittelbarer Zugang zum FG

45 Lehnt das Finanzamt eine nach § 361 AO beantragte AdV ab, ist zunächst der Einspruch gegeben (§ 347 AO). Der unmittelbare Zugang zum Finanzgericht ist nur eröffnet (§ 69 Abs. 3 und Abs. 4 FGO), wenn das Finanzamt einen Antrag auf eine AdV ohne Mitteilung eines zureichenden Grundes in angemessener Frist nicht entschieden hat oder eine Vollstreckung droht (AEAO Tz. 11 zu § 361 AO). Wird die AdV durch eine Einspruchsentscheidung abgelehnt, ist gem. § 69 Abs. 7 FGO ein Antrag auf AdV beim zuständigen Finanzgericht zu stellen.

Eine Klage gegen die ablehnende Einspruchsentscheidung wäre gem. § 69 Abs. 7 FGO i.V.m. § 69 Abs. 3 und Abs. 5 Satz 3 FGO unzulässig!

C. Bevollmächtigter, z.B. Steuerberater, Rechtsanwalt

I. Vollmacht

46 Gerade in Erbschaft-/Schenkungsteuerangelegenheiten (mit mehreren Beteiligten oder wegen weiter Entfernung zu dem oder den Finanzämtern) kann es sinnvoll

sein, gegenüber dem Finanzamt mit einem Bevollmächtigten aufzutreten. Der Bevollmächtige im außergerichtlichen Rechtsbehelfsverfahren muss nicht zwingend ein Steuerberater, Rechtsanwalt und dgl. sein, z.B. kann sich ein im Ausland lebender Miterbe/Vermächtnisnehmer usw. von einem inländischen Miterben vertreten lassen. In komplexeren Sachverhalten dürfte aber kein Weg an einem entsprechend qualifizierten Rechtskundigen vorbeiführen. Zwischen dem/den Steuerpflichtigen und dem Bevollmächtigten muss eine rechtsgeschäftlich wirksame Vollmacht vorliegen. Aus der Vollmacht sollte hervorgehen, ob diese (nur) für die Bearbeitung der Erklärung und/oder auch für den Empfang des Steuerbescheids und/oder auch für die Einlegung von Rechtsbehelfen gilt. Eine Empfangsvollmacht ist anzunehmen, wenn für den Steuerpflichtigen als denjenigen, für den der Bescheid/Verwaltungsakt bestimmt ist, ein Bevollmächtigter eindeutig und unmissverständlich gerade (auch) als Bekanntgabeadressat bestellt worden ist und sich dies unmittelbar aus der diesbezüglichen Erklärung des Steuerpflichtigen bzw. seines Bevollmächtigten ergibt. Häufig umfasst eine (schon erteilte) „übliche Vollmacht“ nicht Erbschaft- und Schenkungsteuerangelegenheiten; sie muss dann entsprechend erweitert werden. Ansonsten bestünden auch dem „bisherigen“ Mandatsverhältnis keine besonderen Hinweis- und Beratungspflichten ihres Beraters.

Grundsätzlich sollte die Vollmacht schriftlich erteilt werden (mit Unterschrift) 47 und dem oder den Finanzämtern vorgelegt werden. Für das Finanzamt reicht es zwar aus, wenn der Empfangsbevollmächtigte nach Rechtsscheingrundsätzen (Anscheins- oder Duldungsvollmacht) als bevollmächtigt gilt (d.h. er meldet sich als Bevollmächtigter beim Finanzamt und die Steuerpflichtigen unternehmen nichts dagegen), es kann aber einen Nachweis der Vollmacht verlangen (§ 80 Abs. 3 AO). Steht die Vertretung einer GbR allen Gesellschaftern zu, bedarf es zum Nachweis der Bevollmächtigung (z.B. eines Steuerberaters) einer von allen Gesellschaftern unterschriebenen Vollmacht.

Eine Vollmacht bleibt so lange wirksam, bis dem Finanzamt ein Widerruf (des 48 Steuerpflichtigen) zugeht (§ 80 Abs. 1 Satz 4 AO). Einseitige Niederlegung durch den Bevollmächtigten ist zivilrechtlich unwirksam. Wichtig ist, dass eine einmal erteilte Vollmacht auch über den Tod hinaus bestehen bleiben kann und damit Bescheide dem Bevollmächtigten auch für eine verstorbene Person bekanntgegeben werden können.[25]

Hinweis

Die erteilte Vollmacht steht im Allgemeinen mit dem Mandatsvertrag im Einklang und bestimmt somit auch den Honorar- und Haftungsumfang.

25 Vertiefend zum Thema Vollmachten siehe *Trimborn von Landenberg*, Die Vollmacht vor und nach dem Erbfall – Missbrauch vorbeugen und verfolgen, 4. Aufl. 2023.

II. Stellung des Bevollmächtigten gegenüber dem Finanzamt

49 Die Behörde soll sich grundsätzlich an den Vertreter wenden (§ 80 Abs. 3 AO, AEAO Tz. 1.7 zu § 122 AO). Besteht keine Empfangsvollmacht für Steuerbescheide, kann ein an den Bevollmächtigten adressierter Bescheid keine Bekanntgabe bewirken, d.h. der Bevollmächtigte kann nicht eigenmächtig Einspruch einlegen. Der Bevollmächtigte muss in diesem Fall den Bescheid zur wirksamen Bekanntgabe schnellstmöglich an den/die Steuerpflichtigen weiterleiten. Versäumt er dies und kann der Steuerpflichtige dadurch die Einspruchsfrist nicht einhalten, kann er Wiedereinsetzung beantragen und den Einspruch nachholen, siehe Rdn 18 ff.

50 Liegt eine wirksame Bevollmächtigung vor, muss die Behörde die Bekanntgabe grds. gegenüber dem Bevollmächtigten vornehmen.[26] In diesem Fall beginnt die Rechtsbehelfsfrist mit Bekanntgabe an den Bevollmächtigten. Liegt eine wirksame Bevollmächtigung vor und wird der Bescheid ohne Grund (aus Versehen) an Steuerpflichtige bekanntgegeben, soll das Finanzamt nach AEAO Tz. 1.7.3 zu § 122 AO die Einspruchsfrist erst ab dem Zeitpunkt, an dem der Bescheid an den Bevollmächtigten nachweislich weitergeleitet worden ist, berechnen. In der Praxis sollte daher der Bescheid schnellstmöglich an den Bevollmächtigten weitergeleitet[27] (und bei Zeitnot vorsorglich selbst Einspruch eingelegt) werden.

D. Besonderheiten bei Erbschaften

I. Gesamtrechtsnachfolge

51 Bei einer Gesamtrechtsnachfolge i.S.d. § 45 Abs. 1 AO geht die Steuerschuld des Rechtsvorgängers auf den Rechtsnachfolger über. An seine Stelle treten die Erben/Gesamtrechtsnachfolger (§ 45 Abs. 1 AO). Zur Frage, wann genau eine Gesamtrechtsnachfolge i.S.d. § 45 Abs. 1 AO vorliegt, siehe AEAO zu § 45 AO.

26 Bekanntgabe im Ermessen des Finanzamts: FG Baden-Württemberg v. 25.11.2013 – 9 K 1339/12, juris; BFH v. 5.10.2000 – VII R 96/99, BStBl 2001 II, 86, Beschluss v. 23.1.2004 – IV B 100/02, BFH/NV 2004, 760. Eine Verpflichtung zur Bekanntgabe eines Verwaltungsakts an den Bevollmächtigten des Steuerpflichtigen aufgrund einer das Ermessen des Finanzamts verengenden besonderen Sachlage (Ermessensreduzierung auf null) besteht nur dann, wenn für den Steuerpflichtigen als denjenigen, für den der Verwaltungsakt bestimmt ist, ein Bevollmächtigter eindeutig und unmissverständlich gerade (auch) als Bekanntgabeadressat bestellt worden ist und sich dies unmittelbar aus der diesbezüglichen Erklärung des Steuerpflichtigen bzw. seines Bevollmächtigten ergibt. Das Niedersächsische FG hält die Bekanntgabe für fehlerhaft, wenn das Finanzamt von seinem ihm gemäß § 80 Abs. 3 AO eingeräumten Ermessen im Einzelfall in fehlerhafter Weise Gebrauch gemacht hat (Urt. v. 16.7.1997 – XII 640/96, EFG 1998, 344).

27 BFH v. 1.7.2003 – VIII R 29/02, BFH/NV 2003, 1397.

Die Steuerschulden des Rechtsvorgängers sind grds. abziehbare Nachlassverbindlichkeiten, siehe § 4 Rdn 128.

Allgemein gilt, dass (Steuer-)Bescheide, die bereits vor Eintritt der Gesamtrechtsnachfolge an den Rechtsvorgänger gerichtet und ihm zugegangen waren, auch gegen den Gesamtrechtsnachfolger wirken. Er kann nur innerhalb der für den Rechtsvorgänger maßgeblichen Rechtsbehelfsfrist Einspruch einlegen. Siehe dazu noch § 15 Rdn 24. 52

Hat der **Rechtsvorgänger** zwar den Steuertatbestand verwirklicht, wurde ihm aber der Bescheid vor Eintritt der Rechtsnachfolge nicht mehr bekannt gegeben, ist der Bescheid an den Gesamtrechtsnachfolger zu richten. Der/die Verstorbene kann nicht mehr Inhaltsadressat eines Steuerverwaltungsaktes/Bescheides sein. Das Finanzamt kann gegen Gesamtrechtsnachfolger (z.B. mehrere Erben) Einzelbescheide nach § 155 Abs. 1 AO oder einen nach § 155 Abs. 3 AO zusammengefassten Steuerbescheid erlassen.[28] Ist eine Erbengemeinschaft Unternehmer oder selbstständiger Rechtsträger, ist ein Steuerbescheid (z.B. über Umsatzsteuer oder Grunderwerbsteuer) an sie als Erbengemeinschaft zu richten. In all diesen und vergleichbaren Fällen ist von den betroffenen Erben oder ihren Bevollmächtigen Einspruch nach den allgemeinen Grundsätzen der §§ 347 ff. AO einzulegen. Näheres zur Bekanntgabe bei Gesamtrechtsnachfolge siehe AEAO Tz. 2.12 zu § 122 AO. 53

Sind **mehrere Mit-(Erben)** und/oder andere Erwerber (Vermächtnisnehmer, Pflichtteilsberechtigter) steuerpflichtig, wird ihnen i.d.R. jeweils ein Steuerbescheid bekanntgegeben, d.h. es wird auch schon vor Auseinandersetzung durch die Erbengemeinschaft „durchgeschaut". In diesem Fall muss jeder für sich Einspruch einlegen. Unter bestimmten Voraussetzungen (§ 122 Abs. 6 AO) kann das Finanzamt auch einen **zusammengefassten Bescheid** gegen die Miterben erlassen (Näheres siehe AEAO Tz. 2.12.4–6 zu § 122 AO). In diesem Fall sind alle, denen der Bescheid bekannt gegeben worden ist, auch rechtsbehelfsbefugt. Legt nur eine Person den Einspruch ein, wäre zu klären, ob er dies auch im Auftrag der anderen macht. Ansonsten müsste das Finanzamt i.d.R. die anderen Erben hinzuziehen. Empfehlenswert wäre, dass Miterben einen aus ihrer Mitte oder einen Angehörigen der rechts- und steuerberatenden Berufe entsprechend bevollmächtigen (siehe Rdn 46). 54

II. Testamentsvollstrecker, Nachlassverwalter, Nachlasspfleger

Der **Testamentsvollstrecker** ist Träger eines durch letztwillige Verfügung des Erblassers begründeten Amts, dessen Inhalt durch die letztwillige Verfügung 55

28 BFH v. 24.11.1967 – III 2/63, BStBl 1968 II, 163, und v. 28.3.1973 – I R 100/71, BStBl II, 544.

bestimmt wird (§§ 2202, 2197 ff. BGB).[29] Der Testamentsvollstrecker ist nicht bereits kraft Amtes Vertreter des Erben/der Erben oder eines unbekannten Erben, er kann aber dazu bestellt werden. Soweit die Verwaltungsbefugnis des Testamentsvollstreckers reicht, ist dem Erben die Verfügungsbefugnis entzogen (§ 2211 BGB). Der Testamentsvollstrecker kann den Erben nicht persönlich verpflichten und hat auch nicht dessen persönliche Pflichten gegenüber den Finanzbehörden zu erfüllen.[30] Er ist aber gem. § 31 Abs. 5 ErbStG – auch ohne besondere Aufforderung – zur Abgabe einer Erbschaftsteuererklärung verpflichtet.[31] Die Stellung des **Nachlassverwalters** ist derjenigen des Testamentsvollstreckers vergleichbar.[32] Das zuvor zum Testamentsvollstrecker Gesagte gilt entsprechend.

56 Ein **Erbschaftsteuerbescheid** ist nach § 32 Abs. 1 ErbStG dem Testamentsvollstrecker oder Nachlassverwalter mit Wirkung für und gegen die Erben bekannt zu geben, wenn er die Steuererklärung für die Erben abgegeben hat.[33] Dies gilt auch, wenn sich der Steueranspruch gegen die Erben nicht nur auf die Erbschaft i.S.d. Bürgerlichen Rechts gründet. Der Erbschaftsteuerbescheid muss mit hinreichender Bestimmtheit erkennen lassen, dass er sich – ungeachtet der Verpflichtung des Testamentsvollstreckers, für die Zahlung der Steuer zu sorgen (§ 32 Abs. 1 Satz 2 ErbStG) – an den Erben als Steuerschuldner richtet. Der Bescheid wird dem Testamentsvollstrecker/Nachlassverwalter/Nachlasspfleger nach § 32 Abs. 1 Satz 1 ErbStG mit Wirkung für und gegen den oben bezeichneten Erben bekannt gegeben. Diese sind Steuerschuldner.[34] Die Bekanntgabe des Erbschaftsteuerbescheids an den Testamentsvollstrecker oder den Nachlassverwalter setzt auch die **Rechtsbehelfsfrist für die Anfechtung durch den Erben in Lauf**. Entsprechendes gilt m.E. auch für **Feststellungsbescheide**, für die der Testamentsvollstrecker entsprechende Feststellungserklärungen abgegeben hat.

Hinweis

Dem Erben ist bei verspäteter Unterrichtung durch den Testamentsvollstrecker oder den Nachlassverwalter innerhalb der Jahresfrist des § 110 Abs. 3 AO Wiedereinsetzung in den vorigen Stand zu gewähren, wobei dessen Ver-

29 *Herbst*, Pflichten und Haftung des Testamentsvollstreckers im steuerlichen Verfahren, ZEV 2022, 390; *Worgulla/Eismann*, Umfasst die Haftung des Testamentsvollstreckers für die Erbschaftsteuer stets auch die sog Nachsteuer auf begünstigtes Vermögen nach § 13b ErbStG?, DStR 2016, 2084; *Stoklassa/Feldner*, Der minderjährige Erbe und die Testamentsvollstreckung, ErbStB 2015, 233; *Roth*, Steuerrechtliche Probleme der Testamentsvollstreckung, NJW-Spezial 2015, 679; Allgemein zur Testamentsvollstreckung siehe *Rott/Kornau/Zimmermann*, Praxishandbuch Testamentsvollstreckung, 3. Aufl. 2022.

30 BFH v. 16.4.1980 – VII R 81/79, BStBl II, 605.

31 BFH v. 9.6.1999 – II B 101/98, BStBl 1999 II, 529; v. 7.12.1999 – II B 79/99, BStBl 2000 II, 133.

32 BFH v. 5.6.1991 – XI R 26/89, BStBl 1991 II, 820.

33 BFH v. 11.6.2013 – II R 10/11, BStBl 2013 II, 924.

34 BFH v. 10.7.1991 – VIII R 16/90, BFH/NV 1992, 223.

halten ihm nicht zuzurechnen ist.[35] Haben die Erben den Testamentsvollstrecker gesondert **bevollmächtigt**, für sie auch Steuerbescheide zu empfangen (Empfangsvollmacht) und/oder für sie Rechtsbehelfe einzulegen, muss der Testamentsvollstrecker selbst die Rechtsbehelfsfrist beachten. Versäumt er diese schuldhaft, wäre das Verschulden den Erben zuzurechnen, d.h. es käme keine Wiedereinsetzung in den vorigen Stand in Betracht, siehe noch Rdn 18 ff.

Ein Erbschaftsteuerbescheid, mit dem die Erbschaftsteuer aufgrund des Erwerbs eines lediglich schuldrechtlichen Anspruchs erbrechtlicher Natur (z.B. Vermächtnis, Pflichtteilsrecht, Erbersatzanspruch) und/oder aufgrund Erwerbs infolge eines Vertrages des Erblassers zugunsten des Erwerbers auf den Todesfall festgesetzt wird, kann hingegen dem Testamentsvollstrecker oder Nachlassverwalter nicht mit Wirkung für und gegen den Steuerschuldner bekannt gegeben werden.[36] 57

Zu dem Fragenkomplex, ob dem Testamentsvollstrecker/Nachlassverwalter andere Steuerbescheide gegen den Erblasser bekannt gegeben werden müssen/können, siehe AEAO Tz. 2.13.1.1 bis 2.13.1.3 zu § 122 AO. 58

Der **Nachlasspfleger** ist ein gesetzlicher Vertreter i.S.d. § 34 AO des künftigen Erben, falls dieser noch unbekannt ist oder die Annahme der Erbschaft noch ungewiss ist. Er wird von Amts wegen oder auf Antrag eines Nachlassgläubigers vom Nachlassgericht bestellt (siehe §§ 1960, 1961 BGB, § 81 AO).[37] Die Bestellung eines Nachlasspflegers durch das Nachlassgericht gem. § 1960 Abs. 2 BGB dient ausschließlich der Vertretung der noch nicht oder nicht sicher bekannten Erben zur Wahrung ihrer Interessen. Soweit dem Nachlasspfleger die Sicherung und Erhaltung des Nachlasses übertragen ist, ist er deren gesetzlicher Vertreter. Seine Vertretungsmacht ist für alle im Rahmen seines Wirkungskreises abgeschlossenen Rechtsgeschäfte, die nicht gerichtlicher Genehmigung bedürfen, nach außen unumschränkt. Ihm gegenüber bekanntgegebene Steuerbescheide (§ 31 Abs. 6 ErbStG) gelten gegen die Erben; im Zweifel muss der Nachlasspfleger Einspruch oder Klage für die künftigen Erben einlegen. 59

35 BFH v. 14.11.1990 – II R 58/86, BStBl 1991 II, 52.

36 BFH v. 14.11.1990 – II R 255/85 und II R 58/86, BStBl 1991 II, 49 und 52.

37 Allgemein zu Nachlasspflegschaft siehe *Schulz*, Handbuch Nachlasspflegschaft, 2. Aufl. 2017; Zur Erbschaftsteuerfestsetzung gegen unbekannte Erben s.a. BFH, Urt. v. 17.6.2020 – II R 40/17, BFHE 269, 442, BStBl 2020 II, 850.

§ 15 Einspruch gegen Feststellungsbescheide

Olivia Trentmann/Raymond Halaczinsky

Übersicht: Rdn

A. Feststellungsbescheid/Grundlagenbescheid

Bestimmte Steuerwerte von inländischen[1] Vermögensgegenständen des Grundbesitzes, des Betriebsvermögens, der nicht notierten Anteile an Kapitalgesellschaften und der mehreren Personen (sonstigen Gemeinschaften) zustehenden Vermögensgegenständen sind gesondert festzustellen, sofern die Feststellung für die Erbschaftsteuer oder eine andere Feststellung erforderlich ist (§ 151 BewG).[2] 1

Außerdem sind für **Besteuerungszeitpunkte ab dem 1.7.2016** nach § 13a Abs. 4 ErbStG die Ausgangslohnsumme, die Anzahl der Beschäftigten und (später) die Summe der maßgebenden jährlichen Lohnsummen und nach § 13b Abs. 10 ErbStG die Summe der gemeinen Werte der Finanzmittel, der jungen Finanzmittel, des Verwaltungsvermögens, des jungen Verwaltungsvermögens und der Schulden gesondert festzustellen; siehe dazu Rdn 7 ff. Letztlich sind auch einige nachrichtliche Mitteilungen des Betriebsfinanzamtes an das Erbschaftsteuerfinanzamt gem. R E 13b.30 ErbStR erforderlich (siehe auch Rdn 27 ff.).

1 Ausländisches Vermögen ist einzeln durch die jeweilige Erbschaft-/Schenkungsteuerstelle zu bewerten. Ausnahmsweise ist es vom Betriebsfinanzamt zu bewerten, wenn es Teil eines inländischen Betriebsvermögens ist.

2 OFD Nordrhein-Westfalen v. 3.9.2013 – S 3190–2013-St 25, juris (zuletzt aktualisiert am 20.9.2019) hat in einem Leitfaden zum Feststellungsverfahren nach § 151 Abs. 1 Satz 1 Nr. 1 BewG für Bewertungsstichtage ab dem 1.1.2009 und 1.1.2016 anhand verschiedener Fallkonstellationen hinsichtlich der Grundbesitzwertfeststellungen für Zwecke der Erbschaftsteuer, Schenkungsteuer und Grunderwerbsteuer die Beteiligten nach § 154 BewG, die Feststellungsform (gesonderte oder gesonderte und einheitliche Feststellung) und die Zurechnungsfeststellungen ausführlich erläutert.

Für **Bewertungsstichtage ab dem 29.12.2020** sind statt nachrichtlichen Mitteilungen förmliche Feststellungen für den Vorwergabschlag für Familienunternehmen (§ 13a Abs. 9a ErbStG), für zum Drittland gehörende Betriebsstätten und für den Abzug des Sockelbetrags beim Finanzmitteltest (§ 13b Abs. 10 ErbStG) zu treffen.

In der Umgangsrechtssprache werden die Feststellungsbescheide nach § 151 BewG auch **Bedarfswertbescheide** genannt.

I. Notwendiger Inhalt eines (Wert-)Feststellungsbescheids

2 Der notwendige Inhalt eines für Erbschaft-/Schenkungsteuerzwecke notwendigen Bescheides zur Feststellung des Bedarfswerts für die in § 151 Abs. 1 BewG genannten Vermögen richtet sich nach § 151 Abs. 2 BewG. Ein Feststellungsbescheid besteht aus mehreren Teilen (beispielhafte schematische Darstellung):

Finanzamt/ Steuernummer	Bescheiddatum
	Adresse Finanzamt Telefon Fax E-Mail Bankdaten
Bescheid über die gesonderte Feststellung des Werts ... Grundstück Betriebsvermögen Anteil an Kapitalgesellschaft Sonstige Gemeinschaft	
Herrn/Frau NN **Adresse(n)**	
	Bescheidart (unter Vorbehalt, Änderungsbescheid und dgl.)
Betreff: Feststellungsanlass	
Wertfeststellung	(Der Wert des .... beträgt ...EUR)
Feststellungsbeteiligte **Zurechnung des Bewertungsobjekts**	
Einzeldarstellung: Anlage zur Wertermittlung	(entfällt bei Wertfeststellung gem. Erklärung)

Erläuterungen	aus dem Bescheid sollte hervorgehen, ob und warum das Finanzamt (Feststellungsfinanzamt) von der Erklärung abgewichen ist
Nachrichtliche Angaben	
Rechtsbehelfsbelehrung	

Soweit nichts Besonderes geregelt ist, gelten neben § 151 BewG für die gesonderte Feststellung die Vorschriften über die Durchführung der Besteuerung gem. § 181 AO sinngemäß.

Inhalt und Umfang der verbindlichen Feststellungen sind in R B 151.2 ErbStR und H B 151.2 ErbStH beschrieben. Zusammenfassend betreffen die Feststellungen die **Zurechnung** des Wirtschaftsguts bzw. eines Anteils daran auf den Erwerber **und** die **Wertfeststellung** des betreffenden Gegenstandes. Dazu gehören außerdem die Feststellung der **Art** der erworbenen Einheit, z.B. Mietwohngrundstück, Betriebsgrundstück, Anteil an einer GmbH, sowie die Angabe zum **Feststellungszeitpunkt**. Zudem muss die betreffende Feststellung begründet sein, soweit dies zum Verständnis des Bescheides erforderlich ist. 3

Die für **spezielle Erbschaft-/Schenkungsteuerzwecke** erforderlichen Feststellungen betreffen bestimmte **Werte** (z.B. die Ausgangslohnsumme, das Verwaltungsvermögen) am Bewertungsstichtag und **andere Angaben** (Anzahl der Beschäftigten), die in R E 13a.10 und 13b. 30[3] ErbStR beschrieben sind. Die Wertfeststellung setzt inzident natürlich eine Zuordnung/Zurechnung zu dem erworbenen Unternehmensvermögen voraus.

Bei **mehrmaligem Erwerb** einer wirtschaftlichen Einheit **innerhalb eines Jahres** hat das jeweilige Finanzamt der Wertermittlung einen bereits festgestellten Wert z.B. für Grundbesitz, Anteil an einer GmbH einen sog. **Basiswert** zugrunde zu legen, wenn innerhalb dieses Jahres keine wesentlichen Änderungen eingetreten sind. Der Basiswert ist der für den ersten Erwerbsfall auf den jeweiligen Bewertungsstichtag ermittelte Wert. Dieser Basiswert gilt ab diesem Zeitpunkt für einen Zeitraum von einem Jahr. 4

Beispiel

A schenkt B ein Mietwohnhaus zum 1.1.2023. Am 29.4.2023 verstirbt B überraschend, C wird sein Alleinerbe. Die Wertfeststellung zum 1.1.2023 kann als Basiswert ohne erneute Feststellung verwendet werden, keine wesentlichen Änderungen eingetreten sind.

Der Erklärungspflichtige kann eine von dem Basiswert abweichende Feststellung des Werts nach den Verhältnissen zum Bewertungsstichtag durch Abgabe einer 5

3 Durch JStG 2020 teilweise überholt für Bewertungsstichtage ab dem 29.12.2020.

Feststellungserklärung mit den dafür erforderlichen stichtagsbezogenen Daten beantragen, wenn der Wert voraussichtlich niedriger ist. Bei nachträglich erkannten Fehlern zuungunsten der vorhergehenden Feststellungsbeteiligten sollte auf jeden Fall eine neue Wertfeststellung in Gang gesetzt werden. Ist der Basiswert fehlerhaft und wird dies nach Ablauf der Einspruchsfrist erkannt, könnte er ansonsten nur nach den Korrekturvorschriften der §§ 172 ff. AO geändert werden, da der Bescheid insoweit bestandskräftig ist.

II. (Wert-)Feststellungsverfahren

6 Das Feststellungsverfahren richtet sich nach §§ 151 ff. BewG und ergänzend nach §§ 179 ff. AO. Für die Feststellung nach § 152 Nr. 2 bis 4 BewG[4] sind örtlich zuständig:

- für die Feststellung des Werts des Betriebsvermögens oder des Anteils am Betriebsvermögen das Betriebsfinanzamt,
- für die Feststellung des Werts von nicht notierten Anteilen an Kapitalgesellschaften das Finanzamt, in dessen Bezirk sich die Geschäftsleitung bzw. der Sitz der Kapitalgesellschaft befindet,
- für die Feststellung des Anteils am Wert von übrigen Vermögensgegenständen und Schulden das Finanzamt, von dessen Bezirk die Verwaltung des Vermögens ausgeht, oder wenn diese im Inland nicht feststellbar ist, das Finanzamt, in dessen Bezirk sich der wertvollste Teil des Vermögens befindet.

7 Eine Feststellungserklärung muss gem. § 153 BewG nur derjenige abgeben, der nach Maßgabe der Vorschrift zu Recht zu einer Abgabe der Feststellungserklärung aufgefordert worden ist, d.h. eine Abgabe von sich aus ist nicht geboten; auch in Hinsicht darauf, dass ohne Aufforderung ggf. Feststellungsverjährung eintreten könnte. Näheres zur Erklärungspflicht siehe R B 153 ErbStR und § 1 Rdn 37 ff. Grundsätzlich beginnt die Feststellungsfrist mit Ablauf des Jahres, in dem die Erbschaft-/oder Schenkungsteuer entstanden ist. Fordert das Lage- oder Betriebstättenfinanzamt vom Steuerpflichtigen innerhalb der Feststellungsfrist eine Feststellungserklärung zur Feststellung an, führt dies unabhängig vom Zeitpunkt der Erstattung der Anzeige nach § 30 ErbStG zu einer Anlaufhemmung der Feststellungsfrist. Dann beginnt die Feststellungsfrist mit Ablauf des Kalenderjahres, in dem die Erklärung eingereicht wird, spätestens jedoch mit Ablauf des dritten Kalenderjahres, das auf das Kalenderjahr folgt, auf dessen Beginn die Wertfeststellung vorzunehmen ist. Es genügt dabei, wenn das Finanzamt die Feststellungserklärung verlangt, bevor die Feststellungsfrist abgelaufen ist.[5]

8 Die Bekanntgabe von Feststellungsbescheiden an den Empfangsbevollmächtigten richtet sich nach § 183 AO. Danach ist die Bekanntgabe an einen gemeinsamen

4 Zur Anwendung/Auslegung siehe noch R B 152 ErbStR und H B 152 ErbStH.

5 BFH v. 17.4.2013 – II R 59/11, BFH/NV 2013, 1149.

Empfangsbevollmächtigten möglich. Nach § 183 Abs. 1 Satz 2 AO gilt ein zur Vertretung der Gesellschaft Berechtigter als Empfangsbevollmächtigter aller Feststellungsbeteiligten, wenn ein gemeinsamer Empfangsbevollmächtigter nicht benannt wird. Bestreitet allerdings ein Steuerpflichtiger, Mitglied der Gesellschaft zu sein, ist diesem der Bescheid unmittelbar bekannt zu geben.

Wird ein Feststellungsbescheid gemäß § 183 Abs. 2 AO allen Feststellungsbeteiligten bekannt gegeben, ist jeder Bekanntgabeempfänger einspruchsbefugt. Die Einspruchsbefugnis der Gesellschaft nach § 352 Abs. 1 AO bleibt davon unberührt.[6] 9

Bei einheitlichen und gesonderten Feststellungen bleiben die gegenüber den richtig bezeichneten Feststellungsbeteiligten getroffenen Feststellungen wirksam, die unrichtige Bezeichnung kann durch einen besonderen Bescheid „berichtigt" werden. § 182 Abs. 3 AO ist auch auf Fälle anwendbar, in denen das Finanzamt versehentlich den Verstorbenen als Adressaten angegeben hat, obwohl ihm die Rechtsnachfolge bekannt war. 10

III. Feststellung für Zwecke der Verschonung von Unternehmensvermögen

Für Zwecke der Verschonung von Unternehmensvermögens (Gewährung und Versagung der Verschonung) muss für Besteuerungszeitpunkte **ab dem 1.7.2016** gesondert festgestellt werden: 11

Gesonderte Feststellungen nach	
a) § 13a Abs. 4 ErbStG	
Die Ausgangslohnsumme (durchschnittliche Lohnsumme der letzten fünf vor dem Bewertungsstichtag endenden Wirtschaftsjahre)	Die endgültige Höhe des Verschonungsabschlags ist von der Einhaltung der Lohnsummenregelung abhängig (§ 13a Abs. 3 und 10 ErbStG).
Anzahl der Beschäftigten (mehr als 5 Beschäftigte)	Bei bis zu 5 Beschäftigten ist keine Lohnsummenkontrolle erforderlich.
Summe der maßgebenden jährlichen Lohnsummen	Die Angabe ist für die Prüfung der Lohnsummenregelung gemäß § 13a Abs. 3 ErbStG bzw. § 13a Abs. 10 ErbStG erforderlich.

6 Eine GbR erlischt mit deren handelsrechtlichen Vollbeendigung; gleichwohl kann das Finanzamt den Feststellungsbescheid einem Empfangsbevollmächtigten wirksam bekannt geben, wenn es von der Vollbeendigung nicht weiß, § 183 Abs. 2 Satz 1 AO.

Gesonderte Feststellungen nach	
b) § 13b Abs. 10 ErbStG	
Summe der gemeinen Werte der Einzelwirtschaftsgüter des Verwaltungsvermögens (§ 13b Abs. 4 Nr. 1 bis 5 ErbStG)	Die Angaben sind für die Prüfung erforderlich, ob und in wieweit im begünstigungsfähigen Vermögen schädliches Verwaltungsvermögen enthalten ist.
Summe der gemeinen Werte der Wirtschaftsgüter des Verwaltungsvermögens, die dem Betriebsvermögen am Bewertungsstichtag weniger als zwei Jahre zuzurechnen sind (§ 13b Abs. 7 Satz 2 ErbStG)	Junges Verwaltungsvermögen gehört zum schädlichen Verwaltungsvermögen.
Summe der gemeinen Werte Schulden	Die Angaben sind zur Ermittlung des Nettoverwaltungsvermögens erforderlich (§ 13b Abs. 6 ErbStG).

Bei diesen Feststellungen handelt es sich jeweils um eigene Verwaltungsakte. Dagegen ist jeweils der Einspruch möglich. Zu beachten ist, dass z.B. mit Anfechtung der Anzahl der Beschäftigten nicht zugleich auch die Summe der maßgebenden jährlichen Lohnsummen angefochten ist.

Berechnungs- und Darstellungsbeispiel in H E 13b. 30 ErbStH.

Für Bewertungsstichtage **ab dem 29.12.2020** sind zusätzlich noch folgende Feststellungen zu treffen:

Voraussetzungen und der Prozentsatz für den Vorwegabschlag für Familienunternehmen (§ 13a Abs. 9a ErbStG)	Diese Angaben sind für die Gewährung des Vorwegabschlags notwendig.
Zum Betriebsvermögen gehörende Betriebsstätte im Drittstaat	Insoweit ist keine Begünstigung möglich
Vorliegen des Hauptzwecks	Diese Angabe ist für die Gewährung des Sockelbetrages beim Finanzmitteltest erforderlich.

B. Einspruch gegen einen Feststellungsbescheid

I. Allgemeine Grundsätze

12 Grundsätzlich ist gegen steuerliche Feststellungsbescheide aller Art – genauso wie gegen Steuerbescheide – der außergerichtliche Rechtsbehelf des Einspruchs gem. §§ 347 ff. AO gegeben. Bzgl. der Wirkung und Einlegung des Einspruchs, der Einspruchsfrist, der Wiedereinsetzung in den vorigen Stand, der Aussetzung der Vollziehung, Bevollmächtigung usw. gilt das zu dem Einspruch gegen

Erbschaft- und Schenkungsteuerbescheide Gesagte entsprechend (siehe § 14 Rdn 4 ff.). Außerdem sind die verfahrensrechtlichen Vorschriften der §§ 151–156 BewG, insb. zur Rechtsbehelfsbefugnis, zu beachten.[7]

II. Besonderheiten bei Feststellungsbescheiden

Die in einem (Feststellungs-)Bescheid getroffenen Feststellungen werden einem 13
Erbschaft- oder Schenkungsteuerbescheid oder einem weiteren Feststellungsbescheid im Rahmen der sog. Bedarfsbewertung für Zwecke der Erbschaft- oder Schenkungsteuer (§ 151 Abs. 1 BewG) zugrunde gelegt. Ein auf diesem Feststellungsbescheid beruhender Folgebescheid kann nicht mit der Begründung angefochten werden, dass die in dem Feststellungsbescheid getroffene Feststellung unzutreffend sei (§ 351 Abs. 2 AO). Einwendungen gegen die Feststellungen können nur durch Einspruch gegen diesen Feststellungsbescheid innerhalb der Einspruchsfrist geltend gemacht werden. Es können aber folgende Fehler im **Einspruchsverfahren gegen den Folgebescheid** vorgetragen werden:

- Der Grundlagenbescheid ist nichtig.
- Der Grundlagenbescheid ist nicht wirksam bekannt gegeben worden.

Auch wenn der Steuerpflichtige gegen den Feststellungsbescheid Einspruch ein- 14
gelegt hat, bleibt der Erlass eines Folgebescheides (z.B. Erbschaft- oder Schenkungsteuerbescheid) zulässig. Soweit die Vollziehung des Feststellungsbescheides ausgesetzt wird, wird die Vollziehung des Folgebescheides auch (von Amts wegen) ausgesetzt (§ 361 Abs. 3 AO).

Grundsätzlich ist der Einspruch gegen den Feststellungsbescheid bei dem Finanz- 15
amt einzulegen, welches den Bescheid erlassen hat.[8] Die örtliche Zuständigkeit ist in § 152 BewG und R B 152 ErbStR geregelt. Nach § 357 Abs. 2 Satz 2 AO kann der Einspruch gegen die Feststellung von Besteuerungsgrundlagen auch bei der zur Erteilung des Steuerbescheides (Folgebescheid) zuständigen Behörde angebracht werden, also beim zuständigen Erbschaftsteuerfinanzamt. Die für beide Verwaltungsakte in § 351 Abs. 2 AO angeordnete strikte verfahrensrechtliche Trennung wird von § 357 Abs. 2 Satz 3 AO nicht berührt, d.h. die Entscheidung obliegt dem Feststellungsfinanzamt. Umgekehrt kann der Einspruch gegen einen Erbschaft- oder Schenkungsteuerbescheid nicht zulässigerweise beim Feststellungsfinanzamt eingelegt werden.

---

7 *Stöcker*, Das Finanzamt und der Streit zwischen Feststellungsbeteiligten, Stbg 2005, 68–71; *von Wedelstädt*, Feststellungsbescheide im Rechtsbehelfsverfahren, AO-StB 2004, 211–215.

8 Zum Streitwert bzgl. Feststellungen eines Grundstückswerts BFH v. 19.2.2009 – II E 1/09, BStBl 2009 II, 446; BFH v. 11.1.2006 – II E 3/05, BStBl 2006 II, 333; ansonsten richtet sich der Streitwert nach dem umstrittenen Wertunterschied. Zum Mindeststreitwert § 52 Abs. 4 GKG.

III. Rechtsbehelfsbefugnis

16 Die Rechtsbehelfsbefugnis gegen (Bedarfswert-)Feststellungsbescheide i.S.d. § 151 BewG ist in § 155 BewG in der Weise geregelt, dass zur Einlegung von Rechtsbehelfen die Beteiligten i.S.d. § 154 Abs. 1 BewG befugt sind. § 155 BewG regelt nur die Rechtsbehelfsbefugnis im Verfahren von gesonderten Feststellungen i.S.d. § 151 Abs. 1 BewG, insbesondere natürlich die Einspruchs- und Klagebefugnis gegen entsprechende Feststellungsbescheide.[9]

1. Beteiligter

17 **Beteiligte** sind gem. § 154 Abs. 1 Nr. 1 bis 3 BewG grundsätzlich immer diejenigen,

- denen der Gegenstand der Feststellung zuzurechnen ist,
- die ein Finanzamt zu einer Feststellungserklärung aufgefordert hat, und
- die letztendlich die Steuer schulden, für deren Festsetzung die Feststellung von Bedeutung ist.

Weitere Einzelheiten zu den Beteiligten am Feststellungsverfahren und zur Bekanntgabe der Feststellungsbescheide s. R B 154 ErbStR nebst Beispiel in H B 154 ErbStH.

> **Hinweis**
>
> Die Beteiligtenstellung ist Voraussetzung für die **Rechtsbehelfsbefugnis** (§ 155 BewG); d.h. wer nicht Beteiligter i.S.d. § 154 Abs. 1 BewG ist, kann einen für Erbschaft- oder Schenkungsteuerzwecke ergangenen Feststellungsbescheid auch nicht wirksam anfechten.[10]

2. Zurechnung

18 Die **Zurechnung** ist für den Grundbesitz und entsprechend für Betriebsvermögen und nicht notierte Anteile an Kapitalgesellschaften in der Weise geregelt, dass der Vermögensgegenstand dem **Erben**/Erwerber zuzurechnen ist (R B 151.2, 4, 5, 7 ErbStR). Zurechnungsadressat ist jeweils der Erwerber. Sind mehrere Steuerschuldner Zurechnungsadressat, muss eine gesonderte und einheitliche Feststellung erfolgen. Zur Beteiligteneigenschaft eines Erbbauberechtigten siehe R B 154 Abs. 1 Satz 2 i.V.m. R B 153 Abs. 6 Satz 4 bis 6 ErbStR.

---

9 Die Ermittlungskompetenz hinsichtlich der Besteuerungsgrundlagen des Grundlagenbescheids liegt bei dem für den Grundlagenbescheid zuständigen Finanzamt, dessen Entscheidung nur im Rahmen eines diesen Grundlagenbescheid betreffenden Rechtsbehelfsverfahrens überprüft werden kann (BFH v. 25.9.2013 – II R 2/12, BStBl 2014 II, 329 m.w.N.).

10 Weitere Einzelheiten s.a. *Mühlenstädt*, Verfahrensrechtliche Besonderheiten bei der Anteilsbewertung nach § 151 BewG, ErbStB 2022, 213.

Bei **mehreren Erben** sind der/die Vermögensgegenstände der **Erbengemeinschaft in Vertretung der Miterben** (vgl. § 151 Abs. 2 Nr. 2 BewG) zuzurechnen. Die Erbengemeinschaft erlangt insoweit eine steuerrechtliche Teilrechtsfähigkeit.[11] Der Vermögensgegenstand ist danach gegenüber der Erbengemeinschaft gesondert festzustellen. Bei der Bekanntgabe eines Feststellungsbescheides an eine Erbengemeinschaft ist darauf hinzuweisen, dass die Bekanntgabe mit Wirkung für und gegen alle Miterben erfolgen muss (§ 154 Abs. 3 BewG). Im Bescheid sind alle Miterben namentlich aufzuführen. Der Inhaltsadressat eines Bescheides über die gesonderte und einheitliche Feststellung des Grundbesitzwertes für Zwecke der Erbschaftsteuer gegenüber einer Erbengemeinschaft ohne Bezeichnung des einzelnen Miterben ist **nicht hinreichend bestimmt** und damit **nichtig.**[12] 19

Was die Rechtsbehelfsbefugnis angeht, wird in § 155 Satz 2 BewG die Rechtsbehelfsbefugnis bei Feststellungsbescheiden gegenüber Erbengemeinschaften in entsprechender Anwendung des § 352 AO und § 48 FGO geregelt. Das bedeutet, dass für sie vorrangig eine vertretungsberechtige Person, ein benannter Empfangsbevollmächtigter allein gem. § 352 Abs. 1 Nr. 1 AO und nicht alle Miterben rechtsbehelfsbefugt sind. Ist kein Empfangsbevollmächtigter vorhanden, kann das Finanzamt die Erben auffordern, einen Empfangsbevollmächtigten zu bestimmen oder einen solchen selbst zu fingieren (§ 352 Abs. 2 AO). Dann wäre dieser alleine rechtsbehelfsbefugt. Ist kein Empfangsbevollmächtigter vorhanden, ist jeder Miterbe rechtsbehelfsbefugt.[13]

Durch die Neuregelung in § 154 Abs. 1 Nr. 3 ErbStG, nach der jeder Steuerschuldner/Gesamtschuldner Beteiligter und damit ohnehin rechtsbehelfsbefugt ist, und der einzelne Miterbe Erwerber und damit Steuerschuldner ist, nicht die Erbengemeinschaft als solche, ergibt sich die Rechtsbehelfsbefugnis auch aus seiner Beteiligtenstellung.[14]

Für die **Praxis bleibt als Fazit**: Bei **kleinen** (nicht zerstrittenen) **Erbengemeinschaften** (zwei bis vier Personen an einem Ort) können die Miterben selbst zusammen Einsprüche gegen die betreffende und ihnen bekanntgegebenen Feststellungsbescheide einlegen. Bei **größeren** Erbengemeinschaften sollte die Erbengemeinschaft eine **zur Vertretung befugten Personen** und ggf. zusätzlich einen

11 Vgl. Begründung zum Entwurf eines Erbschaftsteuerreformgesetzes, BT-Drucks 16/7918, 40.

12 Nach zutreffender Auslegung des BFH v. 30.9.2015 – II R 31/13, BStBl 2016 II, 637 enthält Absatz 3 lediglich Regelungen über die (erleichterte) Bekanntgabe des Feststellungsbescheids, trifft aber keine Regelung über dessen Inhaltsadressaten. Weitere Einzelheiten s. R B 154 ErbStR.

13 Siehe Erläuterungen von *Volquardsen*, in: Daragan/Halaczinsky/Riedel, Praxiskommentar ErbStG und BewG, § 155 BewG Rn 7 ff.

14 Vgl. BFH v. 15.7.1998 – II R 82/96, BStBl 1998 II, 630, *Troll/Gebel/Jülicher/Gottschalk*, ErbStG, § 20 Tz. 32, § 3 Tz. 12 f.

Empfangsbevollmächtigten bestellen, die über die Einlegung eines Einspruchs bzw. über die Führung eines Rechtsbehelfsverfahrens entscheiden und den Schriftverkehr mit dem Finanzamt, ggf. mit dem Gericht, führen.

20 Geht es um eine Bewertung von nicht notierten Anteilen an einer Kapitalgesellschaft, ist der Anteil dem entsprechenden Erwerber zuzurechnen. Das Vermögen der Kapitalgesellschaft ist ihr zuzurechnen. Der Feststellungsbescheid, mit dem der Anteilswert festgestellt wird, ist dem Erwerber und auch der Kapitalgesellschaft gem. § 154 Abs. 2 BewG bekanntzugeben. Damit wird sie auch Beteiligte und entsprechend rechtsbehelfsbefugt.

21 Beim Erwerb eines Anteils an einer **sonstigen (vermögensverwaltenden) Gesellschaft** sind die Vermögensgegenstände und Schulden der Gesellschaft entsprechend § 10 Abs. 1 Satz 4 ErbStG jeweils anteilig dem Erwerber zuzurechnen (R B 151.7 ErbStR). Damit sind die betreffenden Erwerber auch Beteiligte und entsprechend rechtsbehelfsbefugt.

3. Feststellung für Feststellungsbescheid

22 Insbesondere bei Feststellungen des Werts von Betriebsvermögen oder von nicht notierten Anteilen an Kapitalgesellschaften kann es vorkommen (bei Anwendung des **Substanzwertverfahrens**), dass zum Betriebsvermögen auch Vermögensgegenstände gehören, die ihrerseits gesondert festgestellt werden müssen. Im Betriebsvermögen befinden sich beispielsweise Grundstücke, mitunternehmerische Beteiligungen an Personengesellschaften oder an Kapitalgesellschaften, bei diesen Gesellschaften können im Betriebsvermögen wiederum Grundstücke, Beteiligungen und Anteile usw. enthalten sein.

Beispiel

Im Fall einer Enkel GmbH mit Betriebsgrundstück ist für die Substanzwertfeststellung der Mutter-GmbH der Wert der Tochter-GmbH erforderlich. Für die Substanzwertermittlung der Tochter-GmbH ist der Wert der Enkel-GmbH und dafür wiederum der Wert des Grundstücks der Enkel-GmbH jeweils gesondert festzustellen.

23 Die Finanzverwaltung wird die Beteiligung an der Enkel-GmbH der Tochter-GmbH zurechnen. Dadurch entsteht eine **Rechtsbehelfsbefugnishierarchie**. Die Enkel-GmbH ist gegen den Feststellungsbescheid über das Grundstück, die Tochter-GmbH gegen den Feststellungsbescheid über die Enkel-GmbH, die Mutter-GmbH gegen den Feststellungsbescheid über die Tochter-GmbH einspruchsbefugt. Der Erbe bzw. eine Erbengemeinschaft sind gegen den Feststellungsbescheid über die Mutter-GmbH einspruchsbefugt, soweit ihnen ein GmbH-Anteil zugerechnet wird bzw. sofern sie hierfür zur Abgabe einer Feststellungserklärung aufgefordert worden sind (§ 155 i.V.m. § 154 Abs. 1 BewG).

Hinweis

In derartigen umfangreichen Fällen kann ein **Verzicht auf die gesonderte Feststellung** z.B. einer Unter-Unterbeteiligung (Enkel-GmbH) beantragt werden, wenn der Verwaltungsaufwand der Beteiligten außer Verhältnis zur steuerlichen Auswirkung steht und der festzustellende Wert unbestritten ist. Zur Prüfung, ob ein Fall nur von geringer Bedeutung ist, hat das Finanzamt, das eine Feststellung anfordert, dabei auch stets die jeweilige Beteiligungsstufe anzugeben, damit das Feststellungsfinanzamt Rückschlüsse auf die steuerliche Auswirkung ziehen kann.

Da ein Erbe weder Zurechnungsadressat noch derjenige ist, der in solchen Fällen zur Abgabe eine Feststellungserklärung aufgefordert wird, könnte er den Feststellungsbescheid z.B. gegenüber der Enkel-GmbH oder über deren Grundstück nicht anfechten, da er insoweit nicht Beteiligter ist (wenn er nicht ausnahmsweise in der Enkel-GmbH gesetzlicher Vertreter oder Geschäftsführer ist).[15] Dies hat der Gesetzgeber in § 154 Abs. 1 Nr. 3 BewG dadurch gelöst, dass ab dem 1.7.2011 Beteiligte am Feststellungsverfahren auch diejenigen Personen sind, die letztendlich die Steuer schulden, für deren Festsetzung die Feststellung von Bedeutung ist. Damit ist sichergestellt, dass der Steuerpflichtige/Steuerschuldner der Erbschaft- oder Schenkungsteuer immer am Verfahren der Feststellung der Besteuerungsgrundlagen beteiligt wird, die unmittelbar oder mittelbar im Rahmen seiner Steuerfestsetzung berücksichtigt werden.

4. Rechtsbehelfsbefugnis und Gesamtrechtsnachfolge

Feststellungsbescheide, die bereits **vor Eintritt der Gesamtrechtsnachfolge** an den Rechtsvorgänger gerichtet und ihm zugegangen waren, wirken auch gegen den Gesamtrechtsnachfolger. Er kann nur innerhalb der für den Rechtsvorgänger maßgeblichen Rechtsbehelfsfrist Einspruch einlegen (§ 353 AO).[16] Ist die Einspruchsfrist schon abgelaufen, wirkt der Feststellungsbescheid gegenüber dem Rechtsnachfolger, ohne dass dieser die Möglichkeit des Einspruchs hat (§ 182 Abs. 2 Satz 1, § 184 Abs. 1 Satz 4, §§ 185 und 190 AO). § 353 AO schreibt dies für Bescheide mit dinglicher Wirkung ausdrücklich auch vor, soweit es sich um Einzelrechtsnachfolge handelt. 24

Läuft schon ein Einspruchsverfahren bei Eintritt der Rechtsnachfolge, tritt der Gesamtrechtsnachfolger in die Rechtsstellung des Rechtsvorgängers als Verfahrensbeteiligter ein; seiner Hinzuziehung bedarf es nicht. Beim Einzelrechtsnach- 25

15 Siehe zum bis 2008 geltenden Recht FG Düsseldorf v. 4.9.2009 – 11 V 2604/09 A (BG), EFG 2010, 388.

16 Ist ein Steuerbescheid bereits zu Lebzeiten des Erblassers wirksam geworden und möchte die Finanzbehörde wegen der Steuerschuld vollstrecken, muss sie vor Beginn der Vollstreckung ein Leistungsgebot gegen die Gesamtrechtsnachfolger erlassen (vgl. im Einzelnen Abschn. 29 ff. VollstrA).

folger (z.B. Vermächtnisnehmer) hat die Finanzbehörde eine Hinzuziehung zum Verfahren zu prüfen (§§ 359, 360 AO). Läuft schon ein finanzgerichtliches Klageverfahren, wird bei Gesamtrechtsnachfolge (z.B. bei der Erbfolge) das Verfahren bis zur Aufnahme durch den Rechtsnachfolger unterbrochen (§ 155 FGO; § 239 ZPO), es sei denn, der Rechtsvorgänger war durch einen Prozessbevollmächtigten vertreten (§ 155 FGO; §§ 239, 246 ZPO). Bei Einzelrechtsnachfolge (z.B. bei Vermächtnis) hat das Finanzgericht zu prüfen, ob der Rechtsnachfolger beizuladen ist (§§ 57, 60 FGO).

26 Ist die **Rechtsnachfolge** eingetreten, **bevor** einer der in § 353 AO genannten **Feststellungsbescheide** etc. ergangen ist, wirkt ein Feststellungsbescheid gegen den Rechtsnachfolger nur dann, wenn er ihm wirksam bekannt gegeben wird (§ 182 Abs. 2 Satz 2, § 184 Abs. 1 Satz 4, §§ 185 und 190 AO).

C. Nachrichtliche Angaben – Rechtsbehelfsmöglichkeiten

27 Feststellungsbescheide für die Erbschaft- und Schenkungsteuerstellen müssen bestimmte nachrichtliche Angaben enthalten, damit diese über spezielle Befreiungen entscheiden können. Nachrichtliche Angaben gehören **nicht zum feststellenden Teil** des Bescheides, sie sind ggf. aus dem Feststellungsbescheid ersichtlich. Sie können – mangels rechtlich verbindlicher Feststellung – nicht mit einem Einspruch gegen den entsprechenden Feststellungsbescheid angegriffen werden. Es kann aber im Wege einer formlose „Gegenvorstellung" dazu Stellung genommen werden.

Andere nachrichtliche Mitteilungen erfolgen schriftlich insb. vom Betriebsfinanzamt an das Erbschaft- und Schenkungsteuerfinanzamt.

28 Bei Feststellungen über den **Grundbesitz** sind zusätzlich diverse nachrichtliche Feststellungen erforderlich: Dazu verwendet das Finanzamt bei Bedarf die **Anlage zu den nachrichtlichen Angaben von Grundstücken**. Die nachrichtlichen Angaben dienen dem Erbschaft- und Schenkungsteuerfinanzamt zur Durchführung der Veranlagung z.B. zur Gewährung von Befreiungen für das geerbte oder geschenkte Familienheim. Zu diesem Zweck sind in den Feststellungsbescheid für ein derartiges Grundstück nachrichtlich gem. H B 151.2 ErbStH auch folgende Angaben aufzunehmen:

<table>
<tr><th colspan="2">Nachrichtliche Angaben</th></tr>
<tr><td>Gesamte Wohn- und Nutzfläche des/der Gebäude/s</td><td>Die Angabe wird als Ausgangsgröße zur Berechnung des Flächenverhältnisses benötigt.</td></tr>
<tr><td>Wohnfläche einer bisher vom Rechtsvorgänger selbst genutzten Wohnung</td><td>Die Angabe wird zur Anwendung des § 13 Abs. 1 Nr. 4a bis 4c ErbStG (Familienheim) benötigt.</td></tr>
<tr><td>Gesamte Wohnfläche der zu Wohnzwecken vermieteten Gebäude oder Gebäudeteile</td><td>Die Angabe wird zur Anwendung des § 13d benötigt.</td></tr>
<tr><td>Gesamte zum ertragsteuerlichen Betriebsvermögen des Rechtsvorgängers gehörende Wohn- und Nutzfläche der Gebäude/des Gebäudes</td><td rowspan="2">Die Angaben werden
– zur Bestimmung des dem Betriebsvermögen zuzurechnenden Anteils des Grundbesitzwerts und
– zur Bestimmung des Verwaltungsvermögens im Sinne des § 13b Abs. 4 ErbStG
benötigt.</td></tr>
<tr><td>Gesamte der vom Rechtsvorgänger zu eigenen betrieblichen Zwecken genutzten Wohn- und Nutzfläche der Gebäude/des Gebäudes</td></tr>
<tr><td>Art und Höhe einer im Rahmen des § 198 BewG abgezogenen Belastung (Wohnrecht, Nießbrauchsrecht)</td><td>Die Angabe wird zur Vermeidung der Doppelberücksichtigung der Belastung benötigt (§ 10 Abs. 6 Satz 6 ErbStG).</td></tr>
</table>

Bei Feststellungen der **Grundbesitzwerte für Betriebsgrundstücke** sind (soweit 29
erforderlich etwa bei der Substanzbewertung) diverse nachrichtliche Feststellungen erforderlich (dazu siehe § 8 Rdn 123). Außerdem sind von der Feststellungsstelle weiterhin folgende Angaben für die Erbschaft- und Schenkungsteuerstelle zu machen: ob

- zum Unternehmensvermögen Dritten zur Nutzung überlassene Grundstücke oder Grundstücksteile (§ 13b Abs. 4 Nr. 1 ErbStG) gehören,
- ggf. eine Betriebsaufspaltung i.S.v. § 13b Abs. 4 Nr. 1 Buchst. a ErbStG,
- eine Betriebsverpachtung im Ganzen i.S.v. § 13b Abs. 4 Nr. 1 Buchst. b ErbStG oder
- ein Wohnungsunternehmen i.S.v. § 13b Abs. 4 Nr. 1 Buchst. d ErbStG vorliegt, jeweils bezogen auf die einzelne übertragene wirtschaftliche Einheit
- ein Grundstück im Zusammenhang mit Lieferungsverträgen zum Betriebsvermögen, eines gesamthänderisch gebundenen Betriebsvermögens einer Personengesellschaft oder zum Vermögen einer Kapitalgesellschaft gehört.

Gehört ein Grundstück sowohl zum Betriebsvermögen als auch zum Grundvermögen, muss das Erbschaft- und Schenkungsteuerfinanzamt wissen, in welchem Umfang das Grundstück zum Betriebsvermögen gehört. Daher ist vom Betriebsfinanzamt dem zuständigen Erbschaft- und Schenkungsteuerfinanzamt der Anteil, mit dem das Grundstück im Betriebsvermögen berücksichtigt wurde, nachrichtlich mitzuteilen.

Die Angaben sind dem für die Erbschaft- und Schenkungsteuer zuständigen Finanzamt auf Anfrage auch dann mitzuteilen, wenn es sich um einen Anteil an einer börsennotierten Kapitalgesellschaft handelt, deren Wert nach § 11 Abs. 1 BewG ermittelt wurde.

30 Bei **Einzelunternehmen** und **Personengesellschaften** ist in dem Feststellungsbescheid (über den gemeinen Werte des Unternehmens/des Anteils) vom Betriebsfinanzamt für Bewertungsstichtage bis zum 28.12.2020 **nachrichtlich** noch der Umfang und Wert des **ausländischen Vermögens**, welches im festgestellten Wert des Betriebsvermögens enthalten ist, aber einer Betriebstätte in einem **Drittland** dient, anzugeben (H B 151.9 ErbStH); diese Angaben dienen der Prüfung der Befreiungsvoraussetzungen nach § 13b Abs. 1 ErbStG. Sie sind zudem auch in der Zeile 42 der Erbschaft- und Schenkungsteuererklärung/Mantelbogen einzutragen. Die Angaben sind auch dann zu machen, wenn der gemeine Wert des Betriebs oder der Beteiligung einer Personengesellschaft aus Verkäufen abgeleitet worden ist oder mit einem Gutachterwert angesetzt worden ist.

Für Bewertungsstichtage ab dem 29.12.2020 ist der Wert des ausländischen Vermögens, das im festgestellten Wert des Betriebsvermögens enthalten ist, aber einer Betriebsstätte in einem Drittstaat dient, gesondert festzustellen.

31 Des Weiteren sind den für die Feststellung nach § 151 Abs. 1 Satz 1 Nr. 2 und 3 BewG zuständigen Betriebsfinanzämtern folgende Pflichten der im Zusammenhang mit der Überwachung der Verschonungsvoraussetzungen der §§ 13a und 19a ErbStG gem. H B 151.10 ErbStH auferlegt worden: Es handelt sich um Mitteilungen, ob

- wesentliche Betriebsgrundlagen veräußert, ins Privatvermögen überführt oder anderen betriebsfremden Zwecken zugeführt wurden oder der Betrieb aufgegeben oder veräußert wurde (schädliche Verfügung nach § 13a Abs. 6 Nr. 1 und 4 ErbStG).

In diesem Zusammenhang ist auch mitzuteilen,

- ob eine dieser wesentlichen Betriebsgrundlagen zum jungen Verwaltungsvermögen (§ 13b Abs. 7 Satz 2 ErbStG) oder zum jungen Betriebsvermögen (§ 200 Abs. 4 BewG) gehörte, und
- ob in diesen Fällen eine Reinvestition vorgenommen wurde (§ 13a Abs. 6 Satz 3 ErbStG),
- andere Verfügungen getätigt wurden, die nach § 13a Abs. 6 ErbStG zu einem Wegfall der Verschonungen führen.
- Mitteilungen sind zu fertigen, sobald das zuständige Betriebsfinanzamt von einer schädlichen Verfügung Kenntnis erlangt. Dies gilt auch, wenn die Behaltensfrist noch nicht abgelaufen ist; H B 151.10 ErbStH.
- nach Ablauf der Behaltensfrist den **Umfang der Entnahmen**,

- Das Betriebsfinanzamt teilt dem Erbschaftsteuerfinanzamt mit, ob innerhalb der zwanzigjährigen Frist des § 13a Abs. 9 Satz 5 ErbStG die Voraussetzungen für den Vorwegabschlag nicht mehr vorliegen.

Insoweit handelt es sich um behördeninterne Mitteilungen, die unmittelbar keinem Rechtsbehelf des Steuerpflichtigen zugänglich sind.

Da die nachrichtlichen Angaben kein feststellender Teil eines Feststellungsbe- 32
scheids sind und damit kein Verwaltungsakt gegenüber dem Steuerpflichtigen sind, können diese Angaben nur durch **Anfechtung** (Einspruch) **des Folgebescheids (Erbschaft- oder Schenkungsteuerbescheid**) angegriffen werden, wenn das Erbschaft- und Schenkungsteuerfinanzamt daraus – aus der Sicht des Steuerpflichtigen – falsche Schlüsse zieht. Sofern dem Steuerpflichtigen eine Mitteilung bekannt wird, kann er gleichwohl schriftlich dazu Stellung nehmen und ggf. auf eine Korrektur hinwirken.

§ 16 Finanzgericht, Bundesfinanzhof, Bundesverfassungsgericht

Olivia Trentmann/Raymond Halaczinsky

In Erbschaft- und Schenkungsteuerangelegenheiten einschließlich der erforderlichen Feststellungen gilt der **Finanzgerichtsweg** (§ 33 FGO). 1

Hinweis

Solange ein außergerichtliches oder gerichtliches Rechtsbehelfsverfahren gegen einen Steuerbescheid läuft, läuft gem. § 171 Abs. 3a AO die Festsetzungsfrist nicht ab, bevor über den Rechtsbehelf unanfechtbar entschieden worden ist.

In Betracht kommen insbesondere die **Klage** gegen eine (teilweise) ablehnende Einspruchsentscheidung (§§ 40 ff. FGO);[1] gegen (teilweise) ablehnende Stundung gem. §§ 28, 28a ErbStG, § 222 AO[2] und Erlass gem. § 28a ErbStG oder § 227 AO; gegen Ablehnung von Änderungen beim **Finanzgericht**. Es geht dabei um die weitere gerichtliche Rechtsverfolgung gegen (vermeintlich) fehlerhafte **Steuerbescheide**. Auch gegen (vermeintlich) fehlerhafte **Feststellungen** für Erbschaft-/Schenkungsteuerzwecke gem. §§ 151 ff. BewG, §§ 13a Abs. 4 und 9a, 13b Abs. 10, 13c Abs. 2 ErbStG ist eine Klage zulässig.

Hinweis

Mit einer Klage können u.a. auch Steuer- und Feststellungsbescheide offengehalten werden, d.h. das Eintreten der Bestandskraft verhindert werden, wenn und soweit Sach- und Rechtsverhältnisse im Einspruchsverfahren noch nicht endgültig geklärt werden konnten und das Finanzamt den Bescheid nicht vorläufig oder unter dem Vorbehalt der Nachprüfung erlässt/erlassen hat.

Wenn und soweit ernsthafte **Zweifel an der Rechtmäßigkeit eines Erbschaft-/ Schenkungsteuerbescheides** bestehen, kann eine **außergerichtlich Aussetzung der Vollziehung** (AdV) gem. § 361 AO beantragt/gewährt werden, dazu § 14 Rdn 33 ff. Das hat den Vorteil, dass die Erbschaft-/Schenkungsteuer – soweit die Aussetzung reicht – vorläufig nicht zu zahlen ist oder eine schon gezahlte Steuer vorläufig zu erstatten ist. Das geht auch, wenn keine Fehler des Finanzamts vorliegen, aber z.B. noch Nachweise für Nachlassverbindlichkeiten erwartet wer- 2

1 Einspruch/Klage gegen Nachversteuerung nach § 13a Abs. 6 ErbStG a.F., Beispiel FG Münster v. 20.11.2017 – 3 K 1879/15 Erb, EFG 2018, 153.

2 Beispiel zur Stundung nach § 28 Abs. 3 ErbStG bei einem Erwerb von einem Mietobjekt FG Münster v. 20.11.2017 – 3 K 396/16 AO, EFG 2018, 139; zur Feststellung von Schulden beim Verwaltungsmögen/Finanzmittel FG Rheinland-Pfalz v. 25.10.2017 – 2 K 2201/15, EFG 2018, 136.

den. Sind **erbschaft-/schenkungsteuerliche Feststellungen** vermeintlich fehlerhaft, kann auch die Vollziehung von Feststellungsbescheiden ausgesetzt werden, mit der Folge, dass insoweit die Erbschaft-/Schenkungsteuer vorläufig mit einer niedrigeren Bemessungsgrundlage zu berechnen und die Differenz vorerst nicht zu zahlen ist, dazu § 15 Rdn 14. Ist der Verwaltungsakt im Zeitpunkt der Entscheidung schon vollzogen, kann das Gericht nach § 69 Abs. 3 Satz 3 FGO ganz oder teilweise die AdV, auch gegen Sicherheit, anordnen.

Lehnt das Finanzamt die AdV schriftlich ab, kann dagegen **Beschwerde beim Finanzgericht** eingelegt werden (§ 69 FGO).[3] In Ausnahmefällen kann der Steuerpflichtige die AdV unmittelbar beim Finanzgericht beantragen (§ 69 Abs. 3 FGO), nämlich wenn
- die Finanzbehörde über den bei ihr gestellten Antrag auf eine AdV ohne Mitteilung eines zureichenden Grundes in angemessener Frist nicht entschieden hat oder
- wenn die Vollstreckung droht.

Gegen den Beschluss des Finanzgerichts, mit dem eine AdV ganz oder teilweise abgelehnt wird, ist gem. §§ 128, 129 FGO die Beschwerde beim Bundesfinanzhof möglich.

Hinweise

Im Allgemeinen dürfte es erstrebenswert sein, im Falle einer drohenden Ablehnung einer AdV zunächst im Wege einer mündlichen Erörterung an Amtsstelle zu versuchen, eine Lösung/Einigung zu finden.

Bei der AdV besteht ein Zinsrisiko. Soweit sich später herausstellt, dass die Steuerfestsetzung rechtmäßig war, sind die ausgesetzten Steuerbeträge verzinslich zurückzuzahlen, und zwar mit einem Zinssatz von 0,5 %/Monat (= 6 %/Jahr) (§§ 237, 238 AO). Es bietet sich daher ggf. an, die Steuer mit einem Kredit zu bezahlen, wenn man dafür deutlich niedrigere Zinsen zu zahlen hätte.[4]

3 Gegen ein ablehnendes Urteil des Finanzgerichts (§§ 115 ff. FGO) kann eine **Revision** beim **Bundesfinanzhof** eingelegt werden.[5] Die Revision ist nur zulässig, wenn das Finanzgericht diese zulässt (§ 115 Abs. 1 FGO) oder wenn ein Revisionsgrund gem. § 115 Abs. 2 FGO vorliegt.

---

3 BFH v. 12.3.2013 – XI B 14/13, BStBl 2013 II, 390. Der Streitwert bei Aussetzung der Vollziehung beträgt gewöhnlich 10 % des Streitwertes im Hauptsacheverfahren (FG Baden-Württemberg v. 13.12.2011 – 2 V 441/11, EFG 2012, 1189).

4 Das BVerfG hatte mit Urteil v. 8.7.2021 – 1 BvR 2237/14, 1 BvR 2422/17 einen Zinssatz i.H.v. 6 %/Jahr bei Steuernachzahlungen und Erstattungen für verfassungswidrig erklärt. Die AdV-Zinsen sind insoweit nicht betroffen.

5 Zur Information z.B. *Jesse*, Einspruch und Klage im Steuerrecht – Mit Musterformularen und praktischen Beispielen, 4. Aufl. 2017.

Lässt das Finanzgericht die Revision nicht zu, kann dagegen eine **Nichtzulassungsbeschwerde** beim Bundesfinanzhof eingelegt werden (§ 115 Abs. 1 FGO). Da die Erfolgsaussichten einer Nichtzulassungsbeschwerde statisch gering sind, sollte im Zweifel schon beim Finanzgericht in der mündlichen Verhandlung oder schriftlich die Zulassung der Revision beantragt werden.

Unter **besonderen Voraussetzungen** ist die Anrufung des Bundesverfassungsge- 4
richts, z.B. durch **Verfassungsbeschwerde**, oder auch die Anrufung von **internationalen Gerichten**, z.B. EUGH,[6] möglich.

Grundsätzlich hat der Unterlegene die **Kosten des Verfahrens** zu tragen 5
(§§ 135 ff. FGO). Der Wert des Streitgegenstandes bei einer Klage gegen den Erbschaft-/oder Schenkungsteuerbescheid entspricht in der Regel der Differenz zwischen der festgesetzten und der angestrebten Erbschaft-/Schenkungsteuer unter Berücksichtigung der Freibeträge.[7] Wenn ein Beteiligter teils obsiegt, teils unterliegt, werden die Kosten gegeneinander aufgehoben oder verhältnismäßig geteilt. Werden die Kosten gegeneinander aufgehoben, fallen die Gerichtskosten jedem Teil zur Hälfte zur Last. Einem Beteiligten können die Kosten ganz auferlegt werden, wenn der andere nur zu einem geringen Teil unterlegen ist.[8] Die Kosten sind nach Maßgabe des Gerichtskostengesetzes zu berechnen (§ 139 FGO).[9] Bei Vorliegen der Voraussetzungen kann Prozesskostenhilfe gewährt werden. Gegen die Kostenfestsetzung ist der Rechtsbehelf der Erinnerung gegeben (§ 149 Abs. 2 FGO).

---

6 Beispiel EuGH v. 8.6.2016 – C-479/14, DStR 2016, 1360 zur beschränkten Steuerpflicht gem. § 2 ErbStG.

7 FG Baden-Württemberg v. 4.11.2013 – 7 K 2145/13, EFG 2014, 958.

8 Beispiel FG München v. 21.9.2016 – 4 K 1086/13, EFG 2016, 1962.

9 Zum Streitwert bei Feststellung eines Grundstückswerts BFH v. 19.2.2009 – II E 1/09, BStBl 2009 II, 446; BFH v. 11.1.2006 – II E 3/05, BStBl 2006 II, 333.

Stichwortverzeichnis

Fette Zahlen = §§, magere Zahlen = Randnummern